科学教育研究手册

本手册的卷Ⅰ对科学教育领域的研究进行了里程碑式的综合，基于前一卷的基础，卷Ⅱ（即本扩增版，下同——出版者注）是一部内容全面的、最高水平的、强调新兴研究视角的新卷。

卷Ⅱ的特点：

- 国际范围内该领域最为杰出的学者们担任作者
- 主要关注研究范式及其与学习理论、研究设计、数据收集和数据分析的关系
- 同时涵盖全球问题（如政策）以及特定学科的教与学
- 平等对待教学研究和学习研究

为本卷做出贡献的都是各自研究领域的专家，代表了科学教育研究群体的国际化和性别多样性。本卷围绕六个主题展开：科学教育研究的理论与方法，科学学习，文化、性别、社会和科学学习，科学教学，科学课程与测评以及科学教师培养。每一章都是对其论述主题所在领域的综合性回顾——整合现有的研究；努力理解该学术体系的历史趋势和模式；描述该问题在文献中如何被概念化，方法和理论如何影响研究结果，以及文献中的优势、劣势和差距。

《科学教育研究手册》卷Ⅱ为科学教育工作者和研究生们提供指导，为未来的研究带来新的见解、指引新的方向，是整个科学教育领域的重要资源。

诺曼·莱德曼（Norman G. Lederman），美国伊利诺伊理工大学数学与科学教育系首席教授。

桑德拉·埃布尔（Sandra K. Abell，已故），曾任美国密苏里大学博物馆馆长，密苏里大学科学教育专业教授。同时她也是海内外著名的研究员兼作家，曾是美国科学促进会（AAAS）、美国教育研究协会（AERA）和美国科学教师协会（NSTA）的会员，因教学工作和对学生的指导获得过众多奖项。

科学教育研究手册
（扩增版）

翻译委员会

主持：李秀菊　刘　晟　姚建欣

秘书：黄　瑄

第Ⅰ编　李秀菊*　黄　瑄　潘瑶珍

第Ⅱ编　赵　博*　王笑梅　李　诺

第Ⅲ编　杨文源*　徐　月　刘彦林　郭亮亮　李树玲　董　倩　刘　晟

第Ⅳ编　刘　晟*　马　蕊　张春雷　张　超　付　鑫　王　硕　周瀚洋
杨　洁　倪　川　邵　慧　杨文源

第Ⅴ编　姚建欣*　张　静　杨　杰　陈　洁　周伟华　陈　翠　肖　洋
陈敏华　王　鑫　韩思思　潘瑶珍

第Ⅵ编　佘建云*　马冠中　王　健　何翠玲

索　引　李秀菊*　季　娇　潘瑶珍　杨文源　黄　瑄

编辑委员会

主持：何　铭

第Ⅰ编　郭思彤*　顾海成

第Ⅱ编　刘雨佳*

第Ⅲ编　贺舒雅*　顾海成　刘雨佳　陈思原

第Ⅳ编　周少贞*　郭思彤　陈思原

第Ⅴ编　陈思原*　刘雨佳　顾海成　周少贞　贺舒雅　郭思彤

第Ⅵ编　郭思彤*　顾海成

辅　文　何　铭*　郭思彤　蔡　迪　王雅萱

注：星号标志指示对应部分的负责人

科学教育研究手册

下卷

扩增版

[美] 诺曼 · 莱德曼（Norman G. Lederman）
[美] 桑德拉 · 埃布尔（Sandra K. Abell）
主编

李秀菊　刘 晟　姚建欣　主持翻译

外语教学与研究出版社
FOREIGN LANGUAGE TEACHING AND RESEARCH PRESS
北京 BEIJING

京权图字：01-2021-3357

图书在版编目（CIP）数据

科学教育研究手册 ：扩增版. 下卷 /（美）诺曼·莱德曼（Norman G. Lederman），（美）桑德拉·埃布尔（Sandra K. Abell）主编 ；李秀菊，刘晟，姚建欣译. -- 北京 ：外语教学与研究出版社，2022.4（2022.11 重印）

ISBN 978-7-5213-3355-8

Ⅰ. ①科… Ⅱ. ①诺… ②桑… ③李… ④刘… ⑤姚… Ⅲ. ①教育科学－研究－手册 Ⅳ. ①G40-034

中国版本图书馆 CIP 数据核字（2022）第 039572 号

出 版 人　王　芳
项目负责　刘晓楠　丛　岚
项目策划　丛　岚
项目统筹　何　铭
责任编辑　郭思彤　刘雨佳　贺舒雅
责任校对　陈思原　周少贞
封面设计　李　高
版式设计　范晔文
出版发行　外语教学与研究出版社
社　　址　北京市西三环北路 19 号（100089）
网　　址　http://www.fltrp.com
印　　刷　河北文扬印刷有限公司
开　　本　889×1194　1/16
印　　张　36.5
版　　次　2022 年 9 月第 1 版　2022 年 11 月第 2 次印刷
书　　号　ISBN 978-7-5213-3355-8
定　　价　268.00 元

购书咨询：（010）88819926　电子邮箱：club@fltrp.com
外研书店：https://waiyants.tmall.com
凡印刷、装订质量问题，请联系我社印制部
联系电话：（010）61207896　电子邮箱：zhijian@fltrp.com
凡侵权、盗版书籍线索，请联系我社法律事务部
举报电话：（010）88817519　电子邮箱：banquan@fltrp.com
物料号：333550001

目　录

下　卷

第 V 编　科学课程与测评

第 VI 编　科学教师培养

Section V

Curriculum and Assessment in Science

SECTION EDITOR: PAUL BLACK

第V编

科学课程与测评

本部分主编：保罗·布莱克

Scientific Literacy, Science Literacy, and Science Education

DOUGLAS A. ROBERTS AND RODGER W. BYBEE

第27章

Scientific Literacy/Science Literacy和科学教育

张静　译　　姚建欣　审校

科学素养(scientific literacy)是过去半个世纪学校科学教育文献和实践的突出关注点(Roberts, 2007)，本章更新和扩展了对这个概念早期的综述和分析。与2007年的综述不同，本文并非旨在全面调查全球范围内科学素养较发达国家的科学素养发展水平和实施现状，而是重点提出探查变化指标的方法论，以检测科学素养如何作为主要目标被纳入学校科学项目。为此，我们选择了来自澳大利亚、加拿大、英国和美国的政策和政策导向文件，以及即将到来的国际学生评估项目(Programme for International Student Assessment [PISA])(此处指2015年的国际学生评估项目——译者注)中的科学评估部分作为例子。

2007年的综述关注了近几十年来scientific literacy作为学校科学教育总目标的概括词在全球的流行。谈到这一概括词对该专业的吸引力，一位观察者将这一概括词50年来的逐步盛行描述为"决胜性发展"(Feinstein, 2011)。在许多地方，特别是在美国，science literacy(在大多数语境下不严格区分scientific literacy和science literacy，可通译为"科学素养"，在讨论两者内涵差别时，可将science literacy译为"科学学科素养"以示区分——译者注)这一术语也变得越来越常见。自从美国科学促进会(American Association for the Advancement of Science [AAAS])"2061计划"中的所有出版物开始排他性地使用该术语，其地位和使用率稳步提高。如下文所详细讨论的那样，最初的综述将这两个术语分别称为具有科学素养的人的愿景II(Vision II，scientific literacy)和愿景I(Vision I，science literacy)。

自为2007年综述汇编和分析材料以来的近十年中，有迹象表明scientific literacy正在减缓其"决胜性发展"，并正在失去几十年来似乎一直享有的"全球性威望"(McEneaney, 2003)。特别是，似乎存在从愿景II退出转而支持愿景I的形势。例如，在美国，1996年颁布的文件《美国国家科学教育标准》(*National Science Education Standards*；美国国家研究理事会 [NRC], 1996)基本上是以愿景II为核心概念建立起来的。相比之下，在2012年美国颁布的文件《K—12科学教育框架：实践、跨学科概念和核心概念》(*A Framework for K—12 Science Education: Practices, Crosscutting Concepts, and Core Ideas*；NRC, 2012；以下简称《科学教育框架》)中，scientific literacy和science literacy这两个术语似乎并没有发挥重要作用。如下文所述，2012年NRC颁布的文件缺少了愿景II，即让学生领会科学知识和实践的应用如何影响社会性科学议题。事实上，这一局限性正是理事会在制定该文件时所付出的代价。

我们的观点是，NRC《科学教育框架》中对愿景II有限的展示，以及随后美国科学教育新标准(不可避免地)对愿景II重视程度的降低，是代表学术界当前从愿景II退出这一趋势的(几个)案例(之一)。在上述简要介绍后，本章将展开讨论如下内容：

- 愿景I和愿景II特征的重述
- 为愿景II提供学习的机会(OTL)的两个课程安排
- 话语的意义：社会性科学议题(SSI)项目建立的范例
- 美国新《科学教育框架》中愿景II的减少
- 2015年PISA科学评估框架中愿景II的减少
- 愿景II的多重视角和广阔范围
- 科学教育何去何从？试探性的解释和启示

Science Literacy不等于Scientific Literacy

正如本章标题所表明的那样，作为课程概念的scientific literacy和science literacy，与当前学校科学教育研究与实践都有着密切的联系。但是，就我们的专业判断而言，上述术语和概念是不可互换的。可以肯定的是，在20世纪50年代，两者都开始在文献中出现。自那时起，这两个术语所代表的概念和实践发生了很多变化。这两者之间的区别对于我们理解当前的形势至关重要。

两种愿景，两种科学教育目标

之前的综述(Roberts, 2007)指出，在20世纪50年代以来涌现的详尽的科学教育文献中，能提炼出两种关于科学素养含义的内涵丰富的、整体性的愿景。每种愿景具象化了具备科学素养的公民的不同形象，并奠定了学校科学教育中不同的培养导向的基础。愿景I之所以如此命名是因为，作为新手科学家的学生形象可能是最早用来规划大学之前学校科学教育的指南。愿景I提供了系统地向学生介绍科学事业本身的科学教育蓝图。这是一种"基础性"(Osborne, 2007b)或"坚实基础"(Roberts, 1982)般地指向学校科学教育目标的导向，即掌握未来研究更先进科学所需的知识、技能等。愿景I从内部看科学，从其丰富而完善的技术方法、思维习惯以及充分检验过的对自然世界的解释出发来构建课程。在这一观点中，素养体现在科学内部，是在掌握科学本身的语言、产品、过程和传统的基础上所达到的学科领域内的普遍熟悉度和流利度。据我们对诺里斯(Norris)和菲利普斯(Phillips)分析(2003)的理解，这种素养将是科学素养的"基本内涵"。从历史上看，史普尼克(1957年苏联发射的第一颗人造地球卫星——出版者注)时代的课程改革与愿景I的导向是一致的。

愿景II在学校科学课程史上稍晚发展起来，始于从科学的外部着手构建课程，其课程阐明科学如何渗透到人类事业和生活场景中并与它们发生相互作用。这些社会议题和个人生活场景通常包括政治、经济和道德等方面的考量。该主张有时被称为公民的科学，专注于在个人和社会层面与学生更显著相关的事情，而不是去准备掌握他们可能会研究或可能不会研究的更高深的科学。“面向所有人的科学”这一口号代表了一种观点，即所有学生都需要了解公民科学，包括环境质量、资源利用、个人健康以及复杂社会性科学议题的决策等问题。根据愿景II的思想，具备科学素养在于了解科学是如何恰当地与个人和社会视角保持一致的，以更全面地掌握这些议题。这就是我们所理解的诺里斯和菲利普斯分析中所谓的科学素养“衍生”内涵（Norris & Phillips, 2003）。在愿景II的课堂中，学生将领会解决问题和制定决策的话语与科学本身的解释性话语有何不同，以及如何对后者进行补充。历史上，scientific literacy一词一直被用来指代这种更具包容性的愿景。在加拿大、澳大利亚、英格兰等地的PISA中，以及美国的一些科学教育项目（如SSI）中，该词仍然在使用。作为课程术语，scientific literacy通常包括许多与个人和社会议题相关的不同学校科学目标。因此，scientific literacy与“环境教育”“科学、技术与社会（STS）教育”“科学、技术、社会与环境（STSE）教育”“SSI”等运动相一致，还与任何其他致力于系统化地关联对科学事业的理解和社会性科学议题的教育和课程相一致。

两种愿景及其术语例举

区分愿景I和愿景II的最重要特征是学生学习科学含义的整体目标——特别是，是否考虑了前文所述的个人和社会视角。最近，愿景I非常显著地与AAAS“2061计划”以及science literacy这一术语联系在一起。在愿景I中，学习科学的动因被认为是不言而喻的。科学一直是理解自然世界的有力工具。在我们看来，愿景I的定义实例是AAAS“2061计划”中的特征表述。这一表述出现在该计划的内部旗舰出版物《面向全体美国人的科学》（*Science for All Americans*）中。随后的第四项条目给出了学习科学的整体目标，即科学是思考含有个人和社会成分的情境的更优方式和有效方式。

> 具有科学素养的人能：
>
> - 意识到科学、数学和技术是具有力量与局限性的事业，且三者相互依存；
> - 理解科学的关键概念和原理；
> - 熟悉自然世界，认识到自然世界的多样性和统一性；
> - 将科学知识和科学思维用于个人和社会目的。
>
> （AAAS, 1989, p. 4）

在相对稍晚由牛津大学出版社出版的、较易被大众获取的《面向全体美国人的科学》的版本（Rutherford & Ahlgren, 1991）中，这一定义没有改变。然而，scientific literacy这一术语在整本书中都被改为science literacy。自此之后，“2061计划”公布的所有文件都统一使用了science literacy这一术语。无论这一改变实现了其他的什么效果，它都赋予了“2061计划”的理念和出版物一个科学教育中的独特招牌——避免了科学素养定义的混乱可能带来的混淆。

下述对具有科学素养的人的相当不同的表述是愿景II的例证。这一表述见于英国正在进行的名为“21世纪科学”（Twenty First Century Science）的研究和发展项目。

> 我们希望有科学素养的人能够：
>
> - 欣赏并理解科学技术对日常生活的影响；

- 就涉及科学的事项，例如健康、饮食、能源使用，做出明智的个人决定；
- 阅读并理解媒体报道中涉及科学的事项的要点；
- 批判性地反思这些报道中包含和遗漏的信息（后者通常更重要）；
- 自信地与他人讨论涉及科学的议题。

（Twenty First Century Science, retrieved February 9, 2013: www.nuffieldfoundation.org/twenty-first-century-science）

需要注意的是，“2061计划”的表述中的第四项仅聚焦于一种关于情境的视角——科学视角，将其作为“个人和社会目的”的思考方式。换句话说，默认的情况是（因为没有提到其他视角），鼓励学生像科学家一样理解情境。与之相对，在“21世纪科学”的表述中明确暗示了其他能理解这些情境的视角也是适当且必要的。

愿景II所要求的学习机会：课程安排示例

定义和阐明科学素养的最初目的是，为了给那些不倾向于从事专业科学研究的学生提供合适的学校科学课程，而愿景I针对的是愿意从事专业科学研究的学生。简言之，愿景II的课程是为被克洛普弗（Klopfer, 1969）称为“SL流”的学生所准备的，这里的“SL”指scientific literacy。（克洛普弗估计“SL流”的学生数占总学生数的90%，此估计值与许多其他学者的估计值一致。）显然，这样的安排意味着给学生贴标签并可能将他们分开，这会对他们的教育不利。然而，对于科学教师而言，持久性的两难困境是：“SL流”的学生往往与“PS流”的学生（PS指potential scientist，即“未来科学家”，克洛普弗以此指称那些愿意接受初期科学家训练的学生）在同一个教室中进行学习。“面向所有人的科学”这一口号所表达的关切激活了人们对科学素养的注意力——这种关切就是，所有学生（包括“未来科学家”群体）都应具备从愿景II所倡导的个人和社会视角探讨议题的能力。（其实所有学生都是未来的公民。）本部分将探讨两项既能够提供愿景II所要求的学习科学的机会，又不失去愿景I在培养未来科学家方面的优势的课程安排。

分立的SL课程：21世纪科学

英国一项正在进行的项目正面应对了此问题。该项目在很大程度上基于《超越2000年》（*Beyond 2000*）这篇突破性的报告（Millar & Osborne, 1998）。罗宾·米勒（Robin Millar）如此评论道：“报告认为，许多课程都试图同时实现这两个目的，而强调前期专业训练必然会对整体有主导与扭曲的作用”（Millar, 2006, p. 1505）。在“21世纪科学”项目中，每个学生都会在一部分学习时间里出现这两个目的以下述方式彼此分离或“脱钩”的情况。

《超越2000年》的十项建议中的第一项指出：“面向5至16岁学生的科学课程应主要被视为提高一般‘科学素养’的课程”（Millar & Osborne, 1998, p. 9）。第二项建议提出了以此为目标的课程安排：“在关键阶段4（对应于北美的9至10年级），科学课程的结构需要更明确地区分那些旨在提升‘科学素养’的要素和那些为科学专业训练早期阶段所设计的要素，以便后者的要求不会扭曲前者”（Millar & Osborne, 1998, p. 10）。应用本章前面所表述的作为愿景II界定实例的结构和内容，相关人员开发了一门SL专门课程。该课程要求所有学生在完成义务教育阶段的学习或者取得普通中等教育证书(GCSE)之前(15或16岁)参加，会占用他们一半的科学课程时间(科学课程占总课程的20%)。另一半科学课程时间将提供选修课程来满足对未来基础科学研究和应用科学研究的多样化兴趣。

该项目的首次试验性研究始于2003年9月。有几篇文章极为详尽地描述了这一特殊的SL课程的设计、意图和内容(如Millar, 2006, 2010, 2012; Osborne, 2007b)，还报告了有关该项目所产生的巨大影响的持续性研究。据我们所知，“21世纪科学”项目的SL课程是唯一的此类课程。

同时为愿景I和愿景II提供所要求的学习机会

另一项同时为两种愿景提供学习机会的课程安排根据愿景I与愿景II的整体教育目标赋予了两种愿景同样重要的地位。实现这一点的技巧在于，系统地将科学学科内容的学习嵌入到不同的学习情境中，以便学生同时学习两种愿景的内容。利用这种方法对科学课程的修订已经在加拿大进行了十多年。加拿大目前尚没有全国统一的课程，教育事务由10个省和3个地区的政府管辖。近来，全国性“框架”(加拿大教育部长理事会 [CMEC], 1997)一直在推动科学课程的修订。各省教育部部长签署了该框架，以期在全国范围内为学校科学提供共同的学习基础和更加一致的学习结果。该框架“遵循的愿景是，无论性别或文化背景如何，所有加拿大学生都将有机会发展科学素养”(p.4)。科学素养(SL)被定义为“学生发展**探究**、**解决问题**和**决策的能力**，成为终身学习者，并对周围世界保持好奇所需要的**与科学相关的**态度、技能与知识的演进性组合”(p.4，粗体字强调了情境和科学学科内容之间的潜在联系)。

这一定义通过四项“基本声明”来实现，分别关于技能、知识和态度，以及第四项“科学、技术、社会与环境(STSE)”(CMEC, 1997, p.6)。根据该文件，获取科学相关技能、知识和态度的“最好方式是研究和分析科学、技术、社会和环境四者的相互关系”(p.iii)。该声明以及基于该声明的几个省级授权课程中明确了SL含义的两点重要特征。第一，应面向STSE情景和第四项声明的挑战，来制定这三个重点领域各自基本声明中规定的“科学相关技能、知识和态度”。也就是说，期望课程、教学材料和教师在学生学习科学内容、技能和态度的同时为他们提供学习STSE相互关系的机会。这种同步学习的设想是通过情境性交流和学习来实现的，在这种交流和学习中，科学主题单元被组织入三个“广泛的重点领域”之一：

- 科学探究的重点领域：学生提出关于事物本质的问题，参与广泛的探索和集中的调查[这是对科学本质的强调，表明了愿景I的重要性]；
- 问题解决的重点领域：学生需要以新方式应用科学知识来寻求实际问题的答案[这是对科学和技术的强调，因而结合了愿景I和愿景II]；
- 决策制定的重点领域：学生能够识别问题或议题，并追求能为问题或议题提供信息的科学知识[这是对社会性科学议题的强调，因而强调了愿景II]。

(CMEC, 1997, p.8)

第二，尽管文件中没有明确说明，但这三个重点领域对应了亚里士多德所区分的人类话语的三种不同目的，即寻求可靠的知识、设计美观且有用的东西、做出有依据的决定。本文将分别使用理论、技术和实践三个术语来对应上述三种不同目的。每个重点领域对应特点不同的推理模式（因此使用不同的课堂话语），据此可识别与每个重点领域相关联的技能。因此，SL的操作性定义为：学生不仅要掌握科学本身通过这三种目的渗透到人类事务中的方式，还要掌握科学与这三种目的之间的联系有什么区别。在推出全加拿大的框架之前，这种对科学课程政策的组织已在艾伯塔省实施（Roberts, 1995）。

话语的意义：以SSI项目为例

理论、技术和实践三部曲是基于承认不同类型的话语适合三个不同的目标，每个目标都代表人类目的的不同领域。三种对应的推理模式适用于这三个领域。

- 理论型推理模式适合建构可靠的知识。科学推理和科学活动旨在达到这一目标。其话语体系是认识性的。
- 技术型推理模式适合设计和生产有用而美观的东西（桥、建筑、交响曲、雕塑）。工程、建筑和艺术中的推理模式旨在达到这一目标。其话语体系是程序性且富有成效的，很大程度上倾向于设计和测试“什么是有效的”。
- 实践型推理模式适合帮助人们做出有依据、有价值且影响他人的决策。这种话语包括与经济、政治、伦理和道德等相关的个人和社会视角。这种推理模式是科学素养的重要组成部分，因为大多数与科学相关的事件和议题都会对人们产生影响。其话语体系是审慎的。

学校科学课堂为愿景I或愿景II提供多少学习的机会可以通过这三种推理模式及与之相关的不同话语是否存在来衡量。简言之，没有话语意味着没有学习的机会，或者如凯利（Kelly, 2011）所指出的，学生如果想要学习和理解这些话语，就需要体验和练习它们。

需求：学习不同话语的机会

理论型和技术型话语可能是科学教师最熟悉的。然而，奥斯本（Osborne）对于最为人们所熟悉的理论型话语（科学推理）做出了如下警告：

> 学习科学意味着学习谈论科学，与这一论点相关的是，学习科学地推理意味着要求学生科学地推理。在实证工作方面，对英国科学课程的观察表明，花在实践工作上的时间有很大一部分用于实践程序本身的执行……如果我们希望我们的学生能够发展批判性思考科学证据的能力，我们必须给他们提供这样的机会。
>
> （Osborne, 2007 b, pp. 178 – 179）

如果所熟悉的科学推理话语都缺少学习的机会（在许多课堂中正是如此），可想而知技术型（如工程学）话语的惨淡情况，以及三者中最不为人们所熟悉的话语——实践型话语的更暗淡的前景。实践型话语也是这三者中最具包容性和复杂性的，它在社会性科学情境中的缺失或错误表达可以说是对愿景II的生存而言最严重的威胁。（关于广泛认可的实践型推理的经典处理方法，参见Gauthier, 1963。要想更接近当前的关注点，了解科学课程政策争论背景下对实践型推理的分析及相关案例，参见Orpwood, 1998。）

认真对待话语：SSI项目

通常，实践型推理话语包括与伦理、法律、政治、道德等考量相关的个人和社会视角的组合。此领域中有一项非常活跃的研究和发展项目（比亚里士多德现代得多）一直在进行，并在十多年间稳定发表了一系列成果，这就是达纳·蔡德勒（Dana Zeidler）、特洛伊·萨德勒（Troy Sadler）及其同事所承担的SSI项目。此处没有足够的篇幅来描述这个项目对科学教育，特别是对愿景II scientific literacy的贡献（但可以参阅本书中蔡德勒所写的章节）。我们希望在这里集中讨论话语发展的本质和学生在SSI项目中所习惯的话语质量。

在描述SSI项目的基础时，蔡德勒和萨德勒（2011）指出了多重视角的重要性：

> 在将**视角**定位为社会性科学推理的一个方面时，我们建议从不同的视角探索议题，以此作为经过深思熟虑的SSI的关键组成部分。学生实践的目标是，从仅基于个人框架概念化SSI到具备从不同视角分析议题和潜在解决方案的能力。
>
> （Zeidler & Sadler, 2011, p. 186）

在其他地方，他们对一个典型的异化方案提出了警告：

> 当教育者试图用与科学相关的现实世界议题来吸引学生参与有意义的学习活动时，他们不应该试图提炼科学并抛弃那些议题中可能被认为超越了传统科学界限的其他要素。
>
> （Sadler & Zeidler, 2009, p. 912）

萨德勒（2009）通过下述对社会性科学议题本质的描述，展现了SSI项目如何与情境学习相关（关于情境学习，可参见Lave & Wenger, 1991）：

> 结构不良且没有唯一正确答案的问题……社会性科学议题往往也是有争议的……因为它们与社会有关联。视角和优先次序不同有可能对人们的生活产生影响，这样的议题既会带来利益，也会引起争议……这些议题可以通过科学数据和理论加以说明，但它们也受经济、社会、政治和/或伦理考量的影响。
>
> （Sadler, 2009, p. 11）

萨德勒还将SSI置于混乱的科学素养定义中："实际参与SSI谈判和解决的群体所需的话语体系有不同的种类，赖德（Ryder, 2001）对'功能性科学素养'的分析提供了实证推演的描述"（Sadler, 2009, p. 12）。

美国如何将愿景II从2012 年《科学教育框架》中删除

我们关注美国的这份文件有两个原因。（1）它是当前美国科学教育非常重要的一部分。（2）它还提供了一个机会，来展示引发如下讨论的理论框架和方法论：愿景I和愿景II作为科学教育政策驱动因素的差异，以及在两者之间进行选择的潜在影响。

显然，从课堂教学中移除个人和社会视角会严重削弱愿景II的核心意义。不过，请考虑以下观点：

> 关于获得……在生活中应用科学知识

> 的能力，有一个重要且通常不容置疑的假设……“如果一个人了解足够多的科学知识，他或她会在生活中应用这些知识。”换句话说，这种假设认为科学知识直接影响个人的决策和行为。
>
> （Bybee & McCrae, 2011, p. 8）

乔恩·米勒（Jon Miller）反复强调上述观点。他的科学素养测评工作在美国乃至国际上仍享有一定的声望（关于乔恩·米勒工作的更广泛的讨论，参见Miller, 2000，或Roberts, 2007, pp. 760–762）。这种“剥离”愿景II的情况在实践中并不罕见，尤其是当科学教师感到时间紧迫，并在拥挤的课程中寻找可以忽略的教学内容时。然而，在政策层面上，我们想非常清楚地表明，这不仅是希望通过愿景I的实践达成愿景II的目标，更代表着一种偏向愿景I的选择。这种选择消除了愿景II的至关重要的一个部分——对与科学相关的个人和社会议题中实践型推理的理解。

实践型推理在科学教育中的边缘化

当然，科学视角足以理解和处理科学相关问题，人们对这一观点并不陌生。（见前面关于AAAS定义 science literacy 的讨论。）《科学教育框架》（NRC, 2012）表明这种选择是有意做出的。该文件明确指出，在该科学教育文件中“社会、行为和经济科学未得到充分关注”（p. 13），而“许多与社会、行为和经济科学相关的主题被纳入社会研究类的课程中，可以从人文学科的视角进行教学”。与以前的《美国国家科学教育标准》（NRC, 1996）相比，作为《新一代科学教育标准》（*Next Generation Science Standards*，2013年公布）基础的NRC《科学教育框架》发生了一个非常重要的转变，不再像1996年的文件一样赋予愿景II核心作用（参考Roberts 2007, pp. 747–748）。新《科学教育框架》文件的一个动向是，仅以象征性的方式提及science literacy和scientific literacy这两个术语。第二个动向是，既强调理论交流模式，也强调技术交流模式，但在处理社会性科学议题和科学相关决策时未提及个人和社会视角（因此没有实践型推理）。文件中触及科学社会议题的“学科核心概念”未包含个人和社会视角。文件中从第201页开始讨论的五个与工程、技术和科学应用相关的核心理念或称元理念对这些视角有所涉及。名为“工程、技术、科学对社会和自然世界的影响”的核心理念建议将个人和社会视角纳入，但极不重视社会性科学事物和议题，把它们看作科学和技术工作的副产品。

文件中自第202页起的“科学、技术、科学应用的定义”值得全面展示（粗体字是原稿的体例，评论部分为我们所加）。

“**技术**是为满足人类需求或欲望而对自然世界进行的改造。”

“**工程**是为满足人类需求设计对象、流程和系统所用的系统化且通常迭代的方法。”

评论：对上述两项定义而言，技术型推理模式作为技术学习的机会的一部分是合适的。

“**科学应用**是指为科学目的而使用科学知识，无论是否去做更多的科学……”

评论：到目前为止使用的是理论型推理模式。

“……为了设计新工艺、新产品或新医疗手段，为了开发新技术……”

评论：新工艺、新产品、新医疗手段或新技术的设计都来自技术型推理模式的使用。

“……或者来预测对人类行为的影响。”

评论：这不是实践型推理——“预测影响”与审视社会性科学议题不同，包括了科学和技术之外视角的考量。

该文件是通过清除对个人和社会视角的关注以“净化”科学教育政策，进而从愿景II退出的典型例子。该文件严格限制在议题的科学和工程方面，这正是前文提到的萨德勒和蔡德勒(Sadler & Zeidler, 2009, p. 912)所担忧的：“他们不应该试图提炼科学并抛弃那些议题中可能被认为超越了传统科学界限的其他要素。”

将工程与“纯”科学结合起来是一项值得注意的成就，因为除理论型推理外，技术型推理也受到了重视，这与目前广泛采用STEM(科学、技术、工程和数学)作为综合性的学校科学的简称是一致的。下面的声明说明了将工程包括在内的部分理由：

> 科学家和工程师经常在某些领域展开合作，尤其是如纳米技术或合成生物学等新领域，因而模糊了科学和工程之间的界限。学生们应该理解这些相互作用，并且随着他们的成长不断加深理解。领会科学、工程和社会的相互作用将使他们对地方、国家和全球的议题有更深入的见解。
>
> (NRC, 2012, p. 203)

公众参与科学的话语体系：科学的圈内人与圈外人

范斯坦(Feinstein, 2011)对scientific literacy / science literacy(他没有做区分)提出过严厉的批评，他“审视了……这样一种观念，即科学教育可以帮助人们解决对个人有意义的生活问题，直接影响他们的物质和社会环境，塑造他们的行为，并使他们理解最重要的实际和政治决策”(Feinstein, 2011, p. 169)。他的核心论点是，围绕上述观念存在着一种“经验真空”——“几乎找不到证据”来证明人们实际上如何以上述方式应用科学。尽管如此：

> 我认为我们不需要放弃……使全体公民有能力应对与科学相关的现实挑战这一愿景……我们需要审视人们在日常生活中是如何使用科学的，并……关注关于公众参与科学情况的研究。
>
> (Feinstein, 2011, p. 170)

范斯坦分析了一些在日常生活中使用科学的例子，这些例子“有可能改变我们对科学素养的理解”(如Layton, Jenkins, Macgill, & Davey, 1993及Roth & Lee, 2002)。这些例子研究了科学教育对于理解日常问题和事件的有用性(或无用性)。它们引领着一个方向。“这个方向在科学教育的背景下相对新颖，但对社会研究来说并不陌生，特别是，它们反映了公众参与科学这一领域的核心发现”(Feinstein, 2011, p. 177)。他认为，参与科学就是以下两者之间的联系：

> 科学与生活经验。它是……圈外人的行为。人们不会以把自己从社会环境中抽离出来的方式参与科学，然后问：“一个科学家会做什么？”在很大程度上，他们并不想成为科学的圈内人。他们仍然停留在科学之外，接触能丰富他们对自己生活的理解的点点滴滴。
>
> (Feinstein, 2011, p. 180)

范斯坦以重要的建议结束了他的论证：

> 我认为，有科学素养的人在科学方面是有能力的圈外人：他们知道科学在什么时候与他们的所需及兴趣相关，并且知道用有助于实现自己目标的方式与科学专业知识的来源互动。[因此]对科学素养的追求不是偶然地确定相关性，而是从根本上确定相关性……“有能力的圈外人”这一概念还让人们注意到一个事实，我们目前正在做一件非常不同的事情——培养边缘的圈内人。学生要经历长期的概念和理论学习……少数人将继续深造成为真正的科学圈内人，但对大多数人来说，他们对科学的全部理解都来自这一过程。正如我在这篇文章开头所观察到的，几乎没有证据表明这种对科学的简单熟悉会转化为日常能力。
>
> （Feinstein, 2011, pp. 180–181）

根据拜比（Bybee）和麦克雷（MacRae）（2011）的观点，范斯坦的批判回应并强化了我们已经表达过的忧虑，即假设（在愿景I的意义上）学习科学会自动使学生有能力应对愿景II的情境。（遗憾的是，在范斯坦的文章中这两种愿景存在一些混淆，但对我们在这里讨论的目的没有太大的影响。）令我们感到惊讶的是，范斯坦没有提到“21世纪科学”或SSI项目，可以认为这两个项目的关注点都是他所建议的事情，即教学生使用“圈外人”的话语和技巧有效地参与科学。

PISA 2015：逐渐退出愿景II

为世界各地科学教育者所熟知的PISA始于1997年，它代表了经济合作与发展组织（Organisation for Economic Co-Operation and Development [OECD]）成员国监测阅读、数学和科学方面的教育成果的持续努力。PISA每三年对参与国家或地区的15岁学生进行一次测试。在评估中，上述三个领域轮换作为主要和次要领域：2000年的主要领域是阅读，2003年的主要领域是数学，2006年的主要领域是科学。

之前的综述（Roberts, 2007）和本次更新都只涉及科学领域评估中固有的SL概念。PISA最初采用的SL概念是这样定义的：“科学素养是利用科学知识识别问题并得出基于证据的结论的能力，目的是理解自然世界及人类活动给自然世界带来的变化并帮助做出决定”（OECD, 1999, p. 60）。定义中纳入特定短语（如“科学知识”和“基于证据的结论”）的意义和目的，在OECD文件和哈伦（Harlen）的两篇信息量很大的论文（Harlen, 2001 a, 2001 b）中得到了阐述。

以下是哈伦（2001 b）关于术语概念界定的几点看法。

- SL概念界定涉及学习者作为公民需要达到的目标——“理解科学将会改善他们未来的生活”（Harlen, 2001 b, p. 87）。这暗示着未来的科学家也需要这样的理解。
- SL根源在于学校经历，但也可以“终身发展”（Harlen, 2001 b, p. 87）。这一点承认了非正规科学教育的重要性。
- 不能把SL看作词汇，它意味着“一般的能力或能够‘适应’科学的理解方式”（Harlen, 2001 b, p. 87）。这也说明了这种更广泛的理解方式不同于知道如何“做科学”。
- 学生具备SL的一个关键特征是，熟练地将证据与观点联系起来：如何在科学中使用和收集证据，“是什么使某些证据比其他证据更可靠，它的缺点是什么，以及在哪里可以和应该应用它”(Harlen, 2001 b, p. 87)。

- 此SL概念界定将科学知识和科学思维与“现实世界中”的问题、议题和情境联系起来进行考量(Harlen, 2001 b, p. 91)，因此学生们可以将他们在实验室环境中学习的内容应用到非学校环境中。

基于此SL概念界定的评估于2000年和2003年进行(OECD, 2003, p. 133)。

2006年PISA的准备工作提供了修订科学教育框架的机会，科学第一次成为一个主要的领域。科学论坛(Science Forum)和科学专家组(Science Expert Group)(前者负责咨询，后者负责开发框架的具体方面)修订了2000/2003年的框架。《评估科学、阅读以及数学素养》(*Assessing Scientific, Reading, and Mathematical Literacy*; OECD, 2006)中描述了2006年版SL的背景、基本原理和概念界定。

在2006年的PISA中，SL指的是一个人的：

- 科学知识，以及使用这些知识识别问题、获取新知识、解释科学现象、就科学相关议题得出基于证据的结论；
- 对科学作为人类知识和探究形式之一的核心特质的理解；
- 对科学和技术如何塑造我们的物质环境、知识环境和文化环境的了解；
- 作为具备科学思维的公民参与科学相关议题的意愿。

2006年界定的SL概念在2009年和2012年的PISA中均被保留。2006年的概念界定明确地将愿景II作为PISA的基础。从那时起，PISA项目一直专注于在生活情境中进行评估。2006年、2009年和2012年的框架强调并加强了这一意图。

2015年，科学再次成为PISA的主要领域。为2015年的PISA所制定的新框架(OECD, 2013)审查并修订了作为该评估中心构想的SL概念。以下是PISA 2015年科学框架中SL的定义。

科学素养是具备科学思维的公民参与科学相关议题的能力。因此，具备科学素养的人愿意通过对科学和技术的理性讨论参与科学相关议题，这需要以下能力：

1. 科学解释现象
    - 识别、提供并评估人们对一系列自然和技术现象的解释
2. 理解科学探究
    - 识别、描述和评估科学探究的设计、实践和实施
3. 诠释科学证据
    - 分析和评估多种表现形式的科学信息、观点和论证，并得出适宜的结论

对比2000年、2006年、2015年的SL概念，其间的差异很微妙，但也很明显。为了进行比较，我们将SL能力要素列在表27.1中。

表27.1 2000—2015年SL能力要素

2000年SL能力要素	2006年SL能力要素	2015年SL能力要素
• 运用科学知识	• 确定科学问题	• 科学解释现象
• 确定问题	• 科学解释现象	• 理解科学探究
• 得出基于证据的结论	• 运用科学证据	• 诠释科学证据

我们认为，与2000年和2006年相比，2015年的SL概念弱化了对愿景II的强调。提出此观点的依据是对能力要素的考察。例如，我们注意到，2000和2006年PISA科学框架明确强调了科学问题的确定、对科学知识(2000年)或证据(2006年)的使用。相比之下，2015年的框架更加强调对科学探究的理解和对科学证据的诠释。

2015年的SL定义从更深、更广的层面阐明了程序性知识和认识论知识。似乎这些变化将重点从应用科学知识到科学之外的情境转移到理解科学的内部过程。这一转变趋向于AAAS所定义的science literacy，前文曾作为愿景I的定义实例。

公民并不是以抽象的方式接触科学，而是在个人、地方和全球背景下以及生活情境中。这种观点与科学素养的愿景II一致。2015年PISA科学框架非常精细地讨论了三种科学知识的变化:(1)内容知识，(2)程序性知识，(3)认识论知识。科学知识的这些维度是三种能力要素的基础。虽然对科学知识的讨论得到了澄清和深化，但在生活情境中应用科学知识被弱化为科学素养的基本组分，并延伸到PISA 2015年科学框架中。

愿景II的多重视角和广阔范围

从愿景II退出的几个例子表明，人们对“非科学”视角(如个人和社会视角)的重视有所减弱。在这一部分中，我们将回顾愿景II是如何发展的，即这些视角如何成为学校科学的一种方向。之前的综述(Roberts, 2007)中有对科学素养(这里指SL)此方面历史的更为完整的回顾。

SL一词的早期历史展现出其定义的多样性。要理解如此明显的混乱，可以从根据教育口号的逻辑来检验SL出发。也就是说，这一术语是作为一个口号引入专业科学教育文献的——这是美国在20世纪50年代战后时期为重新审视学校科学目的而争取支持的方式(参见Hurd, 1958等)。起初，所讨论的SL主要(尽管不是全部)代表为“90%学生”所做的课程规划，这些学生不是“未来科学家”，因此应该属于“SL流”(Klopfer, 1969)。换言之，这些人在极为努力地创建愿景I的替代方案。

从喊口号到接纳多种定义

喊口号并不能帮助专业的科学教育者在他们的研究中以及在与政策、计划项目、组织教学和设计评估相关的实际工作中取得进展。一系列定义才是真正所需。20世纪50年代末至80年代初，北美出现了许多对SL定义进行分析并表达观点的科学教育文献。这是教育口号逻辑的核心特征：口号必须进行诠释，任何从口号(在逻辑意义上)转向定义的人都会在合理的范围内提供自己的诠释。因此，定义丰富多样不足为奇。

几位作者试图通过接纳科学教育界的贡献，将这个时代的定义整合成一个代表SL内涵的综合体。这里选择的三篇解说性论文均基于美国科学教育作者的工作(关于这个时代美国文献接纳性特征的更广泛的回顾和分析，可参见Bybee, 1997, chapters 3 and 4)，包括专业协会，如美国科学教师协会(National Science Teachers Association [NSTA])的声明。(美国科学教师协会于2019年更名为美国科学教育协会[National Science Teaching Association]——出版者注)

1966年，米尔顿·佩拉(Milton Pella)和他在威斯康星大学麦迪逊分校科学素养中心(Scientific Literacy Center at the University of Wisconsin in Madison)的同事们报告了一项关于作者如何“指称”SL的研究。他们在全面文献分析的基础上，选定100篇论文进行进一步分析，并通过基于六项指称的复合描述表述了SL：

> 目前，有科学素养的人的特征是，了解科学的基本概念、科学的本质、科学家在科学工作中需要遵守的伦理、科学与社会的相互关系、科学与人文的相互关系，以及科学与技术之间的差异。
>
> (Pella, O'Hearn, & Gale, 1966, p. 206)

基于佩拉的分析，迈克尔·阿欣(Michael Agin)延续了接纳/整合的主题，八年后表达了以下关切：“许多人使用scientific literacy一词，但没能赋予它足够的意义……应该建立一个有助于整合和总结这许多定义的参考框架”(Agin, 1974, p. 405)。阿欣使用佩拉的六个类别来组织他自己的框架，利用了更多的文献(大部分是1966年以后的)，以便通过加入“科学家和科学教育者的关注和意见”中的“选定维度”来巩固这些类别(Agin, 1974, p. 407)。

劳伦斯·加贝尔(Lawrence Gabel)的博士论文(1976)就是一个在当时文献中寻求接纳的典型案例。加贝尔开发了一个SL理论模型，该模型在很大程度上是基于陈述或建议与诠释SL相关的科学教育目标的。他的模型将佩拉的六个类别扩展(实际上是改进)至八个，这些类别构成了矩阵的一个维度。另一个维度包括六大类认知目标和(布鲁姆分类法中的)三类情感目标。加贝尔报告说，该矩阵的72个元素，除16个外，他都能在文献中找到例子(Gabel, 1976, p. 92)。为了整合与SL相关的所有可能的目标，他自己补充了缺失的例子。当然，这也是该矩阵中56个元素有丰富的实证基础但它仍然是一个理论模型的原因(完整的矩阵见于Gabel, 1976, p. 93)。这样一来，SL确实成了一个具有多样与复合意义的概括性概念，而其意义最终给予愿景II广阔的空间。所有这些工作都是为了发展一个足够全面的概念，来指导面向全体学生的课程，并接纳当时科学教育界的思想。

分析SL历史的一种相关但稍有不同的方法是，从教育史和科学教育文化中的重大事件，尤其是社会对课程的不断变化的要求开始。运用这种方法是为了了解各时间段的重大事件如何改变与SL相关的科学教育政策的表述。德博尔(DeBoer, 1991, chapter 6)提供了美国这类分析的优秀例子(另见Bybee & DeBoer, 1994; Matthews, 1994, chapter 3)。詹金斯(Jenkins, 1990)以相同的概念和方法对英国SL概念的演变进行了描述。

约十年后，德博尔(2000)回到了历史事件分析的方法，将美国始于20世纪90年代中期的基于标准的改革工作作为用于分析的重大事件。他提出了科学教育目标的九项总结性陈述，这些目标代表了“SL广义的内涵”(DeBoer, 2000, p. 591)，且基本上与加贝尔25年前的发现相呼应，即SL已经成为科学教育者所赞同的主要目标之一、之全部，或者若干主要目标的组合。德博尔的如下评论某种程度上能让人想到SL口号的初衷："我们可以得出的结论是，SL通常意味着普通教育目标下对科学的广义且功能性的理解，而不是为从事具体科学和技术事业做准备"（DeBoer, 2000, p. 594）。

关于接纳方式的思考

SL教育口号中所含的历史性的定义有一些令人欣慰的东西。人们意识到，尽管其定义多种多样，但在20世纪80年代初期，SL确实表达了科学教育目标和意义的统一。从某种意义上说，这是准确的。在科学教育文献中，SL的关注点从专门为无科学偏向性的学生提供适当的课程转变为发展适合所有学生的科学教育。

然而，针对SL这一术语的多样化使用和定义活动并未停止。拜比（1997）指出，20世纪80年代，在美国，"[SL]这个词开始具有与其过去概念发展所不同的象征价值，因为人们以各种各样的方式使用它"（Bybee, 1997, p. 59）。这导致关于SL定义的部分篇幅较长。它还将其意义转回到了愿景I和愿景II之间的区别。最初愿景II得以广泛传播是因为20世纪80年代全球科学教育需要应对各种挑战。范森（Fensham, 1992）举例说，许多国家开始把越来越多的年轻人更长时间地留在学校里。随着这些学生达到较高教育水平，学校越来越迫切地需要关注科学课程，以培育"具有科学素养的公民"并提供"科学的劳动力"（Fensham, 1992, pp. 793－795）。（希望了解20世纪90年代SL概念的阐述的读者，可以参考Bybee, 1997和DeBoer, 2000。）

科学教育何去何从？解释和启示初探

很明显，科学教育的整体特征受到所选择的是科学素养的愿景I还是愿景II的显著影响。继续保持教育广泛性和普遍性的一种方法是，使用前述的由佩拉和他的同事开发的复合定义。第二种方法是为所有学生提供在独立的必修课程中体验愿景II的机会，如英国"21世纪科学"项目所做的那样。

在我们看来，上一版综述（Roberts, 2007）发表时人们对SL清晰度的关注比现在更多。特别是，人们以抵消愿景I的影响和使学校科学教育更具相关性、可获取性的需要为明确的目标。在卡尔·林奈诞辰300周年纪念活动期间，瑞典乌普萨拉大学（Uppsala University）于2007年5月举办了一次有关科学素养的重大研讨会，大会将该综述用作讨论材料之一。来自世界各地的20位杰出科学教育者介绍了自己的研究，并同意发表一份关注世界范围内科学教育状况的声明。声明中包括了以下几点（Linder, Östman, & Wickman, 2007, p. 1）：

- 许多学生对科学兴趣不大，甚至表现出强烈的抵触；
- 与其他学科相比，科学被认为缺少与现实生活的相关性且更难理解；
- 学校教育使学生对科学和技术类职业失去兴趣，对理解它们的社会重要性只起到了较小的积极作用。

在为期两天的研讨会上，与会者展示和讨论了愿景II可以抵消上述顾虑的多种可能性。研讨会的成果是一部含18章内容的书，编写者是来自10个不同国家的34位作者（Linder et al., 2011）。一些研究成果没有在书里详细阐述，但可以在出版的《会议通讯》（*Proceedings*）（Linder, Östman, & Wickman, 2007）中找到。奥斯本在《会议通讯》中如是强调抵消愿景I的必要性：

> 改变学校科学教育的教学方法是一项重大挑战……这种教学方法是由两方面因素形成的，一方面是一个共有的文化内嵌概念，它涉及科学教学的意义……[和]一个极为崇尚将再现真实世界作为科学知识和科学理解的最佳量度的评估系统……政治家们需要认识到，这些系统中所蕴含的价值观正在产生某种学校科学体验，这种体验会带来最让他们担心的结果——当代青少年逃离学校科学。
>
> （Osborne, 2007 a, pp. 109 – 110）

将愿景I作为默认图景的四个可能原因

对于一个把个体看作是所受科学教育结果的人来说，科学素养的“愿景”的影响是不可估量的。从使用这一术语的意义上讲，愿景是课程政策图景中非常重要（甚至是决定性）的部分（Roberts, 2011），它反过来有可能影响课程、课程开发和教师实践的各个方面。在这一连串事件中的许多地方，愿景I都可以施展它对学校科学的强有力控制，并确立其作为科学教育默认图景的“正当”地位。基于前面的综述，我们就愿景II受重视程度的降低提出了试探性的解释。

1. 愿景II被反对可能与其自身无关，而是因为课程决策越来越多地掌握在官僚而不是专业的科学教育者手中。官僚们往往关注问责；愿景I的衡量标准并不像愿景II的那样复杂。

范森（2012）提请人们注意，与专家相比，官僚在监测学校系统、教师和课程改革等方面发挥的作用越来越大。他以研究澳大利亚科学教育的五个案例为基础阐述了这种转变，指出“教育的市场观，特别是科学教育的市场观，在许多国家兴起，伴随而来的是通过简单的审计措施满足公众的问责”（Fensham, 2012, p. 1）。

2. 愿景II可能被认为过于宽泛，以至于无法在学校中教授。根据这种观点，社会研究更适合对个人和社会进行考量，而学校科学应限于“科学般”的视角。

个人和社会视角从科学课程政策中退出在2015年PISA的SL定义以及美国2012年《科学教育框架》的特点中表现得很明显。这一解释得到了两方面证据的支持。首先，在AAAS的SL定义中有一条陈述这样描述有科学素养的人：“将科学知识和科学思维用于个人和社会目的”（本章第769页）。这是愿景I的典型标志，AAAS的出版物影响了美国的许多州以及美国和其他地方的地方课程政策。其次，如前所述，有一个假设是众所周知的（参见乔恩·米勒的著作，特别是Miller, 2000），即了解科学才有足够的水平处理有个人和社会意义的事务。

3. 愿景II要求教师们掌握新内容和一种非常不同的教学风格，并且熟悉和适应一种与他们所习惯的课堂话语不同类的话语体系（实践型推理）。

按愿景II中所需话语开展教学有几种困难。克拉克（Clark）及其同事（2011）描述了一个南非项目，该项目使用一个为聚焦采矿而改写的化学单元来实施愿景II课程。他们发现教师遇到了两类不同的问题。第一，尽管采矿对于南非的经济和文化具有重要意义，但教师自己和他们的学生均对现实中的采矿一无所知。第二，组织讨论对科学教师来说很陌生，因为大家普遍认为在典型的科学课堂上确实没有什么可讨论的。类似地，罗宾·米勒(Millar, 2006)在“21世纪科学”项目启动两年(一个周期)后报告了以下内容：“关键的挑战是，用于批判性看待公众对科学的描述的语言和推理，以及对科学相关议题进行更开放的讨论的课堂管理”(p.1499)。

4. 愿景II可能不被认为是可行的课程模式。科学教育政策或项目的规划者将愿景I作为主导(和排他性)的模式，因此拒绝将愿景II作为一种选择。

正如布鲁纳(Bruner, 1960)等所阐述的那样，在20世纪50年代和60年代，课程改革的主导模式定位在科学学科的概念性和程序性基础上。在那个时代的历史中，美国课程项目(例如PSSC、BSCS、CHEM STUDY、ESCP、SCIS)的引领者均是科学家，他们基于自身接受的教育和取得的经验采用愿景I作为改革的基础(Rudolph, 2002)。在此历史案例中，愿景I被这些引领者视为课程改革的默认模式。

过度强调一种愿景的潜在影响

科学课程的历史上有很多不分好坏全盘舍弃的例子。科学课程的主要变化是基于课程定位从愿景I到愿景II的变化或者相反。(一个例子是20世纪50年代末60年代初学术界影响科学课程的变化，完全否定了愿景II。)当然，学科内容也有变化，但愿景的变化更为显著。当课程愿景发生变化时，无论出于何种原因，华而不实的论调通常会呼吁：“彻底停止做那件事，并开始全力做这件事！”愿景I和愿景II都不能免于这种可能性。引进一些所谓的基础课程(典型的如PSSC物理学)是从愿景II转向愿景I的最新例子。而STS运动的发展可能是从愿景I向愿景II转变的最有说服力的例子。

愿景I的项目风险在于以象征性的方式纳入情境导向的材料(如关于科学相关议题的个人和社会视角)，即只把这些材料作为课堂上激励学生的资源。愿景II的项目中同样存在象征性的方式(别介意我这么说)，冒着对科学关注不足的风险。艾肯黑德(Aikenhead, 1994)从八个方面对STS教育中的材料开发、研究和教学方法进行了分析，这八个方面展现了对不同的科学内容以及对情境或“STS内容”的关注(1994, pp. 55–56)。一个极端是“STS内容的动机”，它被描述为：“加上STS内容的传统学校科学，目的在于使课堂更有趣。这通常不被视为STS教学……不会根据STS内容对学生进行评估。”另一个极端是“STS内容”，其描述为：“研究了一项重要技术或社会议题。提到科学内容只是为了指出与科学的联系……不会根据纯科学内容对学生进行评估。”关于愿景II和愿景I的实施效果，这里给出了信息和分析框架。

罗思(Roth)和李(Lee)(2002, 2004)以及罗思和巴顿(Barton)(2004)通过将SL重新定义为“集体实践”，将愿景II推向极致——仿佛不存在“个体”SL这一事物。据我们所知，他们所有的案例研究都是基于同一个背景——个人和社会视角下的科学教学。罗思和李在“尾声”中(2004, p.288)评论说：“在我们提出的方法中仍有许多关于形式分布和情境认知的研究要做。”确实，还需要进一步研究在不同情境下学生能否合理地从一个情境转换到另一个情境以及转换效果如何。例如，假设学生以科学的个人和社会视角了解某社区河水的化学，这对他们理解科学探究的相应特征和/

或科学史与科学本质(如生态逻辑探究的系统论特点)，究竟会有益、有害，抑或没有影响呢？我们认为需要更多的研究来回答此类问题。可以肯定的是，我们对单一情境下或围绕着课程重点的科学教学的影响进行了大量的研究(例如，关于学习科学本质的研究、关于STS教育的研究等)。这里强调的是多种情境以及这些情境如何影响学习者，由此对课程政策中定义SL的方式和教学材料中的实施方式给予反馈。过度强调愿景II或愿景I都会给教育学生带来风险。

结束语

本综述表明，现在比过去更需要在能够成功满足所有学生需求的科学教育项目中研发平衡science literacy(愿景I)和scientific literacy(愿景II)的方法。当然，作为专业人员，我们已经看到了足够多强调一种愿景而牺牲另一种愿景的例子。英国“21世纪科学”的例子表明，如何用一种全面而系统的解决方案为学校科学的两大主要功能提供支持。两种愿景都不能同时满足两大功能，从这个意义上看，这确实也是一个系统性问题。该项目可以为其他策略提供模板，可能更适合其他教育系统。无论如何，重点必须是学生的科学教育需求，而不是仅满足一小部分学生需求的某一种愿景的意识形态纯洁性或吸引力。

致谢

感谢贾斯廷·狄龙(Justin Dillon)和格雷戈里·凯利(Gregory Kelly)的帮助，他们对本章内容提出了有益的审读意见。

参考文献

Agin, M.L. (1974). Education for scientific literacy: A conceptual frame of reference and some applications. *Science Education 58*, 403 – 415.

Aikenhead, G. (1994). What is STS science teaching? In J. Solomon & G. Aikenhead (Eds.), *STS education: International perspectives on reform* (pp. 47 – 59). New York: Teachers College Press.

American Association for the Advancement of Science. (1989). *Science for all Americans.* Washington, DC: Author.

Bruner, J.S. (1960). *The process of education.* New York: Vintage Books.

Bybee, R.W. (1997). *Achieving scientific literacy: From purposes to practices.* Portsmouth, NH: Heinemann.

Bybee, R.W., & DeBoer, G.E. (1994). Research on goals for the science curriculum. In D.L. Gabel (Ed.), *Handbook of research on science teaching and learning* (pp. 357 – 387). New York: Macmillan Publishing Company.

Bybee, R., & MacRae, B. (2011). Scientific literacy and student attitudes: Perspectives from PISA 2006 science. *International Journal of Science Education, 33*, 7 – 26.

Clark, J., Case, J.M., Davies, N., Sheridan, G., & Toerien, R. (2011). “Struggling up Mount Improbable”: A cautionary (implementation) tale of a Vision II scientific literacy curriculum in South Africa. In C. Linder, L. Östman, D.A. Roberts, P.-O. Wickman, G. Erickson, & A. MacKinnon (Eds.), *Exploring the landscape of scientific literacy* (pp. 272 – 287). New York: Routledge.

Council of Ministers of Education, Canada (CMEC). (1997). *Common framework of science learning outcomes K to 12: Pan-Canadian protocol for collaboration on school curriculum for use by curriculum developers.* Toronto, ON: Author. ISBN 0 - 88987 - 111 - 6.

DeBoer, G.E. (1991). *A history of ideas in science education: Implications for practice.* New York: Teachers College Press.

DeBoer, G.E. (2000). Scientific literacy: Another look at its historical and contemporary meanings and its relationship to science education reform. *Journal of Research in Science Teaching, 37,* 582 – 601.

Feinstein, N. (2011). Salvaging science literacy. *Science*

Education, 95, 168–185. doi:10.1002/sce.20414

Fensham, P.J. (1992). Science and technology. In P.W. Jackson (Ed.), *Handbook of research on curriculum* (pp.789–829). New York: Macmillan Publishing Company.

Fensham, P.J. (2012). The science curriculum; the decline of expertise and the rise of bureaucratise. *Journal of Curriculum Studies*. doi:10.1080/00220272.2012.737862

Gabel, L.L. (1976). *The development of a model to determine perceptions of scientific literacy.* Doctoral dissertation. The Ohio State University, Columbus, Ohio.

Gauthier, D.P. (1963). *Practical reasoning: The structure and foundations of prudential and moral arguments and their exemplification in discourse.* Oxford, UK: Clarendon Press.

Harlen, W. (2001a). The assessment of scientific literacy in the OECD/PISA project. In H. Behrendt, H. Dahncke, R. Duit, W. Gräber, M. Komorek, & A. Kross (Eds.), *Research in science education — past, present, and future* (pp.49–60). Dordrecht, the Netherlands: Kluwer Academic Publishers.

Harlen, W. (2001b). The assessment of scientific literacy in the OECD/PISA project. *Studies in Science Education, 36*, 79–104.

Hurd, P.D. (1958). Science literacy for American schools. *Educational Leadership, 16*, 13–16.

Jenkins, E.W. (1990). Scientific literacy and school science education. *School Science Review, 71* (256), 43–51.

Kelly, G.J. (2011). Scientific literacy, discourse, and epistemic practices. In C. Linder, L. Östman, D.A. Roberts, P.-O. Wickman, G. Erickson, & A. MacKinnon (Eds.), *Exploring the landscape of scientific literacy* (pp.61–73). New York: Routledge.

Klopfer, L.E. (1969). Science education in 1991. *The School Review, 77*, 199–217.

Lave, J., & Wenger, E. (1991). *Situated learning: Legitimate peripheral participation.* Cambridge, UK: Cambridge University Press.

Layton, D., Jenkins, E.W., Macgill, S., & Davey, A. (1993). *Inarticulate science? Perspectives on the public understanding of science and some implications for science education.* Nafferton, Driffield, East Yorkshire, UK: Studies in Education Ltd.

Linder, C., Östman, L, Roberts, D.A., Wickman, P.-O., Erickson, G., & MacKinnon, A. (Eds.). (2011). *Exploring the landscape of scientific literacy.* New York: Routledge.

Linder, C., Östman, L., & Wickman, P.-O. (Eds.). (2007). *Promoting scientific literacy: Science education research in transaction.* Uppsala, Sweden: Uppsala University.

Matthews, M.R. (1994). *Science teaching: The role of history and philosophy of science.* New York: Routledge.

McEneaney, E.H. (2003). The worldwide cachet of scientific literacy. *Comparative Education Review, 47* (2), 217–237.

Millar, R. (2006). Twenty First Century Science: Insights from the design and implementation of a scientific literacy approach in school science. *International Journal of Science Education, 28* (13), 1499–1521.

Millar, R. (2010). Increasing participation in science beyond GCSE: The impact of Twenty First Century Science. *School Science Review, 91* (337), 67–73.

Millar, R. (2012). Rethinking science education: Meeting the challenge of "science for all". *School Science Review, 93* (345), 21–30.

Millar, R., & Osborne, J. (Eds.). (1998). *Beyond 2000: Science education for the future.* London: King's College London, School of Education.

Miller, J.D. (2000). The development of civic scientific literacy in the United States. In D.D. Kumar & D.E. Chubin (Eds.), *Science, technology, and society: A sourcebook for research and practice* (pp.21–47). New York: Kluwer Academic/Plenum Publishers.

National Research Council. (1996). *National science education standards.* Washington, DC: National Academies Press.

National Research Council. (2012). *A framework for K–12 science education: Practices, crosscutting concepts, and core ideas.* Washington, DC: National Academies Press.

Norris, S.P., & Phillips, L.M. (2003). How literacy in its fundamental sense is central to scientific literacy. *Science Education, 87*, 224–240.

OECD. (1999). *Measuring student knowledge and skills: A new framework for assessment.* Paris: OECD.

OECD. (2003). *The PISA 2003 assessment framework: Mathematics, reading, science and problem solving knowledge and skills.* Paris: OECD.

OECD. (2006). *The PISA 2006 assessment framework for science, reading and mathematics.* Paris: OECD.

OECD. (2013). *PISA 2015 draft science framework.* Paris:

OECD. Retrieved from www.oecd.org/pisa/pisaproducts

Orpwood, G. (1998). The logic of advice and deliberation: Making sense of science curriculum talk. In D.A. Roberts & L. Östman (Eds.), *Problems of meaning in science curriculum* (pp. 54 – 70). New York: Teachers College Press.

Osborne, J. (2007a). Engaging young people with science: Thoughts about future direction of science education. In C. Linder, L. Östman, & P.-O. Wickman (Eds.), *Promoting scientific literacy: Science education research in transaction* (pp. 105 – 112). Uppsala, Sweden: Uppsala University.

Osborne, J. (2007b). Science education for the twenty first century. *Eurasia Journal of Mathematics, Science & Technology Education 3* (3), 173 – 184.

Pella, M.O., O'Hearn, G.T., & Gale, C.W. (1966). Referents to scientific literacy. *Journal of Research in Science Teaching, 4*, 199 – 208.

Roberts, D.A. (1982). Developing the concept of "curriculum emphases" in science education. *Science Education, 66*, 243 – 260.

Roberts, D.A. (1995). Junior high school science transformed: Analysing a science curriculum policy change. *International Journal of Science Education, 17*, 493 – 504.

Roberts, D.A. (2007). Scientific literacy/science literacy. In S.K. Abell & N.G. Lederman (Eds.), *Handbook of research on science education* (pp. 729 – 780). Mahwah, NJ: Lawrence Erlbaum Associates.

Roberts, D.A. (2011). Competing visions of scientific literacy: The influence of a science curriculum policy image. In C. Linder, L. Östman, D.A. Roberts, P.-O. Wickman, G. Erickson, & A. MacKinnon (Eds.), *Exploring the landscape of scientific literacy* (pp. 11 – 27). New York: Routledge.

Roth, W.-M., & Barton, A.C. (2004). *Rethinking scientific literacy*. New York: RoutledgeFalmer.

Roth, W.-M., & Lee, S. (2002). Scientific literacy as collective praxis. *Public Understanding of Science, 11*, 33 – 56.

Roth, W.-M., & Lee, S. (2004). Science education as/for participation in the community. *Science Education, 88*, 263 – 291.

Rudolph, J.L. (2002). *Scientists in the classroom*. New York: Palgrave.

Rutherford, F.J., & Ahlgren, A. (1991). *Science for all Americans*. New York: Oxford University Press.

Ryder, J. (2001). Identifying science understanding for functional scientific literacy. *Studies in Science Education, 36*, 1 – 44.

Sadler, T.D. (2009). Situated learning in science education: Socioscientific issues as contexts for practice. *Studies in Science Education 45* (1), 1 – 42.

Sadler, T.D., & Zeidler, D.L. (2009). Scientific literacy, PISA, and socioscientific discourse: Assessment for progressive aims of science education. *Journal of Research in Science Teaching, 46* (8), 909 – 921.

Zeidler, D.L., & Sadler, T.D. (2011). An inclusive view of scientific literacy. In C. Linder, L. Östman, D.A. Roberts, P.-O. Wickman, G. Erickson, & A. MacKinnon (Eds.), *Exploring the landscape of scientific literacy* (pp. 176 – 192). New York: Routledge.

The History of Science Curriculum Reform in the United States

GEORGE E. DEBOER

第28章
美国科学课程改革史

张静 译 姚建欣 审校

美国科学促进会“2061计划”

自19世纪中叶以来，美国经历了几次著名的科学课程改革。第一次是19世纪中后期科学家们为提高科学研究的理性严谨所做出的努力——让学生直接接触自然现象，通过观察到的模式和关系进行理性思考而不是只通过书本进行学习，因为仅通过书本的学习通常只是死记硬背他们所读的东西。1893年，在由化学家、哈佛大学校长查尔斯·埃利奥特（Charles Eliot）主持的美国国家教育协会十人委员会（Committee of Ten of the National Educational Association）的报告中，这些努力达到了高潮。随后是一个长期的进步时代改革，在20世纪上半叶的大部分时间里持续进行。接下来是20世纪50年代到60年代美国国家科学基金会（National Science Foundation [NSF]）资助的课程项目。这些项目持续时间短得多，但其影响持续至今。之后，针对20世纪50年代至60年代高度注重学科体系和理性严谨的课程材料，出现了一批更关注联系社会的材料，这些材料主要关注环境意识、个人相关性以及科学与社会之间的关系。然后，从20世纪80年代初开始，美国国家卓越教育委员会（National Commission on Excellence in Education [NCEE]）发表的题为《国家在危急中》（*A Nation at Risk*）的报告激发了一个基于标准的课程改革时代。我们现在正处于这一时代。

在某种程度上，更广阔社会中的变化的价值观，以及为适应新的社会愿景而改变的教育的重点，都影响了上述转变。例如，进步时代的改革发生在美国社会激进主义加剧的时期——首先是为大量移民的教化和美国化做出的努力，然后是为了在大萧条后重建国家。同样，里根时代的保守主义和对美国国际竞争力的广泛社会关注，也推动了人们对课程重新严格设置和引入基于标准的问责制的呼吁。有时一些特殊事件，如苏联发射第一颗人造地球卫星等，也加速了改革。

改革运动经常会过度，这是因为发起人会变得过于热忱，而运动的矛盾和弱点也会逐渐显现。在某种程度上，这种过度也会导致新的变革。进步教育就是典型的案例，它在20世纪中期已经发展成一种反智的适应教育。一些人可能认为20世纪50年代至60年代的改革也是如此，因为它高度重视学科的内容和方法，几乎完全忽视了科学的实际社会相关性和学生兴趣的重要性。它创造了一种对于许多学生来说过于困难和无趣的课程，而且对于在更激进的时代成长的教育领导者的品位而言，这些课程的智识也过于抽象。20世纪70年代更具社会相关性和人文主义的方法（环境教育、开放学校、价值观教育、科学-技术-社会方法）是对20世纪60年代课程的高度智识化处理的一种简要回应（DeBoer, 1991; Rudolph & Meshoulam, in press），但这种人文主义方法在《国家在危急中》的报告里又迅速地被更严格的教育方法所取代。与此同时，在更广泛的社会中，人们的态度也发生了转变。

但是，需要指出，课程开发不仅仅是一个循环过程。社会价值观可能会在关注个人和社会激进主义之间发生转变[1]，而这可能会影响我们的教育目标。但我们确实发现了更多关于学生如何学习的信息，也开发了让学生浸入重要科学内容的有效方法。这成为可能的部分原因是对一系列非常稳定的教育目标的认同，即使我们对这些目标的相对重要性以及如何实现这些目标的想法随着时间的推移而改变。这些目标是：第一，向学生传授客观世界的事实和原理，使他们能够理解和欣赏自然现象；第二，让学生了解各种科学方法；第三，培养学生理性思考客观世界的能力。基于这些目标的持续性，教育者才有可能将重点放在科学教学的新方法上，从而使学生具有认识和解释自然现象的富有成效的科学观念。

本章简要介绍了19世纪中叶至今美国科学课程改革的历史以及影响科学课程改革发展的一些因素。本章应与J. 迈伦·阿特金（J. Myron Atkin）和保罗·布莱克（Paul Black）在2007版手册中所著的内容一起阅读。

从书本学习到实验室学习

19世纪中晚期，鼓吹改善学校科学教学最有力的一些人就是科学家本身。这些科学家非常重视教学生如何做科学以及让他们经历科学思维的逻辑过程。例如，托马斯·赫胥黎（Thomas Huxley）和赫伯特·斯宾塞（Herbert Spencer）认为，科学教学应该基于物质世界的直接经验，而不是基于教师或教科书的文字。正是学生与自然事物和现象的直接接触，使科学成为课程中一门独特的学科存在，并证明了其作为一门学科存在的合理性。

赫胥黎说：

> 科学训练的一大特点（它不能被任何其他学科所取代）就是把思想与事实直接联系起来，并以最完整的归纳形式来实践智力活动；也就是说，从对自然的直接观察所得的特定事实中得出结论。
>
> （Huxley, 1899, p. 126）

斯宾塞认为，实验室将帮助学生从他们对自然现象的探索中得出因果关系，他称这样的关系为“判断”。

> 对文字意义的熟知，不能带来对原因和结果形成正确推论的能力。只有养成从数据中得出结论，然后通过观察和实验来验证这些结论的习惯，才能正确地进行判断。
>
> （Spencer, 1864, p. 88）

对科学的研究也提供了“道德”纪律。道德纪律包括思想独立性的发展、坚持不懈、真诚，以及愿意放弃任何被证明错误的先入为主的观念。正如斯宾塞所解释的，单纯的文字增加了人们对权威的依赖：

> 老师或词典说，这些文字的意义是这样的。语法规则说，这里的规则是如此这般的。这样学生就会毫无疑问地接受这些陈述，习惯于顺从教条。这势必会导致他们具有不经探究就接受任何既有事实的倾向。但科学的培养将形成不同的态度。科学将不断呼吁个人的理性。这种理性的真谛告知我们不能仅凭权威而接受一些观念，所有人都可以自由地检验这些观念。
>
> （Spencer, 1864, p. 89）

当19世纪末的科学家们论证科学在学校课程中的价值时，他们是希望让学生体验科学探究的逻辑。他们认为，在自然世界中观察和实验将揭示自然世界的模式，这些模式可以得出一般的原则，此外，思考因果关系将有助于发展学生的理性思维。

这些观点得到了心理学这一新领域的理论支持。例如，观察世界会自然地导致关于世界的概念的形成，这一观点可以在早期心理学家如威廉·詹姆斯（William James）的著作中找到。他认为，一系列的体验会使大脑发生变化，形成更复杂的想法或“联想”。在他1899年出版的颇受欢迎的《与教员谈话》（*Talks to Teachers*）中，他根据自己在19世纪90年代的演讲撰写了一系列文章。詹姆斯说：“联想定律支配着……我们所有的思路。……头脑中出现的任何东西都必须被引入；当它被引入后，它将与已经存在的事物相联系”（James, 1899, p. 29）。

然而，詹姆斯也认为，心理学为教师提供的最多的是关于人类行为的一些广泛的一般原则和见解。用他的话说：

> 如果你认为心理学是一门研究思维规律的科学，你可以从中获得明确的教学计划、方案和方法并立即在教室里使用它们，那你就大错特错了。心理学是一门科学，教学是一门艺术；科学从不直接从它们自身产生艺术。
>
> （James, 1899, p. 5）

十人委员会

1892年，美国国家教育协会（National Education Association [NEA]）召集了由哈佛大学校长埃利奥特担任主席的“十人委员会”（Committee of Ten），以对能使学生顺利地从高中过渡到大学的学校课程提出建议。在委员会的工作及最终报告中，科学家们对如何教授科学的态度达到了高潮。他们选择讨论的主题领域是一些具有“学科”价值的领域，即能够发展智力的领域，而不是那些主要具有“信息性”或商业性效用的领域。埃利奥特作为化学家的背景、他对学校科学课程的兴趣，以及他作为哈佛大学校长的声望，都与科学被纳入他们认为具有“学科”价值的学科中有很大关系。在这些科学工作者所编写的会议报告中，埃利奥特说：

> 他们热切地希望自己所教授的科目在学校中的分量和影响力与拉丁语、希腊语和数学相当；但他们知道，传统教育恰与这种愿望背道而驰，许多教师和教学主管对将这些科目作为学科素材毫无信心。因此，这些报

告的篇幅很长。

（NEA, 1893, p. 13）

当时认为，植物学和动物学应当包含对自然的直接观察，以帮助学生“养成仔细调查和清楚而真实地陈述的习惯，并培养对原始调查的兴趣”（NEA, 1893, p. 142）。教师应要求学生绘制详细的标本速写和素描——通常在动物学中起于变形虫，止于哺乳动物；在植物学中起于绿藻，止于双子叶植物。对结构的观察需要与对相关功能的研究联系起来。高中的植物学和动物学课程应以实验室为基础，每周用3天直接观察，2天讨论观察结果，包括有组织的讲座和测验。除参考书和实验室指南外，不得使用任何教科书；只有生理学将主要基于教科书教授，因为在该领域进行实验工作的机会十分有限。

物理、化学和天文会议（Conference on Physics, Chemistry, and Astronomy）建议，物理科学的学习应从小学开始，并通过学生实验开展教学，其中一半的教学工作应是定量的实验内容。不要求学生独自“发现”物理定律，教师应进行指导，帮助学生解释实验结果。学生将通过测量和计算来确定事物和现象的本质；他们将参与物理定律的验证，这样就可直接证明物理定律的有效性（NEA, 1893）。

1902年，芝加哥大学化学副教授亚历山大·史密斯（Alexander Smith）和哈佛大学物理学教授埃德温·霍尔（Edwin Hall）出版了《中学化学与物理教学》（*The Teaching of Chemistry and Physics in the Secondary School*; Smith & Hall, 1902）。书中反思了十人委员会提出的诸多建议。史密斯和霍尔认为，学生应该在实验室里进行真正的探究，这样的探究能够让学生建构对学科内容有意义的理解，并欣赏独立发现的美妙。化学和物理学原理的实验验证将使抽象原理更加生动，且为所学原理提供实验依据，使学生的记忆更加持久。利用实验进行独立发现会增加学生的兴趣，培养科学思维习惯。

霍尔（1894）同意十人委员会科学会议的意见，即应从文法学校开始讲授定量实验：

> 几年前，许多教育领导宣布，他们支持通过实验来教授物理学，这些实验包括文法学校学生的精确测量和称重等实验。……作者首先表达了……如下看法，即文法学校的物理学必须是“讲台–课桌”上的物理学，教师每周花一两个小时在学生面前演示并讨论简单的实验。但“讲台–课桌”科学教学法的支持者们却无法主张这种教学法具有学科优势或能够使学生近距离接触物理学事实和法则，因为这些效果来自正确指导下的学生自主实验。

（Hall, 1894, p. xx）

在霍尔的基础物理学教材中，他采用了归纳的方法，让学生从实验开始，然后归纳得出实验所揭示的科学原理的结论，而不是把实验用作原理的例证。但他也认识到了这种方法的局限性。他说：

> 很难说归纳法教授了创造发现这门艺术，因为这门艺术就像教人致富一样难。但这种方法相比于验证法而言能够让学生保持更加活跃和自立的状态。而且，在实验中，这种方法在很大程度上阻止了偏见和成见对观察准确性和科学态度正直性的负面影响。

（pp. iii–vii）

综上所述，19世纪末的科学家们认为，科学应该作为一门具有“学科”价值的重点学科纳入学校课程。为了实现这一目标，科学课程需要的不仅仅是信息性和实用性。科学家们特别反对死记硬背科学事实。这是对他们认为过时的教学实践的反应，这种过时的实践将记忆的发展视为教育的主要目标。相反，为了具有学科价值，科学课程必须追求更高的智力目标。科学家们提出的论点是，科学研究可以通过对自然事物和过程的直接观察和仔细思考培养学生的归纳推理能力。科学家们努力争取学生在进行调查时的适当独立性，并且告诫说，不应假设学生可以自己发现科学原理，但也不应提前告知学生他们在验证什么。学生至少应该有寻找关系的自由，然后在要求下说出发现的内容。关注点在于个人智力的发展，几乎不涉及教育在社会中的实用性，也没有考虑过知识是如何在学生头脑中组织的。科学学科有其自身的结构和归纳逻辑，所以学生应通过对世界的直接观察和探索，在知识渊博的教师的指导下认识科学。对科学课程的建议是基于科学家们的个人见解，这些见解是从他们的科学教学经验中获得的，而并非来自我们今天所知道的任何有组织的教育研究项目。

从经验主义到进步主义

20世纪初，教育工作者对科学教学的看法发生了重大转变。尤其是，社会相关性开始优先于个人智力发展。社会学家认为教育应具有能够让学生在民主社会中为更好的生活做准备的价值。20世纪上半叶的教科书反映了这些社会价值观。为了吸引更多的学生上学并留在学校，教科书的编辑者们在书中加入了他们认为对学生更加有趣和有用的话题，科学教科书的内容则开始以家庭和工业实际应用（例如暖气系统或汽车发动机的工作方式）为特色。

美国国家教育协会的中等教育重组委员会（Commission on the Reorganization of Secondary Education [CRSE]）于1918年正式提出了以社会为导向的实用课程。该委员会确定了七项指导学校课程改革的“基本原则”：(1) 健康，(2) 对基本过程的掌握，(3) 作为家庭成员的价值，(4) 职业，(5) 公民身份，(6) 对休闲时间的有价值的使用，(7) 道德品质（NEA, 1918）。上述原则中除极个别以外，大多数在接近40年的时间里指导了教育思想。

大量研究表明，实践性目标在20世纪初受到科学教师的普遍认可（Caldwell, 1909; Downing, 1915; Hunter, 1910），半数以上的教师在1915年之前将“实用的科学”列为科学教学的最重要目标之一。

然而，这种实用性取向并非毫无争议。例如，曾是课程改革十人委员会自然史分会成员，也是芝加哥大学教授的约翰·库尔特（John Coulter）认为，仅仅关注学生的经验会显得太过片面：“‘我们的科学教学应该只关注向学生解释其在生活中所经历的事物’，这种做法会限制他们人生，而不是通过拓宽视野的方式来丰富他们的人生”（Coulter, 1915, p. 99）。阿诺·韦布（Hanor Webb, 1915）指出：“我相信，我国广大的科学教师不会容忍那些嘲笑科学的‘基本原理’的人。客观公正的人能认识到建立每一种结构必须有一个基础”（Webb, 1915, pp. 681–682）。后来撰写了一本很受欢迎的化学教科书的费城南部高中（Southern High School）科学系主任罗伯特·布拉德伯里（Robert Bradbury, 1915）对新的实用性取向在化学中的应用进行了批判：

> 他们先用一百页以纯粹说教的方式来介

绍化学学科。这部分是高度浓缩和抽象的化学原理，其目的显然是希望学生能够在以后的工作中应用这些原理。剩下的部分则是对石灰、水泥、陶器、墨水、电炉、颜料等主题的介绍。实际上，无论出于何种目的，此类教科书介绍的都是基本化学技术……。我们应该确定地理解一个事实：从化学到技术的转变过程中，我们正在抛弃那些已经被证明具有永久价值的知识，转而去处理那些以其价值的消逝为主要特征的信息。

（Bradbury, 1915, pp. 785–786）

为了满足不同读者的口味，像布拉德伯里这样的教科书作者经常会将个人、工业和商业中的应用与科学和科学方法的基本思想结合起来。布拉德伯里1922年出版的《化学初本书》（*A First Book in Chemistry*）将化学原理、历史事件、工业应用、与其他科学领域的联系，以及支持科学主张的事实证据和逻辑推理进行了融合。基于最常见的化学元素，该书首先介绍了与原子和分子、酸碱反应、电离以及倍比定律等相关的化学基本原理。接下来的部分则是对周期性的讨论，以及一系列介绍各族元素、各族元素的性质以及这些元素的化合物的性质和工业应用的章节。作者通过设问和一系列整体上易于理解的推理吸引了学生参与，尽管书中知识的呈现方式往往是百科全书式的，且有时对结论性知识的逻辑论证似乎过于简洁，对于高中生而言无法理解。然而大多数选择上高中化学课程的学生都已经学习过化学的基本原理、化学技术的应用以及与其他科学领域的联系。

同样地，罗伯特·密立根（Robert Millikan）和亨利·盖尔（Henry Gale）编写的《小学物理》（*Elementary Physics*）也在20世纪三四十年代广泛应用于中学教学。密立根是加州理工学院倍受推崇的物理学家，因测量电子电荷而获得1923年诺贝尔物理学奖；盖尔是芝加哥大学物理学教授。他们的书以讲授的方式介绍了流体、力与运动、功与热、电与磁、声与波运动、光、电子与辐射等基本物理概念。除了基础物理学的基本原理外，他们在书中还对物理学的许多工业应用和日常应用进行了介绍，并对每一单元做了简要的历史介绍。不过历史介绍是独立的，没有整合到章节内容中。

这种实用性取向主要是提供信息；作者很少直接通过内容来抓住读者的注意力，通常要么让读者通过物理学原理背后的逻辑和证据来展开思考，要么通过在文本中插入设问句来保持读者的注意力。另一方面，在每章的结尾，作者都会提出一些引发思考的概念性问题。例如，关于状态变化的一章中提道：“在下列情况下，扇风会产生凉爽的感觉吗？为什么？（a）脸部完全干燥；（b）我们周围的空气完全饱和。”（Millikan & Gale, 1941, p. 246）。关于力与运动的一章中提道：“如果地球停止绕地轴旋转，那么赤道上的物体会比现在重还是轻？请解释”（p. 129）。这些都不是可以在教科书中找到答案的问题，也不是简单地将数字套入公式就能解决的定量问题；这些问题需要利用教科书中提到的基本原理来回答。

20世纪上半叶流行的另一本教科书是《现代生物学》（*Modern Biology*）。1921年，穆恩（Truman Moon）以《初级生物学》（*Biology for Beginners*）为书名首次出版了这本书。《现代生物学》的后续版本包括穆恩、曼（Mann）和奥托（Otto）的版本，奥托和托尔（Towle）的版本，以及最后由托尔独立撰写的2002年的版本。当约翰·波斯尔思韦特（John Postlethwait）和珍妮特·霍布森（Janet Hobson）接手创作时，该书作者的沿承被打破了。

这本书在其历史上一直采用类似的版式，直到今天仍被广泛使用。

书中前几章介绍了生物学的基本原理，然后以章为单位描述了每类生物，从微生物、植物开始，直到人类。该书的1956年版（Moon, Mann, & Otto, 1956）涵盖了细胞结构、细胞代谢、生长和繁殖、遗传原理和孟德尔遗传学的基本概念。书中关于系统发育的部分强烈地暗示了生物的渐进式进化发展，但只在结尾部分的《变化的生命世界》（*The Changing World of Life*）一章中直接讨论了生物随时间变化这一主题。作者显然意识到了反进化论者可能会提出反对意见，因此，尽管书中确实讨论了“自然选择”和达尔文理论中的大部分重要原理，但作者在书中从未使用“进化”（evolution）一词。生物随时间变化的证据由化石证据、同源结构、退化器官、胚胎学证据、物种间的身体相似性、地理分布、育种结果以及植物和动物遗传学实验组成。该书在详细介绍每种类型的生物和生物学的基本原理外，还包括了许多个人、工业和商业的应用，并花了大量篇幅讨论生态系统的相互作用、人类在维持自然环境中的作用以及人类的健康。该书具有信息性和描述性，本质上有点儿像百科全书，有大量的术语需要学生记忆。

该书较靠前的一章向学生介绍了科学的本质，告诉学生科学需要开放的心态、谨慎的判断、健康的好奇心、相信自然事物有因果关系的信念，以及对人类福祉的关注。学生还了解到，科学不是只有一种方法，而是针对正在进行的调查类型有不同的手段。直到1956年，这门课程的既定目标仍然包括1918年中等教育重组委员会的“基本原则”中提出的许多观点：

- 回答有关生命和生物的问题
- 获取科学的态度和方法
- 理解生活的基本原则
- 对保护项目进行协助
- 提高我们的整体健康水平
- 增加户外娱乐
- 了解一些杰出的生物学家
- 培养有价值的爱好（例如徒步旅行）
- 改善日常生活（播种和为草坪施肥、喷药消灭害虫、防止食物变质等）
- 从事与生物学有关的职业（涉及食品工业、医疗、农业、林业、细菌学；Moon, Mann, & Otto, 1956, pp. 9–11）

正如1956年版的《现代生物学》所呈现的，到20世纪中叶，对应用和实践教育的重视程度仍然很高。

对教育的社会价值和实践价值的理论支持，大多来自约翰·杜威（John Dewey）和其他进步时代思想家的著作。在很大程度上，这种支持是建立在社会和哲学论据的基础上的。例如，杜威在将他的新的社会导向心理学与早期的思想进行比较时指出：“早期的心理学认为心灵是纯粹的个人事务”（Dewey, 1990/1900）。“人们忘记了，只有当这些研究不是作为纯粹的外在研究，而是从它们与社会生活关系的角度提出时，才能够确保最大吸引力和在儿童生活中的全部意义”（p. 100）。关于知识的实践性意义，他认为，关于世界的具体经验和抽象原则的推理都需要应用于实际问题。用他的话说：

> 在教育理论和实践的争论中，一方更多依赖于知识中的意义元素、与事物的作用、基于实物的课程等，另一方强调抽象概念、概括性等——所谓的理性……双方都没有

> 尝试将感官训练或逻辑操作与实践生活中的问题和兴趣联系起来。如果我们假设我们的心理学理论代表着生活的任何真理，那么这又一次表明了教育的转变。
>
> （pp. 101 – 102）

杜威对利用教育研究得出关于教育实践的一般性结论持谨慎态度，他倾向于采用更务实的方法处理具体情况，类似于詹姆斯在1899年的《与教员谈话》中所建议的。例如，杜威认为，关于教育的见解应该来自对“有才能的教师凭直觉所做的事情”的分析，而不是通过“将孤立的科学发现转化为‘行动规则’，从而使在教室里进行的特定程序具有不容置疑的真实性和权威性”（Dewey, p. 15, cited by Linn, Songer, & Eylon, 1996, p. 446）。

从社会相关性到科学的本质：美国国家科学基金会资助的课程项目的发展

到20世纪中叶，国家机构如美国全国教育研究协会（National Society for the Study of Education）认为，科学教学的目标应包括对科学现象的认识、对概念和原理的理解、科学方法中的技能，以及积极的科学态度，应该教给学生上述目标并让这些目标在他们的生活中发挥作用。“适应生活”变得比理解有组织的内容本身更重要。

> 学生习得的信息必须导致思维和行为的改变。它必须使学生（以及后来的成人）更加聪明、更有准备，以便在该信息与生活情境有关时作出适当的调整。
>
> （National Society for the Study of Education, 1947, p. 26）

具体对化学而言：

> 化学作为一门学科，其组织结构具有固有的优势，而与之相伴也存在一些问题。其中最关键的一点是倾向于将组织本身视为重要的项目。在这样做的过程中，我们可能会把化学内容呈现为一些需要记忆的东西，而忘记它只是一个为学生知识增长指明成长方向的框架……
>
> （National Society for the Study of Education, 1947, p. 201）

美国教育办公室（U.S. Office of Education）与许多州的教育部门一起，支持发展生活适应教育，并将其作为国家继续致力推进全民民主教育的一种方式。美国教育专员（Commissioner of Education）约翰·史蒂倍克（John Studebaker）在1947年和1950年被两度任命为全国青少年生活适应教育委员会（National Commission on Life Adjustment Education for Youth）委员来推广这一教育理念。在大多数生活适应项目中，对于打算上大学的学生以外的所有人而言，民主生活、个人和社会发展以及人际关系被认为比科学、数学、英语、历史和语言等学科的有组织的内容更重要（U.S. Office of Education, 1951）。

这些以生活适应教育的名义发展起来的项目往往缺乏传统的学术内容，因此很容易成为人们批评的对象。例如，莫蒂梅尔·史密斯（Mortimer Smith, 1954）认为，社会技能不应取代智力训练和智力培养。学校所面临的挑战应该是向所有学生（而不仅仅是一小部分打算在大学继续学习的学生）传授我们的文化遗产的知识、价值观和思维方式。根据阿瑟·贝斯特（Arthur Bestor, 1953）的观点，学校的首要任务是对学科性智力的有意训练，而发展智力的载体正是学科。

到了20世纪50年代，在成立不久的NSF的支持下，科学家们通过他们的专业科学学会开始讨论如何为学校的科学项目带来新的智能活力。1957年，苏联发射第一颗人造地球卫星成了转折点，促使美国政府为这些项目提供了大规模的财政支持。接下来的20年，联邦政府前所未有地参与到教育中来并推出了一种科学教学方法，这种方法的重点是科学界所理解的学科的逻辑结构以及科学的实验本质，而不是20世纪上半叶科学教育的主要特征——学生的个人和社会发展（DeBoer, 1991; Rudolph & Meshoulam, in press）。

这是19世纪末以来科学家首次在课程开发中发挥如此重要的作用。19世纪的科学家的主要目标是争取让科学在学校课程中成为真正的学科，而20世纪中叶课程开发人员的目标是通过有组织的学科和对科学研究本质更准确的描述来提供一个更精确和更新的科学知识结构。他们认为多年来人们对此的关注太少了。

物理学

在物理学方面，由麻省理工学院物理学教授杰罗尔德·扎卡赖亚斯（Jerrold Zacharias）担任主席的物理科学研究委员会（Physical Sciences Study Committee [PSSC]）开始研究高中物理的一门新课程。研究目的是纳入更多来自现代物理学的思想，对更少的主题提供更多深入的介绍，围绕某些广泛统一的主题来组织内容，并减少技术应用所占的比例（PSSC, 1960）。当时教材中对物理定律的简要介绍，尤其是这些定律如何应用于日常生活，被更为复杂的关于物理学发展的概念性描述所取代，这种描述试图将物理学的历史发展故事表述为人类的智力活动。该课程由科学家和科学教师团队在1957年夏天编写，并且在接下来的3年中进行了试点测试和修订。

化学

在化学方面，美国化学学会（American Chemical Society [ACS]）开设了两门高中课程。第一门是化学键法（chemical bond approach [CBA]）的课程。斯特朗（Strong, 1962）在谈到新课程时指出：

> 化学在其历史的大部分时间里主要是描述性的。然而，在过去的六十年里，化学理论得到了广泛的发展。现代化学的描述性和理论性这两个方面为学生了解科学是一个将思维和实验联系起来的探究过程提供了可能性。
>
> （Strong, 1962, p. 44）

CBA课程的一个主要目标是向学生介绍化学中的逻辑思维。学生将利用化学理论来解释他们在实验室中观察到的（Chemical Bond Approach, 1962）。

1963年，ACS推出了第二门课程，其目标受众比CBA课程的更广。化学教育教材研究（Chemical Education Material Study）项目出版了《化学：一门实验科学》（*Chemistry: An Experimental Science*; Chemical Education Material Study, 1963）。新课程的目标之一是通过围绕一系列代表该学科中心原则的核心思想来组织内容，以进一步减少化学课程的主题数量：

> 减少所涉及主题的总数，将使得学生有可能在更窄的前沿主题上有更深入的理解。

> 这样学生对化学以及科学推理和实验性质的掌握可能会有很大的提高。
>
> （Merrill & Ridgway, 1969, p. 113）

另一个目标是让学生对作为一门实验科学的化学的本质有更真实的认识。要让学生认识这一点，就要利用实验室来证明理论来源于实验，以及“科学的终极‘权威’是自然现象，而不是教师或教科书”（Merrill & Ridgway, 1969, p. 29）。19世纪晚期的科学家同样认为科学应该通过自然的权威而不是教师或教材的权威来教授（例如，见Spencer, 1864, p. 89）。

生物学

在生物学方面，美国生物科学研究所（American Institute of Biological Sciences）于1959年在阿诺德·格罗布曼（Arnold Grobman）的指导下，在科罗拉多大学成立了生物科学课程研究（Biological Sciences Curriculum Study [BSCS]）项目。与其他学科一样，生物学家担心当时课程的内容已经过时，因为内容是以不连贯的碎片信息呈现的，而不是一个可用于解释一系列自然现象的整合的概念性整体，而且这些课程没有准确地描述科学探究的本质特征。他们认为当时的教科书将生物学视为一套稳定的事实和原则，没有充分关注学科的历史发展或科学知识的变化本质，并且过于强调对事实材料的记忆，不够重视对生物学概念的深入理解。

BSCS开发了三个版本的课程：蓝色（分子）版（BSCS, 1963a）、黄色（细胞）版（BSCS, 1963b）和绿色（生态）版（BSCS, 1963c）。与其他科学领域一样，生物学教科书中最显著的变化之一是大大减少了对个人、工业和商业应用的涉及。新课程采用了学科结构的方法，几乎没有提及科学应该如何应用于学生的生活世界。新课程更加关注科学探究和科学发现的本质。这类关注主要是通过实验室材料来完成的，但教材也努力反映了科学的本质。在1963年出版的BSCS《从分子到人类》（*Molecules to Man*，蓝色版）一书的《给学生的话》（*A Word to the Student*）中，作者明确表示，他们的目标是帮助学生理解科学的本质，即科学是事实和观念的强有力的相互作用：

> 生物学的事实不会作为一系列既定的结论进行呈现。理论也不会以事实的形式呈现。相反，我们试图将生物学呈现为思想的探险，而思想指的是对生物的具体观察和实验。
>
> （p. ix）

继物理学、化学和生物学方面的初步努力之后，在NSF的支持下，地球科学、物理科学和小学科学也开发了一些新课程（参见DeBoer, 1991）。与先前的课程一样，这些稍晚的课程往往倾向于以活动为导向，侧重于科学的研究方法和广泛的概念主题。在小学科学中，《科学——一种过程方法》（*Science — A Process Approach*; American Association for the Advancement of Science, 1967）主要教授具体的科学过程，如观察、分类、测量和预测，而不强调对科学事实的掌握。《小学科学研究》（*Elementary Science Study*; Educational Development Center, 1969）强调学生的独立探究，而《科学课程提升研究》（*Science Curriculum Improvement Study*; Science Curriculum Improvement Study, 1970）则利用了罗伯特·卡普拉斯（Robert Karplus）开发的“学习环”。

改革的主要推动力是大学的科学家们希望为科学的呈现提供一个合乎逻辑且更严谨的结构，

以在一定程度上实现高中和大学之间更平稳地过渡。对这些举措的理论支持来自多个方面。在生物学方面，约瑟夫·施瓦布（Joseph Schwab）自20世纪30年代初开始参与芝加哥大学的科学通识教育计划的重新设计。1959年，当他加入BSCS指导委员会时（Rudolph, 2008），他将他的许多关于本科课程改革的想法引入到了中小学科学课程改革中。施瓦布被任命为教师筹备委员会（Teacher Preparation Committee）主席，并随后撰写了BSCS《生物学教师手册》（*Biology Teachers' Handbook*；Schwab, 1963）。

施瓦布对教授学生科学探究特别感兴趣。他对科学探究的兴趣不仅仅在于让学生熟悉并实践科学探究的一般过程；他还希望学生熟悉不同的科学探究模式，并理解为什么科学家可能会选择一种方法而不是另一种方法来研究一个问题。他希望学生理解科学知识是建造起来的理论，而不是某种给定的和确定的东西，并且科学家们要对他们所研究的内容、他们进行研究所用的理论框架，以及他们所收集的数据进行选择。他建议学生可以通过阅读和讨论代表不同研究方法的原始科学论文以及自己进行探究来了解科学探究的本质（Schwab, 1962）。这是一种理智的科学教学方法，非常符合引领改革工作的大学科学家的愿望。（关于施瓦布在本科和中小学层面对科学教育贡献的讨论，请参阅DeBoer, 即将出版。）

认知心理学家杰尔姆·布鲁纳（Jerome Bruner）也为改革举措提供了支持。1960年，布鲁纳出版了《教育的过程》（*The Process of Education*），即伍兹霍尔会议（1959年美国国家科学院资助的35位科学家、学者和教育工作者参加的会议）的报告，讨论了科学和数学教育的新进展，并为未来的发展提供了指导。参会者中有心理学家，他们的研究涉及智力、学习、记忆、思维和动机等领域，代表了包括行为、格式塔和让·皮亚杰（Jean Piaget）的发展观点在内的各种观点。布鲁纳指出，科学家和心理学家在一起工作是多么不同寻常："这可能看起来很奇怪，但这是心理学家们首次与主流科学家们聚在一起，讨论教授不同学科所涉及的问题"（Bruner, 1960, p. xix）。这一群体特别感兴趣的是科学家们是如何试图让学生对学科的基本观念和结构有所了解的。正如布鲁纳（Bruner, 1960）所说：

> 这项（课程开发）工作的主要目标是有效地呈现主题，即不仅要适当地考虑内容的覆盖范围，还要适当地考虑课程结构。这项工作表现出的勇气和想象力，以及它早期所取得的显著成就，都激发了那些关注学习本质和知识传播的心理学家们的热情。
>
> （p.2）

布鲁纳与古德诺（Goodnow）和奥斯汀（Austin）于1956年合作发表了《思维研究》（*A Study of Thinking*），并在1960年帮助哈佛大学创立了认知研究中心（Center of Cognitive Studies）。自此，布鲁纳成了心理学认知革命的早期贡献者之一，也是将认知研究价值应用于教育的早期支持者之一。布鲁纳特别确信，有逻辑结构的科学内容比没有逻辑结构的内容更能被有效地学习和记忆。在他看来，由科学家组织的、定义了科学学科的结构是一种也可以被中小学生以某种形式学习的结构。这种态度使他特别认可那些围绕这一理念进行改革的科学家们在课程开发方面所做的努力。

除了讨论学科结构外，参会者还考虑了心理学家和教育研究人员的研究议程中可能包含的其他议题。其中包括发现学习、一般知识和具体知识的迁移、为学习所做的准备、直觉性和分析性思维以及学习动机（Bruner, 1960）。在这一系列议题中最为突出的是由皮亚杰的同事巴贝尔·英海尔德（Barbel Inhelder）提出的皮亚杰的发展理论。

布鲁纳对伍兹霍尔的讨论进行的总结，实际上为研究课程开发与新兴的认知心理学领域之间的关系提出了一项议程，而后者影响了未来几年课程研究的方向。但这项研究议程仍未开始。在20世纪50年代和60年代，课程的转变不是基于我们今天所知的实证研究，而是一方面基于引领改革工作的科学家的经验、见解和直觉，另一方面基于他们的愿望，即根据他们对他们的学科内容的理解创建一种逻辑上连贯的处理方法。

新进步主义：社会意识重新出现

NSF的新教材提供了对科学更加真实和准确的描述，既包括科学过程也包括科学产品。然而，正如已经指出的那样，与进步时代的教科书不同，新的科学教科书很少包括工业产品、生产实践或科学在学生日常生活中应用的实例，而且内容的抽象性常常使得学生很难将学习内容与自己的生活联系起来。课程开发人员关注知识的结构以及学生如何理解这种结构，但很少关注学生的兴趣或与个人相关的问题。

到20世纪60年代末和70年代初，美国的注意力再次转向社会需求和社会问题。政府通过立法以确保所有公民，不分种族、性别或身体状况，都享有平等的受教育机会；联邦资金被用于支持城市和农村贫困程度较高社区的补偿性教育项目；社会评论家提出了人性化社会制度的建议。1972年，《1972年教育修正案》（Education Amendments of 1972）第九条（Title IX）获得通过，禁止联邦财政资助任何基于性别歧视的教育项目。1973年，国会通过了《职业康复法案》（Vocational Rehabilitation Act; Pfeiffer, 2002）第504条（Section 504）——禁止歧视残疾人。在科学教育中，“科学素养”（Scientific literacy）一词被用来描述一种与学生生活相关的、关注社会重要问题的教育（DeBoer, 2000）。人们对环境研究、价值观教育、人文教育方法和开放教室等的兴趣与日俱增。拜比（Bybee, 1979）认为生态学可以成为科学教育的一个组成主题。穆恩（Moon）和布热津斯基（Brezinski）（1974）认为环境教育“迅速成为这十年的主要关注点”（p. 371）。

此时，人们很少再听到20世纪50年代和60年代追求学术严谨、学术卓越以及学科研究的呼吁。课程改革者强调学科结构和课程抽象性，许多对此持怀疑态度的科学教育者指出，这些课程未能适应教育的新挑战（Hurd, 1970）。对于这些评论家而言，科学课程应与学生的日常生活息息相关，教学方法应关注每个学生的能力和兴趣，而不是仅为那些未来从事科学相关职业的学生服务。这种对个体差异的敏感性体现在广泛流行的个性化和定制化的教学方案中（例如，见Duane, 1973），也体现在有更多的选修课程来增加学生的选择机会。人们越来越关注学生的兴趣并重新关注社会相关性，因此黛安娜·拉维奇（Diane Ravitch, 1983）将20世纪70年代的教育重点称为“新进步主义”。

20世纪70年代一个值得关注的科学课程开发项目是项目物理（Project Physics, 1970）。该项目从历史和文化的角度将高中物理学视为具有人文导向的课程（Holton, 2003）。许多主题与更传统的课程和PSSC物理课程中所教授的相同——运动、天空中的运动、力学、光和电磁学、原子模型和核物理学，但项目物理通过历史人物的实验和发现以发展的方式呈现这些主题。该课程通过历史的方式介绍物理学的探究方法和根据这些探究得出的主要结果。除了提供科学工作的实例外，文本还对科学探究的本质做了明确的阐述。例如：

> 伽利略在17世纪巧妙地展示了观察、假设、演绎、检验、修改等所形成的一般循环过程，该过程在当今的科学家的工作中仍然普遍存在。虽然没有所谓科学方法，但这种循环形式几乎总是存在于科学研究中。
>
> （Project Physics, 1970, chapter 2, p. 59）

这种创新性的教材在整个70年代和80年代都得到了成功的应用。

在基础科学领域，劳伦斯科学馆（Lawrence Hall of Science）开发了全选择科学系统（Full Option Science System [FOSS]）。它起初是为视力障碍者开发的一个项目，由NSF于1976年资助。该项目是为了响应1975年颁布的《面向所有残障学生的教育法案》（Education for All Handicapped Children Act）而启动的，但现在面向所有小学生（见De Lucchi & Malone, 2011）。后来，美国化学学会出版了《社区中的化学》（*ChemCom: Chemistry in the Community*；American Chemical Society, 1988）。这本书从影响学生生活和社区的议题出发教授化学的基本观念。

20世纪70年代的改革几乎完全是由那十年出现的社会问题所推动的，而不是因为教育或心理学研究的新发展。与该世纪上半叶一样，许多人认为个人和社会相关性以及对学生兴趣的关注度是决定科学教育目标的最重要因素。

基于标准的课程改革

到20世纪80年代初，经过十年来对课程的个人与社会相关性的日益关注，美国的政策制定者开始担心科学考试分数偏低且不断下降的情况。考虑到与其他经济繁荣发展的国家，尤其是德国和日本相比，美国在经济上也处于疲软状态，上述情况更令人不安。在仅仅大约25年前，类似的国家安全危机随着1957年第一颗人造地球卫星的发射刚出现过。随后，在20世纪80年代，政策制定者迅速将国家安全与教育项目缺乏严谨性联系起来。在20世纪50年代，在苏联发射第一颗人造地球卫星不到一年后，美国通过了《国防教育法》（National Defense Education Act, 1958），并将大量联邦资金用于开发科学和数学新课程材料。在20世纪50年代和80年代，加强教育系统的严谨性都被视为解决这些国家安全问题的良方。

《国家在危急中》

20世纪80年代，美国教育部（U.S. Department of Education [USDOE]）成立了国家优质教育委员会（National Commission on Excellence in Education [NCEE]），对美国教育体系进行批判性评估，以应对上述国家安全危机。委员会于1983年发布了题为《国家在危急中》的报告。该报告呼吁联邦政府、州和地方学区努力提高美国学生在所有学术领域特别是在科学和数学领域的能力水平。委员会建议学生重新关注更传统的学术并努力使自己更有纪律性。在高中，所有学生都要学习“新的基础知识”，包括英语、数学、科学、社会学、计算机科学，打算上大学的学生还要学习两年外语（NCEE, 1983）。

委员会建议，学校应采用可衡量的学术标准，教科书应进行升级以确保内容更加严谨，大学的科学家应被号召起来提供帮助。在科学教学中，学生应该了解“(a)物理科学的概念、规律和过程；(b)科学探究和推理的方法；(c)科学知识在日常生活中的应用；(d)科学和技术发展对社会和环境的影响”(NCEE, 1983, p.25)。教科书应由各州和学区根据教科书是否能清晰地呈现严谨的和挑战性的材料来进行选择，教科书出版商应提供关于材料有效性的评估数据。

我们的愿景是建立一个受过学术教育的社会、一种共同的文化、严格的学术标准、通过在学段过渡点实施标准化学业测试进行问责的机制。尽管委员会建议将这些测试作为标准化测试系统(该测试系统虽然覆盖全国但受到国家和地方的两级控制)的一部分进行管理，但任何一种国家层面上的公共的、可衡量的、基于标准的问责制的理念都是新的和激进的。

委员会使用了“标准”一词来描述评价成绩及作为对州和地方教育工作者公开问责的依据，这为之后30年中教育的组织和评价奠定了基础。早期的改革主要涉及教学的“内容和方式”，即最重要的知识和最好的教学方式，而不是结果的衡量。基于标准的课程改革是不同的，因为精确的知识陈述及其与评估的联系提供了一种系统地组织和跟踪所学知识的方法。正是标准所具有的使教育系统的各个部分围绕这些精确的学习期望统一起来的力量使基于标准的课程改革具有独特性。当然，最后基于标准的课程改革方法是否成功还必须通过这些标准的内容、标准的组织方式以及标准所支持的教学方法来判断。标准不仅仅是一种组织和管理系统的方法，尽管这是它们的一大吸引力。

《为了21世纪的美国人教育》

同样在1983年，美国国家科学基金会的顾问委员会，美国国家科学委员会(National Science Board [NSB])的大学预科数学、科学和技术教育委员会(Commission on Precollege Education in Mathematics, Science and Technology) 发表了题为《为了21世纪的美国人教育》(*Educating Americans for the 21st Century*)的报告(NSB, 1983)。正如NCEE所做的那样，他们认为教育体系经历了一段被忽视的时期，导致科学和数学的表现水平低得令人难以接受。他们还建议设立国家目标和课程框架，明确地方对实现这些目标承担责任，以及制定监测进展情况的客观衡量制度。

委员会明确表示，各州和地方学区应执行这些标准，为地方一级的课程发展留出变化空间。“这不应被解释为建立国家级课程的建议；相反，这些是国家和地方官员在开发地方课程中可能用到的指南”(NSB, 1983, p.41)。“没有一门课程适合全国所有地区所有学校的所有学生和所有教师……全国各地区必须开发他们的总课程并反复修订，使之适合学生和教师”(p.92)。

《面向全体美国人的科学》

关于每个人在科学领域“所需知道的”和“所能做到的”应该有一份全面的陈述。针对这一呼吁，美国科学促进会(American Association for the Advancement of Science [AAAS])的“2061计划”(Project 2061)给出了第一个实质性的回应。《面向全体美国人的科学》(*Science for All Americans*; AAAS, 1990)提出了所有公民为有效地参与现代社会活动均需掌握的科学、数学、技术和社会科学的概念和技能。除了这些内容领域的核心思想外，《面向全体美国人的科学》还就科学、数学和被设计的世界的本质，历史视角，与系统、模型、稳定性和变化、尺度问题等有关的跨学科主题，以及科学思维习惯提出了建议。

用于选择所包含内容的标准有：(1) 内容在就业、个人决策和智慧地参与社会方面的实用性；(2) 知识的内在历史或文化意义；(3) 可以让人们思考关于人类意义的永恒问题的潜在能力；(4) 内容对一个孩子当下的生活而不仅是对未来的价值（AAAS, 1990）。对于一个人要具备科学素养所要知道的重要的东西，《面向全体美国人的科学》中的内容表明了科学界的观点。在这些陈述中，对个人智力发展和知识与技能的实践的关注是显而易见的。

文件中还有一些对教育学的建议。受认知主义视角和学习研究的结果的影响，《面向全体美国人的科学》的作者指出，为了获得理解，"不管教师或书本告诉人们的事情有多清楚，他们都必须构建自己的意义"（AAAS, 1990, p.198）。这一点依靠学生通过将新信息与他们已知的信息联系起来就能够做到。作者认为，如果知识与其他已有观点联系在一起，并在各种情境中应用，那么知识记忆的效果最好。当新观念与学生现有的知识框架不匹配时，现有观念的重组就变得必不可少了。这是通过为学生提供经验来实现的，这些经验可以让他们看到新信息能够帮助他们更好地了解世界。其他支持概念理解的教学方法包括要求学生在新情境中应用新概念，让学生公开表达概念以获得同伴的反馈，让他们有时间反思他们收到的反馈，以及让他们有机会进行调整并再次尝试。

此外，良好的教学应该开始于

> 学生感兴趣和熟悉的问题和现象，而不是他们的感知、理解或知识范围之外的抽象概念或现象。学生需要熟悉周围的事物，包括设备、生物、材料、形状和数字，并需要观察、收集、处理、描述、质疑、提问、论辩，然后尝试找到问题的答案。
>
> （AAAS, 1990, p.201）

有人建议将科学的内容和方法一起教授：

> 在科学中，结论和得出结论的方法是紧密联系的。科学教学如果只是试图向学生传授一个领域所积累的知识，就会使学生对这一知识的理解非常少，当然也不会使学生的独立性思维和能力有所发展……科学教师应该帮助学生同时掌握自然世界的科学知识和科学思维习惯。
>
> （AAAS, 1990, pp.201, 203）

《面向全体美国人的科学》也认识到，从事科学是一项社会活动，融合了人类的价值观如好奇心、创造力、想象力、怀疑主义并排除了教条主义，而所有这些都应该被认为是科学活动中的重要组成部分，并应作为科学课程的一部分来讲授。科学教学应鼓励学生提出有关正在进行的研究的问题，帮助他们把问题组织得足够清晰，以便寻找这些问题的答案，并支持他们创造性地运用想象力。科学教学应支持这样的观点，即一个人提出的证据、逻辑和观点可以受到质疑，且他所做的实验应可以被别人重复进行。应该鼓励学生问我们怎么知道的、证据是什么、是否有其他解释。《面向全体美国人的科学》清楚地表明了科学是一种延伸理解的方式，而不是一种不可改变的真理。它还表明，不应将教师和教科书视为真理的提供者。由于科学观念经常被修改，因此在考虑科学观念时需要有开放的思维。

最后，为了理解科学、数学和技术的特殊思维方式，学生应该体验这些领域的思维方式："要理解（科学、数学和技术）是思维和行动的方式以及知识的主体，这就要求学生对这些领域中典型的思维和行动方式有一定的经验”（AAAS, 1990, p. 200）。

美国全国州长会议

随着“2061计划”努力详细描述了每个人都应该知道的科学知识并就如何有效地教授科学知识提出了建议，使用公共问责标准的想法也获得了国家的支持。1989年9月，美国总统乔治·赫伯特·沃克·布什（George H. W. Bush，即老布什）在弗吉尼亚州夏洛茨维尔会见各州州长，讨论国家教育议程。在这次会议上，正如《国家在危急中》中所建议的那样，总统和州长们同意制定明确的国家期望目标和战略，以确保美国具有国际竞争力。1990年宣布的目标提到确保所有学生都能在核心学科上表现出能力（USDOE, 1991）。

有人建议，应与国家教育目标小组（National Education Goals Panel）合作，一起制定五个核心学科领域的内容标准，以及衡量该内容实践情况的测试。测试将是全国性的，但是自愿的，与国家标准直接挂钩。为了保障公共问责制，学区被要求发布成绩报告单，以提供关于学校表现的清晰（且可比较的）信息。总统的提案要求国会授权美国国家教育进展评估（National Assessment of Educational Progress [NAEP]）“从1994年　开始，定期收集4、8、12年级五个核心学科的数据”（USDOE, 1991, p. 4）。

《科学素养的基准》

1989年，为实现《面向全体美国人的科学》中的愿景，“2061计划”开始与六个学区合作开发课程模式。与此同时，各主题小组开始绘制四个年级阶段（K—2、3—5、6—8和9—12）需学习的概念的逻辑进阶图，以描述出适合每个年级阶段的学生的发展水平。随着老布什总统在他的《美国2000》（*America 2000*）报告（USDOE, 1991）中声明将制定五个核心学科的标准，“2061计划”的重点从基于学校的课程模式转移到将各观念转换为每个年级的“基准”。到1993年，这项工作已经完成并以书的形式出版，《科学素养的基准》（*Benchmarks for Science Literacy*；AAAS, 1993）成为科学领域第一份国家内容标准文件（Atkin, Bianchini, & Holthuis, 1997, p. 168）。

然后，在1991年，为了正式解决国家目标小组（National Goals Panel）为建立学术领域的内容标准而提出的具体问题，美国教育部和国家科学基金会资助了美国国家研究理事会（National Research Council [NRC]）以创建科学领域的国家标准。NRC说：“科学教育标准为判断国家在科学学习和教学方面的进步提供了标准”（NRC, 1996, p. 12）。除了利用《面向全体美国人的科学》和《科学素养的基准》的内容陈述之外，NRC在探究教学方面也占据强有力的地位。NRC在“呼吁行动”中表明，该标准“强调了一种新的科学教学方法，它反映了科学本身是如何（通过探究）完成的，强调探究是一种获得知识和理解世界的方法”（p. ix）。

对国家标准的反响

1993年6月，美国教育研究学会（American Educational Research Association [AERA]）主办了一次邀请会，探讨以新标准为基础的问责运动的影响。大多数论文对这一举措持批判态度，认为新标准是一种课程国家化的转变以及联邦政府加强对教育控制的举措。他们担心国家测试(尽管是自愿的)与国家目标相结合将会产生国家课程(Zumwalt, 1995)。尽管有些人认为国家课程可能会有好处，但也有许多人担心这种集中化会使地方社区失去控制权。他们认为，地方社区才最了解自己的学生，知道对学生而言什么是重要的。还有人担心，通过测试实现的共同目标和问责制将导致课程范围缩小，教师技能降低，关注外部学术知识，以及转向更加以教师为导向的教学方式——这种方式几乎没有给学生机会去探索或发现(Kellaghan & Madaus, 1995; McNeil, 1995)。

但是，尽管教育家们持保留意见，1994年美国总统克林顿(Clinton)签署了《提升美国学校法案》(Improving America's Schools Act [IASA])。该法案要求各州为学生应该掌握的数学和语言艺术制定具有挑战性的内容标准。各州必须使用期望标准来建立一个称为"年度充分进步"(adequate yearly progress [AYP])的用于衡量进步的基准。所有学校都必须表现出持续的进步，否则将可能面临一些后果，如不得不向学生提供补充服务或允许学生选择其他学校。该法案使基于标准的问责制成为美国的法律。

IASA在标准运动的发展过程中发挥了非常重要的作用，因为它从立法上把重点从国家标准和自愿的国家测试转移到了各州的标准制定和问责制上。它还为2001年的《不让一个孩子掉队》(No Child Left Behind)法案提供了依据。

不让一个孩子掉队

2002年1月8日，美国总统乔治·沃克·布什(George W. Bush，即小布什)签署了《不让一个孩子掉队》(NCLB)法案。该法案是对1965年的《初等和中等教育法案》(Elementary and Secondary Education Act)的再次延伸和修订。与1994年IASA的重新授权相比，这次立法中的变化意义重大，因为新的法律强调了更强的公共问责制，使资助直接与是否满足期望挂钩。

NCLB要求各州建立评估系统，根据各州制定的一套共同标准来跟踪本州学生的成绩情况。到2005至2006学年，各州被要求每年对3至8年级的学生进行阅读和数学测试，并对10至12年级的学生至少进行一次测试；到2007至2008学年，学生还必须接受三个年级的科学测试。每两年，各州被要求对4年级和8年级的学生进行一次美国国家教育进展评估的数学和阅读测试。这使各州能够检查自身测试的严谨性，并与其他州进行比较。该法律还要求学校、学区和各州对主要种族和民族群体、收入群体、残疾学生和英语水平有限的学生的平均考试成绩进行重新统计。

数学和科学教育委员会

在21世纪的第一个十年中，使用内容标准来定义所有学生在科学中应该知道的内容并围绕这些陈述进行课程组织和课程评估，已成为改进科学教育的一种广泛被接受的方法。甚至有越来越多的人对重新审视各州共同标准的想法感兴趣。2007年，纽约卡内基基金会(Carnegie Corporation of New York)和高等研究院(Institute for Advanced Study)成立了一个数学和科学教育委员会(Commission on Mathematics and Science Education)。它负责"评估美国数学和科学的现状，并给出可行的建议，从而使美国学生在数学和科学方面做好充分的准备，让每个学生都有机会在这个持续变化的世界里过上充实的成人生活”(Carnegie Corporation of New York and the Institute for Advanced Study, 2009, p. iv)。委员会在其2009年的报告《机会方程：公民素养和全球经济导向的数学和科学教育》(*The Opportunity Equation: Transforming Mathematics and Science Education for Citizenship and the Global Economy*)中提出了这样一种观点：应该有各州可以选择采用的共同的标准、共同的评估，以便全国范围内的教育工作可以集中开发那些关注所有学生应该知道的核心概念的教学策略、课程材料和教师教育计划。根据委员会的说法，与现有的国家标准相比，这些共同标准应数量更少，与学生在大学和工作领域取得成功所需的知识具有更明确的关系，并且在智力挑战方面设定更高的目标(Carnegie Corporation of New York and the Institute for Advanced Study, 2009)。

《K—12教育共同标准》

2008年，美国国家科学院(National Academies)下属美国国家研究理事会(National Research Council [NRC])发布了报告《K—12教育共同标准》(*Common Standards for K—12 Education*)。报告总结的调查结果来自两次研讨会，一次是关于国家层面基于标准的改革工作的现状，另一次是关于在全国范围内建立共同标准的可能性。报告承认基于标准的改革已成为“指导国家教育政策和实践的中心框架”(p.7)。但报告同时也认为基于标准的改革愿景尚未实现。该愿景是：整个课程、教学、教师准备、专业发展和评估体系将与内容标准相一致，从而与教育体系相一致，并集中精力实现这些标准阐述的教学目标(对如何围绕内容标准组织教育各个部门的改革的讨论，见《改革蓝图》(*Blueprints for Reform*; AAAS, 1998)。根据NRC的报告，改革愿景尚未实现的原因之一是，教师和管理人员必须使用基于标准的问责模型来改进教学，而他们也需要时间和专业知识来分析和使用生成的数据。众所周知，教师的可用于改进教学的时间是有限的。此外，如果教育改革要建立在一套国家级内容标准的基础上，那么所有这些国家标准都需要清楚地、持续地反映出所有学生都应该知道的最重要的东西。但事实并非如此。根据NRC的报告，各州之间存在相当大的差异，而且国家标准的编写并不能充分反映知识的复杂性和进阶性，因此被确定为重要的知识和被测试的内容往往是离散的技能和事实知识，而不是复杂的观念(NRC, 2008, pp. 32–33)。

《K—12科学教育框架》

根据卡内基数学和科学教育委员会提出的关于建立共同标准的建议，美国国家研究理事会成立了新K—12科学教育标准概念框架委员会(Committee on a Conceptual Framework for New K—12 Science Education Standards)。该委员会负责制定“一个能清楚地阐明科学专业学生的广泛期望的框架”(p.1)。2012年发布的报告提出了如下观点：首先，科学教育需要一个新的框架，因为“自上一次同等程度的全国性的努力以来，对科学内容和科学教与学的理解都有了新的发展”(NRC, 2012, p.8)；其次，向数学和语言艺术的共同标准的迈进提供了一个在科学领域制定类似标准的机会。

报告陈述的新框架的目标是

> 确保所有学生到12年级结束时都能：欣赏到科学的美丽和奇妙；具备足够的科学和工程知识以就有关问题进行公开讨论；谨慎地对待与日常生活相关的科技信息；在校外

继续学习科学知识；具备足够的技能以进入自己选择的职业，包括(但不限于)科学、工程和技术领域的职业。

(NRC, 2012, p.1)

该委员会认为，由于各年级之间缺乏一致性，注重广度而非深度，以及未能“为学生提供体验科学实践的机会”，所以这些目标尚未实现(NRC, 2012, p.1)。

NRC所制定的框架的目标是通过三种方式使科学教育朝着更加连贯一致的教学愿景迈进。这三种方式是：(1)围绕学习进阶来选择和组织科学内容，即从小学到高中，对核心概念的处理越来越复杂。(2)专注于少量的核心概念，以鼓励对所教授的概念进行更深入的理解。用委员会的话说，“减少纯粹的细节，是为了让学生有时间参与科学探究和科学论证，并深入了解所提出的核心概念”(NRC, 2012, p.11)。(3)在设计学习体验时应强调科学内容知识和从事科学探究及工程设计所需的实践能力的整合。

NRC所制定的框架对于指导“达成”集团(Achieve, Inc.)开发《新一代科学教育标准》(*Next Generation Science Standards* [*NGSS*]; NGSS Lead States, 2013)很有帮助。*NGSS*是围绕学习期望陈述而组织的，这些陈述结合了科学内容知识、跨学科主题和科学实践。*NGSS*的期望是，如果可以开发评估系统以要求学生同时展示其学科知识、跨学科知识和从事科学实践的能力，教育系统将朝着一种更为整合和一致的科学教学方法迈进。

标准对课程发展的影响

《科学素养的基准》(AAAS, 1993)已有20多年的历史，这比大多数国家级科学标准文件的历史略短。值得一提的是，与早期改革的努力一样，基于标准的改革缺乏实证性研究。结果的说明和对公共问责制的关注是建立在行动理论基础上的，但就像其在教育系统中的应用一样，之前从未被进行过实证研究。(关于标准运动历史及其对教育系统的潜在影响的进一步讨论，见DeBoer, 2006; Weiss, 2006。)

我们知道，由于各州的标准和主题范围各不相同，全国的出版商很难将他们的材料统一到标准上。如果有的话，那就是州标准的增多使得出版商在教科书中加入了更多的内容以适应多个州，而不必针对每个州推出不同版本的教科书。除了由商业出版商开发的资料外，NSF还资助了符合国家标准的教学资料的开发。但对于“标准”的含义只有模糊的解释，因此资料所涉及主题的范围几乎没有确定。

在过去的20年里，课程资源的开发也没有一种明确的方式。进步时代的教科书强调实践应用，20世纪五六十年代的教科书强调学科结构和科学探究，而当前课程标准时代的教科书与它们不同，采用了许多不同的方式来开发。一些课程开发人员指责联邦教育立法(指NCLB法案)在科学课程开发方面缺乏持续的努力，因为它将关注点从科学转向了数学和英语语言艺术，特别是在小学阶段(De Lucci & Malone, 2011)。对于所有阶段的老师而言，如果没有令人信服的证据能够表明这些方法会提高学生在标准化考试中的分数，那么教师们会谨慎地尝试新的方法。

AAAS的“2061计划”研究了九个完整的中学科学项目(每个项目包括跨越几个年级的物理、生命和地球科学教材)，发现没有一种教科书能以学生理解的方式来介绍科学。他们得出结论：

> 项目很少为学生指出学习各单元的目的，很少考虑学生的想法会干扰他们的学习，很少让学生参与一些特定的现象以使抽象的科学思想变得具体，很少采用建模的方法来使用科学知识以使学生能够将所学知识应用到日常生活中，也很少帮助学生努力理解课程中提及的关键现象和观点。
>
> （Kesidou & Roseman, 2002, p. 522）

他们还发现，“没有一家主要的教科书出版商能够对内容提供具有一致性的处理方法”（Kali, Koppal, Linn, & Roseman, 2008）。

2000年至2002年间，地平线研究中心（Horizon Research, Inc.）开展了一项研究，以了解美国课堂中的科学教学内容。在与内容标准的一致性方面，他们发现，观察到的60％的课程都集中在国家标准中的科学内容上，而且这些内容是在适当的年级水平教授的。但他们也发现，“近三分之二的K—12年级的科学课程质量较低，在智力开发活动、意义构建、教师提问和课堂文化等关键领域存在不足”（Banilower, Smith, Weiss, & Pasley, 2006, p. 117）。此外，他们还发现，课程质量和教学内容与是否符合国家标准之间没有关系。与不符合标准的课程相比，符合标准的课程在教学理解框架上获得高分的可能性并不大。

在过去的十年里，有一个科学课程开发项目直接受到了标准运动的影响，它就是由密歇根大学和西北大学的研究人员领导的、由NSF资助的综合性中学项目“通过科学和技术观察和探索我们的世界”（Investigating and Questioning Our World Through Science and Technology [IQWST]）。IQWST与国家标准保持一致，侧重于科学领域的大概念，并教授科学探究和科学内容的实践。IQWST采用基于研究的实践，这些实践已被证明可以促进学生的科学学习（Krajcik, McNeill, & Reiser, 2007）。学生拥有一种经验，即他们能够“使用模型，构建科学解释，参与论证和辩论，分析从自己的探究中收集的或在复杂数据库中捕获的数据，并向同伴展示想法”。有关该项目的其他信息可以在IQWST网站上找到。

尽管基于标准的改革对课程开发的影响不太乐观，但IQWST等项目确实带来了一定的希望，表明基于标准的改革可能会产生预期的积极影响。但是，从美国课程发展的总体情况来看，很难看出标准时代的改革已经达到了最初预期的效果。

课程发展的新方向

正如我们所看到的，科学教育大多数改革都是由社会的关注，以及与课程学科结构和知识严谨性相比，课程的社会和个人相关性的转变所驱动的。从历史的角度看，实证研究在改革的努力中所起的作用相对较小。课程材料通常是以特定的教育理念、教育目标或教育目的为基础编写的，然后在使用一段时间后根据一线教师的反馈进行修订。在《教育心理学评论》（*Review of Educational Psychology*）发表的一篇优秀综述中，林（Linn）、松格（Songer）和埃伦（Eylon）（1996）根据科学教育相关群体（包括科学家、科学教师、教育研究人员和心理学家）之间的互动程度，描述了科学教育史上的三个阶段。根据作者的观点，直到1975年以后，在他们所谓的伙伴关系期间，上述几个专业的专家才开始合作（p. 445）。从那时起，尤其是在过去的二十年间，合作课程的研究有了大幅增加。

然而，大部分课程材料并不像大多数教育研究人员所说的那样，是基于研究开发出来的。目前，美国的大多数科学教科书都是由少数商业出版商在市场驱动而不是基于研究的情况下出版的。地平线研究中心在其2013年的全国科学和数学课堂研究中发现，78%的小学科学教科书、89%的中学科学教科书和83%的高中科学教科书是由三家主要的商业教科书出版商出版。另外11%的小学科学教科书由第四家，即出版FOSS材料的出版商出版（Banilower, et al., 2013, p.93）。相比之下，NSF资助的教科书往往有更多的研究基础，但仅在10%的小学课堂、6%的中学课堂和3%的高中课堂中使用（p.95）。地平线研究中心还发现，无论教科书的开发是否基于研究，教师通常对教科书有较高的评价，71%的小学教师、76%的中学教师和76%的高中教师将其科学教科书评为“好”“非常好”或“优秀”（p.96）。

尽管教师的评分普遍较高，但许多课程研究人员认为科学教科书仍有改进空间，因此NSF和美国教育部通过教育科学研究所（Institute of Education Sciences [IES]）继续资助基于研究的课程开发工作。在本章的最后一节中，我简要介绍了七个有发展前景的研究领域，它们可以促进科学课程材料的进一步改进。你将会看到，其中一些想法已存在较长时间，有些想法是相对较新的，但它们都提供了富有成效的研究领域，有助于改善科学课程，为所有人提供科学的教与学。在整个讨论过程中，我假设科学教育在未来一段时间内将继续在基于标准的环境中运作。

七个有发展前景的课程研究领域是：

1. 课程内容
2. 知识组织：学习进阶
3. 概念转变
4. 情境学习
5. 元认知
6. 情感反应
7. 认知工具和学习技术

课程内容

过去几十年里，课程研究人员的大部分工作集中在人们如何学习上，但是，正如西蒙·佩珀特（Seymour Papert）所说，“我期望关于人们如何学习的研究能更多地拓展到他们学习了什么”（Papert, 2006）。因此，一个富有成效的研究领域将是确定和应用可用来选择内容的明确标准。NRC的《K—12科学教育框架》率先行动，确定了具有生成性的观念，即从小学到高中可以逐步以越来越复杂的方式呈现的观念。我们还可以系统地研究特定的科学观念如何帮助学生理解大众媒体报道的日常现象和事件，从而激发学生终身学习的欲望。

在课程内容方面，需要解决的一个特殊问题是规范性。最近对新标准的呼吁中提出，我们需要“更少的”标准，以及更清晰和更高的标准（Carnegie Corporation of New York and the Institute for Advanced Study, 2009）。这个建议并不新颖；事实上，在整个20世纪里，我们可以从课程中找到修订标准的参考资料。通常的建议是教授学生“大概念”，而不是分离的科学事实和科学原理。至今未解决的问题是，大概念需要分解成一个包含若干子概念的网络体系，以便为课程开发提供有用的指导。我们期望学生拥有什么样的心智模型，这些心智模型应该有多广泛？哪些大概念需要包括解释相关现象的行动机制？描述这些机制时需要多少细节？哪些概念需要进行数学上的处理以便于理解？主题本身并不能揭示学生理解这些主题所需要的复杂程度。对大概念进行澄清和阐述是一个需要研究的领域，并且对课程开发者来说也是非常有益的。

为了能在这一领域取得进展，来自哲学和文化传统领域的研究人员参与对课程内容的讨论是非常重要的。在许多欧洲国家，教育目标历来是个人在社会中的智识成长和培养，或者是所谓的“教养”(Bruford, 1975)。教养涉及通过文化认同对一个人的完整人格进行的终身塑造，也包括了自我反思和对现状的批判。根据杜施尔(Duschl)及其同事的观点(Duschl, Maeng, & Sezen, 2011)，传统的课程开发人员“避开了学习的心理学原理，转而采用为学习者提供形成性发展框架的学科认识论和哲学结构”(p.1)。对这一传统观念的关注也是有成效的。关于科学知识值得关注的具体方面，新版《国际历史、哲学和科学教学研究手册》(*International Handbook of Research in History, Philosophy and Science Teaching*; Matthews, 即将出版)提供了很多想法。

知识组织：学习进阶

科学教育者一直感兴趣于科学内容是如何为学生组织和排序的。通常，这是通过从学科领域中选择主题类别并按逻辑顺序对它们进行排列来完成的。复杂的陈述性概念遵循了对人类发展的基本理解，这些概念通常从接近学习者经验的具体可观察对象和事件开始，并将那些更加抽象的概念推迟至学生的青春期阶段进行学习。20世纪60年代改革期间，人们以更加主题化的方式来组织科学内容，以减少概念的数量。布鲁纳在《教育的过程》中提出了“螺旋式课程”的概念(Bruner, 1960)，即引入主题，然后在学生的整个教育过程中的更高层次上重新审视这些主题。第一批标准文件，即《科学素养的基准》(AAAS, 1993)和《美国国家科学教育标准》(NRC, 1996)更加明确地确定了适合每个年级且可跨年级发展的特定科学观念。AAAS的“2061计划”随后出版了两卷《科学素养的导航图》(*Atlas of Science Literacy*; AAAS, 2001/2007)，它们是基准中列出的具体观念之间竖直关系(年级与年级之间)与水平关系的可视化展示。这种导航的基础是观念的逻辑发展(例如，先学习分子是由原子构成的，再学习原子的内部结构以及这种结构如何影响原子形成分子的相互作用)、各个观念的年龄适宜性，以及已发表的关于学生如何对一般和特定主题开展学习的研究。

最近，人们致力于在实证研究的基础上确定“学习进阶”(Duschl, Maeng, & Sezen, 2011)，即“2061计划”所称的“学生理解的进阶”(AAAS, 1996, p.305)。这些学习进阶是学生学习路径的模型，并且得到了适当的发展。它们通常通过几个因素来定义：代表对特定领域的初始理解和预期目标理解的下锚(lower anchor)和上锚(upper anchor)，以及在进阶中所需要瞄准的踏脚石(stepping stones)。学习进阶旨在表示对逐渐复杂化的学科内容知识的理解，以及思考、描述和应用该知识的更复杂的方式。

围绕学习进阶选择和组织课程材料和教学模式，是为了摆脱一种普遍存在的教学模式，后者将科学呈现为不相关的教学单元(Duschl, Maeng, & Sezen, 2011)，甚至呈现为“一系列不相关的脱离情境的事实”(Sawyer, 2006a, p.578)，而不是将科学呈现为一个连贯的整合的整体(关于课程连贯性的讨论见Roseman, Linn, & Koppal, 2008)。在这一领域工作的研究者面临的挑战是：首先，确定“生成性”的主题，即在整个学习过程中可以进行越来越复杂的处理的主题；其次，用实证证据证明，某个特定的观念顺序可以有效地为学生提供对科学的连贯性理解。

概念转变

今天，科学教育者比以往任何时候都更加意识到学生是带着自己的观念来到教室的。而他们的观念有些是正确的，有些是不正确的，还有一些是部分正确但不完整的。有时候，学生对世界的理解是部分正确的，其余部分是不正确或缺失的；也有时候，他们对世界的理解与科学家们对世界的理解不一致。有时，学生那些错误或部分正确的观念会成为他们学习更复杂观念的有用基础。但最重要的是，不管学生的观念是正确的、不正确的还是部分正确的，他们的这些观念必须是进行新学习的开始。因此研究人员呼吁将迷思概念研究嵌入教科书中，而至少一些教科书作者也正在关注这一呼吁。对课程开发人员而言，这是学生思维的一个特别富有成效的方面，因为即使只是知道学生可能会有的迷思概念，对教师来说显然也是有用的。正如迪塞萨（diSessa）所说，"即便不依赖概念转变理论中的具体细节，关注学生朴素观念的建构主义的启发式教学似乎仍是很强大的。仅仅是告诉教师如何理解学生朴素观念的教学干预就取得了惊人的成功"（diSessa, 2006, p.276）。对学生迷思概念的研究正在进行中，并且进一步成了对学生思维和理解的洞察的有效来源（例如DeBoer, Herrmann-Abell, et al., 2008；DeBoer, Lee, & Husic, 2008；Herrmann-Abell & DeBoer, 2011）。

情境学习

给学生提供有用的任务，使学生学习的东西与他们的日常生活息息相关，给学生提出他们能够运用自己所学知识来解决的问题，这些激励学生学习的方法都并不新鲜。这是20世纪上半叶科学教育一个特别重要的特点。许多进步时代的教育者主张在课堂上使用有意义的项目来激励学生。如今，在真实情境中利用真正问题（类似于科学家们能够解决的问题或反映任务性质的问题）来进行的学习被称为情境学习（Greeno, 2006）。

基于项目的学习是情境学习的一种形式（Krajcik & Blumenfeld, 2006），而基于设计的学习则是另一种形式（Kolodner et al., 2003）。根据克拉伊契克（Krajcik）和布卢门菲尔德（Blumenfeld）（2006）的观点，"在基于项目的学习中，学生参与到真实、有意义、对他们而言很重要的问题中，而这些问题与科学家、数学家、作家和历史学家的工作类似"（p.318）。在基于设计的学习中，

> 学生通过尝试完成设计挑战来学习。例如，学生设计微型车辆及其推进系统以了解力、运动和牛顿定律，设计应对障壁岛侵蚀的方法以了解侵蚀、水流以及人与环境之间的关系。
>
> （Kolodner, 2006, pp.228–229）

情境学习背后的主要理念是，当学生能够创建自己的设计，或者试图回答对他们来说很重要的问题，或者通过努力制作出有形产品时，他们更有可能参与到学习任务中。研究的挑战是确定既能吸引学生兴趣又能为科学学习提供背景的项目和设计工作。

元认知

目前，研究人员发现，当学习者用语言描述他们正在发展的知识时，学习更加有效（NRC, 2000）。根据索耶（Sawyer）的说法，"在大多情况

下，学习者在开始表达想法之前是不会真正学到东西的，换句话说，当学生将自己的思维大声表达出来时，他们学习的速度和深度要超过安静学习时”(Sawyer, 2006b, p.12)。因此课程开发人员将活动嵌入有关材料中，为学生提供在课堂上表达自己想法的机会。元认知也有一个自我监控的方面，即学生被要求思考他们正在学什么，以及他们在上某堂课或某个单元之前不知道但现在知道的东西。两份NRC出版物《把科学带进学校》(*Taking Science to School*; NRC, 2007)和《人们如何学习》(*How People Learn*; NRC, 2000)包含了对元认知领域正在进行的研究的讨论。

情感反应

我们通常不太重视教育中的情感反应，尽管我们知道它们是影响学生学习的重要因素。正如布兰斯福德(Bransford)及其同事(2006)指出的那样：

> 信息资源在任何学习生态中都很重要，但情感和动机资源也很重要，因为它们可能会对学生的努力程度、注意力以及参与学习的欲望进行调节。我们需要更好地理解学习互动中的情感、关系和交际方面的相互作用。情感反应是如何调节学习的，它们是如何从学习中产生的？
>
> (p.29)

施瓦布(Schwab, 1954)使用了弗洛伊德的概念“厄洛斯”(Eros)——一种激发人类创造力并使人类具有生产力的精神力量——来描述学生情感反应的来源。“厄洛斯”是一种能量，“驱使学生学习摆在他们面前的东西，并为他们提供一种令他们想要终身学习的对知识的热爱”(见DeBoer, in press)。施瓦布认为，“厄洛斯”可以通过课堂讨论在教育环境中进行培养。对他来说，讨论是自由教育的智力技能的体现，也是利用学生和教师之间以喜欢和尊重为特征的人际关系的方法。对学生和教师而言，喜欢和尊重来自他们共同参与的一个真正感兴趣的问题。如果课堂讨论效果不错的话，它会激发学生对学习的热爱，这种热爱可以持续一生。需要研究的问题是，是什么条件导致了这种无论是眼下还是终身想要学习的欲望的产生。

认知工具和学习技术

最后，计算能力的提高使信息技术的前景更接近实现。手持设备正在快速增多，越来越多的科学内容正在网上发布。研究界对利用这些技术来研究学生学习和帮助学生学习越来越感兴趣。例如，《国际计算机协同学习期刊》发表了关于计算机支持学习的性质、理论和实践的研究。

学习技术是强有力的教学辅助手段，因为它们可以让学生访问万维网上的数据，使用图形和可视化工具观察和研究数据模式，利用电子网络来扩大与他人的合作，以及动手制作多媒体作品(Krajcik, Slotta, McNeill, & Reiser, 2008)。

在许多课程开发工作中，使用技术来改善科学教育的投入是显而易见的。这些工作包括了加州大学伯克利分校运用技术提升科学学习中心(Technology Enhanced Learning in Science Center [TELS])的项目和“西教”(WestEd)的模拟科学家(SimScientists)项目。TELS使用WISE (Web-based Inquiry Science Environment，基于网络的科学探究环境)作为其设计在线活动的平台(Slotta & Linn, 2009)。WISE提供“认知痕迹、嵌入式反思笔记和评估、在线讨论，以及用于画图、绘制概念图、绘制示意图和绘制曲线图等活动的软件工具”。模拟科学家是一套关注模拟在教学和评估中所起作用的研究和开发项目。该项目的目标是“将来自基于模型的推理、认知和学习、电子学习设计、智能辅导和教育测量的最新研究成果和最佳实践相结合，设计和测试在中学科学教学中支持学生学习和教学实践的创新方法”。这些例子仅仅代表了学习技术对科学教学的设计和交付产生影响的一些方式。

总结

前文回顾了美国科学课程发展的历史以及对未来发展而言有前景的一些观点，基于此，我们发现了一些主题。首先，在历史上，即使在其他价值观如社会相关性出现竞争的情况下，大家也都高度认可教授和学习科学的价值。对打算上大学的学生而言一直如此，而且在通常情况下，对于所有学生来说也都如此，不管他们是否要上大学。尽管教学形式和理由不时发生变化，但在教授科学的本质和科学推理的逻辑方面的投入一直很多。所有这些目标都是在培养学生在民主社会中积极参与生活的背景下实现的。这种基本价值观的恒久性使教育工作者们能够专注于教育目标的共同核心，并探索如何改进所有学生的科学教育。

很幸运，大量的科学家、课程研究者、教育理论家和政策制定者一直在寻求将对科学内容和方法的欣赏与学生当前和未来的生活联系起来的方法。尽管教育者所重视的细节和他们可利用的教学工具不断发生变化，但大多数课程材料都有与我们的核心价值观一致的明确目标以及实现这一目标的策略。

同样幸运的是，许多人对宏观上的科学课程的目标和微观上的教科书的目标提出了强有力的批判。教学内容和教学方法的细节方面一直存在并将继续存在多种观点。这些观点使话题保持热度，并激发了关于课程的新理论和新讨论。我们面临的挑战是持续思考如何利用课程来改善科学的教与学。

注释

1. 阿瑟·施莱辛格(Arthur Schlesinger, Jr., 1986)在他关于历史周期的讨论中指出，社会团体在长期的社会激进主义之后，通常会厌倦它，转而关注个人的幸福，一段时间后又转到一个新的社会激进主义时期。

参考文献

American Association for the Advancement of Science (AAAS). (1967). *Science — A process approach.* New York, NY: Xerox Division, Ginn & Company.

American Association for the Advancement of Science (AAAS). (1990). *Science for all Americans.* New York, NY: Oxford University Press. (Published in 1989 by AAAS)

American Association for the Advancement of Science (AAAS). (1993). *Benchmarks for science literacy.* New York, NY: Oxford University Press.

American Association for the Advancement of Science (AAAS). (1998). *Blueprints for reform.* New York, NY: Oxford University Press.

American Association for the Advancement of Science (AAAS). (2001/2007). *Atlas of science literacy.* Washington, DC: Author.

American Chemical Society. (1988). *ChemCom: Chemistry in the community.* Dubuque, IA: Kendall Hunt.

Atkin, J.M., Bianchini, J., & Holthuis, N. (1997). The different worlds of Project 2061 . In S. Raizen & E. Britton (Eds.), *Bold ventures: Volume 2. Case studies of innovation in science education* (pp.131–245) . Dordrecht, the

Netherlands: Kluwer.

Atkin, J.M., & Black, P. (2007). History of science curriculum reform in the United States and the United Kingdom. In S.K. Abell & N.G. Lederman (Eds.), *Handbook of research in science education* (pp.781 – 806). Mahwah, NJ: Lawrence Erlbaum.

Banilower, E.R., Smith, P.S., Weiss, I.R., Malzahn, K.A., Campbell, K.M., & Weis, A.M. (2013). Report of the 2012 national survey of science and mathematics education. Chapel Hill, NC: Horizon Research, Inc.

Banilower, E.R., Smith, P.S., Weiss, I.R., & Pasley, J.D. (2006). The status of K—12 science teaching in the United States: Results from a national observation study. In D.W. Sunal & E.L. Wright (Eds.), *The impact of state and national standards on K—12 science teaching* (pp. 83 – 112). Greenwich, CT: IAP.

Bestor, A. (1953). *Educational wastelands: The retreat from learning in our schools.* Urbana, IL: University of Illinois Press.

Biological Sciences Curriculum Study. (1963 a). *Biological science: An inquiry into life* (BSCS Yellow Version). New York, NY: Harcourt, Brace & World.

Biological Sciences Curriculum Study. (1963 b). *Biological science: Molecules to man* (BSCS Blue Version). Boston, MA: Houghton Mifflin.

Biological Sciences Curriculum Study. (1963 c). *High school biology* (BSCS Green Version). Chicago, IL: Rand McNally.

Bradbury, R.H. (1915). Recent tendencies in high school chemistry. *School Science and Mathematics, 15* , 782 – 793.

Bradbury, R.H. (1922). *A first book in chemistry.* New York, NY: Appleton.

Bransford, J.D., Barron, B., Pea, R.D., Meltzoff, A., Kuhl, P., Bell, P., Stevens, R., Schwartz, D.L., Vye, N., Reeves, B., Roschelle, J., & Sabelli, N. (2006). Foundations and opportunities for an interdisciplinary science of learning. In R.K. Sawyer (Ed.), *The Cambridge handbook of the learning sciences* (pp. 19 – 34). New York, NY: Cambridge University Press.

Bruford, W.H. (1975). *The German tradition of self-cultivation: Bildung from Humboldt to Thomas Mann.* London: Cambridge University Press.

Bruner, J. (1960). *The process of education.* New York, NY: Vintage.

Bruner, J., Goodnow, J., & Austin, G. (1956). *A study of thinking.* New York, NY: Wiley.

Bybee, R. (1979). Science education and the emerging ecological society. *Science Education, 63*, 95 – 109.

Caldwell, O. (1909). An investigation of the teaching of biological subjects in secondary schools. *School Science and Mathematics, 9*, 581 – 597.

Carnegie Corporation of New York and the Institute for Advanced Study. (2009). *The opportunity equation: Transforming mathematics and science education for citizenship and the global economy.* A report of the Commission on Mathematics and Science Education. New York, NY: Author.

Chemical Bond Approach. (1962). *Chemical systems.* St. Louis: McGraw Hill.

Chemical Education Material Study. (1963). *Chemistry: An experimental science.* San Francisco, CA: Freeman.

Coulter, J. (1915). The mission of science in education. *School Science and Mathematics, 15* , 93 – 100.

DeBoer, G. (1991). *A history of ideas in science education: Implications for practice.* New York: Columbia University Teachers College Press.

DeBoer, G. (2000). Scientific literacy: Another look at its historical and contemporary meanings and its relationship to science education reform. *Journal of Research in Science Teaching, 37* (6), 582 – 601.

DeBoer, G. (2006). History of the science standards movement in the United States. In D.W. Sunal & E.L. Wright (Eds.), *The impact of state and national standards on K– 12 science teaching* (pp. 7 – 49). Charlotte, NC: Information Age Publishing.

DeBoer, G. (in press). Joseph Schwab: His work and his legacy, a biographical essay. In M.R. Matthews (Ed.), *International handbook of research in history, philosophy and science teaching.* New York, NY: Springer.

DeBoer, G.E., Herrmann-Abell, C.F., Gogos, A., Michiels, A., Regan, T. & Wilson, P. (2008). Assessment linked to science learning goals: Probing student thinking through assessment. In J. Coffey, R. Douglas, & C. Stearns (Eds.). *Assessing student learning: Perspectives from research and practice* (pp. 231 – 252). Arlington, VA: NSTA Press.

DeBoer, G.E., Lee, H.S. & Husic, F. (2008). Assessing integrated understanding of science. In Y. Kali, M.C. Linn, & J.E. Roseman (Eds.). *Coherent science education:*

Implications for curriculum, instruction, and policy (pp.153–182). New York, NY: Columbia University Teachers College Press.

De Lucchi, L., & Malone, L. (2011). The effect of educational policy on curriculum development. In G.E. DeBoer (Ed.), *The role of public policy in K–12 science education* (pp.355–394). Charlotte, NC: Information Age Publishing.

Dewey, J. (1900/1990). *The school and society*. Chicago, IL: University of Chicago Press. (Originally published in 1900)

diSessa, A. (2006). A history of conceptual change research: Threads and fault lines. In R.K. Sawyer (Ed.), *The Cambridge handbook of the learning sciences* (pp.265–281). New York, NY: Cambridge University Press.

Downing, E. (1915). Some data regarding the teaching of zoology in secondary schools. *School Science and Mathematics, 15*, 36–43.

Duane, J.E. (1973). *Individualized instruction: Programs and materials*. Englewood, NJ: Educational Technology Publications.

Duschl, R.A., Maeng, S., & Sezen, A. (2011). Learning progressions and teaching sequences: A review and analysis. *Studies in Science Education, 47* (2) 123–182.

Elementary and Secondary Education Act of 1965, 20 U.S.C. § 6301 *et. seq.* (1965).

Educational Development Center. (1969). *Elementary science study*. Manchester, MO: Webster Division, McGraw-Hill.

Goals 2000: Educate America Act, 20 U.S.C. § 5801 *et. seq.* (1994).

Greeno, J.G. (2006). Learning in activity. In R.K. Sawyer (Ed.), *The Cambridge handbook of the learning sciences* (pp.79–96). New York, NY: Cambridge University Press.

Hall, E.H. (1894). *Elementary lessons in physics: Mechanics (including hydrostatics) and light*. New York, NY: Henry Holt.

Herrmann Abell, C.F. & DeBoer, G.E. (2011). Using distractor-driven standards-based multiple-choice assessments and Rasch modeling to investigate hierarchies of chemistry misconceptions and detect structural problems with individual items. *Chemical Education Research and Practice, 12*, 184–192.

Holton, G. (2003). The Project Physics course, then and now. *Science and Education, 12*, 779–786.

Hunter, G. (1910). The methods, content and purpose of biologic science in the secondary schools of the U.S. *School Science and Mathematics, 10*, 1–10, 103–111.

Hurd, P. (1970). *New directions in teaching secondary school science*. Chicago, IL: Rand McNally.

Huxley, T. (1899). *Science and education*. New York, NY: Appleton.

Improving America's Schools Act of 1994, 20 U.S.C. § 8001 *et. seq.* (1994).

Kali, Y., Koppal, M., Linn, M.C., & Roseman, J.E. (2008). In Y. Kali, M.C. Linn, & J.E. Roseman (Eds.), *Designing coherent science education: Implications for curriculum, instruction, and policy* (pp. xvi). New York, NY: Teachers College Press.

Kellaghan, T., & Madaus, G. (1995). National curricula in European countries. In L. McNeil (Ed.), *The hidden consequences of a national curriculum* (pp.79–118). Washington, DC: American Educational Research Association.

Kesidou, S., & Roseman, J.E. (2002). How well do middle school science programs measure up? Findings from Project 2061's curriculum review study. *Journal of Research in Science Teaching, 39* (6) 522–549.

Kolodner, J.L. (2006). Case-based reasoning. In R.K. Sawyer (Ed.), *The Cambridge handbook of the learning sciences* (pp.225–242). New York, NY: Cambridge University Press.

Kolodner, J.L., Camp, P.J., Crismond, D., Fasse, B., Gray, J., Holbrook, J., Puntambekar, S., & Ryan, M. (2003). Problem-based learning meets case-based reasoning in the middle-school classroom: Putting learning by design into practice. *Journal of the Learning Sciences, 12* (4), 495–547.

Krajcik, J.S., & Blumenfeld, P.C. (2006). Project-based learning. In R.K. Sawyer (Ed.), *The Cambridge handbook of the learning sciences* (pp.317–333). New York: Cambridge University Press.

Krajcik, J.S., McNeill, K.L., & Reiser, B.J. (2007). Learning-goals-driven design model: Developing curriculum materials that align with national standards and incorporate project-based pedagogy. *Science Education, 92* (1), 1–32.

Krajcik, J.S., Slotta, J.D., McNeill, K.L., & Reiser, B.J. (2008).

Designing learning environments to support students' integrated understanding. In Y. Kali, M.C. Linn, & J.E. Roseman (Eds.), *Designing coherent science education* (pp. 39 – 64). New York, NY: Teachers College Press.

James, W. (1899). *Talks to teachers on psychology: And to students on some of life's ideals.* New York, NY: Henry Holt.

Linn, M.C., Songer, N.B., & Eylon, B.-S. (1996). In R. Calfee & D. Berliner (Eds.), *Handbook of educational psychology* (pp. 438 – 490). New York, NY: Macmillan.

Matthews, M.R. (in press). *International handbook of research in history, philosophy and science teaching.* New York, NY: Springer.

McNeil, L. (1995). Local reform initiatives and a national curriculum: Where are the children? In L. McNeil (Ed.), *The hidden consequences of a national curriculum* (pp. 13 – 46). Washington, DC: American Educational Research Association.

Merrill, R., & Ridgway, D. (1969). *The CHEM study story.* San Francisco, CA: Freeman.

Millikan, R.A., & Gale, H.G. (1941). *New elementary physics.* Boston, MA: Ginn.

Moon, T.J. (1921). *Biology for beginners.* New York, NY: Henry Holt.

Moon, T.J., & Brezinski, B. (1974). Environmental education from a historical perspective. *School Science and Mathematics, 74,* 371 – 374.

Moon, T.J., Mann, P.B., & Otto, J.H. (1956). *Modern biology.* New York, NY: Holt.

National Commission on Excellence in Education (NCEE). (1983). *A nation at risk: The imperative for educational reform.* Washington, DC: U.S. Department of Education.

National Defense Education Act of 1958. 1 U.S.C. § 101, 72 Stat. 1581 (1958).

National Education Association (NEA). (1893). *Report of the committee on secondary school studies.* Washington, DC: U.S. Government Printing Office.

National Education Association (NEA). (1918). *Cardinal principles of secondary education: A report of the commission on the reorganization of secondary education* (U.S. Bureau of Education, Bulletin No. 35). Washington, DC: U.S. Government Printing Office.

National Research Council (NRC). (1996). *National science education standards.* Washington, DC: National Academies Press.

National Research Council (NRC). (2000). *How people learn: Brain, mind, experience, and school. Report of the Committee on Developments in the Science of Learning.* J.D. Bransford, A.L. Brown, & R.R. Cocking (Eds.). Washington, DC: National Academies Press.

National Research Council (NRC). (2007). *Taking science to school: Learning and teaching in grades K– 8. Report of the committee on science of learning, kindergarten through eighth grade.* R.A. Duschl, H.A. Schweingruber, & A.W. Shouse (Eds.). Washington, DC: National Academies Press.

National Research Council (NRC). (2008). *Common standards for K– 12 education.* Washington, DC: National Academies Press.

National Research Council (NRC). (2012). *A framework for K– 12 science education. Report of the committee on a conceptual framework for new K– 12 science education standards.* Washington, DC: National Academy Press.

National Science Board. (1983). *Educating Americans for the 21st century: A report to the American people and the National Science Board.* Washington, DC: National Science Foundation.

National Society for the Study of Education. (1947). *Science education in American schools: Forty-Sixth Yearbook of the NSSE.* Chicago, IL: University of Chicago Press.

NGSS Lead States. (2013). *Next generation science standards: For states, by states.* Washington, DC: The National Academies Press.

No Child Left Behind Act of 2001, 20 U.S.C. § 6301 *et seq.* (2002).

Papert, S. (2006). Afterword: After how comes what. In R.K. Sawyer (Ed.), *The Cambridge handbook of the learning sciences* (pp. 581 – 586). New York, NY: Cambridge University Press.

Pfeiffer, D. (2002). Signing the Section 504 rules: More to the story. *Ragged Edge Online, Issue 1.* Retrieved December 6, 2010, from www.ragged-edge-mag.com/0102/0102ft6.html

Physical Sciences Study Committee (PSSC). (1960). *Physics.* Boston, MA: D.C. Heath.

Project Physics. (1970). *The project physics course.* New York, NY: Holt, Rinehart, and Winston.

Ravitch, D. (1983). *The troubled crusade.* New York, NY:

Basic Books.

Roseman, J.E., Linn, M.C., & Koppal, M. (2008). Characterizing curriculum coherence. In M.C. Linn, J.E. Roseman, & Y. Kali (Eds.), *Designing coherent science education: Implications for curriculum, instruction, and policy* (pp. 13 – 38). New York, NY: Teachers College Press.

Rudolph, J.L. (2008). The legacy of inquiry and the Biological Science Curriculum Study, in R.W. Bybee (Ed.), *BSCS: Measuring our success—the first 50 years of BSCS.* Dubuque, IA: Kendall/Hunt.

Rudolph, J.L., & Meshoulam, D. (in press). Science education in American high schools. In H.R. Slotten (Ed.), *Oxford encyclopedia of American scientific, medical, and technological history.* New York, NY: Oxford University Press.

Sawyer, R.K. (2006 a). Conclusion: The schools of the future. In R.K. Sawyer (Ed.), *The Cambridge handbook of the learning sciences* (pp. 567 – 580). New York, NY: Cambridge University Press.

Sawyer, R.K. (2006 b). Introduction: The new science of learning. In R.K. Sawyer (Ed.), *The Cambridge handbook of the learning sciences* (pp. 1 – 16). New York, NY: Cambridge University Press.

Schlesinger, A.M., Jr. (1986). *The cycles of American history.* Boston, MA: Houghton Mifflin.

Schwab, J.J. (1954). Eros and education: A discussion of one aspect of discussion. *Journal of General Education, 8* , 54 – 71.

Schwab, J.J. (1962). The teaching of science as enquiry. In J.J. Schwab & P.F. Brandwein (Eds.) *The teaching of science* (pp. 1 – 103). Cambridge, MA: Harvard University Press.

Schwab, J.J. (1963). *Biology teachers' handbook.* New York, NY: John Wiley and Sons.

Science Curriculum Improvement Study. (1970). *Science Improvement Curricululm Study (SCIS)* . Chicago, IL: Rand McNally.

Slotta, J.D., & Linn, M.C. (2009). *WISE Science: Web-based inquiry in the classroom.* New York, NY: Teachers College Press.

Smith, A., & Hall, E. (1902). *The teaching of chemistry and physics in the secondary school.* New York, NY: Longmans, Green.

Smith, M. (1954). *The diminished mind.* Chicago, IL: Regnery.

Spencer, H. (1864). *Education: Intellectual, moral, and physical.* New York, NY: Appleton.

Strong, L. (1962). Chemistry as a science in the high school. *The School Review, 70* , 44 – 50 .

Title IX of the Education Amendments of 1972 . 20 U.S.C. §§ 1681 – 1688 *et seq.*

U.S. Department of Education. (1991). *America 2000: An education strategy sourcebook.* Washington, DC: Author.

U.S. Office of Education. (1951). *Life adjustment for every youth.* Washington, DC: U.S. Government Printing Office.

Webb, H. (1915). Is there a royal road to science? *School Science and Mathematics, 15* , 679 – 685 .

Weiss, I.R. (2006). A framework for investigating the influence of the national science standards. In D.W. Sunal & E.L. Wright (Eds.), *The impact of state and national standards on K– 12 science teaching* (pp. 51 – 79). Charlotte, NC: Information Age Publishing.

Zumwalt, K. (1995). What's a national curriculum anyway? In L. McNeil (Ed.), *The hidden consequences of a national curriculum* (pp. 1 – 12). Washington, DC: American Educational Research Association.

29

Scientific Practices and Inquiry in the Science Classroom

JONATHAN OSBORNE

第29章

科学课堂中的科学实践与探究

张静　译　　陈敏华　审校

摘要

本章讨论了支持科学教育中探究教学的诸项论点。从施瓦布（Schwab）开始，着眼于分析这些论点怎样过分强调了实证探究的行为，而缺乏对这一核心科学活动在认识论方面和程序性方面更详细的理解。本章借鉴科学史、科学哲学以及科学研究者们的研究成果，试图展示对科学的最新理解如何引导一种将科学视为一系列科学实践活动组合的科学教学模式。本章认为，实证探究的过程与其试图检验的理论、对数据的分析与解释以及解决相矛盾的解释时所需的论据密不可分。此外，这种科学教学模式要求学生们不仅要明确地学习特定领域的内容知识，还要学习一套基本的程序性和认识论知识，这些对于任何科学活动或报告的批判性评估都是必不可少的。此外，学习科学与做科学不能相混淆，因为两者具有截然不同的目标。同时，阅读、写作和谈论科学与从事实证研究一样，对科学的学习也很重要。

引言

在公众心目中，科学的一个显著特征就是对物质世界[1]的探索。不出所料，许多人试图将这一点作为科学教学的核心特征。事实上，早在1759年，埃德蒙·伯克（Edmund Burke）就曾写道（1909）：

> 我相信最接近科学研究方法的教学方法，是无与伦比的最佳教学方法；……它往往能开启读者的创造力，并引导他走上作者做出发现所走过的道路。
>
> （p.12）

不出所料，类似于学习一项新技能，如演奏乐器、投球或驾驶汽车，最好的方法就是实践活动，学习科学的最好方法应是在科学课堂上尽可能多地给学生提供参与课堂科学探究的机会。例如，这种方法最知名的英国支持者阿姆斯特朗（H. E. Armstrong）主张“启发式教学法”，即“让我们的学生尽可能地站在发现者的立场，运用他们发现[2]的探索方法，而不是仅仅成为一个被动接受者”（Armstrong, 1902）。

90年以后，《美国国家科学教育标准》（*National Science Education Standards*; National Academy of Science, 1995）也提出了类似的观点。该文件认为科学教学不仅仅要求将科学作为一个过程以及观察、实验和推论的技能来教学，它为科学教学提供了一种愿景。在这种愿景中，“探究是科学学习的中心”，而在探究中：

> 学生描述事物，提出问题，构造解释，利用已有的科学知识检验这些解释，并与他人交流自己的想法。他们运用批判性和逻辑性思维来判断自己的假设，并考虑其他解释。通过将科学知识与推理、思维能力相结合，学生们积极地提升他们对科学的理解。
>
> （p.23）

从某种意义上说，这种论点具有诱人的吸引力。它提供了一种体现了科学本身实践性的学习科学的观点。但它存在两个方面的缺陷。探究学习法支持者的第一个缺陷在于赖尔（Ryle）区分了“知道如何做”（knowing how）和“知道”（knowing that）（Ryle, 1949）。通过探究过程来学习科学，确实广泛增强了学习者对产生新科学知识所需过程的了解，例如“知道如何做”。其中一部分就是波利亚尼（Polyani）所定义的“隐性知识”（Polyani, 1958）。除非明确地讲授，否则它不会开发出规则化的知识、标准程序，以及将精准可信数据所需错误最小化的方法（“知道”）。更重要的是，赖尔的区分中缺少了“知道为什么”（knowing why）这一部分，即了解这些过程如何使我们相信科学的主张，以及科学中常用的结构和价值。这种知识可以称为“认识论知识”。著名的科学哲学家伊姆雷·拉卡托斯（Imre Lakatos）曾说过一句令人难忘的话：“大多数科学家对科学的了解往往只比鱼对流体力学的了解多一点点”（Lakatos, 1970, p.148）。库恩（Kuhn, 1962）也指出，实践中的科学家很少对他们所做的工作进行反思。科学家们经过了在实践领域中的长期训练，而这些训练中他们所做的事情及他们这样做的理由基本上是不言而喻的，但其认识论上的理由很少被讨论。

从根本上讲，强调通过探究来教授科学反映了目标的混乱。科学的目标是发现物质世界的新知识。科学试图回答“大自然是什么样子的？”这样一个基础问题。不管具体的科学是什么，对本体论问题的回答总是从观察开始：太阳从东方升起，从西方落下；同步卫星每24小时绕地球一圈；每个人看起来都像他们的父母。然而，观察反过来又产生了“为什么会发生这种情况？”的因果问题。正是这些问题激发了科学家们的想象、模型的构建和解释性假设的产生。这些观点必须根据数据来验证，才能回答第三个问题，即“我们如何知道？”和“我们怎么能确定？”的认识论问题。回答这些问题使科学家们能够对新的知识提出要求。

然而，科学教育的目标是根本不同的。科学教育寻求的不是创造新的知识，而是帮助学生理解现有的、公认的和历史悠久的旧知识。以探究为基础的科学教学理论的缺陷在于将科学实践与科学学习混为一谈（Chinn & Malhotra, 2003; Roth, 1995），而事实上二者是目标不同的活动。正是这种目标的差异使得科学教育活动与科学活动有着根本的区别。特别是，学习科学的目的是理解科学领域的主要特征，欣赏这些思想所代表的智力成就，并理解这些知识是如何产生的。如果认为探究，即科学家的主要方法论工具，也可以是学习科学的主要过程，那么就犯了一个类别性的错误，就像认为学习理解和欣赏音乐只能通过演奏乐器来实现一样，没有给从未演奏过乐器的评论家或音乐爱好者的教育留下任何机会。相反，获得科学知识和理解科学的最好方式是运用我们所学的知识以及对人类如何学习的理解（Bransford, Brown, & Cocking, 2000; Donovan & Bransford, 2005），而不是运用关于人们如何从事科学活动的知识——这是一项几乎没有共识的活动（Alters, 1997）。因此，考虑到与科学教育活动相比，科学活动在目的和意图上存在根本性差异，认为科学最好通过探究来学习的观点是完全不合逻辑的。

本章的基本假设是，"'认识科学'意味着人们不仅知道一种现象是什么，而且知道它与其他事件有何关系，它为什么重要以及这种特定的世界观是如何形成的"（Osborne, 2010, p.67）。任何科学教育，如果只给学生提供对科学的概念理解，而不解释我们如何知道我们所知道的或我们为什么相信我们所做的，那就会使学生对信念的认识基础一无所知。事实上，正如诺里斯（Norris, 1997）所说，

> 要求其他人接受并记住科学老师所说的话，而不关心所说的话的意义和正当性，是对这些人的不尊重，是对他们的福祉不够关心。对学生的不尊重，是因为学生和老师在道德上是平等的，因此学生有权从老师那里得到老师希望他们相信的理由。对学生福祉的关注不够，是因为人们在需要能够可靠地指导行动的信念时，这个信念的合理性却是自己无法证明的，这是十分糟糕的。
>
> （p.252）

从根本上说，科学对当代文化的主要贡献之一，就是建立一种以证据作为基础的信念；科学传统以此促进了理性、批判性思维和客观性的发展，并认为判断思想的标准不应是个人或社会利益，而是"世界是怎样的"（Kitcher, 2001; Matthews, 1995）。然而，时至今日，这些观点仍遭到了相当多的反对（Kitcher, 2010）。

毫无疑问，学生必须学习科学的内容，包括"我们知道什么"和"为什么会发生"。然而，问题是我们应该如何解释科学是怎样运作的，科学家们怎样知道他们所知道的，以及指导他们所做工作的主要构想是什么。显然，内容和过程存在着相当多的重叠，因为这两者是密切相关的。但是，正如语言只在其被使用的语境中才有意义一样（Wittgenstein, 1961），人们会认为，指导科学活动的许多认识论信念和构想，只有在让学生参与选定的科学实践时才有意义。尽管要求学生参与探究的作用无疑对于解释特定的现象具有价值，但当它被用来发展有关科学特征的内容、过程或认识论标准和构想的知识时，它具有更大的价值。虽然这样的活动充其量只是科学实践的一种近似和部分描述，但它的作用应该是使学生能够体验到科学所能提供的智力投入和满足感。也许，更重要的是，它将有助于建立对科学的更深层次的功能性理解，这是具有科学素养的个人所需要的。为了实现后一个目标，重要的是要对实践进行反思，并为这种实践寻求和建立的程序性和认识论知识设定明确的目标。

探究式科学教学

如前所述，来自英国的探究式教学的主要支持者阿姆斯特朗关于如何教授科学的看法很好地体现在他早期弟子之一查尔斯·布朗（Charles Browne）的课堂笔记中。

> 教学原则：进行简单的指导——以提问为主给出建议，不进行讲解。教师应该保持共同询问者的态度。不可成为权威。如果必须提供事实或数据，则应从书中获取，并引用权威，以此来引导书籍的正确使用——查证和拓展经验。它使教师更容易承担起共同询问者的角色，就像他想让孩子们做的那样。[3]

这样的教学需要从观察中产生的问题开始，如下例所示。有一位叫范普拉格（Van Praagh）的老师——阿姆斯特朗后来的弟子，也是20世纪60年代纳菲尔德（Nuffield）科学教学项目的一个有影响力的贡献者——向他的学生展示了铜在加热时会变黑。然后他问他的学生："为什么铜加热后会变黑呢？这可能是什么，为什么？"对这些问题的回应产生了几种理论。

> 史密斯（Smith）说："我想是火焰中的煤烟。""好主意。"我在黑板上写道："史密斯的理论是，黑色的东西就是煤烟。""他可能是对的，"我说，"还有其他想法吗？""是的，先生。"鲁宾逊（Robinson）说，"我认为这是一种被热量从铜中驱逐出来的杂质。"然后鲁宾逊的理论也被写到了黑板上。索利（Solly，他的哥哥在中学念5年级）说："我知道这是什么。"我说："如果你知道，你就必须证明你是对的——我们将把它加入我们的理论。"索利的理论是："黑色物质是由空气作用在铜上形成的。""我们怎样才能决定谁是对的呢？"我问道。我让他们提出三个实验来检验这三个理论。
>
> （Van Praagh, 2003）

这些想法对英国纳菲尔德项目产生了巨大的影响。有人认为，这种方法能够让学生们"做一天的科学家"并体验发现的兴奋。虽然这一系列项目并没有明确的教学理念，但指导者一再强调，教师不能泄露游戏内容，应该让学生自己去发现。这种形式的教学方法的问题在于，学生们意识到通过实验操作可以产生相应的结果（Nott & Smith, 1995），并且练习不是提出可能"错误"的想法，而是成为一个做出"正确猜测"的过程，将体验简化成了"应该会发生什么？"（Stevens, 1978; Wellington, 1981）

在美国，曾主持过生物科学课程研究（Biological Sciences Curriculum Studies [BSCS]）项目材料开发的施瓦布提出了一种更为复杂的方法。他扩展并阐述了科学探究教学法的基本原理（Schwab, 1962）。施瓦布认为，通过探究来教授科学的目标是"对探究的探究"，而不是学习科学的一种手段。BSCS的教材从一开始就致力于施瓦布所谓的"对传统模式的彻底抛弃"，将所有嵌入的内容都作为对探究活动的激励（Schwab, 1962, p.39）。对出版的教材的分析表明，至少在印刷品上，这一目标已经实现。超过50%的教材致力于帮助学生解决调查问题——这是最新版的BSCS《人体生物学》（*Human Approach*）教材所支持的一个特点（Chiappetta & Fillman, 2007）。

施瓦布的思想在当时是非常有先见之明的。他提出了"稳定性探究"（解决日常问题）和"流动性探究"的概念，并将其作为对理论领域中感知到的异常现象做出反应的过程。这些思想与库恩的具有普遍性和革命性的科学有着很强的相似性。施瓦布为科学教育提供了很重要的理论基础，他解释了为什么参与探究对于学习科学很重要——对我们如何知道我们所知道的知识提供一些见解。与那些主张过程重要的观点所不同，施瓦布认为过程和内容是密切相关的。而且，每一门科学都有使其有别于其他科学的自己的结构。实际上，施瓦布(1962)认为，科学中的所有探究都是针对特定学科的，“以已有的概念框架，特别是那些统治所讨论现象的理论和概念为指导”(Rudolph, 2003)。每个理论或知识都应被视为一个“对探究的叙述的片段”(Rudolph, 2003, p.270)，其中知识应该“作为从证据中得出的结论而不是凭空得来的真理进行传授”(p.270)，还应该是关于“替代方案及其后果”的讨论(p.270)——这些观点听起来与那些主张科学教育中论证价值的学者的观点非常相似(Driver, Newton, & Osborne, 2000; Duschl & Osborne, 2002)。

尽管如此，施瓦布(1962)在其著作中确实试图描述统领科学探究的认识论和程序性构想，但仅限于科学固有的“结论、数据和验证模式”。施瓦布认为，所有的科学都依赖于一套分类模式(分类知识)，他将其描述为“简单、可快速描述的探究模式”(p.86)的测量科学。这是一门因果关系的科学，旨在展示“相互作用和相互决定的部分是如何作为一个协调一致的整体而发挥作用的”(p.89)，以及类比科学是试图通过发明无法直接观察的机制来展开解释的。后一种推理形式需要进一步发展模型和理论。因此，施瓦布的工作应被视为试图定义科学推理所需的知识基础，并解决了对科学依赖于程序性和认识论知识体系缺乏明确认识的问题。

然而，施瓦布的著作只是在一般意义上确定了作为科学推理基础的认识论构想。同样，他的工作也没有认识到参与探究需要具备探究所固有的一系列程序性知识，如自变量/因变量、错误的类型、信度和效度等的概念。因此，由于他未能充分地识别科学推理所依赖的知识的形式和特征，他的工作缺乏必要的洞察力，无法更深入地了解科学推理的含义，从而使科学应该发展何种知识的问题悬而未决。

然而，值得赞扬的是，施瓦布并没有将科学的实践与科学的学习混为一谈。施瓦布将科学作为探究过程的产物，并对用于学习和教学的探究进行了区分。他认为，探究课程“绝不是针对所有学校、所有学生的唯一版本，也不一定是最理想的教学形式”(Schwab, 1962, p.71)。1996年《美国国家科学教育标准》提出的一个观点是，探究的主要功能是构成过程性的元认知知识。四年后出版的解释卷写道：“探究不仅包括参与探究的能力，还包括对探究以及探究如何产生科学知识的理解”(National Research Council, 2000, p.13)。然而，该文件对探究的学习与通过探究来进行学习并没有做出区分，并且该文件给人留下的深刻印象是探究是教育学所推荐的一种教学形式。

1996年的《美国国家科学教育标准》详细列出了进行科学探究所需的能力。事实上，它们与《K—12科学教育框架》(National Research Council, 2012)中列出的八大实践活动非常相似，如表29.1所示。

接下来需要探讨的一个很明显的问题是，它们在何种意义上是不同的呢？探究式教学与要求学生参与科学实践有何不同？有人会争辩说，这个问题的答案在于活动是否有更清晰的目标，这些目标包括学生应该体验什么以及学生应该学习什么。

探究式教学的第一个问题是“通过探究进行科学教学”缺乏一个普遍接受的定义。对于许多教师和学生而言，探究的概念已经与探究要求学生处理、调查和提出物质世界的问题的概念相混淆。因此，任何具有“动手”性质的活动都可以被认为是这种教学方法的基本要求。在这种形式中，探究并不是一种发展对科学探究本质的更深刻理解的手段，而是一种目的，其本身就是为教师所提供的对自然现象的解释或验证的教学功能服务的（Abd-El-Khalick et al., 2004）。其结果是，参与探究的目标已经与实际或实验室工作的目标混为一谈。大多数实验室的工作主要起到说明功能（Wellington, 1998; Woolnough & Allsop, 1986）。米勒（Millar, 1998）认为，

> 在教学环境中，产生这种现象也是对所涉及的科学知识力量的一种仪式化展示。这件事含蓄地表达了："看吧，我们（即体现在教师身上的科学团体）对此了解得如此之多，以至于我们可以让该事件可靠而又规律地在你的眼前发生！"事件越不可能发生，它就越强大。学生们的实际任务是"自动演示"，因此他们传递了更强烈的隐含信息，即"我们对材料和事件的理解和控制是如此之好，以至于我（教师）甚至不必为你做这些，你可以自己做"。
>
> （p.26）

因此，在许多教师看来，进行探究的主要目的不是加深对表29.1所列的整个探究过程行为的理解，而是提供一种方法来支持他们的辩论任务，即说服学生相信教师所做的自然概念的解释是有效的。如果有另一个重点，则它往往是探究所需技能的表现，然后主要是成功实验（知道如何做）所需的操纵技能，而不是对数据的分析和解释，或对探究及其在科学中的作用的理解（知道或知道为什么）。最糟糕的情况是，产物是流水线式的实验室活动，学生在其中只需遵循一系列指示来重复现象。因此，关于探究式教学存在的问题的答案，与其说是它的概念，不如说是它的表达和交流。科学教育缺少的是一种定义并传达了学生应该经历的活动类别的专业语言——那是对教育实践的一种可行的分类。鲍克（Bowker）和利·斯塔尔（Leigh Star）（1999）展示了在其他职业（如护理）中引入此类系统如何使跨领域的可比性成为可能，使特定活动可见，并提供了活动的结构和控制，从而使各领域具有某种一致性。简而言之，这种区分和交流重要概念的保留语言，是促进实践专业化的一个重要因素。

表29.1 科学探究能力（National Research Council, 2000）与《K—12科学教育框架》中科学实践的比较

进行科学探究所需的基本能力（5—8年级）	科学实践
• 判定可通过科学实验或调查研究回答的问题	1. 提出问题和明确问题
• 设计并进行科学实验或调查研究	2. 建立和运用模型
• 利用适当的工具和技术收集、分析和解释数据	3. 制订计划和开展探究
• 运用事实证据进行描述、解释、预测和模型建构	4. 分析和解释数据
• 运用批判性和逻辑性的思考，建立证据与解释之间的关系	5. 运用数学与计算思维
• 识别和分析其他的解释和预测	6. 形成解释和设计解决方案
• 交流科学过程和解释	7. 参与基于证据的论证
• 将数学运用在科学探究的各个方面	8. 获取、评价和交流信息

科学实践的本质

过去40年里，科学史家、哲学家、认知科学家和社会学家的工作中已经形成了科学作为一套实践过程的观点。关键的转折点是库恩（1962）的研究工作。他指出科学是由一群科学家们所进行的工作，该群体的工作由一套价值观和规范标准主导，其中一些价值观和规范标准是通过社会协商达成的，也就是说，该群体的从业者们从事特定的、达成共识的实践活动。随后的大量工作阐明了科学是如何完成的，既涉及短期的（例如，对某一特定实验室或研究项目中的活动的研究），也涉及历史上的（例如，对实验室笔记、出版的文本、目击者的叙述的研究；Collins & Pinch, 1993; Conant, 1957; Geison, 1995; Latour & Woolgar, 1986; Pickering, 1995; Traweek, 1988）。将科学视为一系列的实践表明：理论的发展、推理和测试是一系列更大范围活动的组成部分，这些活动包括了参与者和机构网络（Latour, 1999; Longino, 2002），专门的谈话和写作方式（Bazerman, 1988），使用机械和数学模型或基于计算机模拟的建模（Nercessian, 2008），做出预测性推论，构建适当的仪器，以及建立对现象的表征方式（Latour, 1986; Lehrer & Schauble, 2006 a）。

这与波普尔（Popper）、拉卡托斯、亨普尔（Hempel）等哲学家的论述有什么不同？哲学的目的是对支配科学活动的规则和价值提供规范的解释，本质上是确定统领科学如何运作的认知性程序之一。这种描述是科学方法的普遍观点，即提出一个问题，做出一个可检验的假设，然后进行实证探究，看看数据是否证实了这个假设。这一章的重点并不是解释为什么单一科学方法只是一些科学家所做的理想化和片面化的观点。波普尔的贡献在于他认为实验的目的不是用来证实一个假设，而只是用来表明这个假设是不可证伪的。科学教育的问题在于，对于支配着科学的认识规则和规范还没有单一的哲学描述，而这些规则和规范可以轻易地形成能提供给学生的简单或粗俗的叙述的基础。事实上，越来越多的论点认为，每种科学都有不同的规范、价值观和认识论标准，因此生物学哲学（Mayr, 2004）不同于化学哲学（Baird, Scerri, & McIntyre, 2006），也与物理哲学截然不同，例如（Cartwright, 1983）——物理哲学为科学哲学的许多工作建立了框架。

尽管存在这一问题，但科学教育工作者已经证明，许多不同群体确实围绕科学本质的一系列基本特征达成了共识。其中一种方法是确定全球课程的共同特征（McComas & Olson, 1998）；另一种是采用德尔斐（Delphi）法对共同体进行研究，该共同体在八项原则上达成了共识（Osborne, Ratcliffe, Collins, Millar, & Duschl, 2003）。然而，最著名的是莱德曼（Lederman, 2007）和阿布德–哈利克（Abd-El-Khalick）、沃特斯（Waters）和黎（Le）（2008）的研究。这些研究利用了大量科学史、哲学和社会学的学术成果，提出了一份7到10个适用于所有科学的各领域通用的特征清单。这些观点包括：科学是以经验为基础的；科学知识依赖于推理，具有创造性，受理论和学科承诺的支配，随时可能改变；没有单一的科学方法；科学定律和理论之间有区别；科学知识是一种社会协商的、文化嵌入的产物。此外，科学教育的目标之一应该是“为学习者提供充足的机会来构建、重构和巩固他们关于科学认识论基础的内在一致的框架”（Abd-El-Khalick, 2012, p.360）。这些思想中包含了认识论的基础。此外，这些科学本质基本原则清单的倡导者提出了一个重要的观点，即只有明确地了解这些特征，才能进一步发展对科学本质全方位的理解(Abd-El-Khalick & Lederman, 2000; Lederman, 2007)。

然而，这种方法受到了许多批评(Allchin, 2011; Duschl & Grandy, 2013; Matthews, 2012)。首先，科学活动比任何一个这样广义的清单都更加复杂和微妙。因此，这些清单的支持者被迫设计出与科学关系不明确的伪教学练习。例如，其中一项练习是让学生拉动一些绳子，而这些绳子的连接都藏在一根硬纸板做的管子中无法看到，然后要求学生构建一个表征绳子之间相互联系的模型。这个练习的目的是举例说明这是对科学活动本身的一种模拟。在这种模拟中，科学家被迫为无法直接观察的实体构建模型和进行解释。

第二个批评是，这种理解是在"案例研究的背景下"更好地发展起来的，而"这个案例研究一方面足够复杂，另一方面又清晰地进行了描述(具体且详细)"。因此，"NOS(科学本质)教学……需要让学生在情境丰富的案例研究中参与问题解决和决策"(Allchin, 2011, p.520)。奥尔欣(Allchin)的论点是，"没有证据表明，仅仅回忆或理解这些NOS原则，就足以在情境中有效地应用它们"(p.523)。相反，"NOS的理解需要是**功能性的**[4]，而不是说明性的"(p.523)。这意味着学生对科学的认识论基础的理解，需要在丰富的当代科学案例研究的背景下发展，科学教育的目标之一应是发展对科学实践以及科学家如何为他们提出的主张建立可信度的广泛理解。简而言之，科学家必须做些什么来建立可靠的知识呢(Ziman, 1979)? 特别值得一提的批评是，NOS原则的清单忽视了批判和同行评审的作用，而这二者正是科学界用来建立信誉的核心机制。此外，他们很少提及动机、资金、认知偏见或欺骗的作用，而所有这些都是对科学进行功能性理解所需的要素，它们有助于学生识别好的科学和坏的科学(Goldacre, 2008)。这种知识只能通过科学实践的具体实例来发展。例如，戈尔达克尔(Goldacre)认为，科学的一个最重要的需要理解的认识论特征就是双盲试验在证明大多数公众关注的医疗索赔的正当性方面所起的作用。了解双盲试验就需要了解控制变量策略如何使科学能够提出因果关系的主张。如果他是对的，那么对这种策略是什么以及为什么可以证明信念的理解是科学教育的一个基本要素。

那么，对科学家所从事的实践的关注如何着手解决这些批评呢？答案在于这样一个事实，即关注科学家所做的事情能够构建一个捕捉科学基本特征的科学模型。这一模型源自对实践的经验心理学的研究和科学家所做的规范哲学的研究。从这些研究中，克拉尔(Klahr)和邓巴(Dunbar)(1988)得出结论，科学实践涉及三个主要的"过程"[5]，他们称之为假设、实验和证据评估。克拉尔和邓巴使用的术语"过程"并不是指科学教育中对一组认知操作或技能的标准使用。相反，克拉尔和邓巴(1988)将"过程"描述为在"探究阶段"和"问题空间"中进行的工作。他们使用术语的主要意图是传达一个观点，即科学需要一个推理的"过程"，从而解决三个"问题"(提出假设，生成数据以检验假设，评估和协调证据以得出结论)，并且这些过程分阶段发生。他们对科学的描述类似于波普尔(1972)对科学假设的猜测和反驳进行的分离，但增加了第三个阶段，即证据评估。然而，克拉尔及其同事(Klahr, Fay, & Dunbar, 1993)并没有从哲学的角度完善他们的模型。相反，他们提出"科学发现的双重搜索模型(science discovery as dual search [SDDS])"，该模型描述了他们在观察实验对象时的经验发现，以及他们在心理学实验中用于解决模拟科学探究任务所进行的推理。换句话说，克拉尔等人的模型源自他们的观察，即他们的实验对象通过参与三种主要形式的活动来解决科学问题。这种科学观点不是反映基本规范原则的哲学论证，而是实际上就在做科学的大学生和学龄儿童(其中最小的是小学生)的实证观察的产物。

令人感兴趣的是，吉雷(Giere)及其同事(Giere, Bickle, & Maudlin, 2006)从哲学的角度提供了一个类似的模型。该模型还建议将探究的三个阶段作为科学推理的结构。然而，这个模型来自对真实科学——例如克里克(Crick)和沃森(Watson)对DNA模型的发展——的哲学案例研究，并解释了科学运行的原理。这种规范性的说明描述了科学实践中所体现出的一系列行动，科学应该如何进行研究，以及科学界的参与者所共有的价值观。吉雷和同事们(2006)的哲学解释和克拉尔等人(Klahr, Fay, & Dunbar, 1993)的心理学解释之间的区别在于，吉雷等人(2006)的模型强调了科学家做出判断的原因和标准，而克拉尔等人(1993)强调了认知行为或推理本身及其主要功能——吉雷等人(2006)和纳塞森(Nersessain, 2002)都认为它是对物质世界解释模型的构建。

一群哲学家和一群心理学家，也就是来自两个不同学科的学者们，独立得出了相似的模型。这一事实具有重要意义，意味着科学活动具有某种潜在的结构。综上所述，这两个模型表明了科学推理有三个不同的“活动阶段”，即实验(研究物质世界的活动)、假设生成(对观察和发现的事物进行解释和制订解决方案的活动)和证据评估(评估数据和作为解释的理论和模型的活动)。它们由待解决的具体问题的性质所确定，由科学界所设定的一套规范标准来管理，并利用诸如演绎、归纳和溯因等独特的推理形式。图29.1给出了该结构的示意图。

然而，从何种意义上说，这些活动领域是科学的基础并对科学教育有帮助呢？答案是，它们是科学始于“自然是什么样子的？”这一基本问题的必然结果。因此，科学家们从事的主要实践之一就是提出问题。这种形式的活动构成了图29.1左侧所示内容的一部分。然而，观察反过来又会产生一个因果问题：“为什么会发生这种情况？”这样的问题引发了科学家们的创造性想象，模型的构建，以及解释性假设的产生。这正是图29.1右侧所代表的活动元素。这些想法必须接受检验。对想法的检验需要实证调查的设计以及数据的收集和分析。这些数据和方法程序使科学家能够回答“我们如何知道？”和“我们如何确定？”这些问题。然而，要达成共识并确定这种主张的有效性，就必须依赖论证和证据评估。

证据评估是必要的，因为最近科学界的一个转变是认识到数据是充满理论的(Hanson, 1958)。因此，认为数据客观、不容置疑的观点已经站不住脚了。相反，科学已被迫处于这样一种境地：在某些情况下，对物质世界的观察不能像这些数据可能支持或不支持的观点一样，这些观点也不能在表面上受到信任。因此，对任何数据集的质量进行批判性的评估，对实验者和理论家都同样重要。从哲学的角度来看，评价和批判是必要的，因为实验并不能对科学理论的真伪给出确切答案(Hempel, 1962; Quine, 1951)。在科学领域中，有一些“实验者”主要从事实验和评估领域的工作，但他们也借鉴理论家的工作，后者建立的模型和假设形成他们研究的理论前提。相反，也有一些“理论家”，他们主要在假设产生的空间中工作，但利用他们同事的批判性评估和“实验者”产生的数据来评估他们的理论的有效性。因此，所有科学家，不管他们的学科身份是什么，都必须参与评估。当然，许多科学家并不属于这两个群体中的任何一个，但他们

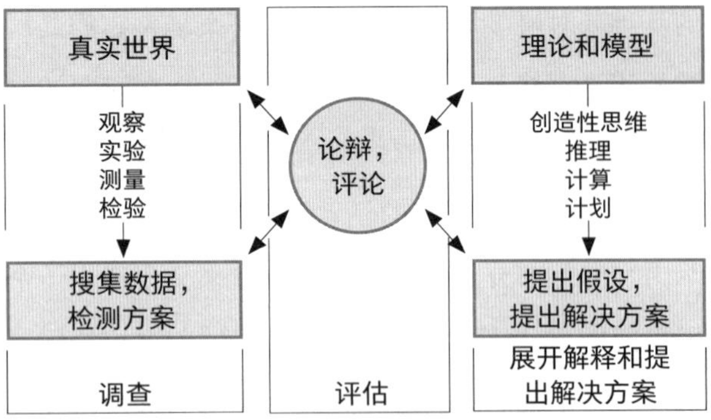

图29.1　科学活动的模型；结合Klahr & Dunbar（1988）和Giere等人（2006）

的研究却仍是在这三个空间中流动。

此外，这些活动领域并非是显而易见的。也就是说，刚接触科学的人不一定会把这三个问题空间看作科学家工作的关键特征。对幼儿的研究（Driver, Leach, Millar, & Scott, 1996；Klahr & Carver, 1995；Millar, Lubben, Gott, & Duggan, 1995；Schauble, Klopfer, & Raghavan, 1991）表明，学生对科学的看法往往不同。萧伯乐及其同事（Schauble, Klopfer, & Raghavan, 1991）发现，大部分研究工作都根据"工程框架"进行了概念化。在该框架中，孩子们不是开始测试想法，而是测试一个设计（即改变变量以达到"最佳"或最优条件）。另一项研究（Kind, Kind, Adamson, & Barmby, 2009）表明，学生更容易认识到假设和实验所需的活动，而不是证据评估所需的活动。学校科学对数据收集和"动手"经验的重视，只是强化了科学的逻辑实证主义观点，即将观察性陈述视为所有推论的可靠前提。作为一个推论，将会产生许多结论。首先，学生们未能建立起一种认识，即数据可能会出错，而且容易模棱两可。其次，学校科学教育未能形成这种认识，即科学更多的是发展解释性假设和构建解释性模型，而不是获取数据。这并不是说实验和"动手"探究不是科学学习的重要方面。现象领域中的经验对于为科学概念和理论赋予意义至关重要，但其根本目的是建立与思想领域的联系。因为，正如哈雷（Harré, 1984）所说，"理论是科学至高无上的荣耀"，达尔文、爱因斯坦、魏格纳（Wegner）、麦克斯韦、哥白尼、牛顿等名副其实的科学家都因其理论贡献而受到认可。第三，**评估与论证**[6]对于解决所有科学活动中固有的不确定性的重要性和必要性，还未得到充分体现。

批判的中心性

为什么参与论证和批判对所有科学都如此重要？正如福特（Ford, 2008）所指出的，其意义在于知识的建构依赖于"**建构**与**批判**[7]之间的辩证关系"，其中"批判激发了知识的真实建构"（p. 404）。福特（2008）的观点是，科学的批判精神首先建立在一种信念之上，即任何对知识的新主张都必须根据所提供的数据来解释，而且任何推断都可能是有缺陷的；其次，科学家们知道，必须严格审查这些明确的联系；第三，这一过程产生了可靠的知识。福特的观点是认为批判在科学学习中也起着类似的作用。

越来越多的研究表明，科学推理从根本上讲是概率性的。这为批判的重要性提供了一个理论依据（Howson & Urbach, 2006；Oaksford & Chater, 2007）。从这个角度来看，科学推理应该被看作对最佳解释的推理。这意味着科学家所面临的任务不仅有说服其他科学家相信他们的科学解释是正确的，还有说服其他科学家相信其他理论的解释是错误的（Szu & Osborne, 2011）。构建知识与其说是一个概念被另一个概念取代的概念变化的产物（Posner, Strike, Hewson, & Gertzog, 1982），倒不如说是一个在两个相互竞争的信念之间进行选择和评估的权衡过程。改变信念的平衡不是依赖于单个想法（信念A）的可信度，而是取决于信念A与另一种想法（信念B）之间的证据强度之比：简而言之，就是评估哪种想法更有可能。诸如光的波粒二象性模型之类的例子也证明了这一观点，即有证据支持波粒这两个认识，而且光的确切本质尚未得到解决；也就是说，它们的概率保持相等。正如布拉格（Bragg）所说，“上帝在星期一、星期三和星期五通过波动理论运行电磁学，而魔鬼在星期二、星期四和星期六通过量子理论运行它”。正如奥克斯福特和蔡特（Oaksford & Chater, 2007）所指出的，在大多数情况下，“科学推断的不确定性是无法补救的”（p.76），波粒二象性正是内在不确定性的一种表现。其他明显的例子如预测地震的能力、地球年龄的确定，或二氧化碳水平上升对全球平均气温可能产生的影响。当然，在某些情况下，新理论的论证势不可当。例如麦克斯韦从电磁场理论中的常数推导出光速，但是科学中的大多数新思想最初都是尝试性的推测，而且非常地不确定。对这种不确定性的一种自然反应是，不要孤立地考虑一个想法，而是必须通过对其可能性进行概率评估来评价其有效性。事实上，科学已经发展了解决测量错误的标准方法，并确定了最有可能找到答案的界限。对这些程序的了解是本文选择的“程序性知识”的一部分。

对于批判是人类学习的一个重要组成部分的证据可以在许多例子中找到，例如约翰逊（Johnson）对一种特定的工程产品——ABS制动装置的开发历史的研究（Johnson, 2009）。约翰逊（2009）在对这一技术发展的历史描述中，展示了知识共享是如何在其发展过程中起到关键作用的。那些没有为学界贡献任何知识的人（主要是美国工程师），根本没有必需的信息来对贝叶斯似然比做出正确的判断，结果是他们在开发这项技术的竞赛中输给了欧洲同行。对于克里克和沃森的DNA模型的发展，也可以提出类似的论点。关键的信息证明了他们和其他人最初提出的结构均是错误的，正如罗莎琳德·富兰克林（Rosalind Franklin）的X射线晶体学照片所显示的结构是螺旋结构的证据一样。

为什么批判对于科学学习如此重要呢，可以将这个过程比喻为权衡两个相互竞争的观点——命题A和命题B来理解。最初，证据可能表明它们具有同等的价值。那么设想一下，在没有批判的情况下，好的论述提高了A的可信度，使得这个命题证据的重要性是命题B的两倍。然而，在存在批判的情况下，命题B的证据的可信度降低了一半。A与B的可信证据的比例现在变为原来的四倍，从而导致更安全、更持久的理解。这一点得到了一系列研究的证实。这些研究表明，与没有得到参与批判这种机会的学生相比，参与批判的学生能增强对概念知识的理解（Ames & Murray, 1982; Hynd & Alvermann, 1986; Schwarz, Neuman, & Biezuner, 2000）。因此，批判不是科学实践或科学学习的外围因素，而是其核心因素。而且，正如批判和论证是科学实践的核心特征一样，这些实证研究表明它们也是人类学习的基本特征。那么，为什么过去和现在的科学教育实际上都缺乏批判和批判性思维呢？这一缺失至少解释了罗杰斯（Rogers）的评论，即“我们不应该认为，仅仅接触一下科学（这一点非常关键）就能使学生学会批判性思维”（Rogers, 1948, p.7）。

为何要实践？

如何把重点放在让学生参与科学实践，从而提高科学教育的水平呢？古铁雷斯（Gutierrez）和罗戈夫（Rogoff）（2003）认为，学习涉及“实践技能”

的发展。然而，培养学生的科学素养并不是学校科学教育的首要任务。只有在以下情况下，实践才有价值：(a) 它有助于学生更深入、更广泛地了解我们所知道的、我们是如何知道的以及指导其实践的认识论和程序性构造；(b) 它是发展这些知识的更有效的方法；(c) 它能更真实地描述科学这一领域。目前，几乎没有证据表明科学教育正在实现这些目标。例如，韦斯 (Weiss) 和他的同事 (2003) 在对美国科学和数学教学的广泛观察性调查中发现，"全国只有14%的课程具有严谨的学术氛围，包括建设性的批判和对想法的挑战" (p. 54)。在接下来的文章中，作者认为，让学生参与科学实践将会产生一种科学教育少有的认知需求，而要求学生参与实践可以提高他们的学习质量。

提出问题

提出好的思考问题的能力是科学素养的一个重要组成部分，也是培养个人具备批判性科学知识的目标 (Millar & Osborne, 1998)。从根本上说，问题驱动了解释的需要，且是驱动所有科学研究的引擎。只有通过这样的实践，学生才能开始理解驾驭问题对任何科学研究的重要性。从事这一实践，需要有机会就他们所观察到的现象提出问题，并完善他们对什么是一个好的科学问题的理解。一些作者已经强调了学生所提出的问题对于学习的价值 (例如 Biddulph, Symington, & Osborne, 1986; Chin & Osborne, 2008; Fisher, 1990; Penick, Crow, & Bonnsteter, 1996)。学生提出的问题激活了他们的已有知识，集中了他们的学习精力，并帮助他们详细阐述了他们的知识 (Schmidt, 1993)。"组合问题"的行为有助于学生关注内容、主要观点，并检查内容是否能够被理解 (Rosenshine, Meister, & Chapman, 1996)。更重要的是，知道问题是什么可以赋予科学意义。例如，教科书中充满了解释，但很少从解释他们想要回答的问题开始 (Ford, 2006)，这使得一位言语犀利的学生评论说，"科学的毛病在于它为你从未问过的问题提供了答案"。这里的重点不是每个活动都必须由一个问题驱动，而是问题赋予了科学意义。使这些更加明确，是帮助学生理解科学追求的目标的一个重要工具。

建立和运用模型

对科学至关重要的第二个实践是建构模型。科学之所以需要模型，是因为科学涉及的东西可能太大，难以想象，如火山内部、太阳系或月相等 (Gilbert & Boulter, 2000)。另一方面，我们还需要模型来表示太小而看不见的东西，如细胞、人体内部或原子本身 (Harrison & Treagust, 2002)。幼儿将从构建简单的物理模型或图像开始 (Ainsworth, Prain, & Tytler, 2011)，但随后，在更高的年级，学生所学习的模型变得更加抽象，且更依赖于数学。然而，尽管有些模型仅仅是描述性的，如原子的玻尔模型或细胞的模型，但还有其他模型是可以用来解释或支持生成性预测的。因此，电路的自行车链条模型不仅解释了电灯瞬间亮起的原因，而且也解释了如果链条断了，灯就不会亮起来的原因。一个更复杂的例子是麦克斯韦的电场和磁场的数学模型，该模型正确地预测了电磁波以光速进行传播。正如莱勒 (Lehrer) 和萧伯乐所说，"建模是一种学科论证"，学生必须"学会参与到长时间的实践中" (Lehrer & Schauble, 2006b, p. 182)。

有证据表明，让学生构建他们自己的模型有显著的教学益处。例如，在四所中学开设的一门探究性物理课程要求学生创建自己的力和运动模型，这大大提高了学生对建模和科学内容的理解 (Schwarz & White, 2005)。同样，阿克、阿尔卡和圣马蒂(Acher, Arca, & Sanmarti, 2007)发现，让小学生参与模型的构建和对模型意义的反思是可能的。在斯图尔特(Stewart)及其同事(Stewart, Cartier, & Passmore, 2005)，威伦斯基(Wilensky)和赖斯曼(Reisman)(2006)，温德席特(Windschitl)及其同事(Windschitl, Thompson, & Braaten, 2008)以及莱勒和萧伯乐(2012)的工作中，可以找到关于让学生参与建模的价值的进一步证据。所有这些作者提出了一个重要观点，让学生参与模型建构的目的不仅仅是发展他们对科学概念的理解。相反，它是发展一种关于科学的元认知形式——那是一种知识，关于科学的特定特征及其指导构造如假设、理论或观察，以及它们在帮助我们如何知道我们所知道的方面所起的作用，本质上可以称之为认识论知识。例如，要求学生构建模型可以帮助他们理解，认识论科学构建的不是一幅准确描绘大自然方方面面的图画，而是一张能更好地捕捉某些特征的地图，就像谷歌卫星地图突出了二维平面图的不同特征。

构建解释

作为第三种实践，解释的构建与建模有着相似的要求。科学中的许多解释都依赖于模型的构建，因此这两种实践是密切相关的。通常情况下，学生是教师提供的多种解释的接受者，但他们很少被要求自己为现象构建解释(McRobbie & Thomas, 2001; Weiss, Pasley, Sean Smith, Banilower, & Heck, 2003)。然而，认知科学的工作已经证明了要求学生构建解释的学习价值。例如，在季(Chi)和她的同事(1989)进行的一项研究中，八名大学生被要求向另一名学生解释他们从阅读一本物理教材中的三个例子中学到了什么。结束时，四名学生在解决问题的能力上更加突出(后测的平均正确率为82%)，他们自发地产生了更多的自我解释(每个例子15.3个解释)。相比之下，成绩较差的四名学生在后测中只获得了46%的平均正确率，并且每个例子仅产生了2.8个解释。后来对14名8年级学生进行的一项研究也得出了类似的结果，这一次的重点是关于心脏瓣膜功能的陈述性知识(Chi, De Leeuw, Chiu, & Lavancher, 1994)。值得注意的是，这些学生在面对用于测试理解能力的更复杂的问题时，他们做出解释的改进更为显著。季等人在1989年或是1994年提出，让学生参与解释的活动是有效的，其原因在于，阐述了错误的解释，进一步阅读后面的句子(这些句子总是提供正确的信息)，最终会导致矛盾的产生，从而产生认知冲突。这种冲突的结果要求学生进行元认知反思和自我修复。麦克尼尔(McNeill)及其同事(McNeill, Lizotte, Krajcik, & Marx, 2006)的研究也证明了让学生参与解释构建的认知价值。他们的研究表明，为学生的书面解释提供支持能够带来显著的学习收获。同样，阿斯特汉(Asterhan)和施瓦茨(Schwarz)(2009)发现，接受了自然选择的短期教学干预，并随后在进行论证的同时被要求对某些进化现象进行协同解释的学生，比没有进行论证教学干预的学生获得了更大的学习收获。

参与基于证据的论证

关于第四种实践——参与基于证据的论证——的讨论已经有了实质性的进展。对于这种实践，也有越来越多的经验证据表明，当学生参与论证时，概念学习将会有所改善(Asterhan & Schwarz, 2007; Mercer, Dawes, Wegerif, & Sams , 2004; Sampson & Clark, 2009; Zohar & Nemet, 2002)。例如，默瑟(Mercer)及其同事(Mercer, Dawes, Wegerif, & Sams, 2004)发现，被要求参与小组讨论的学生在使用扩展话语和口头推理方面明显优于对照组学生，这在正规科学教育中是罕见的（Lemke, 1990）。他们在非语言推理和对科学概念的理解方面也取得了显著的进步。祖海尔（Zohar）和内梅特（Nemet）（2002）的另一项研究要求学生就具体问题的适当答案展开论辩，研究对象是学习遗传学的两个班的学生，年龄在16到17岁。与对照组相比，这两个班的学生正确使用生物知识的频率（53.2%）显著高于对照组（8.9%）（Zohar & Nemet, 2002）。

同样，要求学生参与论证的一个主要目标必须是发展科学的元认知。最重要的是，所有关于科学知识的主张都必须论证。从认为所有物体都以同样的速度下落（在没有空气阻力的情况下）到认为气候变化是人为效应的想法，所有的主张都需要依据大量数据和证明其相关性的理由进行判断。错误的来源可能是有缺陷的模型或不可靠且易错的数据。我们对任何想法所具有的信任的程度，都取决于误差的最小化和随着时间推移的大量证据的积累。没有什么是绝对正确的。相反，只有一定程度的确定性。第二个目标必须是证明在科学中使用的一系列形式的论证可能是诱导性的[8]（对最佳解释的推论），例如达尔文对进化论的论证；或假设演绎性的，例如巴斯德对炭疽疫苗首次测试结果的预测；或以“定律”为原型的简单归纳概括。所有活动领域（图29.1）都有必要进行论证，因为可能会有不同的实验设计、替代模型或对任何数据集有争议的解释，每一种都有其竞争优势。从教育的角度来看，要求学生参与论证的价值在于，它要求学生具备更高层次的评价、综合、比较和对比的认知能力（Ford & Wargo, 2011）。

制定计划和开展探究

对科学本质的功能性理解还要求学生能够“评价科学研究的设计、实践和行为”（OECD, 2012）。事实上，国际学生评估项目（PISA）评估框架将此视为具有科学素养的个人的三项关键能力之一。开发这种能力的最好方式是让学生参与设计实证调查来检验假设。然而，有证据表明，这种情况很少发生。例如，在对两个8年级班级的详细研究中，沃森及其同事（Watson, Swain, & McRobbie, 2004）发现围绕他们实证调查的讨论的数量和质量都很低，并得出结论：

> 在当前的研究中，阻碍论证发展的主要因素似乎是实践活动的程序化。在大多数情况下，学生和教师似乎将科学探究视为学习需要执行的一套固定程序，而这些程序不需要他们去证明，并且可以在不同的探究中以相同的方式反复使用。
>
> （p.40）

沃森及其同事（Watson, Goldsworthy, & Wood Robinson, 1999）还开发了六种不同形式的调查：分类和识别、公平测试、寻求模式、探索、调查模型、制作或开发系统。然而，在一项收集了来自42所小学和13所初中的1000份数据的调查中，50%的小学和82%的初中是“公平测试”。接触到这样一套有限的经验性调查，将不会发展对实验科学家所从事的广泛实践活动的理解。此外，正如萧伯乐及其同事（Schauble, Klopfer & Raghavan, 1991）所发现的那样，许多年幼的孩子接近实验的“工程框架”是寻找最佳结果，而不是建立因果关系。因此，他们“不系统、不完整地搜索，无法控制无关的变量，歪曲证据以保留有利的理论，并在解释数据模式时产生逻辑错误”（p.862）。在德赖弗（Driver）和同事（Driver, Leach, Millar, & Scott,

1996）的工作中可以发现更简单化的想法，他们认为实验的功能是“做实验，发现一些东西。”，萧伯乐和同事（Schauble, Klopfer, & Raghavan, 1991）得出的结论是，只有实践和明确的教学才能帮助学生建立对科学探究的适当模式的理解，这对于培养学生批判性地运用科学知识的功能性素养是必要的（Millar & Osborne, 1998）。

分析和解释数据

观察和实证调查产生数据。数据的意义不是显而易见的。首先，数据可能会受到系统或随机错误的影响，有些值只是异常值，应该从数据集中删除。第二，数据集中可能存在系统性错误。关于后者的一个很好的例子是，人们倾向于只公布药物试验的积极发现，而不公布消极发现，即所谓的发表偏倚。其结果是，一种药物疗效看起来可能比实际情况要好得多[9]，但实质上后果可能严重到夺去生命。

在任何一堂6年级的科学课上，你都可以看到学生测量水的沸点。但其目的何在？作为一项测定已由其他人更准确地确定了数值的工作，其目的非常值得怀疑（Collins & Pinch, 1993）。作为一项培养学生使用温度计能力的活动，由于读数字温度计几乎不需要什么技巧，因此它也没有什么价值。然而，考虑到学生的阅读可能存在很大的差异性，更值得考虑的问题是，我们如何解决不确定性？存在哪些方法，以及在此情境中哪些方法是合适的？由于后一问题的答案是多种多样的，因此解决这一问题需要运用一套特定领域的程序性知识，来作为证明最适当方法的理由。

在验证性实验中，数据集加强了教师所提供的解释，这些实验具有一种修辞价值——有效地为科学教师所提出的解释提供支持的证据。但在科学教学中，必须给那些含混不清且意义不那么明显的数据集留出空间。如图29.2所示，例如呼吸频率与脉搏频率的关系图显示了一个总体趋势，但是提供了四种不同的解释（Goldsworthy, Watson, & Wood-Robinson, 2000）。要证明哪一种是最好的，最需要的是程序性知识，知道测量中有误差的原因、异常值的概念，以及总结数据主要特征的必要性。

PISA 2015年的评估框架（OECD, 2012）将“科学地解释数据和证据”的能力视为具有科学素养的人的三项核心能力中的另一项。这种能力只能通过要求学生收集他们自己的数据集或使用辅助数据集，然后建立并证明最佳解释来获得发展。

运用数学与计算思维

科学的另一个特点和实践是运用数学和计算思维。科学教育往往延迟了科学观念的数学化。相反，有一种观点认为，对观念进行定性的理解更为合适，过早地关注定量理解可能会发展出一种算法工具，但不会发展出对科学的深入理解。其结果是，“5至16岁年龄范围内的科学课程似乎试图在没有数学的情况下进行教学，或至少希望尽可能少地发挥其作用”（Orton & Roper, 2000, p.146）。正如奥顿（Orton）和罗珀（Roper）（2000）所说，课程中数学的缺乏给人一种科学“有点儿不诚实”的印象。吉尔（Gill, 1996）认为“生物学教师应该停止告诉自己（和他们的学生）生物学不需要数学”，否则他们进入大学时就会有错误的印象，并感到吃惊。

数学和计算思维是科学的核心，使得变量的表示、关系的符号表示和结果的预测成为可能。因此，数学支持对物质世界的描述，使系统的表达成为所有科学建模和意义清晰的交流的基础。作为一种工具，数学提供实用功能——既有作为科学语人们的脉搏频率和他们每分钟的呼吸次数之间是否有规律？一些学生对此进行了研究，整理的散点图如下。

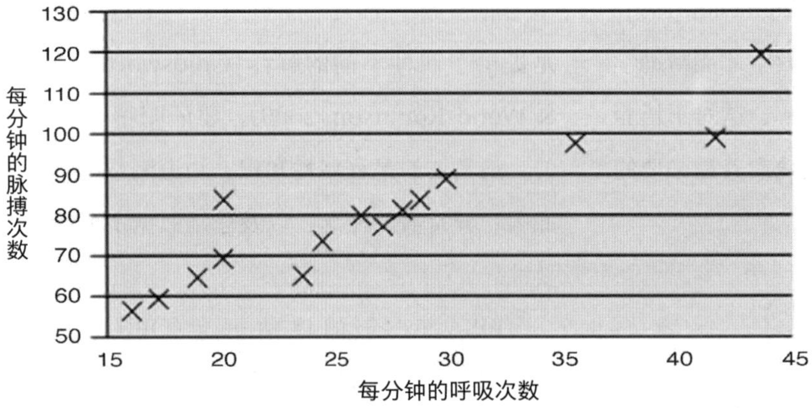

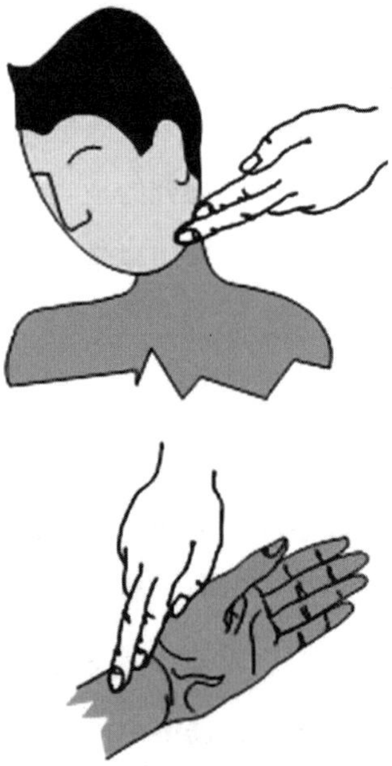

他们试图在图像中描述一种规律。你认为下面哪一个描述最恰当？为什么？

A. 珍妮呼吸次数最多，脉搏频率也最高

B. 所有呼吸频率高的人脉搏频率也高

C. 呼吸频率越高，脉搏频率就越高

D. 总的来说，那些呼吸频率较高的人，脉搏频率也较高

图29.2　涉及误差和不确定性的数据问题

言之一的交际功能，又有允许逻辑演绎的结构功能。数学和数值表示是所有科学测量的基础。数字数据具有形式化的表示方法，可以识别有更多可信度的结果（均值、众数和中值），也具有使用一系列表格、图表或茎叶图显示变化的方法。此外，在学习科学方面进行的一系列研究表明，幼儿有可能利用一系列数学资源帮助他们对数据进行形式化的解释和表征。例如，在一个长达15年的项目中（Lehrer & Schauble, 2006a, 2012），莱勒和萧伯乐（2004）展示了学生如何学会将分布的形状“解读”为植物生长预测机制的特征，并进行抽样调查以代表重复生长（Lehrer & Schauble, 2004）。

然而，对于太多的科学教师来说，数学并不被看作是科学实践的核心。也许，许多人都是使用数学的疫苗接种模式来操作的，就像他们对待文字一样，他们没有责任教育学生理解科学所需的数学知识（或读写能力）。如果学生没有接种疫苗，作为老师他们也无能为力。但是，如果在科学中使用数学未成为课堂教学的核心特征，那么科学的本质就会被歪曲。自然语言在描述连续变化、形状以及结构、形式和功能的相互关系方面的能力是非常有限的，而所有这些方面都是科学的焦点。相反，科学依赖于诸多因素的协同作用，这些因素包括：表示元素、数量和单位的符号；用于总结关系、频率和模式的图形和图表；用于总结数字数据的表格；以及用于表示关系的数学方程（Kress, Jewitt, Ogborn, Jon, & Tsatsarelis, 2001; Lemke, 1998）。避免使用数学形式和表征的机会是不能培养学生在科学中表达意义的能力的。因此，参与数学和计算思维实践的机会是科学教学中必不可少的经验。然而，除了在数学科学中使用数学能力之外，这种实践还有一个元认知水平。学生需要亲眼看到数学是表示和分析数据以及表达数量之间关系的重要工具。

获取、评价和交流信息

这是《K—12科学教育框架》中的第8个实

践，是所有科学的核心实践之一。读写能力并不是科学的附属品，它是科学本身的组成部分(Norris & Phillips, 2003)。正如没有墙就没有房子一样，没有阅读和写作就没有科学。事实上，与普遍认为科学的主要实践是“做实验”的观念相反，特诺皮尔(Tenopir)和金(King)(2004)发现工程师和科学家花费超过50%的时间从事科学阅读和写作。在波斯特曼(Postman)和魏因加特纳(Weingartner)(1971)的工作中也可以找到类似的观点，他们认为，

> 我们通常所说的“知识”几乎都是语言，这意味着**理解一门学科的关键是理解它的语言**[补充了加粗以便强调]……当然，这意味着每一位教师都是一位语言教师：教师，从字面上讲，除了教会说话以及观察世界的方式，几乎没有什么可以教的东西。
>
> (Postman & Weingartner, 1971)

当代学者认为，是社会文化实践定义了任何群体，其中很大一部分是通过学界的特定话语实践(Gee, 1996; Pickering, 1995; Wenger, 1998)如会议、期刊和语言来实现的。简而言之，写作和论证是谈论科学工作的核心活动(Jetton & Shanahan, 2012; Lemke, 1990)。事实上，正如诺里斯和菲利普斯(Phillips)(2003)指出的那样，科学素养的基本意义是个体通过与科学学科中使用的多种符号的交流形式的相互作用来进行意义构建的能力。事实上，科学的五大交流活动包括写科学、谈科学、读科学、“做”[10]科学，以及表达科学，如图29.3所示。

图29.3的主要观点是，“做科学”只是从事科学活动的五种形式之一。因此，“做科学”是否值得享有如此突出的地位？

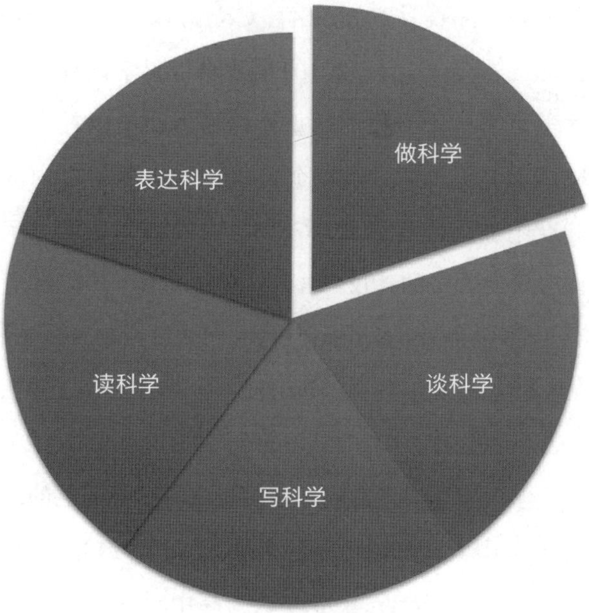

图29.3　科学的主要活动

为了让学生对科学活动有一定的了解，科学教育必须为学生提供机会，让他们体验和实践广泛的论述性和文化性活动，并以所需的学科素养的具体形式来培养学生(Pearson, Moje, & Greenleaf, 2010; Shanahan & Shanahan, 2008)。因此，正如许多系统功能语言学家的工作所指出的那样，一门学科内的交流形式虽然依赖于基本的读写能力，但往往是该学科特有的(Fang, 2006; Halliday & Martin, 1993; Lemke, 1990; Martin & Veel, 1998; Schleppegrell & Fang, 2008)。这一部分工作促使蒂莫西·沙纳罕(Shanahan)和辛西娅·沙纳罕(Shanahan)(2008)以及吉通(Jetton)和辛西娅·沙纳罕(2012)提出“学科素养”(disciplinary literacy)的概念，他们认为这是包含以下方面的能力：解读和解释更复杂的组织形式，辨认该学科特有流派的性质和功能，并在该学科中将作者意图用作批判性反应的框架。

随着《英语语言艺术和科学素养州共同核心标准》(*Common Core State Standards for English Language Arts* [*CCSS-ELA*]; Common Core State Standards Initiative, 2010) 的出台，科学课程中培养学生学科素养技能的重要性最近在美国教育领域成了热点。通过在每个K—12年级的科学内容标准中加入读写标准，*CCSS-ELA*的创建者认可了许多研究人员的建议：语言应在科学教学中发挥更突出的作用(Bazerman, 1998; Halliday & Martin, 1993; Lemke, 1990; Norris & Phillips, 2003; Pearson et al., 2010; Wellington & Osborne, 2001)。

学科素养等理念的存在可以从科学对词汇的广泛需求中看出(Merzyn, 1987; Yore, 1991)。实际上，默青(Merzyn, 1987)认为高中科学教科书中引入的新术语比其外语教科书更多。此外，科学语言所带来的真正挑战不仅在于特定领域的词汇，也在于使用"学术性语言"，即"通过避免冗余而达到简洁，使用高密度的承载信息的词汇，确保表达的准确性，并依靠语法将复杂的思想压缩成几个词语"的语言形式(Snow, 2010, p. 450)。

然而，传统上，科学教师并没有过多地关注文本(Wellington & Osborne, 2001)，而是认为科学传播的类型并没有什么特别独特的概念。这种外在的读写观念造成了一种场景，即科学教师缺乏关于"读写在增强而不是取代科学学习中所起的重要作用"的知识(Pearson et al., 2010, p. 462)，因此，教师未能指导学生进行必要的读写实践(Barton, Heidema, & Jordan, 2002)。

对于深受学术语言及其使用影响的科学教师来说，阅读或编写科学文本所带来的困难并不是不言而喻的。另一方面，对于学生来说，科学的技术和学术语言往往都是不熟悉也不被认同的(Brown, 2004)。此外，研究表明，向阅读更专业的语言的转变会疏远来自弱势群体或较低社会经济地位背景的学生(Fang, 2005; Schleppegrell & Fang, 2008; Snow, 2008)，因为他们中的许多人既没有接触过学术语言的特征，也没有适当使用过这些词汇。

诺里斯和菲利普斯的研究表明，即使是那些在学校科学领域受过高等教育的学生，也缺乏在科学文本中解释恰当含义的能力。在长达十年的一系列研究中，诺里斯和菲利普斯发现，学生缺乏确定一系列文本恰当含义的能力(Norris & Phillips, 1994; Norris, Phillips, & Korpan, 2003; Phillips & Norris, 1999)。这些数据表明，学生们还没有学会如何以批判性的方式解释和阅读文本——这种方式能让他们识别出文本所依赖的认识论结构(Schleppegrell, 2004)。例如，尽管科学家和科学教师希望科学中的语言具有一维的技术固定意义，但词汇仍有其局限性。因此，科学被迫使用类比。光就像波，云就像镜子，原子就像微型太阳系，但有一个问题，这些相似性在什么意义上是有效的，在什么意义上是失败的？此外，科学文本歪曲了科学。绝大多数都提供了对事实信息的非虚构描述，没有说明正在回答什么问题，没有解释为什么这样的问题可能很重要，也没有把科学知识的产生描述为一个过程而不是证据推理的产物。其结果是，这些文本"强化了科学家作为事实的知者，而不是知识主张的创造者的形象"(Ford, 2006, p. 228)。

参与实践的目的

到目前为止，本章一直在讨论，要求学生参与实践的目的并不是通过实践来培养他们的能力。这可能是次要的好处。这种观念会将实践简单地视为一种技能。然而，实践不仅仅是技能，因为它们依赖于每种实践所特有的知识体系。参与实践的主要目的是发展学生参与实践活动所需要的知识和理解，这种实践如何帮助我们了解我们所知道的，以及实践如何帮助我们建立可靠的知识。我们如何知道（知道如何知道），这个问题的答案依赖于一个不断发展的程序性知识或证据概念体系（Gott, Duggan, & Roberts, 2008）。开发诸如变量控制策略之类的元认知水平概念的知识和理解，必须构成参与实践目的的一部分。同样，"知道为什么"这样的策略是重要的，需要一系列的认识论知识，这对理解科学信念的基础是必不可少的。那么，在任何学校的科学教育中，程序性和认识论知识的要素是什么？

程序性知识

戈特（Gott）和墨菲（Murphy）(1987) 是最早反对将实验或探究简单地视为"过程技能"的人。他们试图将探究定义为一种"活动"。他们认为，在这样的"活动"中，学生同时利用了概念和程序上的理解。后者是一种对科学程序的认识和理解，或"科学探究的策略"，如在控制变量时"保持一个因素不变而改变另一个因素"(p. 13)。这一见解来自对其结果的分析。研究小组在结果中发现，学生任务表现的许多差异，不能仅仅以缺乏适当的概念性知识——例如缺乏适当的系统模型进行研究——为基础来解释。相反，它是源于学生没有掌握必要的程序性知识而导致的"程序失误"。这一发现使他们得出这样的结论："在这项任务中，学生表现的主要影响因素是他们对某些相关知识的掌握程度"，因此"进行科学实验（调查）主要是理解的表现，而不是技能的表现"(Gott & Murphy, 1987, p. 244)。

因此，戈特和墨菲（1987）主张明确地教授程序性知识，建议"我们必须承认，有必要建立一个明确的基础（程序性）知识结构，就像我们为课程的概念元素建立了这样一个结构一样"(p. 52)。戈特和马西特（Mashiter）(1991) 明确提出程序性知识是"缺失的要素"，可以作为对米勒和德赖弗（1987）提出的过程方法中"发展什么"这一问题的理论回应的基础。因此，它提供了一种新的理论视角，使科学推理需要以实证调查和批判性知识为基础，而不是以技能为基础。

然而，程序性知识并不是一个新的概念。早在几十年前，赖尔（1949）就在心理学中引入了这个概念，用来描述"知道如何做"和"知道"之间的区别。不过，赖尔（1949）以更一般的方式使用程序性知识的概念，来指代隐性技能知识。相比之下，戈特和他的同事们（Gott, Duggan, & Roberts, 2008; Gott & Murphy, 1987）的概念，是对科学家测试假设和收集实验数据所需的程序性和方法性知识的更具体的表达。程序性知识在科学推理中的重要性的证据来自许多研究。一项重要的研究是"科学中的程序和概念知识"（Procedural and Conceptual Knowledge in Science [PACKS]）项目，该项目旨在确定学生在解决实际调查（实验）任务时实际应用的知识（Millar et al., 1995）。这项研究采用书面项目对学生的程序性知识进行调查，并将其与调查任务的表现进行比较。研究结果表明，程序性知识与任务表现的相关性很高，显示书面项目中测试的内容占方差的50%以上。这项研究还揭示了学生对科学方法论的"误解"。该研究的另一个重要成果是确定从简单程序性知识到高级程序性知识的理解水平（Lubben & Millar, 1996），从而回答了米勒和德赖弗关于发展的问题。因此，戈特及其同事的工作（Gott, Duggan, & Roberts, 2008; Gott & Murphy, 1987）确定了科学推理所需的领域特定概念知识之外的知识体系。最近，他们将程序性知识的概念阐述为"证据概念"，即收集和分析数据所必需的构造(Gott, Duggan, & Roberts, 2008)。

PISA 2015年的科学素养评估框架(OECD, 2012)提供了程序性知识构成的更新版本，其中程序性知识被定义为以下方面的知识：

- 测量的概念，例如定量(测量)、定性(观察)、量表的使用、分类和连续变量
- 评价和最小化不确定性的方法，如重复测量和取平均值
- 确保科学数据的可复制性(对同一个量重复测量的结果之间的一致性)和准确性(量的测量值和该测量方法下的真实值之间的一致性)的机制
- 变量的概念
- 使用表格、图形和图表来抽象呈现数据的常用方法以及它们的恰当使用
- 控制变量的策略，及其在实验设计、随机对照试验中在避免混淆的结果和发现可能的因果关系方面起到的作用
- 针对一个给定科学问题所合理设计的方法的本质，如实验的、基于实地考察的或为了寻求模式

然而，尽管程序性知识提供了过程技能范式的一种有趣的替代物，但仍存在一个实质性的问题，即科学推理中涉及的所有知识要么是概念性的，要么是程序性的。这样的知识确实回答了“知道”和“知道如何做”的问题，却无法回答“知道为什么”这样的程序是必需的这个问题。

认识论知识

要知道科学的实践和程序为什么会产生可靠的知识，就需要认识论知识。因为尽管提出科学假设需要内容知识，但研究发现内容知识并未起到显著作用(Reiner & Gilbert, 2000)，这表明认识论知识或资源在其产生过程中也起着至关重要的作用。同样，实验不仅仅是知道如何获得可靠数据的问题——一个程序性问题，也是为什么信度和效度如此重要的问题——一个认识论问题。的确，有时某一阶段的活动可以在不涉及所有类型知识的情况下得到解决。例如，克拉尔(2000)已经证明，他的被试者在不考虑任何实验数据的情况下对问题产生了正确的假设。但是，科学推理从来不是仅仅依赖一种类型的知识的。

在过去的20年里，科学教育工作者一直在努力研究如何将认识论知识纳入课程。特别针对科学本质的运动(Lederman, 1992, 2007; Matthews, 1989)可以被视为融合认识论知识的一种尝试。同样，米勒和奥斯本(Osborne)(1998)对于“关于科学的观点”或更通用的术语“科学是如何工作的”的理念，也是关于科学本身的独特知识体系的其他表述。再加上经验证据表明，这种知识被认为是科学教育的一个重要组成部分(Osborne, Ratcliffe, Collins, Millar & Duschl, 2003)，这些论点导致了认识论知识概念化为当代课程的一个更突出的特点。当前版本的英语国家课程(Qualifications and Curriculum Authority, 2007)包括一个题为“科学如何工作”的具体组成部分，而科学教育一般标准的框架概述了八项科学实践，这八项实践应成为K—12年级科学教育的一个基本要素(National Research Council, 2012)，但应注意该文件并未界定认识论知识的具体要素。

PISA 2015年的框架(OECD, 2012)更进一步，包含了被视为由以下两个部分组成的认识论知识：(a)对科学知识构建过程中必不可少的构造和

定义特征的知识；(b) 这些知识构造在证明科学所产生的知识的正当性方面的作用。所建议的科学构造和界定的特征是：

- 科学观察、事实、假设、模型和理论的本质
- 科学（为了生成对自然世界的解释）与技术（为了根据人类需求生成解决问题的最佳途径）在目标上的差异，是什么构成了科学或技术问题和恰当的数据
- 科学的价值观，例如对公开发表、客观性和消除误差的承诺
- 科学中使用的逻辑推理——如演绎推理、归纳推理、推理至最佳解释的推理（溯因）、类比推理、基于模型的推理——的本质

第二个部分——一种知识在证明科学所产生的知识的正当性中所起的作用——是包含如下方面的知识：

- 科学中的数据和推理是如何支持科学论证的
- 不同形式的基于实证的探究在构建知识中的功能、目标（检验解释性假设或识别模式）及其设计（观察、对照实验、相关性研究）
- 科学假设在实现可检验预测方面的作用
- 测量误差是如何影响科学知识的信度的
- 物理模型、系统模型和抽象模型的使用和作用及其局限性
- 合作和评论的作用，以及同行评审是如何有助于建立科学论断的可靠性的
- 科学知识以及其他形式的知识对于识别和解决诸如疾病预防、水的充足供应、食物和能源以及气候变化等社会和科技问题所起的作用

这样的清单只能是部分的，可以公开讨论。然而，它的重要功能是识别和指向知识的具体方面，这些方面应该是要求学生参与科学实践的产物。梅茨（Metz, 2008）、莱勒和萧伯乐（2012）以及史密斯及其同事（Smith, Maclin, Houghton, & Hennessey, 2000）的研究表明，学生能够以前所未有的方式参与认知性、社会性和认识论实践。然而，要培养受过良好教育且具有科学素养的民众，确实需要从事科学教育的学界来确定哪些知识体系应是这一进程的基本成果。

那么，程序性和认识论知识的规范与领域通用的、基于共识的启发式方法在什么意义上是不同的呢？寻求建立一套关于科学本质作为科学教育结果的一般的、基于共识的启发式方法的问题是，尽管其确实定义了一个显著的知识体系，但它们太宽泛，而且与丰富的情境联系不够紧密，而丰富的情境可能例证了具体的认识论和程序性效果。测试对这些原则的理解的唯一方法是对特定情境提出特定的问题，而鉴于它们的广泛性，很难对理解进行适当的评估。这里和其他人所提出的试图界定程序性和认识论知识的最初尝试在某种程度上有助于使一些内容落到实处，并有助于确定到正规教育结束时可以取得什么样的成绩。然而，它们只是最初的建议，允许其他人批评和推进。

在这一背景下的课程设计如果采用威金斯（Wiggins）和麦克泰格（McTighe）（2004）倡导的方法可能会更好。他们对我们期望在这样一个教育过程结束时获得的成绩作为开始任何课程规划的基础这一问题进行了讨论。基于共识的启发式方法

对科学本质的普遍性几乎没有提供指导。什么样的表现才能使人们理解“科学理论是完善的、高度证实的、内部一致的解释系统”这一要求呢（Abd-El-Khalick, 2012, p. 358）？正如奥尔欣（2011）指出的那样，对一组新闻项目的调查以及针对什么样的程序性和认识论理解对于理解当代报纸关于科学的报道是必要的进行的提问，列出了关于观察和推理、调查方法、历史和创造力、人类环境、科学工作者的文化和价值观、科学家之间的社会互动、认知过程、经济和资助等的41个具体特征。该列表包括以下特征：系统研究的作用、对替代解释的考虑、盲法和双盲法试验、复制和样本量、错误和不确定性、协作、从事科学工作的动机、同行评审的作用、欺骗或不当行为的可能性、资金来源，等等。显然，当代的科学教育没有时间去发展所有这些实践特征的知识。然而，重要的是，通过参与实践并反思实践的具体特征，学生才可能至少发展出部分这样的理解。然后，通过对学生的评估可以设法调查他们是否有能力确定在判断类似的、情境相同的研究报告的有效性和含义时应该考虑的显著特征。

如杜施尔（Duschl）和格兰迪（Grandy）（2013）所说，如果我们要将“学生在表征、建模和随机推理方面的外显能力”作为基础，那么就有必要为我们希望建立的构造及其构成要素制订一些计划。否则，没有明确目标的实践是盲目的，而没有细节的宽泛目标只不过是愿望的陈述，对于如何在课堂上实施或示范它们几乎没有提供指导。

然而，重要的一点是本章讨论的实践并不仅仅是实验室工作的一个特点。相反，它们在科学的所有方面都是普遍存在的。很难想象一个科学课程会不提供机会来突出这些实践中的任何一个。为了检验它们在实验室工作中的作用，在任何一种实证活动之前，都需要先对正在调查的对象的性质进行对话式探讨，对任何形式的实证研究进行适当的设计，考虑调查的重要变量，询问是否需要控制变量，选择测量仪器，思考需要收集多少数据以及应进行多少次测量以确保可靠性。这种方法将要求学生们彼此合作（可能以团队的方式进行）来考虑可用的选择并进行论证，以解决他们在解释数据时可能存在的任何分歧。

另一种接近科学特征的认识论目标的方法可能是要求所有学生每年至少进行一次关于科学的历史或当代案例的研究。正如奥尔欣（2011）指出的那样，历史案例研究提供了一个机会来研究科学家如何犯错、根本性概念变化和不确定性的本质，以及文化背景和潜在偏见在科学思想中的作用。案例研究需要设定一个社会情境。例如，为什么人们曾经很自然地认为地球是宇宙的中心，大陆不移动，重的东西下落得更快？简而言之，为什么提出的想法看似激进？到底发生了什么使这个想法最终被接受，它花了多长时间，是什么使人们相信它的有效性？20年前，这类调查形式就缺乏合适的材料支持（Bybee et al., 1991; Duschl, 1994），而这种情况直到今天仍然存在。此外，在科学教师所受的教育中缺少对学科历史和认识论的探索，这意味着专业知识的不足。

然而，对科学实践、程序性知识和认识论知识的教学的认真思考最终会要求上述方面成为总结性评估的一个特征。大量的文献表明，高风险测试对课堂教学有很大的影响。汉娜韦（Hannaway）和汉密尔顿（Hamilton）（2008）在为美国教育部准备的文献综述中发现，标准和问责制政策导致教师专注于特定的学科领域和教学实践类型。此外，他们还发现，教师关注的是针对评估和测试程序的技能。因此，只有检验学生对实践以及程序性和认识论知识的理解，同时让学生参与科学实践使之成为支持他们学习的有效手段，才能引导教师重视科学实践的教学。评估学生对实践、程序性和认识论知识的理解提供了一个关键信息，即这些结果是重要的。

结论

然而，到目前为止，科学教学和学生认识论及程序性知识的发展仍然更多地停留在讨论而不是教学中。本章的论点是，基于实践的教学为解决过去的一些问题提供了一种新的方法。15年前，我和其他人曾写过（Millar & Osborne, 1998）：

> 在关注细节的过程中，我们忽略了科学必须表达的主要观点。借用一个建筑的比喻来说，我们如果过分关注单个砖块，就不可能看到整个建筑。如果不改变关注点，就不可能看到你是在看圣保罗大教堂还是在看一堆砖块，也不可能理解是什么使圣保罗大教堂成为世界上最伟大的教堂之一。同样，过分专注科学的细枝末节可能会使学生无法理解为什么道尔顿关于原子的观点或达尔文关于自然选择的观点是我们所拥有的最强大和最重要的知识。
>
> （p.2013）

然而，类比是有欺骗性的。这里的错误是认为让学生看到圣保罗大教堂或科学的样子就足够了。就科学而言，我们还必须为他们提供一些关于科学的构建过程的经验、理解和洞察——这一过程是一些实践活动，它们证明了我们关于科学所持世界观的信仰的正确性，并在此过程中产生了对科学本身性质更深入的理解。

注释

1. 在本章中，“物质世界”一词用于指所有自然现象和生物体。
2. 加粗的字是作者用来强调的重点。
3. 这些笔记可以在西萨塞克斯郡霍舍姆的基督公学档案馆（Christ's Hospital Archive, Horsham, Sussex）找到。
4. 作者所强调的重点。
5. 我们在这里使用“过程”这个词，因为它是克拉尔和邓巴使用的词——不过稍后我们将这些称为“实践”。区别虽然可能很微妙，但很重要，我们稍后会解释。
6. 这里使用的术语“论证”是指构建或评价一个观点的过程。
7. 作者强调的重点。
8. 诱导性论点也被称为溯因论点。
9. 本·戈尔达克尔（Ben Goldacre）在TED演讲中对此问题进行了很好的讨论。
10. 从某种意义上说，任何这些活动都可以说是“做科学”。在本章中，“做科学”这个术语用来指从事实证探究的行为。

参考文献

Abd-El-Khalick, F. (2012). Examining the sources for our understandings about science: Enduring conflations and critical issues in research on nature of science in science education. *International Journal of Science Education, 34* (3), 353 – 374.

Abd-El-Khalick, F., BouJaoude, S., Duschl, R., Lederman, N.G., Mamlok-Naaman, R., Hofstein, A., . . . Tuan, H.-l. (2004). Inquiry in science education: International perspectives. *Science Education, 88* (3), 397–419.

Abd-El-Khalick, F., & Lederman, N.G. (2000). Improving science teachers' conceptions of the nature of science: A critical review of the literature. *International Journal of Science Education, 22* (7), 665–702.

Abd-El-Khalick, F., Waters, M., & Le, A.P. (2008). Representations of nature of science in high school chemistry textbooks over the past four decades. *Journal of Research in Science Teaching, 45* (7), 835–855.

Acher, A., Arca, M., & Sanmarti, N. (2007). Modeling as a teaching learning process for understanding materials: A case study in primary education. *Science Education, 91* (3), 398–418.

Ainsworth, S., Prain, V., & Tytler, R. (2011). Drawing to learn in science. *Science, 333*, 1096–1097.

Allchin, D. (2011). Evaluating knowledge of the nature of (whole) science. *Science Education, 95* (3), 518–542.

Alters, B.J. (1997). Whose nature of science? *Journal of Research in Science Teaching, 34* (1), 39–55.

Ames, G.J., & Murray, F.B. (1982). When two wrongs make a right: Promoting cognitive change by social conflict. *Developmental Psychology, 18*, 894–897.

Armstrong, H.E. (1902). The heuristic method of teaching. *School Science and Mathematics, 1* (8), 395–401.

Asterhan, C.S. C., & Schwarz, B.B. (2007). The effects of monological and dialogical argumentation on concept learning in evolutionary theory. *Journal of Educational Psychology, 99* (3), 626–639.

Asterhan, C.S. C., & Schwarz, B.B. (2009). Argumentation and explanation in conceptual change: Indications from protocol analyses of peer-to-peer dialog. *Cognitive Science, 33* (3), 374–400.

Baird, D., Scerri, E., & McIntyre, L. (Eds.). (2006). *Philosophy of chemistry: Synthesis of a new discipline.* Dordrecht: Springer.

Barton, M.L., Heidema, C., & Jordan, D. (2002). Teaching Reading in Mathematics and Science. *Educational Leadership, 60* (3), 24–28.

Bazerman, C. (1988). *Shaping written knowledge.* Madison: University of Wisconsin Press.

Bazerman, C. (1998). Emerging perspectives on the many dimensions of scientific discourse. In J.R. Martin & R. Veel (Eds.), *Reading science* (pp.15–28). London: Routledge.

Biddulph, F., Symington, D., & Osborne, R. (1986). The place of children's questions in primary science education. *Research in Science and Technological Education, 4*, 77–88.

Bowker, G.C., & Leigh Star, S. (1999). *Sorting things out: Classification and its consequences.* Cambridge: MIT Press.

Bransford, J.D., Brown, A.L., & Cocking, R.R. (2000). *How people learn: Brain, mind & experience in school.* Washington, DC: National Academy of Sciences.

Brown, B. (2004). Discursive identity: Assimilation into the culture of science and its implications for minority students. *Journal of Research in Science Teaching, 41* (8), 810–834.

Burke, E. (1909). *On taste. On the sublime and beautiful. Reflections on the French Revolution. A letter to a noble lord.* New York: Collier.

Bybee, R.W., Powell, J.C., Ellis, J.D., Giese, J.R., Parisi, L., & Singleton, L. (1991). Integrating the history and nature of science and technology in science and social studies curriculum. *Science Education, 75* (1), 143–155.

Cartwright, N. (1983). *How the laws of physics lie.* Oxford: Clarendon Press.

Chi, M., Bassok, M., Lewis, M.W., Reimann, P., & Glaser, R. (1989). Self-explanations: How students study and use examples in learning to solve problems. *Cognitive Science, 13*, 145–182.

Chi, M., De Leeuw, N., Chiu, M.H., & Lavancher, C. (1994). Eliciting self-explanations improves understanding. *Cognitive Science, 18*, 439–477.

Chiappetta, E.L., & Fillman, D.A. (2007). Analysis of five high school biology textbooks used in the United States for inclusion of the nature of science. *International Journal of Science Education, 29* (15), 1847–1868.

Chin, C., & Osborne, J.F. (2008). Students' questions: A potential resource for teaching and learning science. *Studies in Science Education, 44* (1), 1–39.

Chinn, A.C., & Malhotra, A.B. (2003). Epistemologically authentic inquiry in schools: A theoretical framework for evaluating inquiry task. *Science Education, 86* (2), 175–218.

Collins, H., & Pinch, T. (1993). *The golem: What everyone should know about science.* Cambridge: Cambridge University Press.

Common Core State Standards Initiative. (2010). *Common core state standards for English language arts and literacy in history/social studies & science.*

Conant, J. (1957). *Harvard case histories in experimental science* (Vol. 1 & 2). Cambridge, MA: Harvard University Press.

Donovan, S., & Bransford, J.D. (2005). *How students learn science in the classroom.* Washington, DC: National Academies Press.

Driver, R., Leach, J., Millar, R., & Scott, P. (1996). *Young people's images of science* . Buckingham: Open University Press.

Driver, R., Newton, P., & Osborne, J.F. (2000). Establishing the norms of scientific argumentation in classrooms. *Science Education, 84* (3), 287 – 312.

Duschl, R. (1994). Research on the history and philosophy of science. In D.L. Gabel (Ed.), *Handbook of research on science teaching and learning* (pp. 443 – 465). New York: MacMillan.

Duschl, R., & Grandy, R. (2013). Two views about explicitly teaching nature of science. *Science and Education, 22*, 2109 – 2139.

Duschl, R., & Osborne, J F. (2002). Supporting and promoting argumentation discourse in science education. *Studies in Science Education, 38*, 39 – 72.

Fang, Z. (2005). Scientific literacy: A systemic functional linguistics perspective. *Science Education, 89* (2), 335 – 347.

Fang, Z. (2006). The language demands of science reading in middle school. *International Journal of Science Education, 28* (5), 491 – 520.

Fisher, R. (1990). *Teaching children to think.* London: Simon and Shuster.

Ford, D.J. (2006). Representations of science within children's trade books. *Journal of Research in Science Teaching, 43* (2), 214 – 235. doi: 10.1002/tea.20095

Ford, M.J. (2008). Disciplinary authority and accountability in scientific practice and learning. *Science Education, 92* (3), 404 – 423.

Ford, M.J., & Wargo, B.M. (2011). Dialogic framing of scientific content for conceptual and epistemic understanding. *Science Education, 96* (3), 369 – 391.

Gee, J. (1996). *Social linguistics and literacies* (2nd ed.). London: Taylor & Francis.

Geison, J. (1995). *The private science of Louis Pasteur.* Princeton, NJ: Princeton University Press.

Giere, R., Bickle, J., & Maudlin, R.F. (2006). *Understanding scientific reasoning* (5th ed.). Belmont, CA: Thomson Wadsworth.

Gilbert, J., & Boulter, C. (Eds.). (2000). *Developing models in science education.* Dordrecht, the Netherlands: Kluwer.

Gill, P. (1996). Focus: Can we count on biology? *Journal of Biological Education, 30* (3), 159 – 160.

Goldacre, B. (2008). *Bad science.* London: Harper Collins.

Goldsworthy, A., Watson, R., & Wood-Robinson, V. (2000). *Developing understanding in scientific enquiry.* Hatfield: Association for Science Education, UK.

Gott, R., Duggan, S., & Roberts, R. (2008). *Concepts of evidence.* School of Education, University of Durham, UK.

Gott, R., & Mashiter, J. (1991). Practical work in science—a task-based approach. In B.E. Woolnough (Ed.), *Practical science: The role and reality of practical work in school science* (pp. 53 – 66). Milton Keynes: Open University Press, UK.

Gott, R., & Murphy, P. (1987). *Assessing investigation at ages 13 and 15. Assessment of performance unit science report for teachers: 9.* London: Department of Education and Science.

Gutierrez, K., & Rogoff, B. (2003). Cultural ways of learning: Individual traits or repertoires of practice. *Educational Researcher, 32* (5), 19 – 25.

Halliday, M.A. K., & Martin, J.R. (1993). *Writing science: Literacy and discursive power.* London: Falmer Press.

Hannaway, J., & Hamilton, L. (2008). *Accountability policies: Implications for school and classroom practices.* Washington, DC: Urban Institute/RAND.

Hanson, N.R. (1958). *Patterns of discovery* . Cambridge, UK: Cambridge University Press.

Harré, R. (1984). *The philosophies of science: An introductory survey* (2nd ed.). Oxford: Oxford University Press.

Harrison, A.G., & Treagust, D.F. (2002). A typology of school science models. *International Journal of Science Education, 22* (9), 1011 – 1026.

Hempel, C.G. (1962). Deductive-nomological vs. statistical explanation. *Minnesota Studies in the Philosophy of Science, 3*, 98 – 169.

Howson, C., & Urbach, P. (2006). *Scientific reasoning: A Bayesian approach* (3rd ed.). Chicago: Open Court.

Hynd, C., & Alvermann, D.E. (1986). The role of refutation text in overcoming difficulty with science concepts. *Journal of Reading, 29* (5), 440 – 446.

Jetton, T.L., & Shanahan, C.H. (2012). *Adolescent literacy in the academic disciplines: General principles and practical strategies.* New York: Guilford Press.

Johnson, Ann. (2009). *Hitting the brakes: Engineering design and the production of knowledge.* Durham, NC: Duke University Press.

Kind, P.M., Kind, V., Adamson, H., & Barmby, P. (2009). *Scientific argumentation, epistemic beliefs and attitudes—a quantitative correlational study of 14 – 15 year old students.* Paper presented at the Biennial Conference of the European Science Education Research Association, Istanbul, Turkey.

Kitcher, P. (2001). *Science, truth and democracy.* Oxford: Oxford University Press.

Kitcher, P. (2010). The climate change debates. *Science, 328* (5983), 1230 – 1234.

Klahr, D. (2000). *Exploring science: The cognition and development of discovery processes.* Cambridge, MA: Bradford.

Klahr, D., & Carver, S.M. (1995). Scientific thinking about scientific thinking. *Monographs of the Society for Research in Child Development, 60* (4), 137 – 151.

Klahr, D., & Dunbar, K. (1988). Dual space search during scientific reasoning. *Cognitive Science: A Multidisciplinary Journal, 12* (1), 1 – 48.

Klahr, D., Fay, A.L., & Dunbar, K. (1993). Heuristics for scientific experimentation: A developmental study. *Cognitive Psychology, 24* (1), 111 – 146.

Kress, G., Jewitt, C., Ogborn, J., & Tsatsarelis, C. (2001). *Multimodal teaching and learning: The rhetorics of the science classroom.* London: Continuum Books.

Kuhn, T.E. (1962). *The structure of scientific revolutions.* Chicago: University of Chicago Press.

Lakatos, I. (1970). Falsification and the methodology of scientific research programmes. In I. Lakatos & A. Musgrave (Eds.), *Criticism and the growth of knowledge* (pp. 91 – 196). Cambridge: Cambridge University Press.

Latour, B. (1986). Visualization and cognition: Drawing things together. *Knowledge and Society, 6*, 1 – 40.

Latour, B. (1999). *Pandora's hope: Essays on the reality of science studies.* Cambridge, MA. Harvard University Press.

Latour, B., & Woolgar, S. (1986). *Laboratory life: The construction of scientific facts* (2nd ed.). Princeton, NJ: Princeton University Press.

Lederman, N.G. (1992). Students' and teachers' conceptions of the nature of science: A review of the research. *Journal of Research in Science Teaching, 29*, 331 – 359.

Lederman, N.G. (2007). Nature of science: Past, present and future. In S. Abell & N.G. Lederman (Eds.), *Handbook of research on science education* (pp. 831 – 879). Mahwah, NJ: Lawrence Erlbaum.

Lehrer, R., & Schauble, L. (2004). Modeling natural variation through distribution. *American Educational Research Journal, 41* (3), 635 – 679. doi: 10.3102/00028312041003635

Lehrer, R., & Schauble, L. (2006 a). Cultivating model-based reasoning in science education. In R.K. Sawyer (Ed.), *The Cambridge handbook of the learning sciences* (pp. 371 – 387).

Lehrer, R., & Schauble, L. (2006 b). Scientific thinking and science literacy. In W. Damon, R.M. Lerner, & N. Eisenberg (Eds.), *Handbook of child psychology* (pp. 153 – 196). New York: Wiley.

Lehrer, R., & Schauble, L. (2012). Seeding evolutionary thinking by engaging children in modeling its foundations. *Science Education, 96* (4), 701 – 724.

Lemke, J. (1990). *Talking science: Language, learning and values.* Norwood, NJ: Ablex Publishing.

Lemke, J. (1998). *Teaching all the languages of science: Words, symbols, images and actions.*

Longino, H.E. (2002). *The fate of knowledge.* Princeton, NJ: Princeton University Press.

Lubben, F., & Millar, R. (1996). Children's ideas about the reliability of experimental data. *International Journal of Science Education, 18* (8), 955 – 968.

Martin, J.R., & Veel, R. (1998). *Reading science.* London: Routledge.

Matthews, M. (1989). A role for history and philosophy in science teaching. *Interchange, 20* (2), 3 – 15.

Matthews, M. (1995). *Constructivism and New Zealand science education.* Auckland, New Zealand: Dunmore Press.

Matthews, M. (2012). Changing the focus: From nature

of science to features of science. In M.S. Khine (Ed.), *Advances in nature of science research* (pp. 3–26). Dordrecht, the Netherlands: Springer.

Mayr, E. (2004). *What makes biology unique? Considerations on the autonomy of a scientific discipline*. Cambridge. Cambridge University Press.

McComas, W.F., & Olson, J.K. (1998). The nature of science in international science education standards documents. In W.F. McComas (Ed.), *The nature of science in science education: Rationales and strategies* (pp. 41–52). Dordrecht, the Netherlands: Kluwer.

McNeill, K., Lizotte, D., Krajcik, J., & Marx, R. (2006). Supporting students' construction of scientific explanations by fading scaffolds in instructional materials. *Journal of the Learning Sciences, 15* (2), 153–191.

McRobbie, C., & Thomas, G. (2001). *They don't teach us to explain, they only tell us other people's explanations.* Paper presented at the European Association for Research on Learning, Freiburg, Switzerland.

Mercer, N., Dawes, L., Wegerif, R., & Sams, C. (2004). Reasoning as a scientist: Ways of helping children to use language to learn science. *British Education Research Journal, 30* (3), 359–377.

Merzyn, G. (1987). The language of school science. *International Journal of Science Education, 9* (4), 483–489.

Metz, K.E. (2008). Narrowing the gulf between the practices of science and the elementary school classroom. *Elementary School Journal, 109* (2), 138–161.

Millar, R. (1998). Rhetoric and reality: What practical work in science education is *really* for. In J. Wellington (Ed.), *Practical work in school science: Which way now?* (pp. 16–31). London: Routledge.

Millar, R., & Driver, R. (1987). Beyond processes. *Studies in Science Education, 14*, 33–62.

Millar, R., Lubben, F., Gott, R., & Duggan, S. (1995). Investigating in the school science laboratory: Conceptual and procedural knowledge and their influence on performance. *Research Papers in Education, 9* (2), 207–248.

Millar, R., & Osborne, J.F. (Eds.). (1998). *Beyond 2000: Science education for the future.* London: King's College London.

National Academy of Science. (1995). *National science education standards.* Washington, DC: National Academies Press.

National Research Council. (2000). *Inquiry and the national science education standards.* Washington, DC: National Academies Press.

National Research Council. (2012). *A framework for K–12 science education: Practices, crosscutting concepts, and core ideas.* Washington, DC: Committee on a Conceptual Framework for New K–12 Science Education Standards. Board on Science Education, Division of Behavioral and Social Sciences and Education.

Nercessian, N. (2008). Model-based reasoning in scientific practice. In R.A. Duschl & R.E. Grandy (Eds.), *Teaching scientific inquiry: Recommendations for research and implementation* (pp. 57–79). Rotterdam, the Netherlands: Sense.

Nersessian, N. (2002). The cognitive basis of model-based reasoning in science. In P. Carruthers, S. Stich, & M. Siegal (Eds.), *The cognitive basis of science* (pp. 133–153). Cambridge: Cambridge University Press.

Norris, S.P. (1997). Intellectual independence for nonscientists and other content-transcendent goals of science education. *Science Education, 81* (2), 239–258.

Norris, S.P., & Phillips, L. (1994). Interpreting pragmatic meaning when reading popular reports of science. *Journal of Research in Science Teaching, 31* (9), 947–967.

Norris, S.P., & Phillips, L. (2003). How literacy in its fundamental sense is central to scientific literacy. *Science Education, 87*, 224–240.

Norris, S.P., Phillips, L.M., & Korpan, C.A. (2003). University students' interpretation of media reports of science and its relationship to background knowledge, interest, and reading difficulty. *Public Understanding of Science, 12*, 123–145.

Nott, M., & Smith, R. (1995). "Talking your way out of it," "rigging" and "conjuring": What science teachers do when practicals go wrong. *International Journal of Science Education, 17* (3), 399–410.

Oaksford, M., & Chater, N. (2007). *Bayesian rationality: The probalistic approach to human reasoning.* New York: Oxford University Press.

OECD. (2012). *The PISA 2015 assessment framework: Key competencies in reading, mathematics and science.*

Orton, T., & Roper, T. (2000). Science and mathematics: A relationship in need of counselling? *Studies in Science Education, 35* (1), 123 – 153. doi:10.1080/03057260008560157

Osborne, J.F. (2010). Science for citizenship. In J.F. Osborne & J. Dillon (Eds.), *Good practice in science teaching: What research has to say* (2nd ed., pp.46 – 67). Buckingham, UK: Open University Press.

Osborne, J.F., Ratcliffe, M., Collins, S., Millar, R., & Duschl, R. (2003). What "ideas-about-science" should be taught in school science? A Delphi study of the "expert" community. *Journal of Research in Science Teaching, 40* (7), 692 – 720.

Pearson, D., Moje, E.B., & Greenleaf, C. (2010). Literacy and science: Each in the service of the other. *Science, 328*, 459 – 463.

Penick, J.E., Crow, L.W., & Bonnsteter, R.J. (1996). Questions are the answers. *Science Teacher, 63*, 26 – 29.

Phillips, L.M., & Norris, S.P. (1999). Interpreting popular reports of science: What happens when the reader's world meets the world on paper? *International Journal of Science Education, 21*, 317 – 327.

Pickering, A. (1995). *The mangle of practice: Time, agency & science.* Chicago: University of Chicago Press.

Polyani, M. (1958). *Personal knowledge.* London: Routledge, Kegan & Paul.

Popper, K. (1972). *Objective knowledge: an evolutionary approach.* Oxford: Oxford University Press.

Posner, G.J., Strike, K.A., Hewson, P.W., & Gertzog, W.A. (1982). Accommodation of a scientific conception: Toward a theory of conceptual change. *Science Education, 66*, 211 – 227.

Postman, N., & Weingartner, C. (1971). *Teaching as a subversive activity.* Harmondsworth, UK: Penguin.

Qualifications and Curriculum Authority. (2007). *Programme of study: Science KS4* . London: UK. Qualifications and Curriculum Authority.

Quine, W.V. (1951). Main trends in recent philosophy: Two dogmas of empiricism. *The Philosophical Review, 60* (1), 20 – 43.

Reiner, M., & Gilbert, J.K. (2000). Epistemological resources for thought experimentation in science learning. *International Journal of Science Education, 22* (5), 489 – 506.

Rogers, E.M. (1948). Science in general education. In E.J. McGrath (Ed.), *Science in general education* (pp.2 – 10). Dubuque, IA: Wm. C. Brown Co.

Rosenshine, B., Meister, C., & Chapman, S. (1996). Teaching students to generate questions: A review of the intervention studies. *Review of Educational Research, 66*, 181 – 221.

Roth, W.-M. (1995). *Authentic school science: Knowing and learning in open-inquiry science laboratories* . Dordrecht, the Netherlands: Kluwer Academic.

Rudolph, J.L. (2003). Portraying epistemology: School science in historical context. *Science Education, 87* (1), 64 – 79. doi:10.1002/sce.1055

Ryle, G. (1949). *The concept of mind.* London: Hutchinson.

Sampson, V., & Clark, D. (2009). The impact of collaboration on the outcomes of scientific argumentation. *Science Education, 93* (3), 448 – 484.

Schauble, L., Klopfer, L.E., & Raghavan, K. (1991). Students' transition from an engineering model to a science model of experimentation. *Journal of Research in Science Teaching, 28* (9), 859 – 882.

Schleppegrell, M. (2004). *The language of schooling: A functional linguistics perspective.* Hillsdale, NJ: Erlbaum.

Schleppegrell, M., & Fang, Z. (2008). *Reading in secondary content areas: A language-based pedagogy.* Ann Arbor: University of Michigan Press.

Schmidt, H.G. (1993). Foundations of problem-based learning: Rationale and description. *Medical Education, 17*, 11 – 16.

Schwab, J.J. (1962). *The teaching of science as enquiry.* Cambridge, MA: Harvard University Press.

Schwarz, B.B., Neuman, Y., & Biezuner, S. (2000). Two wrongs may make a right . . . if they argue together! *Cognition and Instruction, 18* (4), 461 – 494.

Schwarz, C.V., & White, B.Y. (2005). Metamodeling knowledge: Developing students' understanding of scientific modeling. *Cognition and Instruction, 23* (2), 165 – 206.

Shanahan, T., & Shanahan, C. (2008). Teaching disciplinary literacy to adolescents: Rethinking content area literacy. *Harvard Educational Review, 78* (1), 40 – 59.

Smith, C.L., Maclin, D., Houghton, C., & Hennessey, M. Ge. (2000). Sixth-grade students' epistemologies of science: The impact of school science experiences on epistemological development. *Cognition & Instruction, 18* (3), 349 – 422.

Snow, C. (2008). What is the vocabulary of science? In A. Roseberry & B. Warren (Eds.), *Teaching science to English language learners* (pp. 71 – 83). Washington, DC: NSTA Press.

Snow, C. (2010). Academic language and the challenge of reading for learning about science. *Science, 328*, 450 – 452.

Stevens, P. (1978). On the Nuffield philosophy of science. *Journal of Philosophy of Education, 12*, 99 – 111.

Stewart, J., Cartier, J.L., & Passmore, C.M. (2005). Developing understanding through model-based inquiry. In J.D. Bransford (Ed.), *How students learn science in the classroom* (pp. 515 – 565). Washington, DC: National Research Council.

Szu, E., & Osborne, J.F. (2011). Scientific reasoning and argumentation from a Bayesian perspective. In M.S. Khine (Ed.), *Perspectives on scientific argumentation* (pp. 55 – 71). Dordrecht, the Netherlands: Springer.

Tenopir, C., & King, D.W. (2004). *Communication patterns of engineers.* Hoboken, New York: Wiley.

Traweek, S. (1988). *Beamtimes and lifetimes: The world of high energy physicists.* Cambridge, MA: Harvard University Press.

Van Praagh, G. (2003). *A fire to be kindled: The global influence of Christ's hospital on science education.* Bury St. Edmunds, UK: St. Edmundsbury Press.

Watson, R., Goldsworthy, A., & Wood Robinson, C. (1999). What is not fair with investigations? *School Science Review, 80* (292), 101 – 106.

Watson, R., Swain, J., & McRobbie, C. (2004). Students' discussions in practical scientific enquiries. *International Journal of Science Education, 26* (1), 25 – 46.

Weiss, I.R., Pasley, J.D., Sean Smith, P., Banilower, E.R., & Heck, D.J. (2003). *A study of K– 12 mathematics and science education in the United States.* Chapel Hill, NC: Horizon Research.

Wellington, J. (1981). What's supposed to happen, Sir? Some problems with discovery learning. *School Science Review, 63*, 167 – 173.

Wellington, J. (Ed.). (1998). *Practical work in school science: Which way now?* London: Routledge.

Wellington, J., & Osborne, J.F. (2001). *Language and literacy in science education.* Buckingham, UK: Open University Press.

Wenger, E. (1998). *Communities of practice: Learning, meaning and identity.* New York: Cambridge University Press.

Wiggins, G.P., & McTighe, J. (2004). *Understanding by design* (2nd ed.). Alexandria, VA: Association for Supervision and Curriculum Development.

Wilensky, U., & Reisman, K. (2006). Thinking like a wolf, a sheep, or a firefly: Learning biology through constructing and testing computational theories—an embodied modeling approach. *Cognition and Instruction, 24* (2), 171 – 209.

Windschitl, M., Thompson, J., & Braaten, M. (2008). Beyond the scientific method: Model-based inquiry as a new paradigm of preference for school science investigations. *Science Education, 92* (5), 941 – 967.

Wittgenstein, L. (1961). *TracTatus logico-philosophicus.* London: Routledge.

Woolnough, B., & Allsop, T. (1986). *Practical work in science.* Cambridge: Cambridge University Press.

Yore, L.D. (1991). Secondary science teachers' attitudes toward and beliefs about science reading and science textbooks. *Journal of Research in Science Teaching, 28* (1), 55 – 72.

Ziman, J. (1979). *Reliable knowledge.* Cambridge: Cambridge University Press.

Zohar, A., & Nemet, F. (2002). Fostering students' knowledge and argumentation skills through dilemmas in human genetics. *Journal of Research in Science Teaching, 39* (1), 35 – 62.

Research on Teaching and Learning of Nature of Science

NORMAN G. LEDERMAN AND JUDITH S. LEDERMAN

第30章

科学本质的教与学研究

杨杰 译 韩思思 姚建欣 审校

引言

本章旨在更新自上一版《科学教育研究手册》(*Handbook of Research on Science Education*; Abell & Lederman, 2007)出版以来科学本质教学研究的新进展。这是在上一版手册继续印刷的情况下新增加的一章，因此不需要对以前出版的内容进行全面的再现，但需要对上一版手册涉及的研究进行部分回顾，以了解近期工作的相关背景。所以，我们将提及上一版手册相关章节中报告的较有影响力的研究和发现，但不会复述所有内容。这七年多以来科学本质(nature of science [NOS])的研究是否有新进展是存在争议的。一方面，这七年中新研究不断发表。另一方面，关于学生如何学习科学本质或者科学本质如何更好地教授的新发现却很少。然而，科学本质的研究仍然是一个充满活力、引人关注的领域。另外，也有很多文章试图重新定义科学本质观。事实上，在美国的《新一代科学教育标准》(*Next Generation Science Standards*; NGSS Lead States, 2013)中可以找到一些概念的重定义。但这一新观点在多大程度上与现有实证研究一致是值得讨论的。尽管如此，本章将围绕"科学本质"的概念建构、教授、学习和测评展开。此外，本章还讨论了关于科学本质的思考的近期发展趋势，以及这些趋势对提高学生和教师对科学本质的理解如何产生影响。

概念建构

"科学本质"的概念，100多年来一直是学生科学学习的重要目标，在全球各地(如澳大利亚、加拿大、中国、新西兰、南非、英国、美国等等)的各类科学教育改革文件中也一直被视为重要的教育成果。我们也很难找到否定科学本质作为教育成果的重要性的言论。

关于为什么科学本质是一个重要的教育目标，已经有大量的著作进行了讨论。简单地说，理解科学本质通常被认为是科学素养的关键组成部分(Lederman & Lederman, 2011; NGSS Lead States, 2013; National Science Teachers Association

[NSTA], 1982)。详情请参见德赖弗(Driver)、利奇(Leach)、米勒(Millar)和斯科特(Scott)(1996)及莱德曼(Lederman, 2007)的论述。

然而，科学本质作为重要的教育成果的论点主要是直观感受，缺乏实证支持。就像科学素养的一般目标一样，在我们对科学本质有足够的了解前，我们无法知道是否达到了预定目标。但是，学生和教师对科学本质的理解仍然是科学教育和科学教育研究的重中之重。正如前文所述，它作为科学教育目标(American Association for the Advancement of Science [AAAS], 1990, 1993; Klopfer, 1969; National Research Council [NRC], 1996, 2012; NSTA, 1982)的时间已经超过100年(Kimball, 1967; Lederman, 1992, 2007)。

由于科学本质在科学教育中和科学界得到大力支持，我们可以假设所有相关人员都对这个概念有充分的理解。尽管著名的改革文件(如NRC, 1996)对科学本质的含义进行了明确表述，但各种学术期刊和会议中依然会出现科学本质各种各样的定义。一些人认为这是因为对科学本质定义的认识并未达成一致，这一概念应该被重新构建(Irzik & Nola, 2011)。其他人(Lederman, 1998; Lederman, Antink, & Bartos, 2014)很快注意到，哲学家、历史学家和科学教育家对科学本质的含义或者定义的分歧与K—12教学无关。客观现实与现象现实的差异就是一个很好的例子。对于K—12学生可以接触到的与他们日常生活相关的科学本质，一定程度上存在共识，这可以在上述作者的著作和当前的改革文件中找到。而且在这一层面上，哲学家、历史学家和科学教育家几乎没有分歧。重要的是，我们不应忽视科学本质教学的受众(即K—12的学生)。此外，关于科学本质包含哪些科学知识特征的争论往往忽略了这些目标的最终目的。重要的不是科学本质由什么构成，而是我们是否认为让学生学和做的内容对教学受众即学生是重要的(Lederman, Bartos, & Lederman, 2014; Osborne, Collins, Ratcliffe, Millar & Duschl, 2003)。

普遍认为的科学知识的特征包括：科学知识是暂定性的(可能会发生变化)、实证性的(基于和/或源于对自然世界的观察)、主观性的(受个人背景、偏见和/或理论影响)，必然涉及人的推理、想象和创造(如解释的提出)，并嵌入社会和文化背景中。另外两个重要的方面是观察和推论之间的区别，以及科学理论和定律的作用和关系。关于科学本质以上方面更详细的讨论，读者可以参考莱德曼的论述(2007)。

需要注意的是，这里提到的科学本质的各个方面并不全面。有些研究者或改革文件列出的科学本质清单中还增加或删减了其他方面的内容(Abd-El-Khalick, Bell, & Lederman, 1998; Irzik & Nola, 2011; McComas, 2008; NGSS Lead States, 2013; Osborne, Collins, Ratcliffe, Millar, & Duschl, 2003; Scharmann & Smith, 1999)。这些清单都是有效的，它们不仅考虑了科学知识的特点，还考虑了学生适合学习的内容。不过，现在还没有明确的科学本质内容清单。这里的主要目的不是强调某一个清单，而是提供一个参考框架以帮助我们在科学研究/实践和科学过程中描述科学本质。

在这一点上，要注意的是，许多科学教育工作者都有一个直觉的假设，认为科学本质不是跨科学学科的单一结构。也就是说，生物学家、化学家、物理学家和其他学科的科学家对科学本质有不同的认识。这一假设并没有得到验证。但是有一项关于这一问题的研究(Schwartz & Lederman, 2008)，被试是24名从事化学、生命科学、物理学和地球/空间科学的科学家。他们也是采用常规研究方法

(如实验、描述和理论研究)的群体的代表。作者采用开放式问卷调查的方式收集了科学本质和科学探究的数据，在学科内部和学科间进行了定性比较。尽管由于探究情境不同，他们的研究设计有细微差别，但对适合学校教学的科学探究或科学本质的观点整体没有差异。作者得出的结论是，鉴于K—12学生的认识水平和课程限制，没有必要区分科学本质在不同学科中的差异。

最后，需要注意的是，人们经常将科学本质与科学实践和/或科学探究混淆。尽管科学的这些方面会有重叠和重要的相互作用，但区分这两个方面仍然是很重要的。科学实践的过程是与收集、分析数据和得出结论有关的活动(AAAS, 1990, 1993; NRC, 1996)。当然，这两个概念都很重要，而探究和科学本质虽然不同，但它们之间有着密切的关系。区分科学本质和科学探究绝不意味着这两个心理构造是不同的。显然它们是密切相关的。

概念建构以外的争议

科学本质与科学探究的融合从一开始就困扰着科学本质的研究。因此，读者会注意到，许多早期的(甚至一直到现在的)研究实际上更多地集中在探究上，而不是科学本质上。然而，由于这些研究已成为科学本质研究史上公认的一部分，因此本部分也对这些研究进行了综述。原有研究对科学本质的定义与当前使用的不一致。同样，这里提出的科学本质的各个方面也并不是详尽无遗的。然而，本文所呈现的内容与当前改革文件要求学生了解的科学本质是一致的，并且与绝大多数研究文献的观点相同。不过，值得注意的是，科学本质与科学探究混淆的问题又成了最近关于科学本质研究的关注点(Allchin, 2011; NGSS Lead States, 2013)。因此“科学实践”(scientific practices)取代了之前所说的科学探究(scientific inquiry)。

科学本质“定义”的演变或许可以部分地解释学界所产生的持续混淆。在20世纪70年代和80年代初，这一概念被称为“科学知识的本质”。到了20世纪80年代末，它被简称为“科学本质”(可能至少有一部分是因为N. G. 莱德曼)。也许这种措辞的改变在某种程度上导致了科学本质和科学探究的混淆(Lederman, 2013)。但众所周知，人类往往不从历史中汲取教训。新术语的引入使得混乱持续存在，如《新一代科学教育标准》(NGSS Lead States, 2013)引入“科学实践”以替代“科学探究”。不幸的是，科学本质被认为至少部分地属于科学实践的范畴。事实上，多年来，科学本质与科学探究的关系一直处于分裂的状态。在“2061计划”(Project 2061; AAAS, 1993)中，科学本质被认为是一个结合体，其中包括科学探究。而在另一个相似的标准《美国国家科学教育标准》(National Science Education Standards; NRC, 1996)中，科学本质则与科学探究相互独立。有趣的是，《新一代科学教育标准》(NGSS Lead States, 2013)将科学本质作为科学实践(原来的科学探究)的一部分。因此，在20年的时间内，我们完全扭转了科学本质与科学探究的关系。这种情况肯定对厘清二者的关系没有帮助。一般来说，科学本质通常指的是科学知识的构建方式(即科学探究/实践)导致的科学知识所具有的特征。一个人可以从事科学实践，但不“做”科学本质。科学本质本身就是一个不断变化的目标。在过去的30年中，我们对科学本质的认识发生了显著的变化，因此，一些人过于关注这种区别以及科学教育者和科学家之间认识的差异(例如Alters, 1997; Wong & Hodson, 2009, 2010)。虽然我们对科学本质的看法在不断发生改变并将继续改变，但我们依然应该继续研究，并且明确学生应该知道的科学本质内容。虽然我们知道科学理论和定律可能在未来发生变化，但是我们的科学课程依然需要包括它们。重要的是，要让学生们了解当前对自然现象认识的证据，而科学本质也是如此。学生们应该知道我们形成当前科学本质认识的证据，就像"传统"学科一样，他们应该认识到，随着新证据出现或以不同的方式看待相同证据，认识可能会发生变化。

在本篇综述之前，有四份关于科学本质的教学、学习和测评的研究综述（Abd-El-Khalick & Lederman, 2000 a; Lederman, 1992, 2007; Meichtry, 1992）。除了回顾原有综述的内容外，本文还希望在这些前期工作的基础上为今后的研究提供一些指导。由于现实原因，研究综述仅限于已发表的报告和主要关注科学本质的研究。这些研究被明确地分到不同的主题之中，并在每个主题内部按时间顺序进行介绍。同样，上一版手册提及的研究在这里均不再介绍，但是一些较为突出和有影响力的研究会进行回顾，以便为最近的研究提供背景信息。

学生科学本质概念的研究

理解科学本质在很早之前就成了学生的学习目标。有趣的是，对科学本质的研究在1961年才开始。克洛普弗（Klopfer）和库利（Cooley）（1963）开发了"理解科学的测试"（Test on Understanding Science [TOUS]）问卷，该问卷一度是使用最广泛的学生科学本质概念的纸笔测评工具。克洛普弗和库利（Klopfer & Cooley, 1963）利用TOUS并对几项全国性调查进行全面回顾后发现，高中学生对科学事业和科学家的理解不足。早期对学生科学本质理解的测评也在美国以外进行过。麦凯（Mackay, 1971）使用TOUS对7到10年级的1,203名澳大利亚中学生进行了前后测。结果显示，学生们对以下科学本质认识不足：(a) 创造力在科学中的作用；(b) 科学模型的作用；(c) 理论的作用及其与研究的关系；(d) 假设、定律和理论之间的区别；(e) 实验、模型和理论与绝对真理之间的关系；(f)"科学不仅仅是事实的收集和分类"这一现象；(g) 科学解释的构成；以及 (h) 不同科学分支之间的相互关系和相互依赖。艾肯黑德（Aikenhead, 1972, 1973）的研究也得到了类似的结论。

在开发"科学知识的本质评价量表"（Nature of Scientific Knowledge Scale）的过程中，鲁巴（Rubba）及其同事（Rubba, 1977; Rubba & Andersen, 1978）发现，参与调查的高中学生中有30%认为科学研究得到的是无可辩驳的、必然的绝对真理。此外，研究中大部分学生都认为，经过不断的检验后科学理论最终会发展成定律。鲁巴、霍纳（Horner）和史密斯（Smith）(1981) 以102名高能力的7年级和8年级学生为研究对象，对学生是否坚持定律是成熟理论和定律代表绝对真理的观点进行评估。结果表明，总体而言，学生对两种观点趋于"中立"。作者对该结果表示担忧，因为样本是由被认为在科学中最有能力和兴趣的学生组成的。

在过去的30年中，关注学生科学本质概念评估的研究越来越少 (Gilbert, 1991; Lederman, 1986; Lederman & O' Malley, 1990)，而且没有尝试去确定或测试相关的影响因素。这里简要介绍了一些值得注意的研究，以说明数十年来对学生理解的研究结果的一致性。最近，姜（Kang）、沙尔曼（Scharmann）和诺赫（Noh）(2004) 采用选择题对6、8和10年级的1,702名韩国学生的认识进行了测评。与之前的研究一致，结果发现韩国学生具有经验主义/绝对主义的科学观。蔡德勒(Zeidler)、沃克(Walker)、艾克特(Ackett)和西蒙斯(Simmons)(2002)研究了学生的科学本质概念与他们面对挑战他们社会性科学议题看法的证据时的反应之间的关系。样本由来自9年级和10年级普通科学班、11年级和12年级生物学和物理学奖学金班的82名学生以及大学水平的职前教师组成。尽管作者没有说明样本中有多少学生坚持他们所呈现的对科学本质的理解，但很显然，有相当一部分学生不理解科学知识是暂定的、部分主观的，并且涉及创造性。总体而言，不同年级学生的理解没有明显差异。

有趣的是，与通常对学生观点进行的评估的重点不同，萨瑟兰(Sutherland)和德内克(Dennick)(2002)调查了具有明显不同世界观的学生对科学本质的认识。具体地说，这项研究表明来自不同文化背景的个体对世界和人类在世界上的地位的看法有着显著差异，这些看法可能会影响人们对科学本质的认识。样本包括72名7年级克里族学生和36名7年级的欧洲裔加拿大学生。所有的测评都是用英语进行的，而大部分克里族学生在家里同时说英语和克里语。数据通过定量(“科学知识的本质评价量表”)和定性(访谈)的方法收集。尽管两组学生在科学本质的各个方面存在差异，但他们在暂定性、创造性、简洁性、知识的统一性、实证检验的重要性和科学知识的非道德性等科学本质方面的认识均不充分。研究者还发现，除了影响西方学生观点的因素外，语言和文化也都会影响学生的科学本质认识。当然，世界观、文化和语言对理解科学本质可能存在的影响是非常重要的，也是一个非常需要研究的领域。然而，这里的关键点是，这项研究的结果与之前的整个研究历史中仅仅以学生科学本质概念评估为目标的相关研究的结果一致。

最近，沃尔斯(Walls, 2012)发现3年级非裔美国学生的科学本质概念存在独特性，但他的发现仍然与前几十年的研究一致。随着科学本质研究的长期发展，北美洲以外的地区也开展了大量研究。这里列举三个关于学生概念的研究。乌拉罕(Urhahne)、克雷默(Kremer)和迈尔(Mayer)(2011)对来自德国四所“高于平均水平”的学校的221名高中生进行了研究，特别关注了学生对科学本质概念的理解是情境独立的还是情境依赖的。总体来说，情境独立的理解与情境依赖的理解没有明确的不同。结合之前关于调查课堂教学对NOS的影响的讨论，该研究的结果表明可以用情境独立的方法而非情境依赖的方法来促进科学本质的理解，这与那些探究教学对科学本质的影响的研究结论一致。

多甘(Dogan)和阿布德-哈利克(Abd-El-Khalick)(2008)对土耳其的10年级学生进行抽样，最终利用“科学、技术和社会观”(Views of Science, Technology, and Society [VOSTS])问卷的修改版(Aikenhead, Fleming, & Ryan, 1987)对2,020名学生的科学本质概念进行了测评。他们发现学生持有的对科学本质的错误概念与过往研究发现的相同。有趣的是，他们发现学生对科学本质的理解与父母的教育水平呈正相关。他们还发现土耳其西部和东部的学生之间存在差异。鉴于土耳其独特的文化多样性(地跨两大洲)，后一项结果为科学本质的理解受文化影响这一观点提供了证据。

易卜拉欣(Ibrahim)、比夫莱(Buffler)和吕本(Lubben)(2009)选取南非的大学物理课上的179名新生为样本，探究了他们对科学知识观、规律和理论的关系、理论与实验的关系、实验的目的、创新在实验中的作用、理论和实验结果的优先顺序等方面的认识。结果表明，这些学生存在之前研究提到的普遍的对科学本质的错误概念。有趣的是，结果表明对实验的认识对于理性的科学本质认识至关重要。

总体来说，最近越来越多的学生科学本质概念的国际研究验证了几十年前的发现。如果没有任何有针对性的教学干预，学生就不会具备当前所需的对科学本质的理解。

教师科学本质概念的研究

普遍来说，由于数据显示学生不具备对科学本质的充分认识，所以研究人员把注意力转移到科学本质的教授和教师的科学本质概念上来。原因很简单：教师必须对他们试图与学生沟通的内容有充分的了解。

凯里（Carey）和施陶斯（Stauss）（1968）调查了在佐治亚大学接受培养的17名中学科学职前教师是否拥有体现科学本质的科学哲学观。他们使用威斯康星科学过程调查（Wisconsin Inventory of Science Processes [WISP]）来测评科学本质。他们除了尝试对职前教师的科学本质概念进行初步评估，还探讨了科学方法课程提升这些概念的有效性。WISP的前测分数表明，科学教师群体对科学本质没有充分的认识。根据WISP后测分数得出的结论是，针对科学本质的方法课程可以显著提高教师的认识。

凯里和施陶斯（Carey & Stauss, 1970a）进一步使用WISP对经验丰富的教师的科学本质概念进行了评估。结果与他们之前的研究一致：(a)总体来说，理科教师对科学本质没有充分认识；(b)科学方法课程显著提升了WISP得分；(c)学业变量如平均成绩、数学学分、特定课程、教龄等均与教师的科学本质认识没有显著相关性。他们建议将历史和科学哲学课程纳入教师培养计划中。

金博尔（Kimball, 1967）使用他自己的“科学本质量表”（Nature of Science Scale [NOSS]）比较了科学家和科学教师对科学本质的理解。两组之间未发现显著差异。尽管关注教师的科学本质概念（但并未试图改变这些概念）的研究在1950年到1970年期间大量出现，但最近也有几项评价值得注意。

库拉季斯（Koulaidis）和奥格伯恩（Ogborn）（1989）用16道多项选择题对12名新手科学教师和11名职前科学教师进行了调查，描述并比较了新手教师和职前教师对科学知识的看法。问卷试题侧重于科学方法、科学和非科学的划分标准、科学知识的变化以及科学知识的现状等方面。根据他们的回答，这些被试被划分到四类预先确定的哲学立场中。拥有折中主义观点的个体较多，这与先前的研究一致，表明教师通常不具有与特定哲学立场一致的观点。总体来说，作者得出的结论是，尽管科学教师重视科学方法，但他们认为所涉及的过程是情境依赖的。

阿吉雷（Aguirre）、哈格蒂（Haggerty）和林德（Linder）（1990）使用案例研究的方法评估了74名职前中学科学教师对科学本质、教授和学习的认识。被试者被要求回答11个关于科学、科学教学和科学学习的开放式问题。大多数人认为，科学要么是由一系列观察和解释组成的知识体系，要么是已经被证明正确的命题。在科学教学中，被试者一半是“知识的提供者”，一半是“理解的引导者/中介者”。作者得出的结论是，这些职前教师并不具备足够的科学本质概念（尽管他们都拥有科学的本科学位）。

对教师的科学本质概念的研究并不局限于中学教师。布卢姆(Bloom, 1989)评估了职前小学教师对科学的理解以及某些语境变量如何促进这种理解。布卢姆以80名参加三门方法课程的职前小学教师(86%为女性)为样本，进行了一份问卷调查，其中包含六个与科学知识、理论和进化相关的问题，此外还使用了涉及科学的原有经验、科学本质、科学教学和进化/创造论等方面的21道试题组成的评分量表。对问卷调查的定性分析表明，职前教师认为科学是以人为中心的，其主要目的是为人类的利益服务。该研究也注意到许多关于科学理论的意义和作用的混淆(例如，理论与对自己想法的信念相关，与经验性的观察无关)。最重要的发现是，信念显著影响了职前教师对科学的理解。在这种情况下，被试信仰的人类中心的本质显著影响了他们对科学、进化论以及如何教授进化论的认识。

埃克森(Akerson)、布泽利(Buzzelli)和伊斯特伍德(Eastwood)(2012)研究了K—3职前教师的文化价值观及对科学本质的认识。他们利用“价值观问卷”(Values Inventory)、访谈和B型“科学本质观调查”问卷(Views of Nature of Science–Form B [VNOS–B])来收集数据。总体来说，研究发现，那些价值观与他们认为科学家所持的价值观最相似的教师对科学本质有着最好的理解。作者得出结论：如果教师认为自己与科学家更像，他们就不会认为科学对自己来说是“陌生的”，也就更有可能愿意教科学。

刘(Liu)和莱德曼(2007)也关注价值观，他们假设一个人对科学本质的理解可能会受到其世界观的影响，并检验了这一假设。他们的研究以54名中国台湾小学职前教师为研究对象，采用两份开放式问卷和相应的访谈，对职前教师的世界观及其对科学本质的理解进行了测评。访谈主要用于确保研究人员对问卷作答的解释与作答者的意思一致。正如所料，科学本质理解和世界观之间有着明确的关系。因此，作者认为科学课程需要包含社会文化视角和科学本质。

近年来，对全球教师科学本质理解的研究不断增加，部分或全部集中在国际教师的理解上。华(Fah)和云(Hoon)(2011)为了确定北美研究中发现的结果是否适用于马来西亚，对马来西亚的职前中学教师进行了研究。他们的结果与学界已经确定的结果非常相似。教师认为科学知识是绝对的，不涉及主观性，也不受创造力的直接作用。这样的研究进一步证实了关于教师理解的研究结果具有普遍性。

最后，有研究者尝试将美国职前教师与其他国家教师的理解进行比较。科伯恩(Cobern, 1989)使用金博尔的“科学本质量表”对21名美国职前科学教师和32名尼日利亚职前教师的科学本质理解进行了比较。两国教师的科学本质理解具有两个显著差异。尼日利亚的职前教师更倾向于将科学视为产生有用技术的一种方式。这一结果与奥贡尼伊(Ogunniyi, 1982)对53名尼日利亚职前科学教师的研究结果一致。这一观点与将理论科学和应用科学区分开的西方传统观点不同。然而，在发展中国家，教师持有科学的应用性观点是意料之中的。第二个区别是尼日利亚教师认为科学家是民族主义的并且会对他们的工作保密。

在更大的范围内，梁(Liang)等(2009)使用“学生对科学与科学探究的理解”(Students' Understanding of Science and Scientific Inquiry [SUSSI])量表收集数据，对来自美国、中国和土耳其的640名职前教师进行了研究。SUSSI评估了科学本质的以下方面：对观察和推论、实证性、科学定律和理论、社会文化嵌入性、人类的创造力和想象力以及多种科学方法的理解。总体而言，被试职前教师存在着其他研究中普遍发现的错误理解，但他们在理解科学知识的暂定性上得分最高，在理解理论与定律的关系上得分最低。中国职前教师在科学本质研究的六个方面中的五个里得分最高。美国职前教师展示出了对观察和推理的理性认识，而土耳其小组在所有六个子量表中得分最低。总体来说，这项大型的国际研究证实了对北美教师的研究发现的结果。

科学本质教与学(早期：20世纪60—80年代)

学生科学本质概念的研究

克洛普弗和库利(1963)开发了第一门旨在发展学生科学本质概念的课程。该课程被称为高中科学史案例(History of Science Cases for High Schools [HOSC])。该课程的基本原理是，使用源自科学史的材料将有助于传达关于科学和科学家的重要观点。108个具有地域代表性的科学班级，包括生物学、化学和物理学班级(共2,808名学生)被选为样本，用TOUS工具评价HOSC课程的有效性。在5个月的实验后，接受HOSC课程的学生在TOUS上的得分显著高于对照组。此外，HOSC学生在TOUS子量表(即科学事业、科学家、科学的目的和方法)以及总体测试方面表现出显著的进步。结果表明，HOSC教学方法是提高学生科学本质概念的有效途径。本次调查样本量大，因此可信度高，随后有大量课程被开发出来。

克拉姆(Crumb, 1965)将物理科学研究课程(Physical Science Study Curriculum [PSSC])与传统的高中物理课程进行了对比。PSSC项目是一个以实验室为中心的实验物理方法，旨在强调过程而不是简单的科学内容。通过对29所高中的1,275名学生的抽样调查，克拉姆发现接受PSSC课程的学生在TOUS上的成绩比接受传统物理课程的学生要好。

艾肯黑德(Aikenhead, 1979)开发并实地测试了一门名为“科学：一种认识世界的方法”(Science: A Way of Knowing)的课程。课程的主要目标是发展学生的：(a)对科学的本质、过程和社会方面的现实的、非神话般万能的理解(作者是想说发展学生对科学不是万能的、科学方法不唯一的理解——译者注)；(b)解释、回应和评估科技社会时的各种探究技巧和对个人能力的现实感受；(c)对科学与技术的相互作用的理解，以及对这些方面与社会其他方面的相互作用的理解。11年级和12年级的学生在“科学过程量表”(Science Process Inventory [SPI]; Welch, 1967)中的后测得分显著提升。

并不是所有针对科学本质教学而设计的课程的有效性结果都是积极的。特伦特(Trent, 1965)比较了PSSC课程和传统物理课程的效果(与Crumb, 1965的操作相同)。他以52所加州高中为样本，采用TOUS测试对学生的科学观念进行评估。PSSC班和传统班均有一半的学生未通过TOUS测试。在学年末，所有学生都接受了一次后测。在对学生原来的科学理解和能力进行统计性控制后，通过TOUS测试的传统课程和PSSC课程的学生之间没有差异。

特罗克塞尔(Troxel, 1968)将“传统”化学教学与CHEM学习(CHEM Study)和化学键法(Chemical Bond Approach [CBA])进行了比较。从理论上讲，CHEM学习和化学键法强调探究，且都以实验为中心，应该能更好地促进对科学本质的理解。然而，当教师的学科教学背景、课程教学经验、哲学认识，以及相对于学校规模的学生背景都相同时，学生的科学本质观没有显著差异。

另外两项针对以色列高中生的研究采用了20世纪60年代开发的课程。琼沃思(Jungwirth, 1970) 试图研究生物学课程研究项目(Biological Sciences Curriculum Study [BSCS]) 黄版(Yellow Version)的有效性。该版本于1964年首次在以色列推出。共有693名10年级学生(来自25所学校)参与，他们在TOUS和科学测试的过程(Processes of Science Test; BSCS, 1962)上的得分反映了对科学知识的认识。学生在一个学年的课程前后分别接受了测试。学习BSCS生物学课程的学生与对照组学生之间没有出现显著差异。因此，琼沃思认为，这项课程在提高学生的科学观念方面没有那么有效。他得出的结论是，最好可以通过"重新确定教师的努力方向和教学重点"来提升学生这方面的成绩。

塔米尔(Tamir, 1972) 比较了BSCS黄版、CHEM学习、PSSC三个课程项目与传统教学方法的效果，并使用"科学过程量表"评估了学生科学本质概念的变化(Welch, 1967)。他从以色列的四种高中(即城市、联合办学、农村学校和职校)里随机抽取了9至12年级的3,500名学生，以对不同类型的学校进行比较。研究结果显示，学习各课程项目的学生与学习传统课程的学生间没有显著差异。

最近，凯里等(Carey, Evans, Honda, Jay, & Unger, 1989)评估了一个单元的有效性，该单元专门介绍7年级学生认识论观点的建构主义科学观。在为期3周的单元教学中，所有课程都由正规教师讲授，每节课都由一名或两名研究助理观察。27名学生被随机选出进行单元教学前后的访谈。总体来说，教学前的访谈表明，大多数学生认为科学家通过观察和尝试来寻找有关自然的事实。然而，教学后的访谈显示，许多学生理解探究是由特定的想法和问题引导的，实验是对想法的测试。简而言之，这个教学单元至少成功地使部分学生能够区分观点和实验。

有一种未言明的假设认为，只要开发出好的科学本质的课程和教学材料，就能使学生的科学本质观念得到改善。不幸的是，在很大程度上，教师对课程的解释和设计被忽略了。课程开发运动最早的两位研究者(Klopfer & Cooley, 1963) 认为"教师最初理解水平的'高'或'低'不影响科学史案例(一门极力强调运用科学史的课程)教学法在TOUS型理解的教学中的效果"(p.45)，这一观点几乎没有提及教师的重要性。

这句话的意思很明显。就是说，教师可以在未充分理解某些概念的情况下发展学生对某些概念的理解。幸运的是，其他人如特伦特(Trent , 1965)认为，面向科学本质的课程的有效只能说明教师的教学方法、风格、亲和度和个性是有效科学教学中的重要因素。他推断，如果在排除学生能力的因素后，同一课程对一位教师的班级有效而对另一位教师的班级无效，那么教师一定是一个重要的影响因素。

斯皮尔斯(Spears)和佐尔曼(Zollman)(1977)评估了参与科学探究对学生理解科学过程的影响。被试被随机分配到物理学课程的四个课程和相关实验中。最终分析中使用了大约一半初始样本的数据。"结构化"方法侧重验证，而"非结构化"方法侧重探究或发现。这两种方法都要求学生探究与课程中讨论的物理学原理相关的问题。除此之外，这两种方法在很大程度上有所不同。"结构化"实验给学生们提供了明确的程序，他们尝试验证相关的物理学原理。而"非结构化"实验的学生们可以自由地以他们认为合适的方式探究这些问题。他们自己决定收集哪些数据，如何收集这些数据，如何处理数据，以及如何解释和展示他们的结果。数据分析表明，两组在D型“科学过程量表”（SPI Form D）中的假设、结果本质以及伦理和目标等方面的调整得分没有统计学上的显著差异（Welch & Pella, 1967 – 1968）。

教师科学本质概念的研究

致力于发展学生科学本质概念的课程在有效性上表现出的不一致的结果，促使其他研究人员将注意力集中在教师身上，将其视为一个重要变量。在20世纪60年代，科学教育界还没有对课程的实施和设计进行区分。耶格尔（Yager）和威克（Wick）（1966）选择了八位经验丰富的教师来使用探究导向的课程（BSCS蓝版）。所有教师使用同样的讨论天数、实验室、考试和教学材料。学生们在教学前后进行了TOUS测试。协方差分析表明，不同教师教授的学生在科学本质理解上存在显著差异。克兰曼（Kleinman, 1965）对教师提问的研究进一步直接证实了教师对学生观念的重要影响。

当考虑到教师对学生学习的影响时，至少有两个方向可以继续探讨。一个是研究教师的行为如何影响学生对科学本质的理解。另一个是关注教师的知识。几乎所有人都认同教师必须理解教学内容。不幸的是，最初的研究深究后者，而忽视了对前者的关注。这里简要介绍了关注教师知识的研究。关于这些研究的更详细的讨论可以在上一版手册（Lederman, 2007）中找到。

这里至关重要的是，以下研究依赖于两个假设：(1) 教师对科学本质的认识与其学生的认识之间存在正相关；(2) 教师对科学本质的认识必然影响他们的课堂实践。因此，科学本质研究人员从未想过提高教师科学本质认识以外的其他尝试。上述两个假设可以说负面地影响了发展学生科学本质的研究达30年。值得注意的是，研究人员为提高教师的科学本质认识所做的工作得到的介绍较少，而且通常没有明确地提到科学本质。

凯里和施陶斯（Carey & Stauss, 1970 b）对35名职前中学科学教师和221名职前小学教师进行了WISP测试。分数与背景变量如高中科学课程、大学科学课程、大学平均分数和科学平均分数进行了关联。结果显示中小学教师的科学观与所有学术背景变量均无相关性。在NOSS的验证过程中，金博尔（Kimball, 1967）指出，哲学专业学生的得分实际上高于科学教师或科学家。他直观地得出结论：将科学哲学课程作为本科科学专业课程的一部分可能会使情况有所改善。韦尔奇（Welch）和瓦尔贝格（Walberg）（1968）在一次专为四所学校的162名物理教师设计的暑期研究中发现了成功之处。TOUS和“科学过程量表”测试结果表明：所有四个学校的教师都表现出了显著的进步。遗憾的是，关于各学校具体活动的文件无法得到。

拉瓦奇（Lavach, 1969）试图将克洛普弗和库利（Klopfer & Cooley, 1963）报道的科学史教学取得的成功进行扩展。26名科学教师参加了研究，其中11人为实验组，15人为对照组。实验组接受了天文学、力学、化学、热学和电学等领域的部分科学史的培训。对照组的教师没有接受科学史相关的讲座或实验培训。所有教师都接受了TOUS前后测。实验组的教师在对科学本质的理解方面取得了显著提升。进一步分析表明，这些提升与整体教学经验、所教科目、本科专业、原有职业或同一科目的教龄无关。

六年后，比勒（Billeh）和哈桑（Hasan）（1975）尝试确定影响科学教师提升NOS理解的因素。来自约旦的186名中学科学教师被分成四组：生物学、化学、自然科学和物理学。化学、自然科学和物理学教师的为期4周的课程包括科学教学方法的讲授和演示、强调“引导式发现”方法的实验室探究、提升特定科学概念理解的大量活动，以及12次针对科学本质的讲座。生物学组作为对照组没有进行任何关于科学本质的正式教学。教师对科学本质的理解利用“科学本质测验量表”(Nature of Science Test [NOST])进行评估。强调科学本质的讲座不针对NOST的具体内容。每组教师都进行了前、后测。协方差分析显示：化学、自然科学和物理学组的平均分数显著提高。生物学组没有表现出显著的提高。这一发现与凯里和施陶斯(Carey & Stauss, 1968)的结论一致。第二个结论是，教师在NOST上的得分与他们的学历没有显著关系，这一发现与之前的研究(Carey & Stauss, 1970a; Lavach, 1969)一致。最后，科学教学经验与NOST得分也没有显著相关性。教学经验对教师的科学本质理解没有帮助的结论也与先前的研究(Carey & Stauss, 1970b; Kimball, 1967; Lavach, 1969)一致。

赖利(Riley, 1979)认为，科学过程的熟练程度的提升和第一手的操作性经验会改善教师对科学的理解和态度。赖利把对科学本质的理解称为“情感类”结果，并试图通过让教师参与“做科学”来教授科学本质。该研究探究了科学过程技能的动手与非动手训练对职前小学教师对科学本质理解的影响。研究进行了三种水平的处理：主动探究(动手的)、替代探究(非动手的)和对照组。四个1.5小时的活动侧重于各种科学过程技能，如观察、分类、推断、预测、交流、测量和度量系统，以及空间/时间关系的使用。上述处理水平之间的唯一区别是被试的参与情况。数据分析表明，不同处理水平的TOUS(Cooley & Klopfer, 1961)平均分没有显著差异。因此，主动探究、替代探究和对照组的被试对科学本质的理解没有差异。

阿金丁(Akindehin, 1988)认为，帮助科学教师发展足够的科学本质概念的努力应该是显性的(即直接介绍和讨论科学本质，而不是让教师进行科学探究)。作者评估了科学教师教育导论(Introductory Science Teacher Education [ISTE])资源包对职前中学科学教师科学本质概念的影响。该课程包含讲座、讨论和实验等九个单元。实验组的结果具有统计学意义。在满分为58分的NOSS测试中，平均得分为51.84。这一平均得分是本文所回顾研究报告的最高NOSS得分。然而，应该注意的是，作者没有报告前测和后测的平均得分。因此，很难评估职前教师实际的提升情况。

沙尔曼和哈里斯(Harris)(1992)评估了美国国家科学基金会(National Science Foundation)赞助的为期三周的暑期研修班对被试科学本质理解的影响。作者指出，“对科学本质理解的变化可以……通过更间接和更应用性的情境……以及各种阅读和活动进行提升”，其中这些活动是帮助被试讨论他们的科学本质观点的(p.379)。NOSS(Kimball, 1967)被用于评估被试对科学本质的“哲学”理解，约翰逊(Johnson)和皮普尔斯(Peeples)(1987)开发的工具被用于评估被试对科学本质的“应用”理解。研修班前2周的课程向被试介绍了与进化论相关的生物学和地理学内容。此外，作者还建模并教授了各种教学方法和手段，包括讲座、小组及同伴讨论、实地考察和其他基于探究的方法。作者指出，发展被试的科学本质观念这一“主题”贯穿所有活动。但是，研修班没有直接或明确地教授科学本质。数据分析显示前测和后测的NOSS平均得分无显著差异。然而，约翰逊和皮普尔斯(Johnson & Peeples, 1987)测评工具上的得分出现了显著差异。作者得出的结论是，即使被试对科学本质的“哲学”理解没有改变，他们对科学本质的“应用”理解也得到了显著提升。沙尔曼和哈里斯(Scharmann & Harris, 1992)没有对被试所取得成果的实际意义进行讨论。后一种工具满分为100分，前测和后测的平均得分分别为61.74和63.26。

从另一个角度来看致力于转变教师的概念的研究，可以获得一些启发。总体来说，这些研究采取了以下两种方法之一。第一种方法是由加贝尔(Gabel)、鲁巴和弗朗兹(Franz)(1977)以及罗(Rowe, 1974)等科学教育家提倡的。这种方法在本文中被称为“隐性”方法，因为它认为科学本质的理解是一种学习结果，可以通过过程技能的教学、科学内容课程和“做科学”来发展。采用隐性方法的研究者利用科学过程技能教学和/或科学探究活动(Riley, 1979)或控制学习环境的某些方面(Scharmann & Harris, 1992; Spears & Zollman, 1977)来提升教师的科学本质概念。采用第二种方法提升教师科学本质理解的研究者(Akindehin, 1988; Billeh & Hasan, 1975; Carey & Stauss, 1968, 1970a; Jones, 1969; Lavach, 1969; Ogunniyi, 1982)利用科学史和科学哲学中的元素和/或聚焦于NOS各个方面的教学来改善科学教师的概念。第二种方法在本文中被称为“显性”方法，由教育工作者如比勒和哈桑(Billeh & Hasan, 1975)、霍德森(Hodson, 1985年)、金博尔(Kimball, 1967)、克洛普弗(Klopfer, 1964)、拉瓦奇(Lavach, 1969)和拉瑟福德(Rutherford, 1964)提出。

科学本质教与学(当代：观念的转变)

在过去的20年里，科学本质教与学的研究在观点上经历了一个缓慢但清晰的转变。这种观点的变化影响了我们改变教师和学生概念的努力方式。

教师科学本质概念的研究

关于科学本质的最初研究的结果(它们得到了最近的研究支持)可以总结如下：(a)无论用于评估理解的工具是什么，科学教师都不具备充分的科学本质认识；(b)包含科学史或显性科学本质的旨在改善教师概念的方法取得了一些成功；(c)学术背景变量与教师科学本质概念的理解没有显著相关性。前述我们所回顾的研究中似乎渗透了两个基本的假设。第一个假设是，教师对科学本质概念的理解会影响其学生的理解。所有关注教师理解提升的研究都清晰地体现了这一假设，却没有明确表述做进一步工作的需求或尝试。除了两项仅将该假设作为辅助而提及的研究外，这种相当直观的假设几乎没有经过检验。不幸的是，这两项研究工作(Klopfer & Cooley, 1963; Rothman, 1969)都存在重大的方法缺陷。克洛普弗和库利(Klopfer & Cooley, 1963)未能在整个探究期间正确监控教师科学本质概念的理解，而罗思曼(Rothman, 1969)仅对高能力学生进行了抽样，导致了天花板效应。

前述研究中渗透的第二个假设与第一个假设密切相关。如果我们假设教师的科学观影响学生的科学观，那么就必然存在某种影响方法；当然，这种影响一定受到教师行为和课堂环境的调控。简而言之，最初关于教师和学生的科学本质观念的研究假设教师的行为和课堂环境必然受到教师的科学本质观念的直接影响。虽然许多人，包括赫德(Hurd, 1969)和鲁宾逊(Robinson, 1965)都明确表达了这一假设，但直到20世纪80年代早期它仍是未经测试的假设（Lederman & Zeidler, 1987）。

从前述我们所回顾的研究中可以看出，几十年来对科学本质的研究主要关注了学生和教师的特征或课程开发，忽略了对实际的课堂实践和/或教师行为的直接关注。指导这些研究方向的两个假设破坏了大约30年来最终改善学生对科学本质概念的理解的努力。尽管旨在评估学生和教师概念的研究一直持续到现在，但显然大家已经不愿意接受早期研究假设的指导，现在的重点显然正在转向教师的课堂实践。

教师的科学观念与其学生的科学观念之间以及教师的科学观念与教学行为之间的假定关系最终进行了直接测试，并被证明与课堂实际情况相比过于简单（Duschl & Wright, 1989; Lederman & Zeidler, 1987; Zeidler & Lederman, 1989等）。杜施尔（Duschl）和赖特（Wright）（1989）观察并采访了一所大型城市高中的13名科学教师。他们的研究结果很有说服力地表明，科学理论的本质和作用在影响教师教育决策的诸多因素中并不是不可分割的组成部分。由于学生需求、课程教学目标和问责等原因，教师并未考虑或给学生教授科学本质。

莱德曼和蔡德勒（Lederman & Zeidler, 1987）对来自9所学校的18名高中生物教师进行了研究。数据表明，教师对科学本质的理解与课堂实践没有显著的关系。目前，有几个变量已经被证明可以影响和限制教师科学本质概念向教学实践的转化。这些变量包括教授完整内容的压力（Abd-El-Khalick, Bell, & Lederman, 1998; Duschl & Wright, 1989; Hodson, 1985）、课堂管理和组织原则（Hodson, 1993; Lantz & Kass, 1987; Lederman, 1999）、对学生能力和动机的关注度（Abd-El-Khalick et al., 1998; Brickhouse & Bodner, 1992; Duschl & Wright, 1989; Lederman, 1995）、机构的约束（Brickhouse & Bodner, 1992）、教学经验（Brickhouse & Bodner, 1992; Lederman, 1995）、对科学本质理解的不认同，以及用来评估科学本质理解的资源和经验的缺乏（Abd-El-Khalick et al., 1998）。

近年来，莱德曼（1999）试图最终让人们不再相信（旧观念难以改变）教师的科学本质观念会影响课堂实践这个假设。在一项涉及五位经验不同的高中生物教师的多案例研究中，莱德曼收集了教师对科学本质概念的理解和课堂实践的数据。所有教师都是作者以前的学生，并且都对科学本质有所了解。在整个学年中，数据从问卷调查、结构化和非结构化访谈、课堂观察和教学材料中收集。学生对科学本质概念理解的数据通过问卷调查和访谈收集。作者未在教师观念和课堂实践之间找到任何明确的关系。两位最有经验的教师（有14年和15年的教学经验）表现出的行为似乎与他们对科学本质的看法一致，但访谈和课程计划数据显示，这些教师并未试图教授科学本质。数据表明，这些教师教授的所有班级中，没有学生发展出了理性的科学本质理解。调查结果表明，虽然教师对科学本质有很好的理解，但课堂实践并未直接受此影响。此外，调查也强调了与学生的理解有关的教师教学意图的重要性。即使有些班级的学生与教师有相似的理解，这些班级的学生也没有学习过科学本质，因为教师没有明确教授科学本质的意图。总体来说，这项研究与关于教师科学本质理解与课堂实践之间关系的新发现以及表明显性科学本质教学意图的重要性的研究一致。

虽然教师的科学本质观念并不一定能转化为课堂实践这一点现在很清楚（但教师如果需要教授科学本质就需要知道科学本质），但对教师的科学本质观念的关注仍然存在。正如前面提到的，在过去的20年中，我们在如何改变教师的科学本质观念方面的观点发生了缓慢而清晰的转变。简而言之，与教师的科学本质观念相关的研究中，发生了朝向更加明确和更具反思性的教学方法的转变。

在对职前教师科学本质概念的研究中，贝尔(Bell)、莱德曼和阿布德–哈利克(2000)研究了教师将知识转化为教学计划和课堂实践的过程。被试是13名职前教师。研究者在授课前后通过开放式调查问卷评估教师的科学本质认识。在整个教学过程中，研究者对日常教学计划、课堂录像、档案袋和监察员的现场观察记录进行了分析，以确定计划或教学中明确体现科学本质的例子。在教学结束后，所有被试都接受了关于他们的问卷结果和影响他们科学本质教学的因素的访谈。虽然所有的职前教师都对科学本质有充分的理解，但他们并没有以显性的方式将科学本质整合到教学中。科学本质在这些教师的教学目标中并不明显，教师也没有试图评估学生对科学本质的理解。作者的结论是，教师对科学本质的理解不会自动转化为课堂上的实践。他们进一步得出结论，科学本质必须像其他主题内容那样被规划并纳入教学目标之中。

埃克森、阿布德–哈利克和莱德曼(2000)的目标只是发展小学教师对科学本质的理解，不涉及将这些知识转化为课堂实践。被试职前教师为25名本科生和25名研究生，他们参加了两门不同的方法课程。研究者分别在课程前后评估了教师对科学知识的实证性、暂定性、主观性、创造性和社会/文化嵌入性的看法。此外，职前教师对观察与推理之间、理论与定律之间区别的看法也进行了评估。课程使用反思性的、基于活动的方法显性地强调了科学本质的这些方面。结果表明，显性地强调科学本质是提高教师对科学本质认识的有效途径。然而，在之前的研究背景下(Bell, Lederman, & Abd-El-Khalick, 2000)，作者很快指出仅仅拥有对科学本质的充分理解并不会自动改变课堂实践。

埃布尔(Abell)、马蒂尼(Martini)和乔治(George)(2001)在一门科学方法课程中监测了11名基础教育专业学生的科学本质认识。具体情境是对月亮进行探究，作者的目标是科学本质的以下方面：以实证为基础，涉及创造和解释，嵌入社会情境。研究者要求学生们在课程中每天观察月亮并记录他们的观察结果。教师尽可能明确地提及科学本质。在探究之后，学生们意识到科学家会进行观察并构建模型，但没有意识到观察可以发生在理论提出前或理论形成过程中。学生们能够区分观察和构建解释的过程，但他们无法理解创造性在科学中的作用。在其他各种情况下，学生们能够清楚地表达科学本质的各个方面，但未意识到他们在活动中所学的知识与科学界的联系。作者认识到了显性表达在科学本质教学中的重要性。他们还发现，他们的学生未能将所学知识从学习活动本身推广到科学界普遍发生的事情，这是由于科学家的工作与课堂上完成的活动之间缺乏明确的联系。

阿布德–哈利克(2001)在为贝鲁特美国大学职前小学教师设计的物理学课程中使用了一种显性的、反思的方法来教授科学本质。显性的、反思的方法不应与直接教学或讲座相混淆。它是让学生参与科学探究和演示，然后让学生反思他们所做的工作以及这些工作对所获得的知识和结论的影响。研究者用关于科学本质的开放式调查进行前后测以收集数据。作者在文章中报告：在探究之后学生在科学知识的暂定性、实证性、理论负载性、推理特性、想象性和创造性等科学本质方面展现出显著提升。此外，该研究对理论与定律之间的关系以及观察与推理之间的区别进行了探讨。作者明确指出，显性的、反思的教学方法是成功的。

长期以来，科学史一直被认为是提高学生科学概念的一种手段。林（Lin）和陈（Chen）（2002）将这一逻辑扩展到一个旨在提高职前教师科学本质理解的项目中。该研究将中国台湾63位职前化学教师分为实验组和对照组。实验组的教师接触了一系列历史案例，随后进行了辩论和讨论——其中强调了科学家是如何提出新知识的。这些历史案例被发展为这些职前教师教授科学的一种方式。与以前尝试使用科学史来发展科学本质认识的尝试不同，这些历史材料显性地指出了科学本质。结果明确表明，与对照组相比，实验组对科学本质的理解有显著提高，特别是在科学的创造性、观察的理论约束性、科学理论的作用等方面。

阿布德–哈利克和埃克森（Abd-El-Khalick & Akerson, 2004）在科学方法课程中对28名职前小学教师进行了研究。特别是，他们探究了与科学本质相关的显性的、反思的教学方法提升这些职前教师对科学本质各方面的理解的效果。研究以问卷、访谈和反思性论文相结合的方式收取数据。正如预想的那样，被试最初对科学本质持质朴的看法；然而，在探究过程中，职前教师的观点发生了明显的、积极的变化。

施瓦茨（Schwartz）、莱德曼和克劳福德（Crawford）（2004）以真实的研究经历、研讨会和反思性文章结合的方式研究了中学职前教师科学本质概念认识的转变。已有研究表明，向教师提供真实的研究经历并未影响他们对科学本质的理解。因此，通过研讨会和一系列反思性的论文作业，研究人员以对科学本质的明确关注支持了此类研究经验。这项研究的被试是13名教育学硕士。研究通过问卷调查和访谈收集数据。大多数实习教师对科学本质的认识都发生了重大变化。被试认为反思性的论文写作和研讨会对他们的观点影响最大，而实际的研究实习只是为反思提供了一个背景。

阿布德–哈利克（2005）建议，如果想提升科学本质认识，教师应该学习科学哲学课程。样本是56名参加了关于科学方法的两门课程的职前教师，他们均是本科生或研究生。被试接受了显性的、反思性的科学本质教学。其中10人还参加了科学哲学研究生课程。调查开始和结束时，采用C型科学本质观调查问卷（VNOS–C）来评估被试对科学本质的理解。被试还接受了与他们的书面答案相关的访谈。研究者也通过课程计划和关于特定科学本质的反思文章进行数据收集。结果表明，参加科学哲学课程的学生比只参加科学方法课程的学生对科学本质有更深入的理解。显性科学本质教学的方法课程为10名参加科学哲学课程的学生提供了一个框架，使他们可以在哲学课程中获益良多。

沙尔曼、史密斯（Smith）、詹姆斯（James）和詹森（Jensen）（2005）在中学教学方法课程的情境下，采用了一种显性的、反思的方法进行科学本质教学。被试是19名职前教师。总体来说，作者认为教学方法是成功的，并且支持了关于显性科学本质教学方法价值的新近文献。

自上次对科学本质教学研究进行综述以来，研究者依然关注在小学和中学阶段提高教师对科学本质的理解，并证实了显性和反思教学方法的有效性。在小学阶段，麦克唐纳（McDonald, 2010）将显性的科学本质教学与大学科学课程中的论证教学相结合，以发展5名职前小学教师的科学本质认识。该研究最初有16名职前教师，但只有5名教师提供了完整的数据。切利克（Celik）和贝拉克斯肯（Bayrakceken）（2012）成功地使用基于活动的显性方法来向职前中学教师教授科学本质的相关知识。类似地，波斯南斯基（Posnanski, 2010）在一项为期2年的重点关注科学本质的专业发展项目中与22名职前初中教师合作。这是一个以活动为基础的、明确关注科学本质的项目。该项目在培养教师对科学本质的理解和教学能力方面取得了成功，但作者对该项目影响的持久性有所担心。埃克森、布泽利和唐纳利(Donnelly)(2010)与14名K—3教师合作，并以显性和反思的方式成功地教授了科学本质。重要的是，作者发现，有合作教师提供科学本质教学支持的班级中，职前教师能够一直将科学本质作为重点，而那些没有合作教师提供支持的班级中，教师无法将科学本质一直作为重点。这些发现是具有争议的，因为它们提出了一个在研究界尚不突出的问题。为了让职前教师能教授科学本质，各方付出了很多的努力，但这些教师却进入了一个少有教师重视科学本质的学校环境之中。总之，这些教师也不再继续强调科学本质了。这种情况与我们所知道的教师培训项目的价值取向与现有实际教学价值取向之间差异的影响类似。

促进教师科学本质认识的研究持续发展，涉及各个层次和不同的背景：小学教师(Abd-El-Khalick & Akerson, 2009; Akerson, Buzelli, & Donnelly, 2008; Akerson, Cullen, & Hanson, 2010; Akerson & Hanuscin, 2007; Akerson, Townsend, Donnelly, Hanson, Tira, & White, 2009)、初中教师(Seung, Bryan, & Butler, 2009)、高中教师(Smith & Scharmann, 2008)以及在实验室环境中的中小学教师(Morrison, Raab, & Ingram, 2009; Sadler, Burgin, McKinney, & Ponjuan, 2010)。尽管各种项目和背景可能有所不同，但用来显著提高教师对科学本质概念的理解的一个共同因素是使用显性和反思的方法。学界在20世纪90年代承认了显性和反思教学的重要性，并且这一结论不断得到验证。需要再次重申，“显性”并不是指讲座、直接教学或(在北美意义上)讲授的方法，而是指通过讨论和实践活动以及随后的相关的汇报讨论使科学本质的各个方面在课堂上变得“可见”的方法。

除了探究改变和发展教师对科学本质概念理解的方法的典型研究外，人们逐渐开始关注那些用来证明向K—12学生教授科学本质的重要性的理论。教授科学本质的一个理由是，对科学本质的理解将有助于对基于科学的社会和个人问题做出明智的决定。贝尔和莱德曼(Bell & Lederman, 2003)让21个受过高等教育的人(如拥有博士学位的人)对这一假设进行了测试。这些人是各大学的教员。每个人完成了一份开放式问卷，随后进行了一次访谈，访谈的目的是评估他们对科学和技术相关问题的决策。第二份调查问卷用于评估被试对科学本质的理解，调查问卷完成后进行了访谈。被试按照对科学本质的理解程度分为两组，两组之间无差异。两组人在做决定时都考虑了个人价值观、道德/伦理和社会关注点，但没有使用科学本质。作者得出结论认为，决策是复杂的，并且调查数据不支持“对科学本质的理解将在一个人的决策中起到突出作用”这一假设。作者还推测，科学本质可能没有被考虑到的原因是个人需要接受如何使用对科学本质的理解来帮助决策的指导。

学生科学本质概念的研究

我们可以放心大胆地假设教师不可能教他们不理解的东西(Ball & McDiarmid, 1990)。然而，对教师科学本质概念向课堂实践转化的研究表明，尽管教师的科学本质概念可以被视为一个必要条件，但它不是充分条件(Lederman, 1992, 2007)。与科学本质相关的研究至少有一个含意是显而易见的。有人认为，研究工作应“远远超出教师对科学本质的理解，因为这些理解向课堂实践的转化是由一组复杂的情境变量来调控的”(Lederman, 1992, p. 351)。很明显，教师对科学本质的理解对课堂实践可能产生的影响较为复杂且尚未得到解决。但可以肯定地说，对于课程限制、行政政策和教学环境对教师观念向课堂实践转化的重大影响，研究者们有大体上的共识。除了评估教师观念与课堂实践之间关系的研究外，研究者还一直在努力确定那些影响学生观念的因素。

师生互动对学生科学观概念变化的重要意义促成了一项对18名高中生物学教师和409名学生的研究(Zeidler & Lederman, 1989)。在这项调查中，特别关注的重点是师生互动的性质和所使用的具体语言。一般来说，当教师在无限制条件的情况下使用“普通语言”(例如，在不强调是模型的情况下讨论原子的结构)时，学生倾向于采用现实主义的科学概念。另外，当教师们具备适当能力，谨慎使用精确语言时，学生们倾向于采用工具主义概念。当时，这项调查为芒比(Munby, 1976)的论文提供了明确的实证支持，该论文认为教师语言中的隐含信息提供了不同的科学本质概念。最近，奥利韦拉(Olivera)、埃克森、科拉克(Colak)、蓬萨农(Pongsanon)和盖内尔(Genel)(2012)研究了两位小学教师的语言使用情况。根据符号学理论，他们发现，相对于“不确定的”(hedged)语言(例如“可能、也许”[maybe, could])，使用“确定的”(unhedged)或“增强的”(boosted)语言(例如“绝对”[absolutely])会导致学生认为科学知识是绝对的，而“不确定的”语言更可能导致对科学知识的暂定性看法。因此，尽管科学本质的各个方面主要采用显性的方法进行教学，但也存在通过语言的使用向学生发送隐性消息的情况。

科学史的教授经常被奉为一种提高学生科学本质理解的方法。然而，科学史的价值主要被认为是一个直觉的假设，而不是一个有实证支持的观点。阿布德-哈利克和莱德曼(Abd-El-Khalick & Lederman, 2000 b)评估了学习科学史课程对大学生和职前教师科学本质概念的影响。被试为166名本科生和研究生以及15名职前中学科学教师。所有被试均用开放式问卷进行前后测。为了确定问卷的效度，研究者还访谈了一个具有代表性的学生样本。结果表明，大多数学习科学史课程的学生对科学本质的认识不足，而且完成课程后变化不大。认识发生变化通常是课程中对科学本质的一些显性表达导致的。此外，还有一些证据表明，与其他学生相比，职前教师从科学史课程中学到了更多关于科学本质的知识。这可能是因为他们的科学方法课程提供了科学本质感知框架。最近，赫特克(Höttecke)、亨克(Henke)和里斯(Riess)(2012)将科学史和科学哲学与科学本质显性教学组合，用在高中物理课程中作为欧洲“历史、哲学与科学教学”(History, Philosophy, and Science Teaching [HIPST])项目的一部分。他们在设计超过2年的课程时使用了历史案例学习、实践活动、反思活动、角色扮演以及历史设备的重现。这是一次宏大的科学家和教师的合作。虽然没有广泛的实证对教学方法的有效性进行支持，但它是为数不多的将科学史和科学哲学与大量引用实证文献的教学进行整合的研究之一。

与K—12学生的隐性教学法相比，很少有研究对显性、反思的科学本质教学的效果进行研究。其中一项研究是由基什夫(Khishfe)和阿布德-哈利克(2002)在黎巴嫩完成的。两组62名6年级学生(n = 29和32)(括号内系原文数据，与总人数差一人——译者注)经历了与能量转换和沉积岩有关的探究式教学。一组学生的教学方法显性地阐述了科学知识的暂定性、实证性、推理特性、想象性和创造性方面，而另一组学生只进行对科学本质的隐性学习。同一位老师教两组学生。研究者采用开放式问卷和半结构式访谈相结合的方法对学生的科学本质知识进行评估。两个小组对科学本质的各个方面提出了同等的质朴观点。在教学之后，隐性组科学本质观点没有变化，而显性组中的学生对科学本质的一个或多个方面的理解得到提升。同样，这项特别的研究的重要性在于，它证明了显性教学方法对样本K—12学生而不是职前和在职教师的有效性。

科学学徒制项目一直是一种受欢迎的吸引高能力学生参与科学，提高他们对未来从事科学行业的兴趣的方法。这种学徒制项目的一个共同目标是让学生形成对科学本质的理性认识。贝尔、布莱尔(Blair)、克劳福德和莱德曼(2003)系统地测试了学徒制项目的预计收益。暑假期间，学徒制项目为期8周。10名高水平中学生(初中生和高中生)在学徒期前后就其对科学本质和科学探究的认识进行了测试。该项目结束后，学生和他们的科学导师都接受了访谈。虽然科学导师们认为他们的学生已经学习了很多关于探究和科学本质的知识，但是(来自访谈和问卷调查的)学生数据表明，只有学生的探究能力发生了变化。作者最终得出结论，学生对科学本质概念的理解(以及关于探究的认识)保持不变，因为学徒制没有对二者进行显性的教学。

另一方面，最近关于学徒制影响的研究(Sadler, Burgin, McKinney, & Ponjuan, 2010)和与科学家互动对教师影响的研究(Morrison, Raab, & Ingram, 2009)的综述表明，显性的科学本质教学有助于提升教师的科学本质理解。

大部分与显性教学影响相关的研究都是以教师为对象完成的。不过，近年来，对K—12学生的研究明显增多。帕拉斯基沃普卢(Paraskevopoulou)和科利沃普洛斯(Koliopoulos)(2011)研究了24名高中生对一门物理课的理解，该物理课专为那些表示未来不会从事自然科学相关职业的学生而设计。在关于密立根-埃伦哈夫特(Millikan-Ehrenhaft)之争的教学中，其中一位作者使用显性和反思的方法，专注于实证性、观察与推理、创造力和主观性等科学本质方面。研究者使用VNOS-D工具发现科学本质各方面显著改善。

雅库比安(Yacoubian)和布贾乌德(BouJaoude)(2010)研究了在基于探究的实验室和基于隐性探究的教学之后使用反思式讨论的效果。该研究涉及38名6年级学生。在进行了前后测对照组设计后，研究者根据开放式问卷、课堂观察和访谈评估学生对科学本质的理解。实验组学生在科学知识的暂定性、科学知识的实证基础、科学的社会本质等方面都有了提高。对照组的学生没有表现出任何提高。这项研究为对学生采取显性教学方法的有效性提供了明确支持。

许多研究人员担心低年级学生无法理解科学本质这样抽象的东西。埃克森和唐纳利(2010)在一个“周六科学”(Saturday Science)项目期间向27名K—2学生显性地教授了科学本质。教学包括情境化和脱离情境的活动、儿童文学、活动简报和学生设计探究。通过使用VNOS-D来评估学生的理解，研究人员发现，除了文化嵌入性和理论与定律之间的区别外，学生在科学本质的各个方面的认识都有所提高。教师的数据表明，教师在文化嵌入性和理论与定律的区别方面也存在困难，因此这些年幼学生在相同方面遇到困难不足为奇。更重要的是，这项研究不仅表明显性的教学是有效的，而且表明K—2学生可以理解科学本质的各个方面。在一项重复的研究中，奎格利(Quigley)、蓬萨农和埃克森(2010)在“周六科学”项目中向25名K—2学生教授了科学本质。调查的结果与上面描述的调查结果相同。

对于年龄较大(7年级)的学生，基什夫(2008)实施了约3个月的显性教学方法。教学包括各种活动及随后的深入汇报会。对学生的评价通过开放式问卷和访谈相结合的方式进行。学生们都在讲课之前对科学本质有质朴的看法，在教学过程中持有中间观点，在教学结束时表达了理性的认识。并不是所有的学生都表现出相同的提高。作者认为学生的发展水平是随着时间的推移而不断提高的。

基什夫(2012)研究了科学本质教学和论证相结合的效果。研究对象是黎巴嫩的219名11年级学生。教学内容关注了几个社会性科学议题。教学聚焦于有关基因工程的一个单元，讨论的议题是转基因食品。实验组教授了如何在社会性科学议题的论点中使用科学本质。学生在教学结束时表现出对科学本质(暂定性、主观性和实证性)理解的提高。科学本质理解与反论点而非争论和反驳之间存在着很强的相关性。在社会性科学议题的背景下，作者认为论证技巧显著促进了学生对科学本质的理解。

关于科学本质应嵌入科学内容还是作为一个非情境化主题进行教学的问题仍然存在争论。基什夫和莱德曼(Khishfe & Lederman, 2007)试图了解在两种情境中学生的学习是否存在差异。调查的被试是三名教师和他们的学生。共有9年级6个班的89名学生以及10年级和11年级混合的1个班的40名学生参加了调查。无论融合情境还是去除情境的教学，学生在教学后对科学本质的理解相同。这里的关键问题是两种教学都采用了显性的方法来教授科学本质，因此仍需要更多的研究来确定情境的差异是否重要。

沙尔克(Schalk, 2012)开发了一项使用社会性科学议题显性教授科学本质的大学微生物学课程。作者收集了社区大学的26名本科生对科学本质的推理和理解的定性数据。作者对这些数据进行了归纳分析，发现除了科学推理能力外，学生们还对科学知识不是绝对的而是可以改变的这一点有了深入理解。

正如所料，并非所有涉及科学本质相关显性教学的研究都取得了成功(Leach, Hind, & Ryder, 2003)。在这项特别的调查中，显性的教学方法并未有效地促进学生观点的发展。

在大量关注科学本质概念变化的研究中，只有少数研究关注个体的科学本质概念对其他有意义的变量的影响。萨德勒(Sadler)、钱伯斯(Chambers)和蔡德勒(2004)关注了学生科学本质概念如何影响他们对社会性科学议题相互矛盾的证据的解释和评估。84名高中生被要求阅读与全球变暖有关的相互矛盾的报告。为了佐证他们的书面答案，30名学生还进行了访谈。被试展示了一系列关于科学本质的实证性、暂定性和社会嵌入性这三个方面的观点。作者认为，学生们对相互矛盾证据的反应至少部分与他们对科学本质的认识有关。

必须重申的是，由于文章篇幅的限制，这里并未对所有关于科学本质教授和学习的现有研究进行一一介绍，只试图展示对当前研究影响最突出的研究。不过，未包括进来的其他研究所提供的结果与上文所呈现的研究结果一致。

科学本质概念的评价

虽然多年来出现了许多对各种评估工具的效度的批评，但无论采用什么评估方法，研究一致发现，学生和教师对科学本质的理解均不在期望的水平上。

对科学本质进行评估的历史反映了过去几十年心理测量学和教育研究设计的变化。从20世纪60年代初开始的第一批正式评估强调定量方法，这是绝大多数科学教育研究调查的特点。在20世纪80年代中期之前，除了少数例外，研究人员满足于开发出能够轻松对个人理解进行“评级”和量化的度量工具。某些情况下也会得到标准化的分数。在开发各种工具的背景下，一些开放式问卷被纳入试题的结构和效度。最近，人们致力于为个人对科学本质的认识提供更宽的研究视角。简而言之，为了对学生和教师的想法有更深入的理解，教育研究人员采用了更多的开放式调查和访谈。如前所述，阿布德-哈利克在下一章中提供了一种新的对测评的批判性分析，它使用了一种有意义的重要视角。

科学本质研究：何去何从？

经过50多年的关于学生和教师科学本质概念的研究，我们可以进行一些概括。以下清单与上一版手册（Lederman, 2007）中的相同，因为自2005年以来的绝大多数研究都强化了原有研究的结论，赋予研究界更大的信心。

- K—12学生通常对科学本质概念认识不够“充分”。
- K—12教师通常对科学本质概念认识不够“充分”。
- 科学本质概念最好通过显性的、反思性的教学来学习，而不是通过简单的“做”科学的经验来学习。
- 教师对科学本质概念的理解不会自动而且必然地转化为课堂实践。
- 教师未将科学本质视为与“传统”学科成果地位相同的教学成果。

尽管自20世纪50年代以来已经有了大量的研究，但从“投入—产出”模式的意义上来说，科学本质的这个历史时期的研究相对肤浅，对改变教师和学生观点的深层机制知之甚少。甚至，虽然最近的研究证明了显性的、反思性的教学方法（Abd-El-Khalick & Lederman, 2000 a）对教学的有效性，但从学生和/或教师参加的关于教学活动或其他系列活动的前测和后测的意义上来说，这些研究都是肤浅的。变化的具体机制和影响变化的原因尚未得到深入探讨。我们只是发现了在什么情况下期望的方向上发生了变化。显然，作为研究人员，我们需要做更多的工作才能有信心向教师和专业开发人员提出大规模的建议。

静水流深

在看到从上一版手册至今的对科学本质的研究时，我们很容易得出结论：对于学生和教师对科学本质的理解、如何有效地教授科学本质以及如何评估科学本质，我们没有多少新的见解。最近的研究有效地为我们2005年对这些问题的认识提供了更有力的支持。然而，在我们实证研究文献的表面之下，理论讨论一直是混乱的。人们一定想知道，这些暗流（理论讨论）是否有可能是有益的。接下来是对我们研究界目前面临的一些主要问题的讨论，这些讨论没有特定的顺序。

建构的概念化

最近在我们的专业期刊和专业会议上有很多关于科学本质概念如何构建的讨论。经常提到的短语/问题是“我们评估的是谁的科学本质？”。实际上这种讨论并不新，它始于阿尔特斯(Alters, 1997)，今天仍在继续(Irzik & Nola, 2011; Wong & Hodson, 2009, 2010)。争论最终总是取决于科学家的看法和他们认为重要的东西是如何未被关注和使用的。实际上，详细说明了科学本质成果的国际改革文件得到了科学界的大力支持。更重要的是，这些成果的受众是K—12学生，而不是科学家。然而，有些人更愿意讨论为什么科学家以外的其他人提出的结果或结果“清单”是不令人满意的(Allchin, 2011; Irzik & Nola, 2011; Wong & Hodson, 2009, 2010)，而不是专注于什么是K—12学生适合知道和能够做到的。我们需要不断地提醒自己科学本质的结果是为谁写的。所规定的知识对于普通大众具备科学素养是重要的。是的，你可以将科学本质的构造分解到非常深奥的层次(Irzik & Nola, 2011)，但是这样做会展示出一个对普通大众来说过于抽象和深奥的构造。这与为什么我们不期望所有的高中毕业生都能理解光合作用暗反应中最深入的方面是一样的。过于依赖科学家认为适合K—12学生的东西可能是有问题的。例如，奥尔欣(Allchin, 2011)以及黄(Wong)和霍德森(2009)指出，科学家认为讨论科学理论和定律之间的差异并不重要。毕竟，科学家们不会坐下来争论同事的工作是否符合理论或定律。然而，在科学课堂上，我们大多数人都听到过或经历过关于进化论和神创论的教学辩论。这种辩论影响到学生、教师、公众，甚至美国最高法院。科学创世论者自豪地说“进化论只是一种理论”，正如神创论是一种理论一样。了解理论和定律之间的差异以及什么构成了科学理论或定律，对于传播神创论者的主张是必要的。同样，强调科学本质的这一方面是为了普通大众和学生而不是为了科学家。

科学本质清单有何问题？

关于在科学本质这一标题下应该考虑哪些想法的讨论通常包括对清单的关注。一些人担心科学本质各方面的清单最终会让学生不断“死记硬背”(Matthews, 2012)。还有一些人(Allchin, 2011; Clough & Olson, 2008; Irzik & Nola, 2011; Wong & Hodson, 2009, 2010)认为清单提供的科学本质内容过于简单。科学本质清单很重要，因为它们能简洁地呈现复杂的思想和概念。清单中的每一项只是一种深入和详细得多的阐述的标签或符号。如果“树”包含在一个清单中，那么它只是对所有涉及“树”的结构和流程的概述。这本书开头的目录是一个清单，就像书末尾的索引一样。有许多科学教育改革文件规定和描述了学生应该知道和能够做什么(即标准)。这些也是学习成果的清单，即使标准可能很长。清单的唯一问题是如何使用它。如果要求学生简单而无意识地记住一个清单，那么就会出现问题。但问题在于教学方法，而不是清单本身。伊泽克(Irzik)和诺拉(Nola)(2011)在他们关于从家族相似性(family resemblance)角度进行科学本质概念建构的文章中指出，他们对科学本质的描述比清单更为丰富和全面。然而，他们所呈现的和清单没有什么不同。他们的结果以矩阵而非线性的形式呈现，但仍然是一个清单。这些“清单”通常被认为是使用科学本质概念构建的共识方法的结果。在阿布德-哈利克(Abd-El-Khalick, 2012)的文章中可以找到黄和霍德森(Wong & Hodson, 2010)对共识模型和关于当前科学本质观点的批评的精彩讨论(其他研究者也进行过讨论)。然而，并不是所有人都如此，也有人认为清单是有用的(Abd-El-Khalick, Bell, & Lederman, 1998; McComas, 2008)。实际上，《新一代科学教育标准》(NGSS Lead States, 2013)中规定的知识和学习结果也是一个清单。

清单是一种十分有价值的工具，我们可以用它来总结要点或想法。专家型教师会列出期望学生学到的结果来帮助指导教学和确定学生理解清单中的概念所需要的先决知识。清单本身没有好坏，被使用的方式决定了清单的价值。

在清单和共识模型方面还有另外一个问题。一些研究人员（Duschl & Grandy, 2013）似乎愿意将“基于共识的启发性原则”（即清单）描述为过时和过于笼统的，这与《新一代科学教育标准》中的“特定情境下的科学实践”形成了反差（NGSS Lead States, 2013）。不幸的是，这一立场不仅对这些“清单”中所列出的科学知识本质观产生了严重误解，而且也表现出对这些“清单”如何在实际课堂教学中使用缺乏了解，以及对此问题的一般科学教学方法缺乏了解。杜施尔和格兰迪（Grandy）（2013）认为这种观点“侧重于课堂情境和活动中教授的启发性原则和非特定领域的基于共识的论述”，其中科学本质的一个方面与某个特定的活动相联系，用以解释活动。与此不同，认为科学本质支持了他们所批评的研究工作的观点（Abd-El-Khalick, 2012；Lederman, Abd-El-Khalick, Bell, & Schwartz, 2002；Niaz, 2009）强烈主张将科学本质作为一个重要教学目标贯穿科学课程。杜施尔和格兰迪提出的简单概念只能被认为是不好的教学。也许这种对于“清单”如何使用的不当描述仍然存在是因为许多人没有仔细考虑科学课程、课堂实践和学生受众。

我们为什么不能保留不同意见？

最近，在专业会议和期刊上有许多关注科学本质的定义或特征缺少共识这一现象的讨论。简而言之，学者们更愿意在开发测评之前论证对科学本质概念达成共识的必要性。为什么科学本质要比其他科学内容有更高的标准呢？有多少科学概念和观点在我们试图教给学生和评价教学效果前就已经取得了绝对共识呢？全世界所有课程都会把重点放在相同的人类心脏结构上吗？如前所述，当考虑到目标受众（K—12学生）的发展水平时，在大众层面上强调的科学本质的各个方面是没有争议的。然而，如果有人依然坚持科学本质的各个方面存在争议并且因此认为科学本质的评估存在问题，那么这一“问题”很容易解决。一个人在科学本质评估中的表现可以简单地用于建构学生对科学知识所了解/相信的内容。就待评估的科学本质方面而言，没有理由要求所有评估都评价完全相同的科学本质。如果重点仅仅是对科学素养中重要的组成进行评估，那么就没有理由要求就科学本质方面达成一致意见。不同的评估可能在某种程度上强调了科学本质的不同方面。这与评估学生对人类心脏的理解没有什么区别。不同的有效而可靠的评估强调和包含的结构是不同的。

知与行

与研究文献相关的科学本质测评的开发长期存在问题。测评通常包括学生在科学本质工具中的表现或探究技巧/程序。尽管对科学本质的研究超过了半个世纪，但一些科学教育研究人员（如Allchin, 2011）继续将科学本质归为一种技能而不是知识，并坚信参与科学实践足以发展对科学本质的理解。将科学本质作为技能的观点将其与科学探究混为一谈，使理解这些结构及其相关特征的重要性降到了最低，并进一步模糊了它们相关的细微差别和相互关系。此外，这种观点与《美国国家科学教育标准》（NRC, 1996）、《科学素养的基准》（Benchmarks for Science Literacy；AAAS,

1993)、《K—12科学教育框架》(Framework for K-12 Science Education; NRC, 2012)和《新一代科学教育标准》(NGSS Lead States, 2013)不一致，而所有这些文件都将科学本质描述为知识。不可否认，《新一代科学教育标准》在这个问题上并不总是很明确。在注重科学探究的同时，《科学素养的基准》强调学生应该发展出对科学探究的理解，而不是做科学探究的能力，因为这种理解是具备科学素养的必要条件，就像对科学本质的理解一样。不幸的是，源自《K—12科学教育框架》的《新一代科学教育标准》(NGSS Lead States, 2013)在促进科学本质理解的“愿景”方面并不那么清楚。

科学本质的理解(无论当时如何定义)作为科学素养的核心，自20世纪50年代以来，一直被视为重要的科学教育目标。虽然过去的改革文件(如《科学素养的基准》(AAAS, 1993)、《美国国家科学教育标准》(NRC, 1996)和《K—12科学教育框架》)中几乎所有其他有意义的主题都出现在《新一代科学教育标准》中，但对科学本质来说不是如此。尽管科学本质最终被纳入了《新一代科学教育标准》，但它被视为一种会自然跟随科学实践的掌握而来的知识而被轻视，这与过去20年的研究相反。此外，在表现预期(Performance Expectations)中很少出现科学本质。因此，关于科学本质的教学和对学生理解的评估，我们的确可能在向过去“前进”。

前文所述现象出现的原因是人们假设科学本质是通过让学生“做”科学来学习的，也就是学生如果参与真正的科学探究就会对科学本质有所了解。本手册中综述的实证研究一致表明这一假设是错误的。显然，学生“做”科学的能力是一项重要的教学成果，但这与让学生反思他们所做的及其对所发展的知识的影响是不同的。就科学本质测评的开发而言，必须更加协调一致地认识到科学本质是一种认知结果，而不是“表现”结果。实际上，《新一代科学教育标准》对这点并未明确，这可能会促使科学本质和科学实践(或探究)继续被人混淆。最近，索尔特(Salter)和阿特金斯(Atkins)(2014)发现，科学本质理解和学生参与科学实践的能力并不完全相关。本手册和上一版手册中的文献综述也做出了相关预测(即进行科学活动不一定会习得科学本质)。然而，这些文献的作者认为导致这些研究结果的原因是：当前的科学本质测量方法不适合评估学生的探究能力。他们认为我们需要测评“程序性科学本质”(procedural NOS)的工具。不幸的是，“程序性”意味着做科学，并完全忽略了之前的科学本质研究。

与上一个问题相关的是，少数人(如Sandoval, 2005)坚持认为最好通过观察探究活动中师生的行为(即实践中的知识)来评价他们对科学本质的理解。文献清楚地记录了每个人的信念/知识和他们的行为之间经常存在的差异。更具体地说，如果一个人认为科学知识是暂定的(可能会发生变化的)而另一个人认为这些知识是绝对的/静态的，那么在实验室活动中他们的行为会如何表现出来这些呢？如果一个学生认识到科学知识部分是主观的，那么在实验室科研中，这个学生的行为会与一个信念不同的学生有什么不同？这种评估方法只增加了一个不必要的推理环节。最后，我们应该记住科学本质是一种认知结果，而不是一些人仍然坚持认为的一种行为(Allchin, 2011)。

后记

毫无疑问，本章所述的争议还将持续存在。有时，我们的研究更多地关注争论而不是我们想要实现的目标。在本章开头，我们提出了问题："为什么学生应该了解科学本质？"我们在科学教育方面的最终目标主要是培养有素养的公民，让学生发展成具有科学素养的人。关于科学素养与科学本质的关系已有研究(AAAS, 1993; NRC, 1996; NSTA, 1982等)。关于科学本质的影响因素和意义的讨论常常忽略了科学素养这一最终目标。了解科学本质本身并不能培养出具有科学素养的人，但具备科学素养的人应该对科学内容的功能性有所理解(有趣的是，大多数人认为科学本质是内容知识)，知道知识是如何发展的(即了解并完成探究/实践的能力)，并具有对基于科学的个人和社会议题做出明智决策的能力。所有这些能力和知识都很重要。有许多人想用一种不同以往的新方法把之前讨论过的知识和技能进行整合，但最后我们还是应该把注意力集中在那些我们认为学生应该和能够完成的事情上。基于这个原因，争论科学本质框架下应该包含什么内容根本没有意义。争论清单是好是坏也没有意义。我们的注意力应该始终集中在我们认为学生、教师和公众需要了解和能够完成的东西上，而不是我们使用的表达上。当我们考虑需要被评估的知识和能力时，让我们不要忘记大众的情感和认知发展水平，以及他们作为公民的需求。我们经常遇到麻烦是因为这个原因：那些对K—12教学、课程和K—12学生缺乏了解和经验的善意者提出的建议被置于那些有这类了解和经验者的建议之前。

致谢

感谢威廉·麦科马斯(William McComas)和约翰·鲁道夫(John Rudolph)审阅了本章。

参考文献

Abd-El-Khalick, F. (2001). Embedding nature of science instruction in preservice elementary science courses: Abandoning scientism, but . . . *Journal of Science Teacher Education, 12* (3), 215 – 233.

Abd-El-Khalick, F. (2005). Developing deeper understandings of nature of science: The impact of a philosophy of science course on preservice teachers' views and instructional planning. *International Journal of Science Education* , *27* (1), 15 – 42.

Abd-El-Khalick, F. (2012). Examining the sources for our understandings about science: Enduring conflations and critical issues in research on nature of science in science education. *International Journal of Science Education, 34* (3), 353 – 374.

Abd-El-Khalick, F., & Akerson, V. (2004). Learning as conceptual change: Factors mediating the development of preservice teachers' views of nature of science. *Science Education, 88* (5), 785 – 810.

Abd-El-Khalick, F., & Akerson, V. L. (2009). The influence of metacognitive training on preservice elementary teachers' conceptions of nature of science. *International Journal of Science Education, 31* (16), 2161 – 2184.

Abd-El-Khalick, F., Bell, R. L., & Lederman, N. G. (1998). The nature of science and instructional practice: Making the unnatural natural. *Science Education, 82* (4), 417 – 437.

Abd-El-Khalick, F., & Lederman, N. G. (2000 a). Improving science teachers' conceptions of the nature of science: A critical review of the literature. *International Journal of Science Education, 22* (7), 665 – 701.

Abd-El-Khalick, F., & Lederman, N. G. (2000 b). The influence of history of science courses on students' views of nature of science. *Journal of Research in Science Teaching, 37* (10), 1057 – 1095.

Abell, S. K., & Lederman, N. G. (Eds.). (2007). *Handbook of research on science education.* Mahwah, NJ: Lawrence Erlbaum Associates.

Abell, S., Martini, M., & George, M. (2001). "That's what scientists have to do": Preservice elementary teachers' conceptions of the nature of science during a moon investigation. *International Journal of Science Education,*

23 (11), 1095 – 1109.

Aguirre, J. M., Haggerty, S. M., & Linder, C. J. (1990). Student-teachers' conceptions of science, teaching and learning: A case study in preservice science education. *International Journal of Science Education, 12* (4), 381 – 390.

Aikenhead, G. (1972). The measurement of knowledge about science and scientists: An investigation into the development of instruments for formative evaluation. *Dissertations Abstracts International, 33*, 6590 A. (University Microfilms No. 72 – 21, 423).

Aikenhead, G. (1973). The measurement of high school students' knowledge about science and scientists. *Science Education, 57* (4), 539 – 549.

Aikenhead, G. (1979). Science: A way of knowing. *The Science Teacher, 46* (6), 23 – 25.

Aikenhead, G., Fleming, R. W., Ryan, A. G. (1987). High school graduates' beliefs about science-technology-society: Methods and issues in monitoring student views. *Science Education, 71*, 145 – 161.

Akerson, V. L., Abd-El-Khalick, F., & Lederman, N. G. (2000). Influence of a reflective activity-based approach on elementary teachers' conceptions of nature of science. *Journal of Research in Science Teaching, 37* (4), 295 – 317.

Akerson, V. L., Buzzelli, C. A., & Donnelly, L. A. (2010). On the nature of teaching nature of science: Preservice early childhood teachers' instruction in preschool and elementary settings. *Journal of Research in Science Teaching, 47* (10), 213 – 233.

Akerson, V. L., Buzzelli, C. A., & Eastwood, J. L. (2012). Bridging the gap between preservice early childhood teachers' cultural values, perceptions of values held by scientists, and the relationships of these values to conceptions of nature of science. *Journal of Science Teacher Education, 23* (2), 133 – 157.

Akerson, V. L., Cullen, T. A., & Hanson, D. L. (2010). Experience teachers' strategies for assessing nature of science conceptions in the elementary classroom. *Journal of Science Teacher Education, 21* (6), 723 – 745.

Akerson, V. L., & Donnelly, L. A. (2010). Teaching nature of science to K–2 students: What understandings can they attain? *International Journal of Science Education, 32* (1), 97 – 124.

Akerson, V. L., & Hanuscin, D. L. (2007). Teaching nature of science through inquiry: Results of a 3 year professional development program. *Journal of Research in Science Teaching, 44* (5), 653 – 680.

Akerson, V. L., Townsend, J. S., Donnelly, L. A., Hanson, D. L., Tira, P., & White, O. (2009). Scientific modeling for inquiring teachers network (SMIT'N): The influence on elementary teachers' views of nature of science, inquiry, and modeling. *Journal of Science Teacher Education, 20* (1), 21 – 40.

Akindehin, F. (1988). Effect of an instructional package on preservice science teachers' understanding of the nature of science and acquisition of science-related attitudes. *Science Education, 72* (1), 73 – 82.

Allchin, D. (2011). Evaluating knowledge of the nature of (whole) science. *Science Education, 95* (3), 518 – 542.

Alters, B. J. (1997). Whose nature of science? *Journal of Research in Science Teaching, 34*, 39 – 55.

American Association for the Advancement of Science (AAAS). (1990). *Science for all Americans.* New York: Oxford University Press.

American Association for the Advancement of Science (AAAS). (1993). *Benchmarks for science literacy: A Project 2061 report.* New York: Oxford University Press.

Ball, D. L., & McDiarmid, G. W. (1990). The subject-matter preparation of teachers. In W. R. Houston (Ed.), *Handbook of research on teacher education* (pp. 437 – 465). New York: Macmillan.

Bell, R. L., Blair, L., Crawford, B., & Lederman, N. G. (2003). Just do it? impact of a science apprenticeship program on high school students' understandings of the nature of science and scientific inquiry. *Journal of Research in Science Teaching, 40* (5), 487 – 509.

Bell, R. L., & Lederman, N. G. (2003). Understandings of the nature of science and decision making in science and technology based issues. *Science Education, 87* (3), 352 – 377.

Bell, R. L., Lederman, N. G., & Abd-El-Khalick, F. (2000). Developing and acting upon one's conception of the nature of science: A followup study. *Journal of Research in Science Teaching, 37* (6), 563 – 581.

Billeh, V. Y., & Hasan, O. E. (1975). Factors influencing teachers' gain in understanding the nature of science. *Journal of Research in Science Teaching, 12* (3), 209 – 219.

Biological Sciences Curriculum Study (BSCS). (1962).

Processes of science test. New York: The Psychological Corporation.

Bloom, J. W. (1989). Preservice elementary teachers' conceptions of science: Science, theories and evolution. *International Journal of Science Education, 11* (4), 401-415.

Brickhouse, N. W., & Bodner, G. M. (1992). The beginning science teacher: Classroom narratives of convictions and constraints. *Journal of Research in Science Teaching, 29*, 471-485.

Carey, R. L., & Stauss, N. G. (1968). An analysis of the understanding of the nature of science by prospective secondary science teachers. *Science Education, 52* (4), 358-363.

Carey, R. L., & Stauss, N. G. (1970a). An analysis of the relationship between prospective science teachers' understanding of the nature of science and certain academic variables. *Georgia Academy of Science,* 148-158.

Carey, R. L., & Stauss, N. G. (1970b). An analysis of experienced science teachers' understanding of the nature of science. *School Science and Mathematics, 70* (5), 366-376.

Carey, S., Evans, R., Honda, M., Jay, E., & Unger, C. (1989). An experiment is when you try it and see if it works: A study of grade 7 students' understanding of the construction of scientific knowledge. *International Journal of Science Education, 11*, 514-529.

Celik, S., & Bayrakceken, S. (2012). The influence of an activity-based explicit approach on the Turkish prospective science teachers' conceptions. *Australian Journal of Teacher Education, 37* (4), 75-95.

Clough, M. P., & Olson, J. K. (2008). Teaching and assessing the nature of science: An introduction. *Science & Education, 17* (2), 143-145.

Cobern, W. W. (1989). A comparative analysis of NOSS profiles on Nigerian and American preservice, secondary science teachers. *Journal of Research in Science Teaching, 26* (6), 533-541.

Cooley, W. W., & Klopfer, L. E. (1961). *Test on understanding science.* Princeton, NJ: Educational Testing Service.

Crumb, G. H. (1965). Understanding of science in high school physics. *Journal of Research in Science Teaching, 3* (3), 246-250.

Dogan, N., & Abd-El-Khalick, F. (2008). Turkish grade 10 students' and science teachers' conceptions of nature of science: A national study. *Journal of research in Science Teaching, 45* (10), 1083-1112.

Driver, R., Leach, J., Millar, R., & Scott, P. (1996). *Young people' s images of science.* Buckingham, UK: Open University Press.

Duschl, R. A., & Grandy, R. (2013). Two views about explicitly teaching about nature of science. *Science and Education, 22* (9), 2109-2139.

Duschl, R. A., & Wright, E. (1989). A case study of high school teachers' decision making models for planning and teaching science. *Journal of Research in Science Teaching, 26* (6), 467-501.

Fah, L. Y., & Hoon, K. C. (2011). Teachers' views of the nature of science: A study on pre-service science teachers in Sabah, Malaysia. *Journal of Science and Mathematics Education in Southeast Asia, 34* (2), 262-282.

Gabel, D. L., Rubba, P. A., & Franz, J. R. (1977). The effect of early teaching and training experiences on physics achievement, attitude toward science and science teaching, and process skill proficiency. *Science Education, 61*, 503-511.

Gilbert, S. W. (1991). Model building and a definition of science. *Journal of Research in Science Teaching, 28* (1), 73-80.

Hodson, D. (1985). Philosophy of science, science and science education. *Studies in Science Education, 12*, 25-57.

Höttecke, D., Henke, A., & Riess, F. (2012). Implementing history and philosophy in science teaching: Strategies, methods, results and experiences from the European HIPST project. *Science & Education, 21* (9), 1233-1261.

Hurd, P. D. (1969). *New directions in teaching secondary school science.* Chicago: Rand-McNally.

Ibrahim, B., Buffler, A., & Lubben, F. (2009). Profiles of freshman physics students' views on the nature of science. *Journal of Research in Science Teaching, 46* (3), 248-264.

Irzik, G., & Nola, R. (2011). A family resemblance approach to the nature of science education. *Science & Education, 20* (7-8), 591-607.

Johnson, R. L., & Peeples, E. E. (1987). The role of scientific understanding in college: Student acceptance of evolution. *American Biology Teacher, 49* (2), 96 – 98.

Jones, K. M. (1969). The attainment of understandings about the scientific enterprise, scientists, and the aims and methods of science by students in a college physical science course. *Journal of Research in Science Teaching,* 6(1), 47 – 49.

Jungwirth, E. (1970). An evaluation of the attained development of the intellectual skills needed for "understanding of the nature of scientific enquiry" by BSCS pupils in Israel. *Journal of Research in Science Teaching, 7* (2), 141 – 151.

Kang, S., Scharmann, L., & Noh, T. (2004). Examining students' views on the nature of science: Results from Korean (此处指韩国 —— 出版者注) 6th, 8th, and 10th graders. *Science Education, 89* (2), 314 – 334.

Khishfe, R. (2008). The development of seventh graders' views of nature of science. *Journal of Research in Science Teaching, 45* (4), 470 – 496.

Khishfe, R. (2012). Relationship between nature of science understandings and argumentation skills: A role for counterargument and contextual factors. *Journal of Research in Science Teaching, 49* (4), 489 – 514.

Khishfe, R., & Abd-El-Khalick, F. (2002). Influence of explicit and reflective versus implicit inquiry-oriented instruction on sixth graders' views of nature of science. *Journal of Research in Science Teaching, 39* (7), 551 – 578.

Khishfe, R., & Lederman, N. G. (2007). Relationship between instructional context and views of nature of science. *International Journal of Science Education, 29* (8), 939 – 961.

Kimball, M. E. (1967). Understanding the nature of science: A comparison of scientists and science teachers. *Journal of Research in Science Teaching, 5*, 110 – 120.

Kleinman, G. (1965). Teachers' questions and student understanding of science. *Journal of Research in Science Teaching, 3* (4), 307 – 317.

Klopfer, L. E. (1964). The use of case histories in science teaching. *School Science and Mathematics, 64*, 660 – 666.

Klopfer, L. E. (1969). The teaching of science and the history of science. *Journal of Research in Science Teaching, 6*, 87 – 95.

Klopfer, L. E., & Cooley, W. W. (1963). The history of science cases for high schools in the development of student understanding of science and scientists. *Journal of Research in Science Teaching, 1* (1), 33 – 47.

Koulaidis, V., & Ogborn, J. (1989). Philosophy of science: An empirical study of teachers' views. *International Journal of Science Education, 11* (2), 173 – 184.

Lantz, O., & Kass, H. (1987). Chemistry teachers' functional paradigms. *Science Education, 71*, 117 – 134.

Lavach, J. F. (1969). Organization and evaluation of an inservice program in the history of science. *Journal of Research in Science Teaching, 6*, 166 – 170.

Leach, J., Hind, A., & Ryder, J. (2003). Designing and evaluating short teaching interventions about the epistemology of science in high school classrooms. *Science Education, 87* (6), 831 – 848.

Lederman, N. G. (1986). Students' and teachers' understanding of the nature of science: A reassessment. *School Science and Mathematics, 86* (2), 91 – 99.

Lederman, N. G. (1992). Students' and teachers' conceptions of the nature of science: A review of the research. *Journal of Research in Science Teaching, 29* (4), 331 – 359.

Lederman, N. G. (1998). The state of science education: Subject matter without context. *Electronic Journal of Science Education*, *3* (2), December. Available at http://wolfweb.unr.edu/homepage/jcannon/ejse/lederman.html

Lederman, N. G. (1999). Teachers' understanding of the nature of science and classroom practice: Factors that facilitate or impede the relationship. *Journal of Research in Science Teaching, 36* (8), 916 – 929.

Lederman, N. G. (2007). Nature of science: Past, present, and future. In S. K. Abell & N. G. Lederman (Eds.), *Handbook of research on science education* (pp. 831 – 880). Mahwah, NJ: Lawrence Erlbaum Associates, Inc.

Lederman, N. G. (2013). A powerful way to learn. In L. Froschauer (Ed.), *A year of inquiry*. Arlington, VA: NSTA Press.

Lederman, N. G., Abd-El-Khalick, F., Bell, R. L., & Schwartz, R.S. (2002). Views of nature of science questionnaire: Toward valid and meaningful assessment of learners' conceptions of nature of science. *Journal of Research in Science Teaching, 39* (6), 497 – 521.

Lederman, N. G., Antink, A., & Bartos, S. (2014). Nature of science, scientific inquiry, and socio-scientific issues arising from genetics: A pathway to developing a scientifically literate citizenry. *Science and Education, 23* (2), 285 – 302.

Lederman, N. G., Bartos, S. A., & Lederman, J. S. (2014). The development, use, and interpretation of nature of science assessments. In M. R. Matthews (Ed.) *International handbook of research in history, philosophy and science teaching* (pp. 971–997). Dordrecht, the Netherlands: Springer Publishing.

Lederman, N. G., & Lederman, J. S. (2011). The development of scientific literacy: A function of the interactions and distinctions among subject matter, nature of science, scientific inquiry, and knowledge about scientific inquiry. In C. Linder, L. Ostman, D. A. Roberts, P. O Wickman, G. Erickson, & A. MacKinnon (Eds.), *Exploring the landscape of scientific literacy* (pp. 127–144). New York: Routledge.

Lederman, N. G., & O'Malley, M. (1990). Students' perceptions of tentativeness in science: Development, use, and sources of change. *Science Education, 74*, 225–239.

Lederman, N.G., & Zeidler, D.L. (1987). Science teachers' conceptions of the nature of science: Do they really influence teacher behavior? *Science Education, 71* (5), 721–734.

Liang, L. L., Chen, S., Chen, X., Kaya, O. N., Adams, A. D., Macklin, M., & Ebenezer, J. (2009). Preservice teachers' views about nature of scientific knowledge development: An international collaborative study. *International Journal of Science and Mathematics Education, 7* (5), 987–1012.

Lin, H. S., & Chen, C. C. (2002). Promoting preservice teachers' understanding about the nature of science through history. *Journal of Research in Science Teaching, 39* (9), 773–792.

Liu, S., & Lederman, N. G. (2007). Exploring prospective teachers' worldviews and conceptions of nature of science. *International Journal of Science Education, 29* (10), 1281–1307.

Mackay, L. D. (1971). Development of understanding about the nature of science. *Journal of Research in Science Teaching, 8* (1), 57–66.

Matthews, M. R. (2012). Changing the focus: From nature of science (NOS) to features of science (FOS). In M. S. Khine (Ed.), *Advances in nature of science research: Concepts and methodologies* (pp. 3–26). Dordrecht, the Netherlands: Springer.

McComas, W. F. (2008). Seeking historical examples to illustrate key aspects of the nature of science. *Science & Education, 17* (2–3), 249–263.

McDonald, C. V. (2010). The influence of explicit nature of science and argumentation instruction on preservice primary teachers' views of nature of science. *Journal of Research in Science Teaching, 47* (9), 1137–1164.

Meichtry, Y. J. (1992). Influencing student understanding of the nature of science: Data from a case of curriculum development. *Journal of Research in Science Teaching, 29*, 389–407.

Morrison, J. A., Raab, F., & Ingram, D. (2009). Factors influencing elementary and secondary teachers' views on the nature of science. *Journal of Research on Science Teaching, 46* (4), 384–403.

Munby, H. (1976). Some implications of language in science education. *Science Education, 60* (1), 115–124.

National Research Council (NRC). (1996). *National science education standards.* Washington, DC: National Academies Press.

National Research Council (NRC). (2012). *A framework for K–12 science education: Practices, crosscutting concepts, and core ideas.* Washington, DC: National Academies Press.

National Science Teachers Association (NSTA). (1982). *Science-technology-society: Science education for the 1980s.* (An NSTA position statement). Washington, DC: Author.

NGSS Lead States. (2013). *Next generation science standards: For states, by states.* Washington, DC: National Academies Press.

Niaz, M. (2009). *Critical appraisal of physical science as a human enterprise: Dynamics of scientific progress.* Dordrecht, the Netherlands: Springer.

Ogunniyi, M. B. (1982). An analysis of prospective science teachers' understanding of the nature of science. *Journal of Research in Science Teaching, 19* (1), 25–32.

Oliveira, A., Akerson, V. L., Colak, H., Pongsanon, K., & Genel, A. (2012). The implicit communication of nature of science and epistemology during inquiry discussion. *Science Education, 96* (4), 652–684.

Osborne, J., Collins, S., Ratcliffe, M., Millar, R., & Duschl, R. (2003). What "ideas-about-science" should be taught in school science? A Delphi study of the expert community. *Journal of Research in Science Teaching, 40* (7), 692–720.

Paraskevopoulou, E., & Koliopoulos, D. (2011). Teaching the nature of science through the Millikan-Ehrenhaft dispute. *Science & Education, 20* (10), 943 – 960.

Posnanski, T. J. (2010). Developing understanding of the nature of science within a professional development program for inservice elementary teachers: Project nature of elementary science teaching. *Journal of Research in Science Teaching, 47* (10), 589 – 621.

Quigley, C., Pongsanon, K., & Akerson, V. L. (2010). If we teach them, they can learn: Young students' views of nature of science aspects to early elementary students during an informal science education program. *Journal of Science Teachers Education, 21* (7), 887 – 907.

Riley, J. P., II. (1979). The influence of hands-on science process training on preservice teachers' acquisition of process skills and attitude toward science and science teaching. *Journal of Research in Science Teaching, 16* (5), 373 – 384.

Robinson, J. T. (1965). Science teaching and the nature of science. *Journal of Research in Science Teaching, 3*, 37 – 50.

Rothman, A. I. (1969). Teacher characteristics and student learning. *Journal of Research in Science Teaching, 6* (4), 340 – 348.

Rowe, M. B. (1974). A humanistic intent: The program of preservice elementary education at the University of Florida. *Science Education, 58*, 369 – 376.

Rubba, P. A. (1977). The development, field testing and validation of an instrument to assess secondary school students' understanding of the nature of scientific knowledge. *Dissertations Abstracts International,* 38, 5378 A. (University Microfilms No. 78 – 00, 998).

Rubba, P., & Anderson, H. (1978). Development of an instrument to assess secondary school students' understanding of the nature of scientific knowledge. *Science Education, 62*, 449 – 458.

Rubba, P., Horner, J., & Smith, J. M. (1981). A study of two misconceptions about the nature of science among junior high school students. *School Science and Mathematics, 81*, 221 – 226.

Rutherford, J. F. (1964). The role of inquiry in science teaching. *Journal of Research in Science Teaching, 2* (2), 80 – 84.

Sadler, T. D., Burgin, S., McKinney, L., & Ponjuan, L. (2010). Learning science through research apprenticeships: A critical review of the literature. *Journal of Research in Science Teaching, 47* (3), 235 – 256.

Sadler, T. D., Chambers, F. W., & Zeidler, D. (2004). Student conceptualizations of the nature of science in response to a socioscientific issue. *International Journal of Science Education, 26* (4), 387 – 409.

Salter, I. Y., & Atkins, L. J. (2014). What students say versus what they do regarding scientific inquiry. *Science Education, 98* (1), 1 – 35.

Sandoval, W. A. (2005). Understanding students' practical epistemologies and their influence on learning through inquiry. *Science Education, 89* (5), 634 – 656.

Schalk, K. A. (2012). A socioscientific curriculum facilitating the development of distal and proximal NOS conceptualizations. *International Journal of Science Education, 34* (1), 1 – 24.

Scharmann, L. C., & Harris, W. M., Jr. (1992). Teaching evolution: Understanding and applying the nature of science. *Journal of Research in Science Teaching, 29* (4), 375 – 388.

Scharmann, L. C., & Smith, M. U. (1999). Defining versus describing the nature of science: A pragmatic analysis for classroom teachers and science educators. *Science Education, 85* (4), 493 – 509.

Scharmann, L. C., Smith, M. U., James, M. C., & Jensen, M. (2005). Explicit reflective nature of science instruction: Evolution, intelligent design, and umbrellaology. *Journal of Science Teacher Education, 16* (1), 27 – 41.

Schwartz, R., & Lederman, N. G. (2008). What scientists say: Scientists' views of nature of science and relation to science context. *International Journal of Science Education, 30* (6), 727 – 771.

Schwartz, R. S., Lederman, N. G., & Crawford, B. (2004). Developing views of nature of science in an authentic context: An explicit approach to bridging the gap between nature of science and scientific inquiry. *Science Education, 88* (4), 610 – 645.

Seung, E., Bryan, L. A., & Butler, M. B. (2009). Improving preservice middle grades science teachers' understanding of nature of science. *Journal of Science Teacher Education, 20* (2), 157 – 177.

Smith, M. U., & Scharmann, L. (2008). A multi-year program developing an explicit reflective pedagogy for teaching pre-service teachers the nature of science. *Science & Education, 17* (2–3), 219–248.

Spears, J., & Zollman, D. (1977). The influence of structured versus unstructured laboratory on students' understanding the process of science. *Journal of Research in Science Teaching, 14* (1), 33–38.

Sutherland, D., & Dennick, R. (2002). Exploring culture, language and perception of the nature of science. *International Journal of Science Education, 24* (1), 25–36.

Tamir, P. (1972). Understanding the process of science by students exposed to different science curricula in Israel. *Journal of Research in Science Teaching, 9* (3), 239–245.

Trent, J. (1965). The attainment of the concept "understanding science" using contrasting physics courses. *Journal of Research in Science Teaching, 3* (3), 224–229.

Troxel, V. A. (1968). *Analysis of instructional outcomes of students involved with three sources in high school chemistry.* Washington, DC: U.S. Department of Health, Education, and Welfare, Office of Education.

Urhahne, D., Kremer, K., & Mayer, J. (2011). Conceptions of the nature of science—are they general or context specific? *International Journal of Science and Mathematics Education, 9* (3), 707–730.

Walls, L. (2012). Third grade African American students' views of the nature of science. *Journal of Research in Science Teaching, 49* (1), 1–37.

Welch, W. W. (1967). *Science process inventory.* Cambridge, MA: Harvard University Press.

Welch, W. W., & Pella, M. O. (1967–1968). The development of an instrument for inventorying knowledge of the processes of science. *Journal of Research in Science Teaching, 5* (1), 64.

Welch, W. W., & Walberg, H. J. (1968). An evaluation of summer institute programs for physics teachers. *Journal of Research in Science Teaching, 5*, 105–109.

Wong, S. L., & Hodson, D. (2009). From the horse's mouth: What scientists say about scientific investigation and scientific knowledge. *Science Education, 93* (1), 109–130.

Wong, S. L., & Hodson, D. (2010). More from the horse's mouth: What scientists say about science as a social practice. *International Journal of Science Education, 32* (11), 1431–1463.

Yager, R. E., & Wick, J. W. (1966). Three emphases in teaching biology: A statistical comparison of the results. *Journal of Research in Science Teaching, 4* (1), 16–20.

Yacoubian, H. A., & BouJaoude, S. (2010). The effect of reflective discussions following inquiry-based laboratory activities on students' views of nature of science. *Journal of Research in Science Teaching, 47* (10), 1229–1252.

Zeidler, D. L., & Lederman, N. G. (1989). The effects of teachers' language on students' conceptions of the nature of science. *Journal of Research in Science Teaching, 26* (9), 771–783.

Zeidler, D. L., Walker, K. A., Ackett, W. A., & Simmons, M. L. (2002). Tangled up in views: Beliefs in the nature of science and responses to socioscientific dilemmas. *Science Education, 86* (3), 343–367.

The Evolving Landscape Related to Assessment of Nature of Science

FOUAD ABD-EL-KHALICK

第31章 科学本质测评的演变概述

杨杰 译 韩思思 审校

引言

科学本质(nature of science [NOS])在基础教育中的中心性、普遍性和持久性怎么强调都不为过。自20世纪50年代初以来，帮助基础教育阶段学生发展理性的NOS认识一直是全球范围内持续和深入的研究和开发的重要议题(参见诺曼·莱德曼[Lederman]和朱迪丝·莱德曼[Lederman]所著的本书第30章)。这也是未来科学教育领域的重点。例如，在美国最新的科学教育改革代表性文件《新一代科学教育标准》(*Next Generation Science Standards*; NGSS Lead States, 2013)中，NOS依然被明确强调为课程的重要组成部分和教学目标。科学教育中相关研究文献的综述能让我们对NOS有清晰的认识(如Abd-El-Khalick & Lederman, 2000a; Lederman, 1992, 2007)。已有研究表明学生的NOS认识能够在特定的教学干预下得到发展，但同时也表明基础教育阶段学生的NOS认识情况不容乐观，大多数学生持有质朴的NOS观。没有实质性进展的原因在于：科学教师整体的质朴的NOS观；科学教师教育的系统性问题，包括专业院校中教师科学教育的性质；与科学实践不一致的学校科学教学文化的主导(这一点即使在那些看起来已经拥有NOS理性认识的老师的课堂上也会出现)；影响教师将自身NOS理解转化为课堂教学的一系列情境因素；商业科学教科书和教学资源中NOS的质朴表征(Abd-El-Khalick, Waters, & Le, 2008；参见诺曼·莱德曼和朱迪丝·莱德曼所著的本书第30章)。当前研究依然致力于弄清上述因素的重要性以及如何减轻它们的影响，并明确教师NOS教学内容知识的本质和发展过程(Wahbeh & Abd-El-Khalick, 2013)。此外，关于不同教学干预对教师和学生NOS认识的提升效果依然存在争论(如显性与隐性、整合与非整合)，部分研究也致力于寻找最有效的教学情境(如论证、真实的研究学徒制度、历史案例研究、探究实验、社会性科学议题)以及最适合被教授的NOS方面；除了对NOS结构的讨论之外，对于是以一般领域还是以特定领域的NOS理解为构建NOS理解的基础，仍然存在许多争议(见Abd-El-Khalick, 2012a, 2013)。上述研究还涉及许多学习者NOS认识的评价。在过去的60年里，已经出现了几十种NOS的测评工具（Lederman, 2007）。后期的测评工具和相关测评方法是本章的实证内容和研究对象。

关注NOS测评至关重要。首先，众所周知，科学教育中NOS心理构造的本质和维度一直受到质疑（如Abd-El-Khalick, 2012a; Alters, 1997; Bianchini & Solomon, 2003; Good & Shymansky, 2001; Irzik & Nola, 2011; Smith, Lederman, Bell, McComas, & Clough, 1997; Wong & Hodson, 2010）。然而，在“真实”和实践层面上，科学教育领域中被测评的NOS结构才是唯一的结构。研究表明，学生和教师的NOS理解状态（质朴、理性等）、不同教学干预对学习者理解的影响以及不同教学背景对教授特定NOS方面的适切性都依赖于科学教育研究者使用的测评所依据的心理构造。因此，本章旨在通过分析不同测评工具和方法中NOS的表现形式，评估测评存在争议的NOS结构、NOS研究中的矛盾程度以及测评的最佳情境和测评目标的不同观点。其次，在过去的几十年中，NOS测评的综述（如Aikenhead, 1973, 1988; Doran, Guerin, & Cavalieri, 1974; Guerra-Ramos, 2012; Lederman, 2007; Lederman, Wade, & Bell, 1998; Pearl, 1974）列出了越来越多的NOS测评工具并概述了这些工具的使用领域，审查了所使用的方法和试题类型（李克特[Likert]量表、选择题、判断题、开放式试题等）以及这些方法和试题的使用对测评信度的影响，评估了在相应情况下测评工具的心理属性，而所有这些方面都非常重要。因此，本章通过文献来对这些方面进行重新梳理，并通过讨论对上述几个方面进行具体说明。此外，NOS研究领域充斥着大量的不同测评工具，这些工具往往侧重于不同的NOS维度。因此，我们还试图说明不论是实证研究还是跨情境和干预的比较研究都会受到工具影响。同样，在“真实”和实践层面上，任何一种工具对研究领域内话语的影响和对该领域内知识主张形成的影响的程度取决于该工具在实证研究中的使用情况。因此，本章的另一个目的是仔细分析各种NOS工具的使用情况，以对NOS测评和其演变有整体实证性的认识。

NOS测评的概况

可以保守地说，NOS测评范围是十分难以确定的。接下来的部分概述了确定NOS相关测评的范围所面临的困难并提出了一套明确的纳入标准，以确定对哪些NOS工具进行分析。再下一部分列举了这些工具，并对其使用频数、开发时间线、试题类型和普遍特征进行了分析。

确定范围和纳入标准所面临的困难

准确描述NOS测评的概况本身就是一个重大挑战。首先，近60年来NOS一直是科学教育中广泛和持续研究的主题。使用谷歌学术保守地搜索与NOS相关的测评，可以找到数千个条目。此外，自20世纪50年代初以来，研究者已经开发了大量的NOS测评工具（如Wilson, 1954），并且工具数量至今还在不断增加（如Hacıeminoğlu, Yılmaz-Tüzün, & Ertepınar, 2012）。然而，由于各种原因，准确地确定这些工具和测评并不像人们可能认为的那样简单。首先，NOS结构随着时间推移在不断发展。例如，在20世纪50年代和60年代初，一些工具除了对科学事业的本质进行测评外，还对认知、情感和态度等进行了测评，如科学态度调查问卷（Science Attitude Questionnaire [SAQ]; Wilson, 1954）、“对科学和科学职业的态度”（*Attitudes Toward Science and Scientific Careers* [*ASSC*]；Allen, 1959）和“科学态度、兴趣和理解的问卷”（*Inventory of Science Attitudes, Interests, and Appreciations* [*ISAIA*]；Swan, 1966）。但是，到20世纪70年代初，研究者将“科学的态度”（如怀疑主义、开放思想）和“对科学的态度”（如对科学的兴趣、对科学和科学家的态度）进行了区分（见Gardner, 1975；Mackay & White, 1974）。因此，依据测试工具作者的研究视角，不同的NOS测评综述给出了各种不同的测评工具列表（见Aikenhead, 1973，1988；Doran et al., 1974；Guerra-Ramos, 2012；Hacıeminoğlu et al., 2012；Lederman, 2007；Lederman et al., 1998；Mayer & Richmond, 1982；Pearl, 1974）。

其次，多年来，许多研究者为了评价学习者对NOS的理解，以各种方式不同程度地对已有NOS工具进行了调整、修改和重组。例如，阿布德-哈利克（Abd-El-Khalick）和布贾乌德（BouJaoude）（1997）、多甘（Dogan）和阿布德-哈利克（2008）从“科学、技术和社会观”（*Views of Science-Technology-Society* [*VOSTS*]）工具中选取并修改了14道试题，将每道*VOSTS*试题中的最后三个选项（“我不懂”“我对这个话题的理解不足以让我做出选择”“这些选项都不符合我的观点”）替换为能够表达被试观点的选项（Aikenhead & Ryan, 1992；Aikenhead, Ryan, & Fleming, 1989），但试题的原有结构和位置几乎没有发生变化。相比而言，海德尔（Haidar, 2000）将试题中的多种观点的陈述重新划分为了3种观点（类似的修改请参见Kang, Scharmann, & Noh, 2005），该问卷虽然使用了很多*VOSTS*试题，但对其进行了大量修改。在其他情况下，研究人员使用了已有工具的部分试题（甚至是将不同工具的试题进行了组合），有时也会进行少量或大量修改，并将结果用作新的测评工具。例如，黄（Wong）、霍德森（Hodson）、关（Kwan）和容（Yung）（2008）对“C型科学本质观调查问卷”（*Views of Nature of Science-Form C* [*VNOS-C*]；Lederman, Abd-El-Khalick, Bell, & Schwartz, 2002）进行了少量修改，而刘（Liu）和莱德曼（Lederman）（2007）则对VNOS-C中的7道试题进行修改并添加了一些试题，最后将结果命名为“科学本质问卷”（Nature of Science Questionnaire；p. 1287）。其他工具的修改则更为复杂。例如，朗帕尔（Rampal, 1992）“从语言和文化两方面考虑……［印度教师］对这类问题的倾向”，对“理解科学的测试”（*Test on Understanding Science* [*TOUS*]；Cooley & Klopfer, 1961）进行了修改（p. 418），然后在修改后的试题中加上了8道开放式试题。这些开放式试题主要集中在对以下问题的认识：科学家工作的领域、“科学家最低的受教育要求”、“女性在科学中的角色、科学在消除贫困和失业中的作用，［以及］计算机在当前科学研究中的作用”（pp. 418–419）。这两部分组合构成的工具被命名为“对科学和科学家的认识”（Views about Science and Scientists）问卷。这种对测评工具或多或少的修改导致了大量测评工具变体的出现（参见Buffler, Lubben, & Ibrahim, 2009）。

难以准确评价NOS测评的第三个原因是，许多研究人员已经开发了与NOS相关的测评，这些测评针对着特定研究的特定目的（如Abd-El-Khalick & BouJaoude, 2003；Bianchini & Solomon, 2003；Driver, Leach, Millar, & Scott, 1996；Flores, Lopez, Gallegos, & Barojas, 2000；Gess-Newsome, 2002；Guerra-Ramos, Ryder, & Leach, 2010；Lakin & Wellington, 1994；Lombrozo, Thanukos, & Weisberg, 2008；Mellado, 1997；

Murcia & Schibeci, 1999; Rubba, Horner, & Smith, 1981; Ryder, Leach, Driver, 1999; Turgut, 2011; Vesterinen & Aksela, 2012; Zimmermann & Gilbert, 1998等)。这些测评大多数使用了半结构化或开放式的个体访谈，但也包括了基于情境的试题或访谈、封闭或开放式的问卷、个人构念积储格(repertory grid)、学习者的成果产物(如反思日志、日记)以及这些方式的结合。尽管如此，这些测评中的大多数不是为了开发正式的“工具”。在许多情况下，确定这些测评的效度和信度的努力都局限于确定表面效度或获得评议反馈(关于在测评工具效度检验中过分依赖某些方法的问题，见Munby, 1982)。此外，其他研究人员没有使用这些方法，或者未将它们用于实证研究。第四，有一部分工具在一些综述或研究中被引用，却无法检索到。例如，特伦巴思(Trembath, 1972)开发并使用了由18道选择题组成的问卷来评估职前小学教师的NOS认识。迈尔(Mayer)和里士满(Richmond)(1982)指出“理查森(Richardson)和肖沃尔特(Showalter)(1967)编写了《缩减版科学素养测评工具》(*The Abridged Scientific Literacy Instrument*)”(p.54)，旨在评估对科学事业本质的理解。同样，沃尔斯(Walls, 2012)在一篇关于NOS测量工具的综述中列出了“科学量表”(Science Inventory; Hungerford & Walding, 1974)。但是，这些工具没有出现在原始文献中，无法被定位或检索到，没有在其他文献中被引用，并且/或者没有在其他与NOS相关的实证研究中被使用。最后，追溯实证研究NOS工具的使用是一项具有挑战性的工作，因为部分开发人员没有对工具进行命名(如Wilson, 1954)，所以这些工具在不同时期可能有不同的名称；而还有一些工具的名称可能和开发者最初命名的不同。例如，多兰(Doran)及其同事(Doran, Guerin, & Cavalieri, 1974)将施维里安(Schwirian, 1968)最初开发的工具称为“科学支持量表”(Science Support Scale; p.321)并使用缩写“SSS”来指代(p.322)。然而，施维里安(1969)将该工具命名为“施维里安科学支持量表”(*Schwirian Science Support Scale*)并将其缩写为*TRI-S*(p.204)。为了提供尽可能准确的描述，本综述查阅了名称、首字母缩写词、研究领域和其他原始出版信息。如果工具的开发者没有提供原始名称或首字母缩写词，我们给出的名称力求接近开发者对量表的特征描述。此外，原始工具名称和首字母缩写词如果与后来其他研究人员使用的工具名称和首字母缩写词有明显的区别，则在表中以斜体显示，如表31.1所示。

可以看出，以一种有意义的、严格的方式对NOS测评进行概述是比较困难的。因此，我们制定了一套明确的选择标准，并用其判断对哪些工具的使用情况进行分析。第一，我们只查阅了有英文全文的文献(尽管这与查阅有摘要的文献等方式相比有严重的局限性)。第二，我们纳入了在相关期刊上发表的实证研究，排除了学位论文、书籍和书籍的章节、会议论文和论文集、ERIC文献、专著和其他未发表的论文。那些开发过程或使用孤例无法在期刊论文中找到的NOS工具作为第二条标准的特例也被纳入了(如Korth, 1968, 1969; Lederman & Ko, 2002; Welch, 1966a)。选用同行评议的期刊确保了所分析的研究的严谨性和本综述结论的可靠性。第三，如上所述，虽然早期工具同时测量了认知、情感和NOS(这一点是非常好理解的)，但是证据表明，20世纪70年代初科学的态度、对科学和科学家的态度(包括兴趣和欣赏)显然与理解科学、理解科学知识和理解科学事业不同。例如，加德纳(Gardner, 1975)在关于“科学

表 31.1 (不完整的)科学本质测量工具列表(1954—2012)

日期	作者	工具	缩写	科学本质维度/类别/方面	试题
1954	威尔逊	科学态度调查问卷[1]	SAQ[1]	对科学家、科学和科学产品的态度/看法,关于科学方法、社会方面、暂定性和客观性的认识	26 道是否同意题
1957	米德 & 梅特罗（Mead & Métraux）	科学、科学家和科学事业的认识[1]	ISSSC[1]	对科学家和科学事业的态度（区分被试性别）	3 道（不同性别的）不完整陈述的填空
1958	斯蒂斯（Stice）	科学测试事实	*FAS*	对科学家、科学群体和科学社会影响的看法	80 道 3 个选项的选择题
1959	艾伦（Allen）	对科学和科学职业的态度	ASSC[1]	科学与社会的相互影响、科学家、科学工作和科学本质	95 道 5 点李克特量表试题（CA、A、N、D、TD）[2]
1961	库利 & 克洛普弗	理解科学的测试（W 版）	*TOUS*	科学事业、科学家、科学的目的和方法	53 道 4 个选项的选择题 +7 道（陈述 / 理由）二阶试题
1966	斯旺（Swan）	科学态度、兴趣和理解的量表	*ISAIA*	与科学的态度、欣赏、兴趣和技能相关的情感	50 道是否同意题 +21 道能力实验题
1966	韦尔奇	韦尔奇科学过程量表（D 版）	*SPI*	科学活动、科学假设、科学成果和科学伦理	135 道是否同意题
1967	科学素养研究中心（Scientific Literacy Research Center）	威斯康星科学过程调查	*WISP*	科学假设、科学活动、科学目标和科学成果	93 道 3 个选项的选择题：准确、不准确、不知道 / 不理解
1967—1968	金博尔	科学本质评价量表	*NOSS*	科学是由好奇心驱动的、实证的、可重复的、面向过程的、开放的、动态的、简洁的、可操作的、暂定的/不确定的,将人类的结构加于自然之上,没有唯一的“科学方法”	29 道 3 点李克特量表试题（A、N、D）[2]

（续表）

日期	作者	工具	缩写	科学本质维度/类别/方面	试题
1968	施维里安	施维里安科学支持量表	*TRI–S*	对理性、效用主义、普适主义、个人主义的态度，对进步和改良主义的信念	40 道 5 点李克特量表试题（SA、A、U、D、SD）[2]
1968	科思（Korth）	科学的社会性测试	*TSAS*	科学、技术与社会的相互影响，科学事业的社会本质，科学和科学家的社会责任	52 道 5 点李克特量表试题（SD、D、U、A、SD）[2]
1974	艾肯黑德	关于科学和科学家知识的测量（物理项目：1 版）	*KASSPP*[1]	（参见 *TOUS* 和 *SPI*）	101 道试题（均来源于 *TOUS* 和 *SPI*）
1975	比勒 & 哈桑	科学本质测验量表[3]	*NOST*	科学假设、科学成果、科学过程和科学伦理道德	60 道 4 个选项的选择题
1975	希利斯（Hillis）	对科学的看法	VOS[1]	NOS 的暂定性	40 道 5 点李克特量表试题（SA、A、N、D、SD）[2]
1976	鲁巴	科学知识的本质评价量表	*NSKS*	科学是无关道德的、具有创造性的、不断发展的、简洁的、可被检验的和统一的	48 道 5 点李克特量表试题（SA、A、N、D、SD）[2]
1977	比勒 & 马利克（Malik）	科学本质观理解测试[3]	*TUNS*	科学假设、科学过程、科学伦理道德和科学事业	55 道 4 个选项的选择题
1981	科瑟姆 & 史密斯	科学理论概念测试	*COST*	理论、理论测试、理论的提出和理论选择的本体论内涵	40 道关于 4 个理论的 4 点李克特量表试题（SA、A、D、SD）[2]
1982	奥贡尼伊	科学语言	*LOS*	概念、定律和理论的定义、特征、组成和功能	68 道 3 点李克特量表试题（A、D、不了解）[2]
1987	约翰逊 & 皮普尔斯	方法与科学本质[1]	MaNS[1]	理论和定律、科学和观察的局限性、暂定性、实验方法论	15 道 5 点李克特量表试题 +5 道关于进化论接受程度的试题（SA 到 SD）[2]

（续表）

日期	作者	工具	缩写	科学本质维度/类别/方面	试题
1987	艾肯黑德等	科学、技术和社会观	*VOSTS*	定义（科学和技术），科学的外部社会学（技术/科学对社会、学校科学对社会的相互影响），科学的内部社会学（科学家的特征、科学知识和技术的社会结构），认识论（科学知识的本质）	114 道选择题，每道题有 3 个替代选项：“我不理解”“我知道的不足以回答该问题”“这些选项都不符合我的基本观点”
1988	库拉季斯 & 奥格伯恩	科学哲学观[1]	VaPS[1]	科学方法、划分标准、发展方式和科学知识现状	6 道 2 个选项的选择题 +23 道是否同意题（10 题一组）
1990	莱德曼 & 奥马利	科学本质观调查问卷（A 版）[1,5]	*VNOS–A*	科学的暂定性	7 道开放式试题 + 访谈
1992	梅克特里	修订版科学知识本质观量表	*MNSKS*	科学的创造性、发展性、可检测性和统一性本质	32 道 5 点李克特量表试题（SA、A、N、D、SD）[2]
1993	波默罗伊	有关科学本质和科学教育的信念[1]	BNSSE[1]	科学中的创造性、直观性和文化嵌入性，“科学方法”的不唯一性和决定论的神话，观察的局限性	30 道 5 点李克特量表试题（SA 到 SD）[2]（+20 道和科学教育信念相关的试题）
1995	诺特 & 韦林顿（Nott & Wellington）	关键事件	CI[1]	科学的实验和社会程序，与科学和科学家有关的道德、伦理和政治问题，科学的局限性和暂定性，理论负载性，理论的解释作用	13 个课堂情境或事件；询问教师面对这些事件将做什么、能做什么、应该做什么
1997	奥尔德里奇（Aldridge）等	科学和学校科学信念调查问卷	*BASSSQ*	科学探究的过程、科学知识的确定性	20 道 5 点（AN、S、ST、O、AA[4]）李克特量表试题（+21 道对学校科学相关信念的试题）
1998	阿布德–哈利克等	科学本质观调查问卷（B 版）[5]	*VNOS–B*	实证性、推理特性、创造性、暂定性和理论负载性，理论和定律的本质和关系	7 道开放式试题（其中 2 道情景化试题）+ 访谈

（续表）

日期	作者	工具	缩写	科学本质维度/类别/方面	试题
2000	阿布德－哈利克 & 莱德曼	科学本质观调查问卷（C 版）[5]	*VNOS–C*	实证性、推理特性、创造性、暂定性、理论负载性，理论和定律的本质和关系，没有唯一的“科学方法”，科学的社会和文化嵌入性	10 道开放式试题（其中 3 道情景化试题）+ 结构化访谈
2002	阿布德－哈利克	科学认识论视角	*POSE*	实证性、推理特性、创造性、暂定性、理论负载性，理论和定律的本质和关系，科学知识的产生，没有唯一的“科学方法”	10 道开放式试题（其中 4 道情境化试题）+ 访谈
2002/ 2004	莱德曼 & 基什夫 莱德曼 & 高	科学本质观调查问卷（D 版 /E 版）[5]	*VNOS–D/ VNOS–E*	实证性、推理特性、创造性、理论负载性和暂定性	用于访谈和调查的 7 道开放式试题（其中 3 道情景化试题）
2005	蔡 & 刘	科学认识论观点[6]	*SEVs*	社会磋商，发明 / 创新、理论负载性、变化 / 暂定性，文化影响	19 道 5 点李克特量表试题（SA、A、N、D、SD）[2]
2006	陈	关于科学与教育观点的调查问卷	*VOSE*	暂定性，观察的本质，科学方法，假设、理论和定律，想象性，科学知识的效度，科学中的客观性和主观性	69 道 5 点李克特量表试题（SD、D、U/NC、A、SA）[2] 被归为 13 道试题的陈述（+2 道与科学教育相关的试题下的 16 个陈述）
2006	梁（Liang）等	学生对科学与科学探究的理解	*SUSSI*	观察和推理，科学理论的变化，定律与理论，社会文化的影响，探究中的想象、创造性和方法论	24 道（6 道一组）5 点李克特量表试题（SD、D、U、A、SA）[2]+ 举例说明原因
2009	播拉攀（Buaraphan）	科学神话调查问卷	*MOSQ*	暂定性、创造性、理论负载性、社会和社会文化特性，假设、理论和定律间的关系，没有唯一的“科学方法”和科学的局限性，科学和技术	14 道 3 点李克特量表试题（A、U、D）[2]

（续表）

日期	作者	工具	缩写	科学本质维度/类别/方面	试题
2012	哈切米诺卢（Hacıeminoğlu）等	科学本质评价工具	*NOSI*	实证性、推理特性、暂定性和理论负载性	13道3点李克特量表试题（错误/不知道/正确）

[1] 工具名称或缩写是后来引入的，没有在原始出版物中出现。原始出版物中的工具名称和缩写用斜体表示。

[2] 李克特量表：完全/强烈同意（CA/SA）、同意（A）、中立/未定（N/U）、不同意（D）、完全/强烈不同意（CD/SD）。

[3] 由于无法找到*NOST*和*TUNS*，所以无法确定二者之间是否有重叠。已经找到的试题说明二者存在差异。

[4] 此特定比例对应于：几乎不、很少、有时、经常、几乎总是。

[5] 各种形式的*VNOS*被算作一种工具。需要注意的是，*VNOS—D*和*VNOS—E*实际上是相同的工具。莱德曼和高（Lederman & Ko, 2002）对*VNOS—D*进行了轻微的修改，并将其重新命名为*VNOS—E*，其中的“E”表示工具的目标受众（即小学生）而非新的*VNOS*版本。

[6] 蔡（Tsai；个人交流，2013年1月13日）建议将《小学生科学本质评价量表》（*Pupils' Nature of Science Scale*）纳入《科学认识论观点》（*Scientific Epistemological Views*；Tsai & Liu, 2005）。

态度”研究的文献综述中提到了“科学态度量表”（*Scientific Attitudes Inventory*；Moore & Sutman, 1970）。阿金丁（Akindehin, 1988）使用了“科学本质评价量表”（*Nature of Science Scale* [*NOSS*]；Kimball, 1967）和《与科学相关的态度测试》（*Test of Science-Related Attitudes* [*TOSRA*]；Fraser, 1978）。二者都以NOS测评工具的身份出现在之前的一些综述中。然而，阿金丁使用*NOSS*来测量被试“对科学本质的理解”，使用*TOSRA*来评估他们的“科学相关态度”（Akindehin, 1988, p.77）。拉福尔贾（Laforgia, 1988；参见Osborne, Simon, & Collins, 2003）也把*TOSRA*和“对科学家和自我知觉的测验”（*Tests of Perception of Scientists and Self*, [*TOPOSS*]；Mackay & White, 1974）用作评估与科学态度相关的情感结果的工具。可以确定的是，本篇综述并没有采取修正主义的观点来看待科学本质测评的历史。尽管如此，仍有必要在呈现NOS测评的历史发展和忠实于科学教育中NOS概念构建的当代发展间取得平衡。因此，1970年后发表的旨在测量科学相关态度、兴趣和其他情感结果的工具没有被纳入NOS测评工具的分析中。需要注意的是，文献分析表明，虽然在一些早期案例中明显存在NOS与科学过程技能之间的融合，但在20世纪60年代和70年代早期的文献中这一现象相对较少。例如，多兰和他的同事（Doran, Guerin, & Cavalieri, 1974）在对NOS测评工具的分析中涉及了《科学测试的过程》（*Processes of Science Test* [*POST*]；Biological Sciences Curriculum Study, 1962），而同一时期的综述（如Aikenhead, 1973；Mackay & White, 1974）明确地将*POST*排除在NOS测评领域之外。对*POST*的内容分析表明这种排除是合理的：*POST*的40道测试题中只有6道涉及的议题见于同时期的其他科学本质测量工具，如*TOUS*（Cooley & Klopfer, 1961）、“韦尔奇科学过程量表”（*Welch Science Process Inventory* [*SPI*]；Welch, 1966b）和“威斯康星科学过程调查”（*Wisconsin Inventory of Science Processes* [*WISP*]；Scientific Literacy Research Center, 1967）等明确测量NOS的工具。此外，对研究者（即Anderson & Callaway, 1986；Anderson, DeMelo, Szabo, & Toth, 1975；Faryniarz, 1992；Orgren & Doran, 1975；Riban, 1976；Riban & Koval, 1971；Rivers & Vockell, 1987；Starr, 1972）使用*POST*的目的进行的分析表明，科学过程技能与对科学的理解是不同的。例如，*POST*被用来评估学生的“一般问题解决”能力（River & Vockell, 1987, p.408）和“识别和应用科学过程的能力”（Orgren & Doran, 1975, p.17），包括识别表格中的数据以及从特定实验装置描述中得出结论。因此，之前的综述并没有包括旨在测量与科学过程技能相关的教学成果的工具。

第四，如上所述，现有工具有大量的修改版本，包括*TOUS*（如Aikenhead, 1974a; Fisher & Fraser, 1980；Rampal, 1992；Welch, 1972）、*VOSTS*（如Bennett & Hogarth, 2009；Kang et al., 2005；Mbajiorgu & Ali, 2003；Yalvac, Tekkaya, Cakiroglu, & Kahyaoglu, 2007）、“科学知识的本质评价量表”（*Nature of Scientific Knowledge Scale* [*NSKS*]；Rubba, 1976, 1977；Meichtry, 1992）和*VNOS–C*（如Akerson, Hanson, & Cullen, 2007；Rudge, Cassidy, Fulford, & Howe, 2013；Wong & Hodson, 2009, 2010）。然而，修改版本很少需要从根本上对所依据的NOS模型进行重新思考或者重新构建。此外，如果从完整的原始工具选择部分试题，对试题进行翻译、重述或者选项修改，原始工具的完整性、信效度就会被破坏，不过艾肯黑德的（Aikenhead, 1974a）“关于科学和科学家知识的测量”（*A Measurement of Knowledge About Science and Scientists*；物理项目：表1；KASSPP 1）和梅克特里（Meichtry, 1992）的“修订版科学知识本质观量表”（*Modified Nature of Scientific Knowledge Scale* [*MNSKS*]）是例外。大多数情况下，研究者没有对修改后的工具的信效度进行验证。所以在绝大多数情况下，工具的修改（包括转述和试题情境化，　如Dogan & Abd-El-Khalick, 2008；Haidar, 2000）被认为不属于新工具的开发。在实证研究中修改和使用现有的工具被认为是使用原始工具。最后，研究者开发了部分工具来评估学习者对NOS特定要素的理解与其他维度之间的关系。例如，科伯恩（Cobern）和洛文（Loving）（2002）开发了“对科学的思考”测评工具以评估被试的科学观与经济、环境、公共政策、宗教、美学、种族和性别、全民科学以及认识论之间的关系。最后一个维度侧重于科学知识的客观性和确定性以及科学方法的可靠性。刘和莱德曼（2007）使用两份问卷评估被试的“NOS和世界观，并探索这两者间的关系——如果这两个信念领域有关系的话”（p.1286）。类似地，温德席特（Windschitl, 2004）要求被试阐述对一些NOS方面的理解，用访谈和其他数据来检验被试对探究的认识。格拉–拉莫斯（Guerra-Ramos, 2012）在教师科学本质测评的综述中提到了这三种工具和方法。不过，这些研究评估了被广泛接受的NOS方面，目的是探索NOS与其他概念如探究和世界观的关系，这些概念与NOS有关但又有明显区别（参见Lederman, 2007）。因此，在评估NOS的理解时，这些工具以及类似的工具被认为不是新的工具。

（不完整的）NOS测评列表：形势表征

利用上述NOS测评概况选择标准，我们得到了表31.1所示的32项NOS测评工具。需要注意的是，该表中不同的*VNOS*版本（Lederman et al., 2002）被当作同一个工具。由上一节的论述可知，该清单的不完整性是合理的和可理解的：部分研究者开发了非英文测评工具，对已有测评工具进行了翻译或情境化以适应其教育和文化环境，对现有工具进行了实质性修改以反映他们对NOS或教育研究认识的细微差别，或将一个或多个现有工具的一个或多个子部分重新组合成了新的测量工具或有更广泛目标的测量工具；这些研究者可能会发现表31.1并没有给出全部测评工具。尽管如此，如果本文所提出的选择标准是合理的并且对实证文献和原有文献综述的梳理足够仔细和客观，我认为当前的列表是齐全和准确的。可以肯定的是，加入更多的工具不会使本综述的历史梳理、分析和得出的结论有实质性的改变。

表31.1表明，对中小学生和大学生（如Kang et al., 2005; Mead & Métraux, 1957; Walls, 2012; Welch, 1969; Wood, 1972）、职前和在职教师（如Billeh & Hasan, 1975; Yalçinoğlu & Anagün, 2012; Zoller, Donn, Wild, & Beckett, 1991b）、科学教师教育者和科学家（如İrez, 2006; Kimball, 1967; Wong & Hodson, 2010）的NOS理解的测评在过去60年中一直是大家感兴趣的领域。每10年都有4到7项测评被开发出来，平均每10年约5项。实际上，从1954年（第一个NOS测评工具SAQ发布）到2013年，只有1969年到1972年没有出现新的工具。在其他时间里，每5年有2到3项新的NOS工具出现，1974年至1978年期间甚至开发了4项工具（见图31.1）。

在表31.1中的32项工具中，少数工具（4项，12.5%）采用开放式试题，要求学习者根据开放式问题、情景或提示来组织和表达他们的想法。相比之下，绝大多数工具（28项，87.5%）是强制选择型的，被试需要从预设的选项中选择答案或表示倾向。其中有17项工具采用了3点、4点或5点李克特量表，占所有强制选择测评的61%，有29%（8项工具）采用多项选择题，11%（3项工具）采用是否同意的试题。大多数李克特量表工具（71%，12项）采用5点量表：完全/强烈同意、同意、未定/中立/无评论、不同意、完全/强烈不同意，除了“科学和学校科学信念调查问卷”（*Beliefs About Science and School Science Questionnaire* [*BASSSQ*]; Aldridge et al., 1997; 见表31.1）。1项工具（6%）采用4点量表，另外4项工具（24%）采用3点李克特量表，如同意、中立、不同意和准确、不准确、不知道/不理解（如*WISP*）。

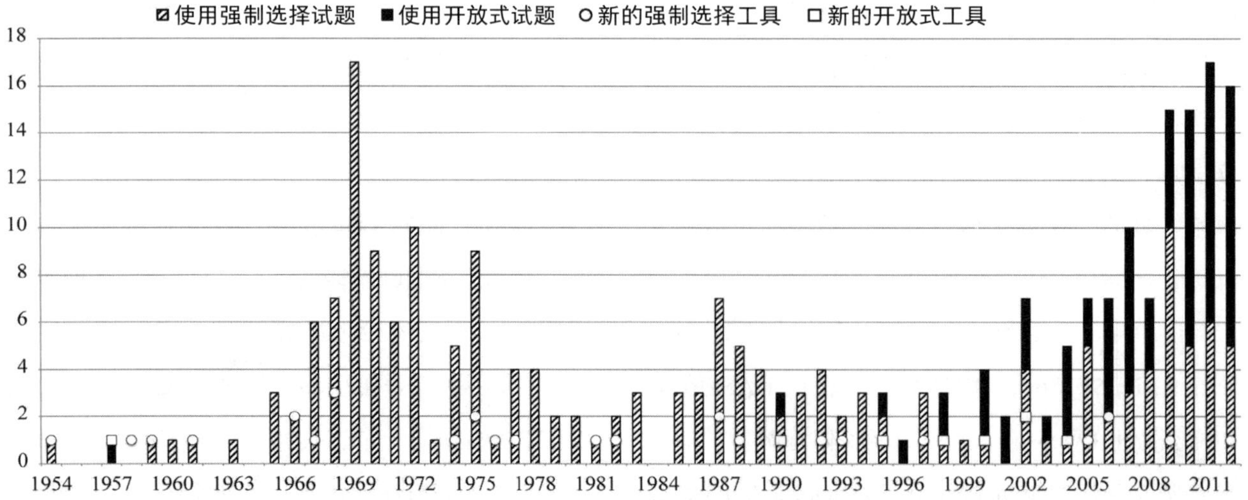

图31.1 强制选择和开放式NOS测评工具在实证研究中的使用频数（1954—2012）

NOS测评的演变

从NOS测评工具的数量、开发频率和类型的角度来审视NOS测评的概况可能有误导性。实际上，前一部分提供的数据可以支持一些推论，例如：强制选择试题在该领域占据主导地位；少数的开放式试题在NOS理解的测评中发挥的作用弱；该领域似乎一直专注于强制选择试题尤其是李克特试题的开发，同时间歇性地开发和使用开放式试题，因此没有体现出NOS测评发展的独特模式；或者说，过去60年中工具的持续开发显示，这一领域一直并将继续处于混乱状态。尽管这些推论与表31.1提供的数据一致，但显然，这不能准确地反映NOS测评领域演变的本质。实际上，从另一个角度审视该领域会有不同的发现。以下部分从NOS测评在实证研究中的使用的角度来考察该领域的发展，这种从这些测试中产生的综述视角与评估学习者NOS方法的理论和概念的发展一致。

实证研究中NOS测评的使用情况

虽然关于NOS具体定义的理论和概念争论一直都存在，但早先有人认为，从实践的角度来看，科学教育领域唯一的构造是那些被评估的NOS构造。因此，审查NOS测评十分重要。此外，在实现所期望的NOS相关成果的过程中，言论、主张和判断受测评影响的程度取决于这些工具在实证研究中的使用程度。然而，“使用”不应仅仅被理解为工具受欢迎程度的量化。这一观点是基于这样一个假设：研究人员在同一时间在许多可用的工具中选择某项NOS测评工具，仔细研究了这些测量方法，并且：(a) 认同该评价工具所基于的NOS模型；(b) 认同工具对应的评估方法，认为该方法与当时最新的NOS测评技术水平的情况相适应。我们不应该忽视的是，某一特定工具的使用至少在一定程度上也受到现实考虑的影响。例如，与强制选择试题相比，使用开放式NOS测评在收集、分析和解释数据时需要更多的资源和精力。然而，可以合理地假设研究人员只会选择与他们的NOS概念一致且能对参与者的NOS概念进行有效和可靠评估的测评。从某种意义上说，检查各种工具的使用可以得到与NOS测评相关的研究领域里集体智慧的实证概况。

我们对1954年至2013年期间的文献进行了全面回顾，排除个例后共有241项发表的实证研究使用了表31.1中列出的工具。被排除的个例包括开发人员对某一工具的单次使用未公开发表的情况，例如“科学的社会性测试”(*Test of the Social Aspects of Science* [*TSAS*]; Korth, 1969) 的情况。请读者注意，如前述选择标准所说，在实证研究中使用修改后的工具在绝大多数时候被视为使用原始工具（少数例外情况见前面的讨论）。尽管如此，使用实例的简单列举虽然有用但并不足以准确描述不同工具的影响。特别是，除原始开发人员以外的其他研究人员对原始工具或修改后工具的使用情况也是评价这些工具影响力的重要指标。实际上，一些工具也已被用在大量的研究中，然而所有这些研究均是由工具开发人员开展的。“科学认识论观点”(*The Scientific Epistemological Views* [*SEVs*]) 就是一个例子：*SEVs*由蔡和刘 (Tsai & Liu, 2005) 开发，之后已经被蔡和他的同事们用于多达8项实证研究之中。因此，在承认并庆祝这些多产研究人员的工作时，我们也要注意这一局限性。其次，时间是工具影响力的另一个重要维度，因为它使我们可以比较在一段时间内不同情境下进行的研究，从而能够得出关于该领域状态的有意义且有力的结论。与此同时，重要的是不要过分依赖时间维度，因为许多工具已经存在了相当长的一段时间，而这会使最近开发的工具在影响力评价中处于不利地位。

在分析NOS工具的使用情况时，可以生成“使用指数”(index of use)分数来解释这些维度(见表31.2)。表31.1中列出的每种工具的得分计算如下：在工具开发人员进行的实证研究中每被使用一次得1分，发表5年内每被其他研究人员使用一次得3分，发表5年后每被其他研究人员在实证研究中使用一次得5分。由于许多NOS工具已经存在了相当长的一段时间，考虑到最近开发的工具处于不利位置，我们以5年为界。以*VOSTS*(Aikenhead et al., 1987)为例。该工具开发于1987年，共用于27项已发表的研究，其中5项由格伦·艾肯黑德(Glen Aikenhead)、雷吉·弗莱明(Reg Fleming)和/或艾伦·瑞安(Alan Ryan)开展，计5分。*VOSTS*在1987年至1992年间被使用到了另外4项研究(Ben-Chaim & Zoller, 1991; Zoller, Donn, Wild, & Beckett, 1991a, 1991b; Zoller et al., 1990)中，因此得到12分。最后，除了艾肯黑德和他的同事之外，其他研究人员在1993年以后的另外18项研究中使用了*VOSTS*(参见表31.2)，它因此又得到90分，最终得分为107分。表31.2列出了按“使用指数”分数排名的NOS工具。应该指出的是，*VNOS*(Lederman et al., 2002)虽然有不同的形式并且针对不同的对象，包括科学教师、高中学生(即*VNOS-A*、*VNOS-B*和*VNOS-C*)以及小学生(即*VNOS-D*/*VNOS-E*)，但是这些工具仅在试题的数量、情境和措辞方面有所不同，基于的NOS基础模型和评估方法都是一致的(如都是一般的和基于情境的开放式问题与后续的个人访谈相结合)，因此被归为同一项工具。

从工具使用的角度来看，NOS测评概况呈现出不同的特点。最值得注意的是，在过去60年里，各种工具大量开发所显示的测评的巨大差异似乎已经大大减小。从实证研究中使用的频率来看，表31.2中使用频率最高的3项工具——*VNOS*、*TOUS*和*VOSTS*的使用占了过去60年所有工具使用的50%以上。显然，*VNOS*、*TOUS*和*VOSTS*的优先使用与该领域的发展密切相关，因为这3项工具各自代表了NOS测评的基本方法的不同假设。此外，表31.2中排名前9位的工具的使用占所有NOS测评工具使用的75%以上。这些工具是*VNOS*(Lederman et al., 2002)、*TOUS*(Cooley & Klopfer, 1961)、*VOSTS*(Aikenhead et al.,

表31.2 按实证研究中使用程度排序的科学本质测评工具

工具	实证研究	使用者			使用指数分数[1]
		作者	其他人		
			≤5年	>5年	
VNOS(科学本质观)问卷		16	5	41	236
VNOS-A	Lederman & O'Malley (1990)	1	0	0	1
VNOS-B	Abd-El-Khalick & Akerson (2004); Abd-El-Khalick, Bell, & Lederman (1998); Akerson & Abd-El-Khalick (2003); Akerson, Abd-El-Khalick, & Lederman (2000); Akerson & Hanuscin (2007); Akerson & Volrich (2006); Bell, Lederman, & Abd-El-Khalick (2000)	5	0	2	15

（续表）

工具	实证研究	使用者			使用指数分数[1]
		作者	其他人		
			≤5 年	>5 年	
VNOS–C	Abd-El-Khalick (2001, 2005); Abd-El-Khalick & Akerson (2009); Abd-El-Khalick & Lederman (2000b); Akçay & Koç (2009); Akerson, Hanson, & Cullen (2007); Borda, Burgess, Plog, DeKalb, & Luce (2009); Cakmakci (2012); Duncan & Arthurs (2012); Eastwood et al. (2012); Goff, Boesdorfer, & Hunter (2012); Hanuscin, Akerson, & Phillipson-Mower (2006); Howe (2007); Howe & Rudge (2005); İrez (2006, 2007); Kaya (2012); Kim & Nehm (2011); Kucuk (2008); Lederman, Schwartz, Abd-El-Khalick, & Bell (2001); Liu & Lederman (2007); Marchlewicz & Wink (2011); McDonald (2010); Nalçaci, Akarsu, Kariper (2011); Pegg & Gummer (2010); Posnanski (2010); Roehrig & Luft (2004); Russell & Aydeniz (2012); Russell & Weaver (2011); Salloum & Abd-El-Khalick (2010); Schwartz & Lederman (2002); Schwartz, Lederman, & Crawford (2004); Schwartz, Westerlund, Garcìa, & Taylor (2010); Thye & Kwen (2004); Urhahne, Kremer, & Mayer (2011); Walker & Zeidler (2007); Wong & Hodson (2009, 2010); Wong, Hodson, Kwan, & Yung (2008); Yalçinoğlu & Anagün (2012)	10	3	27	154
VNOS–D	Akerson, Buck, Donnelly, Nargund-Joshi, & Weiland (2011); Akerson, Cullen, & Hanson (2009); Akerson & Donnelly (2010); Akerson & Hanuscin (2007); Akerson & Volrich (2006); Hanuscin & Lee (2011); Leblebicioğlu, Metin, Yardimci, & Berkyürek (2011); Leblebicioğlu, Metin, Yardimci, & Cetin (2011); Metin & Leblebicioğlu (2011, 2012); Quigley, Pongsanon, & Akerson (2010, 2011)	0	2	10	56
VNOS–E	Demirbaş & Balci (2012); Walls (2012)	0	0	2	10
TOUS	Aikenhead (1974b); Anderson (1970); Broadhurst (1970); Choppin (1974); Cossman (1969); Crumb (1965); Durkee (1974); Engen, Smith, & Yager (1967–1968); Fisher (1979); Fisher & Fraser (1980); Fraser (1978); Fulton (1971a, 1971b); Ginns & Foster (1978); Glass & Yager (1970); Johnson (1972); Jones (1969); Jungwirth (1968, 1969); Jungwirth & Jungwirth (1972); Klopfer & Cooley (1963); Krockover (1971); Lavach (1969); Lowery (1967); Mackay (1971); Meyer (1969); Olstad (1969); Rampal (1992); Riley (1979); Rothman (1969); Rothman, Welch, & Walberg (1969); Tamir (1994); Tamir & Jungwirth (1975); Trent (1965); Voss (1965); Walberg (1969); Welch (1969, 1972); Welch & Rothman (1968); Welch & Walberg (1967–1968, 1970, 1972); Yager (1968); Yager & Wick (1966); Zingaro & Collette (1967–1968)	1	5	39	211

（续表）

工具	实证研究	使用者			使用指数分数[1]
		作者	其他人		
			≤5 年	>5 年	
VOSTS	Abd-El-Khalick & BouJaoude (1997); Aikenhead (1987, 1997); Aikenhead, Fleming, & Ryan (1987); Ben-Chaim & Zoller (1991); Bennett & Hogarth (2009); Botton & Brown (1998); Bradford, Rubba, & Harkness (1995); Choi & Cho (2002); Dass (2005); Dogan & Abd-El-Khalick (2008); Fleming (1987, 1988); Haidar (1999, 2000); Kang, Scharmann, & Noh (2005); Kokkotas et al. (2009); Lin & Chen (2002); Marbach-Ad et al. (2009); Mbajiorgu & Ali (2003); Rubba & Harkness (1993); Walczak & Walczak (2009); Yalvac, Tekkaya, Cakiroglu, & Kahyaoglu (2007); Zoller & Ben-Chaim (1994); Zoller, Donn, Wild, & Beckett (1991a, 1991b); Zoller et al. (1990)	5	4	18	107
SPI	Aikenhead (1974b); Anderson (1970); Breedlove & Gessert (1970); Haukoos & Penick (1983, 1985, 1987); Lawrenz (1975); Lawrenz & Cohen (1985); Markle & Capie (1977); Rothman (1969); Rothman, Welch, & Walberg (1969); Spears & Zollman (1977); Tamir (1972); Tamir & Jungwirth (1975); Walberg (1969); Welch (1969, 1972, 1980); Welch & Lawrenz (1982); Welch & Pella (1967); Welch & Rothman (1968); Welch & Walberg (1967–1968, 1970, 1972)	10	4	10	72
NSKS	Chan (2005); Dienye (1987); Folmer, Barbosa, Soares, & Rocha (2009); Güzel (2011); Lederman (1986a, 1986b); Lederman & Druger (1985); Lederman & Zeidler (1987); Lin & Chiu (2004); Lonsbury & Ellis (2002); Rubba & Andersen (1978); Sutherland & Dennick (2002); Tasar (2006); Walker & Zeidler (2007); Zeidler & Lederman (1989)	1	0	14	71
NOSS	Akindehin (1988); Andersen, Harty, & Samuel (1986); Duschl & Wright (1989); Kimball (1967); Ogunniyi (1983); Scharmann (1988a, 1988b, 1989, 1994); Scharmann & Harris (1992)	1	0	9	46
WISP	Carey & Stauss (1968, 1970); Lawson, Nordland, & DeVito (1975); Leake & Hinerman (1973); Markle & Capie (1977); Simpson & Wasik (1978); Wood (1972)	0	3	4	29
FAS	Cooley & Bassett (1961); Cossman (1969); Fulton (1971a, 1971b); Glass & Yager (1970); Jacobs & Bollenbacher (1960)	0	2	4	26
POSE	Abd-El-Khalick (2002); Khishfe (2008, 2012); Khishfe & Abd-El-Khalick (2002); Seker & Welsh (2006); Yacoubian & BouJaoude (2010)	2	1	3	20
SUSSI	Fergusson, Oliver, & Walter (2012); Golabek & Amrane-Cooper (2011); Liang et al. (2008); Liang et al. (2009); Miller, Montplaisir, Offerdahl, Cheng, & Ketterling (2010); Shim, Young, & Paolucci (2010)	2	3	1	16

（续表）

工具	实证研究	使用者			使用指数分数[1]
		作者	其他人		
			≤5 年	>5 年	
TRI-S	Schwirian (1968, 1969); Schwirian & Thomson (1972); Simpson, Shrum, & Rentz (1972); Spears & Hathaway (1975); Symington & Fensham (1976)	3	1	2	16
SEVs	Lin & Tsai (2008); Liu, Lin, & Tsai (2011); Liu & Tsai (2008); Oskay, Yilmaz, Dinçol, & Erdem (2011); Tsai (2007); Tsai & Liang (2009); Tsai & Liu (2005); et al.	8	0	1	13
MOSQ	Buaraphan (2009a, 2009b, 2010, 2011, 2012); Buaraphan & Sung-Ong (2009); Sarkar & Gomes (2010)	6	1	0	9
MaNS	Johnson & Peeples (1987); Scharmann (1990); Scharmann & Harris (1992)	1	2	0	7
TSAS	Chrouser (1975); Korth (1969)	1	0	1	6
CI	Kim & Irving (2010); Nott & Wellington (1995, 1996, 1998)	3	1	0	6
BASSSQ	Aldridge, Taylor, & Chen (1997); İrez, Çakir, & Şeker (2011)	1	0	1	6
VOSE	Chen (2006); Demirbas, Bozdogan, & Özbek (2012)	1	0	1	6
VOS	Barufaldi, Bethel, & Lamb (1977); Hillis (1975)	1	1	0	4
VaPS	Apostolou & Koulaidis (2010); Koulaidis & Ogborn (1988, 1989, 1995)	4	0	0	4
LOS	Ogunniyi (1982, 1983)	1	0	0	1
SAQ	Wilson (1954)	1	0	0	1
ISSSC	Mead & Métraux (1957)	1	0	0	1
ASSC	Allen (1959)	1	0	0	1
ISAIA	Swan (1966)	1	0	0	1
KASSPP1	Aikenhead (1974a)	1	0	0	1
NOST	Billeh & Hasan (1975)	1	0	0	1
TUNS	Billeh & Malik (1977)	1	0	0	1
COST	Cotham & Smith (1981)	1	0	0	1
MNSKS	Meichtry (1992)	1	0	0	1
BNSSE	Pomeroy (1993)	1	0	0	1
NOSI	Hacıeminoğlu, Yılmaz-Tüzün, & Ertepınar (2012)	1	0	0	1

[1] “使用指数分数”计算规则为：在工具开发人员进行的实证研究中每被使用一次得1分，发表5年内每被其他研究人员使用一次得3分，发表5年后每被其他研究人员使用一次得5分。

1987)、*SPI*(Welch, 1966b)、*NSKS*(Rubba, 1976)、*NOSS*(Kimball, 1967)、*WISP*(Scientific Literacy Research Center, 1967)、“科学测试事实”(*Facts about Science Test* [*FAS*]; Stice, 1958)、“科学认识论视角”(*Perspectives on Scientific Epistemology* [*POSE*]; Abd-El-Khalick, 2002)。其余23项工具的使用占所有实证研究中使用的23%，其中17%是工具开发者的使用，6%是其他研究人员的使用。

其次，现在的方法把这些工具的使用作为研究者对获得和测评学习者NOS认识的敏感性的指标，因此将对可用工具的判断交给了科学教育研究人员。这种方法的结果与先前回顾该领域的结论高度一致，这说明这一做法是有效的。例如，莱德曼(2007)和莱德曼及其同事(Lederman, Wade, & Bell, 1998)在他们对NOS测评的综述中考察了许多本文涉及的工具的开发和心理测量特性(包括第一手资料和其他综述的参考)。他们列出了上述所有的被认为有效、可靠的9种NOS认识的测评工具。他们认为*FAS*不涉及NOS领域，因此将它排除在外，但本文包含了*FAS*。另外，对实证研究中使用的工具的研究表明，有些测评工具曾因强调情感、态度和其他被认为超出NOS构造范围的内容而受到批评(见Lederman, 2007)，这些工具包括SAQ(Wilson, 1954)、ASSC(Allen, 1959)、*ISAIA*(Swan, 1966)和*TRI-S*(Schwirian, 1968)等，它们似乎在NOS测评历史中没有发挥重要作用——研究人员较少使用这些工具就是佐证。

第三，在NOS测评不断变化的情况下，测量方法的使用概况也发生了变化。图31.1显示了过去60年NOS测量方法的使用情况。在此期间工具被分为强制选择(即同意/不同意、多项选择和李克特量表)和开放式两大类。图31.1还显示了不同年份这两类工具的开发情况。可以看出，从1954年到1998年这一领域完全被强制选择工具的使用所主导。1990年至1999年的10年中，实质性的转变显而易见。这期间开放式工具的使用从过去40年的几乎为零急剧上升，达到所有NOS实证研究的27%。2000年至2012年时期维持了这一趋势，与之前10年相比，开放式工具的使用增加了一倍多，占所有使用实例的57%。有趣的是，当考虑到研究人员的地理位置时，后一种转变显得更加明显。在科学教育中NOS的研究有着最深厚根基和最悠久传统的北美地区，过去的20年里没有新的强制选择工具开发出来。北美以外的研究人员在1993年至2012年期间开发了表31.1所列的所有强制选择工具。从这个意义上说，过去20年来NOS测评从强制性的“定量”选择向更开放的“定性”方法的转变是相当关键的。这一转变在衡量学习者NOS理解的有效性方面的可能影响将在后文中进行解释。

将工具分为强制选择和开放式两大类是有用的，可以使我们更了解该研究领域的不断变化的本质。然而，这种分类有些粗糙，没有解释强制选择工具中的*VOSTS*的独特情况(Aikenhead et al., 1987)。虽然*VOSTS*试题属于强制选择类，但其实证驱动的开发过程使其独一无二，并为其提供了理论驱动开发的强制选择工具所不具有的效度。如果考虑到*VOSTS*的开发，从理论驱动的强制选择到实证驱动的强制选择再到开放式工具的历史演进模式将成为NOS测评领域发展最显著的特征。下面将重点介绍这一发展及其基本的概念基础。

NOS测评方法的演变

从一开始，强制选择NOS工具的开发就是理论驱动的：工具基于的NOS模型、该工具所针对的科学事业领域以及工具中试题所强调问题的立场，都来源于对NOS理论的描述。在第一个工具中，威尔逊（Wilson, 1954）强调了培养学生“理解科学和获得科学知识的方法”的重要性（p.159）。为了评估这些理解，威尔逊利用“最近出版的两本关于理解科学的一般主题的书，……詹姆斯·科南特（James B. Conant）的《科学与常识》（*Science and Common Sense*）和肯尼思·米斯（C. E. Kenneth Mees）的《科学之路》（*The Path of Science*）”（p.161）准备了26条表述，得到了SAQ。类似地，*SPI*的基础元素来自“贝弗里奇（Beveridge）、科南特、凯梅尼（Kemeny）、拉赫曼（Lachman）、纳什（Nash）和威尔逊的著作”，然后“提交给14位科学研究者进行专家效度的判断”（Welch & Pella, 1967, p.64）。后面这些书也是关于科学事业的普通读物，从《科学研究的艺术》（*The Art of Scientific Investigation*；Beveridge, 1950）到《哲学家眼中的科学》（*Philosopher Looks at Science*；Kemeny, 1959）再到《科学基础》（*The Foundations of Science*；Lachman, 1960）。研究人员为设计早期NOS工具（如SAQ、*TOUS*和*SPI*）所参考的书籍的作者许多都是历史学家或科学哲学家，或者在他们的文章中借鉴了这些学科。尽管如此，到20世纪60年代末许多工具开发人员依然直接查阅这些文献而不使用二手资料。例如，为了开发*NOSS*，金博尔（Kimball, 1967）强调其基础的“科学本质的理论模型是在科学本质和科学哲学的广泛研究基础上发展而来的”，并认为“虽然这个模型只是许多可能性之一，但是它与科南特和布罗诺夫斯基（Bronowski）表达的观点一致；并且它在其他科学哲学家的著作中得到了其他支持”（p.111）。金博尔这番话的意义，除了说明对科学哲学文献直接进行查阅的重要性外，还第一个明确指出测评工具是由NOS的“理论模型”支撑的，这个理论模型是“许多可能性之一”。之后我将很快回到这个关键问题上。到20世纪70年代中期，哲学文献在工具开发中的地位已经牢固确立。此外，到20世纪70年代末，科学教育研究人员似乎已经开始选择利用哪些哲学文献来建立NOS模型。例如奥贡尼伊（Ogunniyi, 1982）从“卡纳普（Carnap, 1966）、亨佩尔（Hempel, 1966）、弗兰克（Frank, 1962）、凯梅尼（Kemeny, 1959）、内格尔（Nagel, 1961）、纳什（Nash, 1963）和波普尔（Popper, 1963）所主张的关于科学语言的论述”中得出了他的“科学语言”（*Language of Science* [*LOS*]）工具试题（p.26）。然而，奥贡尼伊有意识地排除了托马斯·库恩（Thomas Kuhn）的作品，他认为“尽管库恩自20世纪60年代以来就十分有影响力，但他的工作主要集中在科学的历史和社会心理环境而不是科学语言上”（p.26）。这里的意图不是批评奥贡尼伊或他的哲学选择，而是说明作为各种工具基础的NOS模型对相同的哲学文献的借鉴程度存在差异。因此，理论驱动的NOS工具在设计上体现了其开发者的哲学偏好，至少涉及了他们对哲学问题和哲学立场的取舍。

更为复杂的是，一些工具开发者选择了他们所处时代的长期哲学争论的某一方作为立场。例如，波默罗伊（Pomeroy, 1993）采用了她所谓的“非传统”科学观，该观点似乎支持科学和科学知识的建构主义观点，并提出科学只是另一种认知方式。根据波默罗伊的BNSSE中所体现的NOS模型，小学教师对科学的看法比科学家更非传统（被认为更理性），而科学家的观点最传统（被认为更质朴）。同样，这也不是要批评波默罗伊的NOS模型，而是要表明她在有争议的哲学辩论，比如与科学认识方法和本土认识方法的相对优势或“等价性”相关的哲学辩论（参见Loving, 1997）中选定了自己的立场。显然，在嵌入NOS理论模型的NOS测评中，只要NOS模型被明确地表达出来并使读者能够理解，测评就没有根本性的缺陷。应当指出，在这方面一些研究人员开发的工具没有展示他们的NOS模型，其他研究者也无法使用他们的工具；*NOST*（Billeh & Hasan, 1975）就是一个例子。与其他测评的设计一样，理论性或概念化地描述测评内容的维度和属性是构建有效测评的前提。然而，当理论驱动的NOS测评工具被整合为利用强制选择试题的测评工具时，所得的测评方法就会非常有问题。

对强制选择NOS工具的不满可以追溯到20世纪70年代初。例如，麦凯（Mackay）和怀特（White）（1974）批评了包括*TOUS*和*FAS*在内的几种使用李克特型和多项选择题的测评工具。尽管作者最关注的是这些工具在多大程度上能够有效地测评学生对科学家的看法，但他们的批评也适用于对其他NOS维度的理解。麦凯和怀特批评了*TOUS*对选择题的使用，因为“它可能很难向被试传达选择最佳答案所使用的标准”（p.132）。此外，他们质疑李克特量表作答的效度，因为被试在这种量表上的作答“是他的认识、他对量表意图的理解能力和他的特定作答方式的复杂组合”（p.132）。到20世纪80年代中期，这些最初的担忧已经发展成对理论驱动强制选择测评工具效度的十分明确的批评。批评有两个主要方面。

首先，艾肯黑德及其同事（Aikenhead, 1988; Aikenhead et al., 1989）认为，强制选择工具假设被试对工具项目的理解和解释与开发人员一致，而这一假设是有问题的。他们进一步说明，理论驱动的强制选择题假设被试以工具开发者希望的方式理解某个试题，然后同意或不同意某一项陈述，从选择题提供的选项中选择一个，或出于同工具开发者一样的原因在李克特量表上表明自己的偏好。由于难以对被试的作答进行解释，这些工具的有效性受到质疑。莱德曼和奥马利（O'Malley）（1990）从实证上支持了这一观点。第二，如前所述，强制选择工具通常包含NOS的特定理论模型。此外，试题提供的选项是基于一定的哲学立场在理论上驱动和设计的，受支持的选项或答案往往反映了开发人员的哲学立场和偏好。作为强制选择的工具，这些工具最终把开发者的观点强加给了被试：

> 无论被试如何选择，他们最终往往会被贴上一个标签，好像他们坚定地始终持有连贯一致的某一哲学立场，比如归纳主义、验证主义或假设—演绎主义。…… 因此，最终被认为是被试观点的更有可能是所使用的工具造成的结果，而不是被试的NOS认识的真实表达。
>
> （Lederman et al., 2002, p.502）

事实上，研究表明，学生和教师的NOS认识是不稳定的、零散的、缺乏整体框架的，有时甚至是完全不一致的（如Abd-El-Khalick, 2004a; Abd-El-Khalick & BouJaoude, 2003; Lederman & O'Malley, 1990）。可以看出，理论驱动的强制选择工具得到的数据难以解释，不一定代表了被试的NOS认识。

另外的第三种批评针对的是从理论驱动的强制选择测评中获得的数据的有用性和意义。艾肯黑德（1974b）发起了广泛的批判，批判从定量工具中得出的关于学生学习“科学事业知识”的结论的意义。他认为测评结果产生的数据，如*TOUS*和*SPI*等工具的总得分或获得分，掩盖了“学生倾向于学习的具体观点”（p.26）。这些数据无法解决诸如“学生学到了哪些具体观点？他们仍然保留了哪些错误理解？”的问题（p.24）。相反，通过进行所谓的“定性分析”（包括分析学生在特定*TOUS*和*SPI*题目上的作答和表现），艾肯黑德能够辨别在采用了“哈佛项目物理”（*Harvard Project Physics*）课程的教学后学生在NOS具体方面的进步（Holton, Watson, & Rutherford, 1967）。

莱德曼和奥马利（Lederman & O'Malley, 1990）、阿布德-哈利克（Abd-El-Khalick, 1998）和莱德曼等（2002）进一步指出了定量工具的局限性。虽然由于易操作和评分而更适合大规模测评，但这些工具的测量通常只是按照学生的累积分数将被试的观点标记为“充分”或“不充分”，而不是阐明这些观点。莱德曼（1986b）也指出，开发人员从未阐明什么样的数值说明在该工具中的某种表现是“充分”的NOS观点。因此，定量工具的使用限制了针对学习者NOS观点的本质得出有意义结论的可行性，也限制了对学习者在各种教学干预后获得的增益的意义和重要性进行评价的可行性。

在这种背景下，艾肯黑德及其同事在20世纪80年代早期通过以学生为中心的开发过程开发了一种“实证驱动”的NOS测评工具。历时6年开发，涉及上千名11年级和12年级加拿大学生的*VOSTS*是一份包含114道多项选择题的清单，其中每道试题包括一条陈述和多个合理的观点或立场。这些观点或立场不是来自对哲学文献的研究，而是来自高中学生对开放式试题和后续访谈问题的作答。通过用学生作答模式代替理论驱动，艾肯黑德及其同事（Aikenhead, Ryan, & Fleming, 1989）构建了基于实证的测评工具，它为*VOSTS*的选项带来了较高的效度，因为“学生们为*VOSTS*选项赋予的意义往往与他们接受访谈时想要表达的意思一致”（Ryan & Aikenhead, 1992, p.576）。值得注意的是，艾肯黑德及其同事在报告*VOSTS*数据时，从未提出评分方案或使用累积分数。相反，为了从*VOSTS*数据中得出结论，他们会报告并解释在各道试题上被试选择的频率和百分比分布（如Aikenhead, 1987, 1997）。

实证证据进一步支持了*VOSTS*的有效性。艾肯黑德（1988）调查了四种不同的试题形式在评估高中生NOS理解中的准确程度。这些形式包括李克特量表、学生生成的段落、半结构化访谈和*VOSTS*试题。他报告说，李克特式的作答“只对学生的认识进行推测，而评估者很难准确得到学生的认识”（p.615）。使用李克特量表导致的不准确性接近80%。值得注意的是，表31.1中56%的NOS工具使用了李克特量表。书面段落回答产生35%至50%的不确定性；其次是由*VOSTS*实证得出的选择题，它们产生15%至20%的不确定性。半结构式访谈“提供了最清晰和准确的数据”，不准确性约为5%（p.625）。因此，在衡量被试对NOS的理解上，实证驱动试题远远超过了理论驱动试题。随着发展和扩散，*VOSTS*在相当长的时间内成为NOS的首选工具。如表31.2所示，在对学习者NOS理解的实证调查中，它是使用第三多的工具，且目前仍在使用，特别是在信息密集的定性研究（即开放式问卷或者访谈）不适用的大规模研究中（如Dogan & Abd-El-Khalick, 2008）。

NOS测评方法下一个时期的发展则始于对*VOSTS*的不满。莱德曼等（2002）认为，当在加拿大或西方国家之外的地方使用时，上文提到的对其他强制选择工具的批评也适用于*VOSTS*。从非加拿大或非西方被试的角度来看，*VOSTS*会像其他强制选择工具一样对他们产生一系列影响。此外，*VOSTS*选择的格式限制了被试答案的空间。事实上，阿布德-哈利克和布贾乌德（Abd-El-Khalick & BouJaoude, 1997）发现，当*VOSTS*试题被修改以允许被试表达他们认为能代表自己观点的任何想法时，参与测评的黎巴嫩的科学教师表示，他们在某些问题上的看法既没有被选项表示出来，也无法通过多个选项的组合来表达。一些参与者表达的观点与*VOSTS*试题中呈现的观点完全不同。更重要的是，为了获取被试NOS理解的有效概况往往需要进行访谈，访谈所体现的价值推动了下一代NOS测评的发展（如Driver et al., 1996; Lederman & O'Malley, 1990）。正如艾肯黑德（1988）所发现的那样，与其他作答形式相比，半结构化的个人访谈在解释NOS相关作答时产生的不确定性最低（约为5%）。访谈不仅有助于阐明被试对NOS相关议题的看法，而且还为他们提供了阐明其推理基础以及观点之间联系的机会。

莱德曼等人（2002）记录了*VNOS*工具（A、B和C版）的开发过程。该工具最初是一个半结构化的访谈稿（Lederman & O'Malley, 1990），后来发展成开放式问卷，并常配有对一部分被试的后续半结构式访谈。详细的后续访谈（参见Abd-El-Khalick, 2004a）旨在明确被试的问卷作答以减少由于解释书面作答而产生的不确定性，并确保研究人员的解释与被试的表达之间的高度一致性。*VNOS*是少数几个通过实证验证了结构效度的研究工具之一（Bell, 1999）。研究人员使用它所得结果的有效性不会像使用理论驱动的强制选择工具那样被质疑，并且它使研究人员能得到被试对几个重要NOS维度以及这些维度背后的推理的认识，从而得到比实证驱动的强制选择测评工具所能得到的更有意义的数据。虽然使用*VNOS*和分析结果数据需要大量资源，这使其不太适合用于大规模研究，但*VNOS*数据能够准确测评被试NOS观念的变化并将这些变化与教学干预中的特定要素联系起来。*VNOS*已成为最常用的NOS测评工具（见表31.2）。

NOS测评方法经历了从基于理论的强制选择工具（如*TOUS*、*SPI*、*NSKS*）到基于实证的强制选择工具（即*VOSTS*）再到开放式工具（如*VNOS*、*CI*、*POSE*）的演变，这种演变的基础是关于NOS测评有效性和意义的充分概念论证以及实证证据，尤其是艾肯黑德的工作（Aikenhead, 1988）。这种演变也反映在NOS工具的使用中。在*TOUS*、*VOSTS*、*VNOS*的使用中这种演变最为明显，超过51%的实证研究使用了它们中的一种（见表31.2）。图31.2显示了从*TOUS*首次被使用的1963年到2012年三种工具在发表的研究中的使用频数。

*TOUS*的使用在1969年达到顶峰（共发表了10项研究），而到了20世纪80年代它已被研究者舍弃。自1987年正式面世以来至2000年左右，*VOSTS*一直占据主导地位，尽管1990年出现了*VNOS-A*（Lederman & O'Malley, 1990），1998年出现了*VNOS-B*（Abd-El-Khalick et al., 1998），还出现了其他五种强制选择工具："方法与科学本质"（Methods and Nature of Science [MaNS]; Johnson & Peeples, 1987）、"科学哲学观"（Views about Philosophy of Science [VaPS]; Koulaidis & Ogborn, 1988）、*MNSKS*（Meichtry, 1992）、BNSSE（Pomeroy, 1993） 和*BASSSQ*（Aldridge et al., 1997）。实际上，在1987年至2000年期间，*VOSTS*的使用占该领域所有NOS工具使用的35%。它仍然是研究者首选的强制选择工具，尤其是在大规模研究中（如Bennett & Hogarth, 2009; Dogan & Abd-El-Khalick, 2008; Kang et al., 2005）。*VNOS-C*在2000年左右被提出后（Abd-El-Khalick, 1998; Abd-El-Khalick & Lederman, 2000a）使用量攀升，其使用占据了2000年至2012年所有NOS工具使用量的57%（见表31.2和图31.2）。但是，如表31.1所示，研究人员在过去10年中依然在继

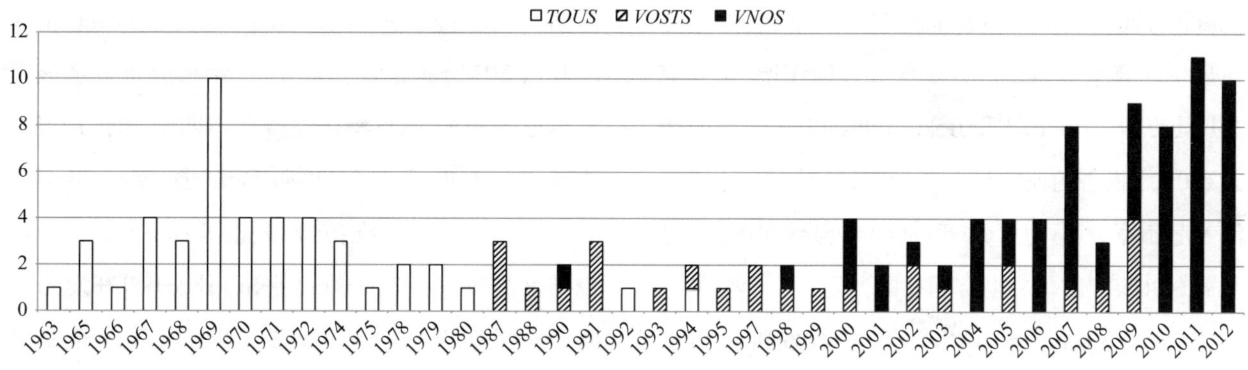

图31.2　实证研究中*TOUS*、*VOSTS*和*VNOS*（1963—2012）的使用。未使用三种工具的年份未显示

续开发新的强制选择工具。这一结果使我们必须在本文所述的NOS测评方法发展的背景下进行仔细研究。

更多强制选择工具：进步还是退步？

自2000年以来，研究人员已经开发了五种新的强制选择工具：*SEVs*（Tsai & Liu, 2005）、“关于科学与教育观点的调查问卷”（*Views on Science and Education Questionnaire* [*VOSE*]；Chen, 2006）、“学生对科学与科学探究的理解”（*Student Understanding of Science and Scientific Inquiry* [*SUSSI*]；Liang et al., 2006）、“科学神话调查问卷”（*Myths of Science Questionnaire* [*MOSQ*]；Buaraphan, 2009 a）和“科学本质评价工具”（*Nature of Science Instrument* [*NOSI*]；Hacıeminoğlu et al., 2012）。前面提到，这五种工具都不是起源于北美地区的。实际上，自1998年以来，北美地区就没有开发过新的强制选择工具。对这五种工具的仔细研究表明，它们实质上基本没有提供比理论或实证驱动的强制选择工具更好的替代方案。五种工具都使用李克特量表（见表31.1；注意*SUSSI*让被试用实例解释他们的答案），而艾肯黑德（1988）已经证明，与其他NOS测评形式相比，李克特量表的不确定性是最大的（高达80%）。此外，伊雷妮·诺伊曼（Neumann）、克努特·诺伊曼（Neumann）和内姆（Nehm）（2011）阐述了与使用李克特工具相关的许多其他方法论问题。问题的范围从试题分数是否满足正态假设到在双峰或偏正态数据分布的情况下计算试题均值的意义和适切性，再到“被试对所有试题的作答是否一致，即被试是否独立于试题外对所有类别选项进行比较”（p. 1375）。*MOSQ*（Buaraphan, 2009 a, 2009 b）要求被试从一组14个广泛的理论驱动语句中进行选择，由一组研究人员确定表面效度和内容效度，并用少量的职前和在职科学教师进行了“试点”测试。研究者没有建立*MOSQ*的心理测量属性，这不符合有效和可靠工具的要求。

*SEVs*也是理论驱动的，而剩下的三种工具是理论驱动和实证驱动陈述的组合。*VOSE*、*SUSSI*和*NOSI*的开发借鉴了*VOSTS*的试题和观点，其他使用了*VNOS*和半结构访谈等开放式工具的实证研究获得的学生作答模式，以及/或者工具开发人员进行的小规模试验研究（其中部分涉及个人访谈）的结果。*VOSE*的开发“通过对*VOSTS*试题的改编，根据试点研究结果或者借鉴最近的文献，如基什夫（Khishfe）和阿布德–哈利克（2002）、莱德曼等（2002）的研究，来替代像艾肯黑德等那样从目标群体中参与者的角度出发进行的实证驱动研究”

(Chen, 2006, p.807)。然而，*VOSTS*中的观点是在加拿大背景下得出的，基什夫和阿布德-哈利克(Khishfe & Abd-El-Khalick, 2002)以及莱德曼等人(2002)报告的研究是在与*VOSE*所针对的中国台湾背景截然不同的背景下(例如黎巴嫩和美国)进行的。*SUSSI*和*NOSI*也有同样的问题。

SEVs、*VOSE*、*SUSSI*和*NOSI*的开发都进行了专家小组评审、配有后续个人访谈的小规模试点研究，以及主要通过使用因子分析技术进行的工具心理测量属性的建立。开发人员清楚地意识到并试图解决理论驱动的强制选择工具不容置疑的缺陷。这种意识和相关的尝试是值得肯定的。然而，由此产生的方法是对已有方法的一系列“修正”，而不是一种能够解决使用强制选择工具和李克特量表的相关问题的全新、全面的方法。可以肯定的是，考虑到*VOSTS*的开发对样本进行了细致、广泛、大规模的实证研究，*SEVs*、*VOSE*、*SUSSI*和*NOSI*几乎没有在*VOSTS*的基础上做任何改进。虽然将被试的观点纳入开发过程之中的尝试在某种程度上减小了这一缺陷，但这些工具的效度仍然受到质疑，因为它们假设被试在任何工具试题的李克特量表中作出一个选择是出于与工具开发者相似的意图或者原因。此外，对这些强制选择工具所得数据的意义的批评仍然存在(Lederman et al., 2002)。在这方面，这些新工具与原有的工具(如*NSKS*和*NOSS*)面临同样的问题。

从心理测量的角度来说，这些新工具也受到了批评。与迄今为止的大多数定量NOS测评工具一样，*SEVs*、*VOSE*、*SUSSI*和*NOSI*都是在经典测试理论的背景下开发的。诺伊曼及其同事(Neumann, Neumann, & Nehm, 2011)应用项目反应理论(拉施建模[Rasch Modeling])对*SUSSI*(Liang et al. , 2006)的信度、效度和维度进行了评估。诺伊曼及其同事(Neumann, Neumann, & Nehm, 2011)报道说，首先，“结构分析显示该工具与已公布的NOS操作性概念不匹配”(p.1373)。他们的分析表明NOS和科学探究(scientific inquiry [SI])的二维拉施模型(Rasch model；一个维度是NOS，一个维度是SI)比*SUSSI*开发采用的一维模型更合适。诺伊曼的小组接下来证实了NOS和SI两个截然不同的维度之间的理论区别(参见Abd-El-Khalick et al., 1998)，并且反驳了*SUSSI*的理论模型——该模型认为这两个领域的联系更紧密，二者可以作为单一的构造。这些发现使人们对*SUSSI*的效度产生了严重怀疑。诺伊曼及其同事(Neumann, Neumann, & Nehm, 2011)的研究表明，最先进的项目反应理论有助于研究新开发的定量、强制选择NOS工具的心理测量属性，包括测量信度和效度。基于这些论点可以断言，新的强制选择NOS工具的开发不能代表该领域的进步。尽管如此，为了研究NOS与其他重要属性和科学学习成果的关系，我们仍然需要量化被试的NOS认识，这一点需要重视。

“情境”与NOS测评：以行为推断信念的相关问题

可以看出，NOS测评的方法有两种普遍类型。第一种是生成性的，要求学习者作答以阐明和反思他们对NOS的理解和思考。生成性测评使用个人访谈(如Abd-El-Khalick & BouJaoude, 2003; Bianchini & Solomon, 2003; Driver et al., 1996; Lederman & O'Malley, 1990)、开放式问卷(如Lederman et al., 2002: *VNOS*)、提示语(如Mead & Métraux, 1957: ISSSC)和/或情景(如Nott & Wellington, 1995: CI)。第二种类型包括强制试题的变体，要求学习者从多个选项中选择答案(如

Aikenhead et al., 1987: *VOSTS*; Cooley & Klopfer, 1961: *TOUS*)或在李克特量表中选择偏好程度(如Cotham & Smith, 1981: *COST*; Kimball, 1967: *NOSS*)。上一节讨论了不同测评方法所得数据的有效性和意义的差异以及与使用这些方法相关的利弊。尽管如此，这两种类型似乎都容易受到相同的“情境”因素的影响。然而，不同研究者对这一因素的态度截然不同。

首先，“测评的情境”反映的是NOS测评中试题、提示或场景是否嵌入某一特定对象、嵌入特定对象的程度以及被试对这一对象的熟悉程度、接触程度和理解程度。对象可以包括特定的科学理论或争议、社会性科学议题或者可能属于学校科学的情境(与真实的科学实践相对)，例如对探究活动或者学生或被试进行的实验的描述。例如，*NSKS*的第41题(Rubba, 1976)要求被试表明他们对“科学理论是被发现的，而不是由人创造的”这一表述的同意程度(p.5)。*COST*提供了对地质理论的三段描述，然后要求被试表明他们对以下表述的同意程度：“迪茨(Dietz)和赫斯(Hess)没有发明板块构造理论。他们客观地从事实中得出它。”(第2题，p.145)显然，这两道试题都希望获取被试对相同NOS方面的认识，即科学理论是从事实中发现的还是被创造来描述这些事实的。*NSKS*试题是脱离情境的，而*COST*试题是关于板块构造理论的讨论。*COST*还要求被试使用从“精通”到“不知道”的五点量表来“描述你在这一主题[如理论或话题]上的知识掌握情况”，以此评估被试对每个情境中所用理论的熟悉程度(p.153)。此外，*COST*要求每个被试使用从“完全”影响到“无”影响的五点量表来“估计你的回答在多大程度上……受到个人信念的影响——不考虑你对主题的理解”(p.153)。科瑟姆(Cotham)和史密斯(Smith)(1981)认为，后面的信息使他们更有信心解释学习者对他们基于情境的试题的作答。然而，就*COST*而言，目前尚无明确的证据表明情境、科学内容知识、背景理解或“信念”如何以及在多大程度上影响被试对NOS测评工具的理解。

有证据表明，情境确实会影响对NOS相关试题的作答。德赖弗(Driver)及其同事(Driver, Leach, Millar, & Scott, 1996)指出，融入了被试学生对NOS相关访谈问题思考的科学图像影响了他们表达的观念。德赖弗及其同事特别指出，学生在学校科学熟悉的日常情境和在“真实”科学抽象的陌生情境中的反应和思考不同。不过这些发现仍需要更系统的证据来支持，如何衡量相关影响对NOS测量效度和信度的作用程度也有待进一步研究。德赖弗及其同事所做的研究是在不同背景下和不同人群中进行的，后续研究需要在相同的人群中进行，并且需要严格控制变量，包括提示顺序和提示内容等。

一直以来，NOS观对科学内容知识的敏感性的相关证据充其量是模棱两可的。许多早期研究没有发现学生和教师的NOS认识与科学内容知识和/或科学成就之间存在明确或较强的相关性(Billeh & Hasan, 1975; Carey & Stauss, 1968, 1970; Olstad, 1969; Scharmann, 1988a, 1988b; Welch & Walberg, 1972; Wood, 1972; Yager & Wick, 1966)。这些研究结果在多大程度上受到前面提到的研究所使用的强制选择工具的效度问题影响，目前仍不清楚。不过仍有一些证据表明对NOS相关试题的作答与学习者对科学内容理解的质量和深度(相比于原有和经常使用的科学内容知识的总体衡量手段，如平均学分绩点或科学学分)相关。教师对*VNOS*试题的作答就是很好的例子。例如，*VNOS-C*的第6题和第7题(Lederman et al., 2002,

p. 509）均考查了被试对推论、创造性和暂定性的认识。第6题利用原子理论作为情境：

> 科学课本经常将原子呈现为由质子（带正电的粒子）和中子（电中性的粒子）组成的中心原子核，以及围绕该原子核运动的电子（带负电的粒子）。科学家对这个原子结构的正确性有多确定？你觉得科学家用了什么具体证据去确定原子的结构？

第7题使用物种这一生物概念为情境，同时提出和第6题几乎相同的问题：

> 科学课本中通常将物种定义为具有相似特征并且可以互相交配繁殖后代的生物群体。科学家对于他们对物种的描述有多确定？你认为科学家用了什么具体证据去确定什么是物种？

阿布德-哈利克（2004 a）发现，是否主修物理学和生物学影响了职前中学科学教师和大学理科学生对这两道试题的作答。一些被试在一道试题中表达了理性的认识，而在另一道试题中表达了质朴的认识。然而，这种情况主要发生在完成了物理或生物高阶课程的被试中，而在主修其他学科如地理学的学生中表现并不明显。阿布德-哈利克得出结论（参见Leach, Millar, Ryder, & Séré, 2000；Ryder et al., 1999）：

> 为了探索大学生的NOS观，……学科差异……需要考虑进来。……致力于评估大学生NOS观的研究人员的任务是进一步制定和细化希望探索的内容和NOS的方面，并在NOS测评中为学生提供更具体的情境。
>
> （Abd-El-Khalick, 2004 a, p. 417）

虽然目前已有证据在上述的某种意义上表明情境在NOS测评中十分重要，但这一领域需要进行更系统的研究。鉴于教育改革（如American Association for the Advancement of Science [AAAS], 1990；NGSS Lead States, 2013）要求培养学生对科学事业本质的认识，在以下方面开展研究将是卓有成效的：学习者的NOS理解与学习、表达和测评的情境互相交织的方式，从基于情境到普遍意义NOS理解的转变的程度和可行性，情境如何促进或锚定以及解释学生对各种NOS度量的作答方式。

虽然“情境”的使用频率相当低，但是也有少量学者认为NOS测评中的“情境”有另外一层完全不同的含义。在这第二层含义上，一些研究人员认为学生表达的观点很难如实反映他们对NOS的真实理解，就像观察到的学生在进行科学活动时的行为似乎与他们所写或所说的关于科学的看法不一致（如Sandoval & Morrison, 2003）。该论点进一步提出，这些发现的意义是，在现场或“情境”中（如从事探究活动时）观察学生的行为能更有效地测评他们潜在的NOS理解（Kelly, Chen, & Crawford, 1998）。不论这种测评方法将采取何种形式，它必然涉及通过行为推断信念的过程，因此很容易出现问题。事实上，即使是有实践经验的科学家也不一定按照明确的认识论框架进行科学研究，正如库恩（Kuhn, 1996/1962）所说的那样，这种框架很少在科学教育或学徒制中得到解释。虽然科学家的行为可能与最初形成的该学科传统的某些认识论框架相一致，但这些行为可能并不能说明某个特定科学家的潜在认识论。库恩指出，只有在严重的学科危机时期科学家才会重新解释和检查他们的实践背后的假设、规则和框架（详细讨论见Abd-El-Khalick, 2012b）。

从行为中推断信念的测评假设学习者在从事科学活动时的行为反映了他们对科学的思考，并且在一定程度上与他们思考科学的基本框架一致。这一假设是不合理的，并且与已有证据不符。已有证据表明学生的NOS理解通常是情境化、动态化、碎片化、缺乏整体或一致框架的（Abd-El-Khalick, 2004a; Leach et al., 2000）。此外，充足的实证证据表明，教师的教学实践往往与他们对NOS的理解不一致（如Abd-El-Khalick et al., 1998; Lederman, 1999, 2007）。我认为（见Abd-El-Khalick, 2004c）更重要的是从行为推断出信念的过程存在将观察者自身的NOS框架强加到被观察的行为者身上的风险，这不是因为学习者的行为反映了这样一个框架，而是由于观察者在头脑中用一个或多个相关的框架来加工所观察到的行为（这是观察活动中的理论负载性！）。这种情况类似于强制选择测评工具的情况，那些工具经常表明学生持有某些与NOS框架一致的认识，但这一点后来被发现是工具开发者在设计这些测评工具时选定了一个特定的哲学立场这一事实造成的人为事实（Aikenhead et al., 1987; Lederman et al., 2002）。

不只是沉默：以“有争议的”NOS作为测评基准

如前所述，本领域过多地关注测评和NOS构造的争议。前面从测评工具使用的视角审查了NOS测评的概况。其目的是对NOS测量有整体了解，并发现使用不同工具导致的差异已大大减小。本部分将通过对表31.1所列各项测评的内容进行分析集中讨论这些测评所包含的NOS构造，目的是衡量在实际测评中这些构造的受认可程度。

所有的NOS测评均没有统一的覆盖所有NOS的模型。鉴于科学史、科学哲学、科学社会学和科学心理学的学术本质，这一点并不令人惊讶（HPSSS; Abd-El-Khalick, 2012a）。正如劳丹（Laudan）及其同事（Laudan et al., 1986, p.42）所说的，我们目前“还没有完全证实科学是如何运作的，没有值得普遍同意的科学理论”（另见Rosenberg, 2005）。自20世纪50年代以来，科学教育工作者的目标是帮助基础教育阶段的学生认识科学事业、科学知识的发展和效度，而这些被认为是公民应该具有的科学素养的核心（Pella, O’Hearn, & Gale, 1966; Wilson, 1954）。研究人员在着手测评这些认识时，敏锐地意识到他们开发的测评工具所采用的NOS模型“只是众多可能模型中的一种”，并且这些模型虽然不必与历史学家和科学哲学家的观点完全一致，但至少要在一定程度上统一（Kimball, 1967, p.111）。早期测评工具对此没有明确阐述，而是以比较宽泛的表面化术语，如“科学的方法和目标”“科学的假设”“科学机构”或“科学的活动、产品和道德”进行描述（见表31.1）。然而，到了20世纪60年代后期，研究人员开始描述一种“NOS的方面方法”（aspects approach to NOS）（Abd-El-Khalick, 2012b），即一组标志着目前测评工具所基于的NOS领域或观念的叙词。例如，*NOSS*的模型（Kimball, 1967）体现了这样的观念：科学是由好奇心驱动的、实证性的、可重复的、动态的、简洁的、暂定的，把人类的概念强加给自然，而且没有唯一的“科学方法”。对表31.1的审查表明，除极少数工具（即*NOST*、*TUNS*和*VOSTS*）外，金博尔（Kimball, 1967）的方法都是适用的，并且根据NOS的内容和方面概述了各种工具开发所依据的NOS模型。值得注意的是，这些模型的框架均没有一致地连接或覆盖NOS的各个领域或方面。为了确定过去60年来各种测评工具所测评的NOS内容和方面在多大程度上保持一致，我们对表31.1中列出的所有工具的试题内容进行了分析。应该指出的是，分析中没有包含明确与NOS无关的题目，例如那些涉及科学教育（*VOSE*、BNSSE）、学校科学（*BASSSQ*）、科学探究（*SUSSI*）或进化论接受情况（MaNS）认识的试题。

分析确定了NOS方面的三个组。第一组比较普遍，包括了过去60年中绝大多数（70%—100%）工具涉及的内容。其中包括以下理解：(a)科学知识是暂定的（会发生改变，不是绝对或确定的，不等同于真理，所有类别的科学知识都可以改变）。(b)科学是实证性的，基于自然的观察结果来提出科学论证或对相互冲突的主张进行评判。(c)科学探究是理论负载或被理论驱动的；数据和观察本质上不是客观的或中立的，而是易受科学家的观念、思维模式和已有理论影响的。数据和观察本身不能说明什么，它们需要并且容易被科学家的观念和指导理论所解释。(d)科学知识的产生离不开人类的创造力、想象力、直觉，这些都不能通过严格理性的科学发现模型来解释。(e)科学是在具有明确结构和实践的群体和机构的背景下开展的社会性活动。科学的社会性本质对于科学知识的产生和验证以及将这些知识纳入科学体系中至关重要。(f)不存在一种万能的“科学方法”，没有一种万能的“科学方法”能反映所有科学家的实践活动的特征，科学方法也无法确保科学知识一定得到发展。(g)科学嵌入并影响其所处的更大的社会和文化环境，也反过来受其影响。这种科学的社会和文化嵌入性还包括关于科学和社会（在某些情况下还有技术）的相互影响的观点。

第二组NOS方面不太普遍，在所有工具中占30%到70%。该类包括与理论本质相关的观点（如理论的作用和地位、理论的验证和相互对立的理论的判断）、定律的本质（如定律的功能和认识论地位），以及不同类型的科学知识的关系（包括理论、定律、假设和/或事实之间的关系）。另外两个方面侧重于科学主张与其基于的证据之间的区别即科学知识的推理本质，以及科学的目的。后者通常是通过将以下二者进行对比来阐述的：一者是针对这些目的的功利主义和实践主义的观点，另一者是建立对自然现象的经得住考验的知识和解释的固有价值。这一组科学本质尽管不像第一组那样被研究者持续关注，但是可以在过去60年里开发的工具中找到对应内容。

第三组包括两类在NOS测评工具中没有得到明显体现的变体的方面。第一类早在20世纪60年代后期就在早期的工具中进行了讨论，但在后来的工具中很少被提及。这些方面包括对科学、科学家、科学相关职业和科学成果的态度（特别是在科学成果如医疗技术或核武器的利弊影响方面），对科学家的认识（主要集中在强调科学家和其他专业人士一样，以及成为科学家不需要具备客观性或天赋等内在特征），以及科学的过程。第二类变体在过去60年中不时被提及，包括定义科学（有时与技术或神学知识相对立）、科学的局限性（如回答关于自然界的问题或者告知而非指示政策相关的决定）、科学模型、科学假设（如自然事件的运行模式具有一致性，通过系统的实证研究可以认识自然）、科学中的界定问题（即科学与伪科学）、伦理与道德问题、实验和实验设计，以及其他一些科学和科学知识的描述（如简洁性、统一性、独特性和发展性）。

过去60年中的全部或绝大多数测评工具共同涉及的NOS方面有惊人的“共识”，这为该领域的研究和开发工作提供了基础(见莱德曼撰写的本书第30章)。通过分析HPSSS文献(如AAAS, 1990; Abd-El-Khalick et al., 1998; Hodson, 1991; National Research Council [NRC], 1996)，或实证分析全球科学教育改革文件中NOS的共识(McComas & Olson, 1998)，或在“专家”间建立共识(Osborne, Collins, Ratcliffe, Millar, & Duschl, 2003)，研究人员得到的结果基本一致。实际上，在一定程度上，在所分析的工具中被认为可理解的内容也惊人地相似。从这个意义上说，各种工具中体现的NOS构造的特征并不像某些研究人员有时认为的那样大相径庭(如Alters, 1997; Rudolph, 2000; Wong & Hodson, 2010)。然而，这并不是说NOS工具所需的NOS理解没有差异。其实差异十分明显。例如，与*VNOS*(Lederman et al., 2002)相比，BNSSE(Pomeroy, 1993)认可了关于科学知识本质的相对性观点。类似地，与*TOUS*相比(Cooley & Klopfer, 1961)，*COST*(Cotham & Smith, 1981)认为主观因素在选择对立理论时发挥的作用更显著。这种分歧反映了HPSSS内部的持续争论，这使我们不得不审视概念化NOS的方法基础，以及上面提到的为了得到总体一致、能够覆盖各个测评工具所基于的NOS模型各个方面的整体框架而进行的各种看似有意的(实际上是必须的)省略。

拥抱“争议”：以NOS理解作为测评基准的发展的框架

从20世纪60年代末开始，考虑到HPSSS内部的争议，研究人员采用了概述一系列有价值的NOS方面的方法，并结合了(至少是隐含的)与基础教育阶段学生关系不大且具有高度争议的NOS论证(Abd-El-Khalick, 2012b)。大多数研究人员和工具开发人员利用共识，搁置争议，并且不选定具体的哲学立场。这种方法最好的例证是科学教育改革文件中关于NOS的表述。例如，美国科学促进会(AAAS, 1990)和美国国家研究理事会(NRC, 1996)的文件没有在实证主义者(如van Fraassen, 1998)和现实主义者(如Musgrave, 1998)关于科学理论中假设的本体论地位和许多其他问题的持续争论中表明立场。应该指出，科学的本体论是几个NOS工具的测评内容。改革文件甚至在NOS相关内容中没有单一的立场，例如建构经验主义理论(van Fraassen, 1980)、科学现实主义理论(Boyd, 1983)、常规的科学和革命的科学理论(Kuhn, 1996/1962)、复杂的证伪主义理论(Lakatos, 1970)或任何其他完善的科学理论。科学教育工作者强调了改革文件中由此产生的内在矛盾关系，例如确认科学知识既是暂定的又是持久的(AAAS, 1990, pp. 2–3；见Good & Shymansky, 2001)。需要强调的是，改革文件中的NOS内容在质量上比科学课本(Abd-El-Khalick et al., 2008)、大多数科学教师讲授的NOS内容和大多数基础教育阶段学生所认可的NOS内容更加理性和准确(Lederman, 2007)。

从应用的角度来看，所讨论的框架使科学教育工作者能够将理性的NOS概念融入科学课程和教学中，不受持续的HPSSS争论影响。但是，就构建测试结构的基准而言，主要的问题依然存在并影响NOS测评的相关领域。通常情况下，一些研究人员似乎对搁置有争议的NOS问题的基础和逻辑存在误解，并在实际的争议中选择了一方，支持某些哲学立场，例如支持科学知识的相对性观点或实证主义/工具主义观点(如Pomeroy, 1993)。因此，虽然各种工具中经常提到的NOS内容和方面非常相似，但这些工具所支持的立场（至少是这些NOS观念中的一部分立场）可能会继续受到工具开发人员和研究人员的哲学背景、偏好和立场的影响。

因此，需要通过扩展当前的共识框架来推动NOS的测评基准的发展。研究人员不能以对科学知识的特性、科学知识如何产生和验证这些有争议的方面保持沉默来继续回避争议。另一种框架应继续正视某些NOS维度的争议本质，同时能够开发和制定科学课程，进行教学和评估，以帮助学生内化那些比他们牢固持有的质朴认识更理性的NOS内容。阿布德-哈利克（Abd-El-Khalick, 2012b）概述了一个框架，该框架继续关注当前改革文件中强调并得到科学教育工作者广泛支持的NOS方面（见本书第30章）。不过，这一NOS框架涵盖了从小学阶段一般、简单、无问题的水平到教师教育情境下具体、复杂、有问题/有争议的逐渐深化的水平的相关内容（具体例子见表31.3）。连续统一的框架也应考虑学习者的发展水平。在小学阶段NOS方面的共通性基本没有争议，但比当前普遍持有的质朴认识要更加理性。中学生将以合理的复杂程度讨论NOS方面，这些方面不仅仅是概括，例如科学知识是取决于实证证据的还是暂定的。学习者在这一连续框架中将逐步深入学习NOS，有充分的机会来构建和巩固他们自己内在的关于科学的认识的一致性框架。在教师教育和专业发展的情境下，职前和在职科学教师将解决有关NOS的更复杂的问题，包括HPSSS内的重大争论。这样一来，教师不仅能够支持学生的NOS学习，而且能够很好地调整，使教学匹配他们教授NOS的深度以及学生的特定兴趣和能力（详细讨论见Abd-El-Khalick, 2012b）。

这种发展性框架改变了NOS测评及相关测评的概念化和部署的本质。测评的开发人员不仅需要描述测评所基于的NOS内容，还需要描述希望测评到的NOS水平以及这些NOS观念相互关联的方式和复杂程度。该框架首先需要在一般性的水平下进行校正。在这种水平下，NOS认识对于特定学习者受众而言是被普遍接受的，并且HPSSS学者也能达成共识。例如，对于“观察总是有选择性的，它需要一个选定的对象、一个明确的任务、一股兴趣、一个观点、一个问题”这一观点，几乎不存在任何不同意见（Popper, 1963, p.45）。正如达尔文在1861年写给亨利·福西特（Henry Fawcett）的一封信中所说的那样，“如果观察有什么作用的话，那就是用来支持或反对一种观点”（Barlow, 1993/1958, p.161）。因此，从一般意义上说，观察本质上不是中立、客观或无预设的这一观念实际上是无争议的（O'Hear, 1989），在测评中一直被强调，也是中学生需要理解的重要NOS概念。然而，第二点是，发展性框架要求工具开发者意识到与工具涉及的NOS相关的争议，并相应地调整他们的测评。继续以此为例，与某些复杂程度的学习者合作时，NOS测评应该避免以引起自身理论负载性的形式出现，例如“科学发现的过程类似于艰难的司法判决的过程”（Pomeroy, 1993, p.275: BNSSE, 17题）。比如，如果科学教师知道关于理论与实证证据之间关系本质的持续争论，以及关于在相互冲突的理论间进行选择时理论在多大程度上凌驾于证据之上的持续争论，他们就能更好地教授NOS（见Abd-El-Khalick 2012a; Curd & Cover, 1998）。尽管进行司法判决和在不同科学理论间作出选择在许多方面都相似，但对于一部分NOS学者而言二者仍然存在关键区别，因为科学理论受到对自然现象的观察的影响。

表31.3提供了关于关键的NOS方面的更多说明性示例，这些方面的测评应在不同的普遍性和复

杂性水平上进行。由此可见，为评估中学科学教师和大学生的NOS理解而设计的工具和方法需要相应地进行校准，提供一定的“空间”以激发被试对这些关键NOS方面的相关争论和之间关系的理解。这些“空间”可以是强制选择工具中适当的选项或者开放式测量中精心设计的情境、场景和提示。从这个意义上说，对某些受众群体(尤其是科学教师和大学生)而言，对NOS相关争论的理解程度反映了他们的理解水平。应该强调的是，这说明NOS测评方法需要对各个NOS概念在发展性框架中发展的适切性有充分的理解，如表31.3所列。目前，我们对这种发展适切性的理解并非基于系统的文献，而是通过猜测和本土化研究得到。对于那些对NOS领域感兴趣的人来说，K—16学段上NOS发展适切性的研究应该可以说是卓有成效的，尤其是在NOS测评领域。

结束语和展望

正如本文所述，与NOS有关的测评工作比

表31.3　以NOS理解作为测评基准的发展的框架：示例

教育水平	目标NOS方面举例				深度水平
	暂定性NOS	理论负载性NOS	实证性NOS	社会性NOS	
大学；教师教育和专业发展	科学知识的增长是通过积累（理论框架间相容）或范式转变（理论框架间不相容）实现的。	观察的理论负载特点和本质存在争议，当证据获取达到人类感知器官或观察工具的极限时，理论负载性是否还有意义？	证据对科学理论的支持是不足的。在科学的理论选择过程中，理性与价值判断在多大程度上影响了证据的使用，这一争议仍然存在。	对于在没有现实主义的情况下社会建构主义能否有效地解释科学成功，仍然存在争议。如果科学没有接近现象的“真正”本质，那只有“奇迹”才能解释这样的成功！	具体的、复杂的、有问题的（有争议的）
中学	科学知识由于以下两个原因而被扩展、修改或否决：（1）新证据的出现（实证性），（2）现有证据由于理论发展而被重新解释（理论负载性）。科学知识的变化至少有以下两种基本方式：（1）通过新增知识而被扩展；（2）被否定并被新的知识完全取代。	理论可能通过影响科学的观察和对观察现象的解释来决定科学家在探究中得到什么。科学理论对进行科学探究至关重要，因为理论使科学家能够选择收集什么证据（和忽略什么证据），以及如何解释收集到的证据。	科学知识与证据之间的关系是间接的。理论只能通过将其结果与实证观察结果进行比较来验证。假设不会从证据中“跳出来”，通常推断会超越证据（创造性NOS）。理论是知识主张和证据之间的中介（理论负载性）。	科学的社会性特点形成了它的客观性：通过既定价值驱动的方式（如双盲审）进行的主体间的批评将参与研究的科学家的主观性降到最低。科学是在社会机构的背景下进行的，并建立了可识别的规范。	
小学	科学知识会随着时间而变化。	科学探究总是涉及理论和实证观察。	科学需要证据，科学知识来源于，并/或以对自然界的观察为基础。	不同的科学家群体对科学知识的发展做出了贡献。	一般的、简单的、无问题的

人们通常认为的精简得多。实证研究中使用可用NOS测评的范围和模式反映出的实践的集体智慧表明，通过对少量测评工具的选择使用可以进行跨研究、跨样本和针对不同干预措施的充分比较。分析还表明NOS测评方法经历了从理论驱动向实证驱动的强制选择工具以及最终向开放式测评方法发展的演变模式。这一演变模式在测评的效度和被试NOS认识数据的含义方面带来了实质性的提升。过去60年开发的NOS工具的使用和内容分析显示，研究者对一些关键NOS方面具有广泛共识并围绕其展开测评，而这些方面是基础教育阶段科学教育的核心。不过，HPSSS学术研究的本质给NOS测评带来一些矛盾，特别是在与这些核心NOS方面相关的争议领域。为了解决这一问题，我主张直面关于NOS的“争议”，采用一种发展性框架作为NOS测评的基准。此外，我认为情境因素对NOS测评至关重要，应该在相关方法中加以考虑。然而，也有人认为通过从学习者行为推断他们信念来评估学习者NOS观的方法是非常有问题的。

最后，我认为，无视许多理论论据和实证证据对强制选择工具的效度提出了严重质疑这一事实而仍在不断被开发出来的工具并不代表该领域的进步。不过，这些工具的不断发展反映了在大规模测评研究中和解释学习者的NOS理解与其他兴趣变量间关系的统计检验中对资源经济型测评和学习者NOS理解量化的需求。NOS测评的下一阶段不是退回到强制选择工具的开发和使用，而是提出有效、可靠的方法来量化学生对开放式工具的作答。阿布德-哈利克和他的学生一直致力于开发一种对*VNOS-C*作答进行“评分”的规则（Abd-El-Khalick, 2004b; Abd-El-Khalick, Belarmino, & Summers, 2012）。该方法利用开放式测评的优势得出被试的NOS认识，然后使用详细的规则和决策树得到反映学生理解程度的分数，这将使得同一研究内和不同研究间的有效比较成为可能。然而，目前这种方法仍然需要使用大量资源，并且依旧不利于大规模研究。一种可能的措施是利用新兴的自然语言处理技术对开放式NOS工具中被试的作答进行定性分析和赋分，这将大大减少工具实施所耗费的精力和时间。

致谢

感谢我的学生约翰·迈尔斯（John Myers）和瑞安·萨默斯（Ryan Summers）分别在检索有关NOS的大量文献和分析NOS工具的内容方面提供帮助。还要感谢诺曼·莱德曼（Norman G. Lederman）和瓦拉里·埃克森（Valarie Akerson）审阅了本章。

参考文献

Abd-El-Khalick, F. (1998). *The influence of history of science courses on students' conceptions of the nature of science.* Unpublished doctoral dissertation, Oregon State University, Oregon.

Abd-El-Khalick, F. (2001). Embedding nature of science instruction in preservice elementary science courses: Abandoning scientism, but . . . *Journal of Science Teacher Education, 12*(3), 215–233.

Abd-El-Khalick, F. (2002, April). *The development of conceptions of the nature of scientific knowledge and knowing in the middle and high school years: A cross-sectional study.* Paper presented at the annual meeting of the National Association for Research in Science Teaching, New Orleans, LA.

Abd-El-Khalick, F. (2004a). Over and over and over again:

College students' views of nature of science. In L. B. Flick & N. G. Lederman (Eds.), *Scientific inquiry and nature of science: Implications for teaching, learning, and teacher education* (pp. 389 – 425). Dordrecht, the Netherlands: Kluwer.

Abd-El-Khalick, F. (2004b, April). *The relationship between students' views of nature of science and their conceptual understanding of stoichiometry: An empirical assessment.* Paper presented at the annual meeting of the American Educational Research Association, San Diego, CA.

Abd-El-Khalick, F. (2004c, April). *Assessing and influencing epistemological views: The moderate fallacies of inference to beliefs from action and influence of action on beliefs.* Paper presented at the annual meeting of the American Educational Research Association, San Diego, CA.

Abd-El-Khalick, F. (2005). Developing deeper understandings of nature of science: The impact of a philosophy of science course on preservice science teachers' views and instructional planning. *International Journal of Science Education, 27*(1), 15 – 42.

Abd-El-Khalick, F. (2012a). Examining the sources for our understandings about science: Enduring conflations and critical issues in research on nature of science in science education. *International Journal of Science Education, 34*(3), 353 – 374.

Abd-El-Khalick, F. (2012b). Nature of science in science education: Toward a coherent framework for synergistic research and development. In B. J. Fraser, K. Tobin, & C. McRobbie (Eds.), *Second international handbook of science education* (Vol. 2, pp. 1041 – 1060). Dordrecht, the Netherlands: Springer.

Abd-El-Khalick, F. (2013). Teaching *with* and *about* nature of science, and science teacher knowledge domains. *Science & Education, 22*(9), 2087 – 2107.

Abd-El-Khalick, F., & Akerson, V. L. (2004). Learning as conceptual change: Factors that mediate the development of preservice elementary teachers' views of nature of science. *Science Education, 88*(5), 785 – 810.

Abd-El-Khalick, F., & Akerson, V. L. (2009). The influence of metacognitive training on preservice elementary teachers' conceptions of nature of science. *International Journal of Science Education, 31*(16), 2161 – 2184.

Abd-El-Khalick, F., Belarmino, J., & Summers, R. (2012, March). *Development and validation of a rubric to score the views of nature of science questionnaire.* Paper presented at the annual meeting of the National Association for Research in Science Teaching, Indianapolis, IN.

Abd-El-Khalick, F., Bell, R. L., & Lederman, N. G. (1998). The nature of science and instructional practice: Making the unnatural natural. *Science Education, 82*(4), 417 – 436.

Abd-El-Khalick, F., & BouJaoude, S. (1997). An exploratory study of the knowledge base for science teaching. *Journal of Research in Science Teaching, 34*(7), 673 – 699.

Abd-El-Khalick, F., & BouJaoude, S. (2003). Lebanese middle school students' views of nature of science. *Mediterranean Journal of Educational Studies, 8*(1), 61 – 79.

Abd-El-Khalick, F., & Lederman, N. G. (2000a). Improving science teachers' conceptions of the nature of science: A critical review of the literature. *International Journal of Science Education, 22*(7), 665 – 701.

Abd-El-Khalick, F., & Lederman, N. G. (2000b). The influence of history of science courses on students' views of nature of science. *Journal of Research in Science Teaching, 37*(10), 1057 – 1095.

Abd-El-Khalick, F., Waters, M., & Le, A. (2008). Representations of nature of science in high school chemistry textbooks over the past four decades. *Journal of Research in Science Teaching, 45*(7), 835 – 855.

Aikenhead, G. S. (1973). The measurement of high school students' knowledge about science and scientists. *Science Education, 57*(4), 539 – 549.

Aikenhead, G. S. (1974a). Course evaluation. I: A new methodology for test construction. *Journal of Research in Science Teaching, 11*(1), 17 – 22.

Aikenhead, G. S. (1974b). Course evaluation. II: Interpretation of student performance on evaluative tests. *Journal of Research in Science Teaching, 11*(1), 23 – 30.

Aikenhead, G. S. (1987). High-school graduates' beliefs about science-technology-society. III. Characteristics and limitations of scientific knowledge. *Science Education, 71*(4), 459 – 487.

Aikenhead, G. S. (1988). An analysis of four ways of assessing student beliefs about STS topics. *Journal of Research in Science Teaching, 25*(8), 607 – 629.

Aikenhead, G. S. (1997). Student views on the influence

of culture on science. *International Journal of Science Education, 19*(4), 419–428.

Aikenhead, G. S., Fleming, R. W., & Ryan, A. G. (1987). High-school graduates' beliefs about science-technology-society. I. Methods and issues in monitoring student views. *Science Education, 71*(2), 145–161.

Aikenhead, G. S., & Ryan, A. G. (1992). The development of a new instrument: "Views on Science-Technology-Society" (VOSTS). *Science Education, 76*(5), 477–491.

Aikenhead, G. S., Ryan, A., & Fleming, R. (1989). *Views on science-technology-society* (from CDN.mc.5). Saskatoon, Canada: Department of Curriculum Studies, University of Saskatchewan.

Akçay, B., & Koç, I. (2009). Inservice science teachers' views about the nature of science. *Hasan Ali Yücel Faculty of Education Journal, 11*, 1–11.

Akerson, V. L., & Abd-El-Khalick, F. (2003). Teaching elements of nature of science: A yearlong case study of a fourth grade teacher. *Journal of Research in Science Teaching, 40*(10), 1025–1049.

Akerson, V. L., Abd-El-Khalick, F., & Lederman, N. G. (2000). Influence of a reflective explicit activity-based approach on elementary teachers' conceptions of nature of science. *Journal of Research in Science Teaching, 37*(4), 295–317.

Akerson, V. L., Buck, G. A., Donnelly, L. A., Nargund-Joshi, V., & Weiland, I. S. (2011). The importance of teaching and learning nature of science in the early childhood years. *Journal of Science Teacher Education, 20*, 537–549.

Akerson, V. L., Cullen, T. A., & Hanson, D. L. (2009). Fostering a community of practice through a professional development program to improve elementary teachers' views of nature of science and teaching practice. *Journal of Research in Science Teaching, 46*(10), 1090–1113.

Akerson, V., & Donnelly, L. A. (2010). Teaching nature of science to K–2 students: What understandings can they attain? *International Journal of Science Education, 32*(1), 97–124.

Akerson, V. L., Hanson, D. L., & Cullen, T. A. (2007). The influence of guided inquiry and explicit instruction on K–6 teachers' views of nature of science. *Journal of Science Teacher Education, 18*, 751–772.

Akerson, V. L., & Hanuscin, D. L. (2007). Teaching the nature of science through inquiry: Results of a 3-year professional development programs. *Journal of Research in Science Teaching, 44*(5), 653–680.

Akerson, V. L., & Volrich, M. L. (2006). Teaching nature of science explicitly in a first-grade internship setting. *Journal of Research in Science Teaching, 43*(4), 377–394.

Akindehin, F. (1988). Effect of an instructional package on preservice science teachers' understanding of the nature of science and acquisition of science-related attitudes. *Science Education, 72*(1), 73–82.

Aldridge, J., Taylor, P., & Chen, C. C. (1997, March). *Development, validation and use of the beliefs about science and school science questionnaire (BASSSQ).* Paper presented at the annual meeting of the National Association for Research in Science Teaching, Oak Brook, IL.

Allen, H., Jr. (1959). *Attitudes of certain high school seniors toward science and scientific careers.* New York: Teachers College Press.

Alters, B. J. (1997). Whose nature of science? *Journal of Research in Science Teaching, 34*(1), 39–55.

American Association for the Advancement of Science (AAAS). (1990). *Science for all Americans.* New York: Oxford University Press.

Andersen, H. O., Harty, H., & Samuel, K. K. (1986). Nature of science, 1969 and 1984: Perspectives of preservice secondary science teachers. *School Science and Mathematics, 86*(1), 43–50.

Anderson, E. J., DeMelo, H. T., Szabo, M., & Toth, G. (1975). Behavioral objectives, science processes, and learning for inquiry-oriented instructional materials. *Science Education, 59*(2), 263–271.

Anderson, G. J. (1970). Effects of classroom social climate on individual learning. *American Educational Research Journal, 7*(2), 135–152.

Anderson, O. R., & Callaway, J. (1986). Studies of information processing rates in science learning and related cognitive variables. II: A first approximation to estimating a relationship between science reasoning skills and information acquisition. *Journal of Research in Science Teaching, 23*(1), 67–72.

Apostolou, A., & Koulaidis, V. (2010). Epistemology and science education: A study of epistemological views of teachers. *Research in Science & Technological Education, 28*(2), 149–166.

Barlow, N. (Ed.). (1993/1958). *The autobiography of Charles Darwin: 1809–1882*. New York: W. W. Norton.

Barufaldi, J. P., Bethel, L. J., & Lamb, W. G. (1977). The effect of a science methods course on the philosophical view of science among elementary education majors. *Journal of Research in Science Teaching, 14*(4), 289–294.

Bell, R. L. (1999). *Understandings of the nature of science and decision making on science and technology based issues*. Unpublished doctoral dissertation, Oregon State University, Oregon.

Bell, R. L., Lederman, N. G., & Abd-El-Khalick, F. (2000). Developing and acting upon one's conceptions of the nature of science: A follow-up study. *Journal of Research in Science Teaching, 37*(6), 563–581.

Ben-Chaim, D., & Zoller, U. (1991). The STS outlook profiles of Israeli high-school students and their teachers. *International Journal of Science Education, 13*(4), 447–458.

Bennett, J., & Hogarth, S. (2009). Would you want to talk to a scientist at a party? High school students' attitudes to school science and to science. *International Journal of Science Education, 31*(14), 1975–1998. Beveridge, W. I. B. (1950). *The art of scientific investigation*. New York: Vintage Books.

Bianchini, J. A., & Solomon, E. R. (2003). Constructing views of science tied to issues of equity and diversity: A study of beginning science teachers. *Journal of Research in Science Teaching, 40*, 53–76.

Billeh, V. Y., & Hasan, O. E. (1975). Factors influencing teachers' gain in understanding the nature of science. *Journal of Research in Science Teaching, 12*(3), 209–219.

Billeh, V. Y., & Malik, M. H. (1977). Development and application of a test on understanding the nature of science. *Science Education, 61*(4), 559–571.

Biological Sciences Curriculum Study (BSCS). (1962). *Processes of science test*. New York: The Psychological Corporation.

Borda, E. J., Burgess, D. J., Plog, C. J., DeKalb, N. C., & Luce, M. M. (2009). Concept maps as tools for assessing students' epistemologies of science. *Electronic Journal of Science Education, 13*(2). Retrieved from http://ejse.southwestern.edu/article/view/7804

Botton, C., & Brown, C. (1998). The reliability of some VOSTS items when used with preservice secondary science teachers in England. *Journal of Research in Science Teaching, 35*(1), 53–71.

Boyd, R. N. (1983). On the current status of scientific realism. *Erkenntnis, 19*, 45–90.

Bradford, C. S., Rubba, P. A., & Harkness, W. L. (1995). Views about science-technology-society interactions held by college students in general education physics and STS courses. *Science Education, 79*(4), 355–373.

Breedlove, C. B., & Gessert, W. L. (1970). Use of an "electronic black-board" in a physics teaching project. *School Science and Mathematics, 70*(2), 154–168.

Broadhurst, N. A. (1970). A study of selected learning outcomes of graduating high school students in south Australian schools. *Science Education, 54*(1), 17–21.

Buaraphan, K. (2009a). Preservice and inservice science teachers' responses and reasoning about the nature of science. *Educational Research and Review, 4*(11), 561–581.

Buaraphan, K. (2009b). Thai in-service science teachers' conceptions of the nature of science. *Journal of Science and Mathematics Education in Southeast Asia, 32*(2), 188–217.

Buaraphan, K. (2010). Pre-service and in-service science teachers' conceptions of the nature of science. *Science Educator, 19*(2), 35–47.

Buaraphan, K. (2011). Pre-service physics teachers' conceptions of nature of science. *US-China Education Review, 8*(2), 137–148.

Buaraphan, K. (2012). Embedding nature of science in teaching about astronomy and space. *Journal of Science Education and Technology, 21*, 353–369.

Buaraphan, K., & Sung-Ong, S. (2009). Thai pre-service science teachers' conceptions of the nature of science. *Asia-Pacific Forum on Science Learning and Teaching, 10*(1).

Buffler, A., Lubben, F., & Ibrahim, B. (2009). The relationship between students' views of the nature of science and their views of the nature of scientific measurement. *International Journal of Science Education, 31*(9), 1137–1156.

Cakmakci, G. (2012). Promoting pre-service teachers' ideas about nature of science through educational research apprenticeship. *Australian Journal of Teacher Education, 37*(2). Retrieved from http://ro.ecu.edu.au/ajte/vo137/

iss2/8

Carey, R. L., & Stauss, N. G. (1968). An analysis of the understanding of the nature of science by prospective secondary science teachers. *Science Education, 52*(4), 358–363.

Carey, R. L., & Stauss, N. G. (1970). An analysis of experienced science teachers' understanding of the nature of science. *School Science and Mathematics, 70*(5), 366–376.

Chan, K. S. (2005). Exploring the dynamic interplay of college students' conceptions of the nature of science. *Asia-Pacific Forum on Science Learning and Teaching, 6*(2), 1–16.

Chen, S. (2006). Development of an instrument to assess views on nature of science and attitudes toward teaching science. *Science Education, 90*, 803–819.

Choi, K., & Cho, H. H. (2002). Effects of teaching ethical issues on Korean (此处指韩国——出版者注) school students' attitudes towards science. *Journal of Biological Education, 37*(1), 26–30.

Choppin, B. H. (1974). The introduction of new science curricula in England and Wales. *Comparative Education Review, 18*(2), 196–206.

Chrouser, W. H. (1975). Outdoor vs. indoor laboratory techniques in teaching biology to prospective elementary teachers. *Journal of Research in Science Teaching, 12*(1), 41–48.

Cobern, W. W., & Loving, C. C. (2002). Investigation of preservice elementary teachers' thinking about science. *Journal of Research in Science Teaching, 39*(10), 1016–1031.

Cooley, W. W., & Bassett, R. D. (1961). Evaluation and follow-up study of a summer science and mathematics program for talented secondary school students. *Science Education, 45*(3), 209–216.

Cooley, W. W., & Klopfer, L. E. (1961). *TOUS: Test on understanding science.* Princeton, NJ: Education Testing Service.

Cossman, G. W. (1969). The effects of a course in science and culture for secondary school students. *Journal of Research in Science Teaching, 6*(3), 274–283.

Cotham, J. S., & Smith, E. L. (1981). Development and validation of the conceptions of scientific theories test. *Journal of Research in Science Teaching, 18*(5), 387–396.

Crumb, G. H. (1965). Understanding of science in high school physics. *Journal of Research in Science Teaching, 3*, 246–250.

Curd, M., & Cover, J. A. (1998). *Philosophy of science: The central issues.* New York: W. W. Norton & Co.

Dass, P. M. (2005). Understanding the nature of scientific enterprise (NOSE) through a discourse with its history: The influence of an undergraduate "history of science" course. *International Journal of Science and Mathematics Education, 3*, 87–115.

Demirbaş, M., & Balci, F. (2012). The impact of the explicit reflective approach in teaching the nature of science upon Turkish students' perceptions of science. *International Journal of Asian Social Science, 2*(8), 1255–1260.

Demirbas, M., Bozdogan, A. E., & Özbek, G. (2012). An analysis from different variables of views of pre-service science teachers in Turkey on the nature of science. *Research Journal of Recent Sciences, 1*(8), 29–35.

Dienye, N. E. (1987). The effect of inservice science education. *British Journal of In-Service Education, 14*(1), 48–55.

Dogan, N., & Abd-El-Khalick, F. (2008). Turkish grade 10 students' and science teachers' conceptions of nature of science: A national study. *Journal of Research in Science Teaching, 45*(10), 1083–1112.

Doran, R. L., Guerin, R. O., & Cavalieri, J. (1974). An analysis of several instruments measuring "nature of science" objectives. *Science Education, 58*(3), 312–329.

Driver, R., Leach, J., Millar, R., & Scott, P. (1996). *Young people's images of science.* Buckingham, UK: Open University Press.

Duncan, D. K., & Arthurs, L. (2012). Improving student attitudes about learning science and student scientific reasoning skills. *Astronomy Education Review, 11*(1). Retrieved from http://aer.aas.org/resource/1/aerscz/v11/i1/p010102_s1

Durkee, P. (1974). An analysis of the appropriateness and utilization of TOUS with special reference to high-ability students studying physics. *Science Education, 58*(3), 343–356.

Duschl, R. A., & Wright, E. (1989). A case study of high school teachers' decision making models for planning and teaching science. *Journal of Research in Science Teaching, 26*(5), 467–501.

Eastwood, J. L., Sadler, T. D., Zeidler, D. L., Lewis, A., Amiri, L., & Applebaum, S. (2012). Contextualizing nature of science instruction in socioscientific issues. *International Journal of Science Education, 34*(15), 2289–2315.

Engen, H. B., Smith, D. D., & Yager, R. E. (1967–1968). Student outcomes with rotation of teachers in secondary biology. *Journal of Research in Science Teaching, 5*, 230–234.

Faryniarz, J. V. (1992). Effectiveness of microcomputer simulations in stimulating environmental problem solving by community college students. *Journal of Research in Science Teaching, 29*(5), 453–470.

Fergusson, J., Oliver, C., & Walter, M. R. (2012). Astrobiology outreach and the nature of science: The role of creativity. *Astrobiology, 12*(12), 1143–1153.

Fisher, D. L. (1979). The impact of the inclusion of ASEP materials on some cognitive outcomes in different types of Tasmanian schools. *Research in Science Education, 9*, 111–118.

Fisher, D. L., & Fraser, B. J. (1980). Evaluating the impact of a national curriculum on content-free cognitive outcomes. *European Journal of Science Education, 2*(1), 45–59.

Fleming, R. W. (1987). High-school gradates' beliefs about science-technology-society. II. The interaction among science, technology, and society. *Science Education, 71*(2), 163–186.

Fleming, R. W. (1988). Undergraduate science students' views on the relationship between science, technology and society. *International Journal of Science Education, 10*(4), 449–463.

Flores, F., Lopez, A., Gallegos, L., & Barojas, J. (2000). Transforming science and learning concepts of physics teachers. *International Journal of Science Education, 22*(2), 197–208.

Folmer, V., Barbosa, N. B., Soares, F. A., & Rocha, J. B. T. (2009). Experimental activities based on ill-structured problems improve Brazilian school students' understanding of the nature of scientific knowledge. *Revista Electrónica de Enseñanza de las Ciencias, 8*(1), 232–254.

Fraser, B. J. (1978). Development of a test of science-related attitudes. *Science Education, 62*, 509–515.

Fulton, H. F. (1971a). An analysis of student outcomes utilizing two approaches to teaching BSCS biology. *Journal of Research in Science Teaching, 8*(1), 21–28.

Fulton, H. F. (1971b). Individualized vs. group teaching of BSCS biology. *The American Biology Teacher, 33*(5), 277–279, 291.

Gardner, P. L. (1975). Attitudes to science: A review. *Studies in Science Education, 2*(1), 1–41.

Gess-Newsome, J. (2002). The use and impact of explicit instruction about the nature of science and science inquiry in an elementary science methods course. *Science & Education, 11*, 55–67.

Ginns, I. S., & Foster, W. J. (1978). A comparison of teaching strategies and their effect on attitudes to and understanding of science. *South Pacific Journal of Teacher Education, 6*(2), 154–158.

Glass, L. W., & Yager, R. E. (1970). Individualized instruction as a spur to understanding the scientific enterprise. *The American Biology Teacher, 32*(6), 359–361.

Goff, P., Boesdorfer, S. B., & Hunter, W. (2012). Using a multicultural approach to teach chemistry and the nature of science to undergraduate non-majors. *Cultural Studies of Science Education, 7*, 631–651.

Golabek, C., & Amrane-Cooper, L. (2011). Trainee teachers' perceptions of the nature of science and implications for pre-service teacher training in England. *Research in Secondary Teacher Education, 1*(2), 9–13.

Good, R., & Shymansky, J. (2001). Nature-of-science literacy in *Benchmarks* and *Standards:* Post-modern/relativist or modern/realist? *Science & Education, 10*, 173–185.

Guerra-Ramos, M. T. (2012). Teachers' ideas about the nature of science: A critical analysis of research approaches and their contribution to pedagogical practice. *Science & Education, 21*(5), 631–655.

Guerra-Ramos, M. T., Ryder, J., & Leach, J. J. (2010). Ideas about the nature of science in pedagogically relevant contexts: Insights from a situated perspective of primary teachers' knowledge. *Science Education, 94*, 282–307.

Güzel, H. (2011). Opinions of university students about the nature of science. *World Applied Sciences Journal, 12*(7), 1005–1013.

Hacıeminoğlu, E., Yılmaz-Tüzün, O., & Ertepınar, H.

(2012). Development and validation of nature of science instrument for elementary school students. *Education 3-13: International Journal of Primary, Elementary and Early Years Education.* doi:10.1080/03004279.2012.671840

Haidar, A. H. (1999). Emirates pre-service and inservice teachers' views about the nature of science. *International Journal of Science Education, 21*(8), 807-822.

Haidar, A. H. (2000). Professors' views on the influence of Arab society on science and technology. *Journal of Science Education and Technology, 9*(3), 257-273.

Hanuscin, D. L., Akerson, V. L., & Phillipson-Mower, T. (2006). Integrating nature of science instruction into a physical science content course for preservice elementary teachers: NOS views of teaching assistants. *Science Education, 90*, 912-935.

Hanuscin, D. L., & Lee, M. H. (2011). Elementary teachers' pedagogical content knowledge for teaching the nature of science. *Science Education, 95*, 145-167.

Haukoos, G.D., & Penick, J.E. (1983). The influence of classroom climate on science process and content achievement of community college students. *Journal of Research in Science Teaching, 20*(7), 629-637.

Haukoos, G. D., & Penick, J. E. (1985). The effects of classroom climate on college science students: A replication study. *Journal of Research in Science Teaching, 22*(2), 163-168.

Haukoos, G. D., & Penick, J. E. (1987). Interaction effect of personality characteristics, classroom climate, and science achievement. *Science Education, 71*(5), 735-743.

Hillis, S. R. (1975). The development of an instrument to determine student views of the tentativeness of science. In E. J. Montague (Ed.), *Research and curriculum development in science education: Science teacher behavior and student affective and cognitive learning* (Vol. 3, pp.34-40). Austin: University of Texas Press. (ERIC Document Reproduction Service No. ED 124 404)

Hodson, D. (1991). Philosophy of science and science education. In M. R. Matthews (Ed.), *History, philosophy, and science teaching: Selected readings* (pp.19-32). New York: Teachers College Press.

Holton, G., Watson, F. G., & Rutherford, F. J. (1967). Harvard project physics: A progress report. *The Physics Teacher, 5*(5).

Howe, E. M. (2007). Addressing nature-of-science core tenets with the history of science: An example with sickle-cell anemia & malaria. *American Biology Teacher, 69*(8), 467-472.

Howe, E. M., & Rudge, D. W. (2005). Recapitulating the history of sickle-cell anemia research: Improving students' NOS views explicitly and reflectively. *Science & Education, 14*, 423-441.

Hungerford, H., & Walding, H. (1974). *The modification of elementary methods students' concepts concerning science and scientists.* Paper presented at the annual meeting of the National Science Teachers Association.

İrez, S. (2006). Are we prepared? An assessment of preservice science teacher educators' beliefs about nature of science. *Science Education, 90*, 1113-1143.

İrez, S. (2007). Reflection-oriented qualitative approach in beliefs research. *Eurasia Journal of Mathematics, Science & Technology Education, 3*(1), 17-27.

İrez, S., Çakir, M., & Şeker, H. (2011). Exploring nature of science understandings of Turkish pre-service science teachers. *Necatibey Faculty of Education Electronic Journal of Science and Mathematics Education, 5*(2), 6-17.

Irzik, G., & Nola, R. (2011). A family resemblance approach to the nature of science for science education. *Science & Education, 20*(7), 591-607.

Jacobs, J. N., & Bollenbacher, J. K. (1960). Teaching ninth-grade biology by television. *Audiovisual Communication Review, 8*, 176-191.

Johnson, G. (1972). An integrated two year chemistry-physics course compared with consecutively taught separate courses. *Science Education, 56*(2), 143-154.

Johnson, R. L., & Peeples, E. E. (1987). The role of scientific understanding in college: Student acceptance of evolution. *American Biology Teacher, 49*(2), 96-98.

Jones, K. M. (1969). The attainment of understandings about the scientific enterprise, scientists, and the aims and methods of science by students in a college physical science course. *Journal of Research in Science Teaching, 6*(1), 47-49.

Jungwirth, E. (1968). Teaching for "understanding of science." *Journal of Biological Education, 2*(1), 39-51.

Jungwirth, E. (1969). Active understanding of the processes of science: An evaluation of certain aspects of the first two years of B.S.C.S. biology teaching in Israel. *Journal of*

Biological Education, 3(1), 45 – 55.

Jungwirth, E., & Jungwirth, E. (1972). TOUS revisited: A longitudinal study of the development of understanding of science. *Journal of Biological Education, 6*(3), 187 – 195.

Kang, S., Scharmann, L. C., & Noh, T. (2005). Examining students' views on the nature of science: Results from Korean (此处指韩国 —— 出版者注) 6th, 8th, and 10th graders. *Science Education, 89*, 314 – 334.

Kaya, S. (2012). An examination of elementary and early childhood pre-service teachers' nature of science views. *Procedia-Social and Behavioral Science, 46*, 581 – 585.

Kelly, G. J., Chen, C., & Crawford, T. (1998). Methodological considerations for studying science-in-the-making in educational settings. *Research in Science Education, 28*(1), 23 – 49.

Kemeny, J. G. (1959). *A philosopher looks at science.* Princeton, NJ: D. Van Nostrand.

Khishfe, R. (2008). The development of seventh graders' views of nature of science. *Journal of Research in Science Teaching, 45*(4), 470 – 496.

Khishfe, R. (2012). Relationship between nature of science understandings and argumentation skills: A role for counterargument and contextual factors. *Journal of Research in Science Teaching, 49*(4), 489 – 514.

Khishfe, R., & Abd-El-Khalick, F. (2002). Influence of explicit reflective versus implicit inquiry-oriented instruction on sixth graders' views of nature of science. *Journal of Research in Science Teaching, 39*(7), 551 – 578.

Kim, S. Y., & Irving, K. E. (2010). History of science as an instructional context: Student learning in genetics and nature of science. *Science & Education, 19*, 187 – 215.

Kim, S. Y., & Nehm, R. H. (2011). Sun Young & Ross H.: A cross-cultural comparison of Korean (此处指韩国 —— 出版者注) and American science teachers' views of evolution and the nature of science. *International Journal of Science Education, 33*(2), 197 – 227.

Kimball, M. E. (1967). Understanding the nature of science: A comparison of scientists and science teachers. *Journal of Research in Science Teaching, 5*, 110 – 120.

Klopfer, L. E., & Cooley, W. W. (1963). The *history of science cases for high schools* in the development of student understanding of science and scientists: A report on the HOSC instruction project. *Journal of Research in Science Teaching, 1*(1), 33 – 47.

Kokkotas, P., Piliouras, P., Malamitsa, K., & Stamoulis, E. (2009). Teaching physics to in-service primary schools teachers in the context of the history of science: The case of falling bodies. *Science & Education, 18*, 609 – 629.

Korth, W. W. (1968). *The use of history of science to promote student's understanding of the social aspects of science.* Unpublished doctoral dissertation, Stanford University, Stanford, California.

Korth, W. W. (1969, February). *Test every senior project: Understanding the social aspects of science.* Paper presented at the annual meeting of the National Association for Research in Science Teaching, Pasadena, CA. (ERIC Document Reproduction Service No. ED 028 087)

Koulaidis, V., & Ogborn, J. (1988). Use of systemic networks in the development of a questionnaire. *International Journal of Science Education, 10*(5), 497 – 509.

Koulaidis, V., & Ogborn, J. (1989). Philosophy of science: An empirical study of teachers views. *International Journal of Science Education, 11*(2), 173 – 184.

Koulaidis, V., & Ogborn, J. (1995). Science teachers philosophical assumptions: How well do we understand them? *International Journal of Science Education, 17*(3), 273 – 283.

Krockover, G. H. (1971). Individualizing secondary school chemistry instruction. *School Science and Mathematics, 71*(6), 518 – 524.

Kucuk, M. (2008). Improving preservice elementary teachers' views of the nature of science using explicit-reflective teaching in a science, technology and society course. *Australian Journal of Teacher Education, 33*(2). Retrieved from http://ro.ecu.edu.au/ajte/vol33/iss2/1/

Kuhn, T. S. (1996). *The structure of scientific revolutions* (3rd ed.). Chicago: University of Chicago Press. (First published 1962)

Lachman, S. J. (1960). *The foundations of science.* New York: Vantage.

Laforgia, J. (1988). The affective domain related to science education and its evaluation. *Science Education, 72*(4), 407 – 421.

Lakatos, I. (1970). Falsification and the methodology of scientific research programmes. In I. Lakatos & A. Musgrave (Eds.), *Criticism and the growth of knowledge* (pp. 91–195). New York: Cambridge University Press.

Lakin, S., & Wellington, J. (1994). Who will teach the "nature of science"? Teachers' views of science and their implications for science education. *International Journal of Science Education, 16*(2), 175–190.

Laudan, L., Donovan, A., Laudan, R., Barker, P., Brown, H., Leplin, J., Thagard, P., & Wykstra, S. (1986). Scientific change: Philosophical models and historical research. *Synthese, 69*, 141–223.

Lavach, J. F. (1969). Organization and evaluation of an in-service program in the history of science. *Journal of Research in Science Teaching, 6*, 166–170.

Lawrenz, F. (1975). The relationship between science teacher characteristics and student achievement and attitude. *Journal of Research in Science Teaching, 12*(4), 433–437.

Lawrenz, F., & Cohen, H. (1985). The effect of methods classes and practice teaching on student attitudes toward science and knowledge of science processes. *Science Education, 69*(1), 105–113.

Lawson, A. E., Nordland, F. H., & DeVito, A. (1975). Relationship of formal reasoning to achievement, aptitudes, and attitudes in preservice teachers. *Journal of Research in Science Teaching, 4*, 423–431.

Leach, J., Millar, R., Ryder, J., & Séré, M.-G. (2000). Epistemological understanding in science learning: The consistency of representations across contexts. *Learning and Instruction, 10*, 497–527.

Leake, J. B., & Hinerman, C. O. (1973). Scientific literacy and school characteristics. *School Science and Mathematics, 73*(9), 772–782.

Leblebicioğlu, G., Metin, D., Yardimci, E., & Berkyürek, I. (2011). Teaching the nature of science in the nature: A summer science camp. *Elementary Education Online, 10*(3), 1037–1055.

Leblebicioğlu, G., Metin, D., Yardimci, E., & Cetin, P. S. (2011). The effect of informal and formal interaction between scientists and children at a science camp on their images of scientists. *Science Education International, 22*(3), 158–174.

Lederman, J. S., & Khishfe, R. (2002). *Views of nature of science, Form D.* Unpublished paper. Illinois Institute of Technology, Chicago, IL.

Lederman, J. S., & Ko, E. K. (2002). *Views of nature of science, Form E.* Unpublished paper. Illinois Institute of Technology, Chicago, IL.

Lederman, N. G. (1986a). Relating teacher behavior and classroom climate to changes in students' conceptions of the nature of science. *Science Education, 70*(1), 3–19.

Lederman, N. G. (1986b). Students' and teachers' understanding of the nature of science: A reassessment. *School Science and Mathematics, 86*(2), 91–99.

Lederman, N. G. (1992). Students' and teachers' conceptions of the nature of science: A review of the research. *Journal of Research in Science Teaching, 29*(4), 331–359.

Lederman, N. G. (1999). Teachers' understanding of the nature of science and classroom practice: Factors that facilitate or impede the relationship. *Journal of Research in Science Teaching, 36*, 916–929.

Lederman, N. G. (2007). Nature of science: Past, present, and future. In S. K. Abell & N. G. Lederman (Eds.), *Handbook of research on science education* (pp. 831–879). Mahwah, NJ: Lawrence Erlbaum.

Lederman, N. G., Abd-El-Khalick, F., Bell, R. L., & Schwartz, R. (2002). Views of nature of science questionnaire (VNOS): Toward valid and meaningful assessment of learners' conceptions of nature of science. *Journal of Research in Science Teaching, 39*(6), 497–521.

Lederman, N. G., & Druger, M. (1985). Classroom factors related to changes in students' conceptions of the nature of science. *Journal of Research in Science Teaching, 22*(7), 649–662.

Lederman, N. G., & O'Malley, M. (1990). Students' perceptions of tentativeness in science: Development, use, and sources of change. *Science Education, 74*, 225–239.

Lederman, N. G., Schwartz, R., Abd-El-Khalick, F., & Bell, R. L. (2001). Preservice teachers' understanding and teaching of nature of science: An intervention study. *Canadian Journal of Science, Mathematics and Technology Education, 1*(2), 135–160.

Lederman, N. G., Wade, P., & Bell, R. (1998). Assessing the nature of science: What is the nature of our assessments? *Science and Education, 7*, 595–615.

Lederman, N. G., & Zeidler, D. L. (1987). Science teachers' conceptions of the nature of science: Do they really influence teaching behavior? *Science Education, 71*(5), 721–734.

Liang, L. L., Chen, S., Chen, X., Kaya, O. N., Adams, A.

D., Macklin, M., & Ebenezer, J. (2006, April). *Student understanding of science and scientific inquiry (SUSSI): Revision and further validation of an assessment instrument.* Paper presented at the annual meeting of the National Association for Research in Science Teaching, San Francisco, CA.

Liang, L. L., Chen, S., Chen, X., Kaya, O. N., Adams, A. D., Macklin, M., & Ebenezer, J. (2008). Assessing preservice elementary teachers' views on the nature of scientific knowledge: A dual-response instrument. *Asia-Pacific Forum on Science Learning and Teaching, 9*(1).

Liang, L. L., Chen, S., Chen, X., Kaya, O. N., Adams, A. D., Macklin, M., & Ebenezer, J. (2009). Preservice teachers' views about nature of scientific knowledge development: An international collaborative study. *International Journal of Science and Mathematics Education, 7,* 987 - 1012.

Lin, C. C., & Tsai, C. C. (2008). Exploring the structural relationships between high school students' scientific epistemological views and their utilization of information commitments toward online science information. *International Journal of Science Education, 30*(15), 2001 - 2022.

Lin, H. S., & Chen, C. C. (2002). Promoting preservice chemistry teachers' understanding about the nature of science through history. *Journal of Research in Science Teaching, 39*(9), 773 - 792.

Lin, H. S., & Chiu, H. L. (2004). Student understanding of the nature of science and their problem-solving strategies. *International Journal of Science Education, 26*(1), 101 - 112.

Liu, S. Y., & Lederman, N. G. (2007). Exploring prospective teachers' worldviews and conceptions of nature of science. *International Journal of Science Education, 29*(10), 1281 - 1307.

Liu, S. Y., Lin, C. S., & Tsai, C. C. (2011). College students' scientific epistemological views and thinking patterns in socioscientific decision making. *Science Education, 95*(3), 497 - 517.

Liu, S. Y., & Tsai, C. C. (2008). Differences in the scientific epistemological views of undergraduate students. *International Journal of Science Education, 30*(8), 1055 - 1073.

Lombrozo, T., Thanukos, A., & Weisberg, M. (2008). The importance of understanding the nature of science for accepting evolution. *Evolution: Education and Outreach, 1*, 290 - 298.

Lonsbury, J. G., & Ellis, J. D. (2002). Science history as a means to teach nature of science concepts: Using the development of understanding related to mechanisms of inheritance. *Electronic Journal of Science Education, 7*(2). Retrieved from http://ejse.southwestern.edu/article/view/7703/5470

Loving, C. C. (1997). From the summit of truth to its slippery slopes: Science education's journey through positivist-postmodern territory. *American Educational Research Journal, 34*(3), 421 - 452.

Lowery, L. F. (1967). An experimental investigation into the attitudes of fifth grade students toward science. *School Science and Mathematics, 67,* 569 - 579.

Mackay, L. D. (1971). Development of understanding about the nature of science. *Journal of Research in Science Teaching, 8*(1), 57 - 66.

Mackay, L. D., & White, R. T. (1974). Development of an alternative to Likert scaling: Tests of perceptions of scientists and self (TOPOSS). *Research in Science Education, 4*(1), 131 - 139.

Marbach-Ad, G., McGinnis, J. R., Dai, A. H., Pease, R., Schalk, K. A., & Benson, S. (2009). Promoting science for all by way of student interest in a transformative undergraduate microbiology laboratory for nonmajors. *Journal of Microbiology & Biology Education, 10*, 58 - 67.

Marchlewicz, S. C., & Wink, D. J. (2011). Using the activity model of inquiry to enhance general chemistry students' understanding of nature of science. *Journal of Chemical Education, 88*, 1041 - 1047.

Markle, G., & Capie, W. (1977). Assessing a competency-based physics course: A model for evaluating science courses serving elementary teachers. *Journal of Research in Science Teaching, 14*(2), 151 - 156.

Mayer, V. J., & Richmond, J. M. (1982). An overview of assessment instruments in science. *Science Education, 66*(1), 49 - 66.

Mbajiorgu, N. M., & Ali, A. (2003). Relationship between STS approach, scientific literacy, and achievement in biology. *Science Education, 87,* 31 - 39.

McComas, W. F., & Olson J. K. (1998). The nature of science in international science education standards documents.

In W. F. McComas (Ed.), *The nature of science in science education: Rationales and strategies* (pp. 41 – 52). Dordrecht, the Netherlands: Kluwer.

McDonald, C. V. (2010). The influence of explicit nature of science and argumentation instruction on preservice primary teachers' views of nature of science. *Journal of Research in Science Teaching, 47*(9), 1137 – 1164.

Mead, M., & Métraux, R. (1957). Image of the scientist among high-school students: A pilot study. *Science, 126*, 384 – 390.

Meichtry, Y. J. (1992). Influencing student understanding of the nature of science: Data from a case of curriculum development. *Journal of Research in Science Teaching, 29*(4), 389 – 407.

Mellado, V. (1997). Preservice teachers' classroom practice and their conceptions of the nature of science. *Science & Education, 6*, 331 – 354.

Metin, D., & Leblebicioğlu, G. (2011). How did a science camp affect children's conceptions of science? *Asia-Pacific Forum on Science Learning and Teaching, 12*(1).

Metin, D., & Leblebicioğlu, G. (2012). Effect of a science camp on the children's views of tentative nature of science. *Journal of Studies in Education, 2*(1). Retrieved from www.macrothink.org/journal/index.php/jse/article/view/1348

Meyer, J. H. (1969). The influence of the invitations to enquiry. *The American Biology Teacher, 31*(7), 451 – 453.

Miller, M. C. D., Montplaisir, L. M., Offerdahl, E. G., Cheng, F. C., & Ketterling, G. L. (2010). Comparison of views of the nature of science between natural science and nonscience majors. *CBE Life Sciences Education, 9*, 45 – 54.

Moore, R., & Sutman, F. (1970). The development of field test and validation of an inventory of scientific attitudes. *Journal of Research in Science Teaching, 7*, 85 – 94.

Munby, H. (1982). The impropriety of "panel of judges" validation in science attitude scales. *Journal of Research in Science Teaching, 19*, 617 – 619.

Murcia, K., & Schibeci, R. (1999). Primary student teachers' conceptions of the nature of science. *International Journal of Science Education, 21*(11), 1123 – 1140.

Musgrave, A. (1998). Realism versus constructive empiricism. In M. Curd & J. A. Cover (Eds.), *Philosophy of science: The central issues* (pp. 1088 – 1113). New York: Norton.

Nalçaci, Ġ. Ö., Akarsu, B., & Kariper, A. I (2011). Effects of the nature of science course on science prospective teachers' knowledge and opinions. *Ahmet Keleþoðlu Journal of Education, 32*, 337 – 352.

National Research Council (NRC). (1996). *National science education standards*. Washington, DC: National Academies Press.

Neumann, I., Neumann, K., & Nehm, R. (2011). Evaluating instrument quality in science education: Rasch-based analyses of a nature of science test. *International Journal of Science Education, 33*(10), 1373 – 1405.

NGSS Lead States. (2013). *Next generation science standards: For states, by states*. Washington, DC: National Academies Press.

Nott, M., & Wellington, J. (1995). Critical incidents in the science classroom and the nature of science. *School Science Review, 76*, 41 – 46.

Nott, M., & Wellington, J. (1995b). Probing teachers' views of the nature of science: How should we do it and where should we be looking? In F. Finley et al. (Eds.), *Proceedings of the Third International History, Philosophy, and Science Teaching Conference* (Vol. 2, pp. 864 – 872). Minneapolis: University of Minnesota.

Nott, M., & Wellington, J. (1996). When the black box springs open: Practical work in school science and the nature of science. *International Journal of Science Education, 18*(7), 807 – 818.

Nott, M., & Wellington, J. (1998). Eliciting, interpreting and developing teachers' understandings of the nature of science. *Science & Education, 7*, 579 – 594.

Ogunniyi, M. B. (1982). An analysis of prospective science teachers' understanding of the nature of science. *Journal of Research in Science Teaching, 19*(1), 25 – 32.

Ogunniyi, M. B. (1983). Relative effects of a history/philosophy of science course on student teachers' performance on two models of science. *Research in Science & Technological Education, 1*(2), 193 – 199.

O'Hear, A. (1989). *An introduction to the philosophy of science*. New York: Oxford University Press.

Olstad, R. G. (1969). The effect of science teaching methods on the understanding of science. *Science Education, 53*(1), 9 – 11.

Orgren, J., & Doran, R. L. (1975). The effects of adopting

the revised New York state regents earth science syllabus on selected teacher and student variables. *Journal of Research in Science Teaching, 12*(1), 15–24.

Osborne, J., Collins, S., Ratcliffe, M., Millar, R., & Duschl, R. (2003). What "ideas-about science" should be taught in school science? A Delphi study of the expert community. *Journal of Research in Science Teaching, 40*(7), 692–720.

Osborne, J., Simon, S., & Collins, S. (2003). Attitudes toward science: A review of the literature and its implications. *International Journal of Science Education, 25*(9), 1049–1079.

Oskay, Ö. Ö., Yilmaz, A., Dinçol, S., & Erdem, A. (2011). Determination of relationship between prospective chemistry teachers' scientific epistemological views, information commitments and online searching achievement. *Procedia Social and Behavioral Sciences, 15,* 3484–3489.

Pearl, R. E. (1974). The present status of science attitude measurement: History, theory, and availability of measurement. *School Science and Mathematics, 74*(5), 375–381.

Pegg, J., & Gummer, E. (2010). The influence of a multidisciplinary scientific research experience on teachers views of nature of science. *The Montana Mathematics Enthusiast, 7*(2 & 3), 447–460.

Pella, M. O., O'Hearn, G. T., & Gale, C. W. (1966). Referents to scientific literacy. *Journal of Research in Science Teaching, 4,* 199–208.

Pomeroy, D. (1993). Implications of teachers' beliefs about the nature of science: Comparison of the beliefs of scientists, secondary science teachers, and elementary teachers. *Science Education, 77,* 261–278.

Popper, K. R. (1963). *Conjectures and refutations: The growth of scientific knowledge.* London, UK: Routledge & Kegan Paul.

Posnanski, T. J. (2010). Developing understanding of the nature of science within a professional development program for inservice elementary teachers: Project nature of elementary science teaching. *Journal of Science Teacher Education, 21,* 589–621.

Quigley, C., Pongsanon, K., & Akerson, V. L. (2010). If we teach them, they can learn: Young students' views of nature of science aspects to early elementary students during an informal science education program. *Journal of Science Teacher Education, 21,* 887–907.

Quigley, C., Pongsanon, K., & Akerson, V. L. (2011). If we teach them, they can learn: Young students' views of nature of science during an informal science education program. *Journal of Science Teacher Education, 22,* 129–149.

Rampal, A. (1992). Images of science and scientists: A study of school teachers' views. I. Characteristics of scientists. *Science Education, 76*(4), 415–436.

Riban, D. B. (1976). Examination of a model for field studies in science. *Science Education, 60*(1), 1–11.

Riban, D. B., & Koval, D. B. (1971). An investigation of the effect of field studies in science on the learning of the methodology of science. *Science Education, 55*(3), 291–294.

Richardson, J. S., & Showalter, V. (1967). *Effects of a unified science curriculum on high school graduates.* Columbus: Ohio State University. (ERIC Document Reproduction Service No. 024 593)

Riley, J. P., II (1979). The influence of hands-on science process training on preservice teachers' acquisition of process skills and attitude toward science and science teaching. *Journal of Research in Science Teaching, 16*(5), 373–384.

Rivers, R. H., & Vockell, E. (1987). Computer simulations to stimulate scientific problem solving. *Journal of Research in Science Teaching, 24*(5), 403–415.

Roehrig, G. H., & Luft, J. A. (2004). Constraints experienced by beginning secondary science teachers in implementing scientific inquiry lessons. *International Journal of Science Education, 26*(1), 3–24.

Rosenberg, A. (2005). *Philosophy of science: A contemporary introduction* (2 nd ed.). New York: Routledge.

Rothman, A. I. (1969). Teacher characteristics and student learning. *Journal of Research in Science Teaching, 6,* 340–348.

Rothman, A. I., Welch, W. W., & Walberg, H. J. (1969). Physics teacher characteristics and student learning. *Journal of Research in Science Teaching, 6,* 59–63.

Rubba, P. (1976). *Nature of scientific knowledge scale.* Bloomington: School of Education, Indiana University.

Rubba, P. (1977). *The development, field testing, and validation of an instrument to assess secondary school students' understanding of the nature of scientific knowledge.* Unpublished doctoral dissertation, Indiana

University, Bloomington, IN.

Rubba, P., & Harkness, W. L. (1993). Examination of preservice and in-service secondary science teachers' beliefs about science-technology-society interactions. *Science Education, 77*(4), 407–431.

Rubba, P. A., & Andersen, H. (1978). Development of an instrument to assess secondary school students' understanding of the nature of scientific knowledge. *Science Education, 62*(4), 449–458.

Rubba, P. A., Horner, J. K., & Smith, J. M. (1981). A study of two misconceptions about the nature of science among junior high school students. *School Science and Mathematics, 81*(3), 221–226.

Rudge, D. W., Cassidy, D. P., Fulford, J. M., & Howe, E. M. (2013). Changes observed in views of nature of science during a historically based unit. *Science & Education.* doi:10.1007/s11191-012-9572-3

Rudolph, J. L. (2000). Reconsidering the "nature of science" as a curriculum component. *Journal of Curriculum Studies, 32*(3), 403–419.

Russell, C. B., & Weaver, G. C. (2011). A comparative study of traditional, inquiry-based, and research-based laboratory curricula: Impacts on understanding of the nature of science. *Chemistry Education Research and Practice, 12*, 57–67.

Russell, T., & Aydeniz, M. (2012). Traversing the divide between high school science students and sophisticated nature of science understandings: A multi-pronged approach. *Journal of Science Education and Technology.* doi:10.1007/s10956-012-9412-x

Ryan, A. G., & Aikenhead, G. S. (1992). Students' preconceptions about the epistemology of science. *Science Education, 76*, 559–580.

Ryder, J., Leach, J., & Driver, R. (1999). Undergraduate science students' images of science. *Journal of Research in Science Teaching, 36*(2), 201–219.

Salloum, S., & Abd-El-Khalick, F. (2010). A study of practical-moral knowledge in science teaching: Case studies in physical science classrooms. *Journal of Research in Science Teaching, 47*(8), 929–951.

Sandoval, W. A., & Morrison, K. (2003). High school students' ideas about theories and theory change after a biological inquiry unit. *Journal of Research in Science Teaching, 40*(4), 369–392.

Sarkar, M. A., & Gomes, J. J. (2010). Science teachers' conceptions of nature of science: The case of Bangladesh. *Asia-Pacific Forum on Science Learning and Teaching, 11*(1).

Scharmann, L. C. (1988a). Locus of control: A discriminator of the ability to foster an understanding of the nature of science among preservice elementary teachers. *Science Education, 72*(4), 453–465.

Scharmann, L. C. (1988b). The influence of sequenced instructional strategy and locus of control on preservice elementary teachers' understandings of the nature of science. *Journal of Research in Science Teaching, 25*(7), 589–604.

Scharmann, L. C. (1989). Developmental influences of science process skill instruction. *Journal of Research in Science Teaching, 26*(8), 715–726.

Scharmann, L. C. (1990). Enhancing the understanding of the premises of evolutionary theory: The influence of diversified instructional strategy. *School Science and Mathematics, 90*(2), 91–100.

Scharmann, L. C. (1994). Teaching evolution: The influence of peer teachers' instructional modeling. *Journal of Science Teacher Education, 5*(2), 66–76.

Scharmann, L. C., & Harris, W. M., Jr. (1992). Teaching evolution: Understanding and applying the nature of science. *Journal of Research in Science Teaching, 29*(4), 375–388.

Schwartz, R. S., & Lederman, N. G. (2002). "It's the nature of the beast": The influence of knowledge and intentions on learning and teaching nature of science. *Journal of Research in Science Teaching, 39*(3), 205–236.

Schwartz, R. S., Lederman, N. G., & Crawford, B. A. (2004). Developing views of nature of science in an authentic context: An explicit approach to bridging the gap between nature of science and scientific inquiry. *Science Education, 88*, 610–645.

Schwartz, R. S., Westerlund, J. F., Garcìa, D. M., & Taylor, T. A. (2010). The impact of full immersion scientific research experiences on teachers' views of the nature of science. *Electronic Journal of Science Education, 14*(1). Retrieved from http://ejse.southwestern.edu/article/view/7325

Schwirian, P. M. (1968). On measuring attitudes toward science. *Science Education, 52*(2), 172–179.

Schwirian, P. M. (1969). Characteristics of elementary teachers related to attitudes toward science. *Journal of Research in Science Teaching, 6*(3), 203–213.

Schwirian, P. M., & Thomson, B. (1972). Changing attitudes toward science: Undergraduates in 1967 and 1971. *Journal of Research in Science Teaching, 9*(3), 253–259.

Scientific Literacy Research Center. (1967). *Wisconsin inventory of science processes.* Madison: University of Wisconsin.

Seker, H., & Welsh, L. C. (2006). The use of history of mechanics in teaching motion and force units. *Science & Education, 15*, 55–89.

Shim, M. K., Young, B. J., & Paolucci, J. (2010). Elementary teachers' views on the nature of scientific knowledge: A comparison of inservice and preservice teachers approach. *Electronic Journal of Science Education, 14*(1). Retrieved from http://ejse.southwestern.edu/article/view/7335/5619

Simpson, R. D., Shrum, J. W., & Rentz, R. (1972). The science support scale: Its appropriateness with high school students. *Journal of Research in Science Teaching, 9*(2), 123–126.

Simpson, R. D., & Wasik, J. L. (1978). Correlation of selected affective behaviors with cognitive performance in a biology course for elementary teachers. *Journal of Research in Science Teaching, 15*(1), 65–71.

Smith, M. U., Lederman, N. G., Bell, R. L., McComas, W. F., & Clough, M. P. (1997). How great is the disagreement about the nature of science: A response to Alters. *Journal of Research in Science Teaching, 34*(10), 1101–1103.

Spears, J., & Zollman, D. (1977). The influence of structured versus unstructured laboratory on students' understanding the process of science. *Journal of Research in Science Teaching, 14*(1), 33–38.

Spears, J. D., & Hathaway, C. E. (1975). Student attitudes toward science and society. *American Journal of Physics, 43*(4), 343–348.

Starr, R. J. (1972). A study of invitations to enquiry and their effect on student knowledge of science processes. *School Science and Mathematics, 72*(8), 714–717.

Stice, G. (1958). *Facts about science test.* Princeton, NJ: Educational Testing Service.

Sutherland, D., & Dennick, R. (2002). Exploring culture, language and the perception of the nature of science. *International Journal of Science Education, 24*(1), 1–25.

Swan, M. D. (1966). Science achievement as it relates to science curricula and programs at the sixth grade level in Montana public schools. *Journal of Research in Science Teaching, 4*, 112–123.

Symington, D. J., & Fensham, P. J. (1976). Elementary school teachers' closed-mindedness, attitudes toward science, and congruence with a new curriculum. *Journal of Research in Science Teaching, 13*(5), 441–447.

Tamir, P. (1972). Understanding the process of science by students exposed to different science curricula in Israel. *Journal of Research in Science Teaching, 9*(3), 239–245.

Tamir, P. (1994). Israeli students' conceptions of science and views about the scientific enterprise. *Research in Science & Technological Education, 12*(2), 99–116.

Tamir, P., & Jungwirth, E. (1975). Students' growth as a result of studying BSCS biology for several years. *Journal of Research in Science Teaching, 12*(3), 263–279.

Tasar, M. F. (2006). Probing preservice teachers' understandings of scientific knowledge by using a vignette in conjunction with a paper and pencil test. *Eurasia Journal of Mathematics, Science and Technology Education, 2*(1), 53–70.

Thye, T. L., & Kwen, B. H. (2004). Assessing the nature of science views of Singaporean pre-service teachers. *Australian Journal of Teacher Education, 29*(2). Retrieved from http://ro.ecu.edu.au/ajte/vol29/iss2/1/

Trembath, R. J. (1972). The structure of science. *The Australian Science Teachers Journal, 18*(2), 59–63.

Trent, J. (1965). The attainment of the concept "understanding science" using contrasting physics courses. *Journal of Research in Science Teaching, 3*, 224–229.

Tsai, C. C. (2007). Teachers' scientific epistemological views: The coherence with instruction and students' views. *Science Education, 91*(2), 222–243.

Tsai, C. C., & Liang, J. C. (2009). The development of science activities via on-line peer assessment: The role of scientific epistemological views. *Instructional Science, 37*(3), 293–310.

Tsai, C. C., & Liu, S. Y. (2005). Developing a multidimensional instrument for assessing students' epistemological views toward science. *International Journal of Science Education, 27*(13), 1621–1638.

Turgut, H. (2011). The context of demarcation in nature of science teaching: The case of astrology. *Science & Education, 20*, 491–515.

Urhahne, D., Kremer, K., & Mayer, J. (2011). Conceptions of the nature of science—are they general or context specific? *International Journal of Science and Mathematics Education, 9*, 707–730.

van Fraassen, B. C. (1980). *The scientific image*. Oxford, UK: Oxford University Press.

van Fraassen, B. C. (1998). Arguments concerning scientific realism. In M. Curd & J. A. Cover (Eds.), *Philosophy of science: The central issues* (pp. 1064–1087). New York: Norton.

Vesterinen, V.-M., & Aksela, M. (2012). Design of chemistry teacher education course on nature of science. *Science & Education*, 22: 2193–2225. doi:10.1007/s11191-012-9506-0

Voss, B. E. (1965). "Great Experiments in Biology"—A summer program for academically talented high school students. *The American Biology Teacher, 27*(4), 257–259.

Wahbeh, N., & Abd-El-Khalick, F. (2013). Revisiting the translation of nature of science understandings into instructional practice: Teachers' nature of science pedagogical context knowledge. *International Journal of Science Education, 36*(3): 425–466. doi:10.1080/09500693.2013.786852

Walberg, H. J. (1969). Physics, femininity, and creativity. *Developmental Psychology, 1*(2), 47–54.

Walczak, M. M., & Walczak, D. E. (2009). Do student attitudes toward science change during a general education chemistry course? *Chemical Education Research, 86*(8), 985–991.

Walker, K. A., & Zeidler, D. L. (2007). Promoting discourse about socioscientific issues through scaffolded inquiry. *International Journal of Science Education, 29*(11), 1387–1410.

Walls, L. (2012). Third grade African American students' views of the nature of science. *Journal of Research in Science Teaching, 49*(1), 1–37.

Welch, W. W. (1966a). *The development of an instrument for inventorying knowledge of the processes of science*. Unpublished doctoral dissertation, University of Wisconsin, Madison.

Welch, W. W. (1966b). *Welch science process inventory (form D)*. Madison, WI: Author.

Welch, W. W. (1969). Correlates of courses satisfaction in high school physics. *Journal of Research in Science Teaching, 6*, 54–58.

Welch, W. W. (1972). Evaluation of the PSNS course. I: Design and implementation. *Journal of Research in Science Teaching, 9*(2), 139–145.

Welch, W. W. (1980). A possible explanation for declining test scores or learning less science but enjoying it more. *School Science and Mathematics, 80*(1), 22–28.

Welch, W. W., & Lawrenz, F. (1982). Characteristics of male and female science teachers. *Journal of Research in Science Teaching, 19*(7), 587–594.

Welch, W. W., & Pella, M. O. (1967). The development of an instrument for inventorying knowledge of the processes of science. *Journal of Research on Science Teaching, 5*, 64–68.

Welch, W. W., & Rothman, A. I. (1968). The success of recruited students in a new physics course. *Science Education, 52*(3), 270–273.

Welch, W. W., & Walberg, H. J. (1967–1968). An evaluation of summer institute programs for physics teachers. *Journal of Research in Science Teaching, 5*, 105–109.

Welch, W. W., & Walberg, H. J. (1970). Pretest and sensitization effects in curriculum evaluation. *American Educational Research Journal, 7*(4), 605–614.

Welch, W. W., & Walberg, H. J. (1972). A national experiment in curriculum evaluation. *American Educational Research Journal, 9*(3), 373–383.

Wilson, L. L. (1954). A study of opinions related to the nature of science and its purpose in society. *Science Education, 38*(2), 159–164.

Windschitl, M. (2004). Folk theories of "inquiry": How preservice teachers reproduce the discourse and practices of an theoretical scientific method. *Journal of Research in Science Teaching, 41*(5), 481–512.

Wong, S. L., & Hodson, D. (2009). From the horse's mouth: What scientists say about scientific investigation and scientific knowledge. *Science Education, 93*, 109–130.

Wong, S. L., & Hodson, D. (2010). More from the horse's mouth: What scientists say about science as a social practice. *International Journal of Science Education, 32*(11), 1431–1463.

Wong, S. L., Hodson, D., Kwan, J., & Yung, B. H. W. (2008).

Turning crisis into opportunity: Enhancing student-teachers' understanding of nature of science and scientific inquiry through a case study of the scientific research in severe acute respiratory syndrome. *International Journal of Science Education, 30*(11), 1417–1439.

Wood, R. L. (1972). University education students' understanding of the nature and processes of science. *School Science and Mathematics, 72*(1), 73–79.

Yacoubian, H. A., & BouJaoude, S. (2010). The effect of reflective discussions following inquiry-based laboratory activities on students' views of nature of science. *Journal of Research in Science Teaching, 47*(10), 1229–1252.

Yager, R. E. (1968). Critical thinking and reference materials in the physical science classroom. *School Science and Mathematics, 68*(8), 743–746.

Yager, R. E., & Wick, J. W. (1966). Three emphases in teaching biology—a statistical comparison of results. *Journal of Research in Science Teaching, 4*, 16–20.

Yalçinoğlu, P., & Anagün, S. S. (2012). Teaching nature of science by explicit approach to the preservice elementary science teachers. *Elementary Education Online, 11*(1), 118–136.

Yalvac, B., Tekkaya, C., Cakiroglu, J., & Kahyaoglu, E. (2007). Turkish pre-service science teachers' views on science–technology–society issues. *International Journal of Science Education, 29*(3), 331–348.

Zeidler, D. L., & Lederman, N. G. (1989). The effect of teachers' language on students' conceptions of the nature of science. *Journal of Research in Science Teaching, 26*(9), 771–783.

Zimmermann, E., & Gilbert, J. K. (1998). Contradictory views of the nature of science held by a Brazilian secondary school physics teacher: Educational value of interviews. *Educational Research and Evaluation: An International Journal on Theory and Practice, 4*(3), 213–234.

Zingaro, J. S., & Collette, A. T. (1967–1968). A statistical comparison between inductive and traditional laboratories in college physical science. *Journal of Research in Science Teaching, 5*, 269–275.

Zoller, U., & Ben-Chaim, D. (1994). Views of prospective teachers versus practising teachers about science, technology and society issues. *Research in Science & Technological Education, 12*(1), 77–89.

Zoller, U., Donn, S., Wild, R., & Beckett, P. (1991a). Students' versus their teachers' beliefs and positions on science/technology/society-oriented issues. *International Journal of Science Education, 13*(1), 25–36.

Zoller, U., Donn, S., Wild, R., & Beckett, P. (1991b). Teachers' beliefs about views on selected science-technology-society topics: A probe into STS literacy versus indoctrination. *Science Education, 75*(5), 541–561.

Zoller, U., Ebenezer, J., Morley, K., Paras, S., Sandberg, V., West, C., Wolthers, T., & Tan, S. H. (1990). Goal attainment in science-technology-society (S/T/S) education and reality: The case of British Columbia. *Science Education, 74*(1), 19–36.

Cultural Perspectives in Science Education

HEIDI B. CARLONE, ANGELA JOHNSON, AND MARGARET EISENHART

第32章

科学教育的文化视角

陈洁 译 陈敏华 审校

如果过去三十年间关于科学教育的研究文献使我们懂得了什么，那就是：科学和科学教学都是文化上的努力。科学教育中的一些关键运动，如科学技术研究、社会文化学习理论，以及20世纪90年代早中期改革文献中体现的对“面向所有人的科学”(science for all)的推动等，为科学教育的文化转向提供了舞台。首先，20世纪80年代和90年代的科学技术研究突出了科学和科学家的独特文化，并强调了科学是由社会和文化构建的(Collins, 1982; Latour & Woolgar, 1986; Traweek, 1988)。这一大批工作揭示了科学过程和科学发现如何在持续的社会关系和工作活动中产生，而非从大自然中被“找到”或被“发现”。它还揭示了，科学的基础实践、认知方式以及对自然世界的假设反映了科学实践在以男性为主导、以欧洲为中心的中产阶级背景之中发展起来(Hammond & Brandt, 2004)。通过辨识出科学知识产生过程中交织的价值观、信仰、政治和人际关系，科学技术研究将科学人性化，对大众固有印象中科学知识是客观、中立、可复制的这一点提出质疑，对科学方法是否不可亵渎和无偏见提出挑战，并对科学家的超理性、线性思维者以及通常为男性的刻板形象加以拓展(Cunningham & Helms, 1998)。科学教育者用这些工作将科学描述为一种“外来文化”(Aikenhead, 2006)，对发生在实验室、教室以及其他地方的实际科学实践的人种学研究进行解释(Kelly, Chen, & Crawford, 1998)，并推动学校科学学科进行新的改革，强调学校科学学科中的混乱性、模糊性、社会嵌入性以及人性，从而使之具有更高的可操作性和包容性(Cunningham & Helms, 1998)。

第二，20世纪90年代早期社会文化学习理论的兴起(Brown, Collins, & Duguid, 1989; Chaiklin & Lave, 1993; Cobb, 1994; Lave & Wenger, 1991)，挑战了认知学习理论并开启了一道门，将科学学习视为情景相关和文化相关的。这类研究让人们注意到情景(包括认知的、物质的、历史的以及社会的资源)通过多种方法塑造了学习的实践、活动、工具和记录。这种学习视角需要大于个体的分析单元并推动科学教育超越了概念转变和建构主义的理论。一些在社会文化传统领域工作的科学教育研究者们将学习重新定义为：当初学者或新来者向科学实践共同体的核心层面靠拢时，在真实活动中参与度逐渐增加的一种形式（Lave & Wenger, 1991）。有些教育者将这些概念转化为学徒计划，例如让学生能在真正科学家的身边学习（Barab & Hay, 2001）。另外一些教育者则更重视社会互动的作用，并视之为科学学习的核心方面而非衍生方面（Lemke, 1990）。科学教育者将得之于科学与技术研究的见解与得之于情景学习的见解综合，将着眼点放在学习者如何接受学科本位的实践以及从社会习得的科学文化传统，包括其论述和表征（Lemke, 2001）。对科学课堂的人种学和话语研究将学科知识视为局部突发及情景的构造物，随着时间推移，它由课堂成员所建立的社会实践共同创造并充实（Kelly & Chen, 2001）。社会文化传统中更具批判性的学者指出学校学习中缺乏对人的主体性和内在权力关系的考虑，并进一步提出了尖锐的问题，如：学校教育的文化过程令相关人员在更大的社会结构中占据一席之地，科学教育文献如何影响这一过程的途径；将科学学习定义为一种抽象、去情景化、去实体化的活动符合何人的利益。（O'Loughlin, 1992）

20世纪90年代早中期对“普及科学”的推动突显了这样一个事实：至少在北美，科学方面的学校表现和成就并非平均分布，很多有色人种学生、土著居民学生以及年轻女性对科学并无兴趣也不参与其中。美国国家研究理事会（National Research Council）发布的《美国国家科学教育标准》（*National Science Education Standards*; National Research Council, 1996）引发了关于科学素养和公平科学教育的目标和价值的争议（Eisenhart, Finkel, & Marion, 1996; Rodriguez, 1997; Roth & Calabrese Barton, 2004）。在这项研究中，学者们质疑科学课程设置与学生的兴趣、观点、世界观、生活、未来以及“真正、真实的”科学之间的“相关性”，即文化适宜性（Aikenhead, 2006）。一些学者担心，来自非主流群体的学生觉得科学实践或世界观与他们的生活、身份及对未来的期望相矛盾或至少是有压力的（Aikenhead, 2006）。另外一些学者则担心（这一担心也为科学技术研究所印证），学生们接触的是一种简化的、不精确的“科学”。将科学学习视为支持性或破坏性的文化习得过程，引发了对科学课程设置和教学进行改革以使之与更多学生的生活具有更多文化相关性的探索。主张让学校科学实践向“真正的”科学看齐的学者则走向略微不同的方向，他们呼吁改革课程设置以促成更准确细致的科学教育方案（Chinn & Malhotra, 2002）。两种观点（学校科学教育应贴近科学和学校科学教育应贴近学生）突显了围绕着科学、学校科学教育、学习和知识的意义所展开的争论，使科学教育中的文化转向更为尖锐。

科学技术研究、社会文化学习理论和普及科学等运动推动了科学教育的文化进程。特别是最近20年，这一进程已经推动到了一个里程碑式的时刻：该领域有了专业期刊《科学教育中的文化研究》，它由沃尔夫–迈克尔·罗思（Wolff-Michael Roth）和肯尼思·托宾（Kenneth Tobin）创办于2006年；同时主流期刊也为科学教育中的文化视角发行了大量专刊（Brandt & Carlone, 2012; Calabrese Barton & Osborne, 1998; Chiu & Duit, 2011; Lee, 2001; Parsons & Carlone, 2013）。

这些用于理解科学和科学教育的理论方法建立在文化观念之上。然而研究者所说的“文化”有多种不同含义，这个术语在学科内和学科之间都有不同用法。“文化”缺乏清晰和精准的定义并不是一个新问题。威廉·科伯恩（William Cobern）和格伦·艾肯黑德（Glen Aikenhead）在1998年指出："科学教育文献中出现了'文化'和'社会文化'等术语，却没有对'文化'一词在此语境下的内涵作出定义。"（p. 39）由于缺少对"文化"一词的厘清，基于此的理论和改革难以被使用、应用或评估。

在本章中，我们将注意力集中在最近关于文化的人类学视角上。[1]根据科伯恩和艾肯黑德（1998）提出的观点，我们认为"文化人类学可以为学生的科学学习和文化相关的常见问题提供新的见解"（p. 39），"它注重群体层面、模式化行为和主体间意义，帮助我们理解尚未被揭示的人类经验的方方面面，因此毫无疑问更容易持续下去，并伴随着对于个体的过分强调"（Parsons & Carlone, 2013, p. 9）。最早对科学教育进行真正的人类学研究的是1987年托宾和加拉格尔（Gallagher）（1987）发表的开创性文章《高中科学课上在发生什么？》（*What Happens in High School Science Classrooms?*）。在这篇文章中，作者检视了被视为理所当然的高中科学课堂的活动结构、课堂上产生的学术工作的性质、"课程设置"的含义、模式化活动结构所暗指的"有质量的工作"以及教师和学生的参与。这篇文章之所以是开创性的，是因为它首次检视了日常实践以及这些实践暗含的被视为理所当然的学校科学教育的意义。

毫无疑问，人类学长期关注文化的概念。在人类学中，特定定义比比皆是，关于它们的价值和局限性的争论仍然在激烈地进行着。然而在通俗的说法中，甚至在许多教育者中，仍普遍流行一种观点，它将社会可辨识群体的独特特征理解为文化。最新的人类学观点挑战了这一经典和被广泛持有的观点。

在本章中，我们将按大致的历史顺序列出一系列关于什么是文化以及文化在研究科学教育时如何发挥作用的理论观点。我们将纵览不同观点所产生的一些见解，特别着眼于公平性以及提升各种人群得到高质量科学教育的机会。对我们所描述的一个或多个理论框架感兴趣的读者，我们希望你们将本章视为理解和使用该框架的起点。我们的目标是让本章既适用于对各种文化的理论建构感兴趣的读者，也适用于对沿着人类学途径对文化进行研究所得出的关于科学教育的见解感兴趣的读者。

文化的人类学视角

从经典的人类学视角来看，文化一直"被定义为特定的社会群体典型生活中被代代相传的模式"（Eisenhart, 2001a, p. 210）。从历史上看，人类学家一直关注公共生活的某些方面（如时间、空间或语言的使用，信仰和价值观，符号、仪式、规范），寻找"可由社会可辨识群体的集体行为模式和核心取向所证明的文化"（Eisenhart, 2001a, p. 210）。

文化差异理论

文化差异理论（cultural difference theory）由文化的经典定义衍生而来。文化差异理论基于这样一个假设：一个群体的模式化行为，作为"对相对稳定的社会、经济和政治条件的成功适应"随时间推移而出现（Eisenhart, 2001a, p. 210），并"在原生群体的社会化过程中被认识"（p. 211）。在这样的文化形成过程中，一个群体在比它更大的社会结构和环境条件中的相对位置造成了其独特的行为和思维模式，即造成了文化差异。文化差异理论辨识出不同历史、地理、语言、宗教和种族背景的群体的信仰、价值观和活动具有的内在完整性

（“文化”）。

从20世纪50年代到80年代，许多教育人类学家研究了来自不同文化群体的学生的校园体验。基于主要在美国和加拿大开展的实地调查，研究者认为，非优势（即“非主流”）文化群体的学生经常在学校生活中较为吃力，因为他们不了解或不认同按照主流群体理想确立为学校行为规范的价值观、信仰和活动。重要的是，这些研究人员极力想证明，这种知识的缺乏是一种“差异”而不是一种“缺陷”。类似于从未接触过西班牙语的讲英语者无从学习如何说或用西班牙语，文化背景不同的儿童可能无从学习如何“过学校生活”。

这些发现的意义相当直白：如果教师、父母以及学生能发现这些分歧及这些分歧导致的误解，就可以采取一些措施引导非主流群体的学生更容易地过渡到学校生活，从而让他们取得更好的学习成绩。一些著名的研究——如1983年由希思（Heath, 1983）主持的研究——表明这种解决方式很有潜力。

从这个角度看，早期的文化差异理论对正规教育来说是一种友好、趋同的解决方式。将文化差异纳入考虑，将有助于非主流群体的儿童获得公平的在学校取得成功的机会以及获得与主流群体学生相同的利益。学校可能会为接纳不同文化背景的学生而进行细微的调整（例如他们将英语作为第二语言的做法），但非主流学生及其家庭承担着通过学习和改变来满足学校的要求和期望的主要压力。

文化差异理论在科学教育研究中的应用

文化差异理论为科学教育者更换角度思考科学成绩差距的原因和概念转变学习理论的局限性提供了舞台，并引入科学学习理论作为跨越边界的尝试。在20世纪90年代，一些研究人员开始指出，孩子们接受正规科学的教育时，他们面对着一种截然不同的文化，而这种文化对某些学生而言比对其他学生更为陌生。这种看待科学教学的方式推动了这一领域的研究者对那些视角可能与正规科学相冲突的学生的世界观进行认真思考。以李（Lee）和弗拉德（Fradd）（1998）所提出的观点为例，独立思考、同行竞争、根据逻辑和证据而非依赖权威来源进行论证等西方科学价值观和观念“与主流文化——相较其他文化——的行为规范更匹配”（p. 17）。科伯恩（1996）也对20世纪80年代科学教育文献中占统治地位的概念转变学习理论提出了类似的明确异议。这些理论反映了对于学习的过于简单化、西方化、线性化的观点，而且假设科学概念优于其他认知方式。他的研究推动了该领域正视那些观念与科学世界观相冲突的学生世界观的合理性和实用性。

艾肯黑德（1996）的研究和艾肯黑德与杰格德（Jegede）（1999）的共同研究同样突出了关于学习的心理学观点的其他可能。他们提出的理论把学习科学的过程看作文化跨界的过程。这种过程可以被某些学生轻松接受，但对另外一些学生而言是困难的和充满破坏性的，这取决于科学文化与学生生活圈文化的匹配程度。在这个理论框架下，大部分学生跨进科学课堂时就跨进了一个新的社会环境，而这个新的环境有着陌生的习俗、物品、期望和世界观。情况对于所有学生都是如此，对于少数族裔或土著学生群体更是如此。对于日常所处的文化环境与在科学课堂上面对的文化相对一致的学生来说，文化跨界相当容易；这个过程被称为文化适应（*enculturation*; Hawkins & Pea, 1987）。对另一些学生而言，文化跨界比较困难，科学可能以这样一种方式被教授：他们要放弃原有的认知方式并用一种科学的认知方式替代它们。杰格德（Jegede, 1995）称这一过程为同化。研究者们记录了面对这种情况的学生可能作出的三种反应：(1) 同化；(2) 抗拒同化；(3) 钻制度的空子。第3种反应包括找到通过科学考试但却不真正学习科学的方法，例如遵循“法蒂玛规则”（Fatima's Rules），包括“不要关注没在章节最后回顾的问题”“注意图表、表格和加粗的文字”“遇到问题就要找老师帮助”（Larson, 1995）。

但正如艾肯黑德（1996）指出的，非主流学生并不单纯接受或拒绝。他们也可以通过自主文化适应和“人类学”的学习方式来学习科学。当教学允许学生将来自西方学校科学与学生原有知识的概念结合时，自主文化适应就会发生。它与关于知识储备的研究密切相关，我们将在接下来的内容中对其加以讨论。人类学的学习方式发生在学生喜欢并逐渐熟悉学校科学的文化需求，但没有“吸收和融入科学的文化包袱”之时（Cobern & Aikenhead, 1998, p. 43）。

费伦（Phelan）、戴维森（Davidson）和高（Cao）（1991）的研究发展出了此传统下的实用分类学。他们发现，文化跨界可能是平稳的、受控的、危险的或是完全不可能的。科斯塔（Costa, 1995）推进了此项研究，将学生按照文化跨界的表现分为5类：能平稳地文化跨界的“潜在科学家”；能较好地跨越边界的“其他聪明孩子”；危机重重地跨过文化边界，勉强生存的“一问三不知学生”；觉得跨越边界几乎是不可能的，并且也没兴趣去尝试的“旁观者”；以及最棘手的“内部旁观者”——他们虽然对科学感兴趣，却被学校的政策和常规阻碍而无法跨越边界。

关于跨界的研究在某种程度上与文化差异理论一致，它假设“如果不进行特殊的努力教‘文化不同’的学生了解陌生的校园文化，这些学生从开学第一天起，在没犯任何过错的情况下，就很难理解学校对他们的期望”（Eisenhart, 2001a, p. 210）。然而，将科学学习理解为文化跨界，是要弥合学生的认知方式和科学的认知方式间的差异，而不一定是用科学的认知方式取代学生的认知方式。“学生需要的科学教学的情境化方法要能够利用学生原有文化世界的内容进行教学，并且在学生原有文化世界中也合乎情理。”（Cobern & Aikenhead, 1998, p. 50）正如科伯恩和艾肯黑德（Cobern & Aikenhead, 1998）在本书的上一个版本中指出的，科学教学应该：

> (1) 让学生明确意识到跨界；(2) 促进跨界；(3) 促进对话，使学生，而不仅是老师，也谈论科学；(4) 证明学生个人和文化认识方式的合法性并以其为基础；并且 (5) 在科学教学的社会角色（社会、政治、经济等）背景中，教授西方科学的知识、技能和价值观。
>
> (p. 50)

这些学术研究的分水岭和其他的一些研究引导科学教育学者不仅重视非主流学生的认知、表现和互动等文化方式与主流学生的差异，而且也重视他们在这些方面的优势。科学教育学术研究中的另一个与前者密切相关的分支拓展了社会差异理论，关注知识储备（funds of knowledge）方面的文献（Moll, Amanti, Neff, & Gonzalez, 1992），对此我们将在下一部分中讨论。

知识储备

“知识储备”这一文化概念在科学教育研究中也得到了有效的运用。该术语在1992年由人类学家卡洛斯·贝莱斯–伊瓦涅斯（Carlos Vélez-Ibáñez）和詹姆斯·格林柏格（James Greenberg）定义，用于描述跨越美墨边境的墨西哥家庭成员应对极具挑战性且不断变化的经济和政治环境需要具备的“广泛而复杂的知识”。“这些生存和栖息所需要的，主要来自乡村的技能、经验及技术知识构成了亚利桑那–索诺拉墨西哥人群的适应策略，我们称之为知识储备。”（Vélez-Ibáñez & Greenberg, 1992, pp. 317–318）作者认为，随着美国墨西哥裔人群的生活从乡村走向城市，从农业劳动转向雇佣劳动，“工作活动中心从家庭转出，工作者所需的知识储备越来越专门化”（p. 321）。人们越来越依赖自己的家庭以及与自己有关联的其他家庭群的成员，而群体不再有共同的知识储备，转而依赖彼此对于重要活动，如“帮助找工作、找房子，以更便宜的价格购买商品和服务，与各类机构和政府部门打交道”（p. 323）等的特定知识储备。

贝莱斯–伊瓦涅斯和格林柏格（1992）继续指出，知识储备并不是作为某种连贯知识体（像学校那样），而是作为儿童在由于互相依赖而必然“厚重”的社会关系中被抚养长大的结果而代代相传。“因为墨西哥儿童置身于‘厚重’的多重关系中，他们会拜访并熟悉其他家庭，这些家庭拥有其他知识储备，并且在这些家庭中各种社会关系得以持续”（p. 325）。作者指出，这些知识储备是可供教师利用却未被开发的丰富资源。

> 我们应该更重视为教师提供学习机会，让他们学习如何通过把来自学生家庭的知识储备融入学习模块来利用家长们拥有却很少有机会分享和表达的大量知识储备。
>
> （p. 330）

1992年，莫尔（Moll）、阿曼蒂（Amanti）、内夫（Neff）和冈萨雷斯（Gonzalez）（1992）将知识储备作为工具，充分发挥亚利桑那墨西哥群体的“家庭和其他社区资源”的作用（p. 132）。他们的目标是利用儿童的知识储备以“重新组织课堂教学，使教学质量远超这些孩子通常在学校面对的机械教条的教学”（Moll, Amanti, Neff, & Gonzalez, 1992, p. 132）。教师和人类学家一起花时间与墨西哥及墨西哥裔美国家庭相处并进行访谈，记录家庭的知识储备。然后教师利用这些知识储备设计课程。一组教师选择设计一个关于糖果的课程单元。在此单元中，学生组成一支研究团队，探究学生自己提出的问题，并且一位母亲——罗德里格斯（Rodriguez）太太被作为专家请进课堂。教师记录如下：

> 罗德里格斯太太到达后，她成为老师。在糖果制作过程中，她向全班讲了超过1小时的课，不仅教我们所有人如何制作不同种类的糖果，还教我们美国和墨西哥食品的消费和生产的差异、糖果的营养价值及其他更多内容。那天早上，我对罗德里格斯太太的敬意达到了新的高度。
>
> （p. 138）

莫尔、阿曼蒂、内夫和冈萨雷斯（Moll, Amanti, Neff, & Gonzalez, 1992）表明，“知识储备”教学法能获得生动有趣的课堂活动并吸引群体成员作为专家参与教学。他们还澄清了知识储备和文化间的关系：

> 我们相信，我们所提出的知识储备这个概念是创新的，它与教学有特殊相关性，且与更笼统的术语“文化”或“文化敏感课程”

有明显差异。后者主要依托一些民间的展示方式，如讲故事、艺术、手工艺品和舞蹈表演等。虽然“知识储备”这个概念的提出并非要取代人类学中的文化概念，但它对于我们的目标而言却更为精准，因为它强调的是对家庭正常运转、发展、增进幸福十分重要的战略知识及相关活动。它是与当地人们的社会、经济和生产活动相适应的特定知识储备，与更广泛、人类学意义上的“文化”不同，我们寻求将它战略性地融入课堂。

(p.139)

虽然两个研究小组都集中研究了一个特定人群(即美国亚利桑那州的墨西哥裔人群)的知识储备，但知识储备这个概念被概括为将非主流文化概念化为学校可使用的资源，以提出可能改变学校和非主流群体关系的途径。科学教育也是最近才开始利用知识储备的。

知识储备在科学教育研究中的应用

乌帕德亚(Upadhyay, 2009)在关于一个赫蒙族教师的案例研究中指出，将知识储备融入课堂往往能提升学生的学习积极性、记忆留存度、参与度、兴趣持续性和自我激励。他进一步指出了通过“将学生的语言和文化引入教与学过程”以及“在群体和教师之间建立紧密的伙伴关系”对学生赋权的重要性(p.219)。乌帕德亚将知识储备的学生学习方面和赋权及群体资源方面分开，分别论述使用知识储备改善学生成绩以及在此基础上使用知识储备努力改善学校和群体间的关系。这种区分的观点偏离了原始观点，即知识储备天然带有学校-群体关系的赋权和改善能力。

尽管在乌帕德亚的研究理论框架中出现了这种区分，他(Upadhyay, 2009)又在分析中重新统一了教育学和赋权的概念。这篇文章是对一位赫蒙族5年级老师带的一个有19个赫蒙族学生、7个白人学生和3个非洲裔美国学生的班级的案例研究。乌帕德亚描述了教师如何将赫蒙族的知识储备融入科学课程中关于季节和环境科学的单元。例如，当学习植物生长时，教师提出了“植物生长在哪里？植物生长需要什么？环境如何影响植物生长？你需要什么让种子发芽？”这样的问题(p.224)并且让学生在小组中分享答案。这为赫蒙族学生谈论他们在家里园子中的工作提供了一个很好的机会。老师充分利用了这些知识，让学生融合他们家庭中使用的技巧设计种子发芽实验。在稍后的一次小测中，几乎所有学生都能正确回答关于重要的科学概念(如种子发芽和影响植物生长的环境因素等)的题目。此外，家长也十分支持教师在科学教学中使用知识储备。乌帕德亚观察到有6位不同的家长参观这位教师的课堂，甚至还参与了教学，例如在一段对话中教师重现了一位家长向学生提出的问题，包括“你在你的园子里看到了什么？”“你在种植前做了什么？”以及“为什么？”(p.227)。

巴苏(Basu)和卡拉布雷泽·巴顿(Calabrese Barton)(2007)在他们关于贫困的城市中学生如何对科学产生“持续兴趣”的研究中使用了知识储备的方法。他们认为，并不是学生将有助于他们学习科学的知识储备带入学校，而是科学为学生提供了有用的知识储备以使他们能够实现自己的未来愿景，同时这个工具还维持了他们对科学的兴趣：

参与此项研究的年轻人对自己想要追求的事业和生活方式都有清晰的概念。当科学

> 帮助他们向个人的目标前进时，他们对通过科学来学习和探索世界表现出了持续的兴趣。
>
> （p.482）

这项研究在一项为期一年的课后干预和探索项目中开展。项目的主题是“创造”和“环境”。

作者将知识储备定义为较大的群体（如生活在亚利桑拿-索诺拉边境上的人群）共同拥有的知识以及由本地环境造成的少数个体（如生活在大家庭中的人）共同拥有的知识。知识储备包括

> 关于群体的历史和文化的知识，如一个住在农业群体中的年轻人可能拥有的关于动物和植物的知识。同时，也可以指在特定群体背景下某特定家庭特有的经历和知识，例如一个在很多代人亲密地生活在一起的家庭和群体中成长的年轻人可能拥有的关于照顾老人的知识。
>
> （p.468）

在这项重要的人种学研究中，研究者们探索了学生的知识储备如何支持他们对科学的“持续兴趣”。他们将具有持续兴趣的学生定义为那些“在课堂环境外仍进行自我激励的科学探索，或持续使用科学作为一种手段以改善、拓展、加强他们本来就已经深深投入的探索或活动”的学生（p.469）。他们将这种持续兴趣与知识储备的战略部署联系了起来：“这些‘对未来的展望’属于年轻人的知识储备的范畴，因为它们反映了学生对自身利益的信念，也提出了他们通过战略性地增长自己的技能和知识可以实现的目标”（p.479）。

作者着重观察了学生如何利用科学知识储备达到自己的目标，并在此过程中保持对科学的兴趣。这稍微偏离了原始理论对知识储备教学法如何改善学校和社区间关系的重点关注。他们指出“知识储备是实践，它既是个体拥有的文化知识，也是个体根据知识如何及为何行动”（p.485）；他们减少了对文化知识的关注，更关注贫困的城市中学生如何及为何能够利用科学知识储备。他们的目的是帮助学生利用科学实现自己的目标。

科学教育中的知识储备教学法包括了在美国以外及K—12课堂以外完成的工作。在新西兰，考伊（Cowie）、琼斯（Jones）和奥特雷-卡斯（Otrel-Cass）（2011）发现，当教师将毛利人关于高山的文化知识融入一节地貌课程单元中，教师和学生都有所收获。当学生自己的知识储备被融入课程单元，他们会更倾向于发展科学相关的个性特征，教师也能更好地理解自己的学生。在乌干达，一项成绩好的学校和成绩差的学校的比较表明，成绩优异学校的教师更倾向于将学生的知识储备“作为教学资源或一种将学习者引入科学知识的手段”（Sikoyo & Jacklin, 2009, p.720）。在关注家长的研究中，有一组墨西哥裔美国学龄前儿童家长参与了一个项目，项目帮助他们识别家长和儿童的日常活动包含的科学概念和知识（Riojas-Cortez, Huerta, Flores, Perez, & Clark, 2008）。参加过这个项目的家长能够更好地向孩子解释这些概念。在一项罕见的使用实验方法而非定性方法进行的对知识储备的研究中，一组中学科学教师参与了一个教他们如何在教学中融合学生知识储备的专业发展项目；对照组从研究的志愿者中随机抽出，没有参加上述学习（Johnson & Fargo, 2010）。参加了项目的教师的学生比随机选出的未参加项目的教师的学生在科学课的考试分数上获得了明显更大的提高。更多像这样的定量研究会对知识储备的资料积累有所帮助。

知识储备教学法的优势在于它关注学生的群体

和经验有哪些可以搬入课堂以丰富课程。这种方法通常包含“进行家访以更好地理解如何将源自不同文化的真实世界经验搬入课堂”(Johnson & Fargo, 2010, p.45)。它的目标是为教师提供机会和脚手架以找出如何“将多样性作为资源服务于学习”(Nieto, 2000, p.183)。文献表明，这是比较困难的，但并非完全不可能。在这一点上，它“与人们普遍接受的在某种程度上工人阶级在社会行为上杂乱无章且在智力上有缺陷的观点截然相反”(Moll, Amanti, Neff, & Gonzalez, 1992, p.134)。这种方法着眼于孩子和家长为科学学习带来的力量，以及孩子如何将科学视为有用的，因此不仅具有改变科学课堂上发生的事情的潜力，还具有改善群体和科学关系的潜力。知识储备教学法将使用者导向实际行动，如让家长参与科学课程内容的决策，让家长和学生根据自己的知识储备引导科学课程单元，以及探索将群体和学生的需求和事务融合到科学课程内容中的方法等。知识储备教学法将教师导向能用于“基于无损”法教学的实际行动。

文化相关教学法

教师如何利用学生的知识储备来开展更有效率、更有意义的科学学习呢？研究这一问题的一部分学者使用文化相关教学法(culturally relevant pedagogy [CRP])作为指导框架。莱德森-比林斯(Ladson-Billings, 1994)在她的《梦想守护者》(*The Dreamkeepers*)一书中研究了成功的非洲裔美国儿童的教师的做法，重点关注了这些优秀教师做了什么以及使用文化相关的方法教学意味着什么。虽然莱德森-比林斯研究中的老师们并不程式化，但可被认为是文化相关的教学法中也还是贯穿着一条明显线索的。具体而言，文化相关教学落实到三个问题上：“(a)学生应能体验到学习上的成功；(b)学生应能培养和/或保持文化素养；(c)学生应能培养挑战现状的批判意识”(Ladson-Billings, 1995, p.160)。使文化相关教学法有别于知识储备教学法的一点是文化相关教学法通过强调批判意识“明确地承认并处理课堂上及更大社会背景下的系统权力关系”(Patchen & Cox-Petersen, 2008, p.996)。正如我们将继续讨论的，这正是文化相关教学法最不为大家所接受的方面。

文化相关教学法在科学教育研究中的应用

科学教育者已经用源自文化相关教学法的观点描述并解释了教师在实施(Johnson, 2011)和理解(Chinn, 2006)这种教学法时遇到的困难，指引了专业发展(Buxton, Lee, & Santau, 2008; Grimberg & Gummer, 2013)，促进了教师的职前培训(Mensah, 2011)，并说明了文化相关科学教学法怎样实践(Xu, Coats, & Davidson, 2011)。很少有研究涉及成功实施的文化相关指导对学生成绩(Parsons, Travis, & Simpson, 2005)或培养学生的科学兴趣(Xu, Coats, & Davidson, 2011)的有效性。

在莱德森-比林斯发表她关于文化相关教学的研究后不久，李和弗拉德(1998)提出了教学一致性的概念，这一概念是指“将学术内容的本质与学生的语言及文化经验相协调，并使学术内容(如科学)对不同的学生而言可获得、有意义并相关”(p.12)。他们认为，文化一致性(或称文化相关性)强调了学生读写能力，包括学术和社会话语的习得，却常常忽略了科学特有的知识和思维习惯。在教学一致性框架下教学的教师能够理解他们学生的语言、文化经验、科学实践(科学知、行、说)以及思维习惯(科学价值、态度和世界观)，也能将科学与学生的文化经验挂钩。换句话说，重要的是教师应该将学生的语言和社会经验与课堂互动规范挂钩，并且与科学的规范要求挂钩。李和巴克斯顿(Buxton)(2011)提供了在不同文化背景下评估有效性声明的不同方法的案例。在科学的文化中，对知识声明的评估基于证据和理论。在其他文化背景中，对知识声明的有效性判定基于权威来源，如教师、家长和教材。教师可以帮助学生理解不同文化背景下对知识声明进行评估的不同方法的效用和恰当性。

教学一致性框架是一系列课程和专业发展尝试的基础，这些课程和尝试表明，在教师和学生实践中通常都会有成功的改变，但改变需要时间耕耘。奥古斯特(August)、布拉努姆-马丁(Branum-Martin)、卡德纳斯-黑根(Cardenas-Hagan)和弗朗西斯(Francis)(2009)测试了优质英语与科学教学(Quality English and Science Teaching [QuEST])干预的有效性。这项干预旨在提高中学教师的教学能力，帮助他们学习英语的学生改善对科学知识和学术语言的掌握。接受QuEST干预的学生在科学知识和词汇量的学后测试中取得了统计学上显著的进步。

李玉姬(Okhee Lee)和她的同事完成了一系列持续多年的大范围研究，对基于教学一致性框架的各种专业发展结果进行了检视。他们做了大量工作，其中一小部分工作包括分析学生的科学成绩(Lee, Deaktor, Hart, Cuevas, & Enders, 2005)、教师在英语学习者在家和学校背景下解决问题的能力方面面临的教学思考困境(Buxton, Salinas, Mahotiere, Lee, & Secada, 2013)、教师的科学知识、支持科学理解和科学探究的教学实践，以及发展英语语言的教师支持(Lee, Lewis, Adamson, Maerten-Rivera, & Secada, 2008)。所有的研究都展示了这些不同领域的成果，但作者也指出，在当前教育环境下基于雄心勃勃的教学一致性框架进行大规模的、有意义的改革以及专业发展，存在着实践和理论两方面的挑战(如高风险的问责环境、缺乏资源的学校、对实施有意义改革的支持的不足等)。

虽然在实施文化相关教学法时的侧重点、标签和方法有所不同，但研究者们普遍认同文化相关科学教学法利用了非主流学生的文化知识和经验，培养了科学素养和学习(Johnson, 2011)，但他们并没有就学生的文化知识和经验在教学实施和/或科学学习过程中的角色和地位达成一致(Tsurusaki, Calabrese Barton, Tan, Koch, & Contento, 2013)。例如，有些研究者指出，文化相关教学法的目的是促进一种双语教学，教师在学生的日常话语之上提高他们使用科学话语的流畅性(Lee, 2005)。另一些研究者则认为虽然科学练习与学生话语练习之间的连贯性无法识别，但二者的区别并不明显(Rosebery, Ogonowski, DiSchino, & Warren, 2010)。

大多数涉及文化相关教学法的研究与一种文化差异理论保持一致，该理论在强调并关注学习科学(学术知识)的跨界方面的同时保持鲜明的文化本位(文化知识)。然而，科学教育研究(包括通常意义上的多元文化教育研究)常常忽略了莱德森-比林斯(Ladson-Billings, 1995)提出的第三原则，即批判意识(Johnson, 2011; Morrison, Robbins, & Rose, 2008)。这一原则被鹤崎(Tsurusaki)及其同事(Tsurusaki et al., 2013)描述为潜在的边界变换。我们找到的生动描述莱德森-比林斯的科学课堂中文化相关教学法三项原则(学术成就、文化素养以及批判意识)的少数几项研究之一是鹤崎及其同事(Tsurusaki et al., 2013)进行的案例研究。在该案例中，一位6年级教师应用了一项以公平为导向，以改革为基础的课程(选择、控制、改变，又称C3)，关注人类身体中的动态平衡。这项课程(Koch, Contento, & Calabrese Barton, 2010)侧重于促使学生使用科学证据帮助自己对食物和活动作出更健康的选择。在整个课程单元中，学生们研究他们的生物学及物质和社会环境中影响他们的食物和活动选择的因素。

教师汉森(Hanson)夫人致力于让她的学生学习科学并参与科学实践(学术成就)，同时她也将学生日常生活中关于食物的文化实践付诸讨论且将这些内容作为科学价值建立的重要方面(文化素养)。她让他们参与批判性讨论，讨论他们的生活和科学在帮助他们作出健康选择时可以扮演的角色，同时她引导并赞扬学生进行批判性思考并提出关于自己的物质和社会环境、饮食及活动实践之间关系的问题(批判意识)。作者认为，她的一种方法是使用他们所称的“可变边界物”，这些边界物“协调活动并允许跨[文化]世界的知识融合且允许变更参与的群体或边界本身的性质”(Tsurusaki et al., 2013, p.7)。这篇论文描述了汉森夫人使用的四种边界物：柱形图、科学研究问题、营养标签及公共服务公告，这几种边界物使文化相关科学得以成立。边界物是工具，它们促进了对影响食品和行为实践的社会和环境因素的讨论，鼓励了学生对自己的实践和科学实践进行批判性分析，促使学生在实践中作出改进并创造参与科学的新方法。

如同“知识储备”的研究以及文化差异理论，大多数使用文化相关教学法框架的科学教育研究先验地假设学生、科学，和/或学校科学三者的文化世界需要桥梁跨接，并且默认科学的信仰、世界观和实践与非主流学生的信仰、世界观和实践不同(Warren, Ballenger, Ogonowski, Rosebery, & Hudicourt-Barnes, 2001)。以促进学术/科学学习及提高文化素养为双重目标的研究通常使用文化的隐含定义，该定义假设文化在相似的种族和族群中都有跨越时间的内部一致性、相对一致性及相似性。一方面，这类关于文化的假设引导了课程和教学法改革，避免将有文化差异的学习者视为有缺陷的。另一方面，这些方法也存在将文化教条化，假设民族和种群内部的同质化，复制文化和族群的刻板印象等种种风险(Seiler, 2013)。

我们看到，那些明确本地和全球的权力及不公问题，并提供使用学术和文化知识打破学术和家庭原生文化之间藩篱的方法的理论和教学手段能将上述风险降到最低程度。例如，鹤崎及其同事(Tsurusaki et al., 2013)在对文化相关教学法的研究中特别优先注意对教师日常教学的研究，以理解文化相关教学法是如何呈现的，以及它能达成怎样的效果而不会假设一个先验的定义。与文化差异理论相似，该项研究中，学生的“文化”被发现存在于他们的日常饮食和实践活动中，这些活动在更大的社会、经济和文化背景中是对他们定位的可预期反应。尽管如此，课程、教师实践、边界物的使用和学生的参与为良好的学校科学参与者这一概念添加了新的含义，并创造了通过模糊学生家庭和学校科学之间界线的方法对青年学生的饮食习惯和实践活动加以改变的可能性。

其他研究者也提出了相似的观点，即在文化相关科学教学法中被视为“文化”的是一种过于狭隘、教条的文化。例如，卡特(Carter, 2010)认为，多元文化科学教育研究将边界表示为“文化和知识之间需要被跨越的毋庸置疑的边界”，却“很少提及边界本身的性质”(pp.429–430)。奎格利(Quigley, 2011)也推动本研究领域超越“文化一致性”框架，考虑创建和研究教室中的“第三空间”(third space)。她将其描述为更具流动性的、学生自发的、不太可预测的空间。在这些空间中，学生的文化世界和学校科学的文化世界不再相互对立。我们在后面部分中关于文化的讨论将从文化差异理论转向文化生产(cultural production)理论和第三空间理论。

文化生产

与文化差异、知识储备和文化相关教学法相比，文化生产理论将文化界定为一种更具活力的、开放的和潜在可变革的力量。在这一理论框架中，文化被视为“一套符号化和物质化的形式”或价值。艾森哈特(Eisenhart, 2001a)将文化定义为“受历史和结构的非决定性影响，在群体中被积极地占用或‘产出’并带来秩序感和满足感体验”的事物(p. 213)。文化生产观点关注群体在日常实践中产生的本地价值、这些价值与更大的社会结构的联系，以及不管多么轻微的对现状的挑战(Levinson, Foley, & Holland, 1996)。在这种方法中，文化不再像在文化差异理论中那样是为了应对社会或环境条件而世代相传的一套实际操作，“而是在日常实践中持续产生的一套共享的价值；新的价值可能与之前产生的价值一致，但也有替换之前产生的价值的潜力”(Carlone & Johnson, 2012, our emphasis, p. 157)。

文化生产理论将行为模式、被视为理所当然的实践，以及它们被赋予的价值维系在首要位置，继而组织未来行为。文化生产并不立即表现为个人的成就或状态。“要成为文化生产的象征，个人的行为必须能揭示某种群体共享的价值。要引起人们的兴趣，行为必须模式化，即要么与本地文化价值一致，要么反对这些文化价值。”(Carlone & Johnson, 2012, p. 157)个体行为“按照参加者在课堂上的行动、标示自己的尝试，以及向他人介绍自己的模式”被诠释(Eisenhart 2001a, 217)。集体现象和个体现象之间的区别是很重要的，因为虽然从文化生产的角度看问题可以对个体实践产生新的理解(例如为人们为何做他们所做的提供解释)，但是这些理解取决于对群体级别的流程以及统合个体信仰和行为的价值观的理解，还取决于对这些本地价值如何处于宏观背景(例如更大的社会结构)内的理解。从这个角度看，个体学会什么、知道什么取决于社会实践如何促进和约束参与，在什么时间和空间内，使用什么工具，有什么最终目标等。

文化生产与文化差异二者的区别是，文化生产以一种更灵活机动的方式关注本地实践与更大的社会结构间的关系。本地实践被更大的社会结构塑造，同时也塑造了更大的社会结构(至少赋予了其内涵)。更大的社会结构的价值并不像在文化差异理论中那样先验地假设社会群体的所有成员都是一致相关的。[2]当人们考虑文化生产理论时，结果(由群体产生的价值)总是未知的，这样就留出了改变现状的可能性。

文化生产在科学教育研究中的应用

最近有人呼吁科学教育研究应考虑文化生产方法提出的新见解以实现公平的科学教育(Carlone & Johnson, 2012; Seiler, 2013; Wood, Erichson, & Anicha, 2013)。例如塞勒(Seiler, 2013)就对文化差异理论的流行和使用提出了异议，认为文化差异理论将文化视为多元的、有边界的、可复制的(“众多的”)，并且该理论强调了区别和差异(例如它们是“不连续的”)。她进一步指出，文化差异理论会导致对文化群体的刻板印象。她认为文化生产理论阐明了文化与文化之间重叠的空间和/或文化由更大的社会、政治及经济因素所塑造的途径。在科学教育中，文化生产理论并未获得广泛关注，但从20世纪90年代中期以来出现了若干案例。我们在此概述的研究是由莱文森（Levinson）、福利（Foley）和霍兰（Holland）（1996）提出的文化生产理论原始构想的迭代。

例如，艾森哈特（Eisenhart, 1996）使用文化生产的概念研究了一个大学生物项目和一家雇佣生物学家的美国公司"产生"科学家的方式。她描述了机会如何在这两个场所成形以及个体如何对此作出反应，从而为新行为和思考模式的涌现创造条件。新的模式并非与旧的模式彻底不同：它们需要旧的实践，但它们又是新的，足以在某种程度上改变实践环境。

巴克斯顿（Buxton, 2001）使用文化生产观点调查一个大学科学实验室的两个小组的日常实践如何既复制又质疑科学的富有竞争性同时也等级森严的典型价值。巴克斯顿将他的研究置于实践理论的传统中，并指出：

> 文化并不应像在旧的理论中那样被视为一套特征，而应被视为一个过程，持续地在实践中被构建。不能认为个体在被动地接受他们生活和行动的条件。相反，应认为他们有能力去反对现有的支配结构（虽然他们在这样做的同时仍需在这些结构中行动）。
>
> （p.389）

根据巴克斯顿（2001）的看法，实践理论关注"个体和群体文化在实践中在更大的社会力量和结构中成形并与之对抗"的方式（p.389），并关注个体能力以及"让个体服从当前实践文化的压力"（p.389）。在巴克斯顿的框架中，只有当人们抵抗现状时才发生文化生产；当他们的实践与现状一致时，他们只是在进行文化再生产。

巴克斯顿（2001）利用这个框架对一个西方大型大学的分子生物学实验室进行了研究。这个实验室由女性主持。与同一所大学的其他实验室相比，这个实验室的博士后研究人员、研究生和本科生有更高的女性比例。巴克斯顿的兴趣在于研究在这种环境下科学实践是如何进行的。通过他的研究，巴克斯顿阐明了"即使是在像研究型实验室这样最传统的环境下，科学实践也常常并不是我们在K—16科学课上向学生展示的那种局限的形象"（p.405）。例如，他发现，与大众的想象相反，

> 成功的科学实践，至少在萨莉（Sally）实验室所作研究的情况中，并不是单纯天生智力的成果。实验室中的成功很大程度上是努力工作、奉献精神以及乐于向他人学习的结果。虽然智力是必需的，但直觉、灵巧以及工具的使用技巧同样也是必需的。
>
> （p.403）

这项研究揭示了巴克斯顿所说的文化生产和文化再生产的案例。例如，实验室里看上去最不墨守成规的小组实际上却深陷文化再生产，而一个不那么招摇的小组却真正进行了文化生产。一个全男性小组在他们自己命名为"酷人湾"（Cool People's Bay）的区域工作，用吵闹的音乐和"古怪的行为"来挑战科学规范和科学家的意义。然而，这个小组尽管表面上看起来很叛逆，但实际上是在复制科学实践的一项规范：积极竞争资源。例如，一个尚未本科毕业的研究助理一开始被安置在这个"湾"工

作，但“过了一段时间，她发现要在这个‘湾’给自己找到台面空间很难”(Buxton, 2001, p.401)，就只能放弃并搬到了实验室的另一个区域。“酷人湾”的成员通过“不允许女性使用实验设备”这一规定将她赶出了小组。另一方面，一个在“小妞湾”(Chick Bay，也是自命名的)区域工作的全女性小组却在进行一些微妙地抵制科学规范的实践活动。她们在自己的区域中腾出了很大一块空间作为公共区域，这意味着在这个小组工作的本科生们就有更大的机会可以使用实验资源(事实上，那个被挤走的本科生就搬到这个区域了)。这个小组中的两名博士后研究员还辅导有色人种的女大学生。这是一件实验室里的其他人不会做的事情，显然能为更广泛的人群打开通往科学的门。“小妞湾”里的女性创造了以共享资源和知识而不是竞争为特征的科学文化。

卡洛内(Carlone, 2004)运用文化生产框架研究学物理的女孩的经历。跟随艾森哈特和芬克尔(Eisenhart & Finkel, 1998)的脚步，她对文化生产的定义比巴克斯顿的定义(Buxton, 2001)更广泛：复制和/或对抗(学校的、科学的、学校科学的)流行价值的“由群体在日常活动中发展出的价值”(Carlone, 2004, p.44)。她使用这一框架是因为

> 文化生产让我们能够解释更大的社会历史价值是如何塑造参与者的价值观、信仰和行为的，以及根据课堂所处的环境，新的科学价值观可能的出现方式。它将注意力导向本地和全球、微观和宏观的交叉部分。
>
> (Eisenhart & Finkel, 1998, p.396)

卡洛内(2004)举出了一些文化历史背景和科学教育实践，它们将科学再现为“知识精英所追求的客观的、优等的认知方式”(p.394；例如直接指导、技术原理论述、狭窄的课程设置)。她研究了一堂使用“活学物理”(Active Physics)课程的课上发生的情况。这门课程是专门设计的，旨在通过提高物理课的相关性、关注场景而非主题，以及将“学生置于科学知识的生产者”的位置(p.395，原文突出“生产者”三字)来颠覆传统上对物理课的假设。这项研究的本意是观察在“活学物理”课程中产生的科学文化价值与科学的原型价值是一致还是相反的。

使用这一工具，卡洛内(2004)发现即使在她研究的“活学物理”课堂中也出现了物理学的霸权观念，如物理学是“难学的”学科，科学家是具有“天赋”的人等等。关于科学和科学家的霸权观念仍然占了上风，尽管原意与之相反。此外，卡洛内发现教师扮演了这种观念产生过程中的代理人的角色之一；他找了各种与物理学内容不相关的方法来让课程更难(例如不给学生足够的时间完成作业)。这样一来，即使是本来做得挺好的女孩们也“认为自己不是‘学科学的料’并选择不再深入学习物理”(p.404)。

通索(Tonso, 2006)运用文化生产理论分析了一家工程学院的教育改革。她的框架和卡洛内(Carlone, 2004)使用的一致。并且，像卡洛内一样，她将这个理论用作工具来记录实践如何产生新的价值而非重复老一套。她所研究的工程学院正在尝试将工程教育改造成与工程实践的规范一致的。他们开设了设计课以对传统的上课—考试课进行补充。在设计课上，学生们分组工作，尝试解决实际的工程问题。虽然有这样的新背景，并且很多学生(特别是女学生)在这些项目中都表现得很好，但这个环境中产生的新文化却与更大的文化价值中工程师是“考试成绩和等级显然表明本人有能力以

最高标准完成工程工作”的“表现卓越者”的定义一致（Tonso, 2006, p.302）。结果一些学生，通常是女学生，虽然是合格的工程师，却因为工程学院没能识别出她们，最终被边缘化甚至辍学，即使工程学院原本的改革目标正是为了改变这一点。“最终，虽然有大量学生实际构成了工程师主体且以工程师的身份工作，并时不时这么做以抵制校园文化，但他们富有创意的表现为文化改变带来的影响却微乎其微。”（p.301）

文化生产理论工具将文化视为流动的、动态的，由群体通过实践反抗和/或复制霸权的实践和价值来产生。文化生产在科学教育文献中被定义为与现状对抗（相反）所产生的价值，而文化再生产则指在现状中产生并与其相一致的价值（例如Buxton, 2001）。在微观层面，二者可以同时发生。尤其重要的是那些能够持续产出（即有较长的时间尺度并且具有以反霸权方式获得时间、空间及人员的能力）以及能够巧妙地以改头换面的霸权方式（重新）组织时间、空间及人员的复制/产出。文化生产理论带给我们洞见，即科学在多种不同环境中及随时间流逝出现不同角色的情况下，是如何被复制为精英特有且只适合某一类人的。同样，这个工具有能力检测出像“小妞湾”这样能够制造出反霸权的科学价值的环境（Buxton, 2001）。文化生产分析可以揭示文化环境的运作，发现可能进行改革的区域和已经开始改革的区域（以及，如同卡洛内[Carlone, 2004]和通索[Tonso, 2006]所记录的，那些好像在改革但其实并没有的区域）。

拟像世界

1998年，霍兰及同事们提出了影响深远的“身份及其功能理论”。该理论引入了拟像世界（figured world）的概念，并将这个概念与社会定位（“定位”）、人们对自身定位的反应（“创作空间”）和尝试在可能或想象中的拟像世界居住的社会场合（“认真的游戏”）联系起来。这一理论阐述了这些过程：以新的方式理解文化生产和文化再生产，明确地识别并努力克服在基本文化实践中“成为某人”的压力，存在并长期承受更大的社会、经济和政治环境以及通过创造力和想象力产生的创造和变革的可能性（Holland et al., 1998）。

根据这一理论，拟像世界是社会和文化上构建的解释领域，其中特定的参与者被认可，某些行为被认为是重要的，特定的轨迹和结果被重视（Holland et al., 1998, p.52）。哈特（Hatt, 2007）解释说，“拟像世界代表了‘规则’‘指引’，或者影响（但并非完全决定）人们说话、行为以及在社会空间中‘练习’的方式的社会力量。”（pp.149–150）拟像世界作为思想体系的舞台流传开来，这个舞台在显义的和隐藏的结构背景中精心安排角色和行为。

霍兰及其同事（Holland et al., 1998）描述了从23位女大学生和她们的社会构建的浪漫世界（参见Holland & Eisenhart, 1990）中提炼出来的“浪漫的拟像世界”。浪漫的拟像世界由某种交换逻辑所组织，在这种逻辑中，女人用身体吸引力和性关系来交换男人的关注和礼物。女人使用带性别标记的词汇来描述浪漫世界中的角色（如有吸引力的女人、没有吸引力的女人、男朋友、情人、肌肉男、笨蛋等）、与浪漫世界有关的行为（如调情、甩掉、爱、与……发生关系等），以及其中包含的力量（吸引力、爱情；Holland et al., 1998, p.102）。作者认为，“当女性逐渐掌握浪漫的拟像世界，它就获得了动力，而她们的掌握反过来又取决于她们对自己作为浪漫世界中的角色这一观念的发展。”（p.99）

人们利用拟像世界来思考和创造身份，但他们不能随心所欲地选择某个身份。身份取决于一个人在社会地位等级中的定位（“地位身份”），如种族、性别或阶级，以及在拟像世界想象系统中的定位（“象征性身份”）。象征性身份有其来源，并在想象系统中被标记，而“地位身份与现实世界中的日常和基本的[通常没有标记的]权力关系、尊重和权利之间的关系、社会从属关系和距离有关”（Holland et al., 1998, p.127）。身份的地位层面与象征层面以复杂的方式重合并相互影响。

人们不能总是影响自己被定位的方式，但却必须以某种方式“回答”或回应这种定位；这种回应被称为“创作空间”（按巴赫京[Bakhtin]）。虽然人们必须给出回应，但这种回应并非预先确定的。因此创作空间在某种程度上是开放性的，能够容纳个体的变化和即兴创作，其中一些可以被其他人采用，并整合到新的“可能性的拟像世界”中，有时会导致社会变迁（Holland et al., 1998；Monzó & Rueda, 2009；Urrieta, 2007），虽然这种情况在文献中十分罕见。

贝丝·哈特（Beth Hatt, 2007）提供了一个创造性创作的例子，其中个体代理重新定义或重新想象了游戏的规则，但最终并没有改变年轻人的长期社会定位。她描述了“聪明的拟像世界”以及这个拟像世界是如何与学校里的有色人种和社会经济地位低的学生产生冲突的。在这项研究中，一组典型的被边缘化的学生为“聪明的世界”重新定义形象，这个“世界”在学校中赋予他们新的关于“书本智慧与街头智慧”的想象。“书本智慧”指在学校中受重视的，通过在学校努力学习而获得的知识和对学术追求的关注。“街头智慧”指学生在校外经验中的面对贫困和街头文化的必备技能。学生认为街头智慧更重要，因为它与他们的生活息息相关，同时摒弃“书本智慧”，认为它与生活无关。因而他们主动脱离学术追求，这对他们在学校环境中的定位产生了负面影响。

拟像世界在科学教育研究中的应用

科学教育文献在研究中对拟像世界的概念接受得较慢。据我们所知，还没有人应用这个概念进行科学教育改革。少数使用这一理论的文献指出，它在阐明对各种各样青年的认同工作的多层次影响力时具有解释潜力。例如，卡洛内、斯科特（Scott）和洛德（Lowder）（即将出版）对4至6年级学校科学课上的三名青少年的认同工作进行了一项重要的人种学案例研究。为了理解每一年学校科学对学生认同工作的助力和制约因素，他们将科学课堂概念化，不将其视为其本身的拟像世界，而是将其视为各种拟像世界的交织物，并识别不同的“影响本案例学生面对不同科学课时对什么是科学、哪些学生科学学得好进行判断的拟像世界”。虽然每节科学课都不同程度地与传统学校的拟像世界相关，但更进步、更包容的4年级课堂利用了其他拟像世界，如家庭（强调团结、养育和协作）和童年（优先使用青少年的“童言童语”和孩童幽默）。另一方面，更传统的6年级课堂则选择利用热衷男子气概的拟像世界，这个拟像世界鼓励各种形式的霸凌、讽刺和牺牲弱势群体利益的笑话。他们的一个论点是，“一个有许多来自不同的（使他们变强大和相关的）拟像世界中的线索的课堂，是一个让更多的学生能有更多机会有意义地参与和发展科学身份的地方”（Carlone, Scott, & Lowder, 即将出版）。

继霍兰和拉希科特（Lachicotte）（2007）之后，卡洛内及她的同事（Carlone, Scott, & Lowder, 即将出版）使用拟像世界的结构来描述学生为了被承认为此环境中的合格参与者而必须做的身份工作，而部分工作包括确定自己相对于显著学科位置的定位：

> 成为“科学的”意味着将自身定位（有意或无意地）和/或被定位为“好的”科学参与者，并因此能够适应和/或视自身居于课堂的显著学科位置。这对某些学生而言比其他学生容易。当学生遇到问题时，我们发现按照现有学科位置的广度理解他们的困难会给我们带来启发，这些困难包括获得显著学科位置内优先实践的难度以及与显著学科位置的种族、阶级和/或天然性别层面相关的时而困难的认知工作。
>
> （Carlone, Scott, & Lowder, 即将出版）

拟像世界的概念以及显著学科位置允许作者们严肃对待拟像世界中交织的和创造出的权力以及在这些世界中构建身份所涉及的定位工作。

他们的方法强调理解学生在不同年级科学课堂这一文化背景（拟像世界）下的个人认同工作（定位和创作）的价值，强调为本案例研究中的学生在科学学习轨迹上出现的问题（学习兴趣降低、跟随度降低以及参与有意义的科学实践的可能性降低）提供一个解释，而这些问题已经超出了“中学科学教学问题”的典型定义。在某种程度上，本案例研究中的学生遇到的困难来自这样一个事实，即显著学科位置构建得十分狭窄，并受到种族、班级和性别的严重影响，以至于此研究的3个有科学天赋的学生中，只有2个能够且/或愿意做认同工作，以使自己与空间一致，而这一工作与加强学生的科学自我无关，只不过是在玩一个名叫“上学”的游戏。阿莉娅（Aaliyah）是一位非洲裔美国女孩，她深深地陷于压抑的形势中（Johnson, Brown, Carlone, & Cuevas，2011）。她尽管有很强的科学和学术能力及兴趣，却很难将自己定位为与显著学科位置相符。这项研究描述了学生可获得的越来越有限的学科位置，学科位置被种族化、阶级化、性别区分化的现实，以及学生根据这些越来越有限的选择所作出的反应。本研究的作者更具结构主义倾向，这与后面将要描述的坦（Tan）和卡拉布雷泽·巴顿（Calabrese Barton）（2007）更具动因性的观点形成鲜明对比。卡洛内及其同事（Carlone, Scott, & Lowder, 即将出版）的分析需要关注多个时间尺度（如学校科学教学的学年内及跨学年）和层次（文化、历史、个体和跨个体）的分析。

坦和卡拉布雷泽·巴顿（Tan & Calabrese Barton, 2007）以相似的方法使用拟像世界的架构以突出认同工作的结构、位置、动因等方面。他们通过对美国一所位于市区低收入社区的中学的两名拉丁裔6年级学生（阿梅莉亚[Amelia]和金尼[Ginny]）进行人种学案例研究，突出了认同工作的对话特性，包括被他人定位和自我创作。他们采用拟像世界理论关注其内在的动力，以及个体对这些被构建为自身动因的结构的反应方式：

> 新手获得的社会地位是由该世界的原有成员确立的。新手接受、参与、抗拒以及忽视这些线索的方式将会塑造他们不断发展的“实践身份”并决定他们自己的创作空间的边界，这是由自身的力量驱动的。
>
> （p.49）

坦和卡拉布雷泽·巴顿将拟像世界解析为受宏观层面结构和全球趋势影响的有边界的空间或对社会行为的安排（例如全校的背景、分组工作、全班的背景等），参与者可能的实践身份在这样的空间中被授权或被限制。卡洛内及同事们（Carlone, Scott, & Lowder, 即将出版）对拟像世界的应用与坦和卡拉布雷泽·巴顿（Tan & Calabrese Barton, 2007）的方法的进一步区别是坦和卡拉布雷泽·巴顿更关注在女孩的即兴创造活动（如她们的动因）中嵌入的变革的可能性。特别是，这项研究表明女孩们利用非商品化形式的知识、关系和活动支撑她们在课堂上的成功，在整个学年中改变她们的"实践身份"，并帮助创造了"具有她们生活的世界和学校科学世界共同特征的学校科学的新世界"（Tan & Calabrese Barton, 2007, p. 64）。

例如，金尼是一个害羞的女孩，行为符合典型的"好学生"标准，但不太愿意引人注目。她利用自己的"流行文化消费者"身份写了一首关于骨头的歌，并编排了伴舞，用以记住人体解剖学令人生畏的大量知识。她的老师（M先生）非常喜欢这首歌，将歌词贴在教室外面，并给金尼的全班同学都复印了一份。另一方面，阿梅莉亚在学年开始的时候被贴上了"问题"学生的标签，但到了学年末，她的期末动物学项目分数从70多分提高到了100分。她经常参与学校的周末野外旅行，包括露营之旅、钓鱼之旅和博物馆之旅。她回到学校后，与班里同学分享她的故事（自发地）。慢慢地，M先生开始引入她的故事以使全班同学对科学更有兴趣并更多地参与学校的周末野外旅行。最后，阿梅莉亚成为班里野外旅行的"代言人"，成了一个主动发言、充满热情的科学参与者。她并没有收敛自己的外向和勇于表达以适应传统的"好学生"模式。相反，她创造了自己的规则和程序以获得承认，并参与到那些允许她既"成为她自己"又成为一个科学学得好的学生的方式中。换句话说，这些女孩利用了她们的校外资源改变了自己和别人对学校科学世界的参与。

在之后的一篇文章中，卡拉布雷泽·巴顿和同事（Calabrese Barton, Kang, Tan, O'Neill, Bautista-Guerra, & Brecklin, 2013）继续对拟像世界进行探索，以说明非主流背景的中学女生为她们科学方面可能的未来交涉时她们认同工作的动态性、有意性、累积性和争议性本质。作者关注两个女孩（迪亚娜[Diane]和尚特尔[Chantelle]）跨越不同拟像世界的身份轨迹。在不同的拟像世界中，女孩们的历史、生活经验、才华和他人的认可提供了资源和限制，影响了她们对与科学相关的未来自我的意识。此外，尚特尔的案例还通过一些片段展示了拟像世界的流动性。她是一名安静且经常"无存在感"的学校科学学生。利用她在绿色俱乐部（Green Club；专注于绿色能源技术）的持续认同工作中获得的资源，她在科学课上播放了一部她参与创作的纪录片，并为老师和同学举办了讲座，从而作为一名专家赢得了他们的认可。尚特尔的做法导致学校科学的拟像世界重新配置，为尚特尔打开了一片空间，让她得到不同的定位——成为一名专家而非原来无存在感、安静的学生。尚特尔的案例说明，拟像世界可以被突破并为新身份提供可能性。然而，迪亚娜的案例说明，当拟像世界设定过窄，并且与其他环境中的个人文化实践脱节时，学生对科学的兴趣和参与很难维持。迪亚娜参加的学校科学的拟像世界（主要是传统的"学校型"科学）就与她的才能以及她在其他拟像世界中的认同工作脱节，并且被种族、阶级动力严重影响，最终削弱了她对科学的兴趣和参与。

卡拉布雷泽·巴顿和同事（Calabrese Barton, Kang, Tan, O'Neill, Bautista-Guerra, & Brecklin, 2013）做了一件值得赞赏的工作，他们利用拟像世界来突出认同工作的结构性以及能动性层面，这是以前的科学教育工作未能做到的。这些女孩的认同工作是“有意为之的”，依靠可用的资源，但也“受认同工作发生的空间中历史的、文化的、社会合法化的规范、规则和预期制约”(p. 38)。

科学教育文献之所以使用拟像世界这个概念，正是因为它的解释潜力。拟像世界，如同浪漫、聪颖或阳刚之气，是相当稳定(虽然并不固定)的“包括了可识别的性格类型和行为的共享、理想化现实。它们由话语以及这些话语的文化工件，或者由价值的共同属性所铭记的对象和符号唤起”(Michael, Andrade, & Bartlett, 2007, p. 168)。虽然它们是“仿真领域”，但它们以真实的方式影响行为、交互以及认同工作。它们使涉及结构和能动性、多时间尺度以及微观、中微观和宏观层面背景的身份研究成为可能。

第三空间

科学教育研究的另一种人类学方法侧重于研究第三空间及杂合空间。这两个术语用法相似，我们将一起研究二者。在这些框架中，学生和教师将他们家庭和群体的知识储备投入学校科学实践的有效接触中时，就创造了第三空间或杂合空间。理想情况下，这将以支持非主流观点及推动科学学习的方式发生。第三空间被描述为“一座桥梁，一个导航空间，或对科学和学生的‘日常生活世界’间关系的批判性理解空间”(Moje et al, 2004, p. 54)。理想情况下，第三空间将“整合而非分割日常知识和学术知识”并且“重塑年轻人接触课堂内容文本的原因和方式”(Moje et al, 2004, p. 54)。在第三空间中，教师和学生“创造机会共同产生新形式的联合行动，以解决学生面对的双重约束”(Gutiérrez, 2008, p. 160)。在这种理论框架下，第三空间不是由教师自行创造的；它是通过此环境中所有参与者的交互产生的。另外，第三空间把文化定义为“一套符号和物质形式，它们受历史和结构影响，但不被其决定，在群体中积极地分配或‘产生’以便为体验带来秩序和满足感”，而不是“与社会背景、语言使用、地区、宗教或种族一致和连贯”的某种东西(Eisenhart, 2001 a, pp. 212–213)。

运用第三空间和杂合空间理论的研究人员认为他们的观点有两个不同的来源，一个源自后殖民主义，另一个源自教育研究内部。理查森·布鲁纳(Richardson Bruna)将其称为“第三空间(巴巴[Bhabha])/第三空间(古铁雷斯[Gutiérrez])杂合性”(Richardson Bruna, 2009, p. 225)。援引后殖民主义来源的作者借鉴了霍米·巴巴(Homi Bhabha)的著作。1994年，巴巴在他的书《文化定位》(*The Location of Culture*)中使用了该术语。巴巴所描述的第三空间是被殖民者居住在最初由殖民者创建的空间中时产生的，并且，被殖民者由于居住而不可避免地改变了这些空间——有时是通过抵抗殖民化的方式。如舒马尔(Shumar, 2010)所描述的，

> 巴巴的后殖民主义理论是关于复杂和矛盾的形式的，产生这些形式的是殖民地局势本身、殖民者利用殖民意识形态支持对人民的剥削的具体方式，以及抵抗和从属的群体利用殖民意识形态本身存在的“缺口和缝隙”的方式。
>
> (p. 497)

可能发生的“杂合”“否定了二元现实和殖民者/被殖民者的权力，同时也为新的话语和新的潜在解放性主体形式建立新的社会空间创造了可能性”(Shumar, 2010, p. 499)。这样，第三空间框架允许我们寻找那些允许改变权力结构的空间。冈萨

维斯（Gonsalves）、塞勒和索尔特（Salter）（2011）将最后的目标描述为识别“可被从属群体用于改变结构的缺口”（p. 396）。

将第三空间和杂合空间的源头指向教育研究内部的研究者通常会援引古铁雷斯及其同事在教育环境中进行实际调查的文献。古铁雷斯、赖姆斯（Rymes）和拉森（Larson）在1995年的文章（Gutiérrez, Rymes, & Larson, 1995）中首次使用“第三空间”这一术语。他们指出，课堂是以“脚本”为特征的。他们将“脚本”定义为“课堂生活的规范模式。这些脚本以特定的社会、空间和语言模式为特征，是成员们用以解释别人的行为并指引自己行为的资源”（p. 449）。在作者们建立模型所依据的课堂上，教师的权力通过使用“试图扼杀对话和互动并且可能采取批评态度”的“单一逻辑脚本”来维持（p. 446）。一些学生能够参与这个脚本，而“那些不遵守老师的参与规则的学生会形成他们自己的反脚本”（p. 447）。这样，第三空间就是“这些空间可能相交，从而创造更真实互动的潜在可能”的地方（p. 446）。作者们认为，那些可以在第三空间进行交流的课堂具有“固有的认知和社会文化效益”（p. 447）。那些“参与者在第三空间构建课堂生活”的课堂是

> 教室里的身份、角色和所提供的脚本发生了戏剧性变化的课堂。构建这样的课堂需要的不只是简单地“加上”学生的脚本；它需要在课堂上合作构建一个新的社会文化环境。在这个环境中，学生和老师不仅主动抵抗单一逻辑的先验脚本，而且更重要的是创造一个对学习有价值的环境。
>
> （p. 468）

在稍后的研究中，古铁雷斯（Gutiérrez, 2008）将第三空间描述为一个学生们可以“重新认识自己是谁以及自己在学术及其他方面能达成什么成就”的地方（p. 148）。她指出，她

> 对第三空间结构的使用…… 一直不仅是对本地来自非主流群体的学生的表扬。……它是一个可变空间，学习的扩展形式和新知识发展的潜在可能在这个空间中受到重视。
>
> （p. 152）

莫耶（Moje）和同事们（2004）在概念化第三空间时，同时引用了巴巴和古铁雷斯的研究以及传统“知识储备”的成果。他们将第三空间定义为“人们的家园、群体和亲友网络这一‘第一空间’和他们在更正式的环境如工作、学校或教堂中面对的话语这一‘第二空间’”的融合（Moje et al., 2004, p. 41）。和古铁雷斯一样，他们认为第三空间的目标是学习；但他们还认为第三空间的价值也在于能够帮助学生为学校以外的人生作好准备：“支持年轻人学习如何浏览文本和读写实战，这些对于他们在中学以及走出校门后将要成为其一部分的‘复杂、多样，甚至有时候危险的世界’中生存是必要的”（Moje et al., 2004, p. 41, 引用Moore, Bean, Birdyshaw, & Rycik, 1999）。

第三空间在科学教育研究中的应用

在科学教育中使用第三空间的一个早期例子中，古铁雷斯、巴克达诺–洛佩斯（Baquedano-Lopez）和特赫达（Tejeda）（1999）描述了在第三空间发生的2年级和3年级课堂上的人类繁殖单元。为了回应知识储备的工作，作者将“多样性和差

异以及由此产生的杂合性作为创造新学习空间的资源”(pp. 287–288)，并用一个故事加以说明。在班里有些学生给别人起绰号后，老师引导了一场关于起绰号的恶果的讨论。这引出了一个问题，那就是他们能想到的最糟糕的称呼别人的词有哪些。一名学生抢先答出“同性恋”(homo)，然后突然之间，用这位老师的原话说，“有什么东西闪了一下，在我意识到之前，学生们已经开始讨论婴儿是怎么形成的以及精子如何需要找到卵子了”(Gutiérrez et al., 1999, p. 292)。这导致教师和学生展开了一个关于人类繁殖的扩展单元，这个单元“既不是学校规范化实践的一部分，也不是家庭规范化实践的一部分”(p. 292)，因此在他们的框架中构建了一个第三空间。作为杂合性的例子，作者引述了老师允许学生提出不同的课堂任务，利用他们对蝌蚪的了解来更好地理解精子，确认儿童在家庭中使用哪些词指称乳房是谈论人体生理学的适当方式，并且将学生的旁注融入课堂讨论。他们描述了儿童参与包含科学概念的谈话和活动的过程(例如，“学生在纸板输卵管中穿行，模拟精子穿过阴道使卵子受精”)(p. 293)，并主张在课堂上使用第三空间的价值：“重要的不是单纯地认识到活动和语言实践中的杂合性和多样性，而是如何利用杂合性和多样性促进学习。”(p. 301)

拉姆(Rahm, 2008)研究的不是杂合空间而是杂合身份。她描述了蒙特利尔学生的多元文化和语言背景。在此条件下，

> 人们假定，殖民主义和全球化将多种文化混合在一起，导致了杂合的文化形式、身份和经验的出现。……相应地，被殖民者从他们的殖民者那里获取语言和文化，同时也将其与他们自己的方式结合，从而发展出他们自己的杂合形式。
>
> (p. 101)

拉姆引用巴巴、古铁雷斯和莫耶及其同事的研究，认为第三空间“预设了多重和多样理解的共存”，并允许出现杂合的社会定位(p. 102)。她认为，研究蒙特利尔学生形成的杂合身份很重要，因为“如果要理解学生参与科学或不参与科学的意义，就需要理解这种杂合身份”(p. 101)，并且“通过关注这种杂合性，我们能更多地了解过去可能被忽略的发展性空间”(p. 102)。她寻找“过渡空间”，即“年轻人可以宣称为自己的，在其中感到放松并且做自己”的空间(p. 102)。最后，她认为，要使空间支持“真正的学习、科学素养的发展以及科学世界内外的新的定位”，年轻人必须在对文化生产的回应中，“抓住它们，用自己的价值去灌满它们并把它们变成自己的”(p. 102)。她将之称为“第三化”(thirding)。

拉姆描述了一个关注成绩较差的市区学校的科学家—博物馆—学校合作关系和一项提供给女孩的课后科学课程。她列举了5个这些项目里小学年龄段学生的研究案例，其中4个“接受了杂合性并将活动转化为第三空间或机会空间，在了解和尊重自己的前提下对新的自我可能进行探索和定位”(Rahm, 2008, p. 117)。一名年轻人的杂合身份被拒绝。“相反，她被重新定位为一个她无法认同的人，或者说她拒绝的存在。由于对自己的杂合自我缺乏认同，教育机会并没有成为她可以拥有的空间。”(p. 117)对于那4名成功地将他们自己定位为“可以学习科学也挺喜欢科学的人”(p. 116)的年轻人来说，拉姆列举了他们的收获，包括一个本来有学习障碍的学生开始喜欢上学，一个女孩追随了自己在化学和酒精对社会的影响方面的兴趣，以及

另一个女孩更好地理解了电话是怎样工作的。她总结说，

> 通过在年轻人的知识储备基础上创造机会空间和场所以及允许年轻人和成人对科学进行协同选择，我们才有可能将年轻人对科学的兴趣转化为他们中间更多人的真正的科学素养，无论他们是谁或想成为谁。
>
> （p.120）

理查森·布鲁纳（2009）设想了一个致力于政治变革的第三空间——识别和利用“有利于从属群体的结构裂缝”（Gonsalves et al., 2011）。她描述了赫苏斯（Jesús）和玛丽亚（María）的生活和学校科学体验。他们都来自墨西哥并且在美国没有身份证明文件。他们在一个肉类包装厂从事第3班次（晚11:30—早6:30）的工作；他们的工作职责是在工厂每天宰杀了成千上万的动物后使用强效化学物质清洁工厂。理查森·布鲁纳（2009）描述了玛丽亚在整夜工作后每天上午的科学课上经历的“可能性和制约之间的困难局面”（p.229）。玛丽亚的老师努力帮助她掌握科学课的内容；他直接在课堂上和她一起学习，他给她提供西班牙语的材料，他鼓励学生们为玛丽亚翻译，他还搜索对她个人而言更有意义的比喻。但从始至终，玛丽亚一直在艰难地面对她无法掌握教学所用英语的情况和（尤其是）她的疲惫。即使她的老师如此努力，玛丽亚直到单元结束也没能掌握主题。

理查森·布鲁纳（2009）于是提出了问题，问什么样的科学教育可能对玛丽亚和赫苏斯有用：

> 赫苏斯和玛丽亚——如果留在美国那么肯定，如果回到墨西哥则基本上肯定——不会继续上大学学习科学，而且他们也不可能会得到一份基于科学的工作。只要“他们是谁”这个问题的答案是“非法的”（这里）以及“贫穷的”（那里和这里），他们社会经济发展的机会只能降到低工资劳动力市场中。在这种受约束的现状下，科学教育的可能未来在哪里？
>
> （p.233）

她的答案是，科学教育在选择主题时需要带着政治考量。

在一个寻找对市区学校科学教育进行改进的方式的项目中，埃尔梅斯基（Elmesky）与市区高中学生们合作，她在一篇由此而来的论文（Elmesky, 2011）中指出一个核心障碍：

> 学生们被期望减少那些被认为是“非科学的”活动（如说唱）以获得科学课堂的成功。对科学课堂上出现的杂合性的不够容忍，限制了学生能够体会到归属感的可能性，她/他也会很难做“自己”。
>
> （p.54）

一位学生研究者也指出了同样的问题：

> 我在校外还有很多你根本不知道的事情，……教我一点东西——我会很感激。……让这里[学校]成为一个我可以做自己的地方。……我想现在的学校应该试着让那些被教的人输入，因为不管怎样，是教这些人，对吧？……我的意思是你就是自己。
>
> （p.54）

在她的文章中，如同其他第三空间研究人员一样，她认为，应将“通常被认为是非科学的异质文化存在方式”(p. 56)包括进来以丰富科学，并使之更有意义，特别是对被边缘化的非洲裔美国青年更有意义。像拉姆(Rahm, 2008)一样，埃尔梅斯基关注学生的杂合身份，并指出，学生需要在科学环境中找到容纳他们复杂身份的空间。这是一个急迫的问题，她指出：“学生们很早就确认自己是不是属于或适应一个社会”(Elmesky, 2011, p. 60)，也很早就确认这些在实践中自我形成和重塑的故事情节。

她举了事先编写或即兴表演的以科学为主题的学生说唱的例子。她直接针对了认为这些说唱中没有足够的“真正的科学”的批评意见：

> 主流科学教师可能会认为，像艾沃里(Ivory)的那样的说唱并不能真正深入地表达科学材料，这可能是一种会扩散的看法。然而，沙克姆(Shakeem)[一位学生研究者]对这个结论提出了质疑：“如果他们说在这里面看不到科学的话，那我怎么看得到？……也许你们思考得不够广。你知道我在说啥吗？它不是学习的方式[强调]那它一定是某种新的东西。”
>
> (pp. 62–63)

埃尔梅斯基指出，学生在科学背景中说唱科学内容，不仅仅给予他们开始学习科学概念的机会，而且也提高了他们的地位(“艾沃里的说唱……帮助她获得尊敬和符号资本”[p. 63])并有助于“建立群体的团结”(这是埃尔梅斯基在她首次尝试说唱后亲身体验的收获，她获得的学生评价从“不好意思，这很烂！”到“这很棒！”都有[p. 72])。埃尔梅斯基最后呼吁“打破科学的固有形式”(p. 74)以接受学生身份的杂合性。

尽管这些研究有希望，但目前关于杂合空间和第三空间的大量文章看来都还集中在如何使用它们，而不是将它们作为研究的先验框架(参考Adams, Luitel, Afonso, & Taylor, 2008; Carter, 2006; Emdin, 2009; Gonsalves, Seiler, & Salter, 2011; Knain, 2006; Quigley, 2011; Richardson Bruna, 2009; Roth, 2008; Shumar, 2010)。一个值得注意的例外是卡拉布雷泽·巴顿和坦合作的研究(参见Calabrese Barton & Tan, 2009; Calabrese Barton, Tan, & Rivet, 2008)。学者们刚刚开始探索这一框架的潜力，利用杂合空间和第三空间“建立科学课堂可行和一致的形象，既能够允许边缘化的学生‘做自己’又能够同时符合科学行为规范”(Elmesky, 2011, p. 54)。如果进行得好，第三空间和杂合空间的工作会充分地同时利用来自知识储备研究和文化生产的优势。这一手段让我们研究科学环境如何因学生带进来的东西而生长和变化。变化不是单纯来自教师的也不是单纯来自学生的，而是来自二者的交互的。[3]

结论

文化具有巨大的“解释与科学和科学教育历史联系在一起的不公正和不平等现象的潜力，以及解释科学教育造福人民和环境，挑战不公平社会结构的力量的潜力”(Parsons & Carlone, 2013, p. 10)。科学教育的文化视角可以成为反霸权的工具(Hammond & Brandt，2004)。正如本章所回顾的学术成果表明，文化人类学家和科学教育研究者都充分利用了文化。文化的经典定义以及其隐含的文化差异的意义，被许多研究者用于在科学教育中识别、描述及赞扬非主流学生在正式教育中遇到的困难与他们能够提供的东西。无论关注的是困难还是提供的东西，科学教育研究人员都在利用这些知识尝试和推动课堂改革，以减轻困难并支持非主流学生及其群体的贡献。很多研究者在当地获得了成功。[4]

随着时间的推移，对文化的经典定义的改进和变更已经被研究人员提出并采纳。在科学教育领域，知识储备和文化反馈教学概念使群体和当地学校之间的联系更加紧密，并使塑造非主流学生生活的动态力量赢得更多赞赏。文化生产、拟像世界、第三空间等概念为不同的孩子、他们的老师及家长在课堂上的互动中的创新、转型和社会变革提供了创新的可能。

对于很多文化人类学家和科学教育研究者而言，现今关于“文化”，最重要的不是历史、地理、种族或传统的模式，而是在群体中互动的人实际发生的实践和协商的内容。历史、背景及传统固然重要；现在的实践及其中隐含的意义都来源于它们，但并没有被它们所决定。个人和群体在其生活的当地环境——包括来自学校、家庭、群体和其他地方的多种多样和重叠的影响——之中，根据实践和价值行动，实现实践和价值，并创造实践和价值。人们在这些背景下的行为和对这些背景的理解，在历史和结构方面，既可以是复制也可以是产出，既可以是接受的也可以是违背的。

依赖不同版本文化概念的科学教育研究人员把大部分注意力集中在学校和课堂上，这是可以理解的。这是个人能够对学校儿童产生立即、直接影响的地方。对当地课堂及课堂中的孩子进行的面向文化的研究，给了教师、研究者及其他人用来改善和增加教育机会的环境敏感性的工具。

但同时，对地方学校和课堂的多样性的关注——如何认识它，如何识别它，如何赞扬它，如何克服、欣赏它和如何从中学习——却似乎掩盖了霸权文化力量以教育名义在更大的社会中塑造世界的非凡能力。文化力量造成了更多的标准化考试、更大的责任、更多市场驱动的改革，以及新形式的学校隔离、意识形态分离和教育不平等，这些文化力量压倒了地方学校教师、教师培训师和改革者以符合（当地）文化研究者想法和努力的方式改进教育的自觉努力。我们必须发展超越本土文化的思考方式。在我们看来，这不是简单地扩大我们学习到的关于地方文化内容的问题。这是一个对文化再认识的问题，目的是在更大的范围内进行平等的研究和改革。

还有其他的挑战。我们如何正视课堂的多元文化性质、社会生活的变化性质、不稳定的经济条件和日益全球化？在我们参与的由各式各样的个人和社会关系组成的网络中，“文化”藏身何处？（Eisenhart, 2001b）。这些情况使得在科学学习环境中对群体及群体中的个人进行定义成了极其复杂的挑战。我们需要研究文化的新思维和新工具以理解文化对于改善科学教育的相关性。本章提到的文章为这场对话提供了开端，但显然还有更多理论方面的、方法论方面的以及关于实践和政策的工作需要完成。对文化和科学教育改革感兴趣的科学教育工作者仍面临着重大的任务。

注释

1. 关于文化，还有其他重要的观点也为科学教育研究提供了信息。批判和解构的方法尤其有影响力（如Carter, 2006; Gough, 2010; Hodson, 2003; Roth & Calabrese Barton, 2004; Tan & Calabrese Barton, 2012）。

2. 关于对同样的数据使用文化差异理论和文化生产理论进行分析的比较，以及两种方法可能得到的好处和见解，参见Carlone & Johnson, 2012。
3. 我们在本章涉及的问题一直且仍将是在美国背景中突出的——这一背景是我们观点的根源。因此我们没有讨论国际或全球的背景。然而我们承认，关于文化差异、文化相关性、不同层次的文化(微观或宏观，本地或全球)以及文化的功能(霸权、反霸权)的问题在国际背景下可能会更加复杂。
4. 不幸的是，这些努力一直常常是孤立和短期的——这取决于创新型教师或知识渊博的研究人员的出现。

参考文献

Adams, J., Luitel, B. C., Afonso, E., & Taylor, P. C. (2008). A cogenerative inquiry using postcolonial theory to envisage culturally inclusive science education. *Cultural Studies of Science Education, 3*(4), 999–1019.

Aikenhead, G. S. (1996). Science education: Border crossing into the subculture of science. *Studies in Science Education, 27*, 1–52.

Aikenhead, G. S. (2006). *Science education for everyday life: Evidence-based practice*. New York: Teachers College Press.

Aikenhead, G. S., & Jegede, O. J. (1999). Cross-cultural science education: A cognitive explanation of a cultural phenomenon. *Journal of Research in Science Teaching, 36*(3), 269–287.

August, D., Branum-Martin, L., Cardenas-Hagan, E., & Francis, D. J. (2009). The impact of an instructional intervention on the science and language learning of middle grade English language learners. *Journal of Research on Educational Effectiveness, 2*(4), 345–376.

Barab, S. A., & Hay, K. E. (2001). Doing science at the elbows of experts: Issues related to the science apprenticeship camp. *Journal of Research in Science Teaching, 38*(1), 70–102.

Basu, S. J., & Calabrese Barton, A. (2007). Developing a sustained interest in science among urban minority youth. *Journal of Research in Science Teaching, 4*(3), 466–489.

Brandt, C., & Carlone, H. (2012). Ethnographies of science education: Situated practices of science learning for social/political transformation. *Ethnography and Education, 7*(2), 143–150.

Brown, J. S., Collins, A., & Duguid, P. (1989). Situated cognition and the culture of learning. *Educational Researcher, 18*, 32–42.

Buxton, C. A. (2001). Modeling science teaching on science practice? Painting a more accurate picture through an ethnographic lab study. *Journal of Research in Science Teaching, 38*, 387–407.

Buxton, C. A., Lee, O., & Santau. A. (2008). Promoting science among English language learners: Professional development for today's culturally and linguistically diverse classrooms. *Journal of Science Teacher Education, 19*(5), 495–511.

Buxton, C. A., Salinas, A., Mahotiere, M., Lee, O., & Secada, W. G. (2013). Leveraging cultural resources through teacher pedagogical reasoning: Elementary grade teachers analyze second language learners' science problem solving. *Teaching and Teacher Education, 32*, 31–42.

Calabrese Barton, A., Kang, H., Tan, E., O'Neill, T. B., Bautista-Guerra, J., & Brecklin, C. (2013). Crafting a future in science: Tracing middle school girls' identity work over time and space. *American Educational Research Journal, 50*(1), 37–75.

Calabrese Barton, A., & Osborne, M. D. (1998). Marginalized discourses and pedagogies: Constructively confronting science for all. *Journal of Research in Science Teaching, 35*, 339–340.

Calabrese Barton, A., & Tan, E. (2009). Funds of knowledge and discourses and hybrid space. *Journal of Research in Science Teaching, 46*(1), 50–73.

Calabrese Barton, A., Tan, E., & Rivet, A. (2008). Creating hybrid spaces for engaging school science among urban middle school girls. *American Educational Research Journal, 45*(1), 68–103.

Carlone, H., & Johnson, A. (2012). Unpacking "culture" in cultural studies of science education: Cultural difference vs. cultural production. *Ethnography and Education, 7*(2), 151–173.

Carlone, H. B. (2004). The cultural production of science in reform-based physics: Girls' access, participation, and resistance. *Journal of Research in Science Teaching, 41*(4), 392–414.

Carlone, H. B., Scott, C., & Lowder, C. (in press). Becoming (less) scientific in the figured worlds of school science learning: A longitudinal study of students' identity work.

Carter, L. (2006). Postcolonial interventions within science education: Using postcolonial ideas to reconsider cultural diversity scholarship. *Educational Philosophy and Theory, 38*(5), 677–691.

Carter, L. (2010). The armchair at the borders: The "messy" ideas of borders and border epistemologies within multicultural science education scholarship. *Science Education, 94*, 428–447.

Chaiklin, S., & Lave, J. (1993). *Understanding practice: Perspectives on activity and context.* Cambridge, UK: Cambridge University Press.

Chinn, C. A., & Malhotra, B. A. (2002). Epistemologically authentic inquiry in schools: A theoretical framework for evaluating inquiry tasks. *Science Education, 86*, 175–218.

Chinn, P. (2006). Preparing science teachers for culturally diverse students: Developing cultural literacy through cultural immersion, cultural translators and communities of practice. *Cultural Studies of Science Education, 1*, 367–402.

Chiu, M.-H., & Duit, R. (2011). Globalization: Science education from an international perspective. *Journal of Research in Science Teaching, 48*(6), 553–566.

Cobb, P. (1994). Where is the mind? Constructivist and sociocultural perspectives on mathematical development. *Educational Researcher, 23*, 13–20.

Cobern, W. W. (1996). Worldview theory and conceptual change in science education. *Science Education, 80*, 579–610.

Cobern, W., & Aikenhead, G. (1998). Cultural aspects of learning science. *International Handbook of Science Education, 2*, 39–52.

Collins, H. M. (1982). *Sociology of scientific knowledge.* Bath, UK: University Press.

Costa, V. B. (1995). When science is "another world": Relationships between worlds of family, friends, school, and science. *Science Education, 79*(3), 313–333.

Cowie, B., Jones, A., & Otrel-Cass, K. (2011). Re-engaging students in science: Issues of assessment, funds of knowledge and sites for learning. *International Journal of Science and Mathematics Education, 9*(2), 347–366.

Cunningham, C. M., & Helms, J. V. (1998). Sociology of science as a means to a more authentic, inclusive science education. *Journal of Research in Science Teaching, 35*(5), 483–499.

Eisenhart, M. (1996). The production of biologists at school and work: Making scientists, conservationists, or flowery bone-heads? In B. Levinson, D. Foley, & D. Holland (Eds.) *The cultural production of the educated person: Critical ethnographies of schooling and local practice* (pp. 169–185). Albany, NY: State University of New York Press.

Eisenhart, M. (2001a). Changing conceptions of culture and ethnographic methodology: Recent thematic shifts and their implications for research on teaching. In V. Richardson (Ed.), *Handbook of research on teaching* (4th ed.; pp. 209–225). Washington, DC: American Educational Research Association.

Eisenhart, M. (2001b). Educational ethnography past, present, and future: Ideas to think with. *Educational Researcher, 30*(8), 16–27.

Eisenhart, M., & Finkel, E. (1998). *Women's science: Learning and succeeding from the margins.* University of Chicago Press.

Eisenhart, M., Finkel, E., & Marion, S. F. (1996). Creating the conditions for scientific literacy: A re-examination. *American Educational Research Journal, 33*, 261–295.

Elmesky, R. (2011). Rap as a roadway: Creating creolized forms of science in an era of cultural globalization. *Cultural Studies of Science Education, 6*(1), 49–76.

Emdin, C. (2009). Urban science classrooms and new possibilities: On intersubjectivity and grammar in the third space. *Cultural Studies of Science Education, 4*(1), 239–254.

Gonsalves, A. J., Seiler, G., & Salter, D. E. (2011). Rethinking resources and hybridity. *Cultural Studies of Science Education, 6*(2), 389–399.

Gough, N. (2010). Thinking/acting locally/globally: Western science and environmental education in a global knowledge economy. *International Journal of Science Education, 11*, 1217–1237.

Grimberg, B. I., & Gummer, E. (2013). Teaching science from cultural points of intersection. *Journal of Research in Science Teaching, 50*, 12–32.

Gutiérrez, K., Rymes, B., & Larson, J. (1995). Script, counterscript, and underlife in the classroom: James Brown versus *Brown v. Board of Education. Harvard Educational Review, 65*(3), 445–472.

Gutiérrez, K. D. (2008). Developing a sociocritical literacy in the third space. *Reading Research Quarterly, 43*(2), 148–164.

Gutiérrez, K. D., Baquedano-Lopez, P., & Tejeda, C. (1999). Rethinking diversity: Hybridity and hybrid language practices in the third space. *Mind, Culture & Activity, 6*(4), 286.

Hammond, L., & Brandt, C. (2004). Science and cultural process: Defining an anthropological approach to science education. *Studies in Science Education, 1*, 1–47.

Hatt, B. (2007). Street smarts vs. book smarts: The figured world of smartness in the lives of marginalized, urban youth. *The Urban Review, 39*(2), 145–166.

Hawkins, J., & Pea, R. D. (1987). Tools for bridging the cultures of everyday and scientific thinking. *Journal of Research in Science Teaching, 24*(4), 291–307.

Heath, S. B. (1983). *Ways with words: Language, life, and work in communities*. Cambridge, MA: Harvard University Press.

Hodson, D. (2003). Time for action: Science education for an alternative future. *International Journal of Science Education*(6), 645–670.

Holland, D. C., & Eisenhart, M. A. (1990). *Educated in romance: Women, achievement, and college culture*. Chicago: University of Chicago Press.

Holland, D., & Lachicotte, W. (2007). Vygotsky, Mead and the new sociocultural studies of identity. In H. Daniels, M. Cole, & J. Wertsch (Eds.), *The Cambridge companion to Vygotsky* (pp.101–135). Cambridge, UK: Cambridge University Press.

Holland, D., Lachicotte, W., Skinner, D., & Cain, C. (1998). *Identity and agency in cultural worlds*. Cambridge, MA: Harvard University Press.

Jegede, O. (1995). Collateral learning and the eco-cultural paradigm in science and mathematics education in Africa. *Studies in Science Education, 25*, 97–137.

Johnson, A., Brown, J., Carlone, H., & Cuevas, A. K. (2011). Authoring identity amidst the treacherous terrain of science: A multiracial feminist examination of the journeys of three women of color in science. *Journal of Research in Science Teaching, 48*, 339–366.

Johnson, C. C. (2011). The road to culturally relevant science: Exploring how teachers navigate change in pedagogy. *Journal of Research in Science Teaching, 48*, 170–198.

Johnson, C. C., & Fargo, J. D. (2010). Urban school reform enabled by transformative professional development: Impact on teacher change and student learning of science. *Urban Education, 45*(1), 4–29.

Kelly, G. J., & Chen, C. (2001). The sound of music: Constructing science as sociocultural practices through oral and written discourse. *Journal of Research in Science Teaching, 36*, 883–915.

Kelly, G. J., Chen, C., & Crawford, T. (1998). Methodological considerations for studying science-in-the-making in educational settings. *Research in Science Education, 28*(1), 23–49.

Knain, E. (2006). Achieving science literacy through transformation of multimodal textual resources. *Science Education, 90*(4), 656–659.

Koch, P. A., Contento, I. R., & Calabrese Barton, A. (2010). *Choice, control & change: Using science to make food and activity decisions: Linking food and the environment curriculum series*. South Burlington, VT: National Gardening Association.

Ladson-Billings, G. (1994). *The dreamkeepers: Successful teachers of African American children*. San Francisco: Jossey-Bass.

Ladson-Billings, G. (1995). Toward a theory of culturally relevant pedagogy. *American Educational Research Journal, 32*, 465–491.

Larson, J. (1995). *Fatima's Rules and other elements of an unintended chemistry curriculum*. Paper presented at the annual meeting of the American Educational Research Association, San Francisco, CA.

Latour, B., & Woolgar, S. (1986). *Laboratory life: The construction of scientific facts*. Princeton, NJ: Princeton University Press.

Lave, J., & E. Wenger (1991). *Situated learning: Legitimate peripheral participation*. Cambridge: Cambridge University Press.

Lee, O. (2001). Culture and language in science education: What do we know and what do we need to know? *Journal of Research in Science Teaching, 38*(5), 499–501.

Lee, O. (2005). Science Education and Student Diversity: Synthesis and Research Agenda. *Journal of Education for Students Placed at Risk (JESPAR), 10*(4), 431–440.

Lee, O., & Buxton, C. (2011). Engaging culturally and linguistically diverse students in learning science. *Theory Into Practice, 50*, 277–284.

Lee, O., Deaktor, R. A., Hart, J. E., Cuevas, P., & Enders, C. (2005). An instructional intervention's impact on the science and literacy achievement of culturally and linguistically diverse elementary students. *Journal of Research in Science Teaching, 42*, 857–887.

Lee, O., & Fradd, S. (1998). Science for all, including students from non-English-language backgrounds. *Educational Researcher, 27*(4), 12–21.

Lee, O., Lewis, S., Adamson, K., Maerten-Rivera, J., & Secada., W. G. (2008). Urban elementary school teachers' knowledge and practices in teaching science to English language learners. *Science Education, 92*, 733–758.

Lemke, J. L. (1990). *Talking science: Language, learning, and values*. Norwood, NJ: Ablex Publishing.

Lemke, J. L. (2001). Articulating communities: Sociocultural perspectives on science education. *Journal of Research in Science Teaching, 38*(3), 296–316.

Levinson, B. A., Foley, D. E., & Holland, D. C. (1996). *The cultural production of the educated person: Critical ethnographies of schooling and local practice*. New York: SUNY Press.

Mensah, F. M. (2011). A case for culturally relevant teaching in science education and lessons learned for teacher education. *The Journal of Negro Education, 80*(3), 296–309.

Michael, A., Andrade, N., & Bartlett, L. (2007). Figuring "success" in a bilingual high school. *The Urban Review, 39*(2), 167–189.

Moje, E. B., Ciechanowski, K. M., Kramer, K., Ellis, L., Carrillo, R., & Collazo, T. (2004). Working toward third space in content area literacy: An examination of everyday funds of knowledge and discourse. *Reading Research Quarterly, 39*(1), 38–70.

Moll, L. C., Amanti, C., Neff, D., & Gonzalez, N. (1992). Funds of knowledge for teaching: Using a qualitative approach to connect homes and classrooms. *Theory Into Practice, 31*(2), 132–141.

Monzó, L. D., & Rueda, R. (2009). Passing for English fluent: Latino immigrant children masking language proficiency. *Anthropology & Education Quarterly 40*(1), 20–40.

Moore, D. W., Bean, T. W., Birdyshaw, D., & Rycik, J. A. (1999). Adolescent literacy: A position statement. *Journal of Adolescent & Adult Literacy, 43*, 97–111.

Morrison, K. A., Robbins, H. H., & Rose, D. G. (2008). Operationalizing culturally relevant pedagogy: A synthesis of classroom-based research. *Equity and Excellence in Education, 41*(4), 433–452.

National Research Council. (1996). *National science education standards*. Washington, DC: National Academies Press.

Nieto, S. (2000). Placing equity front and center: Some thoughts on transforming teacher education for a new century. *Journal of Teacher Education, 51*(3), 180–187.

O'Loughlin, M. (1992). Rethinking science education: Beyond Piagetian constructivism toward a sociocultural model of teaching and learning. *Journal of Research in Science Teaching, 29*, 791–820.

Parsons, E. C., & Carlone, H. (2013). Culture and science education in the 21st century: Extending and making the cultural box more inclusive. *Journal of Research in Science Teaching, 50*, 1–11.

Parsons, E. C., Travis, C., & Simpson, J. S. (2005). The Black cultural ethos, students' instructional context preferences, and student achievement: An examination of culturally congruent science instruction in the eighth grade classes of one African American and one Euro-American teacher. *The Negro Educational Review, 56*(2 & 3), 183–204.

Patchen, T., & Cox-Petersen, A. (2008). Constructing cultural relevance in science: A case study of two elementary teachers. *Science Education, 92*, 994–1014.

Phelan, P., Davidson, A., & Cao, H. (1991). Students' multiple worlds: Negotiating the boundaries of family, peer, and school cultures. *Anthropology & Education Quarterly, 22*, 224–249.

Quigley, C. (2011). Pushing the boundaries of cultural

congruence pedagogy in science education towards a third space. *Cultural Studies of Science Education, 6*, 549–557.

Rahm, J. (2008). Urban youths' hybrid positioning in science practices at the margin: A look inside a school–museum–scientist partnership project and an after-school science program. *Cultural Studies of Science Education, 3*(1), 97–121.

Richardson Bruna, K. (2009). Jesús and María in the jungle: An essay on possibility and constraint in the third-shift third space. *Cultural Studies of Science Education, 4*(1), 221–237.

Riojas-Cortez, M., Huerta, M. E., Flores, B. B., Perez, B., & Clark, E.R. (2008). Using cultural tools to develop scientific literacy of young Mexican American preschoolers. *Early Child Development and Care, 178*(5), 527–536.

Rodriguez, A. J. (1997). The dangerous discourse of invisibility: A critique of the National Research Council's National Science Education Standards. *Journal of Research in Science Teaching, 34*, 19–37.

Rosebery, A. S., Ogonowski, M., DiSchino, M., & Warren, B. (2010). "The coat traps all your body heat": Heterogeneity as fundamental to learning. *Journal of the Learning Sciences, 19*(3), 322–357.

Roth, W.-M. (2008). Bricolage, metissage, hybridity, heterogeneity, diaspora: Concepts for thinking science education in the 21st century. *Cultural Studies of Science Education, 3*(4), 891–916.

Roth, W.-M., & Calabrese Barton, A. (2004). *Rethinking scientific literacy.* New York: RoutledgeFalmer.

Seiler, G. (2013). New metaphors about culture: Implications for research in science teacher preparation. *Journal of Research in Science Teaching, 50*(1), 104–121.

Shumar, W. (2010). Homi Bhabha. *Cultural Studies of Science Education, 5*(2), 495–506.

Sikoyo, L. N., & Jacklin, H. (2009). Exploring the boundary between school science and everyday knowledge in primary school pedagogic practices. *British Journal of Sociology of Education, 30*(6), 713–726.

Tan, E., & Calabrese Barton, A. (2007). Unpacking science for all through the lens of identities-in-practice: The stories of Amelia and Ginny. *Cultural Studies of Science Education, 3*, 43–71.

Tan, E., & Calabrese Barton, A. (2012). *Empowering science and mathematics education in urban schools.* Chicago: University of Chicago Press.

Tobin, K., & Gallagher, J. J. (1987). What happens in high school science classrooms? *Journal of Curriculum Studies, 19*, 549–560.

Tonso, K. L. (2006). Student engineers and engineer identity: Campus engineer identities as figured world. *Cultural Studies of Science Education, 1*(2), 273–307.

Traweek, S. (1988). *Beamtimes and lifetimes: The world of high energy physicists.* Cambridge, MA: Harvard University Press.

Tsurusaki, B. K., Calabrese Barton, A., Tan, E., Koch, P., & Contento, I. (2013). Using transformative boundary objects to create critical engagement in science: A case study. *Science Education, 97*, 1–31.

Upadhyay, B. (2009). Teaching science for empowerment in an urban classroom: A case study of a Hmong teacher. *Equity & Excellence in Education, 42*(2), 217–232.

Urrieta, L. (2007). Identity production in figured worlds: How some Mexican Americans become Chicana/o activist educators. *The Urban Review, 39*, 117–144.

Vélez-Ibáñez, C. G., & Greenberg, J. B. (1992). Formation and transformation of funds of knowledge among U.S.-Mexican households. *Anthropology & Education Quarterly, 23*(4), 313–335.

Warren, B., Ballenger, C., Ogonowski, M., Rosebery, A. S., & Hudicourt-Barnes, J. (2001). Rethinking diversity in learning science: The logic of everyday sense-making. *Journal of Research in Science Teaching, 38*, 529–552.

Wood, N. B., Erichson, E. A., & Anicha, C. L. (2013). Cultural emergence: Theorizing culture in and from the margins of science education. *Journal of Research in Science Teaching, 50*, 122–136.

Xu, J., Coats, L. T., & Davidson, M. L. (2011). Promoting student interest in science: The perspectives of exemplary African American teachers. *American Educational Research Journal, 49*(1), 124–154.

33

Culturally Relevant Schooling in Science for Indigenous Learners Worldwide

Stressing the All in Science Literacy for All

ELEANOR ABRAMS , LARRY D . YORE , MEGAN BANG , BRYAN MCKINLEY JONES BRAYBOY , ANGELINA CASTAGNO , JOANNA KIDMAN , HUEI LEE , MARY GRACE VILLANUEVA , MING HUEY WANG , PAUL WEBB , AND CHIUNG-FEN YEN

第33章

全球范围内土著学生在科学中的文化相关教育：

强调全民科学素养中的全民

周伟华　译　　陈敏华　审校

20多年来，美国和国际科学界改革的目标大多是培养所有学生乃至全体公民的科学素养(也是全社会所有公民的主流素养)。然而，最近各国尝试通过增加攻读科学、技术、工程和数学(STEM)学位以及参与STEM职业的学生数量来满足全球对STEM劳动力的需求。这些尝试重点关注少数群体，包括土著民族；在劳动力输送问题上，大多数国家努力提高通识教育和劳动力输送，增加STEM职业中合格土著学生的数量，使得大学能为少数合格的土著学生服务。我们慎重地使用“土著民族”这个术语来指代对某个地方有传统认识的长期居民。我们知道，命名一个庞大而多元化的群体会带来“色彩与含义”，因为所有贴标签的尝试都被冠以“色彩与含义”(Carter & Walker, 2010, p. 343)；因此，在特殊的情况下，我们对特定的地方或人群使用特定的专有名称，如美洲土著印第安人、澳大利亚土著人、加拿大第一民族、因纽特人或梅蒂斯人、托雷斯海峡岛民等等。例如，澳大利亚土著学生(澳大利亚土著居民和托雷斯海峡岛民)在2009年国际学生评估项目(Programme for International Student Assessment [PISA])中的科学成绩明显低于其他澳大利亚人；PISA测试由非土著人创建，再次确认了澳大利亚土著学生PISA成绩不佳的趋势(Thomson, De Bortoli, Nicholas, Hillman, & Buckley, 2010)。2007年美国国家教育进展评估(National Assessment of Educational Progress)发现，在满分300分的PISA测试中，4年级白人学生的分数为163分，而美国印第安人/阿拉斯加土著人的分数为135分(Mead, Grigg, Moran, & Kuang, 2010)。同样，在加拿大，土著学生在阅读、数学和科学方面的得分始终低于非土著学生。这种科学成绩方面的差距在公立中学和高等院校中持续存在。加拿大和美国的土著高中学生选修高级科学课程的比率比非土著学生低得多，他们在大学里不太可能攻读STEM专业，毕业后从事STEM职业比例不足（United States Department of Education, 2008；Yore et al., 2014）。这种差距对土著社区的经济、健康和繁荣产生了负面影响，同时削弱了STEM学科的生命力。成绩上的差距可能是由于标准化考试对土著学生的不平等导致的，如缺乏真实有效的检测、与土著学生不匹配的语言要求、局限性的答题方式，以及缺乏对土著学生带有文化适应性的管理条件等（Atkinson, 2010）。

一些研究人员利用来自“奥特拉罗”（Aotearoa，毛利语，意为“白云绵绵之乡”，即新西兰）、澳大利亚和加拿大的PISA测试成绩进行二次分析，从而确定15岁的土著学生和非土著学生在阅读、数学和科学知识方面的差异（Anderson, Lin, Treagust, Ross, & Yore, 2007；McConney, Oliver, Woods-McConney, & Schibeci, 2011；Woods-McConney, Oliver, McConney, Major, & Schibeci, 2013；Yore et al., 2014）。学生的阅读和数学能力都可能是科学素养的门槛，因为在2000至2009年间的国际PISA测试中，这些学科的素养与学生成绩相关性非常高（0.75–0.88；Yore et al., 2014）。伍兹–麦康尼及其同事（Woods-McConney et al., 2013）发现，与参与非正式学习经历有关的情感因素（乐趣、爱好、价值观、自我效能和自我评估）以及家庭和学校因素（社会经济地位、课堂教学、花在科学课的时间长短）影响科学素养测试成绩。

研究人员对土著学生在科学课堂上的教与学进行了分析，为他们在科学方面表现不佳提供了补充解释。与现代西方科学（Western modern science [WMS]）的产生相比，这些包括了不同的原住民知识与智慧（indigenous knowledge and wisdom [IKW]）的认识论和本体论基础（Snively & Williams, 2008；Yore, 2008）、典型的科学教学方式（Handa & Tippins, 2012）、土著学习者的本质，以及学校教育本身的潜在殖民影响（Battiste, Kovach, & Balzer, 2010）。关于科学素养是如何定义的，由谁来定义，以及是否应该用多元科学素养来取代单一科学素养的争论仍在继续（Aikenhead & Ogawa, 2007）。

解决方案的范围从“**不包括IKW**”到将“**IKW注入WMS**”以及“**制定对IKW和WMS同等的解释**”。“**不包括IKW**”对后现代科学观来说是一个滑坡，包含创造主义科学；从建构主义教育学的角度来看，**将“IKW注入WMS”**鼓励土著学生使用已有的知识和经验；“**制定对IKW和WMS同等的解释**”是关于自然和自然发生事件的科学和知识的多重视角。从PISA分数中可以看出，第一种选择并没有让土著学生参与科学课堂。本章将重点介绍第二和第三种选择作为替代解决方案的相对优势和局限性。很明显，任何尝试解决土著学生参与科学和做出贡献的议题都基于特定背景，需要考虑问题背后的社会政治和社会文化层面的问题，包括文化保护、语言复兴、公平、社会正义、经济繁荣、身份认同，也包括了教育改革中通常考虑的内容、测试和评估。16世纪到19世纪的殖民化以及人们在世界各大洲和岛屿之间为了寻求安全、生存、自由和经济优势而进行的迁徙，导致了特定地理区域内文化的混杂。表面上是单一文化（如中国、日本、瑞典等），实际上是多元文化。一些地方（如美国）采用了熔炉的方式将多样性同化为一种民族和文化的合体，建立与主流文化相一致的民族性格。加拿大最初采用了类似的同化方法来保留殖民地英国和法国的主导特征，最近又采用了多元文化的摩西律法，保留了个人的民族特征和文化特征，并使不同族群融入这样的多元文化中。奥特拉罗通过联邦法律实施了多元文化的律法，其中《怀唐伊条约》保护了毛利人的权利（McKinley & Keegan, 2008）

2007年，联合国理解每个国家的情况不同，支持土著民族教育其子女的权利。联合国大会第14条（United Nations, 2007）宣布土著民族有权在不受歧视的情况下设立和控制其教育系统和机构，可以使用自己的民族语言且适合土著民族文化的方式教学。中央政府应与土著民族合作，支持儿童获得本民族的文化教育，甚至民族语言教育。然而，确保土著学生能够在文化机构，即科学教育内获得文化适应性学校教育，已被证明具有挑战性。

土著学生在科学方面的文化回应性学校教育（culturally responsive schooling [CRS]）的局限性在于缺乏土著人的观点，以及对自然知识和自然事件作为科学教育改革、课程和教学的一部分[1]的直白、坦诚和过度的考虑。很多研究人员对土著学习者在学业上的失败进行了大量的研究，其中涉及基于学习者缺陷模型并局限于学校正规环境下过时的学习解释（NRC[美国国家研究理事会], 2007, 2009）。土著社区缺乏充分参与可能导致一种歪曲的看法，即多数人群的儿童教育是完整的，不需要加以修正，而少数社群的儿童教育则缺少某些东西，需要加以修正（Levinson, 2012）。

本章的土著和非土著作者代表了具备国际视野作者中的一小部分，传递了如何通过课堂中课程设计来支持科学教室中土著学习者的世界观。本章旨在补充上一版《科学教育研究手册》（*Handbook on Research on Science Education*；McKinley, 2007）中关于土著科学教育的章节，并重点关注在2005年之后支持科学课堂中土著学习者的文献资料，呈现而不是解决关于全球土著学习科学中的紧张局势和冲突观点。

理解自然和自然发生的事件

世界各地的人们都试图探索、描述和理解自然界及从有历史记载以来发生的自然事件。早期的壁画和岩画表明人们对所处环境中的事物和事件感兴趣，并试图记录和描述这些事物和事件；他们的仪式和精神传统揭示了人们对自然和超自然原因的信仰。每一次尝试都反映了人们的文化价值观、个人利益和优先权、智力资源、可用的技术和独特的思维方式、寻求真相的过程、知识主张和报道技巧。要理解本章的中心意图，需要对人们试图理解自然和自然发生的事件的背景进行概述。

文化历史中有很多普通人试图描述自然界中以他们生存为中心事件的模式的案例。其中许多涉及获取和保存食物、人身安全、旅行、游戏/竞赛和天气状况。这些见识和技术随同人们从一个地方迁徙到另一个地方而传播。随着生物、地理和气象特征的变化，或者随着对自然和自然发生的事件理解的变化，这些见识和技术的用途可能已经改变。为了迎接新的挑战和条件，并利用新的知识和资源，人们对这些见识和技术进行了修订或更替。

关于自然和自然发生的事件的故事

通过故事、格言或谚语流传下来的历史文化包含诗意的描述和隐含因果关系的短篇诗句。现代社会有一种倾向，即在没有充分理解或不重视以长期观察和思考为基础的认识力量的情况下，对这种以地方为本的智慧予以轻视。最常见的故事是有关航海、农业文化和日常生活的天气状况。他们利用可观察到的环境状况和生物来预测或预报即将到来的天气状况（Freier，1989；Inwards，1869）。例如，北美的土著和非土著居民都可以预测即将来临的风暴和大风，并教会他们的孩子如何看天气。加拿大萨斯喀彻温省的第一民族会通过观察白蜡树的叶子或听松鼠的叫声来预测降雨（Young, 2003）。在北美，大多数非土著儿童都学会了预言性的格言：晚霞行千里，朝霞不出门。许多读者都知道，人们利用他们在某个地点长期的居住经验，以及对动物行为和气候状况的全面了解，能比气象学家更好地预测当地近期的天气。天气也可以运用盛行风、高低压气团和冷暖气团的运动进行科学解释。这两套知识在日常生活中都很有用。

理解自然和自然发生的事件，IKW和WMS是相似的，也是不同的。理解和处理这些相似之处和差异之处是本章的核心内容，我们的一些文化和教学研究结果可能适用于让非土著学生参与其他传统信仰。

原住民知识与智慧（IKW）和科学

IKW和WMS的看法因作者和哲学观点的不同而不同（Horsthemke & Yore, 2014）。有些人声称，各种解释只是对自然和自然发生的事件的认知的有效观点中的观点。这种后现代的立场可能是对的，也可能是不对的，但大多数学者都同意弄懂这些知识体系之间的相似之处和不同之处是值得的。

IKW故事和WMS故事

下面关于天气传说的故事讲的是风或强风暴的原因。故事从北美东部少数族裔和WMS的角度说明了内容和语言特征的异同。他们延续了天气传说中的早期主题。

卡杜托（Caduto）和布鲁契克（Bruchac）（1991）重新讲述了古代阿贝纳基人（位于加拿大和美国东部边界黎明之地的人们）如何看待“格鲁斯卡比和风鹰”的故事（此处尊重阿贝纳基人的所有权）：

> 很久以前，格鲁斯卡比（Gluscabi）和他的祖母伍德查克（Woodchuck）住在水边的一个小屋里。
>
> “祖母，”格鲁斯卡比说，“是什么让风流动起来？”祖母伍德查克停下了工作，抬起头来。
>
> “格鲁斯卡比，”祖母说，“你为什么想知道？”
>
> “因为……”他说……
>
> [祖母告诉他：]“从这里，在最高的山顶上，一只大鸟站着。这只大鸟名叫乌乔森（Wuchowsen），当他拍打翅膀时，风就开始流动。”
>
> （pp. 41 – 42）

故事接着描述了格鲁斯卡比来到乌乔森山顶的家，格鲁斯卡比诱使风鹰（Wind Eagle）乌乔森前往更险峻的山，风鹰乌乔森最终陷入缝隙，导致没有风和非常炎热的天气。格鲁斯卡比认识到自己的错误，并开始纠正。卡杜托和布鲁契克继续说：

> 接着，格鲁斯卡比爬进缝隙里。他把风鹰乌乔森拉出来，放回山上，解开风鹰乌乔森的翅膀。
>
> “叔叔，”格鲁斯卡比说，“有时刮风是好事，有时风平浪静是好事。”
>
> 风鹰乌乔森同意并说道：“我明白你的

意思。”

所以有时有风，有时跟今天一样没有风。故事就是这样的。

(p.49)

在世界各地的土著人中，有许多关于彩虹、云、雨和其他天气事件类似的IKW故事。关于引起风或强风暴的原因，相应的WMS故事涉及地球自转、太阳辐射、冷热的分离、冷热空气团、压力差和空气分子从高浓度—高压区域到低浓度—低压区域的运动等一系列的结论和因果关系。从赤道北纬或南纬0到30度(东风)、30到60度(西风)、60到90度(东风)范围内的风都是由科里奥利效应(Coriolis effect)引起的。科里奥利效应涉及空气的北—南向偏移或南—北向偏移以及地球自转。区域风是由科里奥利效应引起的，它引起低压和高压气团的旋转以及空气分子沿从高到低压强梯度的盘旋运动。局部微风(如山、谷、陆地、海洋)是由陆地和水体的冷热分离引起的。这种冷热分离导致了压力差异和空气分子的运动，从而平衡压强差。强风暴(雷电、龙卷风、飓风、台风)是由于(a)冷空气和热空气碰撞，迫使潮湿空气上升、冷却和凝结，从而释放额外的热量并造成静电和放电，以及(b)在热带地区向东西移动或中纬度向东西移动，位于热的陆地或海洋区域上方，形成快速旋转的超强低压气团。

这些IKW故事和WMS故事在语言特征(例如术语、因果关系、逻辑连接、简洁风格、个人表达，等等)、报告类型(例如记叙文的语法、解释性说明)和本体论特征(例如对现实的假设、观察者与观察关系、一般化声明、因果机制)上是不同的。关于哪个故事是最好的、最应该得到相应的回答，**这要看情况而定**——因为所有的故事对拥有故事的人和想要了解起源或特定事件的局外人来说都具有文化价值和个人重要性(Yore, Florence, Pearson, & Weaver, 2006)。

否认或忽视替代解释的存在，其结果是回避学生所掌握的知识体系，贬低他们已有的知识，使他们不再考虑任何替代观点。这些跨越边界的障碍或知识系统之间的桥梁建设，与人文建构主义的基本原则有关——评估人们所了解的，并据此友善地教授他们(Aikenhead, 2006)。长期以来，授课的科学教师一直尊重对宇宙学和发育生物学的宗教解释，并利用天气谚语来阐述人们如何解释自然事件的发生，并在他们的科学课堂上将这些解释与WMS联系起来。直到最近，一些学校的教师才被授权设计综合的IKW-WMS课程，或将IKW融入他们的科学教学中(McKinley, 2007; McKinley & Stewart, 2012; Snively & Williams, 2008)。在正规教室和非正式环境中，许多民族和学生(土著和非土著)似乎缺乏投入和真正的IKW，这使他们无法跨越IKW和WMS之间的边界，且无法扩展他们对自然和自然发生事件的看法(George, 2013; Wright, Claxton, Williams, & Paul, 2011; Yore et al., 2014)。

IKW的特点

学者们总结了IKW的基本特征、属性和特征(Aikenhead & Elliott, 2010; Aikenhead & Michell, 2012; Aikenhead & Ogawa; 2007; Fakudze & Rollnick, 2008; McKinley & Keegan, 2008; Rogers, 2007; Rose, 1996; Snively & Williams, 2008)。关于自然和自然发生的事件，传统IKW是源于土著文化中基于几个世纪的观察和描述的口头传统提出主张和解释的。这些以地方为本的IKW观点不是静态的，因为它们通过定期对地方进行重访得以验证，并由被指定为知识管理者的人进行修订(Snively & Williams, 2008)。尽管对现代技术的依赖可能较少，IKW中观察和思维的认知性质与正式科学家没有实质性区别。然而，解释的本体论性质往往是整体的和循环的，融合了灵性、神秘主义和物理因果关系(Yore, 2008)。艾肯黑德(Aikenhead, 2006)认为，IKW被视为支持生存与和谐生活方式的知识；IKW与不解之谜共存且颂扬不解之谜，与人类行为具从属关系；IKW反映时间的循环或时间的循环概念；IKW在数千年生存的实际应用中使用内容有效性作为理由；IKW涉及整体的、灵活的、直觉的精神智慧。

世界原住民科学网(Worldwide Indigenous Science Network, 日期不详)的负责人阿佩拉·科罗拉多(Apela Colorado)指出，土著民族不会将人与寻求真理分开，并要求对过程和结果具备密切的所有权，以确保知识的有效性和完整性。她的族人—伊洛魁人的奥奈达部落，认为自然界中所有的事物都是有智慧和有生命的，而IKW的目的是保持平衡，了解所有事物之间的关系；它们瓦解了时间和空间，导致过去和现在的重叠以及有限的隔离——流通性和紧密性。她指出，IKW是整体的，包括精神和精神感官；她倡议她的族人称之为“伟大的平和”的平衡，这种平衡平静且充满活力；她的族人承认他们没有超越自然，因为他们仍然留在自然界中。

WMS的特点

历史充满着对科学各种不断变化的描述(Abd-El-Khalick, 本书第31章)；有些描述是寻求真理过程中浪漫化的观点，这些观点可能已经理想化，可能从未真正存在过(Ziman, 2000)。考虑知识系统和知识生成的哲学家们经常试图定义知识系统所基于的现实的本体论假设，并描述用于构建知识主张的认识论信仰和实践。约尔(Yore)、汉德(Hand)和弗洛伦丝(Florence)(2004)建议知识系统建立在实用主义假设之上，并强调真实世界(现实)可以被人们探索、描述和解释。这些活动在其能力范围内，并且描述性主张和对现实的准确描述是独立于观察者的。朴素实在论有一个折中的假设，假设主张和表述可能不是对现实一对一的描述；但他们对现实合理的临摹正走向更严格的描述。唯心主义是连续体的另一端，它假定观察者的观察和观察结果是不可分割的。认识论对科学的性质、来源和认识方式的考虑涉及探究，技术认识方法涉及设计，而科学和技术都涉及论证、批判、分析、独特实践和独特思维习惯(NRC, 2012; Yore, 2011)。

莱德曼和莱德曼(Lederman & Lederman, 2012；同见Abd-El-Khalick, 本书第31章)指出了知识系统(本体论)和知识生产(认识论)之间的区别——观察和推理之间的区别，以及规律和理论之间的区别；观察的局限性和创造性的需要；认识到知识主张是主观的、暂定的和不确定的；对文化背景及知识产生的影响的认识。约尔及其同事(2004)使用了一张科学本质的认识论-本体论地图来识别和定义三大类解释：传统绝对现实主义、现代评价朴素现实主义、后现代多元理想主义观点。他们采访了大学的科学家和工程师，了解他们对科学使用这些解释的看法(简要描述和选择每种观点的科学家比例如下)：

1. **绝对主义者、现实主义者**(传统观点)——发现现实世界的真相(13%)。

2. **评价主义者、朴素实在论**(现代观点)——基于当前证据和对可能世界的理解，提出最佳试探性的想法，而这个世界必须交给公众评价(81%)。

3. **相对主义者、理想主义者**(后现代主义观点）——基于个人和生活经历的个人解释，由提议者来评判（6%）。

他们还发现，大学工程师并不认为技术和工程是由探究驱动的应用科学，而是由设计驱动的，以满足或减少人们的需求。约尔（Yore, 2011）认为WMS和技术/工程是连体双胞胎，具有显著差异的同时也具有一些共同特征。美国的科学教育框架（NRC，2012）已经认识到这些差异，并确定了工程、技术设计和工程实践是K—12科学教育目标不可缺少的一部分。

WMS涉及认识论—本体论的知识产生周期。古德（Good）、舍曼斯基（Shymansky）和约尔（1999）概述了WMS的认识论过程（以楷体表示）和本体论约束（**以粗体表示**），人们试图*搜索*、*描述*和*解释***自然界事件发生的模式**，在这里基于**证据的观点推广**和基于**物理因果关系的解释**必须交给公众评价。同样，福特（Ford, 2008）描述了科学知识产生周期的认识论和本体论特征，包括科学的物质方面（方法和准确的沟通）和社会方面（同行评议和批判），其中自然是最终和最有影响力的仲裁者。

IKW和WMS的比较

显然，IKW和WMS的认识论实践和理念有一定程度的相似性，因为这些知识系统涉及感官证据和定性思维。然而，在知识体系的本体论假设和要求中，在基本世界观、解释需求以及广义或基于位置的知识需求方面，存在重大差异。艾肯黑德（Aikenhead, 2006）指出：

> [IKW]被以下事实所引导，即物质世界是神秘的，但如果人们使用理性的经验手段，IKW就能保存下来。[WMS]被以下事实所引导，物理世界通过理性经验手段是可知的。
>
> （p. 133）

我们综合了几个观点，概述了IKW和WMS的不同维度：科学和技术、社会目标、知识目标、人类行为、基本逻辑、时间概念和有效性观点。这些作者之间对对比特征没有取得共识，他们的观点取决于IKW和WMS的假设观点：

1. 科学技术——WMS被视为探究性的，与技术不同，后者被视为设计性的科学，而不是应用性的科学，人们试图改变环境以满足人们的需要或缓解问题；这种区别并不是为假定整合综合技术科学观点的IKW而做出的。

2. 社会目标——WMS由基于好奇心的探究精神所驱动，而技术是由基于任务的设计和创新以及超越自然的力量所驱动；IKW是关于人类生存和与自然和谐共处的。

3. 知识目标——WMS用物质因果性和因果机制摧毁了精神；技术用来解决与原因无关的实践问题；IKW强调智慧维度以及与精神的共存。

4. 人类行为——WMS是正式的、客观的、去情境的；技术是解决问题和创新发明；IKW是个人的、主观的、相互关联的。

5. 逻辑假设——WMS传统上是解构式的、积极的、可操作的，侧重于分析性解释；技术传统上是基于发明者的试验和错误，并根据可用性来判断；IKW是整体的、温和的、包容的、直觉的、精神的。

6. 时间——WMS认为时间是基于宇宙开始的线性度量；技术关注的是时间的测量；IKW将时间看作循环发生的事件。

7. 有效性——WMS通过预测的能力、证据的力度和理论的连贯来认定知识主张的有效性；技术从实用、成本、安全判断创新的有效性；IKW的有效性基于可用性和有效性。

IKW支持一种和谐共存的生活方式，与精神共处并赞美它，与人类行为密切相关，也反映了一个循环或循环的时间概念，是基于数千年生存与智慧的实际应用（Aikenhead & Elliott, 2010; Little Bear, 2009）。WMS重视知识本身、经济利益和对自然的驾驭；根除神秘论和唯心论，支持物质的因果关系；区分人们的行为和主张；促进时间的线性测量并感知时间；根据预测的准确性和有效性确定内容的有效性；WMS包括因果关系和机械论解释。

假设和信念在IKW和WMS之间是不同的，但它们在IKW内部（例如，一个更大的群体中的不同子群体）、WMS内部（如物理、化学、生物学、地球和海洋科学）以及领域内的主题（例如，经典力学/量子力学、经典生物学/生态学、气象学/气候建模等）也是变化的。研究人员和教师需要认识并考虑IKW和WMS知识系统的本质，具体而言，包括：本体论和认识论如何影响知识界的传统、惯例和实践；语言和数学如何限制或扩展有关自然和自然发生事件的知识；知识是如何建构的，论证的作用是什么；哪些数据是知识主张的证据；什么机制是可接受的事件解释。

争议和冲突在IKW和WMS的一些议题中可能更为关键，因为它们介于基本的宗教和发育生物学（进化论）或宇宙学（宇宙的创造论）之间。在建立社会资本和取得信任之前就直接参与争议，只会适得其反。因此，技术作为设计和本土创新可以在IKW和WMS之间建立一个有效的初始桥梁，以建立信任和共同基础。这种信任和共同基础更加丰富后，可能为最初的跨界提供一个过渡途径。因为在这样一个舞台上，IKW和WMS中涉及解释的主要困难可以减少。IKW和WMS文化研究缺乏一致性和趋同性，这说明了双向跨界的障碍；它们主要侧重于科学方法，而不是技术和人文建构主义方法，以便于跨界（Aikenhead, 2006; Chinn, Hand, & Yore, 2008）。如果使用搜索、描述和解释自然界中事件模式的发展定义来定义WMS（Good et al., 1999），那么直接使用WMS和IKW方法不能产生超出搜索和描述的认识水平的一致性和共识。一旦讨论涉及形而上学的本体论维度、解释和知识领域的基本元素，WMS、IKW和其他关于自然和自然发生的事件的传统知识形式在基本元素层面（例如，质量、长度、时间和物理学的电子或磁性因素）上发生冲突，相关解释仅限于物理因果关系和已建立的机制。

另一方面，技术作为一种适应环境以减少或满足人们需求的设计，在不同文化中有着更多的共同点；而本体论的差异并不是那么紧迫和明显。事实上，以一系列从业者（如发明家、技术人员、工程师、研究人员）为代表的现代技术仍然重视试验—试错的设计方法，并且得到了大多数文化的认可；每一种文化中都有帮助人们生存的关于技术的例子。科学探究和技术设计（通常被称为R&D）认识论在西方、东方和传统的认识方式上是相似的。探索、思考、探究、描述和表现的性质在文化尝试中是相似的，它们试图寻找和描述自然宇宙中事件的模式。

全民科学素养

全民科学素养一直是国际秘语，它是什么尚未取得共识，也很少被目标受众——所有人关注（Yore, 2012）。当今社会对科学素养的解读有一些共识，即它涉及科学学科素养的基本内容（例如认知和元认知因素、思维习惯、科学和工程实践、合理思维、语言、信息通信技术）和衍生的对科学的理解（例如，大概念、核心概念和交叉主题、科学的本质、科学探究、技术设计、社会性科学或科学-技术-社会-环境议题），使全球公民能够更充分地参与有关问题的公共讨论，从而做出明智的决策和可持续的解决方案。这种关于公民科学素养的主流观点广泛地关注所有学生，同时为一些学生的进一步学习提供了良好的平台，以解决从幼儿园到研究生院STEM职业生涯劳动力需求问题。这些工作往往基于各种需求的框架（例如，社会环境、经济、公平），如果不仔细考虑，这些框架可能有助于新殖民主义形式的科学教育永久存在（Aikenhead & Elliot, 2010）。本节的作者理解科学对通用语言的渴望，这种语言是无障碍和包容的，尽管我们不一定赞同科学素养这一更为主流的框架。我们已经在更大的社会政治优先事务、文化复兴与语言重建上着手解决IKW和WMS的边界，包括全体公民在内，尤其是土著居民，他们极少参与这些讨论，且从事STEM事业比例不足。事实上，关注全球土著社区新科学教学形式发展的文献不断重申，我们需要建立科学教育模式，支持土著学生成功学习IKW和WMS（Aikenhead & Elliot, 2010; Barnhart, 2005; Lewthwaite & Renaud, 2009）。

“全民科学素养”中的“全民”和“科学”

坦率地说，“全民科学素养”应当考虑土著民族、本土知识以及与科学有关的议题，“全民科学素养”是一个有点难以捉摸的概念。这一主题已在文献中讨论过（Bang & Medin, 2010; Brayboy & Maughan, 2009），然而所指出的一些主题和问题，在很大程度上在原住民如何看待科学方面未被提及。科学以及土著人科学地参与世界的方式两者的意思似乎不一致。学者们指出，在学校里，真正的科学和其他形式的科学认知之间存在着紧张关系，而真正的科学是被狭隘地构想出来的（Brayboy & Maughan, 2009; Eisenhart, Finkel, & Marion, 1996; McConney et al., 2011）。过分强调根植于无菌实验室并遵循狭义的科学方法的科学，是区分真正从事科学的人以及其他人的一种方法。因此，对于那些想成为真正的科学家的人，需要在特定的环境中，在特定的地方采取特殊的方法培养。土著社区和学术研究越来越多地在挑战和改变关于谁从事科学研究和以广泛的方式教授科学的观念（见Aikenhead & Ogawa, 2007; McKinley & Stewart, 2012）。事实上，全民科学素养中的“全民”和“科学”需要灵活性和富有弹性，也需要重新审视科学是什么、科学可以是什么和科学将来会是什么。目前看来，围绕科学的共同概念的界限过于严格，不能在科学教育中实施平等的选择，也无法让欠发达地区的人考虑成为科学家，因为这些举措增加了特别的心理成本。

鲍尔（Ball）和奥斯本（Osborne）（1998）指出了面向所有人的科学这一想法是有问题的。他们说：

> 许多教育“全民”的计划只不过是对当前课程和模式教学法的翻译。“所有”孩子在某种程度上是一样的。“全民”不是一个带有异质性的词。相反，它显示了相似性和共同性。它意味着不同的孩子会慢慢变得更像我们所有人（不管我们是谁）。
>
> （p.395）

他们的评估拒绝将同化作为一种有价值的模式。儿童、他们的文化、他们的信念系统和伴随的价值体系以及他们所处的环境是不同的。一些土著社区和学者没有在当前单一的科学概念下考虑这些差异，而是努力在正式和非正式环境中进行重大转变，以重新考虑科学的含义和构思科学教育的方式(Mack et al., 2012; Sutherland & Henning, 2009)。欠发达地区的民族和学生接受主流文化的道德观念、价值观、政策和实践，可能会丧失思想、信仰、存在和思维方式的多样性，减少对科学领域的潜在贡献以及缺失他们对复杂的社会和环境问题的新观点。这并不是说那些欠发达地区的居民不应该参与成为专业人士的过程——特别是这一过程强调通过可靠和真实的参与科学的方式进行思考，以及围绕科学探究的伦理——尽管探究的概念和成为科学家有关的一些基本信念可能会对一些社区及其信仰体系产生困扰。在科学适应或文化适应的形式中，欠发达地区的居民和科学学科都致力于共同建立一个系统，这可能会比要求同化更好地服务于各方。当代对WMS和IKW在哲学和历史层面的研究，往往在本体论层面看待差异，但也常常从历史视角来看待WMS的发展。对本体连贯性的要求或对神秘领域的排斥并非总是科学的必要特征。

具体地说，面向所有人的科学表明，有一门科学是普遍适用于所有人并包括所有人的。土著人没有经历过这样的科学。相反，通常学校中遇到的科学是一种特殊的学校科学——古老的WMS，假定普遍性、包容性和中立性——这与专业实践科学不同。然而，普遍性、包容性和中立性这三个维度在专业科学和学校科学中都具有意义。

当把民族科学(native science [NS])和原住民知识系统(indigenous knowledge system [IKS])的认识论和本体论假设与WMS放在一起时，很明显WMS不是普遍的、包容的或中立的(Bang & Medin, 2010; Brayboy & Maughan, 2009; McConney et al., 2011)。事实上，只有借鉴NS、IKS和文化回应性学校教育，我们才能开始接近我们希望看到的人人享有科学目标，即承认、尊重和认定原住民知识是真实的和科学的，并确保土著民族在土著主权和自我决定权不被侵犯的情况下合法参与科学和科学教育。

当考虑土著民族和科学时，全民科学素养中的“全民”概念必须加以阐述和扩展。首先，从许多本土的角度来看，科学不是在实验室里发生的事情；相反，它无处不在(Brayboy & Maughan, 2009; Kawagley, 2006)。事实上，科学如此完美地融入日常生活中，以至于它属于日常实践和努力生存的范畴。例如，当土著人观察天气(与气象学家相比，其方式更加一致且具有预测性)，考虑迁移模式(利用祖先一代又一代传递下来的知识——这些都不是动物学家可能拥有的)，了解鲑鱼的交配模式(与海洋生物学家所做的事一致，而且在许多方面都比海洋生物学家做得更复杂)时，他们都在从事维持和生存的实践。在这个观点中，正确地解读这些信号来养活自己、家庭和社区的收益要比一个科学家进行错误计算、错误假设或无效数据分析的风险高出很多。在全民科学素养中的“全民”和全民科学素养本身都应该包含科学是普遍存在的思想。我们还应该注意到，科学教育并不仅限于科学课堂里的经验；它以有趣和有力的方式发生在被砖瓦水泥建造的学校之外的非正式学习环境中。

当我们考虑到本土科学参与的现状和缺乏WMS成功案例的时候，这种对所有人的科学需求就变得迫切了。研究表明，与同龄人相比，土著学生在标准化衡量科学成就方面表现较差(Aikenhead & Elliott, 2010; Bang, 2009; McConney et al., 2011; Yore et al., 2014)，大多数小学科学教育不足，尤其是那些为来自低收入地区和农村地区的学生提供服务的小学，许多土著青年在上中学时逃避科学（McKinley & Stewart, 2012），许多高年级的土著学生被劝离科学课程（Sutherland & Henning, 2009），科学学习的过程富有挑战性，因为它涉及专业术语（Chigeza, 2008）。

认识到有必要改善土著学生的科学教育并非新鲜事；根据奥万多（Ovando, 1992）的说法，美国科学促进会（American Association for the Advancement of Science）在1976年发布了一些有用的建议，以改善土著青少年的科学学习。虽然这些类型的建议很重要，但科学与土著民族之间关系的真正变化，只能来自从根本上重新定义我们所说的“科学”（Brayboy & Maughan, 2009; McKinley & Stewart, 2012），尤其是在承认殖民地遗产以及与土著学生和社区的关系方面。

下一代全民科学素养教育？

许多科学教育者已经认识到，减少和简化在学校和非正式环境中使用科学主题需要深思熟虑（NRC, 2007, 2009）。科学教育新框架的跨学科性、跨领域概念和实践维度承认跨核心领域的概念并将参与科学和工程实践定位为不仅仅包括学科内容教学（NRC, 2012）。这些变化反映了对认识论在学习和科学中的作用更广泛的认识，以及对意义构建更全面的看法。新框架侧重于三个方面的活动：调查、评估、制定解释和解决方案。这些维度虽然主要是在WMS中定义的，但对土著青年和社区来说是谨慎乐观的，因为它们有助于改变有关知识库谈话的起点，并将科学教育从知识库的编纂范例转移到竞争性知识系统的观点以及过程中。此处的关键是这些新的尝试在多大程度上含蓄或明确地阐明西方认识论的定位优于本土认识论。

关于学生对科学本质的认识论信念有一系列的研究。主要致力于改进学校科学学习现有形式的研究者们已经解决了学习中的认识论问题——认识论信念（Hofer, 2008）。我们有一个共同的假设，即科学存在认识论立场；当学生的认识论与科学相匹配时，学习科学就会更容易。在这个场景中，不言而喻的预设基于对WMS认知特权的假设。另一种观点认为学生的认识论是情境化的，并随情况的变化而变化（Hofer, 2008）。教师必须将学生的认识论视为资源，而不是缺陷，从中汲取以便更有效地教授科学，一些学者称之为基于资源的认识论观点（Bang & Medin, 2010; Louca, Elby, Hammer, & Kagey, 2004）。

有关土著社区的学术研究、基于资源的学习者观点以及以学习和文化为重点的公平性已被证明有助于改善土著社区的科学教育。这些努力需要明确的参与、IKW观点以及将学生的先验知识视作课堂学习中的宝贵资源。尽管这些努力是有益的，但有时对科学教育社会政治、社会文化和哲学方面以及对土著社区未来健康的影响的研究不够深入（McKinley & Stewart, 2012）。

在我们前进的过程中，面临着两项挑战。第一项挑战是确保更多的土著学生参与并取得科学成就。第二项挑战是在原住民知识的课程和教室中找到一个位置，从而实现非殖民化的科学教育。事实上，非殖民化科学教育的发展正逐渐出现在一些土著社区中（Aikenhead & Elliot, 2010）。虽然在这些迅速发展的尝试中存在着多样性，但在这些尝试和在确定关键挑战领域的过程中存在着一些显著的相似之处（Bang & Medin, 2010; Keane, 2008; Richards & Scott, 2009; Wood & Lewthwaite, 2008）。一个核心方面是参与这一项目的框架：本土知识能否融入主流模式？IKW和WMS是两个范例吗？科学是多元的吗？要从相对主义的视角看待科学吗？IKW和WMS是互补的吗？虽然有一些变化，但是有一种明显的反对策略，即让当地人学习西方概念，这些西方概念在文化相关性框架中占据主导地位，并被视为科学教育中的新殖民主义（Bazzul, 2012; C. Carter, 2010）。也许最令人鼓舞的是，科学教育变革模式的发展强调了一种战略，即重新配置学校领导、教师和社区之间的关系，从而设计新的课程和教学方法。麦金利（McKinley）和斯图尔特（Stewart）（2012）呼吁加强对这些努力的复杂性的理解，并指出许多利益相关者倾向于持有关于IKW的劣等假设。

土著认识论的定位不如WMS认识论，这为土著学生设置了跨界壁垒（Aikenhead & Ogawa, 2007），展现了民族冲突和学术身份冲突（Nasir & Saxe, 2003）、被学校开除（Tuck, 2012）和其他形式的被动适应。当两种不同的知识体系、认识方式或认识论相互作用时，很难理解由此产生的冲突。然而，学者和社区正在开发模型和项目，试图视互补性和平行性与冲突一样频繁（Barnhardt, 2005; Pierotti, 2010）。

与其继续让学生在这种意义上得不到支持，不如利用土著和西方的认识论来提升、接触和支持土著学生，使所有人都能获得公平和成功的科学。这样的教学实践有助于挖掘认识论优越性的内在假设，这些假设常常编码在充满价值判断的话语中（Bang, Curley, Kessel, Marin, & Suzokovich, 即将出版）。布莱博（Brayboy）和莫恩（Maughan）（2009）提出了教师可以将本土的认识论、本体论、价值论和教育学（他们将其定义为IKS）价值观与WMS相结合，以便学生主动参与和被动参与科学概念的学习。这里重要的是，CRS的工作水平，其中的规范性假设（通常具有学术性）被推翻，所有的内容和参与成为文化。虽然有大量的CRS工作，并对土著学生的教学产生了深远的影响，但我们还有大量的工作要做。在很大程度上，这些可能性被给予了发展的时间、空间和资源，这可能反映出达到更成功的科学教育的政治意愿。

为土著青年提供文化回应性学校教育（CRS）

文化回应性学校教育不是一种新现象，相反，它已经成为各国呼吁改善学校教育的核心。CRS假设：

> 对于文化健康的学生和与该地相关的社区的发展来说，坚实的语言和文化基础是一个基本的先决条件。关注当地语言、文化和地点是确定与文化回应性教育工作者、学校课程和学校相关的适当品质和做法的基本要素。
>
> （Standards for CRS, 1998, para. 2）

这种教育方法要求教学方法、课程素材、教师配置以及学校—社区关系的转变。

土著青年有关的CRS文献来自其他甚至更广泛的关注多文化教育、文化差异以及提高非美国主流文化群体成员但在美国成长的青年——美国人、西班牙裔人和克里奥尔人的学术成就。最基本但最直接的定义之一是CRS对不属于或不被主流社会群体同化的学生“有意义”（Klug & Whitfield, 2003, p. 151），CRS通过在孩子的家庭文化和学校之间架起一座桥梁，以提高学习和学业成绩（Pewewardy & Hammer, 2003）。学校需要考虑一些与课程、教育学、学校政策、学生期望、标准、评估、教师知识和社区参与有关的重要因素，以支持学生的学习。科学教育中的CRS包括许多方面，包括但不限于：文化回应性课程、文化相关性科学和文化回应性教学法（Alaska Native Knowledge Network [ANKN]，日期不详；Johnson, 2011；Stephens, 2003）。文化回应性课程和文化相关科学已经或将要被考虑，但文化回应教学法（culturally responsive pedagogy [CRP]）需要进一步被考虑，以取代将所有学生先前的知识和经验视为知识资源而不是缺陷的观念。

约翰逊（Johnson, 2011）基于美国早期的学术研究（元分析和理论立场），概述了一个涉及学术成就、文化能力和批判性意识的CRP教学框架。她说：

> 学术成功涉及教师对学生的高期望，而学习不以牺牲文化认同为代价，文化能力通过教师帮助学生培养积极的民族和文化认同来实现。批判性思维是学生识别、理解和批判社会问题和不公平现象的能力。
>
> （p. 172）

约翰逊和其他人认为，CRS必须培养教师在多元文化环境中教学。因为许多教学决策都是基于同一年级的教学方式（Moon, 2008），需要更多地关注这三个维度，尤其是批判意识（Buxton, 2009）。此外，教师实践的进展受到他们对学习、教学的信念以及他们在职业发展进程中的发展阶段的影响——逐步关注（a）自我和生存、（b）内容标准、（c）学生的学习和成绩。对两名中学教师（经验丰富的男性教师和新任女性教师）与西班牙裔学生团体合作的案例研究表明，在专业学习支持下，他们能够发展关于自我和他人的概念和做法、结构化的社会关系和知识，以便更完全地与西班牙裔学生CRP保持一致（Johnson, 2011）。然而，主权、种族主义和认识论这三个议题很少被列入审查委员会的讨论：审查委员会关于土著青年的任何讨论都应考虑这些问题（Castagno & Brayboy, 2008）。

总体而言，学者们发现CRS为土著青年所做的努力增强了学生们的自尊心（Agbo, 2004；Brayboy & Maughan, 2009；Glasson, Mhango, Phiri, & Lanier, 2010），培养了健康的身份认同（McCarty, Romero, & Zepeda, 2006；Michell, Vizina, Augustus, & Sawyer, 2008；Trujillo, Viri, & Figueira, 2002），这些学生更能自我指导，在政治上更加活跃（Brayboy & Maughan, 2009；Glasson et al., 2010），给予部落长者更多的尊重（Agbo, 2004；McCarty et al., 2006），对他们的部落社区有积极的影响（Brayboy, 2005；Glasson et al., 2010；Richards, Hove, & Afolabi, 2008），呈现出更积极的课堂行为和参与行为（Chinn, 2007；Lewthwaite & McMillan, 2007；Lipka, 1990），并取得更高的学术地位（Chinn et al., 2008；Klump & McNeir, 2005；Richards et al., 2008）。一个较小的学术团体指出，必须承认课堂上的所有声音，并确保土著学生在求学过程中不会沉默（Aikenhead & Elliott, 2010；Belgarde, Mitchell, & Arquero, 2002；Chinn et al., 2008；Snively & Williams, 2008），这反过来又导致了更有意义的教育经验和学生自主权（Brayboy & Maughan, 2009；Lewthwaite & McMillan, 2007；Lewthwaite & Renaud, 2009）。

CRS的学术研究并不意味着土著青年以牺牲学习主流文化和经典学术科目为代价去学习部落文化和语言。大多数学者、家长和教育领导人认为，学校应该促进所有这些知识和技能的获得。这是“既……又……”的方法，而不是一种非此即彼的方法，将教会土著青年熟悉多种认识和存在的方式。提供与部落社区密切联系，并具有挑战性和高质量教育的学校更有可能培养出那些在学术上做好了准备、与部落社区成员有联系并积极参与社区事务的青年，他们对主流文化和本土文化都很了解。帕里斯（Paris, 2012）呼吁建立“文化持续性教学”“支持青年人保持其社区的文化和语言能力，同时提供获得主流文化能力的机会”（Paris, 2012, p.95）。最近，如何看待本土科学和CRS的理论在用不同的术语争论类似的观点（Aikenhead & Elliott, 2010; Bang & Medin, 2010; Brayboy & Castagno, 2009; Brayboy & Maughan, 2009; Castagno & Brayboy, 2008; McKinley, 2007）。本章引用的如何看待本土科学的研究不仅指出了可持续性，而且还指出应加强文化和语言能力，这是对帕里斯呼吁在这一过程中明确包括文化可持续性概念的尊重。

由于讨论的差异和学校对科学观点根深蒂固的倾向，对于许多土著学生来说，在学校学习科学需要单向跨越文化边界以及获取另一种文化的能力（Aikenhead & Elliott, 2010; Brayboy & Maughan, 2009; Michell et al., 2008）。由于这些跨界，学者们建议科学课程的设计应以文化回应性的方式进行，并考虑实际的、现实的应用（Aikenhead & Elliott, 2010; McKinley & Stewart, 2009, 2012）。他们还建议教师扮演文化经纪人的角色，在这种角色中，教师识别学生的文化，将WMS作为另一种文化观点引入充满权力和威望的社会，并保持明确清晰的沟通来关注：(1) 他们在哪种文化中运作；(2) 多元文化具有的价值（Bang & Medin, 2010; Brayboy & Maughan, 2009; Castagno & Brayboy, 2008）。

30多年来，学者们一直呼吁科学教育应与土著学生和部落社区的生活直接相关（Aikenhead & Ogawa, 2007; Bang & Medin, 2010; McKinley, 2007）。有效的课程需要与当地社区关联起来，并包括以社区为基础的认知方式，而不是一些公认的单一土著社区。教育工作者可以通过征求部落长者和其他社区成员的意见，委托当地人编写或合作共同编写课程材料，并利用当地的活动和资源来努力实现这一目标。

学生的日常生活是人文建构主义方法的起点。这可能意味着将他们的世界观和认识论融入课程，借鉴生态主题，在课堂上使用口头及长者的故事并利用对自然的博物学观察，对学生知识进行真实评估，调整课堂使其看起来更像当地社区教育（Aikenhead & Elliott, 2010; Bang & Medin, 2010; Brayboy & Maughan, 2009; McKinley & Stewart, 2009, 2012）。这项工作单靠教科书是办不到的。教师需要为与当地社区有关的学习材料和活动建立更广泛的网络。土著青年有效的科学教育的其他方面包括在一个充满科学语言的环境中学习，以及在有趣和相关的课程内容中学习，从学生的自然环境开始，将口头传统作为自然世界知识的来源融入其中，并补充配套其他教学材料的教科书（Brayboy & Maughan, 2009; McKinley & Stewart, 2009, 2012; Stephens, 2003）。这种方法不仅使学生的学习更具相关性、适应性和持续性，而且还促进了教育者和社区成员之间更广泛的关系，并使学生成为他们社区的积极成员。越来越多的科学教育和科学课程模式正在制定之中，其中青年和社区积极参与并构建用于学校教育的课程（ANKN, 日期不详; Bang, Warren, Rosebery, & Medin, 2012; Michell et al., 2008）。

在对土著青年进行有效科学教育的讨论中，最重要的问题之一也许是教师如何使所有学生学习WMS的认识方式，同时尊重、获取和使用土著思想、信仰和价值观。艾肯黑德（Aikenhead）和小川（Ogawa）(2007) 给出了一个答案，即有效的科学教学不应该旨在说服学生接受科学信息的有效性或合理性，而应该帮助他们理解信息，然后考虑所呈现的科学知识与他们自己的认识论和对世界的理解之间的异同。换句话说，科学教育工作者需要参与教学，将科学作为一种认知方式（Bang & Medin, 2010；Bang, Warren et al., 2012）。布莱博和莫恩（2009）指出，科学教育者应该首先通过熟悉的事物和事件向学生介绍科学的基本技能，然后比较科学在主流文化和他们自己的文化中的应用方式，再审视对自然现象的各种解释和相互竞争的解释——所有这一切都不能以任何一种形式表现出优越感。这种对相互竞争的世界观和认识论的讨论不仅有助于学生理解科学的本质，而且还能利用他们已有的知识，激发他们的兴趣，并鼓励批判性思维（Aikenhead & Elliott, 2010；Bang & Medin, 2010；McKinley & Stewart, 2009, 2012）。

学术研究中一个不幸的发现是，许多科学教师忽视了学生的文化背景以及这些背景对他们参与学校教育过程的影响（Aikenhead & Elliott, 2010；Aikenhead & Ogawa, 2007；McKinley, 2007）。学生会带来丰富的科学知识和经验，教师应该利用这一背景以及学生的优势（基于资源的视角）。许多土著学生在科学学习中具备优势，包括保护和维护环境的知识（Kawagley, 2006）、自然常识（Bang, Warren et al., 2012；Chinn et al., 2008）、有助于在自然中生存的技术知识（Aikenhead & Elliott, 2010）、观察技能以及重视自然中固有的知识（Aikenhead & Michell, 2012；Chinn et al., 2008）。然而，知识所有权问题以及如何在不涉及盗窃、剥削或歪曲本土知识的情况下进行CRS教育，应被视为CRS的课程和教学资源。

所有人的科学素养：土著学生和社区公平的可能性

将科学教育的主要目标重新设想为包括NS和IKS，首先应该“鼓励学生学习土著的科学技术和西方的科学技术，使他们能够在（1）参加加拿大第一民族文化环境和（2）参加主流……文化环境之间做出日常选择”（Aikenhead, 1996, p. 17）。这种方法强调科学意义形成中的异质性，并在不同的观点之间建立关于自然的交流，以及科学在不同的文化背景下的作用。这需要建立或保持对WMS、NS和其他科学概念的积极态度，获得科学语言增大的容量库，并理解多样的和相互竞争的世界观和认识论（Aikenhead, 2006）。

然而，与这些目标相关的，也许是所有目标中最重要的：科学教育不能在所有学生都必须接受西方科学家观点的假设下继续开展。由于理论假设、价值观和长久的霸权，WMS在一些土著学生和部落社区面前呈现出许多差异和冲突。学者们已经证明，无论是在正式还是非正式的环境中，学习科学都必须旨在促进科学文化的学习，而不是促进学生融入科学文化中。此外，土著青少年科学教育的目标必须是协助部落社区努力实现经济发展、落实环境责任、促进文化生存和自主决策。在不需要秉持任何特定观点的情况下有效地让学生接触多种世界观，可以帮助他们获得更好地为社区服务和在社区之间流动所需的知识和技能。

土著学生科学成绩的潜伏期和支持者

南非（南非教育部[South Africa Department of Education], 2002）、新西兰（McKinley & Keegan, 2008）、夏威夷（Chinn, 2007）、澳大利亚（Appanna, 2011）、巴布亚新几内亚（Waldrip, Timothy, & Wilikai, 2007）和加拿大（Aikenhead & Elliot, 2010）的国家课程和州课程呼吁基于学生的社会和文化知识背景教授科学。本节将考虑如何使用IKW

和WMS帮助理解这两个知识体系的进步和发展(Regmi & Fleming, 2012),以及土著和非土著地方和国家政府的文化和国家优先事项。

支持学习

提高语言能力和识字技能

当代科学素养被认为包括基本的学科素养和对科学大概念的理解,导向充分参与关于社会性科学议题的公共辩论,从而产生批判性思考、知情决定和可持续解决方法(Yore, 2012)。鉴于土著学生可能来自以恢复本族语言为优先事项的社区,或来自英语可能是其第二或第三语言的家庭(Warren & de Vries, 2009),而且概念性观点与语言有着内在的联系(Little Bear, 2011),使用学生的本族语言和知识库可能有助于加强学生在教学语言和家庭语言方面的一般阅读能力,并提升他们的科学语言和理解力(Webb, 2010)。跨界被用来描述学生在IKS和WMS领域(Aikenhead, 2006)的内部和公开辩论,以及文化(土著、主流和科学)和语言(母语L1、学校L2、学校科学L3; Yore & Treagust, 2006)之间的转换。三种语言的转换过程是真实且困难的,即使L1、L2和L3使用相同或不同的语言也同样适用(Chinn et al., 2008)。科学课给土著学生造成负担,对于土著学生来说,这可能会削弱他们的能力:首先,一种独立的世界观挑战了他们自己的世界观;其次,这是一种与他们母语无关的语言;第三,这种文化在历史上歧视他们的祖先(Appanna, 2011)。奇格萨(Chigeza, 2008)发现,来自昆士兰州和托雷斯海峡岛的土著中学生,他们的母语是土著英语或克里奥尔语,他们在使用科学语言商议这一挑战之前,需要掌握学校语言。来自巴布亚新几内亚的土著学生也有类似的担忧(Pauka, Treagust, & Waldrip, 2005; Waldrip et al., 2007)。

对南非一个农村地区的土著学生进行了一项关于整合阅读、写作、参与辩论和科学探究等话语实践的教学策略效果的准实验研究,结果显示,学生的英语阅读技能(教学语言)、英语和科萨语(主要家庭语言)的听力技能以及科萨语(Webb & Mayaba, 2010)的写作技能在统计学上都有显著提高。对这些研究结果的解释是,学生在使用和承认土著语言的同时也间或使用英语。同样,运用经过修改的科学教科书策略(Fulton & Campbell, 2004),使科萨语学生能够使用其母语和教学语言的印刷和可视读物来学习科学思想和语言,有效检索他们以前的知识和经验,并更有意义地深入正在学习的概念。参与的教师认为,这种做法不仅提高了学生在科萨语和英语方面的语言技能,而且加强了他们自己的教学实践(Villanueva & Webb, 2008)。在L2与L1不同的多语言环境中,语言转换似乎是一种很有效的建构主义教学策略。策略性语言转换允许学生在发展主流和科学论述之前回顾和使用他们已有的知识和生活经验,结合最初的想法,并用他们流利的语言构建理解和概念体系(Fakudze & Rollnick, 2008)。学生最初的挣扎和认知需求似乎因他们对L1母语的熟练程度而减少,这使得他们在发展L2的标准话语和L3的科学术语之前能够先思考。

建立、加强和发展观念网络

教师应认识到,尽管学生可能会考虑与科学相关的已有经验,但他们可能没有足够的语言技能,无法用科学的规范术语和专业语言解释他们的理解。例如,许多来自南非东开普省的科萨族学生有携带木棍的经历,他们知道在暴风雨来临时不应该站在树下（Meel, 2007）；但是他们的英语水平不足以表达他们的想法，为探索和介绍闪电的科学观点提供有利的解释，并提供机会在文化内部和文化间看待自然世界的知识观之间进行迁移（Chinn et al., 2008）。

然而，在教师如何使用先前的知识来指导改变或精炼学生的口头、书面和视觉概念表述等教学方面，仍然存在挑战。启发式科学写作（Science Writing Heuristic [SWH]）是一种很有前途的教学方法，已经有效地跨越了各种科学领域和主题、学校级别以及学生（Gunel, Hand, & Prain, 2007; McDermott & Hand, 2010）。利用课堂观察框架的修订版来衡量教师的教学实践，汉德（Hand）、比利亚努埃瓦（Villanueva）和允（Yoon）（即将出版）探讨了专家级教师和处于成长期的教师如何运用书写（印刷和视觉视角）和基于参数的查询（SWH）来解决和培养学生的理解力。专家水平的教学实践定位于理解学生的框架，并利用这些想法来理解目标主题（季节）的意思。学生的写作证明了他们推理的复杂性以及在教学单元中使用图表表达的复杂性在增长。

批判性思维

文化内部和文化间知识观的应用可能有助于土著学生更高层次的思维认知。研究人员认为，当前对认知和学习的理解起源于截然不同的视角（哲学、进步主义教育和认知科学），即批判性思维、反思和元认知（当你思考提高你的思维或个人对我们的思维和判断的责任，从而决定相信什么或做什么时），其需要框架来汇聚（Ford & Yore, 2012）。从上一节讨论的问题中，人类认知架构认识到学生将一组现有的想法带到课堂，他们之前的知识既是一个锚，也是一个起点，从中考虑、连接和挑战新的想法。研究表明，当学生进行自我调节或自我导向的推理、批判性思维和反思新的理解时，这些过程和技能并不是分割的，而是相互依存的学习结构。福特（Ford）和约尔（Yore）（2012）认为，这些概念的融合考虑到了“将智力资源整合到规划、监控和调节思维中，以改善一系列判断的依据，这些判断是关于对批判性思考的公民应该相信什么或应该做什么”（p. 266）。在将IKW用于学校科学的学习背景下，参与和比较IKW和WMS框架可能有助于学生理解科学教育的目标，并从他们自己的文化传统中探索思想（El-Hani & Souza de Ferreira Bandeira, 2008）。同时，它可以发展土著和非土著学生对知识和技能的洞察力、欣赏力和价值观，开发他们的批判性思维、反思和元认知所必需的智力资源。

基于实证的论证

美国国家科学教育框架和改革强调科学是一门探究学科和基于实证的论证。为K—12科学教育的新框架确定论证、批判和评价作为科学探究和技术设计的中心实践（NRC, 2012；见图3-1, p. 45）。比利亚努埃瓦和汉德（2011）认为，基于论证的课堂教学方法应该利用探究活动产生的数据和证据帮助学生形成解释，并评估这些解释以形成强有力的概念理解。

然而，一些研究人员警告说，论证是一种西方的构想，可能与土著人讨论的传统风格格格不入，尤其是亚洲或非洲的讨论和辩论。加勒德·马丁内斯（Gallard Martínez, 2011）说，“在许多情况下，在南非，建立共识比对抗更容易被当地文化所接受”（p. 719）。然而，利用福特（2008）对科学建构和批判的社会方面的描述，人们意识到对数据的分析可能产生不同的解释；他认为这些解释需要评估，然而自然是最终的仲裁者，这可能不完全符合IKW的知识生产观点。论证的目的不是不可调和的对立，而是通过对提出多种理解的想法进行批判性评价，对证据进行批判，对主张和反主张进行评价，从而建立一个知识体系的过程(Nafukho, 2006)。南非研究人员(Ogunniyi, 2006; Ogunniyi & Hewson, 2008)使用同时基于IKW和WMS问题的论证，让学生参与一种对话，这种对话服务于说服的修辞目的。他们的做法将论证作为主张，将主张与证据、反驳和结论联系起来。虽然研究人员认为这种对话模式对于学生认知理解的发展是有用的，但他们声称以论证为中心的干预也可有效地促进专业发展、学习能力、知识和技能(Langenhoven, Kwofie, & Ogunniyi, 2008)。

可能的学习挑战

促进和改善土著学生参与学校科学、科学素养和STEM相关职业状况是有前途的，但也存在一些限制因素。那些可能缓和互动-建设性的学习过程或旨在支持土著学生的科学成绩富有挑战性的方法途径，被视为阻碍社会流动、教师期望不明确、存在文化碰撞以及认识论或本体论不一的因素。

社会流动的障碍

埃利奥特(Elliott, 2011)认为，教师处理IKW-WMS问题的局限特征是“多元文化科学教育的主题过于宽泛，未经引用、未定义和过于理论化”(p.4)。乔治(George, 1999)在西印度群岛的特立尼达和多巴哥探索了农村人关于健康和海洋环境的传统知识的预想，如育儿、月经、怀孕、营养、草药和海洋技术；她发现了IKW和WMS之间的异同，人们重新改造他们的知识库以满足当前的需要，并且“在特定情况下有效地发挥作用”(p.92)。其他研究(Gadicke, 2005; Lewthwaite & McMillan, 2007; Snively & Williams, 2008)建议，在试图找到具体的解决办法和材料、帮助土著学生跨越文化边境之前，应该明确这些学生属于哪些知识群体，谁拥有需要考虑的知识，并探讨知识持有者和学生对将这些知识纳入学校课程是否恰当的看法。加迪克(Gadicke, 2005)发现，来自加拿大哥伦比亚河谷第一民族附近的知识持有者对创世记和与水有关的故事有不同的基于位置的口头解释。斯内维利(Snively)和威廉斯(Williams)(2008)提出了IKW和WMS的并行系统或网络，以助于双向跨界，他们表示：

> 根据主要(本土)科学学者的观点，科学教育的模式是西方科学和(本土)科学共存，取代目前将(本土)知识纳入(非本土)科学项目的努力。这个概念提出了一个互补共存的平行模式，使不同的世界观能够单独存在，也可以并存。
>
> (p.126)

有一项研究为IKW基于本土的性质和根据需要融合IKW和WMS提供了依据。该研究调查了讲母语的学生、教师和成人社区成员们对科萨原住民知识及其融入学校科学课程信念的认识(Webb, 2012)。研究结果表明，大家对IKW有着共同的认识；将其纳入学校科学课程的原因是承认社会正义、认同、文化敏感性、传承、尊严和感知的相似性，但不是IKW和WMS之间的差异。然而，反对包容的理由被明确提出，包括：IKW在现代世界中不再相关；IKW不会帮助儿童学习了解自然和自然发生的事件的新方法；认识到许多被认为是

IKW的知识是不科学的，无助于满足了解一个全球技术科学社会什么是有价值的这一期望。然而，一些答复建议，在考虑科学有效性的构成时，测试、解释和验证IKW可能提供一个有用的参与点和离开点。教育利益相关者的许多论点表明，社会流动和获得商品和收入对被调查者来说很重要。这些论据类似于非洲和亚洲前殖民国家土著母语使用者对语言的使用（Setati, 2005）。

教师期望不明确

目前，许多土著学生就读的学校都有多元文化的教学人员和学生团体。这些人来自主流文化、新移民文化和土著民族。即使在加拿大、新西兰、南非和其他由土著人控制或管理的学校，由于缺乏合格的土著教师，也需要招聘非土著教师；非土著教师常常需要从事科学和数学方面的工作。多文化情境导致教师在其认证的学科和文化之外教学。尽管许多非土著教师有着最好的意向和承诺，但大多数教师对合适的教学方法和土著文化、知识和身份的复杂性缺乏充分的理解（Brayboy & Maughan, 2009; Santoro, Reid, Crawford, & Simpson, 2011; Villegas, Neugebauer, & Venegas, 2008）。即使教师准备教授土著学生，土著学生的强项和学习资源往往得不到更广阔的科学教育、学校教育和评估的支持（Kidman, Abrams, & McRae, 2011）。

教师教育和专业发展项目只能部分地满足这些跨文化的需求和机会。新西兰教师被要求承认毛利人的文化信仰和价值观，使毛利学生更了解和更容易接触科学（新西兰教育部[New Zealand Ministry of Education, NZMOE], 1993）。在适当情况下，应鼓励学校用毛利人语言（NZMOE, 1993）和从毛利人的角度采用文化相关的教学法来教授科学（McKinley, 2007; McKinley & Keegan, 2008; Stewart, 2005; Wood & Lewthwaite, 2008）。不列颠哥伦比亚省教育部（British Columbia Ministry of Education, 2011）也发表了类似声明，并在其网站上提供了部分教学资源。ANKN（ANKN, 2006）有完善的课程、资源和专业发展活动，为阿拉斯加的土著学生提供CRS项目。

然而，尽管有政治上的支持，实现这些政治目标并非没有问题。在新西兰，毛利人的科学与关于毛利人的科学（Stewart, 2005）之间有着悬而未决的紧张关系，而且关于术语的争论仍在继续（McKinley & Keegan, 2008）。在南非，课程规划敦促教师将知识创新教育融入课堂。奥贡尼伊（Ogunniyi, 2007）指出，虽然在将原住民知识纳入科学和数学课程方面取得了令人鼓舞的进展，但许多教师不确定需要什么，并质疑他们自身对看来截然不同的教学和学习方法做出反应的能力。在加拿大，一些研究人员已经着手研究土著环境中考虑IKW的教师和WMS教学。贝尔切夫斯基（Belczewski, 2009）报告尝试去殖民化的“思想和教学实践，以使科学教育切合实际、有意义和尊重[密克马克族人和马利西特人]学生”（p. 191）。与学生、家长、长者和土著教育指导者的合作帮助她深入了解土著人存在、认识和理解自然的方式以及自然发生的事件，这要求她评估自己对世界建立的认识论和本体论观点。她相信这些新的见解、信仰和欣赏改变了她与土著学生的互动。哈彻（Hatcher）、巴特利特（Bartlett）、艾伯特·马歇尔（Marshall）和默登娜·马歇尔（Marshall）（2009）概述了加拿大新斯科舍省布雷顿角岛科学教学的概念和方法。他们的方法采用了双眼观察法和跨学科整合的指导原则，不要求学生“放弃任何一个学科，但可以理解IKW和WMS的要素”（Hatcher et al., 2009, p. 141）。由此产生的课程和教学集中于与文化和社区相关的基于位置的知识、合作学习、支持性的课堂环境，以及促进平行知识体系共存的土著教育学。

卢思韦特（Lewthwaite）和麦克米伦（McMillan）（2007）以及卢思韦特和雷诺（Renaud）（2009）在加拿大努纳武特的齐基克塔尼（Qikiqtani）地区的因纽特人学校探索科学教育。卢思韦特和麦克米伦（2007）发现教师之间对资源、时间、学校风气、专业充分性、知识和态度的偏好看法和实际看法存在差异。卢思韦特和雷诺（2009）发现两年来教师的回答对比显示了以下维度的变化（学校的优先次序是恒定的）：文化能力、知识、综合能力、学校-社区文化优先度，随着教学资源的改善，教师兴趣逐渐减退。这些研究中探讨的因素的集体观点和相互作用说明了问题的复杂性以及环境因素如何影响教师和学校在领导和教学人员流动的学校为土著学生提供所需的课程。萨瑟兰（Sutherland）和亨宁（Henning）（2009）描述了课程整合的模式，报告了50名马尼托巴省土著和非土著科学教师、顾问和管理者的行动导向会议的结果，并讨论了土著环境中科学项目的实施。最佳实践来自由长者的考虑、语言、文化和经验学习组成的联盟，这些实践应指导科学教育项目的发展和实施，从而灌输一种地方感。

尽管有报道称，在特定情况下存在成功的尝试将IKW思想融入科学课程的项目，但国家科学课程似乎没有系统地实施这一过程；教师一般都是为自己而奋斗（Ogunniyi, 2007）。在这种情况得到纠正之前，对教师不明确的期望和缺乏支持机制仍将是有效促进土著学生在科学教室取得成绩实施战略的阻碍。

建立伦理研究关系

《去殖民化方法：研究和原住民》（*Decolonizing Methoddogies: Research and Indigenous Peoples;* Tuhiwai Smith, 1999）对世界不同地区的土著学者提出的如何看待道德和协议的问题提供了开创性见解，这些问题需要在非土著研究者和教育者与土著社区接触时制定。这些跨文化学习和本土学习者研究环境的挑战导致了非殖民化研究文献的设立，呼吁非土著学者和教育工作者以积极优先考虑本土自主决策、转变和康复的方式开展工作（ANKN, 2006; Australian Institute of Aboriginal and Torres Strait Islander Studies, n.d.; Bishop, 2008; Hudson, Milne, Reynolds, Russell, & Smith, 2010; Social Sciences and Humanities Research Council of Canada, n.d.）。

非殖民化方法的出现，在一定程度上挑战了19世纪和20世纪初在殖民地背景下进行的长期科学研究的历史。殖民地特色提供了地域研究的原材料，后来被送往帝国中心（如伦敦、巴黎）进行分析。科学理论是在大都市中心一个遥远的地方产生的，而不是在收集原材料作为数据的地点产生的（Connell, 2007）。

类似的紧张关系也存在，因为土著土地和社区是大量非土著研究人员进行研究活动的所在地。这些研究人员已经确定了研究的优先次序和目标，独立于负责他们野外工作的原住民。一旦数据从土著领地输出并在其他地方的大学和研究实验室进行分析，数据和由此产生的知识就不受相关土著群体的控制。在贫困地区进行研究的最终受益者往往是那些已经积累了财政、机构或政治资源的非土著利益相关者，而不是那些研究结果可能对其最有益的人（Castleden, Morgan, Lamb, 2012; Muller, 2012）。这些数据收集和解释的背景，以及有利于西方学术协议和程序的知识生产模式，往往加强了IKW和WMS在本质上的差异。在教育研究中，将IKW定位为以地方为基础的知识，使知识具有文化基础，并具有创造地方的力量。西方的知识通常具有可概括性，不具备任何文化基础和认同，被视为规范的或普遍的（Carjuzaa & Fenimore-Smith, 2010）。IKW的这种定位有可能使其对现代社会的有用性或相关性边缘化，从而导致教师和社区质疑IKW是否应该在科学课堂上教授。然而，受到高度重视的科学家认为，当涉及在土著环境中进行研究时，基于位置的知识是强有力的资源（Yore et al., 2006）。

鉴于世界各地的土著人口有着不同的文化优先事务、历史、语言、知识体系、愿望、社会制度、与自然领土的位置以及与世界接触的方式，因此根本不可能对土著研究制定一种一刀切的办法。因此，尽管人们经常提到世界各地土著学生的科学成绩不佳，但原因很可能是局部的，而不是普遍的，与某个国家或地区的殖民历史、帝国统治和特定土著群体的权力等特殊环境相对应（Middleton, Dupuis, & Tang, 2012）。

在许多工业化国家，或在土著群体被剥夺祖传土地的国家，或在殖民历史破坏了土著社区及其传统延续性的国家，许多土著学习者被重新安置到城市居民中。这些土著学生发现自己在他们祖先的家园里没有文化和正常的支撑网，或者处于这些文化和正常的支撑网之间（Chinn et al., 2008）。然而，关于课堂教学的许多研究坚持以假定土著学生积极参与课堂外的传统和农村生活的方式呈现土著语言或文化的象征性，以提高学生的参与度和成绩。

关于在科学课堂中加入传统手工艺、游戏和食物的短期课程单元的研究，与其他少数族裔多文化教育中备受批评的做法类似，在这种教育中，食物、节日、民俗和时尚鼓励少数族裔和多数族裔学生采取旅行的方式（Meyer & Rhoades, 2006）。一些教育组织建议将文化实例组成的动机点作为解决科学教育中知识创新问题的出发点。然而，土著学生因为殖民化和重新安置的历史被剥夺了这些生活方式，他们认为自己是21世纪多元文化社区的积极成员，而不是原始或理想化的土著文化教学班的成员。在主张将原住民知识的代表性内容纳入课堂时，必须谨慎行事，因为这可能给这些土著学习者造成双重失败的情况。首先，他们在科学方面失败了；其次，因为他们不一定能感到他们的文化在科学课堂上的呈现方式，他们作为土著人也失败了。

重要的是，非土著研究人员和教士在与土著社区接触时，必须制定有效的非殖民化战略。由于土著社区是如此多样化，因此不可能制定一个每次都能奏效的简单清单。然而，了解殖民化是如何在历史上和当下影响原住民的生活，是与土著群体接触的关键起点。可以考虑弥合土著群体和非土著群体之间的鸿沟的方法，但这并不总是一个直截了当的过程；然而，我们应遵循的是伦理道德原则，而不是技术。

一个基本的常识性哲学前提是科学教育研究应该与土著合作伙伴平等合作，而不是由非土著研究人员组成的团队来主导。卡居扎（Carjuzaa）和费尼莫尔–史密斯（Fenimore-Smith）（2010）指出这种基于社区的方法建立了一种互惠互利关系，在这种关系中，学术自由和部落主权得到尊重。认识和解决研究者与研究对象之间不平衡的权力，同时需要建立、促进和维持伙伴关系。我们将探讨指导土著社区伦理科学教育研究的三个重要原则：互惠互利关系、参与式研究方向和增强土著社区的自主决策能力。图希瓦·史密斯（Tuhiwai Smith, 1999, 2005）、卡赫特（Cajete, 2008）、格兰德（Grande, 2008）和威尔逊（Wilson, 2008）等土著学者为批判欧洲中心主义研究方法论和建立土著研究议程的原则奠定了广泛的基础。研究人员在接触土著学校、教师和学习者之前，必须阅读这些文献，并反思他们自己的研究文化、信仰和实践。

互惠互利关系

雅各布斯(Jacobs)及其同事(2010)认为，土著群体和非土著研究人员之间需要建立真正的研究伙伴关系，特别是土著民族被迫参与在过去遭受不道德行为或侵犯人权行为的研究的情况下。需要：(a)共同提出共同感兴趣的研究问题、数据收集和反映文化背景和解释框架的解释步骤；(b)寻求知情同意；(c)合乎伦理地进行研究(Cargo et al., 2008; Castleden et al., 2012)。因此，研究人员需要向受研究目的、目标和时限，数据收集技术，数据核查和信息检查，正面和负面影响，以及受研究影响的土著民族提供咨询，并取得适当的土著管理机构以及参与者本身的知情同意，因为某些数据可能带有社区属性。取得土著民族的同意可能需要数月甚至数年时间，因为土著社区往往有理由怀疑外部研究人员和研究的潜在利益；此外，该机构可以由几个土著机构组成。套话"我来自政府或大学，我是来这里帮助你的"并不总能取得土著民族的信任。这些协商对于确定将要进行的互惠互利研究的性质至关重要。必须回答的问题是：

- 研究人员和社区如何从研究中获益？
- 我们将使用哪些方法？
- 谁拥有数据？
- 谁决定发布结果的内容、时间以及位置？

这些对话允许社会资本和信任的建立，以及"从哪里学习意义"，而不只是"研究、解释和判断"。

建立在信任关系基础上的伙伴关系，可能需要很长时间来发展社会资本和信任，并阐明问题空间；这可能会给研究人员带来问题，他们通常需要满足资金计划和最后期限。然而，土著社区不受外部资金优先事项的约束；基于信任的持续关系的发展通常不符合制度安排。研究人员需要制定慷慨而灵活的时间表，以适应研究过程的起伏(Sarche, Novins, & Belcourt-Dittcoff, 2010)。例如，赫德森(Hudson)、罗伯茨(Roberts)、史密斯(Smith)、提亚基瓦(Tiakiwai)和边见(Hemi)(2012)花了2年时间与毛利土著社区建立了关系，尽管研究团队中有毛利人，而且研究的伙伴关系最初是在毛利人社区的要求下建立的。在此期间开展的对话对于新知识的形成至关重要；它以对这些社区学校有意义的方式将IKW和WMS结合在一起，这可能避免困难，并使已颁布的调查取得最大的效率和效力。

ANKN(2006)与包括学校在内的土著社区一起制定了伦理研究准则，而不是为他们制定伦理研究准则。这些准则是机构审查委员会(institutional review board [IRB])和许多资助机构所要求的道德规范的补充。IRB指导原则通常旨在保护个人、附属机构和资助机构，而非集体社区；一些指导方针不承认土著民族的独特文化、土著民族的主权以及土著民族作为研究对象的历史地位(Carjuzaa & Fenimore-Smith, 2010)。因此，与研究机构一起制定的道德守则和规则旨在提高认知、避免问题；然而专业能力和职业操守是研究者的基本要求(Fine, Tuck, Zeller-Berkman, 2008; Hansen & Van Fleet, 2003; Lincoln & Cannella, 2009; Tuhiwai Smith, 1999)。一些国家(如新西兰、澳大利亚、加拿大和美国)的土著民族已经制定了研究方法和道德行为准则，其中包括尊重个人、仁慈、正义和土著思想、知识所有权、价值观和信仰等基本原则。然而，其他国家的土著民族才刚刚开始制定这种伦理协议。非土著和土著研究人员需要在研究中严格遵守伦理和行为准则，作为准则的一部分，可能需要在财政上支持制定研究方法，以支持土著社区的活力、健康和主权。

互惠互利关系意味着信任、资源共享、数据和结果的共同所有权，以及一种共同的信念，即研究将对所有相关人员产生影响并产生良好的结果。为了实现这一目标，土著合作伙伴需要在研究过程开始时参与研究（概念、计划等），而不是研究已准备好开始时（数据收集）。以社区为基础的参与性研究方向支持这样一个过程，即利益相关者参与研究从创始到公开的各个方面。

以社区为基础的参与式研究（CBPR）方向

土著和传统人群（农村、保护区、偏远地区或城市）继续寻求表达其文化主权的方式，同时通过与高等教育机构建立伙伴关系，通过教育和科学解决社区问题（Ferreira & Gendron, 2011）。以社区为基础的参与式研究（community-based participatory research [CBPR]）侧重于对话式的反思、宣传和行动，以克服压迫者与被压迫者、殖民者与被殖民者之间的支配和从属关系。在CBPR培训中，研究团队由研究人员和受过培训的社区利益相关者组成。

CBPR合作组织的成员要求在调查的每个阶段分享权力、资源、信用、结果和知识，并相互采纳每个合作伙伴的知识和技能，包括问题定义/问题选择、研究设计、开展研究、解释结果，以及决定如何将结果用于行动。土著民族希望他们的社区、知识和文化遗产得到尊重和重视；然而，一些土著社区希望分享他们所知道的，但可能会限制可以分享的内容和分享的条件（Battiste, 2008）。

这种伙伴关系需要巨大的努力和计划，才能在实践中发挥作用。跨文化团队在开始研究计划之前需要仔细考虑的问题如下：

- 该项目是否反映了土著社区的愿望和优先事项？
- 谁来收集这些数据？是土著文化圈外人还是当地社区值得信赖的成员？研究将使用什么语言？
- 如何与调查对象（尤其是儿童）建立充分的关系，以揭示他们的感受和文化信仰？
- 研究人员将在多大程度上作为土著儿童课堂活动的参与观察员融入其中，甚至可能参与其校外生活？
- 谁的文化、价值观和信仰在结果中会被呈现出来，以何种方式呈现出来？（Abrams, Taylor, & Guo, 2013a, p. 16）

卢思韦特和麦克米利安（McMillian）（2007）与三所因纽特人社区学校合作了四年，与教师（因纽特人和非因纽特人）和社区成员，尤其是熟悉因纽特人的长者合作发展，教学材料符合社区对科学教育的期望并与《全加拿大科学协议》（加拿大教育部长理事会 [Council of Ministers of Education, Canada], 1997）相一致。前两年，研究团队专注于教学原则的制定。这些原则的起源多种多样；首要原则是利益相关者（因纽特人和非因纽特人教师、科学教育教授、长者）的知识和经验。

研究者的语言能力是CBPR成功的关键因素。人类将语言作为其文化的一部分来创造意义和确定相关性。因此，必须特别注意在研究的各个方面使用语言，以确保研究人员不会继续依赖殖民地语言来定义本土现实(Battiste, 2008)。不论何时，当大多数人使用的语言是第二语言时，在研究项目(调查、小组讨论、访谈)时使用土著语言，强调了原住民知识在渗入部落社区的信仰、传统和价值观中的重要作用。跨文化研究团队可能需要优先聘用和培训土著人，以协助研究项目的所有阶段，确保语言和文化的竞争力(ANKN，2006)。

我们必须考虑发展真正的伙伴关系，以满足所有伙伴和未来伙伴的需要。这不是一个容易的任务，因为随着时间的推移，研究合作会改变其组成；每一个新的合作伙伴都会带来一系列新的挑战，以满足每个人的需求，这可能意味着重新进行更为细致的谈判。CBPR包括一个迭代的过程，该过程有持续开放的对话，更新每个合作伙伴对研究结果的承诺。

支持教育自主

自主权包括土著社区制定和执行决策的主权权利，特别关注其子女的教育。基于社区的迭代过程的一部分可能涉及在土著社区内发展研究能力或积极将土著社区研究人员纳入项目。ANKN(2006)鼓励与土著学校、教师或学习者合作的研究人员解决以下五件事：(a)资助由当地社区任命的土著研究委员会，负责评估和监测研究确保遵守土著人表达的愿望；(b)雇用和培训土著人协助研究；(c)承认土著人的贡献；(d)以非技术性语言向有关部落管理机构通报研究的主要结果；(e)向当地人民提供研究报告的副本。这些步骤有助于确保持有资源人员的传承，并确保研究支持土著人的主权，提高土著社区教育其子女的能力。

例如，凯莉(Kelly)和她的团队(2012)报告了学术研究人员与澳大利亚新南威尔士州农村的土著社区一起工作，以回应土著人对流感传播的担忧。他们在与相关社区协商后，招募社区成员进行实地研究。具备目标健康问题相关知识的年轻土著人作为实地研究人员参与了这项研究；他们与社区有着紧密的联系，能够像信任其他人一样，协商对外人不可信任的访问级别。这些研究者能够将他们社区的学术知识和深入的社会文化知识结合起来；因此，该计划对参与社区具有最终的益处。此外，项目完成后留下的遗产是这些土著社区的研究能力得到了提高。我们在科学教育项目中也观察到了类似的结果，这些项目招募了来自社区的土著研究人员(Castleden et al., 2012; Kidman, 2007; Wright et al., 2011)。

向反种族主义的全民科学教育观迈进

考虑IKW在科学教育中的作用的主要动机是社会公正、经济机会和公平对待所有人。通过借鉴北领地约伦古人的见解，看待IKW的方式在澳大利亚的背景下被采纳。约伦古人有着悠久的传统，将来自不同来源的知识以公平的方式混合，以实现有意义的双向合作(Muller, 2012)。穆勒(Muller)认为，可以从一个类似的角度来看待IKW和WMS，并且可以在两个知识系统的支持者之间建立有价值的合作关系，以达到土著社区的期望。这种两个工具箱的方法使得创造一个混合的科学领域成为可能，这样土著社区和有资格的科学家就可以共同创新科学知识以及课堂教学法(Kidman, et al., 2011)。

土著研究人员的招募也使发展充分反映社会政治和社会文化观点的地方土著研究方法和实践成为可能。韦斯特(West)、斯图尔特(Stewart)、福斯特(Foster)和厄舍(Usher)(2012)与澳大利亚北部戴利里弗地区的朗格库尔人合作，建立了一种以地域为基础的土著方法（达迪里[Dadirri]方法），促进土著人对研究议程的控制，并保留他们的知识所有权。来自土著社区传统并针对自主教育、主张、变革和治愈行动的土著方法论考虑了特定土著社区的愿望、历史和优先事项（Evans, Hole, Berg, Hutchinson, & Sookraj, 2009）。和解和重新审视被认为是解决长期争论和社会公正问题的核心和关键；对自然和自然发生的事件的教育、教学和学习并不能免除这些复杂的问题。

这些新的合作可以创造双向道路，并使土著和非土著学生的知识得以增长。巴恩哈特（Barnhardt, 2008）指出：

> 因此，我们必须用双向道路方法解决这些问题，而不是把这个问题看作是让土著人单方面接受西方制度。土著人可能需要了解西方社会，但不能以抛弃他们已经知道的和他们已经了解的方式为代价。非土著也需要认识多种世界观和知识体系的共存，并在多样性和复杂性的多个维度上找到理解和联系世界的方法。
>
> （para. 3）

新西兰、加拿大和阿拉斯加的大学已经扩大或拟定了针对本土研究的博士新项目，旨在招募和培养本土学者担任领导角色，并将本土观点带给研究和政策制定者，从而实现这一愿景，支持贫困社区的教育自决。随着新研究者重新审视和检查理论观点、研究问题以及来自其他世界观的研究方法，科学教育将会扩张。

伦理科学教育研究与土著社区具有互惠互利的潜质，土著社区可以利用研究数据和结果更好地了解其子女的教育，调控教育过程，或与研究人员合作开发更好的科学课堂。作为研究团队的成员，社区个体成员可以从培训和就业机会中受益，也可以获得他们本来可能得不到的服务和技术。研究人员有机会真正了解和扩展他们已知的科学教育方式，对他们的工作获得基于文化的理解，并知道他们的研究对产生不同观点具有实际意义。这些新观点的实现基于科学教育研究者和科学教育界的内在愿望、动机和承诺，以帮助土著民族实现其科学文化目标、文化和知识保护以及语言复兴，并确保接受和遵守伦理准则——谨慎且不渎职、忠诚和责任、正直和尊重人的权利和尊严。

结束语

由于各种原因，在更好地为土著人和非土著人服务方面，已经持续了几十年的关于土著人和非土著人权利问题的争论徒劳无果，其中一个重要原因是人力资源和付出努力的巨大浪费，以及知识种族隔离的持续，很像西方文化早期人为地将艺术、人文和科学隔离。像菲律宾这样的国家被各种发达国家（即西班牙、日本、美国）殖民了数百年的时间，这可能需要很长的时间来改变强调政治和军事之间关系的现象并使这些国家和土著人去殖民化，但我们必须开始（与匿名评论员的个人交流，2013年2月）。我们认为，可以选择将IKW融入WMS学校课程，并制定同等的IKW-WMS课程；我们相信，在文化保护、语言保护、公平、社会公正、经济繁荣和身份认同的情形下，任何学科的风险都是可以控制的。通过环境研究和环境教育的经验和发展，我们已经看到了IKW是科学还是有价值的知识体系的问题。许多大学拒绝接受环境研究作为科学系的一个系，因为它是跨学科的，涉及社会科学、科学和其他学科。今天，许多理工学院提供环境研究和工程项目。环境教育在科学或社会科学中都没有被完全接受，但现在它在美国国家科学教学研究协会（National Association for Research in Science Tenching）和美国教育研究学会（American Education Research Association）中有一个特殊的分支。

招募庞大的作者团队是为了将这些不同群体的代表聚集在一个没有固定议程的支持性环境中而不是识别想法和议题，揭示这个复杂议题空间中的共同点和未解决的问题，同时承认土著人和原住民知识是民族和知识体系的独特集合，而不是单一实体。在阅读本章的各个章节时，这些差异是显而易见的。但是，最重要的是，作者团队试图找出可能的解决方案和提供富有成效的研究咨询，涉及如何帮助土著人实现全民科学素养的目标，达到STEM职业发展机会所需的主流公民水平和劳动力水平。

与所有比喻一样，跨越边界或建造桥梁都有优点和局限性。L.卡特（L. Carter, 2010）抓住了比喻的一个弱点和局限性，她说："在科学教育中边界一直是典型的代表，文化和知识之间没有问题的界线需要跨越"（pp.429–430）。假定这些隐喻没有问题，需要考虑，但不切实际的IKW–WMS教育也需要考虑。我们试图描述IKW和WMS，尽管我们指出，我们的愿景是IKW和WMS（尾注1）众多愿景中的两个，范围、边界或分界线可以在许多不同的地方绘制来定义空间。事实上，我们并没有忽视IKW和WMS可能是相同的领域，我们的痕迹可能会被抹去或彻底改变，因为科学教育工作者和教师向选项3（制定IKW和WMS的等同解释）前进。读者必须认识到，对IKW和WMS的认同只是在最普遍的层面上有效，且对土著和非土著而言，IKW和WMS是特定个人所有权和特定话语社区。全世界都发现土著群体和文化的多样性以及土著群体间的差异。据报道，科学观点（即传统、现代、后现代）、科学领域和特定主题之间也有类似的多样性和可变性。我们不能对IKW和WMS产生者进行无懈可击的概括性陈述。除了出于长期考虑的技术和智慧之外，技术设计和本土技术和创新也是IKW课程的组成部分，这意味着技术设计和本土技术和创新可能是相互平等或相互融合的IKW–WMS课程的有效起点。此外，智慧还具有将知识更成功地应用于科学、技术、社会和环境问题的关键潜力，综合的IKW–WMS理解为其他复杂问题带来了新的视角。

有几个案例研究是将IKW融入WMS学校课程的正面例子。共同规划和产出涉及以地方为本的主题、当地资源人员以及文化和社区资源；然而，这些案例研究并未说明这些方法的长期学习效果（Handa & Tippins, 2012；Kidman, 2007；Lewthwaite & Renaud, 2009）。此外，一些学者鼓励开发和产出同等的IKW和WMS课程，但还没有评价研究来记录此类课程的课堂实施和学习效果（Aikenhead & Ogawa, 2007；Brayboy & Castagno, 2009）。对于如何使IKW和WMS在课堂中共存，而不仅仅是一门注入了IKW的科学课程，需要基于证据的最佳实践。教师教育项目需要让科学教师了解如何根据特定的文化优势（知识基础）、学习理论和创新的教学方法（使用本土语言和基于地方的教学方法）创建与文化相关的教学方法，以便与当地学生充分接触。我们的重点应放在加强土著科学教师队伍培养上。准备充分的土著和非土著教师只是CRS的一个因素。学生在阅读和数学方面的高学术期望、获得先进技术和科学机会以及社区的高度参与，都有可能提高土著学生的高中毕业率。

无论选择哪种方案，学科和程序完整性都至关重要，因为任何参与IKW-WMS项目的学生都需要被认真对待，并且他们的想法需要被获得、被采纳、被挑战，以促进对这两个知识系统的有意义的学习。此外，还需要对项目的有效性以及学生在实现个人和职业目标方面的学习进行充分的评估。如果拯救文化意味着文化成员仍然处于不利地位，那么拯救文化将毫无价值。有必要在国家/州评估中创建反映知识和知识结构的IKW和WMS内容/过程/性质的项目和回应模式，以支持将文化相关课程纳入教室(Benson, 2012)。

未来的IKW-WMS教育研究需要考虑成就、认同和自我效能，并且需要长期的研究。CBPR强调与土著学习者而不是研究土著学习者建立互惠互利的伙伴关系，这可能需要改变研究问题、方法和结果。共享资源尤其是财政资源，可以增强土著社区的自决权。世界上某些地区，明显缺乏如何看待土著科学教育的文献。这种文献的缺乏可能是由于这些领域缺乏研究，或者许多科学教育期刊是用英语出版的，使许多土著的声音有些沉默。一些期刊，即《一语语言及文学教育研究》(Yore, Chinn, & Hand, 2008)、《加拿大科学、数学和技术教育期刊》(Michell, 2009)和《国际科学与数学教育期刊》(Abrams et al., 2013)，已经制定了一些特定的议题来缓解这种稀缺。

WMS已被各国政府确定为经济增长的主要驱动力，接下来STEM教育政策与实现这些经济目标相关联。因此，许多科学教育组织致力于解决21世纪科技经济中对STEM专业人员的迫切需求(劳动力输送问题)。国际主流社会—劳动力输送通道共同努力，提高包括土著公民在内的所有学生的STEM能力水平，增加大学/学院/高等专科合格毕业生解决劳动力输送问题；这将增加许多土著民族所缺乏的经济和就业机会以及增强社会公正，并加强科学和科学教育的学科建设。

致谢

作者在此感谢诺曼·G.莱德曼和小川正贤(Masakata Ogawa)教授审阅本章，沙里·约尔为本章的撰写提供了技术支持。

注释

1. 免责声明：本章旨在讨论关于未被充分代表和获得服务的土著民族的争论性、紧迫性和激烈性的问题，以及他们关于自然和自然发生的事件的传统认知。多民族与多种族作家团队试图揭示某些常见问题时认识到问题空间是极其多样化的，而且所关注的原住民知识是知识与生产系统的独特集合，而非单一实体。因此，读者必须认识到，土著知识所具有的特性仅在最普遍的层面上奏效，这种知识是独特的，为土著群体的特有知识。

参考文献

Abrams, E., Taylor, P. C., & Guo, C. -J. (2013a). Contextualizing culturally relevant science and mathematics teaching for indigenous learning [Special issue]. *International Journal of Science and Mathematics Education, 11*(1), 1–21.

Abrams, E., Taylor, P. C., & Guo, C. -J. (Eds.). (2013b). Pedagogies of hope: Culturally relevant science and mathematics teaching for indigenous learners in science and mathematics [Special issue]. *International Journal of Science and Mathematics Education, 11*(1), 1–121.

Agbo, S. A. (2004). First Nations perspectives on transforming the status of culture and language in schooling. *Journal of American Indian Education, 43*(1), 1–31.

Aikenhead, G. S. (1996). Science education: Border crossing into the subculture of science. *Studies in Science Education, 27*, 1–52.

Aikenhead, G. S. (2006). *Science education for everyday life: Evidence-based practice.* New York, NY: Teachers College Press.

Aikenhead, G. S., & Elliott, D. (2010). An emerging decolonizing science education in Canada. *Canadian Journal of Science, Mathematics and Technology Education, 10*(4), 321–338.

Aikenhead, G. S., & Michell, H. (2012). *Bridging cultures: Indigenous and scientific ways of knowing nature.* Toronto, ON: Pearson Education Canada.

Aikenhead, G. S., & Ogawa, M. (2007). Indigenous knowledge and science revisited. *Cultural Studies of Science Education, 2*(3), 539–620.

Alaska Native Knowledge Network. (n.d.). *Culturally-based curriculum resources.* Fairbanks, AK: University of Alaska Fairbanks.

Alaska Native Knowledge Network. (2006). *Alaska Federation of Natives guidelines for research.* Fairbanks, AK: University of Alaska Fairbanks.

Anderson, J. O., Lin, H. -S., Treagust, D. F., Ross, S. P., & Yore, L. D. (2007). Using large-scale assessment datasets for research in science and mathematics education: Programme for International Student Assessment (PISA). *International Journal of Science and Mathematics Education, 5*(4), 591–614.

Appanna, S. D. (2011). Embedding indigenous perspectives in teaching school science. *Australian Journal of Indigenous Education, 40*, 18–22.

Atkinson, J. L. (2010). Are we creating the achievement gap? Examining how deficit mentalities influence indigenous science curriculum choices. In D. J. Tippins, M. P. Mueller, M. van Eijck, & J. D. Adams (Eds.), *Cultural studies and environmentalism: The confluence of ecojustice, place-based (science) education, and indigenous knowledge systems* (Vol. 3, pp.439–446). Dordrecht, the Netherlands: Springer.

Australian Institute of Aboriginal and Torres Strait Islander Studies. (n.d.). *Research at AIATSIS.*

Ball, D. L., & Osborne, M. D. (1998). Teaching with difference: A response to Angela Calabrese Barton: Teaching science with homeless children: Pedagogy, representation, and identity. *Journal of Research in Science Teaching, 35*(4), 395–397.

Bang, M. E. (2009). *Understanding students' epistemologies: Examining practice and meaning in community contexts* (Doctoral dissertation). Northwestern University, Evanston, IL. Retrieved from ERIC (ED 530427).

Bang, M. E., Curley, L., Kessel, A., Marin, A., & Suzokovich, E. (in press). Muskrat theories, tobacco in the streets, and living Chicago as indigenous lands. *Environmental Education Research.*

Bang, M. E., & Medin, D. (2010). Cultural processes in science education: Supporting the navigation of multiple epistemologies. *Science Education, 94*(6), 1008–1026.

Bang, M. E., Warren, B., Rosebery, A. S., & Medin, D. (2012). Desettling expectations in science education. *Human Development, 55*(5–6), 302–318.

Barnhardt, R. (2005). Indigenous knowledge systems and Alaska native ways of knowing. *Anthropology & Education Quarterly, 36*(1), 8–23.

Barnhardt, R. (2008). *Indigenous knowledge systems and higher education: Preparing Alaska Native PhD's for leadership roles in research.* Fairbanks, AK: Alaska Native Knowledge Network.

Battiste, M. (2008). Research ethics for protecting indigenous knowledge and heritage: Institutional and researcher responsibilities. In N. K. Denzin, Y.S. Lincoln, & L. Tuhiwai Smith (Eds.), *Handbook of critical and indigenous methodologies* (pp.497–510). Thousand Oaks, CA: Sage.

Battiste, M., Kovach, M., & Balzer, G. (2010). Celebrating the local, negotiating the school: Language and literacy in aboriginal communities. *Canadian Journal of Native Education, 32*, 4–12.

Bazzul, J. (2012). Neoliberal ideology, global capitalism, and science education: Engaging the question of subjectivity. *Cultural Studies of Science Education, 7*(4), 1001–1020.

Belczewski, A. (2009). Decolonizing science education and the science teacher: A White teacher's perspective. *Canadian Journal of Science, Mathematics and Technology Education, 9*(3), 191–202.

Belgarde, M. J., Mitchell, R. D., & Arquero, A. (2002). What do we have to do to create culturally responsive programs? The challenge of transforming American Indian teacher education. *Action in Teacher Education, 24*(2), 42–54.

Benson, J. (2012). *Student science achievement and the integration of indigenous knowledge in the classroom and on standardized tests* (Unpublished doctoral dissertation). University of New Hampshire, Durham, NH.

Bishop, R. (2008). Te Kotahitanga: Kaupapa Mâori in mainstream classrooms. In N.K. Denzin, Y.S. Lincoln, & L. Tuhiwai Smith (Eds.), *Handbook of critical and indigenous methodologies* (pp.439–458). Thousand Oaks, CA: Sage.

Brayboy, B. M. J. (2005). Toward a tribal critical race theory in education. *The Urban Review, 37*(5), 425–446.

Brayboy, B. M. J., & Castagno, A.E. (2009). Self-determination through self-education: Culturally responsive schooling for Indigenous students in the USA. *Teaching Education, 20*(1), 31–53.

Brayboy, B. M. J., & Maughan, E. (2009). Indigenous knowledges and the story of the bean. *Harvard Educational Review, 79*(1), 1–21.

British Columbia Ministry of Education. (2011). *Aboriginal education resources: Learning resources.* Victoria, BC: Author.

Buxton, C. (2009). Science inquiry, academic language, and civic engagement. *Democracy in Education, 18*(3), 17–22.

Caduto, M. J., & Bruchac, J. (1991). *The native stories from keepers of the earth.* Calgary, AB: Fifth House.

Cajete, G. A. (2008). Sites of strength in indigenous research. In M. Villegas, S.R. Neugebauer, & K.R. Venegas (Eds.), *Indigenous knowledge and education: Sites of struggle, strength, and survivance* (pp.204–210). Cambridge, MA: Harvard Education Publishing Group.

Cargo, M., Delormier, T., Lévesque, L., Horn-Miller, K., McComber, A., & Macaulay, A.C. (2008). Can the democratic ideal of participatory research be achieved? An inside look at an academic-indigenous community partnership. *Health Education Research, 23*(5), 904–914.

Carjuzaa, J., & Fenimore-Smith, K. (2010). The give away spirit: Reaching a shared vision of ethical indigenous research relationships. *Journal of Educational Controversy, 5*(2).

Carter, C. D. (2010). *Science and the near-death experience: How consciousness survives death.* Rochester, VT: Inner Traditions.

Carter, L. (2010). The armchair at the borders: The "messy" ideas of borders and border epistemologies within multicultural science education scholarship. *Science Education, 94*(3), 428–447.

Carter, L., & Walker, N. (2010). Traditional ecological knowledge, border theory and justice. In D.J. Tippins, M. P. Mueller, M. van Ejick, & J. D. Adams (Eds.), *Cultural studies and environmentalism: The confluence of ecojustice, place-based (science) education, and indigenous knowledge systems* (Vol. 3, pp.337–348). Dordrecht, the Netherlands: Springer.

Castagno, A. E., & Brayboy, B. M. J. (2008). Culturally responsive schooling for indigenous youth: A review of the literature. *Review of Educational Research, 78*(4), 941–993.

Castleden, H., Morgan, V. S., & Lamb, C. (2012). "I spent the first year drinking tea": Exploring Canadian university researchers' perspectives on community-based participatory research involving indigenous peoples. *The Canadian Geographer/Le Géographe Canadien, 56*(2), 160–179.

Chigeza, P. (2008). Language negotiations indigenous students navigate when learning science. *Australian Journal of Indigenous Education, 37,* 91–97.

Chinn, P. W. U. (2007). Decolonizing methodologies and indigenous knowledge: The role of culture, place and personal experience in professional development. *Journal of Research in Science Teaching, 44*(9), 1247–1268.

Chinn, P. W. U., Hand, B., & Yore, L. D. (2008). Culture, language, knowledge about nature and naturally occurring events, and science literacy for all: She says, he says, they say [Special issue]. *L1-Educational Studies in Language and Literature, 8*(1), 149–171.

Connell, R. (2007). *Southern theory: The global dynamics of knowledge in social science.* Sydney, Australia: Allen & Unwin.

Council of Ministers of Education, Canada. (1997). *Common framework of science learning outcomes, K to 12: Pan-Canadian protocol for collaboration on school curriculum.*

Eisenhart, M., Finkel, E., & Marion, S. F. (1996). Creating the conditions for scientific literacy: A re-examination. *American Educational Research Journal, 33*(2), 261–295.

El-Hani, C. N., & Souza de Ferreira Bandeira, F. P. (2008). Valuing indigenous knowledge: To call it "science" will not help. *Cultural Studies of Science Education, 3*(3), 751–779.

Elliott, F. (2011). From indigenous science examples to indigenous science perspectives. *Alberta Science Education Journal, 41*(1), 4–10.

Evans, M., Hole, R., Berg, L. D., Hutchinson, P., & Sookraj, D. (2009). Common insights, differing methodologies: Toward a fusion of indigenous methodologies, participatory action research, and White studies in an urban aboriginal research agenda. *Qualitative Inquiry, 15*(5), 893–910.

Fakudze, C., & Rollnick, M. (2008). Language, culture, ontological assumptions, epistemological beliefs, and knowledge about nature and naturally occurring events: Southern African perspective [Special issue]. *L1–Educational Studies in Language and Literature, 8*(1), 69–94.

Ferreira, M. P., & Gendron, F. (2011). Community-based participatory research with traditional and indigenous communities of the Americas: Historical context and future directions. *International Journal of Critical Pedagogy, 3*(3), 153–168.

Fine, M., Tuck, E., & Zeller-Berkman, S. (2008). Do you believe in Geneva? Methods and ethics at the global-local nexus. In N.K. Denzin, Y.S. Lincoln, & L. Tuhiwai Smith (Eds.), *Handbook of critical and indigenous methodologies* (pp.157–180). Thousand Oaks, CA: Sage.

Ford, C. L., & Yore, L.D. (2012). Toward convergence of critical thinking, metacognition, and reflection: Illustrations from natural and social sciences, teacher education, and classroom practice. In A. Zohar & Y.J. Dori (Eds.), *Metacognition in science education: Trends in current research* (pp.251–271). Dordrecht, the Netherlands: Springer.

Ford, M. J. (2008). Disciplinary authority and accountability in scientific practice and learning. *Science Education, 92*(3), 404–423.

Freier, G. D. (1989). *Wonder of weather: 600 proverbs, sayings, facts & folklore about the always unpredictable weather.* Darby, PA: Diane.

Fulton, L., & Campbell, B. L. (2004). Student-centered notebooks. *Science and Children, 42*(3), 26–29.

Gadicke, J. M. (2005). *Integrating aboriginal knowledge into the elementary science curriculum* (Unpublished master's project). University of Victoria, Victoria, British Columbia, Canada.

Gallard Martínez, A. J. (2011). Argumentation and indigenous knowledge: Socio-historical influences in contextualizing an argumentation model in South African schools. *Cultural Studies of Science Education, 6*(3), 719–723.

George, J. (1999). Worldview analysis of knowledge in a rural village: Implications for science education. *Science Education, 83*(1), 77–95.

George, J. (2013). "Do you have to pack?" Preparing for culturally relevant science teaching in the Caribbean. *International Journal of Science Education, 35*(12), 2114–2131.

Glasson, G. E., Mhango, N., Phiri, A., & Lanier, M. (2010). Sustainability science education in Africa: Negotiating indigenous ways of living with nature in the third space. *International Journal of Science Education, 32*(1), 125–141.

Good, R. G., Shymansky, J. A., & Yore, L. D. (1999). Censorship in science and science education. In E.H. Brinkley (Ed.), *Caught off guard: Teachers rethinking censorship and controversy* (pp.101–121). Boston, MA: Allyn & Bacon.

Grande, S. (2008). Red pedagogy: The un-methodology. In N.K. Denzin, Y. S. Lincoln, & L. Tuhiwai Smith (Eds.), *Handbook of critical and indigenous methodologies* (pp.233–254). Thousand Oaks, CA: Sage.

Gunel, M., Hand, B., & Prain, V. (2007). Writing for learning in science: A secondary analysis of six studies. *International Journal of Science and Mathematics Education, 5*(4), 615–637.

Hand, B., Villanueva, M. G., & Yoon, S. (in press). Moving from "fuzziness" to canonical knowledge: The role of writing in developing cognitive and representational resources. In P.D. Klein, P. Boscolo, L. Kirkpatrick, & C. Gelati (Eds.), *Writing as learning activity* (Vol. 17, pp. TBA). Dordrecht, the Netherlands: Springer.

Handa, V. C., & Tippins, D. J. (2012). Tensions in the third space: Locating relevancy in preservice science teacher preparation. *International Journal of Science and Mathematics Education. 11*(1), 237–265.

Hansen, S. A., & VanFleet, J. W. (2003). *Traditional knowledge and intellectual property: A handbook in issues and options for traditional knowledge holders in protecting their intellectual property and main-taining biological diversity.* Washington, DC: American Association for the Advancement of Science.

Hatcher, A., Bartlett, C., Marshall, A., & Marshall, M. (2009). Two-eyed seeing in the classroom environment: Concepts, approaches, and challenges. *Canadian Journal of Science, Mathematics and Technology Education, 9*(3), 141 – 153.

Hofer, B. K. (2008). Personal epistemology and culture. In M. S. Khine (Ed.), *Knowing, knowledge and beliefs: Epistemological studies across diverse culture* (pp. 3 – 22). Dordrecht, the Netherlands: Springer.

Horsthemke, K., & Yore, L. D. (2014). Challenges of multiculturalism in science education: Indigenisation, internationalisation, and *transkulturalät*. In M. R. Matthews (Ed.), *Handbook of history and philosophy of science and science teaching* (pp. 1759 – 1792). Dordrecht, the Netherlands: Springer.

Hudson, M., Milne, M., Reynolds, P., Russell, K., & Smith, B. (2010). *Te Ara Tika—Guidelines for Māori research ethics: A framework for researchers and ethics committee members.* Auckland, New Zealand: Health Research Council of New Zealand.

Hudson, M., Roberts, M., Smith, L., Tiakiwai, S.-J., & Hemi, M. (2012). The art of dialogue with indigenous communities in the new biotechnology world. *New Genetics and Society, 31*(1), 11 – 24.

Inwards, R. (1869). *Weather lore: A collection of proverbs, sayings, and rules concerning the weather.* London, UK: W. Tweedie.

Jacobs, B., Roffenbender, J., Collman, J., Cherry, K., Bitsòi, L. L., Bassett, K., & Evans, C. H., Jr. (2010). Bridging the divide between genomic science and indigenous peoples. *Journal of Law, Medicine & Ethics, 38*(3), 684 – 696.

Johnson, C. C. (2011). The road to culturally relevant science: Exploring how teachers navigate change in pedagogy. *Journal of Research in Science Teaching, 48*(2), 170 – 198.

Kawagley, A. O. (2006). *A Yupiaq worldview: A pathway to ecology and spirit* (2nd ed.). Long Grove, IL: Waveland Press.

Keane, M. (2008). Science education and worldview. *Cultural Studies of Science Education, 3*(3), 587 – 621.

Kelly, J., Saggers, S., Taylor, K., Pearce, G., Massey, P., Bull, J., Odo, T., Thomas, J., Billycan, R., Judd, J., Reilly, S., & Ahboo, S. (2012). "Makes you proud to be black eh?": Reflections on meaningful Indigenous research participation. *International Journal for Equity in Health, 11*(40): 1 – 8.

Kidman, J. (2007). *Engaging with Māori communities: An exploration of some tensions in the mediation of social sciences research* (Tihei Oreore Monograph Series). Auckland, New Zealand: Ngā Pae o te Māramatanga, University of Auckland.

Kidman, J., Abrams, E., & McRae, H. (2011). Imaginary subjects: School science, indigenous students, and knowledge–power relations. *British Journal of Sociology of Education, 32*(2), 203 – 220.

Klug, B. J., & Whitfield, P. T. (2003). *Widening the circle: Culturally relevant pedagogy for American Indian children.* New York, NY: Routledge Falmer.

Klump, J., & McNeir, G. (2005). *Culturally responsive practices for student success: A regional sampler.* Portland, OR: Northwest Regional Educational Laboratory.

Langenhoven, K., Kwofie, S., & Ogunniyi, M. B. (2008). *Science & indigenous knowledge systems project.* Unpublished study guides, School of Science & Mathematics Education, University of the Western Cape, Cape Town, South Africa.

Lederman, N. G., & Lederman, J. S. (2012). Nature of scientific knowledge and scientific inquiry: Building instructional capacity through professional development. In B.J. Fraser, K. Tobin, & C.J. McRobbie (Eds.), *Second international handbook of science education* (Vol. 24, pp. 335 – 359). Dordrecht, the Netherlands: Springer.

Levinson, M. (2012). *No citizen left behind.* Cambridge, MA: Harvard University Press.

Lewthwaite, B., & McMillan, B. (2007). Combining the views of both worlds: Perceived constraints and contributors to achieving aspirations for science education in Qikiqtani. *Canadian Journal of Science, Mathematics and Technology Education, 7*(4), 355 – 376.

Lewthwaite, B., & Renaud, R. (2009). Pilimmaksarniq: Working together for the common good in science curriculum development and delivery in Nunavut. *Canadian Journal of Science, Mathematics and Technology Education, 9*(3), 154 – 172.

Lincoln, Y. S., & Cannella, G. S. (2009). Ethics and the broader rethinking/reconceptualization of research as construct. *Cultural Studies ↔ Critical Methodologies, 9*(2), 273–285.

Lipka, J. (1990). Integrating cultural form and content in one Yup'ik Eskimo classroom: A case study. *Canadian Journal of Education, 17*(2), 18–32.

Little Bear, L. (2009). *Naturalizing indigenous knowledge* (Synthesis paper). Saskatoon, SK, & Calgary, AB: University of Saskatchewan Aboriginal Education Research Centre & First Nations and Adult Higher Education Consortium.

Little Bear, L. (2011, March 24). *Native science and Western science: Possibilities for a powerful collaboration.* The Simon Ortiz and Labriola Center Lecture on Indigenous Land, Culture, and Community [Video podcast].

Louca, L., Elby, A., Hammer, D., & Kagey, T. (2004). Epistemological resources: Applying a new epistemological framework to science instruction. *Educational Psychologist, 39*(1), 57–68.

Mack, E., Augare, H., Different Cloud-Jones, L., Davíd, D., Quiver Gaddie, H., Honey, R.E., ... Wippert, R. (2012). Effective practices for creating transformative informal science education programs grounded in Native ways of knowing. *Cultural Studies of Science Education, 7*(1), 49–70.

McCarty, T. L., Romero, M. E., & Zepeda, O. (2006). Reclaiming the gift: Indigenous youth counter-narratives on native language loss and revitalization. *American Indian Quarterly, 30*(1), 28–48.

McConney, A., Oliver, M. C., Woods-McConney, A., & Schibeci, R. (2011). Bridging the gap? A comparative, retrospective analysis of science literacy and interest in science for Indigenous and non-Indigenous Australian students. *International Journal of Science Education, 33*(14), 2017–2035.

McDermott, M.A., & Hand, B. (2010). A secondary reanalysis of student perceptions of non-traditional writing tasks over a ten year period. *Journal of Research in Science Teaching, 47*(5), 518–539.

McKinley, E. (2007). Postcolonialism, indigenous students, and science education. In S. K. Abell & N. G. Lederman (Eds.), *Handbook of research on science education* (pp. 199–226). Mahwah, NJ: Lawrence Erlbaum.

McKinley, E., & Keegan, P. J. (2008). Curriculum and language in Aotearoa New Zealand: From science to Putaiao [Special issue]. *L1-Educational Studies in Language and Literature, 8*(1), 135–147.

McKinley, E., & Stewart, G. (2009). Falling into place: Indigenous science education and research in the Pacific. In S.M. Ritchie (Ed.), *The world of science education: Handbook of research in Australasia* (pp. 49–66). Rotterdam, the Netherlands: Sense.

McKinley, E., & Stewart, G. (2012). Out of place: Indigenous knowledge in the science curriculum. In B.J. Fraser, K. Tobin, & C.J. McRobbie (Eds.), *Second international handbook of science education* (Vol. 24, pp. 541–554). Dordrecht, the Netherlands: Springer.

Mead, N., Grigg, W., Moran, R., & Kuang, M. (2010). *National Indian education study 2009—Part II: The educational experiences of American Indian and Alaska Native students in grades 4 and 8* (NCES 2010-463). Washington, DC: National Center for Education Statistics, Institute of Education Sciences, U.S. Department of Education.

Meel, B. L. (2007). Lightning fatalities in the Transkei sub-region of South Africa. *Medicine, Science and the Law, 47*(2), 161–164.

Meyer, C. F., & Rhoades, E. K. (2006). Multiculturalism: Beyond food, festival, folklore, and fashion. *Kappa Delta Pi Record, 42*(2), 82–87.

Michell, H. (2009). Introduction to the Special Issue on indigenous science education from place: Best practices on Turtle Island. *Canadian Journal of Science, Mathematics and Technology Education, 9*(3), 137–140.

Michell, H., Vizina, Y., Augustus, C., & Sawyer, J. (2008). *Learning indigenous science from place: Research study examining indigenous-based science perspectives in Saskatchewan First Nations and Métis community contexts.* Saskatoon, SK: Aboriginal Education Research Centre.

Middleton, M., Dupuis, J., & Tang, J. (2012). Classrooms and culture: The role of context in shaping motivation and identity for science learning in Indigenous adolescents. *International Journal of Science and Mathematics Education, 11*(1), 111–141.

Moon, F. (2008). Preparing elementary preservice teachers for urban elementary science classrooms: Challenging cultural biases toward diverse students. *Journal of Science Teacher Education, 19*, 85–109.

Muller, S. (2012). "Two ways": Bringing indigenous and non-indigenous knowledges together. In J.K. Weir (Ed.), *Country, native title and ecology* (pp. 57–79). Canberra, ACT, Australia: ANU E Press.

Nafukho, F. M. (2006). Ubuntu worldview: A traditional African view of adult learning in the workplace. *Advances in Developing Human Resources, 8*(3), 408–415.

Nasir, N. S., & Saxe, G. B. (2003). Ethnic and academic identities: A cultural practice perspective on emerging tensions and their management in the lives of minority students. *Educational Researcher, 32*(5), 14–18.

New Zealand Ministry of Education. (1993). *Science in the New Zealand curriculum*. Wellington, New Zealand: Learning Media.

Ogunniyi, M. B. (2006). Effects of a discursive course on two science teachers' perceptions of the nature of science. *African Journal of Research in Mathematics, Science and Technology Education, 10*(1), 93–102.

Ogunniyi, M. B. (2007). Teachers' stances and practical arguments regarding a science-indigenous knowledge curriculum: Part 1. *International Journal of Science Education, 29*(8), 963–986.

Ogunniyi, M. B., & Hewson, M. G. (2008). Effect of an argumentation-based course on teachers' disposition towards a science-indigenous knowledge curriculum. *International Journal of Environmental & Science Education, 3*(4), 159–177.

Ovando, C. J. (1992). Science. In J. Reyhner (Ed.), *Teaching American Indian students* (pp. 223–240). Norman, OK: University of Oklahoma Press.

Paris, D. (2012). Culturally sustaining pedagogy: A needed change in stance, terminology and practice. *Educational Researcher, 41*(3), 93–97.

Pauka, S., Treagust, D. F., & Waldrip, B. G. (2005). Village elders' and secondary school students' explanations of natural phenomena in Papua New Guinea. *International Journal of Science and Mathematics Education, 3*(2), 213–238.

Pewewardy, C., & Hammer, P. C. (2003). *Culturally responsive teaching for American Indian students. ERIC Digest*. Charleston, WV: ERIC Clearinghouse on Rural Education and Small Schools.

Pierotti, R. J. (2010). *Indigenous knowledge, ecology, and evolutionary biology*. New York, NY: Routledge.

Regmi, J., & Fleming, M. (2012). Indigenous knowledge and science in a globalized age. *Cultural Studies of Science Education, 7*(2), 479–484.

Richards, J., & Scott, M. (2009). *Aboriginal education: Strengthening the foundations*. Ottawa, ON: Canadian Policy Research Networks.

Richards, J., Hove, J., & Afolabi, K. (2008, June). *Explaining the Aboriginal–non-Aboriginal gap in student performance in BC schools*. Paper presented at the annual meeting of the Canadian Economics Association, Vancouver, BC.

Rogers, A. (2007). The making of *Cosmic Africa:* The research behind the film. *African Skies/Cieux Africains, 11*(July), 19–23.

Rose, D. B. (1996). *Nourishing terrains: Australian aboriginal views of landscape and wilderness*. Canberra, ACT, Australia: Australian Heritage Commission.

Santoro, N., Reid, J.-A., Crawford, L., & Simpson, L. (2011). Teaching indigenous children: Listening to and learning from indigenous teachers. *Australian Journal of Teacher Education, 36*(10), 65–76.

Sarche, M., Novins, D., & Belcourt-Dittloff, A. (2010). Engaged scholarship with tribal communities. In H.E. Fitzgerald, C. Burack, & S. Seifer (Eds.), *Handbook of engaged scholarship: Contemporary landscapes, future directions* (Vol. 1, pp. 215–233). East Lansing, MI: Michigan State University Press.

Setati, M. (2005). Teaching mathematics in a primary multilingual classroom. *Journal for Research in Mathematics Education, 36*(5), 447–466.

Snively, G. J., & Williams, L. B. (2008). "Coming to know": Weaving Aboriginal and Western science knowledge, language, and literacy into the science classroom [Special issue]. *L1–Educational Studies in Language and Literature, 8*(1), 109–133.

Social Sciences and Humanities Research Council of Canada. (n.d.). *Aboriginal research*.

South Africa Department of Education. (2002). *Revised national curriculum statement for grades R–9 (schools)–Natural sciences* (Vol. 443, No. 23406). Pretoria, South Africa: Government Gazette.

Standards for Culturally-Responsive Schools Adopted by Native Educators. (Standards for CRS). (1998, March/April). *Sharing Our Pathways, 3*(2).

Stephens, S. (2003). *Handbook for culturally responsive*

science curriculum (2nd ed.). Fairbanks, AK: Alaska Native Knowledge Network.

Stewart, G. (2005). Māori in the science curriculum: Developments and possibilities. *Educational Philosophy and Theory, 37*(6), 851–870.

Sutherland, D., & Henning, D. (2009). Ininiwi-Kiskāwnīitnam: Ao framework for long-term science education. *Canadian Journal of Science, Mathematics and Technology Education, 9*(3), 173–190.

Thomson, S., De Bortoli, L., Nicholas, M., Hillman, K., & Buckley, S. (2010). *Challenges for Australian education: Results from PISA 2009: The PISA 2009 assessment of students' reading, mathematical and scientific literacy.*

Trujillo, O. V., Viri, D., & Figueira, A. (2002, August). *The native educators research project.* Paper presented at the World Indigenous Peoples Conference on Education, Edmonton, Alberta, Canada.

Tuck, E. (2012). Repatriating the GED: Urban youth and the alternative to a high school diploma. *The High School Journal, 95*(4), 4–18.

Tuhiwai Smith, L. (1999). *Decolonizing methodologies: Research and indigenous peoples.* London, UK: Zed.

Tuhiwai Smith, L. (2005). On tricky ground: Researching the native in the age of uncertainty. In N.K. Denzin & Y.S. Lincoln (Eds.), *Sage handbook of qualitative research* (3rd ed., pp. 85–107). Thousand Oaks, CA: Sage.

United Nations. (2007). *United Nations declaration on the rights of indigenous peoples.* Resolution 61/295. New York, NY: UN General Assembly.

United States Department of Education. (2008). *Status and trends in the education of American Indians and Alaska Native: 2008* (NCES 2008–084). Washington, DC: National Center for Education Statistics.

United States National Research Council. (2007). *Taking science to school: Learning and teaching science in grades K–8* (R.A. Duschl, H.A. Schweingruber, & A.W. Shouse, Eds.). Washington, DC: National Academies Press.

United States National Research Council. (2009). *Learning science in informal environments: People, places, and pursuits* (P. Bell, B. Lewenstein, A.W. Shouse, & M.A. Feder, Eds.). Washington, DC: National Academies Press.

United States National Research Council. (2012). *A framework for K–12 science education: Practices, crosscutting concepts, and core ideas* (H. Quinn, H.A. Schweingruber, & T. Keller, Eds.). Washington, DC: National Academies Press.

Villanueva, M. G., & Hand, B. (2011). Data versus evidence: Investigating the difference. *Science Scope, 35*(1), 42–45.

Villanueva, M. G., & Webb, P. (2008). Scientific investigations: The effect of the "Science Notebooks" approach in grade 6 classrooms in Port Elizabeth, South Africa. *African Journal of Research in Mathematics, Science and Technology Education, 12*(2), 3–16.

Villegas, M., Neugebauer, S. R., & Venegas, K. (Eds.). (2008). *Indigenous knowledge and education: Sites of struggle, strength, and survivance.* Cambridge, MA: Harvard Educational Publishing Group.

Waldrip, B. G., Timothy, J. T., & Wilikai, W. (2007). Pedagogic principles in negotiating cultural conflict: A Melanesian example. *International Journal of Science Education, 29*(1), 101–122.

Warren, E., & de Vries, E. (2009). Young Australian indigenous students' engagement with numeracy: Actions that assist to bridge the gap. *Australian Journal of Education, 53*(2), 159–175.

Webb, P. (2010). Science education and literacy: Imperatives for the developed and developing world [Special issue]. *Science, 328*(5977), 448–450.

Webb, P. (2012). Xhosa indigenous knowledge: Stakeholder awareness, value, and choice. *International Journal of Science and Mathematics Education, 11*(1), 89–110.

Webb, P., & Mayaba, N. (2010). The effect of an integrated strategies approach to promoting scientific literacy on grade 6 and 7 learners' general literacy skills. *African Journal of Research in Mathematics, Science and Technology Education, 14*(3), 34–49.

West, R., Stewart, L., Foster, K., & Usher, K. (2012). Through a critical lens: Indigenist research and the Dadirri method. *Qualitative Health Research, 22*(11), 1582–1590.

Wilson, S. (2008). *Research is ceremony: Indigenous research methods.* Black Point, NS, Canada: Fernwood.

Wood, A., & Lewthwaite, B. (2008). Māori science education in Aotearoa New Zealand. He pūtea whakarawe: Aspirations and realities. *Cultural Studies of Science Education, 3*(3), 625–662.

Woods-McConney, A., Oliver, M.C., McConney, A., Major, D., & Schibeci, R. (2013). Science engagement and literacy: A retrospective analysis for Indigenous and non-Indigenous students in Aotearoa New Zealand and Australia. *Research in Science Education*, *43*, 233–252.

Worldwide Indigenous Science Network. (n.d.). *Distinctions of indigenous science.*

Wright, N., Claxton, E., Jr., Williams, L., & Paul, T. (2011). Giving voice to science from two perspectives: A case study. In L. D. Yore, E. Van der Flier-Keller, D. W. Blades, T. W. Pelton, & D. . Zandvliet (Eds.), *Pacific CRYSTAL centre for science, mathematics, and technology literacy: Lessons learned* (pp. 67–82). Rotterdam, the Netherlands: Sense.

Yore, L. D. (2008). Science literacy for all students: Language, culture, and knowledge about nature and naturally occurring events [Special issue]. *L1–Educational Studies in Language and Literature, 8*(1), 5–21.

Yore, L. D. (2011). Foundations of scientific, mathematical, and technological literacies—Common themes and theoretical frameworks. In L.D. Yore, E. Van der Flier-Keller, D.W. Blades, T.W. Pelton, & D.B. Zandvliet (Eds.), *Pacific CRYSTAL centre for science, mathematics, and technology literacy: Lessons learned* (pp. 23–44). Rotterdam, the Netherlands: Sense.

Yore, L. D. (2012). Science literacy for all—More than a slogan, logo, or rally flag! In K.C. D. Tan & M. Kim (Eds.), *Issues and challenges in science education research: Moving forward* (pp. 5–23). Dordrecht, the Netherlands: Springer.

Yore, L. D., Chinn, P. W. U., & Hand, B. (Eds.). (2008). Science literacy for all: Influences of culture, language, and knowledge about nature and naturally occurring events [Special issue]. *L1–Educational Studies in Language and Literature, 8*(1), 1–171.

Yore, L. D., Florence, M. K., Pearson, T. W., & Weaver, A. J. (2006). Written discourse in scientific communities: A conversation with two scientists about their views of science, use of language, role of writing in doing science, and compatibility between their epistemic views and language [Special issue]. *International Journal of Science Education, 28*(2/3), 109–141.

Yore, L. D., Hand, B., & Florence, M. K. (2004). Scientists' views of science, models of writing, and science writing practices. *Journal of Research in Science Teaching, 41*(4), 338–369.

Yore, L. D., Neill, B. W., Francis-Pelton, L., Pelton, T., Milford, T., & Anderson, J. A. (2014). Closing the achievement gap from a Canadian perspective. In J. Clark (Ed.). *Closing the achievement gap from an international perspective: Transforming STEM for effective education* (pp. 73–104). Dordrecht, the Netherlands: Springer Publishers.

Yore, L. D., & Treagust, D. F. (2006). Current realities and future possibilities: Language and science literacy—empowering research and informing instruction [Special issue]. *International Journal of Science Education, 28*(2–3), 291–314.

Young, L. (2003). *First Nations weather.* Saskatoon, SK, Canada: Saskatchewan Indian Cultural Centre & Western Development Museum.

Ziman, J. (2000). *Real science: What it is, and what it means.* Cambridge, UK: Cambridge University Press.

34

Socioscientific Issues as a Curriculum Emphasis

Theory, Research, and Practice

DANA L. ZEIDLER

第34章

社会性科学议题作为课程重点：

理论、研究和实践

陈翠　译　　潘瑶珍　姚建欣　审校

导言

社会性科学议题的概念

近年来，社会性科学议题(socioscientific issues [SSI])已被证明是一个可行的教育框架。早在20世纪80年代，就可以在文献中找到关于SSI的相关引用(例如Fleming, 1986a; 1986b)。当然，科学教育领域的一些开创性人物也强调了需要将科学与社会重要事件相联系的重要性，如致力于科学-技术-社会(science-technology-society [STS])运动的倡导者们已经为此做了多年努力(Aikenhead, 1980; Fensham, 1983; Gaskell, 1982; Orpwood & Roberts, 1980)。近年来，受到STS传统思想体系的影响，以及哲学、发展理论和社会学等传统理论和学术的启发，SSI已成为一种独特的教育结构。我和我的同事对STS一直保持一种批判的态度(也许我们的观点是错误的)(Sadler, 2004d; Zeidler & Keefer, 2003; Zeidler & Nichols, 2009; Zeidler, Sadler, Simmons, & Howes, 2005)，例如将其比作一种寻求理论支撑的思想体系。与此相异，我们提供了一个灵活的框架，利用学术机构，包括但不限于认知和道德发展、情感推理、品格教育、社会道德话语以及将SSI置于社会文化视角下的科学本质。由此，这一框架既提供了另一种思想体系，同时其又扎根于互补领域的实证研究。我们建议在科学课程中设置“切入点”，这对科学教育领域中通过研究科学问题的本质、文化问题、话语问题和基于案例的问题来发展科学素养(scientific literacy [SL])功能视角的研究者和实践者具有重要的教育学意义。这些切入点在SSI课程中是广泛存在的，学生通过非正式推理的不断练习培养科学素养。在非正式推理中，学生需要分析、评价、讨论和论证复杂问题的不同观点，这些问题往往结构不良，但却是来源于真实情境的问题，与社会生活和自然领域密切相关(Kolstø, 2001a; Kuhn, 1993; Sadler, 2004a, 2004b; Zeidler 1984; Zeidler & Schafer, 1984)。

在我们所理解的广义的“功能性”意义上，科学素养必然包括对道德和伦理因素的评估，以判断与公共和环境健康质量相关的科学数据和信息的有效性和可行性（Sadler, 2011; Zeidler et al. 2005），并扩展罗伯茨（Roberts）的SL愿景II（见本书第27章）。因此，科学素养需要有能力做出明智的决策，分析、综合和评估各种数据和信息来源，运用道德推理明智地关注伦理问题，并理解SSI内在联系的复杂性（Zeidler, 2001）。霍德森（Hodson, 2006）、科尔斯塔（Kolstø, 2001 b）、桑德斯（Saunders）和伦尼（Rennie）（2013）、吴（Wu）和蔡（Tsai）（2011）等研究人员认识到SSI必须利用个人价值观、情感、道德伦理原则和社会重要性的核心观点的重要性。此外，霍德森（2010）、莱文森（Levinson, 2014）和桑托斯（Santos, 2009）等人也恰当地指出，有必要控制这些情感和价值观，并将其聚焦于实施那些可能改革和转变社会实践的行动上。行动者网络理论的倡导者（Fioravanti & Velho, 2010; Latour, 2005）明确强调，任何试图对SSI相关问题进行科学推理，却忽视考虑和关注渗透到这些问题中的规范因素（如动机、个人价值观、社会环境、时代精神）的尝试都很可能会失败。值得注意的是，联合国教科文组织（United Nations Educational, Scientific and Cultural Organization, [UNESCO]）于2002年通过了一项决议，通过整合原则、价值观和实践来促进未来十年（2005—2014）的世界可持续发展与审慎发展，并重新思考关于教学和学习的所有传统方面（UNESCO, 2012）。该决议提出的主题的核心是强调课程和教学实践，以促进基于价值观、跨学科及整合式的学习（与仅针对特定学科的学习相反），同时强调批判性推理而不是死记硬背。进一步来说，UNESCO旨在鼓励多种教学方法（例如写作、艺术、戏剧表演、辩论等）的使用、参与式决策的实践以及对学生自身相关信息的使用。事实上，SSI的框架与这一愿景是一致的。

为了充分理解SSI课程和基于SSI的教学方法与传统（常规）教学方法的不同，以及作为一种教学模式，SSI是如何与情境恰当地契合的，就有必要提供“极致”的范例来帮助说明。图34.1显示了教学连续体中的极端终点，不过实际的课堂实践

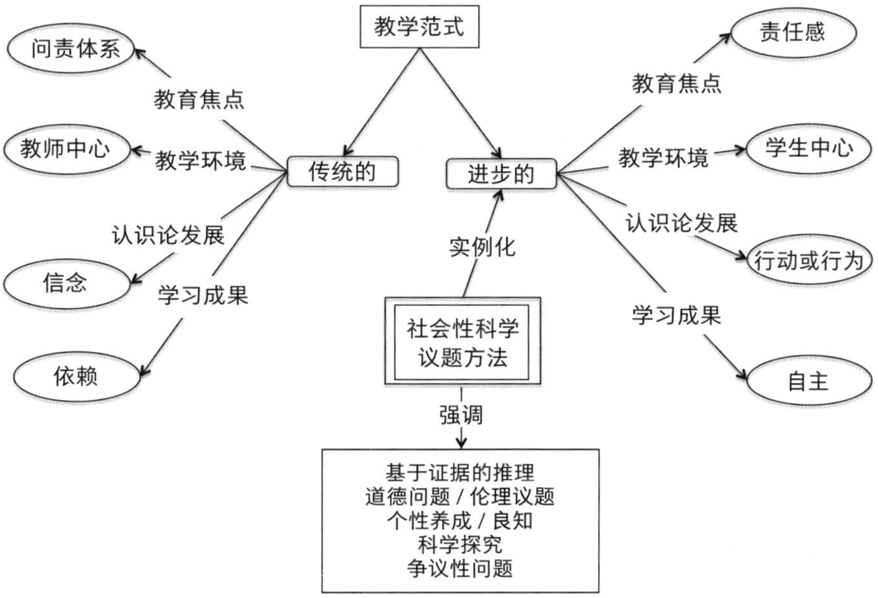

图34.1　教学范式的连续对比（来自Zeidler, Applebaum, & Sadler, 2011）

可能需要沿着不同维度在各个极端之间移动。为了更好地在课程中定位SSI，做对比研究是必要的。

传统教学方法往往会倾向于培养出这样的学生，他们的认识论信念和对这些信念的辩护是通过教条或无证据（信仰）的教学方法获得的。这种范式的极端情况，就是学生是在一种专制的方式中接受教育，权威和文本与反思性思考者的发展背道而驰，知识被视为是固定不变的。与此相反，SSI框架与渐进式教学范式相一致。在这里，知识通过证据推理获得，挑战主流知识观点的假设司空见惯。SSI课程及其相关教学法鼓励学生在解释问题、做出决策（包括道德判断）、解决问题和参与各种形式的讨论时（包括论证和协商，从长远来看，这些讨论旨在发展学生的个性），会将探究方法置于优先地位。当然，重点往往更多地放在学生身上，而并非老师身上，此外，培养开放式思维这一最重要的思维习惯是学生学会对新知识进行思考、拓展和评价的先决条件。SSI框架与渐进式传统方法相一致，即将社会责任与社会能力视为智力的形式。因此，应该将其作为教育目标来培养（Serpell, 2011）。

正如功能性科学素养是将SSI与科学教育联系起来的统摄性概念一样，德性伦理道德观也为SSI实践提供了统摄性概念。在这一经典观点中，通过唤起对实践理性的适用性，可以将理性与规则区分开来；也就是说，只要有意行为是对理性做出反应，它们就被认为是理性的。因此，正是这些原则或道德行为背后的价值，而不是原则本身，为其正当性提供了最终依据。

> 行为如何被理解为好的或有价值的，取决于所追求的目标的价值，而不是追求目标的人的意志或欲望。某一行动或行为满足了某个人或某个机构的愿望，这一事实不能作为执行该行动或行为的理由；只有理性才能使行动在实际思考中具有可理解性，使我们能够理性地执行。古典理论坚定地致力于以价值为中心，而不是对实践理性的享乐主义理解。近一个世纪的行为主义使得这个简单的观点既难以被理解，也难以把握其激进的影响程度。
>
> （Zeidler & Keefer, 2003, p. 27）

因此，在SSI框架下，道德行为的正当性必须来源于对不同价值规范性的讨论、修辞和论证。这样做可以与eudaimonia（幸福）产生共鸣——这个希腊概念的最佳构想是“人类繁荣”。它的内容既传递了通常与道德智慧相关的实践智慧的思想，也包括了一种基于卓越美德，源于实现与公共重要事项相关潜力的公民思想。虽然这些都是学术上的陈词滥调，但我确实认为掌握这些想法是至关重要的，以便为正确地理解诸如社会生态素养、生态正义、环境素养等关键科学教育的“当代”经典美德伦理观奠定基础。因此，以其理想化的形式理解SSI，旨在通过实践智慧和传播美德，为实现幸福提供必要的学术和智力条件。

社会性科学议题或社会–科学议题？

“社会性科学议题”一词有时用连字符连接（即“社会–科学议题”）。虽然这可能是为了匹配语法形式，但我对“连字符”的使用是非常慎重的。在我看来，这个不起眼的连字符将这些问题所在的社会背景与支撑它们的科学割裂开来了。有些人可能认为我过于学术化，但我认为这种区别至关重要。我认为将科学划分成非规范性（例如数据收集、观察、预测、科学方法和过程）和规范性（例如制定行动方案、选择创造选定的产品以及决定应该做什么）两个部分是非常危险的。虽然这种划分在概念上是很重要的，但它看似合理地创造了一个分裂的观点，以允许在科学实践中消除责任感。我不希望在不经意间把科学从它所处的社会环境中分离出来。这样做会对概念造成人为的割裂，从而损害概念的完整性，而这种完整性是已有认识与负责任的行动之间的桥梁。

把任何一种趋势说成是一种统一的知识体系，把它所有相关的概念组成部分都紧紧地集中在一个共同的、集成的理论框架之下，往往是危险的。例如，具有不同认识论观点的研究人员和教育工作者可能使用“科学本质”（nature of science [NOS]）这一概念，但其含义略有不同。虽然SSI也可能包含一系列有细微差别的观点，有各种可能的解释，但从广义上来使用这一术语是有必要的，以便在每次使用这一术语时，能够在研究的趋势、目标和不受外界杂乱条件限制的研究之间形成对话。

以SSI为例，有些研究人员可能不赞同我所倡导的观点，即SSI的教学实践与培养美德和品格的长期目标相关联。但是，可以肯定的是，SSI可以作为一种手段，在不考虑道德推理的情况下，为论证科学证据的有效性提供情境。同样，SSI在不关注性格形成的情况下，也可以作为培养辩论技巧的手段，或者说，SSI在不传播“幸福”的情况下可以作为一种发展更深入理解NOS的情境。因此，我选择使用术语“社会性科学议题”而并非该短语的连字符形式。在理想的情况下，SSI包含以下主要的特征，形成了发展科学素养的社会文化哲学：

- 利用与个人相关、有争议性的和非结构化的问题，这些问题需要科学的、基于证据的推理来为议题的决策提供依据。
- 使用具有社会影响的科学主题，要求学生参与对话、讨论、辩论和论证。
- 整合需要一定道德推理的隐性和/或显性伦理成分。
- 强调美德和品格的形成是长期的教学目标。

在本文所提出的框架下，作为课程实践的SSI不同程度地体现了以上特征。但重要的一点是，这种方法不应与仅仅实施一项新的活动相混淆。SSI框架超越了新颖性的界限，它包含了以上每一个主要特征，并将它们完美地融合成为一种指向目的且极具说服力的教学法，该方法足够灵活，能够满足每个学生的情境需求及学习环境要求。在某些情况下，科学课堂上问题的解决可能意味着课程的结束。但是在其他情况下，SSI课堂课程可能会成为社会行动主义的跳板。

现在，我们将注意力转向文献研究，目的是为这些课程实践提供更深入的理解。在此，我囊括了概念性和经验性两大学术领域。前者对建立与情境推理、思维习惯的形成和认识论信念发展相关的理论是非常重要的，而后者对评估这些主张的价值是非常必要的。利用并结合这两大领域的学术成果，有助于将意识形态与实证研究区分开来，以支持从进步哲学和当代社会学中得出的理论框架。在此，我要说明这篇综述并没有囊括所有关于SSI的详细描述。我只是尝试提出了相对最新的研究，这些研究最适合与该框架相关的关键主题的各个方面。就我的理解而言，这些都是指向SSI的中心观点。相对于选定的主题而言，更核心的或较好的“范例”研究通常会被更详细地描述，而支持该主题的其他研究则倾向于聚集在一起。这是一项旨在帮助提出统一思想的决定。毫无疑问，可以用一个案例来说明一些备选主题以及这些主题的不同概念，并且包括或强调关于SSI的其他研究及学术工作。

下文讨论的四大主题包括：

I. SSI作为课程实践参与与教师教学信念——提出了影响课堂实践教学应用的研究。

II. SSI作为认识论发展与推理——是关于认识论信念的综述研究和概念与心理学知识结构的发展，这其中包括反思判断、论述和论证等方面。

III. SSI作为科学本质的情境——旨在研究SSI如何为NOS提供情境化背景。

IV. SSI作为品格发展与公民责任——考虑SSI如何促进道德发展。

根据这些主题，我们提供了关于未来研究和实践的关键思想和建议的总结。

之所以选择这些主题，是因为它们在很大程度上说明了SSI对课程和教学实践的显著影响，这些主题的重要发展成果促进了学生的认识论成长和对科学内容的概念理解。最后，就其本质而言，SSI本质上是跨学科的；因此，在一个主题下的研究报告很可能在另一个主题下也被提及。同样，在某一特定主题下选择给定的研究或论点将会符合学术研究的特征，并与所审议的概念最能产生共鸣。

主题一 社会性科学议题作为课程实践参与与教师教学信念

SSI与教师实践

教师是学生教育成功的关键。他们的教学信念会指导自己的课程实施。本部分的研究重点关注教师的教学信念如何与课堂实践以及课程实施相联系。特别令人感兴趣的是，如何看待伦理框架与科学教育、现有的课程材料以及实施SSI的障碍之间的关系。最后，探讨了SSI在生态主题和非正式科学教育中的作用。

关于SSI的研究主要集中在教师关于教学实践、课程设计或参与旨在将学生与当代科学内容联系起来的信念等方面。在一项关于教师如何根据SSI的明确伦理概念化观点和策略的研究中，萨德勒(Sadler)、阿米尔舒库希(Amirshokoohi)、卡赞普尔(Kazempour)和奥尔斯帕(Allspaw)(2006)对来自美国三个州的22名初高中教师进行了半结构化访谈。作者坚信，教师的信念在一定程度上推动了教学实践(或至少是教学决策和行动的先导)，并因此影响学生学习体验的质量(King, Shumow, & Lietz, 2001; Mueller & Zeidler, 2002; Zeidler, 2002)。因此，了解教师如何看待科学伦理在科学中的意义，对教师的教育取向是非常重要的。根据他们的分析，5种教师代表具有以下截然不同的典型观点：(A)将SSI视为科学教育的核心，理解道德和价值观必然是教学话语的一部分，并在课堂实践中实施这些主题，而不考虑是否受到感知或是实际存在的行政约束；(B)持有与(A)相同的观点，但将约束视为障碍，这将他们的SSI教学时间限制在了比他们希望的更少的教学时间内；(C)理解SSI背景下的伦理学和科学之间的联系，但在实施SSI教学方面存在矛盾，会把它的适当性放在学校的其他领域，比如教社会科学的教师，如果伦理和科学的对话是在课堂上进行的，但没有刻意计划进行这样的讨论，就不可能排除这样的对话；(D)拒绝科学和伦理是相互依存的前提(应该注意的是，只有一位教师表达了这一观点，但由于这位教师的观点与其他任何人的观点完全不同，因此只能将其归为他自己的独特案例)；(E)对SSI在科学伦理教学中的作用持有与(A)类似的观点，但认为促进伦理价值观的作用是教育的基本特征（不仅限于科学，而且与所有学科相关）。作者明确指出，不同观点之间存在差异，并希望在职前教师教育中适当强调SSI教学并克服教学障碍，对于大多数有潜力的教师来说，通过SSI进行伦理道德观念的学习是可以实现的。

巴雷特（Barrett）和尼斯万特（Nieswandt）（2010）从参与教师教育计划的职前教师中选取了12名具有物理和化学学科背景的教师进行定性分析，以检验他们通过SSI教学法强调论理的重要性的信念，并将可能的学科认同与他们对该方法的看法联系起来。一种概念图式被用来描绘学生的道德观念，一个轴代表某个道德责任的连续体，另一个轴则代表这个连续体（个人或集体）的道德责任，以此比较学生在参与含或不含SSI教学后所获得的推理和论证。与之前的研究（Sadler, 2004c; Sadler et al., 2006）相类似，一些学生将科学的伦理方面归结为知识应用，而不是科学方法论特征。在个人道德观和科学伦理学运用上，不同学生也持有不同的信念。对一部分人来说，这两种信念是截然不同的；对另一部分人来说，这两种信念是相互重叠的；还有一部分人的这两种信念是完全融合于一体的。毫不奇怪，这些观点恰恰也反映了他们的科学教学实践观，从仅仅关注某一年级的学科知识而不注重SSI，到培养关心伦理问题的未来科学家，再到确保公民能够采用批判性思维并深刻地理解SSI。作者以原型（archetypes）的形式呈现了这些立场的细微差别，每种立场都与特定的科学教学目标相关，并与具有特定教师身份特征的独特的教学方法相关。

除了教师身份问题（见下文）之外，在科学教育中促进道德问题和公民责任的挑战是应对潜在的制度障碍（无论是真实的还是被感知到的）。桑德斯和伦尼（2011）并未忽视克服体制障碍和相关SSI实施所面临的挑战。他们认识到，尽管最近科学素养改革的国际转变需要理解SSI教学模式，但是许多科学教师还没有准备好如何应对这些改革带来的挑战。教师可能缺乏个人信心和制度的支持，来促进科学课程中伦理思维框架的探索，作者强调，需要更多地研究教师是如何有效获得和应用SSI的学科教学知识的（Levinson & Turner, 2001，也呼应了这一点）。由于大多数中学科学教师倾向于依赖知识传播方法，而这些方法无法帮助学生建立相关性、动机、兴趣或参与度等品质（Lyons, 2006），桑德斯和伦尼（2011）试图为教师（及其学生）提供一种道德框架，以协调SSI教学中道德决策的多元化方法及合理性。更具体地说，作者对4位教师开展了交叉案例分析，考察了道德探究模式的影响以及学生对这些单元的反应。在专业培训研讨会上，教师们沉浸在基于SSI的教学中，同时回顾了几种现有的伦理框架，包括结果、权利和义务、自主性以及赖斯（Reiss, 1999）的模型中提出的美德伦理方法。他们一致强调，要嵌入多元化的框架，包括与性别、发展能力和种族相关的因素，形成对代表各种不同意见、甚至相互冲突的行为的一系列身份的尊重。这些职前教师在毕业以前，有机会练习并打磨自己的SSI教学。利用这一伦理框架进行建模，主题可以包括全球变暖、基因改造、安乐死、产前基因筛查和体外受精等。研究结果揭示了四个方面的内容：（1）伦理探究模型的有效性；（2）教师知识和结果；（3）学生知识和结果；（4）非预期的学习。总之，教师发现这种道德调查方法在SSI规划和教学中非常可行并有效。参与的教师都喜欢学习这种SSI方法，这提高了他们对各种可用资源的认识，而这些资源可用于支撑学生的学习。此外，有证据表明，学生对科学概念的学习能力很强，并且在进行道德决策时支持立场确定的信息也从不足转变为充分。最后，令教师惊喜的是，学生的参与度很高，并且表现出了在这一道德SSI框架内学习和多角度思考的能力。教师们对高水平的学生参与度以及他们在道德SSI框架内工作并通过多种视角思考的能力感到惊喜。这项研究清楚地表明，在精心的指导和规划下，教师可以形成熟练的学科教学知识，并开展与之相应的、有效的SSI的教学。这项研究证实了先前关于SSI的研究，即保持学生个人相关性的程度与学习科学概念的质量和发展高阶认识论判断有关(Barab, Sadler, Heiselt, Hicky, & Zuiker, 2010; Zeidler & Sadler, 2008b; Zeidler, Sadler, Applebaum, & Callahan, 2009)。

福布斯(Forbes)和戴维斯(Davis)(2008)对小学职前教师适应和使用SSI课程材料的能力进行了一项重要研究。在该项研究中，他们认识到教师能够获得与课程标准相一致的课程材料是有限的，因此教师能够调整和修改现有课程材料的能力是非常重要的。在一门有26位职前教师参加的大学方法课中，根据他们对SSI的教学表现出的兴趣，选择了4名教师并对他们的实习进行了跟踪研究。利用访谈、教学日志及在线讨论的方法，对应急性实践做出了定性分析，以下这些方面被视为是批判和修改课程材料所必需的，包括但不限于:(1)理解什么是科学概念和科学探究的有价值的学习目标;(2)让学生参与有意义的学习;(3)修改活动，将课程与学生的真实生活经历联系起来;(4)评估是否达到了科学内容学习目标所设定的能力。该研究的另一个重要方面是使用非正式推理框架(Sadler & Zeidler, 2005a)作为分析工具，该框架从理性、直觉和情感的观点以及对这些观点进行排列从而展示了SSI的推理模式。这一框架允许实习教师根据他们自己在课程实践过程中使用SSI的倾向进行反思。作者指出，小学教师在利用SSI所提供的丰富的多学科主题方面具有独特的优势。

最近的研究已经实现了通过精心设计的SSI课程开发出生态主题的潜力。使用生态正义战略的呼声最近在文献中更加明显(Bowers, 2001; Mueller, 2008, 2009; Mueller & Tippins, 2010; Mueller & Zeidler, 2010; Tippins, Mueller, van Eijck, & Adams, 2010; Zandvliet & Fisher, 2007)，作为一种检验动物及其自然系统可持续性的方法，也是一种让学生参与公民科学和青年活动的手段。虽然这一领域的许多工作都是为生态正义发展哲学或理论基础，但也有一些实证研究可供借鉴(下文讨论)。从概念上来看，生态正义包括嵌入在当地居民知识体系中的社区活动(Mueller & Tippins, 2010)，因为文化传统可以被纳入更广泛的生态关系中。本质上来说，生态正义是一个包含社会正义和环境正义的统摄性概念。这就是生态正义和SSI之间的联系变得明显的地方: SSI框架在识别多视角观点和多知识系统方面具有包容性。因此，SSI方法的道德伦理考虑很容易让我们对考虑生物和非生物相互关系复杂性的政策制定进行探究(Mueller & Tippins, 2010)。

在为数不多的关于SSI如何影响幼儿投入非正式科学学习的条件的研究中，有一项研究试图探索社会性科学议题之间的可能关系——嵌入式SSI课程与结果变量，涉及环境态度和知识、口头和书面论证以及批判性思维技能(Burek & Zeidler，即将出版)。研究样本所在的县域，向4年级学生提供一项全天、非正式的户外体验，学生可以参加三个不同自然栖息地的户外远足，进行水质采样和测试，观察和检查水和风蚀的影响，并注意到保护区内的栖息地是如何被人为干预而改变的。保护区的一位环境教育讲师组织了这场实地体验。这次远足的重点是水和土地保护，允许学生进行6至7小时深度户外环境探索体验，让学生有充足的时间沉浸在当地的栖息地并与周围环境建立良好联系。在该项活动中，实验组的教学以各种SSI为基础来学习环境原则和知识内容，他们可以在现场保护区进行小组讨论、辩论并亲身体验户外游览活动。对照组没有使用这些SSI策略进行教学，然而，他们确实也参与了保护区内深入的非正式户外体验。但当学生们回到正常的教室时，便进行传统的生命和物质科学课程，包括侵蚀和人类对不同环境的影响，在整个学期内使用传统的教师指导和以文本为主的教学方法，如工作表和课堂展示。当然，在小组讨论和非正式中心经验辩论期间出现的道德和伦理问题会被重新审视，并且很容易地被整合到实验组的课程中。结果表明，SSI教学法有助于学生发展批判性思维技能，并为学生提供了体验、接触和参与影响其所在社区的当地和全球环境问题的机会。对两组进行比较发现，实验组的学生对环境的态度更积极，组间差异具有统计学意义。定性访谈还表明，实验组的学生通过对有争议的环境问题发表不同的观点，由此提供了发展更高级的论证技能的机会。诸如此类的研究为与环境相关的SSI提供了让年轻学生在现实世界中重新接触科学的机会。SSI的使用有可能让学生利用他们的批判性思维技能，以便他们能够更好地分析、综合并支持具有道德和伦理因果的论据所需的科学信息（Dolan, Nichols, & Zeidler, 2009）。就像道德问题是大多数环境和保护主题的嵌入部分一样，非正式的、基于场景的教育在成功地回到教室时，也可以提供有效的和对环境有帮助的经验（Falk, Dierking, & Storksdieck, 2007; Falk & Heimlich, 2009）。应该注意的是，就像刚才提到的一些作者一样，他们更喜欢“自由选择学习”这一术语，而不是孩子们可以自主学习的情况下进行的非正式学习，比如在博物馆或水族馆的学习。然而，因为在布雷克（Burek）和蔡德勒（Zeidler）的研究中，学生的户外体验是与学校课程相一致的，所以作者选择使用“非正式学习”来描述为孩子们提供的体验。更重要的一点是，这样的经历可以让学生们看到今天所做的决定和行动是如何对他们的未来产生持久的影响的，从而产生一种深刻的环境管理意识。

最后，许多研究人员和教师也将基于SSI的教学法视为让学生作为普通公民参与集体多元化社会活动的一种机会，学生们不仅会对一般问题做出明智的决定，而且在环境可持续性问题上会变得积极主动（Bencze, Sperling, & Carter, 2012; Mueller, Zeidler, & Jenkins, 2011; Simonneaux & Simonneaux, 2012; Tytler, 2012）。本切（Bencze）及其同事（2012）强调，与气候变化等相关的问题已经非常严峻，教育工作者有义务鼓励学生积极参与社会活动，努力改善这些问题。因此，作者使用STEPWISE（Science & Technology Education Promoting Wellbeing for Individuals, Societies & Environments，科学和技术教育促进个人、社会和环境的健康发展）这一教学理论框架作为术语，将SSI概念化为社会性科学行动主义的窗口。这项雄心勃勃的计划始于这样一个假设：学生可以成为知识的共同生产者，并成为政治决策过程中不可或缺的一部分。因此，作者通过对三位教师（在STEPWISE教学理论框架中属于一个较大群体的一部分）所实施的SSI进行了重点案例研究，探讨了学生自我导向的行动主义的性质与程度，以及影响他们是否愿意参与重要的SSI的因素。通过半结构化访谈、学生作品、逸事记录和学生访谈记录，我们确定了与学生对行动主义承诺相关的六个标准：热情的关注动态、明确的行动意向指标、对行动有效性的信心、自我效能感、行动的详细分析和计划、行动的数量和种类。这些研究结果提供了强有力的证据，证明中学理科学生在课程中，能够满怀信心地开发和实施基于研究的社会政治行动来解决SSI问题。这项研究与其他SSI形成共鸣，即社会政治行动能够从根本上改变政策（Hodson, 2010; Levinson, 2014）。

SSI与教师身份

与教师的教学信念如何影响他们的课堂实践（上一节已讨论过）密切相关的是，教师身份的发展或表现如何与一般的进步意识形态，特别是SSI策略相一致。这也是有效实施SSI的一个重要因素，因为这些因素会影响潜在的变革性教学转变。本节旨在揭示其中的一些问题。

对某些科学教育工作者而言，SSI课程的实施可能是一把双刃剑，他们可能会对教授充满道德和伦理观点的科学议题感到不安。不过，正是这些精心设计的主题本质与学生的道德发展密切相关，让学生能够认同、分析和反思这些问题。虽然大多数学生似乎都非常投入，并且对克隆、安乐死、基因组学和器官摘取等问题的理解表达了更多的信心（Hanegan, Price, & Peterson, 2007; Sadler & Zeidler, 2005b），但是具有讽刺意味的是，教师可能会被劝阻不去探讨这些话题，因为这些争议与他们自身相关。要形成符合SSI框架的渐进式教学认同和相关的教学信念，就必须面对一系列可能遇到的障碍。佩德雷蒂（Pedretti）、本切、休伊特（Hewitt）、罗姆基（Romkey）和吉夫拉杰（Jivraj）（2007）在其促进基于问题的科学、技术、社会和环境（STSE）观点的研究中认为，一方面，教师候选人对教授有争议的观点表示有信心，但另一方面，他们又是不愿意这样去做的，特别是在他们的教学初期。（值得注意的是，佩德雷蒂和她的合作者以一种与SSI教育信念相同的方式对STSE进行了概念化，特别强调了社会性科学问题的道德维度。STSE和SSI之间的概念上的相似性可以在Pedretti, 2003中找到。）作者指出，对教师来说，通过这种形式的课程实施来培养一种认同感是有些矛盾的，因为即使他们发现这种体验很吸引人而且很有趣，但他们仍然会质疑其在科学课程中的地位。这一结果表明，在思想上接受SSI理论和实施SSI教学实践并不是等同的。毫无疑问，教科书和学校课程中SSI课程的边缘化以及当前课程改革未能与教师的价值观进行更深层联系的问题，实际上与SSI的倡议产生了共鸣，这有助于解释课程认知的重要性与实施之间的差距（Hughes, 2000; Lee & Witz, 2009）。李（Lee）、阿布德-哈利克（Abd-El-Khalick）和崔（Choi）（2006）证实，虽然教师理解将SSI纳入他们的课堂具有非常大的必要性和实用性，但对教学时间缺乏和相关材料不可用的担忧阻碍了教师们的纳入。然而，这些担忧可以通过成熟的模型来解决，即使用脚手架材料作为教师探索SSI的方式来解决多种道德身份，包括文化、种族和性别观点（Saunders & Rennie, 2013）。

甚至可能出现这样的情况：虽然（实践中的）教师将SSI教学模式的重要性进行了概念化，但要使教学连续体从更传统的方法向进步的姿态显著转变（见图34.1），则需要在关于教育目的的规范信念以及教学实践中的认识论转变方面发生深刻的结构性转变。要做到这一点，必须长期坚持实践。例如，考虑利用蔡德勒、阿普勒鲍姆（Applebaum）和萨德勒（2011）开发的SSI框架实施为期一年的课程。该框架（虽然不一定是固定的模板）包含了八个主要的方面：（1）主题介绍——旨在吸引学生并确定他们对主题的前概念；（2）挑战具有争议性问题的核心信念——旨在提供认知和道德的不协调，以挑战关于先前内容和个人立场的信念；

(3) 正式教学——为学生提供基本词汇知识以及过程和功能知识，以便更好地理解原始资料；(4) 组织小组调查和展示——重点关注学生对主题的探究和参与社会共享的小组活动；(5) 开发针对内容和概念发现的情境问题——以便学生能够运用他们的非正式推理技能，并利用新获得的知识来评估证据在解决有争议的决策时做出明智的决定；(6) 课堂讨论、论证和辩论——通过尊重课堂论证和话语的规范，培养对多角度、多证据的判断的鉴赏力，为学生性格的发展提供实践的机会；(7) 澄清概念——允许教师重新审视关键的概念主题和学科主题；(8) 知识和推理评估——确保学生的学习和概念理解能够通过真实和传统的方式记录下来。要想改变教学实践，以确保学生的能力与逐渐养成的意识形态相关联，不仅需要教学取向上的概念转变，而且还需要克服存在于学生、管理者和自身的众多具有挑战性的背景因素。毫无疑问，虽然需要做更多的工作来研究克服这些因素的方法，但有一个明确的共识就是教育研究已经证明了将科学教学与学生世界观的当代相关性联系起来的重要性(Fensham, 2009; Kincheloe & Tobin, 2009; Klosterman, Sadler, & Brown, 2012; Lemke, 2001; Matthews, 2009; Nuangchalerm, 2009; Ratcliffe & Millar, 2009; Sadler & Zeidler, 2009)。

SSI与基于网络的环境

技术为学生参与SSI的探索提供了一个可行的工具。特别是，许多研究者创造性地使用基于网络的探究科学环境(Web-based Inquiry Science Environment [WISE])的修改来吸引学生进行SSI探究。虽然已经有一些工作系统地探索了如何在SSI环境中应用其他技术(例如，请参阅萨德勒、克洛斯特曼[Klosterman]和托普朱 [Topcu] 2011年关于在SSI环境中使用当前游戏原则创建的多用户虚拟环境[multi-user virtual environment, MUVE]的工作)。目前，更多与SSI相关的研究则一直专注于使用WISE平台。本章介绍了该领域的一些重要研究。

一些研究者已经转向将基于网络的技术整合到SSI课程中，以试图构建科学概念。这种方法使学生能够迅速走出课堂的局限，探查有关科学理论的应用及其潜在伦理后果的虚拟论坛。其中，有一个领域显示出了巨大的多样性，能为教师和学生提供帮助，那就是采用WISE课程，该课程已经被证明有能力激发学生对SSI相关教学的巨大兴趣(Linn, Clark, & Slotta, 2003; Linn, Lee, Tinker, Husic, & Chiu, 2006; Pea & Collins, 2008; Seethaler & Linn, 2004; Slotta & Linn, 2009)，同时支持学生学习具有挑战性的科学概念和NOS。

在一个基于探究的SSI中，沃克(Walker)和蔡德勒(2007)使用了WISE模板来促进学生对转基因食品(GM)问题的讨论，同时检验他们是否有能力利用课堂辩论中引发的显性的NOS链接和论证的特点。来自一所职业学校的9至12年级的36名理科学生，各有不同的学习能力，在WISE平台的导航下开展学习，时间可以长达连续七个1.5小时。作者修改了WISE环境，允许学生查询代表转基因食品的五个利益相关者(商业、政府、特殊利益、媒体和社区倡导者)的不同观点。在SSI单元中嵌入问题，以引起学生对NOS的关注，最终要求学生在辩论活动中捍卫公共政策立场。直到辩论当天，学生们才被告知他们最终将捍卫什么立场，并被要求组织足够的证据来支持他们可能被分配到的三个职位中的任何一个。除了用于数据收集的NOS量表外，WISE环境允许通过“聊天室”收集数据并记录学生对问题的书面回答，且可以讨论关于遗传学的概念性理解争议背后的问题。结果表明，学生的回答能够较为全面地反映对科学的主观性（如个人动机、道德价值观）的知情理解，并能够欣赏与NOS的发展和创新方面相关的实验研究方法。虽然NOS因素没有能够自由地进入辩论讨论，使用修改后的图尔明（Toulmin, 1958）论证模型评级系统，学生能够运用更多的基于证据的观点并识别高阶论点，尽管也存在一些错误的推理。同样明显的是，WISE平台作为支持课程发展的脚手架，能够将学生的注意力集中在不同的观点和当前的科学报告上。

在一项相关的研究中，塔尔（Tal）、卡利（Kali）、马吉德（Magid）和马多克（Madhok）（2011）也使用WISE平台来激励谈判和调查过程，让8年级和10年级的学生以公民身份为背景参与到可持续发展的真实决策中。WISE模型允许学生在探索复杂现象时使用交互式可视化工具，以尝试整合各种不同的知识来源。WISE模型强大的创作能力还允许研究人员调整、修改或改进现有的模块。SSI问题（例如囊性纤维化、根除天花病毒的困境以及关于针对西尼罗病毒的疫苗接种的争论）为学习与模块相关的科学成果提供了社会文化背景。先前的研究（Ben-Zvi Assaraf & Orion, 2005; Dori, Tal, & Tsaushu, 2003; Tal & Hochberg, 2003; Tal & Kedmi, 2006; Zeidler et al., 2005）有助于了解SSI课程和相关教学法的形成。这项研究的独特要素是包含了一组10年级学生经历的校外（实地考察）活动，为学生提供了个性化且有意义的真实体验。在这种情况下，医院的囊性纤维单元科室允许学生与社会工作者、护士、理疗师和医生会面，并体验患者在实际治疗过程中所经历的测试和相关锻炼。此外，学生们还能见到一位与他们年龄相仿的病人，病人向学生们描述了他们的日常生活。对于另一组10年级的学生，与实地考察不同的是他们将更多真实的体验与在线环境相结合，并被允许通过模块进行进一步的互动。作者发现，学生们对该技术表达出了浓厚的兴趣和适应性，并使用WISE平台进行了深入参与。特别有趣的是，WISE平台和实地考察的互补性为学生提供了相关性和理解多种观点的能力。此外，在线互动和实地考察的条件都证明了知识获取的过程，这两种体验之间的知识获取并没有显著差异。很明显，在本研究中所实施的设计部分为学生提供了个人化、情境化的体验，从而体现了SSI教学模式的主要特征之一（Ratcliffe & Grace, 2003; Tal & Kedmi, 2006; Zeidler & Sadler, 2008 a）。

埃瓦戈罗（Evagorou, 2011）还探讨了如何利用WISE在线平台促进小学生对SSI的讨论和论证。与艾肯黑德（Aikenhead, 2006）的定义相一致，内容知识和科学的社会化过程知识相调和，可以支持学生对SSI的探索，WISE平台作为在线项目的脚手架，与以下几个关键原则一致：向所有学生提供接触科学的机会，对能够产生新知识的想法进行建模评价，间接学习和协作学习，培养自主意识和终身学习（Linn, Eylon, & Davis, 2004）。该项目被称为Technoskepsi（技术和思维），指导着学生在WISE环境中探讨与当地SSI相关的问题，了解学生所在地区的养猪场对当地卫生标准的影响（关于建立动物园这一SSI可用作论证的引入）。在塔尔及其同事（2011）的研究中，他们描述了非正式的野外考察（对养猪场的实地考察）与正式课堂教学相结合的学习。教学目标包括了解废物管理技术及其对环境的影响，了解环境的系统性质，探究真实的SSI，在8个紧密结合的单元中进行循证数据收集和论证，每个单元最长可持续80分钟。数据包括学生的书面论证（从在线工具包中获取）、全班同学讨论的视频和访谈。埃尔杜兰（Erduran）

及其同事(2004)对图尔明论证模式(Toulmin's Argumentation Pattern [TAP], 1958)进行了修改，并将其用于评估学生论证的质量。结果表明，在学生经历SSI课程材料和实施之后，他们的论证结构有所改善。学生能够识别并区分不同类型的SSI论点(例如社会、环境、经济和道德因素)。调查结果还表明，WISE平台能够成功地让学生收集证据并将其融入自己的论点。此外，学生在反思他们参与课程项目的各个环节后，报告了非常积极的情感体验。

主题一趋势概述：社会性科学议题作为课程实践参与与教师教学信念

教师关于教学实践的信念与关于SSI课程实施的感知约束关系是一个值得关注的重要领域。虽然大多数教师普遍接受道德因素确实会影响科学实践的观点，但还没有很好地理解如何在日常科学教学的背景下传递和表达这一点，并且在大多数基于标准的改革运动中，SSI课程被边缘化的问题加剧了这种担忧。然而，SSI研究已经证明了将当代科学教学和课程与学生世界观的相关性很好地联系起来的能力。对教师身份的关注显示了教师如何将自己定位为连接科学与更大的社会文化框架的桥梁的前景。教师们清楚的是，在课堂上开展SSI探究时，学生的参与度普遍较高。关于教师如何使用和修改现有资源的研究显示，教师可以根据当地的需要和学生的兴趣进行课程的最佳匹配。有关SSI实践的研究集中在中学阶段，很少有研究调查大学生和小学生如何从SSI的实践中获益。研究已经开始探索SSI在构建包括生态正义活动的基本哲学中可能发挥的作用。更多的这类工作应该延伸到如何合理地让学生参与社会政治活动，这超越了学术SSI的讨论。基于网络环境的利用也显示出运用SSI框架时，在精心设计的教学单元中搭建科学教学脚手架的前景，但是这项工作尚未得到充分的探索。

主题二　社会性科学议题作为认识论发展与推理

SSI教学模式的吸引力之一是，它不仅可以作为内容传递的背景，而且还可以作为各种形式的认识论信念的催化剂，并对概念和心理知识结构的发展进行研究。通过研究反思性判断、话语和论证以及道德和伦理问题的推理质量，研究人员可以洞察学生的发展才能和能力，进而又为课程规划和相关教学实践提供信息。本节所探讨的研究侧重于科学认识论信念的特征及其对伦理问题思考的影响，以及学生在进行推理和评价证据时的反思性判断的发展。

刘(Liu)、林(Lin)和蔡(2011)研究了科学认识论观点(scientific epistemological views [SEV])与学生在SSI中做出决策时如何进行推理的关系假设。根据先前研究(Sadler, Chambers, & Zeidler, 2004; Schommer-Aikins & Hutter; 2002; Zeidler, Walker, Ackett, & Simmons, 2002)推断，当个体对SSI进行推理时，具有不同NOS概念的个体可能表现出不同的推理模式的推测似乎是合理的。运用混合方法研究177名大学生(理工科和非理工科学生)，SSI的情境包括入侵物种的环境管理问题。由蔡和刘(2005)开发的评估SEV的工具由五个分量表组成，这些分量表将关于科学知识性质的信念解析为科学社区中的社会协商的作用、科学的发明和创造性、科学探索的观察渗透理论、科学的文化影响、科学知识的变化和不确定性特征。作者将注意力集中在学生对SSI环境主题的反应的两个维度上：学生用来推进论证的推理模式和他们用来制定评估这些论点的标准的思维倾向。一种区分高阶和低阶批判性思维技能的编码方案被开发出来，形成了如下对比：(a)认识到问题的复杂性(提供与决策无关的信息)；(b)采取多种观点(也包括接受单一观点)；(c)质疑无所不知的权威(接受权威)。从分析结果得出了多种更被人喜欢的推理模式，包括生态、伦理–美学、科学–技术、社会–经济等。作者发现，理工科专业的学生和非理工科专业的学生采用生态、伦理–美学、社会–经济的推理模式的概率在统计学上存在差异。理工科专业的学生在决策过程中更倾向于使用单一的推理模式，而非理工科专业的学生更倾向于从多个角度进行推理。此外，报道称，那些对科学知识的性质持有不断变化和试探性信念的学生更有可能承认复杂的、多角度的问题，以及质疑权威性在SSI决策中的重要性。这些发现所隐藏的含义相当有趣。虽然理工科专业的学生可能会被认为具有更高的科学知识水平，但他们对可用于证明SSI立场的多种推理模式(例如伦理–美学、社会–经济等)并没有那么深刻的理解。事实上，具有科学背景的人往往会阻碍人们对与该背景相关的问题提出批评。

蔡德勒、萨德勒、阿普勒鲍姆和卡拉汉(Callahan)(2009)探讨了高中高年级学生在解剖学和生理学(anatomy and physiology [A&P])课程中使用SSI长达一年后的学习效果与认识论发展(即反思性判断)之间的关系。在SSI框架下，学生们面对的道德问题涉及许多不同的科学、社会或道德观点，其中许多与学生自己紧密持有的信念相冲突。研究团队齐心协力设计了一个与学生个人相关的课程，该课程涵盖了基础内容和概念，通过社会互动和对话，为学生提供了反思问题、评估主张、分析证据以及评估多种观点的机会，来解决科学主题的伦理问题。该研究随机选择两个班级(一个优等班和一个非优等班)作为实验组，而其余两个班级(一个优等班和一个非优等班)作为对照组。所有小组都在课堂中接受了明确的NOS教学，这种教学贯穿整个课堂。对照组通过传统课本、讲座和实验观察进行教学。实验组也接受了相同的NOS教学，但是NOS被嵌入到了SSI框架中，该框架包含超越内容的主题(Kolstø, 2001b)，与通过各种形式的话语和论证挑战核心信念的方法相对应。该SSI是与课堂教师共同开发的，以确保A&P内容可以从SSI中提取，所涉及的问题包括大麻和动物权利、器官分配和干细胞研究等。研究人员使用混合方法策略并获得了原型反思性判断访谈的数据(King & Kitchener, 1994, 2002, 2004)，以评估反思性判断的发展水平。四位独立的评分者对主要阶段的反思性推理编码的一致性达到了100%，对非主要阶段的反思性推理编码的一致性达到了90%以上。定量结果显示，SSI实验组的前后测结果均有统计学意义，且效应值较大，而对照组则没有统计学差异。定性数据分析清楚地显示，在这一学年中，学生在认识论发展方面存在更细微的差别。然而，数据也显示，学生并不是简单地在所有情境中都能推进他们的认识论推理。例如，虽然在食品化学添加剂这一议题中，学生的认识论推理获得了发展，但在科学领域中，该学生可能并不能做出高阶推理。这表明根深蒂固的核心信念对学生评估证据具有显著影响，以及SSI推理具有高度情境化的本质。作者还对反思性判断的更高级阶段和NOS的复杂观点进行了比较，发现两者都需要通过数据驱动的探究过程概念化和证明知识的认识论取向，都允许统计数据具有概率的属性并且可以重新评估。阿布德–哈利克(2006)也注意到了这种相互关系。在早期研究中，蔡德勒(1985)已经注意到形式认知结构和原则性道德推理之间的等级关系。该研究发现，大学生运用组合推理和相关推理的能力在其原则性（后传统）道德推理能力的方差中显著占比22%。从SSI推理的认识论立场来看，理论上讲，高阶结构（如思考与一个议题相关的多种因素排列方式的能力），可以让一个人做出政策决策，其中竞争主张的最佳组成是在解决竞争道德要求的过程中形成的。

在一项以高中生科学认识论信念（scientific epistemological belief [SEB]）和认知结构应用于核电的SSI非正式推理的研究中，吴和蔡（2011）提出了双重过程理论（Evans, 2003; Wu & Tsai, 2007）来对比学生最初的无意识、实用的、情境化的初步（直觉）反应和有意识的、深思熟虑的推理，用于证明最初的反应，并形成最终的决定。作者使用一个由四个量表组成的工具对学生的SEB进行了定量评估，用于测量知识的来源、确定性、发展性和合理性。定性的数据来源更深入地探讨了学生的推理结构，以及他们对问题的非正式推理模式，并提供了一个完善的综合框架，允许多种推理和论证指标。研究结果发现，学生对科学知识的信念和理由与他们非正式推理的质量具有显著相关性。更具体地说，对科学知识的正当性进行比较的能力和信念的稳健性是影响学生认识论推理能力质量的最重要的预测因素。

为了促进有效的公民身份的评估，萨德勒、巴拉布（Barab）和斯科特（Scott）（2007）提出了一种理论结构——社会性科学推理（socioscientific reasoning [SSR]），以关注大多数SSI所包含的典型推理特征。在以往文献综述的基础上，SSR逐渐进入实际应用阶段，其具有以下四种认识论特征：（1）复杂性——认识到SSI内在联系中错综复杂的网络；（2）多视角——从不同视角来审视问题、相互竞争的主张和利益的能力；（3）探究——认识到问题需要不断地审查；（4）质疑——具有挑战潜在偏见信息的态度。作者以24名参与社会性科学探究的中学生为被试，让被试进行10天为一周期的虚拟探索活动，对学生关于污染和水质问题的SSI的推理能力进行评价。更值得一提的是，作者已经开发出一套评估标准，该标准所包含的四个SSR特征均具有较强的稳健性。研究说明，该量表的实践为SSR的评估提供了一个有效、可靠的评估方案。萨德勒及其同事（2011）的进一步研究表明，SSR不是一个单一结构，而是一个统摄性的总体结构，在该结构中，各部分能力能够在不同程度上协同工作，并对SSI进行推理。研究者们也承认，虽然这四种能力对SSI的推理很重要，但它们可能低估了允许充分探索SSI的所有推理策略。

蔡德勒、赫尔曼（Herman）、吕泽克（Ruzek）、林德（Linder）和林对SSI的跨文化认识论取向进行了研究。研究中采用了混合方法设计，使作者能够调查来自牙买加、南非、瑞典、中国台湾和美国的300多名高中生是如何概念化和佐证他们关于稀缺医疗资源配置的分配公平问题的决定。作者着重讨论了分配公平观与规范公平观的推理模式之间的共性和独特差异、与SSI相关的科学信息的优先顺序，以及文化认同与学生科学认识论信念的关系。学生们首先完成一份开放式问卷（关于社会性科学议题的决定），然后完成一份关于物质科学的认识论信念评估（Epistemological Beliefs Assessment for Physical Science [EBAPS]）问卷，这两份问卷都被至少两位讲母语研究者翻译成了学生的母语。问卷的回答被翻译回英文，4名研究人员对数据进行独立编码，通过多次迭代修改先验量规，编码一致性达到了97%。通过协商潜在冲突，最终一致性实际上几乎达到了100%。对各个国家或地区学生数据的合理性进行归纳分析，得出了五个主要的定性类别，包括：(1) 公平，(2) 实用主义，(3) 情感推理，(4) 用途，(5) 神学问题，以及许多子类别。定量分析结果产生了几个显著差异，其中按国家(或地区)划分的学生分配公平偏好排名，显示了国家(或地区)之间的关系和对分配稀缺资源选择标准的偏好有较大的影响。由于来自不同的国家(或地区)，他们的选择在认识论中的正当性差异上具有一个中等的效应量。同时，不同国家(或地区)学生提出科学相关问题的能力也存在显著差异。最后，学生关于五个与科学知识相关维度上的EBAPS结果显示，在科学知识结构维度和学习本质维度上存在显著差异。一方面，定性研究的结果显示，这些国家(或地区)的学生样本在认识论上有一定程度的一致性。这些发现进一步支持了这样的说法，即社会科学推理的一些基本要素在个体如何构建、证明和揭示关于SSI的推理模式方面跨越了文化鸿沟并支持了萨德勒、巴拉布和斯科特(2007)的研究。另一方面，定量结果也显示了SSI的科学公正性和认识论取向确实存在的一些显著特征。在SSI支持先前研究的背景下，研究者提出了一种基于内容知识转移的阈值模型(Sadler & Donnely, 2006; Sadler & Fowler, 2006)。

杨(Yang, 2005)研究了10年级学生的个人认识论取向，即关于洪水灾害原因的SSI中他们如何评价专家的观点和证据。值得注意的是，这个特殊的议题对于这些特殊的学生来说具有很大的个人和文化相关性。这项研究利用了佩里(Perry, 1970)的认识论发展观图式，其中包括四种主要的认识形式：二元论、多元论、相对论和语境相对主义。非常重要的是，佩里的思想引发了后来许多关于认识论推理的研究。学生的个人认识论是通过穆尔(Moore, 1989; 基于佩里的模型)所构建的学习环境偏好问卷(Learning Environment Preference Questionnaire [LEP])来确定的，而开放式问卷则是用来挖掘学生评估SSI数据的形式和结论的能力的。对学生关于检验证据和专家意见的观点进行内容分析(编码间一致性超过90%)，并使用单因素方差分析来证明关于证据的观点和LEP分数之间是否存在关联。学生通常会反映出早期多元论者的观点，但在连续统一体的实证主义和建构主义两端之间，他们倾向于反映出更多的实证主义立场。内容分析证实，虽然学生似乎意识到科学证据以及其他形式证据的重要性，但他们并不了解如何将这两者结合起来推进科学论证。他们也倾向于夸大专家的意见，将其等同于类似确凿事实。统计分析表明，学生对证据和专家立场的理解与个人认识论有关，因此作者强调了为学生提供实践机会以培养学生将科学推理应用于实际问题的能力的重要性。正如拉特克利夫(Ratcliffe, 1997)所建议的那样，学生很可能需要一定程度上的教师干预来培养他们对自身决策策略的元认知意识。

SSI与内容知识推理

SSI调查还揭示了学生如何构建科学内容的知识以及如何通过不同的SSI教学模式来实现这些知识的启发性见解。本节的研究目的旨在考查学生在SSI协商过程中如何思考和如何概念化内容知识，以及是否实现了对内容知识的获得。本研究还讨论了在不同的语境中，是否需要一定的内容知识阈值，才能有效地将概念科学理解转移到不同的语境中。

尼尔森(Nielsen, 2012)研究了16至18岁的学生如何通过基因治疗主题推断或推论社会、伦理和政治问题。她特别感兴趣的是，科学内容的使用如何促成小组讨论的辩证逻辑。用来研究学生论证的视角是“规范语用学”，也被称为设计理论，它侧重于语言的实际意义，即规范意义的建构，并协同影响群体语篇（van Eemeren & Houtlosser, 2007）。尼尔森发现学生有三种表达科学内容的方式：(1) 科学内容的显性表达；(2) 科学内容的自信表达；(3) 科学内容的隐性表达。学生们似乎在表达他们认为相关的观点的过程中运用了科学内容。这些内容作为建立规范的事实基线的手段，为随后涉及明确道德责任的社会性科学协商提供了一个起点。然而，这些研究发现证实了先前的研究。该研究表明，如果没有人鼓励学生做出不同的选择，他们就不愿意考虑其他的立场，而是可能更多地侧重于说服，而不去理解和感受不同的观点和背景（Grace & Ratcliffe, 2002; Sadler, 2004 a）。

与此相关的是，科尔斯塔及其同事（2006）发现，学生倾向于相信呈现的所有科学内容，而不会核对并检查参考文献的质量或研究文章中所提供的信息。此外，学生通常不检查各种报告中所包含的经验证据和这些报告的结论中所做的断言之间的联系。这表明在某种程度上，学生的认知依赖于专家。但令人鼓舞的是，学生在某种程度上能够评估科学内容实证的充分性以及与这些内容相关的主张。当然，对科学内容进行概念性理解在非正式推理过程中所具有的重要意义，也是SSI研究中需要考虑的一个相关因素。萨德勒和蔡德勒（2005 b）试图研究基于基因工程的差异化内容知识如何影响大学生对复杂SSI场景的协商和解决。SSI既包括对基因治疗的关注（例如提高未来后代的智商），也包括克隆方面的争议（例如克隆一个濒临死亡的婴儿）。在这项研究中，参与者被要求在没有相反观点或基本原理等论证结构的提示的情况下提供论点。所以重点是他们在正常话语中可能提供的内容，而非论证本身。对主修自然科学（主要是生物学）和非自然科学专业（主要是心理学）的学生在概念内容理解（基本遗传学概念测试）方面进行比较，以确保对人类遗传机制有不同理解的两个子样本可以被使用。非正式推理能力质量的评价标准包括情景内连贯性、情景间非矛盾性、相反论点和反驳论点的合理性检验。发现了与本节相关的两个主要结果。首先，在理性主义、情感性或直觉性的非正式推理模式上，两组之间没有发现明显差异。然而，研究结果确实表明，学生内容知识的差异与非正式推理质量的差异有关。具体而言，对遗传学有更深入理解的学生会表现出较少的推理缺陷实例，正如先验标准所定义的那样，与那些对遗传学概念了解较少的学生相比，他们更有可能将科学内容知识的使用纳入他们的推理模式。这些发现为泰特勒（Tytler）、达根（Duggan）和戈特（Gott）（2001）的研究提供了支持，他们发现缺乏对科学内容概念性的理解会阻碍学生展现高质量推理的能力，霍根（Hogan, 2002）同样发现，对内容知识的更高理解与更高质量的论证和非正式推理相关。此外，这些研究结果支持了蔡德勒和谢弗（Schafer）（1984）的早期研究，即证明了对科学主题有更丰富的概念性理解与大学生倾向于在SSI上挖掘更高水平的道德推理有关。

此外，本研究还进一步探讨了SSI教学与其对学生的科学内容知识的影响之间的关系，展示了基于SSI教学的积极成果。克洛斯特曼和萨德勒（2010）使用一个多级评估设计，对参加环境科学和化学课程的高中生进行了为期3周的SSI干预，以获得其所产生的影响的综合观点。评估包括两项措施：一项是采用符合标准的内容知识考试（远端评估）；另一项是采用符合课程的内容考试（近端评估），对学生的内容知识进行评估。结果显示，使用符合标准的内容知识考试（远端评估），学生在科学内容的前后测中得分显著提高；采用符合课程的内容考试（近端评估）检测，学生对SSI主题的表达更准确、详细，具有一定的深度理解能力。将这些结果结合起来进行检验，为使用SSI提高学生科学内容知识获取的有效性提供了强有力的证据。翁西（Wongsri）和暖差林（Nuangchalerm）（2010）的其他工作也增加了我们的信心，即SSI教学可以带来积极的内容知识学习成果。在这项研究中，将接受传统学习活动的7年级学生与接受基于SSI学习活动的学生进行了比较，其中每种学习条件都包含12课教学计划。作者发现两种学习条件下（倾向于SSI教学）的学生在内容成就、分析思维和道德推理上具有显著的统计学差异。

许多研究已经检验了在SSI情境下如何在更小或更大的程度上来实现内容知识框架的相关方面。文献中的一种模式是，在缺乏指导性教学的情况下，学生在斟酌与SSI相关的道德含义时，往往不去挖掘其内容知识（Albe, 2008 a; Halverson, Siegel, & Freyermuth, 2009; Ratcliffe, 1997; Sadler, 2005; Sadler & Donnely, 2006; Simon & Amos, 2011; Walker & Zeidler, 2007）。虽然这些研究质疑学生在对话过程中自发地使用科学概念和术语的倾向，但这些研究往往并不特别关注将科学内容的学习作为主要结果（其他结果通常是研究的重点；例如，论证、科学本质的理解、谬误推理等）。此外，在某些SSI讨论中，缺乏可观察到的应用内容知识的指标并不意味着这种关系不重要或不应该追求。萨德勒和唐纳利（Donnely）（2006）提出了三个可能的原因来解释在SSI讨论中缺乏自发使用学科知识的原因：（1）学生根本看不到学校所教科学与有争议问题之间的联系（缺乏学科知识的迁移）；（2）学生可能对问题本身的背景没有基本的理解（缺乏背景理解）；（3）在实现其应用之前必然存在一定的学科知识阈值（知识转移阈值模型）。萨德勒和福勒（Fowler）（2006）、萨德勒和蔡德勒（2005 b）、蔡德勒及同事（2013）的补充研究为阈值模型提供了支持证据。在后一项研究中，研究者推断，学生需要一定程度的认识论复杂性，才能表现出社会性科学推理的成熟特征。对于这些学生来说，认识论的复杂性超出了某个定性阈值，使他们能够在跨语境的背景下更好地采取功利主义的认识论取向，更全面地参与SSI中的决策，这些决策超越了直接可预见的结果。相比之下，低于这一认识论复杂性阈值的学生更有可能将他们的SSI决策局限于眼前的事实和结果上。无论如何，大多数SSI研究者似乎都同意，学生在使用支持性科学证据时需要明确的建模和指导，以便内化对科学知识的概念性理解在有关SSI的道德判断中所起的关键作用。

SSI与非正式推理、论证和话语的模式

SSI在课堂环境中的使用从根本上说是一项社会活动，要求学生参与多种形式的非正式推理和讨论。在这一领域，我们对学生如何构思和通过协商解决冲突问题的理解取得了重要进展。本研究的重点在于理解和促进学生在SSI教学中的推理、论证和讨论体验的质量。同样，这些研究领域也被认为是学生认识论发展的重要促进因素。

一些研究（Zeidler, Lederman, & Taylor, 1992）一直聚焦于学生在处理给定的SSI时可能遇到的不同形式的谬误非正式推理。一些与谬误相关的常见问题，其中至少有一个假定在逻辑上是与其结论相脱节的，即诉诸感情论证、诉诸流行、假两难推理、回避问题实质、草率归纳和诉诸权威。同样麻烦的是含糊其词的谬误，即论点中的关键词有模棱两可的意思，或者这些词的意思会随它们所处的语

境而变化。其他会影响学生对SSI的推理的常见谬误推理已经被确定，包括有效性问题、对论证结构的朴素概念、核心信念对论证的影响、证据抽样不足以及改变论证和证据表征（Zeidler, 1997; Zeidler, Osborne, Erduran, Simon, & Monk, 2003）。尽管争论在改善不和谐、促进社会道德讨论和影响道德发展方面的价值在已有研究文献中得到了充分认识，但对可能存在的错误推理谨慎关注的必要性却再怎么强调也不过分。学生在关于SSI的推理上犯错误是一回事，但是被那些道德品质可疑、精通诡辩的人利用就完全是另一回事了。

帕特罗尼斯（Patronis）、波塔里（Potari）和斯皮利奥托普洛（Spiliotopoulou）（1999）研究了14岁学生的决策过程，重点关注学生如何证明在SSI上展开论证的合理性，以及所使用的论证和价值观的种类。这是一项以“课堂话语的对话语用学”为中心的民族志研究。作者指出，当学生考虑与议题的社会、生态、经济和实践方面相关的对比价值（例如个人的幸福感与所有人的利益）时，实用论证通常被用作思维的定性工具。相反，当学生的思维集中在问题的定量方面（如数字、估计计算、在学校所学的知识）时，出现（或被呈现）的论证不包含价值观。作者指出，必须让学生探索不同形式的辩论之间的相互作用，这是成为能够做出政策决定的公民的重要前提。

科尔斯塔（2006）研究了22名高中生关于SSI的非正式推理模式，其中包括电缆线的临近效应和儿童白血病风险增加等问题。正如前面讨论的研究一样，科尔斯塔对科学知识和个人价值观之间的相互作用非常感兴趣，因为两者都存在于涉及许多SSI的伦理和政治问题中。通过案例研究分析，找出并明确提出了五种主要的论证类型：相对风险论证、预防性论证、不确定性论证、小风险论证和利弊论证。研究结果还指出，虽然学生在陈述论点时使用了基于课堂上提供的专家信息来源的科学信息的事实主张，但他们并没有在任何显著程度上将学校所教科学知识融入自己的立场。同样令人感兴趣的还有科尔斯塔自己的论点，即由于学生在政策主张中引用数据和价值观作为保证，科学教育可以帮助鼓励学生进行深思熟虑的决策实践，特别是当相关知识的构成部分由持有不同价值观的不同人群决定时。科尔斯塔在先前研究（2001b）的基础上，利用相同主题构建了这项研究。值得注意的是，该SSI主题一直处于新闻中辩论的最前沿，因此学生们对这个议题很熟悉，并且与他们的生活直接相关。早期分析的重点是学生对专家知识主张可信赖性的感知。通过归纳分析，揭示了四种解决策略：(1) 接受知识主张；(2) 使用可靠性指标并通过独立思考对陈述进行评价；(3) 接受研究人员和其他权威来源；(4) 从利益、中立性或能力的角度对资源进行评估。当其他专家不质疑某一来源的知识主张时，学生们认为这些主张是值得信赖的。此外，学生倾向于完全信任研究人员和他们相应的方法，甚至质疑他们的中立和对风险的看法。这产生了一种有趣的双重态度，即信任与怀疑相结合。此外，学生们不知道如何判断研究人员对风险指标的认同程度，也无法区分研究人员对该主题的了解程度。最后，大多数学生对知识来源的评价要比促进知识的陈述内容更多。

在理论知识的基础上，萨德勒和蔡德勒（2005a）感兴趣的是识别大学生在应对SSI时使用的非正式推理模式，研究涉及六个基因工程的情境。作者获得了研究中的几个趋势，这些趋势可以帮助应对探索和解释面对的挑战，即学生在对这些问题进行推理时是如何思考和感受的。这些趋势包括个人经历对决策者的影响、情感因素、社会因素、道德因素以及对与SSI相关的固有复杂性的认知，并帮助塑造道德困境的形成，使学生能够更好地参与并挖掘他们对与这些问题相关的道德认知。在研究中，对同一批学生进行了两轮半结构式访谈，让他们对议题表达自己的立场，并最终提供详细的理由、进一步论证并澄清对问题的立场。研究人员之间的分析旨在得出代表参与者推理模式的意义，但需要注意的是，成员检查也被用来提高研究可信度。结果揭示了由学生所引发的三种主要的非正式推理。第一，理性主义的非正式推理需要使用理性和逻辑来创建支持立场，并考虑与问题相关的具体因素。第二，当参与者对某一问题立即表现出积极或消极的情感或反应时，可以观察到直觉的非正式推理模式，这些情绪有助于他们的推理和最终解决困境。第三，情感推理模式，本质上也是感情化的，根植于对他人福祉的移情意识，无论是真实的还是虚构的，都源于最初的困境。此外，作者还确定了各种综合性非正式推理模式，其中三种主要类型的排列可能彼此不一致(冲突——通常产生更多内部不和谐)，或者两种或两种以上的推理模式协同使用(协调——通常产生内部一致的论点)。研究结果还表明，情感和直觉推理往往更符合SSI情境。最后，虽然大多数参与者的主要关注点是从SSI中感知到道德和伦理含义，但这些关注点并没有支配他们的非正式推理；相反，道德和伦理议题与前面提到的其他因素一起促成了对当前议题的综合反应。使用与萨德勒和蔡德勒(2005a)相同的SSI，道森(Dawson)和文维尔(Venville)(2009)对来自六所大都会学校的学生做了研究，证实了理性主义、直觉和情感化的非正式推理模式在12到17岁的高中学生中都会出现。此外，还使用图尔明(1958)的论证模式对使用奥斯本(Osborne)、埃尔杜兰和西蒙(Simon)(2004)开发的五级分析框架进行论证。他们报告说，大多数学生很少甚至没有使用数据来支持他们的主张，更经常依赖直觉和情感性的非正式推理，而不是理性模式。然而，理性模式通常会产生更强有力的论点。作者指出，非正式论证模式的分布不同于萨德勒和蔡德勒(2005a)的研究结果，理性模式在高中生中出现的频率远低于大学生。道森和文维尔(2009)推测，年长的大学生可能首先会表达直觉反应，但能够保持一条持续的、清晰的推理路线，在形成最终结论之前，会将情感和/或理性推理考虑在内。最后，作者指出，大多数高中生的论点都属于论证框架中的较低层次(2级)。虽然理性主义的非正式论证很少，但它们是唯一可以进入更高层次4级(可能是5级)的类型。最后，托普朱、萨德勒和伊尔玛兹-图赞(Yilmaz-Tuzun)(2010)再次检查了前面引用的针对职前教师的相同SSI场景，研究了议题情境对非正式推理实践水平的影响。作者发现，在六个基因工程问题上所使用的论证水平分布得相当均匀，并得出如下结论，与之前研究的建议不同，非正式推理实践的质量可能更容易在情境中转移(Sadler & Zeidler, 2005a)。然而，应该记住的是，萨德勒和蔡德勒的研究考察的是各种非正式推理策略，而不是不同情境下的论证水平。此外，有人可能认为，在这些特定研究中所使用的六种情境并非完全不同，因为它们都与某种形式的基因工程议题有关。

张(Chang)和邱(Chiu)(2008)使用基于拉卡托斯(Lakatos, 1970, 1978)科学研究项目的哲学框架来评价SSI中的非正式论证，而不是使用图尔明的框架来检验论证。图尔明的框架通常会综合使用数据、正当理由、支持、限制条件、主张和反驳来检验论证的水平。作者将拉卡托斯的哲学概念化为一个框架，并为此提供了一系列连贯的理论（而不是单一理论），这些理论包括：硬核、消极启发法、积极启发法和保护带。每一个组成部分都有一套特定的论证技能，可被用于SSI中的非正式推理。通过对70名理科生和非理科生的调查，作者发现理科生更多地会使用类比，而非理科生在构建论点时更依赖权威。学生还使用了各种资源来支持他们关于SSI的论证，包括一般信念和科学信念、科学本质、道德伦理、个人经验、类比和权威。最后，作者证明了关于SSI的“硬核”论点似乎确实受到了“保护带”的保护，使得核心信念难以改变。他们的研究支持了萨德勒（2004a）、萨德勒和蔡德勒（2004）所发现的SSI非正式推理中对所使用的论证的连贯性的概念化理论。

其他研究者已经研究了在SSI情境中论证的其他方面。道森和文维尔（2010）建议专业学习活动包括设计有目的的论证策略（例如，教师在集体讨论中的角色、写作框架的使用、社会性科学议题的类型和学生的角色），教师可以将这些都应用到他们自己的特殊情况之中，以便学生们可以从SSI话语中受益。李（2007）强调，整合SSI方法可以引导学生进行理性论证，促进对主题的概念性理解、科学探究的过程和价值观的发展。阿尔布（Albe, 2008a, 2008b）提倡制定SSI教学顺序，鼓励学生通过思考科学知识是如何在共同体中产生的以及伴随这一过程的争议的作用，包括思考科学的本质和局限性，证据的地位、作用和局限性，可能涉及的利益冲突，以及科学领域知识产生的方式，来检验他们的知识在认识论中的地位。在SSI话语中，认识论在形成论证中的作用可能包括挖掘实证科学证据以及影响学生感知主体行为的社会学因素。阿尔布（2008b）证实了蔡德勒及其同事（2002）的报告，发现学生在推导出关于SSI的决定的过程中往往倾向于将科学证据和个人知识区分开来。在对这些问题进行论证时，知识的整合可能反映了对这类问题进行论证的高阶推理。

主题二趋势概述：社会性科学议题作为认识论发展与推理

研究认识论信念的各个方面及其发展，以及它们如何影响关于学科知识在概念性理解过程中的推理和论证，是科学教育中一个具有巨大潜力的领域。在SSI的情境中，对非正式推理特征的研究促进了我们对如何构建与SSI课程相关的教育学的理解。此外，认识论和NOS理解之间的联系是通过存在于更高层次的认识论复杂性和更稳健的科学本质理解之间的一般对应关系来实现的。值得注意的是，更广泛的社会科学视角允许对SSI进行多种模式的推理。研究发现，精心编排的SSI课程，加上旨在引发认知和道德冲突的教学策略，已被发现可以促进反思性判断的发展变化，并支持将发展的一般性目标作为教育目标。需要不断地挑战学生对科学知识结构的原有信念和核心信念，以挖掘发展结构并促进科学知识概念转移到适当的情境中。社会性科学推理，或唤起学生意识的认识论特征的能力，即认识到复杂性和多重角度、理解探究并持有怀疑精神，可能很好地代表了一种适用于大量的情境化SSI的通用推理模式。虽然一些跨文化数据揭示了由个体形成的群体在SSI情境中如何优先考虑科学信息和实现分配正义要素的细微差异，但在不同的国家（或地区）身份如何概念化、评估和证明嵌入在科学情境中的道德和伦理议题决策的合理性。还需要更多的理论和实践的研究，以便更好地为科学课程搭建脚手架，确保对科学知识的应用和理解，这有助于为有关SSI的政策制定和决策提供信息，并防止核心信念产生谬误推理或阻止对论点、话语和共同建构科学知识的概念理解。

主题三 社会性科学议题作为科学本质的情境

在SSI框架内的工作是一种情境性任务。它有可能影响学生在正式和非正式环境中的日常生活，并常常模糊特定学科和文化界限的尖锐边缘。因此，SSI与科学教育中的其他社会文化观点保持一致也就不足为奇了（Aikenhead, Orpwood, & Fensham, 2011; Gauch, 2009; Kincheloe & Tobin, 2009; Sadler, 2009）。本节回顾的研究从科学本质的角度考虑了这些类型的社会文化观点。

NOS与SSI的关系一直是多个研究领域关注的焦点。从某个角度来看，这种关系可以被概念化为NOS为检验SSI提供了情境。莱德曼（Lederman）、安廷科（Antink）和鲍尔托什（Bartos）（2014）明确强调，为了准确地提高学生的科学素养，可以使用反思性的显性的方法教授NOS，同时注意适当的SSI的引入，因为某些科学领域的复杂性（例如遗传学）能够在学生的对话中产生更深层次的认识论意义。相反，这两种结构之间的关系可以概念化为SSI为理解NOS提供了情境。蔡德勒、阿普勒鲍姆和萨德勒（2011）在高中课堂上进行了一项纵向实验，以了解如何利用SSI来促进学生对NOS和科学知识的学习（以及其他结果）。在这种情况下，SSI课程迫使教师和学生都经历了一个转变的过程，包括摒弃陈旧的教学方法和承担起学习的责任。遵循教育学重点，即传达知识是如何产生和验证的，同时也暴露了学生面临的伦理问题，这些问题涉及许多不一致的科学、社会或道德观点，往往与学生自己持有的信念相冲突，接下来的研究回顾了让学生参与科学研究的前景。虽然学术的争论能够正确地从两个角度中的任意一个进行推进，但这两个领域之间的联系在推进学习科学的社会文化思维方面具有重要的教育学意义。由于本章是通过SSI视角进行编写的，因此从SSI的角度来思考会更有利，它为科学实践特别是NOS的理解提供了情境。

在一项早期的实证研究中，研究者探索了NOS与学生对证据的反应之间的关系，而这些证据挑战了他们对关于动物研究实践的SSI的认识论信念，这项成果来自蔡德勒、沃克、艾克特（Ackett）和西蒙斯（Simmons）（2002）对高中和大学年龄的学生的调查。研究选取了来自两个不同城市的高中生群体和两门基础科学方法课程（大学高年级水平）的248名学生作为样本，完成了一份书面调查问卷，旨在揭示他们对NOS关于科学的暂时性、经验证据在科学中的作用、产生科学知识的社会和文化因素以及科学的创造性方面的看法。根据学生对与SSI主题相关问题的回答的差异，有目的地选择学生对他们进行访谈，利用问题引出他们对这个议题的认识论推理。通过对话分析的过程，研究人员发现学生对NOS的信念与他们对SSI的决策之间存在着几个有趣的联系。许多学生都声称意识到社会和文化的影响在科学研究中的作用。此外，学生们讨论了科学数据在决策中的重要性。然而，当进一步探讨他们在这个议题上的决定是否合理时，研究人员发现个人观点和核心信念似乎是最普遍的指导因素，这表明影响学生决策的主要因素是由情感领域而不是科学专业知识（包括NOS的概念）驱动的。据推测，如果只考虑自己的推理技能（即没有明确的教学干预），学生们倾向于以与个人核心信念相吻合的方式划分科学证据。

在贝尔（Bell）和莱德曼（2003）所进行的一项研究中，研究者有目的地选择了来自高等教育机构的21名志愿者来完成一个开放式问卷和一次后续访谈，以检查他们对各种SSI的决策能力。后来，这些参与者还完成了第二份开放式调查问卷以及伴随的访谈，以评估他们对NOS的观点。随后将参与者分为两组，一组认为科学是工具性的/动态的，另一组认为科学是现实性的/静态的。两个小组分别描述了关于SSI决策的相关特征，研究者审查了他们的决策、决策因素和决策策略。尽管这两个小组对NOS的看法截然不同，但在分析他们的决策相关因素时并没有发现明显的差异。这些发现虽然只针对被研究人群，但仍与其他研究中关于SSI决策的研究结果产生了共鸣。正如早期研究（Fleming, 1986 a, 1986 b; Zeidler & Schafer, 1984）所提到的那样，社会文化因素，例如个人价值观、道德观及社会和政治问题，似乎在调节决策过程中起到了中介作用，学生对个人和社会道德规范的认识论信念遮蔽了科学专业知识和NOS的融合。

文献中进一步探讨了NOS和SSI之间更为精细的关系。基于证据状态与典型的NOS概念（例如实证的、文化嵌入性和暂时性原则）相关的假设，萨德勒、钱伯斯（Chambers）和蔡德勒（2004）试图研究学生如何解释和评价嵌入在SSI中的相互冲突的证据。研究人员对84名高中学生进行了一项调查，这些高中生阅读了两篇具有同等科学价值，但是在全球变暖问题上提出了相反立场的文章（由研究人员编写，以确保每项研究的证据和论点的质量在实质上是基本相同的）。随后进行了一项问卷调查，以引出他们在辩论全球变暖的背景下对NOS的看法。随后研究者对30名学生进行了访谈，以更深入地探讨他们对NOS概念的理解与对全球变暖议题的决策之间的联系。与贝尔和莱德曼（2003）的研究结果相似，学生们展示了一系列关于NOS的实证性、暂时性和社会性方面的观点。在评估相互竞争的科学主张时，研究人员发现，在对这两篇文章所包含的科学价值做出判断时，学生的原有信念和个人相关性是主要的考虑因素。学生认为这两篇文章各自包含多少科学价值的观点，本质上与他们自己对NOS的概念化有关。如果学生需要在SSI情境中协商相互冲突的证据，那么他们对观点的理解和推理就会受到一系列与NOS相关的因素的影响，这些因素是一个从朴素到复杂的认识论判断的连续体。

萨德勒（2004 a）在对研究SSI情境下的非正式推理的文献进行回顾时得出结论，以符合SSI概念框架的方式开发的策略可以为非正式推理策略、论证技能、科学知识的概念性理解以及NOS的概念化的发展提供可行的课程机会。他还指出，在暗示一种协同关系的情况下，研究表明NOS似乎在关于SSI的非正式推理中发挥了某种作用，尽管这种关系的确切性质值得进一步研究。在基什夫（Khishfe）和莱德曼（2006）以及沃克和蔡德勒（2007）的两项研究中，值得注意的是，将NOS情境化于SSI单元中时学生对NOS的理解获得了提升。然而，在基什夫和莱德曼的研究中，与参加去情境化的NOS课程的学生相比，这种提升并不显著。在沃克和蔡德勒的研究中，虽然学生对与NOS相关的书面问题的回答反映了对科学的暂时性、创造性、主观性和社会性方面的强化概念，但这些方面在SSI单元结束时所举行的一场最终辩论和讨论中表现并不明显。在莱德曼和基什夫的研究中，重要的是要记住，虽然学生在SSI情境中对NOS的理解并不优于去情境化课程中学生对NOS的理解，但是对NOS理解的提升仍然是存在的。因此，仍然可以提出关于SSI情境化方法可能带来的其他益处，如学生的兴趣、对主题的参与度以及科学理解转移到其他学习情境的可能性。在沃克和蔡德勒的研究中，这可能只意味着教师可能需要提高警惕，与学生建立明确的NOS概念化的联系，并鼓励他们思考数据驱动的主张如何与科学论证的结构建立联系。当然，文献中也不断提出了，培养显性的反思性NOS实践的重要性（Akerson, Abd-El-Khalick, & Lederman, 2000；Khishfe & Lederman, 2007）。

伊瓦涅斯–奥卡霍（Ibáñez-Orcajo）和马丁内斯–阿斯纳尔（Martínez-Aznar）（2007）考虑到必须在学习单元中明确地为中学生建立与解决遗传学问题相关的NOS目标要素，并且应该结合情境化的观点，即科学如何在探究中展现人文过程。尽管他们是从STS教学方法中构建他们的调查的，但作者明确地将SSI的要素放在这种方法中，从科学以外的学科（如哲学、社会学、政治学等）多个视角公开强调科学的社会化方面。社会化情境涉及具有社会意义的人类遗传问题。NOS的特征，例如科学是如何完成的、科学理念究竟是什么、科学家原有的观念以及科学的文化背景，都被深思熟虑地整合到一种解决问题的教学方法中，这种教学方法由诸如哲学、历史、心理和社会学维度等许多科学的社会文化认识论元素提供信息。在该研究中，实验组（$n = 30$）在NOS的概念转变方面在统计学上显著地超过了对照组（$n = 19$），并在5个月后仍保留了他们对NOS理解的新的概念转变。这些研究发现支持了SSI方法中典型的“内容超越知识”课程（Kolstø, 2001 a），学生对科学的了解比掌握特定科学领域内的知识更为重要（或愿景II优先于愿景I；Roberts, 2007）。

一些研究者特别明确倡导，SSI能够让学生参与科学的核心过程，SSI通过对话和探究而形成的决策为显性地讨论NOS提供了非常多的机会（Abd-El-Khalick, 2006；Bell & Lederman, 2003；Bell, Matkins, & Gansneder, 2011；Matkins & Bell, 2007；Nuangchalerm, 2010；Sadler, 2009；Sadler, Chambers, & Zeidler, 2004；Walker & Zeidler, 2007；Zeidler, Sadler, Applebaum, & Callahan, 2009；Zeidler, Walker, Ackett, & Simmons, 2002）。伊斯特伍德（Eastwood）及其同事（2012）报告说，11年级和12年级的四个班学生参与了内容驱动的解剖学和生理学（A&P）课程和SSI驱动的A&P课程，在这些课程中，NOS观被显性地和反思性地教给学生，课程持续了一年，研究者对学生的NOS观进行了直接的比较。四个班级被随机分配到SSI实验组和内容驱动比较组，所有这些都由精通NOS和SSI教学的同一位老师教授。值得注意的是，对这两组学生来说，在这一学年内，NOS教学是通过明确的教学、活动和演示来实施的，同时，在NOS特征和课堂内容之间建立了明确的联系。内容驱动组采用传统的内容和教科书驱动的讲授教学法和实验教学法进行教学。相比之下，SSI驱动组的课程是由SSI框架驱动的，在这学年中，10个主要的SSI主题为学习主要的解剖学系统和支持这些系统的特定的科学概念提供了科学背景。因此，SSI实验组将学生的学习置于社会、经济、伦理和道德方面的情境之中，而这些方面是相关科学的基础。前测和后测比较采用科学本质观问卷C作为研究工具，回收的问卷随机分给编码人员（即编码人员并不知道哪一份问卷属于哪一个组），编码过程中建立了一种具有较高评判者间一致性的编码方案和分类方法。结果有趣的是，SSI驱动组和内容驱动组在大多数NOS主题理解上（例如实证性的、试验性的、创造性的、社会/文化嵌入的、理论的以及规律的）都获得了显著提升。然而，定性分析显示，SSI实验组的学生倾向于使用更多的例子来描述他们对社会/文化NOS的看法。该研究结果支持这样的说法，即SSI实验组可以提供一个有效的社会文化情境来促进学生对NOS概念化的提高。

卡利克（Çalik）和科尔（Coll）（2012）认为SSI为学生探索NOS的重要特征提供了一种建设性的方式，从而促进了科学素养的提高。作者还表明，基于SSI的科学课程为学生可以像科学家一样看待科学提供了一个窗口。根据高尔德（Gauld）的研究，高尔德将科学思维习惯（scientific habits of mind [SHOM]）付诸实践，包括对权威的不信任、思想开明、怀疑论、理性、客观性、信仰的消退和好奇心等方面的论点，他们扩展了这样一种论点，即SHOM能够使所有在日常生活中选择应用科学知识的公民受益。尽管卡利克和科尔研究的主要目的是通过构建科学思维习惯调查（Scientific Habits of Mind Survey）来开发一种测量SHOM的有效且可靠的工具，但他们的研究对于SSI课程和研究具有重要意义，因为与在SSI框架内情境化的NOS有着明确的联系。他们开发的调查工具似乎具有极好的内容、面向（维度）、收敛性、判断力、并发性和预测的有效性，他们得出的结论是，SSI和SHOM通过课堂话语、论证和基于案例的议题（如Zeidler et al., 2005所建议的那样）来传递NOS的希望很大。

同样地，李（2008）探索了使用SSI为情境进行的概念分析，以了解科学作用的各个方面及其与NOS的联系。其情境是关于SARS暴发的一个真实案例，该病毒发生过从中国南方通过感染人员乘飞机旅行等方式传播到中国香港和其他国家（或地区）的情况。正如这项研究所概念化的那样，科学的作用是通过发现来了解自然，利用科学技术来解决问题，以及利用科学为具有科学意义的问题提供决策信息。科学的这些作用是，通过揭示社会文化情境中存在的认知价值和实践，来体现NOS的各个方面。这一案例研究说明了这些角色的社会、政治和文化背景是如何以及在何处展开的。李认为，这样的SSI案例研究可以进一步加深学生对NOS的理解，并发展形成更深刻的科学素养概念。

为了进一步加深对NOS和SSI之间关系的理解，基什夫（2012a）研究了高中生在两种不同的SSI情境中对NOS的论证技巧、反应模式和认识论理解。该研究的前提是，由于SSI会影响学生的日常生活，这将为NOS及其论证技巧提供一个情境。其他研究者确定，明智地使用SSI可以培养学生的开放思维、发现偏见的能力以及对基于科学的议题进行批判性反思的能力（Ratcliffe & Grace, 2003; Simonneaux, 2008; Zeidler, et al., 2002; Zeidler, Sadler, Applebaum, & Callahan, 2009）。利用关于转基因食品和饮水氟化的SSI，基什夫能够提供两种不同情境来确定参与者在对NOS的观点和论证技能上的差异。NOS理解水平可以分成朴素的、中间的和通晓的三个层次，而论证成分被分解为没有正当理由或无效理由、仅有一个理由支持的有效理由或有多个理由支持的有效理由的回答。在研究之前，学生们没有接受过关于论证策略的专门训练。卡方检验和定性分析的结果均显示，两种SSI情境下学生对NOS的认识论理解水平和论证质量存在显著差异。例如，学生可以展示不同的NOS概念，利用NOS的暂时性特性从朴素的层次对饮水氟化进行论证，从通晓的层次对转基因食品进行论证。此外，在每种SSI情境的论证中，学生经常使用不同的论证模式。也有人注意到，对NOS有更多通晓观点的学生会对以上问题提出更强有力的反驳。总体而言，研究结果表明，不同的SSI情境有可能激活知识的不同认识论表征，并影响人们如何对知识进行推理。虽然事先的熟悉程度显然起着一定的作用，但这项工作强调了将科学内容与学生个人相关性领域联系起来的教育学重要性。基什夫(2012b)再次以SSI为背景，研究了显性的NOS教学对学生决策因素的影响。研究所用的情境是一个为期4周的基因工程单元实验组，学生有机会通过克隆和转基因食品等问题讨论NOS要素。虽然实验组在几个NOS因素上与对照组有着显著的差异，但两组的实际决策之间却没有差异。然而，实际上在前后测时，组内的决策因素存在差异(例如涉及更多的NOS因素、与有争议的SSI相关的道德/伦理话题)。基什夫(2012b)指出，在某些特定的SSI情境中，NOS的某些方面(如实证的、暂时性的和主观性的)可能与决策和论证更紧密地结合在一起，也就是说NOS某些特定的方面可能更有利于对特定类型的SSI进行推理。因此，很明显，SSI情境可以促进NOS理解。在未来的研究中，如何进一步概念化和实现这一点还有待观察。

主题三趋势概述：社会性科学议题作为科学本质的情境

大量研究已经将SSI概念化，这为NOS要素的表达提供了一个框架。通过SSI情境，学生逐渐认识这些概念，例如理解暂时性、实证证据的作用、社会文化因素等等，是如何影响与科学讨论、决策和观察相关的许多探究过程的。虽然研究倾向于支持正确实施SSI课程可以为更健全的NOS理解提供社会文化背景这一观点，但不能假定学生在缺乏明确的联系和范例的情况下会实现这一认识。因此，教师的教学技能在阐明许多关于NOS的观点如何在SSI情境中交织在一起的巧妙例子时发挥着关键作用。不和谐的证据的协商有时会受到学生对NOS相关因素的相对理解的影响。SSI和NOS在多大程度上能够协同作用以改善学生对科学知识的理解，目前仍是一个悬而未决的问题。这是一个令人兴奋的研究领域，有可能影响科学教育工作者如何思考科学教育的一些最基本的目标。在对道德和伦理问题进行非正式推理时，以及在将这种推理应用于解决SSI时，需要进行更多的研究来确定影响情境化NOS的替代性方法。

主题四 社会性科学议题作为品格发展与公民责任

由于SSI的使用可通过考虑实现特定伦理目的的各种观点为情境化的论证提供机会，因此可以利用SSI来促进品格、公民责任和社会行动的培养。这里回顾的研究从不同的角度强调和探索了这些集体性目标，重点在于个人的责任感、可靠性，或对他人和环境的同理心。这些特点与美德的发展是一致的——通常被理解为人类的卓越，进而达到人类的繁荣。

莱文森(2008)强调，在讨论有争议的问题时所采用的推理方式不能脱离对他人观点的认识；因此，敏感性被视为一种沟通美德，允许开放的思想交流。由此，他强调个人叙述作为一种课程工具，有助于将学生置于议题之中，对议题做出反应，并评估影响该议题的科学和社会因素。在此需要强调的是，莱文森和其他人(Aikenhead, 2005; Levinson, 2006; Tytler, Duggan, & Gott, 2001; Zeidler, Sadler, Simmons, & Howes, 2005)的研究重点是利用科学证据来协调关于一个议题的各种不同的观点。莱文森强调，学生以及他们认同的人的个人叙述可以作为一个平台，从中挖掘其他叙述者

(例如，对政策立场有分歧的人) 的经历，并清楚地表明这样的做法对蔡德勒及其同事 (2005) 所确定的至少四个相互依存的教学领域，即科学的本质、课堂话语、文化问题和基于案例的问题有贡献。莱文森还列举了与干细胞研究相关的多层次分歧的例子，这些分歧是基于麦克劳克林 (McLaughlin, 2003) 对多元社会中达成共识的可能出发点进行分类而得出的方案。其中包括：(1) 目前没有足够的证据达成共识，但可以在不久的将来实现；(2) 解决问题的核心证据是相互矛盾、多方面且难以评估的；(3) 分配给不同标准的权重是有争议的；(4) 虽然一致同意理想的目标，但实现它们的手段存在差异；(5) 对商定的标准的解释有质疑；(6) 围绕某个议题存在相互矛盾的规范性期望；(7) 与决策相关的标准存在争议；(8) 个人的生活经历以矛盾的方式影响了他们的判断；(9) 对于做出判断的范式没有共同的理解。该框架可用于指导SSI的课程和教学发展，特别是在强调与公民身份相关的结果的情况下。

在李、张、崔、金 (Kim) 和蔡德勒 (2012) 的一项研究中，有18名职前教师 (PST) 参加了一个SSI项目，该项目侧重通过对话和反思实践培养人的品格和价值观。SSI的情境集中在核能发电、气候变化和胚胎干细胞研究。作者研究了PST如何将这些问题视为基本的道德问题，以及生态世界观 (身份认同的一个指标) 和世界公民的管理意识在多大程度上调节了对这类议题的推理。这项研究的一个有趣方面是使用了基于先前研究 (Choi, Lee, Shin, Kim, & Krajcik, 2011) 的编码框架和评估准则，从生态世界观、社会科学问责制、社会和道德同情的角度对比了个人、社会和全球的主张。后三种因素与世界公民应该具备的品格和价值观密切相关。生态世界观将个人的价值观置于更广阔的自然世界之中 (Colucci-Gray, Camino, Barbiero, & Gray, 2006; Mueller & Zeidler, 2010; Smith & Williams, 1999)。社会科学问责制将个人与责任感和他/她的个人或集体行动联系起来，以便应对SSI (Hodson, 1999; Lee et al., 2012; Roth & Lee, 2004)。社会和道德同情使得个体能够对环境中的社会正义问题保持敏感和同情心、重视并尊重多种观点，并在跨群体规范中运用社会道德推理 (Fowler, Zeidler, & Sadler, 2009; Sadler & Zeidler, 2005a; Zeidler et al. 2005; Zeidler & Sadler, 2008a)。李及其同事 (2012) 发现，经过6周的SSI单元的对话讨论和反思过程，虽然学生并没有始终将自己视为是与全球SSI相关的道德变革推动者，但他们确实会以同理心和关心的方式来对待SSI。此外，SSI课程成功地让学生参与了关于科学概念的深入讨论，并使他们能够更好地理解这些议题的复杂性。这项研究表明，精心设计的SSI项目可以促进学生的社会性科学推理 (例如，认识到问题的复杂性、从多角度审视问题以及激发对信息持有怀疑态度的能力)。作者推断，仅仅接触SSI和参与各种课堂讨论，就可以促进责任感和提升行动意愿——这是有效行动的关键前兆。因此，这项研究显示了在以SSI为基础的课程中成功培养学生的品格、同情心和美德的前景。

在之前研究的基础上，李及其同事 (2013) 以132名参加普通科学课程的中学生为研究对象，利用SSI的人文特征，来培养学生的品格和全球视角的价值观。SSI的情境是转基因技术，在为期4周的时间内进行调查。与之前的研究一样，该情境下的品格和价值观包括三个主要元素：生态世界观、社会和道德同情以及社会科学问责制。学生接受的综合教学既包括SSI教学又包括常规科学教学，而家庭作业则旨在鼓励学生对SSI议题进行自我反思。该研究收集了定量和定性数据，包括课堂论证的利克特(Likert)测试题和录像带。利克特量表产生了一个七因素模型，解释了64.8%的总方差，包括(1)相互联系和(2)可持续发展，两者形成了生态世界观的结构；(3)道德和伦理敏感性、(4)多视角和(5)共情关怀，这三者构成了社会和道德同情的结构；以及(6)责任感和(7)行动意愿，这两者构成了社会科学问责的结构。在这三种主要结构中，学生在社会和道德同情结构上的前后测分数存在显著差异，表明SSI项目对学生关于多元文化的敏感程度有中等程度的影响，并且对可能接受科技进步的影响的多元文化表现出更多的同情心。学生们在社会科学问责结构上也存在显著差异，适度的效应量则代表了他们在帮助缓解SSI议题方面的责任感的积极结果。定性数据再次证明了这些发现，然而更细致的分析还显示，学生在对自然的看法上往往倾向于拟人化，而在主张积极参与全球社区帮助缓解问题方面则有所保留。其他地方也有关于学生不愿参与潜在敏感问题的报道(Sternäng & Lundholm, 2011)，这引起了人们对科学行动主义公正−社区方法的必要性的关注，这种方法可能最初会带来较低的个人成本和风险，但可以从集体成果的工作中获得共同的满足感。

赖斯(2008)专注于在高中生的高级生物学课程中使用情境化的伦理框架。很明显，这门课程的开发是为了回应这样一种看法：学校科学的大部分内容对大多数学生来说都是枯燥乏味和无关紧要的。该课程不是从科学家的特权观点来教授科学，而是通过协力合作的努力将科学概念嵌入道德框架中，使得概念能够从情境中产生。学生们要参与这些议题(例如全球气候变化、基因工程、保护生物学、囊性纤维化)，对这些议题进行批判性评估，并在有证据支持的情况下形成自己的观点。同样重要的是，这些主题的驱动力是一个伦理框架，它将议题隐藏在学生的相关个人背景中，代表了SSI方法。因此，赖斯将概念模型置于基于戴维斯(1999)及蔡德勒和刘易斯(Lewis)(2003)提出的多元化方法的伦理框架中。这需要以一种旨在提高学生的道德敏感性、增加学生的道德知识、改善相关的道德判断以及允许学生行使美德的方式教授科学课程。他运用社会正义技巧的训诫(见Reiss, 1999; 2003)来给学生留下深刻印象，让他们了解判断道德结论有效性的有用标准，其中包括这些结论在多大程度上得到理性的支持，判断支持这些结论的论点和证据是否来自一个完善的道德框架，以及是否在谈判和辩论过程中建立了合理程度的共识支持其有效性。在课程结束时，使用四种可能的伦理框架分析了17名学生的生物学议题报告，这些伦理框架所代表的主题贯穿整个课程，这些主题是：权利和义务、功利主义、自治和/或美德伦理。在这17份学生报告中，有12份只反映了单一的功利主义框架，其余5份则包含了两个或两个以上的主题。作者还发现，17名学生中有16名使用了人类中心论，14名使用了自我中心论，13名提出了生物中心论。虽然赖斯对研究结果的初始性持谨慎态度，但很明显，学生实际上已经可以利用伦理推理的关键特征。他随后与众多科学教师合作，将伦理方面更充分地融入他们的科学教学中。

在其他研究成果中，他们研究的重点是与公民身份和如道德敏感性等性格相关的品质。萨德勒(2004c)探讨了道德敏感性如何有助于大学生解决SSI议题。他发现，学生们公开表达了对SSI(本例中为基因工程)所蕴含的道德特征的敏感性，并且他们也表现出了对他人的同情。该定性分析揭示了社会性科学决策过程中道德关怀和非道德关怀的整合。显然，学生是依靠情感因素来校准他们对社会性科学政策的反应的。同样，福勒、蔡德勒和萨德勒（2009）研究了为期一年的基于SSI的课程对高中生的影响。SSI不是对解剖学和生理学课程的补充，而是贯穿式地充满课程，从而推动了课程的发展，而科学内容则是由老师巧妙地从这些议题中提取出来的。其目的是为学生提供尽可能多的机会，使他们能够利用证据和叙事，对科学的社会和道德背景形成连贯一致的观点，并提供与内容相关的特定的性格增强经历。这些经历符合学生个人意义、与他们的社会文化生活联系以及具有动态情境化的论证技能的要求。研究人员的目的在于利用这一模型，为重新思考科学教育教学法提供独特的机会，并为准备公民教育做出贡献。此外，研究人员将SSI项目与道德框架结合起来，该框架承认并挖掘道德情感在制定道德判断中的重要性，包括（但不限于）道德敏感性、道德推理、道德承诺和道德勇气。有助于指导课程的驱动因素也来自科尔斯塔（2001 a）的内容，这些内容超越了SSI教学的主题（例如共识在科学中的作用、对支持证据的要求、审查与科学相关的主张）。使用协方差分析（ANCOVA）对SSI实验组和“传统教学”对照组进行前后测比较发现，实验组在道德敏感性方面存在显著性差异。人们注意到了情境上的差异，因为一种情境似乎会比另一种情境产生更大的收益和效果。但很明显，这些结果证实了早期研究的结果，即在与其情感敏感性或情感信念相匹配的环境中个人倾向使用更高、更有力的推理水平（Zeidler & Schafer, 1984）。

研究还证明，SSI教学最终为学生提供了成为参与性公民的机会。这些研究往往被置于与生态正义运动相关的情境中。例如，施佩林（Sperling）和本切（2010）为7年级学生实施了一项以问题为基础的项目，重点是关注废物管理，他们观察到学生对积极公民身份的倾向发生了变化。具体而言，学生们在与公民责任相关的议题中获得了一种责任感，并认识到他们的行为对自身、社会和环境的福祉产生了一系列积极和消极的影响。此外，有证据表明，学生能够在他们的个人实践中保持这些积极的变化。刘易斯和利奇（Leach）（2006）认为，学校课程有潜力发挥有益的筹备作用，使年轻学生未来能够更加自信和开放地考虑和参与具有社会后果的科学议题。他们的研究表明，即使是适度的科学理解也能让学生识别关键的相关议题，并进行理性的讨论。在相关的分析工作中，米勒（Mueller）和蔡德勒（2010）提倡通过SSI来实现生态正义，这表明学生对不强调或忽视有可能对环境有负面影响的先进技术的意识（例如引进荧光鱼——一种经过基因改造的斑马鱼）对维持公正的生活质量至关重要。另一些人同意，一种关怀的伦理可以使和平、负责、可持续的行动延续，这些行动可以通过公民科学和基于地方的生态正义来培养（Karrow & Fazio, 2010; Mueller, 2009; Sharma, 2010）。罗思（Roth）和他的同事们（Lee & Roth, 2003; Roth & Désautels, 2004）研究了学生参与当地社区事务（例如各种水项目）的影响，发现学生在通过行动主义成为社区一部分的同时表达了一种责任感。其他研究人员也提倡促进社会政治行动和社会行动主义形式的科学课程（Bencze, 2001; Hodson, 1999, 2003, 2010; Lester, Ma, Lee, & Lambert, 2006）。因此，这项研究表明通过使用SSI框架发展品格和价值观是富有成效的。

贯穿这些研究的主题在于共同的信念，即品格、道德、美德等的发展对吸引我们的学生和广大公众来说至关重要，公开讨论科学在我们生活中的作用以及我们的决定可能对我们自身、我们的社区、我们境外的国家(或地区)和我们所在的星球产生的后果。许多科学教育工作者已经从伦理和社会文化的角度提出了公众理解和参与科学的概念方案。这些方案背后的共同理念是理解科学教育应该是促进参与式公民身份的工具的业务的核心(Aikenhead, 2007; Berkowitz & Simmons, 2003; Kolstø, 2000; Pouliot, 2009; Ratcliffe & Grace, 2003; Tal & Kedmi, 2006; Zeidler, in press; Zeidler, Berkowitz, & Bennett, 2014)。虽然一些教育工作者已经讨论了科学的社会伦理维度和基于跨学科风险的明智决策的必要性(Brown, 2002; Develaki, 2008; Östman & Almqvist, 2011),但这里综述的研究更接近于引言中描述的SSI框架。有人提出,以科学上负责的方式思考需要一些品格上的特征,因为做出明智的判断也需要通过具有科学素养的人的同情和关怀美德来调节。SSI框架提供并邀请学生在知识独立和社会相互依赖的领域中生活,因为他们承担决策和行动的共同责任。这样做需要运用核心的美德,例如实用的智慧、正义的公平、不伤害原则、关怀、道德勇气等(Melville, Yaxley, & Wallace, 2007)。负责任的科学决策需要通过美德的发展和反思判断的实践来实现良知的形成(Zeidler & Sadler, 2008 a, 2011)。希望在这些问题上有经验的学生能够成为全球社区的一部分,愿意在世俗的科学事务领域中发挥道德作用。

主题四趋势概述:社会性科学议题作为品格发展与公民责任

在本质上包含竞争性立场、偏好、信念和规范性期望(这些都是由对科学知识的不同概念理解所决定的)的任务中,显然,科学教育工作者需要把目光转向那些可以在课堂实践中增加教学价值的研究,从而为解决问题创造公正的社区。为了完成这项艰巨的任务,研究人员提出了促进生态和民主管理的方法和模型。因此,有些人认为,从个人、社会和全球的角度来分解相互竞争的利益是有益的。这样做有助于将个人对SSI的观点纳入更广泛的社区视角、世界观和总体生态观点。通过SSI活动培养了学生同情、关怀、责任感和愿意采取行动解决问题等品格。无论身处何种政体,这些品格将有助于培养道德敏感性和同情心,并有助于形成公民的道德行为。将伦理框架纳入科学教育和科学研究,有助于教师及其学生感到有责任做出可能最终导致环境可持续性议案的行动。因此,关于SSI实施的研究主要集中在通过在课内及课外建立社区意识来提高道德敏感性,从而促进公民参与性并形成公民价值观。

SSI研究与实践的十字路口和未来方向:何去何从?统摄性的核心问题

对于SSI的研究和实践来说,这是一个激动人心的时刻,因为SSI框架的全部潜力还有待挖掘。我和我的朋友兼同事特洛伊·萨德勒一同在其他地方提出了一系列通过SSI促进科学素养提高的核心问题,对理论和实践都有重要意义(Zeidler & Sadler, 2011)。根据对这些文献的综述,我想对原来的清单稍做修改。当然,我并不认为这些是最重要的或唯一应该提出的问题。我想表达的是,介绍它们只是帮助构建了许多有待进一步探索和阐述的领域中的一小部分。我将这些问题称为统摄性的核心问题,因为这些特定问题是从所综述的研究中提炼出来的,并以概括的形式呈现,反映了本章的四个主要主题。最后需要注意的是,问题本身可能属于一个或多个类别。

社会性科学议题作为课程实践参与与教师教学信念

- SSI如何才能最好地促进当前和未来对科学素养的理解？
- 在SSI情境中，全方位的科学探究(包括技术的使用)是什么样的？
- 职前和在职项目如何才能最好地培养教师在科学教育中对SSI和相关人文教育方法的认同？
- 如何利用SSI课程促进环境承诺和相关的社会政治行动？

社会性科学议题作为认识论发展与推理

- 认知、道德和社会道德框架如何能够帮助我们理解在SSI框架下培养科学素养？
- 通过各种形式的SSI和SSR话语，哪些方法可以确保对科学内容的概念性理解和脚手架搭建？
- 批判教学法、后殖民主义和女性主义视角等不同的认知视角如何增强SSI的研究和实践？
- 哪些智力和心理结构(例如认知、社会道德、道德推理、观点获取)能够从根本上有助于SSR？

社会性科学议题作为科学本质的情境

- 如何利用SSI的情境来挖掘对NOS的理解？
- 在SSI策略中，哪些明确的教学策略能够有效地促进学生对NOS的理解？
- 为SSI提供支持的道德和伦理议题及其对NOS概念化的影响之间的潜在联系是什么？
- 如何利用SSI情境中的科学探究来促进和拓展学生对NOS的理解？

社会性科学议题作为品格发展与公民责任

- SSI情境中社会文化方法和伦理框架如何促进品格和良知的发展？
- SSI框架如何通过相关领域的研究培养学生的责任感、公民义务和行动主义？
- 如何在SSI框架内有目的地传播谨慎、良知和美德的特征？
- SSI的跨文化研究如何更好地为社会、全球和环境责任的概念化提供信息？

这些问题往往对分析、概念和理论问题的发展和完善具有指导意义。它们对教育、课程和政策问题的推进也有影响。科学教育研究者最好深入研究哲学、社会学、心理学和自身专业领域以外的其他学科，以便为他们的研究项目提供信息和指导。扩大我们的研究基础并不能保证研究的准确性。如果做得不好，它可能只会给概念领域带来混乱。相反，如果做得好，并注意到潜在假设，它确实确保了有更大的潜力达到目标——通过各种形式的研究，更好地把理论的力量与哲学的力量结合起来。反过来，这也将指导我们设计灵活的课程，以满足学生的学术和发展需要。它将允许我们实施教学实践，使生态社区、学校和课堂条件为学生的兴趣服务。最重要的是，我们将走上一条切实可行的道路，以确保培养所有人的科学素养。

关于SSI和科学教育的一些总结性思考

我们称之为“教育”“精神生活”“对真

理的追求”。但这只是一个机器加工的问题，使年轻人适应各种巴洛克式官僚机构的需要：企业、政府、军队、工会、教育。我们称之为“自由企业”，但它是一个限制性极强的寡头垄断市场操纵体系，被历史上最大的市政机构所束缚，并致力于通过将公众变为强迫性消费者的代言人来愚弄公众。我们称之为“多元主义”，但问题是，公共当局郑重申明每个人都有权发表自己的意见，以此作为无视任何人发起令人不安的挑战的借口。在这样的多元化中，批判性的观点仅仅是在一个无关紧要的言论自由概念的祭坛上所进行的私人祈祷。我们称之为“民主”，但这只是一个民意调查问题，即要求“随机抽样”的人对一系列预先准备好的备选方案点头或摇头，这些方案通常与决策者已确定的事实有关，决策者总是能将民意调查解释为自己服务。

（Roszak, 1968, p. 16）

几十年前，罗萨克（Roszak）已经观察到“反文化”的联合，它涉及技术官僚社会对我们脆弱的世界施加的影响，他们通过选择、锻炼各种年轻的反对者来表现出他们的关切。SSI在科学教育中的作用也可以通过多种形式来观察，并以不同的方式表达。当然，它可以在学生对科学内容的概念的理解上发挥一定的作用。在深思熟虑的、恰当的教学方法指导下，SSI可以助其形成特定基础，使学生能够将这种理解构建起来并转移到新的情境中，因为他们在社会性层面和个人性层面建构了自己的知识。拥有这样的知识和新发展的信心，未来的知识就在掌握之中——他们不需要等待专制权威来帮助提供一个超然的、虚假的精神面饼。SSI可以提供一个有吸引力的科学课程，通过提供一个与个人相关的情境来探索重要的科学问题，同时将科学本质的许多元素置于情境之中。但也许最重要的是，当SSI框架发挥其最佳潜力时，它有助于知识的形成过程民主化，并为政治霸权创造公平的竞争环境。SSI可能有助于美德的传播和品格的发展。它可以用来支持我们的学生并提供自我维持的心智图式，以对抗专制权威和政策制定者所认为的既成事实。

四个主题（SSI作为课程实践参与与教师教育信念、SSI作为认识论发展与推理、SSI作为科学本质的情境、SSI作为品格发展与公民责任）中的每一个方面都可以对课程和教学实践产生影响，并为培养儿童和年轻人的认知理解提供了一个框架。这些主题与罗伯茨（Roberts, 2007, 2011）的愿景Ⅱ科学素养概念和艾肯黑德（2006）对学校科学的人文主义视角相一致。强调这一点很重要，因为它对政策的形成具有影响。从某种意义上说，学生对SSI的决策过程本质上是一个可以实践集体政策判断形成的机会。有人指出，政策制定从根本上讲是一种道德活动（Zeidler, 1984）。它需要审视相互竞争的主张、价值观、证据、深思熟虑的观点和协商，以及在整个过程中驾驭最优概念的能力。格林（Green, 1975）很好地描述了这一概念：

我所说的最优性，是指冲突目标的最佳组合，即对整个集合的优化可能需要比实现每个目标的最大化都更少的东西，以便在组合中获得最大效益。它的逻辑中有一种二元性，这很可能标志着它是独一无二的。一方面，它总是与可以选择的东西相关。因此，它总是与可能性有关。“最佳”是指“可行的”。但另一方面，即使在词源学上，“最优性”也指的是最好的。它的逻辑中总是有规范性的一面。一方面，最优的概念总是涉及什么是可能的，但另一方面，它又涉及什么是理想的，什么是最好的。

(p.76)

因此，政策的制定应该传达出一种理想主义，这种理想主义是由不完美的人必须在不完美的世界中共存的残酷事实所调和的。最重要的是，它应该通过一种良知来引导"判断的形成，以发现行为与环境的适切性"(Green, 1999，p.195)。按照亚里士多德《尼各马可伦理学》(*Nichomachean Ethics*)对praxis一词的理解，这样做会引发一种实践状态，即将实践智慧与道德美德联系起来。它需要应用美德——政策是在对道德和伦理因素的考虑下制定的，以实现人类永葆繁荣的状态。将SSI框架所能提供的一切融入这项探险中来，将成为功能性科学素养在行动中的范例。

参考文献

Abd-El-Khalick, F. (2006). Socioscientific issues in pre-college science classrooms. In D.L. Zeidler (Ed.), *The role of moral reasoning and discourse on socioscientific issues in science education* (pp. 41 – 61). Dordrecht, the Netherlands: Springer.

Aikenhead, G.S. (1980). *Science in social issues: Implications for teaching.* Ottawa, Canada: Science Council of Canada.

Aikenhead, G.S. (2005). Science-based occupations and the science curriculum: Concepts of evidence. *Science Education, 89,* 242 – 275.

Aikenhead, G.S. (2006). *Science education for everyday life: Evidence-based practice.* New York: Teachers College Press.

Aikenhead, G.S. (2007). Humanistic perspectives in the science curriculum. In S.K. Abell & N.G. Lederman (Eds.), *Handbook of research on science education* (pp. 881 – 910). London: Lawrence Erlbaum Associates.

Aikenhead, G.S., Orpwood, G., & Fensham, P. (2011). Scientific literacy for a knowledge society. In C. Linder, L. Östman, D.A. Roberts, P. Wickman, G. Erickson, & A. MacKinnon (Eds.), *Promoting scientific literacy: Science education research in transaction* (pp. 28 – 44). New York: Routledge/Taylor & Francis Group.

Akerson, V.L., Abd-El-Khalick, F.S., & Lederman, N.G. (2000). Influence of a reflective activity-based approach on elementary teachers' conceptions of the nature of science. *Journal of Research in Science Teaching, 37,* 295 – 317.

Albe, V. (2008 a). Students' positions and considerations of scientific evidence about a controversial socioscientific issue. *Science & Education, 17*(8 – 9), 805 – 827.

Albe, V. (2008 b). When scientific knowledge, daily life experience, epistemological and social considerations intersect: Students' argumentation in group discussions on a socio-scientific issue. *Research in Science Education, 38,* 67 – 90.

Barab, S.A., Sadler, T.D., Heiselt, C., Hickey, D., & Zuiker, S. (2010). Erratum to: Relating narrative, inquiry, and inscriptions: Supporting consequential play. *Journal of Science Education and Technology, 19*(4), 387 – 407.

Barrett, S.E., & Nieswandt, M. (2010). Teaching about ethics through socioscientific issues in physics and chemistry: Teacher candidates' beliefs. *Journal of Research in Science Teaching, 47,* 380 – 401.

Bell, R.L., & Lederman, N.G. (2003). Understandings of the nature of science and decision making on science- and technology-based issues. *Science Education, 87,* 352 – 377.

Bell, R.L., Matkins, J.J., & Gansneder, B.M. (2011). Impacts of contextual and explicit instruction on preservice elementary teachers' understandings of the nature of science. *Journal of Research in Science Teaching, 48,* 414 – 436.

Bencze, J.L. (2001). Subverting corporatism in school science. *Canadian Journal of Science, Mathematics and Technology Education, 1*(3), 349 – 355.

Bencze, J.L., Sperling, E., & Carter, L. (2012). Students' research-informed socio-scientific activism: Re/Visions for a sustainable future. *Research in Science Education, 42,* 129 – 148.

Ben-Zvi Assaraf, O., & Orion, N. (2005). Development of system thinking skills in the context of earth system education. *Journal of Research in Science Teaching, 42*, 518–560.

Berkowitz, M.W., & Simmons, P.E. (2003). Integrating science education and character education: The role of peer discussion. In D.L. Zeidler (Ed.), *The role of moral reasoning on socioscientific issues and discourse in science education* (pp.117–138). Dordrecht, the Netherlands: Kluwer Academic Press.

Bowers, C.A. (2001). *Educating for eco-justice and community.* Athens: University of Georgia Press.

Brown, M.N. (2002). The mandate for interdisciplinarity in science education: The case of economic and environmental sciences. *Science & Education, 11*, 513–522.

Burek, K., & Zeidler, D.L. (in-press). Seeing the forest for the trees! Conservation and activism through socioscientific issues for young students. In M. Mueller & D.J. Tippins (Eds.), *Ecojustice, citizen science & youth activism: Situated tensions for science education.* Dordrecht, the Netherlands: Springer.

Çalik, M., & Coll, R.K. (2012). Investigating socioscientific issues via scientific habits of mind: Development and validation of the scientific habits of mind survey. *International Journal of Science Education, 34*(12), 1909–1930.

Chang, S.N., & Chiu, M.H. (2008). Lakatos' scientific research programmes as a framework for analysing informal argumentation about socio-scientific issues. *International Journal of Science Education, 30*(13), 1753–1773.

Choi, K., Lee, H., Shin, N., Kim, S., & Krajcik, J. (2011). Re-conceptualization of scientific literacy in South Korea for the 21st Century. *Journal of Research in Science Teaching, 48*(6), 670–697.

Colucci-Gray, L., Camino, E., Barbiero, G., & Gray, D. (2006). From scientific literacy to sustainability literacy: An ecological framework for education. *Science Education, 90*, 227–252.

Davis, M. (1999). *Ethics and the university.* London: Routledge.

Dawson, V., & Venville, G.J. (2009). High-school students' informal reasoning and argumentation about biotechnology: An indicator of scientific literacy? *International Journal of Science Education, 31*, 1421–1445.

Dawson, V.M., & Venville, G. (2010). Teaching strategies for developing students' argumentation skills about socioscientific issues in high school genetics. *Research in Science Education, 40*(2), 133–148.

Develaki, M. (2008). Social and ethical dimension of the natural sciences, complex problems of the age, interdisciplinarity, and the contribution of education. *Science & Education, 17*, 873–888.

Dolan, T.J., Nichols, B.H., & Zeidler, D.L. (2009). Using socioscientific issues in primary classrooms. *Journal of Elementary Science Teacher Education, 21*(3), 1–12.

Dori, Y.J., Tal, R.T., & Tsaushu, M. (2003). Learning and assessing biotechnology topics through case studies with built-in dilemmas. *Science Education, 87*, 767–793.

Eastwood, J.L., Sadler, T.D., Zeidler, D.L., Lewis, A., Amiri, L., & Applebaum, S. (2012). Contextualizing nature of science instruction in socioscientific issues. *International Journal of Science Education, 34*(15), 2289–2315.

Erduran, S., Simon, S., & Osborne, J. (2004). TAPping into argumentation: Developments in the application of Toulmin's argument pattern for studying science discourse. *Science & Education, 88*(6), 915–933.

Evagorou, M. (2011). Discussing a socioscientific issue in a primary school classroom: The case of using a technology-supported environment in formal and nonformal settings. In T.D. Sadler (Ed.), *Socio-scientific issues in science classrooms: Teaching, learning and research* (pp.133–159). Dordrecht, the Netherlands: Springer.

Evans, J.St.B.T. (2003). Of two minds: Dual-process accounts of reasoning. *Trends in Cognitive Sciences, 7*, 454–459.

Falk, J.H., Storksdieck, M., & Dierking, L.D. (2007). Investigating public science interest and understanding: Evidence for the importance of free-choice learning. *Public Understanding of Science, 16*(4), 455–469.

Falk, J.H., & Heimlich, J.E. (2009). Who is the free-choice environmental education learner? In J.H. Falk, J.E. Heimlich, & S. Foutz (Ed.), *Free-choice learning and the environment* (pp.23–38). Lanham MD, AltaMira Press.

Fensham, P.J. (1983). A research base for new objectives of science teaching. *Science Education, 67*, 3–12.

Fensham, P.J. (2009). Real world contexts in PISA science: Implications for context-based science education. *Journal of Research in Science Teaching, 46*(8), 884–896.

Fioravanti, C., & Velho, L. (2010). Let's follow the actors!

Does actornetwork theory have anything to contribute to science journalism? *Journal of Science Communication, 9*(4), 1–8.

Fischer-Mueller, J., & Zeidler, D.L. (2002). A case study of teacher beliefs in contemporary science education goals and classroom practices. *Science Educator, 11*(1), 46–57.

Fleming, R. (1986a). Adolescent reasoning in socio-scientific issues. Part I: Social cognition. *Journal of Research in Science Teaching, 23*, 677–687.

Fleming, R. (1986b). Adolescent reasoning in socio-scientific issues. Part II: Nonsocial cognition. *Journal of Research in Science Teaching, 23*, 689–698.

Forbes, C.T., & Davis, E.A. (2008). Exploring preservice elementary teachers' critique and adaptation of science curriculum materials in respect to socioscientific issues. *Science & Education, 17*, 829–854.

Fowler, S.R., Zeidler, D.L., & Sadler, T.D. (2009). Moral sensitivity in the context of socioscientific issues in high school science students. *International Journal of Science Teacher Education, 31*(2), 279–296.

Gaskell, P.J. (1982). Science, technology and society: Issues for science teachers. *Studies in Science Education, 9*, 33–46.

Gauch, Jr., H.G. (2009). Responses and clarification regarding science and worldviews. In Michael R. Matthews (Ed.), *Science, worldviews and education* (pp. 303–325). Dordrecht, the Netherlands: Springer.

Grace, M.M., & Ratcliffe, M. (2002). The science and values that young people draw upon to make decisions about biological conservation issues. *International Journal of Science Education, 24*(11), 1157–1169.

Green, T.F. (1975). Perspectives on thinking about change: A study on the nature of policy thinking and the principles of moral education: Final report. Report for the Kettering Foundation Exploration Fund. Syracuse, NY: Center for Human Future.

Green, T.F. (1999). *Voices: The educational formation of conscience.* Notre Dame, IN: University of Notre Dame Press.

Halverson, K.L., Siegel, M.A., & Freyermuth, S.K. (2009). Lenses for framing decisions: Undergraduates' decision making about stem cell research. *International Journal of Science Education, 31*(9), 1249–1268.

Hanegan, N.L., Price, L., & Peterson, J. (2007). Disconnections between teacher expectations and students confidence in bioethics. *Science & Education, 17*, 921–940.

Hodson, D. (1999). Going beyond cultural pluralism: Science education for sociopolitical action. *Science Education, 83*(6), 775–796.

Hodson, D. (2003). Time for action: Science education for an alternative future. *International Journal of Science Education, 25*(6), 645–670.

Hodson, D. (2006). Why we should prioritize learning about science. *Canadian Journal of Science, Mathematics and Technology Education, 6*(3), 293–311.

Hodson, D. (2010). Science education as a call to action. *Canadian Journal of Science, Mathematics and Technology Education, 10*(3), 197–206.

Hogan, K. (2002). Small groups' ecological reasoning while making an environmental management decision. *Journal of Research in Science Teaching, 39*, 341–368.

Hughes, G. (2000). Marginalization of socioscientific material in science-technology-society science curricula: Some implications for gender inclusivity and curriculum reform. *Journal of Research in Science Teaching, 37*(5), 426–440.

Ibáñez-Orcajo, M.T., & Martínez-Aznar, M.M. (2007). Solving problems in genetics, part III: Change in the view of the nature of science. *International Journal of Science Education, 29*(6), 747–769.

Karrow, D., & Fazio, X. (2010). Educating-within-place: Care, citizen science, and ecojustice. In D. Tippins, M. Mueller, M. van Eijck, & J. Adams (Eds.), *Cultural studies and environmentalism: The confluence of ecojustice, place-based (science) education, and indigenous knowledge systems* (pp. 193–214). New York: Springer.

Khishfe, R. (2012a). Relationship between nature of science understandings and argumentation skills: A role for counterargument and contextual factors. *Journal of Research in Science Teaching, 49*(4), 489–514.

Khishfe, R. (2012b). Nature of science and decision-making. *International Journal of Science Education, 1*(1), 67–100.

Khishfe, R., & Lederman, N. (2006). Teaching nature of science within a controversial topic: Integrated versus non-integrated. *Journal of Research in Science Teaching, 43*, 395–318.

Khishfe, R., & Lederman, N. (2007). Relationship between instructional context and views of nature of science.

International Journal of Science Education, 29, 939 – 961.

Kincheloe, J.L., & Tobin, K. (2009). The much exaggerated death of positivism. *Cultural Studies of Science Education, 4*, 513 – 528.

King, K., Shumow, L., & Lietz, S. (2001). Science education in an urban elementary school: Case studies of teacher beliefs and classroom practices. *Science Education, 85*, 89 – 110.

King, P.M., & Kitchener, K.S. (1994). *Developing reflective judgment: Understanding and promoting intellectual growth and critical thinking in adolescents and adults.* San Francisco: Jossey-Bass.

King, P.M., & Kitchener, K.S. (2002). The reflective judgment model: Twenty years of research on epistemic cognition. In B.K. Hofer & P.R. Pintrich (Eds.), *Personal epistemology: The psychology of beliefs about knowledge and knowing* (pp. 37 – 61). Mahwah, NJ: Lawrence Erlbaum Associates, Inc.

King, P.M., & Kitchener, K.S. (2004). Reflective judgment: Theory and research on the development of epistemic assumptions through adulthood. *Educational Psychologist, 39*(1), 5 – 18.

Klosterman, M.L., & Sadler, T.D. (2010). Multi-level assessment of scientific content knowledge gains associated with socioscientific issues-based instruction. *International Journal of Science Education, 32*, 1017 – 1043.

Klosterman, M.L., Sadler, T., & Brown, J. (2012). Science teachers' use of mass media to address socio-scientific and sustainability issues. *Research in Science Education, 42*, 51 – 74.

Kolstø, S.D. (2000). Consensus projects: Teaching science for citizenship. *International Journal of Science Education, 22*(6), 645 – 664.

Kolstø, S.D. (2001a). Scientific literacy for citizenship: Tools for dealing with the science dimension of controversial socioscientific issues. *Science Education, 85*, 291 – 310.

Kolstø, S.D. (2001b). "To trust or not to trust, . . ."— pupils' ways of judging information encountered in a socioscientific issue. *International Journal of Science Education, 23*(9), 877 – 901.

Kolstø, S.D. (2006). Patterns in students' argumentation confronted with a risk-focused socio-scientific issue. *International Journal of Science Education, 28*, 1689 – 1716.

Kolstø, S.D., Bungum, B., Arnesen, E., Isnes, A., Kristensen, T., Mathiassen, K., Mestad, I., Quale, A., Tonning, A.S.V., & Ulvik, M. (2006). Science students' critical examination of scientific information related to socioscientific issues. *Science Education, 90*, 632 – 655.

Kuhn, D. (1993). Science as argument: Implications for teaching and learning scientific thinking. *Science Education, 77*, 319 – 337.

Lakatos, I. (1970). The methodology of scientific research programmes. In I. Lakatos & A. Musgrave (Eds.), *Criticism and the growth of knowledge* (pp. 91 – 195). New York: Cambridge University Press.

Lakatos, I. (1978). *Falsification and the methodology of scientific research programmes.* New York: Cambridge University Press.

Latour, B. (2005). *Reassembling the social: An introduction to Actor-Network Theory.* Oxford, UK: Oxford University Press.

Lederman, N.G., Antink, A., & Bartos, S. (2014). Nature of science, scientific inquiry, and socio-scientific issues arising from genetics: A pathway to developing a scientifically literate citizenry. *Science & Education 23*(2), 285 – 302.

Lee, H., Abd-El-Khalick, F., & Choi, K. (2006). Korean (此处指韩国——出版者注) science teachers' perceptions of the introduction of socioscientific issues into the science curriculum. *Canadian Journal of Science, Mathematics and Technology Education, 6*(2), 97 – 117.

Lee, H., Chang, H., Choi, K., Kim, S.W., & Zeidler, D.L. (2012). Developing character and values for global citizens: Analysis of preservice science teachers' moral reasoning on socioscientific issues. *International Journal of Science Education, 34*(6), 925 – 953.

Lee, H., & Witz, K.G. (2009). Science teachers' inspiration for teaching socio-scientific issues: Disconnection with reform efforts. *International Journal of Science Education, 31*, 931 – 960.

Lee, H., Yoo, J., Choi, K., Kim, S., Krajcik, J., Herman, B., & Zeidler, D.L. (2013). Socioscientific issues as a vehicle for promoting character and values for global citizens. *International Journal of Science Education, 35*(12), 2079 – 2113.

Lee, S., & Roth, W.M. (2003). Of traversals and hybrid spaces: Science in the community. *Mind, Culture, & Activity, 10*, 120 – 142.

Lee, Y.C. (2007). Developing decision-making skills for

socio-scientific issues. *Journal of Biological Education, 41*, 170–177.

Lemke, J.L. (2001). Articulating communities: Sociocultural perspectives on science education. *Journal of Research in Science Teaching, 38*(3), 296–316.

Lester, B.T., Ma, L., Lee, O., & Lambert J. (2006). Social activism in elementary science education: A science, technology, and society approach to teach global warming. *International Journal of Science Education, 28*(4), 315–339.

Levinson, R. (2006). Towards a theoretical framework for teaching controversial socio-scientific issues. *International Journal of Science Education, 8*, 1201–1224.

Levinson, R. (2008). Promoting the role of the personal narrative in teaching controversial socio-scientific issues. *Science & Education, 17*, 855–871.

Levinson, R. (2013). Practice and theory of socio-scientific issues: An authentic model? *Studies in Science Education, 49*(1), 99–116.

Levinson, R., & Turner, S. (2001). *Valuable lessons: Engaging with the social context of science in schools.* London: The Wellcome Trust.

Lewis, J., & Leach, J. (2006). Discussion of socio-scientific issues: The role of science knowledge. *International Journal of Science Education, 28*, 1267–1287.

Linn, M.C., Clark, D., & Slotta, J.D. (2003). WISE design for knowledge integration. *Science Education, 87*(4), 517–538.

Linn, M.C., Eylon, B., & Davis, E.A. (2004). The knowledge integration perspective on learning. In M. Linn, E. Davis, & P. Bell (Eds.), *Internet environments for science education* (pp. 29–46). Hillsdale, NJ: Lawrence Erlbaum Associates.

Linn, M.C., Lee, H.-S., Tinker, R., Husic, F., & Chiu, J.L. (2006). Teaching and assessing knowledge integrations in science. *Science Education, 313*, 1049–1050.

Liu, S.Y., Lin, C.S., & Tsai, C.C. (2011). College students' scientific epistemological views and thinking patterns in socioscientific decision making. *Science Education, 95*, 497–517.

Lyons, T. (2006). Different countries, same science classes. Students' experiences of school science in their own words. *International Journal of Science Education, 28*, 591–613.

Matkins, J.J., & Bell, R.L. (2007). Awakening the scientist inside: Global climate change and the nature of science in an elementary science methods course. *Journal of Science Teacher Education, 18*, 137–163.

Matthews, M.R. (2009). Teaching the philosophical and worldview components of science. *Science & Education, 18*(6–7), 697–728.

McLaughlin, T. (2003). Teaching controversial issues in citizenship education. In A. Lockyer, B. Crick, & J. Annette (Eds.), *Education for democratic citizenship* (pp. 149–160). Ashgate, UK: Aldershot.

Melville, W., Yaxley, B., & Wallace, J. (2007). Virtues, teacher professional expertise, and socioscientific issues. *Canadian Journal of Environmental Education, 12*, 95–109.

Moore, W.S. (1989). The "learning environment preferences": Exploring the construct validity of an objective measure of the Perry scheme of intellectual development. *Journal of College Student Development, 30*, 504–514.

Mueller, M. (2008). EcoJustice as ecological literacy is much more than being "green!" *Educational Studies, 44*, 155–166.

Mueller, M.P. (2009). Educational reflections on the "ecological crisis": Ecojustice, environmentalism and sustainability. *Science & Education, 18*, 1031–1056.

Mueller, M.P., & Tippins, D.J. (2010). The need for confluence: Why a "river" runs through it. In D. Tippins, M. Mueller, M. van Eijck, & J. Adams (Eds.), *Cultural studies and environmentalism: The confluence of ecojustice, place-based (science) education, and indigenous knowledge systems* (pp. 1–4). New York: Springer.

Mueller, M.P., & Zeidler, D.L. (2010). Moral-ethical character and science education: Ecojustice ethics through socioscientific issues (SSI). In D. Tippins, M. Mueller, M. van Eijck, & J. Adams (Eds.), *Cultural studies and environmentalism: The confluence of ecojustice, place-based (science) education, and indigenous knowledge systems* (pp. 105–128). New York: Springer.

Mueller, M.P., Zeidler, D.L., & Jenkins, L.L. (2011). Earth's role in moral reasoning and functional scientific literacy. In J.L. DeVitis & T. Yu (Eds.), *Character and moral education: A reader* (pp. 382–391). New York: Peter Lang.

Nielsen, J.A. (2012). Science in discussions: An analysis of the use of science content in socioscientific discussions. *Science Education, 96*, 428–456.

Nuangchalerm, P. (2009). Development of socioscientific issues-base teaching for preservice teachers. *Journal of Social Sciences, 5*(3), 239–243.

Nuangchalerm, P. (2010). Engaging students to perceive nature of science through socioscientific issues-based instruction. *European Journal of Social Sciences, 13*(1), 34–37.

Orpwood, G.W.F., & Roberts, D.A. (1980). Science and society: Dimensions for science education for the '80s. *Orbit, 51*, 21–25.

Osborne, J., Erduran, S., & Simon, S. (2004). Enhancing the quality of argumentation in school science. *Journal or Research in Science Teaching, 41*, 994–1020.

Östman, L., & Almqvist, J. (2011). What do values and norms have to do with scientific literacy? In C. Linder, L. Östman, D.A., Roberts, P., Wickman, G., Erickson, & A. MacKinnon (Eds.), *Promoting scientific literacy: Science education research in transaction* (pp.160–173). New York: Routledge/Taylor & Francis Group.

Patronis, T., Potari, D., & Spiliotopoulou, V. (1999). Students' argumentation in decision-making on a socio-scientific issue: Implications for teaching. *International Journal of Science Education, 21*, 745–754.

Pea, R., & Collins, A. (2008). Learning how to do science education: Four waves of reform. In Y. Kali, M.C. Linn, & J.E. Roseman (Eds.), *Designing coherent science education: Implications for curriculum, instruction, and policy* (pp.3–12). New York: Teachers College Press.

Pedretti, E. (2003). Teaching science, technology, society and environment (STSE) education: Preservice teachers' philosophical and pedagogical landscapes. In D.L. Zeidler (Ed.), *The role of moral reasoning on socioscientific issues and discourse in science education* (pp.219–239). Dordrecht, the Netherlands: Kluwer Academic Press.

Pedretti, E.G., Bencze, J.L., Hewitt, J., Romkey, L., & Jivraj, A. (2007). Promoting issues-based STSE perspectives in science teacher education: Problems of identity and ideology. *Science & Education, 17*, 941–960.

Perry, W.G. (1970). *Forms of intellectual and ethical development in the college years.* San Francisco: Jossey-Bass.

Pouliot, C. (2009). Using the deficit model, public debate model and co-production of knowledge models to interpret point of view of students concerning citizens' participation in socioscientific issues. *International Journal of Environmental & Science Education, 4*(1), 49–73.

Ratcliffe, M. (1997). Pupil decision-making about socio-scientific issues within the science curriculum. *International Journal of Science Education, 19*(2), 167–182.

Ratcliffe, M., & Grace, M. (2003). *Science education for citizenship: Teaching socio-scientific issues.* Buckingham, UK: Open University Press.

Ratcliffe, M., & Millar, R. (2009). Teaching for understanding of science in context: Evidence from the pilot trials of the twenty first century science courses. *Journal of Research in Science Teaching, 46*(8), 945–959.

Reiss, M. (1999). Teaching ethics in science. *Studies in Science Education, 34*, 115–140.

Reiss, M. (2003). Science education for social justice. In C. Vincent (Ed.), *Social justice education and identity* (pp.153–164). London: RoutledgeFalmer.

Reiss, M. (2008). The use of ethical frameworks by students following a new science course for 16–18 year-olds. *Science & Education, 17*, 889–902.

Roberts, D.A. (2007). Scientific literacy/science literacy. In S.K. Abell & N.G. Lederman (Eds.), *Handbook of research on science education* (pp.729–780). Mahwah, NJ: Lawrence Erlbaum Associates.

Roberts, D.A. (2011). Competing visions of scientific literacy: The influence of a science curriculum policy image. In C. Linder, L. Östman, D.A. Roberts, P. Wickman, G. Erickson, & A. MacKinnon (Eds.), *Promoting scientific literacy: Science education research in transaction* (pp.11–27). New York: Routledge/Taylor & Francis Group.

Roszak, T. (1968). *The making of a counter culture: Reflection on the technocratic society and its youthful opposition.* New York: Anchor Books.

Roth, W.-M., & Désautels, J. (2004). Educating for citizenship: Reappraising the role of science education. *Canadian Journal of Science, Mathematics and Technology Education, 4*(2), 149–168.

Roth, W.-M., & Lee, S. (2004). Science education as/for participation in the community. *Science Education, 88*(2), 263–294.

Sadler, T.D. (2004a). Informal reasoning regarding socioscientific issues: A critical review of the research. *Journal of Research in Science Teaching, 41*(5), 513–536.

Sadler, T.D. (2004b). Moral and ethical dimensions of socioscientific decision-making as integral components of scientific literacy. *Science Educator, 13*, 39–48.

Sadler, T.D. (2004c). Moral sensitivity and its contribution to the resolution of socio-scientific issues. *Journal of Moral Education, 33*(3), 339–358.

Sadler, T.D. (2004d). Moral and ethical dimensions of socioscientific decision-making as integral components of scientific literacy. *The Science Educator, 13*, 39–48.

Sadler, T.D. (2005). Evolutionary theory as a guide to socioscientific decision-making. *Journal of Biological Education, 39*(2), 68–72.

Sadler, T.D. (2009). Situated learning in science education: Socio-scientific issues as contexts for practice. *Studies in Science Education, 45*(1), 1–42.

Sadler, T.D. (2011). Situating socio-scientific issues in classrooms as a means of achieving goals of science education. In T.D. Sadler (Ed.), *Socio-scientific issues in science classrooms: Teaching, learning and research* (pp.1–9). Dordrecht, the Netherlands: Springer.

Sadler, T.D., Amirshokoohi, A., Kazempour, M., & Allspaw, K.M. (2006). Socioscience and ethics in science classrooms: Teacher perspectives and strategies. *Journal of Research in Science Teaching, 43*, 353–376.

Sadler, T.D., Barab, S.A., & Scott, B. (2007). What do students gain by engaging in socioscientific inquiry? *Research in Science Education, 37*(4), 371–391.

Sadler, T.D., Chambers, F.W., & Zeidler, D.L. (2004). Student conceptualizations of the nature of science in response to a socio-scientific issue. *International Journal of Science Education, 26*, 387–409.

Sadler, T.D., & Donnelly, L.A. (2006). Socioscientific argumentation: The effects of content knowledge and morality. *International Journal of Science Education, 28*, 1463–1488.

Sadler, T.D., & Fowler, S.R. (2006). A threshold model of content knowledge transfer for socioscientific argumentation. *Science Education, 90*(6), 986–1004.

Sadler, T.D., Klosterman, M.L., & Topcu, M.S. (2011). Learning science content and socio-scientific reasoning through classroom explorations of global climate change. In T.D. Sadler (Ed.), *Socio-scientific issues in science classrooms: Teaching, learning and research* (pp.45–77). Dordrecht, the Netherlands: Springer.

Sadler, T.D., & Zeidler, D.L. (2004). The morality of socioscientific issues: Construal and resolution of genetic engineering dilemmas. *Science Education, 88*(1), 4–27.

Sadler, T.D., & Zeidler, D.L. (2005a). Patterns of informal reasoning in the context of socioscientific decision-making. *Journal of Research in Science Teaching, 42*(1), 112–138.

Sadler, T.D., & Zeidler, D.L. (2005b). The significance of content knowledge for informal reasoning regarding socioscientific issues: Applying genetics knowledge to genetic engineering issues. *Science Education, 89*(1), 71–93.

Sadler, T.D., & Zeidler, D.L. (2009). Scientific literacy, PISA, and socioscientific discourse: Assessment for progressive aims of science education. *Journal of Research in Science Teaching, 46*(8), 909–921.

Santos, W.L.P. dos. (2009). Scientific literacy: A Freirean perspective as a radical view of humanistic science Education. *Science Education, 93*, 361–382.

Saunders, K.J., & Rennie, L.J. (2013). A pedagogical model for ethical inquiry into socioscientific issues in science. *Research in Science Education, 43*, 253–274.

Schommer-Aikins, M., & Hutter, R. (2002). Epistemological beliefs and thinking about everyday controversial issues. *Journal of Psychology, 136*(1), 5–20.

Seethaler, S., & Linn, M. (2004). Genetically modified food in perspective: An inquiry-based curriculum to help middle school students make sense of tradeoffs. *International Journal of Science Education, 26*(14), 1765–1785.

Serpell, R. (2011). Social responsibility as a dimension of intelligence, and as an educational goal: Insights from programmatic research in an African society. *Child Development Perspectives, 5*(2), 126–133.

Sharma, A. (2010). Working for change: Reflections on the issue of sustainability and social change. In D. Tippins, M. Mueller, M. van Eijck, & J. Adams (Eds.), *Cultural studies and environmentalism: The confluence of ecojustice, place-based (science) education, and indigenous knowledge systems* (pp.171–179). New York: Springer.

Simon, S., & Amos, R. (2011). Decision making and use of evidence in a socio-scientific problem on air quality. In T.D. Sadler (Ed.), *Socio-scientific issues in the classroom* (Vol. 39, pp.167–192). Dordrecht, the Netherlands: Springer.

Simonneaux, L. (2008). Argumentation in socio-scientific contexts. In S. Erduran & M.P. Jiménez-Aleixandre (Eds.), *Argumentation in science education: Perspectives from* classroom-based research* (pp. 179 – 199). Dordrecht, the Netherlands: Springer.

Simonneaux, J., & Simonneaux, L. (2012). Educational configurations for teaching environmental socioscientific issues within the perspective of sustainability. *Research in Science Education, 42*, 75 – 94.

Slotta, J.D., & Linn, M.C. (2009). *WISE science.* New York: Teachers' College Press.

Smith, G.A., & Williams, D.R. (Eds.). (1999). *Ecological education in action: On weaving education, culture, and the environment.* Albany: State University of New York Press.

Sperling, E., & Bencze, J.L. (2010). "More than particle theory": Citizenship through school science. *Canadian Journal of Science, Mathematics and Technology Education, 10*(3), 255 – 26.

Sternäng, L., & Lundholm, C. (2011). Climate change and morality: Students' perspectives on the individual and society. *International Journal of Science Education, 33*(8), 1131 – 1148.

Tal, R., & Hochberg, N. (2003). Reasoning, problem-solving and reflections: Participating in WISE project in Israel. *Science Education International, 14*, 3 – 19.

Tal, T., Kali, Y., Magid, M., & Madhok, J.J. (2011). Enhancing the authenticity of a web-based module for teaching simple inheritance. In T.D. Sadler (Ed.), *Socio-scientific issues in science classrooms: Teaching, learning and research* (pp. 11 – 38). Dordrecht, the Netherlands: Springer.

Tal, T., & Kedmi, Y. (2006). Teaching socioscientific issues: Classroom culture and students' performances. *Cultural Studies of Science Education, 1*(4), 615 – 644.

Tippins, D.J., Mueller, M.P., van Eijck, M., & Adams, J. (Eds.). (2010). *Cultural studies and environmentalism: The confluence of ecojustice, place-based (science) education, and indigenous knowledge systems.* Dordrecht, the Netherlands: Springer.

Topcu, M.S., Sadler, T.D., & Yilmaz-Tuzun, O. (2010). Preservice science teachers' informal reasoning about socioscientific issues: The influence of issue context. *International Journal of Science Education, 32*, 2475 – 2495.

Toulmin, S.E. (1958). *The uses of argument.* Cambridge, UK: Cambridge University Press.

Tsai, C.-C., & Liu, S.-Y. (2005). Developing a postdimensional instrument for assessing students' epistemological views toward science. *International Journal of Science Education, 27*, 1621 – 1638.

Tytler, R. (2012). Socio-scientific issues, sustainability and science education. *Research in Science Education, 42*, 155 – 163.

Tytler, R., Duggan, S., & Gott, R. (2001). Dimensions of evidence, the public understanding of science and science education. *International Journal of Science Education, 23*, 815 – 832.

UNESCO. (2012). Education for sustainable development (ESD).

van Eemeren, F.H., & Houtlosser, P. (2007). The study of argumentation as normative pragmatics. *Pragmatics: Quarterly Publication of the International Pragmatics Association, 15*(1), 161 – 177.

Walker, K.A., & Zeidler, D.L. (2007). Promoting discourse about socio-scientific issues through scaffolded inquiry. *International Journal of Science Education, 29*, 1387 – 1410.

Wongsri, P., & Nuangchalerm, P. (2010). Learning outcomes between socioscientific issues-based learning and conventional learning activities. *Journal of Social Sciences, 6*(2), 240 – 243.

Wu, Y.T., & Tsai, C.C. (2007). High school students' informal reasoning on a socio-scientific issues: Qualitative and quantitative analyses. *International Journal of Science Education, 29*, 1163 – 1187.

Wu, Y.T., & Tsai, C.C. (2011). High school students' informal reasoning regarding a socio-scientific issue, with relation to scientific epistemological beliefs and cognitive structures. *International Journal of Science Education, 33*(3), 371 – 400.

Yang, F.-Y. (2005). Student views concerning evidence and the expert in reasoning a socio-scientific issue and personal epistemology. *Educational Studies, 31*(1), 65 – 84.

Zandvliet, D., & Fisher, D.L. (2007). *Sustainable communities, sustainable environments.* Rotterdam, the Netherlands: Sense Publishers.

Zeidler, D.L. (1984). Moral issues and social policy in science education: Closing the literacy gap. *Science Education, 68*(4), 411 – 419.

Zeidler, D.L. (1985). Hierarchical relationships among formal cognitive structures and their relationship to principled moral reasoning. *Journal of Research in Science Teaching, 22*(5), 461 – 471.

Zeidler, D.L. (1997). The central role of fallacious thinking in science education. *Science Education, 81*(4), 483–496.

Zeidler, D.L. (2001). Standard F: Participating in program development. In E. Siebert & W. McIntosh (Eds.), *Pathways to the science standards: College edition* (pp. 18–22). Arlington: VA National Science Teachers Association.

Zeidler, D.L. (2002). Dancing with maggots and saints: Past and future visions for subject matter knowledge, pedagogical knowledge, and pedagogical content knowledge in reform and science teacher education. *Journal of Science Teacher Education, 13*(1), 27–42.

Zeidler, D.L. (in-press). STEM education: A deficit framework for the 21st century? A sociocultural socioscientific response. *Cultural Studies in Science Education.*

Zeidler, D.L., Applebaum, S.M., & Sadler, T.D. (2011). Enacting a socioscientific issues classroom: Transformative transformations. In T.D. Sadler (Ed.), *Socio-scientific issues in science classrooms: Teaching, learning and research* (pp. 277–306). Dordrecht, the Netherlands: Springer.

Zeidler, D.L., Berkowitz, M., & Bennett, K. (2014). Thinking (scientifically) responsibly: The cultivation of character in a global science education community. In M.P. Mueller, D.J. Tippins, & A.J. Steward (Eds.), *Assessing schools for generation R (Responsibility): A guide to legislation and school policy in science education* (pp. 83–99). Dordrecht, the Netherlands: Springer.

Zeidler, D.L., & Keefer, M. (2003). The role of moral reasoning and the status of socioscientific issues in science education: Philosophical, psychological and pedagogical considerations. In D.L. Zeidler (Ed.), *The role of moral reasoning on socioscientific issues and discourse in science education* (pp. 7–38). Dordrecht, the Netherlands: Kluwer Academic Press.

Zeidler, D.L., Lederman, N.G., & Taylor, S.C. (1992). Fallacies and student discourse: Conceptualizing the role of critical thinking in science education. *Science Education, 75*(4), 437–450.

Zeidler, D.L., & Lewis, J. (2003). Unifying themes in moral reasoning on socioscientific issues and discourse. In D.L. Zeidler (Ed.), *The role of moral reasoning on socioscientific issues and discourse in science education* (pp. 289–306). Dordrecht, the Netherlands: Kluwer Academic Press.

Zeidler, D.L., & Nichols, B.H. (2009). Socioscientific issues: Theory and practice. *Journal of Elementary Science Teacher Education, 21*(2), 49–58.

Zeidler, D. L., Osborne, J., Erduran, S., Simon, S., & Monk, M. (2003). The role of argument and fallacies during discourse about socioscientific issues. In D.L. Zeidler (Ed.), *The role of moral reasoning on socioscientific issues and discourse in science education* (pp. 97–116). Dordrecht, the Netherlands: Kluwer Academic Press.

Zeidler, D.L., & Sadler, T.D. (2008a). The role of moral reasoning in argumentation: Conscience, character and care. In S. Erduran & M. Pilar Jiménez-Aleixandre (Eds.), *Argumentation in science education: Perspectives from classroom-based research* (pp. 201–216). Dordrecht, the Netherlands: Springer Press.

Zeidler, D.L., & Sadler, T.D. (2008b). Social and ethical issues in science education: A prelude to action. *Science & Education, 17*(8, 9), 799–803.

Zeidler, D.L., & Sadler, D.L. (2011). An inclusive view of scientific literacy: Core issues and future directions of socioscientific reasoning. In C. Linder, L. Östman, D.A. Roberts, P. Wickman, G. Erickson, & A. MacKinnon (Eds.), *Promoting scientific literacy: Science education research in transaction* (pp. 176–192). New York: Routledge/Taylor & Francis Group.

Zeidler, D.L., Sadler, T.D., Applebaum, S., & Callahan, B.E. (2009) Advancing reflective judgment through socio-scientic issues. *Journal of Research in Science Teaching*, 46, 74–101.

Zeidler, D.L., Sadler, T.D., Simmons, M.L., & Howes, E. V. (2005) Beyond STS: A research-based framework for socioscientific issues education. *Science Education*, 89(3), 357–377.

Zeidler, D.L., & Schafer, L.E. (1984). Identifying mediating factors of moral reasoning in science education. *Journal of Research in Science Teaching*, 21(1), 1–15.

Zeidler, D.L., Walker, K.A., Ackett, W.A., & Simmons, M.L. (2002). Tangled up in views: Beliefs in the nature of science and responses to socio-scientific dilemmas. *Science Education*, 86, 343–367.

35

Project Assessment

Its History, Evolution, and Current Practice

SARAH BETH WOODRUFF AND JANE BUTLER KAHLE

第35章

项目评估：

历史、演化和当前的实践

肖洋 译 陈敏华 审校

第一部分：重构系统改革的评价与评估

自20世纪80年代以来，系统改革作为一种能提升K—12阶段科学教育质量的方法，开始被人们普遍接受(Clune, Porter, & Raizen, 1999)。此外，几轮的系统改革分别指向了科学教育系统的某些方面，并在这些方面的各个水平上起到了关键的作用，例如评估系统、问责系统、标准系统和管理系统(Slavin, 2005)。本章对此展开的讨论，将有助于全面地考虑科学教育系统，把其看成由各种相互联系的成分和子系统在横、纵两个方向上组合而成。例如，横向的系统改革可能涉及一个地区内所有学校的科学教育。另一方面，在美国国家教育系统的范围内，纵向的系统改革可能指向所有学校和地区教师的自然科学知识。这些系统作为美国国家教育系统的一部分，对各级教育政策和实践产生的影响越来越大。

正如苏波维茨(Supovitz)和泰勒(Taylor)(2005)所指出的，系统性教育改革旨在通过引入系统内多个方面的、相互加强的改革，实现对教与学的大规模改进。埃尔莫尔(Elmore, 1996)则指出，系统改革的问题主要是规模，换句话说，系统改革最终能否改善学生的表现取决于改革在教师课堂上的普及程度。尽管半个多世纪以来科学教育改革已经增加了系统内各成分之间的一致性和各级教育系统(美国、州和地方)之间的一致性，但学生科学学业成就的提高还未令人满意。

另一个问题是，如何对系统性教育改革进行大规模评估。随着系统改革工作的激增，评价系统改革一般有三种方法(Chatterji, 2002; Supovitz & Taylor, 2005)。其中两种方法是(a)审查系统的某个特定成分和(b)将关键成分进行分解以独立进行审查。这两种方法都无法捕捉到系统改革的复杂性和连贯性。此外，查特吉(Chatterji, 2002)认为，这些有限的、非系统性的评价工作并没有为学校、学校系统或各个州提供战略决策的信息。第三种系统评价的方法与基于理论的评价密切相关[1]，需要同时仔细检查系统相关的成分。可以论证的是，虽然地方系统对改革的评估也存在复杂性，但是地方系统对改革评估的评价能力要更强。由于这个原因和其他原因，实施地方性项目评估是被鼓励的，而且在许多情况下，项目的资助者要求地方性项目评估作为一种衡量系统改革效果的方法。

前三轮系统改革的贡献

第一轮：课本和教学。虽然“系统改革”一词并没有在20世纪60年代和70年代使用，但是美国开展了大规模改革工作，涉及教育系统的两个主要组成部分：课本和教学。在教育和政治上，教育系统的这两个部分都被视为弱项（Dow, 1999; Nelkin, 1977; Office of Technology Assessment [OTA], 1988）。这两项改革工作都对科学教育产生了实质性影响，两者的协同作用还增强了各自原本的效果。20世纪60年代和70年代的改革覆盖全美国，反映了改进科学教育的共同愿景，而且受到了政策上对培养科学和技术劳动力迫切需求的推动。课程方面改革工作的重点是更新和改进学生使用的课程材料，以增加学科知识。教师专业发展方面的改革工作也关注到要增强学科知识，同时稍有强调提高教学技能。教师改革工作的一大持久影响体现在增强了教师的专业化和自主权（OTA, 1988; Sahlberg, 2006）。现在，仍然有源源不断的资金拨给了课程改革和教师培训，拨款始终与各国具有竞争性的科学与技术发展的政策评估相挂钩（Schneider & Keesler, 2007）。

已有的研究表明（Dow, 1999; Nelkin, 1977; OTA, 1988），第一轮改革中改进课程的愿景受到了一些政治和教育现实问题的影响。由于缺乏符合课程目标的独立性测试，有关新课程有效性的研究并不足够。此外，尽管第一轮改革涉及了教育系统的两大组成部分（课本和教学），但是当时的政治措施阻碍了原本可以系统改进科学教育的两次巨大改革工作之间的连接，而且每一次的效果也都因这样的现实问题被削弱了。回首望去，有相当多的研究表明，新课程提升了学生对科学的态度，并提高了学生的学业成就（Kahle, 2004; Kahle & Woodruff, 2011）。然而，几乎没有证据表明教师培训机构对课堂实践或学生学业成就存在影响（OTA, 1988）。如前所述，这些机构所取得的成效主要是由科学教学专业化的变革带来的（OTA, 1988; Sahlberg, 2006）。

第二轮：课程和能力。在20世纪80年代的十年里，美国的学校开始了史上范围最大的学校改革工作（Finn, 2002; Murphy, 1991 in Schneider & Keesler, 2007）。例如，托克（Toch, 1991）估计，在这十年中颁布了3,000多项学校改革措施。这一轮改革希望通过更严格的管理来提高学生的学业成就，提高科学学科毕业要求和实施标准化评估。

尽管对于第二轮改革是否是真正的系统性改革的问题还未有定论，但学者认为这是一次重大的教育变革。在20世纪80年代，有两个议题对大规模教育改革的影响至关重要。第一，美国各州在提高数学和科学的毕业要求的同时，限制了可用于达到毕业要求的课程类型。第二，美国各州开始进行高利害考试，考查学生的技能和知识。然而，正如一份报告所指出的，20世纪80年代的改革工作没有起到任何作用：

> （20世纪80年代的改革并没有）改变教学内容（尤其是对基本技能的关注）或改变主流的教学观念。这是因为分裂的甚至相互矛盾的政策转移了教师的注意力，并且几乎或根本没有为必要的专业学习提供支持。
>
> （Goertz, Floden, & O'Day, 1996, p. xi）

此外，在这段时间内，学校外部监管力量的加强降低了教师的自主权，同时提高了教师实践工作标准（Hargreaves & Goodson, 2006; Sahlberg, 2006）。

随着这个十年画上句号，文献中开始出现科学和数学教育改革系统方法的概念（Horizon Research, Inc., 1994）。以前那些被称为全面的改革计划开始显得不够全面了，研究人员和政策制定人员开始考量通过改革影响整个教育系统的方法。

第三轮：卓越和公平。20世纪80年代末发布的数学教育标准（美国数学教师协会[National Council of Teachers of Mathematics, NCTA], 1989）和科学教育标准（美国科学促进会[American Association for the Advancement of Science, AAAS], 1993；美国国家研究理事会[National Research Council, NRC], 1996）要求系统改革必须在卓越和公平之间达成平衡。此外，通过美国国家科学基金会（National Science Foundation [NSF]）发起的全面、系统的计划，20世纪90年代开始有了系统改革的提法。虽然史密斯（Smith）和欧戴（O'Day）(1991) 将系统改革描述为一个国家级的概念框架，而这个概念也被应用到了美国各州、学区和学校一级，所有层级都代表了不同复杂程度的系统。在不同迭代中，科学教育的系统改革面向了教育系统的不同层级，以及系统在各个层级上存在交叉的某些方面。从1991年到2001年，NSF对科学和数学教育改革的支持包括州级（全州系统计划[Statewide Systemic Initiatives, SSI]）、学校系统级（城市系统计划[Urban Systemic Initiatives, USI]）、地区级（农村系统计划[Rural Systemic Initiatives, RSI]）和校级（地方系统变革[Local Systemic Change, LSC]）。[2]这些改革的共同之处是希望影响教育系统的方方面面。然而，这种系统本身就是有界限的（NSF, 2004）。

赫克（Heck, 1998）指出，"公平，正如NSF所设想的那样……不是提供给传统意义上资源匮乏和成绩不佳的学生群体的"（p.169）。相反，整个系统都应该发生变革，使得所有学生都能充分发挥他们的潜力。NSF的系统性举措旨在全面地改进教育系统，在这一过程中，假设变革会提高学生在科学和数学方面的学业成就（Weiss & Webb, 2003）。20世纪80年代，科学课程的激增可能导致了学业成就的变化，这与公平的初衷是相违背的。因此，消除这种变化就是NSF系统性计划（如SSI、USI、RSI、LSC）的目标之一，它几乎独自推动了90年代的科学教育改革工作（Kahle, 2007）。

伴随着NSF在系统改革方面的不断努力，美国教育部提出了《不让一个孩子掉队》（No Child Left Behind [NCLB]）法案。该法案得到了美国两党的支持，同时该法案也注重学校和学生群体之间的公平。2001年的《不让一个孩子掉队》法案要求公立学校承担责任，确保所有学生达到熟练水平，并让学生在达成标准化学习目标的过程中每年都要有足够的进步（美国教育部[U.S. Department of Education, USDOE], 2002）。

第三轮改革过程中进行了多次广泛的评价，虽然从中了解到很多东西，但是关于这一轮改革的研究却有些令人琢磨不透。关于实现卓越和公平这两个目标，已发表的文献令人喜忧参半。[3]NSF对其系统性计划的全面评价和新兴的研究表明，总体上卓越的目标（即提高学生的学业成就）大部分并没有达成（Laguarda, 1998; Zucker & Shields, 1997; Zucker, Shields, Adelman, & Powell, 1995）。然而，个别研究和对某些系统性计划项目的案例研究表明，20世纪90年代的改革在努力追求完成卓越的目标，尽管只是在教育系统的各个部分取得了微小的进步，但是确实取得了成功（Kahle, Meece, & Scantlebury, 2000；Laguarda, 1998；Supovitz, 1996）。

过去20年间教育改革越来越强调将教育系统作为变革的单元。因此，虽然系统按照不同的组织大小来看有不同的定义，但是教育改革都设法使教育系统的各个部分能建立共同的基准并促进它们之间的一致性。人们已经吸取了与本章有关的两个教训。第一，地方环境很重要。麦克劳克林（McLaughlin, 1990）回顾了对18个州所进行的293个项目的兰德（RAND）研究，所有这些项目都获得了美国联邦大量的资助。他发现成功主要取决于地方因素，而不是美国联邦的指导方针或资助的金额水平。第二，他发现成功的项目具有许多共同的特征，如地区领导者的投入、项目的范围和项目的实施策略（McLaughlin, 1990）。这些特征似乎有助于计划的成功并保障其可持续性（Carpenter, et al., 2004；Goertz et al., 1996）。过去半个世纪的系统改革集中在地方和州两级。从当时的政策和愿景来看，就学生的学习结果而言，改革已经取得了成功。过去50年里评价和研究已经对系统改革进行了深入的探讨，包括对系统改革的理解、建立指导系统改革的模型以及提供支持系统改革的调查结果。

超越第三轮：今天的系统改革是什么？

哈格里夫斯（Hargreaves）和古德森（Goodson）（2006）将20世纪90年代末发生的这些当今的系统改革方式描述为标准化和学业成就问责制度的改革。这一阶段的改革是在《不让一个孩子掉队》法案推动下进行的，但其目标和主张已从注重公平转变为注重经济竞争力。同样，对过去被吹捧为卓越的学业成就结果，开始通过科学证据来重新衡量（Sahlberg, 2006）。

在新世纪的政策形势下，当前这一轮系统改革的愿景已经发生了显著变化，这使美国重新关注科学教育对经济竞争力的贡献（Bybee & Fuchs, 2006；Sahlberg, 2006）。不可避免地，科学教育要与国家教育改革的需求相联系，才能为日益增长的知识经济服务，培育未来的创新者。施奈德（Schneider）和基斯勒（Keesler）（2007）发现，美国政府在增强美国竞争力上的典型举措就是投入资源来培养未来的科学和技术劳动力。随着时间的推移而不断变化的是，教育体系需要为美国经济竞争力做出的贡献的程度。也就是说，政策制定者和公众最关心的问题是，学生的表现如何以及如何提高学生的表现。

阿普尔（Apple, 2001）和萨尔贝里（Sahlberg, 2006）对"教育市场化"理论做出的阐述是，当生产率、效能、责任制和竞争力成为教育改革的主导时，标准和随之而来的问责制将改善教学的质量和效果（Sahlberg, 2006, p. 262）。在美国国家政策层面，《不让一个孩子掉队》法案发起的改革目标是加强各州和美国联邦教育政策与标准的系统一致性。虽然法案的机制是市场经济机制，但法案的成功实施几乎完全依赖于各地方建立和实现那些明确且非常强烈的改进目标过程中做出的努力（Knapp, 2008 in Spicer, 2012）。为了融合这两个看似不协调的观点，教育改革的重点已经从史密斯和欧戴（1991）认为的大范围变化的系统改革（如评估、问责和管理的变化）转变为斯莱文（Slavin, 2005）所描述的那种自下而上的改革，包括在学校层级设计宏伟的模型，并为正在进行改革的学校建立技术援助网络。此外，为了在其他情境中将有效的模型进行复制，改革还需要得到其他支持。50年的系统改革为科学教师、学生和学校带来了一系列积极的成效。这主要是通过美国各州制定更明确的、为学校提供指引的政策而实现的，具体政策包括对学生学业表现和大学入学考试提出的更严格的要求、统一的评估系统、统一的学业内容标准、对教师资格证提出的高标准。然而，考虑到资源的投入程度，学生科学学业成就的提高微乎其微。[4]同样值得关注的是，美国的学校并没有成功地让更多和更多样化的学生成为科学技术领域的劳动力。《不让一个孩子掉队》法案支持了基于标准的教育改革，但其前提是设立高标准和可衡量的目标来提升个人教育上的成果。美国大多数州遵守《不让一个孩子掉队》法案的规定，制定并实施了学业内容标准，通过定期测试和年度进度跟踪来测量学生的学业成就，并对教师资格提出了更高的要求。然而，美国各州实施《不让一个孩子掉队》法案规定的效果却有所差异，其结果并不如预期那样好（Dee & Jacob, 2011; Kroger, Campbell, Thacker, Becker, & Wise, 2007; Thomas B. Fordham Foundation, 2012）。萨尔贝里（2006）、赫什伯格（Hershberg, 2005）以及其他人发现，大规模的教育改革，例如《不让一个孩子掉队》法案所推动的教育改革，不足以对教师和学生在学校中的行为产生积极的改变。事实上，安德森（Anderson, 2011）发现，尤其是基于考试的问责制政策经常与教师教学实践中的负面变化联系起来（如阻碍了探究式教学），会减少科学教学的内容，以及降低教师对教学的满意度。大量的证据表明，大规模的系统改革对教师的课堂实践几乎没有（积极的）影响（Elmore, 1993, 1996; Hess, 1999）。即使存在影响，对这些改革的大规模评价也可能无法测量到课堂层面的变化，或者也无法将变化的结果与改革所做出的努力联系起来（Shavelson & Towne, 2002; Weiss, 2000）。

回顾我们对科学教育系统的描述，科学教育系统是由横向和纵向的组成部分和子系统组成的。我们认为，学校或学区已成为系统改革的新目标。本章其余部分将重点关注项目的评估，通常涉及少部分学校或学区，以及这些项目层面的评估如何共同帮助我们理解科学教育的系统改革。

第二部分：项目评估管理政策的变化

美国联邦教育政策引起了三方面的变化，导致美国联邦资助的科学教育改革举措的关注点从计划层面的评价（program-level evaluation）转向项目层面的评估（project-level assessment）。首先，《不让一个孩子掉队》法案的规定和相应的问责制主要集中在地方一级，要求学区和学校确保学生取得进步和学业成就。第二，由于教育改革工作的研究和评价要求使用科学的、基于证据的模型和方法，这就要求改革在大规模实施的过程中保持严格。第三，美国联邦政策几乎完全把重点放在教师的学科知识和教学实践上，以此作为撬动学生学业成就提升的杠杆。要想衡量这些因素的变化，并建立起教师学科知识、教师教学实践和学生科学学业表现改善之间的联系，需要收集更贴近一线的数据，但这并不是大规模项目评价通常要收集的内容。

绩效测评和问责制落实

在美国大多数州，随着2001年《不让一个孩子掉队》法案的通过，大量的政策变化接踵而至。促进绩效的问责制推动了美国各州科学和数学学业内容标准的制定，实施了新的高利害测评制度，并对高中毕业和教师资质提出了更严格的要求。在许多州，新的科学标准是以美国全国性的科学标准文件（如《科学素养的基准》[Benchmarks for

Science Literacy]，AAAS, 1993；《美国国家科学教育标准》[National Science Education Standards]，NRC, 1996）为依据的。它们也为新测评提供了框架，要求学生通过各种方式来呈现他们的科学技能和理解。美国41个州还为学生设定了新的毕业要求，规定了更多的学习单元，对这些要学的单元也提出了更高的期望。这些改革的目标是要解决美国各州可能阻碍学生学业成就提高的制度问题。

在美国大多数州，这些政策变化背后隐含的问题并没有被直接解决。也就是说，在基于更严格标准的学业环境下，学校有能力确保所有的学生取得学业成就吗？美国国家研究理事会2007年的一份报告指出，如果不解决教师培养和专业发展的问题，通过基于标准的改革来改进科学教育的工作将收效甚微。

不幸的是，对于如何提高学校和教师的能力来改进科学教育这一问题，以往大规模对改革工作的评估结果并未能提供多少指引。库马尔（Kumar）和阿尔特舒尔德（Altschuld）（2003）认为，由于对大规模科学教育改革工作的系统性评价很少，因此科学教育的状况基本没有改变。同样也有人指出，由NSF计划资助的各种科学教育项目评价工作执行得很差，导致缺乏关于如何改进科学教学和学生学业成就的信息（Anderson, 2002；美国政府问责办公室[Government Accountability Office, GAO], 2003；Greene, DeStefano, Burgon, & Hall, 2006）。

传统计划层面的评价主要提供了计划的参与对象和可直接测量结果的定量信息。然而，正如一个关于科学、技术、工程和数学（STEM）教育的报告（GAO, 2012）所指出的，美国联邦机构资助的STEM教育计划"在提供计划所服务的学生、教师或机构数量的可靠信息方面的能力有很大差异"（p. 23），以及"无法使用测评结果来清晰地反映他们的绩效计划和绩效报告"（p. 24）。[5]这一观点得到了卡岑迈尔（Katzenmeyer）和劳伦兹（Lawrenz）（2006）的支持，他们认为许多大规模科学教育改革评价做得不够好，或者评价的优先级太低（例如资金不足），以至于像NSF这样的机构掌握的关于改革的影响和效果的证据很有限。

其他大规模计划的评价工作收集和汇编所有受资助项目的信息可谓是打着"计划的保护伞"。反过来，每一个项目执行自己当地的评估方式，这些评估是为了满足项目需要的信息而设计的。格利克森（Gullickson）和汉森（Hanssen）（2006）发现，尽管计划的评价工作通常是由熟练的评价人员执行的，但项目总体质量的评估却通常由不熟练的人员执行的，这会影响计划评价的价值。他们指出，NSF和其他美国联邦资助机构并没有做足够的工作来保障项目层面评估的质量和有效性，也没有设法干预项目来提高评价工作的质量。

想靠计划层面的评价提供可靠的证据来增加科学教育工作者和科学教育利益相关者的专业知识基础是存在问题的，原因包括如下几方面。第一，即使计划层面的评价能够被严格执行，也很少能被全面执行（Anderson, 2002；Chatterji, 2002）。最常见到的是对系统每个成分的绩效进行测量，而不是对系统绩效进行评估（Chubin cited in Anderson, 2002）。第二，计划层面的评估无法发现在不同背景下影响计划结果的情境元素。库马尔和阿尔特舒尔德（2003）认为，科学教育改革真正的评估必须考虑改革实施情境（如环境、资源、机会和挑战）。第三，一般而言计划评价规模都很大，这反过来又会导致评价的结果与学校和课堂的实际相去甚远。最后，计划层面的评价结果很少会公布给工作在科学教育一线的人员（GAO, 2012）。

系统改革对计划层面的评价并未能引领科学教育的实践，这使得美国联邦资助科学教育计划者（如NSF、USDOE和美国国立卫生研究院[National Institutes of Health, NIH]）的资助重点开始从大范围的计划评价转移到项目层面的评估，对评价能力提升的要求也可以作为具体的要求嵌入到项目层面的评估当中。最近，NSF大力宣扬，评价是确保项目和计划公信力的关键（Gullickson & Hanssen, 2006）。类似地，施奈德和基斯勒（2007）也发现，USDOE在《不让一个孩子掉队》法案之后的主要目标是鼓励能产生有科学依据的证据的研究，以便美国联邦机构、学校和教育改革者能够就项目和政策做出更好的决策。跨机构教育研究计划（Interagency Education Research Initiative [IERI]）是由NSF、USDOE和NIH在1999年到2006年之间联合资助的100项科学严谨的研究，其目的是发展和研究大规模教育干预措施的有效性，例如科学学业成就的提升、对教师专业发展的促进和教育技术的使用（Schneider & Keesler, 2007）。虽然这一跨部门专项计划只存在了很短的一段时间，但这些机构目前的资助要求仍然强调项目要产生并基于有科学依据的干预效果。

项目评估的美国联邦指南

《不让一个孩子掉队》法案规定，接受美国联邦资助的项目和计划必须使用科学的研究设计。这一规定立即被解释为必须完全使用随机分组设计或至少使用准实验设计。严格的实验研究和评价设计被USDOE列为所有项目的重点，这并不仅仅限于那些由教育科学研究所（Institute for Education Science [IES]）资助的项目。基于循证政策联盟（Coalition for Evidence-Based Policy, 2005）之前的工作，随机对照试验（randomized controlled trial [RCT]）成为了测量教育干预效果的黄金标准。施奈德和基斯勒（2007）发现，在USDOE的领导下，其他美国联邦机构和私人非营利的基金会也随后开始建议使用随机分组研究设计。但是美国联邦法律主张对教育研究采用一种特殊的科学方法（USDOE, 2005），暗示可以采用其他类型的研究范式，也同样受到了批评。

USDOE下属教育科学研究所的有效教育策略资料中心（What Works Clearinghouse [WWC]）是根据2002年的《教育科学改革法案》（Education Sciences Reform Act）成立的。WWC在实现教育科学研究所制定的目标的过程中，利用严格和相关的研究、评价和统计来改善美国的教育体系。它提供了证明教育计划和政策有效性的科学证据的评估结果，旨在通过对现有研究的质量和结果进行系统的评估，成为教育工作的资源中心。

虽然WWC只回顾了随机田野实验，但也有正在进行中的计划对采用其他设计的教育研究进行了系统的回顾（Schneider & Kessler, 2007）。例如，由NSF和USDOE资助的、由地平线研究中心（Horizon Research）牵头的MSP知识管理和传播（MSP-Knowledge Management and Dissemination [MSP-KMD]）计划的目标就是，同时从基于研究的发现和基于实践的经验来确定关于教师专业发展的有效途径。教育系统的复杂性和多样性往往使得实验或准实验研究无法实施，MSP-KMD计划的负责人韦斯（Weiss）和帕斯利（Pasley）（2008）提出了一种以严谨和系统实践为本的研究方法，这种研究方法可能会更好地解决教育系统的复杂性和多样性的问题。同样，在美国政府问责办公室2009年11月关于项目评价的报告中（GAO, 2009），作者指出，“随机研究的证据作为有效性的唯一证明，可能会将许多潜在的效果和有价值的实践排除掉”（p. 31）。美国政府问责办公室继而推荐了随机分组研究的严格替代方案，包括准实验对照组研究、观察性或横断面研究的统计分析和深度的案例研究。这份报告还对通过测量和设计手段加强评价的有效性方面提出了通用建议。

测量的重点

从美国联邦和各州机构资助计划和项目的数量和种类来看，教师专业发展已经成为改进科学教学的主要手段。越来越多的研究表明，这种方法是有效的。巴尼洛尔（Banilower）、赫克和韦斯（2005）指出，NSF地方系统性改革项目使用的专业发展模型对教师科学教学的态度、教师对教学和内容准备的看法以及教师对基于标准的教学实践的自我运用产生了积极的影响。然而，他们也指出，尽管对专业发展的影响是积极的，但具体的教师实践和学生学习效果提升之间的关系仍然不明朗。

NSF的政策要求对基金会资助的项目进行研究或评价，这可能是20世纪90年代开始形成关于科学教师专业发展有效性研究的部分原因。NSF通过SSI计划提出了针对州一级的教师教育政策。尽管美国各州可以自由决定各自的SSI计划的重点，但大多数州关注教师专业发展。[6] SSI计划的另一个特点是，项目评估和计划评价都得到了资助。因此，在SSI计划的项目实施过程中，可对不同类型的数学和科学教师专业发展的有效性进行研究。

2002年，美国所有州都获得了联邦对科学和数学教育的新资助。资助的资金通过提升教师素质（Improving Teacher Quality [ITQ]）计划分配给各州。ITQ计划的目的是，通过帮助各州和学校提高教师质量，从而提高所有学生的学业成就。美国各州教育机构收到的资金被划为数学与科学伙伴合作（Mathematics and Science Partnership [MSP]）计划资金或ITQ计划基金。美国各州的教育机构必须向大专院校和大学提供有竞争力的资助，从而使其教育、人文和科学院校与有迫切需求的学校之间建立合作关系。这些计划支持了科学和数学专业（教师）持续和集中的高质量发展，从而确保教师能改进教学并促进学生的学习。

有人可能会假设，基于单个计划设计并实施的多个项目在完成同样的计划目标时可能会看起来相似，并且从内在来看是一致的，而从情境、规模和潜在的变化等方面来看，由于计划层面上的一致性，甚至那些有最好初衷的工作可能会被削弱。因此，由于一些难以察觉的和始料未及的原因，看起来相似的项目可能会产生不同的结果。这种情况将会带来相应的挑战，因为传统的计划评价不是为了将对结果有帮助的关键因素分离出来，也不是为了确定有效地实施计划的要素。同样，在教育计划中，NSF资助项目的方式反映出了一种基本信念，即项目应该能灵活地决定优先等级（Katzenmeyer & Lawrenz, 2006）。这种灵活性导致同一计划内受资助项目之间的差异性很大，削弱了计划层面的评价指引改进的能力。

万尼瓦尔·布什（Vannevar Bush）向杜鲁门（Truman）总统提交的报告《科学：无尽的前沿》（*Science—The Endless Frontier*）（Bush, 1960）指出，科学和数学教育迫切需要改进，近50年后重视高质量教学重新成为2001年《不让一个孩子掉队》法案的核心内容。《不让一个孩子掉队》法案要求美国各州确保所有学生都由高水平的教师授课[7]，只有基于证据的教师专业发展计划才能获得美国联邦的资助。美国联邦政策和政府机构过去以学科知识作为衡量教师质量的关键指标。直到最近，尽管政策文本强调要同时提高教师的学科知识和他们的教学效果，但对教师教学实践的关注却依然较少。20世纪50年代提出的假设，2001年再次出现。这一假设是教师的学科知识与学生的科学学业成就直接相关。然而，这一假设并非是从研究结果得到的。

威尔逊(Wilson)、弗洛登(Floden)和费里尼-芒迪(Ferrini-Mundy)(2001)在由USDOE委托的一项研究综述中指出，将教师知识与学生学习联系起来的研究还很少。在他们的综述中，313项选定的研究中只有57项符合这一严格的标准。他们最终的结论是，没有研究直接对教师学科内容的准备和学生的学习之间的关系做出评价。虽然缺乏阐明教师学科知识与学生科学学习之间关系的研究，但是有越来越多的证据表明，科学教学的方式确实会影响学生的学业成就。一些研究认为(例如Kahle, et al., 2000; Magnusson, Borko, Krajcik, & Layman, 1992; Sanders, Borko, & Lockard, 1993)，教师教学实践产生差异的部分根源在于教师学科知识的差异最终影响学生的学习。

在20世纪80年代和90年代，有研究人员研究了某些特定的教学策略对学生学业成就的影响。1996年，怀斯(Wise)采用了一系列替代性教学策略(即提问、聚焦、操作、强化材料、测试、探究、强化情境和教学多媒体)。然后，他对比了替代性教学策略和传统教学策略(如课本、讲授、工作单)的有效性。他发现，替代性教学策略本质上是以探究为导向的，在提高学生科学学业成就方面比传统策略更有效(Wise, 1996; Wise in Schroeder, Scott, Tolson, Huang, & Lee, 2007)。施罗德(Schroeder)和他的同事(2007)对美国1980年至2004年间这方面的研究进行了元分析，考查了特定的科学教学策略对学生学业成就的影响。符合分析标准并纳入分析的61项研究中，他们确定了8种替代性科学教学策略。[8]以学生学业成就为因变量，以8种策略为自变量，他们计算每种策略的效应量大小，结果发现所有测量的效应量都是显著的。他们的结论是："这项研究的主要意义在于，我们提供了一般化的实证证据来支持科学学科中替代性教学策略的有效性"(p. 1436)。这一发现对科学教师学科知识的意义在于，学科知识是通过教学实践来间接影响学生的学业成就的。

第三部分：通过项目评估将计划效果与课堂实践联系起来

教师课堂实践的变化和学生学业成就的提升表明，要充分发挥项目评估的潜力，使科学教育改革系统化，必须满足以下几个条件。第一，资助机构必须明确地描述并促进项目评估，而且由项目实施人员来进行评估。第二，项目评估的设计和方法必须根植于理论基础和当前研究文献中对评估内容的理解。第三，项目评估要由实施高质量项目评估的能力的发展来支撑。第四，设计和执行项目评估时，必须有目的地严密注意项目层面目标和计划目标以及需要获取的信息。第五，基于设计的项目评估必须提供两方面的信息：一是持续的形成性反馈，以便随着时间的推移来对项目的工作进行更新、对其实施进行改进；二是关于项目影响和目标达成情况的总结性判断。最后，严格的和高质量的项目评估结果必须使用元分析或其他技术进行整合，以便将计划内的单个项目和多个项目收集到的有用信息利用起来。

项目评估的价值

自20世纪90年代初以来，NSF通过其《方便使用的项目评价手册：科学、数学、工程和技术教育》(*User-Friendly Handbook for Project Evaluation: Science, Mathematics, Engineering, and Technology Education*)为项目评估提供了一般性指导(Fretchling, Stevens, Lawrenze, & Sharp, 1993)。该手册定期更新，让主要负责人和项目评价人员初步了解这些推荐使用的评价方法。2002年版《方便使用的项目评价手册》(Fretchling, Frierson, Hood, & Hughes, 2002)指出，开展评价的两个重要原因是"要提供如何改进项目的信息，要提供未曾预料到的新见解或信息"(p.3)。除了这两个原因外，证明项目目标的达成也是问责制的主要测量方式。

NSF下属教育和人力资源理事会(Directorate for Education and Human Resources)的许多计划都为所资助项目的研究和评价设计提供了具体的指引。例如，MSP计划要求项目使用基于证据的研究和评价设计，这种设计可以将当前的研究与有关项目策略、目标和结果等问题联系起来。项目需要采用可靠的定量和定性方法来论证其对学生学习和教师质量的影响。项目评价要能够引领项目的逐步发展，并测量、报告项目对学生和教师的改进结果(NSF, 2012)。

USDOE还为其由各州的教育机构实施的Title IIB MSP计划提供了具体的指引。USDOE发布了这份名为《如何寻找关于数学和科学伙伴合作(MSP)项目的严格评价：一份方便使用的MSP州协调员指南》(*How to Solicit Rigorous Evaluations of Mathematics and Science Partnerships (MSP) Projects: A User-Friendly Guide for MSP State Coordinators*)的文件(Coalition for Evidence-Based Policy, May 2005)，"为MSP各州合作人员提供一个具体的、低成本的策略，可用来对各州MSP项目进行严格的评价"(p.3)。这份文件确立了随机对照试验作为一种收集项目一到两年内产生影响的有效证据的方法。在随机对照试验不可行的情况下，作者承认良好的配对比较分组研究也可以为干预的有效性建立可能的证据，但作者同时承认这种方法"对干预效果大小的估计往往不准确"(p.15)。

自20世纪90年代初以来，包括NSF和USDOE在内的美国联邦机构支持了一系列更长期(3至5年)和更全面的教育改革项目(Kahle, 2007)。这些项目持续了多年，跨越了多个层次。延长实施项目干预的时间，能为项目评估提供更多的机会来测量干预的影响并报告其结果。这些项目还得到大量财政支持。例如，从2002年到2003年，USDOE对各州MSP项目的资助金额从1,250万美元增加到1亿美元，NSF每年向新设的和原本继续进行的MSP项目提供大约5,500万美元的资助。高额的资助水平有助于对项目实施更严格的和更全面的评估。由于项目逐渐变得复杂起来，USDOE和NSF要求项目评价对正在开展的活动进行形成性监控，并在总结性评估中对项目是否实现了其目标进行评估。此外，项目评估也有助于保障项目和计划在决策者和公众心目中的可信性(Gullickson & Hanssen, 2006)。

虽然资助机构强调项目评估的价值，但项目评价人员往往变成了一种中介，把对项目评估目的和作用有着不同价值取向的利益相关群体联系起来。例如，有时候项目负责人和团队成员的价值导向会与美国联邦和各州资助机构的相冲突，这些机构为项目设计方案、评价方法和严密性都制定了严格的标准。为了指引美国各州及地方政策和实践，项目评估必须达成高质量发展和满足问责制与严格标准的有用评价计划这两者之间的平衡。在理想情况下，项目主持人在设计项目草案时就要引入项目评价人员。当评价人员能早早地参与这一过程时，他们可以从反思和改进的角度来促进项目评估，并就工具的适当性、有效性、可靠性以及严格的分析来提供意见和建议，从而评估项目目标。尽管如此，在始终使用相同的工具和方法来衡量项目目标进展情况的过程中，项目实施人员和项目评价人员之间可能会发生对立。例如，项目实施人员可能需要修改工具来反映项目专业发展方面设计或目标的变化，而项目评价人员为了保证评价的严谨性对修改往往持保守态度。

对教师专业发展的评估

因为最近的改革工作直接聚焦于科学教师的知识和实践水平的提升，所以对项目有效性的测量主要通过对教师学习和表现的影响来直接反映，以及通过学生学习和表现来间接反映。历史上，衡量教师专业发展的标准一直没有清晰的界定。最近，对教师专业发展的研究开始对专业发展中一系列影响教师教学行为和相应的学生学习结果的因素逐渐达成了一些共识（Yoon, Duncan, Lee, Scarloss, & Shapley, 2007）。其中一些研究人员还提供了关于某些具体的专业发展因素产生的影响的实证证据，如学科知识和学科教学知识（Cohen & Hill, 2000; Kennedy, 1999）、主动学习（active learning）与一致性（coherence）（Garet et al., 1999）、持续时间与频率（Supovitz & Turner, 2000）。他们一致认为高质量的专业发展必须具备下面这些特征：(a) 关注内容、(b) 主动学习、(c) 一致性、(d) 持续性、(e) 集体参与[9]（Corcoran, 1995; Desimone, 2009; Desimone, Porter, Garet, Yoon, & Birman, 2002; Guskey & Yoon, 2009; Loucks-Horsley, Love, Stiles, Mundry, & Hewson, 2003; NRC, 1996）。

一些关于科学教师专业发展的研究为教师专业学习与教学实践变化之间的联系提供了证据。例如，苏波维茨（Supovitz）和特纳（Turner）（2000）采用多层线性模型研究了教师对NSF的地方系统性变革专业发展项目的参与情况与教师采用探究式教学实践之间的关系。他们报告了两个相互关联的结果：(a) 教师参与专业发展的数量同时与探究式教学实践和探究式课堂文化紧密相关，(b) 教师的内容准备情况对教学实践和课堂文化有很大影响。类似地，德西蒙（Desimone）和他的同事（2002）使用目的取样，涵盖5个州10个地区30所学校的207名教师，研究了1996年至1999年间教师专业发展的特征以及专业发展对数学和科学教学策略的影响。[10]最终，研究人员确定了专业发展的六个关键特征。[11]德西蒙和他的同事（2002）报告说，改革类型、集体参与、主动学习和一致性导致了教学实践的变化。[12]与苏波维茨和特纳（2000）不同，他们并没有发现“持续性”或“关注内容”造成的影响。关于专业发展要涵盖哪些成分或要素的研究结果还没有定论，而未来研究需要考查这些要素之间是如何交互作用的（例如持续性、强度、内容），不仅仅考查单一要素是如何影响教学结果的。

发展项目评估的能力

无独有偶，格利克森和汉森（2006）也发现，尽管美国联邦资助机构对项目评价提供了指导和建议，但项目评价的质量并不理想。《政府绩效与结果法案》（Government Performance and Results Act [GPRA]）要求对联邦MSP计划进行测量，包括利用实验或准实验评价设计来评价项目在多大程度上取得了成功。过去有研究表明，MSP项目达到了增加教师学科知识和提高学生学业成就的年度目标，但这些研究往往没有使用严格的方法。事实上，除了少数几个项目外，所有的项目都难以遵守执行评价设计的要求来提供关于结果的可靠证据（USDOE, 2008）。在最近的一份对美国教育部MSP项目的最终评价报告的文献综述中，Abt公司（Abt Associates, 2010）发现，尽管美国教育部对评价有严格的要求，但183个项目中只有4个项目符合评价设计和实施活动的高标准。虽然有些项目缺乏严格评估，这可能是因为项目评价者必须为平衡评价的严格性和实用性而做出取舍，但可以一致认同的是，科学和数学教学项目领域在开发和实施高质量评估方面准备不足（Katzenmeyer & Lawrenz, 2006；Kumar & Altschuld, 2003）。

无论是对项目还是对大规模计划评价，都有许多因素会影响项目评估数据的质量以及这些数据潜在的用途。影响数据质量的主要因素是项目评估方法、活动和工具的严格性和适切性。卡岑迈尔和劳伦兹（2006）对NSF项目评价中的质量问题进行了总结。他们指出，对评价方法与评价问题一致性的重视不足，对STEM领域内教育项目进行评估能力的缺乏，以及用于评价STEM教育工作重要成果的有效和可靠工具的缺失，都严重地限制了对NSF项目进行可信的评估。

解决评估质量问题的策略之一是让资助机构、美国各州或其他知识渊博的机构提供明确的工具或模板来指导项目评估的规划，以及提供工具和评价方法选择方面的技术支持。虽然这种干预一开始需要投入资源，但它具有建立并维持规划和执行高质量项目评估的能力，随着时间的推移评价资源能得到更有效的利用。NSF的MSP研究、评价和技术援助（Research, Evaluation, and Technical Assistance, RETA）项目是一个大规模的与此相关的示例，这个项目可以用于说明资助机构如何为计划的评价人员提供支持（NSF, 2012）。有的州在资助本州MSP计划在全州范围内的评价时复制了这一方法。例如，俄亥俄州就解决了项目评估中的这种局限性，该州通过与经验丰富的外部评价团队签订协议，使项目评价人员与团队进行密切的、主动的合作来加强项目评估能力，从而对项目数据进行收集和分析并得出合理的结论。外部合作团队的工作包括协助阐明项目理论的变化和解释这对评价的影响；为项目评价规划提供明确的模板，该模板要包括对美国联邦标准的严谨解释；为确定适当、有效和可靠的测量工具提供技术支持；确定和开发自我评估工具用于项目形成性评估方面；对上述所有内容提供技术支持。在这种干预下，实用的、高质量的评价设计可以获得（Woodruff, Zorn, Raffle, & Oches, 2011）。

设计和实施严格的项目评估

资助机构，特别是NSF、USDOE和NIH，经常在申请书要求中对评价和研究提出严格要求。虽然期望项目评估使用实验或准实验设计可能有些不切实际，但是从策划周密项目评估实施的过程中产生的群体知识，将有助于认识到增加哪些工作和条件可以促进或限制有效实践。正因为如此，项目评估的质量不仅受到项目及其资助者的关注，也受到政策制定人员和教育利益相关人员的关注。如本章前面所述，为了提高项目评估的严谨性和实用性，美国联邦机构和其他组织提供了以下重要的和有用的指导文件和建议。出于这个原因，我们提供了一些关于项目评估质量的更广泛的观察，包括项目评估常见的问题和挑战，以及如何通过适当的评估设计和方法来解决这些问题。

在USDOE关于MSP项目评价的指导下（Abt Associates, Inc., 2010；Coalition for Evidence-Based Policy, 2005），各州MSP项目的评价人员评估了2010年俄亥俄州被资助的五个MSP项目，考察了项目对学生成绩和教师学科知识的影响是否能产生严格的结果。根据先前确定的六个能产生有效和可靠评价结果的关键因素，评价人员对每个项目进行等级评定。证据的质量通过下面这些要素进行判定：(a)工具、指标或评价方法与待评测结果的一致性和适切性；(b)用来测量结果的工具或指标的信度和效度；(c)在评价活动中的测量工具有充足的和有代表性的抽样率；(d)通过适切数据源的三角剖分来收集大量证据，特别是在使用工具的一致性或有效性或抽样率不够理想的情况下更应该选用这种方法；(e)评价活动执行的一致性和严密性，包括测量工具的发放、统计程序的应用以及报告结果的充分细节(Westat, 2002)。俄亥俄州的这五个MSP项目在评价规划和实施方面都经历了一些类似的但并非不可克服的挑战。在项目实施第二年后，只有一个项目的评价设计和活动对学生和教师的影响可以归因于项目的干预。还有另一个项目的评价也具有很强的严密性，可以将对教师和学生的一些影响直接归因于该项目的工作。

在俄亥俄州的研究中，大多数MSP项目通常会面临三大挑战，这会对项目评估的质量产生负面影响。第一，由于缺乏对照组，实验组的结果无法与未加干预的组进行比较，大多数项目未能证明学生成绩和教师学科知识的提高与项目实施之间的关系。一些项目使用基线学生数据，一般是用各州的测评成绩(可以从USDOE年度学业表现报告中获得)来弥补缺乏对照组的缺陷，但考虑到多年来各州数据的类似趋势，以及无法将项目中专业发展的内容与各州评估的内容直接联系起来，这种方法显得很无力。在五个项目中，只有两个项目对实验组和对照组采用共同的和相当一致的工具，收集、分析并报告了对照组的学生数据。第二，由于缺乏一致的测量工具或结果指标，一些项目没有选择有效的、可靠的或适切的工具来对预期的结果进行测量。例如，测量教师学科知识和学科教学知识增长最常用的数据来源是自我报告的数据。在适切的工具无法或不足以测量关键的项目成果时，项目也无法达到采用三角剖分数据源的期望。第三，由于参与样本量或保存率不足，在大多数项目中，教师级层面数据的样本量比需要的少，因而无法使用参数(在某些情况下，非参数)统计检验。此外，一些项目中的活动本质上是为小规模的教师开发的，且没有考虑到这一决定对项目评估的影响(Woodruff, Zorn, Raffle,& Oches, 2012)。

俄亥俄州这些项目评价的严谨性存在一些常见问题，主要有关于较为匹配的对照组的招募和维持、等价性的论证(或对干预前的差异进行校正)，以及保持足够的样本量。尽管有证据表明所有项目都对教师和学生产生了一些可测得的积极影响，但项目评估中的缺陷和差错显著地影响了研究人员将影响结果归因于专业发展活动(Woodruff et al., 2012)。研究人员指出，美国联邦计划评价人员和其他独立评审人(即美国的统计调查研究公司Westat 和Abt)也意识到大部分MSP项目也面临这些问题。对于这些结果，一种可能的解释是项目设计规划与项目评估规划之间缺乏协调。其实这并不是不寻常的现象，项目人员、资助机构和其他利益相关群体对项目工作及其评估的信息需求、期望和价值取向相互矛盾。评估的规划应该被整合到项目开发和管理当中，项目的团队应吸纳知识渊博和经验丰富的评价人员作为团队的关键成员。

严谨的项目评估必须从个别和整体两方面来考量项目的组成部分，以构建大量的证据来证明项目的影响。这种方法需要同时以定性和定量的方式收集数据，并采用能促进定性和定量数据之间交融、能保障对项目的过程和影响进行全面细致检查的评价设计。利用多种方法收集数据是三角剖分的一种形式，有助于提高评价的可信度和严谨性（Glesne, 2011）。关于项目影响的主张要站得住脚，这直接取决于项目评估产生的证据质量和项目为支持主张对数据来源进行三角剖分的能力。确定项目评估的严谨性还有另一个重要的方面，即评估在多大程度上能直接或间接将结果与项目工作联系起来。例如，通常需要将接受过干预的学生的结果（实验组）与较为匹配的、没有接受过干预的一组学生的结果（控制组/对照组）进行比较，才能宣称结果的产生是由于项目的作用。在没有对照组的情况下，无法进行任何归因。

俄亥俄州MSP项目在通过项目评估为项目的影响提供足够证据方面面临许多挑战，这似乎来自一个主要原因——对于变化缺乏清晰的理论（Woodruff et al., 2012）。由于缺乏对教师学习和改变过程各个阶段驱动因素的清晰理解，项目将不确定具体要测量什么、什么时候测量以及如何最好地测量，因此项目就无法将其评估的规划与项目的规划联系起来。如果项目评估指引科学教育改革的潜力能充分实现，那么这一发现会显得尤其重要。虽然项目负责人通常了解他们的项目活动并为使用项目策略和活动提供了理由，但许多项目并非建立在教师学习改进过程的连贯理论基础之上，而是转化为教学改变，从而提高学生的学业成就。由于缺乏对教师学习和变化这一复杂过程的各个阶段驱动因素的清晰理解，项目将仍然无法对结果进行解释和归因。

如前所述，健全的评估实践和大量的美国联邦指南都已经在鼓励项目开发逻辑性模型。逻辑性模型应该明确重要的预期项目结果和预期的中期结果，以及项目评估应该测量的决定性因素。项目的逻辑性模型还应该严格限制项目所要达成目标和其评估测量目标的范围。虽然项目的评估规划应是全面的，但范围过于宽泛的评估将无法提供属于关键成果的高质量证据，特别是在资源有限的情况下。

形成性项目评估

形成性项目评估是很多美国联邦资助项目的关键之处。正如NSF在MSP项目2012年的指引中所指出的那样，“形成性评价应提供关于项目优势和劣势的证据，帮助合作伙伴认识到为指引项目进展和成功什么应该做，什么不应该做”（p.11）。形成性评价应在项目开发过程中就开始，并贯穿项目的整个周期，对正在进行的项目活动进行评估并提供关于指引和改进项目的信息（NSF, 2010）。

形成性项目评估可以监视项目内部的过程、干预实施、中期结果或这些方面的任意组合。过程或实施的评价，可以通过项目内部的过程对项目是否按预期执行进行评估，还可以通过项目的组成部分对项目工作进行评估。实施评价为项目人员提供了检查项目组成部分的机会，检查其是否按照预期发展和运行。如果关键数据没能被获取，特别是当项目组成部分被修改了或没有按照预期执行时，实施评价还能为项目评价人员提供机会，尽早对评估的规划进行调整。

通过对预期中期结果的证据进行审查，形成性的进展评价可以实现对项目目标进展的评估。进展评价通常涉及收集与项目的定期基准相关的信息，以确定项目在不同实施阶段的影响（NSF, 2010）。这些资料可为改进提供启示，来提高项目实现长期目标的可能性。作为进展评价的一部分，资料收集对项目的总结性评估也有一定的帮助。

能有效促使项目采用形成性反馈的项目评估策略之一是，为项目变革的逻辑性或理论性构建或阐明概念性模型（Chen, 1990）。基于理论的评价（W.

K. Kellogg Foundation, 1998）需要建立在一定的内隐的或外显的理论前提之上，理论可用于阐释评价是如何进行的，以及评价为什么要这么进行。一般来说，像MSP这样的项目都有其扎根的理论，这些理论都已经由资助者阐明了。项目评价人员和项目人员可以用已有的计划理论为基础，来描述他们的项目是如何影响变革的，以及如何形成关键的中期成果（这些成果应该被形成性地测量）。将这些中期成果编纂起来能提供很多契机，来反映项目是否在正轨上，并允许基于所掌握的信息来进行修改。这些步骤增加了发挥长期效力的可能性。最终，概念性模型也有助于项目团队通过对项目和资助计划的意义理解，对自身关于有效性的理解和证明进行反思。

总结性项目评估

总结性评估的目的是评价某个项目是否成功达到了既定的目标，并判定项目成功实施的价值（NSF, 2010）。对价值或优点的判定通常需要通过比较或评判来证明，即对特定干预措施的结果与其他类似干预措施的结果进行比较，或对项目成果相对于产生成果资源投入的价值进行评判。总结性评估往往也能解决许多与进展评价相同的问题，但它是在项目有望产生结果之后进行的。为了建立证据基础来对项目的结果和相关的过程、策略和活动做出判断，总结性项目评估应该同时利用项目实施过程中收集的数据和对影响的总结性测量结果。

下面这些方式可以用于增加总结性评估的质量：保证评价执行是不偏不倚的，通过多个数据来源进行三角剖分得到结果，以及考虑到评估报告的目的和用途。2012年NSF在对MSP计划的指引中是这样描述总结性评价的：“总结性评价应该对定性和定量数据进行客观分析，从而展示出项目影响学生和教师成果以及制度变迁方面的有效性”（NSF, 2012, p.11）。由于总结性项目评估通常是由内部人员而非项目外部人员执行，总结性项目评估总是因此被批判。当未来的资助或其他高利害的决策要依靠总结性项目评估时，很有必要引入一位知识渊博、客观、公正的外部评价人员。当无法进行外部项目评估时，合理的方法是进行内部评价，然后与外部评价人员签订协议，让他们对评估的设计、工具和形成性结果进行审查。此外，外部评价人员还要对调查结果和结论的有效性进行评估。然而，由于NSF和其他联邦资助机构已经修改了他们对评价的要求，许多计划现在要求由项目外部的个人或团体来执行项目评估，并且签订协议的评价人员必须具备完成工作的最低资格（NSF, 2010）。

在得到结论的过程中，总结性项目评估应考虑所有有效的定量和定性数据来源。评价人员可以使用各种严格的分析技术对不同的数据源进行三角剖分分析（Creswell, Plano Clark, Gutmann, & Hanson, 2003）。来自不同数据源的结果可能不一致，公正的评价人员有责任考虑和报告意料之外的发现和结果。通过收集和分析多种来源的数据，无论结果是一致的还是出乎意料的，项目和被资助的计划都可以就项目的影响和项目最关键的组成部分收获很多（Schorr & Kubisch, 1995）。

总结性项目评估这个名称有不同的含意，并不一定意味着项目已经完成。巴顿（Patton, 2006）认为，对于某些以变革和持续改进为导向的项目和那些在不稳定的环境中运行的项目，总结性评估的概念没有意义。虽然总结性评估可以提供进展的证据，或描述干预的原则和结果，但假定项目已达到可以被客观地和决定性地评估的稳定状态，这可能是不恰当的。理想情况下，总结性评估不仅仅描述了项目的结果，让资助者明白项目如何影响关键结果的变化。此外，总结性评估对项目的可持续性也有所启示，这对资助者来说至关重要。总结性评估应该提供信息来指引对未来项目干预的决策。在这样的方式下，项目的总结性评估报告通过提供关于如何实施类似干预措施的重要信息，有助于扩大这方面的知识基础。

有效利用项目评估

通过严格的、独特的项目评估来整合研究的系统发现，项目评估将具有对系统科学教育改革产生广泛影响和指引的潜力。从许多大规模项目评估中得出的一致结论可能会共同引发重大的政策影响和计划改进。虽然项目之间的差异性是评价人员在阐释计划结果时的关注点之一，但是格利克森和汉森（2006）建议整合单个项目的评估，这是一种解决总体规划或系统问题的可行方法。相反，在一个计划范围内多个项目评估的整合，可以确定项目干预过程中最有效的情境条件（Woodruff, Zorn, Noga, & Seabrook, 2009）。施奈德和基斯勒（2007）认为"也许最重要的是……从不同的研究中积累相关知识，建议尝试为某些分散的领域带来一些一致性"（p. 212）。

在项目和评估执行之前对项目层面的评估整体进行规划，是一种从项目评估中提升程序性学习的有效方法。美国有几个州资助了针对各自MSP计划的全州范围内的评价。在某些情况下，这些州（如威斯康星州、伊利诺伊州、宾夕法尼亚州）在多个地方实施了大规模项目，并签订了跨地方评估项目的协议。在其他州，例如俄亥俄州，已经在一些小型地方项目中进行了全州的纵向评价。虽然USDOE的MSP计划要求对每个资助的项目都要采取评估来收集、分析和报告特定项目的结果，为了让项目和计划层面的发现站得住脚，跨项目或跨地方的评价通常利用当地项目评估的数据、建议或者要求采用共同的跨项目测量工具，并且可能为地方项目评估的领导人和项目团队提供技术援助和指导。

如前所述，资助机构可以通过对评估提出明确的期望，为评估工作划出专门的资金，以及为项目建立健全支持和技术辅助制度来促进高质量的项目评估。当由熟练的评价人员组成的外部机构或小组发挥咨询作用时，一些正向的结果可能会产生。这些结果包括发展项目团队内部的评估能力、开发更严格和实用的项目评估设计，以及在不同项目的结果报告中保持一致性和高质量。这项工作还有助于让美国各州了解项目评估的合理期望是什么以及如何实现高质量的评价，这既符合问责制的期望，又有助于给各州和地方政策和实践提供启示。跨项目的计划评价面临着一个有意思的挑战，即资助项目、目标学校和教师以及专业发展设计之间显著的多样性。跨项目的评价必须平衡对一致性和灵活性的需求，其中灵活性的需求是为了适应特定MSP项目的变化。如果项目有推荐或要求使用的通用测量工具，则研究人员应该有目的地对测量工具进行选择，来匹配各种专业发展内容，以及适应各种地区的环境。跨项目的评价工作应该与项目评估工作结合起来，从而同时为这两种评价增加价值。

对于类似的项目进行跨项目或跨地方的评价，可能可以按照聚类评价的方式进行。聚类评价研究了具有类似特征的整组项目，其目的是比研究单个项目掌握更多的关于政策及系统改革的知识（W. K. Kellogg Foundation, 1998）。例如，可以使用聚类评价来考查一组关于科学教师专业发展的项目，找出被不同项目确认过的共同线索和主题，这会显得更有意义。聚类评价还可以确定一批项目在多大程度上实现了计划的目标，以及测量不同项目之间有效性的差异。聚类评价通常严重依赖于地方项目评估的数据，因此，在为项目本身的评估提供技术支持系统的同时进行聚类评价，将提高可用数据的质量。对项目和资助者来说，聚类评价可能提供同样的有用信息。聚类评价的一个重要方面表现在，每个项目都可以从类似项目的经验教训中获益。此外，聚类评价为项目提供同类项目所采用的共同性和创新策略方面的反馈，并在其他学校实施项目模型时提供有用的信息。

对2009年俄亥俄州的MSP项目进行的探索性聚类评价，就是跨项目聚类评价的一个例子(Woodruff, Hung, & Seabrook, 2009)。这项研究探讨了俄亥俄州教育部门执行的15项为期3年的MSP项目实施和影响的差异性和共同性。虽然这些项目有共同的计划目标，即增加教师学科知识、改进教学实践和提高学生表现，但不同项目之间存在着相当大的差异性。评价人员的目标是通过创建项目模型的集群，来比较随着时间推移项目实施、计划变化和影响。项目属于什么集群，是根据项目评价人员和项目人员确定的计划特征和情境差异来安排的。这种方法可以用于减少跨项目比较的数量(即将15个项目都视为独特的个案)，以及生成和操纵模型使其可以在其他地方进行转移或复制。这种方法还允许找出对特定计划的成功至关重要的公共主题，并通过形形色色参与者的各种各样的计划超越基于案例的学习。

另一种整合项目评估的有效方法是，从理论上利用根植于计划目标中的跨项目分析框架，这种方法对资助者和政策制定者尤其有用。公共价值模型(Public Value Model)就是这样的一种框架，可以用于教育系统改革。该模型的基础是穆尔(Moore, 1995)的策略性三角公共价值模型(Strategic Triangle Public Value Model)。这是一个通过公共价值视角来理解一个组织的目标的框架。公共价值模型认为，一个计划或项目提供的价值、提供公共价值的操作性资质或能力与授权环境三者之间的持续交互，具有合法性和支持性。在有的教育组织中，变化是不可避免的，而且往往是事先不确定的，项目的资质和授权环境也往往是不稳定的。这种模型特别适用于这些教育组织。公共价值模型的分析框架可以评估共享的价值对单个项目成果做出贡献的程度，全面地描绘计划的广泛影响。跨项目或跨地方的评价人员可能可以使用策略性三角公共价值模型作为一致视角，来分析项目评估数据和信息，并识别出项目中出现的共同主题和脱节之处。这种方法在找出单个项目可能影响结果的情境特征时也很有用。

第四部分：项目评估有助于课堂实践变革并促进学生的学习吗？

项目评估的贡献

如本章前面所述，为了改进美国的科学教育，项目评估已成为美国联邦和各州政府资助的主要对象。本节将回顾最近一轮由MSP倡议进行的大规模改革项目公布的结果，这些改革项目是直接由NSF和USDOE资助的(USDOE, 2008)。为了继续引领NSF和USDOE的MSP项目评估，最初的NSF计划说明书清晰地提出了这些目标：

- 为每个学生提供挑战性课程
- 通过专业发展的机会，提升并维持K—12数学和科学教师的数量、质量和多样性
- 构建一个由研究人员和实践工作者组成的网络
- 让学习共同体参与到NSF科学学习和教

学中心当前和未来知识库的开发过程中（NSF, 2002）

尽管MSP计划的目标已经被美国各州在后续的指南中进行了修订，但是该计划的目标还是实行大规模的系统性改革来满足所有学生的需求，强化K—12阶段、高等教育和工商业的合作关系，并产生持续性变化。该计划已经在实行这一目标。

在20世纪90年代，俄亥俄州的MSP项目进行了为期十年的系统性改革。[13]这一系列改革对数学和科学教师以及他们的学生，乃至整个州都产生了许多积极的成果。对俄亥俄州SSI（Discovery）和俄亥俄州MSP项目的独立评价发现，教师的教学实践会随着教师参加专业发展的经验而得到提升。另外，另一项由NSF资助的研究结果表明（Kahle et al., 2000），学生的学业成就也会在教师参与专业发展后而提高。这一发现得到了其他研究的支持。这些研究表明学生的数学和科学学业成就受教师的学科和教学知识的影响（Monk, 1994；Schroeder, et al., 2007；Wise, 1996）。此外，研究人员（Desimone et al., 2002；Guyton, Fox, & Sisk, 1991；Lawrenz, 1975）普遍认为，教师对科学教学和学习的态度影响了教师基于科学标准进行有效教学的能力。30年来参与俄亥俄州大规模改革项目的教师报告说，他们在基于标准的教学和探究式教学方面的专家化道路上有显著提升（Kahle et al., 2000；Woodruff, McCollum, Li, & Bautista, 2010）。

单个的MSP项目评估关注的重点是确定项目在特定目标上的进展或取得的成果，反过来也反映了对应的MSP项目的目标。大多数情况下，项目的成功由学生成就的提高来衡定，在此之前是从教师参与专业发展的角度进行分析。然而，很少有项目评估课程或者课堂实践的变化。进一步来看，虽然合作关系的可持续性已经得到了评估，但是很少有项目对与IHE或工商业伙伴合作中的变化进行严格评估。尽管有这些不足之处，但许多大规模的MSP的外部评估提供了各种成功的证据，主要集中于教师学科知识和学生成就方面的变化。接下来的综述主要侧重于课堂层面的变化。

例如，兰德（Rand）对宾夕法尼亚州西南地区的MSP项目评价，分析了该项目在学生成就、教育工作者队伍的素质以及可持续的合作关系方面所取得的进展（Pane et al., 2009）。评价报告说，总共有58％的宾夕法尼亚州西南地区数学和科学教师（3,568名数学教师和1,321名科学教师）参与了该项目。数学教师的平均参与时长为25.1小时，科学教师的平均时长是27.6小时。当从地区层面对教师的参与程度和学生的科学成就进行分析时[14]，结果显示地区领导或者教师的MSP参与情况与学生的科学成就没有显著的正向关系。

评估还分析了参与专业发展前后，教师素质和教师教学实践的变化。教师完成了一份问卷，这份问卷包括四个量表，对参与活动前和参与三年后的教师的教学实践进行评估。在问卷的四个量表中，虽然数学教师在其中两个量表的作答情况存在显著的差异，但科学教师对四个量表的作答情况均没有显著差异。

奥耶（Oyer, 2011）在伊利诺伊州MSP的评价报告中对两种专业发展模式进行了深入的评估，一种是引导教师获得硕士学位，另一种是基于工作坊机构。硕士学位模式涉及全州10所大学的24个不同的合作伙伴，而工作坊机构模式则涉及两个群体中的10个合作伙伴。[15]遗憾的是，没有获得学生成果的测量结果，所以该报告中没有关于学生学业成就的信息。然而，该评估仍然得出了这样的结论

“并没有证据表明，这两种模式(研究生和工作坊机构)在学生和教师的成果方面有何不同”(p.51)。完成(任一模式的)专业发展后，除少数教师外，其他教师在教师调查问卷的以下题目中均表示满意或非常满意：提升了他们的学科知识，提高了他们获得和使用新教学资源的机会，以及提高了他们获得和使用新STEM技术的机会。[16]虽然这些都是自我报告的数据，但这些回答表明教学实践发生了变化。

另一个对MSP项目进行了全面评价和评估的州是俄亥俄州。在2006年至2012年间，俄亥俄州教育部门利用USDOE/MSP的资金资助了38个项目(USDOE，日期不详)。2006年，俄亥俄州颁布了9个项目的第一批MSP合作关系，涉及29所俄亥俄州的学院及大学和147个学区。在2007至2012年间，超过330,400名俄亥俄州学生接受了参加MSP项目教师的教导。俄亥俄州还资助了其MSP项目的一项外部计划评价。收集的数据来自俄亥俄州的(2006年和2007年资助的)15个MSP项目，超过2000多名教师参加了这些项目。小学教师占所有参与者的65%。该州所有地区的大型城市、郊区和很小的乡村学校都被囊括进来了。此外，85%的学校被认定为高需求学校。[17]评价包括聚类分析(Woodruff et al., 2009)、测量工具研究以及效应量的研究(Woodruff, Li, & Kao, 2010)。

在2006年和2007年，俄亥俄州被资助的15个MSP项目都进行了单独的项目评价，所有项目都宣称在教师的学科知识方面取得了重大的和有效的提升(根据当地制定的评估标准)。类似地，所有项目也报告说在教学法方面取得了重大的提升。然而，对于大多数项目而言，这些主张并没有通过课堂观察来证实或者运用其他数据进行三角剖分。在15个项目中，有4个项目报告说在全州评估中学生学业表现有可测量的提升，其中两个项目的报告还提到变化是具有统计意义的。然而，没有任何一个项目报告了对照组或者控制组的学生数据(Zorn et al., 2009)。

然而，无论是地方还是整个俄亥俄州在项目评价中都没有对专业发展的质量进行直接的评估。作为在2007至2010年间全州范围评价的一部分，一项聚类分析深刻地说明了这些项目如何处理专业发展的各个方面问题。聚类分析收集了各个项目关于专业发展各个成分的数据。研究人员利用沃德(Ward)的聚类方法进行层次聚类分析(Ward, 1963)，将15个项目聚类成5组，每一个组在该项目组特别重要的成分上都存在差异。当审查项目时，聚类数据被用于确定专业发展的哪些特征与报告的结果有关。由于项目评估数据缺乏严谨性，只能得出初步结论。研究人员发现，包含教师分组合作的(其中包括了STEM学科组教师的学科知识学习)以及将专业发展内容和教师的年级和课堂情境直接联系起来的专业发展项目，都报告说教师有更积极的效果(例如增加了学科知识、改善了对科学教学的态度、更加频繁地运用基于标准的教学实践；Zorn et al., 2009)。

此外，所有的项目都采用了有效且可靠的测量工具。全州的评价人员对这些测量工具收集到的数据进行分析，来测量课堂教学的变化。一项对效应量的研究是通过使用教师问卷收集数据，结果发现俄亥俄州MSP专业发展计划对自我报告的教学实践的影响在不同项目和计划的不同方面都有所不同。最大的计划效应量指向了教师参与基于标准教学的准备情况(合成效应量[d] = 0.94)，以及使用基于标准教学的专业知识(d = 1.07)。俄亥俄州的MSP项目在教师报告的教学实践的改变上产生了中等大小的影响，在教师运用基于标准教学的重要性的观念上产生了小幅度的影响。毫无意外，有的项目对参加教师的影响大于其他项目（整体的效应量[*d*]范围在0.02到1.77之间）。所有项目至少在帮助教师感受使用基于标准教学方面（其实他们已经获得了这方面的专业知识）取得了一定的成功，但是，项目并没有明显改变教师对基于标准教学的重要性方面所持的态度（Woodruff et al., 2010）。

另一个改进数学与科学教育的大规模项目是西威斯康星STEM联合项目（Western Wisconsin STEM Consortia Project；Mason, et al., 2012）。该项目是由美国威斯康星州公共教育部的MSP基金资助的，为威斯康星州西部9个不同学区的60位K—12教师提供专业发展。对这60位教师作答情况进行的分析表明，83%的教师（60位参与者中的50名）表示在数学学科知识上获得显著的增益，而62%的教师表示在科学学科上获得了显著的增益。[18]从收集的有限的学生学业成就数据来看，教师的专业发展对学生学业成就有一定的影响。

另一个由NSF资助的经过严格外部评价的MSP项目，当属宾夕法尼亚大学的科学教师研究所（Science Teacher Institute）项目（Kahle &Woodruff, 2013）。虽然这个项目并不涉及整个州，但它是以一个大城市及其周边地区为基础的，包括了3个州并为180多名教师和12,000名学生提供服务。该项目针对两种教师，即高中化学教师和初中科学教师。专业发展的内容包括学年课程和暑期课程，教师可获得合作大学颁发的理学硕士学位（化学教师）或科学教育硕士学位（初中科学教师）。共有五批教师参加并通过了该项目。对教学实践变化的评估是通过对教师和学生的问卷调查进行的，问卷调查在教师参与计划前和计划完成之后均要进行。同样，对学生学习的变化也是在教师参与培训之前和之后通过学科知识测验的方式进行评估。

这个项目的目标之一就是，通过增加探究式教与学的频率来改变课堂教学实践。对教师和学生的问卷分析均表明，教师在完成2至3年的专业发展后，采用探究式教学的频率更高了，学生也更频繁地进行探究式学习。最后一批教师仅完成了一年专业发展，没有发现显著的变化，这强化了上述调查结果。[19]这些结果强有力地表明，学习新内容和新教学策略与在课堂上实施这些策略之间存在滞后性。此外，两个教学层次和研究对象（初中科学和高中化学）之间的变化程度也存在差异。与教师未参与专业发展之前相比较，化学教师及其学生表示在参加之后他们会更加频繁地采用探究方法进行教学和学习。然而，初中教师和学生的回答表明，在教师参与专业发展培训后，他们使用探究的频率并没有增加。[20]无论是参与专业发展前还是参与后，他们都给使用探究式教学打了高分。该项目的评价人员认为这一发现的原因可能在于，与初中科学相比较，化学是一门更为传统的学科。因此，学生和教师更易认识到化学学科教学方法的改变。

对初中科学和高中化学学生学业成就数据的分析均表明，在教师开始专业发展2年后，成绩更常出现显著的提升。多元回归分析表明，教师的学科知识能预测三个批次初中一般性科学学生和一个批次高中化学学生的学业成就。这些结果也得到了其他一些研究者的支持（Cohen & Hill, 2000；Jacob & Lefgren, 2004；Jaquith, Mindich, Chung Wei, & Darling-Hammond, 2010；Lee, Deaktor, Enders, & Lambert, 2008）。

对项目评估证据的总结

虽然最近的大规模项目评估收集的信息不同，但大多数项目关注教师专业发展对促进学生学习的影响，这些专业发展项目都强调学科知识和基于标准的教学。如本篇综述所指出的那样，有证据表明在大多数情况下，学生科学学业成就紧随着教师参与数学和科学专业发展后开始提高。由于不同项目的目标差异以及收集对照组数据存在困难，数据收集和分析通常缺乏严谨性。然而，最新的《2012年美国科学和数学教育调查报告》(*Report of the 2012 National Survey of Science and Mathematics Education*)的结果支持了本篇综述对单个项目评估所得出的结果(Banilower et al., 2013)。巴尼洛尔(Banilower)和他的同事们(2013)指出,《2012年美国科学和数学教育调查报告》的首要关注点是教师和教学。它于描述改革导向教学[21]的题目与本章讨论的MSP项目评估中所运用的即使不相同，也很相似。[22]巴尼洛尔和他的同事们总结，不同年级采用改革导向教学的频率是没有本质差别的，而且相对于低学业成就的学生，对高学业成就的学生更有可能使用这样的教学策略。MSP项目的目标之一是让所有教师实施探究，在这些教师的科学课堂上既有高成就也有低成就学生。MSP项目评估的是教师专业发展参加情况、教学的变化和/或学习的提升，这些评估内容证明关注加强学科知识和教学法的专业发展能改变课堂教学以及加强学生学习。

提升项目评估影响的建议

在过去的十年里，大众对评估的兴趣有所增加(Darling-Hammond, 2010; Popham, 2008; Stobart, 2009)。对证据的综述显示，对教师以及教学的评估一直是地方和大规模改革工作的重点。在本章的讨论中，科学项目评估中的数据表明，这些项目实现了增加教师学科知识和提高学生学业成就的目标(根据非常广泛的学业成就测量结果)，但是这些评估往往没有使用严格的方法。事实上，项目一直在努力遵循指令以满足能为项目成果提供可靠证据的评估设计的要求(USDOE, 2008)。此外，科学教育研究人员已经提出，由于大规模改革工作是错综复杂的，几乎不可能剔除项目各成分的部分影响以及将因果关系归因于其中某项(Cobb, Confrey, diSessa, Lehrer, & Schauble, 2003)。这两个问题都引起了对项目评估及其结果意义的关注。本章的这个部分将提出一些方法来改进项目评估，从而提高它们在改进科学教育中的影响和效率。

关于改进和扩大项目评估的建议是多种多样的，这些建议也采取了不同的途径。例如，威曼(Wieman, 2012)声称，项目及其评估很少将注意力集中在学习上，但是"最近有大量关于如何完成学习的研究，对于什么是有效的STEM教学有着明确的启示"(p.25)。他进一步指出，未能解决这一问题是"许多改革付诸努力却失败的根本原因"(p.25)。其他作者(Penuel & Fishman, 2012)则设想,《不让一个孩子掉队》法案要求接受美国联邦资助的州、地区和学校使用研究成果具有科学证据的计划，该法案的实施也改变了项目评估的性质。在先前工作的基础上，佩努埃尔(Penuel)和菲什曼(Fishman)提出，大型项目的评估或研究必须包括以科学研究为基础的创新以及基于设计实施的研究(design-based implementation research [DBIR]; Penuel, Fishman, Cheng, & Sabelli, 2011)。根据佩努埃尔和菲什曼(Penuel & Fishman, 2012)的观点，DBIR"产生了更多可度量的设计，并对科学教育的情境有了更深入的理解"(p.282)。

澳大利亚昆士兰州的一项研究建议为培养评估能力和保障评估质量设立新的框架(Colbert, Wyatt-Smith, & Klenowski, 2012)。科尔伯特(Colbert)和他的同事认为，越来越多的研究和政策对如何建立和维持一种支持高质量教学的评估文化显示出兴趣。虽然这些作者侧重于教师对学生学习的评估，但他们的建议适用于改进项目评估。例如，他们提出要使用更严格的评估设计。在引用哈伦（Harlan, 2004）研究的基础上，他们建议为保持评估的有效性，必须要对“评估过程中预期学习者使用的技能和知识的被评估领域和证据进行明确的界定”（Harlan, p. 25 in Colbert et al., 2012）。他们还建议，对学生学习的评估不应被看作是终点，评估应该引发对证据进行批判性反思。形成性项目评估常常被用来指引项目的目标达成，也就是说，它们包括了主要研究者和评价人员的反思。当前，总结性项目评估被视为评估的终点，告知资助者、主要研究者和参与者该项目是否达到其目标，但如前所述，巴顿（2006）建议总结性评估的目标也应该被扩展。

在未来十年中科学教育面临重大挑战，这一事实使得改进评估来影响科学教与学的议题变得复杂起来。但是大规模项目评估清晰地指出了教师专业发展的有效性，专业发展要以科学内容为基础并传播探究式教学。此外，教师在将新内容和教学技术完全融入课堂之前，需要经过几年的专业发展。一项发现表明，要实现课堂影响力，需要耗费大量资金且周期很长。然而，美国各州和联邦层面的预算危机表明，虽然从专业发展到课程研究和开发，教育基础设施对改进教育至关重要，但是基础设施的预算有可能受到威胁。尽管变化的出现需要大量的时间和资源，但是主要研究者和评价人员很可能被要求“用更少的钱做更多的事情”（NRC, 2010）。

正如本章通篇所建议的，评估不仅可以改进单个项目，而且也可以引导政策的改进并对科学教与学的知识基础有所贡献。随着对质量评估的潜在影响的了解不断深入，可以预见的是，更为严格和详细的评估准则将会被纳入美国联邦和州政府对申请书的要求中。此外，人们也希望质量评估的障碍，例如缺乏有效和可靠的工具、缺失控制组或对照组、缺乏对数据的严谨分析，能够被克服。只有消除了这些障碍，期望项目评估来改变课堂实践的愿望才能实现。

致谢

感谢凯瑟琳·米尔恩（Catherine Milne）和德布拉·托马内克（Debra Tomanek）对本章的审阅，对我们的工作很有帮助。

注释

1. 本章后面将对基于理论的评价进行详细讨论。
2. SSI涉及整个州，如美国缅因州；克利夫兰等大城市接受了USI的资助；具有共同教育问题的广大州际乡村地区形成了RSI，如阿巴拉契亚农村计划（Appalachian Rural Initiative），而后来成立的LSC则资助范围较小的城市地区，如梅萨公立学校群（Mesa System Initiative）和奥克兰联合学区（Oakland Unified School District）。
3. 有人认为，《不让一个孩子掉队》法案对公平的强调可能导致了科学和数学学业成就的下滑。
4. 美国学生2009年在国际学生评估项目（Programme for International Student Assessment [PISA]）中科学素养的平均分高于2006年。虽然2006年美国学生的科学素养平均分低于OECD的平均水平，但到2009年美国学生的平均得分与OECD平均水平没有显著差异（美国国家教育统计中心[National Center for Education Statistics], 2009）。

5. 在改革工作启动之前，将要使用的成效测量未确定。
6. 在25个州中，有20个州将其重心放在了教师专业发展上。
7. 英格索尔(Ingersoll, 2007)指出，《不让一个孩子掉队》法案将高水平的教师定义为(a)拥有学士学位，(b)持有各州批准的正规或完整的教学证书或执照，(c)能够胜任其所教的每门学科。
8. 作者更新了怀斯(Wise, 1996)列出的列表。但是，有几种策略是相同的(如提问、强化材料、探究、测评和强化情境)。这些策略及其效应量大小分别为：提问策略(0.74)、强化材料策略(0.29)、测评策略(0.51)、探究策略(0.65)、强化情境策略(1.48)、教学技术(IT)策略(0.48)和合作学习策略(0.95)。
9. 规定的特征如下：(a)关注内容——专业发展(PD)要关注学科主题内容以及学生如何学习组成该内容的知识和技能(如学科教学知识)；(b)主动学习——专业发展是以探究为基础的，为教师提供机会在指导下以学习者的身份体验学习内容，在课堂环境中进行实践；(c)一致性——专业发展要与地方改革和政策保持一致，要以关于教师学习与变化的实证验证后的理论为基础，要以教师现有的知识和信念为基础并保持一致，是对有效课程和教学模式的补充、促进和扩展；(d)持续性——每项专业发展活动都需足够的时间，以达到最佳学习效果，活动的频率要具有连续性；(e)集体参与——专业发展的结构和活动通过不断的合作促进教师之间的交互，相关领域的专家也会帮助教师加快专业发展。
10. 本研究是在一项对艾森豪威尔专业发展计划(Eisenhower Professional Development Program)的评估——《初等和中等教育法案》(Elementary and Secondary Education Act)第2章的背景下进行的。
11. 其中三个为结构特征，分别是(a)改革类型(如专业发展的提供者)、(b)持续性和(c)集体参与(如来自同一年级、学校或地区的教师)。其他三个特征是专业发展的实质特征，分别是(a)主动学习、(b)一致性和(c)关注内容。通过多层线性模型，他们分别对两个层次(结构层次和教师活动层次)的影响进行了研究。
12. 值得注意的是，本研究使用的是教师对教学实践的自我报告，而不是(研究者)对课堂的独立观察。
13. 除了前面讨论的SSI外，俄亥俄州还有另外三个符合条件的城市(克利夫兰、辛辛那提和哥伦布)获得USI的资助，俄亥俄州部分地区还是阿巴拉契亚农村计划的一部分。
14. 该项目并没有进行学生层面和全州范围的比较分析，因为个人的科学成就分数是无法进行比较的，而且作为对比的地区没有采用与数学和科学合作关系地区相同的科学成就测试。
15. 2011年的评价报告没有指定第三组(Oyer, 2011)。
16. 教师问卷的作答率为64%。
17. 目前，高需求学校的定义是：(a)在全州评估中学生成绩分数低于75%，或(b)为大量来自收入低于贫困线家庭的学生提供服务，或(c)雇用大量在学科领域或被委任教授的学科中不具有“高素质”身份的老师。
18. 该项目包括20名小学教师、16名中学数学教师、11名中学科学教师、11名中等职业和技术教育教师、1名数学和科学教师以及1名特殊教育教师。所有人都作答了同一份调查问卷。

19. 第五批教师在写这篇论文时只完成了1年的专业学习计划。所有批次的教师在项目期间都完成了专业发展。

20. 这些发现与其他研究不同，其他研究表明，低年级的教师更可能改变他们的教学策略（Guskey & Yoon, 2009）。

21. 这三个术语经常被用于描述创新的科学教学。它们是“探究”“基于标准的”和“改革导向的”，它们是可以互换的。

22. 自20世纪90年代中期第一轮科学和数学标准问世以来，这些题目就一直被使用，其中包括：学生动手进行实验活动，学生必须为他们的主张提供证据，学生使用表格、图表或图像来表示或分析数据。此外，全国性调查还评估了教学技术的使用频率。

参考文献

Abt Associates, Inc. (2010). *Review of final MSP evaluations, performance period 2007: Analytic and technical support for mathematics and science partnerships.* Report to the U.S. Department of Education OESE/Mathematics and Science Partnerships, Washington, DC.

American Association for the Advancement of Science (AAAS). (1993). *Benchmarks for science literacy.* New York: Oxford University Press.

Anderson, B. (2002). Evaluating systemic reform: Evaluation needs, practices, and challenges. In J.W. Altschuld & D.D. Kumar (Eds.), *Evaluation of science and technology education at the dawn of a new millennium* (pp. 49 – 80). New York: Kluwer Academic/Plenum.

Anderson, K. (2011). Science education and test-based accountability: Reviewing their relationship and exploring implications for future policy. *Science Education, 96*(1), 104 – 129.

Apple, M. (2001). *Educating the "right" way: Markets, standards, God and inequality.* New York: Routledge.

Banilower, E. R., Heck, D. J., & Weiss, I. R. (2005). Can professional development make the vision of the standards a reality? The impact of the National Science Foundation's Local Systemic Change Through Teacher Enhancement Initiative. *Journal of Research in Science Teaching, 44*, 375 – 395.

Banilower, E. R., Smith, P. S., Weiss, I. R., Malzahn, K. A., Campell, K. A., & Weis, A. M. (2013). *Report of the 2012 national survey of science and mathematics education.* Chapel Hill, NC: Horizon Research, Inc.

Bush, V. (1960). *Science—the endless frontier.* Washington, DC: United States Government Printing Office.

Bybee, R. W., & Fuchs, B. (2006). Preparing the 21st century workforce: A new reform in science and technology education. *Journal of Research in Science Teaching, 43*, 349 – 352.

Carpenter, T. P., Blanton, M. L., Cobb, P., Franke, M. L., Kaput, J., & McClain, K. (2004). *Scaling up innovative practices in mathematics and science.* Research Report from National Center for Improving Student Learning and Achievement in Mathematics and Science. Madison: University of Wisconsin.

Chatterji, M. (2002). Models and methods for examining standards-based reforms and accountability initiatives: Have the tools of inquiry answered pressing questions on improving schools? *Review of Educational Research, 72*(3), 345 – 386.

Chen, H.-T. (1990). *Theory-driven evaluations.* Thousand Oaks, CA: Sage.

Clune, W. H., Porter, A. C., & Raizen, S. A. (1999, September 29). Systemic reform: What is it? How do we know? *Education Week, 19*(5), 31.

Coalition for Evidence-Based Policy. (2005). *How to solicit rigorous evaluations of mathematics and science partnerships (MSP) projects: A user-friendly guide for MSP state coordinators.* Chicago: National Opinion Research Center, University of Chicago.

Cobb, P., Confrey, J., diSessa, A., Lehrer, R., & Schauble, L. (2003). Design experiments in educational research. *Educational Researcher, 32*, 9 – 13.

Cohen, D. K., & Hill, H. C. (2000). Instructional policy and classroom performance: The mathematics reform in California. *Teachers College Record, 102*, 294–343.

Colbert, P., Wyatt-Smith, C., & Klenowski, V. (2012). A systems level approach to building sustainable assessment cultures: Moderation, quality task design and dependability of judgment. *Policy Futures in Education, 10*(4), 387–402.

Corcoran, T. B. (1995, June). Helping teachers teach well: Transforming professional development. *Consortium for Policy Research in Education Policy Briefs, 16*, 1–11.

Creswell, J. W., Plano Clark, V. L., Gutmann, M., & Hanson, W. (2003). Advanced mixed methods research designs. In A. Tashakkori & C. Teddlie (Eds.), *Handbook of mixed methods in social and behavioral research* (pp. 209–240). Thousand Oaks, CA: Sage.

Darling-Hammond, L. (2010). *The flat earth and education: How America's commitment to equity will determine our future.* New York: Teachers College Press.

Dee, T. S., & Jacob, B. (2011). The impact of No Child Left Behind on student achievement. *Journal of Policy Analysis and Management, 30*(3), 418–446.

Desimone, L. M. (2009). Improving impact studies of teachers' professional development: Toward better conceptualizations and measures. *Educational Researcher, 38*(3), 181–199.

Desimone, L. M., Porter, A. C., Garet, M. S., Yoon, K. S., & Birman, B. F. (2002). Effects of professional development on teachers' instruction: Results from a three-year longitudinal study. *Educational Evaluation and Policy Analysis, 24*(2), 81–112.

Dow, P. B. (1999). *Schoolhouse politics: Lessons from the* Sputnik *era.* Cambridge, MA: Harvard University Press.

Elmore, R. F. (1993). *The development and implementation of large-scale curriculum reforms.* Paper prepared for the American Association for the Advancement of Science. Cambridge, MA: Harvard Graduate School of Education, Center for Policy Research in Education.

Elmore, R. F. (1996). Getting to scale with good educational practice. *Harvard Educational Review, 66*(1), 1–26.

Finn, C. E. (2002). *No Child Left Behind: What will it take?* Washington, DC: Thomas B. Fordham Foundation.

Fretchling, J., Frierson, H., Hood, S., & Hughes, G. (2002). *The 2002 user-friendly handbook for project evaluation.* Arlington, VA: National Science Foundation.

Fretchling, J., Stevens, F., Lawrenze, F., & Sharp, L. (1993). *The user-friendly handbook for project evaluation: Science mathematics and technology education.* NSF 93–152. Arlington, VA: National Science Foundation.

Garet, M. S., Birman, B. F., Porter, A. C., Desimone, L., Herman, R., & Yoon, K.S. (1999). *Designing effective professional development: Lessons from the Eisenhower Program.* Washington, DC: U.S. Department of Education.

Glesne, C. (2011). *Becoming qualitative researchers: An introduction* (4th ed.). Boston: Allyn & Bacon.

Goertz, M. E., Floden, R. E., & O'Day, J. A. (1996). *Systemic reform. [Volume I: Findings and conclusions.] Studies of education reform.* East Lansing, MI: National Center for Research on Teacher Learning. (ERIC Document Reproduction Service No. ED 397553)

Government Accountability Office (GAO). (2003). *Program evaluation: An evaluation culture and collaborative partnerships help build agency capacity.* GAO-03–454. Washington, DC: Author.

Government Accountability Office (GAO). (2009). *Program evaluation: A variety of rigorous methods can help identify effective interventions.* Report to Congressional Requesters, GAO-10–3. Washington, DC: Author.

Government Accountability Office (GAO). (2012). *Science, technology, engineering, and mathematics education: Strategic planning needed to better manage overlapping programs across multiple agencies.* GAO-12–108. Washington, DC: Author.

Greene, J. C., DeStefano, L., Burgon, H., & Hall, J. (2006). An educative, values-engaged approach to evaluating STEM educational programs. *New Directions for Evaluation, 2006*(109), 53–71.

Guskey, T. R., & Yoon, K. S. (2009). What works in professional development? *Phi Delta Kappan, 90*(7), 495–500.

Gullickson, A. R., & Hanssen, C. E. (2006). Local evaluation in multisite STEM programs: Relating evaluation use and program results. *New Directions for Evaluation, 109*, 97–103.

Guyton, E., Fox, M. C., & Sisk, K. A. (1991). Comparison of teacher attitudes, teacher efficacy, and teacher performance of first-year teachers prepared by alternative and traditional teacher education programs. *Action in Teacher Education, 13*(2), 1–9.

Hargreaves, A., & Goodson, I. (2006). Educational change over time? The sustainability and non-sustainability of three decades of secondary school change and continuity. *Educational Administration Quarterly, 42*(1), 3 – 41.

Heck, D. J. (1998). Evaluating equity in statewide systemic initiatives: Asking the right questions. *Journal of Women and Minorities in Science and Engineering, 4*, 161 – 181.

Hershberg, T. (2005). *Value-added assessment and systemic reform: Response to America's human capital development challenge.* Paper presented at the Challenge of Education Reform: Standards, Accountability, Resources and Policy, Cancun, Mexico.

Hess, F. (1999). *Spinning wheels: The politics of urban school reform.* Washington, DC: Brookings Intit. Press.

Horizon Research, Inc. (1994). *Reflections from Wingspread: Lessons learned about the National Science Foundation's Systemic Initiative.* A report on the March 1994 Wingspread conference. Chapel Hill, NC: Author.

Ingersoll, R. M. (2007, February). *Misdiagnosing the teacher quality problem.* (CPRE Policy Brief No. RB- 49). Philadelphia: University of Pennsylvania, Consortium for Policy Research in Education.

Jacob, B. A., & Lefgren, L. (2004). The impact of teacher training on student achievement: Quasi-experimental evidence from school reform efforts in Chicago. *Journal of Human Resources, 39*(1), 50 – 79.

Jaquith, A., Mindich, D., Chung Wei, R., & Darling-Hammond, L. (2010). *Teacher professional learning in the United States: Case studies of state policies and strategies.* Dallas, TX: National Staff Development Council.

Kahle, J. B. (2004). Will girls be left behind? Gender differences and accountability. *Journal of Research in Science Teaching, 41*, 961 – 969.

Kahle, J. B. (2007). Systemic reform: Research, vision, and politics. In S. K. Abell & N. G. Lederman (Eds.), *The handbook of research on science education* (pp. 911 – 942). Mahwah, NJ: Erlbaum.

Kahle, J. B., Meece, J., & Scantlebury, K. (2000). Urban African-American middle school science students: Does standards-based teaching make a difference? *Journal of Research in Science Teaching, 37*, 1019 – 1041.

Kahle, J. B., & Woodruff, S. B. (2011). Science teacher education research and policy: Are they connected? In G. DeBoer (Ed.), *Research in science education: Vol. 5, The role of public policy in K- 12 science education*, (pp. 47 – 75), Greenwich, CT: Information Age Publishing.

Kahle, J. B., & Woodruff, S. B. (2013). Ohio's 30 years of mathematics and science education reform: Practices, politics, and policies. In B.S. Wojnowski & C. Pea (Eds.), *Models and approaches to STEM professional development* (pp. 79 – 102). Arlington, VA: National Science Teachers Association Press.

Katzenmeyer, C., & Lawrenz, F. (2006). National science foundation perspectives on the nature of STEM program evaluation. *New Directions for Evaluation, 2006*(109), 7 – 18.

Kennedy, M. M. (1999). *Form and substance in mathematics and science professional development.* NISE brief (vol. 3, no. 2). Madison: University of Wisconsin–Madison, National Institute for Science Education.

Kroger, L. E., Campbell, H. L., Thacker, A. A., Becker, D. E., & Wise, L.L. (2007). *Behind the numbers: Interviews in 22 states about achievement data and the No Child Left Behind Act policies.* Retrieved from www.cep-dc.org/displayDocument.cfm?DocumentID= 180

Kumar, D. D., & Altschuld, J. W. (2003). The need for comprehensive evaluation in science education. *Review of Policy Research, 20*(4), 603 – 615.

Laguarda, K. (1998). *Assessing the SSI's impacts on student achievement: An imperfect science.* Menlo Park, CA: SRI International.

Lawrenz, F. (1975). The relationship between teacher characteristics and student achievement and attitude. *Journal of Research in Science Teaching, 12*, 433 – 437.

Lee, O., Deaktor, R., Enders, C., & Lambert, J. (2008). Impact of a multiyear professional development intervention on science achievement of culturally and linguistically diverse elementary students. *Journal of Research in Science Teaching, 45*, 726 – 747.

Loucks-Horsley, S., Love, N., Stiles, K. E., Mundry, S., & Hewson, P. W. (2003). *Designing professional development for teachers of science and mathematics.* Thousand Oaks, CA: Corwin Press.

Magnusson, S., Borko, H., Krajcik, J. S., & Layman, J. W. (1992). *The relationship between teacher content and pedagogical content knowledge and student content knowledge of heat energy and temperature.* Paper presented at the annual meeting of the National

American Association for Research in Science Teaching, Boston, MA.

Mason, K., Brewer, J., Redman, J., Bomar, C., Ghenciu, P., LeDocq, M., & Chapel, C. (2012). SySTEMically improving student academic achievement in mathematics and science. *Journal for Quality & Participation, 35*(2), 20–24.

McLaughlin, M. (1990). The RAND change agent study revisited: Macro perspectives and micro realities. *Educational Researcher, 19*, 11–16.

Monk, D. H. (1994). Subject area preparation of secondary mathematics and science teachers and student achievement. *Economics of Education Review, 13*(2), 125–145.

Moore, M. H. (1995). *Creating public value: Strategic management in government.* Cambridge, MA: Harvard University Press.

National Center for Education Statistics. (2009). *Science literacy performance of 15-year-olds.* Retrieved from http://nces.ed.gov/surveys/pisa/pisa2009highlights_4.asp

National Council of Teachers of Mathematics (NCTA). (1989). *Curriculum and evaluation standards for school mathematics.* Reston, VA: Author.

National Research Council (NRC). (1996). *National science education standards.* Washington, DC: National Academies Press.

National Research Council (NRC). (2007). *Taking science to school: Learning and teaching science in grades K–8.* Washington, DC: National Academies Press.

National Research Council (NRC). (2010). *Rising Above the Gathering Storm, revisited: Rapidly approaching category 5.* My Members of the 2005 "Rising Above the Gathering Storm" Committee; Prepared for the Presidents of the National Academy of Sciences, National Academy of Engineering and Institute of Medicine. Washington, DC: National Academies Press.

National Science Foundation (NSF). (2002). *Math and Science Partnership (MSP): Program solicitation.* NSF-02-061. Retrieved from www.nsf.gov/pubs/2002/nsf02061/nsf02061.html

National Science Foundation (NSF). (2004). *A more synergistic whole: Education lessons about learning.* Retrieved from www.nsf.gov/about/history/nsf0050/education/moresynergistic.htm

National Science Foundation (NSF). (2010). *User-friendly handbook for project evaluation.* Retrieved from www.westat.com/pdf/projects/2010ufhb.pdf

National Science Foundation (NSF). (2012). *Math and Science Partnership (MSP): Program solicitation.* (NSF 12-518). Retrieved from www.nsf.gov/pubs/2012/nsf12518/nsf12518.htm

Nelkin, D. (1977). *Science textbook controversies and the politics of equal time.* Cambridge: MIT Press.

Office of Technology Assessment (OTA). (1988). *Elementary and secondary education for science and engineering—A technical memorandum* (OTA-TM-SET-41). Washington, DC: U.S. Government Printing Office.

Oyer, E. (2011). *Evaluation report: 2010–2011 Illinois Mathematics and Science Partnership.* Carmel, IN: EvalSolutions, Inc.

Pane, J. F., Williams, V. L., Olmsted, S. S., Yuan, K., Spindler, E., & Slaughter, M. E. (2009). *Math science partnership of southwest Pennsylvania: Measuring progress toward goals.* Santa Monica, CA: RAND Corporation.

Patton, M. Q. (2006). Evaluation for the way we work. *The Nonprofit Quarterly, 13* (1), 28–33.

Penuel, W. R., & Fishman, B. J. (2012). Large-scale science education intervention research we can use. *Journal of Research in Science Education, 49*, 281–304.

Penuel, W. R., Fishman, B. J., Cheng, B. H., & Sabelli, N. (2011). Organizing research and development at the intersection of learning, implementation, and design. *Educational Researcher, 40*(7), 331–337.

Popham, W. J. (2008). *Transformative assessment.* Alexandria, VA: Association for Supervision and Curriculum Development.

Sahlberg, P. (2006). Education reform for raising economic competitiveness. *Journal of Educational Change, 7*(4), 259–287.

Sanders, L. R., Borko, H., & Lockard, J. D. (1993). Secondary science teachers' knowledge base when teaching science courses in and out of their area of certification. *Journal of Research in Science Teaching, 30*, 723–736.

Schneider, B. L., & Keesler, V. A. (2007). School reform 2007: Transforming education into a scientific enterprise. *Annual Review of Sociology, 33*, 197–217.

Schorr, L. B., & Kubisch A. C. (1995, September). *New*

approaches to evaluation: Helping Sister Mary Paul, Geoff Canada, and Otis Johnson while convincing Pat Moynihan, Newt Gingrich, and the American public. Presentation at Annie E. Casey Foundation Annual Research/Evaluation Conference, Baltimore, MD.

Schroeder, C. M., Scott, T. P., Tolson, H., Huang, T. Y., & Lee, Y. H. (2007). A meta-analysis of national research: Effects of teaching strategies on student achievement in science in the United States. *Journal of Research in Science Teaching, 44*, 1436 – 1460.

Shavelson, R. J., & Towne, L. (2002). *Scientific research in education.* Washington, DC: National Research Council, National Academies Press.

Slavin, R. E. (2005). Sand, bricks and seeds: School change strategies and readiness for reform. In D. Hopkins (Ed.), *The practice and theory of school improvement* (pp. 265 – 279). Dordrecht, the Netherlands: Springer.

Smith, M., & O'Day, J. (1991). Systemic school reform. In S. Fuhrman & B. Malen (Eds.), *The politics of curriculum and testing* (pp. 233 – 267). Bristol, PA: Falmer.

Spicer, D. E. (2012). Rhetoric, reality and research: The rhetoric of systemic reform, the reality of leadership development and current trends in school leadership research in the United States. *Italian Journal of Sociology of Education, 1*, 305 – 319.

Stobart, G. (2009). *Testing times: The uses and abuses of assessment.* London: Routledge.

Supovitz, J. (1996, December). *The impact over time of Project Discovery on teachers' attitudes, preparation, and teaching practice.* Final report. Chapel Hill, NC: Horizon Research, Inc.

Supovitz, J., & Taylor, B. S. (2005). Systemic education evaluation: Evaluating the impact of systemwide reform in education. *American Journal of Evaluation, 26*(2), 204 – 230.

Supovitz, J. A., & Turner, H. M. (2000). The effects of professional development on science teaching practices and classroom culture. *Journal of Research in Science Teaching, 37*, 963 – 980.

Thomas B. Fordham Foundation. (2012). *The state of state science standards.* Washington, DC: Author.

Toch, T. (1991). *In the name of excellence.* New York: Oxford University.

U.S. Department of Education (USDOE). (2002). *No Child Left Behind Act of 2001*. Washington, DC: Author.

U.S. Department of Education (USDOE). (2005). *Scientifically based evaluation methods* (FR Doc. 05 – 1317). Federal Register 70 (Jan. 25): 3586 – 89. Retrieved from www.gpo.gov/fdsys/pkg/FR-2005 - 01 - 25 /pdf/ 05 - 1317.pdf

U.S. Department of Education (USDOE). (2008, September). *ESEA: Mathematics and science partnerships (OESE).* FY 2008 program performance report. Washington, DC: Author.

U.S. Department of Education (USDOE). (n.d.). *Mathematics and science partnerships program.* Retrieved from www.ed-msp.net/

W. K. Kellogg Foundation. (1998). *W. K. Kellogg Foundation evaluation handbook.* Battle Creek, MI: Author.

Ward, J. H. Jr. (1963), Hierarchical grouping to optimize an objective function. *Journal of the American Statistical Association, 58*, 236 – 244.

Weiss, C. H. (2000). Which links to which theories shall we evaluate? *New Directions for Evaluation, 87*, 35 – 45.

Weiss, I. R., & Pasley, J. D. (2008, March). *Using research findings and practice-based insights: Guidance for policy, practice, and future research.* Paper presented at the annual meeting of the American Educational Research Association, New York City.

Weiss, I. R., & Webb, N. (2003). *Study of the impact of the Statewide Systemic Initiatives program: Lessons learned.* Chapel Hill, NC: Horizon Research, Inc.

Westat. (2002). *Criteria for classifying designs of MSP evaluations.* Retrieved from http://ies.ed.gov/ncee/projects/evaluation/assistance_data.asp

Wieman, C. (2012). Applying new research to improve science education: Insights from several fields on how people learn to become experts can help us to dramatically enhance the effectiveness of science, technology, engineering, and mathematics education. *Issues in Science and Technology, 29*(1), 25 – 32.

Wilson, S., Floden, R., & Ferrini-Mundy, J. (2001). *Teacher preparation research: Current knowledge, gaps, and recommendations.* Seattle, WA: Center for the Study of Teaching and Policy.

Wise, K. C. (1996). Strategies for teaching science: What works? *Clearing House, 69*(6), 337 – 338.

Woodruff, S. B., Hung, H. L., & Seabrook, L. (2009,

November). *Exploratory cluster analysis: Variability and commonality of the implementation and impact of Ohio Mathematics and Science Partnership (OMSP) projects.* Panel presentation at the Annual Conference of the American Evaluation Association, Orlando, FL.

Woodruff, S. B., Li, Y., & Kao, H. C. (2010). *Evaluation of Ohio Mathematics and Science Partnership program: Instrument validity and reliability study and study of programmatic and project-level effect size, June 2010.* Oxford, OH: Miami University, Ohio's Evaluation & Assessment Center for Mathematics and Science Education.

Woodruff, S. B., McCollum, T. L., Li, Y., & Bautista, N. U. (2010, March). *Enhancing elementary teachers' content and pedagogical knowledge through sustained professional development.* Paper presented at the Annual International Conference of the National Association for Research in Science Teaching, Philadelphia, PA.

Woodruff, S. B., Zorn, D., Noga, J., & Seabrook, L. (2009, April). *Statesponsored professional development: Lessons learned through dialogue across evaluation, theory, research, and practice.* Panel presentation at the Annual Meeting of the American Educational Research Association, San Diego, CA.

Woodruff, S. B., Zorn, D., Raffle, H., & Oches, B. (2011). *Ohio Mathematics and Science Partnership Program cross-project evaluation: Year 2 final report.* Oxford, OH: Miami University, Ohio's Evaluation & Assessment Center for Mathematics and Science Education.

Woodruff, S. B., Zorn, D., Raffle, H., & Oches, B. (2012). *Ohio Mathematics and Science Partnership Program cross-project evaluation: Final report.* Oxford, OH: Miami University, Ohio's Evaluation & Assessment Center for Mathematics and Science Education.

Yoon, K. S., Duncan, T., Lee, S. W., Scarloss, B., & Shapley, K. L. (2007). *Reviewing the evidence on how teacher professional development affects student achievement.* Issues and answers report, REL 2007 – No. 033. Washington, DC: U.S. Department of Education, Institute of Education Sciences, National Center for Education Evaluation and Regional Assistance, Regional Educational Laboratory Southwest.

Zorn, D., Seabrook, L., Marks, J., Chappell-Young, J., Hung, S., Marx, M., et al. (2009). *The Ohio Mathematics and Science Partnership program external evaluation: Year 2 report.* Oxford, OH: Miami University, Ohio's Evaluation & Assessment Center for Science and Mathematics Education.

Zucker, A. A., & Shields, P.M. (1997). *SSI strategies for reform: Preliminary findings from the evaluation of the National Science Foundation's Statewide Systemic Initiatives Program.* Menlo, Park, CA: SRI International.

Zucker, A. A., Shields, P. M., Adelman, N., & Powell, J. (1995). *Evaluation of the National Science Foundation's Statewide Systemic Initiatives Program: Second year report* (Report No. NSF 96 – 48). Arlington, VA: National Science Foundation.

36 Precollege Engineering Education

CHRISTINE M. CUNNINGHAM AND WILLIAM S. CARLSEN

第36章 大学前的工程教育

陈敏华　译　　韩思思　姚建欣　审校

儿童生来就是工程师。他们摆弄着面前的自然世界和人造世界：垒砂堆，建大坝，搭积木，建桥梁，到处信手涂鸦，将物品拆散后再装上，用布、硬纸板、灌木和木材建造堡垒。他们的这些活动为今后的理解打下基础：技术是怎样设计，怎样依靠资源，怎样组织以及怎样构建的？工程对人类、社会和环境会产生怎样的影响？儿童天生的兴趣爱好为他们对技术和工程的初始理解提供了发展机会。把儿童的这些初始理解视为基础是目前教育优先考虑的内容（例如American Association for the Advancement of Science [AAAS], 1993; National Research Council [NRC], 2012; Obama, 2009）。

“工程教学”与技术教育具有共同的目标，在一些国家中已成为单独的教学科目，在另一些国家中则作为新兴的课程重点（Rasinen, 2003）。最近出版了几本评论书，这些书为技术教育系统中的研究和课程提供了现代的和国际的视野。这一系统通常汲取工艺和职业教育的成分（Benson & Lunt, 2011; Jones & De Vries, 2009），但也越来越多汲取来自其他领域（如艺术、社会科学）的成分（Barlex, 2007）。根据这版手册的目的，我们不希望重复讨论相同的领域。例如，我们只考虑把科学学习作为一个清晰的教学目标的“工程教学”问题。在本章中，我们首要考虑的不是工程的学科内容，而是科学教学和科学学习对工程教育的影响。例如，有人已经指出，当学生参与工程活动时，运用初步的物理概念和原理可以减轻认知负荷，让学生能参与问题的解决和其他有成效性的活动，否则的话参与的可能性不大（Levy, 2013）。从学习的社会认知角度来看，事实表明，通过强调个人与真实世界的联系和建构一个了解相关科学的需要，工程设计活动能增强学生学习科学的动机（Barron et al., 1998; Kolodner et al., 2003）。

在大学，通常将科学研究作为工程研究的必要前提；工程研究通常建立在科学研究的基础之上，并跟随在数年的科学研究之后。作为儿童科学教育研究的目标，工程教育的出现为今天的研究者们提供了评价这个前后顺序的实验室，并提供了考量新的能应对科学教育持续性挑战的策略的机会。

在本章第一节中，我们从现代的视角介绍科学和工程如何呈现在大学前的课程中。在这部分内容中，我们吸取了美国《K—12科学教育框架》(*Framework for K–12 Science Education*)(NRC, 2012)这一我们最熟悉的政策背景。[1]科学和工程是相互关联的两门学科，但不是同一门学科。美国把科学和工程实践(它们有时候相同，有时候不同)放到了特别重要的地位。我们运用这些实践来从大量工程教育研究成果中找出最关键的内容。有些研究已经找到了认知和社会认知因素(如策略等)。这些因素具有改进科学教学和学习的潜力。

在第二节中，我们运用了循环图来进一步完善关于科学教学如何通过工程课来得到改进的观念。在第三节中，我们回顾了一些零散的但有趣的研究结果。最后，在第四节中，我们为未来研究指出了具有广阔前景的几个研究领域。

第一节 科学和工程：认识性实践

在美国，人们越来越达成这样的共识，即21世纪的科学和工程教育必须让学生参与到学科实践当中(NRC, 2012)。科学和工程是密切相关的两门学科，所以毫不意外，它们有许多特点是相互交叠的。然而，根据定义，它们也有不同点。科学和工程之所以是不同的学科，是因为它们在认识性实践上具有差异(Kelly, 2008, 2011)。认识性实践指的是，它们(在社会上)是怎样获得技术或理论问题的答案的。例如，一个科学问题是通过发表普遍性的知识而“得到解决”的；作者所获得的证据(如对实验的描述和对数据的分析)必须得到与其在专业上密切相关的同行专家的评价。另一方面，一个工程问题是通过演示一个非常特别的答案(而不是一个普遍性的知识)而“得到解决”的；对其评价的人员来自很不相同的专业领域(有经济的、安全的和美学的)。

表36.1列举了《K—12科学教育框架》(NRC, 2012, pp.50–53)中提到的八大实践。尽管NRC的这个文件中用表格列出了每项实践在学科上的差异，但还是强调了它们的相同点。根据我们的目的，在这里加了两列新的内容“科学中比较强调的内容”和“工程中比较强调的内容”。我们这

表36.1 认识性实践和科学与工程的目标

实践(引自NRC, 2012)	科学中比较强调的内容	工程中比较强调的内容
1. 提出问题并明确难题	目标：进展 形成基于经验的、可检验的理论，形成普遍性的解释。	目标：产品 详细说明实际问题。通过系统构建或别的技术解决问题。
2. 构建并使用模型	解释和预测	分析和评价
3. 设计并实施探究	为检验假设进行系统的探究，或者是对关于自然界的知识进行评价和拓展。	为产生新的设计方案而收集数据，评价所提出的设计方案与已有的设计说明是否一致。
4. 分析并解释数据	全球范围内关于已经发现的自然界的议题（如数据表征、边界条件、外部推广性）	关注标准的多样性：狭义的科学性（如材料性质）和其他方面（如价格、失败的风险）

（续表）

实践（引自NRC, 2012）	科学中比较强调的内容	工程中比较强调的内容
5. 运用数学和计算思维	工具：符号表征、转换、对复杂情况的简化、降噪技术、检验假设。借助于实际数据，将数学运用于对概念性模型的虚拟检验。	工具：实际事物或真实现象的替身。借助于实际数据或模拟数据，将数学运用于对具体事物的虚拟设计。
6. 构建解释并设计解决方案	对所观察到的现象进行逻辑说明，并考虑因果性、不确定性。对观察结果进行更进一步的经验检验，看其与当代科学的理解是否一致。把"最理想的解释"作为目标。这是实践 1 至 5 的最高水平。	"设计"既是实践 1 至 5 的最高水平，也是对这些通常需要多次重新开展的实践活动过程的描述。一种更优的设计方案通常是从许多种方案中选出来的，从中要权衡设计说明和限制条件。
7. 参与基于证据的论证	目标是说服同行，以自己在随后的科学活动中的发现作为证据。	目标是说服客户，以技术或过程中所提出来的解决方案作为证据。
8. 获取、评价和交流信息	自由的信息交换是一条重要的标准。这种交换是科学的基本目标。	工程产品一般来说是有法定所有权的，尽管它们在公民范围内可以自由地共享。

样做的目的是，强调它们之间的差异，减小NRC文件中对学术性工程的过度强调。[2]

1. 提出问题并明确难题。《K—12科学教育框架》指出，科学家会对自然现象提出问题，其目的是为了提出解释和理论，而工程师的工作倾向于被真实世界的问题所驱动。弄清两者区别的另一个角度是比较他们的目标：科学家的目标是进展，即理论和解释的新进展；而工程师的目标是产品，即对问题的具体解决，例如在减少碳排放的前提下有效地降低商品的成本。

从教育的角度来看，对科学来说，第一个实践的一个持续的挑战是对进展的评价。这种评价需要由学科专家来做。按照定义，新手缺乏这方面能力。产生这个难题的原因也许只有一个：对"探究"的强调已经在提高科学教学方面产生了混合性的结果。一个好的科学问题的标准有：(a) 还没有答案，(b) 问题适合于实证研究，(c) 对问题的成功回答能打开一条新的探究线索。但是，对这些标准每一条的评价需要有很深的学科理解能力。许多学生所开展的科学探究活动是验证性的、无结论的，或所得出的结论是微不足道的。这应该不足为奇。

工程领域中的第一个实践有一个潜在的优势——发展性。显然，对于学生来说，甚至潜在地对于教师来说，其现实问题无须深度的学科理解就能得到解释。 换句话说，可以制定具有挑战性的工程问题，使其在教育上具有成效性，并可以按初学者也能理解的形式表达出来。例如，利维(Levy, 2013) 让5至6岁的儿童去解决四个渐进的工程问题：根据不同的水量需求，设计和制造植物灌溉系统；为两间高低不同的房间设计和制造能提供相同水量的抽水系统；设计一台能混合各种不同颜色的水的机器；设计一个有水塘和喷泉的"水景园"。她发现，相对于对照组的儿童来说，参与工程的儿童表现出对相关物理概念更深刻的理解，如管子对水流的阻碍作用、咬合直径和水库高度。

2. 构建并使用模型。 模型以各种不同的方式被应用于科学和工程领域。《K—12科学教育框架》指出，在科学中模型一般被用于发展和优化对自然界的解释；在工程中模型被用于理解设计参数和找出可能出现的漏洞，以及比较不同的解决方案和推进流程设计（NRC, 2012, p. 50）。换种方式来说，科学模型强调的是解释和预测功能，而工程模型强调的是分析和评价功能。对学生来说，建立模型不是一件容易的事。初学者倾向于把注意力集中在模型的外观而非功能上（Penner, Giles, Lehrer, & Schauble, 1997）。然而，在运用模型的过程中，学生有机会去关注和欣赏自然界和技术系统的行为。这种欣赏是对真实世界或较高级模型的功能的更深度考察的基础（Penner, Lehrer, & Schauble, 1998）。

具有教育意义的一个学科差异是，一个是运用模型来形成一种观点（科学解释），一个是运用模型来实现所期望的具体效果（工程优化）。在对小学高年级学生进行的一项研究中，萧伯乐（Schauble）、克洛普弗（Klopfer）和拉加万（Raghavan）（1991）比较了两组学生的经历。这两组学生的活动涉及相同的两个模型，但他们活动开展的先后顺序不同。这两组学生都要完成两项任务，一项是科学任务，探究一个力学系统中影响弹簧长度的因素；一项是工程任务，提高运河系统中船的行驶速度。有意思的是，先开展工程任务的那组学生获得了更好的教育效果。作者注意到了约翰·杜威（Dewey, 1913）的观察结果：儿童能从先做结果导向性的实践工作（“工程”），再去进行手段导向性的科学研究中得到好处。他们还发现，其他几项研究表明，当我们要求学生去进行寻找因果关系的科学实验时，通常学生们反而喜欢把注意力转移到优化以获得所预期的结果上去（例如Kuhn & Phelps, 1982）。

对这一差异的其中一个思考路径是，对于工程问题，模型总是一个探究的产品。即使它不是一个物体或物质系统（通常它是一个物体或物质系统），它的组成部分似乎是实际工作说明的再现：“我们试图这样做，也这样做了。我们现在给你演示的特点包含了我们的经验。”在科学中，模型通常更多地作为开始探究的前提条件。例如，运用理想气体模型、捕食者–猎物环模型、抛体运动模型，然后进行动手操作，以获得更抽象的理解。当然，在不同学科中运用模型的时间和方式是不同的。工程师们通常在工作刚开始就要运用模型（如有限元模型），而科学家们的工作通常是得出一个新的模型。然而，这些偏差与其核心差异并不抵触。这个核心差异是，多数科学活动从概念性模型开始，而多数工程活动以形成真实的、具体的、有实例的产品为最终的成果。

对于一个物理模型，学生们会将真实世界中的物体和材料作为认知源，用来把复杂问题的方方面面具体化成有形的东西。学生们会用模型来衡量自己的理解，而老师们则会用模型作为评价的工具（NRC, 2012）。在工程中，学生们通过模型来提高关注和表达整体与部分的关系，看看各部分是怎样连接的；同时提高表达自己观点和计划的能力（Fleer, 2000 a）。对儿童画图的研究有利于我们进一步理解儿童是怎样通过虚拟的模型来认知这个世界的（Anning, 1997）。例如，即使是很小的儿童也能制作设计图，但只局限于画正视图（Fleer, 2000 b）。

系统模型和系统思维在有些科学和工程领域中显得比其他领域更重要。系统思维牵涉对系统内宏观和微观之间关系的理解，也牵涉对在子系统层面的行为如何不同于更大系统层面的突现行为的理解（NRC, 2012）。在工程中，系统思维是发展复杂技术最基本的实践。这些技术在很大范围内与人类、社会和环境有关。

在工程领域，处处都有简单而容易获得的系统和子系统。儿童甚至可以在小学就开始发展他们的系统思维能力。他们可以通过对一些简单的技术装置（如弹簧笔）检查或者开展逆向工程活动来发展这种能力，或在课堂中建造他们自己的子系统和系统来发展这种能力（Katehi, Pearson, & Feder, 2009）。例如，米哈利克（Mehalik）、多佩（Doppelt）和舒农（Schunn）（2008）比较了两个为初中学生设计的电学课程单元：一组学生参与系统设计，另一组学生参与脚本探究。后来，研究者对学生逐一测试了两个单元的共同概念，包括电阻、电压、串联电路和并联电路。他们发现，参与系统设计学生的表现比参与脚本探究的更好。对于非洲裔美国学生，这种系统方法缩小了在成绩上的差距。研究者把方法的成功一部分归因于学生更大的参与度，并进一步得出结论，设计挑战的策略为学生进行科学推理提供了更好的机会。

3. 设计并实施探究。工程师和科学家以不同的目的开展结构性的探究活动：科学家“旨在检验已有理论和解释，或修正和产生新的理论和解释”；工程师“旨在确认他们所设计的方案在一定条件下是否有效，是否高效和是否耐用”（NRC, 2012, p. 50）。换句话说，虽然许多科学家和工程师每天的活动看上去是相同的，但科学家所期待的成果是智力上的，而工程师所期待的成果是物质上的。从认知的角度来看，科学家获得知识成果，工程师获得技术成果（即工程知识的物质体现）。

工程探究通常具有多种可能的解决方案。与科学探究相反，工程探究通常有一组可供选择的解决问题的方案。这些方案以不同的方式来确定问题标准和权衡取舍。最终确定哪个方案是“最佳”的，需要人们来判断：例如，为了适度减小失败的风险，我们愿意再次尝试吗？对于学生来说，多种方案的可行性和多种价值的有效性能提高动机和兴趣。要迫使学生去批判性地分析他们的方案，学会为选择的设计方案做出辩护。要引导学生不要去寻找“唯一正确的答案”，而要会敏锐地识别具有最大有利因素和最小不利因素的方案。并且，由于工程问题多数依赖于情境，也由于对工程方案的评价取决于客户的需求，所以在学校中模拟的工程项目要尽量让学生感受到真实感和有社会价值。研究表明，强调学习内容的社会价值对提高女生的学习动机特别有帮助（Brotman & Moore, 2008）。强调工程与助人的相关性能促使女生参与到活动中来，因为她们更倾向于社会导向性的职业（Baker & Leary, 1995; Jones, Howe, & Rua, 2000; Miller, Blessing, & Schwartz, 2006）。

4. 分析并解释数据。科学家和工程师都要分析和解释数据。然而，科学家将数据作为支持现有理论的证据，或提出新理论的证据；而工程师将数据用于更具实际意义的目标，用来比较和评价解决方案（NRC, 2012, p. 51）。还需要指出的是，科学家和工程师所关心的数据种类并不相同。科学论证所运用的数据是与所待发现的自然界有关的，是用来对基于实证的结论进行推广的。这种论证所关注的核心问题是样本、数据的代表性和自然边界条件。这些因素影响着结论的普遍性，如实验结论是否能合理地预测在同一领域中的类似的结果。另外，也需要有一定程度的学科视野，或至少要有超越目前所研究的关于世界的视野。工程师们的关注点更为具体，他们更关注“这样的桥造在这里将发生什么情况？”而不是关注“这样的桥造在任意地点将发生什么情况？”因此，这种实践在工程中的表现形式对学科的初学者来说具有一定的优势。请注意，应用的特殊性越强，相应的工程问题就越不容易解决。这是因为，工程产品是真实有形的。因此，工程实践通常需要多种类型的数据，不仅是科学型数据（如描述材料性质的数据），也需要对风险、价格和其他因素进行评估。

无论在课堂内还是课堂外，工程实践活动都能激发学生去收集和分析数据，用来提出自己的解决方案，并与其他同学的方案进行比较，把自己的设计方案推介给别人（Barron et al., 1998; Kolodner et al., 2003; Roth, 1995a）。这种活动赋予学生一种发明者的角色意识。他们自己收集和解释数据，自己决定哪些数据是足够好的，哪些不够好的需要改进，由此增强自己对过程和产品的所有权意识（Silk, Schunn, & Cary, 2009）。所有权意识在科学活动中起着强烈的激励作用（O'Neill, 2010; O'Neill & Calabrese Barton, 2005）。赋予学生解决问题的权力，以及让学生对彼此负责，都为学生以后积极参与学科活动打下了坚实的基础（Engle & Conant, 2002）。而没能打下基础的学生在学校中面对传统的学习方式会感到很困难。对于这些学生，促进学生学科“能动性”的活动显得特别重要。因为这些活动可以为学生形成新的对自身能力和知识的角色认同提供机会（Roth & Lee, 2007）。

5. 运用数学和计算思维。运用数学和计算思维也能整合工程和科学这两门学科。数学用来模拟和分析数据，并进行预测（NRC, 2012, p.51）。在科学中，数学这个工具能简化问题的复杂性，减少干扰；数学和推断统计学能帮助我们更好地确定和检测基于真实世界数据所建立起来的概念性模型。我们无法直接理解生态系统中的生物量，但我们可以通过样本，甚至将它作为实验或纵向研究中的变量来估算。工程师们运用同样的数学工具或甚至更多地运用计算机模拟的方法来模拟真实的东西。事实上，如果没有计算机模拟技术，很难想象现代工程学会出现。计算机模拟技术能模拟和测试建筑物、航空电子设备、核燃料棒和交通堵塞问题。计算机可以用来设计立体物，控制机器在金属上雕刻那些物体，或将它们用3D打印机“打印”出来。

在近些年，大学二年级或三年级学生（甚至工程系的学生）还没有正式开始学习工程的内容。其原因是，这门学科要以微积分、其他现代数学和物理学为基础。今天，许多学院和大学为大学一年级学生开设了工程设计课程，与那些必修课程同时开设，甚至超前开设。这些做法通常是为了让学生早点获得工程的经验，以减少从工程专业辍学学生的数量。在某种程度上，真实的工程经验可能在更早就已获得，这是因为计算机设备提供了强大的、廉价的和容易操作的工具。这些工具给年幼学生提供了获得工程经验的机会。FIRST LEGO联盟是世界上许多能为中小学学生在学习代数之前就去学习微控制器编程和参与技术设计竞赛的平台之一。

参加挑战设计活动能吸引和促使学生去应用数学。在一项研究（改善思维专用多媒体平台[SMART: Special Multimedia Arenas for Refining Thinking]）中，研究者让5年级学生运用几何原理来设计椅子、儿童游戏房及其他东西的蓝图和模型。研究者观察到，学生特别喜欢参与重新设计的循环活动，在几何理解方面表现出明显的考试成绩提升。研究者在间隔几年后对他们的访谈中发现，学生对任务的完成感到很自豪（Barron et al., 1998）。

6. 构建解释并设计解决方案。科学关注的是对自然现象的解释，而工程最强调的是设计解决问题的方案（NRC, 2012, p.52）。利维指出，后者符合儿童天生的对目标导向型设计活动的兴趣（Levy, 2013）。工程教育吸引学生参与符合他们年龄特征的解决真实世界问题的设计活动。这些问题的实际情境能激发学生的兴趣，帮助他们从具体的经验中建构起对工程这一领域更抽象和更一般的理解（Fortus, Dershimer, Krajcik, Marx, & Mamlok-Naaman, 2004；Kolodner, 2006；Mckay & McGrath, 2007）。

科学解释是对所观察现象的逻辑说明，其间考虑因果性、不确定性、可重复性和与现代科学理解的一致性，其目标在于获得一个“最好的”解释，达到实践1至5的最高水平。另一方面，工程设计既是实践1至5的最高水平，也是对迭代应用这些实践过程的描述。

对这一实践活动来说，虽然科学和工程之间存在着学科差异，我们可以从中抽取出来工程实践中引人注目的方面应用于科学学科教学中。有几个课程开发项目利用设计这一实践活动将工程和科学结合起来，用来提高学生的科学学习水平。这些课程开发项目运用工程的挑战性内容（通常包括正式的设计循环，并将其作为活动的框架），在K—12课堂教学中让学生开展对科学问题的探究活动。小学高年级课程“基于设计的科学”（Design-Based Science [DBS]；Fortus et al., 2004）和初中课程“通过设计的学习”（Learning by Design [LBD]；Kolodner et al., 2003）先交给学生工程设计任务或挑战，然后再让学生去探究相关的科学原理，最后让学生应用这些科学原理去设计出解决问题的方案。学生可以重复循环地进行上述步骤，以增加研究问题的复杂性和扩展研究范围。学习DBS课程的学生的分数和对学生作品的分析都显示出学生在科学理解方面有了显著的提升（Fortus et al., 2004）。DBS课程中含有与天气、密度、热交换和力等概念有关的学科内容。有证据表明，学习LBD课程的学生与对照组相比获得科学知识的效果至少是相同的，甚至更好。LBD也能缩小低收入家庭的学生和女生的成绩差距（Kolodner et al., 2003）。LBD课程中含有力、运动、速度、碰撞等相关主题的科学内容。

7. 参与基于证据的论证。科学家在提出一种理论或质疑一种理论时需要开展基于证据的论证。同样，工程师们在提出一种设计方案时也要开展基于证据的论证（NRC, 2012, p.52）。然而，二者之间还存在着更多功能性的差异：科学论证的目的是说服同行，其是否成功的标志是同行们后来有否在他们自己的工作中运用所论证的观点；工程论证的目的是说服客户，其是否成功的标志是提出来的解决问题的方案在技术中或在制作过程中能否得到最终的证实。这些不同的受众（和价值）潜在地起着重要的作用。例如，当一项设计挑战是关乎某个社区成员和学生的社会问题时，他们的作用就显现出来了。在SMART和贾斯珀系列（Jasper series）中的课程单元要求学生向课堂外的观众（研究者、管理人员等）演示设计方案，并给以评审；对学生作品的评价要依据证据和论证（Barron et al., 1998）。外部的设计理事会被认定为“中学课堂工程概念”（Engineering Concepts for the High School Classroom）项目中成功的设计部门。在这里他们观察到学生对教师的角色有正面的变化（Carlsen, 1998）。其他课程也包括这样一些活动，在这些活动中，学生必须将他们解决问题的方案呈现给其他同学和老师，活动给学生提供参与工程和科学相同的实践机会（Fortus et al., 2004；Kolodner et al., 2003；Roth, Tobin, & Ritchie, 2001）。当中许多项目提醒我们，参与基于证据的论证是一种实践活动，这种实践活动需要得到教师和课程资料的脚手架作用才能受益。

在学生开展论证的过程中，工程的一个特征必定会显露出来，这个特征就是权衡性。工程问题是由标准（规定了哪些设计是成功的）和约束条件（限定了方案的设计空间）来确定的。几乎在所有工程问题中，没有一个完美的设计能符合标准所提出的所有要求。标准和约束条件作为变量存在于工程问题中。工程师要在这些变量之间去权衡利弊，优化设计方案。因此，开展工程活动的学生必定会面对复杂的问题，在这些问题中他们所开发的技术可能都符合成功的定义，但是差异很大。在我们所综述的研究项目中，权衡性是非常明显的，标准和约束条件也被清晰地表示出来了，给学生提供发现机会的平台也明确地给定了。在多数情况中，这些项目不是让学生针对权衡性去选择，而是去给同伴解释这些选择（Barnett, 2005; Cunningham, 2009; Fortus et al., 2004; Kolodner et al., 2003; Mehalik et al., 2008）。权衡性需要被评估，也能阻止学生过早结束对问题的研究。

虽然有些权衡问题是关于物理性质方面的（如在不过度减小物体的承受强度的前提下减轻重量），工程问题通常要求学生去考虑社会性标准，如伦理学和经济学方面的标准。为用户（无论是想象中的还是实际的用户）设计方案和为方案辩护都能促使学生互相学习，并关注来自外部的信息（Brophy, Klein, Portsmore, & Rogers, 2008; Fortus et al., 2004）。要求学生较大范围地考虑他们的工程实践的社会后果能帮助学生为今后负责任地参与到现代技术社会中去做好充分准备。

8. 获取、评价和交流信息。科学家和工程师都要使用数学、表格、图线、图画、模型和书面文字或口头语言，用不同方式来清晰地交流他们的发现（NRC, 2012, p. 53）。LBD课程聚焦于“仪式化”的沟通实践，使学生和教师之间可以重复地用不同的方式、模式和动机进行交流（Kolodner et al., 2003）。除了书面报告以外，学生们还参与其他三种演示方式。“论文海报展”被用来演示学生的探究方法和结果；“图片海报展”被用来演示设计思路简介，内容包括基于证据的对每个重要的团队决策的说明；“画廊小路”被用来演示已经完成设计的小组作品，并从中获得别人的反馈意见。演示仪式为学生提供了参与基于证据的论证的机会，也包括运用数学和计算思维的机会。这也为师生建构起了课程经验，为学生提供了重要的机会去综合和反思所学的内容和还没有解决的问题。

支持合作对于科学家和工程师来说都是关键的交流功能。这是因为，科学家和工程师经常以团队的形式工作，而团队是由不同专业背景的人员组成的。合作已经被认定为“21世纪技能”的重要的组成部分（Partnership for 21st Century Skills, 2009）。给学生提供表达观点并将观点推介到公众场合让别人来评论和反思，其好处已经在很多文章中得到广泛肯定（Hogan, Nastasi, & Pressley, 2000）。在工程教育中，合作性工作经常关注让学生分享和共同优化团队之间的技术和观点（Roth, 1995b, 1997）。在设计项目中，对合作进行精心的筹划能丰富合作的机会，以利于对科学观点的精心阐述（Kafai & Ching, 2001）。然而，除了对学习有利外，合作本身也是一个重要的技能，在以后的实际工作中也是要努力培养的。在中学化学教学中进行的一项工程设计研究中，阿佩多（Apedoe）、埃尔夫森（Ellefson）和舒农（2012）发现，合作能使异质小组的所有成员的认知水平都有所提高。他们还发现，能力强的学生能帮助能力弱的学生。能力强的学生也能从合作中通过担任小组中的领导和教师角色而得到更大发展。

在信息交换方面，科学和工程之间除了有相同点以外，也有重要的学科差异。 信息的自由交换（根据授权）是科学的社会准则（Merton, 1973）。另一方面，工程产品在法律上具有专利权，尽管它们的所有者可以选择授权或自由共享。学生的“所有权意识”的重要性在工程教育中常常被提到（例如Silk et al., 2009）。其中一个理由是，学生对参与设计比赛富有热情。

另一个与信息交流有关的重要差异是演示的作用。在科学历史的早期，演示是科学家向同行交流自己的发现的主要方式。这样，发现的归属问题也解决了。在自然科学的学术活动中的演示甚至包括舞台表演技巧，允许自然哲学家在宣告他们的发现时不公开潜在的经济价值的细节（Schaffer, 1989）。当然在今天看来，在同行评议的学术期刊上发表文章是科学的黄金准则，在这种文章发表之前的公开演示通常会引发对结论有效性的质疑（Park, 2003）。然而，在工程领域，演示仍然是一种被重视的向用户和其他观众交流的方式之一；在许多工程工作中，在同行评议的学术期刊上发表文章甚至被认为是没有多大意义的。这些学科差异产生的原因是各不相同的（例如，尽管有专利保护，发明者经常有强烈的经济意识，对所有权的细节不加以公开），但其教育意义值得考虑。学生在完全弄懂基本的科学理论之前，或在能令人信服地解释其原理之前，也许就已经能把问题解决好。然而，他们仍能参与有意义的工作，演示给他们提供了分解工作的方式：将工作对应于两种学科的标准，一种强调工程，一种强调科学。这正像《K—12科学教育框架》中所阐明的那样：你已经做好产品了吗？你对这个过程理解了多少呢？

第二节 实际运用：实践循环

在前面对NRC中的八大实践的分析中，我们描述了科学和工程在实践中的许多不同点。然而，这些实践的清单还不能告诉我们关于实践的全部内容。《K—12科学教育框架》的作者们出于谨慎，没有提出这些实践代表了按时间顺序依次表示的线性“科学方法”。特别是，实践8的一些内容发生在任何一个科学或工程探究的多个地方。为了避免过于简化，我们给出了图36.1。这个图采用了循环图的方式，用来表示科学和工程中实际运用的一般方法。这个图给出了以下几个科学和工程的不同之处：（a）科学和工程有不同的目标（实践1和6）；（b）模型是科学研究的基础，也是工程研究的结果。（实践2）；（c）工程中的实际运用是多重循环的，实践3、8a、4和5组成的内循环（这个循环叫作“分析”循环），包括建模和解决方案的原型的大循环（分析循环加上实践2和6，统称为“设计”循环）。

循环图也经常用来表示学校系统中开展的科学（Lawson, 1985）、工程（Apedoe, Ellefson, & Schunn, 2012）和工程设计中的科学（Kolodner, 2002）等教学活动的流程。循环图在制订课程计划中很有用。如果推广到第三维度，循环图就成为另一种课程建构方式：螺旋式课程。除了这些在制订计划中的工具实用性外，我们认为，对这些循环过程的比较可以帮助我们说明在工程教育研究中提到的其他教育成果。

多重循环。工程过程通常涉及多重循环：活动循环、检测循环和分析循环。在模型和原型的不断改进过程中，需要评价、改进和重新评价。在系统方法中，多重循环对于解决复杂问题特别重要。然而，多重循环不是对子系统的集成，而是有序地改

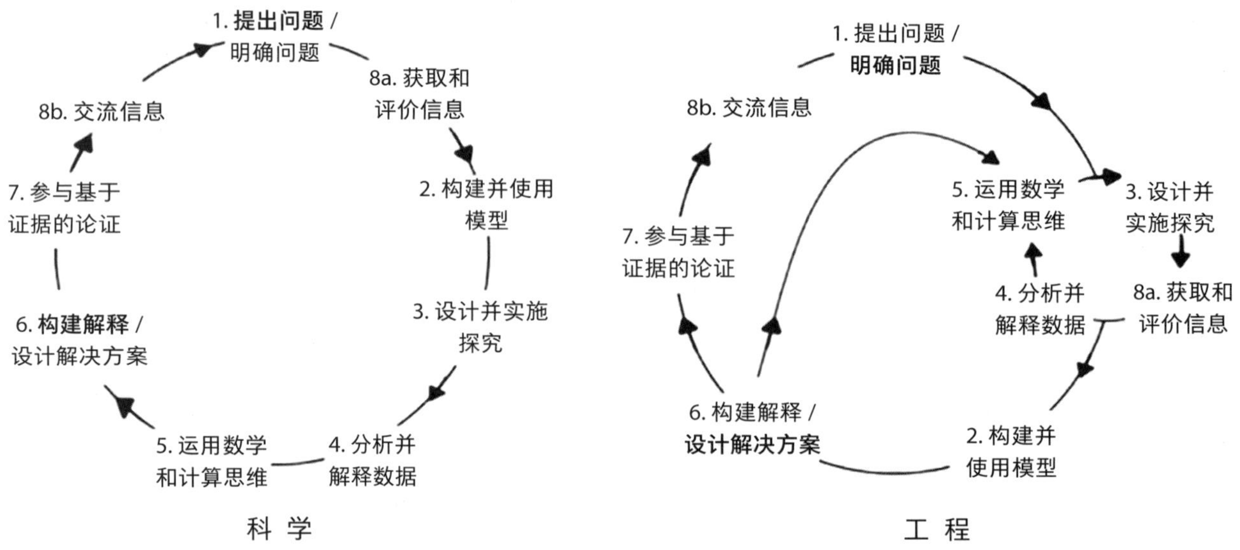

图36.1　在科学和工程中的认识性实践循环

进和提高。从课程的角度来说，多重循环可以被认为是对一个任务需求的分段结构：课程设计者或教师一开始就需要学生开展探究的循环，系统地考察材料的性质（“分析”循环），然后在将来的课堂中给学生提供运用这些材料建立和评价技术模型的机会（“设计”循环）。在“工程是基础”（EiE）课程中，许多单元就是这样来组织的：学生先探究许多材料的性质（分析），然后运用这些材料来提出解决指定问题的技术（设计，见Cunningham, 2009）。通过多重循环来改进设计，这个过程本身能提高认知水平，因为这能促使学生去面对错误理解并寻求改进提高（Capobianco, Diefes-Dux, Mena, & Weller, 2011），也因为每一次重复循环给学生提供了去强化对模型和真实世界之间关系理解的机会（Hmelo, Holton, & Kolodner, 2000）。

虽然教育者能预料到学生对多重循环会有反感（“为什么我们必须重复做这件事？”），在工程项目中，多重循环经常被视作对动机有积极影响。有些课程采用这一优势来培养学生的探究能力。在LBD课程（Kolodner et al., 2003）中，要求学生的活动在工程设计循环和探究循环中反复进行；当设计中有问题出现时，一边回答这个问题，一边进行重新设计。学生的兴趣会部分地保持，这是因为，学生亲自参与对问题的思考，能看到自己向雄心勃勃的目标迈进的情况。DBS课程在学生的“学习循环”中也给予他们探究的机会，不仅在明确问题后开展的“基础研究”中，也在对所开发的产品的检验中（Fortus, Dershimer, Krajcik, Marx, & Mamlok-Naaman, 2004）。当工程项目需要多重循环时，过程本身就会阻止学生过早地停止对别的方案的考虑，会鼓励他们创新。

失败。对多重循环的预期与失败的规范合理性有关。失败在工程中（至少在设计阶段！）是优点。权衡的不可避免性意味着寻求一种平衡。平衡意味着，刚好足够，但又不多，因为太多通常会导致过多的费用和重量等。工程设计中的“检验–改进”循环意味着设计刚开始很可能会不符合标准和不符合对问题的约定，需要重新设计。它也意味着，即使设计是成功的，也有进一步优化的空间；

成功的设计方案通常要经过反复的检测，去发现错误之处。福尔图斯（Fortus）等（2004）和科洛德纳（Kolodner, 2006）证明了学生在设计失败中吸取教训的重要性，并指出，学生通常热衷于寻找失败的原因。同样重要的是，设计（不是学生）的失败和失败的原因通常会很快显露并处理。例如，由于力的不平衡导致桥梁模型倒塌（Cajas, 2001）。失败对学生来说是一个信号，它告诉学生多重循环是必要的。这通常不需要教师来教他们。如果他们将失败视为对学习的帮助，而不是将其视为一种错误，他们会更自觉地坚持这种多重循环（Blumenfeld et al., 1991）。显然，对失败的这种看重和欣赏与教育中的主流传统文化是相对立的。学校中适当地搭建工程实践有望能转变课堂文化，使失败成为教育设计中的目标和有用的教学手段（Fortus et al., 2004）。教师对这种文化态度的塑造可以内化为学生有意义的学习态度（Barnett, 2005）。正如拉特兰（Rutland）和巴利克斯（Barlex）（2008）所指出的那样，教师在鼓励学生承担风险和管理风险中起着关键的作用。

第三节　其他因素

下面我们来分析少数几个其他的结论。这些结论反对以实践和运用分类。

动机。除了多重循环和失败即美德的重要性外，研究者从学生的报告中（Barnett, 2005）和从课堂观察中（Carlsen, 1998）以及从学生缺勤率的下降中（Barnett, 2005）发现，工程设计中的一些方面是对学生很重要的动力。布卢门菲尔德（Blumenfeld）和他的同事（2006）确认了影响学生动机的决定性因素：提高学生对自己能力和作用的认知，鼓励学生对自己的学习负责（Fortus et al., 2005），通过对科学和工程的社会价值和社会性价值的强调来强调科学的意义（Brotman & Moore, 2008; Kolodner et al., 2003），强调科学对工程的工具价值（Apedoe et al., 2008; Kanter, 2010）。工程设计挑战支持了上述发现。几个课程项目已经证明，工程设计任务与传统课程相比除了对学生的成绩有正向影响外，学生也将有更高的动机和参与度（例如Barron et al., 1998; Lachapelle et al., 2011）。工程项目可以使科学内容与学生相关，提高学生的能动性，鼓励学生对自己的学习负责（Barnett 2005; Blumenfeld et al., 2006; Fortus 2005; Kolodner 2003）。

对于科学课堂教学，精心设计的工程任务像精心设计的实验任务一样，不仅仅是强调参与，而应通过有目的的活动来提高学生对概念的理解。对于数学教育，安利（Ainley）、普拉特（Pratt）和汉森（Hansen）（2006）把这种活动所产生的对概念理解的支持作用定义为效用，并在课程计划的制订中倡导其应用。对于科学教育，效用在选择或设计动手活动（像实验和设计挑战）中起着过滤器的作用。效用以两种方式起着作用：(1) 这项工作能解决有意义的真实世界的问题吗（工具效用）? (2) 学生可以认识到这项工作能帮助他们更好地理解科学知识吗（概念效用）? 这些目标可以激励不同的学生。

问题解决。工程强调问题解决。这将改变学生科学活动的方式，使其不同于传统的科学教学中的活动方式，并潜在地导致正反两种效果。在正效果方面，开放式的问题通过给学生提供创新、主动学习和自主选择学习方式的机会，可以激励学生参与和提升学习动机（Bamberger, Cahill, Hagerty, Short, & Krajcik, 2010）。精心安排的设计问题给学生提供清晰的目标，能帮助学生不断自我监测自己的进步。这种问题通常能帮助学生自主地提出解决方案，而不是一步一步地引导学生去做一个严格规定好的“实验”。在科学中的问题解决关注的是理论的产生和运用理论进行解释，而工程中的问题解决更关注的是具体的问题解决方案。

工程项目通常强调学生已经从中获得过经验的实际生活问题。但是，如果问题的挑战性比较合适，即使问题背景不是很常见，对学生也是有吸引力的。在巴尼特（Barnett, 2005）的研究中描述了一个很好的例子：9年级学生设计遥控船。这个项目是由研究者和当地教师为9年级学生开发的。这些学生就读的学校中有85％的学生是少数族裔，来自低收入家庭。研究者发现，“遥控船设计活动为学生提供了学习本来就自然整合在一起的技能、过程和知识（如遥控船的设计和密度、重心等概念之间的关系）的机会。这些技能、过程和知识在传统课程中是单独地教授的”（p.95）。值得注意的是，学生把他们解决遥控船相关问题的经验与真实世界及他们的生活关联起来。对实验组学生的前测和后测表明，他们对包括密度在内的与设计活动直接有关的物理概念的理解程度有明显的进步。然而，尽管在一年的课程中实验组学生的参与度明显比对照组学生的大，在年终的物理考试中他们的成绩没有差异。这表明问题解决方法有两个潜在的反效果：(1) 这里有一个与时间有关的机会成本。问题的解决必定要在时间上加以投入，导致在标准化考试中很“重要”的概念和技能的教学时间会相应地减少。(2) 学生可能无法巩固相关科学的概念的理解，即使他们在问题解决中会用到（也许只是很短暂地应用）这些概念。

认知负荷。有些研究者指出，学习工程设计会减轻学生的认知负荷，使学生将复杂的概念或原理外化为实物单元（Levy, 2013; Roth, 1996）。在某些方面，这一策略有点像系统建模。在系统模型中，把一个复杂问题的复杂性集成在较小的和可理解的实物单元，然后将这些实物单元连接起来，从而解决复杂问题。有人还指出，概念或原理可以建立在实际行动中。引用维果茨基（Vygotsky）、舍恩（Schon）和其他学者的著作，利维（2013）指出，制作物品需要“在实际可触摸的物体的制作行为与对其结果的反思活动之间循环进行”（p.4），且通常包含与同伴的合作并得到他们的帮助。根据认知负荷理论和复杂性的挑战，人工制品可以具有外部记忆的功能，身体和运动性活动可以成为信息结构，设计目标的预设功能“给予手头上的活动以一致性和意义，由此促进推理到无数个实物单元和它们之间的相互联系”（p.6）。

儿童在设计时，他们所制作的物品实际上也建构了后来的设计的结构。因为，已经出现的解决方案的雏形限制了以后工作的轮廓（Roth, 1996）。并且，“在制作和摆弄实物器材的过程中，表征的不完整性暴露无遗”（Roth, 1996, p.160）。换句话说，一个抽象的概念性模型的物质表征可通过经验来加以检验；人工制品是具体的物品，可以帮助学生进行反思，也可帮助他们相互讨论（Blumenfeld et al., 1991）。

作为认知脚手架的叙事。课程开发者已经发明了支持学生既应对复杂性又与真实世界相联系的方法（Barron et al., 1998; Kolodner et al., 2003; Krajcik & Blumenfeld, 2006）。在小学高年级学生中开展的通过设计和探究学习科学和数学的教学项目中，巴龙（Barron）和同事们（1998）为设计挑战引入一个视频剧单元：儿童们（视频中的儿童角色）解决类似的问题，解释他们的设计理由，产生和克服常见的错误。这样做有助于设计挑战背景，让学生思考相关的问题、技能和所需的知识。EiE（Cunningham, 2009; Lachapelle & Cunningham, 2014）总共用了20个工程单元，都以故事书的形式采取叙事“脚手架”。在这些故事书中包含了虚构的儿童人物，他们解决实际生活中的设计问题，类似于学生今后会遇到的问题。EiE故事的特点是，里面有各种不同的儿童和成人角色，具有国际化背景，包含了大量能捕获儿童想象的其他元素。例如，有一个单元涉及博茨瓦纳的一个绿色工程。一个名叫莱拉托（Lerato）的小女孩关心她的弟妹们，花了很多时间为他们烧饭做菜，去拾了很多柴。在比她大的一位同村的女大学生的帮助下，莱拉托学习工程知识，设计了一台太阳能烤箱，为那些继续研究和设计他们自己烤箱的年轻读者提供了一个榜样。学过EiE课程的学生时常（甚至在一年以后）会提起视频剧中的虚构人物和他们以后的经验。这就给我们提供了将这些故事作为活动设计的有效路径的证据。

第四节　未来方向

研究者们已经认识到，如果用工程设计来教科学，科学有可能会“丢失”。坎特（Kanter, 2010）提出了保证在科学学习中仍有设计挑战目标的策略，并且在基于项目的科学学习环境中评估了这些策略。他描述了这些激励学生学习新的科学知识的方法。这些科学知识对学生以后的活动会有帮助，如“分拆任务”。在另一个基于项目的研究中，克拉西克（Krajcik）和同事们（2008）提出了“学习目标驱动下的设计模型”，包括一些可以确保科学课程标准、教学活动和评价策略三者间一致的课程特点。科洛德纳和同事们（2003）通过对“设计”和“探究”的多重循环，让学生沉浸在工程和科学实践中，以达成科学的深度学习效果。阿佩多等学者（2008）将化学课中的一个单元分解为几个概念性的“子系统”，每个子系统以学生设计的循环为特征，通过对一组实用的大概念的重新连接清晰地演示了科学的前景。

工程优先？鉴于工程活动的认知特点和社会文化特征，我们有必要来考虑在大学前（特别对于年幼的儿童）实施“工程优先”的方法可能会实现哪些目标。作为科学教育工作者，对我们来说当然有必要问一问：如何在科学课堂中通过工程活动来实施科学和科学实践教学？在此之前，让我们来分析下面所列出的“工程优先”策略具有的潜在优势：

1. 学生能否富有成效地积极参与真实活动将不大依赖于师生们的学科前知识。

2. 它将侧重具体的模型。这些模型是儿童经验和行为的实物表现。

3. 对于年轻的学生来说，其对最优化的强调会比解释显得更自然。

4. 实物模型和身体活动可以通过外化概念和过程来减轻认知负荷。即使概念或过程无法描述或解释，实物模型和身体活动也是有用的。

5. 设计方法为学生提供了“脚手架”，使得复杂的问题变得更容易被认知，如系统分解/整合和多重循环。

6. 设计鼓励多种解决方案的出现。这里没有唯一“正确”的答案。因此，儿童可以用不同的方式取得成功。

7. 工程活动认可不同技能的重要性，看重其价值，支持其运用。

8. 学生的动机和参与度常因各种原因令人印象深刻，包括增强的自主权、所有权、创造机会、自我调节和反馈。所有这些，都不需要教师的干预和介入。

9. 工程参与利用了儿童天生对目标导向型活动的兴趣。

10. 权威从教师转移到了学生和其他参与者。

11. 强调权衡导致更高层次的思维，如评价。

12. 演示在这里是一种合理的认识性实践活动。这对儿童来说是天生的说服方式。

13. 它赋予失败以价值，并展示了失败的成效。

从政策的角度来看，证明科学教学可延迟到学生具有工程经验以后的研究还很单薄。但它确实为未来的研究和发展提供了若干领域。

学习进阶。学习进阶研究在多大程度上告诉我们科学和工程的学科教学序列是怎样的？不断增长的STEM主题学校也许能给我们提供策略性情境，去开展这样的研究。例如，在小学阶段的工程设计经历在多大程度上会影响学生在以后学习阶段对系统的理解？这种学习经历会阻碍（或促进）他们理解和解释抽象概念和模型的能力吗？设计经历会导致学生今后在创造性和开放性方面的差异吗？会导致他们更难接受公认的知识吗？

对于工程设计作为课程的一部分的情境下的学习进阶研究，我们必须考虑一些特殊的问题。例如，在低年级的学习阶段，在活动背景中评价知识是很重要的。年幼的儿童通常做的比解释的要多；并且，他们比较擅长在活动场所大声地解释，而不大会用写文章或画图的方式在活动场所以外跟别人交流。

前提条件。工程所需要的技能和倾向不同于常规的科学课程目标所要求的技能和倾向。如果工程是科学研究的一个重要部分，要在什么地方、什么时候、以什么方式获得这些技能？例如，计划一项工程解决方案通常需要用画图的方式来表示可能的设计方案。这就会引发两个明显的挑战。首先，受限于发展水平，儿童最多只能画出两维正视图（Fleer, 2000b），直到他们实际上已经把它制作出来后，他们也不愿意或在认识上还不能画出设计图（Fleer & Sukroo, 1995）。其次，对于年长的学生，学科隔离现象会变得越来越明显。科学很少由经过两维和三维技术图培训的教师来教。画技术图的才能是必备的技能吗？这种才能会在技术课程中学到吗？中学教育将遵循大学工程教育，减少重点内容而开展工程教育吗（Sorby, 1999）？考虑到课程的政治因素（更多的分析见后文），这是一个很有争议的问题，但也为研究提供了机会。如果学生不能制图或不能操作机床，或如果他们由于缺乏经验而认为技术方面的能力在智力上比抽象的知识要低一等，他们会怎样去接受工程教育？

科学教育和技术教育：课程政治？或共同使命？在本章开头，我们就把本章任务划分得相对狭窄，聚焦于在科学教育中或服务科学教育的工程教育。为此，我们希望尽量限定我们的研究范围，绕开科学教育和其他三门STEM课程（技术、工程和数学）之间有争议的边界区域。坦率地说，上述课程中一门（数学）在大学前的课程中享有社会地位和保障；一门（工程）地位很高却几乎在大学前课程中被忽视；一门（技术）的地位和保障取决于国家利益，在不同国家间差异很大（从支配地位到强势地位直至处于被取消的危险之中）。

尽管在这里我们试图避开边界区域中的争议问题，但显然这些问题还是存在的。尽管如此，政策制定者在报告中提出，在多数情况下，STEM仅仅具有激励性的课程身份，要把当下分离的学科领域整合起来存在着许多挑战性的问题。我们总结其中一种挑战：教师教育。到现在为止，还没有关于如何培养能同时教科学和工程的教师的研究。卡波比安科(Capobianco, 2010)在对一名5年级教师的案例研究中提出了一个早期研究，探索了系列相关问题，特别关注了不确定性的作用(和严重的危险)。在别的地方，我们已经发现，工程教育可以在初中和高中课堂中被引入并以较高的专业发展水平持续地开展(Carlsen, 1998; Cunningham, Knight, Carlsen, & Kelly, 2007)。

很少有大学前教师参加正式的工程培训。这个现象在小学阶段特别明显。科学和技术教师之间的合作值得探讨(值得详细研究)。然而，这同样又会遇到教师教育这一关键性的问题。最近在美国发表的对职前技术教师教育项目的评论报告指出，在报告涉及的19个项目中，只有平均7.6个学时的工程课程作业，甚至在工程学院中开设的课程平均少于三门(Fantz & Katsioloudis, 2011)。重要的是，我们要更多地知道工程经历和工程培训会如何影响教师的理解、课程计划和课堂实践。另外，研究的范围显然需要包括跨学科的STEM教育活动，因为根据政治和政策，这是我们前进的方向。

NRC的《K—12科学教育框架》已经提升了大学前课程中的工程教育的地位，其影响已经显示在新的科学教育标准中。大学前的工程教育还处于初级阶段，今后科学教育的角色仍有待书写。然而，其可能的前景是迷人的!

致谢

感谢斯蒂芬·彼得里纳(Stephen Petrina)和戴维·巴利克斯(David Barlex)对本章初稿的深度评审。也要感谢凯茜·拉沙佩勒(Cathy Lachapelle)、乔纳森·赫特尔(Jonathan Hertel)、马修·约翰逊(Matthew Johnson)和约瑟夫·尼基斯蒂(Joseph Nichisti)对本研究所给予的帮助和给出的许多有益的建议。

注释

1. 同样的工作在其他国家(如英国)也已经完成。这些工作也可用来作为我们第一节的内容。美国的例子并不是独特的，但此处具有几个优势，包括规范记录、可获得且可溯源的政策建议文件，和可供下载研究报告的美国国家学术出版社(National Academy Press)网络平台。
2. 在长达近400页的《K—12科学教育框架》(NRC, 2012)中，"客户"一词只出现一次，诸如"专利""知识产权"和"保密"这些词根本没有出现过。这并不奇怪——《K—12科学教育框架》是一个教育宣言。但是，这种疏忽折射出其对学术性工程(和科学)的过分强调和对公司和其他实体的工程的轻视。根据美国国家科学基金会的报道，全美科学家和工程师中只有18%受聘于高等学校，"工业界"是他们最大的应聘部门(占53%)，剩余的为个体经营(占6%)和受聘于非营利性组织(占10%)或政府部门(占12%)(Falkenheim & Burrelli, 2012)。

参考文献

Ainley, J., Pratt, D., & Hansen, A. (2006). Connecting engagement and focus in pedagogic task design. *British Educational Research Journal, 32*(1), 23–38.

American Association for the Advancement of Science (AAAS). (1993). *Benchmarks for science literacy.* Washington, DC: Author.

Anning, A. (1997). Drawing out ideas: Graphicacy and young children. *International Journal of Technology and Design Education, 7*(3), 219–239.

Apedoe, X., Ellefson, M., & Schunn, C. (2012). Learning together while designing: Does group size make a difference? *Journal of Science Education and Technology, 21*(1), 83–94.

Apedoe, X., Reynolds, B., Ellefson, M., & Schunn, C. (2008). Bringing engineering design into high school science classrooms: The heating/cooling unit. *Journal of Science Education and Technology, 17*(5), 454–465.

Baker, D., & Leary, R. (1995). Letting girls speak out about science. *Journal of Research in Science Teaching, 32*(1), 3–27.

Bamberger, Y., Cahill, C., Hagerty, J., Short, H., & Krajcik, J.S. (2010). Learning science by doing design: How can it work at the middle school level? *Journal of Education, Informatics and Cybernetics, 2*(2), 41–46.

Barlex, D. (Ed.). (2007). *Design and technology—for the next generation.* Whitchurch, UK: Cliffeco Communications.

Barnett, M. (2005). Engaging inner city students in learning through designing remote operated vehicles. *Journal of Science Education and Technology, 14*(1), 87–100.

Barron, B., Schwartz, D. L., Vye, N. J., Moore, A., Petrosino, A., Zech, L., & Bransford, J. D. (1998). Doing with understanding: Lessons from research on problem- and project-based learning. *Journal of the Learning Sciences, 7*(3 & 4), 271–311.

Benson, C., & Lunt, J. (Eds.). (2011). *International handbook of primary technology education: Reviewing the past twenty years* (Vol. 7). Rotterdam, the Netherlands: Sense.

Blumenfeld, P. C., Kempler, T. M., & Krajcik, J. S. (2006). Motivation and cognitive engagement in learning environments. In *The Cambridge handbook of the learning sciences* (pp. 475–488). New York, NY: Cambridge University Press.

Blumenfeld, P. C., Soloway, E., Marx, R., Krajcik, J. S., Guzdial, M., & Palincsar, A. (1991). Motivating project-based learning: Sustaining the doing, supporting the learning. *Educational Psychologist, 26*(3), 369–398.

Brophy, S., Klein, S., Portsmore, M., & Rogers, C. (2008). Advancing engineering education in P–12 classrooms. *Journal of Engineering Education, 97*(3), 369–387.

Brotman, J. S., & Moore, F. M. (2008). Girls and science: A review of four themes in the science education literature. *Journal of Research in Science Teaching, 45*(9), 971–1002.

Cajas, F. (2001). The science/technology interaction: Implications for science literacy. *Journal of Research in Science Teaching, 38*(7), 715–729.

Capobianco, B. M. (2010). Exploring a science teacher's uncertainty with integrating engineering design: An action research study. *Journal of Science Teacher Education, 22*(7), 645–660.

Capobianco, B. M., Diefes-Dux, H. A., Mena, I., & Weller, J. (2011). What is an engineer? Implications of elementary school student conceptions for engineering education. *Journal of Engineering Education, 100*(2), 304–328.

Carlsen, W. S. (1998). Engineering design in the classroom: Is it good science education or is it revolting? *Research in Science Education, 28*(1), 51–63.

Cunningham, C. M. (2009). Engineering is Elementary. *The Bridge, 30*, 11–17.

Cunningham, C. M., Knight, M. T., Carlsen, W. S., & Kelly, G. (2007). Integrating engineering in middle and high school classrooms. *International Journal of Engineering Education, 23*(1), 3.

Dewey, J. (1913). *Interest and effort in education.* Boston, MA: Houghton Mifflin.

Engle, R. A., & Conant, F. R. (2002). Guiding principles for fostering productive disciplinary engagement: Explaining an emergent argument in a community of learners classroom. *Cognition and Instruction, 20*(4), 399–483.

Falkenheim, J. C., & Burrelli, J. S. (2012, March). *Diversity in science and engineering employment in industry (NSF 12–311).* Arlington, VA: National Center for Science and Engineering Statistics.

Fantz, T. D., & Katsioloudis, P. J. (2011). Analysis of engineering content within technology education programs. *Journal of Technology Education, 23*(1), 19–31.

Fleer, M. (2000 a). Interactive technology: Can children construct their own technological design briefs? *Research in Science Education, 30*(2), 241–253.

Fleer, M. (2000 b). Working technologically: Investigations into how young children design and make during technology education. *International Journal of Technology*

& Design Education, 10(1), 43–59.

Fleer, M., & Sukroo, J. (1995). *I can make my robot dance: Technology for 3–8 year olds.* Carlton, VIC: Curriculum Corporation.

Fortus, D., Dershimer, R. C., Krajcik, J. S., Marx, R. W., & Mamlok-Naaman, R. (2004). Design-based science and student learning. *Journal of Research in Science Teaching, 41*(10), 1081–1110. Christine M. Cunningham and William S. Carlsen

Fortus, D., Krajcik, J. S., Dershimer, R. C., Marx, R. W., & Mamlok-Naaman, R. (2005). Design-based science and real-world problem-solving. *International Journal of Science Education, 27*(7), 855–879.

Hmelo, C. E., Holton, D. L., & Kolodner, J. L. (2000). Designing to learn about complex systems. *Journal of the Learning Sciences, 9*(3), 247–298.

Hogan, K., Nastasi, B. K., & Pressley, M. (2000). Discourse patterns and collaborative scientific reasoning in peer and teacher-guided discussions. *Cognition and Instruction, 17*(4), 379–432.

Jones, A., & De Vries, M. (2009). *International handbook of research and development in technology education* (Vol. 5). Rotterdam, the Netherlands: Sense Publishers.

Jones, M. G., Howe, A., & Rua, M. J. (2000). Gender differences in students' experiences, interests, and attitudes toward science and scientists. *Science Education, 84*(2), 180–192.

Kafai, Y. B., & Ching, C. C. (2001). Affordances of collaborative software design planning for elementary students' science talk. *Journal of the Learning Sciences, 10*(3), 323–363.

Kanter, D. E. (2010). Doing the project and learning the content: Designing project-based science curricula for meaningful understanding. *Science Education, 94*(3), 525–551.

Katehi, L., Pearson, G., & Feder, M. A. (2009). *Engineering in K–12 education: Understanding the status and improving the prospects.* Washington, DC: National Academies Press.

Kelly, G. J. (2008). Inquiry, activity, and epistemic practice. In R. A. Duschl & R. E. Grandy (Eds.), *Teaching scientific inquiry: Recommendations for research and implementation* (pp. 99–117; 288–291). Rotterdam, the Netherlands: Sense Publishers.

Kelly, G. J. (2011). Scientific literacy, discourse, and epistemic practices. In C. Linder, L. Ostman, D.A. Roberts, P.-O. Wickman, G. Erickson, & A. MacKinnon (Eds.), *Exploring the landscape of scientific literacy* (pp. 61–73). New York, NY: Routledge.

Kolodner, J. L. (2002). Facilitating the learning of design practices: Lessons learned from an inquiry into science education. *Journal of Industrial Teacher Education, 39*(3).

Kolodner, J. L. (2006). Case-based reasoning. In R. K. Sawyer (Ed.), *The Cambridge handbook of the learning sciences* (pp. 225–242). Cambridge, UK: Cambridge University Press.

Kolodner, J. L., Camp, P. J., Crismond, D., Fasse, B., Gray, J., Holbrook, J., Puntambekar, S., & Ryan, M. (2003). Problem-based learning meets case-based reasoning in the middle-school science classroom: Putting Learning by Design into practice. *Journal of the Learning Sciences, 12*(4), 495–547.

Krajcik, J. S., & Blumenfeld, P. C. (2006). Project-based learning. In R. K. Sawyer (Ed.), *The Cambridge handbook of the learning sciences* (pp. 317–334). New York, NY: Cambridge University Press.

Krajcik, J. S., McNeill, K. L., & Reiser, B. J. (2008). Learning-goals-driven design model: Developing curriculum materials that align with national standards and incorporate project-based pedagogy. *Science Education, 92*(1), 1–32.

Kuhn, D., & Phelps, E. (1982). The development of problem-solving strategies. In H. Reese (Ed.), *Advances in child development and behavior* (Vol. 17, pp. 1–44). New York, NY: Academic.

Lachapelle, C. P., & Cunningham, C. M. (2014). Engineering in elementary schools. In J. Strobel, S. Purzer, & M. Cardella (Eds.), *Engineering in pre-college settings: Synthesizing research, policy, and practices.* Lafayette, IN: Purdue University Press.

Lachapelle, C. P., Cunningham, C. M., Jocz, J., Kay, A. E., Phadnis, P., Wertheimer, J., & Arteaga, R. (2011). *Engineering is Elementary: An evaluation of years 4 through 6 field testing.* Boston: Museum of Science.

Lawson, A. E. (1985). *Science teaching and the development of thinking.* Belmont, CA: Wadsworth Publishing.

Levy, S. T. (2013). Young children's learning of water

physics by constructing working systems. *International Journal of Technology and Design Education, 23*(3), 537-566.

McKay, M., & McGrath, B. (2007). Real-world problem-solving using real-time data. *International Journal of Engineering Education, 23*(1), 36-42.

Mehalik, M. M., Doppelt, Y., & Schunn, C. D. (2008). Middle-school science through design-based learning versus scripted inquiry: Better overall science concept learning and equity gap reduction. *Journal of Engineering Education, 97*(1), 1-15.

Merton, R. K. (1973). *The sociology of science: Theoretical and empirical investigations.* Chicago, IL: Chicago University Press.

Miller, P. H., Blessing, J. S., & Schwartz, S. (2006). Gender differences in high-school students' views about science. *International Journal of Science Education, 28*(4), 363-381.

National Research Council (NRC). (2012). *A framework for K-12 science education: Practices, crosscutting concepts, and core ideas.* Washington, DC: National Academies Press.

Obama, B. H. (2009, November 23). *Remarks on the "Educate to Innovate" Campaign.* Washington, DC: U.S. Government Printing Office.

O'Neill, T.B. (2010). Fostering spaces of student ownership in middle school science. *Equity & Excellence in Education, 43*(1), 6-20.

O'Neill, T. B., & Calabrese Barton, A. (2005). Uncovering student ownership in science learning: The making of a student created mini-documentary. *School Science and Mathematics, 105*(6), 292-301.

Park, R. L. (2003). The seven warning signs of bogus science. *Chronicle of Higher Education, 49,* B20.

Partnership for 21st Century Skills. (2009). *Framework for 21st century learning.* Washington, DC: Author.

Penner, D. E., Giles, N. D., Lehrer, R., & Schauble, L. (1997). Building functional models: Designing an elbow. *Journal of Research in Science Teaching, 34*(2), 125-143.

Penner, D. E., Lehrer, R., & Schauble, L. (1998). From physical models to biomechanics: A design-based modeling approach. *Journal of the Learning Sciences, 7*(3/4), 429-449.

Rasinen, A. (2003). An analysis of the technology education curriculum of six countries. *Journal of Technology Education, 15*(1), 31-47.

Roth, W. -M. (1995a). From "wiggly structures" to "unshaky towers": Problem framing, solution finding, and negotiation of courses of actions during a civil engineering unit for elementary students. *Research in Science Education, 25*(4), 365-381.

Roth, W. -M. (1995b). Inventors, copycats, and everyone else: The emergence of shared resources and practices as defining aspects of classroom communities. *Science Education, 79*(5), 475-502.

Roth, W. -M. (1996). Art and artifact of children's designing: A situated cognition perspective. *Journal of the Learning Sciences, 5*(2), 129-166.

Roth, W. -M. (1997). Interactional structures during a Grade 4-5 open-design engineering unit. *Journal of Research in Science Teaching, 34*(3), 273-302.

Roth, W.- M., & Lee, Y. -J. (2007). "Vygotsky's neglected legacy": Cultural-historical activity theory. *Review of Educational Research, 77*(2), 186-232.

Roth, W. -M., Tobin, K., & Ritchie, S. (2001). *Re/constructing elementary science.* New York, NY: Peter Lang Publishing.

Rutland, M., & Barlex, D. (2008). Perspectives on pupil creativity in design and technology in the lower secondary education curriculum in England. *International Journal of Technology and Design Education, 18,* 139-165.

Schaffer, S. (1989). Glass works: Newton's prisms and the uses of experiment. In T. Pinch & S. Schaffer (Eds.), *The uses of experiment: Studies in the natural sciences* (pp. 67-104). New York, NY: Cambridge University Press.

Schauble, L., Klopfer, L. E., & Raghavan, K. (1991). Students' transition from engineering model to a science model of experimentation. *Journal of Research in Science Teaching, 28*(9), 859-882.

Silk, E. M., Schunn, C. D., & Cary, M. S. (2009). The impact of an engineering design curriculum on science reasoning in an urban setting. *Journal of Science Education and Technology, 18*(3), 209-223.

Sorby, S. A. (1999). Developing 3-D spatial visualization skills. *Engineering Design Graphics Journal, 63*(2), 21-32.

37

Review of Science Education Program Evaluation

FRANCES LAWRENZ AND MAO THAO

第37章
科学教育项目评价综述

王鑫　译　　陈敏华　审校

引言

最初的《科学教育研究手册》(*Handbook of Research on Science Education*)于21世纪初期出版。本章回顾了自手册出版后的科学教育项目评价。本章首先概述了当下科学教育项目评价的趋势，并介绍了科学教育项目评价的定义、项目评价哲学和发展历程。其次，描述了进行科学教育项目评价所选择的模型和指南。然后，介绍了美国对资助科学教育项目的观点，并阐明资助模式和问责标准如何影响科学教育项目的评价。接着，总结了有关科学教育评价的文献和评价工具。最后进行了有益的讨论，为将来的实践提供了启示和建议。

科学教育趋势概述

由于评价是一门应用科学，科学项目评价必然出现在科学教育项目中(Lawrenz, 2007a)。评价依据的是科学教育团体正在理论研究和实践实施的内容。因此，有必要简要地说明一下科学教育的现状。

在过去的十年里，科学教育已经更加具体地将工程、技术和数学融合在一起。这种科学、技术、工程和数学融合的新理念被称为STEM。关于STEM中必然包含的各部分的集合与分离的程度，已经有相当多的讨论(Moore, Stohlmann, Wang, Tank & Roehrig, in press; Roehrig, Moore, Wang, & Park, 2012)。《新一代科学教育标准框架》(Next Generation Science Standards Framework; NRC, 2012a)详细地说明了考虑到预期的科学教育成果而加入工程学的内容。此外，传统的美国全国科学教育调查在定期进行。最新一期公布的调查结果是2012年的美国全国科学与数学教育调查(National Survey of Science and Mathematics Education)，其中也包含了一些技术和工程的新问题。

除了已经涵盖在内的数学、技术和工程之外，科学教育项目也已朝着许多其他方向发展。在考察影响教育结果的因素时，有更多的实体如国家、州、学校、社区等被纳入考量(Fleischman, Hopstock, Pelczar, & Shelley, 2010; Provasnik et al., 2012)。科学学习需要长期不懈的努力(Falk, Dierking, & Storksdieck, 2005)，并且经常出现在非正式场合(NRC, 2010b)。在高等教育以及特定学科场合中，科学学习多被强调(NRC, 2012b)，在劳动力发展方面亦是如此(NRC, 2012c)。人们越来越重视个性化的、自我激励的学习，而不是集体传授教育(NRC, 2011)。最后，科学教育正变得更加全球化。科学教育专业协会、期刊和会议通常都需要面向国际的成员和读者。

综述方法

为了给本章提供背景资料，我们对大量的文献和现有资料进行了梳理。由于科学教育项目评价包含了很多学科领域，因此可以有一系列的考虑因素。这些因素从教师在课堂上对学生的评价到对国际化、多学科项目的评价。这些都提供了大量的参考文献和资料。网上有大量关于政府项目和评价的资料以及评价工具。在不同的国家中，政府在科学项目评价中所扮演的角色有很大的不同。由于本章作者对美国的科学教育项目评价最为熟悉，因此本章详细介绍了美国政府的角色。虽然这个例子中的内容可能有广泛性，但是必须承认有些内容是美国特有的。

下一节中将详细介绍有关科学项目评价的综述文献。与科学项目评价直接相关的研究信息非常少。检索出的文献基本都是英文文章，而且通常是在美国背景下。各节所列举的参考文献旨在提供可用的案例材料，不能涵盖所有情况。

什么是评价？

评价是一个充满活力和快速发展的研究领域。其哲学基础主要包含在以下两端连续谱之间：客观主义–主观主义认识论和实用主义–多元主义价值观。客观主义者倾向于依赖可重复的事实和概括的真理，而主观主义者依赖积累的经验和多重真理。实用主义者通常用通性研究法来评价整体的影响，而多元主义者则用通性研究法来评价对每个个体的影响。也就是说，多元主义者感兴趣的是对不同个体有效的方法是什么，而实用主义者感兴趣的是什么方法对大多数人有效。价值结构上的差异使得评价的方法出现了定义、模型以及使用方法上的不同。举一个简单的例子，对平均分数变化的分析暗示着一种实用主义的普遍性研究方法，目的是为大多数人寻找好的改善方法。而把结果分成不同的群体或者个体再进行分析的方法，则暗示着一种多元主义的个性研究方法，目的是针对不同的个体寻求最好的解决方法。

在对评价进行定义时，由于立场不同导致定义的内容也有所不同。教育评价的早期定义之一是由斯塔弗尔比姆(Stufflebeam)和他的同事(1971)在《教育评价和决策制定》(*Educational Evaluation and Decision-Making*)一书中提出的。其是通过管理层面去定义评价，因而更加客观和实用。在书中，作者指出“评价的目的不是为了证明，而是为了提高”(p. v)。他们将评价定义为“一个系统描述、获得和提供有用信息以供决策选择方案的过程”(p. 36)。此后，其他学者也对此定义提出过异议并给出修改建议。

由于大量关于评价教材的出现，并且每一本都有自己的观点，因而使得评价定义的版本增多了。最近在谷歌搜索“评价教材”，得到了16,000多条搜索结果。其中罗西(Rossi)、弗里曼(Freeman)、罗森鲍姆(Rosenbaum)(1979)合著的《评价：一个系统的方法》(*Evaluation: A Systematic Approach*)迄今已是第七版了，并且新增加了一位作者(Rossi, Freeman, & Lipsey, 2004)。沃森(Worthen)和桑德斯(Sanders)(1973)原著的

《教育评价：理论与实践》（*Educational Evaluation: Theory and Practice*）一书现已出版了第三版。在新增加了一位作者后，书名改为《项目评价：替代方法与实践指南》（*Program Evaluation: Alternative Approaches and Practical Guidelines*；Fitzpatrick, Worthen, & Sanders, 2004）。迈克尔·巴顿（Michael Patton）是一位有很多著作的作家，他编写的以实用性为重点的书籍一直很受欢迎（Patton, 1978, 2008, 2012）。

美国国家科学基金会（National Science Foundation [NSF]）及其教育与人力资源局（Education and Human Resources Directorate [HER]）也提供了一本不断更新的"用户友好手册"，主要向研究人员解释什么是评价，并帮助他们对项目进行强有力的评价。这些著作始于史蒂文斯（Stevens）、劳伦兹（Lawrenz）、埃利（Ely）和休伯曼（Huberman）（1993），最近的例子来自弗雷希特林（Frechtling）和他的同事们（2010）。NSF还制定了《评价非正规科学教育项目影响的框架》（*Framework for Evaluating Impacts of Informal Science Education Projects*；Friedman, 2008）。他们的方法更多地体现出客观主义和实用主义的倾向，然而最近的用户友好手册有了多元化的味道。

评价趋势

过去几年，评价的三个主要趋势是文化意识的增长、评价的专业化发展和更积极的政治活动。一些出版物的发行促进了这一增长。其中之一是新出版的第三版《项目评价标准》（*The Program Evaluation Standards*；Yarborough, Shulha, Hopson, & Caruthers, 2011），此外还有美国评价协会（American Evaluation Association [AEA], 2004）开发的《评价者指导原则》（*Guiding Principles for Evaluators*）。这些标准都能让评价人员不断适应变化的评价需求。新版本和旧版本的相似之处在于评价质量的四个维度：实用性、可行性、规范性和准确性。而新版本和旧版本的不同之处在于，新版本更多地建立了维度之间的联系，以及对背景和文化所扮演角色的描述，并加入新的一章强调元评价（Yarborough et al., 2011）。《评价者指导原则》一书中包含了系统调查、权限、正直和诚实、尊重他人，以及对大众和公共幸福的责任（AEA, 2004）。不同的观点中都包含了对这些品质的强调，具体反映在对科学项目评价的评判性的解释中。例如格林（Greene）、德斯特凡诺（DeStefano）、伯根（Burgon）和霍尔（Hall）（2006）提出的方法，或者斯塔福德·胡德（Stafford Hood, 参见Hood, 2001; Hood, Hopson, & Frierson, 2005; Hood & Rosenstein, 2005）、罗德尼·霍普森（Rodney Hopson, 参见Hood et al., 2005; Mertens & Hopson, 2006; Thompson-Robinson, Hopson, & SenGupta, 2004）、唐娜·默滕斯（Denna Mertens, 参见Mertens, 2010; Mertens & Ginsberg, 2009; Mertens & Hopson, 2006）等人倡导的文化回应法，或者AEA多样化的实习项目。达纳韦（Dunaway）、莫罗（Morrow）和波特（Porter）（2012）报道了项目评价人员在文化能力方面的发展和胜任情况。2011年AEA关于文化能力的声明体现了文化意识和政治活动的增长（AEA, 2011）。2007年评价政策特别小组（Evaluation Policy Task Force）的成立以及他们的一些相关的公开声明也凸显了政策领域工作的增长（AEA, 2007）。

除了上述趋势，评价能力的加强（Huffman, Lawrenz, Thomas, & Clarkson, 2006; Stockdill, Baizerman, & Compton, 2002）以及评价过程的参与（Cousins et al., 2008; Huffman, Thomas, &

Lawrenz, 2008）都越来越受到重视。特别是当它们涉及增加评价的使用和影响时(King & Lawrenz, 2011)。混合方法的使用也有显著的增长(Creswell & Plano Clark, 2011; Greene, 2007; Tashakkori & Teddlie, 2010)。

科学项目评价的理论和实践必须与STEM教育的创新相辅相成。因此，科学项目评价的发展需要与科学教育并驾齐驱。科学项目评价已经转向在复杂的统计模型中考虑使用更多的常出现的变量(Ingersoll & May, 2012; VanDerHeyden, McLaughlin, Algina, & Snyder, 2012; Zvoch, 2012)。科学项目评价还关注了解如何评价不断扩大的实施规模(例如，最近的NSF和教育科学研究所[Institute for Education Sciences, IES]项目)。科学教育评定是一种评价形式，正在全世界范围内开展。其中重点是如何评估STEM工作者的工作能力及其在21世纪的技能(NRC, 2012c)。同时，对合作、创新和体制的评估也有所增长(Cronan, 2012)。最后，随着科学教育的发展，出现了专业的科学教育评价团体和期刊，因而科学教育评价也变得更加全球化。

评价模型

最近的评价趋势是使用不同的模型进行评价，每一种模型都有自己的价值观。在上一版手册中(Lawrenz, 2007a)，斯塔弗尔比姆(2001)回顾了过去40年中使用的22种不同的评价模型，对它们进行了详细的描述和评价。在这些模型的基础上，斯塔弗尔比姆和欣克菲尔德(Shinkfield)(2007)最近提出了五类项目评价模型和方法：伪评价、基于问题或方法的评价、改进或问责评价、社会议程和辩护评价、折衷主义的评价。《SAGE评价手册》(*The Sage Handbook of Evaluation*)也提出了一些模型(Shaw, Greene, & Mark, 2006)。在这一系列广泛的评价模型中，有些与科学教育项目评价关系密切。

在美国国家研究理事会(National Research Council [NRC], 2010a)审查的美国海洋暨大气总署(National Oceanic and Atmospheric Administration [NOAA])的教育项目中，“指向结果的项目”(Targeting Outcomes of Programs [TOP])的评价模型(Bennett & Rockwell, 1995, 2004)被广泛讨论，因为它被NOAA选作基本框架去评价其所有项目。TOP的评价模型似乎属于斯塔弗尔比姆和欣克菲尔德(2007)归纳的改进或问责的评价范畴。CIPP(背景、输入、过程和结果)模型也属于这个范畴(Cronbach, 1982; Stufflebeam, 2005)。它们也属于哲学中的客观主义和实用主义连续谱。这些评价的核心目的是通过了解和评价项目的决定来促进项目的改进和问责。TOP的评价模型联系了评价和规划，这对于项目的发展非常有利。对于NOAA来说，该模型不能很好地化解更大范围内的跨项目问题和项目中缺乏参与者发展的问题。

最近，珍妮弗·格林(Jennifer Greene)和她的同事提出了一个STEM项目评价模型，并通过对NSF项目的使用进行研究。该模型被称为“教育、价值观参与方式”(educative, values-engaged approach; Greene, Boyce, & Ahn, 2011; Greene, DeStefano, Burgon, & Hall, 2006)。这个模型更符合多元主义和主观主义连续谱的两端，也更符合斯塔弗尔比姆和欣克菲尔德(2007)的社会议程和辩护评价。这种评价方法的“教育性”旨在通过评价促进学习和更好地了解正在评价的项目。对其基本的逻辑结构、语境的适合性、影响改变的潜在能力、与相关的标准和研究相联系的证据以及整体的质量都是从不同的利益相关者的角度考虑的。“价值观参与”有两个维度。首先，它标志着对STEM教育项目内在价值的有目的的关注，包括了可能存在于主要项目利益相关者之间的价值差异。使用这种评价方法的评价人员希望在参与不同价值立场的评估时具有包容性。这是评价项目质量的一部分，并且因此也能促进利益相关者进行对话。其次，评价人员特别重视评价的多样性和公平性。多样性是指传统的社会人口学的相关标志，例如阶级、性别和种族，以及其他的多种不同分类方式，例如天赋、幽默和学习风格。公平性关乎参与项目和从项目中获益的机会。格林和他的同事(2011)认为，这种方法最适合包括对项目设计、项目实施和结果的评价。

另一种评价模型由来已久，但是最近却被广泛关注。它是在NSF项目中由梅尔·马克(Mel Mark)提出的现实主义评价(Mark & Henry, 2013; Mark, Henry, & Julnes, 2000; Pawson & Tilley, 1997)。现实主义评价建立在现实主义哲学学派的基础上。该学派认为物质世界和社会世界都是“真实的”，可以产生真实的影响，并且可以对产生变化的原因进行更加深入的理解(Pawson & Tilley, 1997)。马克和亨利(Henry)(2013)指出，现实主义的评价假定评价的概念是辅助的意义建构。这使得评价活动需要基于人们的判断和实践活动，并且适应以用户为中心的方式。同时还要求总结的经验能够延伸应用到相关的团体。评价最后的目的是使社会变得更好，就是将深思熟虑的决策广泛地融入民主社会中。社会改良不同于社会进步；它是社会的，不是个体的。这也意味着每个人的机会将更加均等。这个模型具有实用主义/多元主义和多元主义/主观主义这两个连续谱两端的属性，也属于斯塔弗尔比姆和欣克菲尔德(2007)的社会议程和辩护评价的范畴。

另外一种与科学教育评价相关的评价模型是文化回应评价模型(Hood et al., 2005; Hood & Rosenstein, 2005; Mertens & Hopson, 2006)。将参与者的文化理解加入评价中的想法并不是新的。但是在评价中尤其是科学项目评价中强调这一想法是最近才出现的。文化回应评价模型在科学教育项目评价中至关重要，它有助于解决仪表比例不足群体所面临的扩大影响的问题。这个模型与议程宣传、多元主义和主观主义的价值观更相关。文化回应评价倡导的是一种广泛的、多维的和多学科角度的评价。它要求评价者对评价内容和被评价者的文化背景有深刻的理解。评价者处在被评价者的文化环境中，他们会对评价有文化上的理解。胡德、霍普森和弗赖尔森(Frierson)(2005)发展了文化回应评价模型(参见Hood, 2001)。与此同时，其他一些类似的观点也在发展，包括民主的评价(House & Howe, 2000)和包容性评价(Mertens, 2005)。

欣赏式的询问是一种评价途径。它来自组织发展领域的一种哲学理念，属于积极评价框架范畴(Coghlan, Preskill, & Catsambas, 2003; Preskill & Catsambas, 2006)。大多数的教育评价模型特点是关注问题或者克服一些教育评价模型中不足的问题。与这些模型不同的是，欣赏式询问认为，组织者通过确定被评价者擅长的方向从而更有效地改进，并且关注如何在将来能做得更好。欣赏式询问是一种哲学，它侧重于强调可与其他工具一起改进组织及其成果的成功因素或力量。因此，它更加主观，更倾向于属于折衷主义或方法主义范畴。

最后一个模型是发展评价模型，它已经得到巴顿(2011)的支持。发展评价模型应用复杂的理念来加强创新评价以及支持评价模型的使用。创新评价不同于标准的项目和程序，它更多的是描述一种愿景而不是指明确定的方法，并且创新的部分也会随着模型的发展而迅速变化。因此，创新需要寻找一种与复杂性相协调的评估方法，但是如何实现预期的结果尚不清楚。发展评价模型致力于通过加入创新内容促进模型发展。发展评价模型看起来更功利，但同时也有主观的成分。它也许适合方法论或者折衷的范畴。

进行高质量的评价

有一些步骤可以帮助进行高质量的评价。新的评价标准（Yarborough et al., 2011）和《评价者指导原则》（AEA, 2004）为进行高质量的评价提供了优秀的指导方法。正如前面提到的，斯塔弗尔比姆和他的同事们（1971）提供的旧的定义可以帮助指导这些考量。虽然这一定义关注于管理和决策，但是定义中的关键词可以被应用于任何类型的评价。最重要的首先是把评价看作一个过程。正在进行中的评价，需要对不同的程序做出反应，因此评价的过程并不是一成不变的。巴顿（2011）的发展评价方法特别强调了评价的这个特点。其次，评价作为应用性的研究必须是有效的。这种有效性是通过严格遵循描述—获取—提供的过程来保障的。

描述是评价过程中的关键部分。需要细致地思考评价的原因，例如利益相关者的需求和兴趣是什么，将会做出什么样的决定，评价的目的是什么，感兴趣的变量是什么，谁会做出决定，谁的声音需要被听到，评价的价值是什么以及如何应用评价的结果。思考这些问题的答案需要深入了解被评价的项目、项目的参与人员和项目背景。深入了解后，评价人员和项目组就能够决定最有效的使用评价预算的方法。由于项目的命运会被外部的资源决定，因此总体来说评价是高风险的吗？或者说它更重要的目的是确定如何根据当地的兴趣改进项目吗？之前所讨论的模型提供了很好的组织工具来支持描述过程。描述的另外一个组成部分是对方案想要达成的目的和服务的对象进行深入的研究。斯塔克（Stake, 1967）的旧观点中有关于预期和实际经历的内容，有汇报内容和成果，有关于检查前面内容的一致性和意外事件，以及外部的标准，这些都是对内容进行分类从而帮助制定计划的综合考虑途径。评价人员还应该尝试预测并制定计划，从而获取一些意外结果的信息。

虽然从评价作为一个过程的观点来看，描述可以持续进行。但一般来说，获取信息的过程发生在描述阶段之后。通过各种方法论可以获得大量的信息。在文献中有很多关于如何最好地使用不同方法论的思考。例如，理解课程项目实施中教师的真实体验很重要，这将引入现象学方法的使用。另一个例子是在不同的项目中，分析达成成绩的分数随时间的变化是很重要的。关键是所获得的任何信息都应该符合描述阶段中的需求。有能力的评价者可能不是所有方法论的专家，但是他有足够的能力知道何时需要咨询其他的专家。不同类型的信息满足不同的需求，例如需求评估、程序运行监测、流程检查和成果评价。信息的获取还需要严格执行所选定的方法，包括发展和使用高品质的测量方法。无论目标是什么，这些测量方法都可以捕获项目的核心目标，比如动机、特性的发展、情感倾向或者不同层次的认知。通常研究人群中的子群体是很重要的。这是一个比功利主义更多元化的观点。

一旦信息被获得并经过了适当的分析，它的成果需要被传播。评价是为了满足特定的需求而进行的，并不是为了满足研究人员与生俱来的好奇心。一般来说，评价的结果对过程中任何决策的制定者和项目的利益相关者来说都是有意义的。通常评价的结果对社会的整体改善很重要，也对整个社会都有好处。在评价的开始就应该考虑到传播的需求和途径。传播的途径需要适合观众，可以包括各种各样的想法，从传统的报告到个人面对面的讨论，以及戏剧表演或者演绎成诗歌（Johnson, Hall, Greene, & Ahn, 2013；Lawrenz, Gullickson, & Toal, 2007）。

美国联邦政府的观点

由于价值取向的关系，评价与决策的制定和政策的发展密切相关。联邦政府的政策尤其会影响评价的实施。本节介绍了科学教育项目的资金来源，政府如何对这些项目负责，以及科学教育项目评价的资金来源。政府在科学项目评价中的角色因国家而异。由于本章的作者对美国的科学项目评价最为熟悉，因此本章以美国政府的角色为例，详细介绍了各种可能性，并且认为这些信息是美国所独有的。

科学教育项目的资金

在美国，尽管包括科学教育在内的大部分教育项目的资金都来自州和地方，但美国联邦政府在资助特殊的科学教育项目以及对资助项目的结果问责方面发挥着特别重要的作用。两个最重要的资助科学教育的机构是美国教育部（Department of Education [DOE]）和NSF。美国教育部通过教育科学研究所支持研究和评价。教育科学研究所成立于2002年，2012年的预算超过2亿美元。它支持美国国家教育进展评估（National Assessment of Educational Progress [NAEP]）连续测试项目。它现在有四个中心：美国国家教育研究中心（National Center for Educational Research [NCER]）、美国国家特殊教育研究中心（National Center for Special Education Research [NCSER]）、美国国家教育统计中心（National Center for Education Statistics [NCES]）、美国国家教育评价和区域援助中心（National Center for Education Evaluation and Regional Assistance [NCEE]）。它支持10个地区性的教育实验室、有效教育策略资料中心（What Works Clearinghouse）和ERIC数据库。

科学教育的另一个主要的支持者是NSF。它的所有理事会都支持STEM教育，但最重要的支持来自教育与人力资源局（EHR）。截至2012年，教育与人力资源局有四个部门：人力资源开发、正式和非正式环境下的学习研究、研究生教育和本科教育。STEM教育、学习项目和劳动力发展项目正被科学学习研究、神经系统科学研究以及其他研究文献引用，从而研究不同情境下的认知发展、动机、社会互动和学习的本质。它们利用前沿的、基于证据的方法，让公众参与进来，并在STEM教育企业的各个层次扩大未来的科学劳动力（NRC, 1999, 2007, 2009）。正如劳伦兹（2007a）所指出的，自20世纪60年代以来，教育与人力资源局的资助经历了几个阶段：课程开发、课程实施、在职教师培训、系统性方案和合作。目前，资助的重点是研究和评价，从而引发创新和转型。

科学项目的问责制

随着美国联邦政府对问责制的兴趣日益浓厚，评价领域，尤其是教育评价领域出现了爆炸性的增长。劳伦兹（2007a）在上一版手册的一章中阐述了科学教育项目评价的增长如何反映出NSF的教育项目资助的成果。尽管NAEP、国际数学与科学教育成就趋势研究（Trends in International Mathematics and Science Study [TIMSS]）和国际学生评估项目(Programme for International Student Assessment [PISA])已经对教育政策产生影响并且还将继续产生实质性的影响。《不让一个孩子掉队法案》(No Child Left Behind Act)提供了美国幼儿园至12年级学生关于阅读、数学和科学成就方面的数据，并且对教育政策和评价产生了巨大的影响。将项目实施与每年管理的学生的成绩联系起来，潜在地为科学项目的评价开辟了广阔的新途径。数学与科学伙伴合作(Math Science Partnership [MSP])要求将他们的项目与学生的成果联系起来，这是问责程度被提高的一个主要例子(NSF, 2012)。虽然有充分的理由反对《不让一个孩子掉队法案》的许多组成部分，但毫无疑问，它提高了国家对学生成绩评价和全面评价的兴趣。

美国联邦机构面临越来越大的压力。他们需要出示证据证明其优先资助项目的考量因素，并且需要提供计划说明项目和项目评价证明，或者证实其影响的过程，同时也符合联邦预算的优先次序(Office of Management and Budget [OMB], 2010)。《政府绩效与结果法案》(Government Performance and Results Act [GPRA]; P.L. 103-62)于1993年颁布，最近的更新是《2010年政府绩效与结果法案(GPRA)修正案》。GPRA要求机构从事项目管理任务，例如设定目标、测量结果和报告项目的进展(OMB, 日期不详)。为了遵守GPRA的规定，各机构制定战略计划和绩效计划，并对项目间的差距进行分析。

为了促进机构间的合作，消除重复的职责，2007年，美国行政管理和预算局(Office of Management and Budget [OMB])通过美国教育部和学术竞争力委员会(Academic Competiveness Council [ACC])对所有的联邦科学教育项目和资助这些项目的机构进行了全面的调查。调查还对科学教育项目评价的类型设计提出了建议(DOE, 2007)。报告指出，当时有12个联邦机构为STEM教育提供资金，其中的8个机构专门为K—12阶段的STEM项目提供资金。报告还指出，在2006年，联邦机构一共在STEM教育上花费了31亿美元，其中5.74亿美元(18%)用于K—12阶段的科学教育项目。

除了OMB的机制外，美国联邦政府还利用其他评价机制。例如，国家科学院和NRC会对科学和技术问题提供建议。NRC组织一些自愿花时间的专家成立一些委员会，他们撰写的综述着重调了个别费用。其中有两个委员会负责审查美国国家航空航天局(National Aeronautics and Space Administration [NASA])(NRC, 2008)和NOAA(NRC, 2010a)中的教育项目以及这些项目的评价。联邦机构也有观察者委员会(Committee of Visitors [COV])程序。通过这个程序，一组实地考察的专家可以进入机构，审查资助提案的质量，并就审查结果撰写一份报告。最后，为了评价一些特殊的项目，机构还可以与外部的评价人员开展合作。

科学教育项目评价经费

几乎所有科学教育项目的资助都伴随着一些责任上的要求，即使它只是需要记录资金是如何使用的。然而，对科学教育项目的评价要求通常比简单的会计要求更为全面，需要提供资金来进行评价。一些例子可以说明这一点。

NSF推进非正式的STEM学习项目，投资用于研究和创新的发展，以及校外实地的STEM学习和STEM学习环境的发展。在项目的征集意见中，提议者提出一个明确的指导项目的概念框架或行动理论来指导项目，并且将与项目相匹配的严格评价作为项目知识建设工作的一部分。

“路易斯·斯托克斯少数族裔参与联盟”(Louis Stokes Alliances for Minority Participation [LSAMP])项目通过帮助大学和学院的学生，显著提高了能够全面且高质量地完成STEM学科学位课程的学生人数，从而实现了STEM劳动力的多样性。在2012年的征集意见中指出，NSF要求潜在的获奖者经过严格的评价选拔，并且要保留选拔过程的程序和活动。征集意见同时指出，一项成功的方案管理将需要制定具体的评价计划，从而同时定性和定量地评价项目的变化，包括根据LSAMP之前的数据定义基线，这些基线将用来和LSAMP后来记录的数据进行比较，从而分析出在STEM领域中的学生巩固率、升级率和毕业率。

美国教育部通过资助项目的研究和IES来支持科学教育。本项目下的数学与科学教育的主题主要是研究如何改善从幼儿园到高中生的数学与科学的知识和技能。美国教育部对其资助项目的研究采取分级的方法：探索目标、开发和创新目标、有效且可复制的目标、效能目标、测量。最后一个所谓的测量层级，即开发、改进或者验证评价。尽管所有的层级都需要评价来证实这个层级的特定成果，但是测量仍然是与评价最直接相关的部分。

除了在资助的项目内支持评价外，一些机构也直接为评价提供资金。这种直接的支持是通过两种机制进行。其中一种是直接资助该机构希望由内部或者外部进行的评价，比如由内部管理的海洋科学教育中心(Centers for Ocean Science Education)的十年评价或者由外部的咨询公司(Abt Associates)进行的Noyce项目评价。

资助评价的第二种机制是提供一个资助的项目来支持评价工作。目前的三个这方面的例子分别是：NSF的促进评价方法研究和创新(Promoting Research and Innovation in Methodologies for Evaluation [PRIME])项目(www.nsf.gov/funding/pgm_summ.jsp?pims_id=503586&org=EHR)、美国教育研究学会(American Educational Research Association [AERA])资助项目(www.aera.net/Default.aspx?TabID=10242)、IES研究资助项目的测量部分(https://ies.ed.gov/funding/)。PRIME项目旨在支持评价方面的研究，尤其强调确定STEM教育项目和方案的影响力和实用性创新方法的评价。AERA项目提供一些小型的资助和培训给使用定量方法进行教育政策和实践研究的研究人员，以及分析国家教育统计中心和NSF赞助的大型数据库中数据的研究人员。IES测量项目是专门为支持科学成果的有效测量方法的发展而设计的。

科学教育项目评价研究

为了提供科学教育评价项目的背景资料，我们对相关文献进行了综述。文献检索仅限于2003年至2013年间的出版物。表37.1列出了被选入内容的相关来源。同时需要指出的是，关于科学教育评价项目的文献综述是以美国视角进行的。因此，它不包括国际文献。我们承认，科学教育评价项目的国际趋势可能与美国国内的趋势不同。

通过检索明尼苏达大学图书目录(MNCAT)和期刊数据库，以及顶尖的项目评价和科学教育期刊，我们找到了相关的文献。搜索的关键词包括“科学课程评价”“评价科学课程”“科学课程评价研究”“物理课程评价”和“化学课程评价”。此外，还将“课程”换成“教育”，从而增加查询到的内容。使用的期刊数据库包括谷歌、谷歌学术搜索、学术期刊全文数据库(Academic Search Premier)和教育资源信息中心(Education

表 37.1 文献综述中包含的文章列表

科学教育评价方面的学术文献

Altschuld, J. W., & Kumar, D. D. (Eds.). (2002a). *Evaluation of science and technology at the dawn of a new millennium.* New York, NY: Kluwer Academic/Plenum Publishers.

相关章节：

- Chapter 1: Altschuld, J. W., & Kumar, D. D. What does the future have in store for the evaluation of science and technology education?
- Chapter 3: Anderson, B. Evaluating systemic reform: Evaluation needs, practices, and challenges
- Chapter 4: Cheek, D. W. Musings on science program evaluation in an era of educational accountability
- Chapter 7: Kumar, D. D., & Altschuld, J. A. Complementary approaches to evaluating technology in science teacher education
- Chapter 8: Tobin, K., & Roth, M. Evaluation of science teaching performance through co-teaching and co-generative dialoguing
- Chapter 9: Huffman, D. Evaluating science inquiry: A mixed-method approach
- Chapter 10: Cannon, J. R. Distance learning in science education: Practices and evaluation

---

Bimbaum, M., & Crohn, K. (Eds.). (2010). Challenges in evaluation of environmental education programs and policies. *Evaluation and Program Planning, 33.*

相关文章：

- Crohn, K., & Bimbaum, M. Environmental education evaluation: Time to reflect, time for change
- Carleton-Hug, A., & Hug, J. W. Challenges and opportunities for evaluating environmental education programs
- Flowers, A. B. Blazing an evaluation pathway: Lessons learned from applying utilization-focused evaluation to a conservation education program
- Fleming, M. L., & Easton, J. Building environmental education's evaluation capacity through distance education
- Zint, M. An introduction to *My Environmental Education Evaluation Resource Assistant* (MEERA), a web-based resource for self-directed learning about environmental education program evaluation
- Heimlich, J. E. Environmental education evaluation: Reinterpreting education as a strategy for meeting mission
- Monroe, M. C. Challenges for environmental education evaluation

---

Brandon, P. R., Taum, A. K., Young, D. B., Pottenger, F. M., & Speitel, T. W. (2008). The complexity of measuring the quality of program implementation with observations: the case of middle school inquiry-based science. *American Journal of Evaluation, 29*(3), 235–250.

Camargo, C., & Shavelson, R. (2009). Direct measures in environmental education evaluation: Behavioral intentions versus observable actions. *Applied Environmental Education and Communication, 8,* 165–173.

Hickey, D. T., & Zuiker, S. J. (2003). A new perspective for evaluating innovative science programs. *Science Education, 87*(4), 539–563.

（续表）

科学教育评价方面的学术文献
Huffman, D., & Lawrenz, F. (Eds.). (2006). Critical issues in STEM evaluation. *New Directions for Evaluation, 109.* 相关文章： • Katzenmeyer, C., & Lawrenz, F. National Science Foundation perspectives on the nature of STEM program evaluation • Lawrenz, F., & Huffman, D. Methodological pluralism: The gold standard of STEM evaluation • Mertens, D. M., & Hopson, R. K. Advancing evaluation of STEM efforts through attention to diversity and culture • Greene, J. C., DeStefano, L., Burgon, H., & Hall, J. An educative, values-engaged approach to evaluating STEM educational programs • Lawrenz, F., Huffman, D., & Thomas, K. Synthesis of STEM education evaluation ideas
King, J. A., & Lawrenz, F. (Eds.). (2011). Multisite evaluation practice: Lessons and reflections from four cases. *New Directions for Evaluation, 129.* 相关文章： • Toal, S. A., & Gullickson, A. R. The upside of an annual survey in light of involvement and use: Evaluating the Advanced Technological Education program • Johnson, K., & Weiss, I. R. Compulsory project-level involvement and the use of program-level evaluations: Evaluating the Local Systemic Change for Teacher Enhancement program • Greenseid, L. O., & Lawrenz, F. Tensions and trade-offs in voluntary involvement: Evaluating the Collaboratives for Excellence Teacher Preparations • Roseland, D., Volkov, B. B., & Callow-Heusser, C. The effect of technical assistance on involvement and use: The case of a research, evaluation, and technical assistance project • Roseland, D., Greenseid, L. O., Volkov, B. B., & Lawrenz, F. Documenting the impact of multisite evaluations on the science, technology, engineering, and mathematics field
Lawrenz, F., & Desjardins, C. D. (2012). Trends in U.S. government-funded multisite K–12 science program evaluation. In B. J. Fraser, K. G. Tobin, &C. J. McRobbie (Eds.), *Second international handbook of science education* (Vol. 1, pp.723–734). New York, NY: Springer.
Lee, Y. J., & Chue, S. (2011). The value of fidelity of implementation criteria to evaluate school-based science curriculum innovations. *International Journal of Science Education, 35*(15), 2508–2537.
Zint, M. (2013). Advancing environmental education program evaluation. In R. B. Stevenson, M. Brody, J. Dillon, & A. E. J. Wals (Eds.),*International handbook of research on environmental education* (pp.298–309). New York, NY: Routledge.
关于评价工具的文献 Brandon, P. R., Taum, A. K. H., Young, D. B., & Pottenger, F. M. (2008). The development and validation of the inquiry science observation coding sheet. *Evaluation and Program Planning, 31*(3), 247–258. Lewthwaite, B., & Fisher, D. (2005). The development and validation of a primary science curriculum delivery evaluation questionnaire.*International Journal of Science Education, 27*(5), 593–606.

（续表）

科学教育评价方面的学术文献
Minner, D., Ericson, E., Wu, S., & Martinez, A. (2012). *Compendium of research instruments for STEM education part 2: Measuring student's content knowledge, reasoning skills, and psychological attributes.* Cambridge, MA: Abt Associates. Retrieved from http://abtassociates.com/ Reports/2012/Compendium-of-Research-Instruments-for-STEM-Ed-%281%29.aspx
Minner, D., Martinez, A., & Freeman, B. (2012). *Compendium of research instruments for STEM education part 1: Teacher practices, PCK, and content knowledge.* Cambridge, MA: Abt Associates. Retrieved from http://abtassociates.com/Reports/2012/Compendium-of-Research-Instruments- for-STEM-Educat.aspx
The Inquiring into Science Instruction Observation Protocol (ISIOP) (http://isiop.edc.org/)
The Reformed Teaching Observation Protocol (RTOP) (http://physicsed.buffalostate.edu/AZTEC/RTOP/RTOP_full/index.htm)
Turner, R. C., Keiffer, E. A., & Gitchel, W. D. (2010). *Observing inquiry-based learning environments: The scholastic inquiry observation (SIO) instrument.* Presented at the American Educational Research Association annual conference. Retrieved from http://gk12.uark.edu/programresults/ SIO_Validation.pdf
与科学教育项目评价的资源和工具相关的网站
Horizon Research, Inc. (www.horizon-research.com/instruments/)
My Environmental Education Evaluation Resource Assistant (MEERA) (http://meera.snre.umich.edu/links-resources/how-guides-conducting-ee- evaluation/ee-specific-evaluation-guides)
The Center for Advancement of Informal Science Education (http://informalscience.org/evaluation/evaluation-resources)
The Math and Science Partnership Network (MSPnet) (http://hub.mspnet.org/index.cfm/use_web/list/keyword_id-2715)
The National Institute of Health's Science Education Partnership Award (SEPA) (http://nihsepa.org/ed)
The Online Evaluation Resource Library (http://oerl.sri.com/instruments/cd/instrCD.html)
The Program in Education, Afterschool, and Resiliency (PEAR) (www.pearweb.org/atis/dashboard/index)

Resources Information Center [ERIC]）。同时我们还在期刊上进行搜索，具体包括《评价新方向》《美国评价期刊》《加拿大项目评价期刊》《评价与项目规划》《评价评论》《教育评价和政策分析》《科学教学研究杂志》《科学教育》《国际科学教育期刊》和《国际科学与数学教育期刊》。在使用数据库搜索时，大多数的文献都基于以下一些方面：科学课程的设计、科学教育项目的评价报告、科学课程的影响、科学课程或者教育项目的实例、国家科学课程标准、科学教师的培训和专业发展、教师或者学生的课堂评价。

科学教育评价学术文献

虽然超出了前文的时间区间，但是有一本书中的章节和科学教育项目的评价特别相关，因此也被包含在综述内。很少有专门针对科学教育项目评价的书籍。由于手册出版时间的关系，这本书并没有被包含在上一版手册内容的章（Lawrenz, 2007a）中。这本书《新千年之初的科学与技术教育评价》（*Evaluation of Science and Technology Education at the Dawn of a New Millennium*）由阿尔特舒尔德（Altschuld）和库马尔（Kumar）（2002a）

主编，有一些相关的章涉及科学教育项目评价（参见 Anderson, 2002; Cannon, 2002; Cheek, 2002; Huffman, 2002; Kumar & Altschuld, 2002; Tobin & Roth, 2002）。在这些章中，阿尔特舒尔德和库马尔（2002b）预测了科学和技术教育评价需求的增长。随着需求的增长，他们也预见了科学和技术项目的评价需要培训出更多的评价人员，同时也质疑科学和技术教育评价人员在评价过程中所扮演的角色。此外，他们认为，在科学和技术教育领域将有对评价的新理解思路。他们在书中其他章提到了新的思维方法。例如，在科学教学评价中使用混合方法（Huffman, 2002）、评价教育改革（Anderson, 2002）、对科学教师教育中使用的技术进行评价（Kumar & Altschuld, 2002），以及其他一些方法。

《评价新方向》的特刊《STEM评价的关键问题》（*Critical Issues in STEM Evaluation*）用一卷的篇幅专门关注与STEM教育相关的评价。特刊编辑为郝夫曼(Huffman)和劳伦兹（Lawrenz）(2006)。该卷中的文章强调了STEM教育项目评价中的处理方法和方法论。例如，强调了STEM评价中使用混合方法（Lawrenz & Huffman, 2006），前述的教育、价值观主导的方法（Greene et al., 2006）的重要性，或者STEM教育评价的文化框架中特别关注文化、多样性和权力的部分（Mertens & Hopson, 2006）。

有一些文献特别关注环境教育项目的评价。比姆鲍姆（Bimbaum）和克罗恩（Crohn）(2010) 编辑的《评价与项目规划》特刊《关于环境教育项目和政策评价的挑战》（*Challenges in Evaluation of Environmental Education Programs and Policies*），回顾了环境教育项目评价中的挑战和方法。例如，卡尔顿–胡克（Carleton-Hug）和胡克（Hug）(2010) 在他们的文献综述中指出，缺乏项目目标以及缺乏形成性评价是环境教育项目评价中需要克服的关键挑战。通过研究这些挑战，他们指出，环境教育评价存在增长机会，理由是环境教育从业者对评价的兴趣、对教育问责制的需求以及对受教育人口需求的不断增加。弗劳尔斯（Flowers, 2010）的一篇文章中提到了关于利用率评价的问题，这是一个环境教育评价中较常见的问题。在她的文章中，她以一个环境保护教育项目为例，讨论了使用混合方法进行利用率评价的经验，利益相关者也参与了评价过程。弗劳尔斯（2010）总结了评价过程的经验，提出一些建议和经验教训，为评价实践提供了有价值的信息。

此外，卡马戈（Camargo）和沙维尔森（Shavelson）(2009) 在对环境科学教育项目评价的综述中发现，大多数评价往往通过评分量表评价参与者对环境的态度，通过自己的描述评价参与者环境方面的行为。他们认为项目中要记录观察量的变化，因而对环境方面的知识和行为进行直接的测量是必需的，同时这种直接测量也是可行的。他们提出了多种对环境方面的知识和行为进行测量的方式，比如对参与者学习能力和观察行为的评价。

青特（Zint, 2013）综合了10项已经发表的环境教育项目的评价，这些评价旨在评价参与者的行为结果，例如对环境有责任感时所表现出的行为。青特（2013）概述了评价的一些方面，这可能为今后类似项目的评价工作提供有用的信息，包括评价途径、结果测量、评价方法、利益相关者的参与和评价结果的运用。在综述中，青特（2013）提出了推进环境项目评价的建议，包括使用特定的评价方法（例如关注使用的方法、理论驱动的方法），使用混合的方法，记录项目的实施，在衡量行为变化时考虑周全，在未来的评价中让评价人员和研究人员共同协作，从而可以恰当地测量环境方面行为的表现，并评价环境教育的长期影响。

科学教育项目通常有多个关注点。因此，虽然没有特别关注科学教育评价，但是会重点考虑综合评价。《评价新方向》的特刊《多点评价实践：来自四个案例的经验教训和反思》(*Multi-Site Evaluation Practice: Lessons and Reflections From Four Cases*)。由金(King)和劳伦兹(2011)担任编辑。特刊上的文章引用了四个由NSF资助的项目的综合评价，其中三个是STEM教育和专业发展项目，一个是技术援助项目。通过它们来检查参与的模型和评价的使用。前四章考察了NSF资助的四个项目中每个项目的参与级别以及评价中使用初级调查人员和评价人员的情况(Greenseid & Lawrenz, 2011; Johnson & Weiss, 2011; Roseland, Volkov, & Callow-Heusser, 2011; Toal & Gullickson, 2011)。其他章则有助于在更广泛的层面上检验综合评价的影响和使用情况(例如Roseland, Greenseid, Volkov, & Lawrenz, 2011)，并通过在科学教育项目评价中非常常见的综合评价来思考(例如King et al., 2011)。

除了特别关注的问题外，还有一些其他的相关文章。劳伦兹和德雅尔丹(Desjardins, 2012)对美国政府资助的K—12科学项目进行了全面的历史回顾。他们讨论了三个主要的科学教育资助者的资助历史：NSF、NASA和NOAA。资助的项目通常反映了这些机构的主题优先级和政治动机，这些因素影响着未来的科学教育项目和项目的评价方式。

在另外一篇文章中，希基(Hickey)和祖克尔(Zuiker)(2003)概述了从创新科学项目评价中发展而来的教育项目评价的社会文化视角。新的和创新的科学教育课程和项目必须满足问责制的要求。希基和祖克尔(2003)提出通过使用外部开发的性能评价，使社会文化视角作为一种评价创新项目的方式。这是一种连接和理解个人层面学习和面向事件学习的辩证方法，并且通过实施不同的项目方案比较不同的结果。这种方法基于社会文化理论观点来衡量学习过程和知识的获得情况，其中学习过程是由参与者描述获得知识的实践过程。

其他一些文章讨论了科学教育项目实施的保真度。布兰登(Brandon)、陶莫(Taum)、扬(Young)、波廷杰(Pottenger)和施派特尔(Speitel)(2008)描述了一种用于评价探究科学实施情况的观察方法，并称之为科学探究提问质量(Inquiry Science Questioning Quality [ISQQ])。ISQQ法中包括训练有素的专家评价者，他们使用“配对比较法”对教师进行对比观察和评价。在另外一篇文章中，李(Lee)和朱(Chue)(2011)强调了在评价科学课程创新中对保真度评价的重要性以及评价它的好处，例如可以更好地履行监督的职责并进行改进，以及对项目的成果和与之相关的组织会更有信心。以新加坡的一门科学课程为例，他们展示了对四个保真度标准的评价，包括适度、坚持度、传授质量和参与响应度。他们的结论是，这样的评价有助于提供关于项目进展的重要信息，从而保持项目的正常运行。同时他们也认为，教师需有能力评价他们的完成质量是否与课程最初的预期相符合，并评价课程的完成质量。

科学教育评价资源与工具

除了检索科学教育评价文献外，我们还利用了谷歌和谷歌学术搜索检索科学教育评价工具。相关的通常是课堂或教学保真度观察记录，比如《教学观察提纲》(*Reformed Teaching Observation Protocol* [RTOP])、《科学探究观察编码表》(*Inquiry Science Observation Coding Sheet*; Brandon, Taum, Young, & Pottenger, 2008)、《科学课程实施问卷》(*Science*

Curriculum Implementation Questionnaire [SCIQ]; Lewthwaite & Fisher, 2005)、《学术探究观察(SIO)工具》(*Scholastic Inquiry Observation* [SIO] Instrument; Turner, Keiffer, & Gitchel, 2010)、《科学教学观察探究方案》(*Inquiring into Science Instruction Observation Protocol* [ISIOP])。此外，外部咨询公司(Abt Associates)的研究人员还编写了两本STEM教育研究工具汇编(Minner, Ericson, Wu, & Martinez, 2012; Minner, Martinez, & Freeman, 2012)。这些纲要性文件提供了关于STEM研究和评价中常用工具的详细信息。

一些网站还提供了科学教育评价的量表和问卷。地平线研究中心(Horizon Research, Inc.)提供了很多用于观察和访谈的工具(www.horizon-research.com/instruments/)。校外教育与复原力项目(Program in Education Afterschool and Resiliency [PEAR])方收集了许多非正式的科学评价工具，包括量表和问卷(www.pearweb.org/atis/dashboard/index)。在线评价资源库(Online Evaluation Resource Library)中收集了很多评价工具，包括一些科学教育评价工具(http://oerl.sri.com/instruments/cd/instrCD.html)。其他网站也有科学教育评价资源，例如"我的环境教育评价资源助手"(My Environmental Education Evaluation Resource Assistant [MEERA])网站主要针对环境教育评价(http://meera.snre.umich.edu/links-resources/how-guides-conducting-ee-evaluation/ee-specific-evaluation-guides)；数学与科学伙伴网(Math and Science Partnership Network [MSPnet])主要是常规的科学资源，但是同时也列出了一些科学教育工具和评价资源(http://hub.mspnet.org/index.cfm/use_web/list/keyword_ id-2715)；非常规科学教育促进中心(Center for Advancement of Informal Science Education)包括一些科学评价的资源(http://informalscience.org/evaluation/e-valuation-resources)；美国国立卫生研究院(National Institutes of Health)的科学教育伙伴奖(Science Education Partnership Award [SEPA])网站列出了由资助的项目创建或者使用的评价工具和资源(http://nihsepa.org/ed)。

讨论和应用

如前所述，大量的活动围绕着科学教育项目评价展开。在国际上也是如此，尽管本章只关注美国的情况。科学教育项目评价反映了科学项目的趋势和需求，特别是外部资助的科学教育项目的评价，因为他们有资金支持评价。评价的模型和定义有很多，从而支持从客观主义实用化的普遍性的价值连续谱到主观主义多元化的个性的价值连续谱。利益相关者委托评价研究的不同价值结构验证了这种多样性。

本章重点介绍了美国的评价机会，以此作为科学教育及其评价的综合支持结构的一个实例。在美国，联邦机构受到OMB的审查。因此，联邦资金仅被用作科学教育项目的评价。对国家项目的评价是强制性的，从而使得科学教育项目的大规模评价能够有大量的资金。此外，个别项目一般需要有自己的评价。同时也提供了一些资金用于具体改进科学教育的评价，例如发展可以在全国使用的测量仪器和发展新的评价方法。尽管科学项目评价的频率很高，但是相关的研究却很少。

增长的领域

科学教育项目的评价可以在两个主要领域得到

改进。这两个领域包括考虑公平性和多样性；以及设计和执行的评价质量的各个方面，包括工作量、与需要的符合程度和专家意见。对公平性和多样性的关注主要集中在科学领域中被低估的群体，包括成就间的差距和劳动力方面的考虑。科学领域的公平性是一个被持续关注的问题。例如：1980年《科学和工程机会平等法案》(Science and Engineering Equal Opportunity Act）设立了科学和工程机会平等委员会（Committee on Equal Opportunity in Science and Engineering [CEOSE]）。与此同时，项目评价领域有关评价需要针对文化多样性而有所不同的认识也进一步提高。因此，科学教育项目的评价必须具有文化敏感性。科学教育评价以现有的文化、多样性和权力为框架，同时在评价过程的任何阶段都考虑到文化的多样性，例如在利益相关者的选择、评价问题的制定、评价的设计、数据的收集以及分析和沟通等过程中。这个观点可能有助于揭示有关项目或者评价结果的一些基本但未阐明的假设。与科学教育项目评估的增长相关的一个领域是将身份的发展变化作为评价科学教育成果的重要因素。如果某些群体想要改善在STEM项目未被关注的问题，重要的方法是他们需要学习如何将自己定位为科学家。

科学项目评价的第二个关注点是评价的质量。评价的设计中高度考察了项目的质量——从公平性和概括性的角度评价对象和评价内容，评价项目中花费了多少精力，评价与利益相关者需求的一致程度，以及评价人员的专业程度。

NRC委托进行论文审查，审查了NOAA和NASA中的科学教育项目的评价（Brackett, 2009; Lawrenz, 2007b）。审查结果提供了一些例子，说明科学项目评价的设计可能不像预期的那样全面。对这类科学项目评价的回顾也有类似的发现，并且基本描述了很多科学教育项目评价的现状。这些文章建议，评价人员应该从被评价者的角度提供有关项目的描述性资料。评价主要采用回顾性设计，只有控制组参与并且只有他们自己汇报的数据。这些评价通常要求参与者对他们在项目中如何产生改变进行评论。样本通常是容易获得的，因为人们比较容易获得数据，但是参与的人会因为自身原因而使数据的选择上有偏见。尽管用来收集数据的工具是恰当的，但是数据却很少提供关于项目结构或者有效性的信息。为了解决这个问题，只有通过对一些前后变化的数据进行对比研究，尽管这种变化跟近期强调对因果关系和大规模随机控制组跟踪有关。科学教育项目评价设计中的这些缺陷与质量的其他方面交织在一起，例如：参与的人员、所花费的努力和评价人员的专业程度。

在关于公平性的讨论中，对谁应该参与科学项目的评价有一定的强调。公平的重要性当然怎么强调都不为过。在对公平性的考虑中一个普遍的问题是，评价中应该包括谁。抽样技术限制了对数据结果的推断。例如，对一所学校进行干预的随机对照实验的结果可能不适用于其他学校。这些结果只能概括抽取样本总体的情况。来自定性工作的抽样和推断同样受到限制。因此，对于评价者来说，仔细考虑谁应该被包括在研究中，以及对谁进行推断分析是至关重要的。

除了抽样问题外，还有关于数据收集方法的问题。虽然在评价中使用混合方法越来越受欢迎，但是对于哪些技术更合适仍然有定量和定性两种观点。美国教育部和一些社会组织，比如教育有效性研究学会（Society for Research on Educational Effectiveness [SREE]）等大力支持使用定量技术，例如随机对照实验，而不是类似案例研究或者现象学等定性技术。这些技术提高了确定因果关系的能力，但是同时也有很多作者指出了其中的缺陷（Feuer, Towne, & Shavelson, 2002；Maxwell, 2004；NRC, 2002；Shavelson, Philips, Towne, & Feuer, 2003）。

与随机对照试验相关的一些约束条件也是评价的对象。随机对照实验往往比较耗费时间和金钱，特别是如果想把实验推广到更大的人群，例如美国全体的学生。在随机对照实验的其他问题中，有一个是比较值得关心的问题是如何说服那些并没有从项目中获利的人们参与到评价中，从而与其他的结果进行对比研究，尽管后来对比组的参加者接受了时间滞后设计，缓解了一些前面提到的问题。此外，如果没有一些定性的工作来确定在项目随机对照实验的地点发生了什么，那么一些重要的信息可能会丢失。项目评价就像一个产生效果的黑盒子，但是这种效果是如何产生的并不总是很清楚。至关重要的是，评价人员应根据评价中提出的具体问题仔细调整收集数据的方法。例如，在成熟的项目中可以使用更多定量的评价设计来突出总结性的问题，而更多定性的评价设计可能被用于解决形成性或者发展性的问题。

另外一个关于质量的考虑是，对评价结果的期望可能与所提供的资源不一致。通常科学教育项目的预期和期望的结果是非常广泛的。确定这些目标是否实现的评价也是同样广泛的，需要大量的时间和金钱。但是通常评价的预算很少，其中一个原因是，将钱花在评价上往往意味着用在项目其他地方的钱会减少。当然，评价可以帮助项目提高效率并提高效果，因此钱不太可能被浪费，但是在评价上花多少钱仍然是一个困难的选择。此外，科学教育资助人往往对一般的总结性评价更感兴趣。这类评价对改进项目所能提供的信息较少，而且比那些规模较小、迭代性较强的形成性评价更昂贵。这些可能导致评价无法检查项目更细微和独特的方面，或者对项目人员来说用处不大。

由于资源而带来的评价设计的质量受限也可能导致评价没有得到应有的有效利用，因为评价人员无法以项目组喜欢的可以使用的方式去提供项目的成果信息。例如，使用有价值的成果指标（例如，学生自己汇报想要继续上大学的意愿）而不是结果本身（例如，大学毕业），收集后果需要更少的时间和资源，但同时也会产生误导。此外，经常需要在短时间内获得评价结果，这也可能会影响到所收集的资料的费用和资料的种类。仔细讨论评价工作的努力程度以及讨论可以从评价中得到什么的合理预期是至关重要的。

评价质量的最后一个限制因素是评价者的专业知识和经验。评价标准（Yarborough et al., 2011）、加拿大的评价体系、AEA对评价者所强调的指导性原则（AEA, 2004）、项目评价者的基本能力（Stevahn, King, Ghere, & Minnema, 2005）和评价能力的建设（Labin, Duffy, Meyers, Wandersman, & Lesesne, 2012），这些都可以满足提高评价质量的需求。有时经验丰富的评价人员对科学教育项目的了解不够，也无法对项目需要的方面进行重点评价。除了评价的知识外，对科学教育的深入理解是一项重要的资产，有点类似于教学方法知识之外的教学内容方面的知识。科学教育项目评价人员的工作就是在两个领域搭建连接的桥梁，帮助他们共同提高（Huffman & Lawrenz, 2006；King & Lawrenz, 2011）。

对未来的建议

美国的政治意愿目前集中于问责制，而问责制可被用在评价中。由于需要对问责制的要求做出回应，从而推动了科学教育项目和项目评价的改进，这也是一种明智的办法。其中一个有帮助的方面是促进了更多科学教育评价结果的共享。在共享方面，有一些卓有成效的尝试，例如MSPnet、非正规科学、PEAR的非正规科学教育评估工具(Assessment Tools in Informal Science [ATIS])和面向师生的创新性技术体验(Innovative Technology Experiences for Students and Teachers [ITEST])学习资源中心STEM教育工具。此外，很多评价小组都在地平线研究中心网站上公布了他们的研究成果和工具。

应该有一种发布评价结果的机制，从而帮助该领域的新工作能够建立在先前的工作基础上，即可以先了解到在不同的科学教育项目中哪些工作卓有成效，以及评价这些项目的最佳方法是什么。这种分享可能也有助于解决一些评价资源问题。目前，大部分的科学教育评价工作的报告都是由资助者撰写的，公众无法获得。评价的成果通常不能在传统期刊上发表，因为它们使用了有关当地的敏感信息，并且样本量较小，或者是因为他们针对的是特定项目的评价。如果这些数据是可用的，适当的数据分析方法就可以催生更多的关于科学教育项目的见解。如果评价的工具和评价结果更容易访问，也会帮助提高工具的有效性，从而产生出更多项目间的对比，并且针对科学教育项目成果中需要被测量的部分引发更广泛的讨论(例如享受科学或者参与终身学习，以及学科知识；Lin, Lawrenz, Lin, & Hong, 2012)。增加共享和讨论的机会将使科学教育项目评价从单一的实体对象的评价转向对概念、主题和整个项目组合的评价。

如前所述，目前只进行了一些与科学教育评价直接相关的研究。因此，有必要进行更多的研究。特别是关于付出什么代价可以完成什么工作的研究，以及需要什么技能来进行特定类型的评价研究，这些研究都是有价值的。尽管对元评价的研究可以针对如何评价评价的结果给出一些见解，但是几乎没有关于如何能最好地研究评价的有用信息(Hanssen, Lawrenz, & Dunet, 2008)。由于科学教育不断面临变化，因此确定如何最好地评价创新和改革是重要的。例如，什么是预期创新的意义以及如何辨别它们？是什么让一个创新比另外一个创新更好或者更糟？怎样将“大数据”(所收集的各种数据如此庞大和复杂，因此很难使用传统的数据处理过程处理数据)，如将手机或者网上冲浪获得的数据应用于科学教育评价中。

另外一个科学教育评价研究的增长领域是围绕个体的。当科学教育转向更多地考虑个人认知和学习，而不是更多的被动接受式教育时，评价该如何转变？评价如何才能从唯理论的方法(这种方法在问责制环境中更容易被接受)转向更个性化、更难以一般化的个性化方法？后一种趋势在医学领域得到了反映。人们越来越多地关注个体对药物的反应，而不是综合大量临床实验的结果。科学教育评价如何向科学教育者提供学习者的个人信息？评价如何与认知和学习的新观念相结合？

另外一个重要的研究领域是如何衡量质量。如何更好地评价科学项目的“附加值”？如何才能让经历多年的科学分数仍然有效？什么构成了科学的增长？如何从标准和大量的成果而不是从比较的角度来评价项目？如何评价劳动力的发展和21世纪的技能？

综上所述，科学教育评价是一个充满活力的领域。在过去的十年中，它取得了很大的增长。评价已经被视为提高科学教育水平的关键因素，并且得到了科学教育项目资助机构的大力支持。评价工作中已经发展出了新的模型、新的观点和新的标准。

评价中强调了价值结构的重要性，强调了文化相关性和个人价值。尽管科学教育评价取得了长足的进步，但是能包含科学教育评价的各个方面的研究却相对较少。因此未来科学教育评价领域研究的增长仍富有动力。

致谢

我们感谢奥德丽·尚帕涅(Audrey Champagne)和特里·克鲁克斯(Terry Crooks)对这一章的有益评论。

参考文献

Altschuld, J. W., & Kumar, D. D. (Eds.). (2002a). *Evaluation of science and technology at the dawn of a new millennium.* New York, NY: Kluwer Academic/Plenum Publishers.

Altschuld, J. W., & Kumar, D. D. (2002b). What does the future have in store for the evaluation of science and technology education? In J. W. Altschuld & D. Kumar (Eds.), *Evaluation of science and technology education at the dawn of a new millennium* (pp.1–22). New York, NY: Kluwer Academic/Plenum Publishers.

American Evaluation Association (AEA). (2004). *Guiding principles for evaluators.*

American Evaluation Association (AEA). (2007). *AEA evaluation policy task force charge.*

American Evaluation Association (AEA). (2011). *AEA statement on cultural competence in evaluation.*

Anderson, B. (2002). Evaluating systemic reform: Evaluation needs, practices, and challenges. In J.W. Altschuld & D. Kumar (Eds.), *Evaluation of science and technology education at the dawn of a new millennium* (pp.49–80). New York, NY: Kluwer Academic/Plenum Publishers.

Bennett, C., & Rockwell, K. (1995). *Targeting outcomes of programs (TOP): An integrated approach to planning and evaluation.* Unpublished manuscript. Lincoln: University of Nebraska.

Bennett, C., & Rockwell, K. (2004). *Targeting outcomes of programs (TOP): A hierarchy for targeting outcomes and evaluating their achievement.* Lincoln: University of Nebraska. Retrieved from http://digitalcommons.unl.edu/cgi/viewcontent.cgi?article=1047&context=aglecfacpub

Bimbaum, M., & Crohn, K. (Eds.). (2010). Challenges in evaluation of environmental education programs and policies. *Evaluation and Program Planning, 33*(2): 67–204.

Brackett, A. (2009). *Review of NOAA education program evaluation reports for the committee to review the NOAA Education Program.* Commissioned paper prepared for the National Academy of Sciences. April 17, 2009.

Brandon, P. R., Taum, A. K. H., Young, D. B., & Pottenger, F. M. (2008). The development and validation of the inquiry science observation coding sheet. *Evaluation and Program Planning, 31*(3), 247–258.

Brandon, P. R., Taum, A. K., Young, D. B., Pottenger, F. M., & Speitel, T. W. (2008). The complexity of measuring the quality of program implementation with observations: the case of middle school inquiry-based science. *American Journal of Evaluation, 29*(3), 235–250.

Camargo, C., & Shavelson, R. (2009). Direct measures in environmental education evaluation: Behavioral intentions versus observable actions. *Applied Environmental Education and Communication, 8*, 165–173.

Cannon, J. R. (2002). Distance learning in science education: Practices and evaluation. In J.W. Altschuld & D. Kumar (Eds.), *Evaluation of science and technology education at the dawn of a new millennium* (pp.243–266). New York, NY: Kluwer Academic/Plenum Publishers.

Carleton-Hug, A., & Hug, J. W. (2010). Challenges and opportunities for evaluating environmental education programs. *Evaluation and Program Planning, 33*(2), 159–164.

Cheek, D. W. (2002). Musings on science program evaluation in an era of educational accountability. In J.W. Altschuld & D. Kumar (Eds.), *Evaluation of science and technology education at the dawn of a new millennium* (pp.81–104). New York, NY: Kluwer Academic/Plenum Publishers.

Coghlan, A. T., Preskill, H., & Catsambas, T. (2003). An overview of appreciative inquiry in evaluation. *New Directions for Evaluation, 2003*(100), 5–22.

Cousins, J. B., Elliott, C., Amo, C., Bourgeois, I., Chouinard, J., Goh, S.C., & Lahey, R. (2008). Organizational capacity to do and use evaluation: Results of a pan-Canadian survey of evaluators. *Canadian Journal of Program Evaluation, 23*(3), 1–35.

Creswell, J. W., & Plano Clark, V. L. (2011). *Designing and conducting mixed methods research* (2nd ed.). Los Angeles, CA: SAGE Publications, Inc.

Cronan, M. (2012). NSF industrial innovation and partnerships. *Research Development and Grant Writing News, 2*(11), 2–6.

Cronbach, L. J. (1982). *Designing evaluations of educational and social programs.* San Francisco, CA: Jossey-Bass.

Dunaway, K. E., Morrow, J. A., & Porter, B. E. (2012). Development and validation of the Cultural Competence of Program Evaluators (CCPE) self-report scale. *American Journal of Evaluation, 33*(4), 496–514.

Falk, J. H., Dierking, L. D., & Storksdieck, M. (2005). *A review of research on lifelong science learning.* Washington, DC: Board on Science Education, the National Academies.

Feuer, M. J., Towne, L., & Shavelson, R. J. (2002). Scientific culture and educational research. *Educational Researcher, 31*(8), 4–14.

Fitzpatrick, J. L., Worthen, B. R., & Sanders, J. R. (2004). *Program evaluation: Alternative approaches and practical guidelines* (3rd ed.). Boston, MA: Pearson Education Inc.

Fleischman, H.L., Hopstock, P.J., Pelczar, M.P., & Shelley, B.E. (2010). *Highlights from PISA 2009: Performance of U.S. 15-year-old students in reading, mathematics, and science literacy in an international context* (NCES 2011–004). Washington, DC: U.S. Department of Education, National Center for Education Statistics. U.S. Government Printing Office. Retrieved from http://nces.ed.gov/pubsearch/pubsinfo.asp?pubid=2011004

Flowers, A. B. (2010). Blazing an evaluation pathway: Lessons learned from applying utilization-focused evaluation to a conversation education program. *Evaluation and Program Planning, 33*(2), 165–171.

Frechtling, J., Mark. M. M., Rog, D. J., Thomas, V., Frierson, H., Hood, S., . . . & Johnson, E. (2010). *The 2010 user-friendly handbook for project evaluation.* Washington, DC: National Science Foundation.

Friedman, A. J. (Ed.). (2008). *Framework for evaluating impacts of informal science education projects.* Washington, DC: National Science Foundation.

Greene, J. C. (2007). *Mixed methodology in social inquiry.* San Francisco, CA: Jossey-Bass.

Greene, J. C., Boyce, A., & Ahn, J. (2011). *A values-engaged, educative approach for evaluating education programs: A guidebook for practice.* University of Illinois.

Greene, J. C., DeStefano, L., Burgon, H., & Hall, J. (2006). An educative, values-engaged approach to evaluating STEM educational programs. *New Directions for Evaluation, 2006*(109), 53–71.

Greenseid, L.O., & Lawrenz, F. (2011). Tensions and trade-offs in voluntary involvement: Evaluating the collaboratives for excellence in teacher preparation. *New Directions for Evaluation, 2011*(129), 25–31.

Hanssen, C. E., Lawrenz, F., & Dunet, D. O. (2008). Concurrent meta-evaluation: A critique. *American Journal of Evaluation, 29*(4), 572–582.

Hickey, D. T., & Zuiker, S. J. (2003). A new perspective for evaluating innovative science programs. *Science Education, 87*(4), 539–563.

Hood, S. (2001). Nobody knows my name: In praise of African American evaluators who were responsive. *New Directions for Evaluation, 2001*(92), 31–43.

Hood, S., Hopson, R. K., & Frierson, H. T. (2005). *The role of culture and cultural context: A mandate for inclusion, the discovery of truth and understanding in evaluative theory and practice.* Charlotte, NC: Information Age Publishing.

Hood, S., & Rosenstein, B. (2005). Culturally responsive evaluation. In S. Mathison (Ed.), *Encyclopedia of evaluation* (pp.97–102). Thousand Oaks, CA: SAGE Publications, Inc.

House, E. R., & Howe, K. R. (2000). Deliberative democratic evaluation. *New Directions for Evaluation, 2000*(85), 3–23.

Huffman, D. (2002). Evaluating science inquiry: A mixed-method approach. In J. W. Altschuld & D. Kumar (Eds.), *Evaluation of science and technology education at the dawn of a new millennium* (pp. 219–242). New York, NY: Kluwer Academic/Plenum Publishers.

Huffman, D., & Lawrenz, F. (Eds). (2006). *Critical issues in STEM evaluation (No. 109).* San Francisco, CA: Jossey-Bass.

Huffman, D., Lawrenz, F., Thomas, K., & Clarkson, L. (2006). Collaborative evaluation communities in urban schools: A model of evaluation capacity building for STEM education. *New Directions for Evaluation, 2006*(109), 73–85.

Huffman, D., Thomas, K., & Lawrenz, F. (2008). A collaborative immersion approach to evaluation capacity building. *American Journal of Evaluation, 29*(3), 358–368.

Ingersoll, R. M., & May, H. (2012). The magnitude,

destinations, and determinants of mathematics and science teacher turnover. *Educational Evaluation and Policy Analysis, 34*(4), 435–464.

Johnson, J., Hall, J., Greene, J. C., & Ahn, J. (2013). Exploring alternative approaches for presenting evaluation results. *American Journal of Evaluation.*

Johnson, K., & Weiss, I. R. (2011). Compulsory project-level involvement and the use of program-level evaluations: Evaluating the local systemic change for teacher enhancement program. *New Directions for Evaluation, 2011*(129), 17–23.

King, J. A., & Lawrenz, F. (Eds). (2011). *Multisite evaluation practice: Lessons and reflections from four cases (No. 129).* San Francisco, CA: Jossey-Bass.

King, J. A., Ross, P. A., Callow-Heusser, C., Gullickson, A. R., Lawrenz, F., & Weiss, I. R. (2011). Reflecting on multisite evaluation practice. *New Directions for Evaluation, 2011*(129), 59–71.

Kumar, D. D., & Altschuld, J. W. (2002). Complementary approaches to evaluating technology in science teacher education. In J. W. Altschuld & D. Kumar (Eds.), *Evaluation of science and technology education at the dawn of a new millennium* (pp.165–186). New York, NY: Kluwer Academic/Plenum Publishers.

Labin, S. N., Duffy, J. L., Meyers, D. C., Wandersman, A., & Lesesne, C. A. (2012). A research synthesis of the evaluation capacity building literature. *American Journal of Evaluation, 33*(3), 307–338.

Lawrenz, F. (2007a). Review of science education program evaluation. In S.K. Abell & N.G. Lederman (Eds.), *Handbook of research on science education* (pp.943–1006). Mahwah, NJ: Lawrence Erlbaum Associates.

Lawrenz, F. (2007b). *Summary and critique of selected evaluations of NASA educational programs.* Paper prepared for the National Research Council Committee for the Review and Evaluation of NASA's Pre-College Education Program, Washington, DC.

Lawrenz, F., & Desjardins, C. D. (2012). Trends in U.S. government-funded multisite K–12 science program evaluation. In B. J. Fraser, K. G. Tobin, & C. J. McRobbie (Eds.), *Second international handbook of science education* (Vol. 1, pp.723–734). New York, NY: Springer.

Lawrenz, F., Gullickson, A., & Toal, S. (2007). Dissemination: Handmaiden to evaluation use. *American Journal of Evaluation, 28*(3), 275–289.

Lawrenz, F., & Huffman, D. (2006). Methodological pluralism: The gold standard of STEM evaluation. *New Directions for Evaluation, 2006*(109), 19–34.

Lee, Y. J., & Chue, S. (2011). The value of fidelity of implementation criteria to evaluate school-based science curriculum innovations. *International Journal of Science Education, 35*(15), 2508–2537.

Lewthwaite, B., & Fisher, D. (2005). The development and validation of a primary science curriculum delivery evaluation questionnaire. *International Journal of Science Education, 27*(5), 593–606.

Lin, H., Lawrenz, F., Lin, S., & Hong, Z. (2012). Relationships among affective factors and preferred engagement in science-related activities. *Public Understanding of Science.* doi:10.1177/0963662511429412

Mark, M. M., & Henry, G. T. (2013). Multiple routes: Evaluation, assisted sense-making, and pathways to betterment. In M. C. Alkin (Ed.), *Evaluation roots: A wider perspective of theorists' views and influences* (2nd ed., pp.144–156). Thousand Oaks, CA: SAGE Pub- lications, Inc.

Mark, M. M., Henry, G. T., & Julnes, G. (2000). *Evaluation: An integrated framework for understanding, guiding, and improving policies and programs.* San Francisco, CA: Jossey Bass.

Maxwell, J. A. (2004). Causal explanation, qualitative research, and scientific inquiry in education. *Educational Researcher, 33*(2), 3–11.

Mertens, D. M. (2005). Inclusive evaluation. In S. Mathison (Ed.), *Encyclopedia of evaluation* (pp.248–249). Thousand Oaks, CA: SAGE Publications, Inc.

Mertens, D. M. (2010). *Research and evaluation in education and psychology: Integrating diversity with quantitative, qualitative, and mixed methods* (3rd ed.). Thousand Oaks, CA: SAGE Publications, Inc.

Mertens, D. M., & Ginsberg, P. E. (Eds.). (2009). *The handbook of social research ethics.* Thousand Oaks, CA: SAGE Publications, Inc.

Mertens, D. M., & Hopson, R. K. (2006). Advancing evaluation of STEM efforts through attention to diversity and culture. *New Directions for Evaluation, 2006*(109), 35–51.

Minner, D., Ericson, E., Wu, S., & Martinez, A. (2012). *Compendium of research instruments for STEM education part 2: Measuring students' content knowledge, reasoning skills, and psychological attributes.* Cambridge, MA: Abt

Associates.

Minner, D., Martinez, A., & Freeman, B. (2012). *Compendium of research instruments for STEM education part 1: Teacher practices, PCK, and content knowledge.* Cambridge, MA: Abt Associates.

Moore, T. J., Stohlmann, M. S., Wang, H. H., Tank, K. M., & Roehrig, G. H. (in press). Implementation and integration of engineering in K-12 STEM education. In J. Strobel, S. Purzer, & M. Cardella (Eds.), *Engineering in precollege settings: Research into practice.* Rotterdam, the Netherlands: Sense Publishers.

National Research Council (NRC). (1999). *How people learn: Brain, mind, experience and school.* Washington, DC: National Academies Press. Retrieved from www.nap.edu/catalog.php?record_id=9853

National Research Council (NRC). (2002). *Scientific research in education.* Washington, DC: National Academies Press. Retrieved from www.nap.edu/catalog.php?record_id=10236

National Research Council (NRC). (2007). *Taking science to school: Learning and teaching science in grades K-8.* Washington, DC: National Academies Press. Retrieved from www.nap.edu/catalog. php?record_id=11625

National Research Council (NRC). (2008). *NASA's elementary and secondary education program: Review and critique.* Washington, DC: National Academies Press. Retrieved from www.nap.edu/catalog. php?record_id=12081

National Research Council (NRC). (2009). *Learning science in informal environments: People, ideas, and pursuits.* Washington, DC: National Academies Press. Retrieved from www.nap.edu/catalog. php?record_id=12190

National Research Council (NRC). (2010a). *NOAA's education program: Review and critique.* Washington, DC: National Academies Press.

National Research Council (NRC). (2010b). *Surrounded by science: Learning science in informal environments.* Washington, DC: National Academies Press. Retrieved from www.nap.edu/catalog. php?record_id=12614

National Research Council (NRC). (2011). *Learning science through computer games and simulations.* Washington, DC: National Academies Press. Retrieved from www.nap.edu/catalog.php?record_id=13078

National Research Council (NRC). (2012a). *A framework for K-12 science education: Practices, crosscutting concepts, and core ideas.* Washington, DC: National Academies Press. Retrieved from www. nap.edu/catalog.php?record_id=13165

National Research Council (NRC). (2012b). *Discipline-based education research: Understanding and improving learning in undergraduate science and engineering.* Washington, DC: National Academies Press. Retrieved from www.nap.edu/catalog.php?record_id=13362

National Research Council (NRC). (2012c). *Education for life and work: Developing transferable knowledge and skills in the 21st Century.* Washington, DC: National Academies Press. Retrieved from www. nap.edu/catalog.php?record_id=13398

National Science Foundation (NSF). (2012). *Math and science partnership (MSP) program solicitation.*

Patton, M. Q. (1978). *Utilization-focused evaluation* (1st ed.). Beverly Hills, CA: SAGE Publications, Inc.

Patton, M. Q. (2008). *Utilization-focused evaluation* (4th ed.). Thousand Oaks, CA: SAGE Publications, Inc.

Patton, M. Q. (2011). *Developmental evaluation applying complexity concepts to enhance evaluation.* New York, NY: Guildford Press.

Patton, M. Q. (2012). *Essentials of utilization-focused evaluation.* Thousand Oaks: CA: SAGE Publications, Inc.

Pawson, R., & Tilley, N. (1997). *Realistic evaluation.* Thousand Oaks, CA: SAGE Publications, Inc.

Preskill, H., & Catsambas, T. T. (2006). *Evaluation through appreciative inquiry.* Thousand Oaks, CA: SAGE Publications, Inc.

Provasnik, S., Kastberg, D., Ferraro, D., Lemanski, N., Roey, S., & Jenkins, F. (2012). *Highlights from TIMSS 2011: Mathematics and science achievement of U.S. fourth- and eighth-grade students in an international context* (NCES 2013-009). Washington, DC: National Center for Education Statistics, Institute of Education Sciences, U.S. Department of Education. Retrieved from http://nces.ed.gov/pubsearch/pubsinfo. asp?pubid=2013009

Roehrig, G. H., Moore, T. J., Wang, H. H., & Park, M. S. (2012). Is adding the E enough? Investigating the impact of K-12 engineering standards on the implementation of STEM integration. *School Science and Mathematics, 112*(1), 31-44.

Roseland, D., Greenseid, L. O., Volkov, B. B., & Lawrenz, F. (2011). Documenting the impact of multisite evaluations on the science, technology, engineering, and mathematics field. *New Directions for Evaluation, 2011*(129), 39-48.

Roseland, D., Volkov, B. B., & Callow-Heusser, C. (2011). The effect of technical assistance on involvement and use: The case of a research, evaluation, and technical assistance project. *New Directions for Evaluation, 2011*(129), 33–38.

Rossi, P. H., Freeman, H. E., & Lipsey, M. W. (2004). *Evaluation: A systematic approach* (7th ed.). Thousand Oaks, CA: SAGE Publications, Inc.

Rossi, P. H., Freeman, H. E., & Rosenbaum, S. (1979). *Evaluation: A systematic approach.* Thousand Oaks, CA: SAGE Publications, Inc.

Shavelson, R., Philips, D., Towne, L., & Feuer, M. J. (2003). On the science of education design studies. *Educational Researcher, 32*(1), 25–28.

Shaw, I., Greene, J. C., & Mark, M. M. (Eds.). (2006). *The SAGE handbook of evaluation.* Thousand Oaks, CA: SAGE Publications, Inc.

Stake, R. (1967). The countenance of educational evaluation. *Teachers College Record, 68*(7), 523–540.

Stevahn, L., King, J. A., Ghere, G., & Minnema, J. (2005). Establishing essential competencies for program evaluators. *American Journal of Evaluation, 26*(1), 43–59.

Stevens, F., Lawrenz, F., Ely, D., & Huberman, M. (1993). *The user-friendly handbook for project evaluation.* Washington, DC: National Science Foundation.

Stockdill, S. H., Baizerman, D., & Compton, D. (Eds.). (2002). Toward a definition of the ECB process: A conversation with the ECB literature. *New Directions for Evaluation, 2002*(93), 7–26.

Stufflebeam, D. L. (2001). Evaluation models. *New Directions for Evaluation, 2001*(89), 7–98.

Stufflebeam, D.L. (2005). CIPP model (context, input, process, product). In S. Mathison (Ed.), *International handbook of educational evaluation* (pp. 60–65). Thousand Oaks, CA: SAGE Publications, Inc.

Stufflebeam, D. L., Foley, W. J., Gephart, W. J., Guba, E. G., Hammond, R.L., Merriman, H.O., & Provus, M.M. (1971). *Educational evaluation and decision-making in education.* Itasca, IL: Peacock Publishers Incorporated.

Stufflebeam, D. L., & Shinkfield, A. J. (2007). *Evaluation theory, models, and applications.* San Francisco, CA: Wiley.

Tashakkori, A., & Teddlie, C (Eds.). (2010). *SAGE handbook of mixed methods in social and behavioral research.* Thousand Oaks, CA: SAGE Publications, Inc.

Thompson-Robinson, M., Hopson, R., & SenGupta, S. (Eds). (2004). *In search of cultural competence in evaluation: Toward principles and practices (No. 102).* San Francisco, CA: Jossey-Bass.

Toal, S. A., & Gullickson, A. R. (2011). The upside of an annual survey in light of involvement and use: Evaluating the advanced technological education program. *New Directions for Evaluation, 2011*(129), 9–15.

Tobin, K., & Roth, W. (2002). Evaluation of science teaching performance through coteaching and cogenerative dialoguing. In J.W. Altschuld & D. Kumar (Eds.), *Evaluation of science and technology education at the dawn of a new millennium* (pp. 187–218). New York, NY: Kluwer Academic/Plenum Publishers.

Turner, R. C., Keiffer, E. A., & Gitchel, W. D. (2010). *Observing inquiry-based learning environments: The scholastic inquiry observation (SIO) instrument.* Presented at the American Educational Research Association annual conference.

U.S. Department of Education (DOE). (2007). *Report of the Academic Competitiveness Council.*

U.S. Office of Management and Budget (OMB). (n.d.). *Government Performance and Results Act (GPRA) related materials.*

U.S. Office of Management and Budget (OMB). (2010). *Evaluating programs for efficacy and cost-efficiency [Memorandum: M-10–32].*

Worthen, B. R., & Sanders, J. R. (1973). *Educational evaluation: Theory and practice.* Worthington, OH: C.A. Jones Publishing Company.

VanDerHeyden, A., McLaughlin, T., Algina, J., & Snyder, P. (2012). Randomized evaluation of a supplemental grade-wide mathematics intervention. *American Educational Research Journal, 49*(6), 1251–1284.

Yarbrough, D. B., Shulha, L. M., Hopson, R. K., & Caruthers, F. A. (2011). *The program evaluation standards: A guide for evaluators and evaluation users* (3rd ed.). Thousand Oaks, CA: SAGE Publications, Inc.

Zint, M. (2013). Advancing environmental education program evaluation. In R.B. Stevenson, M. Brody, J. Dillon, & A. E. J. Wals (Eds.), *International handbook of research on environmental education* (pp. 298–309). New York, NY: Routledge.

Zvoch, K. (2012). How does fidelity of implementation matter? Using multilevel models to detect relationships between participant outcomes and the delivery and receipt of treatment. *American Journal of Evaluation, 33*(4), 547–565.

38 The Central Role of Assessment in Pedagogy

PAUL BLACK AND J. MYRON ATKIN

第38章 测评在教学法中的中心引领作用

韩思思 译 姚建欣 审校

导言

长期以来许多国家的地方和州一级的学校管理委员会都有制定课程的义务——如在美国通过法律、在英国通过嵌入式的实践或在澳大利亚和德国通过两者的组合。这些委员会讨论并决定了课程应该教授的科目，并经常也确定了每个科目中应该包括的具体主题。

然而，从大约40年前开始，这些讨论和决策转移到了国家层面(Atkin, 1980)。直至现在，权力的转移已经根深蒂固，也再没有更多的回归到地方控制的实际期望。此外，本章特别突出强调的一点是，关于教学与学习的质量的决定越来越多地依据强制性开展的测评所公开发布的分数。通常，由管理当局选择的委员会监督测评框架的开发，然后由商业测试公司进行测评工具开发。

自20世纪80年代以来，美国的科学框架一直由美国国家研究理事会(National Research Council [NRC], 2011)制定，也有许多州单独制定。至于国际上的学业成就和比较由OECD(世界经济合作与发展组织)承担(OECD, 2013)。在这些和其他情况下，这些测评框架构成了各类国家或地区的和国际的测试的基础。

这些测试有时施测的是几乎所有学生，有时施测的是精心挑选的学生样本，测试结果用于对当地的、全国的甚至国际范围的学校质量进行排名。排名靠前的教育管辖区会庆祝并宣传他们的成绩。他们通常不会采取措施"改革"他们的学校。在美国，联邦的资助取决于学生考试成绩的提升或下降。但是公众对这种测试本身却了解甚少。考试不管有效与否，都会给学生、教师和当地管理部门带来高风险的后果并深刻地影响着课程。

考试带来的影响尤其是它的问责功能，很明显已经对学生的学习产生了破坏性的影响(Mansell, James, & the Assessment Reform Group, 2009)。然而，问题是这种有害影响是否是各种类型的测评都不可避免的。本章的一个主题是从学校课程的广阔视角研讨这个问题，首先考虑学校机构及其对社会和它们所关心的学生的责任。这将带来对教学法的定义的考量，并在此基础上在这一定义范畴内讨论测评的作用。

在这些讨论的基础上，我们提出了这样的论

点，即测评和考试的负面影响不是不可避免的，并且我们认为在重新定义测评在教学法中的作用后，有可能在问责制和有效的学校教育之间建立积极的关系。

隐性课程与学校机构

学校的社会和道德责任

早在1978年，埃利奥特·艾斯纳（Elliot Eisner, 1978）就使用“隐性课程”一词来强调这样一个事实，即学校教授的远不止教学大纲的内容。教学大纲是给学校里的各种科目规定或推荐事实经验、技能和概念而印刷出来的清单。而在学校教育中尤其重要的是，学生们要学习成年人在责任岗位上的行为。当一个孩子或一个小组行为不端时，老师会惩罚整个班级吗？隐性课程高度重视个人行为和社会行为，例如学生轮流表达自己的想法并尊重其他学生的想法。这其中包含老师看起来有多公平，他们是否会给所有学生均等的机会。教师会羞辱那些行为不端的学生吗？他们如何处理一个学生指控另一个学生欺凌、抄袭或撒谎的情况？老师是否有偏心的学生？

学生在学校学到的很多东西都在他们的教育历程中发挥着重要作用，完全超出了官方的教学大纲。这样的学习很少被测评到但是又是学校教育最重要的结果之一。可以说，一个人在学校度过的15,000多个小时是他一生中可塑性最强的阶段。

因此，学校教育对学生发展的影响比任何课程文件中所暗示的都要更广泛和深刻。米尔罗伊（Milroy, 1992）对英国首次实施的国家课程做出了如下反应，表达了这一影响范围的一个基本方面：

> （父母）知道对孩子来说，与老师的相遇是走向社会的第一步，是走向成年的漫长旅程的开始，在这段旅程中，老师的角色有关键决定性的作用。
>
> （p.57）
>
> 因此，教师首先既不是国家课程委员会（National Curriculum Council）（或下属的机构）的代理人也不是各州的代理人……教师的作用是逐渐吸引学生进入教师所属的各类文化领域里面来。这种文化的组成一部分是一种将它们与过去联系起来的传统，一部分是一系列将它们与未来联系起来的技能和机会。
>
> （p.59）

以上观点聚焦在教师的角色上，有一部分原因是其作者担任英国独立寄宿学校校长的角色。而格林（Greene, 1983）表达了一种更宽泛和更复杂的观点如下：

> 一旦孩子们从家庭生活中的亲密关系中出来，进入到课堂生活的客观性和组织性，他们就会不由自主地屈从于主流的意识形态，被各种形式社会化。这些规范因为与公众申明的价值观相冲突未被承认，所以是通过隐性课程传达的，但是又往往比显性教学更强有效。
>
> （p.4）

第二段引文清楚地表明，米尔罗伊的“文化”可能是有问题的。学校可以选择抵制或强化“主流意识形态”的价值观和规范，这是个有争议的领域。这种选择是不可避免的道德抉择。

过去的教育改革者经常用道德术语来表达他们

的观点。从约翰·卡尔文(John Calvin)到让-雅克·卢梭(Jean-Jacques Rousseau)再到马修·阿诺德(Matthew Arnold),教育的重要性和质量都受到了热切关注,也是他们观念中的一个公正和人道的社会的核心。卡尔文公开主张支持学校,以保障幼儿与神性之间的恰当的关系。卢梭在年幼的孩子身上看到了孩子通过与外界具体、直接的互动发展理解自然并与自然和谐共处的潜力:这种与自然世界的联系将促进我们对所处的生活环境中非人类的生命形式的欣赏。

马修·阿诺德是一位诗人,曾是英女王任命的学校督学之一,调研英国各地的学校和拜访教育行政人员是其日常工作。他的职责是为伦敦当局草拟教育报告并提出教育改进建议。他担心学校教育变得过于墨守成规。"按结果付费"在政府部门越来越流行。(这与大约一个世纪后美国的《不让一个孩子掉队法案》[*No Child Left Behind Act*]中所包含的财政激励措施有着惊人的相似之处。根据该法案,经费取决于每年的更具体的、更可量化的考试成绩的提升。)

随着19世纪末英国教育的发展,阿诺德担心政府所资助的学校里面人文学科的前景。他认为,如数学和科学这样更容易测量,因此也更容易实施测评的科目会排挤学校里的诗歌、视觉艺术、音乐和文学科目。他既积极支持这些学科的教学,同时也热情地支持数学和科学的教学。

在本章所引用格林的话的同一卷中,巴西学者保罗·弗莱雷(Paulo Freire)作为20世纪70年代和80年代引领性的教育改革家之一,他使用了一个银行隐喻来对学校教育做出批判(Freire, 1983)。他的观点里面特别关注穷人,反映了那个时代出现的解放神学的一种形式。他写道:

> 教育成为一种存款行为,学生是存款处,教师是存款人。师生之间没有交流,教师发布公报并进行存款,学生耐心地接受、记忆和重复。允许学生采取的行动范围仅限于接收、归档和存储存款。
>
> (p.284)

这段引文可以从两个层面来解读。一是关于社会层面的意图,即教育限制了其公民的潜在发展。另一层面预设了在开发学生的潜能方面更积极的意图,但缺少方法途径。测评的操作实施如果往小了说可能有助于实现第一层面的意图;如果往大了说,测评可能有助于克服第二个层面上方法的不足。

约翰·杜威与学校教育的更广阔视野

20世纪20年代初,杜威(Dewey)关于最适合儿童的教育的相关思想开始广泛而迅速地传播开来。"进步教育"和"儿童中心论"常常被用作标签,来强调学校不仅仅是为了帮助儿童准备承担成人的责任和义务的观点。学校是人们生活的地方,学校学习是一项全时段的活动,年轻人在学校开始更多地了解他们所出生的世界如何运作,并开始塑造自我。这种教育要求学生参与到更广泛的活动中,而不仅仅是为下一次考试、下下次的考试等做准备。教育经历本身的质量才是最重要的。在杜威的哲学中,一次教育经历应该导致对更进一步的教育经历的追求。

在1919年,进步教育协会(Progressive Education Association)成立后的几十年里,在卢梭、蒙台梭利(Montessori)和其他许多教育改革家的思想基础上,从学前教育到高等院校的几乎所有层次的教育中,这些思想的实际操作意义都得到了充实和具化。在美国高等院校的例子是产生了如安蒂奥克学院（Antioch College）、本宁顿学院（Bennington College，杜威是其中的一名董事）和莎拉·劳伦斯学院（Sarah Lawrence College）这样的独立机构。还有“学院内部的学院”，像加利福尼亚大学戴维斯分校（University of California Davis）和塔夫茨大学（Tufts University）。

道德教育是哲学家约翰·杜威兴趣的核心，他也是19世纪末在美国开始发展的实用主义这一套理论思想的主要奠基人之一。其哲学的核心是厌恶任何形式的意识形态（Menand, 2001）。他为学龄学生的教育贡献了大量的思想和著作。

杜威在1932年便尤为关注学校的作用。他认为道德感最先开始在家庭，然后是在群体环境中成形（Dewey, 1985）。正是在家庭中，一个人才会开始观察在各种各样的情况下父母和其他亲人是如何对待彼此的。

杜威在一本被认为已经失传了但最近刚出版的书中阐述了这个观点（Dewey, 2012）。在这本书中，他提出了这样一种观点，即道德感会进一步在学校获得发展，并且这是必然的，因为在学校孩子们对一系列深入人心的信念学习得越多越深入，尤其是当他们观察到理性的对话并开始参与其中的时候。这些活动很少出现在官方课程中，但它几乎是描述表征了包括文学、音乐、视觉艺术、科学、历史和技术在内的所有学科的有效教学。此外，杜威认为这种群体参与是发展私下个人行为的发源地。它与陌生人、朋友、动物、环境以及一个人的朋友和家人永远不会知道的无数行为都相关。

几位科学教育的革新者都深受杜威的影响。其中一位是物理学家和科学史学家戴维·霍金斯（David Hawkins）：他告诉我们，孩子们在学校学习时“应该被引导，而不是被拖着走”，他们天生的好奇心应该是教育的支点（Hawkins, 1983）。他写了一些关于孩子们在科学课上“胡闹”的事情，意图由此说明如何巧妙地基于孩子天生的好奇心，去引导他们理解潜在的科学知识。我们来看看这个霍金斯举出的“胡闹”案例：

> 让我举一个我最近经历的例子。一天早上，5年级的一个班级分发了简单的支架，每一个支架都是设计好的，绳上可以承重两到三个砝码。每对孩子都配有一个这样的支架。在更早的两个实验课中，我们引入了同样的设备，但是课堂开始时设计得更加“结构化”：课堂开始展示耦合摆的现象吸引学生注意力，并在实验操作开始前提出相关问题。如果课堂有谁指导的话，指导只来自仪器——摆是运动的！通过这种方式开始上课，我天真地认为学生“胡闹”几个小时就足够了。但是相反，过了两个小时后，我们又延长了两个小时，最后，延长到了几个星期。在这段时间里，几乎没有或根本没有学生无聊或困惑的迹象。我们本来计划好的大部分问题都不是按预定计划那样提出来的。
>
> （Hawkins, 1974, p. 4）

1968年，当霍金斯应邀在伊利诺伊大学厄巴纳–尚佩恩分校（University of Illinois at Champaign-Urbana）发表演讲，以庆祝该校成立一百周年时，他说演讲题目是“不是为了吃，不是为了爱”（Not to Eat, Not for Love）。与会者了解到，这是引用19世纪末新英格兰先验主义学者拉尔夫·沃尔多·爱默生（Ralph Waldo Emerson）的作品：

> 四条蛇在山谷里上下滑行，我看不出目

的——不是为了吃，不是为了爱，仅仅只是滑行。

（Emerson, 1834, p. 1）

另一个深受约翰·杜威影响的对科学教育具影响力的人物是科罗拉多大学的霍金斯的朋友兼同事：物理学家弗兰克·奥本海默（Frank Oppenheimer）。他说服了旧金山市许可1915年为巴拿马太平洋万国博览会（Panama Pacific International Exposition）修建的艺术宫（Palace of Fine Arts）几乎完全变成一个科学学习的场所。很明显，他没有将他创建的机构叫作博物馆。而是使之成为一所探索博物馆（Exploratorium），这地方的主要目的不是让展品被看到和激发人们的敬畏之心，而是让孩子和成人去探索，去跟科学胡闹，它里面的物件经过精心挑选和设计，以帮助孩子学习关键的科学概念。

科尔（K. C. Cole）在他的奥本海默传记《难以置信的美妙事情：弗兰克·奥本海默和他创造的世界》（*Something Incredibly Wonderful Happens: Frank Oppenheimer and the World He Made Up*）中写道，他在探索博物馆与奥本海默的第一次会面：

我做了自我介绍，然后弗兰克带我观光旅行……事实上，弗兰克建造探索博物馆时的想法就是一个用于观光游览的地方。他喜欢说，观光游览是一切发现的基础。马可·波罗和查尔斯·达尔文都是观光客。“个人的洞察组合起来形成了模式，”他说，“模式构成了一种简单的理解方式。”达尔文注意到的模式改变了人们看待自己、人类的起源以及他们与其他生物之间关系的方式。

（Cole, 2009, p. 11）

科尔在题为“尊重玩耍”（A Decent Respect for Play）的章节中写道：

大量的狗的出现，加剧了这个地方（探索博物馆）随处可见的混乱无序。狗睡在工作人员旁边，跟着人们参观博物馆（原文如此），或者被绑在家具上等待人们散步……所以，如果你想打开探索博物馆世界的大门向里面窥视，孩子、狗和一切都是其中的一部分。

（p. 17）

脚注如下：

2005年，当我回到探索博物馆参观时，我敲了一辆拖车的门，不料门却被一只训练有素的狗打开了，这只狗拉着绳子，当有人想要进拖车时，它就会开门。

（p. 17）

在同一章，科尔继续说：

当弗兰克研究玩耍这个话题时，他开始相信这比看起来的要难得多，尤其是对成年人来说。他问他的朋友，一位加州大学伯克利分校（University of California at Berkeley）的物理学家鲍勃·卡普拉斯（Bob Karplus），是否认为年轻人应该在为时已晚之前学些什么，卡普拉斯的回答是“玩”。

（p. 19）

对有效教学的启示

杜威的教育主张，以及那些深受其思想影响的教育家的观点，都具有丰富的内涵。很明显，学校教育的许多最为重要的成效都是非正式的，并且会渗透到学校的所有实践中。然而，就我们目前的目的而言，有必要探索“有效教学”的一些特征。要探索有效教学可以再打开一个新的议题，而这远远超出了本章要讨论的范围。就目前而言，我们将提出三点特征。第一点选取自托马斯·格鲁姆（Thomas Groome）1998年的著作《为生命而教》（*Educating for Life*）中的观点：

> 教育工作者可以接管学习者应该做的事情——学习如何学习、自己做决定、做出个人决定。这种失衡对学习者不利，并可能对教育工作者造成破坏性影响。赋予学习者自主权和压制他们——使他们对老师或父母过于依赖或感激之间有着微妙的界限。在这条钢丝绳上行走是教育工作者取得平衡所必经的思想原则的一方面。
>
> （p.348）

这可以被视为对“应试教育”的谴责，但它更深入地将学生发展的长期责任与教师自身的道德观念联系在了一起。

第二点也是关于教师的长期责任，帮助学生发展成为一个反思型的独立学习者。戴维·伍德（David Wood）在他1998年出版的《儿童如何思考和学习》（*How Children Think and Learn*）一书中是这样表达的：

> 正如我们已经看到的，维果茨基认为这种外部的社会活动通过影响孩子的内心活动逐渐被孩子内化。这种遭遇是经验的来源，最终带来孩子的“内心对话”，这是形成心理自我调节的过程。从这种角度来看，学习至少在两个层面上进行：第一个层面是孩子正在了解学习任务，发展“个人专长”；第二个层面是他也在学习如何组织自己的学习和推理。
>
> （p.98）

第三点在前两点的基础上更进一步。考虑可能影响学生作为独立学习者的能力的重要因素之一：每个人对自己的看法和他们有效参与学习的能力二者之间的联系。卡萝尔·德威克（Carol Dweck）在2006年出版的《心态》（*Mindsets*）一书中，通过探索固定型心态和成长型心态之间的差异，强调了这个问题。对于前者，她解释如下：

> 我见过很多人都有一个强烈的目标那就是证明自我，不论在课堂上、在职业生涯中、在人际关系中，都会这样。任何情况都需要确认他们的智力、人品或性格。每一种情况都会进行评估：我会成功还是失败？我看起来是聪明还是愚蠢？我会被接受还是拒绝？我像是赢家还是输家？
>
> （p.6）

这里讨论的不是智力、人品和性格是否应该被重视，而是一个人是相信它们是固定的还是相信它们能够成长：

> （除了证明自我）还有另一种心态，在这种心态下，这些特质不仅仅是你要面对和必须面对的一手牌，还是当你暗自担心自己是以一对十的时候，总试图说服自己和其他人你拿着的是一副皇家同花顺。在这种心态下，你手里的牌只是开始发展的起点。这种成长

型心态基于这样一种信念：你的基本素质是可以通过自己的努力培养出来的。尽管人们在最初的天赋、才能、兴趣或气质方面可能各不相同，但每个人都可以通过应用和经验来改变和成长。

（Dweck, 2006, pp. 6–7）

在解释第二种心态的人的观点时，她说：

他们认为一个人的真正潜力是未知的（也是不可知的）；通过多年的热情、辛劳和训练能取得什么样的成就是不可能预见的。

（Dweck, 2006, p. 7）

德威克的书用许多人的例子说明了在人们职业生涯的许多阶段，无论是在学校教育年限内还是远远超过学校教育年限，人们受一种或是另一种思维方式指导产生的各自效果。然而，她的观点的一个主要依据出现在她三十年来系统的研究学校学生学习的一份详细报告中（Dweck, 2000）。这些研究以及其他人的相关研究的一个重要特点是，学生接收到的学业反馈方式会明显影响他们发展形成某种思维方式，而不是另一种。竞争精神强调通过定期测试和对分数和成绩的反馈来改进提升，学生会形成固定思维模定式，而不利于发展成长型思维模式，对学习者的发展产生负面影响，她的研究已经建立了充分的证据。

本章反复出现的主题是学校以多种方式影响学生的发展。其中一些是深刻和普遍的影响，很难归结为是因为测评及其在教育学中的地位。值得注意的是，学校在开展培养学生发展的工作中，学校和教师都在进行德育层面的努力，这是虽无外在法令但是他们无法解除的责任。此外，必须根据学生的发展情况来评价教师的教学和学生学习的情况，并且学生的这种发展兼顾了既应重视他们作为独立和自信的学习者的发展，也应强调学生掌握学校开设的课程各个科目的核心知识和技能。因此，我们接下来论述的是探索测评如何在更广阔的教学法视野中发挥作用，从而支持而不是破坏这些教育理想。

测评在教与学中的作用

在第一节导言中，我们注意到测评的影响与日俱增，这影响常被视为是一种通过问责的压力提高教育标准的工具。这一论点和第二节内容形成了鲜明的对比，引发人们用更宽广的眼光看待学校在塑造学生的个人发展和社会发展两方面的核心任务。这两者之间似乎没有什么积极的相互作用，因为事实上，州级层面的考试方式似乎会使得学校采取有限而单调的教学方法来完成其核心任务。人们可以得出这样的结论：这两个方面的发展难以调和。在这一节中，我们将考虑使这两者变得和谐的方法。

我们有一个方法是重新审视测评在教学法理论中的作用，所以我们首先简要讨论一下现有的教学法的文献。学校的教与学的研究使用“教学法（pedagogy）”和“指导语（instruction）”这两个术语，但是许多研究并没有准确地定义二者。许多人将“教学法”作为一个包容性的术语，涵盖了教与学的各个方面。这些作者通常关注课程和教学中的权力运作：例如保罗·弗莱雷（1992）的研究以及增加了诸如“批判性”“冲突性”“解放性”和“性别”等形容词的类似研究成果，所有这些研究都强调了教学法的政治作用。

在这些方法中，“指导语”一词体现了比教学法更广阔的含义。例子有舒尔曼（Shulman, 1999）以及哈勒姆（Hallam）和艾尔森（Ireson）（1999）的研究。相比之下，布鲁纳（Bruner, 1966）使用了一个宽泛的指导语的定义，在这个定义中，它被视为教学法的指南，后者成了教育格言的集合。这些截然不同的定义似乎并没有反映出那些以不同方式使用这些术语的人之间的任何根本性的差异。值得注意的是在这些文献中，测评很少受到关注。

然而，泰勒（Tyler）在他1969年出版的《课程与教学的基本原理》（*Basic Principles of Curriculum and Instruction*）一书中的最后一章讨论了这样一个问题，即如何评估学习经验的有效性，布鲁纳在《教学理论探讨》（*Towards a Theory of Instruction*, 1966）一书的最后一章也讨论了同样的主题。泰勒坚定地认为，仅正式的考试本身并不能达到评价的目的：在任何教学过程中，都需要在多个阶段制定和记录各种各样的测评，包括学习者对学习者态度和兴趣的测量。因此，如果发现评价的结果被减少到一个单一的分数或等级，评价就不能促进发展有效教学。布鲁纳（1966）提出了类似的观点，但更加突出了评价在课程开发中的作用：“评价最好被视为一种教育的智力形式，用于指导课程建设和教学法”（p.163）。

他还注意到正式考试的文化，并对这种文化给出了评价：“这是历史，而不适合目前正在这里讨论的教学实践方式”（p.165）。

相比之下，布鲁纳强调了正式考试的核心作用，例如，他指出任何课程开发团队都应包括一名评价人员，评价人员必须从一开始就参与到所有阶段。

自从上述作品问世以来，“评价（evaluation）”一词就代表了对特定创新效果的审视，而被“测评（assessment）”一词取代，则因为测评代表了对学生学习的日常评价。伴随着这种转变，（关于测评地位讨论的）焦点也从布鲁纳的广义观点转向这一方面（即测评）是教师工作的额外内容，从而将其从统一的教学法理论中分开。例如，亚历山大（Alexander, 2008）指出：

> 教学法是论述教育的理论、价值观、证据和理由的教学行为。这是老师需要知道的，也是老师需要掌握的技能，以便于教师对构成教学的许多不同种类的决定做出判断和证明。课程只是它（教学法）的一个领域，尽管是一个中心领域。
>
> （p.47）

然而，当他把教学的核心行为列为“任务、活动、互动和测评”（Alexander, 2008, p.49）时，他随后只给予了最后一点测评很少的关注。

似乎现有的教学法研究工作并没有使我们很好地在测评的各种作用和教学法模式之间建立起积极的联系。教学法和测评都需要新的模式，使得它们组合起来，在学校的教学和学习的工作中给予测评更加核心和多样化的地位与作用。这些新模式的设计应帮助每所学校确保服务于以下目标：

- 培养和建立学生天生的好奇心和探究欲
- 帮助所有学生获得社会性发展，包括富有建设性地参与到社会学习中
- 鼓励学生表达他们自己的想法，然后通过与他人的对话来重建自己的想法
- 引导学生为自己的学习承担越来越多的责任，从而使他们成为成熟的和反思型的学习者

我们在接下来的几节中将解释如何在教学法模式中赋予测评以中心地位，如此一来便可以更清楚地理解测评在实现上述目标中的作用。为此，将依

次讨论(1)形成性测评;(2)形成性测评和终结性测评之间的联系;(3)以及国家(或地区)测评框架如何将这些联系起来，以切实提高国家(或地区)层面测评的效度。

形成性测评:通过对话学习

在本节中，我们首先介绍形成性测评，重点在对话的概念。对话是学校与学生合作和为学生服务所开展的教学工作的基本特征。在此之后，我们将利用这个例子来论证形成性测评和终结性测评之间的天然又紧密的联系，并利用这一点来扩展测评扮演着重要角色的综合性的教学法框架。然后接下来是一个对几项研究的完整的介绍说明，这些研究探讨了加强教师自身进行终结性测评能力的潜力。接下来是关于这些研究工作的应用对国家测评制度改革的影响，以此结束这一小节。

这样的测评可以是形成性的，也可以是终结性的，或者两者兼而有之——区别在于解释和使用测评的信息是为了什么，而不在于获得信息的手段(Wiliam & Black, 1996)。以下定义强调了这样的区别:

> 为学习服务的测评是指在设计和实施中以促进学生学习为首要目标的测评。因此，它不同于主要为问责、排名或资质证明而设计的测评。
>
> 如果测评提供的信息被教师和学生用作反馈学习效果，以评价自己和别人，然后改进他们参与的教学活动，来实现辅助学习的作用。因为实际上当测评的证据被实际用来调整教学以满足学习需要时，这种测评就变成了“形成性测评”。
>
> (Black, Harrison, Lee, Marshall, & Wiliam, 2002, 封二)

这一(测评的)定义把测评为学生学习的服务与对话联系起来，来开展师生之间和学生之间的互动交流。一位已经学会使用形成性测评的老师总结了她在课堂提问上发生的变化如下:

> 提问
>
> - 我的整个教学风格变得互动更多。不是展示如何找到解决方案，而是提出一个问题，给学生时间一起探索答案。我的8年级目标班现在已经习惯了这种教学方式。我发现自己也越来越多地在其他班级使用这种方法。
>
> 不用举手
>
> - 除非特别要求，学生即使知道问题的答案也不用举手。所有学生都应该能够在任何时候回答问题，即使是说“我不知道”。
>
> 支持的氛围
>
> - 学生给出错误的答案也不会尴尬难受。他们知道这些和正确的知识一样有用。他们很高兴其他学生能帮助他们进一步探索错误的答案。
>
> (Black, Harrison, Lee, Marshall, & Wiliam, 2003, p. 40)

关于“等待时间(wait time)”的研究结果(Rowe, 1974)给许多教师留下了深刻的印象，即需要给学生时间思考。这促使教师在公布答案之前鼓励学生相互交流，从而让尽可能多的学生自信地表达自己的想法。从学习者的角度来看，这种方法的必然要求是，每个问题都必须足够开放、需要学生思考，并且必须在学习目标中占据足够中心的位置，从而有理由花时间讨论随问题而来的各种想法。由此可见，仅查验知识的封闭型问题对学生的学习没有什么帮助。如果学生有时间思考，那么他们的错误或部分正确的回答可以提供有关学生的理解的信息，这将有助于教师选择推进教学的最佳方式。

关键问题是，要实现形成性问题服务教学的目的须：问题能引出学生理解的一些重要指标，然后老师或其他学生做出回应，可以是试图纠正也可以是发展这种理解；通过几个学生的回答引导全班分享讨论这个问题。鉴于学生的参与往往是不可预测的，因此“引导”课堂中这样的对话成了一项微妙且棘手的任务。例如，学生对一个问题的回答可以揭示学生是如何理解这个问题的，然后老师可以做出反应来帮助发展这种理解。这操作起来比看上去要困难得多。想想这个例子（Black & Wiliam, 2009引自Fisher, 2005）：某小学班级在画水仙花：

老师问：“这朵花叫什么？”

孩子答：“我想它叫贝蒂（Betty）。”

老师对此的回应可以是问其他学生同样的问题，直到有人说出“水仙花”这个词。所有人都被告知这是“正确的答案”。然而，另一种回应可能是问全班同学“贝蒂”和“水仙花”是否是一样的答案，这就可能会引发学生讨论个人命名和通用名之间区别。老师第一种回应会错过第二种回应所充分利用的学习机会。学生对问题中“……叫作”术语的理解并不是老师所理解的意思：这很常见，在任何讨论中“听到的”总是并不是发言提问者想要表达的。然而，同样的老师在决定如何回应之前，也必须停下来思考一下为什么学生会给出刚才那个答案。

老师在做出有效的回应时，必须理解导致学生那样作答的思维和动机。如果老师首先要求学生解释他或她是如何得到那个答案的，然后接受学生的任何解释且不评论，并询问其他同学他们是怎么想的，这对老师会大有裨益。这赋予了第一个学生的答案以价值，并吸引了全班同学共同探讨这个问题。在这样做的过程中，老师的角色发生了变化，从一对一地访谈学生的人变成了带领全班所有人都参与对话讨论的引导者。这是极具挑战性的，因为如果几个学生看法都不同将需要老师去理解更复杂的学生思维和动机，布莱克（Black）和威廉（Wiliam）（2009）对这个问题进行了更详细的研究。然而，由于鼓励学生之间的互动，老师在课堂上也将有时间思考如何最好地进行教学干预。与此同时，学生们可以互相帮助解决困难或更清楚地表达他们的困难。

对教师来说，促成含义丰富的课堂对话是一项花费心思的棘手任务，因为一方面，教师对讨论的严格控制会压制学习者的参与，但另一方面，管控松散会导致课堂对话偏离主题，从而失去学习的目的。因此取得二者间的平衡至关重要。要鼓励尽可能多的学生相互参与课堂对话的主要原因如下：

> 我们现在知道，孩子们为了思考和学习，需要对话，需要体验丰富的语言。阅读、写作和数字可能是公认的课程“基础”，但对话可以说是学习的真正基础。
>
> （Alexander, 2006, p.9）

亚历山大在对这个问题的更详细的探讨中指出：

> 对话是成人和儿童之间、儿童群体之间、教师和学习者之间、社会和个人之间、儿童知道和理解的以及他或她尚未知道和理解的

东西之间的，认知和文化空间中起着重要作用的中介。

（Alexander, 2008, p. 92）

许多课堂研究表明，富有成效的对话很少能够实现（例如，见 Applebee, Langer, Nystrand, & Gamoran, 2003）。通常教师会使用封闭的而不是开放的问题，学生回答非常简短，以及一系列教师–学生–教师–学生–教师互动的“对话”，很少有学生–学生互动的例子，如此一来教师就控制了“讨论”。然而，教师们发现很难改变这种模式，因为有些人担心很难应对意料之外的学生反应，教师们可能会无法控制自由讨论。布莱克（Black）及其同事在2003年（pp. 37–39）给出了一个课堂对话片段的例子，在该片段中，一名科学教师开始引导而不是控制课堂对话。这个例子的一个特点是，每个学生回答问题都是用一个句子来表达的，而不是用一个单词或短语，而且几个学生使用了“因为”和“思考”这两个词：这些词意义重大，因为它们是证明这些学生进行了深思熟虑的对话的证据。

到目前为止，本节的讨论都集中在口头对话上。如果主要目的是提供反馈来有助于学习，那么也可以通过书面写作来发展学生深思熟虑的对话。这方面的困难在于，要使它发挥良好的效果，老师应该停止给书面作业打分。德威克（2000）的研究结论在其他研究发现中也有所阐述，他们都指出如果教师的反馈是以评语的形式，而非分数或等级，那么书面作业则更有希望改善学习（Butler, 1988）。在帮助教师做出这种改变的研究中，相关人员对这种新的实践做法进行了如下论证：

- 学生拿回作业的第一反应很少是阅读评语，而是更喜欢与同龄人比较分数；
- 教师很少在课堂上给学生时间阅读写在作业上的老师的评语，而且很少有学生回到家里会思考这些评语；
- 评语通常简短和/或不具体，例如“细节呢？”；
- 同样的书面评语经常出现在同一个学生的作业中，这意味着学生没有注意到这些评语，也不会对其采取行动。

（Black et al., 2003, p. 43）

因此，老师们意识到需要花更多的时间来仔细地写评语，这些评语将有助于学生理解他们的错误并改善他们的学习。有些评语诸如“你要对问题更加敏感”和“你把‘溶液’和‘混合物’这两个词混淆了”这样的评语对学习者不具任何有用的指导意义；然而，如果后一个评语被扩展为“你这样做一般来说是可以的，但是你混淆了‘溶液’和‘混合物’这两个词。查一下我们笔记中写下的关于二者差异的内容，然后再检查一遍这篇作业”，这样评语则可以指引学生去提高他们的理解。关键之处在于，书面作业不应该被视为最终测试，其产生的分数是学习这事的终结，而应该被视为是一次机会，可以通过它获得促进学习的形成性反馈。简单地给一个没有评语的分数可能会花费老师更少的时间，但是这也意味着这项工作不能达到提高学生学习的目的。

书面反馈和口头反馈的一个区别在于，教师有时间拟写鼓励学生进一步学习的评语，而且书面反馈教师通过与学生个人的单独互动，有更多的机会区别不同学生的学习情况。反馈类型对学习动机的影响也很重要，正如一位参与布莱克及其同事研究（2003）的老师所发现的：“研究的结果在成绩较低的学生中特别显著，因为分数往往会对这些学生产生消极的影响，极大地伤害他们的自尊”(p.85)。

教师通过口头对话和书面对话的形式来促进学生学习，这样的测评工作应该进一步扩展，包括同伴评估和自我评估。这可以从威廉和汤普森(Thompson)(2007)的研究提到的方案概述中看出。他们建议形成性测评可以概念化为五个关键策略:

1. 明确和分享学习意图和成功标准
2. 设计有效的课堂讨论和其他学习任务，获得证据体现学生理解
3. 提供反馈以推动学习者前进
4. 激发学生成为彼此的教学资源
5. 激发学生成为自己学习的主人

培养独立的学习者:自我评估和同伴评估

在全班对话中，对尽可能多的学生实施最后两项策略，但是不能像让所有人都参与进来那样做得那么极端。因此，发展其他必要的手段比如同伴和自我评估的手段来做补充是很重要的。要实现这一目标，帮助学生在小组中有效合作是至关重要的。然而，尽管有强有力的证据表明小组合作可以提高学习成绩(Johnson, Johnson, & Stanne, 2000)，但是一项针对英国课堂小组活动的研究表明(Blatchford, Baines, Rubie-Davies, Bassett, & Chowne, 2006)，能够让学生们就自己和他人的贡献进行理性辩论的那种课堂合作并不常见。贝恩斯(Baines)及其同事(2009)和默瑟(Mercer)及其同事(2004)的教学干预项目表明，接受过这种合作式学习的学生，他们的辩论质量更高，在随后的测试中成绩也更好。道斯(Dawes)及其同事(2004)的研究工作作为一个很好的例子，展示了有效的小组学习的经验和教训。

有效的小组学习可以成为有效帮助学生发展自我评估的有力工具。其实现这一目标的一个方式是给学生机会练习评价彼此的工作，由此发展他们的同伴评估的技能，然后从同伴评估的角度看待自己的工作，由此发展他们的自我评估的技能。要做到这一点，学生必须理解所涉及的工作的目的以及评估工作的标准。在某些学科的某些主题中，标准可能很好定义(例如，在物理题中计算力的大小)；在另一些情况下，可能有许多不同的方法可以将工作做到卓越(例如，比较两种不同的探索新现象的方法)。总之，目标应该是让学生摆脱对教师的依赖，转变成不断发展独立自主学习的能力。正如一位教师所说:

> 孩子们不擅长我试图让他们做的事情。我认为从长远来看(小组学习)这个过程更有效。如果你在它上面投入时间，它将会给你带来巨大的回报，这是一个让学生在学习方式上变得更加独立并自己承担责任的过程。
>
> (Black, et al., 2003, p.52)

教师在帮助学生发展自我评估时，必须明确制定目标，这样学生才能掌控自己的工作实现目标，这要求学生理解目标的含义，和发展学生对判断这些目标实现情况标准的理解。在许多情况下，这些标准是笼统和抽象的，只有通过讨论具体的例子学生才能获得理解。学生如果要能够在未来引导他们自己的学习，如果想获得他们所需的理解，就必须要积极参与这样的讨论。

形成性测评和终结性测评:在教学法中的作用

到目前为止，本节的讨论已经展示了在课堂实

践中，形成性测评与旨在发展学生学习的教学法二者相互交织紧密联系。本节指出的这种交织联系有三个不同的阶段，如下所示：

A. 制定清晰明了的目标。应该根据具体和明确的教学目标来规划教学。如果目标是为了在即将到来的考试中取得成功，而不是使用一个特定的主题来培养学生的实验探究技能，那么二者需要完全不同的教学实施计划。

B. 设计有效的教学活动。课堂活动，无论是基于对开放问题的回答进行讨论，还是进行演示实验然后探索特定的现象，都必须经过深思熟虑，预测其在推进实现总体目标方面的潜在价值。例如，在全班做演示实验，如果它能向学生展示一个吸引人的问题，这个问题就又可以引发学生讨论重要概念，那么它就可能会促进学生学习。

C. 实施形成性教学。必须要介绍所计划的教学活动，并以可行的方式掌控课堂对话，在学生参与课堂的过程中通过学生的参与，实现一个或多个主要教学目标。

根据形成性测评的准确定义，它发生在C阶段，但是只有在所有三个阶段都协同一致的情况下，测评才能有效地促进学习。

上述似乎没有怎么提到终结性测评，因此下一步的论证是探索形成性测评和终结性测评之间的联系。在前一节一开始时就有人指出，测试本身可以是形成性的，也可以是终结性的，或者两者兼而有之——区别在于解释和使用测评获得的信息的目的，而不是在于得到信息的手段。“测试”一词很难用于形容课堂对话中频繁出现的形成性互动。

教师使用的终结性测评

教师教学中终结性测评的作用可以从两个角度来考虑，第一个角度是或多或少的经常使用测试来检查学生的学业进步，第二个角度是使用终结性测试来进行高风险考试。

对于第一种观点，考虑把终结性测评当成形成性测评使用发挥形成性的作用，这样的想法是有益的。学生们可以通过相互评分来学习，特别是如果他们必须依据自己的理解的标准来制定评分方案的时候。事实上，有些老师通过要求学生写出他们觉得可能会在考试中出现的考题来进一步促进学生的课堂参与——这种形式的复习已经被证实会在随后的考试中提高成绩（Foos, Mora, & Tkacz, 1994; King, 1995）。这种做法可以被看作是书面作业这一任务的最大限度地利用和延伸：测试在发挥终结性功能的同时，也可以通过形成性反馈，成为促进学习的机会。事实上，在任何学习阶段结束时，都应该有回顾，当作之前学习的全面检查，然后再继续学习。正是在这种情况下，通过对考试结果的形成性地利用，考试可以发挥有益的作用。这一点也指出传统的主题教学结束时的考试为时已晚，因为它发生在教学计划结束时而不是在计划中。如果在计划中，就有时间对计划中的学习的任何部分进行返工修改。因此，学习结束时候的考试已暴露出了明显的弱点（Black & Dockrell, 1984）。学生完成终结性考试后再针对考试揭示出来的问题做应对和处理才能对他们的学习有所助益。

教师专业发展帮助他们将这些想法融入教学实践，结果已经表明教师可以建立一种新的积极地联系，在这种联系中，终结性测评被视为有效的教学法的一个不可或缺的组成部分。这种态度的改变也可以延伸到他们的学生，因为学生更直接地参与到了考试的准备和接受考试对他们的评估。正如一位老师所说：

> 他们觉得，在测试中取得成功的压力正

在被理解所涵盖工作的需要所取代，测试只是一个评估，评估什么地方需要更多的工作，什么地方似乎已经很好了。

（Black, et al., 2003, pp. 56–57）

这些结论可以通过在前文提到的A、B、C三个阶段的方案中增加第四个阶段来进一步推进。第四个阶段将是：

D. 非正式的终结性测评。在任何学习阶段结束时，在继续学习之前都应该检查和回顾。正是在这种情况下，通过对测试结果的形成性利用，测试可以发挥有益的作用。

在这个阶段提供的反馈可能会导致进一步的C阶段的工作。这些发现也可能会导致教师在将来修改阶段B中涉及的计划。这四个阶段组成的模型没有指定一个固定的顺序，因为正是通过在正逆两个方向上的阶段之间的相互影响，教学法才能得到改进。

虽然形成性测评和终结性测评之间的联系用阶段D来表示，但这还不够。正如我们在引言中指出的，致力于改善学生学习体验的教师发现，问责考试所带来的压力迫使他们用与他们所看重的教育目标相冲突的方式来教学以应对考试：在最坏的情况下，终结性测评和形成性测评被视为不可调和的，在最好的情况下也是不大容易联系起来的。这个问题可以这样来表达：注意到四个阶段从A到D，各自都是不完整的，因为D阶段只涉及通常在教师个人的掌控之内的相对非正式的终结性测评，要完成该方案，必须添加以下内容：

E. 正式的终结性测评。当终结性测评的结果用来决策每个学生未来的工作或职业，用来向其他教师、学校管理层和家长报告学生学业进展，以及用来范围更广泛地报告总体学生成就以实现问责需要时，终结性评估的结果的使用就变得更加正式。

虽然不能说这一阶段是不必要的，但应该在不损害有效的教学法的实践的情况下，支持新的方法来实现终结性测评合理的目标，或许更乐观地说，还可以强化这些实践。有几个原因使得寻找这些新方法变得至关重要。

教师对学生个人的测评不仅仅是为了外部问责——学生每年的测评结果不仅对于学校管理层评价每个教师工作很重要，而且对每个学生也很重要。给学生及其父母的学业进展报告，对未来学科的选择建议，以及如何跟同一学生的下一位老师沟通交流，都取决于他们的老师的终结性测评。一个典型的例子就是学生在任何两个学段之间的过渡，无论是从小学到中学，还是在高中到大学教育之间。

更普遍地说，学生及其父母相信老师的判断，这是很重要的：对政治家和其他人的不信任必须受到挑战。如果教师和学校能够自信地表示，他们所负责的终结性测评考查的根本性的技能、操作实践和政策对每个学生都是公平的和值得相信的，并且在学校内部和学校之间的标准是具有可比性的，那么这种挑战将是有效的。

改进教师终结性测评：提升测评效度

本节的目的是考虑教师的终结性测评是否获得发展，以及如何发展到值得信任的程度。尽管如前文所述，即使在不存在外部问责制度的情况下，这也是必要的，但我们现在的讨论还是从仅关注这一背景开始。然后，随着讨论逐渐展开，它将扩展到更广泛的问责制背景。

原则上，学校自己组织的测评应该比学生在外面考试中的分数对他们更有帮助。因为事实上老师在一年的课堂上有很多机会观察每个学生的困难和进步，所以说外面人为条件下几个小时的正式的笔试得到的反映学生学习的证据比老师能提供的任何证据都要好，这听起来似乎很荒谬。事实上，因为教师不像外部机构那样受到时间和成本的限制，他们应该能够在比正式笔试更广泛的范围内考虑学生的成绩。因此原则上，教师组织的测评应该能够更好地满足信度、效度和可靠性的标准，正是这些指标来评判测评本身。

哈伦（Harlen, 2013）的以下引文提出了效度的特殊考虑：

> （我们）认识到，学生在其他学习者的陪伴下，可以超越他们自身独立所能理解和所能完成的事情，这使人怀疑学生的“真正”表现水平是什么。是“独立表现”水平还是社会背景下“受助表现”水平？有人认为，相较于没有任何帮助的情况下进行考试，接受来自他人的帮助和新工具的时候，学生的考试表现水平更好。
>
> （p. 32）

因此举例来说，如果学生小组合作来收集资源，交换想法，或者在完成任务时能考虑到可替代的策略，并且只在任务接近结束时或已经完成后，再独立地工作以制造个人的学习成果的部分材料，那么相比较于正式测试，这些可能是更好的或者至少是不同的证据，证明他们在未来的成就。一个类似的论点被用于文献中去发展和应用动态评价的概念（Poehner & Lantolf, 2005）。

改进教师的终结性测评：行动框架

为了衡量教师的终结性测评如何保证其潜在的效度，我们将在本节中分析已发表文章中关于如何改进教师及学校的终结性测评的论述，以确保测评达到所有相关人员都信任的所需要的高标准。我们的想法和建议有几个来源。其中一个来源是对英国三所中学进行的为期两年的发展研究（Black, Harrison, Hodgen, Marshall, & Serret, 2010, 2011）。进一步的资料来源是已发表的研究所报告的结果，主要来自澳大利亚，以及美国、加拿大和新西兰。这些研究表明，我们提出的议题在许多不同的国家和地区中都引起了关注。此外，这些研究中描述的为追求改革而带来的各种情况和各类创新，将有助于我们扩大对问题的理解，并制定解决这些问题的方案。

终结性测评的结果被一系列利益相关者用来为个人的决策提供信息。他们主要关心服务于各种目的的测评所得到的证据，在应用时应已评价过该证据的质量：这是效度的关键概念。

以下四个特征会破坏测评结果的效度。第一，测评所使用的任务或题目可能只反映了教学大纲中所涉及的目标和主题的一小部分——本可以命制所有任务或题目，可是它只使用了一个由其中一小部分构成的样本，而学生可能在不同的样本下表现不同。

第二个问题是，学生在另一天应答相同的任务或题目时可能会有不同的表现。

第三个问题是，学生可能在不同的测评手段上有不同的表现——例如，用真实的仪器设计科学探究，而不是只使用仪器的图片进行纸笔测试。

第四个问题是，评分中可能存在错误：这些错误可能来源于评分人粗心大意或所使用的标准不同或不同评分人对标准的解读不同。

所有这四种情况都可以归结为对测评效度造成威胁。提高信度是提高效度的一个重要要求，但光靠提高信度是不够的。当以上所有问题都被逐个解决时，由于还有第五个问题的限制，所以总体结果可能仍然具有误导性。学生可能非常擅长在传统的科学测试中应对一系列的标准化方法，但是不能在一个需要从几种可能的方法中做选择的问题里使用这些方法；或者学生可能能够描述标准的实验室实验，但不能提出一种实验方法来检验新的假设。在上述每一种情况下，根据初步测评得出的推论都可能会受到严重限制：测评是无效的，因为它没有要求学生在足够广泛丰富的问题情境下运用他们的所学。

最后，无论是一所学校内的不同教师，还是不同学校的不同教师，他们的评价都需要有可比性。要实现总体目标（即测评结果的使用者基于这些结果做出的推论是合理的），这些不同的特征——信度、效度、可比性——都需要注意。同样重要的是，任何测评的设计者和使用者对测评成绩所代表的学业成就的本质有着相同的理解。

毫无争议，学校以外的机构受到了其成本和环境的限制，在有限条件下进行测评，不能满足所有这些要求——事实上，正是因为他们不能这样做，对考试需求的任何回应都可能损害学校的学习质量。这里讨论的目的是概述一些学校自己实际可以采取的步骤，以确保他们自己的终结性测评能够满足信度、效度和可比性的标准。

第一步是审核现有的学校测评工作，在教师之间就他们如何得出学生终结性的评价报告展开交流。第二步是教师一起考虑效度的概念，这可以通过回答“我们学科的学得好意味着什么”这一问题来解决。这个问题关于教师所遵从的价值观。一个研究项目遵循这两个步骤使参与项目的教师敏锐地意识到他们目前测评做法的缺陷，为第三步做好了准备，即投入时间改革这些做法（Black et al., 2010）。

这种改革自然分为两类。一类重点是审核和改进教师通常使用的常规笔试，他们通常是不加批判地采用校外提供的考试题。另一类是探索教师在命制测评任务和考题上的自由度，这往往发生在他们自己的课堂和实验室这种不太正式的测评环境中。对这类测试任务（通常称为表现型测试任务），有一些资源能帮助教师开发新的活动。研究发现，随着教师对自己的测评任务和考题担负起责任，并且让学生更多的互动参与到学习成效和评价中，教师对学生的学习也产生了新的见解。

从这些尝试中自然可以看出，每个学生的年终测评应该基于一个成长记录档案袋。其中收集有一系列不同的证据，包括正式测评和其他测评的结果。一些国家或地区已经探索了这种成长记录档案袋的使用。在美国，这种类型的创新在州一级效果不佳，而其他国家或地区则需要时间发展到可以被大众接受认可的水平（Koretz, 1998; Shapley & Bush, 1999; Simon & Forgette-Giroux, 2000）。主要的经验教训是，成长记录档案袋必须通过各组教师之间的定期协作来规划，各组教师接受要求同时获得支持，协同合作地确定每个学生可能产生的学习成果的样本，这些样本将作为一个整体构成有效测评的基础。这是步骤的第四步，既建立在前一步的基础上，又展望向下一步。它之所以建立在前面步骤的基础上，是因为成长记录档案袋的搜集必须反映他们对效度的结论。

然而，它也必须向前看，因为第五步涉及关于总结决策，判断每个成长记录档案袋所反映的学业成就水平。如果这些结果要赢得公众的信任，就必须有证据表明，它们在一所学校的不同教师之间以及不同学校的老师之间具有可比性。这意味着成长记录档案袋必须有一定程度的一致性：例如，在布莱克及其同事（2011）报告的三所不同学校的教师一致认为，每个成长记录档案袋应该包含六项内容，其中三项是某一科目的对所有参与者来说都是相同的任务或测试，而另外三项可以留给每个教师自己选择，他们的标准是这六项作为一个整体应该构成一个有效的成长记录档案袋。

第六步也是最后一步，是参与一个共享的环节，以达成最终测评决议。为了做到这一点，所有的教师都必须按照相同的标准工作，然后他们对每个学生所做的个人决定都必须进行检查。用“审核”一词来描述的查验环节被认为是最有效的，它包括一个达成共识的过程即从每组学生中抽取样本并让所有参与的教师对这些样本学生进行评估。这可以是一个两阶段的环节，第一个阶段是确保学校内某一科目的所有教师之间的可比性，第二个阶段是建立校际一致性，通过审核使用每所学校选择的教师评价结果和学生样本。典型的审核会议将包括一组教师报告他们对每个成长记录档案袋的独立评分，然后讨论不可避免的判断差异，讨论的目的是解决这些差异。一个可能的结果是一些教师可能会修改他们所有的评分。许多人认为，在此类会议之前，(教师)不应该对分发的要审核的样本进行评论，因为这可能会预示某一名教师的评分：目的是确保审核会议开始时报告的评分是严格独立的。

很明显，上述步骤将增加大多数教师的现有工作量。此外，还需要组织明确的工作程序，并伴有官僚主义强加的危险。因此，出现的问题是所涉及的工作和有组织的纪律是否合理。在本节的导言中给出了一种形式的合理性：如果希望所有受到测评结果影响的各类群体都对测评有信心，那么教师和学校所做出的终结性决策的质量和可比性就必须得到保障和辩护。然而，来自不同州和系统的几个研究也报告了其他好处。我们将分三组进行简要总结，包括教师、教师向家长的报告以及对学生的影响。

改进教师终结性测评：对教师的专业发展的益处

对教师来说，一个可预见的影响是他们需要发展自己的测评技能。在一个改善美国数学教师测评实践的项目中，韦布(Webb)描述了他是如何遇到这个问题的：

> 不幸的是，教师们经常制定一套课堂常规，几乎没有机会审视和反思他们对课堂测评的认识，测评如何影响他们对选择和设计课堂问题和任务的决策，他们如何解释学生的回答，以及如何通过教学和反馈对学生做出回应。
>
> (Webb, 2009, p. 11)

一个在英国开展的更全面的教师终结性测评的项目中，一位率先引入开放式探究任务的数学教师报告说：

> 任务的执行——教师有点不愿意参与项目……但项目改变了他们的观点，今年基于探究的任务已成为KS 3[1]年级的教师一直热衷做的事情，并将其作为学生表现管理的一部分。
>
> (Black et al., 2011, p. 461)

审核会议中出现的争论产生的积极影响不太可预测。在英国的同一个项目中，一名教师指出了学校之间查验评价标准的价值：

> 我们已经和其他学校的老师一起开了审核会议，其他学校的老师看到了我们的测评有多严格，而且你知道的他们批评了我们的

> 评分标准。然后我们改变了标准，这是非常积极有效的。
>
> （Black et al., 2011, p. 459）

另一位老师则更进一步，对这一过程进行了以下思考：

> 审核和校准的过程在确保我们测评方法的严谨性、一致性和信心方面极具价值；学校里的老师参与到这个过程，大大激发了他们的积极性，这会影响学生课堂成就（比如GCSE[2]的审核和校准）。
>
> （Black et al., 2011, p. 459）

据报告，新西兰一项发展小学教师测评实践的国家计划也带来了类似的好处。作者描述了其过程的优点：

> 引入标准要求小学教师和学校去调查学生所做工作的含义。虽然教师总是非正式地作出判断，但审核作为一个有组织的过程，需要通过合作决策达成共识，因此成为新西兰所有小学教师的一项重要的专业职责。
>
> （Hipkins & Robertson, 2011, p. 5）

审核会议的一个显著特点是，当需要给出分数时，需要解决确定边界分数的不确定性。昆士兰州的一项研究报告了下面的典型事件：

> 当我们进退两难不知是给他们打D或E、C或D的时候，嗯，小组里的某个人总是能够抽离出来，嗯。能让我们以这样或那样的方式越过这条进退两难的线，而其他人会说“是的，没错，就是这样”，这真的很好，我不认为自己一人能做到这一点。
>
> （Wyatt-Smith, Klenowski, & Gunn, 2010, p. 66）

那些希望假设有详细的分析方案，其中所有标准都可以严格定义的人可能会感到不满意。然而，当测评涉及更多开放性和创造性的工作时（例如报告一个人对新的科学现象的探究，或在文献检索中报告一篇导致医学发现在应用中存在争议的文献），这样的方案可能没有用。新西兰的研究对此评论如下：“教师将他们自己的工作知识以适当的方式如运用它们作为参考带入到审核中，而且正是通过经历分享和谈判，才能创造出公认和共享的内涵和理解”（Hipkins & Robertson, 2011, pp. 18 – 19）。

这是一个普遍的问题，以多种形式出现在各种测评判断中。萨德勒（Sadler）明确阐述了以下基本原则：

> 使用自然语言的描述和举例不太可能完全替代人类评估者的隐性知识，或使之变得多余，因为外在的（语言）表述不可能详尽无遗，涵盖所有可能的情况（我们也不希望如此）。
>
> （Sadler, 1987, p. 201）

旨在发展教师终结性测评实践的项目的效果并不局限于对测评过程本身的效果。在这里，只能通过几项研究的简单引用来传达这些效果。前两份来自不同的创新评估报告，第一份在澳大利亚，第二份在新西兰：

> 我只是认为——这是相互分享的，这是专业的，这是良好的专业发展……这是一个

非常好的过程。我认为这个过程中的对话部分是最有价值的部分。

（Connolly, Klenowski, & Wyatt-Smith, 2011, p. 14）

同样，教师们一起检查学生的数据，并且作为一个教师团队合作来研究数据的含义，以决策如何最好地帮助那些成绩不佳、难以进步的学生，较与那些没有这种集体检查、诊断和问题解决三者循环的学校相比，这样做的学校有更多的高成就的学生。

（Parr & Timperley, 2008, p. 69）

布莱克及其同事（2011）在英国开发的项目报告了类似的好处。一名参与这项工作的教师报告了以下积极影响：

我认为对于一个部门来说，这是一件非常有益的事情，因为我认为这将鼓励人们进行对话，而且对话是关于教学和学习的……它真的提供了一个讨论，希望能讨论（教学）质量和你认为在英国什么是成功。真是非常重要的交流。

（Black et al., 2011, p. 461）

韦布报告与一群美国数学教师一起做的研究时评论道，“此外，随着教师们调整做法，他们开始重新思考课程的学习目标以及在教学活动中他们所使用的提问”（Webb, 2009, p. 14）。

以下在对昆士兰州（教师）发展工作的反思中也提出了这一点：

因此，基本上一旦你有了很稳固的测评，教学法就变得非常清晰，因为你的教学法必须支持——这种质量的测评的任务……这与通常做法有些不同，通常测评是你附加在单元结束的东西，而不是现在已经成为驱动力。

（Wyatt-Smith & Bridges, 2008, p. 48）

最后两个引用强调了一个特别的特征，即在本节探讨开发测评时，比起测评做法本身还涉及其他更多。怀亚特–史密斯（Wyatt-Smith）和布里奇斯（Bridges）（2008）的两个例子描述的是“前端”方法，即在教学计划中，通过学科的测评活动的来探索（教学）目标的含义，这些测评活动将提供学生已经实现这些目标的证据。这项工作探索了课程目标和终结性测评之间的本质联系。根据上一节提出的五步骤方案，即从A到E，第五阶段反过来对第一阶段有作用。这可以被视为对众所周知的负面影响的描述，即教师通过分析期末考试来理解课程的目标，并据此规划相应的教学，即应试教学。然而，这里的错误不在于目标和终结性测评之间的相互作用，而在于测评的低效度，这必须也是不可避免的。

教师们从他们改进测评实践和他们对此的信心中获得的一个好处是，这为他们与每个学生的父母沟通提供了更好的基础。一名教师这样表达他对工作的信心增强：

但我认为，如果所有的老师对在终结性评估方面实际做的事情有更多的自主权，那么你就会更有信心与学生父母交流，这是我在低年级发现的最大的事情之一。

（Black et al., 2011, p. 460）

一个相关的特征是，学生个人的成长档案是与学生家长进行讨论的更有用的证据基础：

它为你提供了令人信服的、可比较的材料，这也是我在课堂上，和学生家长开会时用到的东西。可以说，“嗯，这就是约翰所能做的，这就是为什么他仍然在5C而不是6A。”父母似乎对此反应良好。

（Black et al., 2011, p.461）

第二个相关特征是教师自己改革终结性测评对其与学生关系的影响。一个这类结果的例子可以从一位参与英国布莱克及其同事工作（2011）的教师的描述中看出：

孩子们觉得这是他们做过的最好的工作。许多老师说：“好吧，我们对他们的表现非常满意。”这似乎真的给了孩子们一个尽自己最大努力的机会……呃，它为成绩靠后的孩子组织了他们的工作，这基本上是一条他们可以跟上的结构化的道路。

（Black et al., 2011, p.46）

这里所发生的是，在课堂条件下教师可以设计学生任务可以由教师给予足够程度的指导。事实上，该项目的一个特点是，教师必须学会“协调”他们正在面对或创造的任务，这样他们就可以提供有用的信息，不仅关于低成就者所展示的成就，而且还关于高成就者有机会展示的他们在同一任务上能走多远。另一个好处是，教师可以观察到针对他和他同事们设计出来的任务，学生在课堂上会以何种方式参与进来，就如同一篇发表的报告中提到的下例所示：

我认为它稍微改变了课堂动态，从好的方面来说，他们（学生）更多的尝试去发现……我想，他们试图变得更加独立，他们中的一些人为此而挣扎，还有一些人……他们中的一些人，仍然觉得如果他们没被一路牵着手走的话会很困难。当其他人更开心的时候，也要走他们自己的路。

（Black et al., 2011, p.460）

据报道，新西兰开展的工作获得了更多收益：

一旦他们（学生）理解（共享的评价标准）并开始应用，他们就会明白，“哦，我知道下一步该去哪里了。我不必让老师告诉我。”这就是我们现在刚刚开始做的，就像，“你告诉我你想让我怎么处理这堂课？你不了解的薄弱环节是什么？”所以他们已经开始这么做了。

（Harris & Brown, 2009, p.376）

同样，在昆士兰州发展的做法也有这样收益：

我认为在某种程度上，我们已经在学习过程中赋予了学生权力，因为就期望是什么而言，不再有什么秘密的教师的事，学生们对标准变得非常熟悉，并且能够在自己的学习中应用它们。

（Wyatt-Smith & Bridges, 2008, p.61）

改进教师终结性测评：对制度改革的启示

前一节阐述了改进教师终结性测评质量的尝试如何导致需要额外的工作量，不仅是对于教师本身的工作，还有那些机构的工作，那些可以给教师提供指导和提供机会来帮助教师进行变革的机构。然而，它也显示了各种各样的好处，这些好处可以简单地总结为，教师可以在一定程度上控制这一过程，从而实现正式的测评和终结性测评之间积极地联系。因此，这些测评不仅不再对学校教育产生负面影响，而且实际上可以在终结性测评和教学法之间产生积极的互动关系，补充了形成性测评和教学法之间的积极联系。

剩下的难题是，这是否仅仅是一个乌托邦式的梦想。广大公众要求有证据让他们放心，保证学校正在以尽可能好的方式为社会服务，这要求是合理的。问题是，许多国家和地区系统为满足这一需求而采用的方法，是弄巧成拙的，破坏了这些系统的设计者所宣扬的他们的目标。

然而，已存在解决这些难题的国家或地区系统的例子。最全面的例子是澳大利亚新南威尔士州和昆士兰州开发的系统。斯坦利(Stanley)及其同事(2009)在对几个国家和地区体系的综述中对此做了有益的说明。该报告明确指出，澳大利亚各州发展和完善的系统规定了评估每个学生有限数量的任务集合(即成长记录档案袋)，并且各州为专业发展提供了广泛的资源，包括多种资源材料，以提高教师终结性测评的可靠性。审核程序包括可根据新南威尔士州的外部测试(外部设置的测试和教师评价各占总数的50%)进行缩放，或加入在昆士兰州的学校团队中进行共同协作，在这些团体中，学生离校成绩证明完全基于教师的评估。然而，这些系统是几年来发展起来的，最近与联邦政府发生了争议，联邦政府希望引入国家层面的测评，希望依赖国家考试的结果决定联邦资助。

将外部测试与学校测评相结合似乎比完全依赖教师评估的系统更可行，但这类解决方案的命运与新南威尔士州的情况相反。这种方案在英格兰实施了15年多，未能赢得人们对其效度的尊重，并被大多数学校课程所抛弃。这些例子缺乏的是承诺建设所需的基础设施以支持教师实践和技能发展，还缺乏决策者理解他们所依赖的外部测试具有严重局限性。对这些和其他例子的进一步分析超出了本章的范围。

结语

本章第一部分的信息可以用我们在前文提出学校的责任时的形式来总结，即：

- 培养和建立学生天生的好奇心和探究欲
- 帮助所有学生获得社会性发展，包括建设性地参与社会学习
- 鼓励学生表达他们自己的想法，然后通过与他人的对话来重建自己的想法
- 引导学生为自己的学习承担越来越多的责任，从而使他们成为成熟的反思型学习者

我们讨论到的测评的各种发展和见解有关的证据，有助于显示测评的不同方面如何自然地融入一个综合的教育学模型中，从而有助于确定测评如何发挥重要和积极的作用帮助实现所有这些目标。

他们的成就有许多障碍。主要障碍之一描述如下：

> 一些学生成功地协商了这些，显然是利用了教师提供的资源以外的资源。另一些人可能在一个基本上用外语教学的环境中度过

> 义务教育的几年（学校教育），而在这种环境中，他们几乎不会获得足够的熟练度。学生需要流利的语言来成功地协商越来越严格的读写能力测评要求……对学生课程素养的假设是不够的。这些都需要纳入直接教学。
>
> （Wyatt-Smith & Cumming, 2003, p. 58）

这里描述的问题不是问责制测评的直接结果。这些困难的原因更加微妙和多样；一个普遍的原因源于对规定课程的聚焦和相应的对隐性课程的忽视。通过对话促进所有人参与社会互动，可能是解决更深层次障碍的一个关键性助力。

如果有一个特征可以总结我们前文描述的学生的所有积极成果，那么它可以总结为最后的引文：

> 对测评过程的任何改变（或实际上任何教育改革）都取决于教师的支持，以及对教师的支持，以确保在课堂层面适应变化……这需要以理论为基础，实际情境化的学习，而不是去情境化的一次性的专业发展。
>
> （Gunn, 2007, p. 59）

在一些国家和地区系统中，这一观点一直是指导性的原则。遗憾的是，情况并非总是如此。尤其是，我们往往忽视了发展教师测评技能对丰富其教学工作潜能的作用；而无效的测评工具反而被强加于教师，从而损害了教师的专业发展。此外，这些政策直接或间接地使学生的教育陷入贫困。

致谢

感谢温·哈伦（Wynne Harlen）和迈克尔·赖斯（Michael Reiss）的帮助，对本章内容他们给予了我们有益的审读。

注释

1. KS3：关键阶段3（Key Stage 3）是指英国11至14岁之间的3年学校教育。
2. GCSE：英国普通中等教育证书（General Certificate of Secondary Education）：大约16岁时参加的国家考试。

参考文献

Alexander, R. (2006). *Towards dialogic thinking: Rethinking classroom talk*. York, UK: Dialogos.

Alexander, R. (2008). *Essays in pedagogy*. Abingdon, UK: Routledge.

Applebee, A.N., Langer, J.A., Nystrand, M., & Gamoran, A. (2003). Discussion based approaches to developing understanding: Classroom instruction and student performance in middle and high school English. *American Educational Research Journal, 40*(3), 685–730.

Atkin, J.M. (1980). The government in the classroom. *Dædalus, 109*(3),

Baines, E., Blatchford, P., & Kutnick, P. (2009). *Promoting effective group work in the primary classroom*. London, UK: Routledge.

Black, H.D., & Dockrell, W.B. (1984). *Criterion-referenced assessment in the classroom*. Edinburgh, UK: Scottish Council for Research in Education.

Black, P., Harrison, C., Hodgen, J., Marshall, M., & Serret, N. (2010). Validity in teachers' summative assessments. *Assessment in Education, 17*(2), 215–232.

Black, P., Harrison, C., Hodgen, J., Marshall, M., & Serret, N. (2011). Can teachers' summative assessments produce dependable results and also enhance classroom learning? *Assessment in Education, 18*(4), 451–469.

Black, P., Harrison, C., Lee, C., Marshall, B., & Wiliam,

D. (2002). *Working inside the black box: Assessment for learning in the classroom*. London, UK: GL Assessment.

Black, P., Harrison, C., Lee, C., Marshall, B., & Wiliam, D. (2003). *Assessment for learning: putting it into practice*. Buckingham, UK: Open University Press.

Black, P., & Wiliam, D. (2009). Developing the theory of formative assessment. *Educational Assessment, Evaluation and Accountability, 21*(1), 5-31.

Blatchford, P., Baines, E., Rubie-Davies, C., Bassett, P., & Chowne, A. (2006). The effect of a new approach to group-work on pupil-pupil and teacher-pupil interaction. *Journal of Educational Psychology, 98*, 750-765.

Bruner, J. (1966). *Toward a theory of instruction*. New York: Norton for Harvard University Press.

Butler, R. (1988). Enhancing and undermining intrinsic motivation; the effects of task-involving and ego-involving evaluation on interest and performance. *British Journal of Educational Psychology, 58*(1), 1-14.

Cole, K.C. (2009). *Something incredibly wonderful happens: Frank Oppenheimer and the world he made up*. Boston: Houghton, Mifflin, Harcourt.

Connolly, C., Klenowski, V., & Wyatt-Smith, C.M. (2011). Moderation and consistency of teacher judgment: Teachers' views. *British Educational Research Journal, 1*, 1-22.

Dawes, L., Mercer, N., & Wegerif, R. (2004). *Thinking together*. Birmingham, UK: Imaginative Minds Ltd.

Dewey, J. (1985). *The later works, 1925-1953, Volume 7: 1932*. Carbondale: Southern Illinois Press.

Dewey, J. (2012). *Unmodern philosophy and modern philosophy*. Carbondale: Southern Illinois Press.

Dweck, C.S. (2000). *Self-theories: Their role in motivation, personality and development*. Philadelphia: Psychology Press.

Dweck, C.S. (2006). *Mindset: The new psychology of success*. New York: Random House.

Eisner, E. (1978). *The educational imagination*. New York: Macmillan.

Emerson, R.W. (1834). *Journal*, April 11.

Fisher R. (2005). *Teaching children to learn* (2nd ed.). Cheltenham, UK: Nelson Thornes.

Foos, P.W., Mora, J.J., & Tkacz, S. (1994). Student study techniques and the generation effect. *Journal of Educational Psychology, 86*(4), 567-576.

Freire, P. (1983). Banking education. In H. Giroux & D. Purpel (Eds.), *The hidden curriculum and moral education: Deception of discovery* (p.284). Berkeley, CA: McCutchen.

Freire, P. (1992). *Pedagogy of hope*. New York: Continuum.

Greene, M. (1983). Introduction. In H. Giroux & D. Purpel (Eds.), *The hidden curriculum and moral education: Deception of discovery* (pp.1-5). Berkeley, CA: McCutchen.

Groome, T.H. (1998). *Educating for life*. New York: Crossroad.

Gunn, S.J. (2007). Literature review. In C. Wyatt-Smith & G. Masters (Eds.), *Proposals for a new model of senior assessment: Realising potentials*. Unpublished report prepared for Queensland Studies Authority. Brisbane, Queensland, Australia.

Hallam, S., & Ireson, J. (1999). Pedagogy in the secondary school. In P. Mortimore (Ed.), *Understanding pedagogy and its impact on learning* (pp.68-97). London, UK: Paul Chapman.

Harlen, W. (2013). *Assessment and inquiry-based science education*. Trieste, Italy: Global Network of Science Academies.

Harris, L.H., & Brown, G.T.L. (2009). The complexity of teachers' conceptions of assessment: tensions between the needs of schools and students. *Assessment in Education, 16*(3), 363-381.

Hawkins, D. (1974). *The informed vision: Essays on learning and human nature*. New York: Agathon Press.

Hawkins, D. (1983). Nature closely observed. *Daedalus, 112*(2), 65-89.

Hipkins, R., & Robertson, S. (2011). *Moderation and teacher learning: What can research tell us about their inter-relationships?* Wellington: New Zealand Council for Educational Research.

Johnson, D.W., Johnson, R.T., & Stanne, M.B. (2000). *Co-operative learning methods: A meta-analysis*.

King, A. (1995). Inquiring minds really do want to know—using questioning to teach critical thinking. *Teaching of Psychology, 22*(1), 13-17.

Koretz, D. (1998). Large scale portfolio assessments in the US: Evidence pertaining to the quality of measurement. *Assessment in Education, 5*(3), 309-334.

Mansell, W., James, M., & the Assessment Reform

Group. (2009). *Assessment in schools. Fit for purpose? A commentary by the Teaching and Learning Research Programme*. London, UK: ESRC TLRP, Institute of Education London.

Menand, L. (2001). *The metaphysical club: A story of ideas in America*. New York: Farrar, Straus, and Giroux.

Mercer, N., Dawes, L., Wegerif, R., & Sams, C. (2004). Reasoning as a scientist: Ways of helping children to use language to learn science. *British Educational Research Journal, 30*(3), 359 - 377.

Milroy, D. (1992). Teaching and learning: What a child expects from a good teacher. In *Education: Putting the Record Straight* (pp. 57 - 61). Stafford, UK: Network Educational Press.

National Research Council (NRC). (2011). *National science education standards*. Washington, DC: National Academies Press.

OECD. (2013). *Education at a Glance 2013: OECD indicators*. Paris, France: OECD.

Parr, J.M., & Timperley, H.S. (2008). Teachers, schools and using evidence: Considerations of preparedness. *Assessment in Education, 15*(1), 57 - 71.

Poehner, M.E., & Lantolf, J.P. (2005). Dynamic assessment in the language classroom. *Language Teaching Research, 9*(3), 233 - 265.

Rowe, M.B. (1974). Wait time and rewards as instructional variables, their influence on language, logic and fate control. *Journal of Research in Science Teaching, 11*, 81 - 94.

Sadler, D.R. (1987). Specifying and promulgating achievement standards. *Oxford Review of Education, 13*(2), 191 - 209.

Shapley, K.S., & Bush, M.J. (1999). Developing a valid and reliable portfolio assessment in the primary grades: Building on practical experience. *Applied Measurement in Education, 12*(2), 111 - 132.

Shulman, L.S. (1999). Knowledge and teaching: Foundation of the new reform. In M.J. Leach & B. Moon (Eds.), *Learners and pedagogy* (pp. 61 - 71). London, UK: Chapman.

Simon, M. & Forgette-Giroux, R. (2000). Impact of a content selection framework on portfolio assessment at the classroom level. *Assessment in Education, 7*(1), 83 - 101.

Stanley, G., McCann, R., Gardner, J., Reynolds, L., & Wild, I. (2009). *Review of teacher assessment: What works best and issues for development*. Oxford, UK: Oxford University Centre for Educational Development—Report commissioned by the Qualifications and Curriculum Authority.

Tyler, R.W. (1969). *Basic principles of curriculum and instruction*. Chicago: University of Chicago Press.

Webb, D.C. (2009). Designing professional development for assessment. *Educational Designer, 1*(2).

Wiliam, D., & Black, P.J. (1996). Meanings and consequences: A basis for distinguishing formative and summative functions of assessment. *British Educational Research Journal, 22*(5), 537 - 548.

Wiliam, D., & Thompson, M. (2007). Integrating assessment with instruction: What will it take to make it work? In C.A. Dwyer (Ed.), *The future of assessment: Shaping teaching and learning* (pp. 53 - 82). Mahwah, NJ: Lawrence Erlbaum Associates.

Wood, D. (1998). *How children think and learn*. Oxford, UK: Blackwell.

Wyatt-Smith, C., Klenowski, V., & Gunn, S. (2010). The centrality of teachers' judgement practice in assessment: A study of standards in moderation. *Assessment in Education, 17*(1), 59 - 75.

Wyatt-Smith, C.M., & Bridges, S. (2008). *Meeting in the middle-assessment, pedagogy, learning and students at educational disadvantage*. Evaluation for the Literacy and Numeracy in the Middle Years of Schooling Initiative Strand A. Queensland Government Report.

Wyatt-Smith, C.M., & Cumming, J.J. (2003). Curriculum literacies: Expanding domains of assessment. *Assessment in Education, 10*(1), 47 - 59.

39 Large-Scale Assessments in Science Education

EDWARD D. BRITTON AND STEVEN A. SCHNEIDER

第39章 科学教育中的大规模测评

肖洋 译 姚建欣 审校

本章主要总结了国际上以及美国和其各州在科学教育方面较为知名的大规模测评。上一版手册中的作者们也为这一内容撰写了章节，本章正是建立在前一版手册相关内容基础之上的（Britton & Schneider, 2007）。按照新版的惯例，本章在保持大致相同的概念领域的前提下，移除了一些陈旧的内容并进行了一些更新。此外，为了揭示过去十年间这一领域的变化情况，本章还增加了两个新的主题：(1) 对面向技术和工程教育的大规模测评的简单讨论；(2) 对大规模测评中技术的新用途的讨论。

很多教育系统都在试图更明确地关注技术和工程教育。如坎宁安（Cunningham）和卡尔森（Carlsen）在这本新手册的第36章中所描述的，在科学课堂中实施技术或工程教育受到了越来越多的关注（如美国国家研究理事会[National Research Council, NRC], 2011），这正是拓展本章内容领域的其中一个理由。但是由于第36章的作者关注的是课程和教学而不是测评，本章将简单讨论这些科学领域中的测评。而增加第二个主题的原因则在于，技术正促使一些不同以往的、更为复杂地探测学生在科学中知道什么和可以做什么的方式成为可能。这是一项令人振奋的进步，技术不再仅仅是作为一种替代模式来考察过去一直在纸笔测试中考察的同种类型的测评试题。

在过去的30年里，大规模测评在科学教育中的应用已经有了很大的增长。早期的综述可以将大规模测评的实施全部纳入一章（Doran, Lawrenz, & Helgeson, 1994；Tamir, 1988）。在这些综述之后，大规模测评实施的种类和应用范围一直在大幅度拓展（Kifer, 2000）。因此，在本手册中，科学教育中大规模测评的实施至少需要四章来呈现。

本章主要关注大规模测评在两个方面的实施情况。第一，本章的作者们总结了国际上正在实行的一些成就测验。作者们描述了这些国际成就比较测验的性质，并对它们进行了对比。作为新版手册增加的部分，需要指出的是，近年来一些国家（或地区）的地方行政辖区也开始按照自己的行政辖区水平来参加测评并形成测评报告。例如，虽然加拿大仍然按常规作为一个国家实体参加测评，但是近来某些加拿大的省份也开始参加并且报告了它们在国际测评中的情况。

虽然本章为读者们介绍了各类测评的重大报

告，但是考虑到现在这样的测评项目越来越多，对每次测评的所有研究结果进行详细介绍超出了本章的范围。此外，对于测评中涉及的心理测量或其他技术问题，即使是科学测评所特有的(如Quellmalz, Haertel, DeBarger, & Kreikemeier, 2005; Welch, Huffman, & Lawrenz, 1998)，本章也不会对此进行深入的探讨。

第二，本章还讨论了另一种大规模测评的实施情况，即国家(或地区)教育系统对学生科学学业成就的监测。本章重点介绍了美国国家教育进展评估(National Assessment of Educational Progress [NAEP])中的科学学科部分。此外，本章作者们还介绍了NAEP即将进行的对技术和工程素养的首次测评，这一测评将在2014年对8年级的学生实行(美国国家评估管理理事会[National Assessment Governing Board, NAGB], 2010)。对于国家或地区内部的行政辖区，也可以设计对地方或区域进行问责的测评或其他形式的终结性测评，并向课堂外的人们报告结果。这一类关于学生学业成就的测评的要求，一般低于纳入本章讨论范畴所要求的水平。

科学中的大规模测评还有很多其他方面的用途，本手册中其他章对此有所涉及，例如对科学项目规划的评估(第35章，Woodruff & Kahle)、对科学项目的评估(第37章，Lawrenz & Thao)、对指向形成性目标的测评(第38章，Black & Atkin)。在许多国家(或地区)，专属某一学科的大规模测评(如生物、化学和物理的各种考试)往往被用于大学入学资格考试(美国教师联合会[American Federation of Teachers, AFT] 和美国科学教育改进中心[National Center for Improving Science Education], 1994, 1996; Britton & Raizen, 1996; McIntosh, 2012)。在一些国家(或地区)，资格考试甚至可以被更早地用于学校教育，例如选择学生进入不同类型的中学(AFT, 1995)。通过一些大学入学考试也可以提前获得大学学分(例如先修课程[Advanced Placement, AP]考试、国际学士学位[International Baccalaureate, IB]考试)。

为了给新的内容腾出篇幅，这一版手册必须放弃一些其他的内容。在前一版手册中，作者在对应的章中更细致地讨论了大规模测评对科学教育的影响。例如，之前的这一章就考虑到，在高风险科学测评的带动下，小学阶段增加科学教学所产生的价值，可能被测评对科学教学内容和教学方式产生的窄化影响所抵消。我们注意到，当前随着试题构建、测试工具设计和技术使用方面的进步，以往测试项目的形式和特性所带来的潜在抑制效应可能正在减少。前一版本的手册还指出，当时美国正逐渐注意到设计州立的科学测评系统，与大多数州仍然普遍存在的脱节现象不同，该系统清晰地阐明了课程、教学和测评之间的关系(Herman & Haertel, 2005; Herman, Webb, & Zuniga, 2005; Wilson & Bertenthal, 2005)。近年来，这一领域已经在朝着更明确的系统实施方向不断发展。

国际科学评估

随着时间的推移，科学领域的跨国测评项目的数量正在不断上升，到现在很难追踪所有的项目。表39.1提供了截至2015年实行过或计划实行的主要测评项目的年代表。该表只列出了国际出版物中对跨国(或跨地区)科学成就的报告。该表没有列出美国或者其他国家(或地区)的报告，那些报告是从国家(或地区)角度对跨国(或跨地区)成就结果进行的分析。

直到2000年，国际教育成就评价协会一直都

表 39.1 国际大规模科学评估年代表

年份	组织机构[1]	简称[2]	学科[4]	年龄/年级[6]	规模[8]	结果和选择的出版物[9]
1969–1970	IEA	FISS	S	10, 14, ES[7]	19	Comber & Keeves, 1973
1983–1986	IEA	SISS	S	10, 14, ES	17	IEA, 1988; Postlethwaite & Wiley, 1992
1988	ETS	IAEP	SM	13	6	LaPointe, Mead, & Phillips, 1989
1992	ETS	IAEP	SM	9, 13	20	LaPointe, Askew, & Mead, 1992
1994–1995	IEA	TIMSS[3]	SM	3–4, 7–8, ES	42	Beaton et al., 1996; Martin, et al., 1997, Mullis et al., 1998
1999	IEA	TIMSS-R[3]	SM	8	39	Martin et al., 2000
2000	OECD	PISA	R[5] (SM)	15	39	OECD, 2001, 2003
2003	IEA	TIMSS[3]	SM	4, 8	48	Martin, Mullis, Gonzalez, & Chrostowski, 2004
2003	OECD	PISA	M[5] (RS)	15	41	OECD, 2004
2006	OECD	PISA	S[5] (MR)	15	57	OECD, 2007a, 2007b
2007	IEA	TIMSS	SM	4, 8	50	Martin, Mullis, & Foy, 2008
2009	OECD	PISA	R[5] (SM)	15	75	OECD, 2010
2011	IEA	TIMSS	SM	4, 8	63	Martin, Mullis, Foy, & Stanco, 2012
2012	OECD	PISA	M[5] (RS)	15	64	
2015	IEA	TIMSS	SM	4, 8		
2015	OECD	PISA	S[5] (MR)	15		

1 赞助的组织机构：国际教育成就评价协会（International Associations for the Evaluation of Educational Achievement [IEA]）、教育考试服务中心（Educational Testing Service [ETS]）、经济合作与发展组织（Organization for Economic Co-Operation and Development [OECD]）。

2 这些首字母的缩略简称代表了下面的这些研究：第一次国际科学研究（First International Science Study [FISS]）、第二次国际科学研究（Second International Science Study [SISS]）、国际教育进展评价（International Assessment of Educational Progress [IAEP]）、第三次国际数学和科学研究（Third International Mathematics and Science Study [TIMSS]）、国际学生评估项目（Programme for International Student Assessment [PISA]）。

3 TIMSS 这一名称是最初的 TIMSS 在 1995 年提出来的。而 1999 年版的重复测试则称为 TIMSS-repeat，或简称为 TIMSS-R。从 2003 年开始，全面改为“数学和科学趋势研究”（Trends in Mathematics and Science Study），但简称仍然是 TIMSS。

4 S 代表科学，M 代表数学，R 代表阅读。

5 PISA 每次评估三门学科（阅读、数学和科学）。但是在每次测试中，只全面考察一门学科，对其他两门学科只进行部分考察。主导的学科在不断地轮换，首次主要考察科学学科是在 2006 年。

6 国际评估采用了两种不同的方法来确定待测试的目标学生群体。有些研究针对特定年龄的学生，而另一些则针对特定年级的学生。这两种测量会导致不同的抽样策略，并且对研究结果产生影响。

7 ES 代表中学结束（End of Secondary）。由于各国（或地区）学校教育的最后一年有所不同（例如，有的国家 [或地区] 是在 12 年级结束，有的在 13 年级结束），因此国际研究并没有为目标中学生群体设定一个统一的年龄或者年级水平。

8 规模指的是参与国家（或地区）的数目。此处提供的数目代表至少参加一个群体（年龄 / 年级）的测试。通常，许多国家（或地区）选择参加某些群体的测试，而不是所有群体。

9 这些报告仅限于将国际受众与美国进行比较，或者一个国家（或地区）就其相对于其他国家（或地区）的表现进行国际比较的报告（如 Schmidt, McKnight & Raizen, 1997）。这里所选取的报告也仅限于学生科学方面的成就评估的结果。其中一些研究报告了其他方面，例如附带了对各国（或地区）科学课程的分析（Schmidt et al., 1997）。

是跨国（或跨地区）比较唯一的主要赞助者。然而，在IEA 1988年到1992年两次评估的间隙，教育考试服务中心也曾介入其中。ETS进行的国际教育进展评价的名称和某些概念借鉴了ETS之前实施的NAEP，发生在IEA进行的第一次和第二次国际科学研究之间（LaPointe, Askew, & Mead, 1992; LaPointe, Mead, & Phillips, 1989）。

在2000年，国际评估项目数量开始有了大爆发。同年，总部位于巴黎的OECD发起了一系列跨国（或跨地区）比较项目，即PISA。下一部分对这两个系列的评估（指TIMSS和PISA）本质上最显著的差异进行了对比。自2000年来，IEA的研究每4年进行一次，而OECD的研究则每3年进行一次。

值得注意的是，下面的这些特点将有助于区分这些研究。(1) 虽然列出的所有研究都对科学学科进行了测评，但有些研究只对科学进行测评，而另一些研究则相当均衡地对数学和科学进行同时测评。在每次进行测评的那年，PISA系列的测评每次只侧重三门学科（阅读、数学和科学）中的一门，同时对其余两门学科的测评则非常有限。(2) 这些研究根据年龄或年级来确定待评估的目标学生群体。(3) 研究所涉及的目标人群数量存在差异。(4) 参加的国家（或地区）的数目差别很大，而且有的国家（或地区）可能只对某些目标群体进行测评。

虽然这些跨国研究常为大家所熟知的是对学生学业成就水平进行的比较，但它们也有其他重要的附加目的和组成部分。除了学业成就测试之外，所有的研究都包括了从国家（或地区）、学校、教师或学生问卷等其他来源收集到的数据。这些数据提供了国家（或地区）和国际科学教育的系统性特点。有些测试提供了更多的学生测评选项。例如，研究组织开始呈现出提供基于表现的科学测评的趋势，各国（或地区）可以选择将这种测评方式加入进来。有些研究则更进一步，涵盖了对参与国家（或地区）科学课程进行的选择性的或强制性的分析，对各国（或地区）科学教育的定性案例研究，或者是对特定国家（或地区）的课堂教学实录的研究。从上述这些特点来看，迄今为止，最大的国际科学测评仍然是1995年进行的TIMSS。

鉴于本手册面向国际读者，表39.2非常详细，可以作为基本的参考资料，使任何国家（或地区）的读者很容易找到自己所在国家（或地区）参加的项目，是哪一（些）年参加的，以及是对哪一（些）目标人群展开的。

是什么促使人们对国际研究越来越感兴趣呢？最显而易见的缘由是各国（或地区）对全球背景下学生学业成就的关注。此外，通过参与这些研究，一些国家也逐步形成了根据自己国家层面的目标进行国家内部大规模测评的能力。对于许多国家（或地区）来说，这些研究是涉足大规模测评的初步尝试，各个国家了解到了如何将这些测评作为教育政策和实践中的一种工具。这些研究对各国科学教育又产生了什么影响？这些测评已经产生了“世界一流的标准”，同时许多国家（或地区）已经对它们的课程进行了调整，来使其在国际上更具竞争力。

IEA的研究

IEA是一个由国家（或地区）和政府研究机构组成的独立研究组织，在阿姆斯特丹设有行政办公室、在汉堡设有技术数据处理中心。它可以追溯到1958年位于汉堡的联合国教科文组织教育研究所（UNESCO Institute for Education），该研究所是当时心理学家、社会学家和心理测量学家们围绕学校问题、学生学业成就以及如何正确评估它们进行讨论和协商的场所。在1959到1962年，12个国家

表 39.2　参与国际测评的国家（或地区）

国家或地区	TIMSS 1995			TIMSS-R 1999	TIMSS 2003		TIMSS 2007		TIMSS 先进版 2008	TIMSS 2011		PISA（15岁）		
	4年级	8年级	ES[1]	8年级	4年级	8年级	4年级	8年级	ES[1]	4年级	8年级	2006	2009	2012
阿尔巴尼亚													x	x
阿尔及利亚							x	x						
阿根廷		x		x		x						x	x	x
亚美尼亚					x	x	x	x	x	x	x			
澳大利亚	x	x	x	x	x	x	x	x		x	x	x	x	x
奥地利	x	x	x				x			x		x	x	x
阿塞拜疆										x		x	x	
巴林						x		x		x	x			
比利时（佛兰芒语）		x		x	x	x				x		x[2]	x[2]	x[2]
比利时（法语）		x												
波黑								x						
博茨瓦纳						x		x						
巴西												x	x	x
保加利亚		x		x		x		x				x	x	x
加拿大	x	x	x	x								x	x	x
智利				x		x				x	x	x	x	x
中国台湾				x	x	x	x	x		x	x	x	x	x
哥伦比亚		x					x	x				x	x	x
哥斯达黎加													2010[3]	x
克罗地亚										x		x	x	x
塞浦路斯	x	x	x	x	x	x		x						
捷克	x	x	x	x			x	x		x		x	x	x
丹麦		x	x				x			x		x	x	x
埃及						x		x						
萨尔瓦多							x	x						
英格兰[4]	x	x		x	x	x	x	x		x	x			
爱沙尼亚						x						x	x	x

（续表）

国家或地区	TIMSS 1995			TIMSS-R 1999	TIMSS 2003		TIMSS 2007		TIMSS 先进版 2008	TIMSS 2011		PISA（15 岁）		
	4年级	8年级	ES[1]	8年级	4年级	8年级	4年级	8年级	ES[1]	4年级	8年级	2006	2009	2012
芬兰				x						x	x	x	x	x
法国		x	x									x	x	x
格鲁吉亚							x	x		x	x		2010[3]	
德国		x	x				x			x		x	x	x
加纳						x		x			x			
希腊	x	x	x									x	x	x
中国香港	x	x		x	x	x	x	x		x	x	x	x	x
匈牙利	x	x	x	x	x	x	x	x		x	x	x	x	x
冰岛	x	x	x									x	x	x
印度尼西亚				x		x		x			x	x	x	x
伊朗	x	x		x	x	x	x	x	x	x	x			
爱尔兰	x	x								x		x	x	x
以色列	x	x		x		x		x			x	x	x	x
意大利	x	x	x	x	x	x	x	x	x	x	x	x	x	x
日本	x	x		x	x	x	x	x		x	x	x	x	x
约旦				x		x		x			x	x	x	x
哈萨克斯坦							x			x	x		x	x
韩国	x	x		x		x		x		x	x	x	x	x
吉尔吉斯斯坦												x	x	
科威特	x	x					x	x		x				
拉脱维亚	x	x		x	x	x	x					x	x	x
黎巴嫩						x		x	x		x			
列支敦士登												x	x	x
立陶宛		x	x	x	x	x	x	x		x	x	x	x	x
卢森堡												x	x	x
中国澳门												x	x	x
马其顿				x		x					x			
马来西亚				x		x		x			x		2010[3]	x
马耳他								x		x			2010[3]	

（续表）

国家或地区	TIMSS 1995			TIMSS-R 1999	TIMSS 2003		TIMSS 2007		TIMSS 先进版 2008	TIMSS 2011		PISA（15岁）		
	4年级	8年级	ES[1]	8年级	4年级	8年级	4年级	8年级	ES[1]	4年级	8年级	2006	2009	2012
毛里求斯													2010[3]	
墨西哥												x	x	x
摩尔多瓦				x	x	x							x	
蒙古							x	x						
黑山[6]												x	x	x
摩洛哥				x	x	x	x	x		x	x			
荷兰	x	x	x	x	x	x	x		x	x		x	x	x
新西兰	x	x	x	x	x	x	x			x	x	x	x	x
北爱尔兰[4]										x				
挪威	x	x	x		x	x	x	x	x	x	x	x	x	x
阿曼								x		x	x			
巴勒斯坦						x		x			x			
巴拿马													x	
秘鲁													x	x
菲律宾				x	x	x			x					
波兰										x		x	x	x
葡萄牙	x	x								x		x	x	x
卡塔尔							x	x		x	x	x	x	x
罗马尼亚		x		x		x		x		x	x	x	x	x
俄罗斯		x	x	x	x	x	x	x	x	x	x	x	x	x
沙特阿拉伯						x		x		x	x			
苏格兰[4]	x	x			x	x	x	x						
塞尔维亚[6]						x		x		x		x	x	x
新加坡	x	x		x	x	x	x	x		x	x		x	x
斯洛伐克		x		x		x	x			x		x	x	x
斯洛文尼亚	x	x	x	x	x	x	x	x	x	x	x	x	x	x
南非		x	x	x		x								
西班牙		x								x		x	x	x
瑞典		x	x			x	x	x	x	x	x	x	x	x
瑞士		x	x									x	x	x

（续表）

国家或地区	TIMSS 1995			TIMSS-R 1999	TIMSS 2003		TIMSS 2007		TIMSS 先进版 2008	TIMSS 2011		PISA（15岁）		
	4年级	8年级	ES[1]	8年级	4年级	8年级	4年级	8年级	ES[1]	4年级	8年级	2006	2009	2012
叙利亚						x		x			x			
泰国	x	x		x				x		x	x	x	x	x
特立尼达和多巴哥													x	
突尼斯				x	x	x	x	x		x	x	x	x	x
土耳其				x				x		x	x	x	x	x
乌克兰							x	x			x			
阿联酋										x	x		x[5]	x
英国[4]												x	x	x
美国	x	x	x	x	x	x	x	x		x	x	x	x	x
乌拉圭												x	x	x
越南														x
也门					x		x			x				
合计	27	43	22	39	26	48	37	50	10	50	42	57	70	63

1　ES ＝ End of Secondary，代表中学结束。

2　OECD 不区分比利时的佛兰芒语区和法语区。

3　这些国家在 2010 年参加了 PISA 2009。

4　英格兰、苏格兰和北爱尔兰参加了 TIMSS，而 PISA 则对英国整体进行了测量。

5　迪拜在 2009 年没有参加 PISA。

6　1992 年塞尔维亚与黑山组成南斯拉夫联盟共和国，2006 年黑山宣布独立，塞尔维亚共和国宣布继承塞黑的国际法主体地位——编者注

(或地区)对五个领域(科学、数学、阅读能力、地理和非语言能力)进行了一项试验性研究。IEA研究最广为人知的是其对于科学内容(包括科学本质)的测评，但其实它们也考察了学生对科学方面的表现期望和对科学的看法。作为后者的一个实例，TIMSS中关于科学的研究框架呼吁：考察学生的理解；对问题的理论阐释、分析和解决能力；工具的使用，常规的程序和科学过程(表现期望)；以及代表性不足群体的态度、职业生涯和参与(观点文章可参考Robitaille et al., 1993)。

IEA研究的一个特点是强调学生学习学科内容的机会。学习的机会(opportunity to learn [OTL])一直有一个偏实际的关注点，即关注所测评的学科在课堂中实际上做些什么，而不是根据官方标准或者教科书来预设课堂上要发生什么。这种强调也可以被视为从所有IEA研究的共同目标自然发展而来的，其目标就是要阐明能解释或影响教育成就差异的因素(Postlethwaite, 1995)。IEA的三方课程模

型界定了三个层级的课程：预期的课程——系统预设让学生学习什么；实施的课程——课堂中教授什么；达成的课程——学生能够证明他们知道什么（Travers & Westbury, 1988）。

第一次和第二次国际科学研究

第一次国际科学研究由IEA在1966到1973年间进行，这是一项关于6个学科大型调查的一部分，其目的是将第一次国际数学研究中的发现应用到其他学科。IEA研究通常针对三个学生群体（10岁、14岁和中学最后一年）中的一个或多个。所有三个学生群体都要参与生物、化学和物理领域的测评；只有10岁的学生参与地球科学的测评，而只有另外两组年龄较大的学生群体参与科学本质和方法以及对科学的理解的测评。19个国家（或地区）教育系统参加了这两个较大年龄组（14岁和中学最后一年）学生群体的测评；17个国家（或地区）教育系统参加了对10岁学生的研究（Comber & Keeves, 1973）。

第二次国际科学研究（SISS）在1983至1986年间进行，旨在将FISS和当时刚进行的第二次国际数学研究（Second International Mathematics Study [SIMS]）的发现加以应用。人们有兴趣考察各国（或地区）之间的学业成就差异和收集可供解释这些差异的信息，并试图解释从国家（或地区）内部形成学业成就差异的根源。根据各个国家（或地区）感兴趣的学生群体的不同，参加SISS的国家（或地区）数目也存在差异。15个国家（或地区）教育系统参加了对10岁学生的评估（美国的5年级）；17个国家（或地区）教育系统参加了对14岁学生的评估（美国的9年级）；14个国家（或地区）教育系统参加了对中学最后一年学生的评估（美国的12年级）。根据测评的目的，年龄最大的这一组学生被分成了4组，分别是在测评时学习生物的、学习化学的、学习物理的和不学习任何科学学科的学生（IEA, 1988；Postlethwaite & Wiley, 1992）。基夫斯（Keeves, 1992）在报告中还讨论了同时参与FISS和SISS的10个国家（或地区）在这14年间学生的学业成就变化。

第三次国际科学研究

IEA第三次涉足科学测评时尝试将数学和科学项目联合起来。教育统计专员帕斯卡尔·福希奥内（Pascal Forgione）在来自美国TIMSS参与者的第一份美国报告的开篇指出，“第三次国际数学和科学研究是有史以来对学校和学生进行的规模最大、最全面和最严格的研究。”（美国国家教育统计中心[National Center for Education Statistics, NCES], 1996, p.3）在后来的TIMSS项目中，参与国家（或地区）的数量也几乎与1995年的TIMSS差不多，甚至有所超越。表39.2呈现了过去这些年参加不同版本TIMSS项目的国家数目的变化情况。需要注意的是，对于不同的目标年级，参与国家（或地区）的数量有很大的差异。

迄今为止，第一次TIMSS所收集信息的广度和深度都是史无前例的。1993到1995年间进行TIMSS的目标之一就是同时收集同一群学生数学和科学教育的数据，以便能更容易探讨这两门学校科目之间的关系。除了同时对数学和科学进行测评外，学生还要完成背景调查问卷。参与测评的学生所在学校的教师和校长（或学校其他的官员）也要完成一项全面的调查。

在美国国家科学基金会（National Science Foundation）的资助下，开创性地对各国（或地区）课程标准和教科书进行深入分析成了TIMSS项目研究的一个独到之处，这很可能是TIMSS将保持无可比拟的主要原因之一（Schmidt, McKnight, Cogan, Jakwerth, & Houang, 1999；Schmidt, McKnight, & Raizen, 1997；Schmidt, Raizen, Britton, Bianchi, & Wolfe, 1997）。大部分国家（或地区）都接受了培训，以便对教科书中的科学主题和学生表现期望逐行、逐页地分析（McKnight & Britton, 1992；Schmidt, Jakwerth, & McKnight, 1998）。与之形成对照的是，大多数对课程标准文件的大规模分析都局限于对书本章节标题的粗略检查。TIMSS的细致分析要求：创建充分稳健的文本检查程序以适应不同类型的教材；制定通用的编码模式；对参加评估国家（或地区）的课程专家进行为期数天的培训；制定分析框架和方法；确定报告标准以及呈现和分享标准的新方法。IEA以往的一些研究也有对课程的分析，例如罗齐尔（Rosier）和基夫斯（1991）报告了SISS课程分析的结果。然而，以往的这些研究并没有像TIMSS这样广泛地进行数据收集和分析。

IEA通常收集三个标准学生群体的数据，而TIMSS则采用了一种更复杂的、要求更高的抽样方法。TIMSS测评的对象包括：大部分9岁学生所处的两个相邻的年级（在美国是3和4年级），13岁学生所处的两个相邻的年级（美国的7和8年级），以及中学最后一年的学生（美国的12年级）。不同国家（或地区）学生开始接受正规教育的年龄不同，这正是国际比较研究面临的一个挑战。我们是想研究并比较某一年龄的学生，但在不同国家（或地区）中这些学生会接受不同年限的正规学校教育；还是想研究并比较受过同样年限正规学校教育的学生，但可能年龄上存在一年或多年的差异；这其实混淆了发展成熟度和受教育程度。TIMSS是在尝试不偏不倚地采取一条中间的道路，即同时结合年龄和受教育年限来确定两个年龄较小的学生群体：大部分9岁学生（群体1）或13岁学生（群体2）所处的两个相邻年级。威利（Wiley）和沃尔夫（Wolfe）（1992）讨论了采用这种方法时允许进行的额外分析。27个国家（或地区）教育系统参加了9岁学生的测评（在美国和很多其他教育系统中，下限年级段为3年级，上限年级段为4年级），43个国家（或地区）教育系统参加了13岁学生的测评（在美国和很多其他国家中，下限年级段为7年级，上限年级段为8年级）。参与9岁和13岁上限年级段学生测评的所有国家（或地区），除了以色列和科威特之外，也都对下限年级段的学生进行了测评（Beaton et al., 1996；Martin et al., 1997）。

参与测评的中学最后一年的学生也被分为两个学生群体，分别是正在完成中学最后一年教育项目的所有学生和在中学最后一年教育中专攻科学学科的学生。这两个群体的学生都参加了科学素养的测评，该测评主要测量了专家们所认为的21世纪具有科学素养的公民应具备的科学知识水平。专攻科学学科的学生还要参加物理学方面的测评。22个国家（或地区）参加了对数学和科学素养的测评，只有16个国家（或地区）参加了物理学的测评（Mullis et al., 1998）。

TIMSS的另一个特点是1995年一开始的研究所独有的，即TIMSS为4和8年级的学生同时提供了数学和科学方面的表现性测评作为选择参与的部分（Harmon et al., 1997）。参加这部分研究的国家（或地区）要少得多（参加4年级研究的有10个国家[或地区]，参加8年级研究的有21个国家[或地区]）。这些表现性测评的任务要求学生使用材料和仪器来解决一个多步骤的实际问题，例如设计并搭建一个盒子来容纳4个塑料球。

美国在参与1995年TIMSS的同时，美国政府通过国家教育统计中心（National Center for

Education Statistics [NCES]）资助了两类补充性的国际性研究项目：课堂录像研究和三个案例研究（Stevenson, 1998; Stigler, Gonzales, Kwanaka, Knoll, & Serrano, 1999）。这两类研究都集中在德国、日本和美国8年级的数学水平上。1999年TIMSS进行了更广泛的包括科学在内的录像研究，相应的结果在2006年初公布（NCES, 2006）。

地方行政辖区近来的参与情况

表39.3表明，近年来地方行政辖区也参与到TIMSS和PISA中来的情况有所增加。这一现象在加拿大和美国尤其明显。在美国，1995年一开始的TIMSS就获得了很大的关注，很多州和学区联盟都开始将本地学生的科学或数学表现与国际的结果关联起来（如Kimmelman et al., 1999）。为了参与国际测评，这些感兴趣的地方行政辖区必须付出额外的努力和开支。以美国为例，国家层面的研究要求特定的州都要有一定数量的学生参加TIMSS的考试，以便形成一个国家层面的样本。但是，这些州参与的学生人数并不足以代表该州的学生。为保障州层面的报告也具有相当的效力，感兴趣的州就需要有更多学生参加考试。

表39.3 参加国际测评的地方行政辖区

地方行政辖区		TIMSS 2007		TIMSS 2011		PISA 2009	PISA 2012
		4年级	8年级	4年级	8年级	15岁	15岁
加拿大							
	艾伯塔	x		x	x		
	不列颠哥伦比亚	x	x				
	安大略	x	x	x	x		
	魁北克	x	x	x	x		
中国							
	上海					x	x
印度							
	喜马偕尔邦					2010	
	泰米尔纳德邦					2010	
西班牙							
	巴斯克		x				
阿联酋							
	阿布扎比			x	x		
	迪拜	x	x	x	x	x	
美国							
	亚拉巴马州				x		
	加利福尼亚州				x		
	科罗拉多州				x		

（续表）

地方行政辖区		TIMSS 2007		TIMSS 2011		PISA 2009	PISA 2012
		4年级	8年级	4年级	8年级	15岁	15岁
	康涅狄格州				x		
	佛罗里达州			x	x		
	印第安纳州				x		
	马萨诸塞州	x	x		x		
	明尼苏达州	x	x		x		
	北卡罗来纳州			x	x		
委内瑞拉							
	米兰达州					2010	

注：2010 = 在 2010 年参加 PISA 2009

OECD-PISA

OECD在2000年发起了一项新的跨国科学测评项目。OECD是一个由工业化的国家组成的组织，总部设在巴黎。历史上OECD最广为人知的是经济方面的跨国报告，例如人均教育支出的比较。在OECD内部，教育研究与创新中心（Center for Education Research and Innovation [CERI]）自1968年开始就已经组织了关于教育问题的跨国研究，例如对参与国家（或地区）科学和数学教育创新的定性研究（如 Black & Atkin, 1996; Raizen & Britton, 1997）。

OECD定期进行的测评被称为PISA。PISA只关注15岁的孩子，每次都包括对文学素养、数学素养和科学素养三个学科领域的测评。但在每一个周期中，只以其中一个领域为主（见表39.1）。截止到2006年，第一次也是唯一一次以科学为主，在2015年将再次以科学为主。与TIMSS相似的是，PISA也在国际上引起了强烈兴趣：前两届有40多个国家（或地区）参加，自那以后参加的国家（或地区）更是大大增加。

PISA强调学生在现实生活中应用科学。2006年的PISA规定了科学素养相互关联的几个方面。情境往往体现在认识到涉及科学和技术的生活场景。知识则是在科学知识的基础上对自然世界的理解，既包括对自然世界的知识，也包括对科学本身的知识。后者包括科学和技术与物质、智力和文化环境之间的相互作用。态度方面包括对科学的兴趣、对科学探究的支持和负责任地行动（例如，对自然资源和环境）的动机。PISA框架也优先考虑了这些能力：识别科学问题；基于科学知识描述、预测或解释现象；诠释证据和结论；利用科学证据制定和交流决策。换句话说，在PISA测评中，解决科学问题被视为学生的一项核心活动。

对比TIMSS和PISA测评

TIMSS和PISA的系列测评有相似之处，但也有许多显著的差异（Hutchison & Schagen, 2006; Scott & Owen, 2005; Yee, de Lange, & Schmidt, 2006）。两者之间的不同在于对不同科学学科、技术和工程的侧重不同；对探测学生学科内容知识与知识应用的权衡；以及所使用的试题类型。

- TIMSS和PISA测试都对生命科学给予相当程度的重视，而PISA比TIMSS更重视地球科学，TIMSS则更强调物质科学。
- 虽然两种科学测评的内容名义上相似(生命科学、物质科学)，但TIMSS主要关注科学学科的正式内容，而PISA则强调学生在现实生活中对科学的应用。PISA选择作为测评知识的第一个标准就是其与现实生活的相关性，第二个标准则是所选知识要能代表重要的科学概念。TIMSS的设计通常会反转两者的优先级。
- 与TIMSS相比，PISA强调问题解决，因此需要更多的开放式试题，而不是明确限定了回答的试题(Nohara, 2001)。PISA中的典型试题对学生认知复杂性的要求更高。此外，PISA的试题所探测的各知识类型往往需要涉及相当大的阅读量，对任何测试(包括PISA)而言，这都会对学生回答问题的意愿和能力有普遍的影响(Ruddock, Clausen-May, Purple, & Ager, 2006)。
- PISA科学框架非常重视技术教育。10多年来，许多国家都将技术作为一门单独的学校课程，并在学校里与科学分开上课(Britton, De Long-Cotty, & Levenson, 2005)。

此外，TIMSS的抽样是以班级为基础的，而PISA抽样是以学校为基础的。考虑到这些差异，一个国家(或地区)的学生在其中一项测试中的表现可能好于在另一项测试中的表现，这是合乎逻辑的，取决于该国(或地区)的科学课程和教学实践。然而，当PISA开始出现的时候，一些之前在TIMSS测试中表现优异的国家(或地区)却在PISA测试中成绩明显较低，这使得这些国家(或地区)感到十分震惊(“PISA的冲击”; Yee, de Lange, & Schmidt, 2006)。虽然现在对测试的差异有了更好的理解，但是对于一个国家(或地区)的测试结果为什么会有差异以及这些差异意味着什么仍然存在相当大的困惑(Koretz, 2009)。

解释国际比较的结果

虽然前一版这章的作者总结了最初的TIMSS中一些国家(或地区)具体的结果(Britton & Schneider, 2007)，但越来越多的TIMSS研究和PISA研究已经出现，使得当前版本的这章没有足够的篇幅来进行这些结果的分析。然而，本章呈献了一些可用于关注或解释国际结果的关键的、首要的原则。

1. 在最为总结性的水平上讨论结果只能呈现出科学的总体国家(或地区)排名，如国家A排名第2或国家B排名第37。需要注意的是，对全体科学学科按照国家(或地区)进行排名可能掩盖了特定科学领域之间的重大差异。除了科学整体的综合评分，TIMSS国际科学报告还包括了五个广泛的科学领域的平均得分：地球科学、生命科学、物理、化学、环境问题和科学本质(Beaton et al., 1996)。后来对TIMSS 8年级数据的分析发现，“A+”组国家(或地区)的表现显著优于大多数参与TIMSS的国家(或地区)(Valverde & Schmidt, 2000)。然而，即使是整体表现最好的国家(或地区)，它们在某些科学领域的表现也没有那么出色。

美国TIMSS国家研究中心出版的一本书包含了对学生学业成就更详细的分析，能够反映更大的差异(Schmidt, McKnight, Cogan, Jakwerth, &

Houang, 1999）。在上述五个广泛的科学领域中，TIMSS可以报告15至17个子量表的结果（子量表的数量视年级而定）。例如，生命科学包括五个子量表：植物和动物、器官和组织、生命过程和功能、生命周期和遗传学、人类生物学和健康。该书的作者认为，子量表上学业成就分数的较大差异能够反映参与国家（或地区）之间科学课程的差异。在向8年级提出的17个科学课程领域中，我们可以看到，每个表现最好的国家（或地区）至少在其中一个类别中排名第一。但是，也有整体表现优异的国家（或地区）在某一特定科学领域的排名最低（在生命周期和遗传学领域排名第21位），且在这17个课程领域中，每个国家在其中4个领域的排名都在第10位或更低。

广泛的课程分析是1995年TIMSS的特点，能通过考察官方课程标准和教科书，对前面这些问题进行深入的分析（Schmidt, Raizen, Britton, Bianchi, & Wolfe, 1997）。对表现最好国家（或地区）的课程进行的一项调查发现，在新加坡、捷克、日本和韩国这四个国家中，8年级科学教科书的80%都给了五个最被强调的科学主题。这五个最被强调的主题分别是：电学；物质的化学性质；化学变化；能量的类型、来源和转换；器官和组织。这五个主题包括一个生物学主题、两个物理学主题和两个化学主题。此外，TIMSS的教师问卷（Teacher Questionnaire）还提供了各国（或地区）科学课程的另外两个指标：（1）在对学生进行测评的学年中教授特定主题的教师比例，（2）专门用于特定主题的教学时间所占的相对比例。也有几篇研究报告将教师的这两项课程指标与内容标准和教材这两项课程指标结合起来，以便提供TIMSS参与国家（或地区）的8年级科学内容的多方面视角（Cogan, Wang, & Schmidt, 2001；Schmidt et al., 2001）。根据这四个指标对8年级最被强调的五个科学主题进行分析，结果发现只有“人类生物学”主题同时符合这四个指标。能量的各个方面（“电学”“能量过程”“能量类型、来源和转换”）也呈现得较好。

2. 并非所有国家（或地区）都打算在儿童入学时就开始科学教学，这一事实影响了4年级的测评结果。实际上，8年级表现最好的四个国家（或地区）中，有三个国家——新加坡、日本和捷克——都是直到3年级才开始科学教学的（参见Schmidt et al., 1997, pp. 83–84）。每个年级教与学的内容主题数量、每一年重点强调的主题，以及不同学年对主题的安排模式，都已经被确认为衡量任何国家（或地区）课程一致性、聚焦度和严谨性的重要指标（Schmidt, McKnight, & Raizen, 1997; Valverde & Schmidt, 2000）。

3. 针对不同的目的，下面列出了不同种类的报告：关于国际比较结果的官方国际报告，国家（或地区）发布的关于国际比较结果的官方报告，以及许多其他团体对成果的讨论。作为主办的国际组织（IES和OECD）一般会发布报告，对参与国（或地区）进行一般性比较并给出结果。许多国家（或地区）也发布自己的官方报告，报告中虽然给出同样的国际结果，但是会以该国（或地区）的相对表现的方式来进行呈现；会比国际报告中提供的该国（或地区）的数据更详细，并可能会对影响国家（或地区）表现的因素进行讨论（例如Schmidt et al., 1999）。最后，研究团队之外的研究人员、政策制定者和其他人可能会在进行或不进行额外分析的情况下，对结果提供更多的解释和/或对影响结果的因素进行讨论（例如Carnoy & Rothstein,

2013; Phillips, 2010; Wang, 1998)。

4. 对不同年份的测试结果进行比较必须谨慎。每一次评估涉及的国家(或地区)数目和每一次评估涉及的试题差异都促使我们不能通过直接比较来得出过于简单的结论。例如，对于后者，生命科学、物质科学等等学科之间试题的相对数量在不同的测试中可能有轻微的变化。此外，由于每次的量表分都是基于当次参与的学生得到的，因此任何两次测评的量表分(如TIMSS 1995和TIMSS 2003)都不能直接进行比较。另一方面，国际测评确实在不同测试中保留了一些共同的试题。随着时间的推移，项目反应理论(item response theory)和Rasch测量的显著发展增强了结果的等值性。因此，分析人员可以对不同测评的分数进行适当调整，以便进行一些适当的比较。

美国国家教育进展评估

40多年前，美国国家教育进展评估(NAEP)开始收集学生特定学科的学业成就的信息(Johnson, 1975)。NAEP的每一次开展都成为美国学生当时所知道和所能够做什么的重要的、持续不断的信息来源。美国国家评估管理理事会(NAGB)负责监督NAEP项目。

NAEP科学1975—2008

第一届就包括了科学实践技能测试(NAEP, 1975)。这些年来，NAEP的测评规模已经扩大了好几倍。第三届开展时增加了一些试题，来测评学生对科学的态度(NAEP, 1978)。1986年的NAEP还调查了学生的家庭环境以及他们在学校接受的科学教学的类型(Mullis & Jenkins, 1988)。同样在1986年，NAEP开发了一项实验测评来考察高阶思维技能，在这项测评中，学生们与一个项目的计算机模拟试题进行了交互(NAEP, 1987)。最初，NAEP的测评对象是9岁、13岁和17岁的学生；从1983年开始，测评对4年级、8年级和12年级的学生进行抽样调查。20世纪80年代末，ETS，即NAEP的承办方，也曾在国际测评领域做过一次简短的、类似的尝试。

自20世纪90年代中期以来，除了国家层面的测评外，NAEP还在州层面对4年级和8年级学生在科学、阅读、数学和写作方面进行了测评(Hudson, 1991)。与国家层面测评相同的是，州层面的科学测评每隔几年进行一次，最近的一次是在2009年(NCES, 2011)和2011年(NCES, 2012)。根据2001年的《不让一个孩子掉队法案》(*No Child Left Behind Act*)，获得第一等资助的学校必须参加NAEP的数学和阅读测评；而参与NAEP州层面的科学测评是自愿的("NAEP—About State NAEP," 2012b)。同样受到《不让一个孩子掉队法案》的推动，NAEP在2002年开始试点市区测评试验(Trial Urban District Assessment [TUDA])，六个大型都市地区自愿参加了NAEP的阅读和写作测评(Lutkus, Weiner, Daane, & Jin, 2003)。现在有21个地区参加了TUDA。在2005年和2009年，NAEP进行了地区层面的测评，有18个地区参加了最近的考试("NAEP About the District Assessment," 2012a)。

在收集学生知识和表现数据的同时也收集了他们的背景资料信息，这就能够分析一系列与学业成就有关的学生人口统计学资料和教学因素。设计这些测评的初衷就是比较学生不同时期的学业表现，以及根据地区、父母教育水平、性别、种族/民族来比较不同子群体学生的学业表现(例如Campbell, Voelkl, & Donahue, 1998；NAEP, 1992)。研究人员使用NAEP的数据对科学测评进行了二次分析（例如Linn, De Benedictis, Delucchi, Harris, & Stage, 1987；Liu & Ruiz, 2008；Von Secker, 2004；Welch, Walberg, & Fraser, 1986)。一些特定的试题也已经公开可用，允许研究人员对问题进行评估（例如Abedi & Hejri, 2004）并进行原创性研究（例如Schneider, Krajcik, Marx, & Soloway, 2002)。

NAGB在1990年测评时将学业成就划分为三个水平（Vinovskis, 1998)。基本水平指的是部分掌握了必要的知识和技能，而这些知识和技能是每个年级熟练工作的基础。熟练水平代表了每一个测评年级扎实的学业表现。达到这一水平的学生将展示出对学科专业知识的理解，将这些知识应用到真实世界中的能力，以及与学科专业相关的分析技能。高级水平则意味着卓越的表现。这些水平是向公众和政策制定者报告NAPE测评中关于学生应该知道什么和应该能做什么的主要手段。

NAEP科学2009—2021

2005年底，NAGB批准了2009年至2021年期间NAEP科学测评的新指导框架。该框架是对标准、认知、国际测评和测评实践方面的科学研究发展和科学教育进展的回应（NAGB, 2009)。2009年，第一次新NAEP科学测评的结果显示，4年级、8年级和12年级的学生中，分别有34%、30%和21%的学生达到或超过了熟练水平（NCES, 2011)。2011年，当只对8年级学生进行测评时，32%的学生学业表现达到或超过了熟练水平，白人学生与黑人学生和西班牙裔学生之间的分数差距有所缩小；男女学生、私立和公立学校学生之间的差距仍然存在（NCES, 2012)。

科学内容

2009年NAEP科学的内容领域通过一系列内容陈述加以限定，这些内容包括了物质科学、生命科学、地球和空间科学三个广泛内容领域中的关键原理、概念和事实（见表39.4)。根据学生的作答

表39.4　NAEP科学测评2009—2021年4、8、12年级的科学内容

内容	大主题	小主题
物质科学	物质	物质的性质
		物质的变化
	能量	能量的形式
		能量转换和守恒
	运动	宏观水平和分子水平的运动
		力对运动的影响
生命科学	生命系统的结构和功能	生命系统的组织和发展
		生命系统中的物质和能量转换
		生命系统的相互依赖性
	生命系统的变化	生命系统的遗传和繁殖
		生命系统的演化和多样性

（续表）

内容	大主题	小主题
地球和空间科学	在空间和时间上的地球	宇宙中的物体
		地球的历史
	地球结构	地球材料的性质
		地质构造
	地球系统	地球系统的能量
		气候和天气
		生物地球化学循环

注：摘自NAGB 2009年发布的《2009年国家教育进展评估科学框架》（*Science Framework for the 2009 National Assessment of Educational Progress*）。

时间来衡量，不同内容领域的试题分布应该是这样的：在4年级时，物质、生命、地球和空间科学大致相等；8年级时更强调地球和空间科学；12年级时转向更加重视物质和生命科学（NAGB, 2009, p.viii）。也有一些内容横跨了物质、生命、地球和空间科学领域（NAGB, 2009, p.24）。接下来将对一些交叉内容的实例进行介绍。

能量的利用、转换和守恒。为了展示自己对能量利用、转换和守恒的理解，学生们必须能够在不同类型系统的情境中做到这一点。这些系统包括生物有机体、地球系统、生态系统（结合了生命形式和它们的物质环境）、太阳系和宇宙中的其他系统，以及人类设计的系统（NAGB, 2009, p.42）。

生物地球化学循环。为了展示自己对生物地球化学循环的理解，学生们必须能够对物质和能量（物质科学）、生命系统的结构和功能（生命科学）以及地球系统（地球和空间科学）的知识加以运用。固定数量的化学原子或元素在地球系统内循环；能量在物质运动过程中发生传递，包括水和营养循环；地球资源是有限的，人类对地球资源的利用影响着陆地、海洋、大气以及动植物种群（NAGB, 2009, p.56）。

科学实践

框架的第二个维度包括四类科学实践：识别科学原理、利用科学原理、实施科学探究和进行技术设计（NAGB, 2009, p.66）。将上述科学内容描述与这四种实践相结合，就可能可以生成特定的表现期望作为测评试题的基础。因此，无论是科学内容描述还是科学实践描述都不会单独进行测评；所有的测评试题将由这两个维度的组合产生。然后，可以将观察到的学生对这些试题的回答与预期的学生回答进行比较，从而推断出学生知道什么和能够做什么。

表39.5总结了这四类实践的一般性表现期望。认知和思考的特定方式，即认知需求，是四种科学实践的基础。这四种认知需求分别是：知道什么、知道如何、知道为什么、知道何时何地应用知识（NAGB, 2009, p.65）。可以将这四种认知需求看作一面镜子，来分析学生的作答，从而检查关于某一测评试题正在探测哪个（些）内容和实践的期望。

表39.5　NAEP科学测评2009 — 2021年科学实践的一般性表现期望

识别科学原理	利用科学原理	实施科学探究	进行技术设计
正确地表述科学原理	解释科学观察或现象	设计和评鉴科学调查	针对特定问题设计和评鉴技术解决方案
能建立数据中不同表征形式的科学原理和模式之间的联系	预测特定的观察或现象	使用合适的工具和技术进行科学调查	在设计决策的过程中确定科学的折中方案，并在备选解决方案中进行选择
在密切相关的内容陈述之间建立联系	提出、分析和评估不同的预测或解释	找出数据中的模式，将数据中的模式与理论模型联系起来	运用科学原理或数据来预测技术设计决策的效果
能对观察结果进行描述、测量或分类	举例说明科学原理的观察结果	使用实证得到的证据来对解释和预测做出有效的结论	
←准确地并有效地沟通→			

注：摘自 NAGB 2009 年发布的《2009 年国家教育进展评估科学框架》（NAGB, 2009, p.80）。

科学测评试题的格式

2009年NAEP科学测评的试题类型分为两大类：选择反应题和建构反应题。选择反应题包括含多个选择项的题目（国外测评中常说的“多个选择项的题目[multiple-choice item]”与我国传统的单选题类似，往往只有一个正确答案——译者注）。建构反应题包括简短的建构反应题、扩展的建构反应题和概念图。同时还有其他一些试题类型——集群选择题、预测–观察–解释（predict-observe-explain [POE]）选择题、实际操作表现任务和交互式计算机任务，这些试题可以被用作选择反应题或建构反应题（NAGB, 2009, p. 98）。

根据学生的作答时间来衡量，每个年级的测评试题中，选择反应题的比例不应超过50%，其余部分应由建构反应题组成（NAGB, 2009, p. 97）。为了进一步探测学生将他们的理解与反映实践的调查技能相结合的能力，部分学生组成的子样本需要在20到30分钟的额外时间内完成动手操作和交互式计算机任务。每个参加测评的年级至少应有四项这样的任务；在这四项任务中，每个年级至少要有一项动手操作和一项交互式计算机任务；动手操作任务的数量不应超过交互式计算机任务的数量（NAGB, 2009, p. 114）。

在动手操作任务中，学生需要操纵特定的物理对象，并试图解决与这些物理对象相关的科学问题（NAGB, 2009, p. 106）。NAEP的动手操作任务应该为学生提供一个具体的、情境化的任务（问题），以及相应的“实验室”设备和材料。但作答形式应该能够让学生自由地决定解决问题和得到解决方案的科学的、合理的程序。学生的得分应该综合考虑解决方案以及为进行调查和得到解决方案而创建的程序。

交互式计算机任务包括四种类型：（1）信息搜索和分析，（2）实证调查，（3）模拟，（4）概念图（NAGB, 2009, p. 107）。信息检索和分析的试题向学生提出科学问题，要求学生对信息数据库进行查询，找出与问题有关的概念和经验信息。实证调查试题将动手操作任务放在计算机上，要求学生设计和进行研究，从而得出有关问题的推论和结论。模拟试题通过为系统建模(如食物链)来生成关于系统变化的预测和解释方面的问题，同时允许学生在系统中收集数据和解决问题。概念图试题通过提供概念术语并让学生在计算机上构建概念图，来探索学生科学知识结构(或组织)的各个方面。概念图是一个网络，其节点是概念术语(例如密度、浮力、质量)。节点通过有方向的、有标签的线条连接起来。有方向的线条表示一对概念术语之间的关系；线条上的标签则描述了这种关系。

NAEP技术和工程素养2014+

越来越多的国家在其全国教育系统中开始对技术和工程教育给予更明确的重视，但是迄今为止这种重视更集中于技术教育而不是工程教育。10多年来，许多国家已经将技术教育从学校的科学课程中分离出来，作为一门单独的学校课程纳入其中(Britton, De Long-Cotty, & Levenson, 2005)。迄今为止，这两个学科领域都没有在美国站稳脚跟(Meade & Dugger, 2004)。美国技术教育的标准很早就制定了(国际技术教育协会[International Technology Education Association], 2000，近年来更名为国际技术和工程教育协会[International Technology and Engineering Education Association, ITEEA])。然而，技术方面的教学主要是在职业和技术教育(career and technical education [CTE])课程中进行的，而不是通过科学课堂和/或通过让更多的学生学习技术课程来达成系统范围的吸引力。然而，美国这方面的情况正在发生变化。如《科学和工程教育框架》(*The Framework for Science and Engineering Education*)阐述的那样，下一版的国家科学标准开始包含一些工程方面的内容，特别是工程设计(NRC, 2011)。

正如坎宁安和卡尔森在本手册第36章中阐述的那样，由于美国技术或工程教育匮乏，人们对它们是什么以及它们与科学之间的关系感到困惑。简而言之，6年级到12年级的技术和工程教育存在互补的关系，两者都强调学生通过使用工程设计方法动手调查人类世界问题的解决方案，并获得有关工程设计方法的正式知识。这与对科学现象进行科学探究形成了鲜明的对比。技术教育还要关注对技术的理解和设计以及对所设计领域的理解，比如在交通、食品工业、土木工程、建筑或生物医学技术等许多领域中具备基本的、现代的内容知识。

为了测量美国学生对技术的理解，NAGB受委托开发了技术和工程素养(Technology and Engineering Literacy [TEL])框架(NAGB, 2010)。NAEP目前正在基于该框架创建具体的测评项目，该评估于2014年在8年级学生中进行试验(“更多关于NAEP TEL测评”[More about the NAEP Technology and Engineering Literacy (TEL) Assesment]，2012)。接下来将讨论科学技术和工程素养框架对内容、实践和试题类型的定义。

技术和工程素养的内容

TEL框架将技术和工程素养定义为“运用、理解和评价技术的能力，以及理解制定解决方案和达成目标所需的技术原理和策略的能力”(NAGB, 2010, p.xi)。该框架的重点不是掌握特定的工具，而是所有学生作为技术驱动的社会中的公民所需要的知识和能力。三个内容领域被确定为对技术和工程素养设计至关重要，分别是：技术与社会、设计与系统、信息与通信技术(information and communication technology [ICT]；见表39.6)。这些内容领域虽然植根于不同的领域(即工业艺术，ICT，科学、技术与社

表39.6　NAEP 2014中4、8和12年级技术和工程素养的内容

内容	大主题
技术与社会	技术和人类的相互作用
	技术对自然界的影响
	技术对信息和知识世界的影响
	伦理、公平和责任
设计与系统	技术的本质
	工程设计
	系统思维
	维护和检修
信息与通信技术	构建和交换观点和解决方案
	信息研究
	问题调查
	确认观点和信息
	数字工具的选择和使用

注：摘自 NAGB 2010 年发布的《2014 年国家教育进展评估技术和工程素养框架：预出版版本》（*Technology and Engineering Literacy Framework for the 2014 National Assessment of Educational Progress: Pre-Publication Edition*）p.2-2。

会)，但它们是紧密相关的，在一个领域中达到熟练有助于理解另一个领域。技术和工程素养的形成被认为是一个积累的过程，后面的经验是建立在先前获得的知识之上的。根据学生的作答时间来衡量，不同内容领域的试题分布如下：4年级时着重强调ICT；8年级对ICT的强调变少，更注重设计与系统；12年级时技术与社会、设计与系统、ICT三个领域大致相同(NAGB, 2010, pp.4–14)。

技术和工程素养的实践和情境

TEL框架还定义了三种实践能力，希望学生能将来自三个内容领域的知识加以应用：理解技术原理、制定解决方案与达成目标，以及交流和合作(见表39.7)。通过这三种实践能力和所有内容领域的交叉将产生九组表现期望，这些表现期望正是测评试题的基础。该框架还强调了在不同情境下知道如何运用技术和工程素养的重要性，特别是社会议题、设计目标以及学校和社区问题(NAGB, 2010, pp.3–23)。测评试题将以这三个范围内的一个作为情境。

技术和工程素养项目格式

NAEP对TEL的测评完全是基于计算机的，包括基于场景的测评题组和离散题组。基于场景的测评题组为学生提供了一个主要问题，让他们完成各种相关的任务来解决问题，一般需要12到25分钟。离散题组则由10到15个独立的试题组成，题型有选择反应题或简短的建构反应题两类。将有25分钟分配给离散题组。鉴于NAEP TEL测评的本质，可以使用模式追踪来更详细地分析学生的表现。例如，基于计算机的测评可以捕获考生在解决

表39.7 NAEP TEL 2014关于实践能力的一般性表现期望

理解技术原理	制定解决方案与达成目标	交流和合作
解释技术和系统的特性和功能	应用简单的步骤、利用技术工具来处理真实的任务	使用现代技术进行交流
解释部件如何组合在一起	分析目标、计划、设计和实施	单独或团队工作
进行预测、比较和评估	修订和评估可能的解决方案	分享观点、设计、数据、解释、模式、论点和展示 发展表现

注：摘自 NAGB 2010 年发布的《2014 年国家教育进展评估技术和工程素养框架：预出版版本》p.3–2–3–3。

问题时所采取的行动顺序或考生所关注的问题的特征。

州层级的技术和工程测评

在州一级，科学测试是通过在美国所有州对不同年级进行大规模测评实现的。相比之下，目前只有马萨诸塞州对技术和工程的测评是与该州对科学的测评区分开的；高中毕业要求学生参加并通过技术/工程或三门科学学科之一的课程结业考试，高中学生可以通过参加这项考试（指技术和工程的测评）来满足毕业要求。此外，绝大多数州在其科学测试中不包含任何技术和/或工程的内容（国家工程院[National Academy of Engineering], 2010）。要在州层级建立面向技术和工程的大规模测评，还面临着许多挑战（技术素养评估委员会[Committee on Assessing Technological Literacy], 2006; Quellmalz, 2013）。

计算机增强的科学测评

支持测评的新技术的迅速实施正在深刻地变革科学测评的内容、方式、时间和地点。当代科学框架和标准正在引导美国朝着更具挑战性、更有针对性的科学目标迈进。这些文件提倡更少、更完整的核心学科概念，更深入地理解动态科学系统，并将科学理解应用于实际问题（大学理事会[College Board], 2009; NRC, 2011）。为应对这些挑战，新一代以技术为动力的测评正在开发中。

当前大规模测评的局限性

技术给克服大规模测评存在的严重局限性带来了很大的希望。多数课堂、地区和州层面的科学测试仍是松散地对离散的科学事实和少量的科学实践进行测评（Quellmalz, DeBarger, Haertel, & Kreikemeier, 2005; Quellmalz, Timms, Silberglitt, & Buckley, 2012）。美国各州的科学测试是按需进行的，而联邦法规也只要求在某些年级结束时进行测试。经济和后勤限制影响了测试的长度，导致测试甚至不能实现对核心概念和实践的测量，这种问题在选择题的形式下显得尤为明显。

《K—12科学教育框架》（*The Framework for K-12 Science Education*）和《新一代科学教育标准》（*Next Generation Science Standards* [*NGSS*]）以及其他全国性和国际性的科学框架和标准都提倡，教学和测试都要指向更深层次地学习自然和人工世界中的系统，并且整合运用科学家和工程师研究和设计这些系统所使用的实践(NRC, 2011)。对《新一代科学教育标准》的测评需要对科学现象进行更丰富、更广泛、更复杂的动态表征，以及让学生能主动调查和修改系统组件和意外系统行为之间的交互。此外，人们希望21世纪的技能(如交流与合作)也能够被测量到。这些目标对当前测试的实践提出了重大变革的要求。

新兴计算机增强的测评

技术为改进科学测评提供了许多机会。对管理、评分和报告的组织功能的支持可以大大降低测试的成本。计算机编写的系统和资源库正在不断简化测试的设计和开发流程。采集有关发布的试题和任务的数据，教师得以创建与州级考试一致的课堂测评。一致性的工具有助于搜索基于标准的任务和试题。在线的评分培训和评分系统有助于可靠应用标准。对范例的详细注释有助于解释分数，并为教学带来启示。社交网络则有助于群体实践和测评素养的专业发展。

也许技术最具变革意义的好处就在于测试环境设计的进步。技术可以将需要解决的问题以更丰富、真实的环境和复杂的方式进行表征。基于问题的场景可以通过对系统模型的开发、利用和调查，促进科学知识和实践的整合。多媒体显示可以将科学系统以多种表征方式同时呈现，并将抽象的符号与具体的描述叠加。测评任务可以是静态、主动或交互的多种模式(Mayer & Johnson, 2008)。通过动画，那些通常不可见的空间、因果和时间方面的动态科学现象就可以“动态”地显示出来。学生们可以控制播放的速度、回放他们需要观察的内容。交互功能允许学生积极地研究科学系统，这样他们就可以做出预测、进行实验、解释结果和反复进行多次试验。通过学生研究过程中的计算机日志可以了解学生从事科学和工程实践的路径。此外，学生的作答特征(如拖放、绘图和移动滑块来更改某些变量的值)可以让学生用文本之外的一系列方式来展现他们的理解。这种功能可见性对于阅读表现不佳的人、英语学习者和残疾学生尤其有用(Dolan, Hall, Banerjee, Chun, & Strangman, 2005)。

基于计算机的测评形式正在从计算机平台迁移到其他设备，如平板电脑、手持设备和一些现在还想象不到的工具。测评工具机动性的提高将使在何时何地收集学习的证据变得更灵活。测评的时间和地点更为灵活可以使原来按年的、按需的测试变为嵌入课程的、临时的测试，这种测试的结果可以整合到反映熟练程度的累积性报告中。

基于计算机测评的实例

目前，基于计算机的大规模测试已经出现在了许多国际性、全国性和州级的测评项目中(Quellmalz & Pellegrino, 2009)。在许多此类项目中，技术不仅被用于支持测试的组织，而且还被用于设计新颖的任务和试题。例如，在2011年NAEP对写作的测评中，学生们使用了文字处理技术，并可以进行拼写检查。2006年国际PISA测评开始试点基于计算机的科学测评，2015年将正式实行基于模拟的科学测评任务(OECD, 2010)。2009年NAEP在科学领域的测评中，部署了交互式计算机任务，以更好地对科学探究进行测评，未来这种交互式的调查方式将继续实行下去。2014年NAEP技术和工程素养标准将在网上发布，其中包括基于长场景和短场景的任务，用以对理解技术原理、制定方案与达成目标、交流与合作的跨领域实践进行测评。

各州开始在州级的科学测试中加入模拟试题(明尼苏达州教育部[Minnesota Department

of Education], 2012; Silberglitt, Vineyard, King, & Bowler, 2011)。各州测评联盟为数学和文学的共同核心(Common Core)标准开发的测试也将在计算机平台上进行发布和评分(随着各个学科[数学、文学和科学等]共同核心标准的发布，美国联邦政府教育部为了进行基于标准的测评，资助了一些测评联盟，如大学与生涯准备度测评联盟[Partnership for Assessment of Readiness for College and Careers, PARCC]和智慧平衡测评联盟[Smarter Balanced Assessment Consortium, SBAC]，各州可以选择参加这些测评联盟组织的测评。——译者注)。其中一个测评联盟将采用基于计算机的自适应测试。未来很可能也会成立类似的州联盟，为《新一代科学教育标准》开发新的测评。

一些研究和开发项目正在探讨科学技术对科学测评的启示。例如，其中有两项就瞄准了课堂测评。诊断者项目(Diagnoser project)包含了旨在解决某些特定问题的想法的问题集和活动。测评任务每个成分都代表着一种思维面向的集群(Minstrell, Anderson, Kraus, & Minstrell, 2008)。科学辅助计划(Science Assistments project)已经开发了符合马萨诸塞州科学标准的计算机化的微型世界。微型世界呈现了关于科学探究的任务和问题，其中的一些“小部件”或工具为探究提供了支持，作为探究的脚手架(Gobert, Sao Pedro, Baker, Toto, & Montalvo, 2012)。虚拟学业成就测评项目(Virtual Performance Assessment project)正在研究浸入式虚拟环境用于科学探究测评的潜力，以评估科学探究测评的总结性和可说明性(Clarke-Midura, Code, Dede, Mayrath, & Zap, 2012)。

有前景的模式是基于共同标准和设计规范，建立多层次的、平衡的测评系统。模拟科学家评价系统(SimScientists Assessment System)正在开发基于仿真测评的组件，这些组件共享科学系统模型环境，以及指向一系列形成性评估导向下的课程嵌入式测评和总结性评估导向下的单元结束基准测评任务和试题设计，这些评估有的需要一整节课的时间来完成，也有的像NAEP那样只需要5至10分钟就可以完成，这种简短的试题可以组合到年终测试中去(Quellmalz, Timms, Silberglitt, & Buckley, 2012)。

图39.1显示了单元结束基准测评部分的屏幕截图，该测评任务考察了学生对生态系统的理解以及调查生态系统时的探究实践。截图来自澳大利亚草原上的一个终结性评估场景集。最主要的问题是，在森林大火过后生态系统需要恢复。在基于场景的测评任务的第一部分，学生观察生物之间的相互作用，确定生物的角色及其相互作用，然后绘制一个食物网来表示系统中能量和物质的流动。随后学生们就捕食者和猎物数量变化对种群的影响展开一系列调查。在图39.1的截图中，通过模拟，学生要对在一个平衡的生态系统内生存下来的生物数量进行三次研究，据此，可以测评学生的探究能力。为这一组件设计的检定任务可用于年终的地区或全州测试，但该检定任务仅限于(为不同生态系统)构建食物网和如图39.1中那样的调查任务，即基于捕食者—猎物之间关系的知识构建三个平衡的生态系统模型。

模拟科学家项目在形成性和终结性评估的技术质量、可行性和实用性方面积累了大量证据，这些证据印证了将模拟任务整合到各州平衡测评系统(各州平衡测评系统参见前文注释中的智慧平衡测评联盟——译者注)中是具有巨大潜力的(Herman, Dai, Htut, Martinez, & Rivera, 2010; Pellegrino, Chudowsky, & Glaser, 2001;

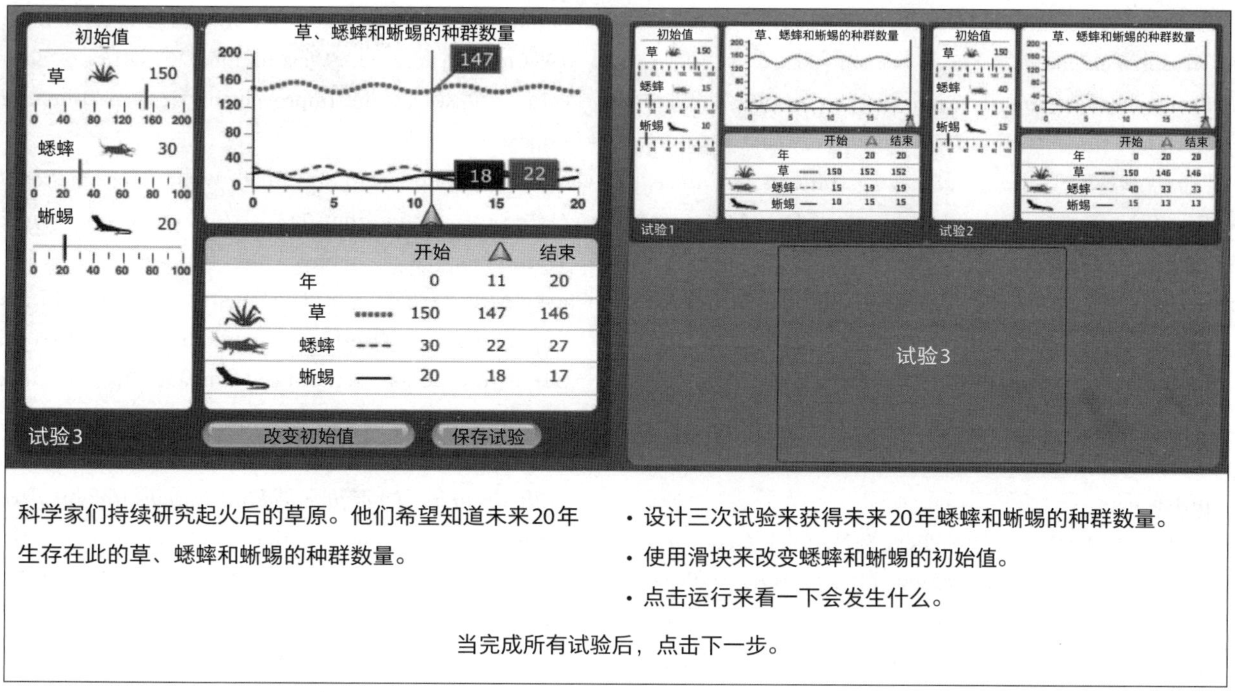

图 39.1　基于模拟的科学测评的例子，来自SimScientists

Quellmalz, et al., 2012)。不同层次测评一致性的达成，需要通过与形成性评估导向下的课程嵌入式测评、终结性评估导向下的单元基准测评、各地区或各州科学报告中对单元基准数据的使用、各地区或各州考试中对检定任务的使用相关联的一系列基于模拟的测评。全面性的达成，则需要增加对科学标准中交叉系统知识和核心学科知识的测量，以及对积极的科学和工程实践的测量。连续性的达成，则需要进行多次测量，将单元基准测评和一系列检定任务加入各州的科学测评报告中。

计算机增强的评估正在迅速发展，以支持对更丰富、更深入的科学学习的评估。技术的能力将使下一代评估能够代表下一代科学学习。

致谢

西教(WestEd) STEM项目的三位同事为本文作者提供了大量帮助：助理研究员罗伯特·艾伦(Robert Allen)和阿莱亚塔·哈伯德(Aleata Hubbard)提取数据和信息，更新了有关国际和NAEP的部分；埃迪斯·奎尔马尔茨(Edys Quellmalz)撰写了计算机增强和基于计算机的测评部分的新结尾。三位审阅者提出了对提升价值非常有帮助的建议，本文作者对他们的帮助表示感谢，他们是比尔·施密特(Bill Schmidt)、彼得·蒂姆斯(Peter Tymms)和佩尔·金德(Per Kind)。

参考文献

Abedi, J., & Hejri, F. (2004). Accommodations for students with limited English proficiency in the

National Assessment of Educational Progress. *Applied Measurement in Education, 17*(4), 371 – 392.

American Federation of Teachers (AFT). (1995). *What secondary students abroad are expected to know: Gateway exams taken by average-achieving students in France, Germany, and Scotland*. Washington, DC: American Federation of Teachers.

American Federation of Teachers & National Center for Improving Science Education. (1994). *What college-bound students abroad are expected to know about biology: Exams from England, and Wales, France, Germany and Japan*. Washington, DC: American Federation of Teachers.

American Federation of Teachers & National Center for Improving Science Education. (1996). *What college-bound students abroad are expected to know about chemistry and physics: Exams from England, and Wales, France, Germany and Japan*. Washington, DC: American Federation of Teachers.

Beaton, A.E., Mullis, I.V.S., Martin, M.O., Gonzalez, E.J., Kelly, D.L., & Smith, T.A. (1996). *Science achievement in the middle school years: IEA's Third International Mathematics and Science Study*. Chestnut Hill, MA: Center for the Study of Testing, Evaluation, and Educational Policy, Boston College.

Black, P., & Atkin, J.M. (Eds.). (1996). *Changing the subject: Innovations in science, maths and technology education* (1st ed.). London: Routledge.

Britton, E.D., De Long-Cotty, B.D., & Levenson, T. (2005). *Bringing technology education into K– 8 classrooms: A guide to curricular resources about the designed world*. Thousand Oaks, CA: Corwin Press.

Britton, E.D., & Raizen, S.A. (Eds.). (1996). *Examining the examinations: An international comparison of science and mathematics examinations for college-bound students*. Boston: Kluwer Academic.

Britton, E.D., & Schneider, S.A. (2007). Large-scale assessment in science education. In S.K. Abell & R.J. Larsen (Eds.), *Handbook of research in science education* (pp. 1007 – 1040). Mahwah, NJ: Lawrence Erlbaum Associates.

Campbell, J.R., Voelkl, K.E., & Donahue, P.L. (1998). *NAEP 1996 trends in academic progress. Addendum. Achievement of U.S. students in science, 1969 to 1996; mathematics, 1973 to 1996; reading, 1971 to 1996; writing, 1984 to 1996* (rev. ed.). Washington, DC: Office of Educational Research and Improvement, US Department of Education.

Carnoy, M., & Rothstein, R. (2013). *What do international tests really show about U.S. student performance?* Washington, DC: Economic Policy Institute.

Clarke-Midura, J., Code, J., Dede, C., Mayrath, M., & Zap, N. (2012). Thinking outside the bubble: Virtual performance assessments for measuring complex learning. In J. Clarke-Midura, M. Mayrath, & C. Dede (Eds.), *Technology-based assessments for 21st century skills: Theoretical and practical implications from modern research* (pp. 125 – 148). Charlotte, NC: Information Age.

Cogan, L.S., Wang, H.A., & Schmidt, W.H. (2001). Culturally specific patterns in the conceptualization of the school science curriculum: Insights from TIMSS. *Studies in Science Education, 36*, 105 – 133.

College Board. (2009). *Science: College Boards standards for college success.*

Comber, L.C., & Keeves, J.P. (1973). *Science education in nineteen countries: An empirical study*. New York: Wiley.

Committee on Assessing Technological Literacy. (2006). *Tech tally: Approaches to assessing technological literacy*. Washington, DC: National Academies Press.

Dolan, R.P., Hall, T.E., Banerjee, M., Chun, E., & Strangman, N. (2005). Applying principles of universal design to test delivery: The effect of computer-based read-aloud on test performance of high school students with learning disabilities. *Journal of Technology, Learning & Assessment, 3*(7): 4 – 32.

Doran, R.L., Lawrenz, F., & Helgeson, S. (1994). Research on assessment in science. In D.L. Gabel (Ed.), *Handbook of research on science teaching and learning* (pp. 388 – 442). New York: Macmillan.

Gobert, J., Sao Pedro, M., Baker, R.S., Toto, E., & Montalvo, O. (2012). Leveraging educational data mining for real time performance assessment of scientific inquiry skills within microworlds. *Journal of Educational Data Mining, 4*, 153 – 185.

Harmon, M., Smith, T.A., Martin, M.O., Kelly, D.L., Beaton, A.E., Mullis, I.V.S., . . . Orpwood, G. (1997). *Performance assessment in IEA's Third International Mathematics and Science Study*. Chestnut Hill, MA: Center for the Study of Testing, Evaluation, and Educational Policy, Boston College.

Herman, J., Dai, Y., Htut, A.M., Martinez, M., & Rivera, N. (2010). *CRESST evaluation report: Evaluation of the Enhanced Assessment Grants (EAGs).* Los Angeles: CRESST.

Herman, J.L., & Haertel, H. (Eds.). (2005). Uses and misuses of data for educational accountability and improvement. *NSSE Yearbook, 104*(2).

Herman, J.L., Webb, N.M., & Zuniga, S.A. (2005, April). *Measurement issues in the alignment of standards and assessments: A case study.* Paper presented at the annual conference of the American Educational Research Association, Montreal, Canada.

Hudson, L. (1991). National initiatives for assessing science education. In A. Champagne, B. Lovitts, & B. Calinger (Eds.), *Assessment in the service of instruction* (p.107). Washington, DC: American Association for the Advancement of Science.

Hutchison, D., & Schagen, I. (2006, November). *Comparisons between PISA and TIMSS: Are we the man with two watches?* Paper presented at the 2nd IEA International Research Conference, Washington, DC.

International Association for the Evaluation of Educational Achievement (IEA). (1988). *Science achievement in seventeen countries: A preliminary report* (1st ed.). Oxford, UK: Pergamon Press.

International Technology Education Association. (2000). *Standards for technological literacy: Content for the study of technology.* Reston, VA: International Technology Education Association.

Johnson, S.S. (1975). *Update on education: A digest of the National Assessment of Educational Progress.* Denver, CO: Education Commission of the States.

Keeves, J.P. (1992). *The IEA study of science III: Changes in science education and achievement, 1970 to 1984.* Oxford, UK: Pergamon Press.

Kifer, E. (2000). *Largescale assessment: Dimensions, dilemmas, and policy.* Thousand Oaks, CA: Corwin Press.

Kimmelman, P., Kroeze, D., Schmidt, W., Van der Ploeg, A., McNeely, M., & Tan, A. (1999). *A first look at what we can learn from high performing school districts: An analysis of TIMSS data from the First in the World Consortium.* Washington, DC: National Center of Educational Statistics.

Koretz, D. (2009). How do American students measure up? Making sense of international comparisons. *Future of Children, 19*(1), 37–51.

LaPointe, A., Askew, J.M., & Mead, N.A. (1992). *Learning science.* Princeton, NJ: Educational Testing Service.

LaPointe, A., Mead, N.A., & Phillips, G.W. (1989). *A world of differences: An international assessment of mathematics and science.* Princeton, NJ: Educational Testing Service.

Linn, M.C., De Benedictis, T., Delucchi, K., Harris, A., & Stage, E. (1987). Gender differences in National Assessment of Educational Progress science items: What does "I don't know" really mean? *Journal of Research in Science Teaching, 24*(3), 267–278.

Liu, X., & Ruiz, M.E. (2008). Using data mining to predict K–12 students' performance on large-scale assessment items related to energy. *Journal of Research in Science Teaching, 45*(5), 554–573.

Lutkus, A.D., Weiner, A.W., Daane, M.C., & Jin, Y. (2003). *The Nation's Report Card: Reading 2002, trial urban district assessment.* Washington, DC: National Center for Education Statistics.

Martin, M.O., Mullis, I.V.S., Beaton, A.E., Gonzalez, E.J., Kelly, D.L., & Smith, T.A. (1997). *Science achievement in the primary school years: IEA's Third International Mathematics and Science Study.* Chestnut Hill, MA: Center for the Study of Testing, Evaluation, and Educational Policy, Boston College.

Martin, M.O., Mullis, I.V.S., & Foy, P. (2008). *TIMSS 2007 international science report: Findings from IEA's Trends in International Mathematics and Science Study at the fourth and eighth grades.* Chestnut Hill, MA: TIMSS & PIRLS International Study Center, Boston College.

Martin, M.O., Mullis, I.V.S., Foy, P., & Stanco, G.M. (2012). *TIMSS 2011 international results in science.* Chestnut Hill, MA: TIMSS & PIRLS International Study Center, Boston College.

Martin, M.O., Mullis, I.V.S., Gonzalez, E.J., & Chrostowski, S.J. (2004). *TIMSS 2003: International science report: Findings from IEA's Trends in International Mathematics and Science Study at the fourth and eighth grades.* Chestnut Hill, MA: TIMSS & PIRLS Inter- national Study Center, Boston College.

Martin, M.O., Mullis, I.V.S., Gonzalez, E.J., Gregory, K.D.,

Smith, T.A., Chrostowski, S.J., … O'Connor, K.M. (2000). *TIMSS 1999: International science report: Findings from IEA's repeat of the Third International Mathematics and Science Study at the eighth grade.* Chestnut Hill, MA: International Study Center, Boston College.

Mayer, R.E., & Johnson, C. (2008). Revising the redundancy principle in multimedia learning. *Journal of Educational Psychology, 100,* 380–386.

McIntosh, S. (2012). *State high school exit exams: A policy in transition.* Washington, DC: Center on Education Policy.

McKnight, C., & Britton, E. (1992). *Methods for analyzing curricular materials.* East Lansing: Michigan State University, Survey of Mathematics and Science Opportunities, Technical Report Series.

Meade, S.D., & Dugger, W.E., Jr. (2004). Reporting on the status of technology education in the U.S. *Technology Teacher, 64*(2), 29–35.

Minnesota Department of Education. (2012). *Minnesota Comprehensive Assessments-Series III (MCA-III): Test specifications for science.*

Minstrell, J.A., Anderson, R., Kraus, P., & Minstrell, J.E. (2008). Bridging from practice to research and back: Tools to support formative assessment. In J. Coffey, R. Douglas, & C. Sterns (Eds.), *Science assessment: Research and practical approaches* (pp. 39–56). Arlington, VA: NSTA Press.

More About the NAEP Technology and Engineering Literacy (TEL) Assessment. (2012).

Mullis, I.V.S., & Jenkins, L.B. (1988). *The science report card: Elements of risk and recovery. Trends and achievement based on the 1986 National Assessment.* Princeton, NJ: Educational Testing Service.

Mullis, I.V.S., Martin, M.O., Beaton, A.E., Gonzalez, E.J., Kelly, D.L., & Smith, T.A. (1998). *Mathematics and science achievement in the final year of secondary school: IEA's Third International Mathematics and Science Study.* Chestnut Hill, MA: Center for the Study of Testing, Evaluation, and Educational Policy, Boston College.

National Academy of Engineering. (2010). *Standards for K–12 engineering education?* Washington, DC: National Academies Press.

NAEP—About the District Assessment. (2012a).

NAEP—About State NAEP. (2012b).

National Assessment of Educational Progress (NAEP). (1975). *Selected results from the national assessments of science: scientific principles and procedures* (No. 04–5–02). Princeton, NJ: National Assessment of Educational Progress.

National Assessment of Educational Progress (NAEP). (1978). *The national assessment in sciences: Changes in achievement, 1969–72.* Denver, CO: Educational Commission of the States.

National Assessment of Educational Progress (NAEP). (1987). *Learning by doing—a manual for teaching and assessing higher order skills in science and mathematics* (No. 17, HOS-80). Princeton, NJ: National Assessment of Educational Progress.

National Assessment of Educational Progress (NAEP). (1992). *Trends in academic progress: Achievement of U.S. students in science 1969–70 to 1990, mathematics 1973 to 1990, reading 1971 to 1990, and writing 1984 to 1990.* Princeton, NJ: National Assessment of Educational Progress.

National Assessment Governing Board (NAGB). (2009). *Science framework for the 2009 national assessment of educational progress.* Washington, DC:Author.

National Assessment Governing Board (NAGB). (2010). *Technology and engineering literacy framework for the 2014 National Assessment of Educational Progress: Pre-publication edition.*

National Center for Education Statistics (NCES). (1996). *Pursuing excellence: A study of U.S. eighth-grade mathematics and science teaching, learning, curriculum, and achievement in international context* (No. NCES 97–198). Washington, DC: U.S. Department of Education, National Center for Educational Statistics.

National Center for Education Statistics (NCES). (2006). *Highlights from the TIMSS 1999 video study of eighth-grade science teaching.* Washington, DC: Author.

National Center for Education Statistics (NCES). (2011). *The nation's report card: Science 2009* (No. 2011–451).

National Center for Education Statistics (NCES). (2012). *The nation's report card: Science 2011* (No. 2012–465).

National Research Council (NRC). (2011). *A framework for K–12 science education: Practices, crosscutting concepts, and core ideas.* Washington, DC: National Academies Press.

Nohara, D. (2001). *A comparison of the National Assessment of Educational Progress (NAEP), the Third International Mathematics and Science Study Repeat (TIMSS-R), and the Programme of International Student Assessment (PISA)* (Working Paper No. 2001–07). Washington, DC: National Center of Educational Statistics.

Organisation for Economic Co-operation and Development (OECD). (2001). *Knowledge and skills for life: First results from the OECD Programme for International Student Assessment (PISA), 2000. Education and skills.* Paris: Author.

Organisation for Economic Co-operation and Development (OECD). (2003). *Literacy skills for the world of tomorrow. Further results from PISA 2000*. Paris: Author.

Organisation for Economic Co-operation and Development (OECD). (2004). *Learning for tomorrow's world: First results from PISA 2003*. Paris: Author.

Organisation for Economic Co-operation and Development (OECD). (2007a). *PISA 2006: Data* (Vol. 2). Paris: Author.

Organisation for Economic Co-operation and Development (OECD). (2007b). *PISA 2006: Science competencies for tomorrow's world* (Vol. 1). Paris: Author.

Organisation for Economic Co-operation and Development (OECD). (2010). *PISA computer-based assessment of student skills in science.* Paris: Author.

Pellegrino, J., Chudowsky, N., & Glaser, R. (2001). *Knowing what students know: The science and design of educational assessment.* Washington, DC: National Academies Press.

Phillips, G.W. (2010). *International benchmarking: State education performance standards.* Washington, DC: American Institutes for Research.

Postlethwaite, T.N. (1995). International empirical research in comparative education: An example of the studies for the International Association for the Evaluation of Educational Achievement. *Journal für Internationale Bildungsforschung, 1*(1), 1–19.

Postlethwaite, T.N., & Wiley, D.E. (1992). *The IEA study of science II: Science achievement in twenty-three countries.* Oxford, UK: Pergamon Press.

Quellmalz, E. (2013). *Assessment of student learning in integrated science, technology, engineering, and mathematics (iSTEM).* Conference paper written at the request of the Committee on Integrated STEM Education, National Academy of Engineering, Washington, DC.

Quellmalz, E.S., DeBarger, A., Haertel, G., & Kreikemeier, P. (2005). *Validities of science inquiry assessments: Final report.* Menlo Park, CA: SRI International.

Quellmalz, E.S., Haertel, G.D., DeBarger, A., & Kreikemeier, P. (2005). *A study of evidence of the validities of assessments of science inquiry in the National Assessment of Educational Progress (NAEP), Trends in Mathematics and Science Survey (TIMSS), and the New Standards Science Reference Exam (NSSRE) in science* (Validities Technical Report no. 1). Menlo Park, CA: SRI International.

Quellmalz, E.S., & Pellegrino, J.W. (2009). Technology and testing. *Science, 323*, 75–79.

Quellmalz, E.S., Timms, M.J., Silberglitt, M.D., & Buckley, B.C. (2012). Science assessments for all: Integrating science simulations into balanced state science assessment systems. *Journal of Research in Science Teaching, 49*, 363–393.

Raizen, S.A., & Britton, E.D. (Eds.). (1997). *Bold ventures: Patterns among innovations in science and mathematics education* (Vol. 1). Dordrecht, the Netherlands: Kluwer Academic Publishers.

Robitaille, D.F., Schmidt, W.H., Raizen, S., McKnight, C., Britton, E., & Nicol, C. (1993). *Curriculum frameworks for mathematics and science* (TIMSS Monograph No. 1.). Vancouver: Pacific Educational Press.

Rosier, M.J., & Keeves, J.P. (1991). *The IEA study of science I: Science education and curricula in twenty-three countries* (1st ed.). Oxford, UK: Pergamon Press.

Ruddock, G., Clausen-May, T., Purple, C., & Ager, R. (2006). *Validation study of the PISA 2000, PISA 2003 and TIMSS-2003 international studies of pupil attainment* (Research Report No. RR772).

Schmidt, W.H., Jakwerth, P.M., & McKnight, C.C. (1998). Curriculum-sensitive assessment: Content does make a difference. *International Journal of Educational Research, 29*, 503–527.

Schmidt, W.H., McKnight, C.C., Cogan, L.S., Jakwerth, P.M., & Houang, R.T. (1999). *Facing the consequences: Using TIMSS for a closer look at U.S. mathematics and science education.* Dordrecht, the Netherlands: Kluwer Academic.

Schmidt, W.H., McKnight, C.C., Houang, R.T., Wang, H., Wiley, D.E., Cogan, L.S., & Wolfe, R.G. (2001). *Why schools matter: A crossnational comparison of curriculum and learning.* San Francisco: Jossey-Bass.

Schmidt, W.H., McKnight, C.C., & Raizen, S. (Eds.). (1997). *A splintered vision: An investigation of U.S. science and mathematics education.* New York: Springer.

Schmidt, W.H., Raizen, S., Britton, E.D., Bianchi, L.J., & Wolfe, R.G. (1997). *Many visions, many aims, volume II: A cross-national investigation of curricular intentions in school science.* Dordrecht, the Netherlands: Kluwer Academic.

Schneider, R.M., Krajcik, J., Marx, R.W., & Soloway, E. (2002). Performance of students in project-based science classrooms on a national measure of science achievement. *Journal of Research in Science Teaching, 39*(5), 410 – 422.

Scott, E., & Owen, E. (2005). *Brief: Comparing NAEP, TIMSS and PISA results.* Washington, DC: National Center of Educational Statistics.

Silberglitt, M., Vineyard, R.N., King, K., & Bowler, K. (2011, June). *Balanced, multilevel science assessment systems.* Paper presented at the National Conference on Student Assessment, Orlando, FL.

Stevenson, H.W. (1998). A study of three cultures. *Phi Delta Kappan, 79*(7), 524 – 529.

Stigler, J.W., Gonzales, P., Kwanaka, T., Knoll, S., & Serrano, A. (1999). *The TIMSS videotape classroom study: Methods and findings from an exploratory research project on eighth-grade mathematics instruction in Germany, Japan, and the United States* (No. NCES 99 – 074). Washington, DC: U.S. Department of Education, National Center for Educational Statistics.

Tamir, P. (1988). Assessment and evaluation in science education: Opportunities to learn and outcomes. In B.J. Fraser & K.G. Tobin (Eds.), *International handbook of science education* (pp. 761 – 789). London: Kluwer Academic.

Travers, K.J., & Westbury, I. (1988). *The IEA study of mathematics I: Analysis of mathematics curricula* (Vol. 1). Oxford, UK: Pergamon Press.

Valverde, G.A., & Schmidt, W.H. (2000). Greater expectations: Learning from other nations in the quest for "world-class standards" in US school mathematics and science. *Journal of Curriculum Studies, 32*(5), 651 – 687.

Vinovskis, M.A. (1998). *Overseeing the Nation's Report Card: The creation and evolution of the National Assessment Governing Board (NAGB).*

Von Secker, C. (2004). Science achievement in social contexts: Analysis from National Assessment of Educational Progress. *Journal of Educational Research, 98*(2), 67 – 78.

Wang, J. (1998). Comparative study of student science achievement between United States and China. *Journal of Research in Science Teaching, 35*(3), 329 – 336.

Welch, W.W., Huffman, D., & Lawrenz, F. (1998). The precision of data obtained in large-scale science assessments: An investigation of bootstrapping and half-sample replication methods. *Journal of Research in Science Teaching, 3*, 697 – 704.

Welch, W.W., Walberg, H.J., & Fraser, B.J. (1986). Predicting elementary science learning using national assessment data. *Journal of Research in Science Teaching, 23*(8), 699 – 706.

Wiley, D.E., & Wolfe, R.G. (1992). Major survey design issues for the IEA Third International Mathematics and Science Study. *Prospects, 22*(3), 297 – 304.

Wilson, M.R., & Bertenthal, M.W. (Eds.). (2005). *Systems for state science assessment.* Washington, DC: National Academies Press.

Yee, L., de Lange, J., & Schmidt, W. (2006). PISA: Promises, problems and possibilities. In M. Sanz-Solé, J. Soria, J.L. Varona, & J. Verdera (Eds.), *Proceedings of the International Congress of Mathematicians Vol. III* (pp. 1668 – 1672).

Section VI

Science Teacher Education

SECTION EDITOR: J. JOHN LOUGHRAN

第 VI 编

科学教师培养

本部分主编：约翰·洛克伦

40

Developing Understandings of Practice

Science Teacher Learning

J. JOHN LOUGHRAN

第40章

发展对实践的理解：

科学教师的学习

马冠中　佘建云　王健　译　　王健　佘建云　审校

我们目睹教师发展的含义发生了演变。教师发展从一个课程问题（20世纪20年代至50年代）转变为培训问题（20世纪60年代至80年代），转变为学习问题（20世纪80年代至21世纪初），转变为政策问题（20世纪90年代至今）……学者也逐渐对学生学习与教师学习之间的联系……以及将教学作为专业学习这一概念产生了研究兴趣。

（Wallace & Loughran, 2012, p. 295）

在考虑教师学习这一概念时，了解历史上对教学的定位和重新定位很重要。正如文献所阐述的那样，随着对教育的需求和期望的变化，我们对教学的认识一直受到挑战。不可避免地，那些变化影响“专业实践的发展”概念，进而不仅对塑造教师所做的工作，而且对教师作为教学的学习者如何被看待都很重要。显而易见的是，一个主要的转变在于，教师学习的观点已经从发展模型转变为与教师学习更为契合的专业学习模型。后一个模型认为教师对学习具有更大的自主权。因此，我们期待教师能够更加负责任、有见识和主动地发展作为专业人员所需要的知识。

随着研究者对教师思维研究的日益重视（Clark & Peterson, 1986），发展模型的观点从20世纪80年代开始受到严重挑战。对教师思维的研究引起了人们对教学复杂性的关注，在研究过程中研究者对教学知识的本质提出了疑问。教学知识在当时主要基于对教学实践的观察研究所获得，而观察者参与教学实践的机会有限。在教师思维研究开始为实践探索开辟新途径之时，唐纳德·舍恩（Donald Schön, 1983, 1987）对这些研究的思考重新进入人们的视线，他的想法立即引起了教师教育界的共鸣，点燃了对该领域研究的兴趣，并进一步挑战了关于学习教学的传统观念（Clift, Houston, & Pugach, 1990; Grimmett & Erickson, 1988）。随着新的研究方法为破解教学复杂性这一谜团开辟了新的途径，教师本身也更加积极地参与到这一过程中。教师研究者运动（Cochran-Smith & Lytle,

1993）也开始为其自身在这方面的学术研究创造了空间。

同时，随着对教学理解的发展，学校学习的观点同样也在不断变化。正如克拉克（Clarke）和埃里克森（Erickson）（2004）所建议的那样，建构主义反映了学习本质观点的转变，从行为主义模型占主导，转向认知主义和现象学模型。从许多方面来看，教与学的观点不断一起发展使得传授式教学受到了持续的审视。随着课堂教与学越来越受到关注（来自专业内部和外部），人们对（科学）教与学的质量和专业知识的期望越来越高，教师学习这一概念也日益受到重视。

“科学教师学习”（或“科学教师作为学习者”）一词的使用恰恰抓住了上述期望的本质，即科学教学的传授式教学可能会受到严峻挑战，以避免其作为默认的教学方法在课堂中使用。这一词语的内涵意味着需要将有质量的实践嵌入到科学教师为理解而教的承诺中，而不是向学生传递要吸收的命题知识。因此，科学教师学习有目的地与期望联系了起来，即科学中积极的学习者不仅包括学生，还包括教师。这些观念都与建构主义的思想是一致的。由此有关教与学本质的各种研究进展以重要的方式结合了起来，共同形成了对科学实践的理解，并且现已反映在了教师学习的概念中。下面的文献综述是基于对教师学习或教师作为学习者的观点而展开的。按照这种观点，教师的发展和成长是一个职业特征，能表明相关指标是如何表征和影响科学教师的学习经验的。

结构与概述

本章的结构基于四个领域。这些领域是科学教学通常涉及的，也影响了学校科学的本质。它们包括：（1）职前科学教师的学习，（2）小学科学教师的学习，（3）中学科学教师的学习，（4）科学教师教育者的学习。最新版《科学教育手册》（*Handbook of Science Education*；Abell & Lederman, 2007）中包含了关于“科学教师作为学习者”的内容，自该书出版以来，这方面的研究已经显著增加。现在，随着对教师职业的需求、期望和专业观念的变化，研究文献更加充分地展示了科学教师学习方面的进展。特别是最近的文献还显示出对学科教学知识（pedagogical content knowledge [PCK]）、反思性实践，以及教师信念和实践等话题的重新关注。本章结构按照教师学习的四个主要领域展开，并考虑了以上各个话题。在本章中，文献的组织和呈现方式不仅会考虑什么是学习，还会考虑学习是如何发展的，这是为了能够仔细研究科学教师学习需要什么，以及这一学习可能如何影响科学教师对知识和实践的理解。

职前科学教师的学习

长期以来，人们已经认识到，实习教师在学校期间的科学学习经历极大地影响着他们对教学的期望和学习教学的方法。洛尔蒂（Lortie, 1975）认为观察学徒制对学生的教学观有重要影响。毫无疑问，那些经历会塑造实习教师对教学的认识。因此，教师教育项目面临的一大挑战是，帮助实习教师超越自身教学经历——除了他们所学的方法外，他们还要找到新的方法将实践概念化。萨拉森（Sarason, 1990）指出，超越个人在校的学习经历来看待教学有很多困难，因此，超越自己课堂经验的“脚本”是职前科学教师学习的一个主要问题。

尽管在教师教育事业中各方人员都付出了最大的努力和意愿，但实习教师发现，他们很难超越学生时期的经历、感到舒适的体验以及学习上取得的成功（Richardson, 1996）。因此，实习教师可能会在不经意间和下意识地拒绝采用与其学生时代所经历的教学方法不同的方法。显然，这种情况对实习教师的科学教学观的发展产生了重大影响，是挑战那些被认为是理所当然的假设和根深蒂固的教学观念的关键所在，帕哈雷斯（Pajares,1992）认为这些观念很难改变。

关于信念与实践之间关系的许多研究都强调了有效地挑战原有信念的重要性和价值，以帮助教师重建对教与学的理解（Bandura, 1986; Hashweh, 1996）。然而，这些挑战是刺激教师重新思考从而改变实践的核心。尽管挑战信念一直是尝试重塑实习教师关于实践的所思和所能的共同起点，但研究文献中关于职前科学教师学习的详细案例并不是很多。有趣的是，随着教师教育实践自我研究（self-study of teacher education practices [S-STEP]）的发展，人们开始更加关注如何鼓励实习教师面对问题和忧虑，从而为理解挑战已有信念如何在科学教师教育领域取得新成果开辟新的途径（Bullock, 2011）。在挑战信念时可能存在教学实践的改变。因此，记录和阐明这些挑战信念的方法不仅可以说明如何促进这方面的工作，而且我们也可以从中获益良多。

替代性概念：变化问题

在论文《对错误概念研究的预测》（*Prognosis for Misconceptions Research*）中，塞特乐基（Settlage）和戈德斯顿（Goldston）（2007）对替代性概念（或称错误概念）方面的研究所产生的影响进行了简要而有趣的研究。他们强调，在教师教育中，实习教师要面对自己的错误概念，并从中形成新任科学教师对科学教与学的理解，这些都是很重要的。这是因为我们需要

> 让教师挑战卢梭的“白板说”，提醒他们学习者的头脑并非一张白板；针对自然界及其运作方式，学习者的头脑充满了富有逻辑和可系统性使用的观念，这些观念可能对学习科学构成障碍。
>
> （p.798）

他们明确指出对错误概念的理解是建立在对儿童科学和概念转变的研究之上的（Driver, Guesne, & Tiberghien, 1985; Hewson, Beeth, & Thorley, 1998; Osborne & Freyberg, 1985）。这些研究以不同方式说明了学习者经历认知冲突的价值，他们的现有概念不仅可以被个人理解，而且还可以根据经验进行重构。正如文献所证明的那样，当职前科学教师的现有概念受到挑战时，他们要重新思考这些概念及其功能，而这种情况可以明显提高他们在职前对教学的认识（Pringle, 2006; Stump, 2010; Uzuntiryaki, Boz, & Kirbulut, 2010）。

有些人认为，激发学生认识到自身的替代性概念对于学习科学既是一种障碍也是一种资源，这一问题的答案尚不清楚。但是，拉金（Larkin, 2012）在对职前科学实习教师的研究中发现，通过增强他们对学生想法的关注和识别，他们能够理解发展教学实践的价值，也开始认识到自己对学习过程的看法同样会影响自己对教学实践的理解。当学生面对替代性概念，并看到这种情况的不和谐之处时，便产生了真正的学习。拉金（2012）的结论支持了其他研究者对师范生观念和信念变化的研究。这些研究持续地表明，科学专业师范生是如何通过关注冲突而认识到学习的价值的。但是，仅凭这种冲突并不足以引起人们改变自己对科学教与学的思考或观

点，因为“错误概念显而易见的稳定性给教师带来了许多挑战”(Burgoon, Heddle, & Duran, 2011, p. 102)。

伊莎贝尔(Isabelle)和德格罗特(de Groot)(2008)运用Itakura教学方法(假设—实验—指导)对38名职前小学教师进行了研究，在运用这种方法授课后的第1、2、3个月分别进行追踪测试，结果发现教师的学习和记忆都有统计意义上的显著提高。他们的发现很有趣，因为实习教师经常能够意识到学生的错误概念，但是并不理解这些错误概念是如何形成的，或者如何在教学中帮助学生实现概念转变(Gomez-Zwiep, 2008)。因此，我们不能忽视的是为了深入地认识科学教与学，应为学习者提供有益于其理解科学现象的学习环境。

在研究概念冲突方面，达娜(Dana)及其同事(1988)也强调了为实习教师创造认知需求的价值。通过创造认知需求，研究者发现参与者被鼓励重新考虑教师就是叙事者这一角色，尤其是在遇到意想不到的课堂情况时。参与者在面对和应对这样有挑战的情境时所做出的反应，使我们能够深入地了解他们为何会改变对教与学的观念，而这些观念的改变随后会引起教学行为的改变。专门为研究而设计的教师教育项目给参与的实习教师创造了机会，使其面对自己关于教与学的想当然的假设，并认识到“学习如何教学是有产出价值的”(p. 14)。

所有这些研究的核心是一个隐含的认识，即改变学习者的观念不仅仅是简单的观念替代；仅对原有概念的不满

> 并不足以重构学生的概念框架。即使经历了直接挑战这些概念的事件，学生也倾向于坚持自己的概念……学生[需要]认识到提出了一个新的概念，而这个概念是可理解的、合理的和富有成果的。
>
> (Burgoon et al., 2011, pp. 102 – 103)

探索这种思维的一种方式显然是通过PCK(Shulman, 1986)多个方面的研究。

PCK：学习如何教授科学

尽管文献中对PCK的解释和定义多种多样(Abell, 2008)，但在职前科学教育项目中已对PCK进行了相当详细的研究。它被视为一种帮助新任科学教师的方法，使他们更深入地了解科学教学的内容以及如何看待他们正在进行的专业学习的愿景。职前教师教育项目中的PCK研究在许多方面都表明，在早前对替代性概念研究的基础上，科学教与学的方法正在不断发展，并将自身置于教学情境中。

尼尔森(Nilsson)和洛克伦(Loughran)(2012)将PCK作为学习科学教学的重点，并说明了这种方法对实习教师的指导意义。尼尔森与小学实习教师不懈努力表明，通过使用PCK作为实践知识发展的指导，实习教师开始从超越技术理性的层面来认识教学的学习。通过使用前后测的方法来研究PCK的发展，她证明参与者不仅重视发展自己在科学教学中的深入思考和质疑方法，而且在面对实践中的困难时也更加自信，这些困难或是之前没有意识到，或是不愿面对而选择避开的。但是，这种性质的研究高度依赖于认真听取和记录实习教师在学习科学教学方面的需求、问题和疑虑。

范德里尔(van Driel)及其同事(2002)对职前化学教师的PCK进行的研究便是一个很好的例子，倾听学生不仅有可能识别出教学理念与实践之间的差异，还有可能提出缩小二者之间差异的措施。该研究的参与者通过观摩导师或同伴的课堂教学学到

了很多东西，研究者解释说：“观察学生对另一位教师教学方法的反应，比自己上课更有助于理解学生的学习困难”（van Driel et al., 2002, p. 583）。同样，在与实习教师合作研究粒子模型时，德容（de Jong）及其同事（2005）强调了参与者如何学会在使用模型时观察可识别的问题以外的问题，从而评估了用模型发展教学的需求，以便更好地解决学生的学习困难。以上每项研究都强调了经验的作用，这些经验可以促进参与者加深对自己教学实践的理解，并帮助他们认识到倾听他人的学习对自己的实践具有指导意义。

正如李（Lee）和同事（2007）所解释的那样，经验可以帮助新任教师更加了解学生的需求，随着对学生的了解的增加，他们满足学生学习需求的愿望也会不断增强，而所采取的措施又能进一步帮助他们了解学生的学习。因此，他们对学生学习的了解与其不断发展的教学策略紧密相关。这一点在数学和科学教师教育的研究中都是很清楚的（Vail Lowery, 2002），马尔霍兰（Mulholland）和华莱士（Wallace）（2005）对一位小学教师进行的为期十年的广泛研究，强有力地证实了这一观点。这项研究使我们更深入地了解教师PCK随时间的发展情况。他们使用树形隐喻来说明如何通过经验构建最初的（科学）内容知识库，这能够更全面地涵盖关于学生学习的更加深入的知识和相应的实践知识，他们将其描述为包罗万象的PCK观点，这在很大程度上依赖于通过经验的学习。

维尔（Veal, 1999）是另一位对职前科学教师PCK感兴趣的研究者，他也非常关注实习教师的声音。在他的研究中，参与者质疑语言在形成科学教学中隐性信息过程中起到的重要作用，这是他们以前在自己的科学学习中未曾意识到的教学方式。当面对（重新）学习化学和物理方面的困难时，他们也对自己的不和谐感做出了回应，并开始将其与自己教这些概念的方式建立起有意义的联系。例如，一位实习教师（兰迪[Randi]）考虑到化学学科的抽象性，重点关注了具体的表征方式，这是影响她教学观的学习突破。但是，维尔明确表示，仅由于实习教师认识到需要特定的教学方法，并不一定会随之带来教学实践上的自动改变。这一点提醒人们信念与实践之间的相互作用，以及认知冲突在促进实习教师从经验中进行有意义学习的作用。他还指出，课堂教学经验以及参与者与学生的互动往往会引起教与学方面的新问题，而实习教师只能通过经验才能真正理解这些问题。因此，维尔进一步支持这样一种观点，即要鼓励实习教师的学习，需要对其现有信念结构进行充分（和一贯的）挑战，从而促使他们重新考虑其关于科学教与学的想当然的假设。可以将这些挑战置于相应的位置，从而对它们提供支持，例如在修改和开发课程材料（Beyer & Davis, 2012）、考虑形成性评价方法（Falk, 2012），或使用信息和通信技术（ICT）进行教学的时候（Angeli & Valanides, 2005）。无论采用哪种方法，文献中对实习教师学习实践的本质始终持乐观的态度：

> 与我们一起工作的新任教师，其关注点已经从吸引、管理和/或激励学生，转向优先考虑学习目标……在他们上课时，大多数人的确做好了发展PCK的准备工作，还有一些人……反思与发现和处理学生想法相关的高深专业知识。
>
> （Davis & Smithey, 2009, p. 764）

通过探究进行学习

职前教育方面的研究文献表明，基于探究的教学能够进一步挑战实习教师对教与学的现有观点和信念(Forbes, 2011)。例如，邓肯(Duncan)及其同事(2010)研究了实习教师关于实施探究式教学的学习情况，结果表明尽管这是一项艰巨的学习任务，但随着时间的推移，他们对教学设计的批判性分析能力变得越来越娴熟。利用探究式教学叙事对实习教师的研究结果似乎也支持了这一发现，在这些叙事中，实习教师对教学片段的反思被证明具有教育意义，并有助于发展其PCK(Dietz & Davis, 2009)。此外，巴塔查里亚(Bhattacharyya)及其同事(2009)通过研究关于探究方法的现场经验，强调了实习教师的个人信念是如何得到提高的。

然而，所有这些研究的一个连贯主题是教育实习本身存在的问题，已有研究显示，对教师的压制、资源的可获得性、时间的限制以及落实课程标准的需求，都使这一问题变得更加严重了(Fazio, Melville, & Bartley, 2010)。更重要的是，学习教授科学的复杂性通常意味着，在发展和维持针对个人学习意图的方法方面，实习教师需要得到帮助和指导，而这些方法是聚焦和有所侧重的。一项关于光合作用教学的深入研究发现，实习教师很难通过探究的方法来学习教学，并且难以同时兼顾到替代性概念(Gunckel, 2011)。冈克尔(Gunckel)的研究发现对我们理解职前教师的多方面学习需求有一定影响，并提醒人们并非所有的探究式教学都是成功的(Lustick, 2009)。

在通过标准进行学习教学的建议方面，艾伦(Allan)及其同事(2009)探索了学习与科学安全相一致的道德和法律责任的复杂性。在这篇以提供建议为主的论文中，几乎没有关于实习教师在管理课堂教学的复杂性方面如何进行学习的建议。显然，在学习成果方面，理论与实践的结合并不总是完全一致的："NSES(NRC[美国国家研究理事会], 1996)和《面向全体美国人的科学》(*Science for All Americans*, AAAS[美国科学促进会], 1990)指出……科学的教与学必须远远超出科学事实、数字和过程的简单传递"(Akcay & Yager, 2010, p.644)。显然，对实习教师来说，在管理自己学习的同时将这种学习运用到教学实践中，这是具有挑战性的。

瓦格勒(Wagler, 2010)提出了另一种富有成效的建议，即通过另一种思考方式来规范实习教师学习的标准。他主张在教师教育项目中使用结构良好的案例，因为

> 重要的是要记住，不能将这些过程[标准]视为僵化、一步一步的公式或单一的"科学方法"……正如专业科学家在研究中使用的科学探究过程采用多种形式一样，儿童在课堂上进行的科学研究活动也应采用多种形式。
>
> (p.216)

他的观点是，所提供的案例使实习教师可以反思和讨论案例中的想法，而在课堂教学中很难即时开展这些工作，案例为他们提供了一种能够认同的替代性经验。他建议实习教师可以在教学实践中学习、重新思考并考虑这样做的目的，即将标准作为一种有效的方式来设想关于教与学的总体预期和目标。这对于培养他们以挑战性和参与性方式来教授科学概念和思想的信心和能力是非常重要的(Gunning & Mensah, 2011; Howitt, 2007)。

经验对学习如何教授科学的作用

在通过对经验的反思来概念化学习科学教学

的过程中，艾克(Eick) 和迪亚斯(Dias) (2005) 建立了一个以共同教学为机制的教学实践社区，以支持实习教师建立芒比(Munby) 和罗素(Russell) (1994) 所描述的职前教师的经验权威。艾克和迪亚斯(2005) 的研究明确了如何通过适当的机制、结构、机会和真正的导师支持，以影响实习教师教学的方式，让他们认识教学实践。

芒比和罗素(1994) 对经验权威性的研究动力是，希望通过帮助实习教师保持对其教学经验的持续关注和分析来明确地将实习教师视为学习者。费瑟斯通(Featherstone)、芒比和罗素(1997) 以及布洛克(Bullock) (Russell & Bullock, 1999) 的著作中有两个非常有力的例子说明了经验权威性的影响，他们在实习教师阶段学习如何教学的时候，就将经验权威放在了中心位置。费瑟斯通明确了当他从学生那里收集关于其学习的反馈时，他的观点是如何变化的，以及他是如何有目的地倾听学生以理解他们对学习的看法的。结果，他努力地调整自己的教与学的意图，从而使他在课堂上的尝试与其实际的教学工作更加紧密地联系在一起。在一系列有关“自然遗产”的教学之后，他指出：

> 提醒我非常重要的是，不要低估开设讨论会来聆听学生声音的价值……特别值得一提的是，我[关于发展自身教学]的决定是基于我从学生那里学到的东西。
>
> (p. 136)

布洛克是罗素所教的另一位实习教师，他花了很长时间思考自己对科学学习的看法与实际科学教学行为之间的差异。布洛克被鼓励在实践中冒险，尽管直觉告诉他不能那样做，但他很快就体会到了让学生自己探索科学，而不是由教师告知的价值所在。他的学习对塑造他的教学方法很重要，因为他从中学会了指导学生在“体验为先”的基础上进行学习，同时也学会了为学生创造经验，使其更有意义地学习科学。

> 我们教育工作者应该记住，尽管有些东西对我们来说答案是很明显的，例如，靠近地球表面的任何物体由于重力而具有相同的加速度，但对于大多数高中生来说，这仍然是个谜题。“体验优先”使人们去探索和发现科学，而不是去做信息吸收者。
>
> (Russell & Bullock, 1999, p. 137)

艾克(Eick & Dias, 2005; Eick, Ware, & Jones, 2004) 更加深入地理解了实习教师是如何通过教学实践共同体的共同教学而进行学习的，并说明了当经验的反思被用作一种促进变革的有效方式时，学习的力量是很强大的。他的工作说明了学习过程中经验的重要性，以及实习教师需要真正的机会从这些经验中学习，而不仅仅是获得经验。

在相当长的一段时间内，一直有人呼吁教师教育项目应更多地侧重于针对特定学科的教学法(Lederman, Gess-Newsome, & Latz, 1994)。费瑟斯通和布洛克对实习教师学习方面的研究成果可以肯定地表明，他们学习如何教学的过程是深深植根于其所教授的学科知识之中的。也正如艾克和迪亚斯以及其他人所谈到的，当教师教育工作者为职前科学教师创造条件进行有效的反思实践时，职前科学教师的学习效果将得到显著提高(Loughran, 2002)。这样，实习教师就可以做出决定，确定哪些观点是合理、可信和有效的(Posner, Strike, Hewson, & Gertzog, 1982)，从而可以促进概念发展，并改变其教学实践。在专注于对实践的学习上，实习教师能够更好地认识到学习过程与课堂行动相一致的价值所在。正如本章这一部分所阐述的那样，当为实习教师提供真正的机会进行自主学习时，成果将是非常积极的。这种经验同样适用于经验丰富的教师。

小学科学教师的学习

有充分的文献记载，小学教师的科学知识基础不够深入或全面(Appleton, 1992; Carr & Symington, 1991; Skamp, 1991)。因此，人们通常建议解决该问题的方法是增加他们的科学学科知识。但是，这一解决方案通常被误解为就是要更普遍地改善其科学教学。这种解释受到了越来越多的挑战(Bennett, Summers, & Askew, 1994)。

大量研究表明，仅强调单一因素并不能增强教师对小学科学教学实践的信心(Howitt, 2007; Ireland, Watters, Brownlee, & Lupton, 2012; Kang, 2007; Roychoudhury & Rice, 2010)，但是研究显示精心设计的专业发展项目可以大大提高教师对科学概念的理解。

希贝奇(Schibeci)和希基(Hickey)(2000)认为，增加小学教师的科学学科知识不是万灵丹。当他们说“我们认为没有‘认知缺陷’模型可以帮助小学教师改善学科知识背景”的时候，他们就表达出了自己的感受(p.1168)。他们在这方面的观点与其开发和实施专业发展项目的经验有关，这些项目旨在帮助小学科学教师成为有意义的科学学习者。作为小学科学教育的专业开发者和研究者，他们的综合经验使其得出结论，真正的变革取决于三个显著的维度：科学的维度——促进教师观念的改变并支持其形成更复杂的想法、理论和原则；专业的维度——基于小学课堂中所要教授的内容，因而与教师具有高度的相关性和目的性；个人的维度——与日常生活有关，为教师的学习和理解提供了动力。

希贝奇和希基(2000)得出结论，仅仅依赖科学学科知识本身，小学科学教学并不会更加有效。实际上，基于科学本质(Posnanski, 2010)、感知的角色和职责(Smith & Jang, 2011)、管理者的期望(Milner, Sondergeld, Demir, Johnson, & Czerniak, 2012)和语言(Vikström, 2008)等的研究——不一而足——同样强调了影响小学教师科学教学的各种问题，而这些问题不一定完全依赖于学科知识。尽管已有这种研究结果，但人们仍然会刻板地从科学维度来思考关于小学科学教与学的问题。“内容障碍”可能成为教学实践中缺乏变革的借口。相比之下，阿普尔顿(Appleton, 2008; Koch & Appleton, 2007)研究了将导师辅导作为专业发展的一种方法，以改变小学教师对科学教学的看法和教学实践。而所罗门(Solomon)和特雷兹曼(Tresman)(1999)则提出了一种专业发展模型，旨在帮助小学教师形成身份认同和专业判断：

> 要成为一名专业人员，需持有超越教学本身的价值观，也要熟悉日常教学工作中的详细内容……教学是一种必须建立在价值观、信念和知识基础之上的专业行为。我们也知道，正是基于对这种行为的反思，教师才能根据对先前经历的重建来缓慢地塑造自我形象。
>
> (Solomon & Tresman, 1999, p.315)

正如这些研究所表明的那样，超越学科知识“提升技能”的职业发展途径(或如希贝奇和希基

[2000]所说的科学维度)似乎为支持教师的持续变化提供了方法。但是，要更全面地解决希贝奇和希基(2000)所提出的其他两个维度(专业的维度和个人的维度)核心中的众多关键问题，就需要通过更复杂的方式跳出“内容借口”来理解影响教师发生变化的障碍。

超越有效活动来认识教学

阿普尔顿提出了一个有趣的观点，即小学教师需要让学生参与到科学学习中(Appleton & Kindt, 2002)，对“有效的科学活动”的迫切需求实际上会混淆对课堂学习本质的更深层理解。阿普尔顿解释说，在教师看来，如果学习活动是有趣、动手类的，或是按主题来开发的，那么科学内容就能够被很好地教授。这种观点的言外之意是，类似地，这种衡量学习活动成效的标准能使教师对科学教学更有信心，但是，自相矛盾的是，学生并未真正理解这些活动所探索的科学概念。

阿普尔顿建议教师教育项目需要超越“有效的活动”，更加强调科学教师就是学习者这一观念，因为这暗示着科学教师需要透过繁忙的课堂的表象，解析课堂上学生正在进行(或未发生)的学习。研究者已经通过多种方式探讨了这种情况是如何发生的。

格迪斯(Geddis, 1996)与两位经验丰富的小学教师合作，试图将科学作为他们教学中更重要的一部分，他注意到这种情况：专注于科学教学破坏了他们对自己教师身份的认识。正如本章前一部分对实习教师的研究一样，显然使教师面对教学问题或为其创造不和谐感，是鼓励教师从教学法视角重新审视教学过程的一种有意义的方式。

基于舍恩(1983)所提出的重构思想，以及对行动的反思和行动中的反思这些思想，格迪斯针对两个案例构建了概念框架。结果表明，当参与者“干预学生的学习”时，他们的行为会带来不安感(p. 263)。然而，尽管有这种不安，但他们仍认为所采取的教学干预是必要的，以便从教学法的角度来转变学生的替代性概念。

格迪斯(1996)的案例研究强调了参与者是如何构建自己教师身份的，这在很大程度上是构建在“各式口号之上，而这些口号的核心观点本质上是在说，我是在教孩子，而不是教具体学科”(p. 264)。在开始超越有效活动来认识教学的时候，这些小学教师对自己作为教师或职业身份的看法受到了挑战，并为个人和职业发展提供了动力。尽管他们的努力受到科学学科知识的限制，但他们的学习成果不仅限于学科知识。

格迪斯的研究中，参与者经历了重新面对自己教学实践的过程，这就涉及反思的地位，即通过罗素(2000)、科瑟根(Korthagen, 1992)和克拉克(1994)等研究者所倡导的方式来推动个人和职业发展。维林加(Wieringa, 2011)最近在教育设计的背景下重新修订了这一观点。但是，要通过反思过程来促进教师对教学法的认识，需要大量的支持。事实证明，通过教学实践共同体的工作有助于提供这种支持(Wenger, 1998)。

教学实践共同体：支持学习

帕特南(Putnam)和博尔科(Borko)(1997)强烈认为，认知和学习本质上是社会性的，因此与他人的互动不仅对所学内容至关重要，而且对学习的发生过程也至关重要。对专业发展的兴趣促使他们呼吁进行更持续的研究，以发现鼓励教师改变其教学实践的影响因素，尤其是要揭示教师学习的本质。毫不奇怪，这样的呼吁与对支持结构认识的需求紧密相关，而这种支持结构是为了实现有意义的专业发展，因此教学实践共同体（Communities of Practice [CoP]）的理念便在研究文献中涌现出来。

弗利（Fleer）和格蕾丝（Grace）（2003）通过对CoP的研究回应了这一呼吁。他们的研究强调了学习实践的专业和个人的维度、随后的行动变化，以及由于CoP的同伴领导而使之蓬勃发展的各种方式。他们的研究解释了，随着越来越多的教师追求个人学习，学生的科学经验是如何被有意拓宽的。通过强调以学生及其学习为中心，参与研究的教师参与到一个发展中的科学教学实践共同体中，该共同体强调和鼓励教师作为学习者的立场。有趣的是，由于这一研究是以小学教学为情境的，因此综合课程（在小学中很常见）中学习科学的方法是整体的，而不是仅仅关注科学本身。

类似地，研究显示CoP方法在指向于科学素养的教学的发展中产生了重大的差异（Loughran, Smith, & Berry, 2011）。小学内CoP的发展（这是参与者专业发展的结果，从根本上改变了他们对科学教与学的看法）使得参与者以一种综合和整体的方式在两年的时间内进行合作，以在课堂中发展学生的科学素养。他们的CoP是建立在信任、尊重和认真听取彼此意见的基础之上的：

> 培养专业的自我意识需要信任和牢固的人际关系……我们花了很多时间来倾听……我们特意鼓励教师发言并自主地进行教学规划，而不是被动地坐着等待他人为其解决问题。
>
> （Smith, 2011, p. 27）

在社会互动和对学习与变革至关重要的社区支持方面，将CoP作为研究中的一个重要部分为学习提供了支撑框架。埃克森（Akerson）及其同事（2009）的研究就是一个非常强力的例证。他们对小学教师这一群体非常感兴趣，研究了他们对科学的本质（Nature of Science [NoS]）不断发展的理解和教学实践情况。他们运用CoP的方法进行研究，发现能够发展温格（Wenger, 1998）所说的共享成果，而这些成果是通过共同事业中的共同参与而建立起来的，在此过程中，他们需要分享知识、学习经验，以及为参与者开发资源和活动模型。研究发现，CoP中的交互作用促成了实践中的变化，而这些变化在相关专业发展项目中是被模仿和被鼓励的。他们还发现，教师更容易辨识和回应NoS"适于教学的时刻"，并很高兴彼此分享自己学习的故事和经验。

> CoP提供了支持元素……许多教师指出，他们对小组提出的想法非常赞赏，而且这种支持对帮助他们成长为科学教师至关重要……随着知识的增长，教师知道要提哪些问题以及如何改变自己的教学……CoP……提供了一个安全的氛围，使他们能够说出自己的学习过程，以及在面对关于科学运作的新概念时内心的挣扎……通过讨论，教师能够识别其探究活动中的NoS元素，并计划向学生教授NoS。
>
> （Akerson, Cullen, & Hanson, 2009, p. 1110）

中学科学教师的学习

正如文献所表明的那样，职前教师教育是开始，而不是指向自身的结束（Northfield & Gunstone, 1997; Ritter, 2009）。因此，新任科学教师与经验丰富的科学教师显然是不同的。很明显，这两者之间的差异对理解学习的本质是有启发意义的。

文献中通常根据新任教师的从业年限对其进行分类。通常认为教学的前五年是起始阶段。然而，是否处于起始阶段与工作时间并不一定存在必然联系。怀特（White）、罗素和冈斯通（Gunstone）（2002）以及洛卡德（Lockard, 1993）的研究表明，在改变教学安排（即教授不熟悉的内容或年级）时，尤其是在更换学校后，经验丰富的科学教师所面临的挑战与再次成为新任科学教师并无差异。带着这些警示，下面这一部分将探讨关于新任科学教师学习的文献，这里所说的新任教师是指职业生涯前几年的教师。

新任科学教师的学习

教学的起始阶段是具有挑战性的。新任教师面临着各种各样的状况、需求和要求，其中大多数情况下他们都缺乏相关的经验。已有许多研究（例如Bianchini, Johnston, Oram, & Cavazos, 2003; Koballa, Glynn, & Upson, 2005; Luft et al., 2011）对科学教学起始阶段的有关问题进行了探索，其中最重要的是识别出从职前教师迈向新任教师时所遇到的挑战。正如亚当斯（Adams）和克罗科弗（Krockover）（1997）在对这种角色转变的研究中所说的，反思是学习科学教学的重要组成部分，特别是从传授式教学转向以学生为中心的教学这一过程。在这种转变中，似乎开始看到PCK的种子，因为新任科学教师正在努力地使其教与学之间保持更好的一致性（Loughran, 1994）。

卡尔森（Carlsen, 1991）对四名新任高中生物教师进行了为期一年的研究，他试图量化学科知识及其对新任教师教学的影响。卡尔森的研究有助于我们深入了解学习教学过程中遇到的困难，以及学习职场上的“社会和制度关切”时遇到的困难，而后者实际上“具有相反的目标，如通过话语促进探究”（p.646）。因此，不可避免地，卡尔森所说的矛盾感不仅阻碍了新任教师对自己工作的认识发展，而且还影响他们的教学方式。芒比、坎宁安（Cunningham）和洛克（Lock）（2000）在对9年级科学教师的案例研究中，进一步强调了学习“系统”和“学习教学”所固有的矛盾，并描述了由于发展专业知识的机会有限而产生的障碍所导致的结果。

针对从实习教师到新任教师这一过渡阶段的纵向研究一直表明，要将工作中的竞争性需求作为一个整体来处理，并发展更复杂的科学教与学的方法，以及更加深入地理解科学教与学，这些方面做起来并不容易。特朗布尔（Trumbull, 1999）的一项研究中的例子很好地说明了这一过渡阶段，在该研究中，6名新任生物教师的经历被激活，从而能够真正了解他们的感受、问题、关注点和学习挑战。特朗布尔（1999）追踪了她所教的实习教师参加的教师教育课程，以及他们前三年的科学教学实践。根据广泛的访谈数据，她以强调多个列举的问题的方式展示了每位教师这些年里关于专业发展和学习的故事，其中包括：

- 指向学生理解的教学与应试教学之间的矛盾；
- 建立个人与教学内容联系的重要性，以及如何应对课堂中的突发事件；
- 理解在教学中冒险需要有信心来面对不舒适的情况（对于教师和学习者而言）；
- 为学生提供支持，使其成为更加独立和负责任的学习者，这时所面临的挑战；
- 追求“知识覆盖面”而不是深入学习概念这一需求所固有的挫败感。

在每个案例研究中，都有一个突出的话题：在教学的初始阶段需培养教师的一种意识，即仅有学科知识还谈不上好的教学。扎实的学科知识基础固然重要，但是对于教学实践的发展和精细化，以及对教与学关系的深入理解，熟谙学生的学习以及娴熟地影响学生的学习至关重要，这是一条艰巨的学习曲线。

从职前教育到在职教育的过渡是一个入门阶段。通过这一阶段，不仅可以使教师更清楚地了解科学教学的现实，还可以创建问题，其中一些问题是无法克服的。例如，安德森(Anderson)和米奇内尔(Mitchener)(1994)解释说，新任教师面临着教学的孤立性、过渡到教学的突然性、新任教师淘汰率，以及新任教师为个人和职业发展所需付出的辛劳等问题。在有关新任科学教师学习的文献中，教学的过渡期(初始阶段)对教师提出了挑战，要求他们认真对待所面临的问题并积极应对，以实现专业成长和发展。如果不接受上述挑战，那么他们很容易在前五年就离开教师队伍，也被载入新任教师淘汰率数据中。

要成功地度过初始阶段，需要经验丰富的同事来分享学习经验和进行认真的指导，从而鼓励专业化发展而不是社会化发展(Zeichner & Gore, 1990)。当经验丰富的同事示范“科学教师也是学习者”的方法时，这种指导最为有效。要确保这种方法通常可以作为对更普遍的教师职业至关重要的准则(Wei, Darling-Hammond, Andree, Richardson, & Orphanos, 2009)。

经验丰富的科学教师的学习

20世纪的最后十年标志着科学教育研究性质的转变，克洛普弗(Klopfer, 1991)在《科学教育摘要——1989》(*A Summary of Science Education — 1989*)中记载了这一转变。他指出，当时科学教育研究发挥了很大的作用，通常研究者是对教师进行研究，而不是与教师一起进行研究。但是，一个主要的问题开始凸显出来，反映出关于教学的研究中所存在的普遍现象。该问题与以下情况有关，即“一些研究者发现，教师很难将知识转化为实践，或者他们认为自己的课堂教学实践已经很棒了，而我们所看到的并非如此”(p.352)。克洛普弗所说的第一点与波拉尼(Polanyi, 1966)关于教师知识的隐性的观点有关。关于教师知识可能包含哪些知识以及如何将其转化为实践，已经有许多争论，但是一直不变的是教师知识的隐性，以及将这些知识显性化的重要性(Munby, Russell, & Martin, 2001)。

将隐性知识显性化并非易事，尤其因为在学校作为这种转化发生的场所时，很少有人对此有所期望。但是，研究文献证明科学教师与科学教育研究者一起工作时，有助于实现这种转化。这种形式的合作在将实践的隐性方面显性化的过程中起到了催化剂的作用，有助于说明教与学的语言的价值。吉兰(Geelan, 1996)讲述了他“新发现”的、阅读有关教育理论和实践的资料的需求，并描述自己变得更加善于反思自己的教学的重要性；这帮助他成长为一名科学教师。学习者的角色对吉兰很重要，因为他能更清晰地表达和深入地理解自己关于教学的知识。马奥尔(Maor, 1999)作为一名学习者参与了研究，也经历了类似的结果。他认为面对自己的实践对于回顾和反思教与学非常重要。因此，将科学教师作为学习者这种方法为建构主义的学习观创造了机会，使其在课堂教学中变得更有意义和适用。此外，这还使人们对教学实践的变化程度有了更现实的认识(克洛普弗的第二个观点)。当采用教师即为学习者这一立场时，人们通常会发现教师的教学实践有了发展和变化。

有效学习提升项目（Project for the Enhancement of Effective Learning [PEEL]；参见 Baird & Mitchell, 1986）是一项最初由科学教育者资助的教师计划，现在急需资金支持。该项目为教师持续的专业学习提供环境支持。在这个环境中，学习的语言（基于元认知）对教与学具有重大影响。PEEL的研究报告提供了许多关于“教师即为学习者”的案例。这些教师的学习通常是由其阐述教学实践的特征这一需求所驱动的，而这些特征必须是明确和显性的，以更好地理解对学生学习的影响。米切尔（Mitchell）在学校担任科学教师的时候，发现很难将自己教学实践的隐性知识显性化。由于他要离开学校一段时间，另一位教师将接替他完成遗传学这部分内容的教学任务，米切尔准备了这部分的课，并为那位教师提供了详细的教学说明。他认为，这几节课对于该主题的学习非常重要，并且他有许多“对这部分教学内容至关重要的教学必需事项”，旨在巩固学生的学习。回到学校后，当与代课教师谈论这部分内容的教学，发现那位教师上课并不顺利时，米切尔对此感到很惊讶。但是，当他与那位教师讨论情况时，他很快就意识到“我并没有‘忘记’提到这些事情……尽管我在使知识显性化的教学方面很有经验，但它们仍然是隐性知识。这些知识是如此隐性，以至于（它们）只有在我（同黛比[Debbie]）讨论时才能被明确地展示出来”（Mitchell, 1999, p.60）。语言的使用有助于使隐性知识变得显性化，这使得参与PEEL项目的教师能够首先说明教与学的语言对交流实践知识的重要性。

麦克马斯特（McMaster, 1997）是一位PEEL教师，通过对学生协同学习的关注，他展示了自己用于讨论教与学问题的语言如何使其对科学教学的实践和变化有了更深刻的理解。他描述了自己如何更能使科学教学信念和实践保持一致，并因此以超越单纯“分享有效活动”的方式来讨论这些努力。

正如关于PEEL文献所表明的那样，该项目在专业学习以及鼓励教师更加明确其专业实践知识方面有很多值得借鉴的地方。PEEL项目明确指出，通过将教师置于学习的中心，学校科学的真正改变可以成为现实。科学教学与学习（Science Teaching and Learning [STaL]; Lindsay, 2006）是在教育系统的资助下，根据PEEL学习成果开发而形成的一项针对特定科学的计划。

在组织实施STaL的过程中，有目的地挑战科学教师的科学学科知识。通过直面可以检验自己对科学理解的现象，有助于参与教师质疑并更深入地思考他们的教学。如教育实验室WestEd的工作所示，由于关注了学习，使得专业学习项目的转变和科学教师的语言特点在最近一段时间内取得了很大的进步（参见Daehler, Folsom, & Shinohara, 2011，以及生物科学课程研究[Biological Sciences Curriculum Studies, BSCS]）。

基于“教师作为学习者”这一立场，STaL在为期一年的项目的最后时期安排了案例写作活动，以帮助参与者将隐性知识明确地表达出来（Shulman, 1992）。所有参与者都基于他们确定的困境、问题、事件或严重事故撰写了案例，这对于帮助他们将之前关于实践的隐性方面显性化非常重要，并且使他们对科学教与学有了新的认识。

> 从学生的视角参与课程，能够确实帮助教师深入地理解在清晰地表达自己知识的过程中所存在的困难……所有人都在强调且感受到了学生在学习中面临的内心冲突以及扩展已有观点的重要性……案例写作使我能够

> 更加理解教学目的以及教学实践背后所隐含的知识，能够积极地反思正在发生的学习，并为改进教学方法提供思路……我们需要建立自己的教学环境，并为我们个人实施的课程赋予深层的意涵。
>
> （Colquhoun, 2006, pp. 11 – 13）

通过各种形式的学术支持来使隐性知识显性化，这显著地影响了教师对科学教与学的复杂性的理解。但是，正如米切尔（2002）解释的那样，“与学术界的合作可能会非常有帮助，只要教师和学术界这两个群体都认识到他们为合作伙伴关系带来了不同且具有同等价值的专业知识和思维方式，那么他们之间就有很多可以相互学习之处”（p. 253）。正是通过这种伙伴关系的理念，科学教师的学习才能凸显出来，它定义了认识、认可和建立教师专业实践知识的新方法。

教学实践性质上存在的问题

如果教学本身有问题的话，那么就不存在一种正确而恰当的科学教学方法了。寻找方法来说明教学存在问题，是阐明教学实践复杂性的第一步。解决问题的一种方法是通过困境这一理念，即教师在科学教学的日常工作中所面临的困境。

困境通常是案例的起点（如上一部分的简述）。案例充分说明的是，要应对实践中固有的困境，需要灵活而反应迅速的教师采取周到的方法。通过“照方抓药”或参加培训项目，困难难以得到突破。交流应对困境的方法，为教师提供了深入理解专业知识的机会。这样做之后，基于重视教师作为学习者所起到的功能，展示了成为一名教师的途径（Aubusson, 2005）。

史密斯（Smith, 2011）解释说，在与教师长期合作时，如何基于参与者的共同实践困境，对教学法进行小组讨论，这对于树立教师冒险的信心、增强学生（和教师）的科学素养，以及发展他们的专业实践知识都至关重要。她想知道面对困境时教师需要什么知识，以及他们在此过程中的推理和决定如何影响其对学生学习的认识。当与一所特定学校的教师一起工作了两年之后，她注意到这些教师对实践的理解是如何发展的，以及在形成共同教与学的语言并将其付诸实践以发展科学素养的过程中，他们的专业知识是如何形成的。

作为一种基于教育系统的专业学习方法（由天主教教育事务处[Catholic Education Office]提供资金支持），史密斯在学校的工作，反映出学校必须充当一个学习单位的功能，并具有反思、灵活且适应性强的能力，这与教师的期望类似。林赛（Lindsay, 2011）指出“学校本身就是一个实体，即一个完整的学习共同体……（并且）人们认识到学校教育所有要素之间的相互关系，以及动态变化系统中经常变化无常的平衡”（p. 11），这抓住了上述期望的本质。正如教学会存在问题，因为它需要应对实践中的困境，所以如果要实现真正的持续变革，学校也必须同样做出响应。

事实证明，这种困境是在个人和集体两个层面理解科学教与学的复杂性的重要“途径”。在《科学教学的困境：关于教学实践中的问题的观点》（*Dilemmas of Science Teaching: Perspectives on Problems in Practice*）一书中，华莱士和劳登（Louden）（2002）介绍了教师对实践探索的论述，强调了将教学视为存在问题是如何创建学习科学教学的日程的，以及是如何使经验丰富的教师对教与学形成新见解的。书中的表述清晰地说明，当关于教学实践的想当然的假设受到挑战时，教学的复杂性很快就会因为两难选择的出现浮出水面，如果教学基于舍恩

(1983) 所描述的技术理性方式，则两难选择不会以这样的方式被认识到(或不会被回答)。华莱士和劳登(2002) 的书中提出了一些主题，包括对实验意图和方法以及相关任务的价值的疑问，对小组工作和某些限制学生学习可能性的排他性学习方法的检查，以及提问的使用及其对学生学习和课堂话语的影响。通过重点关注困境，文献一次又一次地说明了教学是存在问题的，将教师放置于学习者的角色对于其专业实践知识的发展至关重要。

诺思菲尔德(Northfield)对自己课堂实践的研究表明，学与教密不可分，二者之间的关系影响对教学知识的理解。当诺思菲尔德重返课堂教学时，他通过《打开教室的门：教师、研究者、学习者》(*Opening the Classroom Door: Teacher, Researcher, Learner*; Loughran & Northfield, 1996) 一书审视了自己为期一年的7年级教学经历。这本书毫无疑问地证明了他就是一名科学教师学习者。通过对课堂情况的广泛描述、经由与其他人的对话而进行的实践反思，以及个人日记等方式，他已经能够有力和敏锐地对自己的学习进行综合和分类。

诺思菲尔德着重强调了塑造自己实践方法的原则，但是这样做的时候，他发现自己对教与学的期望与学生期望之间存在重大差异。在试图理解这些差异时，针对教师是如何看待"学习需要学习者的同意"，以及学生如何看待"学习是学生要做的事情，而教师对学生的学习成就负有主要责任"(Loughran & Northfield, 1996, p.137) 这些问题，他研究了教师和学生的观点是如何影响其对教师角色的认识的。诺思菲尔德的论述针对教师作为学习者提出了有趣的见解，并强调了教师对于深入地理解实践所起的作用于研究者同样至关重要。

科学教师作为研究者

教师研究已成为指引课堂实践的一种越来越重要的方法(Clarke & Erickson, 2003; Cochran-Smith & Lytle, 1990)。因为这些研究是由教师主导的，他们真正了解日常"教学"的含义。教师研究是由教师在课堂上出现的教学法问题、议题和关切点驱动的。教师研究报告倾向于以与其他教师相关的和感兴趣的方式来组织，这与学术界所采取的传统研究报告形式相反。这不仅因为研究本身的性质不同，还因为报告的方式也不同。

面对"教师很少将研究结果用于指引其日常实践"的感叹(p.117)，麦戈伊(McGoey)和罗斯(Ross)(1999)让我们注意到，许多研究者关注并向实践者提供的东西，与教师实际所追求的目标之间存在差别。这个差别可以这样理解：尽管许多专业发展项目都试图支持和同情科学教师的工作(Johanna, Lavonen, Koponen, & Kurki-Suonio, 2002; Radford, 1998; Shymansky et al., 1993)，但是教师本身并不一定是研究工作的发起者或支持者。然而，当教师就是研究工作的发起者和支持者时，研究重点和结果却大不相同(Hoban, 2003)。

关于科学教师专业发展的本质，以及提供支持的条件，以使教师拥有和保持对自己课堂中的教与学进行检视的兴趣，这些方面的研究已有很多。尽管有那些可能不断完善的专业发展项目以及组织各种支持和鼓励活动(Finegold, 2010)，但毫无疑问，教师研究是教师学习和教学发生改变的一种最有效的方法。这是因为

> 当教师开始理解他们从经验中学到的东西时……他们越来越意识到如何为教育研究做出贡献……他们可以在专业研究者的研究结果的基础上建立新的理解。在新学校文化

> 中，教师被视为学习者……[他们]是研究者和知识工作者，他们会反思自己的专业需求和当前的理解……学者型教师研究自己的专业实践。
>
> （Kincheloe, 2003, p. 18）

在埃布尔（Abell）和莱德曼（Lederman）（2007）主编的《科学教育研究手册》（*Handbook of Research on Science Education*）一书中，罗思（Roth, 2007）撰写了关于科学教师作为研究者这一章的内容，她对教师作为研究者的角色进行了令人信服的分析。她对教师作为研究者文献的分析清楚地表明，科学教师的研究能够支持教师的学习，并且鼓励在职前教师教育项目中开始这一过程。她还明确指出，科学教师的研究能够产生对教师非常重要的知识。例如，她所回顾的绝大多数研究都集中于教学策略的开发和完善、科学探究策略的使用，以及与语言相关的策略。重要的是，她总结说："教师研究搭建了连接学术研究与实践的桥梁……[并且]可以通过在真实课堂情境中探索来扩展学术研究知识"（Roth, 2007, p. 1237）。这也许是教师研究在学术文献中占据一席之地的原因，这也可能就是鼓励教师从事此类工作的原因，尽管此类工作通常是其现有教学角色的"额外工作"。

菲茨帕特里克（Fitzpatrick, 1996）是一名科学教师，同时是科学教研组组长，他描述了当他和同事决定"放弃"现有的8年级课程，并将其替换为新的课程结构和新的教学方法时出现的情况，因为"经过多年的停滞……[他]很快就相信采用建构主义哲学观点的好处"（p. 1）。他的报告概述了他们决定做出改变的原因，并描述了他们的工作是如何发展新"教学技巧"的。在罗思（2007）的综述中，这类教师研究占据了绝大部分。但是，德雷斯纳（Dresner）和沃利（Worley）（2006）描述的这种教师研究为科学教师学习提供了不同的见解和方法。

德雷斯纳（2002）设计了一个生态主题的项目（森林中的教师[Teachers in the Woods, TIW]），旨在将教师与科学家联系起来，在国家森林和公园中进行为期5周的夏令营科学研究，并在他们学校附近某地进行生态合作研究。这项合作科学研究以不同于课堂实践的方式，对这些教师研究者进行了角色定位。德雷斯纳和沃利（2006）的报告是根据参与TIW教师的后续调查设计的，目的是确定随着时间的推移，之前的研究经验对其实践的影响。德雷斯纳和斯塔维尔（Starvel）（2004）最初报道了科研合作的共同利益，而在后续研究（Dresner & Worley, 2006）的访谈中强调，过了一段时间后，

> 让教师参与现实世界的科学研究对于教师来说是一个有效方法。从而也是他们的学生学习生态学知识和技能的有效方法。这些经验可以促进科学教学，进而增进学生对概念的理解和增强其学习动机。
>
> （p. 12）

贝里（Berry）和米尔罗伊（Milroy）（2002）记录了教师研究的另一种方法。他们决定认真关注学生对原子理论的学习，但他们发现虽然自己已经学习了许多有关概念转变教学的理论知识，但在课堂上引出学生对原子理论的看法之后，却不确定下一步该怎么做。更重要的是，

> 当[他们]查阅研究文献，寻找有关原子结构的教学情境，或寻找针对未曾教授或想要教授的特定概念而提供的实用课堂协助时，

> ［他们］发现针对如何教授那些对于这一现象已经具有一贯性看法的学生，这方面文献少到几乎没有。
>
> （pp.200－201）

因为他们无法找到研究知识来完成自己设定的任务，所以他们成为积极的科学教师学习者，在学习科学教学经验方面进行协作，这当然比他们的预期要求更高且更具挑战性。教师的工作性质、教学的日常需求，以及（为学生和教师自己）取得真正进步的需要，组成了教师认为必须追求的研究议程。他们的论述围绕着10个学习教授科学时有说服力的“抓拍瞬间”展开，而在其努力作为教师研究者之前，这些抓拍瞬间还不是那么显而易见。因为他们是从教师研究的角度出发进行工作的，所以他们认识到自己实践中想当然的方面以及通过教学上的大胆尝试外显化的两难选择、问题和关切，并进行调整，这些都将以前学生学习中隐藏的（或在某些情况下是缺乏的）方面凸显出来。

他们开展教师研究的动力不是“证明我们提出的方法是更好的教学方法”，但其结果是：

> 学习感觉变得更好了——课堂上进行了大量的讨论和写作，学生对观点和假设提出了疑问；学生通常会更擅长解释支持他们回答的理由；我们更好地理解了概念，学生表明他们也理解了这些概念，并准备给出理由来支持他们的答案。
>
> （p.213）

在关于教师作为研究者的文献中，教师对由自己研究所致的学生学习质量提高这一点的认识，不仅是教师研究开始的主要原因，而且也是教师持续开展研究的重要原因。因此，教师研究表明了科学教师的学习在追求教育变革中的重要性。

科学教师教育者的学习

自20世纪90年代中期开始，教师教育实践的自我研究（Hamilton et al., 1998）在塑造教师教育的教学和研究方法方面已变得越来越有影响力。这种影响力产生的原因一部分是由于教师教育者将关注点转变为希望更好地了解自己的实践（Adler, 1993; Mueller, 2003; Nicol, 1997; Pereira, 2000），另一部分是由于教师教育者对教师知识库中关于教与学的知识越来越感兴趣（Berry & Loughran, 2002; Richardson, 1997）。许多科学教师教育者一直致力于自我学习的研究，因为这些研究在一定程度上反映了科学教师教育者对学生学习科学的特别关注，例如面对替代性概念、处理认知冲突、培养积极并具有责任感的学习者。

因此，我们可以从科学教师教育者试图更好地理解其教学影响实习教师的学习的方式这一角度，来看待科学教育者的学习。作为一名物理教师教育者，罗素（1997）关注的是如何让实习教师更容易理解他的实践知识，以便激励实习教师通过对科学教学的学习来挑战“科学教学即事实传授”这一现状。罗素要求实习教师能够对他的教学给予诚恳的反馈，并说明他的教学如何影响（或不影响）其学习教学和思考自己的教学实践的。通过详述对自己的实践进行持续性的批判，罗素详细探究了自己实践中的哪些方面对实习教师的学习是有意义的，哪些方面对他们的教学行为没有多大帮助。罗素用“课后券”作为一种定期反馈的方式，部分学生在课后通过大量的电子邮件与他讨论自己的观点、问题和关注点。

在化学教师教育中，钦（Chin, 1997）尝试研究自己的教学实践，以及他教授师范生的经历是如何影响其对科学教师教育者的认识的。他认为这种经历帮助他“清晰阐述了一些有意义的经验，这些经验丰富了他对教师教育背景下的教与学的信念”（p. 117）。有趣的是，这两位教师教育者在同一个单位工作，有一段时间他们组织了一个自我学习小组，围绕他们的工作定期当面分享各自对教学的学习情况。通过持续的探索，这些教师教育者记录了他们对科学教学的认识如何指导自己的教学实践，以及对职前教师的学习科学教学的作用。（如前所述，在一个鼓励实习教师主动反馈和分享科学教学的学习情况的教师教育项目中，一些参与该项目的学生也发表了相关的成果[Featherstone, Munby, & Russell, 1997; Olmstead, 2007; Russell & Bullock, 1999; Smith, 1997]）。

本章前几部分中的一些主题在科学教师教育者的学习中会多次出现。以PCK为例，这是一个科学教师教育者持续感兴趣的主题，该主题与他们教授科学的教学知识有关。费哈姆塔（Faikhamta）和克拉克（2012）对PCK进行了广泛的探索，发起该主题的探索是因为

> 我想知道作为一个教师教育者，我是否能成功地帮助我的学生发展他们的PCK。我需要准确阐述这些想法，并澄清我试图做哪些工作，以更好地帮助我所教的实习教师在以田野调查为基础科学方法的课程中发展其教学方法。
>
> （p. 3）

将科学教师教育者看作一个学习者，费哈姆塔使用了自我研究的期望（如批判性朋友的使用、对情况的不同观点、搜索不确定的数据、对研究发现进行公开的探索）并将其应用于一些具有挑战性的情境（作为一个初任教师教育者）中。诸如此类的工作展示出许多科学教师教育者都有了解自己实践工作的强烈愿望。

加伯特（Garbett, 2011, 2012）进一步探索了她对职前教师的科学教学的理解，并遇到了怀特黑德（Whitehead, 1993）描述的“现实的矛盾”。通过研究自己的实践，她通过实习教师的视角审视自己的教学，结果她发现自己尝试做的一些事情和希望传递的一些信息并没有被实习教师正确解读（在某些方面上与霍本[Hoban, 1997]的工作一致）。有些人希望将实习教师培养成为独立且富有责任感的学习者，而加伯特决定采用一种团队教学方法，这样可以帮助她看清一些原本不够明显的新方面。同样，在与一些经验丰富的人一起工作时，她也更敏锐地意识到教师教育者的实践影响着实习教师对教学的学习。通过改变教学脚本（例如通过团队教学和同伴教学），加伯特成为了一名卓有见识的教师教育者，这说明了她的学习也是非常充实的。她总结道：

> 构思适宜的教授科学学科知识的策略时，往往不经意间将科学教学变成一种事实和活动的传递，而非全身心参与学习的途径。我沉浸于演示如何教授科学内容之中 …… 在组织实习教师讨论他们对于学习如何教授科学的理解时，我并不自信。
>
> （Garbett, 2011, p. 13）

另一位从自己的实习教师那里获益的科学教师教育者是西格尔（Segal, 1999）。她将自己放在学习者的位置上，检验了教授科学的学习者和学

习科学的学习者之间的差别，这对她来说是一个挑战。“直到完全参与到他们的‘学生—教师’探索活动中，我才意识到自己的理解是很不到位的”(Segal, 1999, p.17)。她的研究描述了自己如何更好地理解实践中的困境（本章前面各部分中一直提到的另一个主题）及对实习教师学习如何教授科学的意义。

西格尔还与同事合作（参见Schuck & Segal, 2002）一起去了解实习教师在第一年的教学工作。他们的教师教育实践再次受到置疑，因为当西格尔与同事寻找支持职前教师发生有意义改变的证据时，他们更具体地了解到其对于实习教师的科学学习设想是如何受到挑战的。虽然在职前阶段的教学中他们运用了以学生为中心、基于活动的小组合作学习的教学方式，但是这些实习教师在成为全职教师后并没有在教学实践中采用同样的教学方式。在许多案例中，西格尔与同事发现他们对实习教师的教学让人产生了一种印象，即这些方法是“无可挑剔且无缝衔接”的（Schuck & Segal, 2002, p.96）。当实习教师成为全职教师后，在面对现实教学的时候，许多人会倒退，采用他们作为学生时所经历的那种令人不满的教学方法（用讲述法教授科学）。跟随实习教师进入他们真正的教学实践中，教师教育者会惊讶地发现自己在教师教育课程中的关于科学教与学的观点受到了挑战。

正如许多关于科学教师教育者学习的案例所表明的那样，支持对实践进行探究的条件很重要。这一点在布洛克和罗素（2012）的最新著作《科学教师教育实践的自我研究》(*Self-Studies of Science Teacher Education Practices*)中体现得尤为明显，该书抓住了许多科学教师教育者的愿望，即更好地了解如何教授科学教师进行科学学科的教学。无论这些条件是通过把科学教育者作为一个实践共同体（Schneider, 2007），持续关注教学法的特定方面（Lustick, 2010），还是科学教师教育者专业发展的特殊“关怀与哺育”方式（Johnston & Settlage, 2008），对学习的关注与对教师教育者、实习教师和教师的关注都是同等重要的，但需要意识到这些都是有风险的。科学教师教育中最大的风险可能与接受教学方式所面临的挑战相关，这种挑战是人们对实习教师的期望，而真正的高中课堂上进行教学时面临的挑战性就更大了。

罗素（1995）在教授物理方法课时，采用的教学方法是在一节高中的课堂上为实习教师示范如何进行物理教学。一年的经验让许多重要问题突显了出来，这些问题自此以后强烈影响了他对科学教师教育的概念化方式。与此类似，托宾（Tobin, 2003）开展了一项具有挑战性的工作，在一所城市高中为实习教师示范如何进行教学，他发现事实证明自己以前的科学教育知识和经验在一个新的棘手情境中没有多大帮助。就像前面提到的罗素一样，托宾也思考了作为一名科学教师教育者工作的意义是什么，以及这是如何影响实习教师对科学教学的学习的：

> 我很快就意识到在城市学校教学时我需要重新学习……一直以来，我认为教学是一种可以表达、书写并思考的知识。但是，文字并不能够转化成指导学生学习的教学过程。
>
> （Tobin, 2003, p.34）

托宾的学习经历与之前诺思菲尔德提到的类似，诺思菲尔德教授在从事教师教育工作的同时，还在一所中学担任兼职教师。他也发现自己关于教学的理论知识对七年级的日常教学工作并没有多大帮助。

正如这些研究显示，“实践我们的教学”(Dias, Eick, & Brantley-Dias, 2011) 可能是教师教育者面临的最终挑战。最近，艾克再次接受了这一挑战，并在学术文献中对此做了报告(参见Dias et al., 2011)。他们回到教室但站在教师教育者的立场上研究了许多问题。在艾克的案例中，

> 他决定兼任中学教师的动机是，希望检验概念知识与实践知识之间的不同，前者基于自己的探究式实践，后者是从在以改革为基础的课程中为青少年教授科学的日常工作中学到的。
>
> (p.54)

艾克围绕自己的经历成立了一个支持小组，以便更加严谨地研究自己的经历。他的项目旨在确定自己在这门课程的教学中出现了哪些关于科学探究(另一个反复出现的主题)的新的个人实践知识，以及出现了哪些与课程相关的科学实践要素。

通过一系列的经历和挑战来理解学校科学教学的本质，并通过探究进行学习，艾克的研究表明，他的确对探究的实践知识有了新的见解。然而，对于艾克和他的合作者来说，他们最突出的发现是“当我们的实践是参与到学校的课堂教学中(不仅仅是观察)，应对出现的问题并努力解决时，教师教育的效果才是最好的”(Dias et al., 2011, p.74)。这一发现给教师教育带来一个巨大的压力：教师教育既要能够利用最新和相关的教学经验，同时仍以符合学术期望的方式来维持学术研究。

关于理论知识与实践知识的相对价值和作用的争论已有一段时间了(参见Clandinin & Connelly, 1995；Fenstermacher, 1994；Munby et al., 2001等)，并且确实还会继续存在。研究者已经通过精心设计和周密计划的教师教育课程进行了一些显著的探索，试图去跨越这道鸿沟(参见Korthagen et al., 2001)。然而，许多此类努力都有赖于教师教育者个人或以小组为单位在一段时间内共同“努力工作”，以设计更加连贯和有意义的教师教育课程。与此同时，与一直处于沼泽低处的实践不同的是，可以备选的教师资格认证项目及其价值与影响(Koballa, Upson Bradbury, Glynn, & Deaton, 2008；Upson Bradbury & Koballa, 2007)，由于在神圣的学术殿堂里的争论而潮起潮落，这使得政策要求和教育实践往往超出了教师教育本身的控制范围(Schön, 1983)。因此，不足为奇的是研究者呼吁教师教育者要更多地掌控自己的工作，并制定可持续的研究议程，以证明他们所做工作的持续性(Grossman & McDonald, 2008)。我们有充分的理由认为，科学教师教育者的学习是最需要做出有力回应的部分。

结论

教师作为学习者的理念根植于研究者的期望，即在教师的工作中，对教与学之间的关系的深层理解必须是真实而有意义的。通过探索这种关系，教师可以更加了解并准确表述他们的实践专业知识。正如这篇综述所阐明的，为了增强学生的理解而积极追求理想的科学教学方式对于一名教师(无论是职前、在职还是教师教育者)来说都是一个艰巨的任务，因为这并不像当初看起来那么简单。

教学本质上带有的问题性使得我们很难去描述因果关系。由于教学中会产生问题，教师处理日常工作中的困境、问题和关切点要求具备教学方面的专业知识，这种专业知识是需要随着时间而发展和完善的，而非可以直接强加的。我们需要将学习

与教学认定为具有一种协同关系（如本章所示）。此时，毫无疑问，科学教师的学习显然很重要，特别是如果作为一个职业，我们希望能够促进学生对科学的学习。

华莱士（2003）列出了三个他认为对理解和创造教师的学习条件至关重要的概念性主题。学习教学是：

1. 情境化的，因此，教师的理解和知识的发展需要关注真实的活动；
2. 社会性的，并且“为不同类型的教师创造丰富的机会，来参与并塑造相互讨论的学习共同体”是至关重要的（p. 10）；
3. 分散式的，因此，合作是以变革为中心的。

正如华莱士所言，发展取决于学习，而在合作中学习往往更有价值。这就产生了一个有趣的问题，我们以何种正式或结构化的方式促进教师的学习？教学往往是一个孤立的个人工作，存在于一个时间、空间和学习机会可能受到限制的环境中，因为“进行教学”的紧迫性可能会丢掉真正反思学习教学的机会。

当以教学为职业的价值不断降低时，当政策制定者寻找复杂问题的简单答案时，当教育官僚机构倾向于通过更加强调责任和服从的技术方法进行实践，而较少强调专业自主和责任时，教师作为学习者的理念就会比以往任何时候都更加重要。

现在是时候进行科学教育的研究与实践，以便更好地论证、表述和宣扬教师的实践专业知识，并凸显科学教师的学习在积极且富有成效地促进教师职业发展过程中的地位。

参考文献

Abell, S. K. (2008). Twenty years later: Does pedagogical content knowledge remain a useful idea? *International Journal of Science Education 30* (10), 1405 – 1416.

Abell, S. K., & Lederman, N. G. (Eds.). (2007). *Handbook of science education*. Philadelphia: Erlbaum.

Adams, P. E., & Krockover, G. H. (1997). Beginning science teacher cognition and its origins in the preservice secondary science teacher program. *Journal of Research in Science Teaching, 34* (6), 633 – 653.

Adler, S. A. (1993). Teacher education: Research as reflective practice. *Teaching and Teacher Education, 9*, 159 – 167.

Akcay, H., & Yager, R. (2010). Accomplishing the Visions for Teacher Education programs advocated in the National Science Education Standards. *Journal of Science Teacher Education, 21* (6), 643 – 664.

Akerson, V. L., Cullen, T. A., & Hanson, D. L. (2009). Fostering a community of practice through a professional development program to improve elementary teachers' views of nature of science and teaching practice. *Journal of Research in Science Teaching, 46* (10), 1090 – 1113.

Allan, E., Shane, J., Brownstein, E., Ezrailson, C., Hagevik, R., & Veal, W. (2009). Using performance-based assessments to prepare safe science teachers. *Journal of Science Teacher Education, 20* (6), 495 – 500.

Anderson, R. D., & Mitchener, C. P. (1994). Research on science teacher education. In D.L. Gabel (Ed.), *Handbook of research on science teaching and learning* (pp. 3 – 44). New York: Macmillan.

Angeli, C., & Valanides, N. (2005). Preservice elementary teachers as information and communication technology designers: An instructional systems design model based on an expanded view of pedagogical content knowledge. *Journal of Computer Assisted Learning, 21* (4), 292 – 302.

Appleton, K. (1992). Discipline knowledge and confidence to teach science: Self-perceptions of primary teacher education students. *Research in Science Education, 22* (1), 11 – 19.

Appleton, K. (2008). Developing science pedagogical content knowledge through mentoring elementary teachers. *Journal of Science Teacher Education, 19* (6), 523 – 545.

Appleton, K., & Kindt, I. (2002). Beginning elementary teachers' development as teachers of science. *Journal of Science Teacher Education, 13*(1), 43 - 61.

Aubusson, P. (2005). Evolution from a problem-based to a project-based secondary teacher education program: Challenges, dilemmas and possibilities. In G.F. Hoban (Ed.), *The missing links in teacher education design: Developing a multi-linked conceptual framework* (pp. 37 - 55). Dordrecht, the Netherlands: Springer.

Baird, J. R., & Mitchell, I. J. (Eds.). (1986). *Improving the quality of teaching and learning: An Australian case study—the PEEL project.* Melbourne: Monash University Printing Service.

Bandura, A. (1986). *Social foundations of thought and action: A social cognitive theory.* Englewood Cliffs, NJ: Prentice-Hall.

Bennett, N., Summers, M., & Askew, M. (1994). Knowledge for teaching and teaching performance. In A. Pollard (Ed.), *Look before you leap? Research evidence for the curriculum at key stage two* (pp. 23 - 36). London: Tufnell Press.

Berry, A., & Loughran, J. J. (2002). Developing an understanding of learning to teach in teacher education. In J. Loughran & T. Russell (Eds.), *Improving teacher education practices through self-study* (pp. 13 - 29). London: RoutledgeFalmer.

Berry, A., & Milroy, P. (2002). Changes that matter. In J. Loughran, I. Mitchell, & J. Mitchell (Eds.), *Learning from teacher research* (pp. 196 - 221). New York: Teachers College Press.

Beyer, C. J., & Davis, E.A. (2012). Learning to critique and adapt science curriculum materials: Examining the development of preservice elementary teachers' pedagogical content knowledge. *Science Education, 96*(1), 130 - 157.

Bhattacharyya, S., Volk, T., & Lumpe, A. (2009). The influence of an extensive inquiry-based field experience on pre-service elementary student teachers' science teaching beliefs. *Journal of Science Teacher Education, 20*(3), 199 - 218.

Bianchini, J. A., Johnston, C. C., Oram, S. Y., & Cavazos, L. M. (2003). Learning to teach science in contemporary and equitable ways: The successes and struggles of first-year science teachers. *Science Education, 87*(3), 419 - 443.

Bullock, S.M. (2011). *Inside teacher education: Challenging prior views of teaching and learning.* Rotterdam, the Netherlands: Sense Publishers.

Bullock, S. M., & Russell, T. (Eds.). (2012). *Self-studies of science teacher education practices.* Dordrecht, the Netherlands: Springer.

Burgoon, J., Heddle, M., & Duran, E. (2011). Re-examining the similarities between teacher and student conceptions about physical science. *Journal of Science Teacher Education, 22*(2), 101 - 114.

Carlsen, W. S. (1991). Effects of new biology teachers' subject-matter knowledge on curricular planning. *Science Education, 75*(6), 631 - 647.

Carr, M., & Symington, D. (1991). The treatment of science discipline knowledge in primary teacher education. *Research in Science Education, 21*(1), 39 - 46.

Chin, P. (1997). Teaching and learning in teacher education: Who is carrying the ball? In J. Loughran & T. Russell (Eds.), *Teaching about teaching: Purpose, passion and pedagogy in teacher education* (pp. 117 - 129). London: Falmer Press.

Clandinin, D. J., & Connelly, F. M. (Eds.). (1995). *Teachers' professional knowledge landscapes.* New York: Teachers College Press.

Clark, C., & Peterson, P. (1986). Teachers' thought processes. In M. C. Wittrock (Ed.), *Handbook of research on teaching* (3rd ed., pp. 255 - 296). New York: MacMillan.

Clarke, A. (1994). Student-teacher reflection: Developing and defining a practice that is uniquely one's own. *International Journal of Science Education, 16*(5), 497 - 509.

Clarke, A., & Erickson, G. (Eds.). (2003). *Teacher research.* London: RoutledgeFalmer.

Clarke, A., & Erickson, G. (2004). Self-study: The fifth commonplace. *Australian Journal of Education, 48*(2), 199 - 211.

Clift, R., Houston, W., & Pugach, M. (Eds.). (1990). *Encouraging reflective practice in education.* New York: Teachers College Press.

Cochran-Smith, M., & Lytle, S. L. (1990). Research on teaching and teacher research: The issues that divide. *Educational Researcher, 19*(2), 2 - 11.

Cochran-Smith, M., & Lytle, S. L. (Eds.). (1993). *Inside/outside: Teacher research and knowledge.* New York:

Teachers College Press.

Colquhoun, Y. (2006). Cases: A teacher's perspective. In J. Loughran & A. Berry (Eds.), *Looking into practice: Cases of science teaching and learning* (2nd ed., Vol. 1, pp.11–14). Melbourne: Monash University and the Catholic Education Office Melbourne.

Daehler, K. R., Folsom, J., & Shinohara, M. (2011). *Making sense of science: Energy for teachers for Grades 6–8*. San Francisco: WestEd/ NSTA press.

Dana, T. M., McLoughlin, A. S., & Freeman, T. B. (1988). *Creating dissonance in prospective teachers' conceptions of teaching and learning science.* Paper presented at the National Association for Research in Science Teaching, San Diego, CA.

Davis, E. A., & Smithey, J. (2009). Beginning teachers moving toward effective elementary science teaching. *Science Education, 93*(4), 745–770.

De Jong, O., Van Driel, J. H., & Verloop, N. (2005). Preservice teachers' pedagogical content knowledge of using particle models in teaching chemistry. *Journal of Research in Science Teaching, 42*(8), 947–964.

Dias, M., Eick, C., & Brantley-Dias, L. (2011). Practicing what we teach: A self-study in implementing an inquiry-based curriculum in a middle grades classroom. *Journal of Science Teacher Education, 22*(1), 53–78.

Dietz, C., & Davis, E. (2009). Preservice elementary teachers' reflection on narrative images of inquiry. *Journal of Science Teacher Education, 20*(3), 219–243.

Dresner, M. (2002). Monitoring forest biodiversity with teachers in the woods. *Journal of Environmental Education, 34*(1), 4–8.

Dresner, M., & Starvel, E. (2004). Mutual benefits of scientist/teacher partnerships. *Academic Exchange Quarterly, 8*, 252–256.

Dresner, M., & Worley, E. (2006). Teacher research experiences, partnerships with scientists, and teacher networks sustaining factors from professional development. *Journal of Science Teacher Education, 17*(1), 1–14.

Driver, R., Guesne, E., & Tiberghien, A. (Eds.). (1985). *Children's ideas in science.* Milton Keynes, UK: Open University Press.

Duncan, R., Pilitsis, V., & Piegaro, M. (2010). Development of preservice teachers' ability to critique and adapt inquiry-based instructional materials. *Journal of Science Teacher Education, 21*(1), 81–102.

Eick, C., & Dias, M. (2005). Building the authority of experience in communities of practice: The development of preservice teachers' practical knowledge through coteaching in inquiry classrooms. *Science Education, 89*(3), 470–491.

Eick, C. J., Ware, F. N., & Jones, M. T. (2004). Coteaching in a secondary science methods course: Learning through a coteaching model that supports early teacher practice. *Journal of Science Teacher Education, 15*(3), 197–209.

Faikhamta, C., & Clarke, A. (2012). A self-study of a Thai teacher educator developing a better understanding of PCK for teaching about teaching science. *Research in Science Education, 42*, 1–25.

Falk, A. (2012). Teachers learning from professional development in elementary science: Reciprocal relations between formative assessment and pedagogical content knowledge. *Science Education, 96*(2), 265–290.

Fazio, X., Melville, W., & Bartley, A. (2010). The problematic nature of the practicum: A key determinant of pre-service teachers' emerging inquiry-based science practices. *Journal of Science Teacher Education, 21*(6), 665–681.

Featherstone, D., Munby, H., & Russell, T. (Eds.). (1997). *Finding a voice while learning to teach.* London: Falmer Press.

Fenstermacher, G. D. (1994). The knower and the known: The nature of knowledge in research on teaching. In L. Darling-Hammond (Ed.), *Review of research in education* (Vol. 20, pp.3–56). Washington DC: American Educational Research Association.

Finegold, P. (2010). *Professional reflections: International perspectives on science teachers' continuing professional development.* York, UK: National Science Learning Centre.

Fitzpatrick, B. (1996). *The application of constructivist learning strategies to the redesign of the lower secondary science curriculum.* Paper presented at the Proceedings of the 21st Annual Conference of the Western Australian Science Education Association, Perth, Western Australia.

Fleer, M., & Grace, T. (2003). Building a community of science learners through legitimate collegial participation. In J. Wallace & J. Loughran (Eds.), *Leadership and professional development in science education: New possibilities for enhancing teacher learning* (pp. 116 – 133). London: RoutledgeFalmer.

Forbes, C. T. (2011). Preservice elementary teachers' adaptation of science curriculum materials for inquiry-based elementary science. *Science Education, 95*(5), 927 – 955.

Garbett, D. (2011). Developing pedagogical practices to enhance confidence and competence in science teacher education. *Journal of Science Teacher Education, 22*(8), 729 – 743.

Garbett, D. (2012). The transformation from expert science teacher to science teacher educator. In S.M. Bullock & T. Russell (Eds.), *Self- studies of science teacher education practices* (Vol. 12, pp. 31 – 44). Dordrecht, the Netherlands: Springer.

Geddis, A. N. (1996). Science teaching and reflection: Incorporating new subject-matter into teachers' classroom frames. *International Journal of Science Education, 18*(2), 249 – 265.

Geelan, D. R. (1996). Learning to communicate: Developing as a science teacher. *Australian Science Teachers Journal, 42*(1), 30 – 43.

Gomez-Zwiep, S. (2008). Elementary teachers' understanding of students' science misconceptions: Implications for practice and teacher education. *Journal of Science Teacher Education, 19*(5), 437 – 454.

Grimmett, P. P., & Erickson, G. (1988). *Reflection in teacher education.* New York: Teachers College Press.

Grossman, P., & McDonald, M. (2008). Back to the future: Directions for research in teaching and teacher education. *American Educational Research Journal, 45*(1), 184 – 205.

Gunckel, K. (2011). Mediators of a preservice teacher's use of the inquiry-application instructional model. *Journal of Science Teacher Education, 22*(1), 79 – 100.

Gunning, A., & Mensah, F. (2011). Preservice elementary teachers' development of self-efficacy and confidence to teach science: A case study. *Journal of Science Teacher Education, 22*(2), 171 – 185.

Hamilton, M. L., Pinnegar, S., Russell, T., Loughran, J., & LaBoskey, V. (Eds.). (1998). *Reconceptualizing teaching practice: Self-study in teacher education.* London: Falmer Press.

Hashweh, M. Z. (1996). Effects of science teachers' epistemological beliefs in teaching. *Journal of Research in Science Teaching, 33*(1), 47 – 63.

Hewson, P.W., Beeth, M.E., & Thorley, R. (1998). Teaching for conceptual change. In B. Fraser & K. Tobin (Eds.), *International handbook of science education* (pp. 198 – 218). Dordrecht, the Netherlands: Kluwer.

Hoban, G. (2003). Changing the balance of a science teacher's belief system. In J. Wallace & J. Loughran (Eds.), *Leadership and professional development in science education: New possibilities for enhancing teacher learning* (pp. 19 – 33). London: RoutlegeFalmer.

Hoban, G. F. (1997). Learning about learning in the context of a science methods course. In J. Loughran & T. Russell (Eds.), *Teaching about teaching: Purpose, passion and pedagogy in teacher education* (pp. 133 – 149). London: Falmer Press.

Howitt, C. (2007). Pre-service elementary teachers' perceptions of factors in an holistic methods course influencing their confidence in teaching science. *Research in Science Education, 37*(1), 41 – 58.

Ireland, J., Watters, J., Brownlee, J., & Lupton, M. (2012). Elementary teachers' conceptions of inquiry teaching: Messages for teacher development. *Journal of Science Teacher Education, 23*(2), 159 – 175.

Isabelle, A., & de Groot, C. (2008). Alternate conceptions of preservice elementary teachers: The Itakura method. *Journal of Science Teacher Education, 19*(5), 417 – 435.

Johanna, J., Lavonen, J., Koponen, I., & Kurki-Suonio, K. (2002). Experiences from long-term in-service training for physics teachers in Finland. *Physics Education, 37*(2), 128 – 134.

Johnston, A., & Settlage, J. (2008). Framing the professional development of members of the science teacher education community. *Journal of Science Teacher Education, 19*(6), 513 – 521.

Kang, N. -H. (2007). Elementary teachers' teaching for conceptual understanding: Learning from action research. *Journal of Science Teacher Education, 18*(4), 469 – 495.

Kincheloe, J. L. (2003). *Teachers as researchers: Qualitative inquiry as a path to empowerment.* London: RoutledgeFalmer.

Klopfer, L. E. (1991). A summary of research in science education— 1989. *Science Education, 75*, 255 – 402.

Koballa, T., Glynn, S., & Upson, L. (2005). Conceptions of teaching science held by novice teachers in an alternative certification program. *Journal of Science Teacher Education, 16*(4), 287–308.

Koballa, T., Upson Bradbury, L., Glynn, S., & Deaton, C. (2008). Conceptions of science teacher mentoring and mentoring practice in an alternative certification program. *Journal of Science Teacher Education, 19*(4), 391–411.

Koch, J., & Appleton, K. (2007). The effect of a mentoring model for elementary science professional development. *Journal of Science Teacher Education, 18*(2), 209–231.

Korthagen, F. A. J. (1992). Techniques for stimulating reflection in teacher education seminars. *Teaching and Teacher Education, 8*(3), 265–274.

Korthagen, F. A. J., Kessels, J., Koster, B., Langerwarf, B., & Wubbels, T. (Eds.). (2001). *Linking theory and practice: The pedagogy of realistic teacher education.* Mahwah, NJ: Lawrence Erlbaum Associates Publishers.

Larkin, D. (2012). Misconceptions about "misconceptions": Preservice secondary science teachers' views on the value and role of student ideas. *Science Education, 96*(5), 927–959.

Lederman, N. G., Gess-Newsome, J., & Latz, M.S. (1994). The nature and development of preservice science teachers' conceptions of subject matter and pedagogy. *Journal of Research in Science Teaching, 31*(2), 129–146.

Lee, E., Brown, M. N., Luft, J. A., & Roehrig, G. H. (2007). Assessing beginning secondary science teachers' PCK: Pilot year results. *School Science and Mathematics, 107*(2), 52–60.

Lindsay, S. (2006). Cases: Opening the classroom door. In J. Loughran & A. Berry (Eds.), *Looking into practice: Cases of science teaching and learning* (pp. 3–6). Melbourne: Catholic Education Office (Melbourne) and Monash University.

Lindsay, S. (2011). Scientific literacy: A symbol of change. In J. Loughran, K. Smith, & A. Berry (Eds.), *Scientific literacy under the microscope: A whole school approach to science teaching and learning* (pp. 3–15). Rotterdam, the Netherlands: Sense Publishers.

Lockard, D. L. (1993). Secondary science teachers' knowledge base when teaching science courses in and out of their area of certification. *Journal of Research in Science Teaching, 30*, 723–736.

Lortie, D. C. (1975). *Schoolteacher.* Chicago: Chicago University Press.

Loughran, J. (1994). Bridging the gap: An analysis of the needs of second-year science teachers. *Science Education, 78*(4), 365–386.

Loughran, J. J. (2002). Effective reflective practice: In search of meaning in learning about teaching. *Journal of Teacher Education, 53*(1), 33–43.

Loughran, J. J., & Northfield, J. R. (1996). *Opening the classroom door: Teacher, researcher, learner.* London: Falmer Press.

Loughran, J. J., Smith, K., & Berry, A. (2011). *Scientific literacy under the microscope: A whole school approach to science teaching and learning.* Rotterdam, the Netherlands: Sense Publishers.

Luft, J. A., Firestone, J. B., Wong, S. S., Ortega, I., Adams, K., & Bang, E. (2011). Beginning secondary science teacher induction: A two-year mixed methods study. *Journal of Research in Science Teaching, 48*(10), 1199–1224.

Lustick, D. (2009). The failure of inquiry: Preparing science teachers with an authentic investigation. *Journal of Science Teacher Education, 20*(6), 583–604.

Lustick, D. (2010). The priority of the question: Focus questions for sustained reasoning in science. *Journal of Science Teacher Education, 21*(5), 495–511.

Maor, D. (1999). Teachers-as-learners: The role of multimedia professional development program in changing classroom practice. *Australian Science Teachers Journal, 45*(3), 45–50.

McGoey, J., & Ross, J. (1999). Research, practice, and teacher internship. *Journal of Research in Science Teaching, 36*(2), 121–139.

McMaster, J. (1997). Theory into practice. In J.R. Baird & I.J. Mitchell (Eds.), *Improving the quality of teaching and learning: An Australian case study—the PEEL project* (3rd ed., pp. 135–143). Melbourne: Monash University.

Milner, A., Sondergeld, T., Demir, A., Johnson, C., & Czerniak, C. (2012). Elementary teachers' beliefs about teaching science and classroom practice: An examination of pre/post NCLB testing in science. *Journal of Science Teacher Education, 23*(2), 111–132.

Mitchell, I. J. (1999). Bridging the gulf between research and practice. In J. J. Loughran (Ed.), *Researching teaching:*

Methodologies and practices in understanding pedagogy (pp. 44 – 64). London: Falmer Press.

Mitchell, I. J. (2002). Learning from teacher research for teacher research. In J. J. Loughran, I. Mitchell, & J. Mitchell (Eds.), *Learning from teacher research* (pp. 249 – 266). New York: Teachers College Press.

Mueller, A. (2003). Looking back and looking forward: Always becoming a teacher educator through self-study. *Reflective Practice, 4*(1), 67 – 84.

Mulholland, J., & Wallace, J. (2005). Growing the tree of teacher knowledge: Ten years of learning to teach elementary science. *Journal of Research in Science Teaching, 42*(7), 767 – 790.

Munby, H., Cunningham, M., & Lock, C. (2000). School science culture: A case study of barriers to developing professional knowledge. *Science Education, 84*(2), 193 – 211.

Munby, H., & Russell, T. (1994). The authority of experience in learning to teach: Messages from a physics methods class. *Journal of Teacher Education, 45*(2), 86 – 95.

Munby, H., Russell, T., & Martin, A. K. (2001). Teachers' knowledge and how it develops. In V. Richardson (Ed.), *Handbook of research on teaching* (4th ed., pp. 877 – 904). Washington, DC: American Educational Research Association.

Nicol, C. (1997). Learning to teach prospective teachers to teach mathematics: Struggles of a beginning teacher educator. In J. Loughran & T. Russell (Eds.), *Teaching about teaching: Purpose, passion and pedagogy in teacher education* (pp. 95 – 116). London: Falmer Press.

Nilsson, P., & Loughran, J. J. (2012). Understanding and assessing primary science student teachers' pedagogical content knowledge. *Journal of Science Teacher Education, 23*(7), 699 – 721.

Northfield, J. R., & Gunstone, R.F. (1997). Teacher education as a process of developing teacher knowledge. In J. Loughran & T. Russell (Eds.), *Teaching about teaching: Purpose, passion and pedagogy in teacher education* (pp. 48 – 56). London: Falmer Press.

Olmstead, M. (2007). Enacting a pedagogy of practicum supervision: One student teacher's experiences of powerful differences. In T. Russell & J.J. Loughran (Eds.), *Enacting a pedagogy of teacher education: Values, relationships and practices.* (pp. 138 – 148). London: Routledge.

Osborne, R. J., & Freyberg, P. (Eds.). (1985). *Learning in science: The implications of children's science.* Auckland: Heinemann.

Pajares, M. F. (1992). Teachers' beliefs and educational research: Cleaning up a messy construct. *Review of Educational Research, 62*(3), 307 – 332.

Pereira, P. (2000). Reconstructing oneself as a learner of mathematics. In J. Loughran & T. Russell (Eds.), *Exploring myths and legends of teacher education. Proceedings of the third international conference of the selfstudy of teacher education practices. Herstmonceux Castle, East Sussex, England* (pp. 204 – 207). Kingston, Ontario: Queen's University.

Polanyi, M. (1966). *The tacit dimension.* Garden City, NY: Doubleday.

Posnanski, T. (2010). Developing understanding of the nature of science within a professional development program for inservice elementary teachers: Project nature of elementary science teaching. *Journal of Science Teacher Education, 21*(5), 589 – 621.

Posner, G. J., Strike, K. A., Hewson, P. W., & Gertzog, W. A. (1982). Accommodation of a scientific conception: Toward a theory of conceptual change. *Science Education, 66*(2), 211 – 227.

Pringle, R. (2006). Preservice teachers' exploration of children's alternative conceptions: Cornerstone for planning to teach science. *Journal of Science Teacher Education, 17*(3), 291 – 307.

Putnam, R. T., & Borko, H. (1997). What do new views of knowledge and thinking have to say about research on teacher learning? *Educational Researcher, 29*(1), 4 – 15.

Radford, D. L. (1998). Transferring theory into practice: A model for professional development for science education reform. *Journal of Research in Science Teaching, 35*(1), 73 – 88.

Richardson, V. (1996). The role of attitudes and beliefs in learning to teach. In J. Sikula (Ed.), *Handbook of research on teacher education* (pp. 102 – 119). New York: Macmillan.

Richardson, V. (1997). Constructivist teaching and teacher education: Theory and practice. In V. Richardson (Ed.), *Constructivist teacher education: Building a world of new understandings* (pp. 3 – 14). London: Falmer Press.

Ritter, J. (2009). Developing a vision of teacher education: How my classroom teacher understandings evolved in the university environment. *Studying Teacher Education, 5*(1), 45–60.

Roth, K. (2007). Science teachers as researchers. In S. K. Abell & N. G. Lederman (Eds.), *Handbook of research on science education* (pp. 1203–1260). Mahwah, NJ: Lawrence Erlbaum Associates.

Roychoudhury, A., & Rice, D. (2010). Discourse of making sense of data: Implications for elementary teachers' science education. *Journal of Science Teacher Education, 21*(2), 181–203.

Russell, T. (1995). Returning to the physics classroom to re-think how one learns to teach physics. In T. Russell & F. A. J. Korthagen (Eds.), *Teachers who teach teachers: Reflections on teacher education* (pp. 95–109). London: Falmer Press.

Russell, T. (1997). Teaching teachers: How I teach IS the message. In J. Loughran & T. Russell (Eds.), *Teaching about teaching: Purpose, passion and pedagogy in teacher education* (pp. 32–47). London: Falmer Press.

Russell, T. (2000). Moving beyond 'default' teaching styles and programme structures: The rise, fall, and marginal persistence of reflective practice in pre-service teacher education in the period 1984–2000. Paper presented at the Making a difference through reflective practices: Values and actions. The first Carfax International Conference on Reflective Practice, University College Worcester, July 13–16, 2000.

Russell, T., & Bullock, S. (1999). Discovering our professional knowledge as teachers: Critical dialogues about learning from experience. In J. Loughran (Ed.), *Researching teaching: Methodologies and practices for understanding pedagogy* (pp. 132–151). London: Falmer Press.

Sarason, S. (1990). *The predictable failure of educational reform: Can we change course before it is too late?* San Francisco: Jossey-Bass.

Schibeci, R. A., & Hickey, R. (2000). Is it natural or processed? Elementary school teachers and conceptions about materials. *Journal of Research in Science Teaching, 37*(10), 1154–1170.

Schneider, R. (2007). Science teacher educators as a community of practice. *Journal of Science Teacher Education, 18*(5), 693–697.

Schön, D. A. (1983). *The reflective practitioner: How professionals think in action.* New York: Basic Books.

Schön, D. A. (1987). *Educating the reflective practitioner.* San Francisco: Jossey-Bass.

Schuck, S., & Segal, G. (2002). Learning about our teaching from our graduates, learning about our learning with critical friends. In J. Loughran & T. Russell (Eds.), *Improving teacher education practices through self-study* (pp. 88–101). London: RoutledgeFalmer.

Segal, G. (1999). *Collisions in a science education reform context: Anxieties, roles and power.* Paper presented at the American Educational Research Association, Montreal, Canada.

Settlage, J., & "Dee" Goldston, M. J. "Dee." (2007). Prognosis for science misconceptions research. *Journal of Science Teacher Education, 18*(6), 795–800.

Shulman, J. H. (1992). *Case methods in teacher education.* New York: Teachers College Press.

Shulman, L. S. (1986). Those who understand: Knowledge growth in teaching. *Educational Researcher, 15*(2), 4–14.

Shymansky, J. A., Woodworth, G., Norman, O., Dunkhase, J., Matthews, C., & Liu, C. -T. (1993). A study of changes in middle school teachers' understanding of selected ideas in science as a function of an in-service program focusing on student preconceptions. *Journal of Research in Science Teaching, 30*(7), 737–755.

Skamp, K. (1991). Primary science and technology: How confident are teachers? *Research in Science Education, 21*(1), 290–299.

Smith, D., & Jang, S. (2011). Pathways in learning to teach elementary science: Navigating contexts, roles, affordances and constraints. *Journal of Science Teacher Education, 22*(8), 745–768.

Smith, K. (1997). Learning to teach: A story of five crises. In D. Featherstone, H. Munby, & T. Russell (Eds.), *Finding a voice while learning to teach* (pp. 98–108). London: Falmer Press.

Smith, K. (2011). Learning from teacher thinking. In J. Loughran, K. Smith, & A. Berry (Eds.), *Scientific literacy under the microscope: A whole school approach to science teaching and learning* (pp. 25–36). Rotterdam, the Netherlands: Sense Publishers.

Solomon, J., & Tresman, S. (1999). A model for continued

professional development: Knowledge, belief and action. *Journal of In-Service Education, 25*(2), 307–319.

Stump, S. L. (2010). Reflective tutoring: Insights into preservice teacher learning. *School Science and Mathematics, 110*(1), 47–54.

Tobin, K. (2003). The challenges of attaining a transformative science education in urban high schools. In J. Wallace & J. Loughran (Eds.), *Leadership and professional development in science education: New possibilities for enhancing teacher learning* (pp. 33–47). London: RoutledgeFalmer.

Trumbull, D. (1999). *The new science teacher: Cultivating good practice.* New York: Teachers College Press.

Upson Bradbury, L., & Koballa, T. (2007). Mentor advice giving in an alternative certification program for secondary science teaching: Opportunities and roadblocks in developing a knowledge base for teaching. *Journal of Science Teacher Education, 18*(6), 817–840.

Uzuntiryaki, E., Boz, Y., & Kirbulut, D. (2010). Do pre-service chemistry teachers reflect their beliefs about constructivism in their teaching practices? *Research in Science Education, 40*(3), 403–424.

Vail Lowery, N. (2002). Construction of teacher knowledge in context: Preparing elementary teachers to teach mathematics and science. *School Science and Mathematics, 102*(2), 68–83.

Van Driel, J. H., De Jong, O., & Verloop, N. (2002). The development of preservice chemistry teachers' pedagogical content knowledge. *Science Education, 86*(4), 572–590.

Veal, W. R. (1999, March). The TTF model to explain PCK in teacher development. Paper presented at the annual meeting of the National Association for Research in Science Teaching, Boston, MA. (Eric Document Reproduction Service No. ED 443690)

Vikström, A. (2008). What is intended, what is realized, and what is learned? Teaching and learning biology in the primary school classroom. *Journal of Science Teacher Education, 19*(3), 211–233.

Wagler, R. (2010). Using science teaching case narratives to evaluate the level of acceptance of scientific inquiry teaching in preservice elementary teachers. *Journal of Science Teacher Education, 21*(2), 215–226.

Wallace, J. (2003). Learning about teacher learning: Reflections of a science educator. In J. Wallace & J. Loughran (Eds.), *Leadership and professional development in science education* (pp. 1–16). London: RoutledgeFalmer.

Wallace, J., & Louden, W. (Eds.). (2002). *Dilemmas of science teaching: Perspectives on problems of practice.* London: RoutledgeFalmer.

Wallace, J., & Loughran, J. (2012). Science teacher learning. In B.J. Fraser, K. Tobin, & C.J. McRobbie (Eds.), *Second international handbook of science education* (Vol. 24, pp. 295–306). Dordrecht, the Netherlands: Springer.

Wei, R. C., Darling-Hammond, L., Andree, A., Richardson, N., & Orphanos, S. (2009). *Professional learning in the learning profession: A status report on teacher development in the U.S. and abroad.* Dallas, TX: National Staff Development Council.

Wenger, E. (1998). *Communities of practice: Learning, meaning, and identity.* Cambridge: Cambridge University Press.

White, G., Russell, T., & Gunstone, R.F. (2002). Curriculum change. In J. Wallace & W. Louden (Eds.), *Dilemmas of science teaching: Perspectives on problems of practice* (pp. 231–244). London: RoutledgeFalmer.

Whitehead, J. (1993). *The growth of educational knowledge: Creating your own living educational theories.* Bournemouth: Hyde Publications.

Wieringa, N. (2011). Teachers' educational design as a process of reflection-in-action: The lessons we can learn from Donald Schön's *The Reflective Practitioner* when studying the professional practice of teachers as educational designers. *Curriculum Inquiry, 41*(1), 167–174.

Zeichner, K. M., & Gore, J. M. (1990). Teacher socialization. In W. R. Houston (Ed.), *Handbook of research on teacher education* (pp. 329–348). New York: Macmillan.

Science Teacher Attitudes and Beliefs

Reforming Practice

M. GAIL JONES AND MEGAN LEAGON

第41章 科学教师的态度与信念：改革实践

王健　译　　佘建云　审校

> 是什么原因导致有良好愿望的教师对于……改革的执行有心无力？即使他们对改革给予了积极的评价并且认为他们的课堂正在实施改革。
>
> （Gregoire, 2003, p. 148）

科教研究中新发现不断涌现，但科学教育改革的需求始终未变。影响科学教育质量最重要的因素应该就是教师。教师面临着标准、评价以及课程不断变化的局面，并且他们所持有的信念和态度决定了他们解释和应对变化与挑战的方式。因此，无论科学教师是否使用探究式教学、评价选择以及参与专业发展，他们的信念和态度都会对课程的教学产生影响。

大多数专业发展模型的设计初衷都是处理教师知识、信念、态度和教师最终课堂实践之间的关系。影响专业发展有效性的其中一个重要原因是没有处理好教师对其教学实践的态度和信念问题。如果向教师提供新的教学模式或课程，没有帮助其更新潜在的信仰体系，可能就不会带来多少有益的改变。但是我们知道，构建和改变教师的态度和信念取决于一系列的因素，包括先验知识和经验、自我效能感和认识信念，以及特定教师和学校的社会文化背景。随着我们开始模拟教师改变的过程，研究正开始解开这些因素之间复杂的关系。

在本章中，我们考查了当前对教师从业的信念和态度的研究，这些研究特别关注对各类信念的定义，分析科学教师信念和态度对其教学实践产生影响的证据，以及明确未来研究的新领域。本研究综述包括历史研究的概述，这些历史研究定义了态度和信念的内涵，并记录了它们对科学教师及其教学的影响。自上一版《科学教学研究手册》(*Handbook on Research in Science Teaching*)发布以来，已发表的研究均被选中并进行回顾分析。这些研究包括来自科学教育研究期刊的研究，以及来自其他期刊涉及考查科学教师态度和信念的研究。受篇幅限制，我们无法对态度、信念和相关因素的所有研究做穷尽性讨论，但我们主要关注过去5年中出现的研究新趋势和新方向。大量关于科学教师教育的研究都认识到项目、课程、教学方法和教学经验对教师的影响，且这些研究成果都已被总结或认可。我们在这里寻求通过对促进教师态度和信念变化的因素进行描写和建模，来推动对科学教师态度和信念研究的发展。我们通过了解信念和态度如何贯穿于所处情境、自我效能感或认识信念等因素中，可以更好地指导科学教育改革方法，并构建新的教与学的理论模型。

信念的定义

在这一部分中，我们将通过对个人认识论和认知学的研究，从哲学和心理学的角度来描述教师的信念。了解认识论的基础以及信念或信念体系的构成，可以为与科学、自我(例如自我效能感)以及教学有关的特定信念提供一个视角。

> 人不具备逻辑性，并且他的认识史是一部关于精神储备与妥协的记录。即使他被迫放弃自己的逻辑基础，他仍然坚持自己在旧的信仰中所能坚持的东西。
>
> (Dewey, 1922, p. 224)

杜威(Dewey)在这句话中谈到了知识和信念之间持续且不可避免的相互作用。关于知识与信念的本质，以及这两种建构如何对科学教育、认知心理学、教育心理学和教学实践的工作产生影响，学界对此一直争论不休(Murphy & Mason, 2006)。想要更充分地理解科学教师的信念，区分什么是“知识”以及什么是“信念”十分重要。

一些人认为，信念是一种特定的知识类型(Nisbett & Ross, 1980)，而另一些人则认为知识是信念的组成部分(Rokeach, 1968)。亚历山大(Alexander)和多希(Dochy)(1995)通过对成年人有关知识和信念概念的国际研究，探索了知识和信念的二分法。在这项研究中，研究者向具有不同教育和文化背景的成年参与者展示了五个图表，并提供了一个创建新图表的选项(如表41.1所示)，要求参与者选择最能描绘他们对于知识和信念之间关系的看法的图示。

表41.1 知识与信念多种关系图示

知识与信念关系可能性的呈现	图示说明
图示1（独立的） 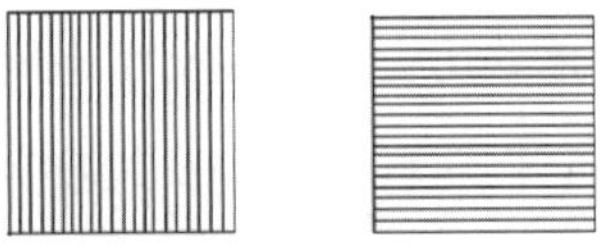	知识和信念是两个独立的、不相关的结构。
图示2（知识从属） 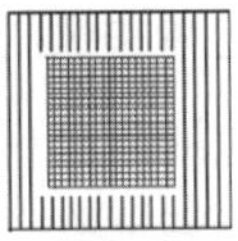	知识是信念的一个组成部分。
图示3（信念从属） 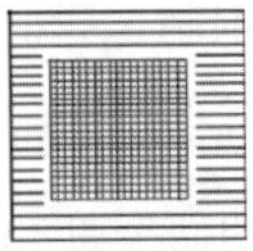	信念是知识的一个组成部分。

（续表）

知识与信念关系可能性的呈现	图示说明
图示 4（不可分的）	知识与信念是相互重叠、难以区分的。
图示 5（重叠的）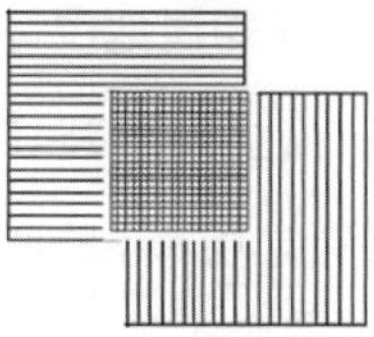	知识与信念有相重叠的部分，同时保持其他部分的相对独立结构。
图示 6（其他）	参与者描绘自己对于知识和信念的表征。
要览图示	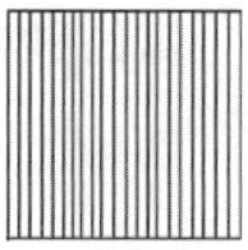 知识 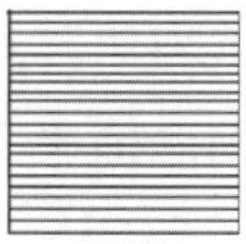 信念  知识 + 信念

改编自亚历山大和多希（1995）

在这个实验中，亚历山大和多希（1995）发现41%的美国和欧洲参与者选择了图示5，认为知识和信念既相互重合又彼此独立。鉴于知识和信念既相互关联又相互区别，给两者下定义是一项棘手的任务（Boldrin & Mason, 2009）。萨瑟兰（Southerland）、西纳特拉（Sinatra）和马修斯（Mathews）（2001）写道：

> 思想不能被认为是科学知识（因为这是第三世界的实体）。相反，个人的思想等同于信念。利用此框架，科学知识（第三世界实体）和个人知识（显然是第二世界实体）之间存在根本区别。尽管这是一个明确的区分，但这并不能有助于从授权、认识论的优势等层面上理解一个人的思想本质。因此，它并不能阐明知识和信念之间更普遍的区别。
>
> （pp. 331－332）

萨瑟兰等人（2001）在承认科学知识和个人知识之间存在区别的同时，将知识描述为事实，并根据客观标准证明其合理性。虽然知识和信念都源于经验，但知识主要是一种认知结构，而信念既包含认知成分，也包含情感成分。这两种结构是复杂的，研究者正在继续研究它们之间的差异，以及它们各自如何促进学习和教学。

信念的类型

关于知识的信念

从传统意义上来说，个人认识论已被定义为对知识和认识本质的信念（Hofer & Pintrich, 1997; Sandoval, 2005）。除了关于知识的信念之外，研究者还考虑到知识的合理性（King & Kitchener, 1994）、对学习的信念以及对认识的信念（Schommer-Aikins, 2004）紧密地交织在个人认识论信念中。在过去的十年中，科学教育和心理学领域对个人认识论研究的兴趣日益增长(Hofer, 2001)。从教育心理学的角度通过研究一个人如何认识以及如何了解知识和认识知识，我们可以开始理解个体的信念体系，从而为进一步研究科学教师教育奠定基础。虽然提供个人认识论领域的完整背景及其早期基础将是卓有成效的，但这超出了本章的讨论范围(参见Chandler, Hallett, & Sokol, 2002; Hofer & Pintrich, 1997)。

关于科学的信念

对个人认识论和知识认识的研究为研究者从更为深刻和动态化的角度考虑科学信念铺平了道路(Bell & Linn, 2002; Conley, Pintrich, Vekiri, & Harrison, 2004; Songer & Linn, 1991)。莱德曼(Lederman, 2007)指出，"科学本质(Nature of Science [NoS])通常是指科学的认识论，将科学看作是一种认识方法，或者是科学知识及其发展所固有的价值观和信念"(p. 833)。教师如何看待和理解NoS的认识论部分，可能直接或间接影响学生在该领域的信念(Deniz, 2011; Eberle, 2008; Mansour, 2009)。

除了对NoS进行研究以外，研究者还对教师所持有的特定科学认识论信念进行了考查。阿波斯托洛(Apostolou)和库拉迪斯(Koulaidis)(2010)进行了一项研究，用以评估科学教师在科学方法、科学知识界定、科学知识变化以及科学知识地位等方面的认识论观点。研究者针对前面提到的科学认识论的各个方面提出了四种不同的立场：经验归纳、假设推论、情境主义和相对主义。表41.2综合提供了每个立场及其相应说明。本研究以经验丰富的科学教师为样本，采用半结构式访谈来探讨这四种认识论观点，结果显示：

(a) 51.4%的人对科学方法持折中[1]的观点；
(b) 54.3%的人在科学知识界定上持经验归纳/假设推论的观点；
(c) 45.7%的人对科学知识变化持经验归纳的观点；
(d) 34.4%的人对科学知识地位持相对主义的观点。

表41.2 科学教师的认识论立场

立场	科学方法	科学知识界定	科学知识变化	科学知识地位
经验归纳	"科学家积累了初步的观察结果，从而构建了理论（只有一种科学归纳方法存在）"(p.150)。	"基于合理的科学方法构建的科学知识是接近真理的知识"（p.151)。	"这一立场认为，科学进步是通过积累新的经验数据而实现的。这一过程可能导致旧理论的修订或新理论的构建。新旧理论是相容的且可比较的"（p.152）。	"科学知识具有特殊地位，因为它是对自然的客观解释。这种客观性源于正确方法的选择"（p.153）。
假设推论	"科学家根据他们的理论结构提出假设，这些假设通过观察和实验数据进行检验（只有一种科学方法存在）"（p.150）。	"基于合理的科学方法构建的科学知识是接近真理的知识"（p.151）。	"科学通过理论的普及和理论之间的竞争而发展。其中某些理论是通过使用合理的标准被接受（或被拒绝）的，例如它们的范围，可纳入其中的经验数据的多样性等。当（或如果）一种理论与另一种更好的理论相抵触时，该理论将被替换"（p.152）。	"科学知识具有特殊地位，因为它是对自然的客观解释。这种客观性源于正确方法的选择"（p.153）。（请注意，这种认识论观点是经验归纳与假设推论立场的结合。）

（续表）

立场	科学方法	科学知识界定	科学知识变化	科学知识地位
情境主义	“有各种科学方法供科学界选择。在某些情况下，存在着科学方法选择的合理标准”（p.150）。	“对科学知识的界定存在合理标准，以便最合理地解释这一立场。标准由科学界选择”（p.151）。	“科学在每个范式的内部以积累的方式发展和进步。但是范式的改变和新范式的选择造成了科学发展的不连续性”（p.152）。“这反映了一种立场：在科学发展过程中，存在着连续性和不连续性的时期（在范式改变之时）”（p.153）。	“科学知识具有特殊的地位。之所以如此，是因为它要么构成一种系统的、结构化的思维方式，要么具有特殊的用途”（p.153）。
相对主义	“根据这一立场，存在多种科学方法。科学界不使用合理标准选择科学方法”（p.150）。	“科学知识与其他知识形式之间的界定要么不存在，要么不具任何类型的合理特征”（p.151）。	“科学的发展和理论的变化不是按照某种恒定的形式发生的”（p.153）。	“科学知识没有任何特殊的地位。它取决于个人所坚持的某种意识形态，这种意识形态要么接受、要么拒绝这种地位的存在”（p.153）。

摘自阿波斯托洛和库拉迪斯（2010, pp.150–153）

科学教师关于科学方法的看法会影响课程决策和所用的教学方法。阿波斯托洛和库拉迪斯(2010)在报告中指出：

> 20%的教师认为观察不受理论框架的影响，但同时认为科学遵循了很多不同的方法……他们似乎认为存在两种科学方法，即归纳主义和演绎主义。
>
> (p.161)

科学教师关于科学方法的信念缺乏连续性和差异性，这会影响其学生将科学知识和科学视为一门学科(Apostolou & Koulaidis, 2010)。

其他研究者则完全地选择了另一种科学认识论框架。埃尔比(Elby)和哈默(Hammer)(2010)并未将科学认识论信念视为通过NoS来概述的总体依据，而是认为认识论信念应被视为“认识论资源”(p.4)，也就是“对精细知识要素的情境敏感激活，它也描述了学生对知识、认识和学习的本质的认知”(p.3)。另外，桑多瓦尔(Sandoval, 2005)提出，应该使用“实践认识论”(p.635)框架来解决科学的认识论信念，该框架将人们对形式科学的信念与他们对科学的实践信念相整合，这些实践信念是通过探究来建构知识，进而发展起来的。无论使用何种框架，关于科学本质的认识论信念都存在类似结构，这些结构的复杂程度往往存在差异。例如，埃尔德(Elder, 2002)发现，学生可能会报告对科学不断变化的本质的成熟理解(例如，科学知识源自推理、思考和实验)，但他们可能同时认为自己在科学中的作用是被动的，并且不愿意通过积极参与并解释观察现象的方式完成项目和活动。这种理解上的差异可能归因于教师对科学的认识论信念及其对教师实践的影响(Conley et al., 2004; Elder, 2002)。

另一个有趣的发现是，科学认识论的信念往往根据特定学科而有所不同(Schwartz & Lederman, 2008)。马尔基奇(Markic)和埃克斯(Eilks)(2012)研究了职前教师关于课堂组织、教学目标和认识论信念方面的信念。他们在报告中指出，化学和物理学科的职前教师比生物学科的职前教师具有更多的关于科学教与学的传统信念。同样，里兹克(Rizk)、贾比尔(Jaber)、哈尔万尼(Halwany)和布贾乌德(BouJaoude)(2012)发现，与其他科学学科相比，生物专业的学生在知识的确定性/简单性、知识的来源和知识的可得性方面拥有更为复杂的认识论信念。这就需要更多的研究来解释为什么生物专业的学生比其他科学学科专业的学生对科学的教与学拥有更复杂的信念。

研究者继续探索教师对科学知识和过程的信念如何影响教学和课程决策。越来越明显的是，研究者不仅必须考虑关于认识论信念的科学领域，还必须考虑在更大的科学范围内研究的每个具体学科(例如，化学、生物、物理等)。我们还必须开始考虑形式科学信念与实践科学信念之间的脱节和区别。但是，教师对科学的信念只是更大的信念体系的一个组成部分。接下来，我们将研究关于自我的信念(例如自我效能感)如何影响整体的信念体系以及科学教师的实践。

关于自身的信念：自我效能感

自我效能感正在成为教师行为的重要预测指标，教师行为会影响教学实践、动机、专业发展的有效性以及教育改革的成功。班杜拉(Bandura, 1997)将自我效能感定义为“一个人对自己有能力组织和执行行动方案的信念”(p.3)。自从班杜拉首次描述自我效能感以来，这一概念已扩展到包括更多情境化的效能形式，如科学自我效能感、教学自我效能感和个人自我效能感(Blonder, Benny, & Jones, 待刊发)。自我效能感是个人信念体系的一部分，并受到先验经验、成功、失败以及他人反馈的影响。自我效能感也被认为会影响认知过程和问题的解决(Evans, 2011)。

自我效能感建构的核心是主张个人自我调节的理论立场，该立场将会监督和调节个人行为(Bandura, 1982)。在人们选择花费多少时间和精力去完成一项任务，以及在完成任务的过程中如果遇到障碍他们决定坚持多久的时候，自我效能感会影响自我调节(Pajares, 1997)。此外，越来越多的研究显示，在特定的技能、任务、领域和情境中存在特有的自我效能感(Bong, 2006)。

班杜拉(1997)在揭示影响教师自我效能感方面做出了重大贡献。他认为掌握经验、替代经验和言语说服会影响自我效能感的形成。这些因素也被认为是教师成功实现专业发展的关键组成部分。有效的专业发展计划为教师提供了机会，让他们看到成功的教师所示范的新的实践，并通过新的实践体验成功。

教学自我效能感，连同结果预期，已经被认定为教师信念体系的一部分，会对教师产生影响(Ashton & Webb, 1986; Gibson & Dembo, 1984)。结果预期作为一种教师信念被定义为，教师可以通过克服不在教师直接控制范围内的因素的方式展开教学(Gibson & Dembo, 1984; Tschannen-Moran, Woolfolk-Hoy, & Hoy, 1998)。安格尔(Angle)和莫斯利(Moseley)(2010)对生物教师的科学教学结果预期值进行了调查，发现学生在生物成绩测试中得分高的，其教师的预期值也很高。这些结果表明，生物教师对学生的期望有助于他们取得更好的成绩。

现在，研究者已经证明了自我效能感对教师教学实践有明显的影响。例如，与具有较低自我效能感的教师相比，具有较高自我效能感、学科知识丰富和态度积极的教师会让其学生获得更高的成绩(Evans, 2011)。此外，具有较高自我效能感的教师被证明更具创新性（Berman, McLaughlin, Bass, Pauly, & Zellman, 1977； Guskey, 1988），在教学中投入了更多的精力（Tschannen-Moran & Woolfolk-Hoy, 2001），并采用更多以学生为中心的做法（Ramey-Gassert, Shroyer, & Staver, 1996）。研究者还发现，职前教师和在职教师的自我效能感有所不同（Appleton, 1995； Bleicher, 2007；Carleton, Fitch, & Krockover, 2008；Hartshorne, 2008；Harty, Samuel, & Anderson, 1991；Jarrett, 1999；Jarvis & Pell, 2004；McDevitt, Heikkinen, Alcorn, Ambrosio, & Gardner, 1993；Palmer, 2001, 2004；Pedersen & McCurdy, 1992；Scharmann & Hampton, 1995；Wenner, 1993）。其他研究表明，教师的科学知识与他们的自我效能感信念之间存在联系（Appleton, 1995；Harlen, 1997；Murphy, Neil, & Beggs, 2007；Schoon & Boone, 1998）。

在认识到教师自我效能感重要性的同时，研究者开始设计干预措施来改变教师的自我效能感。帕尔梅（Palmer, 2011）在两年时间里为12名教师提供了认知技巧、自主性、建模和言语说服方面的经验，发现在理解如何教授科学和观察后的反馈方面，认知技巧或感知成功有助于提升教师科学教学的自我效能感。

在自我效能感研究中，人们认识到学校的文化和更大的教育团体会影响教师的自我效能感。例如，当科学教师在专业学习共同体中与其他教师一起计划、工作和评价他们的科学教育计划取得的成就时，与同事能力相关的信念会激发他们产生一种信念，即个体可以通过未来的努力来改变自身的教学实践。自我效能感和对团体能力的信念之间的这种相互作用被称为群体效能感或集体效能感（Bandura, 1982；Goddard, Hoy, & Woolfolk-Hoy, 2004；Tschannen-Moran, Woolfolk-Hoy, & Hoy, 1998）。自我效能感的研究继续提供关于信念体系如何能够影响教师实践和改革的见解。

关于教学的信念

> 如果教师的课堂实践促进了学生的学习，而正如一些研究所示，教师的课堂实践在某种程度上体现了其信念的作用……那么，科学教育研究的一个重要目标就是，研究在科学教师教育中提倡的观念如何成为从业教师所采用的工具。
>
> （Forbes & Davis, 2010, p. 383）

从教师作为学生踏入教室的那一刻开始，直到他们成为教师的那一天，他们对教学实践的个人信念就已经建立了。教师对科学教学的认知和信念是通过他们作为学习者的自身经验而建立和培养出来的。"与教学相关的知识和信念纠结在一起，因为教师相信教学在很大程度上取决于自己学科知识以及对学生学习方式的信念"（Crawford, 2007, p. 616）。这些与教学相关的个人信念和知识影响着课堂的结构、科学课程的解释方式以及教学实践如何实施。

> 随着教师在教学领域的发展，这些信念在认识论导向上不断扩展。掌握教师的信念对科学教师教育很重要——最终，信念揭示了教师如何看待知识和学习，并建议他们如何实施课堂实践。
>
> （Luft & Roehrig, 2007, p. 47）

教学信念包括但不限于关于探究的信念

(Breslyn & McGinnis, 2011; Choi & Ramsey, 2009; Crawford, 2007; Saad & BouJaoude, 2012; Varma, Volkmann, & Hanuscin, 2009)，培养科学论证和参照问题的信念(Crippen, 2012; Forbes & Davis, 2010; Sandoval, 2005)，以及关于科学知识本质和教与学目标的广义信念(Friedrichsen, Van Driel, & Abell, 2011; Olafson & Schraw, 2006)。

关于学生的信念

教师对其学生的信念也是促进科学课程设计和实践的重要组成部分。

> 教师对学生学习方式的信念会深刻影响其教学设计，以及在执行此教学过程中教师所起到的作用。如果一名教师关注学生如何理解科学概念，那么该教师的目标可能包括如何促进学生深入思考，而不是让学生记住事实性和离散性信息。
>
> (Crawford, 2007, p.617)

此外，教师对学生的信念会影响其行为管理决策(Gibbs & Powell, 2012; Holt, Hargrove, & Harris, 2011)、其对学生动机方面的感知和反应，(Maggioni & Parkinson, 2008)以及学生自我调节学习(Elstad & Turmo, 2010)。关于学生的信念的范畴从文化认知到对先前的科学知识的假设能力，再到学生的科学能力(Otero & Nathan, 2008)。有关教师对学生的信念的研究倾向于表明，小学和中学教师的信念对其实施课堂实践有相似的影响。

教师信念与探究

美国国家科学教育标准(*National Science Education Standards* [*NSES*])指出，K—12(从幼儿园到12年级的教育)教师应通过探究的方式促进科学概念和过程的学习(美国国家研究理事会[National Research Council], 1996, 2000, 2012)。与探究式科学教学相关的教师的知识和信念，是决定在课堂上是否使用探究方式以及如何利用探究方式的重要因素。桑多瓦尔(2005)指出，“对科学知识有更多建构主义信念的个体倾向于从探究导向的教学中学到更多”(p.646)。但是，即使一名教师持有关于理想课堂教学的建构主义和探究驱动型信念，这些信念通常也不会转化为相关的实践。克劳福德(Crawford, 2007)建议道，有远见的教师持有“复杂的、有时会相互冲突的信念”(p.635)，这偶尔可以表示为“竞争性信念集合”(p.635)。一名教师的信念集合包括有关如何实施教学策略的个人信念，这种信念与学校文化预期的独立鲜明的信念集合相互竞争。

> 以探究式的科学教学作为愿景，这种愿景与持有对学校、教师角色和学生角色的矛盾信念之间存在着紧张的关系……这些发现支持了麦金尼斯(McGinnis)等人(2004)的观点，他们指出新任教师会遇到学校文化带来的支持和限制，而这些限制可能会阻碍教师成功地执行基于改革的教学策略。
>
> (Crawford, 2007, p.636)

尽管学校文化极大地影响了教师对科学探究实践的信念，但学科层面也可能激发教师关于探究的不同信念。布雷斯林(Breslyn)和麦金尼斯(2011)的报告指出，学科领域对小学科学教师的观点和探究实践有显著影响。这些发现支持了施瓦茨(Schwartz)和莱德曼(2008)关于学科领域和特定学科信念集合的研究。布雷斯林和麦金尼斯(2011)发现，与以前的观点相反，科学课程和教师的职前经历可能不是指导教师使用探究方法的主要因素。相反，特定学科的基础结构促进了教师对课堂探究的理解和实施。因此，布雷斯林和麦金尼斯(2011)指出，“仅仅修改课程或提供额外的职前专业发展可能不会引起探究式教学的改变”(p. 73)。其他研究者发现，在关于教学和探究的信念方面产生的积极变化与特定的学科无关，而是通过职前和在职教师发展实现的(Choi & Ramsey, 2009；Saad & BouJaoude, 2012；Varma, Volkmann, & Hanuscin, 2009)。

尽管小学、初中和高中教师之间存在着对探究的相似的信念模式，但对大学教师的研究却出现了不同的结果。直到最近，文献中仍明显缺乏与高校科学教师的信念、态度以及实践相关的研究。2002年，哈伍德(Harwood)及其同事考查了大学科学讲师对科学探究的信念，发现全体讲师将探究定义为由问题驱动着并专注于解决问题的一个过程。类似地，布朗(Brown)、埃布尔(Abell)、德米尔(Demir)和施密特(Schmidt)(2006)研究了大学本科的讲师对探究的观点，发现讲师对探究持狭隘的观点，即探究是开放的并由学生驱动的。基于这些信念，讲师认为探究特别耗时，并且更适用于高水平学生。在相关研究中，萨瑟兰、格斯-纽瑟姆(Gess-Newsome)和约翰斯顿(Johnston)(2003)研究了科学家在共同教授一门新课程时相互之间的协作。两位物理学家对探究的观点与生态学家截然不同，因此，协作教学中几乎不包括探究方式。福尔克曼(Volkmann)、埃布尔和兹加茨(Zgagacz)(2005)也研究了大学讲师在对职前教师进行教学探究时的协作，发现讲师们对教与学持有不同的观点，这导致了解释教学科学的作用时会产生矛盾。然而，有证据表明，关注实验设计、数据分析和论证的基于探究的课堂可以促进认识论思维的发展(Solomon, Scott, & Duveen, 1996)，并可能为检验认识论思维随时间的变化提供一条途径(Conley et al., 2004)。

教师信念在科学论证中的作用

“在科学教育领域，思考知识主张、证据使用和知识证明通常是课程中明确的教学目标或教学重点”(Conley et al., 2004, p. 189)。因为论证是利用证据来证明一种主张或一种认识的方式，所以科学论证本质上是认识论。朔默(Schommer, 1990)和斯拉洛(Schraw)及其同事(1995)概述的两个认识论维度分别与论证的两个方面——知识来源和全知的权威——无缝对应。

教师对科学论证的信念取决于教师的认识信念。教师对其科学知识的证明(例如，通过权威传授或理性推导)可能是做出课程决策的关键因素，并可能影响学生对科学知识的信念和证明。克里平(Crippen, 2012)利用一种独特的“从证明到学习”的干预策略，对在职高中教师进行了一项研究，研究了论证以及证明主张在科学中的作用。结果表明，尽管教师的科学学科知识有了积极的增长，但实验结果并未包括教师对最终主张的论证。在类似的研究中，施瓦茨和格拉斯纳(Glassner)(2003)发现，尽管学习者经常接受专家的科学见解，但他们很少在证明过程中使用这些知识来进行论证活动。

其他几位研究者通过论证研究了评估科学主张的作用(Berland & Hammer, 2012；Böttcher & Meisert, 2011；McDonald, 2010；Ogan-Bekiroglu & Eskin, 2012；Tippett, 2009)，但是，关于为什么

学习者(学生和教师一样)会以一种特定的方式来证明他们的主张，却鲜有发现。教师如何决定要分析哪些科学数据，并相应地决定什么时候做出的结论是充分的？了解教师对科学论证的信念是理解如何促进课堂实践的关键，课堂实践要求学生在科学调查中证明自己的主张。

科学教师的信念、态度和有争议的科学问题

有争议问题揭示了教师的知识(关于科学或科学教学)、对该问题的信念以及对主题教学的态度之间的不协调。已有大量的研究已记录了教师未能教授(或未能倡导教授)进化论，即使这一主题在教师培训项目中(Berkman & Plutzer, 2011; Leavy, McSorley, & Boté, 2007)或者专业化发展项目中(Nehm, Kim, & Sheppard, 2009)已经讲授过。这些研究表明，教师信念和态度的力量是影响教师决定在进化论教育领域教什么和如何教的重要因素。此外，关于教授争议性问题的教师教育测试了我们关于如何促进教师转变的模型。例如，在美国，进化论是全国科学课程的一部分，并且通常是科学教育方法课程的典型部分，但研究表明，超过40%的科学教师在报告中说没有教授过进化论或只是简要提及进化论(Rutledge & Mitchell, 2002)。气候变化教育是另一个引起关注的有争议问题。就像进化论一样，这个主题是一个存在原始概念的领域(Cordero, Todd, & Abellera, 2008)，然而关于教授气候变化的态度和信念的研究非常有限(Begum, 2012; Lester, Ma, Lee, & Lambert, 2006; Papadimitriou, 2004)。

诸如转基因食品和纳米技术等新技术已成为科学课程中新的有争议主题。这些主题给科学教师带来了新的挑战，即如何教授这些主题，以及他们应在多大程度上面对媒体中出现的有争议问题(Cotton, 2006)。在许多情况下，这些主题，如克隆或干细胞治疗，是教师(和学生)的信念体系所面临的问题。丰塞卡(Fonseca)、科斯塔(Costa)、伦卡斯特雷(Lencastre)和塔瓦雷斯(Tavares)(2012)考查了葡萄牙教师关于生物技术重要性的信念，发现尽管教师认为生物技术有趣且重要，但他们对转基因食品等主题并没有把握。丰塞卡和同事(2012)也调查了教师对生物技术教学的信念，发现教师对生物技术教育非常支持。然而，参与调查的教师感到教授生物技术的时间有限，且缺乏教授该主题的教育资源，这些都限制了该主题的教学。

诸如环境素养以及科学、技术和社会(STS)问题及其类似主题仍在不断出现，但文献中仍然存在数不清的空白。阿米尔舒库希(Amirshokoohi, 2010)发现职前小学教师的个人兴趣和环境素养水平较低，但仍认为对学生进行STS中关键问题的教育很重要。其他研究者考查了有关技术的整合(Ertmer, Ottenbreit-Leftwich, Sadik, Sendurer, & Sendurer, 2012)和进化论(Akyol, Tekkaya, Sungur, & Traynor, 2012; Blancke, De Smedt, De Cruz, Boudry, & Braeckman, 2012; Kim & Nehm, 2011)的教师信念。在科学教育领域中，随着这些有争议问题的不断出现，需要进一步的研究来探讨教师的信念和态度如何影响这些有争议的主题在课堂上的处理方式。

教师态度

这里我们将注意力从教师信念转移到教师态度上，很明显“信念”和“态度”这两个术语在研究中仍然被随意使用，研究者几乎没有努力去更精

确地定义这些概念所代表的内容。信念和态度经常与“感知”“观点”和“行动理论”等术语互换使用(Kane, Sandretto, & Heath, 2002)。与信念不同，态度通常被认为是承载着价值观的。例如，伊格利(Eagly)和柴肯(Chaiken)(1993)将态度描述为“一种心理倾向，即通过评估对特定实体的喜恶程度来表达”(p.1)。态度的其他定义包括“对事物、人、地方、事件或思想做出积极或消极反应的倾向”(Simpson, Koballa, Oliver, & Crawley, 1994, p.212)，“个人对执行某一行为感到愉快与否”(Jaccard, Litardo, & Wan, 1999, p.103)，然而具体到对教师而言，欧内斯特(Ernest, 1989)将态度描述为不但包括正面和负面情感，也包括其他特征，例如“喜欢、享受和兴趣……教师的信心……教师的自我概念……评估”(Ernest, 1989, p.24)。态度也被认为是一种“人的内在状态”(Eagly, 1992, p.694)。

就像知识和信念的二分法一样，区分态度和信念也是一种令人困惑的事情。传统上，态度被认为是情感性的，而信念则被定义为认知建构(Fishbein, 1967)。但是，不同领域的研究者继续对概念进行不同的定义。例如，范阿尔德伦–斯梅茨(van Aalderen-Smeets)、沃尔玛·范德莫伦(Walma van der Molen)和阿斯马(Asma)(2011)认为态度包括认知、情感和行为。对这些作者来说，态度的认知成分包括“一个人对态度对象的评价思想和信念”(p.162)。他们描述的情感成分是情绪和感觉，描述的行为成分是个体面对态度对象时的反应。态度对象是引起反应的实体(对象或事件)。萨瑟兰等人(2001)也将信念描述为既包含情感成分又包含认知成分。尽管在定义和区分态度和信念方面缺乏连续性，但人们一致认为，态度和信念会相互影响(Smith & Siegel, 2004)。

态度、信念和行为

早期关于态度的研究侧重于记录态度对行为的影响(Maier, Greenfield, & Bulotsky-Shearer, 待刊发)。例如，我们知道，消极态度与教师回避特定主题教学的倾向有关(Amato, 2004)。近期，越来越多的研究已经从态度以线性方式预测行为的观点转向一种更细微的观点，这种观点认为态度可能会因环境的不同而对行为产生不同的影响(Eagly, 1992；van Aalderen-Smeets, Walma van der Molen, & Asma, 2011)。此外，我们知道个人可能会选择性地关注支持其态度的信息，而忽略不支持其态度的信息(Eagly, 1992)。

情感、教师态度和信念

在态度和信念的研究中有一种研究趋势是关注情感的作用。班杜拉(1997)认为情感状态是信念的四个主要来源之一，其他三个分别是掌握经验、替代经验和言语说服。麦卡洛克(McCulloch, 2009)认为信念是情感的组成部分，情绪、态度、信念、道德、价值观和伦理是与认知系统相互作用的情感变量。学界对态度的研究主要集中于教师对科学的感受(Harty et al., 1991; Haury, 1989; Koballa, 1986; Liang & Gabel, 2005; McDevitt et al., 1993; Mulholland & Wallac, 1996; Palmer, 2001, 2004; Pedersen & McCurdy, 1992; Ramey-Gassert et al., 1996; Young, 1998)以及教师对科学的焦虑(Atwater, Gardner, & Kight, 1991; Bursal & Paznokas, 2006; Evans & Durant, 1995; Hartshorne, 2008; Haury, 1989; McDevitt et al., 1993; Palmer, 2004; Young, 1998)。

在过去的十年中，研究者在定义教师的态度时对了解教师情感和情绪的作用的兴趣有所增加。情绪，像态度一样，缺少一个恰当的定义。根据舒尔茨（Schultz）、洪（Hong）、克罗斯（Cross）和奥斯本（Osbon）（2006）的研究，情绪是有意识和无意识的判断，都是“社会建构的、个人制定的存在方式”（p. 344），会影响师生关系以及教师素质（Cross & Hong, 2012）。此外，根据克罗斯和洪（2012）的研究，情绪是信念、目标和身份相互作用的结果，这些相互作用依赖于环境和事件。克罗斯和洪（2012）提出的描述教师态度的模型表明，信念和身份重叠，它们共同对随后影响教学实践的情绪进行了定义（见图41.1）。

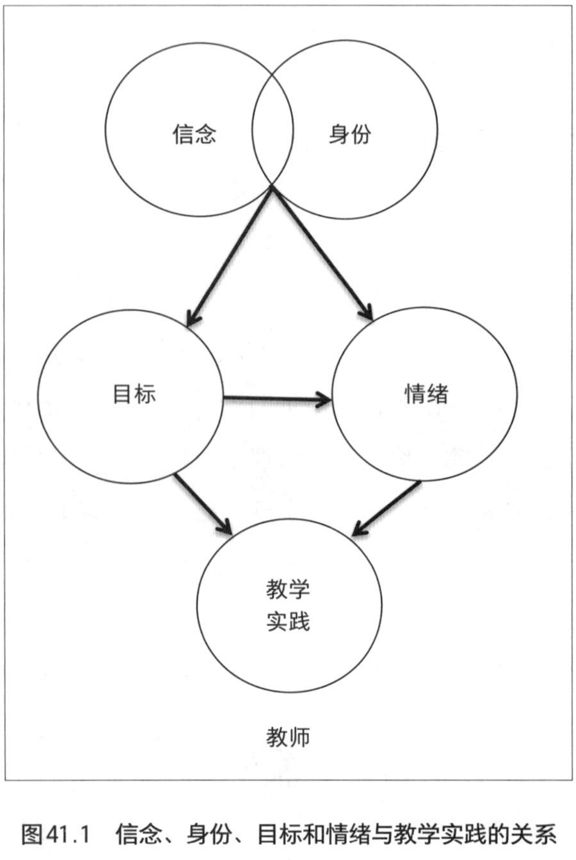

图41.1 信念、身份、目标和情绪与教学实践的关系（改编自克罗斯和洪[2012]）

身份与信念体系之间的关系已经成为科学教育研究的一个主要领域，研究的兴趣点是，了解科学教师的身份是如何发展以及如何被塑造和改变的。此外，教师的流动和教育的全球化突显了了解文化、世界观和背景影响的必要性，这些是塑造身份和相关信念体系的因素。

科学教师的职业认同发展源于其作为学生的早期个人经历，包括其间遇到的模范教师，以及与那些在其自身职业观的成型过程中扮演过重要角色的人的互动。这些因素在教师自我效能感和动机的发展中也起着重要作用。身份被认为发挥着这样的作用，即可以帮助教师向其自身证明自己的职业选择和行为是正当的（Sutherland, Howard, & Markauskaite, 2010）。科学教师身份被描述为“在情境期望范围内过去传记的延伸”（Eick & Reed, 2002, p. 402）。有人认为，身份和塑造身份的先验经验也定义并促进了信念体系，就像信念体系同样影响职业认同的发展一样（Eick & Reed, 2002; Fang, 1996; Kagan, 1992; Kane, Sandretto, & Heath, 2002; Pajares, 1992）。身份和科学教师信念领域的研究涉及身份和信念对课堂实践影响的分析，包括探究式课堂实践（Eick & Reed, 2002; Luehmann, 2007）以及在多元文化背景下的教学（Settlage, Southerland, Smith, & Ceglie, 2009）。

德贝利斯（DeBellis）和戈尔丁（Goldin）（2006）提出了一个情感模型，该模型不包括身份，而是将信念和态度与价值观/道德/伦理联系起来（见图41.2）。然而，这个模型并没有区分信念的认知成分与态度的情感本质有何不同。德贝利斯和戈尔丁认为，当人们因学习上失败而感到沮丧时，他们的负面情绪会变得更有影响力，就像在解决问题时的鼓励可以增加成功解决问题的满足感，从而在学习环境中产生更积极的影响。

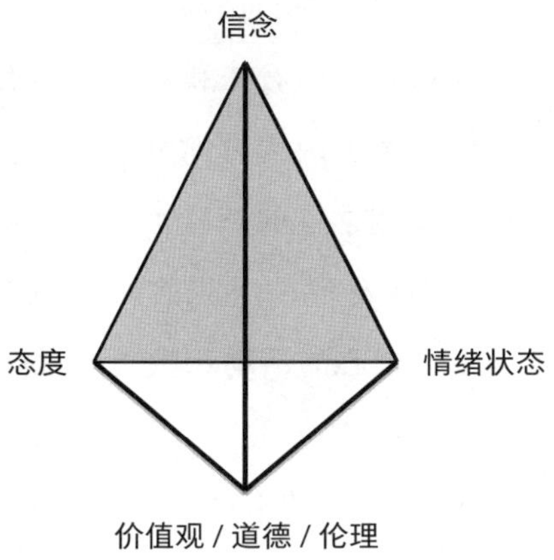

图41.2　德贝利斯和戈尔丁（2006）的情感模型

当我们试图绘制情感体验与教学实践之间的关系时，理解教师的情感是很重要的。这对于与教学相关的争议性主题尤其重要，如进化论、全球变暖或性教育。

态度与信念改变理论

虽然已有文献记载教师信念体系与实践之间的重要联系，但是信念改变的机制尚不清楚。学界已经提出了几种模型来解释信念改变，其中一些较有前景的模型，包括认知失调理论、概念改变和双重过程模型（Gregoire, 2003）。认知失调理论是从对态度改变的研究中产生的，其前提是当一个人经历认知地位失衡时，就会发生失调，人们因被激发而改变他们的态度。这种观点的关键组成部分是个人是否理解自己对失调事件具有控制权。如果失调被看作是存在于个人之外的话，那么该理论表明几乎不会发生任何改变（Gregoire, 2003）。态度改变的第二种理论将相同的条件应用于已经用于概念转变的态度改变上，包括对现有信念的不满以及发现新的信念是可理解的、合理的并富有成果的（Strike & Posner, 1982）。

对于信念的改变，格雷瓜尔（Gregoire, 2003）提出了一种认知情感模型来解释信念的改变，这种改变取决于个人对事件的反应，例如教育改革。格雷瓜尔强调，如果个人将改革视为挑战并有意回应，那么结果可能是信念改变。但是，如果个人将改革视为威胁，并且以回避作为回应，那么结果可能只是浮于表面的，或者不会造成信念改变。格雷瓜尔进一步认为，自我效能感可能会调节对改革的回避回应或挑战回应。格雷瓜尔理论的重要组成部分是掌握经验的作用，这些经验可能会提高教师的效能感，并增加教师接受改变的可能性。这意味着如果教师要进行新的改革，就需要一定的时间实践（掌握新技能）并获得有关新教学策略的反馈。

态度与信念的发展

总的来说，研究者发现态度会随着年龄和经验的增长而改变。但是在施维里安（Schwirian, 1969）的一项研究中发现了一个例外，他在研究报告中指出年轻教师比老教师更积极。更有近期的研究表明，信念的发展不一定是线性的，可能依赖于情境（Pilitsis & Duncan, 2012）。

福布斯和戴维斯（Davis）（2010）跟踪了4位刚刚开始任职的小学教师，考查了他们对导引问题和调查问题在科学教学中发挥作用的信念。随着时间的推移，教师对问题作用的信念发生了变化，但根据教师的知识和独特的环境，该变化遵循着不同的轨迹。在一项类似的研究中，克劳福德（2007）跟踪了5位职前教师，并评估了他们对科学教学的信念。在此研究中，教师对探究式教学的信念影响了他们对规划教学的决策。克劳福德发现，教师的信念很复杂，有时相互矛盾。

态度和信念研究的目标之一是能够预测和改变教师信念的发展。但越来越明显的是，这个过程比最初设想的要复杂得多。皮里特思（Pilitsis）和邓肯(Duncan)(2012)最近的研究表明，在方法课上，职前教师的信念发生了改变，改变方式不是线性的，也不是一致的。这些作者建议，当信念出现退行时，它可以表征对学习教学的基本反应。这些结果支持了信念的认知改变模型，如格雷瓜尔(2003)早些时候讨论的观点。

弗莱彻(Fletcher)和勒夫特(Luft)(2011)对教师教育进行了为期3年的研究，发现经过一段时间，教师对教学的信念比教师对学习的信念改变更大。虽然该项目强调以改革为基础的教学，但在第一年的教学结束时，这些新任教师又转向了更传统的说教教学导向。弗莱彻和勒夫特(2011)认为：

> 我们的研究提醒科学教师教育者，信念是个人的建构，而教师预备课程需要寻找新的和不同的方式来挑战教师，以此形成基于改革的信念。本质上，科学教师教育者必须勤于监测其教师的教学信念，就像他们监控学科知识或教学实践一样。
>
> (pp. 1144–1145)

科学教师的专业发展

如上所述，专业发展的主要目标之一是促进教师态度和信念的改变。研究表明，专业发展在塑造对科学教学的态度(Moore, 1975)，对科学、技术和社会主题教学的态度(Kaya, Yager, & Dogan, 2009)以及对实施创新课程的态度(Ost, 1971)方面起着至关重要的作用。也有证据表明，教师的态度越积极，学生的成就水平就越高(Evans, 2011)。此外还发现，不考虑教师的态度和信念的专业发展计划是不成功的(Ryan, 2004; Stipek & Byler, 1997)。

马丁-邓洛普(Martin-Dunlop)和弗雷泽(Fraser)(2007)评估了职前小学教师在参加教育项目前后对实验室教学的看法和对科学的态度。研究者发现教师在态度改善方面收获明显，教育者支持的水平可预测学生的态度。勒夫特和勒里希(Roehrig)(2007)发现，当职前科学教师"展现出采用以学生为中心的活动和教学的倾向时，(他们)可以在专门的支持下发展出更具响应性的意识形态"(p. 48)。同样，如果没有为职前教师提供专业支持，则情况恰恰相反，他们的信念可以更多地从探究转向传统做法。当职前教师得到支持性条件时，他们的信念最容易改变(Luft & Roehrig, 2007)。其他研究表明，拥有更完善的教学信念体系的在职教师最不愿意改变(Crawford, 2007)。

哈钦斯(Hutchins)和弗里德里希森(Friedrichsen)(2012)针对专业发展对大学教师探究观的影响进行了研究，该研究是为数不多的相关研究中的一项。哈钦斯和弗里德里希森用嵌入式信念体系的社会文化模型(Jones & Carter, 2007)进行数据分析，发现该项目对讲师的影响差异取决于其先前的信念体系。那些对探究方法持消极态度的项目参与者倾向于对实施专业发展持同样消极的态度。那些以积极态度进入该项目的参与者则对此保持积极态度，并表示有兴趣在未来实施探究式模型。

在过去5年中，与信念改变有关的最强有力的研究之一是由隆佩(Lumpe)、切尼亚克(Czerniak)、黑尼(Haney)和别尔玖科娃(Beltyukova)(2012)开展的。本研究考查了参与集中式专业发展项目的小学教师的教学自我效能感，发现参与的教师在教学自我效能感方面取得了显著进步。此外，教师的信念和参与专业发展的课时数是学生科学成绩的重要预测指标。

变革的环境、文化和条件

科学教师的信念体系显然嵌入在特定的环境、经验和文化框架中。这些个体因素通常是教师所独有的，因此试图建立模型与预测信念和态度是一件棘手的事情。随着教师队伍的日益多样化和学生群体的流动性越来越强，人们对文化、世界观、环境（例如社会科学问题和地方教育改革）和信仰体系之间的交集越来越感兴趣。

逻辑上讲，教师对某个特定主题（例如进化论或生物技术）了解得越多，他们就越有可能持有与该领域科学家相似的态度和信念。这是知识短缺模型的基本前提，该模型表明，增加某个主题的知识预期会对态度产生积极的影响（Prokop, Leskova, Kubiatko, & Diran, 2007），但并非总是如此。例如，加德纳和琼斯（Jones）（2011, 2013）考查了职前科学和数学教师对生物技术和纳米技术的知识、经验和认知，发现这些主题的知识和经验无法预测风险感知。相反，风险感知与对技术风险的普遍感知相关，它包括回避、意识和亲和力。阿勒姆（Allum）、斯特吉斯（Sturgis）、塔布拉齐（Tabourazi）和布伦顿–史密斯（Brunton-Smith）（2008）在他们的元分析中也指出，对科学的理解与对科学的态度两者之间只是松散地联系着。

文化

跨文化研究发现，教师对特定主题的态度和信念可能有所不同（Gardner & Jones, 2012）。例如，在印度进行科学教师对生物技术观点的研究（Mohapatra, Priyadarshini, & Biswas, 2010）与在美国（Boone, Gartin, Boone, & Hughes, 2006）和澳大利亚（Kidman, 2009）所进行的研究得到了不同的结果。根据涅托（Nieto, 1999）的观点，文化是"不断变化的价值观、传统、社会关系、政治关系和世界观，它是由一群以共同历史、地理位置、语言、社会阶层和宗教等因素联系在一起的人创造、分享和改变的"（p. 48）。鉴于研究文化与态度之间关系的重要性，很明显对该领域的研究是不足的（Vedder, Horenczyk, Liebkind, & Nickmans, 2006）。

宗教

达格（Dagher）和布贾乌德（1997）认为，除了文化之外，教师关于科学和宗教的世界观也是教学实践的预测因素。有人认为，宗教信仰可能是人类行为最强大的推动力（Katz, 2002）。近年来，研究者越来越有兴趣了解一个人的宗教信仰如何与他们对科学和科学教学的信念相关联（Colburn & Henriques, 2006; Deniz, Donnelly, & Yilmaz, 2008; Stolberg, 2007, 2008）。

当面对与宗教信仰相冲突的科学概念时，巴伯（Barbour, 2000）认为这可能导致冲突、独立、对话或融合的产生。曼苏尔（Mansour, 2011）研究了来自埃及的信仰伊斯兰教的科学教师，并将巴伯（2000）关于科学与宗教关系（冲突、独立、对话或融合）的分类应用到数据分析中。曼苏尔（2011）的报告显示，大多数教师表达了对科学和宗教的综合看法。但是，曼苏尔指出，教师的个人宗教信仰塑造了他们对科学以及伊斯兰教的看法。此外，伊斯兰教的信仰影响了教师对科学本质的信仰。对于一些教师来说，宗教使他们感到与科学应用的冲突。例如，一位教师说："我确实认为，但我不确定，基因工程的许多应用与宗教冲突，因为它改变了上帝创造植物或动物的说法"（Mansour, 2011, p. 297）。参与研究的其他教师对科学和宗教的看法没有那么绝对，例如戴利亚（Dalia）把科学和宗教描述为“一枚硬币的两面，因为它们给我们提供的信息都不一样。科学给我们科学的细节，宗教给我们价值、道德和伦理信仰”(p.297)。在其他情况下，教师认为科学可以洞察宗教观点，正如该研究中一位教师的评论所言：“人类越深入研究科学，对事物的了解就越多，就越知道真主的能力”(p.299)。曼苏尔认为，科学教育者应努力感知学生之间可能存在的文化差异，这些差异可能导致学生对以欧洲为中心的科学产生不适。

穆加鲁鲁(Mugaloglu)和拜拉姆(Bayram)(2009)的另一项研究用《科学教学态度量表》(*Science Teaching Attitudes Scales* [*STAS-II*])修订版考查了科学教师对科学的态度，发现科学教师对科学教学的态度与政治、社会、经济或美学价值观无关。他们的报告也指出，教师的宗教价值观与他们对教学的态度呈负相关。

测量并评估态度与信念

由于缺乏评估效度和信度的心理测量信息以及对重复结果的研究，对态度的评估仍然存在问题(Appleton, 1995; Blalock et al., 2008; Coulson, 1992; Reid, 2006; Skamp, 1991)。通常评估用于单一的研究，且还没有发展到对其他研究者的研究也有用的程度。布莱洛克(Blalock)、利希滕斯坦(Lichtenstein)、欧文(Owen)、普鲁斯基(Pruski)、马歇尔(Marshall)和托珀韦因(Toepperwein)(2008)回顾了1935年至2005年间发表的围绕科学态度以及对待科学、科学性质、科学职业兴趣的态度的评估研究。他们发现，42%的评估缺乏一种或多种基本的心理测量方法，而且这些评估总体上还处于理论化阶段。缺乏足够的评估使得在许多研究中很难确定实际测量了什么，以及一项研究如何与另一项研究相关联(Pardo & Calvo, 2002)。其他研究者批评了态度和信念评估的目的是得到人们期望的答案，或者此评估未能区分对特定主题的积极态度和消极态度(van Aalderen-Smeets, Walma van der Molen, & Asma, 2011)。

早期自我效能感的评估被批评是单维度的，未能对所评估的任务或背景的特定方面做出反应(Skaalvik & Skaalvik, 2007)。最初尝试测量自我效能感的一个结果就是对分析集体效能感或群体效能感产生了兴趣。斯卡尔维克(Skaalvik)和斯卡尔维克(2007)创建了一个评估，以测量教师的集体效能感，并使用结构方程建模来检查变量之间的关系。他们的报告指出，教师集体效能感与教师职业倦怠和教师自我效能感相关。研究者认为，这两个变量可能相互影响。例如，如果教师的自我效能感很低，那么当他们面对没有准备好去应对的困难任务(例如探究)时，就会感到压力。同样，如果教师在充满挑战的情况下感到压力和倦怠，他们的自我效能感就有可能下降。斯卡尔维克和斯卡尔维克(2007)研究的一项重要成果是，他们成功地在特定情况下(在本例中为挪威的学校)研究了自我效能感和集体效能感，并呼吁更深入地了解文化教育背景以及它与效能测量有怎样的关系。表41.3列出了用于测量信念、态度和自我效能感的评估。

2007年，琼斯和卡特(Carter)提出了一种社会文化模型，包含促成信念和态度的因素。根据过去5年的研究，我们提出了一个改进模型(图41.3)，该模型更加强调自我效能感、认识信念、自我调节学习以及元认知的作用。该模型将被解释为动态的过程，而不是静态的产物。自我调节的每个阶段都是循环的，没有确定的起点和终点。

为了说明这一模型，我们以一位教师需要按照

表 41.3　科学教师态度与信念的评估

作者	评估名称	评估说明
施里格利（Shrigley, 1974）	科学态度量表（Science Attitude Scale [SAS]）	测量个人和职业态度
埃诺克斯（Enochs）和里格斯（Riggs）（1990）	科学教学效能感信念测量工具（Science Teaching Efficacy Belief Instrument [STEBI]）	测量职前教师的科学教学自我效能感和结果期望
马丁－邓洛普和弗雷泽（2007）	科学学习环境和态度量表（Science Learning Environment and Attitude Scale）	测量科学教师态度
隆佩、哈尼和切尔尼克（2000）	教学科学的情境信念（The Context Beliefs About Teaching Science [CBATS]）	测量关于教学方法及课程、社会支持、资源、课程时间和准备时间的信念
范阿尔德伦－斯梅茨、沃尔玛·范德莫伦和阿斯马（2011）	对待科学态度的维度测量工具（Dimensions of Attitude Towards Science Instrument）	评估对待科学的态度
巴恩比（Barmby）、金德（Kind）和琼斯（2011）	对待科学的态度（Attitudes Towards Science）	包括测量对待在学校学习科学的态度、科学的实践态度、校外科学态度、科学重要性的态度、科学中自我概念的态度以及未来参与科学的态度
亚当斯（Adams）、珀金斯（Perkins）、波多利斯基（Podolefsky）、杜伯森（Dubson）、芬克尔斯坦（Finkelstein）和威曼（Wieman）（2006）	美国科罗拉多州关于学习科学态度的调查（Colorado Attitudes About Learning Science Survey）	评估学生对物理以及学习物理的信念
托马斯（Thomas）、佩德森（Pedersen）和芬森（Finson）（2001）	科学教师画像测试工具（DASTT-C）	利用图示和书面内容来激发职前教师对自身作为科学教师的看法
兰（Lan, 2012）	适用于 K—12 教师的 NAST-T 纳米技术的态度量表（NAST-T Nanotechnology Attitude Scale for K–12 Teachers）	评估 K—12 教师对纳米技术重要性的态度、科学教学中情感倾向的态度和教授纳米技术的行为倾向的态度
梅尔（Maier）、格林菲尔德(Greenfield)和布鲁特斯奇－希勒（Bulotsky-Shearer）（待刊发）	幼儿教师对待科学教学的态度和信念的调查问卷（Preschool Teacher Attitudes and Beliefs Toward Science Teaching questionnaire [P-TABS]）	测量幼儿教师对科学的态度和信念
朔默（1990）	认识论调查问卷（Epistemological Questionnaire [EQ]）	测量认识信念的维度：知识的稳定性、知识的结构、学习的速度、学习能力和知识来源

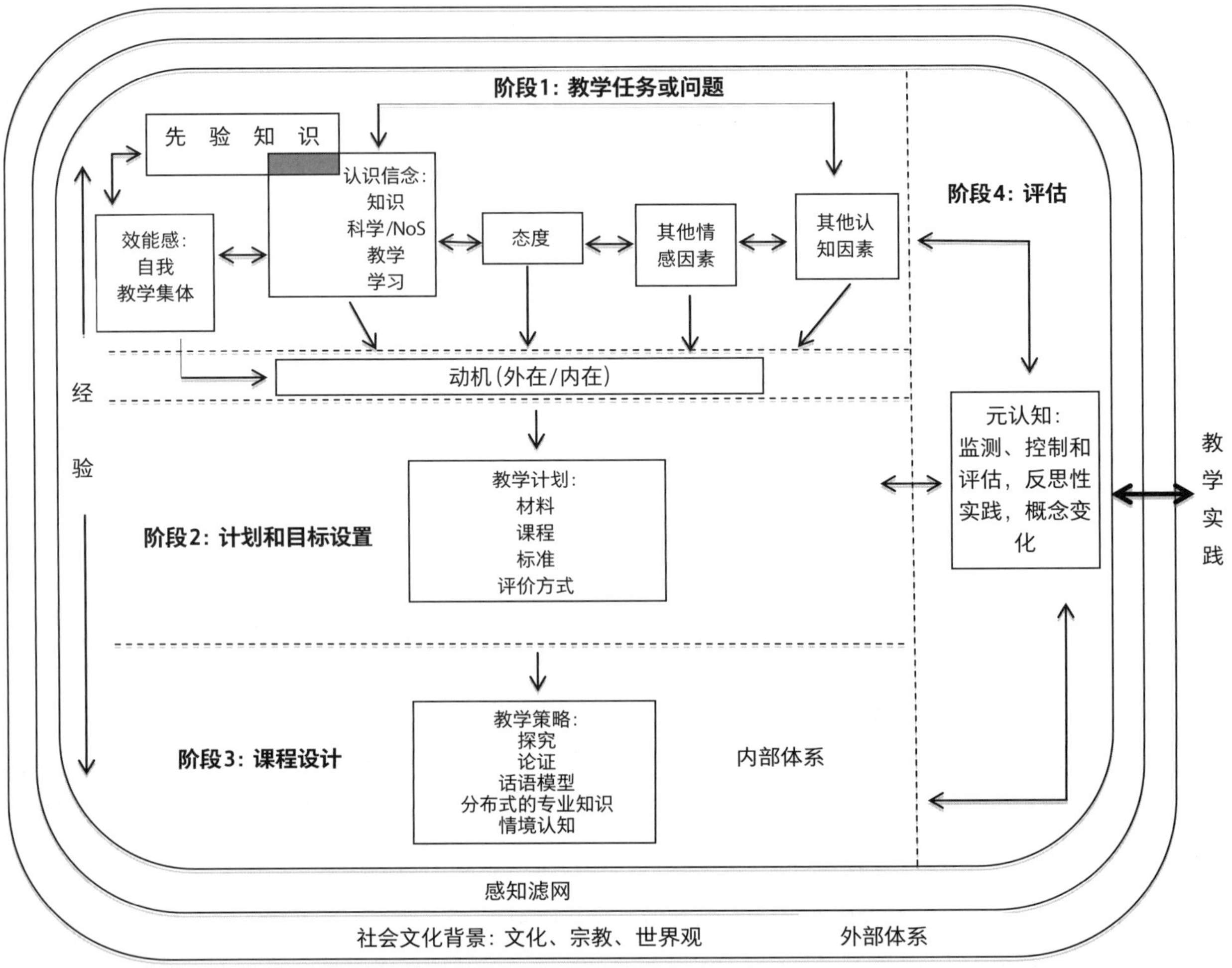

图41.3　认识论认知、态度和教学实践的整合模型(改编自Muis, 2007; Jones & Carter, 2007)

课程标准来教授转基因食品的情况为例。教师要决定是否教授该主题，如果教的话，教些什么(材料、课程、标准和评价方式)，以及使用什么教学策略(探究、论证、小组合作、案例研究等)。此处提出的模型表明，教师运用到教学任务中的经验和先验知识将构成他们的认识信念、自我效能感、态度以及其他认知和情感因素。这些内部因素中的每一个都受其他因素影响，并且都处于更大的社会文化环境(宗教、世界观、身份和特定环境)以及教师的感知视角中。

例如，如果教师将强烈的宗教信仰、独断的认识信念和对科学技术怀疑主义的文化观带到教学情境中，那么教师可能会认为转基因食品的话题不适合学生，并可能选择忽略课程标准。另一方面，如果教师以相对主义观点去看待转基因食品教学的挑战，那么教师可能会认为该主题既复杂又依赖于环境，教师更有可能教授课程标准所概述的基因改造的复杂性。任何一位教师做出的包括使用哪些课程、采用何种策略、运用何种评价方式的决定，都受到其动机的影响，该动机包括自我效能感、先验知识、认识信念、态度和其他情感与认知因素。此外，该模型还强调了教师在反思这些决策、处理认知冲突和实施教学时所进行的元认知活动。该模型旨在说明元认知既影响教学实践，又受到教学实践的影响。该模型被认为是活跃的、连续的，并由反馈和元认知活动来修正。如前所述，该模型建立在社会文化和个人背景的基础上。

研究支持该模型中发现的不同因素之间的许多关系和影响，但是整个系统尚待充分测试。尚不清楚不同因素的权重和影响途径。需要进一步研究完善该模型，以更准确地反映自我调节行为和认识信念的复杂性。

总结与未来研究

在过去的5年里，关于态度和信念的研究一直在记录科学教师的态度和信念与教学实践之间的关系。研究也持续表明，教师的知识和他们的教学并不匹配。在某些情况下，信念和态度优先于其所储备的知识，因为这影响了教师在教授特定主题(例如进化论)方面的教学选择。最近的研究也开始揭示影响信念和态度的因素所存在的复杂性。我们知道，在许多情况下，某些因素既影响信念和态度，又受信念和态度的影响。例如，知识的增长有助于信念和态度的改变，但反过来，我们知道信念和态度也会促进知识的发展。

科学教育研究所取得的关于态度和信念的一个重大进展是记录了科学教师的认识信念对教师的计划以及探究式教学的影响。而且，研究者正在揭示教师的认识信念与其科学本质概念之间的关系。此外，关于自我效能感对科学教师专业成长影响的研究也越来越多。

直到最近，研究者才开始将有关信念和态度结构的心理学模型与有关教师教学实践的研究相结合。这项工作的复杂性不断提高，并且有可能提供更强大的模型来解释和预测科学教师的态度和信念。

即使有大量与科学教师的信念和态度有关的研究，研究文献仍存在许多漏洞和缺口。首先，研究者需要更清晰地理解科学教师在有关社会文化议题的信念和态度方面的文化素养与其世界观之间的关系。其次，我们需要更多地了解信念是如何随着时间的推移以及在特定背景下跨人群发展的。研究确定哪些信念能够对科学教师的态度有非常积极的影响以及这些信念是如何形成的，这是很有必要的。与理解信念和态度的形成方式并行的是，需要了解信念和态度如何随着时间的推移而被侵蚀或衰退。通过了解教师职业生涯中态度和信念的形成和变化，我们可以设计更有效的职前和在职教师的职业教育计划。我们需要学习如何以鼓励教师的韧性和提高他们自我效能感的方式来支持科学教师，从而改变科学课程。最后，我们需要更多地了解认识论信念如何与科学教师的计划和教学产生关系，以及元认知过程如何促进或支持认识论认知。

综上所述，科学教师的信念和态度是一个复杂系统的一部分，该系统包括先验经验、自我效能感、认识信念以及在特定社会文化环境中起作用的情感等要素。有充分的证据表明科学教师的态度和信念对科学教学具有强大的影响力。通过帮助教师理解他们的信念，我们可以培养出更多的反思型教师，他们不仅可以在专业上成长，而且还可以促进学生的意识和成长 。

注释

1. 作者使用“折中主义”一词来描述没有严格遵守所概述的四种立场的观点(如经验归纳、相对主义等)。

参考文献

Adams, W. K., Perkins, K. K., Podolefsky, N. S., Dubson, M., Finkelstein, N. D., & Wieman, C. E. (2006). New instrument for measuring student beliefs about physics and learning physics: The Colorado Learning Attitudes about Science Survey. *Physical Review Special Topics-Physics Education Research, 2*(1). doi:10.1103/PhysRevSTPER.2.010101

Akyol, G., Tekkaya, C., Sungur, S., & Traynor, A. (2012). Modeling the interrelationships among preservice science teachers' understanding and acceptance of evolution, their views on nature of science and self-efficacy beliefs regarding teaching evolution. *Journal of Science Teacher Education, 23*(8), 937–957.

Alexander, P. A., & Dochy, F. J. R. C. (1995). Conceptions of knowledge and beliefs: A comparison across varying cultural and educational communities. *American Educational Research Journal, 32*(2), 413–442.

Allum, N., Sturgis, P., Tabourazi, D., & Brunton-Smith, I. (2008). Science knowledge and attitudes across cultures: A meta-analysis. *Public Understanding of Science, 17*, 35–54.

Amato, S. A. (2004). Improving student teachers' mathematical knowledge. *Proceedings of the 10th International Congress on Mathematical Education*. Copenhagen, Denmark.

Amirshokoohi, A. (2010). Elementary preservice teachers' environmental literacy and views toward science, technology, and society (STS) issues. *Science Educator, 19*(1), 56–63.

Angle, J., & Moseley, C. (2010). Science teacher efficacy and outcome expectancy as predictors of students' end-of-instruction (EOI) biology I test scores. *School Science and Mathematics, 109*(8), 473–483.

Apostolou, A., & Koulaidis, V. (2010). Epistemology and science education: A study of epistemological views of teachers. *Research in Science & Technological Education, 28*(2), 149–166.

Appleton, K. (1995). Student teachers' confidence to teach science: Is more science knowledge necessary to improve self-confidence? *International Journal of Science Education, 17*, 357–369.

Ashton, P. T., & Webb, R. B. (1986). *Making a difference: Teachers' sense of efficacy and student achievement.* New York: Longman.

Atwater, M. M., Gardner, C., & Kight, C. R. (1991). Beliefs and attitudes of urban primary teachers toward physical science and teaching physical science. *Journal of Elementary Science Education, 3*, 3–12.

Bandura, A. (1982). Self-efficacy mechanism in human agency. *American Psychologist, 37*(2), 122–147.

Bandura, A. (1997). *Self-efficacy: The exercise of control.* New York: W.H. Freeman.

Barbour, I. A. (2000). *When science meets religion: Enemies, strangers or partners?* San Francisco: HarperCollins.

Barmby, P., Kind, P. M., & Jones, K. (2008). Examining changing attitudes in secondary school science. *International Journal of Science Education, 30*(8), 1075–1093.

Begum, S. (2012). A secondary science teacher's beliefs about environmental education and its relationship with the classroom practices. *International Journal of Social Sciences and Education, 2*(1), 10–29.

Bell, P., & Linn, M. C. (2002). Beliefs about science: How does science instruction contribute? In B.K. Hofer & P.R. Pintrich (Eds.), *Personal epistemology: The psychology of beliefs about knowledge and knowing* (pp. 321–346). Mahwah, NJ: Erlbaum.

Berkman, M. B., & Plutzer, E. (2011). Defeating creationism in the courtroom, but not in the classroom. *Science, 331*(6016), 404–405.

Berland, L. K., & Hammer, D. (2012). Framing for scientific argumentation. *Journal of Research in Science Teaching, 49*(1), 68–94.

Berman, P., McLaughlin, M., Bass, G., Pauly, E. & Zellman, G. (1977). *Federal programs supporting educational change. Vol VII: Factors affecting implementation and continuation (Report No. R-1589/7-HEW).* Santa Monica, CA: The Rand Corporation (Eric Document No. ED140-432).

Blalock, C., Lichtenstein, M., Owen, S., Pruski, L., Marshall, C., & Toepperwein, M. (2008). In pursuit of validity: A comprehensive review of science attitude instruments 1935–2005. *International Journal of Science Education, 30*(7), 961–977.

Blancke, S., De Smedt, J., De Cruz, H., Boudry, M., &

Braeckman, J. (2012). The implications of the cognitive sciences for the relation between religion and science education: The case of evolutionary theory. *Science & Education, 21*(8), 1167–1184.

Bleicher, R. E. (2007). Nurturing confidence in preservice elementary science teachers. *Journal of Science Teacher Education, 18*, 841–860.

Blonder, R., Benny, N., & Jones, M. G. (in press). Teaching self-efficacy of science teachers. In C. Czerniak, R.H. Evans, & J. Luft (Eds.), *The role of science teachers' beliefs in international classrooms: From teacher actions to student learning.*

Boldrin, A., & Mason, L. (2009). Distinguishing between knowledge and beliefs: Students' epistemic criteria for differentiating. *Instructional Science: An International Journal of the Learning Sciences, 37*(2), 107–127.

Bong, M. (2006). Asking the right question. How confident are you that you could successfully perform these tasks? In F. Pajares & T. Urdan (Eds.), *Self-efficacy beliefs of adolescents* (pp. 287–305). Greenwich, CT: Information Age.

Boone, H. N., Gartin, S. A., Boone, D. A., & Hughes, J.E. (2006). Modernizing the agricultural education curriculum: An analysis of agricultural education teachers' attitudes, knowledge, and understanding of biotechnology. *Journal of Agricultural Education, 47*(1), 78–89.

Böttcher, F., & Meisert, A. (2011). Argumentation in science education: A model based framework. *Science & Education, 20*(2), 103–140.

Breslyn, W., & McGinnis, J. R. (2011). A comparison of exemplary biology, chemistry, earth science, and physics teachers' conceptions and enactment of inquiry. *Science Education, 96*(1), 48–77.

Brown, P. L., Abell, S. K., Demir, A., & Schmidt, F. J. (2006). College science teachers' views of classroom inquiry. *Science Education, 90*, 784–802.

Bursal, M., & Paznokas, L. (2006). Mathematics anxiety and preservice elementary teachers' confidence to teach mathematics and science. *School Science and Mathematics, 106*, 173–180.

Carleton, L. E., Fitch, J. C., & Krockover, G. H. (2008). An inservice teacher education program's effect on teacher efficacy and attitudes. *The Educational Forum, 72*, 46–62.

Chandler, M. J., Hallett, D., & Sokol, B. W. (2002). Competing claims about competing knowledge claims. In B. K. Hofer & P.R. Pintrich (Eds.), *Personal epistemology: The psychology of beliefs about knowledge and knowing* (pp. 145–168). Mahwah, NJ: Lawrence Erlbaum Associates.

Choi, S., & Ramsey, J. (2009). Constructing elementary teachers' beliefs, attitudes, and practical knowledge through an inquiry-based elementary science course. *School Science and Mathematics, 109*(6), 313–324.

Colburn, A., & Henriques, L. (2006). Clergy views on evolution, creationism, science, and religion. *Journal of Research in Science Teaching, 43*(4), 419–442.

Conley, A. M., Pintrich, P. R., Vekiri, I., & Harrison, D. (2004). Changes in epistemological beliefs in elementary science students. *Contemporary Educational Psychology, 29*, 186–204.

Cordero, E. C., Todd, A. M., & Abellera, D. (2008). Climate change education and the ecological footprint. *Bulletin of the American Meteorological Society, 89*(6), 865–872.

Cotton, D. R. E. (2006). Implementing curriculum guidance on environmental education: The importance of teachers' beliefs. *Journal of Curriculum Studies, 38*(1), 67–83.

Coulson, R. (1992). Development of an instrument for measuring attitudes of early childhood educators towards science. *Research in Science Education, 22*, 101–105.

Crawford, B. (2007). Learning to reach science as inquiry in the rough and tumble of practice. *Journal of Research in Science Teaching, 44*(4), 613–642.

Crippen, K. J. (2012). Argument as professional development: Impacting teacher knowledge and beliefs about science. *Journal of Science Teacher Education, 23*(8), 847–866.

Cross, D., & Hong, J. (2012). An examination of teachers' emotions in the school context. *Teaching and Teacher Education, 28*, 957–967.

Dagher, Z. R., & BouJaoude, S. (1997). Scientific views and religious beliefs of college students: The case of biological evolution. *Journal of Research in Science Teaching, 34*(5), 429–445.

DeBellis, V. A., & Goldin, G. A. (2006). Affect and meta-affect in mathematical problem solving: A representational perspective. *Educational Studies in Mathematics, 63*, 131–147.

Deniz, H. (2011). Examination of changes in prospective elementary teachers' epistemological beliefs in science and exploration of factors meditating that change. *Journal of Science Education and Technology, 20*(6), 750–760.

Deniz, H., Donnelly, L., & Yilmaz, I. (2008). Exploring the factors related to acceptance of evolutionary theory among Turkish preservice biology teachers: Toward a more informative conceptual ecology for biological evolution. *Journal of Research in Science Teaching, 45*(4), 420–443.

Dewey, J. (1922). *Human nature and conduct.* New York: Henry Holt.

Eagly, A., & Chaiken, S. (1993). *The psychology of attitudes.* Belmont, CA: Wadsworth Group/Thomson Learning.

Eagly, A. H. (1992). Uneven progress: Social psychology and the study of attitudes. *Journal of Personality and Social Psychology, 63*, 693–710.

Eberle, F. (2008). Teaching and coherent science: An investigation of teachers' beliefs about and practice of teaching science coherently. *School Science and Mathematics, 108*(3), 103–112.

Eick, C. J., & Reed, C. J. (2002), What makes an inquiry-oriented science teacher? The influence of learning histories on student teacher role identity and practice. *Science Education, 86*, 401–416.

Elby, A., & Hammer, D. (2010). Epistemological resources and framing: A cognitive framework for helping teachers interpret and respond to their students' epistemologies. In L. D. Bendixen & F. C. Feucht (Eds.), *Personal epistemology in the classroom: Theory, research, and implications for practice* (pp.409–433). Cambridge, UK: Cambridge University Press.

Elder, A. D. (2002). Characterizing fifth grade students' epistemological beliefs in science. In B.K. Hofer & P.R. Pintrich (Eds.), *Personal epistemology: The psychology of beliefs about knowledge and knowing* (pp.347–363). Mahwah, NJ: Lawrence Erlbaum Associates.

Elstad, E., & Turmo, A. (2010). Students' self-regulation and teachers' influences in science: Interplay between ethnicity and gender. *Research in Science & Technological Education, 28*(3), 249–260. doi: 10.1080/02635143.2010.501751

Enochs, L. G., & Riggs, I. M. (1990). Further development of an elementary science teaching efficacy belief instrument: A preservice elementary scale. *School Science and Mathematics, 90*, 694–706.

Ernest, P. (1989). The knowledge, beliefs and attitudes of the mathematics teacher: A model. *Journal of Education for Teaching, 15*, 13–34.

Ertmer, P. A., Ottenbreit-Leftwich, A.T., Sadik, O., Sendurer, E., & Sendurer, P. (2012). Teacher beliefs and technology integration practices: A critical relationship. *Computers & Education, 59*, 423–435.

Evans, B. (2011). Content knowledge, attitudes, and self-efficacy in the mathematics New York City Teaching Fellows (NYCTF) Program. *School Science and Mathematics, 111*(5), 225–235.

Evans, G., & Durant, J. (1995). The relationship between knowledge and attitudes in the public understanding of science in Britain. *Public Understanding of Science, 4*, 57–74.

Fang, Z. (1996). A review of research on teacher beliefs and practices. *Educational Research, 38*(1), 47–65.

Fishbein, M. (1967). A consideration of beliefs and their role in attitude measurement. In M. Fishbein (Ed.), *Readings in attitude theory and measurement.* (pp.257–266). New York: John Wiley & Sons.

Fletcher, S., & Luft, J. (2011). Early career secondary science teachers: A longitudinal study of beliefs in relation to field experiences. *Science Education, 95*(6), 1124–1146.

Fonseca, M., Costa, P., Lencastre, L., & Tavares, F. (2012). Disclosing biology teachers' beliefs about biotechnology and biotechnology education. *Teaching and Teacher Education, 28*, 368–381.

Forbes, C. T., & Davis, E. A. (2010). Beginning elementary teachers' beliefs about the use of anchoring questions in science: A longitudinal study. *Science Education, 94*(2), 365–387.

Friedrichsen, P., Van Driel, J. H., & Abell, S. K. (2011). Taking a closer look at science teaching orientations. *Science Education, 95*(2), 358–376.

Gardner, G. E., & Jones, M. G. (2011). Science instructors' perceptions of the risks of biotechnology: Implications for science instruction. *Research in Science Education, 41*(5), 711–738.

Gardner, G. E., & Jones, M. G. (accepted March 28, 2013).

Exploring pre-service teachers' perceptions of the risks of emergent technologies: Implications for teaching and learning. *Journal of Nano Education*.

Gibbs, S., & Powell, B. (2012). Teacher efficacy and pupil behaviour: The structure of teachers' individual and collective beliefs and their relationship with numbers of pupils excluded from school. *British Journal of Educational Psychology, 82*(4), 564–584.

Gibson, S., & Dembo, M. (1984). Teacher efficacy: A construct validation. *Journal of Educational Psychology, 76*, 569–582.

Goddard, R. D., Hoy, W. K., & Woolfolk-Hoy, A. (2004). Collective efficacy beliefs: Theoretical developments, empirical evidence, and future directions. *Educational Researcher, 33*, 3–13.

Gregoire, M. (2003). Is it a challenge or a threat? A dual-process model of teachers' cognition and appraisal processes during conceptual change. *Educational Psychology Review, 15*(2), 147–179.

Guskey, T. (1988). Teacher efficacy, self-concept, and attitudes toward the implementation of instructional innovation. *Teaching and Teacher Education, 4*(l), 63–69.

Harlen, W. (1997). Primary teachers' understanding in science and its impact in the classroom. *Research in Science Education, 27*(3), 323–337.

Hartshorne, R. (2008). Effects of hypermedia-infused professional development on attitudes toward teaching science. Journal of Educational Computing Research, 38, 333–351.

Harty, H., Samuel, J. V., & Anderson, H. O. (1991). Understanding the nature of science and attitudes towards science and science teaching of preservice elementary teachers in three preparation sequences. *Journal of Elementary Science Education, 3*, 13–22.

Harwood, W., Reiff, R., & Phillipson, T. (2002, January). *Scientists' conceptions of scientific inquiry: Voices from the front*. Paper presented at the meeting of the Association for the Education of Teachers in Science, Charlotte, NC.

Haury, D. (1989). The contribution of science locus of control orientation to expressions of attitude toward science teaching. *Journal of Research in Science Teaching, 26*, 503–517.

Hofer, B. K. (2001). Personal epistemology research: Implications for learning and instruction. *Educational Psychology Review, 13*(4): 353–382.

Hofer, B. K., & Pintrich, P. R. (1997). The development of epistemological theories: Beliefs about knowledge and knowing and their relation to learning. *Review of Educational Research, 67*(1), 88–140.

Holt, C., Hargrove, P., & Harris, S. (2011). An investigation into the life experiences and beliefs of teachers exhibiting highly effective classroom management behaviors. *Teacher Education and Practice, 24*(1), 96–113.

Hutchins, K., & Friedrichsen, P. (2012). Science faculty belief systems in a professional development program: Inquiry in college laboratories. *Journal of Science Teacher Education, 23*(8), 867–887.

Jaccard, J., Litardo, H., & Wan, C. K. (1999). Subjective culture: Social psychological models of behavior. In J. Adamopolis & Y. Kashima (Eds.), *Social psychology and cultural context*. Thousand Oaks, CA: Sage.

Jarrett, O. S. (1999). Science interest and confidence among preservice elementary teachers. *Journal of Elementary Science Education, 11*(1), 49–59.

Jarvis, T. & Pell, A. (2004). Primary teachers' changing attitudes and cognition during a two-year science in-service programme and their effect on pupils. *International Journal of Science Education 26*(14), 1787–1811.

Jones, M. G., & Carter, G. (2007). Science teacher attitudes and beliefs. *Handbook of research on science education*, 1067–1104.

Kagan, D. M. (1992). Implication of research on teacher belief. *Educational Psychologist, 27*, 65–90.

Kane, R. G., Sandretto, S., & Heath, C. (2002). Telling half the story: A critical review of the research into tertiary teachers' beliefs. *Review of Educational Research, 72*(2), 177–228.

Katz, S. H. (2002). Questions for a millennium: Religion and science from the perspective of a scientist. *Zygon, 37*(1), 45–54.

Kaya, O. N., Yager, R., Dogan, A. (2009). Changes in attitudes towards science-technology-society of preservice science teachers. *Research in Science Education, 39*(2), 257–279.

Kidman, G. (2009). Attitudes and interests towards biotechnology: The mismatch between students and teachers. *Eurasia Journal of Mathematics, Science and Technology, 5*(2), 135–143.

Kim, S. Y., & Nehm, R. H. (2011). A cross-cultural comparison of Korean (此处指韩国——出版者注) and American science teachers' views of evolution and the nature of science. *International Journal of Science Education, 33*(2), 197–227.

King, P. M., & Kitchener, K. S. (1994). *Developing reflective judgment: Understanding and promoting intellectual growth and critical thinking in adolescents and adults.* San Francisco: Jossey-Bass Publishers.

Koballa, T. R., Jr. (1986). Teaching hands-on science activities: Variables that moderate attitude-behavior consistency. *Journal of Research in Science Teaching, 23*, 493–502.

Lan, Y. (2012). Development of an attitude scale to assess teachers' attitudes toward nanotechnology. *International Journal of Science Education, 34*(8), 1189–1210.

Leavy, A. M., McSorley, F. A., & Boté, L. A. (2007). An examination of what metaphor construction reveals about the evolution of preservice teachers' beliefs about teaching and learning. *Teaching and Teacher Education, 23*(7), 1217–1233.

Lederman, N. G. (2007). Nature of science: Past, present, and future. In S.K. Abell & N.G. Lederman (Eds.), *Handbook of research on science education* (pp. 831–880). Mahwah, NJ: Lawrence Erlbaum.

Lester, B. T., Ma, L., Lee, O., & Lambert, J. (2006). Social activism in elementary science education: A science, technology, and society approach to teach global warming. *International Journal of Science Education, 28*(4), 315–339.

Liang, L. L., & Gabel, D. L. (2005). Effectiveness of a constructivist approach to science instruction for prospective elementary teachers. *International Journal of Science Education, 27*, 1143–1162.

Luehmann, A. L. (2007). Identity development as a lens to science teacher preparation. *Science Education, 91*(5), 822–839.

Luft, J. A., & Roehrig, G. H. (2007). Capturing science teachers' epistemological beliefs: The development of the teacher beliefs interview. *Electronic Journal of Science Education, 11*(2).

Lumpe, A., Czerniak, C., Haney, J., & Beltyukova, S. (2012). Beliefs about teaching science: The relationship between elementary teachers' participation in professional development and student achievement. *International Journal of Science Education, 34*(2), 153–166.

Lumpe, A. T., Haney, J. J., & Czerniak, C. M. (2000). Assessing teachers' beliefs about their science teaching context. *Journal of Research in Science Teaching, 37*, 275–292.

Maggioni, L., & Parkinson, M. M. (2008). The role of teacher epistemic cognition, epistemic beliefs, and calibration in instruction. *Educational Psychology Review, 20*(4), 445–461.

Maier, M., Greenfield, D., & Bulotsky-Shearer, R. (in press). Development and validation of a preschool teachers' attitudes and beliefs toward teaching science questionnaire. *Early Childhood Research Quarterly.*

Mansour, N. (2009). Science teachers' beliefs and practices: Issues, implications and research agenda. *International Journal of Environmental and Science Education, 4*(1), 25–48.

Mansour, N. (2011), Science teachers' views of science and religion vs. the Islamic perspective: Conflicting or compatible? *Science Education, 95*(2), 281–309.

Markic, S., & Eilks, I. (2012). A comparison of student teachers' beliefs from four different science teaching domains using a mixed methods design. *International Journal of Science Education, 34*(4), 589–608.

Martin-Dunlop, C., & Fraser, B. J. (2007). Learning environment and attitudes associated with an innovative science course designed for prospective elementary teachers. *International Journal of Science and Mathematics Education, 6*, 163–190.

McCulloch, A. (2009). Insights into graphing calculator use: Methods for capturing activity and affect. *International Journal for Technology in Mathematics Education, 16*(2), 1–7.

McDevitt, T. M., Heikkinen, H. W., Alcorn, J. K., Ambrosio, A. L., & Gardner, A. L. (1993). Evaluation of the preparation of teachers in science and mathematics: Assessment of preservice teachers' attitudes and beliefs. *Science Education, 77*, 593–610.

McDonald, C. V. (2010). The influence of explicit nature of science and argumentation instruction on preservice primary teachers' views of nature of science. *Journal of*

Research in Science Teaching, 47(9), 1137 – 1164.

McGinnis, R., Parker, P., & Graeber, A. (2004). A cultural perspective of the induction of five reform-minded beginning mathematics and science teachers. *Journal of Research in Science Teaching, 41*, 720 – 747.

Mohapatra, A. K., Priyadarshini, D., & Biswas, A. (2010). Genetically modified food: knowledge and attitude of teachers and students. *Journal of Science Education and Technology, 19*(5), 489 – 497.

Moore, R. (1975). A two-year study of a CCSS group's attitudes toward science and science teaching. *School Science and Mathematics, 75*, 288 – 290.

Mugaloglu, E., & Bayram, H. (2009). How are prospective science teachers' values and their attitudes towards science associated? Implications for science teacher training programs. *Procedia Social and Behavioral Sciences, 1*, 749 – 752.

Muis, K. R. (2007). The role of epistemic beliefs in self-regulated learning. *Educational Psychologist, 42*, 173 – 190.

Mulholland, J., & Wallace, J. (1996). Breaking the cycle: Preparing elementary teachers to teach science. *Journal of Elementary Science Education, 8*, 17 – 38.

Murphy, C., Neil, P., & Beggs, J. (2007). Primary science teacher confidence revisited: Ten years on. *Educational Research, 49*, 415 – 430.

Murphy, P. K., & Mason, L. (2006). Changing knowledge and changing beliefs. In P.A. Alexander & P. Winne (Eds.), *Handbook of educational psychology* (pp. 305 – 324). Mahwah, NJ: Lawrence Erlbaum Associates.

National Research Council. (1996). *National science education standards.* Washington, DC: National Academies Press.

National Research Council. (2000). *Inquiry and the national science education standards.* Washington, DC: National Academies Press.

National Research Council. (2012). *A framework for K– 12 science education: Practices, cross-cutting concepts and core ideas.* Washing- ton, DC: National Academies Press.

Nehm, R. H., Kim, S. Y., & Sheppard, K. (2009). Academic preparation in biology and advocacy for teaching evolution: Biology versus non-biology teachers. *Science Education, 93*(6), 1122 – 1146.

Nieto, S. (1999). *The light in their eyes: Creating multicultural learning communities.* New York: Teachers College Press.

Nisbett, R., & Ross, L. (1980). *Human inference: Strategies and short-comings of social judgement.* Englewood Cliffs, NJ: Prentice-Hall.

Ogan-Bekiroglu, F., & Eskin, H. (2012). Examination of the relationship between engagement in scientific argumentation and conceptual knowledge. *International Journal of Science and Mathematics Education, 10*(6), 1415 – 1443.

Olafson, L., & Schraw, G. (2006). Teachers' beliefs and practices within and across domains. *International Journal of Educational Research, 45*(1 – 2), 71 – 84.

Ost, D. (1971). An evaluation of an institute for teachers of secondary-school biology. *American Biology Teacher, 33*(9), 546 – 548.

Otero, V. K., & Nathan, M. J. (2008). Preservice elementary teachers' views of their students' prior knowledge of science. *Journal of Research in Science Teaching, 45*(4), 497 – 523.

Pajares, F. (1997). Current directions in self-efficacy research. In H.W. Marsh, R.G. Craven, & D.M. McInerney (Eds.), *International advances in self research* (pp. 1 – 49). Greenwich, CT: Information Age.

Pajares, M. F. (1992). Teachers' beliefs and educational research: Cleaning up a messy construct. *Review of Educational Research, 62*, 307 – 332.

Palmer, D. (2011). Sources of efficacy information in an inservice program for elementary teachers. *Science Education, 95*(4), 577 – 600.

Palmer, D.H. (2001). Factors contributing to attitude exchange amongst preservice elementary teachers. *Science Education, 86*, 122 – 138.

Palmer, D. H. (2004). Situational interest and the attitudes towards science of primary teacher education students. *International Journal of Science Education, 26*, 895 – 908.

Papadimitriou, V. (2004). Prospective primary teachers' understanding of climate change, greenhouse effect, and ozone layer depletion. *Journal of Science Education and Technology, 13*(2), 299 – 307.

Pardo, R., & Calvo, F. (2002). Attitudes toward science among the European public: A methodological analysis. *Public Understanding of Science, 11*, 155 – 195.

Pedersen, J. E., & McCurdy, D. W. (1992). The effects of

hands-on, minds-on teaching experiences on attitudes of preservice elementary teachers. *Science Education, 76*, 141–146.

Pilitsis, V., & Duncan, R. (2012). Changes in belief orientation of preservice teachers and their relation to inquiry activities. *Journal of Science Teacher Education, 23*(8), 909–936.

Prokop, P., Leskova, A., Kubiatko, M., & Diran, C. (2007). Slovakian students' knowledge of and attitudes toward biotechnology. *International Journal of Science Education, 29*, 895–907.

Ramey-Gassert, L., Shroyer, G., & Staver, J. (1996). A qualitative study of factors influencing science teaching self-efficacy of elementary level teachers. *Science Education, 80*, 283–315.

Reid, N. (2006). Thoughts on attitude measurement. *Research in Science & Technological Education, 24*, 3–27.

Rizk, N., Jaber, L., Halwany, S., & BouJaoude, S. (2012). Epistemological beliefs in science: An exploratory study of Lebanese university students' epistemologies. *International Journal of Science and Mathematics Education, 10*(3), 473–496.

Rokeach, M. (1968). *Beliefs, attitudes, and values: A theory of organization and change.* San Francisco: Jossey-Bass.

Rutledge, M. L., & Mitchell, M. A. (2002). High school biology teachers' knowledge structure, acceptance & teaching of evolution. *The American Biology Teacher, 64*(1), 21–28.

Ryan, S. (2004). Message in a model: Teachers' responses to a court-ordered mandate for curriculum reform. *Educational Policy, 18*, 661–685.

Saad, R., & BouJaoude, S. (2012). The relationship between teachers' knowledge and beliefs about science and inquiry and their classroom practices. *EURASIA Journal of Mathematics, Science & Technology Education, 8*(2), 113–128.

Sandoval, W. A. (2005). Understanding students' practical epistemologies and their influence on learning through inquiry. *Science Education, 89*(4), 634–656.

Scharmann, L. C., & Hampton, C. M. (1995). Cooperative learning and preservice elementary teacher science self efficacy. *Journal of Science Teacher Education, 6(3)*, 125–133.

Schommer, M. (1990). Effects of beliefs about the nature of knowledge on comprehension. *Journal of Educational Psychology, 82*(3), 498–504.

Schommer-Aikins, M. (2004). Explaining the epistemological belief system: Introducing the embedded systemic model and coordinated research approach. *Educational Psychologist, 39*(1), 19–29.

Schoon, K. J. & Boone, W. (1998). Self-efficacy and alternative conceptions of science preservice elementary teachers. *Science Education, 82*(5), 553–568.

Schraw, G., Dunkle, M. E., & Bendixen, L. D. (1995). Cognitive processes in well-defined and ill-defined problem solving. *Applied Cognitive Psychology, 9*, 523–538.

Schultz, P. A., Hong, J. Y., Cross, D. I., & Osbon, J. N. (2006). Reflections on investigating emotion in educational activity settings. *Educational Psychology Review, 18*(4), 343–360.

Schwartz, B., & Glassner, A. (2003). The blind and the paralytic: Supporting argumentation in every day and scientific issues. In J. Andriessen, M. Baker, & D. Suthers (Eds.), *Arguing to learn: Confronting cognitions in computer-supported collaborative learning environments* (pp. 227–260). Dordrecht, the Netherlands: Kluwer.

Schwartz, R., & Lederman, N. G. (2008). What scientists say: Scientists' views of nature of science and relation to science context. *International Journal of Science Education, 30*(6), 727–771.

Schwirian, P. M. (1969). Characteristics of elementary teachers related to attitudes toward science. *Journal of Research in Science Teaching, 6*, 203–213.

Settlage, J., Southerland, S.A., Smith, L. K., & Ceglie, R. (2009). Constructing a doubt-free teaching self: Self-efficacy, teacher identity, and science instruction within diverse settings. *Journal of Research in Science Teaching, 46*(1), 102–125.

Shrigley, R. L. (1974). The correlation of science attitude and science knowledge of preservice elementary teachers. *Science Education, 58*(2), 143–151.

Simpson, R. D., Koballa, T. R., Oliver, J. S., & Crawley, F. (1994). Research on the affective dimension of science learning. In D. Gable (Ed.), *Handbook of research on science teaching and learning* (pp. 211–234). New York: Macmillan.

Skaalvik, E. M., & Skaalvik, S. (2007). Dimensions of

teacher self-efficacy and relations with strain factors, perceived collective teacher efficacy, and teacher burnout. *Journal of Educational Psychology, 99*(3), 611.

Skamp, K. (1991). Primary science and technology: How confident are teachers? *Research in Science Education, 21*, 290 – 299.

Smith, M. U., & Siegel, H. (2004). *Knowing, believing, and understanding: The goals of science education? Science and Education, 13*, 553 – 582.

Solomon, J., Scott, L., & Duveen, J. (1996). Large-scale exploration of pupils' understanding of the nature of science. *Science Education, 80*(5), 493 – 508.

Songer, N. B., & Linn, M. C. (1991). How do students' views of science influence knowledge integration? *Journal of Research in Science Teaching, 28*, 761 – 784.

Southerland, S., Sinatra, G., & Mathews, M. (2001). Beliefs, knowledge, and science education. *Educational Psychology Review, 13*(4), 325 - 351.

Southerland, S. A., Gess-Newsome, J., & Johnston, A. (2003). Portraying science in the classroom: The manifestation of scientists' beliefs in classroom practice. *Journal of Research in Science Teaching, 40*, 669 – 691.

Stipek, D., & Byler, P. (1997). Early childhood education teachers: Do they practice what they preach? *Childhood Research Quarterly, 12*, 305 – 325.

Stolberg, T. (2007). The religio-scientific frameworks of preservice primary teachers: An analysis of their influence on their teaching of science. *International Journal of Science Education, 29*(7), 909 – 930.

Stolberg, T. L. (2008). Understanding the approaches to the teaching of religious education of preservice primary teachers: The influence of religio-scientific frameworks. *Teaching and Teacher Education: An International Journal of Research and Studies, 24*(1), 190 – 203.

Strike, K. A., & Posner, G. J. (1982). Conceptual change and science teaching. *European Journal of Science Education, 4*(3), 231 – 240.

Sutherland, L., Howard, S., & Markauskaite, L. (2010). Professional identity creation: Examining the development of beginning preservice teachers' understanding of their work as teachers. *Teaching and Teacher Education, 26*(3), 455 – 465.

Thomas, J. A., Pedersen, J. E., & Finson, K. (2001). Validating the Draw-a-Science-Teacher-Test Checklist (DASTT-C): Exploring mental models and teacher beliefs. *Journal of Science Teacher Education, 12*(4), 295 – 310.

Tippett, C. (2009). Argumentation: The language of science. *Journal of Elementary Science Education, 21*(1), 17 – 25.

Tschannen-Moran, M. & Woolfolk-Hoy, A. (2001). Teacher efficacy: Capturing an elusive construct. *Teaching and Teacher Education, 17*, 783 – 805.

Tschannen-Moran, M., Woolfolk-Hoy, A., & Hoy, W. (1998). Teacher efficacy: Its meaning and measure. *Review of Educational Research, 68*, 202 – 248.

van Aalderen-Smeets, S. I., Walma van der Molen, J. H., & Asma, L. J. (2011). Primary teachers' attitudes toward science: A new theoretical framework. *Science Education, 96*(1), 158 – 182.

Varma, T., Volkmann, M., & Hanuscin, D. (2009). Preservice elementary teachers' perceptions of their understanding of inquiry and inquiry-based science pedagogy: Influence of an elementary science education methods course and a science field experience. *Journal of Elementary Science Education, 21*(4), 1 – 22.

Vedder, P., Horenczyk, G., Liebkind, K. & Nickmans, G. (2006). Problems in ethno-cultural diverse educational settings and strategies to cope with these challenges. *Educational Research Review, 1*(2): 157 – 168.

Volkmann, M. J., Abell, S. K., & Zgagacz, M. (2005). Teaching physics to preservice teachers: The challenges of inquiry. *Science Education, 89*, 847 – 869.

Wenner, G. J. (1993). Relationship between science knowledge levels and beliefs toward science instruction held by preservice elementary teachers. *Journal of Science Education and Technology, 2*, 461 – 468.

Young, T. (1998). Student teachers' attitudes towards science (STATS). *Evaluation and Research in Education, 12*, 96 – 111.

Research on Science Teacher Knowledge

JAN H. VAN DRIEL , AMANDA BERRY , AND JACOBIENE MEIRINK
ICLON-Leiden University Graduate School of Teaching, The Netherlands

第42章

科学教师知识的研究

佘建云 译 王健 审校

奥斯本(Osborne)、西蒙(Simon)和科林斯(Collins)(2003)发表了一篇关于学生对待科学的态度的综述文章，该文章被其他文献多次引用。文中指出，“研究证据清晰地表明了决定学生对待科学的态度的最重要因素是教师变量而不是课程变量”(p.1070)。这篇综述中有许多相似的表述，都强调了教师在引起学生产生变化的过程中所起的核心作用。在过去的50年里，研究者对教师和教学的研究重点是从不同角度认识教师在教育过程中扮演的角色，这些角度包括教师的人格特质(如对学生热情或对学生的高期待)、教师的行为(如能运用有效的教学行为，并创造积极的学习环境)、教师的思考(如教学设计和反思)，以及教师知识与信念。

本章将聚焦于科学教师知识这一方面。我们首先介绍教师知识研究的概况，简要讨论该研究领域中的一些不同研究主题和一些用于指导研究理论框架的模型。研究概况可以帮助我们确定本研究综述的整体背景，也会涉及本领域其他的综述文章以及本书的其他章节。随后我们会讨论近年来在科学教师知识研究中取得的成果。接下来，回顾研究中开发和使用的研究方法以及研究工具。本章最后讨论对实践的启示以及对未来研究的建议。

本综述的定位

教师知识的本质

我们认为教师知识是指某位教师在某一特定时间节点所拥有的、可用于支配其行动的全部知识(Carter, 1990)。这并不意味着一位教师拥有的所有知识都会在其实际行动中发挥作用。教师可能会有意或无意地在教学中避免使用某些特定的知识。我们的基本想法是一位教师的整体认知(广义上)与其行为之间是互相作用的，因此研究教师知识是很有意义的(Verloop, van Driel, & Meijer, 2001)。

教师知识的来源可能多种多样，包括过去所接受的正规学校教育，即最初的学科培训和教师教育，或持续的专业培训(参阅Calderhead, 1996)，以及日常教学工作中的实践经验。从这个意义上说，教师知识并不是理论知识或学术知识的对立面。显然，在将不同来源的知识融合或整合到指导实际行动的概念框架中时，不同教师的整合程度可能存在着巨大差异。

亚历山大（Alexander）、沙勒特（Schallert）和黑尔（Hare）（1991）指出，“知识”一词大都用来表示“一个人所知道的或认为正确的所有内容，无论这些内容是否在客观上或表面上被证实是真实的”（p. 317）。这与对教师知识的研究尤为相关。本研究中反复讨论的话题是教师知识和信念之间的关系。与其他研究者类似（例如Pajares, 1992），我们认为教师的知识和信念是紧密联系在一起的，尽管信念被认为是个人的价值观、态度以及意识形态，而知识则是指一位教师通过实践经验和正规教育获得的概念（Calderhead, 1996）。教师知识是本章的重点，在本部分第41章主要综述了关于科学教师信念与态度的研究。

虽然对教师知识的研究最初是为了建立一个具有静态和规范性质（参考“教师需要的知识”，Fenstermacher, 1994）的“知识库”（Reynolds, 1989），但自20世纪80年代以来，研究重点已转向研究和鉴别教师在其教育和专业实践过程中发展的知识[1]（参考“教师拥有的知识”，Fenstermacher, 1994）。然而，随着研究方向的转变，研究者开始讨论这些研究是否应该局限于描述单个教师的知识还是应该以叙事或传记的形式描述一小群教师的知识，或者是否应该关注教师知识的一般特征。许多研究者认为研究应该尝试超越教师知识的个人层面，而不是表述教师知识的个人表现。这意味着我们应该寻找教师知识的“共同”成分，并试图发现“教师之间某些共同的和可概括的总体特征”（Brown & McIntyre, 1993, p. 19）。

这个讨论背后的问题是关于教师知识研究的目标：这项研究应该提出一套具体说明知识与实践之间直接关系的规则，并用以作为教师应遵守的规定（例如在一些教师教育项目中）吗？或者产生的知识应该被视作一种模式来源，以增强教师“实践性论证能力”（Fenstermacher, 1986），并随之促进教师行动选择吗？但是，大样本的研究并未发现对所有教师都有效的教师知识共同特征。由于教师知识的定义是基于教师个人和专业情境而提出的，因此研究背景类似（如学科、教育水平、学生年龄）的教师群体的共同知识是有意义的。

在这些讨论的背景下，李·舒尔曼（Lee Shulman）在20世纪80年代末启动了一项关于教师知识的研究项目，研究了不同学科领域的教师，旨在确定对教学至关重要的知识。重要的是，这项研究关注教师在教授特定学生群体学科内容时所知道的知识，因此研究将教师视为“知者”（Fenstermacher, 1994）。在过去的25年里，舒尔曼研究中所采用的方法在全世界范围内对科学教师知识的研究产生了极大的影响。

教师知识的模型

舒尔曼（1986, 1987）在他的两篇极具影响力的文章中描述了一个名为“用于教学的知识库”模型。这个模型的核心是一种新的教师知识类型，称为学科教学知识（Pedagogical Content Knowledge [PCK]）。PCK是“学科内容与教学法的特殊混合体，它是教师独有的一种知识领域，即教师专业知识的特殊形式”（Shulman, 1987, p. 8）。我们应注意教师作为“知者”这一思想在描述中是如何体现的。在舒尔曼的模型中，PCK包括教师的学科知识（实质性的和句法的）和一般教学知识（如关于课堂管理、教学原则和学习理论的知识）。此外，教师的专业情境知识（如学校、学生和教师群体）会影响其PCK（参见图42.1）。

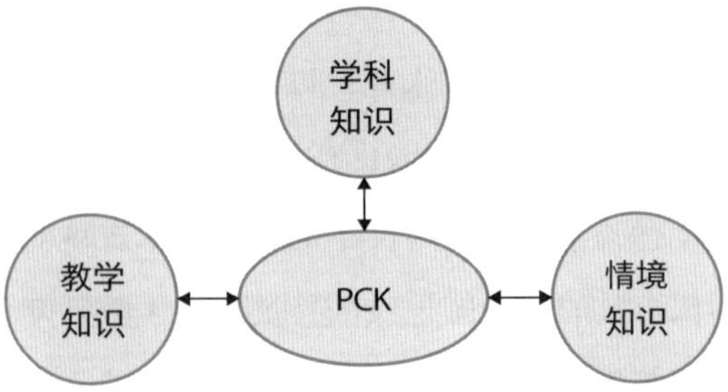

图42.1 舒尔曼的教师知识模型，其中PCK是一个独特的知识领域（来自Van Dijk & Kattman, 2007）

PCK的核心在于教师知道学生如何学习特定学科内容或主题，以及学生学习该主题时可能会遇到的困难或存在的错误概念，这些困难或错误概念与教师知道教授特定主题所采取的表征方式（如模型、隐喻）和教学活动（如解释、实验）有关。PCK的这些成分是相互关联的：教师对学生在某一主题上的学习困难了解越深入，且在教学中采取的表征方式和教学活动越多样，那么他们在该内容主题上的教学就越有效。基于这个视角，洛克伦（Loughran）及其同事将PCK定义为“一种教师用以提供教学情境的知识，这种情境能够帮助学习者理解特定的科学内容”（Loughran, Milroy, Berry, Mulhall, & Gunstone, 2001, p.289）。

基于舒尔曼的工作，不同研究者从其包含特点或整合特点的视角对PCK提出了不同的定义和概念（早期的综述可参见van Driel, Verloop, & de Vos, 1998；最新版本参见Kind, 2009a）。一些研究者将PCK描述成教学所需的几种知识的“混合体”，而另一些研究者则将PCK看作是成为一位有效教师所需的所有知识的“整合体”（参见Cochran, DeRuiter, & King, 1993）。梅森（Mason, 1999）认为PCK不是一个固定或静态的知识体，而是一种将学科知识与该学科教学相结合的能力。此外，哈什韦赫（Hashweh, 2005）提出PCK是教师在反复教授某个特定主题时所积累的大量教学方法。“学科知识教学法”这个更为宽泛的概念源自德国传统教学论，坎萨宁（Kansanen, 2009）将PCK与其进行了比较。虽然讨论德国传统教学论超出了本章的范围，但一些关于科学教师知识的研究借鉴了它的思想。例如，阿西凯宁（Asikainen）和希尔沃宁（Hirvonen）（2010）采用德国传统教学论中的分类和舒尔曼的框架，分析了有经验的芬兰物理教师对物理知识的认知，他们发现教师非常强调与日常教学实践相关的知识。从德国传统教学论视角出发，这类知识被归类为最佳教学方法的知识；而在舒尔曼的分类中，这类知识则属于教学策略与表征的范畴。

一些研究者指出，PCK与学科知识（Subject Matter Knowledge [SMK]）之间并非总是存在着明显的区别（Kind, 2009a; Marks, 1990; Tobin, Tippins, & Gallard, 1994）。然而，一些关于教师教授其不熟悉的主题的研究和一些关于职前教师教育背景的研究表明，对SMK深刻而又连贯的理解是教师发展PCK的先决条件（van Driel, Verloop, & de Vos, 1998）。同时，对职前教师的研究也阐明了教学经验是如何促进教师SMK（更深入）发展的（例如Lederman, Gess-Newsome, & Latz, 1994）。

马格努森（Magnusson）、克拉西克（Krajcik）和博尔科（Borko）（1999）提出了一个有力的实例来说明PCK是教师教授特定主题时特有而又单独的知识领域。这些研究者将PCK概念化为五种成分：（a）科学教学导向，（b）课程知识，（c）科学评价知识，（d）关于科学学习者的知识，（e）教学策略知识。2000年之后，该PCK模型对科学教师知识的研究产生了特别的影响（Friedrichsen, van Driel, & Abell, 2011）。不同的研究者使用了该模型的不同版本，如帕克（Park）和奥利弗（Oliver）（2008 a）基于实证研究在模型中增加了教师效能感这一情感成分。在后面的内容中，我们将马格努森等人提出的这个模型称为马格努森模型。

近年来，许多对舒尔曼模型进行概念化和修改的文章陆续发表。例如，教师SMK与PCK之间的复杂关系促使数学教育领域的研究者开发了用于教学数学知识（MKT）的概念模型（Ball, Thames, & Phelps, 2008）。这个模型是对舒尔曼模型的重组，尤其是重新考虑了SMK在教与学情境中的作用（见图42.2）。首先，研究者区别了SMK和PCK。对于SMK，他们将一般学科知识（定义为“在教学以外的环境中使用的数学知识和技能”[p.399]）与专门学科知识（“教学中特有的数学知识和技能”[p.400]）分开。对于PCK，他们将上文中舒尔曼的核心成分（如学生学习的知识和教学策略的知识）分别重新定义为学科与学生的知识以及学科与教学的知识。这些领域将教师对数学的了解与对学生（学生的错误概念、数学思维）和教学的认识（如选择实例、教学顺序）结合在了一起。尽管数学教学领域有几位研究者正在使用MKT模型，但就我们所知，在科学教育领域还没有文献发表过这种改编后的模型。

这里介绍了对舒尔曼模型所做的修订，以说明研究者是如何尝试对原有模型进行改进的，尤其是解决他们所发现的原有模型的局限性。研究者及其他人通常通过增加知识的类别来强调某些教师知识的重要性（如MKT模型中学科知识的特殊形式）。显然，其他的修订和拓展很容易被想象。这就产生了一个问题：修订模型的目的是什么？增加新的知识类别不可避免地会引起如下讨论：不同知识类别之间的相互关系是怎样的？不同知识类别之间的区别是什么？（如MKT模型中专门学科知识和学科与教学的知识相比有什么区别）这些不同的知识类别是否可以及如何在实证研究中进行区分？不管怎样，这类问题对于教育研究工作者来说可能是有挑战性的；对于政策制定者和管理者来说，包含不同知识类别的模型具有创建知识组成部分或职业能力素质列表的吸引力，这些列表将来可用于教师考试或认证工作。然而，这些列表越长，

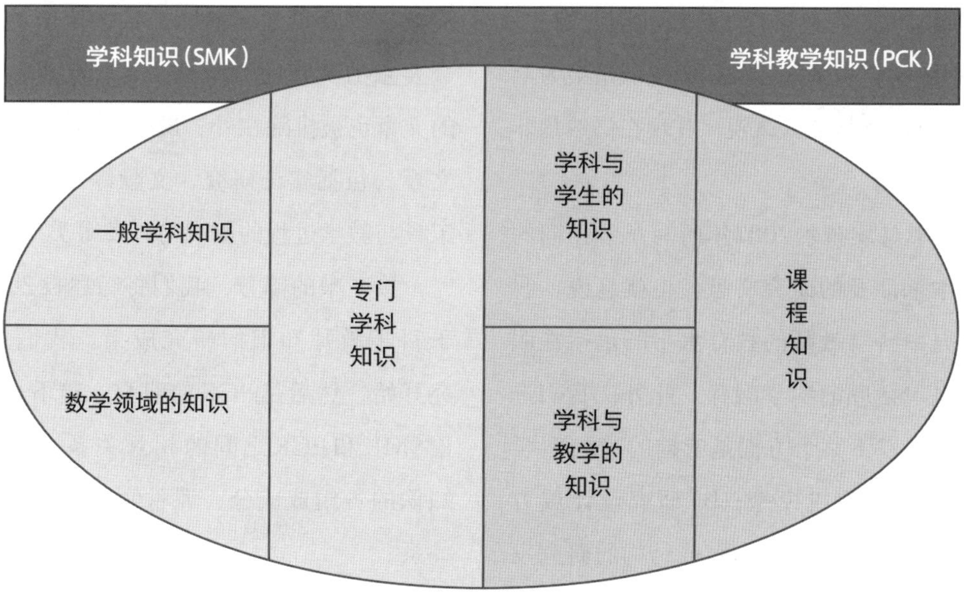

图 42.2　用于教学数学知识领域（来自Ball et al., 2008）

“勾选”的风险就越大。洛克伦和同事(2001)回应了20世纪60年代和70年代对于过程—结果研究的批评，他们认为研究者通常没有意识到教师个人专业知识库中存在的复杂关系和交互作用，也没意识到在研究PCK时应该避免将教师知识简化为对教学、学习和学科的机械性和技术性的描述。

为了这个目标，在本章中，我们选用一个简单的教师知识模型(如图42.1)。这个模型包含的知识类别对教学实践的重要性已在研究中得到了充分的证明。在接下来的综述中，我们将会着重说明科学教师的SMK、PCK以及两者之间的相互关系。有些研究中也涉及了科学教师的教学知识和情境知识，本章将会呈现这样的研究。很少有研究单纯研究科学教师的教学知识。对于那些并非专门针对科学教学知识的研究，将不在本章讨论之列。

本章的重点

本章内容替代了桑德拉·埃布尔(Sandra Abell)在本书第一版中所写的章节(Abell, 2007)。在那一章里，埃布尔对20世纪60年代到21世纪初关于科学教师知识的研究进行了广泛的历史综述。她的综述当时在科学教师知识的研究领域是最为全面的。对该领域感兴趣的人来说，其现在仍然是非常有价值的资源。

我们采用了与埃布尔2007年所写章节相同的标准来选择本章涉及的研究文献。也就是说，我们选择的研究中科学教师的教育水平既包括在职科学教师，也包括职前科学教师。此外，我们选择的研究至少在以下某个方面是有趣的：(a)科学教师知识的概念框架或模型；(b)研究设计或方法；(c)关于科学教师知识的内容或结构的研究发现，及其与教学实践的关系。考虑到教师知识、思维和信念之间的紧密联系(参见上一部分)，我们只有在将它们作为教师认知中的一个整体(在更广义的角度)进行讨论时，才会选择有关教师思维和信念的研究文献。由于研究聚焦于科学教师信念、态度或素质的研究已在第41章进行了综述，因此本章不再讨论。另外，关于科学教师知识发展的研究，除非满足以上三种观点中的一种，否则我们也不予考虑。本书中其他章节包含了教师知识发展的研究内容，而教师知识发展是教师参加职前教师教育课程(第43章)或教师专业发展(第44章)的结果。

我们用关键词组合“science(科学)”与“teacher knowledge(教师知识)”、“science(科学)”与“pedagogical content knowledge(学科教学知识)”在科学网(Web of Science)数据库中对2005年1月到2012年11月期间发表的文章进行检索，共检索到220条记录。同时，我们还在ERIC数据库、《科学教师教育期刊》和《国际科学与数学教育期刊》使用相同的关键词组合对2005年1月到2012年11月期间发表的文章进行了检索，又检索到了249条记录。在排除了关于数学和技术教师的文章，以及更适合前面提到的章节的文章后，符合要求的文章的数量减少了。此外，非英语写作的文章也被排除在外。最终，本综述共包含119篇文章，包括实证研究、文献综述、立场论文以及工具与教学过程的测试与开发等类型。

接下来的部分，我们将综述自2005年以来关于科学教师知识的研究成果。我们从SMK的研究开始，然后是PCK的研究。接下来，我们将讨论SMK和PCK之间的相互关系，最后讨论教师知识的各组成成分、课堂实践和学生成绩之间的关系。

关于科学教师知识的研究成果

关于科学教师SMK的研究

埃布尔（2007）在本书第一版创作的那一章中阐述了在一段时间内研究者已经基于不同的研究目的、用不同的方法对科学教师的SMK进行了研究。一些研究从整体或具体主题的层面描述科学教师的SMK，而另一些研究则尝试将科学教师的SMK与教师的其他特征或教学实践进行联系。在方法层面，随着时间推移，研究变得更加复杂。最初，研究者用课程的数量、课时或学科知识测验的平均绩点作为教师的SMK的指标。20世纪80年代，研究者的兴趣转向研究教师的SMK概念。而随后的数年，研究者通常更多地在情境中研究教师的SMK，如当教师教授一节课时。大多数研究关注的是小学教师的特定SMK，主要是由于这些教师的科学背景往往很有限。此外，小学教师在谈到科学学科时也常常表现出缺乏自信或存在焦虑情绪。在学科内容方面，大部分关于科学教师的SMK研究集中在物理学科，尤其是力和运动、能量、电等主题。

截至2005年，关于科学教师的SMK的研究主要结果可以简要地归纳成如下几项：

（1）教师经常表现出对科学的误解和错误概念，这与他们的学生非常相似（Wandersee, Mintzes, & Novak, 1994）。虽然对小学教师来说该研究结果并不令人惊讶，但对有经验的中学教师（如化学教师或物理教师）的研究也得出了相同的结论，这个结果无论怎样都令人担忧。好消息是，一些研究发现SMK可以通过教学实践来提高，这与成语“教学相长”是一致的。

（2）科学教师的SMK与其他的教师特征如态度、自信、自我效能感等之间没有明显的关系。关于SMK比较扎实的教师在实际教学中是否表现得更好这一问题也没有明确的答案。然而，一些关于比较不同的认证领域内外的教学研究发现SMK薄弱的教师往往严重依赖教材，在课堂上讲授多、提问少，避免开展挑战认知的活动。这使得埃布尔得出结论，“研究证据支持教师的SMK和教学之间存在正向关系”（Abell, 2007, p. 1120）。

本章内容的其他部分将主要讨论2005年后对科学教师SMK的研究，这些研究或是对之前的研究发现提出挑战，或是对之前的研究进行了更加深入的探索。

关于科学教师SMK的近期研究

自埃布尔（2007）的综述以来，又有大量关于（在职和职前）教师的SMK的研究成果发表。这些研究通常会展现教师对特定科学主题的理解，或较为薄弱的思维模式，或存在的错误概念（例如电路［Shen, Gibbons, Wiegers, & McMahon, 2007］、月相［Trundle, Atwood, & Christopher, 2006］、电离能［Taber & Tan, 2011］，力的相互作用［Kariotoglou, Spyrtou, & Tselfes, 2009］、化学平衡［Cheung, Ma, & Yang, 2009］、身体器官［Patrick & Tunnicliffe, 2010］）。其他研究报告指出，教师在正确界定概念（Galili & Lehavi, 2006）、词汇（Carrier, 2013）或科学过程（Emereole, 2009）方面的能力有限，进而得出如“SMK在最初的教师教育中仍存在问题”等结论（Waldron, Pike, Varley, Murphy, & Greenwood, 2007, p. 177）。例

如，伯贡（Burgoon）、赫德尔（Heddle）和杜兰（Duran）（2010）探究了103名美国小学科学教师对物理科学概念的理解，“目的是确定经过30年有关错误概念的研究，教师是否仍持有与学生相似的错误概念”（p.859），结果发现，毫不意外，在重力、磁力、气体和温度这些概念上，教师表达了与学生相似的错误概念。还有一个例子，莱特（Leite）、门多萨（Mendoza）和博尔塞塞（Borsese）（2007）对比了三个欧洲国家的科学教师对液态现象的解释。他们对195名意大利、葡萄牙和西班牙的在职科学教师进行了问卷调查，以收集数据。总体而言，他们发现，正确答案占比很低。这三个国家的问卷调查参与者中并不存在系统性差异。然而，教学经验似乎减少了在职教师在理解概念时所存在的一些困难。与2005年以前的研究相比，新的课程主题受到了更多关注，比如全球变暖和气候变化（例如Bozdogan, Karsli, & Sahin, 2011; Crippen, 2012; Hayhoe, Bullock, & Hayhoe, 2011; Lambert, Lindgren, & Bleicher, 2012），但结论往往是相似的。例如，教师对所研究的学科主题“存在知识缺口和特定的错误概念”（Bozdogan et al., 2011, p.218）。

该领域的许多研究聚焦于在教师教育或专业发展项目中SMK的发展情况。达努索（Danusso）、特斯塔（Testa）和维琴蒂尼（Vicentini）（2010）对约400名意大利职前科学教师进行了研究。结果表明，在学习4或5年获得学位证书后，他们对模型和建模的知识仍相当贫乏且混乱。同时，特定的有计划的干预似乎能有效帮助职前教师在很长一段时间内形成关于科学模型的正确认识。施瓦茨-布卢姆（Schwartz-Bloom）、哈尔平（Halpin）和赖特（Reiter）（2011）为美国的中学开发了一系列药理学（如药物）知识模块和一个与之配套的专业发展项目。教师的自我报告是由在某些时刻所进行的及时、定量评估的SMK所支持的，显示他们在化学和生物方面学习到了新知识。研究者认为，SMK得以长期保持应归结于教师在课堂上使用了这些知识模块，因为那些实际使用这些模块的教师获得了新知识，而未使用这些模块的教师则失去了一些最初获取的知识。帕帕耶奥尔尤（Papageorgiou）、斯塔莫夫拉斯（Stamovlasis）和约翰逊（Johnson）（2013）的研究旨在增强希腊小学教师（n = 130）关于化学变化的SMK。在对教师进行了一些特定干预后，参与者最初有限的SMK得到了显著的提升。他们还发现，教师对粒子的理解与其解释之间存在某种关系。但研究结论是，即使“目前的培训课程对教师理解化学变化非常有效……但仅凭‘一招’还不足够”（p.23）。

几位研究者调查了科学教师在参与真实研究项目时的SMK。尤其是在美国，这是一种相当普遍的科学教师专业发展形式。一些研究发现，参与者在此类项目中的经历所产生的结果有好有坏（例如Barnes, Hodge, Parker, & Koroly, 2006）。其他研究者（例如Morrison & Estes, 2007）则使用将研究科学家和“现实场景”相结合的方法，这一策略似乎能有效支持中学教师“将科学作为一个过程来教授，并帮助他们加强对科学学科的理解”（p.165）。“森林中的教师”（Teachers in the Woods）项目为科学教师提供在国家森林公园中进行生态学研究的经历，包括一个为期5周的暑期学院外加一学年的工作坊，以确保他们能将新技能迁移到课堂上。德雷斯纳（Dresner）和沃利（Worley）（2006）采访了15名该项目的参与者，结果发现，让教师参与真实的实地科学研究是一种帮助他们获得（例如关于生态学的）SMK和技能的有效方式。教师与科学家在实地工作期间建立的合作关系对教师的科学学习具有积极的影响。

科学教师SMK与其他教师变量的关系研究

一些研究探索了教师的SMK与其科学教学信心之间的关系。在一项关于专业内外教学的个案研究中，蔡尔兹(Childs)和麦克尼科尔(McNicholl)(2007)研究了SMK与信心之间的关系。研究者基本上证实了之前研究的结果(例如Sanders, Borko, & Lockard, 1993)，即在专业范围内，案例中的教师更有信心，教学也更准确和更具互动性；但在专业范围外，这位教师的解释则不够清楚，而且要求学生通过回忆事实进行学习。金德(Kind, 2009 b)调查了英国职前科学教师($n = 71$)在专业领域内外对SMK的使用来源与自信、成就感等个人特征的关系。有趣的是，她发现一些职前科学教师教授非专业课程更成功。这些职前科学教师似乎运用了更广泛的SMK来源，其中关键的一点是有经验的同事提出的建议。另一方面，在专业范围内，一些职前科学教师称，自己不具备选择适当的知识和/或策略的能力。在一项后续研究中，金德和金德(2011)以150名职前科学教师为样本，调查了他们在中学基本化学概念方面具有的错误概念情况，例如粒子理论和化学成键。不出所料，他们发现生物专业和物理专业的职前教师在这方面具有的错误概念比化学专业的多。研究者用利克特量表(Likert-scale)评估了职前科学教师的两项个人特征，一项是更倾向于作为学科“专家”还是教授所有科学学科的“通才”，另一项是教学自信心。个人特征和错误概念之间并无统计学上显著的关系，这表明，化学可以由那些非常自信但对基本化学概念理解肤浅的职前科学教师来教授。纽金特(Nugent)和同事(2012)在美国进行了一项准实验研究，以确定基于实地并注重探究的课程对职前科学教师的地球科学SMK、对待科学的态度、科学教学信心、对探究的理解和探究技能的影响。结果表明，实地条件下，职前科学教师($n = 25$)在概念知识增长、科学教学信心、对待科学的态度和探究技能方面的表现均优于对照组($n = 37$)。

各类研究都在关注教师的SMK与情感变量间的关系，如教师的自我效能感信念。布莱谢尔(Bleicher)和林德格伦(Lindgren)(2005)以美国职前小学教师为样本($n = 49$)进行了一项研究，这些教师在课堂上运用建构主义方法学习科学。分析表明，参与者概念理解的提升与自我效能感和结果预期信念的增强有关。尼尔森(Nilsson)和范德里尔(van Driel)(2011)在瑞典的一个职前小学教师教育项目中将工作坊和视频研讨会相结合，旨在推动职前教师的物理知识、对待物理的态度以及小学物理教学的同步发展。参与者称，自己对物理概念的理解有所加深，但更显著的是，他们指出物理对他们来说变得更有意义，他们对物理教学的自信心也有所提高。尼瓦莱宁(Nivalainen)、阿西凯宁(Asikainen)和尼尔沃宁(Nirvonen)(2013)以32名芬兰职前科学教师为样本，研究了引导式探究实验课程的效果。在反复访谈的基础上，研究者发现，该方法帮助职前科学教师意识到自己对SMK存在错误概念且理解不足。另外，引导式探究的环境随后鼓励他们构建学科知识，并帮助他们理解在教学中开展实践活动的可能性。

另一组研究探索了科学教师的SMK与其教授某些有争议性话题所持立场之间的关系。在美国的一项研究中，内姆(Nehm)、金(Kim)和谢泼德(Sheppard)(2009；参考Nehm & Schonfeld, 2007)研究了在学校中已通过认证的生物教师和非生物教师($n = 167$)对进化论和科学本质的认识与其教授神创论这一内容时所持立场的关系。研究者发现，生物教师和非生物教师对进化论和科学本质的认识水平普遍较低，且均存在许多错误概念。此外，他们还指出，生物教师和非生物教师中持反进化论的立场的教师比例相当：两组教师中都有近一半教师主张在教学中加入神创论的内容。SMK与教学偏好的相关性较弱，且上过进化论课程的教师与没上过的教师在关于神创论的教学倾向方面并无差异。纳德尔森（Nadelson）和纳德尔森（2010）以美国在职小学教师为样本（$n = 64$）进行了另一项关于进化论教学的研究。他们发现，对教学主题的熟悉程度与教学立场之间存在关联。尤其是，一些参与者觉得自己没有准备好或没有责任教授进化论的内容。阿克约尔（Akyol）和同事（2012）也关注了进化论这一话题，他们在一项以415名土耳其职前科学教师为样本的研究中发现，教师对进化论的理解程度越高，其接受程度就越高，教授进化论的自我效能感也越强。奥兹登（Özden）和同事（2008）调查了土耳其职前教师（$n = 371$）对化学激素使用（该话题在现代生物技术领域颇具争议）的态度和知识情况。他们发现，职前教师的学科知识有限，并指出“就日常生活中的化学激素使用而言，积极态度不足”（p. 3898），这一点在男性职前科学教师中尤其明显。

小结

最近很多关于科学教师的SMK的研究都遵循了埃布尔（2007, p. 1133）提出的“正常科学”模式。虽然在某些情况下研究教师的SMK可能很重要，我们并未从学术共同体的更多研究中获得足够证据，来证实参与调查的教师对所关注的科学主题的知识理解不足或存在错误概念。研究科学教师的SMK与其他变量的关系的研究往往更有趣。这些研究大多试图将SMK（通过内容测验或教师的自我报告进行测量）与情感变量相联系，如态度（例如对教学的偏好）、信心或自我效能感（通常通过问卷进行测量）。无论如何，与埃布尔的综述相比，这些研究更清楚地揭示了SMK和这些情感变量间的关系。一些研究（例如Kind & Kind, 2011; Nehm et al., 2009）证明这些关系并不那么直接，可能取决于研究的具体情境或所涉及的主题（例如进化）。但是，针对教学情境下SMK的发展而进行的研究则相对较少（参阅Abell, 2007, p. 1134）。基本上，这里综述的研究似乎证实，教师的SMK会随教学经验的增加而增加，且更高水平的SMK通常与更自信、更互动和更冒险的教学方式有关。但这些并不是新的发现。接下来，我们会先对科学教师的PCK进行研究，然后再考虑联系SMK及其发展到PCK和教学实践的研究。

关于科学教师PCK的研究

埃布尔（2007）在她的综述中提到，相比于对教师科学SMK的研究，对PCK的研究仍处于非常初级的阶段。她根据马格努森模型的五个成分，对PCK进行了分析研究。从每一个成分来分析，主要研究发现可简要概括如下：

（1）**科学教学导向**：与一般的PCK研究相似，该领域的研究特点是研究内容不够明确。这似乎是由几个因素导致的，包括：鲜有研究明确地关注导向的概念、不同研究者持不同的理论观点，以及采用新术语（例如“功能范式”“教学方法”“价值定位”）而非现有术语。虽然如此，仍有一些关于导向的研究结论：（i）导向会影响教师的学习与实践，尽管这种影响似乎是间接的；（ii）与前人的研究结果相比，教学导向并不够连贯，而更多地基于具体情境；（iii）尽管教师有很多用以指导实践的导向，但他们的教学策略却要少得多；(iv) 教学导向可以改变(Abell, 2007, p. 1126)。由此，埃布尔得出结论，“要了解用以指导科学教师制定并实施教学计划的框架，还需展开更多工作”(p. 1126)。

(2) **关于科学学习者的知识**：该领域的研究侧重教师对学生科学学习的了解，同时就教师对学生科学知识的了解进行了研究，包括描述性研究和基于教学情境的研究。埃布尔(2007)将该领域的研究工作总结为“所提出的研究问题缺乏连贯性……总体而言，教师似乎缺乏对学生科学知识的了解，但这种了解会随教学经验的积累而得到改善”(p. 1128)。

(3) **科学课程知识**：这一成分包括教师对教学目标，以及具体教学项目和资源的了解。由于鲜有研究专门关注这一成分，埃布尔认为，对于科学教师对科学课程的材料选择、设计和分析，我们知之甚少。这似乎令人感到惊讶，而且是有问题的，尤其在课程改革的背景下。

(4) **科学教学策略知识**：这一成分包括关于教师在特定学科和特定主题的教学方法及策略方面的知识。这方面的研究表明，教师教学策略的知识与其SMK和对学习者的了解情况都有关，但也需要教师对所用策略有更详细的了解。对教师教学策略知识发展的研究表明，就SMK和PCK的相互作用，以及教学经验和教学情境的影响而言，科学教学具有复杂性。

(5) **科学评价知识**：这一成分包括被评价的内容和教师的评价方法。研究结果表明，教师如何进行评价以及选择哪些内容进行评价似乎受其信念和价值观的影响，且通常情况下，教师的评价目标与实际评价相互矛盾。但埃布尔却总结认为，尚需对这一领域进行更多研究，方可更好地了解科学教师的科学评价知识，以及教师如何将知识应用于科学评价的实践之中。

近年来，已有多部关于科学教师PCK的综述研究出版。《国际科学教育期刊》的一期特刊中刊登了五大洲的六项实证研究报告。该刊开篇的编者按中引述了对李·舒尔曼的采访，反思了PCK的起源(Berry, Loughran, & van Driel, 2008)；在末篇中，桑德拉·埃布尔对20年来PCK的研究进行了反思(Abell, 2008)。施奈德(Schneider)和普拉斯曼(Plasman)(2011)以学习进阶思想为整体框架，回顾了1986年至2010年有关科学教师PCK的研究，以探索科学教师知识可能的进阶顺序。他们认为，教师在认识教学之前，先应理解学生的学习，这对教师很有帮助。他们强调在PCK发展过程中反思的重要性。在最近出版的一本关于科学教师PCK发展的手册中，钦(Chinn, 2012)重点介绍了教师教育项目。这些项目强调教师应在学习者共同体、文化和经历等具体情境中发展其PCK，并提出了涵盖全民科学素养、公平和可持续社会生态系统的目标。金德(2009 a)对科学教师PCK的研究进行了广泛回顾，探讨了几种PCK模型、职前和在职科学教师PCK的实证研究结果、PCK在实践中的发展，以及获得PCK的方法。他特别关注SMK与PCK的关系，认为“尚不清楚SMK是否属于PCK”(Kind, 2009 a, p. 192)，并指出教师在学校教育训练中习得的SMK不同于“学校 – SMK”(参见Deng, 2007)。

在构思本综述时，我们首先讨论那些针对马格努森模型的一个(或多个)成分的研究。接下来，再讨论某一新兴研究领域中有关PCK成分的研究。

聚焦PCK成分的近期研究

埃布尔(2007)认为，科学教学导向是“一个混乱的概念”(p.1126)，需对该领域进行更多研究。基于此，弗里德里希森(Friedrichsen)和同事(2011)回顾了关于科学教学导向的研究文献，追溯至20世纪80年代相关研究的起源。他们指出了关于研究中运用科学教学导向的方式方面存在的几个问题。首先，研究者使用这一概念的方式不同或不明确。一些研究者(例如Park & Oliver, 2008a; Schwarz & Gwekwerere, 2007)采用了安德森(Anderson)和史密斯(Smith)(1987)的观点，从关于科学和教学的总体观点或信念的角度(例如说教式或活动驱动式)来解释科学教学导向；而其他人则使用了马格努森和同事(1999)的解释，认为科学教学导向就是教师对科学教学目标的认识(例如Cohen & Yarden, 2009)。其次，许多研究将科学教学导向作为一个与其他PCK成分无关的孤立概念(例如Avraamidou & Zembal-Saul, 2005; Volkmann & Zgagacz, 2004)。而在马格努森模型中，教学导向是一个统摄性的概念，塑造了PCK的各个成分。第三，由于马格努森和同事(1999)列出了九种可能的教学导向，一些研究者选择给教师贴上仅持其中一种导向的标签(Schwarz & Gwekwerere, 2007)，或者把列表中的教学导向缩减至两种或三种(Käpylä, Heikkinen, & Asunta, 2009; Roehrig & Luft, 2006)。但其他研究者则认为教师可持有几种不同的教学导向(Volkmann & Zgagacz, 2004)。通过回顾研究，弗里德里希森和同事(2011)建议，该领域的未来研究应关注科学教学导向与其他知识成分的关系，尤其“需关注科学教学导向是如何影响科学教师获得或发展其PCK的”(p.373)。

本节其余部分主要分析有关科学教师PCK的个体研究。一些研究者使用了马格努森模型，但忽略了科学教学导向，而专注于PCK其他成分中的一项或几项，如教学策略知识(例如引入粒子理论；Boz & Boz, 2008)、评价知识(例如调查科学教师进行评价的工具和原因；Siegel & Wissehr, 2011)、关于科学学习者的知识(例如教师运用了行动研究法；Kang, 2007；或研究者要求职前科学教师通过视频分析儿童的想法；Harlow, Swanson, & Otero, 2012)。帕克和奥利弗(2009)研究了关于科学学习者的知识和教学策略知识这两个部分，调查了科学教师如何将其关于资优学生的知识转化为科学教学策略。

有几项研究关注教师对学生有关特定科学主题的知识的了解情况。例如，凯尔纳(Kellner)和同事(2011)调查了瑞典新手职前科学教师($n = 32$)对初中学生在四个科学和数学主题(植物生长、气体、方程、热量和温度)上的学习困难的了解情况。虽然这些职前科学教师称此前并不了解学生的具体学习困难，但研究表明，总体而言，他们能发现许多早期研究中描述过的学生困难。明确概念的范围似乎有助于促进职前科学教师的知识发展。在一项关于酸碱化学教学的研究中，德雷克斯勒(Drechsler)和范德里尔(2008)调查了有经验的瑞典化学教师($n = 9$)对学生在这一领域学习困难的了解情况。他们利用真实的学生作业(例如学生对测验问题的回答)对教师进行访谈，从而调查教师的了解情况。所有教师都至少能够发现学生的一些前概念和学习问题，特别是学生会混淆不同的酸碱模型，也会混淆宏观现象与微观反应。研究者将受试的教师样本分为两组：一组教师更了解学生的学习困难，且在教学计划中通过使用不同的酸碱模型，明确上述难题；另一组教师则不关注学生的学习，认为只要在教学中区分宏观现象和微观反应即可。

小结

在过去数年里，对科学教师PCK具体成分的研究不断增加。这些研究大多关注教师的科学教学导向和学生学习的知识。总体结论与埃布尔（2007）的结论相似，例如，科学教师往往不够了解学生是如何理解和学习科学内容的。但教学经验有助于增强教师对学生科学学习困难的了解。此外，对教师教育项目的具体干预可能是有效的（Kellner et al., 2011）。另一个结论是，此类研究通常未在教学实践的情境下研究PCK，尽管有些研究利用实践来引出教师PCK的成分（例如Drechsler & van Driel, 2008）。

试图将某些PCK成分相联系的PCK研究

虽然上述研究侧重PCK的某一成分，但还有一种正在发展的研究思路从更整体的角度出发，研究不同PCK成分之间的关系，以及这些成分如何为科学教师的实践进行整合、如何在相关实践中实现整合。这类研究的思路是，理解不同PCK成分相整合的本质，将有助于理解PCK的发展过程。有些关于PCK的研究试图从更整合或整体的角度来探讨PCK，接下来的一部分内容将对这些研究进行总结。此类研究主要包括两类：一类研究尝试“如实”记录科学教师的PCK，另一类则通过特定干预来研究科学教师的PCK发展。

利用马格努森模型研究科学教师“实际的”PCK

下面的例子是从马格努森模型的视角研究科学教师在特定时间点的PCK，或者说“实际的”学科教学知识。研究对象包括职前、在职和大学科学教师。

帕克和陈（Chen）（2012）以有经验的科学教师作为研究对象，试图了解不同PCK成分相互作用的本质，以及它们是如何整合到PCK中，进而指导教师实践的。他们调查了同一所美国高中的四名教师的PCK，四名教师使用的教材相同，教学主题为光合作用和遗传。研究者构建了每名教师关于每个主题的PCK图谱，以展示不同PCK成分的相互联系，以及这些联系的相对强弱程度。通过对图谱及联系模式的分析，研究者得出了PCK成分相整合的五个特征：

> （a）各成分整合具有特质性，且基于特定主题；（b）关于学生理解的知识与关于教学策略和表征的知识是整合的关键所在；（c）关于科学课程的知识和关于科学学习评价的知识与其他成分的联系最弱；（d）与其他成分相比，关于科学学习评价的知识与关于学生理解的知识以及关于教学策略和表征的知识的联系更强；（e）由于科学教学时的说教导向，使得教学策略和表征的知识无法与其他成分相联系。
>
> （Park & Chen, 2012, p. 930）

总体而言，该研究强调了PCK的质量取决于各成分的连贯性以及单个成分的强度，还展示了利用PCK图谱使PCK外显化的方法。

在对五名有经验的荷兰大学量子化学专业的教师进行的研究中，帕迪利亚（Padilla）和范德里尔（2011）也探讨了PCK各成分的关系。研究发现，一些成分之间存在关联，尤其是特定科学教学导向与教学策略知识之间，以及教师关于学生学习的知识与课程知识之间。结果还显示，虽然教师持有该主题下的不同PCK图谱，但也存在一些相似之处(例如，在该主题的教学中，哪些知识点是重要的，哪些是不重要的)。最后，研究者还发现，这些教师构建的PCK差异巨大。卡亚(Kaya, 2009)在一项研究中也有类似发现，他以臭氧层为主题，研究了土耳其职前科学教师的PCK各成分(不包括科学教学导向)间的关系。结果发现，关于学生学习的知识、课程知识和教学策略知识之间存在相关性，但评价知识与其他成分之间的相关性很低。

最后再举一个研究PCK各成分相互关系的例子。弗里德里希森和同事(2009)研究了教学经验对职前科学教师有关遗传变异这一主题PCK发展的影响。研究者构建了受试职前科学教师(他们加入了美国的一个替代性教学证书项目)的PCK档案，将两名有两年教学经验的职前科学教师和两名没有教学经验的职前科学教师进行对比。研究发现，教学经验对参与者教授这一主题时所用的PCK影响不大。两组教师都运用了一般教学知识，且关于该主题的PCK都非常薄弱。教学导向会限制参与者有关学生、教学策略、课程和评价方面的知识。研究者断言，若没有教师教育，教学经验似乎并不会促进PCK的发展。但教学经验似乎的确能促进PCK各成分的整合。

利用其他概念框架研究科学教师“实际的”PCK

一些研究者利用自己开发的概念框架而非马格努森模型来记录教师的PCK。例如，洛克伦和同事(2004)以一种独特的模型表征科学教师的PCK，模型主要包含两部分：内容表征(CoRes)和教学与专业经验汇编(PaP-eRs)。CoRes是由问题构成的框架，这些问题与舒尔曼知识库中某些成分有关，特别是教师对那些能够展示和塑造教学内容的特定方面的理解。PaP-eRs则是简短叙述，用以了解教师教授科学内容某一特定方面时的教学推理和判断。这两种表征方法同时运用，可以描述教师有关特定科学主题的PCK。这些研究者与经验丰富的澳大利亚科学教师合作，共同研究澳大利亚高中普遍教授的科学主题，从而开发出了CoRes和PaP-eRs(Loughran, Berry, & Mulhall, 2012)。研究结果表明，教师对同一主题的PCK存在个体差异。但与此同时，在确定特定主题的教学重点、学习者遇到的具体困难以及教师所采取的教学方法等方面，亦存在共性。

一些研究者已在研究中使用了CoRes和PaP-eRs工具(例如Davidowitz & Rollnick, 2011)。帕迪利亚和同事(2008)将CoRes的开发与概念框架模型的应用相结合，基于“物质的量”这一主题，研究了四名墨西哥的大学化学教授的PCK的本质与结构。研究者为四名教授分别建立了“概念框架”模型，从而基于他们对该主题的特定思考方式来描述其PCK的特征。该研究揭示了四名教授对教学的两种思考框架，一种是经验主义框架，另一种是形式理性主义框架。研究者指出，这种二分法反映了化学学科的一个历史分期。宾德纳格尔(Bindernagel)和埃克斯(Eilks)(2009)开发了一种与CoRes类似的工具，称为“路线图”(Roadmaps)，用以描述28名德国化学教师有关亚微观模型这一主题的PCK。“路线图”可以展示教师在培养学生对这一主题的理解时所选择的各种路径。研究发现，基于教师对课程目标和学生学习困难的推理，以及教师对该主题的不同教学导向，存在一系列不同的教学路径。

小结

这些试图理解科学教师“实际的”PCK的研究，代表了一种不断发展的研究思路。由于这方面的研究尚处于发展初期，大多数研究都是描述性，而非解释性的。除了其他研究成果，这些研究还强调，即便SMK相似，教授的内容也相同，经验丰富的教师对同一主题的PCK也是千差万别的。大体来看，这些研究可分为两类：一类通过马格努森视角展示教师的PCK，另一类试图构建自己的PCK表征方式。前一类研究提供了一些证据，表明PCK的某些成分（例如关于学生学习的知识和教学策略知识）之间存在关联，且不同成分之间的联系强弱程度各不相同。这类研究中出现了一个令人担忧可能也令人惊讶的情况：考虑到评价在指导教学中通常发挥的作用，教师的评价知识与其他知识成分的整合相对有限。此外，这类研究还表明，教师的科学教学导向似乎会影响他们的教学策略选择。后一类研究能够很好地对PCK进行整体性描述，解释了个体教师的PCK的复杂性，且明确了在教授特定内容时教师PCK存在的共性。

在职科学教师PCK随时间发展的研究

以下研究涉及在职科学教师，关注其PCK随时间的发展过程。特别是，这些研究试图揭示PCK各成分之间，及其与其他知识成分的相互作用和整合。

一些研究关注在职中学教师的PCK在课程改革等外部变化背景下的发展。例如，亨泽（Henze）、范德里尔和威鲁普（Verloop）（2008）花了三年时间研究9名在职科学教师，在此期间，荷兰实施了新的教学大纲。在这一背景下，研究者旨在确定教师关于某一特定主题（太阳系模型和宇宙模型）的PCK的内容与结构。他们通过分析马格努森模型中四个不同PCK成分的相互关系：教学策略知识、关于学生理解的知识、关于学生评价知识、关于课程主题的目标知识，进而描述PCK的发展。从数据分析来看，存在两种不同性质的PCK。A类知识侧重模型内容，B类知识则关注模型内容、模型制作以及对模型本质的思考。结果还表明，这两类PCK的发展性质有所不同。A类PCK的发展与教师有限的SMK以及他们对模型和建模的实证主义认识有关。而B类教师的PCK发展则与教师更全面的SMK以及他们对科学模型和建模所持的相对主义观点有关。

科恩（Cohen）和亚登（Yarden）（2009）在课程改革背景下对有经验的科学教师进行了另一项研究。在新的教学大纲颁布后，他们调查了六名以色列初中科技教师关于细胞及宏微观关系的PCK。该研究的参与者是有经验的教师，此前他们已参与了与新教学大纲相关的长期专业发展项目。在这项研究中，研究者确定了影响PCK发展的两种因素：内部因素（来自教师）和外部因素（来自教育系统）。此外，研究者还发现，这些教师的PCK既有个性，又有共性（参阅Loughran et al., 2012）。在另一项课程改革背景下的PCK研究中，科恩德斯（Coenders）和同事（2010）研究了三名荷兰在职化学教师对课程材料的设计和使用情况。研究者发现，在开发新材料并将其用于教学的过程中，每位教师都在马格努森模型所包含的五个方面上有所收获。

除了课程改革，教师资格认证亦可促进PCK的发展。帕克和奥利弗（2008b）在美国国家教学认证委员会（National Board Certification [NBC]）的认证过程中，调查了美国同一所高中的三名化学教师的PCK发展。他们发现，NBC的认证过程“不仅促使教师补充这一（马格努森）模型中的五种知识成分，还能使他们以之前未曾用过的方式对这些知识加以整合”(Park & Oliver, 2008b, p.828)。促进不同知识成分整合的一个重要因素是，NBC要求教师分析并阐释其教学决策与行动。

其他研究关注的是PCK在专业发展项目中的发展情况。福尔克(Falk, 2012)以电和电路这一主题的科学专业发展项目为研究情境，调查了一组美国四年级小学教师在对学生的作业“进行协作形成性评价时，如何使用和构建PCK的不同成分”(p.269)。教师在参与专业发展项目的同时教授本单元课程，而且在专业发展项目的每节课上，他们都要带来一些专门选择的学生作业为样本进行集体讨论。研究结果既证明PCK是教师开展形成性评价实践的资源，也为相互作用提供了实证支持，即“教师参与形成性评价的同时也为其构建新的PCK创造了机会”(Falk, 2012, p.285)。但作者发现，并非所有的PCK的各个成分都通过此类相互作用方式来构建和使用。例如，教师使用了教学策略知识和当地课程知识，但并未构建这些知识。

关注小学教师PCK发展的纵向研究较少。例如，马尔霍兰(Mulholland)和华莱士(Wallace)(2005)报道了一名小学教师的科学PCK在10多年间(从职前几年到工作后的第9年)有所增长。该研究表明，对这名教师来说，虽然SMK一开始是PCK的主要成分，“但很快就被一般教学和互动知识所掩盖”(Mulholland & Wallace, 2005, p.785)。随着其他知识基础的增强，科学SMK的基础得以再次增强。这项研究强调了“知识基础的交互性，以及这些知识基础如何适用于针对特定儿童群体的科学教学”(Mulholland & Wallace, 2005, p.787)。此外，本研究还强调了课程材料作为“新SMK主要来源”的重要性(Mulholland & Wallace, 2005, p.787)。在另一项以一名小学教师为对象的纵向个案研究中，施奈德(Schneider, 2013)研究了课程材料作为一种资源在发展这名教师“通过探究教授科学”的PCK的过程中发挥的作用。研究发现，与材料的相互作用为教师预期、理解和指导学生的科学学习提供了重要的“教育支持”，并在支持学生参与和实现课程目标间达成了平衡，这名教师的PCK亦得以完善。

教师教育项目背景下的职前科学教师PCK的研究

在教师教育项目中，已有各种研究通过特定的工具、途径和方法来提高职前科学教师的PCK。例如，德容(de Jong)和同事(2005)以工作坊的形式让荷兰职前化学教师($n = 12$)备课并向中学生教授一系列关于粒子模型的课程。工作坊结束后，所有参与者均可描述中学生在将物质性质与构成粒子联系起来方面遇到的具体学习困难。职前科学教师也发展了其关于粒子模型的教学策略知识，但不同职前科学教师的发展变化情况不同。反思和讨论教学经验对这一发展过程至关重要。尤斯蒂(Justi)和范德里尔(2006)将一个课程系列的设计纳入一个行动研究项目中，该教师教育项目是荷兰职前中学科学教师的必修部分。他们也发现，通过短期、密集、以技巧为导向的工作坊，能实现PCK的显著增长。研究发现，反思活动(例如，撰写报告、在集体会议上分享经验)尤其能够促进这些职前教师SMK和PCK的发展。在一项类似研究中，拜尔(Beyer)和戴维斯(Davis)(2012)调查了参加一门科学方法课的美国小学职前科学教师($n = 24$)如何发展并运用自己的PCK来发现科学课程材料的优缺点，以及教师能否在制定教学计划时进行有效调整。研究者为这些职前科学教师提供了两种不同的支架：基于标准的课程材料分析方法和一套代表有效科学教学重要思想的标准。结果显示，如果有很多机会在教学计划中应用相同的标准，职前科学教师的PCK会随时间推移有明显改善。

布朗(Brown)、弗里德里希森和埃布尔(2013)也对职前科学教师的PCK发展进行了研究。在美国一个为期一年的教师教育项目中，他们以四名中学职前生物教师为研究对象，研究了马格努森模型中三种学科教学知识成分(科学教学导向、关于科学学习者的知识和教学策略知识)的发展和相互作用。研究发现，在职前项目中，随着学科教学知识和经验的增加，职前科学教师关于学习者的知识和教学策略知识这两者间的相互作用得到了进一步整合。

在科学教师教育项目中也有利用CoRes和PaP-eRs进行的研究。研究者试图促进职前科学教师的PCK发展，并使他们意识到PCK对其而言是一个有意义的概念。洛克伦、马尔霍尔和贝里(2008)将CoRes和PaP-eRs框架加以修改，用于一项职前科学教师教育项目中。在该项目中，中学职前科学教师根据大学时学习的PCK和在中学的经验形成了自己的CoRes和PaP-eRs。在澳大利亚的一个教师教育项目的最后一年期间，一位科学教师教育工作者与职前科学教师一起工作。该教师教育者将CoRes和PaP-eRs的结构框架与持续进行的反思活动相结合，以使职前科学教师意识到PCK这一概念及其对教学实践的价值。通过这种方式，职前科学教师能够更加娴熟地思考科学教学，并将相关理解概念化。休姆(Hume)和贝里(2011, 2013)、尼尔森和洛克伦(2012)也曾用改编的CoRes和PaP-eRs进行过类似研究。例如，在休姆和贝里(2013)的一项研究中，新西兰的职前化学教师与实习指导教师就所要教授的主题进行商讨，并设计了CoRes。职前科学教师根据自身教学经验以及与指导教师的持续讨论完善了CoRes。结果表明，CoRes任务增强了职前科学教师对PCK中不同成分的理解，并为职前科学教师与导师间关于化学教学的焦点对话提供了有用框架。

小结

有关科学教师PCK发展的研究开始增多。横向对比此类研究，研究者或使用马格努森模型研究PCK成分的性质变化和相互作用，或用个人的模型或表征框架来探查和描述教师PCK的变化。有关在职教师PCK发展的研究有一个共同的背景，即课程干预或改革(无论是否有相关的专业发展项目)。研究者已确定不同PCK成分的相互作用及其(至少一些成分)增长，也进一步以实证证据证明了反思在PCK发展过程中的重要性。一些研究者已指出了马格努森模型在表征PCK动态发展方面存在的局限性，例如布朗和同事(2013)。鉴于该领域的研究尚处于早期阶段，就职前科学教师如何处理PCK以及实践如何与PCK相互作用而言，目前仍研究甚少。

有关科学教师SMK、PCK与一般教学知识相互关系的研究

关于科学教育中有关PCK的研究综述，金德(2009 a)将有关PCK和SMK之间关系的研究分为三类：一类研究认为PCK和SMK是不同的知识类型，一类研究认为PCK和SMK之间并无区别，还有一类研究认为PCK和SMK之间界限模糊。金德按照上述分类讨论了许多研究，这些研究表明了SMK是如何转变成PCK的，尤其是在学习教学或是教授不熟悉主题的情况下。有趣的是，她建议：

> 无PCK储备的职前教师对发展各科学学科专业的PCK持更开放的态度。出于教学目的，教师在解释具有学术性的SMK的教学过程中，也就更容易发展专业教学外的PCK。
>
> （Kind, 2009 a, p. 191）

但金德（2009 a）的结论是“尚不清楚SMK是否属于PCK”（p. 192）。在本节中，我们将重点介绍最近有关PCK和SMK的发展及两者相互关系的研究。

首先是关于在职科学教师的研究。基施纳（Kirschner）、博罗科斯（Borowksi）和费希尔（Fischer）（2011）研究了德国物理教师（$n = 279$）的SMK、PCK和一般教学知识的相互关系。为此，他们设计了一项PCK纸笔测试，包括17个开放式问题和多项选择题，重点关注教学机制。该PCK测试的Rasch试题信度（0.80）良好。此外，他们还分别针对SMK和一般教学知识开发了测试。多维Rasch模型显示，SMK和PCK是教师知识的不同维度，尽管两者高度相关（0.66）。SMK和PCK二者与一般教学知识的相关性都非常弱（在0.1到0.4之间）。

其他研究采用了定性方法。亨泽、范德里尔和威鲁普（2007）以一组有经验的荷兰科学教师（$n = 9$）为对象，关注科学中的模型和建模这一主题，研究了SMK、PCK和一般教学知识之间的关系。他们发现，PCK和一般教学知识存在一致性关系，特别是对于那些一般教学知识受行为主义/认知主义主导的教师，他们的PCK更侧重针对科学内容的教学策略知识。另一方面，对于那些一般教学知识更具建构主义倾向的教师而言，他们的PCK更具综合性（包括关于学生学习的知识），学习目标亦更多样化。但教师关于科学模型和建模的SMK似乎与其PCK和一般教学知识无关。在两项个案研究中，罗尔尼克（Rollnick）和同事（2008）分别研究了南非在职教师有关摩尔和化学平衡的PCK与其SMK和教学情境之间的关系。研究结论是，SMK是四个“基本教学知识领域”（SMK、关于学生的知识、教学情境知识、一般教学知识）之一（Rollnick et al., 2008, p. 1380）。PCK被认为是“这些领域知识的混合体，若将这些知识加以结合，便会在课堂教学中产生明显的效果，即所谓‘表现’”（Rollnick et al., 2008, p. 1380），例如教师表现出所用的学科知识和教学策略知识。该研究证明，即使教师的SMK相似，他们的PCK表现也可能大相径庭，特别是当教学情境不同时，更是如此。

哈拉伊（Halai, 2012）从教师参与行动研究项目的角度考查了SMK、PCK和一般教学知识的关系。哈拉伊对巴基斯坦在职科学教师在课堂上进行的20项行动研究开展了元分析，这些行动研究旨在促进他们对一个创新性科学教学策略的理解。研究结果显示，行动研究有助于促进对SMK、PCK、一般教学知识三个领域的教师知识的理解。教师对自己使用的创新策略的理论和实践有了一定的了解，并发现将SMK转换为“适合”新教学方法的PCK，是他们行动研究中最具挑战性、最有价值的部分。

几项研究调查了在职前科学教师教育背景下，SMK和PCK的发展及两者的相互关系。约翰斯顿（Johnston）和阿赫泰（Ahtee）（2006）运用物理实践活动和调查问卷的方式，在英国（$n = 98$）和芬兰（$n = 89$）的两家机构中调查了小学职前科学教师对物理学科的态度、SMK和PCK。研究发现，除非职前科学教师具备充足的SMK，否则PCK必然极少。他们主张，物理教师教育项目应尤其关注帮助职前科学教师以一种有意义、可理解的方式教授困难概念，并关注在促进理解相关知识和培养教学技能的同时培养积极的态度。类似地，乌萨克(Usak)、奥兹登和埃克斯(2011)对土耳其职前科学教师(n = 30)进行了研究，重点关注他们有关化学反应的SMK、PCK和科学教学信念。研究发现，职前科学教师的SMK存在缺陷，他们对中学阶段的化学教学信念似乎是非常传统的，且以教师为中心。显然，这些教学信念以及有限的SMK阻碍了PCK的形成。

卡亚(Kaya, 2009)通过对知识的调查(n = 216)和对职前科学教师(共3组，每组25人，在该领域分别具有高、中和低能力水平)的访谈，研究了土耳其职前科学教师关于臭氧层损耗的PCK。访谈提纲的结构是依据马格努森模型的PCK成分(不包括科学教学导向)来设计的。研究发现，SMK与各PCK成分间存在中等到很强程度的关联性(在0.32到0.77之间)。但是，评价知识与其他三个PCK成分并不相关。研究结论是，“对具备充足SMK的职前科学教师而言，有更合适的一般教学知识；对SMK薄弱者而言，有更幼稚的一般教学知识”(Kaya, 2009, p. 979)。卡普利亚(Käplyä)、海基宁(Heikkinen)和亚松塔(Asunta)(2009)研究了SMK的数量和质量对PCK的影响。他们选择光合作用和植物生长这一主题，通过问卷、备课任务和访谈法收集数据，对比了芬兰的十名小学职前科学教师和十名中学职前科学教师。结果显示，小学职前科学教师似乎没有意识到学生在概念理解上的困难，在选择最重要的内容时也存在问题。而中学职前科学教师的SMK则要丰富得多，这对他们的PCK有积极影响，进而促进有效教学。但这两组教师都对适当的实验和演示活动知之甚少，这就限制了其PCK的发展。研究者指出，在教师教育项目中应明确教授的PCK。

其他研究报告称，在一个教师教育项目中同时发展PCK和SMK，会取得更大的成功。尼尔森(2008)研究了瑞典的职前科学教师(n = 4)，这些教师有一年多教授9—11岁学生的物理课程的经验。该研究认为PCK发展具有复杂性，发展过程是一个建立在职前科学教师现有SMK和一般教学知识基础上的转型过程。在这一发展过程中，教学经验和当众反思至关重要。戴维斯和佩蒂什(Petish)(2005)研究了美国的两对小学职前科学教师，重点关注他们的SMK和PCK(尤其是教学策略知识)之间的关系。作者强调，要通过实际的知识运用来协调SMK和PCK的发展。尼尔森和戴维斯(2012)在他们的方法课程中加入了一个单元，以帮助职前科学教师评价小学生制作的科学模型。为了有效评价学生的科学模型，小学职前科学教师需要学习与模型相关的SMK，以及有关科学模型和建模实践的知识(包括相关模型评价标准的知识)。在适当的支持下，该项目成功地发展了这些与建模相关的知识，也增强了职前科学教师在该领域的自我效能感。此外，职前科学教师能采用基于标准的方法来评价学生的科学模型，这表明教师获得了关于科学建模的PCK。斯佩兰迪奥-米内奥(Sperandeo-Mineo)、法齐奥(Fazio)和塔兰蒂诺(Tarantino)(2006)在对意大利职前科学教师(n = 28)的研究中指出教师的SMK有所增加，这反而帮助教师“构建适当的PCK”(p. 260)。

小结

这些研究进一步证明，PCK和SMK是教师知识的不同类别，可通过经验加以区分(参阅Baumert et al., 2010)。通常，SMK被持续视为PCK发展的来源或基础，这表明，扎实的SMK是形成PCK的必要但不充分的条件。例如，安德森和克拉克(Clark)(2012)总结，PCK是在其他知识领域(尤其是SMK)的基础上发展起来的。然而一旦形成，它本身就成了教师可以利用的一大知识领域。而桑德斯(Sanders)、博尔科和洛卡德(Lockard)(1993)早前的一项研究表明，经验丰富的科学教师在教授自己认证领域之外的主题时，可以快速学习新内容，并根据自己的一般教学知识进一步掌握足够的特定内容的教学策略。其中一般教学知识能够保证课堂教学的顺利进展。这一发现似乎与金德的观点相一致，即当教师在进行其专业外的教学，以及出于教育需要来理解学术性的SMK时，PCK可能更容易得到发展(Kind, 2009b, p.191)。这表明，PCK的发展不必“等待”SMK的发展。事实上，两者可以同时发展。遗憾的是，近期的研究并未关注科学教师的SMK、PCK和一般教学知识间的这种特殊的相互作用。因此，科学教师知识的各个成分是通过何种机制相互影响的，这一问题的答案仍不明晰。

对科学教师知识与学生学习知识间联系的研究

埃布尔(2007)在本书上一版所著的章节中有如下总结：

> 对SMK和PCK的研究主要都停留在描述层面……研究科学教师知识的最终目的不仅是理解教师知识，还必须提高实践水平，从而改善学生的学习情况。
>
> (p.1134)

五年后，费希尔、博罗夫斯基(Borowski)和特普纳(Tepner)(2012)在他们的章节中总结道，“大多数关于学科的知识和PCK的研究……仍停留在描述水平”(p.443)。他们还主张在研究中将科学教师的知识与课堂互动及学生的学业成就相关联。此类研究已在数学教育领域进行(例如Baumert et al., 2010; Hill, Rowan, & Ball, 2005)，也开始出现在科学教育领域。

一些研究探讨了在专业发展项目背景下，科学教师知识与学生学习的关系。坎特(Kanter)和康斯坦托普洛斯(Konstantopoulos)(2010)在一项研究中对教师授课进行了录像，试图将教师知识的各方面与学生变量(即学业成就和对待科学的态度)相联系。在该研究中，研究对象($n = 9$)参加的专业发展项目旨在为美国的少数族裔学生提供项目式科学课程。研究发现，教师的SMK和PCK的增加与学生的成绩显著相关，但与学生的态度无关。罗思(Roth)和同事(2011)开发了一个基于视频的专业发展项目，旨在促进小学高年级教师和学生的学习。他们发现，通过该项目，教师有关学生想法的SMK和PCK有所增加(通过分析教师对科学课堂教学录像的评论)，而这与教学实践的变化以及学生的学业成就的进步显著相关。这两项研究都将教师对录像(自己或他人的授课录像)的分析转化为分数，从而能够通过统计分析来评估PCK(例如PCK与学生学习的关系)。

加德纳(Gardner)和格斯-纽瑟姆(Gess-Newsome)(2011)正在美国开展一项研究，他们开发了一个用于探查生物教师PCK的量规。研究的最终目的是探讨教师PCK、SMK和一般教学知识的相互关系，以及这三者与教学实践及学生学习的关系。该研究使用“改革后教学观察提纲”(Reformed Teaching Observation Protocol [RTOP]; Sawada et al., 2002)对教学实践和一般教学知识进行评分，用生物学科测验来评估教师的SMK和学生的学业成就。通过运用这些工具，格斯-纽瑟姆和同事(2011)报告了针对中学生物教师（$n = 35$）的研究结果，这些教师参与了一个为期两年的项目。在该项目中，他们选择并运用变革性专业发展所支持的教育课程材料。整个项目进行了2到5次的数据收集。数据分析得到了几个有趣的结果。首先，验证性因素分析证明了PCK的双成分模型，包括PCK中的内容知识和教学知识。其次，所有的教师知识和实践变量均因研究中施加的干预而显著增加。学生的成绩在整个学年也都有显著提高。然后，他们对PCK中的内容知识和SMK的相互关系进行了研究，发现两者相关性较强（0.67），与前述基施纳等人（2011）的研究结果非常相似。多元回归分析表明，只有PCK的学科知识和一般教学知识与教学实践相关：在这些知识类型上得分越高的教师进行的探究性教学实践也越多。通过多层线性模型分析学生学习与教师变量之间的关系，结果发现，只有教师的SMK能解释学生成绩中的绝大部分变量。但从统计学上看，其他知识类型和教学实践都与学生的学习效果无关。而这一结果与鲍默特（Baumert）及其同事（2010）在数学教育研究中的结果形成了对比。他们认为教师知识（尤其是PCK）的不同定义，以及测试PCK的方法不同（评价量表或纸笔测试）导致了研究结果的差异。此外，情境特征（例如可用的时间或材料）可能模糊了教师变量和学生成就之间的关系（参阅归因错误；Kennedy, 2010）。

阿朗佐（Alonzo）、科巴格（Kobarg）和塞德尔（Seidel）（2012）分析了两名德国物理教师讲授光学内容的录像课，以研究教师如何在与学生的互动中使用学科知识。录像课中的学生接受了关于光学知识和兴趣的前后测。结果显示，其中一个班级的知识增长更为显著。研究者确定了两名教师使用学科知识的三种不同方式：灵活使用学科知识，这与了解学生学习困难有关；充分使用学科知识，这与教师对教学表现的了解有关；以学习者为中心，这表明上述两个成分的相互作用。考虑到研究存在从教师行为推断教师知识的问题，研究给出的三种方式无法确保覆盖教师PCK的所有成分，但可能与其核心成分有关。安德森和克拉克（2012）也对教师知识和学生学习的相互关系进行了深入研究。在一项对新西兰小学教师及其班级进行的纵向个案研究中，研究者描述了教师在计划并教授一个科学调查单元的过程中，其SMK和PCK（关于科学本质的）在句法方面的性质与发展。对学生学习的分析表明，教师在句法方面的PCK是有效的，因为通过反复练习，教师最明确强调的概念和过程是学生最常注意到的部分。对这些经验的有效性进行反思，似乎可以提高教师的PCK。研究证明：PCK是在其他知识领域（尤其是SMK）的基础上发展起来的，但一旦形成，它本身就成为了教师可运用的一大知识领域。

小结

将科学教师知识与学生学习相关联的研究仍处于起步阶段。这些研究大多采用了统计学的方法：对教师知识进行某种方式的量化，且与学生变量相联系，例如学生的学业成就或兴趣。到目前为止，这些研究似乎有一个共同的发现，即教师SMK的增长（某种干预的结果）与学生科学知识的增长相伴而行。类似的方法通常被用于测查教师和学生对学科内容的理解，这至少可以解释这两个变量的某些相关性。但就PCK和教学实践而言，这些研究的结果是混杂的。这些研究使用了不同的方法来调查科学教师的PCK，例如分析教师对教学录像的评论（Roth et al., 2011），基于教师（口头和书面）反思制定评价量表（Gardner & Gess-Newsome, 2011），或在教学过程中就教师对学科内容的使用进行评分(Alonzo et al., 2012)。显然，这些方法与测量教师SMK时所使用的那些或多或少标准化的内容测试大不相同。此外，尚不清楚所考虑的PCK是否与SMK测量的核心主题相同。正如格斯-纽瑟姆和同事(2011)指出的，PCK的概念化及之后的研究方式会大大影响教师PCK的评分和评价方式。因此，教师的PCK与学生成绩之间可能存在很大差距，这也解释了一些研究为什么没能发现这些变量间的关系。本章“讨论”部分将详细阐述这一问题。

关于科学教师知识研究的方法论

在前面的内容中，我们对关于科学教师知识研究中运用的研究设计和工具关注甚少。但此类研究方法论问题存在相当大的争议。对于未来研究的建议中，埃布尔(2007)指出，有关科学教师SMK的研究使用的研究方法是相当一致的。但她也总结指出，在有关科学教师PCK的研究方法上，需要达成更多的共识，尤其是在理解教师如何将SMK转化为可行的课堂教学这一方面。最后，埃布尔主张，要在研究中将教师知识的不同方面相联系，并将这些知识的研究与课堂实践和学生学习相联系，这就需要更复杂的研究设计和适当的数据收集工具。在本节中，我们将探讨2005年以来有关科学教师知识的研究如何解决这些方法层面的问题，着重关注用于研究科学教师SMK和PCK的工具。

测量科学教师的SMK

过去10年有关科学教师知识的研究表明，总体上来看，“经典”的数据收集工具一直在使用，主要包括问卷、访谈和课堂观察。测量SMK最常用的工具是问卷和有效的标准化科学成就测试(例如Heller, Daehler, Wong, Shinohara, & Miratrix, 2012)。除现有的有效的问卷和成就测试外，研究者还开发了新的问卷，尤其是用于测量教师有关新课程主题的SMK。最近的一个例子是，兰伯特(Lambert)、林德格伦和布莱谢尔(2012)研究了职前和在职教师有关全球气候变化知识。例如，他们讨论了教师需要了解哪些影响气候的自然或人为因素。为了调查教师在这一领域的SMK，他们开发了全球气候变化知识(Knowledge of Global Climate Change [KGCC])这一工具，主要包括多项选择题和开放式问题。为了开发该工具，研究者还使用了结构性建模方法框架(Wilson, 2005)，该框架区分出了四个部分(结构图、题目设计、结果空间和测量模型)。海霍(Hayhoe)、布洛克和海霍(2011)也开发了一份问卷，用于测量科学教师关于气候变化的SMK。问卷中由二选一形式的选择题组成，避免了利克特量表的“正向陈述偏差”和多项选择测试中不必要的干扰选项。除了对教师在气候变化方面的SMK进行研究外，研究者也通过问卷的方式测量了教师有关空气污染(Cibik & Darcin, 2009)和化学激素使用等主题(Özden, Usak, Prokop, Turkoglu, & Bahar, 2008)的知识。特雷特(Tretter)和同事(2013)开发了物理、生命科学和地球/空间科学这些领域的教师知识评价工具，这是数学和科学教师诊断评价(Diagnostic Teacher Assessments of Mathematics and Science [DTAMS])项目的一部分工作。评价工具是问卷形式，包含多项选择题和开放式问题，旨在评价教师学科知识的深度和广度。最后一个例子，埃弗里特(Everett)、奥托(Otto)和鲁埃拉(Luera)(2009)用四种不同的数据收集工具评价了职前科学教师关于模型的知识，以检验哪种工具最适合测量职前科学教师模型知识的增长情况以及他们在课堂上对这些知识的使用情况。这四种工具包括关于模型识别的Y/N问卷、概念图、开放式问题，以及学生对科学模型的理解（Students' Understanding of Models in Science [SUMS]）问卷。似乎所有的这些工具都能测量教师SMK的增长。但研究者认为，这些工具不适用于研究职前科学教师如何在实践中运用自己的知识进行相关的模型教学，也不适用于研究如何用模型教授科学概念。

科学教师PCK的引出

与关于SMK的研究相比，关于科学教师PCK的研究中使用的工具种类更多，并且研究通常局限于"局部"语境下的教师知识。研究者通常同时使用几种不同的方法以全面地理解教师PCK的复杂性。金德（2009 a）将引出教师PCK的研究方法分为两类。第一类是探究现场PCK，这类研究聚焦教师在教室和实验室场景中如何真实地教授科学课，而不是使用"提示"，充当近似教学情境的引出性任务。这类研究可能在较长的一段时间内收集关于教师PCK的数据，而非即刻收集数据。通常，这类研究的特点是使用多种数据收集工具，例如访谈法和观察法，并通过三角测量的方法将收集到的数据整合起来。最后，许多这类研究都是小规模的，且倾向关注新任教师的PCK。第二类研究是通过开发特定提示作为引出性任务，比如为教师提供在标准化成就测试中学生的答案，或典型课堂情境中的教学片段。在下一节中，我们将讨论引出PCK的各种方法。正如我们即将看到的，大多数研究都同时使用了不同的数据收集方法，以刻画PCK的复杂性，其中一部分研究方法更侧重对现场的探究。

有些研究采用专门设计的量规，同时使用现场数据（例如课堂观察）和其他类型的数据来研究教师的PCK。例如，帕克、张（Jang）、申和容（Jung）（2011）通过使用基于教学实践观察和前/后观察访谈的量规来探查教师PCK的水平。该量规的重点是马格努森模型中在课堂情境中两个最突出的知识成分，即关于学生理解的知识以及教学策略和表征的知识。加德纳和格斯-纽瑟姆（2011）也开发了一个探查PCK的量规，该量规包括针对多种生物主题的课堂教学录像、教师访谈和教师书面反思等多种形式，用以获取单个教师PCK体系中的内容知识、教学知识和情境知识。每种知识都用数字0、1、2、3来赋分（分别对应教师知识不足、合格、良好和优秀)。这种赋值方式便于研究者确定教师PCK水平的发展状况。

洛克伦、马尔霍尔（Mulhall）和贝里（2004）等人开发出一个能整体地、综合地探查与描述PCK的独特解决方案。如前所述，他们开发出了CoRes和PaP-eRs。其中，CoRes框架是一种访谈工具，适用于访谈科学教师个体或小规模教师群体，通过提示语的引导作用来获知教师所理解的特定教学内容中的重点，并理解教师形成这一观点背后的教学推理过程。访谈结果代表着内容本身。PaP-eRs与CoRes紧密关联，可以进一步洞悉构成教师PCK的各种相互作用的成分。PaP-eRs包括多种对课堂教学的叙事表征，比如教师对某一教学情境的反思，教师详细的教学方案，或教师对学生的科学学习观所做的描述等。

其他研究则是通过科学教学中所应用到的真实资料作为探测以引出教师的PCK。例如，视频片段（Kanter & Konstantopoulos, 2010）或情景问题（例如Van Dijk, 2009）等就是应用真实资料来达到这一目的。科恩和亚登（2009）运用多种方法对教师在细胞主题的评价方面的PCK进行了探查。除了要教师分析学生对某些任务的回答之外，研究者还使用图示来展示如何教授细胞和其他知识主题的过程。教师需要选择最符合他们教学指导思想的图示。此外，教师还要对不同年级学生所不熟悉的测试问题进行讨论和分类，并剔除他们认为不合适的问题。

一些研究使用教学设计来检测教师的PCK及其发展。例如，古尔贝里（Gullberg）和同事（2008）、凯尔纳和同事（2011）、卡帕拉（Käpylä）和同事（2009）、弗里德里希森和同事（2009）的研究都采用了备课这种方法（van der Valk & Broekman, 1999）。这种研究方法假定教师第二天就要上这门课，要求他们针对一节或几节课进行教学设计。在备课时，教师不允许使用学生课本，因为课本可能会限制教师的创意。依据教师的教学设计，研究者通过访谈来引导他们展示出关于教学策略和教学评价的知识。奥林斯（Orleans, 2010）也使用了这种方法，要求职前科学教师30分钟完成教学设计。该研究安排了前测和后测，能够展示出职前科学教师关于评价和教学策略知识的发展情况。

最后，文献中开始出现探讨科学教师PCK的标准化方法。这些研究不同于现场研究法，它们旨在开发适用于大样本教师PCK的测量工具。例如，斯梅尔茨（Schmelzing）和同事（2013）开发了一种便捷的纸笔测试工具，用于测量生物教师关于心血管系统这一主题的"陈述性PCK"。该测试主要是基于文献综述和生物学科教学录像分析而开发出来的，共有15个开放式题目，分为两个部分，分别为：关于学生学习和学生概念方面的PCK，以及关于教学策略与表征方面的PCK。在分析该工具的效度时，研究表明在职生物教师的PCK得分比职前教师和生物学家的都高。同样是在德国，于特纳（Jüttner）和诺伊豪斯（Neuhaus）（2012）开发了一个类似的纸笔测试工具，用于测量教师对学生错误的认识及处理办法。该测试的题目是根据学生在膝跳反射这一生物学科内容的测验中的错误回答而设计的。题目分属三个知识维度，分别是陈述性知识、程序性知识和条件性知识。这些题目的效度是通过对参与测试的教师进行定性的出声思维访谈来测定的。作者得出结论，在接下来的研究中该工具的效度测定需要选择更大的教师样本，再进行详细的统计分析。

小结

从最近专门研究如何探究科学教师SMK和PCK的研究数量可以看出，测量教师知识（和信念）是科学教育研究领域中的永恒话题。对科学教师学科知识的研究主要是通过诸如问卷和成就测验等标准化测试来进行的。并且针对新课程主题，也已开发出的新问卷来测量教师的SMK。关于引出科学教师的PCK，本章节所综述的文献在方法和工具的使用上千差万别。各种各样的方法可以展示在一个方法图谱上，图谱的一端是在实践中如何教授科学课（现场），另一端是由开放式试题或多项选择题所构成的标准化笔试。前者意在探查"教学活动中的教师PCK"（Alonzo et al., 2012），而后者则是探查教师的"陈述性PCK"（Schmelzing et al., 2013）。然而，绝大部分研究中所采用的方法都或多或少与课堂教学脱节。最后，很多研究者倾向于根据已有研究，修正或改进在自己的具体研究情境中的数据收集工具。

讨论

自2007年本手册第一版出版以来，对科学教师知识的研究一直备受世界各国学者的关注。其中，很多研究是在培养新的科学教师(例如职前培训)的背景下展开的。此外，还有许多研究则是在科学教育改革背景下进行的。科学教育改革正在全球范围内进行，它通常伴随着教师专业发展项目。通常，这些研究的目的是监测在有效地教授科学课的过程中教师已知或应知的知识，并探索如何来提高科学教师的知识。有关SMK的研究，埃布尔的结论似乎依然成立："有关SMK的研究具有连贯性，部分原因是即使所采用的研究方法不同，这些研究对SMK这一术语内涵的理解却是一致的"(Abell, 2007, p.1133)。回顾近些年的研究，我们发现在致力于科学教师SMK研究的学术圈内并未出现太多新的见解。这一领域的研究似乎主要关注教师(尤其是新教师和小学教师)对科学内容的准确理解。因而，这些研究的价值似乎主要体现在政策制定者或教育工作者通过设计项目来加强特定(有抱负的)教师群体的学科知识。

就PCK而言，埃布尔(2007)说该领域研究的"连贯性差"(p.1133)，或者说甚至是"前科学性质的"(p.1134)，主要原因是学者对PCK这一术语内涵的理解不一致，进而调研方法也不一致。最近，塞特乐基(Settlage, 2013)指出，在大多数的PCK研究中所采用的知识概念都被理解为是静态的、存储在教师头脑中的东西。他认为许多研究只局限于调查或描述教师知道什么或在想什么，却没有将其与教师在课堂教学实践中实际行动联系起来，更遑论学生从中学到了什么。我们承认PCK的性质及地位仍然存有争议，但我们认为本综述已能表明近年来有关科学教师PCK的研究已经取得实质性进展。事实上，早期研究往往局限于在特定时间对少量科学教师PCK的某些方面或某些成分进行描述性研究。最新的研究出现了针对大样本的调查，还有研究致力于在师生层面上探讨PCK成分间关系，以及PCK与SMK及其他变量间的关系。此外，最近的PCK研究已开始探讨职前教师教育或教师专业发展项目中的特定干预对科学教师PCK发展的作用。我们注意到，最近的PCK研究可以大致分为两类，一类是研究教师为什么运用其选定的方法来教授特定的学科知识，以及这种教学方法是如何促进学生学习的；另一类则研究教师和学生变量之间的量化关系。前一种研究通常承认情境特征和个人经历，而这些特征和经历能够帮助教师理解学生如何学习特定内容或其为何没有学会这些内容。同时帮助教师理解如果要想促进学生对科学内容的理解和鉴赏水平，他们该做什么。这类研究中所涉及的科学教师数量通常不大，并运用了多种数据收集方法，例如教师的自我报告、源于教学实践的作品(例如学生作业和课程视频记录)等。阿朗佐和同事(2012)的研究就是这一类研究的一个很好的案例。他们将教师在科学课堂上灵活、丰富地应用内容这一表现归因为教师的PCK的核心成分。我们认为这类研究将PCK看作是"教师的知识"(Fenstermacher, 1994)。

另一方面，有些研究是通过诸如纸笔测验或量规等手段来探查教师知识的，这类研究秉持PCK是"适于教师的知识"的理念。这就是说在这样的研究中，教师知识被视作是标准化的、可测量的，能将教师划分为知识"扎实型"和知识"薄弱型"。尽管这或许是一种看待教师SMK的可靠且有用的方式，但我们认为在研究PCK时这一立场是有问题的。鉴于前面提到过的灵活性这一概念，我们认为高质量的PCK并非意味着教师知道关于某一主题尽可能多的教学策略以及学生在本主题上的所有错误概念，而是指教师知道何时运用某一特定策略来呼应学生的实际学习需要，并明白为什么某一教学方法在特定情境下可能是有用的(例如在某个特定时刻的一个特定班级的学生),但在第二天教授另外一群学生时却又不奏效了。这种知识是“教师领域所独有的,具有教师自身特殊性的专业理解形式”(Shulman, 1987, p.8)。通过一些标准化测量能够兼顾教师PCK所固有的情境属性和个人属性,但是这种知识似乎很难利用这些测试来探查。

我们使用一个非常简单的教师知识模型(例如图42.1)来汇总当前的综述。实际上,我们考查的研究主要聚焦于科学教师的SMK、PCK,或二者兼具。其中一些研究包含了科学教师的一般教学知识和情境知识,但通常都与SMK或PCK相关。我们很少看到专门针对科学教师一般教学知识或情境知识的研究。鉴于人们对SMK和PCK之间关系的持续争论,我们认为科学教育领域的新近研究无论其规模是大是小都证明SMK和PCK是两种不同类型的教师知识,它们均有其独自存在的合理性。然而,有趣的是在不同研究中,探查SMK和PCK时所采用的研究方法不同(例如标准化测试和现场测试)。有人或许会进一步认为研究方法的不同势必会导致得到不同类型的知识。另一方面,与此相反的观点则认为,之所以采用不同方法来研究SMK和PCK,是因为它们原本就是不同类别的知识。然而,该领域内几乎所有研究都从统计学角度或概念角度描述了SMK和PCK之间的关系。可是,它们之间的关系并不是直接的。尤其是有关科学教师知识发展的研究揭示了SMK和PCK之间相互作用的不同机制。似乎可以有把握地认为,如果教师在教授某一科学内容之前已经透彻地理解了该内容,那么他们就会以SMK为基础来发展他们的PCK。教师的学科知识越扎实,他们的教学自信心也就越强。可是,有证据表明这可能会阻碍教师PCK的发展。比如,教师对所教授内容理解透彻,且教学自信心满满,他们就可能会忽视许多学生学习该内容时所遇到的困难(参阅Kind & Kind, 2011)。另一方面,如果教师在教授某一内容时其SMK不够扎实,那么他们就有机会同时发展SMK和PCK。例如,这些教师在面对学生的疑问时可能会意识到自身学科知识的不足,并同时了解了学生是如何理解所学的内容的。这一情形之下,教师的一般教学知识就能为其PCK和SMK的发展提供支持。另一不争的事实是职前教师PCK的发展必然局限于他们所受的职前教育,这类教师需要在教学实践中不断积累教授具体主题的教学经验,从而持续发展其PCK。如此一来,他们可以增强对学生如何理解这些主题的认识,同时更加明确该如何做才能促进学生的学习。然而,教师要实现PCK的这种发展,教学反思是非常有必要的。教师PCK的发展或许是非正式的、自发的,但专业发展项目可以直接地促进这一发展过程。

对科学教师教育及专业发展的启示

纵观本篇综述中的研究,针对科学教师教育和专业发展项目的设计,我们可以得到如下启示。具体的策略似乎有可能进一步促进科学教师知识的发展。首要的是培训项目需要聚焦于学生对科学内容的学习。本文所综述的研究中包含如何付诸实践的各种例子。例如,无论职前的还是有经验的科学教师,他们都可以从研讨真实的学生作业(例如Heller et al., 2012)、收集自己班上学生的数据(例如Justi & van Driel, 2006)、分析课堂教学录像(最好是教师本人的,例如Kanter & Konstantopoulos, 2010)等过程中获益。其次,科学教师应该在该项目中有机会就特定科学内容进行计划和设计教学方法,并能在教学实践中至少能尝试其中的某些方法。分析现有或变革后的课程材料可能是这一策略的组成部分（参阅例如 Beyer & Davis, 2012；Schneider, 2013）。其间，来自同行、导师和指导老师的支持与协作（例如观摩彼此的课堂教学并在课后讨论）尤其有帮助（参阅例如Appleton, 2008；Hume & Berry, 2013）。在真实世界中应用科学似乎能够促进SMK和PCK的发展（参阅例如Davis & Petish, 2005；Dresner & Worley, 2006）。例如，在基于项目的方法中，教师最好将这些策略结合起来开展（合作）行动研究。

我们建议科学教师教育和专业发展项目与其关注科学教师知识的特定方面（例如评价知识或关于学生学习的知识），不如将科学教师的知识发展与其教学实践或学习如何教授科学相关联。最后，这些项目应该有助于塑造科学教学实践，从而提高学生对科学的理解和兴趣。

对将来研究的建议

我们认为本篇综述可以得出如下结论：2007年到2012年间的研究在回应科学教师知识这一不断呼吁的研究议题上取得了一定的进展。在我们看来，2007年以来，有关科学教师知识的研究解决了越来越复杂的研究问题，相应地，研究方法也变得越发复杂。尽管如此，我们依然主张在该领域内继续开展研究。我们尤其建议开展如下研究：首先，接下来的研究应更多关注SMK和PCK之间的关系，最好能与一般教学知识结合起来。该类研究需要在课堂教学的情境中探索教师是如何调用SMK并与学生进行互动的，以及教师的SMK和PCK是如何在课堂教学中受教师一般教学知识的调节而得以发展的。其次，我们提倡将科学教师知识与学生学习结合起来开展定性和定量研究。前者可以将有关主题的课堂互动（例如录像）与教师知识（例如通过刺激—回忆式访谈来引出）和学生理解（例如在观摩的课上或稍后由学生完成的某项特定作业）联系起来。此类研究将有助于我们理解某一主题的教与学的过程是如何相互影响的。

对于通过统计学方法探讨科学教师知识和学生学习之间关系的研究，可能需处理以下几个难题。首先，需要以高效的方式大规模地调查科学教师的知识，其中包括PCK。为此，我们提倡同时使用多种工具，不仅探查了教师头脑中已有的知识（SMK和“陈述性PCK”；参阅 Schmelzing et al., 2013），而且还能获知教师在课堂情境中，在不失公正地考量个体和情境两方面因素的情况下，他们是如何实现理解的。基于教师书面反思（参阅 Gardner & Gess-Newsome, 2011）的评价量规似乎有可能帮助实现这一目标。此外，考虑介导因子以避免归因误差（参阅 Kennedy, 2010），以及使教师知识的测量（尤其是PCK）同学生学习的测量二者相一致也都很关键。例如，对学生理解的测试应该同教师明确要求学生掌握的学习目标相一致。

截至目前，研究很少关注那些在促进科学教师知识发展中发挥关键作用的人员，即科学教师教育工作者和指导老师，及其专门知识。若干科学教师教育工作者已经进行了自我研究（参阅 Loughran & Berry, 2012）。例如，古德纳夫（Goodnough, 2006）以她在职前科学教师教学中所实施的问题导向学习法为对象进行了一项自我研究，她发现在这一过程中自己的多项PCK都得到了发展，这属于一项创新的结果。贝里和范德里尔（2012）以澳大利亚和荷兰的科学教师教育工作者为对象开展了一项探索性研究。研究表明，尽管这些教育工作者关注的话题相似，但他们在培养科学教师过程中促进职前科学教师知识和实践方面所采取的方法非常多样。我们期待有研究能够报告科学教师教育工作者和指导老师的专业知识，调查他们在特定的项目情境中与项目参与者的互动情况，以便能增进我们对职前科学教师和在职科学教师知识发展的理解。

致谢

感谢帕特里夏·弗里德里希森(Patricia Friedrichsen)和彼得·休森(Peter Hewson)对本章所做的审稿工作。

注释

1. 在本章的措辞上，我们选择使用“知识发展(knowledge development)”而不是“学习”。第40章和第43章的重点分别是教师作为学习者和教师学习如何教授科学。而在本章我们所使用的“知识发展”通常指的是那些对不同时间所收集到的数据进行比较并基于差异进行推断的研究。我们也考虑过使用“知识增长(knowledge growth)”或“知识变化(knowledge change)”的说法，但我们现阶段还是选定了“知识发展”，因为该术语在我们综述的文献中最为常用。

参考文献

Abell, S. (2008). Twenty years later: Does pedagogical content knowledge remain a useful idea? *International Journal of Science Education, 30*, 1405 – 1416.

Abell, S. K. (2007). Research on science teacher knowledge. In S. Abell & N. G. Lederman (Eds.), *Handbook of research on science education* (pp. 1105 – 1149). Mahwah, NJ: Lawrence Erlbaum Associates.

Akyol, G., Tekkaya, C., Sungur, S., & Traynor, A. (2012). Modeling the interrelationships among pre-service science teachers' understanding and acceptance of evolution, their views on nature of science and self-efficacy beliefs regarding teaching evolution. *Journal of Science Teacher Education, 23*, 937 – 957. doi: 10.1007/s10972-012-9296-x

Alexander, P. A., Schallert, D. L., & Hare, V. C. (1991). Coming to terms: How researchers in learning and literacy talk about knowledge. *Review of Educational Research, 61*, 315 – 343.

Alonzo, A. C., Kobarg, M., & Seidel, T. (2012). Pedagogical content knowledge as reflected in teacher–student interactions: Analysis of two video cases. *Journal of Research in Science Teaching, 49*, 1211 – 1239.

Anderson, C. W., & Smith, E. L. (1987). Teaching science. In V. Richardson-Koehler (Ed.), *Educators' handbook: A research perspective* (pp. 84 – 111). New York: Longman.

Anderson, D., & Clark, M. (2012). Development of syntactic subject matter knowledge and pedagogical content knowledge for science by a generalist elementary teacher. *Teachers and Teaching: Theory & Practice, 18*, 315 – 330. doi: 10.1080/13540602.2012.629838

Appleton, K. (2008). Developing science pedagogical content knowledge through mentoring elementary teachers. *Journal of Science Teacher Education, 19*, 523 – 545.

Asikainen, M. A., & Hirvonen, P. E. (2010). Finnish cooperating physics teachers' conceptions of physics teachers' teacher knowledge. *Journal of Science Teacher Education, 21*, 431 – 450.

Avraamidou, L., & Zembal-Saul, C. (2005). Giving priority to evidence in science teaching: A first-year elementary teacher's specialized practices and knowledge. *Journal of Research in Science Teaching, 42*, 965 – 986.

Ball, D., Thames, M. H., & Phelps, G. (2008). Content knowledge for teaching: What makes it special? *Journal of Teacher Education, 59*, 389 – 407. doi: 10.1177/0022487108324554

Barnes, M. B., Hodge, E. M., Parker, M., & Koroly, M. J. (2006). The teacher research update experience: Perceptions of practicing science, mathematics, and technology teachers. *Journal of Science Teacher Education,*

17, 243–263. doi:10.1007/s10972-006-9007-6

Baumert, J., Kunter, M., Blum, W., Brunner, M., Voss, T., Jordan, A., et al. (2010). Teachers' mathematical knowledge, cognitive activation in the classroom, and student progress. *American Educational Research Journal, 47*, 133–180.

Berry, A., Loughran, J., & van Driel, J. H. (2008). Revisiting the roots of pedagogical content knowledge. *International Journal of Science Education, 30*, 1271–1280.

Berry, A., & van Driel, J. H. (2012). Teaching about teaching science: Aims, strategies and backgrounds of science teacher educators. *Journal of Teacher Education, 64*, 117–128.

Beyer, C. J., & Davis, E. A. (2012). Learning to critique and adapt science curriculum materials: Examining the development of pre-service elementary teachers' pedagogical content knowledge. *Science Education, 96*, 130–157.

Bindernagel, J. A., & Eilks, I. (2009). Evaluating roadmaps to portray and develop chemistry teachers' PCK about curricular structures concerning sub-microscopic models. *Chemistry Education Research and Practice, 10*, 77–85.

Bleicher, R. E., & Lindgren, J. (2005). Success in science learning and preservice science teaching self-efficacy. *Journal of Science Teacher Education, 16*, 205–225.

Boz, N., & Boz, Y. (2008). A qualitative case study of prospective chemistry teachers' knowledge about instructional strategies: Introducing particulate theory. *Journal of Science Teacher Education, 19*, 135–156.

Bozdogan, A. E., Karsli, F., & Sahin, C. (2011). A study on the prospective teachers' knowledge, teaching methods and attitudes towards global warming with respect to different variables. *Energy Education Science and Technology. Part B: Social and Educational Studies, 3*, 315–330.

Brown, P., Friedrichsen, P., & Abell, S. K. (2013). The development of prospective secondary biology teachers' PCK. *Journal of Science Teacher Education, 24*, 133–155. doi:10.1007/s10972-012-9312-1

Brown, S., & McIntyre, D. (1993). *Making sense of teaching.* Buckingham, UK: Open University Press.

Burgoon, J. N., Heddle, M. L., & Duran, E. (2010). Re-examining the similarities between teacher and student conceptions. *Journal of Science Teacher Education, 21*, 859–872. doi:10.1007/s10972-009-9177-0

Calderhead, J. (1996). Teachers: Beliefs and knowledge. In D. Berliner & R. Calfee (Eds.), *Handbook of educational psychology* (pp. 709–725). New York: Macmillan.

Carrier, S. J. (2013). Elementary pre-service teachers' science vocabulary: Knowledge and application. *Journal of Science Teacher Education, 24*, 405–425. doi:10.1007/s10972-012-9270-7

Carter, K. (1990). Teachers' knowledge and learning to teach. In W. R. Houston (Ed.), *Handbook of research on teacher education* (pp. 291–310). New York: Macmillan.

Cheung, D., Ma, H. J., & Yang, J. (2009). Teachers' misconceptions about the effects of addition of more reactants or products on chemical equilibrium. *International Journal of Science and Mathematics Education, 7*, 1111–1133.

Childs, A., & McNicholl, J. (2007). Science teachers teaching outside of subject specialism: Challenges, strategies adopted and implications for initial teacher education. *Teacher Development, 11*, 1–20.

Chinn, P. W. U. (2012). Developing teachers' place-based and culture-based pedagogical content knowledge and agency. In B. J. Fraser, K. Tobin, & C. J. McRobbie (Eds.), *Second international handbook of science education* (pp. 323–334). Dordrecht, the Netherlands: Springer. doi:10.1007/978-1-4020-9041-7_30

Cibik, A. S., & Darcin, E. S. (2009). Pre-service science teachers' knowledge level about some basic air pollutants. *Journal of Baltic Science Education, 8*, 22–34.

Cochran, K. F., DeRuiter, J. A., & King, R. A. (1993). Pedagogical content knowing: An integrative model for teacher preparation. *Journal of Teacher Education, 44*, 263–272.

Coenders, F., Terlouw, C., Dijkstra, S., & Pieters, J. (2010). The effects of the design and development of a chemistry curriculum reform on teachers' professional growth: A case study. *Journal of Science Teacher Education, 21*, 535–557. doi:10.1007/s10972-010-9194-z

Cohen, R., & Yarden, A. (2009). Experienced junior-high-school teachers' PCK in light of a curriculum change: "The cell is to be studied longitudinally." *Research in Science Education, 39*, 131–155. doi:10.1007/s11165-008-9088-7

Crippen, K. J. (2012). Argument as professional development: Impacting teacher knowledge and beliefs about science. *Journal of Science Teacher Education, 23,* 847–866. doi:10.1007/s10972-012-9282-3

Danusso, L., Testa, I., & Vicentini, M. (2010). Improving prospective teachers' knowledge about scientific models and modelling: Design and evaluation of a teacher education intervention. *International Journal of Science Education, 32,* 871–905.

Davidowitz, B., & Rollnick, M. (2011). What lies at the heart of good undergraduate teaching? A case study in organic chemistry. *Chemistry Education Research and Practice, 12,* 355–366.

Davis, E. A., & Petish, D. (2005). Real-world applications and instructional representations among prospective elementary science teachers. *Journal of Science Teacher Education, 16,* 263–286.

De Jong., O., van Driel, J.H., & Verloop, N. (2005). Preservice teachers' pedagogical content knowledge of using particle models in teaching chemistry. *Journal of Research in Science Teaching, 42,* 947–964.

Deng, Z. (2007). Transforming the subject matter: Examining the intellectual roots of pedagogical content knowledge. *Curriculum Inquiry, 37,* 279–295.

Drechsler, M., & van Driel, J. H. (2008). Experienced teachers' pedagogical content knowledge of teaching acid–base chemistry. *Research in Science Education, 38,* 611–631.

Dresner, M., & Worley, E. (2006). Teacher research experiences, partnerships with scientists, and teacher networks sustaining factors from professional development. *Journal of Science Teacher Education, 17,* 1–14.

Emereole, H. U. (2009). Learners' and teachers' conceptual knowledge of science processes: The case of Botswana. *International Journal of Science and Mathematics Education, 7,* 1033–1056.

Everett, S. A., Otto, C. A., & Luera, G. R. (2009). Preservice elementary teachers' growth in knowledge of models in a science capstone course. *International Journal of Science and Mathematics Education, 7,* 1201–1225.

Falk, A. (2012). Teachers learning from professional development in elementary science: Reciprocal relations between formative assessment and pedagogical content knowledge. *Science Education, 96,* 265–290.

Fenstermacher, G. D. (1986). Philosophy of research on teaching: Three aspects. In M.C. Wittrock (Ed.), *Handbook of research on teaching* (3rd ed., pp.37–49). New York: Macmillan.

Fenstermacher, G. D. (1994). The knower and the known: The nature of knowledge in research on teaching. In L. Darling-Hammond (Ed.), *Review of research in education* (pp. 3–56). Washington, DC: American Educational Research Association.

Fischer, H. E., Borowski, A., & Tepner, O. (2012). Professional knowledge of science teachers. In B.J. Fraser, K. Tobin, & C.J. McRobbie (Eds.), *Second international handbook of science education* (pp.435–448). Dordrecht, the Netherlands: Springer. doi:10.1007/978-1-4020-9041-7_30

Friedrichsen, P., van Driel, J., & Abell, S. (2011). Taking a closer look at science teaching orientations. *Science Education, 95,* 358–376.

Friedrichsen, P. J., Abell, S. K., Pareja, E. M., Brown P. L., Lankford, D. M., & Volkmann, M. J. (2009). Does teaching experience matter? Examining biology teachers' prior knowledge for teaching in an alternative certification program. *Journal of Research in Science Teaching, 46,* 357–383.

Galili, I., & Lehavi, Y. (2006). Definitions of physical concepts: A study of physics teachers' knowledge and views. *International Journal of Science Education, 28,* 521–541.

Gardner, A. L., & Gess-Newsome, J. (2011, April). *A PCK rubric to measure teachers' knowledge of inquiry based instruction using three data sources.* Paper presented at the Annual Meeting of the National Association for Research in Science Teaching, Orlando, FL.

Gess-Newsome, J., Cardenas, S., Austin, B. A., Carlson, J., Gardner, A. L., Stuhlsatz, M. A. M., Taylor, J. A., & Wilson, C. D. (2011, April). *Impact of educative materials and transformative professional development on teachers' PCK, practice, and student achievement.* Paper presented at the Annual Meeting of the National Association for Research in Science Teaching, Orlando, FL.

Goodnough, K. (2006). Enhancing pedagogical content knowledge through self-study: An exploration of problem-based learning. *Teaching in Higher Education,*

11, 301–318.

Gullberg, A., Kellner, E., Attorps, I., Thoren, I., & Tarneberg, R. (2008). Prospective teachers' initial conceptions about pupils' understanding of science and mathematics. *European Journal of Teacher Education, 31*, 257–278.

Halai, N. (2012). Developing understanding of innovative strategies of teaching science through action research: A qualitative meta-synthesis from Pakistan. *International Journal of Science and Mathematics Education, 10*, 387–415.

Harlow, D. B., Swanson, L. H., & Otero, V. K. (2012). Prospective elementary teachers' analysis of children's science talk in an under- graduate physics course. *Journal of Science Teacher Education*. doi:10.1007/s10972-012-9319-7

Hashweh, M. Z. (2005). Teacher pedagogical constructions: A reconfiguration of pedagogical content knowledge. *Teachers and Teaching: Theory and Practice, 11*, 273–292.

Hayhoe, D., Bullock, S., & Hayhoe, K. (2011). A kaleidoscope of understanding: Comparing real with random data, using binary-choice items, to study preservice elementary teachers' knowledge of climate change. *Weather, Climate and Society, 3*, 254–260.

Heller, J., Daehler, K. R., Wong, N., Shinohara, M., & Miratrix, L.W. (2012). Differential effects of three professional development models on teacher knowledge and student achievement in elementary science. *Journal of Research in Science Teaching, 49*, 333–362.

Henze, I., van Driel, J. H., & Verloop, N. (2007). The change of science teachers' personal knowledge about teaching models and modelling in the context of science education reform. *International Journal of Science Education, 29*, 1819–1846.

Henze, I., van Driel, J. H., & Verloop, N. (2008). Development of experienced science teachers' pedagogical content knowledge of models of the solar system and the universe. *International Journal of Science Education, 30*, 1321–1342.

Hill, H. C., Rowan, B., & Ball, D. L. (2005). Effects of teachers' mathematical knowledge for teaching on student achievement. *American Educational Research Journal, 42*, 371–406.

Hume, A., & Berry, A. (2011). Constructing CoRes—a strategy for building PCK in pre-service science teacher education. *Research in Science Education, 41*, 341–355. doi:10.1007/s11165-010-9168-3

Hume, A., & Berry, A. (2013). Enhancing the practicum experience for pre-service chemistry teachers through collaborative CoRe design with mentor teachers. *Research in Science Education, 43*, 2107–2136. doi:10.1007/s11165-012-9346-6.

Johnston, J., & Ahtee, M. (2006). Comparing primary student teachers' attitudes, subject knowledge and pedagogical content knowledge needs in a physics activity. *Teaching and Teacher Education, 22*, 503–512.

Justi, R., & van Driel, J. H. (2006). The use of the Interconnected Model of Teacher Professional Growth for understanding the development of science teachers' knowledge on models and modelling. *Teaching and Teacher Education, 22*, 437–450.

Jüttner, M., & Neuhaus, B. (2012). Development of items for a pedagogical content knowledge-test based on empirical analysis of pupils' errors. *International Journal of Science Education, 34*, 1125–1143.

Kang, N. H. (2007). Elementary teachers' teaching for conceptual understanding: Learning from action research. *Journal of Science Teacher Education, 18*, 469–495. doi:10.1007/s10972-007-9050-y

Kansanen, P. (2009). Subject-matter didactics as a central knowledge base for teachers, or should it be called pedagogical content knowledge? *Pedagogy, Culture & Society, 17*, 29–39.

Kanter, D., & Konstantopoulos, S. (2010). The impact of project-based science on minority student achievement, attitudes, and career plans: An examination of the effects of teacher content knowledge, pedagogical content knowledge, and inquiry-based practices. *Science Education, 94*, 855–887.

Käpylä, M., Heikkinen, J., & Asunta, T. (2009). Influence of content knowledge on pedagogical content knowledge: The case of teaching photosynthesis and plant growth. *International Journal of Science Education, 31*, 1395–1415.

Kariotoglou, P., Spyrtou, A., & Tselfes, V. (2009). How student teachers understand distance force interactions in different contexts. *International Journal of Science and Mathematics Education, 7*, 851–873.

Kaya, O. N. (2009). The nature of relationships among

the components of pedagogical content knowledge of preservice science teachers: "Ozone layer depletion" as an example. *International Journal of Science Education, 31,* 961 - 988.

Kellner, E., Gullberg, A., Attorps, I., Thoren, I., & Tarneberg, R. (2011). Prospective teachers' initial conceptions about pupils' difficulties in science and mathematics: A potential resource in teacher education. *International Journal of Science and Mathematics Education, 9,* 843 - 866.

Kennedy, M. M. (2010). Attribution error and the quest for teacher quality. *Educational Researcher, 39,* 591 - 598.

Kind, V. (2009a). Pedagogical content knowledge in science education: Perspectives and potential for progress. *Studies in Science Education, 45,* 169 - 204.

Kind, V. (2009b). A conflict in your head: An exploration of trainee science teachers' subject matter knowledge development and its impact on teacher self-confidence. *International Journal of Science Education, 31,* 1529 - 1562.

Kind, V., & Kind, P. M. (2011). Beginning to teach chemistry: How personal and academic characteristics of pre-service science teachers compare with their understandings of basic chemical ideas. *International Journal of Science Education, 33,* 2123 - 2158.

Kirschner, S., Borowksi, A., & Fischer, H. E. (2011, September). *measuring physics teachers' pedagogical content knowledge.* Paper presented at the biannual conference of the European Science Education Research Association, Lyon, France.

Lambert, J. L., Lindgren, J., & Bleicher, R. (2012). Assessing elementary science methods students' understanding about global climate change. *International Journal of Science Education, 34,* 1167 - 1187.

Lederman, N. G., Gess-Newsome, J., & Latz, M. S. (1994). The nature and development of preservice science teachers' conceptions of subject matter and pedagogy. *Journal of Research in Science Teaching, 31,* 129 - 146.

Leite, L., Mendoza, J., & Borsese, A. (2007). Teachers' and prospective teachers' explanations of liquid-state phenomena: A comparative study involving three European countries. *Journal of Research in Science Teaching, 44,* 349 - 374.

Loughran, J., Milroy, P., Berry, A., Mulhall, P., & Gunstone, R. (2001). Science cases in action: Documenting science teachers' pedagogical content knowledge through PaP-eRs. *Research in Science Education, 31,* 289 - 307.

Loughran, J., Mulhall, P., & Berry, A. (2008). Exploring pedagogical content knowledge in science teacher education: A case study. *International Journal of Science Education, 30,* 1301 - 1320.

Loughran, J. J., & Berry, A. (2012). Developing science teacher educators' pedagogy of teacher education. In B.J. Fraser, K. Tobin, & C.J. McRobbie (Eds.), *Second international handbook of science education* (pp. 401 - 415). Dordrecht, the Netherlands: Springer.

Loughran, J. J., Berry, A., & Mulhall, P. (2012). *Understanding and developing science teachers' pedagogical content knowledge* (2nd ed.). Rotterdam, the Netherlands: Sense Publishers.

Loughran, J. J., Mulhall, P., &. Berry, A. (2004). In search of pedagogical content knowledge in science: Developing ways of articulating and documenting professional practice. *Journal of Research in Science Teaching, 41,* 370 - 391.

Magnusson, S., Krajcik, J., & Borko, H. (1999). Nature, sources and development of pedagogical content knowledge. In J. Gess-Newsome & N.G. Lederman (Eds.), *Examining pedagogical content knowledge* (pp. 95 - 132). Dordrecht, the Netherlands: Kluwer Academic.

Marks, R. (1990). Pedagogical content knowledge: From a mathematical case to a modified conception. *Journal of Teacher Education, 41,* 3 - 11.

Mason, C. L. (1999). The triad approach: A consensus for science teaching and learning. In J. Gess-Newsome & N. G. Lederman (Eds.), *Examining pedagogical content knowledge: The construct and its implications for science education* (pp. 277 - 292). Dordrecht, the Netherlands: Kluwer.

Morrison, J. A., & Estes, J. C. (2007). Using scientists and real-world scenarios in professional development for middle school science teachers. *Journal of Science Teacher Education, 18,* 165 - 184. doi:10.1007/s10972-006-9034-3

Mulholland, J., & Wallace, J. (2005). Growing the tree of teacher knowledge: Ten years of learning to teach elementary science. *Journal of Research in Science Teaching, 42,* 767 - 790.

Nadelson, L. S., & Nadelson, S. (2010). K–8 educators perceptions and preparedness for teaching evolution topics. *Journal of Science Teacher Education, 21*, 843–858.

Nehm, R. H., Kim, S. Y., & Sheppard, K. (2009). Academic preparation in biology and advocacy for teaching evolution: Biology versus non-biology teachers. *Science Education, 93*, 1122–1146.

Nehm, R. H., & Schonfeld, I. S. (2007). Does increasing biology teacher knowledge of evolution and the nature of science lead to greater preference for the teaching of evolution in schools? *Journal of Science Teacher Education, 18*, 699–723.

Nelson, M. M., & Davis, E. A. (2012). Preservice elementary teachers' evaluations of elementary students' scientific models: An aspect of pedagogical content knowledge for scientific modeling. *International Journal of Science Education, 34*, 1931–1959.

Nilsson, P. (2008). Teaching for understanding: The complex nature of pedagogical content knowledge in pre-service education. *International Journal of Science Education, 30*, 1281–1299.

Nilsson, P., & Loughran, J. J. (2012). Exploring the development of pre-service science elementary teachers' pedagogical content knowledge. *Journal of Science Teacher Education, 23*, 699–721.

Nilsson, P., & van Driel, J. H. (2011). How will we understand what we teach?—Primary student teachers' perceptions of their development of knowledge and attitudes towards physics. *Research in Science Education, 41*, 541–560.

Nivalainen, V., Asikainen, M. A., & Nirvonen, P.E. (2013). Open guided inquiry laboratory in physics teacher education. *Journal of Science Teacher Education, 24*, 449–474. doi:10.1007/ s10972-012-9316-x

Nugent, G., Toland, M. D., Levy, R., Kunz, G., Harwood, D., Green, D., & Kitts, K. (2012). The impact of an inquiry-based geoscience field course on pre-service teachers. *Journal of Science Teacher Education, 23*, 503–529.

Orleans, A. V. (2010). Enhancing teacher competence through online training. *Asia Pacific Education Researcher, 19*, 371–386.

Osborne, J., Simon, S., & Collins, S. (2003). Attitudes towards science: A review of the literature and its implications. *International Journal of Science Education, 25*, 1049–1079.

Özden, M., Usak, M., Prokop, P., Turkoglu, T., & Bahar, C. (2008). Student teachers' knowledge of and attitudes toward chemical hormone usage in biotechnology. *African Journal of Biotechnology, 7*, 3892–3899.

Padilla, K., Ponce-de-Léon, A. M., Rembado, F.M., & Garritz, A. (2008). Undergraduate professors' pedagogical content knowledge: The case of "amount of substance." *International Journal of Science Education, 30*, 1389–1404.

Padilla, K., & van Driel, J. H. (2011). The relationships between PCK components: The case of quantum chemistry professors. *Chemistry Education Research and Practice, 12*, 367–378.

Pajares, M. F. (1992). Teachers' beliefs and educational research. Cleaning up a messy construct. *Review of Educational Research, 62*, 307–332. Papageorgiou, G., Stamovlasis, D., & Johnson, P. (2013).

Primary teach- ers' understanding of four chemical phenomena: Effect of an in-service training course. *Journal of Science Teacher Education, 24*, 763–787. doi:10.1007/s10972-012-9295-y

Park, S., & Chen, Y. C. (2012). Mapping out the integration of the components of pedagogical content knowledge (PCK): Examples from high school biology classroom. *Journal of Research in Science Teaching, 49*, 922–941.

Park, S., Jang, J. Y., Chen, Y. C., & Jung, J. (2011). Is pedagogical content knowledge (PCK) necessary for reformed science teaching? Evidence from an empirical study. *Research in Science Education, 41*, 245–260.

Park, S., & Oliver, J. S. (2008a). Revisiting the conceptualisation of pedagogical content knowledge (PCK): PCK as a conceptual tool to understand teachers as professionals. *Research in Science Education, 38*, 261–284.

Park, S., & Oliver, J. S. (2008b). National board certification (NBC) as a catalyst for teachers' learning about teaching: The effects of the NBC process on candidate teachers' PCK development. *Journal of Research in Science Teaching, 45*, 812–834.

Park, S., & Oliver, J. S. (2009). The translation of teachers' understanding of gifted students into instructional strategies for teaching science. *Journal of Science Teacher*

Education, 20, 333–351.

Patrick, P. G., & Tunnicliffe, S. D. (2010). Science teachers' drawings of what is inside the human body. *Journal of Biological Education, 44*, 81–87.

Reynolds, M. C. (Ed.). (1989). *The knowledge base for the beginning teacher*. Oxford: Pergamon Press.

Roehrig, G. H., & Luft, J. (2006). Does one size fit all? The induction experience of beginning science teachers from different teacher-preparation programs. *Journal of Research in Science Teaching, 43*, 963–985.

Rollnick, M., Bennett, J., Rhemtula, M., Dharsey, N., & Ndlovu, T. (2008). The place of subject matter knowledge in pedagogical content knowledge: A case study of South African teachers teaching the amount of substance and chemical equilibrium. *International Journal of Science Education, 30*, 1365–1388.

Roth, K. J., Garnier, H. E., Chen, C., Lemmens, M., Schwille, K., & Wickler, N.I. Z. (2011). Videobased lesson analysis: Effective science PD for teacher and student learning. *Journal of Research in Science Teaching, 48*, 117–148.

Sanders, L. R., Borko, H., & Lockard, J. D. (1993). Secondary science teachers' knowledge base when teaching science courses in and out of their area of certification. *Journal of Research in Science Teaching, 30*, 723–736.

Sawada, D., Piburn, M., Judson, E., Turley, J., Falconer, K., Benford, R., & Bloom, I. (2002). Measuring reform practices in science and mathematics classrooms: The Reformed Teaching Observation Protocol. *School Science and Mathematics, 102*, 245–253.

Schmelzing, S., van Driel, J. H., Jüttner, M., Brandenbusch, S., Sandmann, A., & Neuhaus, B. J. (2013). Development, evaluation, and validation of a paper-and-pencil test for measuring two components of biology teachers' pedagogical content knowledge concerning the "cardiovascular system." *International Journal of Science and Mathematics Education, 11*, 1369–1390. doi:10.1007/s10763-012-9384-6

Schneider, R. M. (2013). Opportunities for teacher learning during enactment of inquiry science curriculum materials: Exploring the potential for teacher educative materials. *Journal of Science Teacher Education, 24*, 323–346. doi:10.1007/s10972-012-9309-9

Schneider, R. M., & Plasman, K. (2011). Science teacher learning progressions: A review of science teachers' pedagogical content knowledge development. *Review of Educational Research, 81*, 530–565.

Schwartz-Bloom, M. D., Halpin, M. J., & Reiter, J. P. (2011). Teaching high school chemistry in the context of pharmacology helps both teachers and students learn. *Journal of Chemical Education, 88*, 744–750.

Schwarz, C., & Gwekwerere, Y. (2007). Using a guided inquiry and modeling instructional framework (EIMA) to support pre-service K–8 science teaching. *Science Education, 91*, 158–186.

Settlage, J. (2013). On acknowledging PCK's shortcomings. *Journal of Science Teacher Education, 24*, 1–12.

Shen, J., Gibbons, P. C., Wiegers, J. F., & McMahon, A. P. (2007). Using research based assessment tools in professional development in current electricity. *Journal of Science Teacher Education, 18*, 431–459. doi:10.1007/s10972-007-9061-8

Shulman, L. S. (1986). Those who understand: Knowledge growth in teaching. *Educational Researcher, 15*, 4–14.

Shulman, L. S. (1987). Knowledge and teaching: Foundations of the new reform. *Harvard Educational Review, 57*, 1–22.

Siegel, M. A., & Wissehr, C. (2011). Preparing for the plunge: Preservice teachers' assessment literacy. *Journal of Science Teacher Education, 22*, 371–391.

Sperandeo-Mineo, R. M., Fazio, C., & Tarantino, G. (2006). Pedagogical content knowledge development and pre-service physics teacher education: A case study. *Research in Science Education, 36*, 235–268.

Taber, K., & Tan, K. C. D. (2011). The insidious nature of "hard-core" alternative conceptions: Implications for the constructivist research programme of patterns in high school students' and pre-service teachers' thinking about ionisation energy. *International Journal of Science Education, 33*, 259–297.

Tobin, K., Tippins, D. J., & Gallard, A. J. (1994). Research on instructional strategies for teaching science. In D. L. Gabel (Ed.), *Handbook of research on science teaching and learning* (pp.45–93). New York: Macmillan.

Tretter, T. R., Brown, S. L., Bush, W. S., Saderholm, J. C., & Holmes, V. L. (2013). Valid and reliable science content assessments for science teachers. *Journal of Science Teacher Education, 24*, 269–295. doi:10.1007/s10972-012-9299-7

Trundle, K. C., Atwood, R. K., & Christopher, J. E. (2006). Preservice elementary teachers' knowledge of observable moon phases and pattern of change in phases. *Journal of Science Teacher Education, 17,* 87 – 101. doi:10.1007/s10972-006-9006-7

Usak, M., Özden, M., & Eilks, I. (2011). A case study of beginning science teachers' subject matter (SMK) and pedagogical content knowledge (PCK) of teaching chemical reaction in Turkey. *European Journal of Teacher Education, 34,* 407 – 429.

van der Valk, T., & Broekman, H. (1999). The lesson preparation method: A way of investigating pre-service teachers' pedagogical content knowledge. *European Journal of Teacher Education, 22,* 11 – 22.

Van Dijk, E. M. (2009). Teachers' views on understanding evolutionary theory: A PCK-study in the framework of the ERTE-model. *Teaching and Teacher Education, 25,* 259 – 267.

Van Dijk, E. M., & Kattman, U. (2007). A research model for the study of science teachers' PCK and improving teacher education. *Teaching and Teacher Education, 23,* 885 – 897.

van Driel, J. H., Verloop, N., & de Vos, W. (1998). Developing science teachers' pedagogical content knowledge. *Journal of Research in Science Teaching, 35,* 673 – 695.

Verloop, N., van Driel, J., & Meijer, P. (2001). Teacher knowledge and the knowledge base of teaching. *International Journal of Educational Research, 35,* 441 – 461.

Volkmann, M., & Zgagacz, M. (2004). Learning to teach physics through inquiry: The lived experiences of a graduate teaching assistant. *Journal of Research in Science Teaching, 41,* 584 – 602.

Waldron, F., Pike, S., Varley, J., Murphy, C., & Greenwood, R. (2007). Student teachers' prior experiences of history, geography and science: Initial findings of an all-Ireland survey. *Irish Educational Studies, 26,* 177 – 194.

Wandersee, J. H., Mintzes, J. J., & Novak, J. D. (1994). Research on alternative conceptions in science. In D. L. Gabel (Ed.), *Handbook of research on science teaching and learning* (pp. 177 – 210). New York: Macmillan.

Wilson, M. (2005). *Constructing measures: An item response modeling approach.* Mahwah, NJ: Erlbaum.

43

Learning to Teach Science

TOM RUSSELL AND ANDREA K. MARTIN

第43章

学习教授科学课程

佘建云 译 王健 审校

> 思考这样一个命题，即教师教育工作者可能高估其指导新教师的能力，同时低估其为新教师学习教学提供适当条件的能力。这一命题有助于将教师教育的任务（职前与在职阶段）从为教师提供其应该知道的内容转变成为教师学习教学提供更好的条件。
>
> （Northfield, 1998, p.698）

我们以教师教育工作者的身份撰写这篇文章，致力于从整体上改善科学教育与教师教育，特别是提升教师学习教授科学课程的经验。在本章中，我们分享自己作为教师教育工作者的经验，为说明和解读关于学习教授科学的研究提供参考。针对有关学习教授科学的研究，我们能提供的最显著的发现是科学教育研究似乎并未触及科学教师教育项目这一领域。相关研究似乎也佐证了我们作为教师教育工作者的经验，而这一领域的根本挑战在于学习教授科学的教师关于教与学的已有信念和经验，正如科学教学的根本挑战在于学生对科学现象的先人之见。建构主义与概念转变相关的研究提醒我们，信念与经验密切相关（参见Özdemir & Clark, 2007; Pelech & Pieper, 2010; Vosniadou, 1994, 2008）。正如中小学生往往不了解自身对现象的最初看法，也不明白个人经验如何塑造、影响着这些看法，学习教授科学的教师往往也不知道自己在科学教师教育项目中将有何收获。

根据我们的经验，许多师范生认为自己对教学知之甚少，而自己将在大学阶段学习教学理念，并在教育实习期间学以致用。这与学生对科学课的设想有什么不同？学生不也认为自己对科学知之甚少，他们将会在课堂上学习科学概念，并在教师的指导下应用所学知识吗？“科学将知识与经验相分离”（Franklin, 1994）。同理，中小学和大学对待学生的方式往往相似，这些方式暗示学生经验与知识并无关系。学习教学的教师往往不知道自己在很大程度上是在学习如何进行科学教学，这与他们意识不到在中小学和大学科学课上正在学习科学概念是一样的。

诺思菲尔德（Northfield, 1998）在讨论如何开展科学教师教育的实践时论及此话题。他先引用了一位不具名人士关于教师教育的挑衅性观点：“教师教育是必要且有价值的，但却往往是在错误的时间和错误的地点开展，而且培训时长过短。”(p.695)。诺思菲尔德引用了法纳姆–迪戈里(Farnham-Diggory, 1994)提出的新手成为专家的三种模式——行为、学徒与发展。他提出了一个我们共同关心的问题：中小学的学习经历如何影响教师学习教学？随即他给出了一个富有挑战性的回答：

> 如果将课程理念和理论应用于经验之上，那么大学课程就无法满足新教师的需求和关注点(开展的时间和场所不当，且时长过短)。(p.696)

如果观察学生在科学课堂中的学习经验，我们也可得出大致相同的结论。本章开头诺思菲尔德的观点帮助我们确立了本章的立场：无论是在科学课堂上还是在科学教师教育课程中，个人如何从经验中学习仍是一个我们知之甚少的现象。在此，本文较少关注以命题的形式教给候选教师的知识内容，而重点讨论如何为学习教授科学的教师提供更好的学习条件。

本书中的内容大都是对已发表的研究成果的综合分析。当我们对此类研究关注时，我们主要目标是为思考培养职前教师教授科学的课程中的价值观和行动提供新视角。本章关注的焦点是在理解学习教学和学习科学教学的基础上创造更好的条件。我们认为唯有在将改革呼声转化为切实行动的前提下，实现科学教师和科学教师教育工作者思维和行为方式的认识上和概念上的转变，科学教与学才能向前发展。

以下为本章的主要观点：

1. 要求中小学和大学改革科学教学的呼声可追溯至20世纪60年代，甚至是20世纪早期。杜威(Dewey, 1938)对传统教育和进步教育的比较表明，学校文化几乎不曾发生改变(Sarason, 1996)。
2. 几十年来，以概念发展和转变为主的教学一直是科学教育研究文献关注的重要主题(例如Hewson, Beeth, & Thorley, 1998; Vosniadou, 2008)，仅有少数研究涉及在职前培训课程中教师是如何学习教学的。
3. 教学实践十分稳定(Sarason, 1996)，其稳定程度远超呼吁改革者的想象(参见Handelsman et al., 2004)。仅仅靠逻辑并不足以改变执教者最初从自己的老师身上间接或无意习得的教学实践。
4. 基于经验的学习(Munby & Russell, 1994)在科学教与学中并未得到足够的重视与应有的肯定，在教师学习教授科学课程的过程中也存在同样的情况。其原因在于大学强调严谨论证与实证主义认识论的价值观。随着教师研究和行动研究逐渐受到重视，尽管人们认为基于经验的学习是教师专业发展的要素之一，但这些研究往往被低估，被看作是落后的研究形式。
5. 目前概念转变方面的研究为支持探究式学习、深度学习和元认知的教学提供了广泛建议(Linn, 2006)。关于概念改变的研究表明，更全面地理解概念并不意味着实现与之相伴的重要的认识论的变化(Elby, 2001)。
6. 学习教授科学课程不仅需要关注基本科学概念的概念转变教学方法，还需要关注科学教与学的基础概念的概念转变方法(Linn, 2006)。
7. 需要明确关注与科学教学及学习教授科学相关的认识论问题。只要大学的主导认识论本质上是实证主义的，且与对不同科学学科的认识紧密相联，我们便认为科学教学及科学学习长期以来寻求的突破是无法实现的(参见Schön, 1995)。

基于经验与经验权威的学习

在我们的文化中，我们常常在日常生活中提到“基于经验的学习”，也能听到在很多故事中人们似乎未从经验中学习。正如命题知识易被遗忘，且不能适用于多种情境，基于经验的学习亦是如此，在中小学和大学这样的正式教育环境中经常被边缘化。人们通常认为科学教师善于使用日常材料开展教学工作，但很少有学生认为实验室经验对概念学习具有重大贡献。因为对于许多课堂而言，基于经验的学习并非其显著特征，而学习教授科学的教师在进入专业发展课程时，可能也未有人考虑基于经验的学习所发挥的作用。实习教师普遍反映，实习是其进行教学准备的最重要因素，但这并不意味着新科学教师知道如何基于经验学习，或者善于基于经验学习。芒比(Munby)和罗素(Russell)(1994)在介绍“经验权威”这一术语时谈到了该问题：

> 倾听自己的经验与倾听他人的经验不同，而修读“物理方法”课的职前教师似乎认为那些经验丰富的人和能够自信谈论教学活动应如何开展的人更权威。他们似乎不愿倾听或相信自己的经验，也不愿将其作为教学知识的权威来源。我们想知道，这些职前教师开启教学生涯时，将如何看待自身经验并在多大程度上从中获益。
>
> 对于我们而言，教师教育的基本矛盾在于：职前教师想要从接受权威者转变为具备权威者，却未认识到经验权威能给予其学习教学的潜力。教师教育面临的挑战是帮助新教师认识经验权威的地位和作用。若非如此，伴随各类权威的产生，经验权威可能有被牺牲的危险：仅仅拥有是不够的，因为权威可能被滥用。
>
> (Munby & Russell, 1994, pp. 93–94)

杜威的一个观点是，熟悉的教育模式之所以存在是因为传统而非合理性(Dewey, 1938, pp. 28–29)。将经验权威融入学习教授科学课程中，面临着我们熟悉的基于经验学习的各种挑战。

> 在这个世界上，没有哪个学科像经验这门学科那样，能够经受智能发展与方向的严格考验……与旧式教育相比，新式教育之路并非更加平坦，而是更加艰难曲折……我认为，在思考新式教育的未来时，最危险的想法便是认为开展新式教育并非难事。
>
> (Dewey, 1938, p. 90)

我们发现一个有趣的现象，基于经验的学习及其相关的认识论问题并未出现在关于概念转变的研究文献中。在此我们呼吁关注基于经验的学习，因为对于帮助教师学习教授科学而言，它代表了重要，或许是必要的视角。

在一本针对本科一年级物理教学的著作中，发现与建议部分对科学课堂中的经验权威予以充分肯定。奈特(Knight, 2004)总结了25年来关于物理教育研究中对学生概念和问题解决策略的研究成果，得出了如下三个结论，对科学教学与学习教授科学均有直接影响。

- 学生初入课堂时，并非“白板”一块，而是已有许多先入之见；

- 学生的先入之见十分顽固，难以改变；
- 学生的知识架构没有连贯的组织框架(Knight, 2004, p. 25)。

这些结论提醒我们，与从教科书中学到的知识相比，从经验中学到的知识十分强大，并且未形成连贯统一的体系。奈特(2004)在文末的分析中提到“物理教育研究的结果可以以多种形式呈现，我从中为教师总结了五条经验。”

1. 使学生积极参与并快速提供反馈。(p. 42)
2. 关注现象而非抽象概念。(p. 42)
3. 直接地处理学生的替代性概念。(p. 43)
4. 教授并使用清晰的问题解决技巧与策略。(p. 44)
5. 布置家庭作业和试题时，应注重考查学生对物理现象定性分析和概念分析的能力，而非抽象概念的掌握情况。(p. 44)

前四条经验可直接从教授科学迁移至学习教授科学中。而第五条经验可调整为“使学生参与对教育现象的定性分析和概念分析”。在传统的职前教师教育项目中，人们可能会将这些经验视为研究成果，并将其纳入“知识库”中，以传授给职前科学教师。根据文献分析可以看出，仅仅简单地向教师介绍这些经验，其效果适得其反。与此相反，职前科学教师教育课程必须通过教师教育课堂中积累的所有学习经验来探索这些课程的意义。

为了提醒我们关注叙事知识与命题知识的重要性，我们在本章中设置了一些叙事框，记录本章作者罗素25年来不断改进自己教授教师如何教授科学课程的方法，以及在此过程中他本人基于经验学习的体会。另外单设一个叙事框，记录了一名职前教师叙述实习经验对其学习科学教学的影响。每个叙事框中内容的结尾均设有问题，以加粗文字呈现，问题与从自身教与学经验中学习的内容相关。

叙事框1：经验对于学习是否重要？

我最开始在尼日利亚北部教书，当时还是一名未接受培训的志愿教师。两年来，在学生的帮助下，我自学教书——尽可能地从经验中学习。在一门帮助我获得物理教师资格证的硕士学位课程上，我的疑问比班上其他同学都要多。经验产生问题，对于教师和学生而言都是如此。如果科学教师希望学生在课堂上提出更多“真正的问题”，他们可能需要为学生提供更多直接体验科学现象的机会。

在你的科学课堂上，是否有丰富的动手实践机会，激发了你对于理解科学概念的兴趣？对于激励你更全面、彻底地理解一个主题，经验有多重要？

为了说明职前科学教师教育中基于经验的学习的价值，我们接下来简要叙述教师教育工作者罗素从自身经验出发，在探究经验如何帮助新教师学习教学的过程中得到的收获。

叙事框2：新经验为教师教育工作者的工作带来了新框架

1991年和1992年，我被安排在当地一所高中给一个班教物理，而之前负责这个班的物理教师则在加拿大女王大学协助开展物理方法课程的教学。基于1991年的经验，1992年我每周将一节自己的物理方法课安排在物理课之后，两节课安排在同一个教室，而且我的物理课邀请感兴趣的职前教师旁听。尽管我自己也身处物理课堂中，并且是在中学而非大学上课，但这对职前教师的影响甚微。在同一些职前教师开展了一系列访谈后，我整理了一张清单，列出他们在学习教学过程中在借鉴经验方面面临的潜在阻碍。正如奈特(2004)所言，未来的新物理教师绝不会是一块“白板”，他们拥有坚定的立场，且不会轻易动摇。

教师教育工作者是否有时会将职前教师当一块“白板”？对于教师教育工作者而言，偶尔回归中小学课堂是否重要？

五年后，加拿大女王大学的职前教师项目进行了重大调整，开始要求14周的教学经验。1993年，新教师面临的潜在障碍似乎消失了，取而代之的是基于经验的学习，如表43.1所示。罗素(2000)进行了更为细致的论述，我们在此基础上进行了提炼。

表43.1 学习教学的障碍与学习教学的框架

学习教学的障碍	学习教学的框架
职前科学教师的先验观点，他们在参加一门为期8个月的课程中逐渐获得教学经验。	职前科学教师的观点，他们参加一门为期9个月的课程，课前已经有14周的教学经验。
教学可以通过讲述的方式传授。	教学并不能以讲述的方式传授。
学习教学是被动的。	学习教学是主动的。
讨论与意见并不重要。	讨论、意见与经验分享至关重要。
个人对教学的反应并不重要。	个人对教学的反应是学习的起点。
为未来学生集体设定的目标并不适用于个人。	为未来学生集体设定的目标明确并一定要适用于个人。
理论从在很大程度上来说并不重要。	理论是有价值的。
经验不能被分析或理解。	经验可被分析与理解。

(Russell, 2000, pp.231–232, 238–239)

教学学习者的反思

布赖恩(Bryan)和埃布尔(Abell)(1999)提供了一个关于职前教师芭芭拉(Barbara)的个案研究。在论述开头，两位作者阐明了他们对经验在学习教授教学过程中所发挥的作用的看法：

> 仅仅通过课程培训，无法触及如何学习教学的核心。专业知识的构建离不开经验……经验影响着教师在发现和应对实际问题、落实解决方案及解释行动结果等方面所应用的框架。
>
> (pp.121–122)

该案例先介绍了芭芭拉是如何认识科学教与学的，继而描述了她对小学科学教学的愿景，以及她对自身职业责任的矛盾想法。芭芭拉最初的设想是，教师应该持续教授科学概念，确保所有学生都能理解。当她开始反思过程时，“芭芭拉开始转变其视角，重新调整其教学愿景和实践之间的矛盾关系。她从教学经验中认识到，在科学教学的过程中，教师仅仅考虑学生是否理解所学内容是不够的”(Bryan & Abell, 1999, p.131)。芭芭拉的案例可以帮助新科学教师预判教学过程中的挑战和可能出现的情况，尽管真正发挥这一作用的时间是在新教师上岗时而非在此之前。进一步研究基于经验的学习，意义十分明确：

> 芭芭拉的案例无疑体现了某些传统教师教育课程理念的谬误之处：(a)来自课程阅读和讲座的命题知识可以直接转化为实践；(b)职前教师先学习专业知识，再积累相关经验，二者并非同步进行……教师教育者面临的挑战是指导职前教师有目的、系统地探究自身

实践，鼓励其将这一探究转化为习惯。

(Bryan & Abell, 1999, p. 136)

正如科学教学中概念转变方法始于学生经验一样，埃布尔和布赖恩得出结论：“经验促进专业知识的发展是一个自然过程”(Bryan & Abell, 1999, p. 36)。“科学教师教育的一个首要目标应该是帮助职前教师挑战和完善其对科学教与学的认识，并学会如何从经验中学习”(Bryan & Abell, 1999, p. 137)。

叙事框3：缩小实践与理论、行动与价值观之间的差距

1983年是我教授职前教师科学课程的第六个年头，在实习课堂与实习生交谈的过程中，我敏锐地意识到教育理论和实践之间的差距。学生并未在实习课堂中实践我此前在课上提倡的许多策略。当时一位同事借给我一本唐纳德·舍恩(Donald Schön, 1983)的新书，书名为《反思的实践者：专业人士如何在行动中思考》(*The Reflective Practitioner: How Professionals Think in Action*)。同年晚些时候，我在第一次学术休假时阅读了这本书，并撰写了一份研究提案，让我在职前教师教育背景下探索这一新视角。多年来，通过对这些观点的思考使我得出结论，舍恩的观点比人们想象的更容易被采纳。舍恩提出了两个主要观点：

(1) 基于教学经验的学习包括寻找新的框架或视角(可能来自研究文献)，以更好地理解教学实践中令人惊讶和困惑之处。

(2) 教师的提升涉及有意识地缩小教师自身价值观与其教学行为对学生影响之间不可避免的差距。

当被问及“反思”时，你的反应是怎样的？你具备足够的经验供自己反思吗？如果有人愿意教你如何反思，你认为会有帮助吗？

基于布赖恩和埃布尔(1999, p. 121)的结论，泽姆贝尔–索尔(Zembel-Saul)、克拉西克(Krajcik)和布卢门菲尔德(Blumenfeld)(2002)指出“经验在发展专业知识的过程中发挥着重要作用”。除此之外，他们还得出了自己的结论：“我们知道……仅凭经验是不够的，还需辅以对行动的深刻反思”(p. 460)。他们的总体结论提出了重要的观点，再次提醒科学教师教育工作者，实习指导教师对职前教师的专业学习至关重要：

> 有证据表明，实习指导教师在整体上促进职前教师开展有意义的学习，并支持职前教师继续强调科学内容表述，这将在职前教师尝试掌握该领域内容过程中产生积极影响。相反，若实习指导教师不对职前教师在持续的备课、教学和反思内容表述这些实质性问题上进行指导，那么职前教师很可能会偏离学习教学的轨道。
>
> (Zembel-Saul et al., 2002, p. 460)

这还提醒我们，仍需关注、深化关于经验如何促进学习的集体认识：

> 我们亟需更好地理解经验在学习教学中发挥的作用，尤其是有些教学经验能够支持或阻碍新教师持续理解通常不牢固的科学内容知识及其表述。
>
> (Zembel-Saul et al., 2002, p. 461)

如叙事框3所谈到的，理解和关注经验的作用远远不止于要求准科学教师“反思”其经验。

叙事框4：反思可以教授吗？

2001年，我的班上有个学生，他觉得自己永远不会成为一名教师。他必须等待18个月才能参加培训课程，他未来的雇主也支持他参加职前培训课程。结果，他比大多数人有更多时间来批判该课程的各个方面。年底时，我又认真地查看了他主动发给我的一系列每周实习报告(每次我都很快予以回复)。他表示，我对他实习经验的反馈比任何培训课程都更能启发他学会反思。他给我和同事提出了建议：“不要告诉大家去反思。相反，应该教他们如何反思，告诉他们这是你已经做的。”我听从了这一建议，结果收效良好。

看到“反思”一词，你会联想到哪些具体含义？你觉得能够通过他人教授而学会反思吗？在教学过程中和教学结束后是否都可以进行反思？

接下来我们将关注日益丰富的有关概念转变的研究文献。

概念转变的复杂挑战

概念转变的研究文献数量之多令人望而生畏。普丰特(Pfundt)和杜伊特(Duit)(1994)参考了大约3,500项关于学生在科学学科中替代性概念的研究。怀特(White, 2001)追溯了研究重心的变化情况，他发现早期研究聚焦于发现概念转变，而后来的研究则转向帮助学生建立与科学家更加一致的信念。最近，研究重点又开始关注概念是如何形成的。名称本身是多种多样的，根据研究者的偏好，可能使用错误概念、替代性概念、前概念、朴素概念、直觉科学或相异构想等表述(Guzzetti, Snyder, Glass, & Gamas, 1993)。

概念转变是科学学与教的核心。杜施尔(Duschl)和汉密尔顿(Hamilton)(1998)认为科学学习作为概念转变的过程，与科学知识发展的问题相关。这需要理解学习者如何在关于自然界不同的或替代性的观点、模型或理论之间做出取舍。学生会从日常经验中形成概念并将其带入课堂，因此这些概念常常与学校课程中的科学概念发生冲突：

> 在某些领域，学生的先入之见深深植根于日常生活经验中，使得科学学习尤为困难。由来自感官经验的实证证据而形成的概念(如视觉的形成过程、热现象、力和运动的概念)便属于这一类，谈论自然和技术现象的日常方式亦如此。
>
> (Duit & Treagust, 1998, p. 15)

正如杜施尔和汉密尔顿(1998)所指出的，概念转变涉及陈述性知识和程序性知识的重构。他们认为，科学教育研究往往关注相关陈述性知识的性质与组织方式，以及在该知识或其组织结构中发生或需要发生的必要变化。我们应当对重构知识的策略性应用的变化给予更多关注，开展更多研究。职前教师需要重新理解科学学习，以认识到审视、验证主流概念时面临的固有挑战。除非新教师理解概念转变为何如此复杂，否则他们不太可能实现改变，也难以认识到这些改变为何受到限定与约束。

教授概念转变

概念转变研究提供的证据表明，科学课的教学方式需要改变。林(Linn)和埃伦(Eylon)(2011)是这样谈及这一问题的：

> 我们的目标……是使所有学生成为自主的学习者，批判地看待科学证据，并努力对科学现象形成连贯的看法。我们也试图帮助教师成为基于讨论与探究的知识促进者，而非知晓一切的事实传播者……在教育及更广泛的科学学习领域，有大量研究证据表明，知识吸收模式已过时，且仅仅依赖这一模式是不够的。
>
> (p.6)

诺瓦克(Novak)的大量研究(例如Novak, 1987, 1989, 1993)给出了一个有效框架，用于理解概念转变对于学生有效进行科学学习的重要性，以及理解教学为何经常无法发挥作用。奥苏贝尔(Ausubel, 1968)提出一个假设，他认为影响学习的唯一重要因素是先验知识。凯利(Kelly, 1955)的个人建构理论强调知识是被构建出来的，并且是高度个人化的、独特的，并带有社会烙印。诺瓦克则充分汲取了这两个人的观点。

诺瓦克和戈温(Gowin)(1984)提出了三个关于学生前概念的观点，这些前概念被学生带入科学课堂，对之后的学习产生影响(Wandersee, Mintzes, & Novak, 1994)。第一，学生的脑中并非一无所有，他们对于自然对象与事件的理解虽然有限，但十分多样。他们的理解往往与科学家和科学教师的解释不一致。第二，学生的替代性概念跨越了年龄、能力、性别和文化的界限，且十分顽固，采用传统教学策略很难消除。第三个观点具有广泛基础且涉及社会文化背景，其将替代性概念视为一系列不同个人经验的产物，这些个人经验包括对自然对象和事件的直接观察、同伴文化、日常语言、大众媒体以及教师的解释和教学材料。他们又进行了补充，认为教师与学生经常存在同样的替代性概念(Mintzes, Wandersee, & Novak, 1997)。

诺瓦克及其团队还提出了关于成功的科学学习者的三条结论：(1)构建意义的过程依赖于相关概念的框架的发展，其框架详尽、层次清晰、高分化且高度整合；(2)概念转变需要重构概念，而概念重构则是通过建立和打破概念之间的相互联系，以及使用一个概念替换另一个概念来实现的；(3)成功的科学学习者经常运用一些策略来计划、监督、控制和调节自身的学习(Mintzes, Wandersee, & Novak, 1997)。

波斯纳(Posner)、斯特赖克(Strike)、休森(Hewson)和歌茨佐格(Gertzog)(1982)的概念转变理论对理解概念转变的复杂性和改变发生的必要条件做出了有价值的贡献。事实上，杜伊特和特雷古斯特(Treagust)(1998)认为这一理论是最有影响力的科学教育概念转变理论，并在其他领域也有广泛应用。波斯纳及其同事(1982)指出，除非学习者对自己当前的信念或理解出现某种程度的不满，否则难以发生概念转变。只要现有概念具有成功的解释力，学习者就会坚持这一概念并对其感到满意。先验知识的影响使得问题变得复杂化。先验知识的不足意味着一个新概念可能被误解或理解得不到位。因此，先验知识是概念转变的必要非充分条件。一个新概念要被接受，必须满足三个条件：可理解性、合理性与有效性。学习者需要理解概念的含义、其潜在或实际的用途，以及科学家为何注重其连贯性与内部一致性。若概念具有合理性，则学习者需将概念融入个人信念并理解这一概念。霍德森(Hodson, 1998)指出，“理解”这一科学术语可能与常识性观点有很大不同。若一个概念是富有成果的，那么学习者将因此有所收获，有助于解决问题、预测、提出新见解以及进一步研究和探索新领域的方向。

波斯纳及其同事（1982）针对教师可以采取的促进学生概念转变的举措提出了建议，对此卡根（Kagan, 1992）做了准确的总结：教师必须（a）帮助学生明确其潜在观点；（b）指出学生观点的不足与不一致之处；（c）为学生整合和区分新旧知识提供更多机会，消除阻碍学习、站不住脚的前概念，并阐述促进学习的可靠观点。

一切关于概念转变的讨论都必须纳入皮亚杰的观点，特别是同化、顺应、失衡与平衡（Duit & Treagust, 1998）。当新事件不符合现有方案时，失衡或“不安”的状态便会出现，这促使人们努力去理解观察到的现象和使其困惑的事件（McDevitt & Ormrod, 2002）。通过顺应——替换、重组或更有效地整合其方案，学习者可以消除不和谐并回到平衡状态。因此，实现平衡就是从平衡状态到失衡状态再回归平衡状态的动态过程。从本质上而言，这一过程需要学习者的积极参与，并以学习者日益丰富其理解为前提。这些理解并非孤立发生，而是学习者与所在环境互动的产物。

维果茨基（Vygotsky）的研究对概念转变和建构主义思想的发展产生了影响，并与皮亚杰理论形成了对比，他的研究也得到了认可。维果茨基理论的核心是社会文化因素对认知发展的影响。皮亚杰（Piaget）将社会环境视为使儿童产生冲突和适应的另一种信息或经验来源，而维果茨基则认为社会文化环境不仅是触发因素，而且是儿童高阶认知过程的来源（Duschl & Hamilton, 1998）。因此，知识的获得、使用和改变取决于儿童的社会活动和互动（例如交谈、分歧等）、早期思想和语言的融合，以及父母、其他成年人和正规教育所提供的文化适应（McDevitt & Ormrod, 2002）。维果茨基理论中纳入了在通过最新发展区时学生和教师的共同参与以及应该培养的对话关系。广泛用于理解教师–儿童互动的支架隐喻，往往忽视了能力较强或较弱个体都能从互动中获益这一情况（Tudge & Scrimsher, 2003）。

杜施尔和汉密尔顿（1998）称赞维果茨基的研究推动了认知和学习的社会背景方面的研究。维果茨基的研究包括互惠教学、合作学习、指导性参与，以及真实的教学、学习和评估方法等领域。此外，诸如情境认知、学徒制、认知学徒制和意义的社会建构等概念可与维果茨基的理论联系起来。其中每个概念都涉及学习的情境属性以及在发展过程中个人、人际和文化历史因素的相互关系（Tudge & Scrimsher, 2003）。总体而言，他们指出了影响概念转变的诸多因素，有必要考虑学生带进课堂的一系列经验，课堂环境的氛围和话语，以及学校教育本身的文化历史印记。

为概念转变而教学

值得研究者注意的是：错误概念持续存在且极难改变（Duit & Treagust, 1998；Guzzetti, Snyder, Glass, & Gamas, 1993；Mintzes, Wandersee, & Novak, 1997）。在20世纪70年代末到80年代的主流观点是：要先消除学生的错误概念，才能以正确的科学观念取代错误概念；然而，似乎还未有研究能够支持学生的概念能被消除和取代这一观点（Duit & Treagust, 1998）。相反，大多数研究显示，前概念在特定情境中仍会“复活”（Duit & Treagust, 1998），迪塞萨（diSessa, 1993）将其描述为概念的修正而非替代。如前所述，钦（Chinn）和布鲁尔（Brewer）（1998）谈及旧知识和新信息在知识转变后的归宿问题时，认为这具有重要的教学意义。如果教师认为旧知识能够轻而易举地被新知识所取代，那么就不必担心旧知识会干扰后续学习了。然而，如果旧知识与新知识共存并影响一个人对新知识的理解，那么教学过程中就必须逐渐削弱旧知识的影响。

促成概念转变教学的本质是知识的重构(Mintzes, Wandersee, & Novak, 1997)。然而，当审视学生对认知重构反应的多样性与差异性时，就会发现说起来容易做起来难。霍德森(1998)对学生的抗拒反应进行了有益的概述。如果一个想法在过去是有用的，那么便没有多大需要将其替换掉。因此，学生可能会否认新数据的有效性或准确性，坚持自己的观念，而不是以新代旧。或者他们会修改数据，使其符合自己的现有观念。一种做法便是扭曲新观念，直到其与旧观念兼容为止。还有一些学生寻找证据来证实自己的想法，而不是反驳自己的想法。在这种情况下，他们的原有观念占据优势，就像选择性知觉一样，人们只看到自己想看到的。霍德森(1998)还指出，个性特征的差异可能会使一些学生更容易接受新观点。然而，其他人可能会采取更漫不经心的态度，不想调和冲突，本质上采取的是“我不在乎，不要打扰我”的立场。一些学生可能不愿意尝试其他选择，因为他们知道的内容(或他们认为自己知道的)与其认知图式是一致的。因此，如果坚持自己的已知信息，他们就不会伴随着未知、不确定性或不熟悉的事情而产生焦虑和压力。

利兹大学儿童科学学习(Children's Learning in Science [CLIS])小组的成果(例如Driver, 1989; Scott, Asoko, & Driver, 1992; Scott & Driver, 1998)在概念转变的建构主义方法领域产生了极大的影响。他们表示不同的科学学科之间存在着共通之处，能够支持概念重构。这些共性就是为满足学生特定学习需求而用特定教学方法设计的教学活动/顺序(Scott, Asoko, & Driver, 1992; Scott & Driver, 1998)。这些方法列举如下：(a)情况介绍或“浪费时间”，以学生的先验知识和现有概念为基础，继而努力形成科学观点；(b)在外化或启发阶段，对全局和定义不明确的概念进行区分(例如热量和温度、重量和质量)；(c)修改或重构，搭建经验桥梁以连通新概念；(d)通过实践或应用来构建新概念。在这一点上，学生的前概念可能与科学概念相去甚远。若是如此，斯科特(Scott)和德里弗(Driver)(1998)的建议是教师应认可并讨论学生的想法，而后指出科学家持有的另一种观点，并将其呈现给学生。学生随后可根据自己先前的想法重新审视科学模型。

教师创造认知冲突的条件，鼓励学生寻找其观点的局限性，或通过动手演示或活动的方式，有意

叙事框5：发现自己的默认教学风格

1997至1998年间，加拿大女王大学对职前教师教育课程做了很大的调整。在学员注册并向教授和同学做简要介绍后，他们便在开学第一天开启了实习之旅。在授课8周后，学员有一段仅有两周的返校时间，其间他们才开始了解彼此。他们讨论的热烈程度超出我的想象。学员要求我为他们提供支持与帮助，而他们自身也积极寻求答案与见解，以合适地回应参与、动机、计划、纪律等迫切的问题。我第一次谈起“默认”教学风格，即根据反应与习惯而非心智结构做出的教学动作。这些教学动作令人感到舒适与熟悉，因为我们自己的老师在给我们教课时便使用了这些动作。这使我认识到，每位新教师首先需要认识、理解自己的默认教学风格，而后方能完善该风格，纳入基于心智结构而有意选择的新教学行为。

从默认风格的角度思考自己的教学行为，并有意努力完善该风格，采取提高学生学习质量的教学行为，你是否觉得这是有趣或是富有成效的呢？

列举与之相矛盾或令人惊讶的事件，可推动概念重构(Hodson, 1998)。我们质疑职前教师教育在何种程度上能够在概念转变的框架内设计科学课程，探索概念转变理论，探查职前教师对科学和科学学习所持的观念，引发认知冲突，并使学生接触到支持概念转变的教学方法和策略。除非职前教师直面自己的替代性概念，并经历概念转变的过程，否则他们极可能不会支持自己的学生这样做。

职前科学教师教育中的概念转变教学

我们发现，当科学教师教育工作者提出有关科学概念转变教学的话题时，很少有研究明确关注关于教与学的概念转变问题。埃尔比(Elby, 2001)发表的一篇论文表明了认识论问题在物理概念转变教学中的潜在意义，我们将其见解延伸至和教与学概念相关的认识论问题的意义上。以下为埃尔比论文选段，其主要观点是必须对认识论发展予以明确关注，这为我们的研究指明了方向。

> 许多物理课程是根据研究成果来设计的，尽管能够显著增进学生对概念的深入理解，但总体来看却未能明显促进他们的认识论发展。显然，学生可参加有助其高效学习的活动，而无须反思和改变自身对如何有效学习的认知。这些学生在后续课程中可能会继续沿用此前的学习策略。
>
> 本文提出了旨在明确促进认识论发展的教学实践和课程要素，可显著增强学生对知识和学习的看法。
>
> (Elby, 2001, p. S54)

在文章结尾，埃尔比将其观点总结如下：

> 首先，许多优秀的物理课程未能显著改变学生的认识论……这表明课程仅关注认识论是远远不够的。相反，应将认识论贯穿于课程的方方面面。
>
> 第二，教师营造的课堂氛围及其与学生的互动方式，对培养学生的学习反思能力无疑发挥了极大的作用。
>
> (Elby, 2001, p.S63)

> 学生的认识论信念就是他们对知识和学习本质的看法，影响着他们在物理课程中的心态、元认知实践和学习习惯。然而，即使是设计最为精良的课程，对于完善学生的认识论信念也收效甚微。
>
> (Elby, 2001, p.S64)

我们会立即将这一结论应用到职前教师科学教学的学习中，我们要高度关注职前教师的认识论信念，无论是关于职前教师将要教授的科学概念，还是关于职前教师在参加职前培训时已形成的教育观念。

为了说明延伸这一结论的合理性，我们引用了麦戈伊(McGoey)和罗斯(Ross)(1999)的观点，这两位中学科学教师生动地描述了学生对概念转变的抵触，以及与学生讨论所需的复杂教学技能。

> 我们猜测，几乎每位在课堂上使用概念转变模式的教师都遭遇过来自学生的愤怒、阻碍和批评。学生不喜欢教师以不加评判的方式引发其表述自己的想法，而他们对自己的想法总是有所保留(无论是几秒后还是几天后)。有些学生最后变得不愿分享自己的想法。“不要表达你的想法，等别人表达，等到正确答案，记住就行了。”在不影响学生情感

和智力的情况下处理这一问题，教师须具备娴熟、精细和扎实的技能。

(McGoey & Ross, 1999, p. 118)

做到这一点似乎并没有那么困难。但当学生的反应表明其确实持有重要认识论信念时，挑战仍然存在：

如果教师从学生那里得到一系列不同（尽管数量足够）的模型，麻烦可就大了。如果教师拒绝给出单一答案，有实证主义思想的学生就会要求得到正确答案。给出一个单一的答案，便可能助长实证主义。给出一些规则（小心逻辑经验主义！），学生将其视作相对主义或约定论的全面胜利。学生的另一种反应是直接挑战教师的教学。他们会说道："既然大家都知道科学只不过是一整套事实和方法，那么只须告诉我们事实和答案，我们便可应对考试。"

(McGoey & Ross, 1999, pp. 118 – 119)

这两位教师随后将讨论扩展到教师教育，并强调当经历与其广泛依赖的学科知识相关认知发生冲突时，教师便会体验到这一点。我们再次发现教与学相关的认识论假设是内隐的。

实习教师常常因为其学科知识受到置疑而深感困扰。要让他们在30个青少年面前呆上80分钟，已经让他们够紧张的了……学科知识往往是他们主要的救命稻草。当他们开展的行动研究对学科知识要求很低时，他们会痛苦不堪。这种经历令人十分不安。

(McGoey & Ross, 1999, p. 119)

至此，在学习教授科学这一背景下对概念转变的延伸讨论结束了。我们概括地介绍了有关科学教学中概念转变的主要观点，继而将概念转变的话题延伸至学习教授科学这一领域。在这两个领域中，我们认为埃尔比（2001）对认识论信念给予了必要关注，这有望扭转此前各类科学教学变革毫无成效的局面。

为使读者了解各地区科学教学的现状，我们引用了美国国家研究理事会（National Research Council, 2006）报告的结论，林（2008）对其进行了解释：

为了使课程适应教学时间，各学区/州开发了教学进度指南，指定科学主题中各个章节的教学时间，而留给复习的时间则很少。例如，加利福尼亚州7年级的生命科学标准包括40个主题与5个调查和实验标准……每个主题及其探究活动的教学时长为3—4天。由于时间有限，教师无法带着学生复习有关概念，甚至没有时间强调概念间的联系。

(Linn, 2008, p. 696)

接下来，我们分析运用知识整合框架来指导科学学习的相关研究。

知识整合框架中的概念转变

索耶（Sawyer）认为清楚地表述出一个人不断完善的知识是非常重要的，这为知识整合观点奠定了基础：

清楚表述（一个人不断完善的知识）对学习有极大帮助，原因之一是它能引发可能的

> 反思或元认知，即对学习过程和知识的思考。学习领域的科学家已经反复证明了反思有助于深度理解。许多关于学习科学的课程旨在培养学生的反思能力，其中大多数课程向学生提供工具，使学生更容易地清楚表述自身不断发展的理解，从而促进反思。一旦学生能够阐述清楚其不断发展的理解，教师就应营造学习环境，为他们反思自己刚刚表述的内容提供支持。学习科学领域的研究中，一个最核心的话题是如何支持学生进行有益于教育的反思。
>
> (Sawyer, 2006, p. 12)

林及其同事(Linn, 2006, 2008; Linn & Eylon, 2006, 2011; Linn, Kali, Davis, & Horwitz, 2008)通过构建知识整合框架综合了大量关于概念转变的研究，为科学教学和学习教授科学都提供了许多重要建议。林(2008)用下面的一段话来描述知识整合框架：

> 有些研究者开始主张“知识碎片”或“知识整合”的观点。他们认为学生通过各种方式形成个人的想法，而这些想法可能同时并存……这些研究者往往尊重产生个人想法的智力工作，认为教学的目的是介绍更强大的想法，并鼓励学生以协调或连贯的方式来检视、区分和评估这些想法。
>
> (Linn, 2008, p. 695)

> 知识整合框架要求学生区分不同想法、思考新看法、形成最可能被认可的观点，从而使他们运用个人的能力来理解科学现象。
>
> (Linn, 2008, p. 702)

林和埃伦(2006)描述了10个“设计模式”，每个模式都基于“四个相互关联的知识整合过程……教学通常在这四个过程中交错进行，而非按照线性序列的方式开展”(p. 523)。这四个过程是：“从大量思路中得出或产生想法，添加新想法以区分或关联已有想法，评估想法并确定标准，通过促进、分解、合并与重组来厘清想法”(Linn & Eylon, 2006, p. 526)。随后，他们列出了10种“最能代表当前教学研究的设计模式”(Linn & Eylon, 2006, p. 525)，分别是“适应、诊断、指导，预测、观察、解释，阐明想法，实验，探索模拟，创制工件，形成论点，批评，合作，反思”(Linn & Eylon, 2006, pp. 525–534)。

> 研究指出了四个共同促进知识整合的主要过程：启发想法、增添想法、制定标准和筛选想法。教学常常忽略制定标准和筛选想法的过程……构成设计模式的活动序列代表了成功教学的基本元素。虽然设计模式超越了学科知识，但相应地产生了一个问题，就是哪些设计模式对于哪些主题是成功的。
>
> (Linn & Eylon, 2006, p. 536)

将这4个过程和10个设计模式置于一个4 × 10的表格中(Linn & Eylon, 2006, p. 526)，4个知识整合过程对每种设计模式的价值就一目了然了，这为教师提供一个强有力的知识整合方法指南。

林和埃伦(2011, p. 109)还列出了促进知识整合的四个原则，即“使科学易于学习，使思维可视化，帮助学生向他人学习(和)促进自主性”：

> 知识整合的观点将概念转变与有效教学联系起来……学生思想的可变性(被视为)是

> 一种有价值的根本性特征……运用学生思想的可变性和创造性而设计的教学具有促进概念改变的潜力。知识整合框架并不提倡缺乏指导的发现或激进的建构主义，而是认为对学生通过产生新想法来认识科学这一点的理解，有助于进行重要和必要的设计决策。
>
> （Linn, 2008, p.715）

通过解读林及其同事的研究，我们发现学习教授科学的原则和模式可以且应该作为教师教学教育的原则。知识整合框架在指导教师教育方面，亦可像指导科学教学一样发挥强大作用。回顾诺思菲尔德（1998, p.698）关于"为（新教师）学习教学提供适当条件"的评论，我们认为知识整合框架的4个过程和10种模式为学习教与学提供合适条件建立了良好的基础。

学习教授科学研究中的恒久主题

安德森（Anderson）和米奇内尔（Mitchener）（1996）对科学教师教育领域中的大量研究进行了综述，为本章探讨和提出关于学习教授科学的问题奠定了坚实的基础。他们描述了职前科学教师教育的一种"传统模式"，该模式具备三个要素——教育基础、方法课程，以及实地经验与学生教学。安德森和米奇内尔在综述中得出的结论启人深思：

> 回顾过去，这种三管齐下的传统职前教师教育模式，从师范学校诞生之日起，就相对完好地延续了下来……当今科学教师教育者面临的挑战是：如何以连贯、全面的方式解决新出现的问题，如关于学科知识的新观点、建构主义的教与学方法，以及对教育教师的反思倾向。此外，考虑周到的科学教师教育工作者须关注课程的理论方向，以及在这些方向上是如何解决重要的专业问题的。
>
> （Anderson & Mitchener, 1996, p.19）

紧接着，他们指出了20世纪职前教师教育课程研究的六大主题："既定的职前教育模式""不充分的学科知识储备""无计划的教育准备""探究的重要性""对实验室的依赖"和"有价值的教育技术"（Anderson & Mitchener, 1996, pp.21–22）。我们发现这几大主题几乎未曾发生改变。论及针对传统模型的批判，安德森和米奇内尔（1996）给出了重要结论：

> 鉴于这些研究开展时间长、数量大，人们认为通过回顾科学教师职前教育课程，可展现一个广阔的前景，其中包括不同的观点、一致的图景和具体的细节。然而，对这些课程的研究既不丰富，也难以获取。
>
> 事实上，职前科学教师教育课程的有关文献数量很少……鲜有对包含概念和结构要素的综合课程的真实描述。
>
> 在开展课程时，不同教育项目之间确实存在一定差异。对科学教师培养课程的改革通常只是针对其中某一两个孤立的部分，而非整个课程。
>
> （Anderson & Mitchener, 1996, p.23）

通过回顾自安德森和米奇内尔以来的已有文献，我们得出结论，尽管科学教育和职前教师教育变革的呼声不断，安德森和米奇内尔提出的六大主题仍是学习教授科学这一研究领域须面对的课题。

有效学习促进项目

有效学习促进项目(PEEL)是教师指导、教师持续合作开展行动研究的一个独特案例。有效学习促进项目是以学校为基础的综合性项目，旨在提高学校的教学质量。在邻近大学的支持下，该项目于1985年在澳大利亚墨尔本西郊的一所学校中拉开序幕。其中的关键问题看似简单：

> 项目主要目的是提高学校的学习和教学质量。为此，培训旨在使学生承担起自主学习的责任，并培养其自制力。培训主要包括三个方面：增进学生对什么是学习及其内在机制的认识，加强学生对学习进步和成果的意识，通过更有目的性的决策提高学生在学习方面的自制力。
>
> (Baird & Mitchell, 1986, p.iii)

显然，有效学习促进项目旨在提高学习与教学质量。因此，这是个全面的在职教师专业发展课程，也是提高学生有效学习和元认知的课程(White & Mitchell, 1994)。

我们对有效学习促进项目最初做法的理解是：教师可以奖励学生良好的学习行为，而非批评其不良的学习倾向，从而促进他们在自主学习态度方面由被动转变为元认知。在有效学习促进项目最早的活动中，其中一项是开发了两个学生行为列表。所有教师都很熟悉“不良学习倾向”列表，而且任意一组教师都很容易列举出学生有意和无意使自身学习变得更加困难的各种做法。随后便是“良好的学习行为”列表。例如，“停留在原地”是一种不良的学习倾向，学生除了向教师求助和等待教师帮助外，并不主动寻求其他解决途径，而与之相对应的良好学习行为则是“在寻求帮助前先回顾已有研究”。有多少学生将“等待教师的帮助”作为自己无所作为的借口？告诉学生除了“停留在原地”之外，还有其他建设性的做法，这对教师与学生而言都是积极的视角转换。

需要注意的是，在以上的解读中，一个核心的要素是重新设计课堂环境中的教师和学生的活动。大多数教师都了解许多改革工作，在这些工作中，人们试图以各种方式改变教师和学生的互动方式，以提高学生的学习效果。有效学习促进项目的意义在于提供了广泛周到的具体实践程序，用于指导工作中的各种详细任务，最终有助于实现更大的目标(Mitchell, 2009)。有效学习促进项目提出的“优质学习的教学原则”列表阐明了更大的目标，可能包括(Mitchell, Mitchell, McKinnon, & Scheele, 2004)：

1. 与学生分享理智的调控；
2. 发现学生可以理解部分(或全部)内容或说明的场景；
3. 提供选择和独立决策的机会；
4. 提供多样化的成功体验方式；
5. 提倡探索性、试验性和假设性的谈话；
6. 鼓励学生从其他学生的疑问和评论中学习；
7. 营造支持冒险的课堂环境；
8. 使用多种能够挑战智力的教学程序；
9. 使用旨在促进优质学习的特定方面的教学程序；
10. 培养学生的全局意识：各种活动是如何有效配合并与宏观理念相联系的；
11. 定期提高学生对优质学习的不同方面本质的认识；
12. 推动评价，将其融入学习过程中。

这些原则对有经验的专业教师来说似乎很有吸

引力，但它们是在有效学习促进项目中，经过多年开发和分享特定实践教学程序而产生的成果。向一位没有教学经验的新教师展示这一列表是徒劳无功的。使用这份列表帮助新教师根据自己的目标和信念分析其早期教学经验，可以促进概念转变。将这些原则应用于教师教育课程及中小学课程中，便意味着开始认识到在这两种背景下重新构建认识论的必要性。自有效学习促进项目施行起，这些原则便从大量经验中提炼而来。

叙事框6：学生注意到你的主要教学目标了吗？

我自1977年开始从事职前教师教育工作，在此之前的3年里，我主要对经验丰富的教师进行培训，这对我之后的工作产生了很大影响。我刚刚完成一个历史教师的培训课程，教授他们如何分析自己的教学。总体来说，他们对自身分析的反应可总结为两点：“我们所说的话远比我们意识到的更多”和“要改变我们说话的次数极其困难”。可以想象一下，我的第一届学员看到我在授课时比大多数同事说话都要少时，要有多么困惑。之所以采取这一策略，是因为我想亲历历史教师所发现的挑战。一个早期的问题变成了“我如何采取精简的模型？”

作为一名教师，你对你的教学持有哪些主要的价值观，要求你以不同于教师行为规范的方式行事？

为补充论证我们此前提及的认识论在科学教学和学习教授科学中的重要性，我们现将视线转到学习教学中的知识习得和知识结构问题。

怀特和冈斯通(Gunstone)(2008)从科学教学的角度对概念转变的相关文献进行了研究。他们分析了关于替代性概念和概念转变的研究进展，结果表明，一些最新的研究“意味着就许多现象而言，人们不可避免地获得某个原始的模型，而这一模型并不会因后续的科学学习而被完全丢弃”(White & Gunstone, 2008, p.627)。我们相信，新教师也是如此，他们刚开启职业生涯时，运用的便是关于教与学如何发生且如何相互联系的原始的模型。“替代性概念和概念转变的一种方法是让学习者进行反思，对新观念持开放态度，认识到新旧观念之间的矛盾并加以解决”(White & Gunstone, 2008, p.627)。舍恩(1983)对问题解决和问题情境进行了区分，对“作为反思实践者的教师”运动发挥了巨大的推动作用(pp.39–42)。他认为，我们通常只专注于解决问题，而不花时间分析问题出现的情境——我们如何理解所要解决的问题。以另一种方式表述问题，从而产生和实行新的解决方案，这对于富有专业精神和反思能力的教师而言极具吸引力。这一观点在教师教育和学习教学的背景下具有内在吸引力，且很快影响到科学教育界常常提倡的概念改变的方法。我们认为，个人在解决问题时使用的是原始的模型，还是更复杂和有说服力的模型作为指导，取决于他所面临的问题情境。

林(2008, pp.694–695)还对“消除”与“区分”学生的观点进行了对比，指出一些研究者认为学生可以新观点取代旧观点，从而“消除”原始观念，而其他研究者(包括她自己)更倾向于认为引入新观点可以使学生分析互相冲突的观点，他们会“区分”两种观点，从而形成认识的连贯性。很明显，知识整合框架聚焦于教给学生如何发现、评估和区分不同的观点这一更丰富且更复杂的任务。

尽管林及其同事未明确指出实验室或实践工作在科学教学中的地位，但亚伯拉罕(Abrahams)和米勒(Millar)(2008, p.1967)探讨了实践活动的有效性问题，得出的结论与知识整合的观点是非常吻合的。

考虑到在任何实践任务之中，帮助学生在有限时间内运用特定物品和材料实现教学目标的重要性显而易见，因此教学“配方”很可能继续在科学实践工作中发挥重要作用。然而，教师如果认识到学生在将自身行为、观察与其思想框架联系起来时所面临的认知挑战，在实践课上便可能尽量平均分配“实践”和“学习”的时间。当然，学习与实践并非是完全割裂的关系，但根据我们在本项研究中的数据可以看出，教师应将更多课程时间投入到帮助学生运用与现象相关的想法上，而非将成功从现象中产生想法视为课程目标。

我们得出了几个关于学习教授科学的结论，它们对我们的整体观点具有重要作用。

1. 学生、新教师和老教师的学习过程有很多共同之处。

2. 概念改变或概念重构，对于学习科学的学生和科学专业的职前教师都至关重要。科学教育工作者持续寻求方法来帮助更多教师开展概念改变教学，而教师教育工作者则持续寻求方法，帮助更多新教师采取能够提升其专业意识与信心的学习策略。

3. 概念重构或概念改变的进程无法人为设定。概念重构往往发生在那些有信心积极寻求新方式来看待自己学习的人身上，无论是科学学习还是学习如何教授科学。

以上是我们关于在学习如何教学的背景下获取和构建知识的重要观点。而关于学习如何教授科学的课程仍然更多以传统方式开展，而非在上述观点的指导下进行。

远大图景：学习就是吸收或知识整合的过程

20世纪初，最初的学校开始建立起来，孩子们入学接受教育，社会各界似乎对以传送、吸收和传授主义为特征的教学方法感到满意。正如霍特克(Hoetker)和阿尔布兰德(Ahlbrand)(1969)在有关“背诵的持久性”(the persistence of the recitation)的文章中总结的那样，师生互动模式长期处于高度稳定状态，而且学生往往是被动的一方。那些想要提高学校课堂学习质量的人经常使用诸如“元认知”“主动学习”“参与”“深度学习”“转化学习”，以及最近出现的“知识整合”等术语。林和埃伦(2011)认为，仅仅满足于使学生吸收知识的传统教学方法远远不够，并且

> 无法满足学生或教师的需求。期望学生吸收信息意味着他们的原有概念并无多少价值。此外，大多数学生都是认知经济专家，希望经济地使用其认知资源。若教学强调知识的吸收，这发出的信息是，学生无须批判地看待证据或调和显而易见的矛盾。事实上，这种强调知识吸收的教学方法可能导致学生认为根本不须理解科学。
>
> (p.7)

他们从以下几方面阐述了支持知识整合的观点：

> 无法有效达成知识吸收时，人们通常会辩解说：(a) 学生缺乏足够动机或不够努力；

(b)学生需要补充词汇量，掌握一些事实或细节，或在理解手中的材料之前提升推理技能；(c)学生受错误概念或朴素观念的干扰，影响其吸收新知识的能力。大多数教材、课程甚至实验室实践活动都是在知识吸收这种思想的指导下而设计的。在本书中，我们认为应采用知识整合(knowledge integration, KI)的方法来设计教学，这一方法以个人想法为基础，运用证据区分替代性概念，并反思有关科学现象的替代性表述。

(Linn & Eylon, 2011, p.4)

正如林和埃伦(2011, p.10)所指出的，其知识整合框架是建立在关于通过探究学习这一主题的大量研究的基础之上的。在“拥有大量探究式学习机会的环境中，学生能够经常参与完整的探究过程，包括自己提出问题，收集和分析数据，并评估针对假设和理论的证据”(Jeong & Songer, 2008, p.180)。

林及其同事对教学的立场似乎与哈蒂(Hattie, 2008, 2012)近期的研究高度一致，哈蒂(2008, 2012)在其研究中强烈呼吁教师首先关注其对学生学习的影响。相较于林及其同事描述的10种设计模式，哈蒂则主张“多途径学习”“多途径互动”“多种实践机会”和“意识到自己正在学习”(Hattie, 2012, pp.101－102)。哈蒂总结了他对教师工作的分析，提出了有关思维的八个心智结构(Hattie, 2012, pp.160－168)。“我认为运用这些思维方式的教师和学校领导更有可能对其学生的学习产生重大影响”(Hattie, 2012, p.160)。

“心智的结构”“心智结构”或“思维方式”这三个术语呼吁人们关注教师如何从全局角度思考工作的重要性。“结构”(frame)是个颇具价值的术语，因为它与舍恩(1983)所用的术语“重构”(framing)相契合，即学生的一个意想不到或令人困惑的反应可能触发一种新的思维方式，反过来对学生或情境进行反馈。舍恩将其称之为“行动中的反思”，而其中的关键便是“行动中”。理论重构似乎更可能发生在课堂活动中，而非在讲座或有关课程活动的阅读中。当新行动与教师和学生现有的公认课堂行为模式相遇时，极有可能引发冲突和紧张状态。若我们提醒自身，这些典型的行为模式是学生时代对教师多年的观察而养成的习惯，那么基于改变习惯的困难(Duhigg, 2012)，我们可以认识到，在发展教师专业技能的所有工作中，都必须考虑心智结构和教学习惯这两个因素(Duhigg, 2012)。叙事框7阐述了一个科学专业的职前教师是如何同时关联和发展其教学习惯和心智结构的。

叙事框7：科学专业职前教师眼中的专业学习

以下是对我的元认知分析，包括个人和教学习惯，以及我关于学生如何学习的心智结构。这一分析旨在帮助我更深入地理解过去两个月中的专业成长，因为我在总结自身教学和学习时，得到了应该让所有教师都知晓的一些深刻教训。首先，我认识到教师需要学习效果与教学方法两手抓。其次，我认识到奖励实际上也会伤害学生。

在首次实习中，我真正采取了主动学习的策略(Knight, 2004)。我在教学设计中多次运用POE(预测—观察—解释)教学策略，并采纳PEEL的一些教学程序。令人遗憾的是，当我回到加拿大女王大学时，我竟说不出我的学生真正学到了多少知识。这让我感到十分困惑。使我消除疑惑的是哈蒂(2012, p.24)对“受到启发的和有激情的教师”如何设计教学的表述：在思考如何上课之前，首先应聚焦学生需要实现的学习。因此，在第二次实习时，我查阅了科学课程文件

(加拿大安大略省教育局[Ontario Ministry of Education], 2008)，找到我所教内容对应的标准。而后专注于“运用心智结构培养学生的智力需求、挑战和学习”(Hattie, 2012, p.35)。这一招奏效了！学生的学习效果相对不错。我虽然成为了一名专注、果敢的教师，但却感到有些力不从心。因为我将全部注意力都倾注在学习上，却忽视了多种不同的教学方法。尽管如此，我还是在增进与学生的情感方面取得了巨大进步。正如阿尔菲·科恩(Alfie Kohn)所言，我已经开始“与学生一起学习”，而不是“对学生做什么”。然而，就教学方法而言，我仅仅会使用一种策略，即授课以及接下来帮助学生解决问题。

为了解决缺乏教学方法这一问题，我重新回顾了PEEL中的教学程序，从而发现了一个具有深刻教学见解的全新世界。于我而言，这不再只是一个关于各种教学方法的数据库，而是个可以帮助我解决各种学习问题的工具箱。随后伊恩·米切尔(Ian Mitchell)向我展示了菜单选项，我可以根据学习要求浏览其中的教学程序。现在我知道我需要各种不同的教学方法，以更好地促进所期待的学生学习。另一种更加学术的说法是：我需要发展自身整合技术的学科教学知识(Mishra & Koehler, 2006)。还有一种更具创意的说法是：学习效果与教学方法两手抓。

与学生“合作”的想法和伊恩·米切尔关于同学生分享智力控制的表述不谋而合。这一想法也超出了教学内容的范畴，即使其具有内容学习的含义……在对自身学习充满信心、具有决策权时，我自己也感受到了这一点。而这对我的学习方式产生了最为重要的影响。在此情况下，我不仅更加享受学习过程，还希望自己的学习富有成效，因而其内在价值也在这一过程中得到放大。我希望学生能享受发现事物的乐趣。相较于用胡萝卜加大棒的方式调动学生快乐的官能(我指的是正强化及其不可避免的后果)，现在我意识到，我在课程内容上并没有太多的发挥空间。然而我深信，如果我可以将任何内容都以有趣的问题来呈现，那么学生就可以获得解决问题的自主权，从而进行选择。如此一来，他们可以学到更多课本以外的东西，他们也会明白那些内容为何出现在课本上了。

关于我对学习的智力控制的效果可以参见我准备的一张海报。作为一名教师，我须记住为什么我喜欢物理和数学。如果我都意识不到我所教的内容的价值，那么我的学生永远也意识不到。我们可能会通过课程的考核，但这样的努力毫无意义！我深知自己不能教给学生所有的东西，也不能指望他们喜欢我所喜欢的一切。此外，我需要给他们自由来决定他们在哪里看到潜在的价值。然而，我是课堂上的领导者，我对他们所学内容的态度将影响他们的兴趣以及他们对这门课的重视程度。所以，如果我能专注于学习，以及如何教学，给予学生以必要的尊重和选择，鼓励他们克服弱点和勇于冒险，心怀希望学生成为的那种人并以此为学生树立榜样，那么我就能发现更多帮助学生学习的方法。

马修·布朗(Matthew Brown)，加拿大女王大学，2013年2月12日

布洛克(Bullock, 2011)对五名科学专业的职前教师在科学方法课和各种实习活动中的专业学习进行了详细分析，使我们进一步理解了有关教学的前概念、新的心智结构与发展有效的科学教学习惯之间的复杂关系。科学教师教育工作者分析自身实践的一系列个案研究(Bullock & Russell, 2012)进

一步揭示了心智结构与习惯的复杂关系。

正如哈蒂和林所指出的，就思考学习的心智结构而言，知识吸收与知识整合二者之间的一个主要区别在于知识整合是对教师的要求；使学生的学习过程外显化意味着教师必须更加主动地倾听学生的表达，这远远超出了知识吸收的要求。库克–萨瑟(Cook-Sather, 2002)清楚地陈述了这些问题：

> 肯定学生的观点至关重要，因为这可以改进当前的教育实践，为当前有关教育改革的讨论提供参考，并指出有待进一步开展的讨论和改革。肯定学生观点可直接改善教育实践，因为当教师听取学生意见并向学生学习时，他们便开始从这些学生的视角看待世界。
>
> (p.3)

倾听学生的声音可能是科学教学学习者最难培养的新习惯之一；因为在此前的学习生涯中，他们自身的声音并未得到教师倾听，自然也就难以形成这一思维习惯，从而也不具备相关的体验。

> 我在此提出肯定学生观点，并不是让教师仅仅表现出鼓励学生参与的姿态。这关乎将学生纳入有关教育政策和实践的讨论以改变其术语与效果。这一变革必须打破根深蒂固的传统思维方式或陈旧的参与结构。
>
> (Cook-Sather, 2002, p.12)

从上述观点中，我们得出这一结论：若要为学习教授科学创造更好的条件，我们需要在某种程度上注重学生的参与，促进新习惯和心智结构的养成(Featherstone & Grade 10 students, 1997)。

为学习教授科学创造更好的条件

怀特(2001, p.457)认为，从1980年到2000年的二十年间，科学教学研究领域出现了一场革命："仅研究数量的变化便足以称得上是'革命'，但更为重要的是研究性质的变化"。在此背景下，变革和改进科学教育的呼声十分响亮(例如美国科学促进会[American Association for the Advancement of Science], 1989, 1993, 2001；加拿大教育部长理事会[Council of Ministers of Education, Canada], 1997；澳大利亚课程事务所[Curriculum Corporation], 1994a, 1994b；美国国家研究理事会, 1996, 2006)。这些建议中最关键的是科学课堂的变革，即教学环境应支持学生探索有助于深化理解科学内容和过程的问题，并鼓励学生分享其不断发展的思想和信息(Crawford, Krajcik, & Marx, 1999; Krajcik & Blumenfeld, 2006)。更广泛地说，这些改革能够推动人们更密切地关注学生对科学本质和科学探究的理解(Lederman, 1992, 1998)。莱德曼(Lederman, 1998)指出，要实现文献中所谈到的科学教学与学习的愿景，如果教师对这些概念没有全面的理解，那么希望也就十分渺茫了。如果职前教师要真正推动改革，使自身及其学生都具备科学素养，那么必须将这些理解纳入职前教师培养课程中，但仅仅采取这一举措仍然远远不够。霍德森(1998)在苏格兰课程咨询委员会(Scottish Consultatire Council on the Curriculum)讨论文件(1996)的基础上，提出科学素养远不止于获得科学知识、理解和技能。"它还涉及个人素质和态度的提升，对涉及科学和/或技术的一系列问题形成自己的观点，以及形成内在的价值立场"(p.3)。

将学习科学作为一门学科

杜伊特和特雷古斯特(1998)将学习科学与学生和教师对科学内容、科学本质的理解，以及科学教学的目标、教学事件的目标和学习过程的本质等联系起来。“学习科学”具有多重结构要素，其复杂性道出了许多科学教师教育工作中的难题。这其中包括学生对科学和科学探究观念的牢固程度，及其学习科学的经历对其观念产生的持续影响——除了命题知识之外的程序性知识维度，学生在科学课堂上接触到的教学法及其对这些教学法的(潜意识的)理解。

莱德曼(1998)认为，科学教育改革对科学探究的目标要求含混不清。可将探究理解为是(a)学生在进行科学研究时进行学习和整合的一系列技能；(b)学生应该达到的认知结果，不仅涉及“实践”，还涉及“知道自己为何实践”；或(c)基于学生需要从实践中获得科学而非学习科学或学习如何实践科学的教学支架。科学教师往往只关注了教育改革文件中关于科学探究的教学法方面，“而在重组过程中丢掉了前两种理解”(Lederman, 1998)。这便是科学教师教育工作者应走的路径。除非职前教师能区分这些观点，否则他们将很难在自己的课堂上达到探究应有的效果——最坏的情况是只会照搬方法，或者不知应该从实践中学习。

将科学视为不断自我置疑的学科，是以知识的正当性为前提的。如果学生发展并坚持最终形式的科学观，显然，他们没有很好地理解科学知识的暂定性这一属性。将科学视为绝对真理和最终形式的威权主义观点十分盛行(Duschl, 1990)。这就提出了一个问题，教师教育工作者如何挑战其学生对于科学的理解，以及职前教师在校期间所接受的教育中在多大程度上是将科学看作是一成不变的。

科学话语的意义

若不仔细关注用以理解世界的特定科学语言，科学理解便无从谈起。若无科学用以构建其世界观的特定技术语言，“缺乏技术语言来构建其世界观，科学是不可想象的”(Martin, 1990, p.115)。怀尔德(Wildy)和华莱士(Wallace)(1995)认为优秀的科学教师重视学科结构与规范，帮助学生接受、使用科学语言和规程，使学生理解科学。这需要明确如何使用科学语言来“分类、分解和解释”并“使用规程和规范来定义和组织学科。这种技术语言涉及通用结构，如报告、解释、定义和实验，以描述科学内容和科学世界观”(Wildy & Wallace, 1995, p.153)。科斯塔(Costa, 1993)将学校里的科学比作一种成人礼，学生要熟悉和理解其专业语言和已达成共识的程序，从而成为科学界的一员。有两点值得关注：

(1)关于学生是否通过学校科学教育后便可成为科学界一员，这一问题仍然存在一些争论：

> 如果科学不支持其探究和实验目标，其性质就会发生变化。学校里的科学不同于实验科学，因其开展的场所是学校，而学校的目标不同于科学学科的目标，因此学校里的科学并非真实的实验科学。
>
> (Munby, Cunningham, & Lock, 2000, p.208)

(2)对于一些学生而言，科学课堂的实际学习经历还远远不足以使其理解科学的部分真谛：

> 除了抄写老师的笔记(而不是我们自己的话)、完成老师安排的实验，我们几乎什么都不做。换句话说，我们并没有做真正的研究工作……我们就是坐着看老师演示，听老师

讲课。每个人都静静地坐着，好像是在认真听讲。我讨厌科学。

(Baird, Gunstone, Penna, Fensham, & White, 1990, p. 13)

简言之，科学无法在缺少其话语的情况下被学习或教授。同样，我们认为，在缺乏教育话语的情况下，我们无法学习或教授进行科学教学。人们经常批评现在学习教授科学的情况与学校里的科学教学一样，不能展示真实的学科属性，科学教师教育课程必须始终努力避免这一点。

最后，知识整合框架为那些想为学习教授科学创造更好条件的人提供了有力支持。林(2008)提出了关于概念改变值得共同思考的五大核心问题：记忆和遗忘对理解曲线的影响、影响学生发展速度的因素、学习情境的重要性、区分科学现象的解读类型，以及解释学生对促进其理解和自我监控的教学活动的反应(Linn, 2008, pp. 695–702)。

> 知识整合的观点将概念改变与有效教学联系起来。这表明，在与教学研究相结合时，有关概念改变的研究将最具说服力……从根本上来说，学生思想的可变性是一个有价值的特征……融入学生思想的可变性和创造性的教学有可能促进概念改变。知识整合框架并不提倡缺乏指导的发现或激进的建构主义，而是认为理解学生在认识科学时产生的新想法，有助于进行重要和必要的设计决策。
>
> (Linn, 2008, p. 715)

在学习教授科学这一领域，我们必须承认科学专业的职前教师也会产生新的想法，这些想法关乎对于科学以及如何传授科学知识的理解。在知识整合框架的指导下，在教学中探索这些思想，将有助于为学习教授科学创造更好的条件。

结语

尽管人们仍很有可能将改善科学教学的希望寄托于新教师，但是概念改变的有关研究表明，这一方法存在根本性的缺陷。经验丰富的教师和教师教育工作者要求新教师开展他们自身都未进行过的尝试，便是忽略了这样一个现实，即我们往往是通过模仿而非按照他人的要求来开展教学。通过回顾关于学习教授科学方面的文献，我们发现，总体而言，科学教师教育工作者仍然不愿在其教学中运用研究中所建议的流程和策略。教师逐渐认识到，行动研究是一种在实践中探索概念改变教学挑战的方法。同样，教师教育工作者在给科学专业的职前教师上课时，必须探索同样的教学挑战。教师教育实践自我研究的文献日益丰富，为此提供了指导与说明(Loughran, Hamilton, LaBoskey, & Russell, 2004)。

许多人对能否推进变革感到悲观。在本章中，我们努力表明，推进改革需要革新认识论与概念，我们不仅要重新认识科学教学，还要重新审视如何学习教授科学。思想变革必须辅以行动转变。若要取得进展，应将促进我们认识科学教学的观点迁移到学习教授科学这一领域中。二者似乎是独立进行的，因为大学的隐性认识论表明，研究成果可以而且应该传递给实践者。这种隐性认识论未认识到实践者如何学习，也未认识到大学教师既是研究者又是实践者这一事实。我们赞同舍恩(1995)的呼吁，即必须在大学和中小学探索和发展一种新的认识论，但这一呼吁却被很多人忽视。因此，在思考概念改变时，我们不能仅仅考虑学生和职前教师转变对现象的思考，也应考虑职前教师转变对教育的思考。同样，概念改变不仅发生在学生身上，也发生在职前教师、经验丰富的教师、教师教育工作者乃至大中小学教师的身上。知识整合框架是构建认识论和概念改变支架方面迈出的重要一步。要探讨为学习教授科学创造更好条件这一问题，便应对理论与实践进行全面分析。

致谢

感谢J. 约翰·洛克伦(J. John Loughran)与M. 盖尔·琼斯(M. Gail Jones)审阅本章内容。

参考文献

Abrahams, I., & Millar, R. (2008). Does practical work really work? A study of the effectiveness of practical work as a teaching and learning method in school science. *International Journal of Science Education, 30*(14), 1945–1969.

American Association for the Advancement of Science. (1989). *Science for all Americans.* New York, NY: Oxford University Press.

American Association for the Advancement of Science. (1993). *Benchmarks for science literacy.* New York, NY: Oxford University Press.

American Association for the Advancement of Science. (2001). *Designs for science literacy.* New York, NY: Oxford University Press.

Anderson, R.D., & Mitchener, C.P. (1996). Research on science teacher education. In D. Gabel (Ed.), *Handbook of research on science teaching and learning* (pp. 3–44). New York, NY: Macmillan.

Ausubel, D. (1968). *Educational psychology: A cognitive view.* New York, NY: Holt, Rinehart & Winston.

Baird, J. R., Gunstone, R. F., Penna, C., Fensham, P. J., & White, R. T. (1990). Researching balance between cognition and affect in science teaching and learning. *Research in Science Education, 20,* 11–20.

Baird, J. R., & Mitchell, I. M. (Eds.). (1986). *Improving the quality of teaching and learning: An Australian Case Study—The PEEL Project.* Melbourne, VIC, Australia: Monash University.

Bullock, S. M. (2011). *Inside teacher education: Challenging prior views of teaching and learning.* Rotterdam, the Netherlands: Sense Publishers.

Bullock, S. M., & Russell, T. (Eds.). (2012). *Self-studies of science teacher education practices.* Dordrecht, the Netherlands: Springer.

Bryan, L. A., & Abell, S. K. (1999). The development of professional knowledge in learning to teach elementary science. *Journal of Research in Science Teaching, 36,* 121–139.

Chinn, C.A., & Brewer, W.F. (1998). Theories of knowledge acquisition. In B. J. Fraser & K. G. Tobin (Eds.), *International handbook of science education, Part one* (pp. 97–113). Dordrecht, the Netherlands: Kluwer Academic Publishers.

Cook-Sather, A. (2002). Authorizing students' perspectives: Toward trust, dialogue, and change in education. *Educational Researcher, 31*(4), 3–14.

Costa, V. B. (1993). School science as a rite of passage: A new frame for familiar problems. *Journal of Research in Science Teaching, 30,* 649–668.

Council of Ministers of Education, Canada. (1997). *Pan-Canadian protocol for collaboration on school curriculum: Common framework of science learning outcomes K–12 (draft).* Toronto, ON: Author.

Crawford, B. A., Krajcik, J. S., & Marx, R. W. (1999). Elements of a community of learners in a middle school science classroom. *Science Education, 83,* 701–723.

Curriculum Corporation. (1994a). *Science—a curriculum profile for Australian schools.* Carlton, VIC, Australia: Curriculum Corporation.

Curriculum Corporation. (1994b). *A statement on science for Australian schools.* Carlton, VIC, Australia: Curriculum Corporation.

Dewey, J. (1938). *Experience and education.* New York, NY: Macmillan.

DiSessa, A. (1993). Toward an epistemology of physics. *Cognition and Instruction, 10,* 105–225.

Driver, R. (1989). Changing conceptions. In P. Adey, J. Bliss,

J. Head, & M. Shayer (Eds.), *Adolescent development and school science* (pp.79 – 99). Lewes, UK: Falmer Press.

Duhigg, C. (2012). *The power of habit: Why we do what we do in life and business.* Toronto, ON: Doubleday Canada.

Duit, R., & Treagust, D. F. (1998). Learning in science—from behaviourism towards social constructivism and beyond. In B.J. Fraser & K.G. Tobin (Eds.), *International handbook of science education, Part one* (pp. 3 – 26). Dordrecht, the Netherlands: Kluwer Academic Publishers.

Duschl, R. A. (1990). *Restructuring science education: The importance of theories and their development.* New York, NY: Teachers College Press.

Duschl, R. A., & Hamilton, R. J. (1998). Conceptual change in science and in the learning of science. In B. J. Fraser & K. G. Tobin (Eds.), *International handbook of science education, Part two* (pp.1047 – 1065). Dordrecht, the Netherlands: Kluwer Academic Publishers.

Elby, A. (2001). Helping physics students learn how to learn. *American Journal of Physics, Physics Education Research Supplement, 69*(7), S54 –S64.

Farnham-Diggory, S. (1994). Paradigms of knowledge and instruction. *Review of Educational Research, 64*, 463 – 477.

Featherstone, D., & Grade 10 science students. (1997). Students as critical friends: Helping students find voices. In D. Featherstone, H. Munby, & T. Russell (Eds.), *Finding a voice while learning to teach* (pp.120 – 136). London, UK: Falmer Press.

Franklin, U. (1994). *Making connections: Science and the future of citizenship.* Paper presented at the meeting of the Science Teachers Association of Ontario, Toronto.

Guzzetti, B. J., Snyder, T.E., Glass, G. V., & Gamas, W. S. (1993). Promoting conceptual change in science: A comparative meta-analysis of instructional interventions from reading education and science education. *Reading Research Quarterly, 28*(2), 117 – 154.

Handelsman, J., Ebert-May, D., Beichner, R., Bruns, P., Chang, A., DeHaan, R., et al. (2004). Scientific teaching. *Science, 304*, 521 – 522.

Hattie, J. (2008).*Visible learning: A synthesis of over 800 meta-analyses relating to achievement.* London, UK: Routledge.

Hattie, J. (2012). *Visible learning for teachers: Maximizing impact on learning.* London, UK: Routledge.

Hewson, P. W., Beeth, M. E., & Thorley, N. R. (1998). Teaching for conceptual change. In B. J. Fraser & K. G. Tobin (Eds.), *International handbook of science education* (pp.199 – 218). Dordrecht, the Netherlands: Kluwer Academic Publishers.

Hodson, D. (1998). *Teaching and learning science: Towards a personalized approach.* Buckingham, UK: Open University Press.

Hoetker, J., & Ahlbrand, W. P. (1969). The persistence of the recitation. *American Educational Research Journal, 6*(2), 145 – 167.

Jeong, H., & Songer, N. B. (2008). Understanding scientific evidence and the data collection process: Explorations of why, who, when, what, and how. In C. L. Petroselli (Ed.), *Science education issues and developments* (pp.169 – 200). New York, NY: Nova Science Publishers.

Kagan, D. M. (1992). Implications of research on teacher belief. *Educational Psychologist, 27*(1), 65 – 90.

Kelly, G. (1955). *The psychology of personal constructs.* New York, NY: Norton.

Knight, R. D. (2004). *Five easy lessons: Strategies for successful physics teaching.* San Francisco, CA: Addison-Wesley.

Krajcik, J. S., & Blumenfeld, P. C. (2006). Project-based learning. In R.K. Sawyer (Ed.), *The Cambridge handbook of the learning sciences* (pp.317 – 333). Cambridge, UK: Cambridge University Press.

Lederman, N. G. (1992). Students' and teachers' conceptions of the nature of science: A review of the research. *Journal of Research in Science Teaching, 29*, 331 – 359.

Lederman, N. G. (1998). The state of science education: Subject matter without context. *Electronic Journal of Science Education, 3*(2). Retrieved from http://wolfweb.unr.edu/homepage/jcannon/ejse/lederman.html

Linn, M. C. (2006). The knowledge integration perspective on learning and instruction. In R.K. Sawyer (Ed.), *The Cambridge handbook of the learning sciences* (pp. 243 – 264). Cambridge, UK: Cambridge University Press.

Linn, M. C. (2008). Teaching for conceptual change: Distinguish or extinguish ideas. In S. Vosniadou (Ed.), *International handbook of research on conceptual change* (pp. 694 – 722). London, UK: Routledge.

Linn, M. C., & Eylon, B. -S. (2006). Science education:

Integrating views of learning and instruction. In P. A. Alexander & P. H. Winne (Eds.), *Handbook of educational psychology* (2nd ed., pp. 511–544). Mahwah, NJ: Lawrence Erlbaum Associates.

Linn, M. C., & Eylon, B. -S. (2011). *Science learning and instruction: Taking advantage of technology to promote knowledge integration.* London, UK: Routledge.

Linn, M. C., Kali, Y., Davis, E. A., & Horwitz, P. (2008). Policies to promote coherence. In Y. Kali, M. C. Linn, & J. E. Roseman (Eds.), *Designing coherent science education: Implications for curriculum, instruction, and policy* (pp. 201–210). New York, NY: Teachers College Press.

Loughran, J. J., Hamilton, M. L., LaBoskey, V. K., & Russell, T. (Eds.). (2004). *International handbook of self-study of teaching and teacher education practices.* Dordrecht, the Netherlands: Kluwer Academic Publishers.

Martin, J. R. (1990). Literacy in science: Learning to handle text as technology. In R. Christie (Ed.), *Literacy for a changing world* (pp. 79–117). Hawthorn, VIC, Australia: Australian Council for Educational Research.

McDevitt, T. M., & Ormrod, J. E. (2002). *Child development and education.* Upper Saddle River, NJ: Merrill Prentice Hall.

McGoey, J., & Ross, J. (1999). Research, practice, and teacher internship. *Journal of Research in Science Teaching, 36*(2), 117–120.

Mintzes, J. J., Wandersee, J. H., & Novak, J. D. (1997). Meaningful learning in science: The human constructivist perspective. In G. D. Phye (Ed.), *Handbook of academic learning: Construction of knowledge* (pp. 404–447). San Diego, CA: Academic Press.

Mishra, P., & Koehler, M. (2006). Technological pedagogical content knowledge: A framework for teacher knowledge. *Teachers College Record, 108*(6), 1017–1054.

Mitchell, I. (2009). *Teaching for effective learning: The complete book of PEEL teaching procedures* (4th ed.). Melbourne, VIC, Australia: PEEL Publishing (see also http://peelweb.org).

Mitchell, I., Mitchell, J., McKinnon, R., & Scheele, S. (2004). *PEEL in practice: 1100 ideas for quality teaching.* Melbourne, VIC, Australia: PEEL Publishing.

Munby, H., Cunningham, M., & Lock, C. (2000). School science culture: A case study of barriers to developing professional knowledge. *Science Education, 84*(2), 193–211.

Munby, H., & Russell, T. (1994). The authority of experience in learning to teach: Messages from a physics method class. *Journal of Teacher Education, 45*(2), 86–95.

National Research Council. (1996). *National science education standards.* Washington, DC: National Academies Press.

National Research Council. (2006). *Learning to think spatially.* Washington, DC: National Academies Press.

Northfield, J. (1998). Teacher education and the practice of science teacher education. In B.J. Fraser & K. G. Tobin (Eds.), *International handbook of science teacher education* (pp. 695–706). Dordrecht, the Netherlands: Kluwer.

Novak, J. (1987). Human constructivism: Toward a unity of psychological and epistemological meaning making. In J.D. Novak (Ed.), *Proceedings of the second international seminar on misconceptions and educational strategies in science and mathematics* (Vol. 1, pp. 349–360). Ithaca, NY: Cornell University Department of Education.

Novak, J. (1989). The use of metacognitive tools to facilitate meaningful learning. In P. Adey (Ed.), *Adolescent development and school science* (pp. 227–239). London, UK: Falmer Press.

Novak, J. (1993). Human constructivism: A unification of psychological and epistemological phenomena in meaning making. *International Journal of Personal Construct Psychology, 6*, 167–193.

Novak, J., & Gowin, D. B. (1984). *Learning how to learn.* Cambridge, UK: Cambridge University Press.

Ontario Ministry of Education. (2008). *The Ontario curriculum grades 11 and 12: Science.* Toronto, ON: Queen's Printer.

Özdemir, G., & Clark, D. B. (2007). An overview of conceptual change theories. *Eurasia Journal of Mathematics, Science & Technology Education, 3*(4), 351–361.

Pelech, J., & Pieper, G. (Ed.). (2010). *The comprehensive handbook of constructivist teaching: From theory to practice.* Charlotte, NC: Information Age Publishing.

Pfundt, H., & Duit, R. (1994). *Students' alternative frameworks and science education.* Kiel, Germany: Institute for Science Education, University of Kiel.

Posner, G. J., Strike, K. A., Hewson, P. W., & Gertzog, W.

A. (1982). Accommodation of a scientific conception: Toward a theory of conceptual change. *Science Education, 66*, 211–227.

Russell, T. (2000). Teaching to build on school experiences. In R. Upitis (Ed.), *Who will teach? A case study of teacher education reform* (pp. 227–240). San Francisco, CA: Caddo Gap Press.

Sarason, S. B. (1996). *Revisiting "the culture of the school and the problem of change."* New York, NY: Teachers College Press.

Sawyer, R. K. (2006). Introduction: The new science of learning. In R. K. Sawyer (Ed.), *The Cambridge handbook of the learning sciences* (pp. 1–16). Cambridge, UK: Cambridge University Press.

Schön, D. A. (1983). *The reflective practitioner: How professionals think in action.* New York, NY: Basic Books.

Schön, D. A. (1995). The new scholarship requires a new epistemology. *Change, 27*, 27–34.

Scott, P., Asoko, H., & Driver, R. (1992). Teaching for conceptual change: A review of strategies. In R. Duit, F. Goldberg, & H. Neidderer (Eds.), *Research in physics learning: Theoretical issues and empirical studies* (pp. 310–329). Kiel, Germany: Schmidt & Klannig.

Scott, P. H., & Driver, R. H. (1998). Learning about science teaching: Perspectives from an action research project. In B. J. Fraser & K.G. Tobin (Eds.), *International handbook of science education* (pp. 67–80). Dordrecht, the Netherlands: Kluwer Academic Publishers.

Scottish Consultative Council on the Curriculum. (1996). *Science education in Scottish schools: Looking to the future.* Broughty Ferry, Scotland: Author.

Tudge, J., & Scrimsher, S. (2003). Lev S. Vygotsky on education: A cultural-historical, interpersonal, and individual approach to development. In B.J. Zimmerman & D.H. Schunk (Eds.), *Educational psychology, a century of contributions* (pp. 207–228). Mahwah, NJ: Lawrence Erlbaum Associates.

Vosniadou, S. (1994). Capturing and modeling the process of conceptual change. *Learning and Instruction, 4*, 45–69.

Vosniadou, S. (Ed.). (2008). *International handbook of research on conceptual change.* London: Routledge.

Wandersee, J., Mintzes, J., & Novak, J. (1994). Research on alternative conceptions in science. In D. Gabel (Ed.), *Handbook of research on science teaching and learning* (pp. 177–210). New York: Macmillan.

White, R. (2001). The revolution in research on science teaching. In V. Richardson (Ed.), *Handbook of research on teaching* (4th ed., pp. 457–471). Washington, DC: American Educational Research Association.

White, R. T., & Gunstone, R. F. (2008). The conceptual change approach and the teaching of science. In S. Vosniadou (Ed.), *International handbook of research on conceptual change* (pp. 619–628). London, UK: Routledge.

White, R. T., & Mitchell, I. J. (1994). Metacognition and the quality of learning. *Studies in Science Education, 23*, 21–37.

Wildy, H., & Wallace, J. (1995). Understanding teaching or teaching for understanding: Alternative frameworks for science classrooms. *Journal of Research in Science Teaching, 32*, 143–156.

Zembel-Saul, C., Krajcik, J., & Blumenfeld, P. (2002). Elementary student teachers' science content representations. *Journal of Research in Science Teaching, 39*, 443–463.

Research on Teacher Professional Development Programs in Science

JULIE A. LUFT AND PETER W. HEWSON

第44章
科学教师专业发展项目研究

何翠玲 译 佘建云 审校

科学教师是联系当今和未来面向科学的公民的重要纽带。为了帮助学生更好地应对21世纪的科技变革，科学教师需要持续的专业发展机会。教师和学生所处的社会在不断发展，关于专业发展的教育项目也需要新的方法与研究。关于教师专业发展的研究应当提出针对性的有效方法，以使科学教师能够提高、改进或重构其教学实践。

本章内容旨在为参与开发、制定和研究教师专业发展项目（Professional Development Program [PDP]）的科学教师教育者提供指导。为此，我们将回顾近年来关于科学教师PDP的研究成果，在此基础上建立一个将政策、PDP、教师和学生相互关联的模型，并推荐一些能促进教师专业发展的研究领域。该模型不仅反映出上述关键要素之间的关系，而且还体现出PDP是处于动态情境之中的。

本章主要包含以下几个部分。首先，我们将探讨科学教师PDP最重要的特征。接下来，我们将回溯对于一般意义上的PDP以及科学教师PDP的先导研究、PDP研究，并对本文中所使用文献的筛选过程进行说明。在此概述之后，我们将根据由政策、PDP、教师和学生构成的关联模型，对综述部分的相关研究展开论述。我们将在本章的各部分讨论相关的重要文献，并提供进一步研究的思路。本章最后将讨论科学教师PDP中的“棘手问题”（Rittel & Webber, 1973），并为今后的研究提出建议。

科学教师PDP

专业发展可被视为教师的持续学习经历，可以始于教师开展课堂教学工作之前，并持续到其教学生涯结束为止。对于科学教师而言，科学的独特性是教师实践和教师学习的基本要素。因此对于旨在促进教师实践和教师学习而设计的项目而言，这种独特性也理应成为其基本要素。专业发展的整个过程最终会受到政策的影响，并与学生的学习息息相关。

对于致力于PDP的人士，他们的一个关注点是专业学习，旨在消除“PDP是为教师提供技能和知识的”这一片面的理解。依据人们对于专业学习的早期定义，教师是在独立或集体工作的过程中学习的，并且他们的学习是由其所处的环境所指引的。专业学习的早期倡导者利伯曼（Lieberman, 1995, p. 592）认为，学习“既是个人的，也是职业的；既是单独的，也是集体的；既是基于探究的，也是技术性的”。最近，专业学习的概念进一步发展为教师、学校和学习活动之间复杂而反复的交互作用（Opfer & Pedder, 2011）。专业学习为PDP的概念化和实施提供了重要框架。

本文重点关注专业学习过程的一个领域：科学教师PDP。作为教师职业生涯的重要组成部分，PDP是职前教师培养项目之后为科学教师提供的针对性学习机会。这些项目着眼于重点内容，对支持和指导教师学习的情境予以关注，同时包含了对教师学习提供支持的各环节（Darling-Hammond, Chung Wei, Andree, Richardson, & Orphanos, 2009）。正如我们在后文所讨论的，PDP受到政策的影响，并与学生的学习息息相关。

当关注PDP时，摒弃以下观念非常重要：项目和项目开发人员是主动的提供方，而教师是被动的接受方。相反，认识到“教师对其自身专业发展负责”这一点极为重要（Kennedy, 1999; Shapiro & Last, 2002; Wilson & Berne, 1999）。无论何种活动，其目的都应该是支持教师对自己的学习负责，并成为积极的学习者。

科学教师PDP有自身特有的要求，项目的内容、情境和过程也应明确界定。科学教师PDP的内容应以学科为中心，由范畴和知识构成。根据加德纳（Gardner, 1972, p. 26）的观点，学科是“从A（如空气动力学，aerodynamics）到Z（如动物学，zoology）跨字母表的”专门研究领域，而范畴是被研究或被探索对象的集合，如生物或元素。学科知识可以由本学科产生，有时也可以是跨学科的。

学科知识具有实体结构，是“强有力地指导学科研究的相关思想的集合”（Gardner, 1972, p. 27）。就科学而言，学科知识包括在学科研究中至关重要的理论、定律、事实和概念。学科知识还包括语法结构（Schwab, 1964）和学科产生知识的方式（Gardner, 1972）。在科学中，这囊括了科学家在探究过程中使用的逻辑和推理。

科学教师PDP的情境小到学校环境，大到国家政策。在学校层面，情境决策与科学教师学习获得的支持有关。这可以与PDP的设计相联系，此处的PDP可以包含同一学校中参与了某个学习型社区的教师（Darling-Hammond et al., 2009）。PDP设计同时也要考虑当地的情境因素，这些因素可能包括学生的文化背景、语言需求，或者教师的学科知识。

国家情境也是需要考虑的重要因素，因为在不断变化的当今世界，全球都在倡导培养面向科学的公民（如美国国家研究理事会[National Research Council, NRC], 2007）。对于政策制定者来说，科学教师的专业学习越来越重要。世界各地的新兴政策文件都明确指出，科学教师需要获得充分的专业发展机会，以提高知识水平和完善教学实践（如Eurydice, 2011; NRC, 2009; 美国国家科学委员会[National Science Board, NSB], 2012）。通常，国家情境是由一个国家对科学的定位所决定的。国家情境可能会强调科学知识的应用、社会影响或具体实践。

科学教师PDP包括设定目标、计划、实施、观察结果和反思整个过程（Loucks-Horsley, Stiles, Mundry, Love, & Hewson, 2010）。科学教师PDP的目标可能会不尽相同。例如，观察学生的学习情况、对课程进行修改、学习使用课程，或改进教学实践（Loucks-Horsley et al., 2010）。纵观整个PDP，收集数据对于项目的改进是必不可少的。这最终会形成一个自适应的PDP，从而为教师和学生的学习给予支持。

目前尚不明确科学教师PDP在全球各地是如何实施的，但总体而言，教师获得这些项目的机会是不均等的，而且这些项目的结构也各不相同（Darling-Hammond et al., 2009; Hendriks, Luyten, Scheerens, Sleegers, & Steen, 2010）。与国际同行相比，美国教师参与长期PDP的机会很少，教师合作的机会也较少（Darling-Hammond et al., 2009; NSB, 2012）。

本文中有关科学教师PDP的研究

最新研究的综述

我们对科学教师专业发展近期研究的综述基于本手册（Abell & Lederman, 2007）第一版中休森（Hewson, 2007）所撰写的章节，后者仅包括明确关注以下两个核心要素的研究：一是对PDP的全面描述，二是对在职科学教师的关注。其中一部分研究也涉及学生。自手册第一版问世以来，该领域已经取得了多方面的进展。部分研究领域已经饱和，而在前一版综述未涉及的其他研究领域中还存在许多令人兴奋且充满挑战的研究课题。

休森（2007）的综述包含三条主线。首先是教师如何进行专业发展，论述基于新西兰的科学学习项目（教师发展）（Learning in Science Project [Teacher Development]）展开（Bell & Gilbert, 1996）。贝尔（Bell）和吉尔伯特（Gilbert）（1996）在与48名教师3年多的合作中，对科学教师的个人发展、社会发展和专业发展进行了明确区分。其关于教师如何进行专业发展的阐述为研究专业发展过程提供了理论框架。

其次是成功的专业开发人员如何计划和实施PDP。劳克斯-霍斯利（Loucks-Horsley）及其同事（1998, 2003）的著作为上述论述提供了思路。这些著作依托经验丰富的专业开发人员对PDP模型进行了概念化的实践。该模型对于PDP设计过程、有效PDP所依托的知识和信念、PDP实施情境、专业发展过程中需考虑的关键问题及可用于专业发展过程的策略都提出了具体的建议。这一系列著作已更新至第三版（Loucks-Horsley et al., 2010），是PDP设计必不可少的指南。

最后是教师与PDP的关系。这一部分根据菲什曼（Fishman）、马克思（Marx）、贝斯特（Best）、塔尔（Tal）（2003）的研究成果，探讨了PDP与科学教师实践之间的关系。他们的PDP设计过程与劳克斯-霍斯利、洛夫（Love）、斯泰尔斯（Stiles）、蒙德里（Mundry）和休森（2003）的研究颇为相近，但前者更加关注教师的课堂实践，以及学生的课堂表现和学习效果。

综述的剩余部分探讨了上述主线下的不同研究。这些研究分为两类：一类只考虑PDP对参与教师的影响，另一类包含参与PDP教师所教学生的学习成果。通过回顾这些研究，可以就如何更好地理解科学教师专业发展这一领域得出一些结论和建议。其中一个重要结论是，我们不仅需要考虑科学教师专业发展所涉及的人员和项目，还需要考虑这些项目所在的体系。

影响PDP研究的几类研究

有几类研究为参与教师PDP的人士提供了指导。例如，综论，即通过分析他人的研究，得出关于PDP结构和功能的有力结论（如Capps, Crawford, & Constas, 2012; Gerard, Varma, Corliss, & Linn, 2011）。例如，卡普斯（Capps）及其同事(2012)专门针对支持科学教师使用探究教学的PDP进行了研究。在文献综述中，他们发现少有以探究式教学为主的PDP的实证研究，因此这方面的实证研究亟待加强。同时，他们还建议在支持探究式教学的PDP与教师的知识、实践和信念间的联系这一方向增加研究力度。

专业发展领域的另一类研究是，通过分析大量教师数据，得出关于专业发展过程的重要结论(如Banilower, Heck, & Weiss, 2007; Garet, Porter, Desimone, Birman, & Yoon, 2001; Supovitz & Turner, 2000)。巴尼洛尔(Banilower)及其同事(2007)对与美国国家科学基金会(National Science Foundation)“依靠教师提升实现地方系统性变革倡 议”(Local Systemic Change through Teacher Enhancement Initiative)相关的42个项目进行了研究。研究发现，高质量的K—8 PDP能让教师对科学产生积极的态度，并使其在教学技能和学科知识方面更具自信。同时他们还指出，PDP持续时间越长，教师将相关教材中的理论转化为实践的可能性就越大。

第三类有助于知识积累和专业发展的研究是，细致分析教师专业发展过程的不同方面。这类研究的差异很大，往往使用定量、定性或定量定性相结合的方法。每一项研究会回答一个明确的问题或强调专业发展的某个方面。例如，佩纽埃尔(Penuel)、加拉格尔(Gallagher)、穆尔蒂(Moorthy)(2011)对53名中学地球科学教师展开了研究，这些教师被随机分配到不同的PDP中。研究使用多层线性模型确定PDP对教师和学生的影响。研究指出，明确教学和有效建模在教师和学生的学习中发挥了重要作用。沃森(Watson)、斯蒂尔(Steele)、沃佐(Vozzo)和奥比松(Aubusson)(2007)访谈并收集了12名教师在某个PDP期间的相关资料。该PDP旨在帮助非物理专业教师学习物理课程教学。然而，研究结果显示，具有良好初衷且精心设计的PDP并不能弥补教师及其所在学校社区在专业知识方面的不足。

当然，还有其他形式的针对PDP的研究，然而本章所论述的概括性分类对我们分析PDP相关研究非常重要。综论、数据分析和小规模研究各自为专业发展过程提供了不同的见解。

本文所分析的相关研究

本文的研究涉及多个步骤。首先，需要明确被选取文献应具备的要素。第一个要素是目标文献的研究重点，本文只分析那些论述科学教师PDP或以此为背景的研究。这并不意味着文献要对PDP进行冗长的描述，但是它必须包括PDP的相关内容。因此，我们排除了那些仅涉及教师学习或结构化课程之外的个人专业发展经验的研究。本手册中相关章节会对上述两类研究展开论述。

第二个要素是研究对象，本文仅针对以在职教师为研究对象的文献，从而与职前教师教育研究区分开。有关实习教师参与职前教师教育的研究将在本书其他部分进行讨论。虽然这种简单的划分将职前教师教育和在职教师PDP区分开来，但我们仍然认同“教师学习应该贯穿其教学生涯的始终”这一观点(Feiman-Nemser, 2001)。当然，教师学习的重点和强度会随着教师从新手向熟手的转变而变化。

第三个要素是文献是否明确关注科学教师，这一要素源自本书的撰写目的。虽然科学似乎是个直观的概念，但在不同的研究中其含义不尽相同。科学在不同研究中可以指学习“科学的本质”(nature of science [NoS])，学习不同学科的关键概念，甚至是分析学生如何学习科学的各个方面。本文会分析这些维度以及更多其他的维度。此外，将科学作为研究的重点，也有助于控制需分析的文献的数量。

为了收集相关文献，我们检索了许多同行评审的有关教育和科学教育的期刊。这些期刊大多属于科学教育领域，也有少部分关注更为宽泛的教育领域。《科学教学研究杂志》《科学教育研究》《科学教师教育期刊》《国际科学教育期刊》《科学教育》和《美国教育研究杂志》是本综述的主要文献来源。由于本文是对休森(2007)综述的补充，所以我们仅关注2002年至2012年间发表的文献。

通过最初的人工检索，我们确定了超过200篇备选的文献。我们阅读了每一篇文献，从而了解其理论基础、研究方法和结论。这三方面在已发表的研究中通常是相互联系的，所以我们会对它们同时进行考量。这种方式不受定性或定量研究方法的影响，从而筛选出符合美国教育研究学会(American Educational Research Association [AERA])实证研究标准(2006)的文献。

研究的理论基础非常重要，因为它将该研究定位于与PDP相关的某个领域。那些与PDP没有明确联系的研究将被排除。在分析研究方法时，我们要求所采用的数据收集方法对于研究问题而言是恰当的，数据分析是完整的且与研究中所选的方法一致。我们排除了对数据收集和分析方法描述不充分或不正确的研究。关于研究结论，重要的是结论没有超出其收集的数据所能支持的结论范围。我们没有排除那些给出超出数据支持结论的文献，但会给出数据对应的恰当结论。

在经过筛选的文献中，我们又找出了在不同文献中使用相同数据集并得出类似结论的研究小组或作者。例如，一个大规模的PDP可能在几年时间内围绕同一主题产生多篇文献，或者一个小型PDP的数据可能在经过不同方法分析后仍然得出相似的结论。我们对这些研究进行并列分析，并将其中最重要的研究纳入本文中。通过精挑细选，可以筛选出一组研究中最具代表性的研究。

通过层层筛选，最终有50多篇文献纳入本综述。在选择文献的过程中，我们试图囊括来自世界各地的研究。但遗憾的是，美国以外科学学科PDP研究的数量十分有限。这可能是由于美国在科学和数学PDP上投入了大量国家和地方资金，这些资金也可以用于支持有关PDP的研究。还有可能是因为其他国家和地区关于科学学科PDP的研究发表在我们未分析到的国家或地区的期刊上，或者文献是用非英语语言撰写的。

科学教师PDP的先导研究

现有的研究成果

科学教育领域的研究揭示了与PDP的设计、执行和需求相关的几个重要特质。这些特质通常是从基于现有数据集的研究、对某组个体的研究，或综合已发表文献的研究中总结得出的。这些研究得出的结论可以为正在设计PDP的人士以及在专业发展领域设计研究项目的人士提供指导。

教师在PDP过程中经历不同程度的改变。人们普遍认为，教师需要参加专业发展活动以改进他们的教学实践，同时促进学生学习。这一点在许多关于教师专业发展的政策文件和大量科学教师专业发展活动中都有明显体现。在教师成长方面，有许多关于教师如何改变的论述(如Banilower et al., 2007; Garet et al., 2001; Supovitz & Turner, 2000)。例如，苏伯维兹(Supovitz)和特纳(Turner)(2000)在分析美国国家科学基金会的“依靠教师提升实现地方系统性变革倡议”的数据时得出结论，教师的教学质量与专业发展时长有关。具体而言，为使教师达到专业发展开发人员所期望的调研型培养的水平，教师需要参加超过160小时的PDP。

在另一项关注教师改变的研究中，多利(Dori)和赫斯考威茨(Herscovitz)(2005)跟踪并记录了50名科学教师在3年多的时间里参加一项以色列的PDP所发生的改变。教师利用不同的项目属性来支持他们不同的教学需求。虽然这项研究揭示了项目对这些教师的影响，但其潜在意义在于描述教师如何随着时间的推移发生不同的改变。

上述发现及其他相关的研究表明，教师若要在实践中实现难度更大的改变则需要更多的专业发展时间。此外，这些研究也说明，随着时间的推移，教师的改变是不同的，他们需要不同形式的教学指导来改进教学实践。在整个PDP过程中，关注教师个人的教学需求，包括他们的工作环境，是十分必要的。

合作对支持教师成长的重要性。当教师之间进行合作时，他们强化、构建、扩展和挑战着自身关于科学教学的理解。威尔逊(Wilson)和伯恩(Berne)(1999)通过对专业发展研究的分析发现，成功地帮助教师进行新的教学实践需要同事之间和教育社区内的合作。同样，加雷特(Garet)及其同事(2001)对美国艾森豪威尔数学与科学教育项目(Eisenhower Mathematics and Science Education Program)中科学和数学教师的数据进行了分析。研究发现，同一学校、年级或学科内的集体参与是PDP的重要支持性特征。他们强调，PDP中的集体参与对于教师改变其课堂实践而言是必要但不充分的。

合作有助于专业成长的观点值得进一步研究。例如，纳尔逊(Nelson, 2009)在一项针对参与专业学习社区(professional learning community [PLC])的美国科学教师的研究中指出，为提升教师学习而进行的协同工作十分复杂。在她的研究中，持续性对话有助于教师向PDP倡导的教学实践迈进，而让教师对教学实践进行专业讨论的过程兼具挑战性和实践意义。同样地，里士满(Richmond)和马诺科(Manokore)(2011)通过分析美国科学教师在PLC中的对话发现，其在为突破外部约束进行协商时，PLC中的对话尤为重要。对话能够丰富教师的知识，增强他们的自信心。

连贯性对科学教师PDP的重要性。PDP的连贯性对支持教师学习至关重要。通常而言，连贯性指PDP提供的有针对性的学习机会与当地或国家标准相关联的方式。加雷特及其同事(2001)的研究以及苏伯维兹和特纳(2000)的研究阐明了PDP的连贯性对于支持教师学习的重要性。这两项研究都表明，参与连贯性项目和其他因素共同作用更有可能提高教师的教学实践。

为教师学习创造连贯性的支持已经有多年的历史。在一项研究中，关注PDP内部、PDP之间以及职前课程的连贯性是非常重要的。在一项针对美国新科学教师的小规模研究中，勒里希(Roehrig)和勒夫特(Luft)(2006)跟踪调查了16名中学科学教师从职前培训到第一年结束时的教学状况。他们发现，当教师职前培训和入职培训一致关注改革型教学时，新教师很可能会在课堂上实施改革型教学。

学科知识是PDP的重要组成部分。随着时间推移，PDP中学科知识的重要性发生了显著的变化。早期PDP侧重于帮助教师学习科学的方法或一般的教学实践。加雷特及其同事(2001)以及苏伯维兹和特纳(2000)最近的研究进一步强调了PDP中科学学科知识对科学教师的重要性。苏伯维兹和特纳(2000)甚至提出,教师的学科知识在很大程度上能够预测教师是否开展探究导向型教学。

卡普斯及其同事(2012)通过对探究性PDP的实证研究也得出结论:学科知识应该是PDP设计的核心特征。他们进一步建议,如果在PDP中重视教师授课或者学生学习时所需的学科知识,则可以强化科学教师的学科知识。在综述中,他们把"科学的本质"和"作为探究的科学"(science as inquiry)作为学科知识的单独形式。

总结。以下四个方面应作为计划和实施PDP的指南:(1)为教师的改变提供足够支持,(2)合作的机会,(3)具有连贯性的教师发展项目,(4)关注学科知识。对于参与PDP研究的人士,这些领域应该不是研究的重点。然而,如果对这些领域中的细节进行仔细推理和支持性探索,可能会取得丰硕的成果。

科学教师PDP研究分析

通过分析科学学科的PDP研究,可以发现其包含以下四个组成部分:政策、PDP、教师和学生。政策包括美国联邦、地区、州、当地和学校有关确定PDP数量和质量的政策及标准。PDP包括项目提供者、项目流程、项目内容,以及其他领域。教师是项目的参与者,大多数的研究围绕教师学习、教师改变或教师实践展开分析。学生是所有教师PDP的最终受益者,他们的学习成果是衡量PDP成功与否的一项重要指标。图44.1是关于四个组成部分关系的图示,连线代表它们之间已经存在或有潜力开展相关研究。

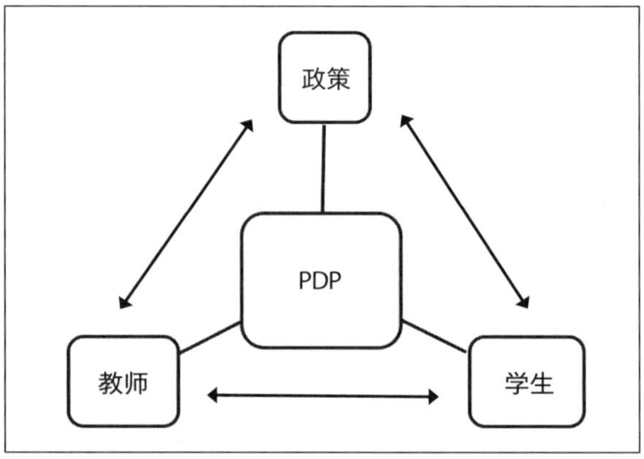

图44.1 为科学教师PDP研究提供指导的模型

在该模型中,政策作为基础组成部分出现在多项关于PDP的研究之中。政策导向通常强调学生的学习,毕竟这是科学教师参与PDP的预期成果。来自多个国家的政策文件明确指出,科学教师需要充分的专业发展机会,以提高知识水平、完善教学实践(如Eurydice, 2011; NRC, 2009)。根据政策制定者的观点,获得额外的学习机会,科学教师将能够成功帮助学生迎接21世纪。

模型中的PDP是指项目的内容、支持和指导教师学习的情境以及支持教师发展的过程(全美教师专业发展委员会[National Staff Development Council], 2001)。这些元素处于专业发展过程中,这个过程通常包括设定目标、计划、实施、观察结果和反思整个过程(Loucks et al., 2010)。

这是一个重要的研究领域,因为可以借此在全球范围内改善目前科学教师PDP的状况。目前教师参与PDP的机会是不均等的,项目在结构上也有很大差异(Darling-Hammond et al., 2009; Hendriks et al., 2010)。此外,科学教师参与专业发展活动的程度也不一样。例如,在一项美国科学教师协会（National Science Teachers Association）对3,000名科学教育工作者进行的调查中，大多数科学教师表示，比起参加科学学科的PDP，他们有更多的机会参加非科学学科的PDP（Luft, Wong, & Ortega, 2009）。此外，2007—2008年美国学校和教职员工调查（Schools and Staffing Survey）的数据分析显示，在参与PDP的科学教师中，只有29%的教师参与时间超过33个小时（NSB, 2012）。

在上述模型中，科学教师是PDP的受益者。他们是专业人士，拥有广泛的概念、信念和实践知识基础。知识基础由教师专业社区共享，并帮助教师应对各自复杂的日常工作。教师也是成年学习者，他们对专业实践的持续发展感兴趣，并能够对其进行把控。因此，他们参加PDP的目的是把他们学到的新知识融入实践中，从而成为更高效的教师。

在该模型中，学生与教师同等重要，学生是科学教师PDP的最终受益者。有些情况下，教师把自己学到的东西转变成一种新的教学实践，而学生的学习则通过这些教师来实现。此外，教师和学生的学习是相互依存的。教师学习和学生学习在一个PDP中的定位取决于这个PDP的设想和设计。

在该模型中，联系有不同的特征。例如，政策和PDP之间存在指向性或影响性特征。与科学教师教育相关的政策包括设定目标、创造激励、提供资源和建立问责措施。在本章可找到关于政策的影响性或指向性的详细说明。PDP、教师和学生三者之间有不同的联系。在思考其对科学教与学的意义时，有不同的研究方向，侧重于探索PDP如何支持科学教学的教与学和科学本身的教与学。本章也将对不同的教与学的特性进行说明。

该模型的重要性在于为探究其各组成部分（政策、PDP、教师和学生）以及它们之间的联系提供指导。根据这一模型，所有关于PDP的研究都应该明确涉及两个或两个以上的组成部分。通过确认组成部分，研究人员将更清楚地了解随着时间的推移，哪些研究方向得到了发展，从而促进知识积累。例如，如果某个领域已经有了广泛的研究，研究人员可能会意识到对其进行综述研究的必要性。此外，通过明确强调科学教师PDP领域现存的研究类型，研究人员将更明确为了推动该领域的发展，还需要研究哪些问题。

该模型将用于指导对科学教师PDP领域过去10年研究成果的讨论。

组成部分：政策、PDP和教师

很少有研究探讨政策、PDP和教师之间的联系。然而，佩纽埃尔、菲什曼、山口（Yamaguchi）和加拉格尔（2007）的一项研究关注到政策制定者对政府或国家资助的PDP有效性的担忧。该研究调查了来自美国28个不同地区的450多名参加了为期2年PDP的教师。作者希望找出能促进PDP实施的专业发展活动类型，明确教师知识和实践是否会因参加PDP而得到提升，以及PDP的后续部分是否会对教师知识和实践产生影响。研究数据来自美国一个大型项目的已有数据库，其中包括教师自我报告的数据以及不同学校网站提供的信息。

完成定量数据分析之后，作者得出结论，PDP的成功与否取决于协调人员如何构建和实施项目。也就是说，当PDP与州、地区或国家标准及学校课程相一致时，会对教师产生重要影响。除此之外，他们还指出，如果设置PDP的上限时间，以学科内容和“作为探究的科学”为重点，提供集体参与的机会和改革式的体验，PDP对教师会产生重要影响。佩纽埃尔及同事（2007）也指出了促使教师实施PDP的重要因素，包括职前教育后的专业发展机会、课堂支持和技术支持。当作者呼吁在这一领域进行更多的研究时，政策影响就进入了讨论范围，这可能需要政府提供资金支持。

总结。研究如果认识到政策、PDP和教师之间的关系，就有可能去探讨政策对教师的影响。在佩纽埃尔及其同事（2007）的研究中，PDP与政策目标一致，他们的研究阐明了如何更好地通过PDP支持教师学习。他们指出了政策与校园文化的界限，以及这对参与PDP教师的影响。本研究也佐证了先前的研究结果，即PDP的结构和执行影响教师学习。

将政策、PDP和教师联系起来的研究通常在多个地点进行。多地点研究（大规模PDP）的特质让我们对与教师学习相关的PDP结构有一个大致了解。然而，在大规模背景中了解到的东西是有限的，因为因地制宜的PDP配置会影响执行效果的重复性。此外，在分析本综述中PDP的关注对象——科学教师时，科学知识的特质使其可能不适合在不同的地点统一实施。在探索这种联系时，我们需要同时研究不同地点的PDP以及学科知识的表达和学习。这些类型的研究将揭示大规模PDP对科学教师学习的潜在助力和限制，并可能为政策制定者提供指导。

组成部分：政策、PDP和学生

在过去的几年里，有越来越多的研究把政策、PDP和学生联系起来。这些类型的研究通常将学生成绩与专业发展过程联系起来，目的是讨论政策方面的影响（如Geier et al., 2008; Lee, Deaktor, Enders, & Lambert, 2008; Pruitt & Wallace, 2012）。例如，2008年，作为某个地区PDP的成果，盖尔（Geier）及其同事（2008）总结了其中一个城市的学生成绩。该PDP与地区课程中基于项目的探究模型一致。该研究是响应2001年《不让一个孩子掉队法案》（*No Child Left Behind Act*）而进行的。该法案是美国的一项国家政策，要求对学生进行测试以确保不同学科领域的问责制。通常生活在城市或多语言和多元文化环境里的学生在州级考试中的表现不如非城市和非多元文化环境里的同龄人。盖尔及其同事（2008）试图研究一个连贯的专业发展和课程项目对大约5,000名城市中学生的影响。这项研究以州级科学考试成绩为评价指标。结果显示，参加过地区PDP的教师教授的学生的标准化考试成绩比其他学生高很多。在结论中，作者提出将专业发展的最佳做法与课程教学相结合的政策建议，以帮助学生在州级考试中取得更好的成绩 。

李（Lee）和同事（2008）做了一项类似研究，但研究重点放在全美多语言和多元文化环境里的学生身上。研究中，6所小学的3—5年级教师参加了一项为期多年的PDP，该PDP专注于培养探究式教学和多元文化学生对科学和阅读的积极信念。这是通过协调使用地区课程的PDP实现的。这项研究对这些教师的学生进行了3年多的跟踪，了解他们在研究人员设计的科学测试中的表现。对本研究中数据的定量分析显示，所有学生在3年后都有显著进步，但3年级学生的进步最大。最后，作者提出了在问责政策下开展研究的一般性建议。

近期，拉腊–阿莱西奥（Lara-Alecio）和同事（2012）重点分析了PDP对中学英语学习者（English language learner [ELL]）的科学知识和英语读写水平的影响。本研究的政策背景涉及以下两方面，一是美国科学课堂中ELL的增加，二是利用科学教学促进ELL学习的需求。该研究根据州科学和语言评价体系进行了随机实验，而教师专业发展的重点是让教师将语言和科学教学结合起来。

研究发现PDP对ELL有显著的积极作用。在文章的结论部分，他们向政策制定者提出了具体建议，包括促进语言能力提高所需的时间，以及将科学和读写教学结合起来以支持ELL学习的重要性。

普鲁伊特（Pruitt）和华莱士（Wallace）（2012）在一项更侧重于州政策的研究中，分析了某个州科学教师必修的辅导项目如何提高学生的成绩。这项研究中的辅导项目由美国州立教育机关赞助，主要针对教学质量较差的学校的新教师。作者想知道接受过辅导的教师所教授学生的考试成绩和毕业率是否得到提高。研究结果显示，总体而言，教师是否参加辅导和学生的表现之间没有显著联系。然而，通过进一步分析数据，他们发现一些成绩最差的学校已经达到与主流学校相当的水平。在结论部分，作者为政策制定者提供了建议，包括深入研究与州级项目相关的实践，并为辅导项目的结构提出了概括性指导意见。

总结。这些研究揭示了影响旨在提高学生学习的PDP的不同政策类型。所有这些研究在受到国家政策影响的同时，也受到地方课程政策和与预期教学成果相关的地方政策的影响。这些研究中政策的嵌套性质可能仅存在于没有统一课程的国家。然而，在有统一课程的国家，其他嵌套政策可能会影响旨在促进学生学习的PDP设计。关于这方面的研究，我们应考虑政策的嵌套性质及其对学生学习的影响。

未来把政策、PDP和学生联系起来的研究，应该对这几个部分逐一进行详细描述，应对政策、PDP设计和学生成绩进行充分描述。这些补充细节将有助于描绘这些要素间的关联。例如，额外的细节会使我们更好地理解从政策到PDP的转换，或者可以收集关于PDP结构如何影响学生学习的信息。

在这些组成部分中，有几个领域值得进一步研究。例如，评价学生学习的指标可以强调科学领域的逻辑和推理，以及概念理解。今后的研究也可以考查随着学生进入不同年级或参加不同课程，其（与PDP有关的）知识或能力的保留或迁移情况 。此外，还可以着眼于那些积极参与PDP的教师所教授的不同年级的学生，以便帮助构建不同时段学生学习的知识框架。

组成部分：政策、PDP、教师和学生

很难找到将政策、PDP、教师和学生这四个部分联系起来的研究。奥斯特迈尔（Ostermeier）、普林策尔（Prenzel）和杜伊特（Duit）（2010）的一项此领域的研究可以视为具有国内和国际政策导向，因为该研究包括了国家对一项国际评估结果的反应。研究着眼于德国学生在第三次国际数学和科学研究（Third International Mathematics and Science Study [TIMSS]）中获得较低排名后开展的PDP。在该PDP实施几年后，研究者对教师和学生进行了研究，以确定他们在科学方面的进步和参与度。

后续研究将参与该PDP的教师和学生的数据与国际学生评估项目（Program for International Student Assessment [PISA]）中德国学校的代表性样本进行比较，这项研究与TIMSS使用的是不同的样本。奥斯特迈尔及其同事（2010）的研究报告分析了教师如何参与PDP、教师所需的支持类型、教师通过项目得到的成果和认识，以及学生的学习。通过数据分析，他们得出结论，专业发展对教师和学生都很重要，并且需要对大规模PDP进行研究。作者推荐把该PDP作为改善欧洲科学教育的范例。这一结论连同研究目的使该研究被置于国

家和国际政策的范畴。

总结。在政策导向研究中，该研究是专门面向PISA和TIMSS设计的，有其特殊性。通过讨论和评价专业发展过程的不同组成部分，本研究能够提供一个新的视角——一个考虑政策、教师和学生的视角。奥斯特迈尔及其同事(2010)强调了PDP对改善课堂教学的重要性。他们还提出了一个问题导向的PDP范例，可适用于不同国家。他们对该项目的详细描述进一步促进了关于培养面向科学的公民的国际讨论。本研究为那些对专业发展研究或评价中涉及大规模项目如何推进有关专业发展的国际讨论感兴趣的人提供指导。

然而，这类研究的限制在于，从项目到教师，最后到学生，保持PDP的一致性和连贯性需要大量的数据。此外，收集的数据需要在各个领域之间保持一致，并且应该足够全面以便建立恰当的关联。虽然这个类型的研究既宏大又困难，但是它有潜力推动专业发展领域在多个层面发展。对于从事这类研究的人来说，以简洁而全面的方式呈现这类研究无疑是一项艰巨的任务。

组成部分：PDP和教师

科学教师专业发展领域的研究多数集中在PDP及其对教师的影响。该领域的研究探讨PDP的架构、PDP采取的做法，以及科学教师因参加PDP而产生的知识或实践的改变。这些研究往往将PDP过程与教师学习联系起来，目的是阐明教师学习与PDP之间的联系。回顾这一领域的研究，涉及不同主题(如PDP策略、教师知识或教师教学实践)的研究并不少见。

本节讨论的学术文章将按关注点或研究中最突出的领域进行分组。通过对每组文章的讨论，总结强调当前和未来的研究方向。这样，可以讨论包括PDP和教师这两个组成部分的新兴和潜在研究领域。

PDP、科学教师和校园文化。人们经常提到，校园文化比PDP对教师的影响更大。由于校园文化很少作为PDP研究的直接研究对象，因此相关内容多在PDP研究的结论部分进行讨论。然而，在为数不多的研究中，霍里–鲍尔斯(Khourey-Bowers)、丁科(Dinko)和哈特(Hart)(2005)的研究探讨了PDP情境下的美国校园文化。他们分析了第二年参加PDP(一共为期五年)的中学科学教师的信念和实践。该项目创建了学区群组作为支持校内教师转变和成长的一种方式。作者设计了一个定量研究去记录216名教师的变化，通过(a)调查了解教师领导者和教师群组对他们参与度的看法，(b)信度高的问卷采集教师的人口统计资料、信念、态度、实践和社区参与信息，以及(c)公认的观测方案记录课堂教学质量。他们最终发现，在学校内创建学习共同体有助于改变教师的信念、实践和知识，并有助于促进同侪学习共同体的发展。

PDP与网络学习。一个新兴的研究领域关注PDP中的技术应用。该领域的研究探索如何使用各种线上学习的创新技术来提供PDP。这些研究分析的范畴从线上学习程序的使用到教师在学习共同体里的博客。

在哈伦(Harlen)和杜布勒尔(Doubler)(2004)的文章中可以找到一个研究线上学习的例子。哈伦来自英国，而杜布勒尔来自美国。他们进行了一项为期两年的研究，研究在线上项目和校内项目中教师对于科学探究的学习。他们收集了项目前后的访谈记录、课堂实践报告、教学计划和时间记录，对数据进行描述性和定性分析以了解教师在两种项目中的经历。他们对中小学教师两年的研究揭示了支持教师学习的线上环境的优缺点。总的来说，他们发现线上环境有利于反思。但他们建议，书面沟通形式的支持可能需要增加。

埃尔斯特（Elster, 2010）对教师参与线上学习共同体的研究结果与哈伦和杜布勒尔（2004）的结果相反。在埃尔斯特（2010）的研究中，几个德国学校的生物教师与研究人员合作以改善生物教学。社区以能够支持教师反思和生物情境项目教学来设置。在整个项目进行的过程中，他对教师和学生进行了大量采访。分析结果显示，线上系统最有利于合作，但对教学、学习和反思的作用不大。然而，与哈伦和杜布勒尔（2004）相似，埃尔斯特（2010）认为混合学习系统可能更有利于教师的学习。

在一项分析不同学习环境的研究中，安妮塔（Annetta）和夏伊曼斯基（Shymansky）（2008）探讨了参与不同远程PDP教育的美国小学教师对PDP的态度。其中一种PDP使用实时互动电视，主讲人可以向多达8个不同地方的教师进行广播。另一种PDP使用直播课程的录像带，并且远程站点的教师在促进者的引导下进行讨论。最后一种PDP，教师可以自行上网收看直播课程的录制视频，并通过论坛与其他教师展开讨论。参与这种PDP的教师有1周时间观看视频，并在论坛上进行互动。针对参与这些PDP的小学教师的调查显示，课程实施方式极大地影响了他们对课程的态度，观看实时互动电视的教师课堂互动频次比其他组多得多。自己上网观看录制视频的小组互动最少。通过定量分析，他们发现采用实时互动电视的PDP给教师提供的帮助最大。但他们同时指出，教师的技术使用经验可能对结果也有影响。

在一项少有的关于网络日志的研究中，吕曼（Luehmann）和蒂内利（Tinelli）（2012）调查了15名中学科学教师如何在一年多的时间里构建以学生为中心的探究型身份特征。这些教师参加了美国的一所大学开设的为期一年的课程，课程以科学教育课程改革为重点。除了去上课，他们还要打理一个个人的专业网络日志。他们必须围绕4个特定主题，在网络日志上至少发文28次。教师需要提交这些网络日志和一份调查问卷。吕曼和蒂内利（2012）对数据进行了定性分析，数据包括网络日志、教师对开放式问题以及调查问卷的回答。他们发现网络日志为科学教师提供了独特的机会，可以在不同程度上支持他们的专业学习，不过他们建议要考虑网络日志社区的群体组成。

PDP与职业早期教师。大多数专业发展研究都涉及PDP特别关注的教师群体。在此类项目的设计和开发中，职业早期阶段领域的专家常常被忽视。勒夫特和同事（2011）的一项利用混合法的研究以刚刚获得教师资格的美国中学科学教师为研究对象。超过100名第一年入职的教师分别参加了四个不同的入职培训项目。其中两个入职项目侧重于提供针对科学学科的入职支持，而另外两个项目给科学教师改进教学实践和知识的机会并不多。一年后，参加科学专项入职培训的教师开展了更多的探究式教学，他们的观点也更符合以学生为中心的教学理念。然而到了第二年，新教师逐渐适应了校园文化，这制约了参加科学专项入职培训的教师的改革取向。这些教师只能保留部分教学方法。研究发现，针对科学学科的入职项目可以为各所学校的教师在第一学年（可能持续到第二学年）提供基于改革的教学支持。

用PDP支持教师领导力。专业发展领域的一种新研究形式探索教师如何学习成为他们所在领域的领导者。在这个领域有两项研究，它们各以不同的方式探索如何通过PDP形成领导技能。霍夫施坦因（Hofstein）、卡尔梅利（Carmeli）和肖尔（Shore）（2004）的研究对18名以色列化学学科组长进行跟踪观察，了解他们如何在学校培养自己的领导能力，拓展学科和教学知识。该项目有多重目标，但针对校内领导所订的目标是改变学校层面的科学教学。在项目期间，化学学科组长有机会调整和设计课堂教学课程和单元，设置评价，并准备与学校相关的内容向学校汇报。研究收集了定性和定量数据。这些数据显示，教师认同他们的新角色，采用了新的领导和团队管理技能，并能够开展一些预期的领导活动。

豪（Howe）和斯塔布斯（Stubbs）（2003）对科学教师如何成长为领导者展开了研究。在研究中，他们跟踪了三名经验丰富的美国中学科学教师，这些教师参加了一个旨在培养领导能力的PDP。案例研究的数据主要来自访谈、观察和文本资料。为了了解教师发展的过程，研究人员利用教师领导模型对这些数据进行了分析。数据分析揭示了教师是如何逐步成长为领导者的，以及制约和推动他们发展的因素。参与研究的三名教师都具备成长为领导者的关键因素：教师和科学家之间的相互尊重、教师承担领导责任的机会、组建实践社区以及开发具有挑战性的任务。豪和斯塔布斯（2003）最终提出，为了让教师能承担这些新角色，学校需要思考如何消除限制教师学习和实践领导技能的体制弊端。

PDP中教师的变化。该领域的研究对不同模型展开了分析，这些模型解释了科学教师如何通过参加PDP而改变，明确了支持教师在PDP中发生变化的因素。例如，埃伯特（Ebert）和克里平（Crippen）（2010）分析了一个信念变化模型，该模型能够对教师的变化进行预测和评估。该模型以概念变化为导向，最初用于数学领域。研究对象是三名参与美国长期PDP的高中生物教师。为了确定模型的适当性，作者根据研究对象的观察、教学数据建立案例研究。在结论部分，作者认为他们提出的关于概念变化的认知情感模型准确地描述了三名教师的变化过程。这项研究的启示对与PDP相关的人可能有用。然而，由于样本量较小，需要进一步的研究来检验该模型的适当性。

在一项关于教师变化的研究中，弗里曼（Freeman）、马克思和奇梅拉罗（Cimellaro）（2004）试图找出成功PDP中的重要因素。本研究收集了来自50多名美国科学教师的调查问卷、反思和小组访谈数据。通过定性分析以确定在基于问题的PDP中有哪些因素给教师以支持。数据显示，这些因素包括教师身心舒适，教师以往使用技术的经验决定的技术使用方式，项目在正式教学和非正式互动之间取得平衡。作者认为，在设计PDP时应考虑这些因素以支持教师的转变。

PDP策略和教师学习。一些研究重点关注PDP中的各种策略（例如Dori & Herscovitz, 2005; van der Valk & de Jong, 2009）。这些研究分析科学学科PDP如何支持教师学习、教师知识建构或各种教学实践的实施。多利和赫斯考威茨（2005）针对以色列为期三年的基于案例的PDP进行研究，了解其如何影响参与项目的中学科学教师的教学和发展。项目中使用的案例往往涉及社会问题的处理。作者收集了定性和定量数据，数据来自于教师对案例的讨论和教师设计的用于课堂讨论的案例。多利和赫斯考威茨（2005）分析数据后得出结论，由于教师在PDP中成为了积极学习者和设计者，他们会在课堂上实施案例讨论策略。

范德瓦尔克（van der Valk）和德容（de Jong）（2009）的荷兰团队针对为期一年的PDP展开了研究，该PDP主要关注那些能够支持中学科学教师使用开放性探究的支架式教学工具。在一年的课程中，七名教师通过设计、讨论和在课堂上实施支架式教学工具体验了支架式教学策略。这项采用多元方法的研究收集和分析了定性和定量数据。研究结果表明，支架式教学工具使教师更多地在课堂上运用探究式教学。作者的结论是，支架式教学导向对教师的重要性等同于支架式教学对学生的重要性。

以色列学者法利克（Falik）、埃伦（Eylon）和罗森菲尔德（Rosenfeld）（2008）也研究了一个长期PDP，该项目为基于问题的学习提供支持。他们收集了新教师和熟练教师提交的封闭式和开放式问卷。通过定量和定性分析，作者得到了支持其PDP模型的证据。他们还了解到学校、教师和学生如何影响参与PDP的教师。对这些领域的讨论印证了情境在支持教师变化方面的作用。

PDP、课程和教师。支持教师对课程的使用是那些开展PDP和研究教师的人持续关注的重点。例如，斯托尔克（Stolk）、德容、布尔特（Bulte）和皮洛特（Pilot）（2011）对如何支持荷兰化学教师使用情境化课程进行了研究。在他们的PDP中，教师和学生开展了一个情境化单元的教学，然后又设计了一个新的情境化单元在课堂上开展。六名教师参与了这项研究，数据包括项目文件和观察结果。所有教师都认为第一个单元对理解情境化课程很有用。然而，在设计新单元时，教师面临一些困难，在开展情境化单元教学时也陷入了困境。作者在结论中提出，发展和实施广为提倡的情境化课程需要更多支持。

让皮埃尔（Jeanpierre）、奥伯豪泽尔（Oberhauser）和弗里曼（2005）从不同角度研究了参与PDP的教师在课堂上如何使用探究式课程。在这个项目中，教师在参与美国帝王蝶的沉浸式探究体验中，与科学家密切合作，收集和分析与帝王蝶的繁殖或迁徙有关的所有数据。对PDP的观察和访谈数据进行分析后发现，几乎所有参与PDP的教师都在课堂教学中融入了一些帝王蝶生态学的内容。然而，项目中的探究实践并没有很好地应用到课堂中。在本研究中，课程的某些部分被运用到课堂教学中，但是教师的真实科学体验并没有迁移到课堂上。

作为教师PDP结果的教学实践。PDP的一个重要成果是科学教师的课堂教学实践。探究PDP如何影响科学教师教学实践的研究通常会分析信念或自我效能感等中介因素。中介因素是指与提高教学实践相关的因素。比如约翰逊（Johnson, 2007）阐述了美国一项两年制PDP对六名中学科学教师教学的影响。数据来源于对科学教师的观察和访谈，当时这些教师正在参与一年制或两年制的PDP。约翰逊（2007）的结论是，教师能够进行标准化教学，但每个教师的教学方式是不同的，教师的信念能够促进教学的开展。本研究的一个额外发现是学校环境对支持教师使用PDP中强调的教学策略十分重要。

以色列的舍茨（Scherz）、比亚莱（Bialer）和埃伦（2008）对教师专业发展和教师之间的关系提出了一个独特的观点。在研究中，他们用教师创建的基于证据的档案来评价后者与科学技能相关的教学实践水平。参与研究的教师对于在课堂上运用科学技能有一定的经验。PDP的目的是支持他们持续使用这些技能。根据档案中收集的数据，作者发现他们应用与教学相关的科学技能的水平逐渐提升。研究人员建议使用这些信息来设计一个更好的项目，从而“定制”专业发展体验。

赫夫曼（Huffman, 2006）的研究探索了13名美国物理教师参加PDP后如何在科学课堂上使用新教学法。研究对象包括三组教师：对新教学法有使用经验的教师、新教学法的初学者和使用传统教学法的对照组教师。定性和定量分析结果表明，PDP使教师在课堂上做实验的次数增加了，使用其他评价方法的次数也增加了。然而，赫夫曼（2006）也发现，教师增加建构式讨论和对科学探究本质的讨论的难度相对较大。

在一项关于实践和信念的独特研究中，拉沃宁（Lavonen）、尧希艾宁（Jauhiainen）、科波宁（Koponen）和库尔基–索尼奥（Kurki-Suonio）（2004）创建了一项支持物理教师开展实验的PDP。在这项研究中，98名芬兰教师参与了一项为期18个月的PDP，这个PDP让教师参与物理实验。在整个项目中，教师被激励去思考实验在物理中的重要作用，以挑战他们对开展实验的信念。此项研究通过分析调查问卷和电子邮件，以确定教师的信念和他们对实验的使用是否有变化。从数据来看，无论是教师的信念还是他们对实验的使用都没有显著的变化。拉沃宁及其同事（2004）的研究说明要对教师实践产生影响，就要特别关注信念和实践。

PDP与教师自我效能感。监测科学教师自我效能感的变化一直是专业发展领域的研究热点。在PDP所倡导的教学实践中，自我效能感常常被认为是至关重要的。也就是说，如果没有良好的自我效能感，科学教师就不会采用重要的教学实践。本综述中讨论的文章常常采用科学教学效能感研究工具（Science Teaching Efficacy Belief Instrument [STEBI]; Enochs & Riggs, 1990）来衡量自我效能感。STEBI是为小学教师开发的一个包含23项内容的问卷，评定标准从非常赞同到非常不赞同。

帕尔梅（Palmer, 2011）研究了12名参与PDP的澳大利亚小学教师的自我效能感。通过收集访谈数据以及PDP前、中、后和2年后的STEBI数据并进行分析，了解教师自我效能感的提升情况。研究发现，在参与以教师的科学教学感知能力为重点的PDP过程中，教师的自我效能感得到了提高。此外，教师的自我效能感也会由于获得对他们教学的反馈而提高。

在另一项使用STEBI的研究中，拉克什马南（Lakshmanan）、希思（Heath）、珀尔马特（Perlmutter）和埃尔德（Elder）（2011）探索了PLC如何促进教师自我效能感的提升。除了使用STEBI，他们还对教师的教学实践进行了观察。在本研究中，美国中小学教师的自我效能感在项目结束时并没有显著提高。然而，自我效能感较高的教师倾向于采用PDP所倡导的实践，而自我效能感较低的教师对于是否采用PDP所倡导的实践比较犹豫。作者认为，实施PDP的人员需要考虑教师的自我效能感。

教师知识和PDP。教师知识的发展一直是PDP研究人员感兴趣的一个领域。这个领域的研究关注教师通过PDP获得的知识。这些知识可以非常具体，如提高教师对科学的本质、学科知识或学科教学知识的理解，也可以很广泛，如提高科学教师的知识。

在NoS领域，波斯南斯基（Posnanski, 2010）、埃克森（Akerson）、卡伦（Cullen）和汉森（Hanson）（2009）研究了美国小学教师如何在PDP过程中提高对NoS的理解。这两项研究都使用了科学本质观调查问卷（The View of Nature of Science [VNOS]; Lederman, Abd-El-Khalick, Bell, & Schwartz, 2002）去监测教师对NoS理解的变化。波斯南斯基（2010）在PDP前后收集了VNOS数据，另外还收集了访谈和观察数据。数据分析表明，PDP中对NoS教学的明确关注确实提高了参与教师的知识水平。类似地，埃克森及其同事（2009）总结道，PDP如果能给教师提供在社区学习的机会，则可以提高教师对NoS的理解。

贝里（Berry）、洛克伦（Loughran）、史密斯（Smith）和林赛（Lindsay）（2009）在澳大利亚设立了一个独特的PDP项目，项目中教师作为教师研究者与专业学者一起工作一年。其间，参与者一起深入讨论教师的专业知识。该PDP的重点是了解教师的知识，以及寻找方法去了解科学教师的隐性知识。通过案例，作者能够记录教师如何提高自己的专业知识。贝里及其同事（2009）从教师的数据得出结论，这些案例为提高参与教师的专业知识提供了一个平台。

通过更有针对性的知识开发方法，伯特伦（Bertram）和洛克伦（2012）对学科知识和教学决策进行了详细讨论，从而提高教师的学科教学知识。他们的研究对象是6名澳大利亚教师，这些教师参与了为期2年的项目。在项目中，教师和教育研究人员进行了详细的讨论。在PDP期间，教师接受了访谈，并且提供了与项目相关的各种材料。数据分析表明，教师认识到了重视学科知识和教学的价值，并在学科教学知识的某些方面有所提高。然而，由于时间限制，科学教师对在实践中采用详细讨论有所犹豫。

为了建立科学教师的元策略知识，祖海尔（Zohar, 2006）在以色列创建了一个为期6个月、共计56小时的PDP，该PDP分为三个阶段。在第一阶段，14名中学科学教师学习了科学思维技能，并且被要求为课堂上的学生开发培养更高阶思维技能的任务。在第二、三阶段，教师实施其设计的高阶思维学习任务。本研究对访谈、观察和作业数据的收集贯穿整个项目，通过定性分析以了解教师对元策略知识运用的变化。分析结果显示，教师能够开拓元策略知识，但只有约三分之一的教师能够在课堂上始终如一地进行与元策略知识相关的教学实践。祖海尔（2006）指出，教师元策略知识的形式是多变的，这反过来影响了高阶思维技能学习任务的实行。

概念与知识相似，洛特（Lotter）、哈伍德（Harwood）和邦纳（Bonner）（2007）的研究揭示了探究理念对于教师学习使用PDP倡导的探究教学策略的重要性。研究跟踪了三名参与PDP项目的美国中学科学教师，该项目要求教师和同事、学生一起合作，测试他们自己的课程计划。本研究通过收集观察和访谈数据来记录教师的探究理念。数据分析表明了不同的探究理念是如何影响教师实施基于改革的教学的。作者总结，教师的探究理念与他们的专业发展经验相互作用，导致每位教师在课堂教学中都采取了不同的基于改革的教学方式。

在过去的几年里，得到了更多关注的领域是论证。英国的西蒙（Simon）和约翰逊（2008）开发了一种PDP，帮助培养教师在课堂上支持学生论证的能力。在研究中，他们让教师创建档案，以帮助教师应用学到的知识，记录与学习有关的证据，促进关于学习使用论证的反思式分析。该研究仅以两名参与PDP的教师的档案作为研究基础。西蒙和约翰逊（2008）通过对档案的分析发现，建立档案的过程对这些教师来说是一种积极的体验，因为他们发展了支持学生论证的技能。然而，作者也提到，建立档案对一些教师来说既困难又费时，而且建立档案可能不是发展与论证相关知识的最佳方式。

PDP中的科学家与科学教师。科学教育领域的PDP可以有科学家和科学教育工作者的参与。研究表明，由于各种各样的原因，科学家与教师的合作有成功也有失败。例如，德雷顿(Drayton)和福尔克(Falk)(2006)与二十多个由美国生态学家(科学家)和教师组成的团队展开合作。在一年里，教师和科学家紧密合作，学习生态学研究和科学探究。合作的目标是让教师与生态学家建立合作关系，而不是课堂实践。作者收集了团队成员的问卷和档案。他们对整个项目的团队数据进行描述性和定性分析。研究结果基于整个研究对象组和一些挑选的案例研究。作者指出，不同团队的合作结果并不相同，只有部分团队的合作富有成效，并专注于在生态学背景下的学习探究。他们认为有几个因素造成了这个差异，包括科学家对课堂现实和学科内容的认识、科学家和教师之间不同的专业文化，以及教师对科学家权力和地位的感知。

同样，休斯、莫利纳(Molyneaux)和狄克逊(Dixon)(2012)对三名在美国教师研究体验项目(Research Experience for Teachers)中与科学家合作的教师展开了定性研究。这个为期6周的项目让教师在早上和科学家一起工作，在下午和一群教师一起工作。科学家自愿与教师进行合作。本研究的数据来源包括教师访谈、在实验室对教师的观察、科学家对教师的书面学习评价、项目结束后的课堂观察和教师访谈，这些数据被编写成案例。研究发现，通过与科学家一年多的密切合作，教师获益不少。教师提高了对探究的认识，感到自己是群体的一部分，并从科学家那里获得了有价值的信息。然而，作者指出科学家的指导方式确实对教师的学习和教师将获得信息传递给学生的方式产生了影响。

在分析PDP中科学家的知识和技能时，有证据表明，科学家很难与科学老师进行与科学相关的交流。例如，舒斯特(Schuster)和卡尔森(Carlsen)(2009)对与教师共同参与为期5天项目的美国科学博士生进行研究。项目的主题包括天文学、气象学、微生物学、天体生物学和材料科学。本研究的数据来源包括对工作坊的观察以及对项目导师和参与者的采访。对数据的定性分析揭示了科学家的教学取向。舒斯特和卡尔森(2009)提出，科研人员将科学实践转化为可供科学教师学习的经验的能力有限。

同样，贝尔和奥多姆(Odom)(2012)对教育学教授、科学教授和科学教育者如何参与针对中级教师的PDP展开了研究。该PDP在美国一所大学实施，持续两周，专注于探究科学。该项目是由教授们共同策划的。他们采用探究式教学，轮流上不同的课。研究对通过观察和访谈获取的数据进行了定性分析。分析结果表明，教授重视基于改革的教学，但并没有始终如一地进行这一类型的教学。此外，教授对自身的专业和对教师的看法影响了他们对课程内容的呈现。

总结。将PDP与教师联系起来的研究是非常多样化的。一些研究者强调项目架构，而另一些研究者可能会优先考查教师知识、信念和实践在应对某些策略时是如何逐渐发展的。然而，在PDP中了解教师的专业学习和探索不同项目形式的作用，是一个不断变化的研究重点。

就不同的形式而言，PDP提供者正在使用不同的方法和平台支持科学教师的学习。目前一个不断壮大的大方向是提供线上学习机会。在线上学习社区中，混合的专业发展模式似乎很有前景。对于一些教师来说，在线上学习社区中提供交流的机会很有意义，但是教师之间仍然不断需要进行面对面的交流。

另一个新兴领域是科学教师参与设计和执行他

们自己的PDP以支持他们的学习。让教师参与其中的一个方法是将PDP嵌入到他们的日常工作中，并利用他们的日常经验对PDP进行优化。另一种方法是让教师与PDP负责人合作，以支持他们对所提倡策略的学习。当科学教师能够引导自己的专业发展时，他们能更好地满足自己和学生的学习需求。

从这些研究中也可以明显看出，情境与PDP的结果相互影响。对科学教师来说，学校情境可以推动或阻碍预期的PDP结果的应用。校长、现有课程和同事只是少数几个阻碍或支持科学教师使用新教学方法或发展教师领导力的情境因素。在开发PDP时，关注情境是很重要的。

也有证据表明，为了建立自我效能感或以科学教师的信念、知识或实践为目标，必须对PDP进行战略性编排。要提高自我效能感、培养探究导向的信念或促进教学实践的具体应用，需要认真规划PDP，并考虑参与教师的知识和学习经验。虽然支持参与PDP的教师学习有不同的方法，但是根据PDP目标来监测教师的学习是很重要的。我们应该补充一点，在规划精心设计的PDP时，劳克斯–霍斯利和同事（2010）对不同专业发展方法（沉浸于内容、标准和研究，检查教与学的效果，调整和实施课程、专业发展架构）及PDP设计的概念化仍然是有用的。

从这篇综述可以很明显看到，教师的专业发展过程是复杂的，因此需要一个模型去描述正在参与专业发展的教师的学习过程。我们提出了一个可能模型，这个模型借鉴了施瓦布（Schwab, 1978）、芬斯特马赫（Fenstermacher, 1986）等人的成果。

在这个模型中（见图44.2），施瓦布（1978）提出的学校教育的四个基本共识——教学、学习、学科知识和情境——是非常重要的。教学本质上

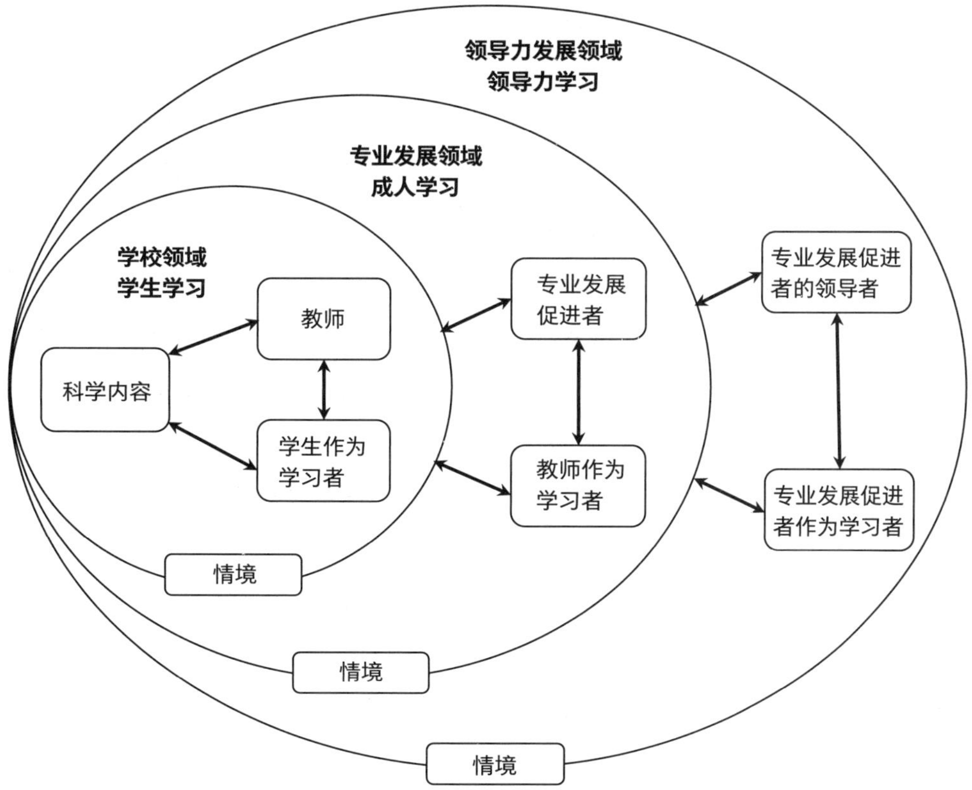

图44.2　专业发展中的教与学领域

与学习相关，因此如果没有学习，教学便失去了意义(Fenstermacher, 1986)。学科知识兼具句法性和实质性(Gardner, 1972; Schwab, 1964)。情境是由教师工作的自然和社会环境所引导的(Schwab, 1978)。

该模型基于博尔科(Borko, 2004)、肖特(Short, 2006)、劳弗(Lauffer)和劳弗(2009)的成果，揭示了PDP的嵌套性和复杂性本质。其中包括三个领域，覆盖各领域之内和各领域之间教与学的关系。受施瓦布(1978)和芬斯特马赫(1986)的影响，学校领域主要关注课堂教学，专业发展领域强调教师的学习，领导力发展域领专注于培养专业发展领域的专家。不同参与者之间相互作用，并且所有领域都受到内容和情境的影响。研究领域内和领域间教与学的关系很有必要。

图44.2及本综述强调了PDP架构、过程以及教师学与教的重要性。然而，将PDP和教师联系起来的研究多种多样，这意味着有许多具体的研究领域。特别值得研究的领域有：

- **探索支持教师学习的各种专业发展方式。**应有合理的专业发展方式来支持教师的学习。也就是说，教师应该有机会以超越传统PDP设计的方式学习。例如，技术(如前所述)为科学教师提供了与同伴合作的新方法，并提供了一个学习科学的新平台。针对教师知识的其他PDP教学系统的潜力有待开发。这是面向科学教师的下一代PDP，有望提供个性化的教师学习。

- **研究教师如何在PDP中学习。**大多数研究提供了教师参与专业发展前后的数据。随着新PDP的发展，需要了解更多获得不同学习机会的教师如何学习。当前对教师学习的研究揭示了一个与信息、经验和学生相互作用的复杂过程。了解PDP如何具体支持教师学习过程的研究很关键，能够最终使科学教师受益。

- **研究教师如何把他们学到的东西付诸实践。**教师在图44.2中的角色随参与领域不同而不同。在专业发展领域，参与PDP的教师的角色是学习者，而他/她在学校领域的角色是科学教师。这就需要研究教师如何将两个角色联系起来这一复杂过程，并理解他们如何将在专业发展领域的所学与学校领域的科学教学实践相结合。

- **分析如何支持那些提供和参与PDP的人。**很少有研究分析那些与教师一起努力促进教师专业学习的人。这些人可能是科学家、教师领导、PDP协调员、博士生和科学教师。可以探索这方面的研究，诸如科学家如何构建他们的知识以与参与不同PDP的科学教师合作，或者科学PDP协调员如何在PDP中指导教师学习。了解如何培育和支持那些与科学教师一起努力的人是一项需要持续进行的重要工作。

- **探索教师如何适应或转化PDP倡导的课程或教学方法。**大多数研究者都会记录教师参加PDP后的改变，然后分析教师的改变是否与项目的目标一致。这个简单的模型忽略了教师学习和教师知识的复杂性。了解教师如何适应与PDP相关的课程或教学方法是一个很值得研究的领域。这一领域的重要性将随着线上学习和短期PDP的增加而增加。了解教师如何适应课程或教学方法，可以对各种形式的PDP进行调整，以便更好地实现将其转化为课堂实践。

- **了解与职业相关的专业发展。**大多数PDP面向的是具有不同背景或教学年限不同的教师群体。在这些项目中，他们学习实施新课程，学习新的教学方法，或建构某些实践、知识或认知取向。了解科学教师在其职业生涯中如何发展，以及如何支持他们的发展很有必要。例如，可以通过研究了解如何更好地支持新教师，如何发展教师领导力，或如何满足处于职业生涯中期的科学教师的特殊专业需求。从这些研究中获得的信息有可能催生关注教师职业发展机会和能力的PDP。

组成部分：PDP和学生

这方面研究探讨了PDP如何在不明确考虑教师角色的情况下影响学生学习的某些方面。例如，奎瓦斯(Cuevas)、李、哈特和迪克托尔(Deaktor)(2005)对7名小学教师的25名学生展开了研究，了解这7名教师在参与以探究为导向的PDP和使用辅助课程后，其学生的探究能力是如何提升的。最初，开发这个PDP和课程材料是为了帮助成绩差、社会经济地位低及英语为第二语言的美国学生。所有教师都拿到了材料并参加为期4天的PDP。虽然这个项目针对的是特定的学生，但定量分析表明，所有学生的探究能力都有所提高。如同其他研究者，作者得出的结论是，好的教学材料和专业发展机会可以提高学生的学习。

文维尔(Venville)和道森(Dawson)(2010)对澳大利亚一项短期PDP的结果进行了总结，该PDP的重点是提高学生对遗传学领域社会性科学议题的论证能力。在这个案例研究中，教师参与了一个短期PDP，该项目旨在提高学生在使用论证、非正式推理和科学概念理解方面的技能。在短暂的干预之后，教师在课堂上给学生讲授了论证过程。在接下来的课上，学生使用了他们学到的新技能。本研究的量化结果显示，参与专业学习活动的教师所教的学生在论证、非正式推理和概念理解上有显著提高。

总结。任何PDP的最终目标都是学生的学习。关注PDP和学生学习成果的研究可以提供与PDP目标相关的学生学习的全面观点。在本节的研究中，我们采用不同方法对学生的学习进行了评价，评价呈现了学生学习科学的各种方式。通过成绩之外的指标了解学生如何学习科学，参与PDP的教师和规划PDP的人可以从不同角度了解PDP对学生的影响。当数据不仅仅包括对学生学习的标准化测试结果时，就能发现作为教师专业发展结果的学生学习的复杂性。

关于这一领域的未来研究有两个观点。第一，那些探索PDP和学生学习的研究往往只给出有限的关于教师参与和教师角色的信息。作者应在发布研究时说明这一点。第二，这一领域的研究应该继续关注作为PDP结果的学生学习的复杂性。在研究和测试新的PDP模型时，了解PDP的各方面如何影响学生的学习是非常重要的。事实上，在进行涉及政策、教师或学生的大规模研究之前，这些研究很可能是必要的。

组成部分：PDP、教师和学生

PDP的一个新兴研究领域将PDP、教师和学生联系起来。罗思(Roth)和同事(2011)对连贯内容故事情节和学生思维方式如何支持教师和学生的学习展开了研究。在研究中，他们将40多名美国小学教师和他们的学生分成两组：一组专注于课程教学目标(连贯故事情节)中的学生学习和学科知识，另一组只专注于学科知识。除了学科和教学知识评估外，他们还收集了观察数据。作者发现，与只关注学科知识的教学相比，有连贯故事情节和学科知识教学的PDP能为教师和学生带来更多的收获。这项定量研究强调了教师考虑整体教学目标、学生学习和必要内容的重要性。作者还指出，与整体目标或故事情节相关联是PDP独有的特点。

同样，赫勒(Heller)、德勒(Daehler)、翁(Wong)、筱原(Shinohara)和米拉特里(Miratrix)(2012)针对不同专业发展干预如何影响教师和学生的成果展开了研究。在这个项目中，作者将270多名美国小学教师和7,000多名学生分为两组进行比较，其中一组为无干预控制组，对另外一组使用教学案例、评价学生作业并进行元认知分析。研究采用随机分配的方法，开发了衡量教师和学生知识的工具。他们发现，当教师使用教学案例和评价学生作业时，他们的学生在准确度和书面论证方面都有所提高。

这方面的研究还探讨了PDP对于在课堂上使用技术实践的支持。例如，杰勒德(Gerard)、巴尔马(Varma)、科利斯(Corliss)和林(Linn)(2011)综合分析了探索在科学课堂上使用技术实践的专业发展研究及其对学生探究式学习体验的影响。他们的结论是，当教师学习如何使用技术支持的探究式科学教学时，他们从长期支持和建构取向中获益最多。不出所料，他们发现，不同PDP在支持科学教师使用技术方面差异很大。

总结。这些研究强调了PDP设计的重大转变。其中一个转变是认识到在设计PDP时融入对学生思考的了解的重要性。该领域的项目展示了重要的研究形式，这些形式考虑项目构成、教师对内容和学生的了解以及学生的学习。另一项转变是将技术纳入专业发展中。随着技术在学习和教学中日益普及，有必要了解配备不同形式通信技术的PDP如何支持教师和学生的学习。这是近十年来科学教师PDP设计中最重要的转变。

随着对PDP、教师和学生学习的进一步研究，学者们应该认识到这一领域的研究大多是针对小学、初中教师和学生进行的。高中教师和学生对科学有不同的倾向，他们学习的本质可能与小学、初中教师和学生不同。

本研究的另一个方面是了解教师如何从学生身上学习，学生如何学习，以及PDP如何同时与教师和学生的学习相联系。这类研究将有助于阐明如何对PDP进行调整，以同时满足教师和学生的需求。此外，这种类型的研究可以阐明如何编排这些项目以使其对科学教师和学生的影响最大化。这种类型的研究使专业发展共同体在理解和实行个性化的PDP方面再一次向前迈进。

科学教师PDP研究的现状与未来

在这篇综述中可以明显看到，PDP领域有经久不衰的研究方向，也有新兴的研究课题。通过新的数据收集和分析方法，以及对现有数据的不断思考，一些经久不衰的研究方向，诸如PDP带来的教师知识的变化或将真实的科学体验纳入PDP中，将不断完善我们对这些领域的认识。新兴研究领域，诸如在PDP中使用电子学习方法或者学生和教师学习的联系，是可用于支持学习的新工具和对学习不断变化的认识导致的结果。探索这些领域需要使用新的标准化研究方法。经久不衰的研究和新兴的研究都有可能影响PDP的内容、情境和过程。

为了给参与科学教师PDP研究的人提供参考，本文提出了一些要点。有些要点比较具体，针对某个需要探究的特殊问题。这些要点贯穿全文，也可以在总结部分找到。另一些要点比较笼统，旨在对领域整体的研究提供指导。这些要点是从更广泛的研究视角得到的，旨在引导研究者关注潜在的重要研究领域。以下各段将讨论一些比较笼统的要点。

首先，我们在研究中必须更有策略。显然，该领域有些研究已不再有用。例如，没有必要再进行额外的研究来标榜教师合作的重要性，也不需要研究来证明PDP的普遍成功。但是，在这些主题中有一些领域值得研究。例如，了解教师在参与PDP时如何学习概念，以及某个策略是如何最大限度地支持教师学习和学生学习的。随着研究者对PDP研究的深入，他们必须弄清楚拟议的研究是如何解决问题的。此外，评阅研究的人需要推动研究者超越“已知的结论”。

从广义上看PDP，了解政策、PDP、教师和学生之间的联系非常重要。当然，有许多方法可以扩展这些联系。例如，如果研究范围广泛，与国家政策相适应，并探讨教师的学习，那么就应该阐明政策和学习结果的联系，因为它们都与教师有关。如果该研究探索了一个更具体的领域，那么应该提供一个明确的陈述，说明联系和研究的具体主题。例如，一项将PDP与教师联系起来的研究应该说明这种联系，同时阐明这项研究旨在探索教师生物学知识的结构。通过明确说明联系，可以更容易地识别可用于研究综述的文章集合。

在进行与教师和/或学生相关的政策或PDP探究时，研究者应该考虑学生的样本。若干面向政策的研究针对贫困学生或语言和文化多样化的学生。虽然这些都是研究的重要群体，也值得我们高度重视，但考虑PDP对多种多样学生的影响也很重要，包括年纪非常小的学生或残障学生。不过，最紧迫的是要更好地描述参与研究的学生群体。

一个持续备受关注的领域是针对参与PDP的小学教师的研究。长时间以来，这些研究集中在小学教师教授科学的成效，以及他们的知识构建和教学实践。在未来的几年里，参与PDP的中学教师和高校的科学教职工将成为重要的研究对象。毕竟，能够激发和培养学生对科学的兴趣和热情的是这些教师。但是随着社会向着更加全球化的科学社会转变(通过对PISA和TIMSS观察)，中学科学教师不仅需要深入的学科知识，还需要学习如何实施融入社会性科学或综合科学方法的新改革。了解PDP如何在这些变化中更好地支持中学科学教师需要进行必要的研究。

未来几年，一个新兴的研究领域是应用电子学习方法的PDP。将这些研究与政策、教师或学生这些组成部分联系起来将是一个更大的挑战，但很有必要。在本章回顾的研究中，使用电子学习方法来支持教师学习还处于起步阶段。需要探索这些环境如何以新的方式支持教师和学生的学习，并且有必要考虑如何通过各种电子学习机会最大化教师的学习。更难把握的是政策、PDP和电子学习环境之间的联系。理解这种联系是至关重要的。显然，这一研究领域在未来几年最有潜力重新定义专业发展的过程。

最后，使用不同的研究方法是另一个新兴领域。首先，对PDP需要进行更多的综合研究。小规模的研究是必不可少的，它们为PDP的各个方面提供了重要见解。分析一系列类似领域的综合研究可以为PDP领域的研究者和执行者提供重要的信息。然而，综合研究的最大挑战之一将是找到具有充足方法论细节的研究。

此外，还需要进行更多的比较研究，以探讨PDP的各个方面。这些研究应能了解PDP的不同组成部分是如何对教师或学生的学习产生影响的。这些研究需要关注各种方法论决策和精心构思的关于教师学习的理论和概念取向。

棘手问题

即使有大量的专业发展研究，仍有一些多年困扰科学教育研究者的问题。这些问题不会很快得到解决，所以可能会被PDP研究者忽视。然而，这些问题值得研究社区的研究者持续关注，并逐步被解决。这些都是“棘手问题”(Rittel & Webber, 1973)，解决方案并不简单，可能有多种解释，而且问题非常复杂。然而，讨论和探索这些问题将重新定义教师在PDP中的体验。与科学教师的PDP有关的棘手问题包括:

- **扩大PDP规模的优点和缺点。**PDP领域的研究应该探讨扩大项目后的真实情况。如果小规模的PDP取得了良好的效果，通常会产生扩大项目规模的主动性。这个扩大规模的过程可能意味着通过扩展到不同年级、学校区域、内容主题或教学方法来涉及更多的教师。然而，这样做会带来各种各样的问题，可能会破坏正在扩大的项目的完整性和真实性。其中一些问题包括需要与非自愿参与的教师合作，增加专业开发人员和办公地点，在不同的情境下开展工作，以及寻找必要的资金和社区资源，以支持规模的扩大。换句话说，尽管扩大规模的想法很吸引人，也很有前景，但实际情况是未知的。情境的影响和教师学习的本质可能使规模的扩大难以把控。

- **如何向政策制定者和专业发展专家提供PDP的相关信息。**以学术研究引导PDP在科学教育中的应用是十分重要的，这就需要学术研究涉及PDP负责人和政策制定者。遗憾的是，大多数关于科学教师PDP的学术研究很少能接触到这些群体。这可能是由于政策制定者和PDP负责人缺乏参考学术研究成果的意愿，或者学术研究没有提出明确的建议，也可能是因为他们需要读的文章太多。将研究与政策和实践联系起来肯定是一个需要研究者长期关注的问题。解决这一问题可能需要新的方式去呈现和传播学术研究，以及更密切地与决策者和PDP负责人合作，以了解他们的需求。

- **如何开发高影响力的PDP，以满足所有教师和学生的需要。**有了这个认识，传统的PDP架构或倾向将受到挑战，教师和学生的学习将得到加强。在这一领域进行研究可能需要从教师和学生学习科学学科开始，然后再回过头来考虑PDP的框架。当然，它也可以从新的PDP形式开始，先探索教师学习，然后研究学生学习。无论研究如何进行，都非常需要开发能快速个性定制的PDP，使所有教师及其学生的学习效果最大化。描述这种项目的过程需要引入新的PDP模型，它可能时间更短，具有诊断性，或绕过或包括校园文化。

- **理解与PDP相关的情境的边界。** PDP中一个引人注目的研究问题是理解情境的边界以及情境如何影响教师的学习。例如，教师工作的情境对他/她的教学来说当然是重要的，但是合作的和有针对性的专业发展方式可能会超过情境的影响。政治情境也会影响PDP的设计和实施，导致教师学习的形式有所不同。情境是一个宽泛的概念，其范围可以涵盖从国家政策到学校，或者从社区当前的科学价值到科学追求的本质。通过理解情境的边界和教师学习，我们可以设计更好地支持教师科学学习的PDP。

- **理解与政策、项目、教师和学生相关的专业发展过程。** 科学教师的PDP与政策、教师和学生之间有着或强或弱的联系。这些联系的强度与项目的设计和实施有关。了解每个组成成分对项目过程的潜在影响，可以为提供或研究PDP的人提供指导。例如，一些政策对某些PDP的影响可能比对学生学习科学的影响更大。相反，以全新的方式学习科学可能对政策产生一定的影响。这些不同联系之间的发展方向和影响维度值得思考和探讨。

最终评论

尽管专业发展研究有不同的方向，但很明显，PDP研究领域需要制定报告标准。这个标准是对研究中公认惯例的补充。在这一领域的所有研究仍然应该共享，例如，理论导向、文献综述，以及对研究参与者的人群描述。研究者还应明确正在研究的项目细节。

涉及PDP的研究标准应包括对与PDP相关的研究方向的明确描述。例如，描述前面讨论的组成部分的联系，其中可能包括政策、PDP、教师或学生。一个具体的描述可以说明，“这项研究着眼于政策与PDP和教师之间的联系”，或者“所进行的研究将丰富PDP和教师领域的研究”。通过包含这些信息，在这个领域进行综合研究的人也能更好地理解研究者的意图。

涉及PDP的研究标准还应要求对PDP做出明确的描述，至少应包括教师参与项目的时间、项目指导者的资格证书/背景/经验、项目的目标、项目的过程和策略。如果可以的话，研究还应该讨论一下PDP的独特之处。

专业发展研究的标准还应包括一些具有实用价值的建议或启示。研究报告中提供的结论不应该局限于其他研究者这一目标受众，尤其是当他们涉及PDP时。PDP负责人可以从研究数据得出的具体建议中受益。教师可以找到能帮助他们发现最适合自己需求的项目的信息。虽然有多个目标受众，但信息应该总是在研究数据的范围内简单地呈现。

显然，这些是报告PDP研究的基本标准。未来几年，可能会有更多的标准出现。但就目前而言，这些标准将增加该领域研究的影响力。

编者寄语

我们要感谢本章的审稿人，感谢他们提出的深刻见解。此外，我们珍视那些在写作过程中与我们讨论过这一章的人提出的所有建议。我们还要感谢佐治亚大学的两名研究生的帮助：塞莱斯蒂诺·恩特古瓦（Celestin Ntemngwa）为我们检索了其中的几项研究，香农·迪布瓦（Shannon Dubois）对这一章做了整体的评论。

参考文献

Abell, S. K., & Lederman, N. G (Eds.). (2007). *Handbook of research on science education.* Mahwah, NJ: Lawrence Erlbaum Associates.

Akerson, V. A., Cullen, T., & Hanson, D. L. (2009). Fostering a community of practice through a professional development program to improve elementary teachers' views of nature of science and teaching practice. *Journal of Research in Science Teaching, 46*, 1090 – 1113.

American Educational Research Association. (2006). Standards for reporting on empirical social science research in AERA publications. *Educational Researcher, 35*(6), 33 – 40.

Annetta, L., & Shymansky, J.A. (2008). A comparison of rural elementary school teacher attitudes toward three modes of distance educati on for science professional development. *Journal of Science Teacher Education, 19*, 255 – 267.

Banilower, E. R., Heck, D. J., & Weiss, I. R. (2007). Can professional development make the vision of the standards a reality? The impact of the National Science Foundation's local systemic change through teacher enhancement initiative. *Journal of Research in Science Teaching, 44*, 375 – 395.

Bell, B., & Gilbert, J. (1996). *Teacher development: A model from science education.* London: Falmer Press.

Bell, C. V., & Odom. A. L. (2012). Reflections on discourse practices during professional development on the learning cycle. *Journal of Science Teacher Education, 23*, 601 – 620.

Berry, A., Loughran, J., Smith, K., & Lindsay, S. (2009). Capturing and enhancing science teachers' professional knowledge. *Research in Science Education, 39*, 575 – 594.

Bertram, A., & Loughran, J. (2012). Science teachers' views on CoRes and PaP-eRs as a framework for articulating and developing pedagogical content knowledge. *Research in Science Education, 42*, 1027 – 1047.

Borko, H. (2004). Professional development and teacher learning: Mapping the terrain. *Educational Researcher, 33*, 3 – 15.

Capps, D. K., Crawford, B. A., & Constas, M. A. (2012). A review of empirical literature on inquiry professional development: Alignment with best practices and a critique of the findings. *Journal of Science Teacher Education, 23*, 291 – 318.

Cuevas, P., Lee, O., Hart, J., & Deaktor, R. (2005). Improving science inquiry with elementary students of diverse backgrounds. *Journal of Research in Science Teaching, 42*, 337 – 357.

Darling-Hammond, L., Chung Wei, R., Andree, A., Richardson, N., & Orphanos, S. (2009). *Professional learning in the learning profession: A status report on teacher development in the United States and abroad.* Oxford, OH: National Staff Development Council.

Drayton, B., & Falk, J. (2006). Dimensions that shape teacher–scientist collaborations for teacher enhancement. *Science Education, 90*(4), 734 – 761.

Dori, Y. J., & Herscovitz, O. (2005). Case-based long-term professional development of science teachers. *International Journal of Science Education, 27*, 1413 – 1446.

Ebert, E. K., & Crippen, K. J. (2010). Applying a cognitive-affective model of conceptual change to professional development. *Journal of Science Teacher Education, 21*, 371 – 388.

Elster, D. (2010). Learning communities in teacher education: The impact of e-competence. *International Journal of Science Education, 32*, 2185 – 2216.

Enochs, L., & Riggs, I. (1990). Further development of an elementary science teaching efficacy belief instrument: A preservice elementary scale. *School Science and Mathematics, 90*, 694 – 706.

Eurydice. (2011). *Science education in Europe: National policies, practices and research.* Brussels: Eurydice. Retrieved from http://eacea. ec.europa.eu/education

Falik, O., Eylon, B. -S., & Rosenfeld, S (2008). Motivating teachers to enact free-choice project-based learning in science and technology (PBLSAT): Effects of a professional development model. *Journal of Science Teacher Education, 19*, 565 – 591.

Feiman-Nemser, S. (2001). From preparation to practice: Designing a continuum to strengthen and sustain teaching. *Teachers College Record, 103*, 1013 – 1055.

Fenstermacher, G. D. (1986). Philosophy of research on teaching: Three aspects. In M.C. Wittrock (Ed.), *Handbook of research on teaching* (3rd ed.; pp. 37 – 49).

New York, NY: Macmillan.

Fishman, B. J., Marx, R. W., Best, S., & Tal, R. T. (2003). Linking teacher and student learning to improve professional development in systemic reform. *Teaching and Teacher Education, 19*, 643–658.

Freeman, J. G., Marx, R. W., & Cimellaro, L. (2004). Emerging considerations for professional development institutes for science teachers. *Journal of Science Teacher Education, 15*(2), 111–131.

Gardner, P. L. (1972). Structure-of-knowledge theory and science education. *Educational Philosophy and Theory, 4*(2), 25–46.

Garet, M. S., Porter, A. C., Desimone, L., Birman, B., & Yoon, K. S. (2001). What makes professional development effective? Results from a national sample of teachers. *American Educational Research Journal, 38*, 915–945.

Geier, R., Blumenfeld, P. C., Marx, R. W., Krajcik, J. S., Fishman, B., Soloway, E., & Clay-Chambers, J. (2008). Standardized test outcomes for students engaged in inquiry-based science curricula in the context of urban reform. *Journal of Research in Science Teaching, 45*, 922–939.

Gerard, L. F., Varma, K., Corliss, S. B., & Linn, M. C. (2011). Professional development for technologically enhanced inquiry science. *Review of Educational Research, 81*, 408–448.

Harlen, W., & Doubler, S. J. (2004). Can teachers learn through enquiry on-line? Studying professional development in science delivered on-line and on-campus. *International Journal of Science Education, 26*, 1247–1267.

Heller, J. I., Daehler, K. R., Wong, N., Shinohara, M., & Miratrix, L. W. (2012). Differential effects of three professional development models on teacher knowledge and student achievement in elementary science. *Journal of Research in Science Teaching, 49*, 333–362.

Hendriks, M., Luyten, H., Scheerens, J., Sleegers, P., & Steen, R. (Eds.). (2010). *Teachers' professional development: Europe in international comparison: An analysis of teachers' professional development based on the OECD's Teaching and Learning International Survey* (TALIS). Office for Official Publications of the European Union, Luxembourg, viewed Oct. 17, 2012, at http://hdl.voced.edu.au/10707/176573

Hewson, P. W. (2007). Teacher professional development in science. In S. K. Abell & N. G. Lederman (Eds.), *Handbook of research on science education* (pp. 1105–1150). Mahwah, NJ: Lawrence Erlbaum Associates.

Hofstein, A., Carmeli, M., & Shore, R. (2004). The professional development of high school chemistry coordinators. *Journal of Science Teacher Education, 15*, 3–24.

Howe, A. C., & Stubbs, H. S. (2003). From science teacher to teacher leader: Leadership development as meaning making in a community of practice. *Science Education, 87*, 281–297.

Huffman, D. (2006). Reforming pedagogy: Inservice teacher education and instructional reform. *Journal of Science Teacher Education, 17*, 121–136.

Hughes, R., Molyneaux, K., & Dixon, P. (2012). The role of scientist mentors on teacher's perceptions of the community of science during a summer research experience. *Research in Science Education, 42*, 915–941.

Jeanpierre, B., Oberhauser, K., & Freeman, C. (2005). Characteristics of professional development that effect change in secondary science teachers' classroom practices. *Journal of Research in Science Teaching, 42*, 668–690.

Johnson, C. C. (2007). Whole school collaborative sustained professional development and science teacher change: Signs of progress. *Journal of Science Teacher Education, 18*, 629–661.

Kennedy, M. M. (1999). Form and substance in mathematics and science professional development. *NISE Brief, 3*(2), 1–8.

Khourey-Bowers, C., Dinko, R.L., & Hart, R. (2005). Influence of a shared leadership model in creating a school culture of inquiry and collegiality. *Journal of Research in Science Teaching, 42*, 3–24.

Lakshmanan, A., Heath, B. P., Perlmutter, A., & Elder, M. (2011). The impact of science content and professional learning communities on science teaching efficacy and standards-based instruction. *Journal of Research in Science Teaching, 48*, 534–551.

Lara-Alecio, R., Tong, F., Irby, B. J., Guerrero, C., Huerta, M., & Fan, Y. (2012). The effect of an instruction intervention on middle school English learners' science and English reading achievement. *Journal of Research in Science*

Teaching, 49, 987 – 1011.

Lauffer, M. B., & Lauffer, D. W. (2009). Building professional development cadres. In S. Mundry & K.E. Stiles (Eds.), Professional learning communities for science teaching: Lessons from research and practice (pp. 55 – 72). Arlington, VA: NSTA Press.

Lavonen, J., Jauhiainen, J., Koponen, I. T., & Kurki-Suonio, K. (2004). Effect of a long-term in-service training program on teachers' beliefs about the role of experiments in physics education. *International Journal of Science Education, 26*, 309 – 328.

Lederman, N. G., Abd-El-Khalick, F., Bell, R., & Schwartz, R. (2002). Views of nature of science questionnaire: Toward valid and meaningful assessment of learners' conceptions of nature of science. *Journal of Research in Science Teaching, 39*, 497 – 521.

Lee, O., Deaktor, R., Enders, C., & Lambert, J. (2008). Impact of a multiyear professional development intervention on science achievement of culturally and linguistically diverse elementary students. *Journal of Research in Science Teaching, 45*, 726 – 747.

Lieberman, A. (1995). Practices that support teacher development: Transforming conceptions of professional learning. *Phi Delta Kappan, 76*, 591 – 596.

Lotter, C., Harwood, W. S., & Bonner, J. J. (2007). The influence of core teaching conceptions on teachers' use of inquiry practices. *Journal of Research in Science Teaching, 9*, 1318 – 1347.

Loucks-Horsley, S., Hewson, P. W., Love, N., & Stiles, K. E. (1998). *Designing professional development for teachers of science and mathematics.* Thousand Oaks, CA: Corwin.

Loucks-Horsley, S., Love, N., Stiles, K. E., Mundry, S., & Hewson, P.W. (2003). *Designing professional development for teachers of science and mathematics* (2nd ed.). Thousand Oaks, CA: Corwin.

Loucks-Horsley, S., Stiles, K., Mundry, S. E., Love, N. B., & Hewson, P. W. (2010). *Designing professional development for teachers of science and mathematics* (3rd ed.). Thousand Oaks, CA: Corwin.

Luehmann, A. L., & Tinelli, L. (2012). Teacher professional identity development with social networking technologies; learning reform through blogging. *Educational Media International, 45*, 323 – 333.

Luft, J. A., Firestone, J., Wong, S., Adams, K., & Ortega, I. (2011). Beginning secondary science teacher induction: A two-year mixed methods study. *Journal of Research in Science Teaching, 48*(10), 1199 – 1224.

Luft, J. A., Wong, S., & Ortega, I. (2009). *The NSTA state of science education survey—2009, full report.* Arlington, VA: National Science Teacher Association.

National Research Council. (2007). *Rising above the gathering storm: Energizing and employing America for a brighter economic future.* Washington, DC: National Academies Press.

National Research Council. (2009). *Strengthening high school chemistry education through teacher outreach programs: A workshop summary to the chemical sciences roundtable.* Washington, DC: National Academies Press.

National Science Board. (2012). *Science and engineering indicators 2012*. Arlington VA: National Science Foundation (NSB 12 – 01).

National Staff Development Council. (2001). *Standards for staff development* (rev. ed.). Oxford, OH: NSDC.

Nelson, T. H. (2009). Teachers' collaborative inquiry and professional growth: Should we be optimistic? *Science Education, 93*, 548 – 580.

No Child Left Behind Act of 2001, 20 U.S.C. § 6319 (2008).

Opfer, V. D., & Pedder, D. (2011). Conceptualizing teacher professional learning. *Review of Educational Research, 81*, 367 – 407. doi:10.3102/0034654311413609

Ostermeier, C., Prenzel, M., & Duit, R. (2010). Improving science and mathematics instruction: The SINUS Project as an example for reform as teacher professional development. *International Journal of Science Education, 32*, 303 – 327.

Palmer, D. (2011). Sources of efficacy information in an inservice program for elementary teachers. *Science Education, 95*, 577 – 600.

Penuel, W. R., Fishman, B. J., Yamaguchi, R., & Gallagher, L.P. (2007). What makes professional development effective? Strategies that foster curriculum implementation. *American Education Research Journal, 44*, 921 – 958.

Penuel, W. R., Gallagher, L. P., & Moorthy, S. (2011). Preparing teachers to design sequences of instruction in Earth systems science: A comparison of three professional development programs. *American Educational Research Journal, 48*, 996 – 1025.

Posnanski, T. (2010). Developing understanding of the nature of science within a professional development program for inservice elementary teachers: Project nature of elementary science teaching. *Journal of Science Teacher Education, 21*, 589 – 621.

Pruitt, S. L., & Wallace, C. S (2012). The effect of a state department of education teacher mentor initiative on science achievement. *Journal of Science Teacher Education, 23*, 367 – 385. doi:10.1007/s10972-012-9280-5

Richmond, G., & Manokore, V. (2011). Identifying elements critical for functional and sustainable professional learning communities. *Science Education, 95*, 543 – 570.

Rittel, H. W. J., & Webber, M. M. (1973). Dilemmas in a general theory of planning. *Policy Sciences, 4*(2), 155 – 169.

Roehrig, G. H., & Luft, J. A. (2006). Does one size fit all? The experiences of beginning teachers from different teacher preparation programs during an induction program. *Journal of Research in Science Teaching, 43*, 963 – 985.

Roth, K., Garnier, H. E., Chen, K., Lemmens, M., Schwille, K., & Wickler, N. I. Z. (2011). Video lesson analysis: Effective science PD for teacher and student learning. *Journal of Research in Science Teaching, 48*, 117 – 148.

Scherz, Z., Bialer, L., & Eylon, B. -S. (2008). Learning about teachers' accomplishment in "learning skills for science" practice: The use of portfolios in an evidence-based continuous professional development program. *International Journal of Science Education, 30*, 643 – 667.

Schuster, D. A., & Carlsen, W. S. (2009). Scientists' teaching orientations in the context of teacher professional development. *Science Education, 93*, 635 – 655.

Schwab, J. J. (1964). Structure of the disciplines: Meanings and significances. In G. W. Ford & L. Pugno (Eds.), *The structure of knowledge and the curriculum* (pp. 6 – 30). Chicago: Rand McNally.

Schwab, J. J. (1978). The practical: Translation into curriculum. In I. Westbury & N. J. Wilkoff (Eds.), *Science curriculum and liberal education: Selected essays of Joseph J. Schwab* (pp. 365 – 383). Chicago: University of Chicago Press.

Shapiro, B. L., & Last, S. (2002). Starting points for transformation: Resources to craft a philosophy to guide professional development in elementary science. In P. Fraser-Abder (Ed.), *Professional development of science teachers: Local insights with lessons for the global community* (pp. 1 – 20). New York: Routledge Falmer.

Short, J. B. (2006). Leading professional development for curriculum reform. In J. Rhoton and P. Shane (Eds.),*Teaching science in the 21st century* (pp. 85 – 99). Arlington: NSTA Press.

Simon, S., & Johnson, S. (2008). Professional learning portfolios for argumentation in school science. *International Journal of Science Education, 30*, 669 – 688.

Stolk, M. J., De Jong, O., Bulte, A. M., & Pilot, A. (2011). Exploring a framework for professional development in curriculum innovation: Empowering teachers for designing context-based chemistry education. *Research in Science Education, 41*(3), 369 – 388.

Supovitz, J., & Turner, H. M. (2000). The effects of professional development on science teaching practices and classroom culture. *Journal of Research in Science Teaching, 37*, 963 – 980.

van der Valk, T., & de Jong, O. (2009). Scaffolding science teachers in the open-inquiry teaching. *International Journal of Science Education, 31*, 829 – 850.

Venville, G. I., & Dawson, V. M. (2010). The impact of a classroom intervention on Grade 10 students' argumentation skills, informal reasoning, and conceptual understanding of science. *Journal of Research in Science Teaching, 47*, 952 – 977.

Watson, K., Steele, F., Vozzo, L., & Aubusson, P. (2007). Changing the subject: Retraining teachers to teach science. *Research in Science Education, 37*, 141 – 154.

Wilson, S., & Berne, J. (1999). Teacher learning and the acquisition of professional knowledge: An examination of the research on contemporary professional development. *Review of Research in Education, 24*, 173 – 209.

Zohar, A. (2006): The nature and development of teachers' metastrategic knowledge in the context of teaching higher order thinking. *Journal of the Learning Sciences, 15*(3), 331 – 377.

编撰者和工作单位

Fouad Abd-El-Khalick, University of Illinois at Urbana-Champaign, USA

Eleanor Abrams, University of New Hampshire, USA

Tamer G. Amin, American University of Beirut, Lebanon

J. Myron Atkin, Stanford University, USA

Megan Bang, University of Washington, USA

Angela Calabrese Barton, Michigan State University, USA

Amanda Berry, ICLON–Leiden University, Netherlands

Paul Black, King's College London, UK

William J. Boone, Miami University, USA

Bryan McKinley Jones Brayboy, Arizona State University, USA

Edward D. Britton, WestEd, USA

Cory A. Buxton, The University of Georgia, USA

Rodger W. Bybee, Biological Sciences Curriculum Study (Retired), USA

Heidi B. Carlone, The University of North Carolina at Greensboro, USA

William S. Carlsen, The Pennsylvania State University, USA

Angelina Castagno, Northern Arizona University, USA

Barbara A. Crawford, The University of Georgia, USA

Christine M. Cunningham, Museum of Science, Boston, USA

Charlene M. Czerniak, University of Toledo, USA

George E. DeBoer, American Association for the Advancement of Science, USA

Onno De Jong, Utrecht University, Netherlands

Justin Dillon, King's College London, UK

Reinders Duit, IPN–Leibniz Institute for Science and Mathematics Education, Germany

Margaret Eisenhart, University of Colorado Boulder, USA

Hans E. Fischer, University Duisburg-Essen, Germany

Barry J. Fraser, Curtin University, Australia

Mark J. S. Gan, University of Auckland, New Zealand

Peter W. Hewson, University of Wisconsin–Madison, USA

Georgia W. Hodges, The University of Georgia, USA

Dietmar Höttecke, University of Hamburg, Germany

Angela Johnson, St. Mary's College of Maryland, USA

Carla C. Johnson, Purdue University, USA

M. Gail Jones, North Carolina State University, USA

Jane Butler Kahle, Miami University, USA

Sami Kahn, University of South Florida, USA

Gregory J. Kelly, The Pennsylvania State University, USA

Joanna Kidman, Victoria University of Wellington, New Zealand

Joseph S. Krajcik, Michigan State University, USA

Frances Lawrenz, University of Minnesota, USA

Reuven Lazarowitz, Israel Institute of Technology, IIT TECHNION, Israel

Megan Leagon, North Carolina State University, USA

Judith S. Lederman, Illinois Institute of Technology, USA

Norman G. Lederman, Illinois Institute of Technology, USA

Huei Lee, Taiwan Dong Hwa University, China

Okhee Lee, New York University, USA

Richard Lehrer, Vanderbilt University, USA

Julie Libarkin, Michigan State University, USA

J. John Loughran, Monash University, Australia

Julie A. Luft, The University of Georgia, USA

Andrea K. Martin, Queen's University, Canada

J. Randy McGinnis, University of Maryland, College Park, USA

Elizabeth McKinley, University of Auckland, New Zealand

Jacobiene Meirink, ICLON–Leiden University, Netherlands

Kongju Mun, Michigan State University, USA

Knut Neumann, IPN–Leibniz Institute for Science and Mathematics Education, Germany

Hans Niedderer, Mälardalens University, Sweden

J. Steve Oliver, The University of Georgia, USA

Tara O'Neill, University of Hawaii at Manoa, USA

Nir Orion, Weizmann Institute of Science, Israel

Jonathan Osborne, Stanford University, USA

Eileen Carlton Parsons, University of North Carolina at Chapel Hill, USA

Léonie J. Rennie, Curtin University, Australia

Douglas A. Roberts, University of Calgary, Canada

Kathleen J. Roth, Biological Sciences Curriculum Study (BSCS), USA

Tom Russell, Queen's University, Canada

Kathryn Scantlebury, University of Delaware, USA

Horst Schecker, University of Bremen, Institute of Science Education, Germany

Steven A. Schneider, WestEd, USA

Carol L. Smith, University of Massachusetts at Boston, USA

Keith S. Taber, University of Cambridge, UK

Edna Tan, The University of North Carolina at Greensboro, USA

Peter Charles Taylor, Curtin University, Australia

Mao Thao, University of Minnesota, USA

David F. Treagust, Curtin University, Australia

Chi-Yan Tsui, Curtin University, Australia

Russell Tytler, Deakin University, Australia

Jan H. van Driel, ICLON–Leiden University, Netherlands

Mary Grace Villanueva, Nelson Mandela Metropolitan University, South Africa

Ming Huey Wang, Taiwan Normal University, China

Paul Webb, Nelson Mandela Metropolitan University, South Africa

Per-Olof Wickman, Stockholm University, Sweden

Marianne Wiser, Clark University, USA

Mihye Won, Curtin University, Australia

Sarah Beth Woodruff, Miami University, USA

Chiung-Fen Yen, Taiwan Providence University, China

Larry D. Yore, University of Victoria, Canada

Dana L. Zeidler, University of South Florida, USA

期刊名索引

科学教师教育期刊	Journal of Science Teacher Education	9,42,44
科学教学研究杂志	Journal of Research in Science Teaching	1,7,9,13,19,37,44
科学教育	Science Education	1,7,9,13,15,19,37,44
科学教育和技术杂志	Journal of Science Education and Technology	9
科学教育文化研究	Cultural Studies of Science Education	9,13,15
科学教育研究	Research in Science Education	9,44
科学教育中的文化研究	Cultural Studies in Science Education	1,32
课程研究期刊	Journal of Curriculum Studies	13
M		
美国教育研究杂志	American Education Research Journal	9,13,44
美国评价期刊	American Journal of Evaluation	37
N		
农村教育研究期刊	Journal of Research in Rural Education	14
P		
评价评论	Evaluation Review	37
评价新方向	New Direction for Evaluation	37
评价与项目规划	Evaluation and Program Planning	37
S		
师范学院记录	Teachers College Record	13
X		
学习环境研究：国际期刊	Learning Environments Research: An International Journal	6
学习环境研究进展	Advances in Learning Environment Research	6
学习科学期刊	Journal of the Learning Sciences	13
学校科学和数学	School Science and Mathematics	9,20
Y		
一语语言及文学教育研究	L1-Educational Studies in Language and Literature	33
Z		
中学学报	Middle School Journal	20
自然	Nature	7

注：逗号分隔的数字代表所在的章。

作者索引

注：逗号分隔的数字代表所在的章。

译后记

《科学教育研究手册》卷II是诺曼·莱德曼教授和桑德拉·埃布尔教授(在英文版出版时已去世)集结科学教育领域国际顶尖学者对科学教育研究进行的全面梳理与回顾，是科学教育领域的智慧结晶、经典之作。

诺曼·莱德曼教授是国际知名的科学教育研究者，曾任美国国家科学教学研究学会(NARST)和美国科学教师教育协会(原名AETS，现称ASTE)主席。他本人在科学教育领域创造了卓越的学术成就，在期刊上发表过200多篇论文，出版过46部学术著作。他的研究成果对国际科学教育研究产生着极其深远的影响，NARST在其官网撰文回顾莱德曼教授的研究成果时写道，“他的成果被引次数超过38,000次(Google Scholar，h-index = 70; i10-index = 153)和6,400次(Web of Science，h-index = 33; i10-index = 45)”“他于1992年在《科学教学研究杂志》上发表的科学本质研究综述至今仍是本领域内被引次数最多的5篇论文之一”。

莱德曼教授在全球培养了大批科学教师和科学教育研究者。在中国，他担任北京师范大学客座教授、中国科学技术大学客座教授，曾获得中国外交部特聘外国专家称号。我国很多科学教师都参加过他组织开展的培训活动。他对科学教育的远见卓识、严谨的治学态度、深入浅出而灵活多变的教学风格以及对科学教育的坚持感染和鼓舞了众多中国学者与科学教师，他结合中国本土文化环境展开的个性化交流活动更是令人印象深刻。我国有近20位青年学者曾在莱德曼教授的指导下做过访问学者，本书的多位译者都曾跟随他学习或者在学术研究中得到过他的亲自指导。本书的顺利引进和出版也正是得益于莱德曼教授的大力支持。

遗憾的是，就在本书出版前夕，诺曼·莱德曼教授由于突发疾病不幸去世。本书出版团队谨以此书向诺曼·莱德曼教授致以最衷心的感谢和最深刻的纪念。

《科学教育研究手册》卷II英文版自出版以来，受到了国际科学教育领域研究者的广泛关注，是一本全面系统阐述科学教育研究方法和全面介绍科学教育领域研究的著作。我国多位科学教育领域的学者在研究中都接触过这本书的英文原版，大家都觉得，如果把它翻译成中文，能够帮助更多的科学教育研究者、实践者更全面地理解科学教育不同领域的研究，能够对培养我国科学教育研究的人才起到积极的推动作用。

随后，在中国科普研究所的支持下，这项工作得以顺利开展。

这本书体量巨大（英文原版共有44章，971页），开展工作的第一关便是组建高水平的翻译团队。原版书分6个部分，我们遴选了6位年富力强、在高校和科研院所科学教育研究一线工作的人员作为负责人，再由每位负责人组建各部分的翻译和审校团队。所有译者都必须具备科学教育专业背景和良好的英文水平，大部分译者具有国外访学或交流经历。在遴选译者的过程中，我们格外关注其研究领域与译校内容的匹配，许多译者都是在硕、博求学阶段就专注某一领域，并在工作后持续耕耘；也非常关注译者的国际视野、学术态度和工作热情。此外，为了充分保证翻译质量，我们要求每位译者最多主译2章。全书共有37位译者，背景介绍请见文后所附材料。更难能可贵的是，在邀请大家参与工作的时候，大家听说翻译的是《科学教育研究手册》卷II，均欣然应允，全力投入。

为了确保全书专业术语统一，翻译之初，我们邀请加拿大哥伦比亚大学季娇博士和美国伊利诺伊理工大学潘瑶珍博士背靠背同时翻译所有专业术语；季娇博士具有博物馆教育和心理学教育背景，潘瑶珍博士具有科学教育背景。以她们的翻译为蓝本，我们在充分讨论的基础上确定了最终的专业术语表。原书文本中存在大量长难句表达，译者们在准确传达原有意思的基础上，力求结合中文的表达习惯完成翻译，常常在某些段落反复思量，直至定稿。为了提升翻译质量，我们要求对每一章进行多次审校，也特别邀请多位科学教育研究领域的领军人物参与审校工作。北京师范大学的刘恩山教授、郭玉英教授等均对翻译工作给予了关心和支持。

自2018年6月组建翻译团队开始，到现在中译本出版，参与本书翻译出版工作的所有人都经历了不平凡的四年时间。外语教学与研究出版社的编辑团队和出版团队为本书的出版付出极大的艰辛，在本书即将出版之际，我们向外语教学与研究出版社所有参与此项目的老师致以最诚挚的谢意！

本书得到了中国科普研究所科学教育研究项目的经费资助，我们向中国科普研究所领导和老师们的支持表示最衷心的感谢！

这本书涉及领域广泛，学术界对不同概念、不同方法的认知仍存在差异，译者虽全力以赴，但限于学识，错误、疏漏不可避免，恳请各位读者批评指正！

科技兴则民族兴，科技强则国家强。无论此刻阅读本书的您是科学教育研究者还是科学教育实践者，真诚希望本书为您的工作带来参考与帮助。所有译者满怀对中国科学教育事业的热忱，希望本书为提升一代代青少年的科学素养贡献力量，也借此机会祝愿伟大祖国的科学教育事业蒸蒸日上！

全体译者

2022年8月24日星期三

附：译者简介（以姓氏笔画为序）

马蕊，首都师范大学教师教育学院副教授，曾前往加拿大英属哥伦比亚大学（UBC）学习，主要从事生物学教育、科学教育及相关教师教育的实践与研究工作。

马冠中，香港大学科学教育博士，南京大学陶行知教师教育学院教师，苏教版小学科学教材编写组核心成员，主要从事科学思维教学与教师教育研究。

王健，北京师范大学生命科学学院教授、博士生导师，曾任东亚科学教育学会（EASE）秘书长，主要从事生物学教育和科学教育的研究工作。

王硕，北京师范大学物理课程与教学论专业教育学硕士，现任职于北京师范大学附属实验中学，从事高中物理教学和竞赛教学工作，长期关注中外物理学教育。

王鑫，博士，深圳华侨城中学物理教师，主要从事物理教学研究。

王笑梅，北京师范大学教育学硕士，专业为生物学课程与教学论，现于吉林省长春市东北师范大学附属中学任教。

付鑫，北京师范大学生物学课程与教学论专业硕士，现任职于北京市十一学校，在《美国生物教师》（*American Biology Teacher*）上发表了英文论文。

刘晟，教育学博士，现任职于北京师范大学生命科学学院，曾前往美国伊利诺伊理工大学（IIT）跟随本书主编莱德曼教授学习，主要从事科学教育与教师教育研究。

刘彦林，北京大学和斯坦福大学联合培养博士，现为中国社会科学院中国社会科学评价研究院助理研究员，在CSSCI核心期刊发表论文20余篇，3篇被《人大复印报刊资料》全文转载，3篇被《新华文摘》转载，1篇被《社会科学文摘》转载。

李诺，北京师范大学生物教育系教育学博士，现任北京师范大学生命科学学院讲师，主要从事科学教育与教师专业发展研究。

李秀菊，博士，中国科普研究所副研究员，科学素质研究室副主任，曾在美国伊利诺伊理工大学跟随本书主编莱德曼教授学习，主要从事科学教育研究。

李树玲，北京大学教育学院和芬兰赫尔辛基大学活动、发展与学习研究中心（CRADLE）联合培养的在读博士，硕士毕业于英国布里斯托大学并获得了Distinction等级学位。

杨杰，博士，北京师范大学科学教育研究院博士后，主要从事物理课程与教学论研究。

杨洁，北京师范大学教育学博士，现任职于人民教育出版社地理编辑室，致力于地理教育、科学教育研究，参编人教版地理教科书，合著多部科学教育专著，并翻译出版了科普作品。

杨文源，北京师范大学教育学博士，独立研究者，曾任首都师范大学教师教育学院副教授，致力于科学教育、生物教育研究。

肖洋，博士，华南师范大学物理与电信工程学院特聘副研究员，主要从事科学教育测量研究。

何翠玲，香港大学教育学硕士，主要从事教师教育研究。

佘建云，香港大学教育学博士在读，主要从事科学教育与教师教育研究。

张超，管理学博士，现任北京师范大学附属实验中学教师，出版了多部专著、译著和教材等，内容涉及多个教育领域，并主持北京市STEAM研究课题。

张静，博士，长江大学物理与光电工程学院教授，物理教育研究所所长，主要从事科学教育、物理课程与教学论研究。

张春雷，北京师范大学博士，美国佐治亚大学（UGA）访问学者，华东师范大学教师教育学院讲师。研究方向主要包括教师教育、学科智能教育、信息技术在科学教育中的应用。

陈洁，深圳华强职业技术学校高级教师。

陈翠，深圳市高级中学教师，俄亥俄州立大学访问学者。

陈敏华，博士，浙江省物理特级教师、正高级教师，深圳市晟才高级中学校长。

邵慧，北京师范大学生物学课程与教学论专业硕士，现任职于济宁市第一中学，曾多次参与科普人员和中小学生科学本质理解的调研项目研究。

季娇，博士，中南大学马克思主义学院副教授，研究方向为博物馆教育；SSCI 1篇，AHCI 1篇，CSSCI近20篇。

周伟华，湖南省耒阳市第二中学教师，中学科技创新辅导员。

周瀚洋，北京大学化学专业硕士，现任职于北京第一实验学校，长期关注国内外化学教育的发展。

赵博，北京师范大学教育学博士，中国科普研究所博士后，现任教于杭州师范大学经亨颐教师教育学院，研究方向为生物学课程与教学、非正规科学教育。

姚建欣，博士，北京师范大学副教授，主要从事科学教育研究。

倪川，北京师范大学生态学博士，现任北京师范大学第二附属中学国际部科学组组长，负责科学课以及中英双语的生物课教学，多次带队参加国际基因工程机器大赛（iGEM），对国内外生物学、生态和环境教育有着深入的切身体会。

徐月，北京大学博士，现为首都师范大学教师教育学院教师，致力于教师专业学习、科学教育研究，长期关注学校教育中的性别和教育公平议题。

郭亮亮，毕业于北京师范大学，曾在北京市第八中学任教，参与了北京八中超常教育素质班的创建工作，并承担了素质班综合科学课和物理课的教学工作。

黄瑄，北京师范大学教育学博士，中国科普研究所博士后，现任北京教育学院数科学院讲师，主要从事科学教育、生物学教学研究。

董倩，北京大学教育学院博士，北京师范大学博士后，研究方向为教学设计、学习科学。

韩思思，博士，首都师范大学教师教育学院讲师，主要从事物理课程与教学论研究。

潘瑶珍，博士，现居美国加州，在美国伊利诺伊理工大学跟随本书主编莱德曼教授学习长达四年，参与多项研究课题，并参与撰写多篇学术论文。